北京大学经济学院（系）100周年纪念文库

北京大学经济学院先贤经典文集 上

平新乔 张亚光 孙家红 编

北京大学出版社

图书在版编目(CIP)数据

北京大学经济学院先贤经典文集(上、下册)/平新乔,张亚光,孙家红编.—北京:北京大学出版社,2012.5
(北京大学经济学院(系)100周年纪念文库)
ISBN 978-7-301-20613-3

Ⅰ.①北… Ⅱ.①平… ②张… ③孙… Ⅲ.①经济学-文集 Ⅳ.①F0-53

中国版本图书馆 CIP 数据核字(2012)第 085485 号

书　　　名：北京大学经济学院先贤经典文集(上、下册)
著作责任者：平新乔　张亚光　孙家红　编
责 任 编 辑：马　霄
标 准 书 号：ISBN 978-7-301-20613-3/F·3179
出 版 发 行：北京大学出版社
地　　　址：北京市海淀区成府路 205 号　100871
网　　　址：http://www.pup.cn
电　　　话：邮购部 62752015　发行部 62750672　编辑部 62752926
　　　　　　出版部 62754962
电 子 邮 箱：em@pup.cn
印　　刷　者：北京大学印刷厂
经 　销　者：新华书店
　　　　　　730 毫米×1020 毫米　16 开本　45 印张　907 千字
　　　　　　2012 年 5 月第 1 版　2012 年 5 月第 1 次印刷
定　　　价：125.00 元(上、下册)

未经许可,不得以任何方式复制或抄袭本书之部分或全部内容。
版权所有,侵权必究
举报电话:010-62752024　电子邮箱:fd@pup.pku.edu.cn

北京大学经济学院(系)100周年纪念文库
编委会

名誉主编：刘　伟
主　编：孙祁祥　章　政
编　委：（按照姓氏拼音顺序排列）
　　　　崔建华　董志勇　何小锋　林双林
　　　　平新乔　宋　敏　王曙光　王跃生
　　　　肖治合　叶静怡　张　辉　张洪峰
　　　　郑　伟

总　　序

作为中国最重要的经济学教育和科研基地,北京大学经济学院是我国综合大学中最早建立的经济系科,也是西方现代经济学和马克思主义经济学在中国最早的传播基地。北京大学经济学科的历史最早可追溯到1902年建立的京师大学堂商学科,1912年严复担任北京大学校长之后始建经济学门(系),1985年又在北京大学经济学系的基础上组建了北京大学经济学院,成为北京大学在改革开放之后建立的第一个学院。

1901年严复翻译亚当·斯密《国富论》(一名《原富》),标志着西方现代经济学在中国的正式引入,此后北京大学一直是中国传播西方现代经济学的重镇。中国最早的马克思主义传播者李大钊也是北京大学经济学系的教授;至1931年,北京大学经济学系陈启修教授首次翻译出版《资本论》第一卷第一册,在传播马克思主义经济学方面功不可没。因此,不论是西方现代经济学的引入还是马克思主义经济学的传播,北大经济系都是领时代潮流之先,在中国现代史中占据独特的地位。

拥有深远历史渊源和悠久学术传统的北京大学经济学院,在一个多世纪中涌现出马寅初、陈岱孙、赵迺抟、樊弘、陈振汉、胡代光、赵靖、厉以宁等在学界享有崇高声誉、学养深厚、影响深远的大师级人物,为我国经济科学发展作出了卓越贡献。

2012年是一个对中国经济学科发展有着特殊重要意义的年份,北京大学经济学科已走过了110周年历程,北京大学经济学门(系)也迎来100周年的隆重庆典。为了庆祝北京大学经济学院(系)创建100周年暨北京大学经济学科建立110周年,我院编写了这套"北京大学经济学院(系)100周年纪念文库",旨在深入梳理北京大学乃至中国经济学科发展的历史脉络,展现北京大学经济学科的历史底蕴和历史成就,同时也希望从一个世纪的经济学科发展历程中反思我们的学术走向,为中国经济学科未来的发展提供一种更为广远和辽阔的历史视角。北京大学经济学院作为中国综合性大学中最早的经济学科,它所取得的历史成就以及所走过的道路,必然对整个中国的经济学科发展有着深远的借鉴意义。

1917年,著名教育家蔡元培出任北京大学校长,他"循思想自由原则,取兼容并包主义",对北京大学进行了卓有成效的改革,促进了思想解放和学术繁荣,奠定了百年北大的精神基调。今天,我们庆祝北京大学经济学院(系)创建100周年,也要秉承兼容并包的创新精神,在继承北京大学经济学科优良传统的基础上,以积极的姿态吸纳世界前沿的经济学成果,为中国的经济腾飞和中华民族的伟大复兴作出我们经济学人应有的贡献。

2012 年 1 月 15 日

前　言

在相当一部分人看来，中国学术界现代经济学的研究范式是伴随着改革开放的历程而产生和发展的。以此而言，不过三十余年的时间。然而以经济思想史的视野观之，现代经济学在中国尚有一段"前史"鲜为人知。

自1901年严复完成《原富》的翻译并出版之后，西方经济学已经宣告正式传入中国。与此同时，中国海外留学生的规模日渐壮大，许多学子选择经济学作为学习内容和将来的职业领域。鸦片战争以来的西学东渐现象在一门新兴且有着旺盛生命力的学科身上逐步显示出来。北京大学作为中国第一所国立综合大学，责无旁贷地承载了经济学在中国传播与发展的历史使命。李大钊、马寅初、顾孟余、陈启修、陈翰笙、赵迺抟、罗志如、樊弘、陈振汉……前辈先贤如穹宇繁星，在中国近现代经济学史上闪烁着熠熠光芒。

为祝贺北京大学经济学院（系）成立100周年，特此收录新中国成立之前任教于北京大学的50位先贤学者的代表性论文，以资纪念。有关事项说明如下：

1. 作者选择标准。1902年京师大学堂设立商科至1949年期间，在北京大学经济学系（及其前身）任教，或者虽非正式职员但为经济学系开设课程的学者均在其列。由于年代久远、著述散佚等原因，无法穷尽所有先贤，仅选取有代表性的部分学者。书末附有作者简介。

2. 论文选择标准。本套文集旨在拾遗，如李大钊、马寅初等知名学者，著作等身，然已有多种版本的全集或选集问世，故重点选取常人所不熟悉之文章。其余学者，留存有限，尽量保证1至2篇入选。论文在很大程度上较全面地反映了新中国成立之前北京大学经济学系诸位先贤的研究成果。

3. 文章排序标准。以首篇所选文章的发表日期为依据，按作者排序。如陈启修收录3篇，最早一篇《国民经济之意义》发表于1919年，最迟一篇《中国人口的总数》发表于1925年；萧纯锦收录2篇，最早一篇《马克思学说及批评》发表于1922年，最迟一篇《治经济思想史发凡》发表于1925年。则以两位作者首篇入选文章发表日期排序，将陈启修3篇文章（同样按时间先后排序）列于萧纯锦2篇文章之前。

4. 专有名词处理。（1）人名。基本保持旧译，如：马克思（Marx）旧作"马克斯",希克斯(Hicks)旧作"赫克斯",欧文(Owen)旧作"涡文"等。另外,民国时期对外国人名缺乏统一翻译标准,不同学者在不同文章中对同一外国人名译法也各有不同,如:马克思(Marx),王建祖作"马克士",顾孟余作"马克思",萧纯锦作"马克斯"等。为真实反映民国时期学术论文生态,本套文集未作统一更正。(2)地名。基本保持旧译,如:马萨诸塞(Massachusetts)作"马撒珠塞",曼彻斯特(Manchester)作"孟却斯脱"。(3)经济学概念名词。基本保持旧译,如:边际效用(Marginal Utility)作"界际效用"等。鉴于各文已有英文标注,也不做统一说明。

5. 时代用语问题。部分带有政论性质的文章涉及个别时代色彩浓厚的词语,如"国父"(指孙中山先生)、"蒋主席"(指国民党政府主席蒋介石)等。对于此类用法,相信读者具有足够的辨别力和独立思考能力。为不妨碍论文原貌,也予以保留。

本套文集不仅具有纪念意义,也是研究中国近现代经济思想史乃至社会变迁问题的重要学术参考资料。文集涵盖了现代经济学领域的各个流派和分支,西方经济学、马克思主义经济学均见深刻讨论,金融、财政、贸易、人口、统计、会计、经济史等皆有所涉。其中不少文章对今天建设有中国特色的社会主义仍然极具启迪和借鉴意义。

编者

2012 年 5 月 7 日

作者简介

严复,1854—1921,字几道,近代著名翻译家、教育家,亚当·斯密《国富论》(即《原富》)的最早中文译者,1912 年曾担任北京大学校长。

王建祖,1878—1935,字长信,广东番禺人,财政学家,五四前后担任北京大学法科学长,经济学门(系)教授。

李大钊,1889—1927,字守常,河北乐亭人,曾任北京大学图书馆馆长,较早在北大课堂上公开讲授马克思主义经济学说。

马寅初,1882—1982,浙江嵊县人,著名经济学家,国立北京大学第一任经济系主任。

李芳,江苏南通人,1917 年毕业于北京大学经济学门,旋充任补习班教授、经济系讲师。

皮宗石,1887—1967,字皓白,湖南长沙人,著名经济学家,先后毕业于东京帝国大学、英国伦敦大学,20 世纪 20 年代担任北京大学经济系教授。

陈启修,1886—1986,又名豹隐,四川中江人,著名政治学家、经济学家,东京帝国大学法学士,1930 年最早将《资本论》第一卷译成中文,并由昆仑书局出版。

顾孟余,1888—1972,原名兆熊,浙江上虞人,先后毕业于京师译学馆、德国柏林大学,1917 年任北京大学教授兼文科德文门主任,继而任经济系主任兼教务长。

杜国庠,1889—1961,广东澄海人,1919 年毕业于日本京都帝国大学政治经济科,归国后任教于北京大学经济系,讲授传播马克思主义经济学说。

陶孟和,1887—1960,原名履恭,浙江绍兴人,1913 年毕业于英国伦敦经济政治学院,获博士学位,1914—1927 年任北京大学教授。

李四杰,又名李世杰,1920 年毕业于北京大学经济学系。

胡钧,1869—1943,字千之(谦芝),湖北沔阳人,清末举人,后毕业于德国柏林大学,曾任山西大学堂监督,北京临时参议院议员,20 世纪二三十年代任教于北京大学经济系。

陈翰笙,1897—2004,江苏无锡人,美国芝加哥大学硕士,德国柏林大学博士,著名历史学家、经济学家,1924 年受聘为北京大学教授,中国农村经济研究会创始人。

萧纯锦,1893—1968,字叔纲,江西永新人,美国加利福尼亚大学经济学硕士,五四前后曾担任北京大学经济系研究员(教授)。

黎世蘅，字子鹤，生于1896年，安徽当涂人。民国初年毕业于京都帝国大学经济系。20世纪20年代任国立北京大学经济系讲师，40年代曾任北京师范大学校长。

何作霖，1900—1967，1936年任北京大学经济系讲师。

宋作楠，1907—1998，浙江金华人，著名会计学家，早年毕业于南开大学商学系，美国哥伦比亚大学企业管理学硕士，美国商学会荣誉会员，1946—1948年任北京大学经济系教授。

陈其鹿，1895—1981，字苹之，江苏昆山人，早年毕业于北京大学经济系，1919年赴美留学，获哈佛大学商科硕士学位，归国后，曾任教于厦门大学、中国公学、中央大学等校经济系。

裘开明，1898—1977，浙江镇海人，先后于1927年、1933年获哈佛大学经济学硕士和博士学位，1936年回国后，任北京大学经济系教授。

杨端六，1885—1966，湖南长沙人，早年毕业于伦敦大学政治经济学院，五四前后曾在北大经济系任教。

赵迺抟，1897—1986，字述庭，号廉澄，浙江杭州人，著名经济学家，1931—1949年任北京大学经济系主任。

罗志如，1902—1991，四川江津人，著名经济学家，1927年毕业于北京大学外语系，1937年获美国哈佛大学经济学博士学位。回国后，曾任资源委员会研究员、中央大学教授、重庆大学法学院院长，1949年后调任北京大学经济系教授。

姚嘉椿，早年任教于北京立信会计学校，1947年在北京大学经济系兼任讲师。

杨汝梅，1879—1966，湖北随县人，民国著名会计学家，日本东京高等商业学校毕业，1927年任教于京师大学校法科。

徐毓枬，著名经济学家，凯恩斯《就业、利息和货币通论》的最早完整译者，1958年英年早逝。

千家驹，1909—2002，浙江武义人，著名经济学家，爱国民主人士，1932年毕业于北京大学经济系并留校任教，后任教于广西大学、香港达德学院。

谢霖，1885—1969，江苏武进人，1909年毕业于日本明治大学商科，中国近现代会计学界先驱，中国会计师制度创始人，中国第一位注册会计师，第一个会计师事务所的创办者，五四前后，曾任北京大学经济系讲师。

赵人儁，原清华大学经济系教授，1933—1936年兼任北京大学经济系讲师。

余肇池，1892—1968，字舞池，湖北云梦人，著名会计学家，原清华大学经济系教授，1933年兼任北京大学经济系讲师。

徐新六，1890—1938年，字振飞，祖籍浙江余杭，生于杭州，1908年赴英国留学，获伯明翰大学理学士和维多利亚大学商学士，后又在巴黎国立政治学院学习国家财政学一年。1914年回国任财政部公债司佥事，并同时任教于北京大学经济系。

崔敬伯,1897—1988,天津汉沽人,早年毕业于天津法政专门学校商科,后赴英国伦敦政治经济学院留学,1936—1937 年任北京大学经济系讲师。

朱炳南,早年任职于北平社会调查所,1946 年被聘为北京大学经济系教授。

伍启元,生于 1912 年,广东台山人,著名经济学家,早年毕业于上海沪江大学,清华大学研究员,1937 年获英国伦敦政治经济学院博士学位,归国后,先后被聘为清华大学经济系教授、西南联大经济系教授。

李光忠,字孝侗,贵州贵阳人,20 世纪 30 年代任北京大学经济系教授。

卢郁文,1900—1968,河北卢龙人,1929 年留学英国伦敦政治经济学院,1931 年归国后,任北京大学经济系教授。

李卓敏,1912—1991,广东番禺人,著名经济学家、教育家,香港中文大学首任校长,1936 年获加利福尼亚大学伯克利分校经济学博士学位,次年回国,先后任南开大学、西南联合大学经济系教授。

陈振汉,1912—2008,浙江诸暨人,著名经济学家,1935 年毕业于南开大学,1946 年获哈佛大学博士学位,同年归国后,一直任北京大学经济系教授,1952—1954 年任北京大学经济系代理主任。

樊弘,1900—1988,四川江津人,著名经济学家,1925 年毕业于北京大学政治系,后担任复旦大学经济系主任,1946 年起受聘为北京大学经济系教授,1949—1952 年任新中国成立后北京大学经济系首任主任。

王民嘉,1922—1999,浙江奉化人,1943 年毕业于西南联合大学经济系,1946 年担任北京大学经济系助教。

杜度,1915—2000,北京大学经济学院教授,早年毕业于重庆中央大学,美国伊利诺伊大学博士。

叶方恬,1939 年入西南联大经济系读书,毕业后即留校任教,1943—1946 年担任北京大学经济系助教。

戴世光,1908—1999,天津人,著名统计学家、人口学家,1947—1948 年在北京大学经济系兼任讲师,在此期间,率先提出了社会主义条件下的人口节育问题。

严仁赓,1910—2007,天津人,著名经济学家,1933 年毕业于南开大学经济系,后留学美国,在哈佛大学、哥伦比亚大学、加利福尼亚大学伯克利分校做研究工作,1946 年回国后,任浙江大学教授,1949 年后,历任北京大学教授、副教务长、校长助理。

周炳琳,1892—1963,字枚荪,浙江黄岩人,1919 年毕业于国立北京大学,随后赴美英等国深造,1925 年回国。1931 年出任国立北京大学法学院首任院长,兼经济系教授,其后曾担任河北省教育厅厅长、国民政府教育部常务次长等职。1944 年 8 月,担任西南联大法学院院长。1949 年后,曾担任国民党革命委员会中央委员、中国人民政治协商会议全国委员会委员等职。

杨西孟,生于 1900 年,四川江津人,著名经济学家,1940—1948 年担任北京大学经济学系教授。

周作仁,字谬生,1895年生,江苏淮安人,著名经济学家,1919年毕业于北京大学法本科经济学门,随后留学美国,获哥伦比亚大学经济学硕士。归国后,长期担任北京大学经济系教授,1950年调任中国人民大学经济学教授。

蒋硕杰,1918—1993,湖北应城人,著名经济学家,英国伦敦大学政治经济学院哲学博士与经济学博士,为奥地利学派的代表人物哈耶克教授亲传弟子。1945年回国,次年任北京大学经济学系教授,1948年赴台湾大学任教。

赵靖,1922—2007,山东济南人,著名经济学家,1945年毕业于燕京大学经济系,1947年毕业于南开大学经济研究所,次年任教于燕京大学。高校调整后,长期担任北京大学经济系教授。

目　录

上　册

译斯氏《计学》例言/严复 …………………………………………………… 1
实业教育
　　——侯官严复在上海商部高等实业学校演说/严复 ……………………… 5
财政讨论会之币制会议/王建祖 …………………………………………… 10
圣西蒙 Saint-Simon 及经济集中主义 Collectivism/王建祖 ……………… 12
物价与货币购买力
　　——致《甲寅》杂志记者/李大钊 ……………………………………… 21
战争与人口问题/李大钊 …………………………………………………… 22
中国古代经济思想之特点/李大钊 ………………………………………… 24
由经济上解释中国近代思想变动的原因/李大钊 ………………………… 27
社会主义下之实业/李大钊 ………………………………………………… 32
中国之希望在于劳动者/马寅初 …………………………………………… 34
大战前欧美各国之不换纸币与我国之京钞/马寅初　著　杜廷犷　译 … 37
在北京大学经济学会成立会上的演说词/马寅初 ………………………… 46
法科研究所研究录 ………………………………………………………… 48
原币/李芳 …………………………………………………………………… 54
经济上之万国联盟观/皮宗石 ……………………………………………… 61
金的移动与国际清算银行/皮宗石 ………………………………………… 66
国民经济之意义/陈启修 …………………………………………………… 72
致北京大学同人书/陈启修 ………………………………………………… 76
中国人口的总数/陈启修 …………………………………………………… 80
人口问题,社会问题的锁钥/顾孟余 ……………………………………… 88
钱币理论与本位政策/顾孟余 ……………………………………………… 98
现代银行信用之性质/顾孟余 ……………………………………………… 102
我之新银团观/杜国庠 ……………………………………………………… 106

由空想的社会主义到实行的社会主义/杜国庠 …… 110
欧美劳动问题/陶孟和 …… 118
贫穷与人口问题/陶孟和 …… 124
评社会主义运动/陶孟和 …… 136
组织农民银行驱逐"重利盘剥者"(usurer)/李四杰 …… 140
附盐政改良议/胡钧 …… 143
最初中英茶市组织/陈翰笙 …… 150
美国农业与世界经济/陈翰笙 …… 157
治经济思想史发凡/萧纯锦 …… 165
论中国民数/黎世蘅 …… 173
最初华番茶马贸易的经过/黎世蘅 …… 178
各国对于无线电事业之竞争/何作霖 …… 183
苏俄金融制度之沿革/何作霖 …… 186
中国农民经济状况蠡测/宋作楠 …… 200
消费合作之原理/陈其鹿 …… 206
农场经营研究：目的，范围与方法/裘开明 …… 221
农产物贩运应有之研究工作/裘开明 …… 234
读凯衍斯货币论/杨端六 …… 241
货币制度/杨端六 …… 247
消费信用
　　——一个增加购买力的方法/赵迺抟 …… 265
静态经济与动态经济/赵迺抟 …… 269
失业统计的比较性/罗志如 …… 272
需求伸缩性之数理浅释/罗志如 …… 280
物价高涨与经济建设/罗志如 …… 286
在社会主义理想下加速生产力发展应采计划经济制度/罗志如 …… 290
现代经济社会中工业管制问题/罗志如 …… 292
近世苏俄经济建设概况/姚嘉椿 …… 299
中国预算制度改造与历年财政收支之关系/杨汝梅 …… 309
中央及地方预算法规之研究/杨汝梅 …… 322

下 册

美国银行制度之回顾与展望/徐毓枬 …………………………………… 333
温故而知新
　　——物价动态之一种分析/徐毓枬 ………………………………… 341
中国金融资本的病态/千家驹 …………………………………………… 346
怎样研究经济学/千家驹 ………………………………………………… 352
论工业化与民营工业/千家驹 …………………………………………… 358
新年的新希望/千家驹 …………………………………………………… 365
新民主主义经济下的民族资本家/千家驹 ……………………………… 366
新式会计方法在中国之过去与未来/谢霖 ……………………………… 371
中国现在实行的所得税/谢霖 …………………………………………… 375
二十年来从事会计工作之经过
　　——民国二十五年四月二十二日出席复旦大学会计学系同学欢迎会
　　　之演词/谢霖 …………………………………………………… 396
经济书评/赵人儁 ………………………………………………………… 400
物价安定与汇兑安定/赵人儁 …………………………………………… 403
会计上之法与人/余肇池 ………………………………………………… 419
国营事业管理法规之我见/余肇池 ……………………………………… 435
四川在我国之经济地位/徐新六 ………………………………………… 440
财政学方法论商榷/崔敬伯 ……………………………………………… 443
所得税实施问题/崔敬伯 ………………………………………………… 448
国民经济建设与物价水平/朱炳南 ……………………………………… 470
货币数量说及其史的发展/伍启元 ……………………………………… 479
美国人最近对苏俄的观念/李光忠 ……………………………………… 501
新经济的三个原则/卢郁文 ……………………………………………… 504
建树经济统制的施行机构/卢郁文 ……………………………………… 508
银汇兑下国际贸易理论之研究/李卓敏　张延祉 ……………………… 513
战时物价之理论/李卓敏 ………………………………………………… 533
中国政治传统与经济建设政策
　　——经济政策与经济建设问题之二/陈振汉 …………………… 539
区位理论与贸易理论/陈振汉 …………………………………………… 544
混合制度与计划制度中间的选择/陈振汉 ……………………………… 553
(关于社会主义的)讨论/徐毓枬　蒋硕杰　吴景超　刘大中　陈振汉 ……… 560

资本蓄积的理论
　　——对于马克思的资本蓄积理论的一个新的探讨和推进/樊弘 ………… 569
评马克思和凯衍斯的资本蓄积,货币和利息的理论/樊弘 ……………… 581
工业标准化之基本理论/王民嘉 ……………………………………… 592
赫克斯(Hicks)生产计划理论/杜度 ………………………………… 601
经济制度与中国经济建设途径/叶方恬 ……………………………… 608
统计学与社会科学研究方法/戴世光 ………………………………… 616
币值与币信
　　——论金圆券发行办法的改修/戴世光 …………………………… 625
国营重工业的前途/严仁赓 …………………………………………… 628
检讨黄金政策/严仁赓 ………………………………………………… 636
建议大学里添设:"时事研究"一科/严仁赓 ………………………… 640
政治与经济/周炳琳 …………………………………………………… 643
反对公用事业加价至战前标准/周炳琳 ……………………………… 644
改革案与既得利益/周炳琳 …………………………………………… 645
论经济溃崩/杨西孟 …………………………………………………… 648
非常情形下的物价及经济问题/杨西孟 ……………………………… 657
谈币制改革/周作仁 …………………………………………………… 664
通货膨胀与限价政策/周作仁 ………………………………………… 666
稳定币值的途径/周作仁 ……………………………………………… 669
工商贷款之停止与开放问题/蒋硕杰 ………………………………… 672
宋代之专卖制度/赵靖 ………………………………………………… 675

译斯氏《计学》例言*

严　复

　　计学,西名叶科诺密,本希腊语。叶科,此言家。诺密,为聂摩之转,此言治。言计,则其义始于治家。引而申之,为凡料量经纪撙节出纳之事,扩而充之,为邦国天下生食为用之经。盖其训之所苞至众,故日本译之以经济,中国译之以理财。顾必求吻合,则经济既嫌太廓,而理财又为过陿,自我作故,乃以计学当之。虽计之为义,不止于地官之所掌,平准之所书,然考往籍,会计、计相、计偕诸语,与常俗国计、家计之称,似与希腊之聂摩较为有合。故《原富》者,计学之书也。

　　然则何不径称计学,而名《原富》？曰:从斯密氏之所自名也。且其书体例,亦与后人所撰计学,稍有不同:达用多于明体,一也;匡谬急于讲学,二也。其中所论,如部丙之篇二篇三,部戊之篇五,皆旁罗之言,于计学所涉者寡,尤不得以科学家言例之。云原富者,所以察究财利之性情,贫富之因果,著国财所由出云尔。故《原富》者,计学之书,而非讲计学者之正法也。

　　谓计学创于斯密,此阿好者之言也。夫财赋不为专学,其散见于各家之著述者无论已。中国自三古以还,若《大学》、若《周官》,若《管子》、《孟子》,若《史记》之《平准书》、《货殖列传》,《汉书》之《食货志》,桓宽之《盐铁论》,降至唐之杜佑,宋之王安石,虽未立本干,循条发叶,不得谓于理财之义无所发明。至于泰西,则希腊、罗马,代有专家。而斯密氏所亲承之师友,若庚智仑,若特嘉尔,若图华尼,若休蒙大辟,若哈哲孙,若洛克,若孟德斯鸠①,若麦庚斯,若柏柢,其言论謦欬,皆散见于本书。而所标重农之旨,大抵法国自然学会之所演者,凡此皆大彰著者也。独其择焉而精,语焉而详,事必有征,理无臆设,而文章之妙,喻均智顽。则自有此书,而后世知食货为专科之学。此所以见推宗匠,而为新学之开山也。

　　计学于科学为内籀之属。内籀者,观化察变,见其会通,立为公例者也。如斯密、理嘉图、穆勒父子之所论著,皆属此类。然至近世如耶方斯、马夏律诸书,则渐

＊　此系严复所译英图斯密·亚丹(Adam Smith, 1723—1790)《原富》(An Inquiry into the Nature and Causes of the Wealth of Nations,简称 Wealth of Nations,或译作《国富论》)中的译事例言,作于一九〇一年九月(光绪三十七年八月)《林严合钞》、《严几道诗文钞》及《现代十大家文钞》均有本文选录。今据南洋公学译书院出版《原富》本。

①　孟德斯鸠,南洋公学译书院本作"满特斯鸠"。按:严复在所译《法意》为他作的传记作"孟德斯鸠",今据商务本改。

入外籀,为微积曲线之可推,而其理乃益密。此二百年来,计学之大进步也。故计学欲窥全豹,于斯密《原富》而外,若穆勒、倭克尔、马夏律三家之作,皆宜迻译,乃有以尽此学之源流,而无后时之叹。此则不佞所有志未逮者,后生可畏,知必有赓续而成之者矣。

计学以近代为精密,乃不佞独有取于是书,而以为先事者,盖温故知新之义,一也。其中所指斥当轴之迷谬,多吾国言财政者之所同然,所谓从其后而鞭之,二也。其书于欧亚二洲始通之情势,英法诸国旧日所用之典章,多所纂引,足资考镜,三也。标一公理,则必有事实为之证喻,不若他书勃窣理窟,洁净精微,不便浅学,四也。

理在目前,而未及其时,虽贤哲有所不见。今如以金为财,二百年以往,泰西几无人不然。自斯密出,始知其物为百货之一,如博进之筹,取前民用,无可独珍。此自今日观之,若无甚高之论,难明之理者;然使吾辈生于往日,未必不随俗作见,并为一谈也。试观中国道、咸间,计臣之所论议施行,与今日朝士之言通商,可以悟矣。是故一理既明之后,若揭日月而行。而当长夜漫漫,习非胜是之日,则必知几之神,旷世之识而后与之,比不独理财之一事然也。

由于以金为财,故论通商,则必争进出差之正负。既断断于进出差之正负,则商约随地皆荆棘矣,极力以求抵制之术,甚者或以兴戎,而不悟国之贫富,不关在此。此亦亚东言富强者所人人皆坠之云雾,而斯密能独醒于二百年以往,此其所以为难能也。

争进出差之正负,斯保商之政。优内抑外之术,如云而起。夫保商之力,昔有过于英国者乎?有外输之奖,有挈还之税,有海运之条例,凡此皆为抵制设也。而卒之英不以是而加富,且延缘而失美洲。自斯密论出,乃商贾亦知此类之政,名曰保之,实则困之。虽有一时一家之获,而一国长久之利,所失滋多。于是翕然反之,而主客交利。今夫理之诚妄,不可以口舌争也,其证存乎事实。歌白尼、奈端之言天运,其说所不可复摇者,以可坐致数千万年过去未来之躔度,而无秒忽之差也。斯密《计学》之例,所以无可致疑者,亦以与之冥同则利,与之舛驰则害故耳。

保商专利诸政,既非大公至正之规,而又足阻遏国中商业之发达,是以言计者群然非之。非之诚是也,然既行之后,欲与更张,则其事又不可以不谨。盖人心浮动,而身被之者,常有不可逭之灾故也。已真母本,不可复收,一也;事已成习,不可猝改,二也。故变法之际,无论旧法之何等非计,新政之如何利民,皆其令朝颁,民夕狼顾,其目前之耗失,有万万无可解免者,此变法之所以难,而维新之所以多流血也。悲夫!

言之缘物而发者,非其至也,是以知言者慎之。斯密此书,论及商贾,辄有疾首蹙额之思。后人释私平意观之,每觉所言之过,然亦知斯密时之商贾,为何等商贾乎?税关屯栈者,公司之利也。彼以谋而沮其成,阴嗾七年之战。战费既重,而印度公司所待以撑柱其业者又不赀,事转相因,于是乎有北美之战,此其害于外者也。

选议员则购推举、议榷税,则赂当轴,大坏英国之法度,此其害于内者也。此曹顾利否耳,何尝恤国家乎?又何怪斯密言之之痛也!虽然,此缘物之论也。缘物之论,所持之理,恒非大公,世异情迁,则其言常过,学者守而不化,害亦从之。故缘物之论,为一时之奏札可,为一时之报章可,而以为科学所明之理必不可。科学所明者公例,公例必无时而不诚。

斯密于同时国事,所最为剽击而不遗余力者,无过印度之英公司。此自今日观之,若无所过人者。顾当其时,则英公司之烜赫极矣,其事为开辟以来所未曾有。以数十百处污逐利之商旅,际蒙兀之积弱,印民之内讧。克来福一竖子耳,不数年间,取数百万里之版图,大与中国并者,据而有之。此亚烈山大所不能为,罗马安敦所不能致,而成吉思汗所图之而无以善后者也。其惊骇震耀各国之观听者为何如乎?顾自斯密视之,其驴非驴,马非马。上焉既不能临民以为政,下之又不足戀迁而化居。以言其政令,则鱼肉身毒之民,以言其垄断,则侵欺本国之众,徒为大盗,何裨人伦。惟其道存,故无所屈。贤哲之言论,夫岂笘于一时功利之见而为依阿也哉!呜呼,贤已!

然而犹有以斯密氏此书为纯于功利之说者,以谓如计学家言,则人道计赢虑亏,将无往而不出于喻利。驯致其效,天理将亡,此其为言厉矣。独不知科学之事,主于所明之诚妄而已。其合于仁义与否,非所容心也。且其所言者计也,固将非计不言,抑非曰人道止于为计,乃已足也。从而尤之,此何异读兵谋之书,而訾其伐国,睹针砭之伦,而怪其伤人乎!且吾闻斯密氏少日之言矣,曰:"今夫群之所以成群,未必皆善者机也。饮食男女,凡斯人之大欲,即群道之四维,缺一不行,群道乃废,礼乐之所以兴,生养之所以遂,始于耕凿,终于戀迁。出于为人者寡,出于自为者多,积私以为公,世之所以盛也。"此其言藉令褒衣大袑者闻之,不尤掩耳而疾走乎?则无怪斯密他日之悔其前论,戒学者以其意之已迁,而欲毁其讲义也。

《原富》本文,排本已多,此译所用,乃鄂斯福国学颁行新本,罗哲斯所斠阅者。罗亦计学家,著《英伦麦价考》,号翔赡,多发前人所未发者。其于是书,多所注释匡订,今录其善者附译之,以为后案。不佞间亦杂取他家之说,参合己见,以相发明,温故知新,取与好学深思者,备扬榷讨论之资云尔。

是译与《天演论》不同,下笔之顷,虽于全节文理,不能不融会贯通为之,然于辞义之间,无所傎倒附益。独于首部篇十一释租之后,原书旁论四百年以来银市腾跌,文多繁赘,而无关宏旨,则概括要义译之。其他如部丁篇三,首段之末,专言荷京版克,以与今制不同,而所言多当时琐节,则删置之。又部甲后有斯密及罗哲斯所附一千二百二年至一千八百二十九年之伦敦麦价表,亦从删削。又此译所附中西编年,及地名、人名、物义诸表,则张菊生比部、郑稚辛孝廉于编订之余,列为数种,以便学者考订者也。

夫计学者,切而言之,则关于中国之贫富;远而论之,则系乎黄种之盛衰。故不佞每见斯密之言于时事有关合者,或于己意有所枨触,辄为案论,丁宁反复,不自觉其言之长而辞之激也。嗟夫！物竞天择之用,未尝一息亡于人间。大地之轮廓,百昌之登成,止于有数。智佼者既多取之而丰,愚懦者自少分焉而啬。丰啬之际,盛衰系之矣。且人莫病于言非也而相以为是,行祸也而相以为福,祸福是非之际,微乎其微,明者犹或荧之,而况其下者乎！殆其及之而后知,履之而后艰,其所以失亡者,已无艺矣,此予智者罟擭陷阱之所以多也。欲违其灾,舍穷理尽性之学,其道无由;而学矣,非循西人格物科学之律令,亦无益也。自秦愚黔首,二千岁于兹矣。以天之道,舟车大通,通则虽欲自安于愚,无进于明,其势不可。数十百年以往,吾知黄人之子孙,将必有太息痛恨于其高曾祖父之所为者。呜呼,可不惧哉！

光绪二十七年岁次辛丑八月既望

严复书于辅自然斋

实 业 教 育

——侯官严复在上海商部高等实业学校演说

严 复

实业,西名谓之 industries;而实业教育,则谓之 technical education。顾西人所谓实业,举凡民生勤动之事,靡所不赅;而独于树艺牧畜渔猎数者,则罕用其字。说见《社会通诠》至所谓实业教育,所苞尤隘,大抵同于工业。The teaching of handicrafts。此诚彼中习俗相沿,我辈莫明其故。故讲实业,似不必守此无谓分别。大抵事由问学,science,施于事功,展用筋力,于以生财成器,前民用而厚民生者,皆可谓之实业。第其事与他项术业,有必不可相混者,则如美术是已。西人以建造屋宇、结构亭台,为美术之一,故西人不称建筑为实业。而自吾人观之,则几几乎与实业为类矣。又如医疗法律,以至政治,亦无有以实业称者。此其大略也。

故实业主于工冶制造之业而已。吾国此事于汽电机器未兴之时,固未即居人后;而欧洲当乾嘉以往,其制造亦无可言。如其时洋布一宗,且由印度运往;北美棉业未兴,而国律于民间纯用吉贝织成匹头者有罚,一千七百七十四年可以见矣。顾瓦德用汽之机,即于此时出世。汽机影响,第一见于织造。故一千七百八十五年英之棉货出口者,仅值八十六万镑。而一千八百十年,乃十八兆镑。再后六十年,直至八十兆镑。他若铁业,当法国革命之日,英国三岛全年出产不过七万吨。降至一千九百年,岁出乃七兆吨矣。其发达之速如此。又机器进步,则所操之律度,必以愈精。闻瓦德初成之机,乃以汽漏难用,开机转轮,声震屋瓦。后得威都淮 Whitworth 制为量机,可以量物至一兆分寸之一之微。制造之业,遂臻绝诣。上下百余年间,其实业演进,绝景而驰如此。至于今西国造物成事,几乎无事不机;而吾国所用,犹是高曾之规矩耳。

夫中国以往三四千年,所以为中国者,正缘国于大地之中,而不与人交通竞争而已。时至今日,舟车电邮之疾速,为往古之所无,故虽欲守前此之局有不可得。开门相见,事事有不及人之忧;而浮浅之人,又不察病源之所在,则曰中国之所以受侮者,无强权耳。于是以讲武诘戎为救时唯一之政策。又曰中国之所以贫弱者,坐利权之见夺耳。于是以抵制排外为富强扼要之方针。顾不知耗散国财,惟兵为甚。

---

* 本文原载于《中外日报》,1906 年 7 月 2 日。

使中国长贫如此,则虽欲诘戎讲武,势且不能。且道路不可不通,矿产不可不出;使吾能自通而自出之,将无事抵排,外力自消,内力自长;设不能自通自出,而仅言抵制,将抵制不成,成而病国益甚。然则中国今日自救之术,固当以实业教育为最急之务。何则?惟此乃有救贫之实功,而国之利源,乃有以日开,而人人有自食其力之能事。语曰既富方谷,又曰仓廪实而后知礼义,兵力教化,何一非富足而后可言乎!

虽然,实业教育者,专门之教育也。专门教育,固继普通教育而后施,不幸吾国往者舍科举而外,且无教育。使其人举业不成,往往终身成废。因缘事会,降就商工之业,则觉半世所为,无一可用。而此时所愿有之知识,蒙蒙然与六七龄孩稚同科。某物某货,产于何地,制于何工,销于何所,无所知也。一切制器成物之业,循其旧有不知,尚何开新之与有!叩其普通知识,且不知长江所经为何省,高丽西藏居国之何方。若夫实业莫大于制造,制造莫盛于五金,而五金之性质何如,采炼之方术何若,问读书之子,有前闻者乎?固无有也。无论为工为商,计算之学,皆所必用,商功均输,固无论矣,乘除加减,则亦难言。吾尝见二三十岁人,不识作码者,尚何有于八线三角之学乎?不但尔也,再使其人举业有成,又不然。循例纳粟入赀,皆为官也,顾问其人其学,于国家制度律例掌故,有所及乎?未尝及也。故吾国前此教育,反正皆不可通。遂造成今日之时世。然则居今而言实业教育,学生入校,舍区区国文姑以为能而外,教者必视学者为一无所知,而一篑为山,进由吾往,而后可耳!

今使有子弟于此,其人于中学粗了,将使之从事实业之中,则依东西洋成法,其所以教之者宜如何。此今贵校所实行,十八九已与之合,无俟鄙人详论。大抵算学则如几何代数三角割锥微积,为不可不治之科,其次则莫如理化两大科。但是二者,其教授必须合法,方能有益。且此数科,所赅甚广,程度稍进,吾国即无专书;是以为今之计,断然必以西文传习。如此不但教授称便,而学成之后,其人于外国实业进步,息息相通,不致转瞬即成故步。西人为此,常兼拉丁、英、法、德诸文,其用意即亦如是,此治实业基础之大略也。

但实业教育,与他种教育有不同者,以其人毕生所从事,皆在切实可见功程,如矿、如路、如一切制造。大抵耳目手足之烈,与治悬理者迥殊。故教育之要,必使学子精神筋力常存朝气,以为他日服劳干事之资。一言蔽之,不欲其仅成读书人而已。西哲谓读书人通病,前半生则傲兀自喜,后半生则衰荼糊涂,此由年少之时,用心太过,而不知吾人入世涉物竞至烈之场,破败胜存,金于三四十以后见分晓。其人年少气盛之日,不必放荡淫佚,自斲其生也。但使征逐虚名,作为无益,坐令脑力萎耗,则四十以往,其人必衰。而一切真实事功,转以无望。夫不佞此言,非为惰窳无志少年游说,实因深知心脑之力,其须休息将养,与筋骨血气正同。而少壮之脑力,其时须休息将养,较老年之人,乃为尤急。每见由来成就大事业人,其任事之际,所以能乐事劝功,沈毅勇往,治繁理剧,若有兼人之力者,此其果非结于夙兴夜寐之时,乃在少日优游,不过用心力之日。拿破仑之初起,真如巨刃摩天,方其勤事,见者惊为非人,顾十年以后,败征见矣。彼晚节之所以不终,由其精神短也。毛禄至七十而后收胜法之业,方其少壮,未闻有何表见。诸君子闵国步之艰难,欲来日借手有资,乃起而为问学之事,惰怠自逸,吾知免矣。所患者用心太猛,求成过急,不为他日办事精神道地而已。公等闻辕田之说乎?再耕之后,必置之以俟地力之复;否则虽耕虽种,且无所得,而地力弥竭,粮莠益多。愿诸公今日为学,他日办事,皆时时深思此言。

言今日之教育,所以救国,而祛往日学界之弊者,诚莫如实业之有功。盖往日之教育笃古,实业之教育法今;往日之教育求逸,实业之教育习劳;往日之教育成分利之人才,实业之教育充生利之民力。第须知实业教育,其扼要不在学堂,而在出堂后办事之阅历。以学堂所课授者,不过根柢之学,增广知识,为他日立事阶梯云耳。若夫扼要之图,所以陶炼之使成真实业家,则必仍求之实业之实境,作坊商店,铁路矿山,此无疑义者也。使有人于此,其于学堂功课,为之至善,卒业大考,已得无上文凭,此不外得半之程而已。将谓其人即实业家,尚未可也。但使其人此后筋力萎弱,品行平常,临事既无条理,趋功又不精勤,则其学虽成,于实业无几微之益。又使其人不自知操业之高尚可贵,惟此有救国之实功,耻尚失所,不乐居工商之列,时时怀出位上人之思,将其人于实业终必不安,而社会亦无从受斯人之庇也。故鄙人居平持论,谓中国欲得实业人才,如英之大斐(Davy)、法拉第(Farady)、瓦德(James Watt)、德之杜励志(Dreyse)、克鹿卜(Krupp)等,乃为至难。何则?中西国俗大殊,吾俗之不利实业家,犹北方风土之难生桔柚也。

盖吾国旧俗,本谓舍士无学。士者所以治人,养于人,劳其心而不劳其力者也。乃今实业教育,所栽培成就之人才,则能养人,有学问,而心力兼劳者也。学子有志为实业之人才,必先视其业为最贵,又菲薄仕宦而不为者,而后能之。又必其人所受体智二育均平,不致为书生腐儒,而后可。学问智识,诚不可阙;顾但有学问智识,必不逮事也。精神筋力,忍耐和平,行之以素位不愿外之心,而后有济。初不必天资过绝人,而耳目聪明,思虑精警,如西人所谓母慧者(mother wit),则又不可无。其学堂教育,即陶炼此种母慧而使之扩充有法者也。故实业之家,不受学堂教育,而一切悉由于阅历者,其人理必粗,不能有开物成务之盛业也。但受学堂教育,而不经事业之磨礱,又程功不实,而无甘苦疾徐之自得。必其人受益于学堂者十之四,收效于阅历者十之六,夫而后为真实业家。

诸君子既已发愿,置身实业界中,则鄙人有极扼要数语,敬为诸君告者。一、当早就实行之阅历,勿但向书籍中求增智识。二、当知此学为中国现今最急之务。果使四百兆实业进步,将优胜富强,可以操券;而风俗民行,亦可望日进于文明。三、当知一己所操,内之有以赡家,外之有以利国,实生人最贵之业。更无所慕于为官作吏,钟鸣鼎食,大纛高轩。四、宜念此业将必有救国利民之效,则吾身宜常与小民为缘。其志欲取四万万之众,饔飧而襦袴之,故所学所能,不但以供一己之用已也。行且取执工势力之众，而教诲诱掖之，使制器庀材，在在有改良之实。诸君果能取不佞之言而实见诸行事，则课其功业，虽古之禹稷，亦何以加？盖言禹之功，不过能平水土，俾民奠居而已；言稷之功，不过教民稼穑，免其阻饥而已。实业之事，将以转生货为熟货，以民力为财源，被之以工巧，塞一国之漏卮，使人人得饱暖也。言其功效，比隆禹稷，岂过也哉！

夫一国之民，其待于实业之亟，不徒于工商之业为然；即在兵战，亦以此而预操胜算。不佞请为诸君言一史事：当十九稘初载，普鲁士受困于拿破仑，可谓极矣。土地日蹙，军费无穷，愤而求战，战乃益败。至一千八百六年燕那 Jena 之役，普之未亡，特一发耳。则有思墨达人，名杜励志者（John Nicholas Dreyse），年十九，业钥工，既卒业，南行觅生计，道经战场，死者从横卧草中。或犹执枪不释，杜则取其一微验之，知为欧洲最劣枪制，喟然长叹。言以此器畀新征之卒，当拿破仑百战精兵，辅以精枪，安得无败！则仰天自誓，归日必有以改良此枪，使为可恃之利器而后已。盖当此时，德法二邦之国命，已隐决于杜励志之脑中矣！已乃入巴黎，事拿破仑之武库长，瑞士人名保利者，为之火伴学徒。以其勤笃，大为保利所倚信。一日保利言，大皇帝令改军枪旧制，不以前口入药弹，而从后膛，杜恍然若有所悟。嗣保利为后膛枪竟成，然制粗不适用也。而拿破仑犹奖之以赐金，加十字佩章，列为贵爵焉。吾闻汽舟、后膛枪二物，皆拿破仑所亲见者，顾皆以始制，椎劣未精，莫敢信用。向使当拿破仑时，而其物皆美具，如后六十年，则以枭雄而操二利器如此，其势殆可以混合区宇而有余。英吉利区区三岛，欲始终倔强，与为劲敌，岂有幸哉！乃天若留杜励志之后膛火器，以为德复仇之用者。盖杜之枪制善，而拿破仑死于绝岛久矣。一千八百三十五年，杜为后膛针炮先成，又三十年而后膛枪成。维廉第一用之，造攻于丹麦，再剋于奥国。萨多哇之役，奥之死伤逾三万，而德则不过九千。至于一千八百七十年师丹之役，德师长驱入巴黎，维廉加冕于华赛尔宫，凯归而为全德共主。此其成功至伟，虽远近因缘，不可一二数，而微杜励志制器之进步，其收功殆不能如是之疑神也。呜呼！实业可忽乎哉？

实业之利国，其大者如矿、如路、如舟车、如冶、如织、如兵器，所共见者也。乃即言其小小，至于缄线锥刀、琉璃瓷纸，今若取吾国所产，以与欧美之所出者较，则未有不令人伤心短气，不自知吾种将何以自立于天演物竞之场者。至于今，吾国日日人人，莫不扼腕扣心，争言变法。而每事之变，其取材于外国者，必以益多；其旧产于吾国者，必愈无用，将勉强迁就，而用其故者乎？则以物材器制之非良，其弊乃立见。即不然，则集资设厂，号为抵制，以自保利源。顾其中所用机器，则以重价购自外洋者也，匠师又以重束而聘自外洋者也，其所自保者，亦至有限耳！且此必强有力之官商贵富而后为之，其于遍地之小民，凡勤俭劳力以治身者，又无裨也！其于全国，岂有夈乎？故吾谓实业为功，不必著意于重且大，但使造一皮箱、制一衣扣、一巾、一镜之微谲，果有人焉，能本问学以为能事，力图改良旧式，以教小民，此其功即至不细，收利即至无穷耳。

夫吾国实业之闭塞,论其大归,不过二病而已:不知机器之用,与不明物理与化学也。是故实业之教育,必以之数者为要素。且其为教,宜力为其普通,至于普通,则无取于精微,但人人知其大理而已足。吾国近日风气,教育所亟,大抵不出政法、武备两涂。顾武备为物,其所待之外缘极多,必皆诉合,而后有守坚战胜之可望。使外缘不相为助,而惟兵之求,恐事变推移,将徒得其恶果。至于政治为学,不得其人,则徒长嚣风,其于国尤无益。皆不若实业有明效之可言也。所惜者,吾国旧俗,如前所云,若有以沮此项之人才,使之最难成就也者。夫其人博学多通,然犹勤勤恳恳,于执工劳力之中,泥涂黻冕,奴隶轩朱,殷然以拯救同群,张皇民力为事者,此其人于西国已不易得,于中国乃尤难求耳。英人葛勒敦(Galton)有曰:国民总总,就中可望为出色人者,大约四千人之中,不过得一而已。若夫具矫然英特之资,其心必不愿为庸众人,无论己所操为何业,必求为社会所利赖者,则兆人之中而得一已无异比肩而立者。赫胥黎曰:论教育之极功,即在能为法以网罗此二种之人才,裁成辅相之,使不虚生,而以为通国天下所托庇。夫此二种之人,其出于何地,至不可知者也,亦如至愚极恶者然。生于宫禁之中可也,生于圭窦之中亦可也,故生学家以此为造物之游戏。设有国焉,其中之法俗,能使如是之材,上不为富贵之所腐,下不为槁饿之所芸,俾之成材,而任之以其所最宜之事,人类进步,终必赖之,不仅强一国盛一种而已也。且果使教育之家真识别,而能得此二种之人才乎?则其所以培成之者,虽费至厚之资,犹不折阅也。何则?使人才如瓦德、如法拉第、如大斐者,而可以财易得,则英国虽人以兆金为价,其为廉犹粪土耳。呜呼!是三人者,皆实业家也。其诸吾党可以奋矣!

财政讨论会之币制会议

王建祖

十七日之币制会议，于双本位制之不适用、虚金位制之不能行及金本位制之不易几及，惟银本位制为适时已无异议矣。外国顾问对于主币发异议者二人，对于辅币发疑问者二人。前者非无所见，后者则于条文字句审察未真。经政府详细说明，亦既意释疑解，兹略述当时各顾问言论及其根据不完之处如下：

挨顾问引德奥币制改革为先例，谓德之马克仅值旧币三分之一，奥之可伦仅半旧币之值，故中国新币亦宜以三钱六分为单位，且单位值高则物价将随之而高，于国民之生计不利云。政府以物价随最小之辅币为转移，不随主币为转移答之。挨之见盖徒囿于小单位而不见英之磅、美之圆与中国之两之作用也。英磅值最高，计二十先令即二十倍马克。普通英人其进其出皆以先令为度，英之物价比德之物价不以磅值二十马克而高涨二十倍也。美多二角五分之小币，一般人用之。中国币以两名，而多数人民之所习者吊也。此生计程度随辅币为转移，而七钱二分主币不为太大之证也。白顾问亦不赞成以七钱二分为单位，其说曰：铜钱为中国自古所有，而银元不过流通于沿江沿海之地。今欲存此历史相沿之币之旧，莫如抑主币之值以就铜币。现市上铜币之价每一千二百五十文约值一元，若定十进之制，以一单位易一千文，则单位重量当在五钱七分半左右云。政府以经济势力聚于沿江沿海且币制之制定宜移辅币以就主币不宜抑主币以就辅币答之。夫历史固有之宜存者，必以其适俗而合用也。今铜钱之供求尚未得其平均，未见其适俗而合用也。泉币之平均也，必四境之内适足流通，与物价较无甚起跌，无充斥过多之地亦无荒缺之区。强挪甲地之币以灌乙地则甲地荒，而乙地滥溢使铜钱地位果得此所谓供求之平均焉？则抑主币以就之，犹可说也。不然，则固不必震于历史二字之名词而轻重倒置也。

对于辅币发疑问者二人。古顾问问：既铸新辅币，对于旧辅币如何办法？似坐未深考施行条例第三条"收回改铸及于一定期限内仍准行用"之字句故也。亚顾问谓：新辅币供过于求之时，条文内未定收纳兑换之机关。是坐未深考国币法第六条"租税收受及国家银行兑换不适用限制"之句故也。

自庚子后，英约有改革币制之欸以来，言币制者多矣。金币最良而力不能行，

---

* 本文原载于《庸言》，1914年第2卷第3号。

兑换金本位意甚美,非不可行,然收效难必,且势不易行。银本位不可为最后之目的,然可下手者,惟此为最。政府察事实据理论,采用银政策币制基础,于是乎定。有异议者主币辅币新旧大小之问题耳。夫中国之两之元之铜钱,无一有固定之价,足以为全国之准者,本无准而必于此中求至准。徒多论议,无裨事实。惟求最近之准定,主辅币之制行。以大力铸本为气血,必使雄厚足以供全国之流通;国家银行为机关,必使活泼足以司主辅币之吐纳。如建筑然,图样既定,有资本有人工则宫室旦夕成矣。

圣西蒙 Saint-Simon 及经济集中主义 Collectivism

王建祖

私产制度,自古所有,世所不非。英法经济学者,皆以之为天经地义之制度,勿容有疑问。忽有人焉,发抨击之论,以为是实阻碍分配平均生产有力者,以为若废私产,则社会工商之业,皆可以科学之术组织之,而人类之窘苦,可不再见。亦可谓能坚于自信矣。攻击者谁?圣西蒙及其徒也。Saint-Simon and the Saint-Simonians 论私产者,诚不自圣西蒙始。上自柏拉图氏(Plato),近至么阿氏(More),马伯里氏(Mably),磨勒里氏(Morelly),葛温氏(Godwin)及巴白氏(Babeuf)以及十八世纪之均产家,皆批评私产者。然此皆伦理之批评,非经济之论也。圣西蒙之说,则十八世纪末年始于法国蔓延欧洲之政治经济大革命之结果也。故圣西蒙之主义,非求人类源始之平等也。源始平等,意像之境而已。圣西蒙之说,机器制科学明风起云涌之新工业之产儿也。当是时,以革命故,法之工商,不复为贵族僧侣所压制,营业生机,活泼跳荡。及法王复位,事务复旧。圣西蒙之言,以深有窒此生机之惧而发。圣西蒙又不仅为工商之业有言而已,又为工人预作将来理想之位置。对于工程师银行家美术家专门学者,则传布其废私产承继以达产业集中之恉,以为如此然后可依科学以组织工商之事。工商之组织当,然后社会得以一新。说出,议者骚然。虽然,圣西蒙之说,可谓之经济自由主义之极端,不可谓与其前之社会主义同。圣西蒙之说与圣西蒙之徒之说,当分别之。圣西蒙之说,可谓之工商主义而稍带社会主义之色彩者,故圣西蒙之说,亦可谓自由经济之说之奔放者。圣西蒙之徒解释师说之结果,得经济集中主义。经济学史中,以圣西蒙之徒之说为要。然不先知圣西蒙之说,无以知其徒之说也。下节述圣西蒙说。并明其与社会主义及经济自由主义之关系。

一 圣西蒙与工业主义

圣西蒙,法国之贵族也,生于一七六〇年,豪放好动。十六岁,与美国独立之役;法国革命,放弃贵族权利;后以投机,资复稍积,尝一度以政治嫌疑被囚。未几,出狱。是时,已以游历家豪放家科学家办事家知。既出狱,以曾躬与法国革命。革命之后,昔之道德政治物质储界,一切扰乱,无复陈迹,而尚无制度足为之代者,于

---

* 本文原载于《北京大学月刊》,1919年第1卷第5号,第39—51页。

是决以大责自任。其下手方法，先召向所习之资本家告之曰："国乱初定，当安人心；求安人心，莫如设立大银行，集巨资以事公益。"圣西蒙经济及哲学思想之混合，于此语可见之。既而以择偶不慎，娶而复离，继以侈纵，资遂渐绌。一八〇五年，至寄食于旧仆妇之家。仆妇殁后，赖宗人之津贴及商友之捐助以为生活，已而有办银行者罗氏理格士（Rodrigues）供以资。一八二五年卒，徒众侍焉。圣西蒙既以改造社会为己任，印行著作甚多，或为小本，或为大书，或为新著，或选旧刻，或出己意，或为合作，然其宗旨常定，说法不同耳。

圣西蒙最先刊行之书，欲以科学知识，组织积极之道德，以代前此之宗教信条。其愿奢，而其学未致，故其所言，简而无当。然名哲学家孔德（Comte），圣西蒙之徒也，其实相哲学及实相政治两书（Cours de Philosophie Politique Positive）至为世所推重。然则圣西蒙不独为社会主义之祖，且为实相诸学说之祖矣。

圣西蒙经济之观念，可一言以蔽之曰：尊崇工业。所谓工业，用至广之义。凡与人工有关系之业皆属之。其重要意义，聚于至少之页数，学者所谓圣西蒙之喻言也，其言曰："假如法国丧失名医五十人，名化学者五十人，名身体学者五十人，名银行学者五十人，著商二百人，精农事者六百人，精铸铁者五百人，其他重要工业之失称是，则其结果为何如哉？失此国粹，若不补救，必终衰弱。然假如法国之所失，非上列之人，而为王族、官吏、僧侣以及审判之推事、衙署之雇员，更益以有地之贵族十万，则其结果又何如乎？以法人仁惠亲切之心，丧失如许人，必不胜悲痛。然此为感情之苦而已，其实于社会无不便。"圣西蒙又曰："世界者，工业之世界也。法国自十二世纪以至大革命，皆为近世工业社会培植基础之时日。言政治者，动以一八一四年之宪法为言，一若是为民生悲乐之大枢纽者。尚自由之政家，言必称民权，称自由平等。其实此等名词，治法学者之所心造而已。封建未废，此等观念，尚为有用；封建已废，议会政治，亦犹适用之。然议会政治亦过渡之制而已。将来之社会，惟知工业社会；将来之目的，惟有发达工业一事。以工业为万富之源，而幸福之所自出也。社会所务，惟有工业。则一切等级，皆在所当废，惟余勤惰之别。勤者如工蜂，惰者如雄蜂；勤者利国，惰者害国；将来之社会，惟有勤者，不容惰者之存在也。"圣西蒙所谓勤者，工人、农人、制造家、银行家、美术家、学者皆是。圣西蒙又曰："事工业之人，能力不同，用其所有之方亦异。故各人取诸社会以供享用之量，宜以其能力及用财之方为断。"由此言之，圣西蒙反对地主有地，而不反对资本家有资本。圣西蒙又曰："工业社会之中，政府之存在，非为必要，可按工业之须要，定适当之组织。国为大工场，故组织亦宜以大工场为范。组织之目的，宜在保护勤者，以免惰者之为之蠹，宜在维持生产家之安存及均等。至防盗窃、扶秩序，受庸者优为之，何必政府。"圣西蒙之工业主义，与士密（Adam Smith）及其徒之自由主义近。与塞氏Say说，尤为类似。主张自由者之言曰："尚放任。重才干。"犹圣西蒙之恉也。然圣西蒙主义与自由主义之相类。以此为域。过此而外。自为一帜矣。

圣西蒙谕政府曰："假如法国已变为大工场，则第一要事，当为调和企业家工人及消费者之利害,使之为一。如此之社会,纵有政府,其责至轻。社会中重要问题,不在治人而在组织生产之力,故政治之目的,当在生产。今之所谓政治,分等级尚抑压而已;理想政治,为聚社会之全力,以谋个人之道德,及物质之进步。所谓政府者,昔尚权力,今后宜尚才识;昔发命令,今后宜事指导;昔有等级,今后宜致其力于一群之所以应为事者。其唯一之职务,宜为社会幸福之增进。"

圣西蒙论政治之机关曰:"行政之权,宜在一会。会员宜以商业工业农业制造业之代表组织之,此会之外,宜有学者美术家工程师之合会,以为提出法案之机关。法案宜完全以增进物质之幸福为目的,法案之采用不采用,其权宜在行政会议。"由此观之,圣西蒙理想之政府,为经济的而非政治的,为办事的而非统率的。其理想之社会,为大工场;其社会之目的,为由和平之工业,以达物质之幸福。圣西蒙之所以异于自由派者以此,其所以与社会说近者亦以此。持经济集中主义者俺格耳至赞赏其说。普鲁多(Proudhon)是其说,而以为未致,以为既经济组织,则政府可以不立。孟格(Menger)之 Neue Staatslehre(新政治学)立说与普氏同。梭勒耳(Sorel)则曰:"社会之组织,宜如工厂。"此皆所谓工业之主义与自由说歧异者也。

圣西蒙经济政府之说,虽为社会主义所吸收,以为其学说之重要原素,然圣西蒙之主义,是否社会主义,犹疑问也。社会主义主张废私产,圣西蒙虽尝一次言私产之改革,然偶及之而已,非其所注意也。圣西蒙者,以为工人资本,皆宜有相当之报酬者也。或者其意以为政府之组织变更,便可达其理想之目的者也。

圣西蒙之愿念虽不奢,然根据其说,以攻击社会,要求大改革,为事至顺,为此者其徒也。是以圣西蒙之说,为由工业主义(industrialism)变成经济集中主义(collectivism)之过渡学说。

二 圣西蒙之徒 The Saint-Simonians 及其私产之批评

圣西蒙之著述,读者极少,其学之所以传,非以其著述,以其弟子笃信师说,以所闻于师者传布之故。智尔离者(Thierry)于一八一四至一八一七年,任圣西蒙书记,崇服其说,为之假子。孔德(Comte)亦尝任书记者,圣西蒙一八一七年至一八二四年之印刷物,皆经孔氏之参与。罗氏理格士(Rodrigues)及其弟欧善(Eugène)皆其早日之弟子,俺方丁(Enfantin)以工程专门学校年长学生而师之。巴萨德(Bazard)共和党人也,倦于政治,乃学圣西蒙之学。此皆其得力之弟子也。圣西蒙没后,其弟子发行一杂志,命曰《生产者》(Le Producteur)以传布师说。一年而停版,然入人甚深,信者至众,以为是可以代宗教之信条。及自由政治之说者,熟心传布师说者,以欲求大效,须有组织,于是仿天主教会制度,组一学会。会中之人,别以等级。学校奥名较著者,谓之父(fathers),其下者谓之子(sons),子与子之相视如兄弟。此组织成于一八二八年,欧善之力也,同时巴萨德公开演说,演述其师之恉,如是者三年(一八二八至三〇)。法国历史上名人多尝临听者。演说之辞,编集出版，都两卷，名曰《圣西蒙学说释义》（*Exposition de la Doctrine de Saint-Simon*），第一卷言经济社会，第二卷言哲学伦理。孟格曰："第一卷所言，近世社会主义最精之说也，惜经唵方丁传述，以哲学虚渺之说为重，圣西蒙主义之衰以是。"

圣西蒙之徒之所以仿效宗教之组织，盖有其说。若曰："吾侪不宜以使人知社会之理为已足，尤当使人志此理，爱此理；欲求此效，知当同，行当一；求知行之能同能一，当采宗教之制度，致宗教之信仰。"以是故，圣西蒙主义变为一种宗教，自成一种道德，设教堂于四境，派传教之士，集人民而教导之，以学说而具宗教形式焉。教会既立，唵方丁及巴萨德为教主，既而巴引退，唵遂为至尊教主，自一八三一年四月至十二月，唵率徒众四十人，静修一室中，其他教徒则致力于鼓吹。一八三一年七月教会收《地球》（*Le Globe*）杂志为鼓吹之具。然至是，法庭以组织违法起诉，判唵方丁及其他会员二人以一年之徒刑。自是，此奇特之组织遂云散。

圣西蒙发明经济之理，而其徒以宗教形式传之，过矣。虽然，其徒所编订《释义》第一卷之言经济，理深而精，说详而辨，于圣西蒙原义，多所引伸，有青胜于蓝之概，不宜磨灭之作也。《释义》之著，巴萨德及唵方丁功最多。关于经济之部，大约为唵方丁之意，而唵又多有得于斯士蒙氏（Sismondi）乃此精深之作潜没不彰，而识不逾常人之著，反有传者，其故何在，莫能究诘。近日学者，则渐知其内容之重要，知其为十九世纪之要著矣。

《释义》经济之要恉，谓私产不宜有，故《释义》抨击私产，意谓以分配言，则私产为不公；以生产言，则私产减产力。十九世纪攻击私产之说，太半为《释义》所已先发明，今分别由分配及生产方面论述之。

一 "工业社会之中，惟才与力宜有酬报，而勤与惰不能并存。"此圣西蒙之言也。然圣西蒙又以为资本家之有资本，以有牺牲之故，故资本宜食报。由前之主张，而杂以此说，是犹奏雅乐而杂以郑声，其徒不以为当。其徒之言曰："资本的私产，特别利益之害大者也。法国革命，去除等级，民平等矣；废长子承继遗产之制，诸子之利益均矣。而独于有私产者征取他人勤劳以为一己利益之事，不扫除焉，至可惜也。何也？以有产业者，坐而享收入，如征税以自养，而出税者，勤劳之人也。生产两大原素，曰地，曰资本。由今之制，地属地主，资本属资主，各以所属，分配于工人，以致生产。于是工人不得不以其勤劳之结果与他人共，而息与租生焉。由此言之，是无产者之血汗，为有产者所收刮也。加以承继遗产之制，自成等级。有产者永有产，无产者永无产，收刮者永收刮，被收刮者永被收刮。是可忍，孰不可忍。"难者曰："地主资主，非皆惰者，有甚勤劳者也。"圣西蒙之徒曰："其勤劳所得，其所应得也；其地或其资之得，非其勤劳所得也。是二事，不可混为一也。"

收刮（exploitation）一名词，为社会主义诸说中之重要名词，斯士蒙氏尝用之，圣西蒙之徒用之，马克士 Marx 等亦用之，然诸家之所谓收刮其意不同，不可以不辨。

斯士蒙氏以资本有息为正当，但若工人劳银，在公平价格之下，则以为收刮然又以劳银过少，为暂时现象，源于暂因。去其暂因，则现像灭，病不在根本，故无以有收刮而改组社会之必要。由此言之，斯氏所谓收刮其意义甚难定，若其所谓公平价格（just price）之义之难定也。且由斯氏言，其所谓收刮之事，不必限于雇主工人之间，承人之怯懦无识孤立，使其与我之货之力逾于其应与之量，或使其出以购货购力之价，超出乎公平价格之上，皆是也。

圣西蒙之徒所谓收刮则其所以为社会根本之病者。其言曰："现时社会，基于私产。私产者何，据有产业。四体不勤，他人劳苦，享其结果也。被收刮者，工人而外，有劳心者，有竭虑者。即企业之家，凡百经营，必须资本。贷入资本，则须付息。故企业者，亦在被收刮之列。"

由此观之，圣西蒙之徒，以利为正当，以为是乃谋画指挥之报酬也。其论利曰："企业家若利用其雇主之地位，少给劳银，是为刻扣，亦收刮也。然救此弊，不为难事，病不在企业家之有利。"此说与斯密之说合。故由圣西蒙之徒之言观，理想社会中，异才当有异报，而利不为不公。

马克士收刮之说，则又与圣西蒙之徒异。马以收刮为资本制度根本之病，以现时财富交易之方法，为有收刮之原因。其言曰："价值之本源在人工，故惟劳者宜有享用。息与利，皆盗窃也。"马克士盖以企业所入与资主地主所入同列也。

马克士以价值渊源于人工为其立论之根据。收刮三说中，以马克士说为最严整。然三说中，亦以其说为易破。有能证价值非完全出于人工者足矣。圣西蒙之徒，则未尝牵混价值之说，而以劳动收入资本收入之分别为立论根据。据其所言，不劳之收入，为不正当之收入。此之结论，甚难辨诘也。

近世经济学者，颇以为自生产方面观私产之制，非不可辨护。盖积财富，事生产，皆有益于社会。而私产制对此二事，有奖励之效也，农宗尝用此说为私产辨护。圣西蒙之徒，则以为由公平言，私产致分配之不均；由利害言，私产致生产之不力，是皆私产不可以不废之故。

二　私产及生产之关系，圣西蒙之徒，虽有言说，而未透澈。其说谓生产之事，必须生产之具；欲生产有力，当使能者用生产之具。以私产制言，用具之人，果能者乎？父有产业，父能用之；父死传子，子才可必乎。夫运用产业以为生产之具，为至难之事。分配生产之具，使须急者多，须缓者少。无有余不足，为至要之举，而一任诸承继遗产之制，是岂生产之利乎？故欲生产有力，遗产之承继不可不废。

士密谓政府其实为保护有产者以防无产者之侵犯之机关。此观念诚狭。由士密之言，私产者，天然之结果也。圣西蒙之徒则曰："财富为途径，而非目的；为社会生产之具，而非个人贪得之具。私产传子，为大不可。"或曰："私产传子之制，可以奖励积蓄，资本以增，为利甚大，且才父之子不必才，固矣。然用异法择人，遂可必继任生产者之才乎。"圣西蒙之徒曰："或者无疑也。生产之紊乱无力，其故何在乎？无他，传子而已。私产传子，故生产者之所见，惟有子嗣；其所谋画，皆为子嗣预计之谋划，社会全体之需，不暇顾念也。其结果，资本之分配，与须资之方不相符，与用资之力不相称，须急而资少则绌，才小而资多则滞，或绌或滞，而生产乱恐慌起矣。欲止恐慌,惟有经济集中之法。有产者死,以国家承继其产;产尽在国,国则按用产之力须产之方以分配之,以事生产。国中之人,才大者重任之,才小者轻任之,重任者受酬多,小任者受酬少。如此则国无滞资,人无废材,地皆得垦,资皆得用。国人之需,无不有给矣。"

此说诚汪洋,而条理不具,手续不明。吾恐起圣西蒙之徒而责之,彼亦无辞也,才大大任,才小小任,至得当矣。然才大小,谁可判之?大任大酬,小任小酬,至公平矣。然酬与任,孰能称之?吾知圣徒必曰,据圣西蒙学会之组织,其职员有将有弁有卒,量材称酬,必大将也。此言似矣。然公私辨别,人之所难。即在贤智,不尽无我。弊因我出,何以防之?今让一步,作为大将尽臻圣域,并能无我。然弁与卒,犹是问题。大将出令,兵并不遵,则将如何?圣徒必曰,学会说理,如教会传道,必能感化。然不能感化者,又将如何?将以力服之乎?抑尚有他道也。

前此所言,不但可施诸圣西蒙之徒之说,凡经济集中之论,皆适用之。盖经济集中,则个人之活动,自然之发展,皆在当废之列。经济之事,皆统于一中。若人性完善,此制之行,无难事也。然发令者人,奉从者亦人耳,愚昧错误,尤诡掘强,公私不辨,黑白不分,人性之所不能免也。沙也而欲煮成饭,圣西蒙学会虽有大愿,其可能乎?

虽然,圣西蒙之徒经济集中之旨,为十九世纪言经济集中者之所不能外。其私产之分析批评,为其他新社会梦想者之所不能及。一国之中,社会不可择某等人而抑之使不得进,亦不可择某等人而扶之使进,抑扬皆无所用。竞走者同起点而走之迟速异。事经济者机会均等而才之大小异,量才以任事,按事以程报,则生产之力大,不其然乎。

圣西蒙之徒以社会量才任事按事程报为伦理道德之要本,故不主张共产。量才任事,则人之初生,宜无等级。有产无产之等级,等级之害大者也,故以私产传子,其害至大。以私产传子,则财富所属,皆在偶然出生富家之少数人,而多数人以此而穷困而愚昧矣。是以圣徒以为一切生产所须器具,无论其为田地为资财,皆宜集于一中,属于社会。社会则组织其民,以便任事。任事分子,判别等级,等级以才为断,才较大者任较重,任较重者酬较厚。

三 抨搭私产制度者,亦尝由历史方面立言。其说曰:"私产之制,非自元始遂有今状,历变盖多。以为固定者,不知历史,昧于变通者也。虽无抨搭,私产制度,亦必变迁。批评之言,陈述未来之变而已,非故为警人之论也。"

圣西蒙之徒,索遍历史,凡与私产有关系之事实,皆采习而条理之,用功至多,故其立说,围范确实,后之言经济集中者,无以易也。《释义》之言曰:"论者以为无论社会如何变革更动,私产制度,恒而不变,神圣而不可犯。岂其然乎?社会万事,皆有进化,产业之制,何以独否?"此名言也,后之言改革社会者,皆奉以为圭臬,莫能出其范围之外。比国名经济学者拉佛雷(Laveleye)之著《私产形式考实》。后圣徒四十年,《考实》研究私产最精之作也,然其言产业进化,与《释义》若出一辙。

圣西蒙之徒曰："学者若疑产业制度变更之言,可以证诸历史。按历史,产业之始,该括人身。所谓奴隶也,其后蓄奴主人对于奴隶之权渐杀,以至于废,自是私产范围,以物为限,不及人身。物的私产之承继传授,原由于有者之自由志愿,已而定传长子制。欧洲诸国,多数仍用此制也。法国革命,创诸子均分之制,生产之具,以是稍散。及经济进步,息率日落,有产之人,所得渐少,劳动工人,所得渐多,分配之事,更为均平。然宜再进一步,使生产之具,为劳动者共有共用。"圣西蒙尝曰："个人皆自幼而少而壮而老,社会亦然,此无他,发达之公例而已。发达,有节者也,如算学之级数,可以计拟,知级数之差,则其诸款,皆可以数计。是以由历史观察社会,究往可以知来。社会进化级数之第一款远矣,若其终款,为何状乎? 自家而邑,自邑而国,吾人之所知也。过国而往,又将焉归,无亦为国际之大同盟,工业之大同世界乎? 此人类进化之终款也。"

由此观之,圣西蒙及其徒之说,为一种之历史哲学。其学,根据历史,悬一目的,以为社会发达之所必至,自信甚笃,更无疑惑。圣徒之说,与马克士同,在此一点。然其不同者有二:马克士之徒,以为社会之演进,虽已见端,然欲达的,当赖革命,圣徒则欲以道德言说引社会入平坦之道,此其不同者一;圣徒以为理想学说之力,足以模范社会,马克士之徒则以为社会之改变,有赖生产及物质,此其不同者二。

三　论经济学说史中圣西蒙之徒之重要

圣徒之说,为一种混合之说,实相(realism)与理想(utopianism)皆具其社会主义,为尝学问之人言,非为一般之人言,故其言深。其主义之结晶,由于观察测探当时经济之大潮流,不由于劳动者一等人之研究,故其范围纵。故圣西蒙学会既解散,其徒遂有专力于经济事业之实行者,致力财政者有之,致力实业者有之。一八六三年柏里(Péreire)弟兄创立信用会。今之信用会,盖本于是。巴黎(Paris)至马塞(Marseilles)之大干路,联络三铁路而成,俺方丁实参与其组织,开凿苏彝士(Suez)运河之公司,亦由俺方丁启其先路。舍发利(Chevalier)则在法兰西大学,辩护国家之经济活动,又于一八六〇年与英国定商约,是为法国自由商业之始。圣徒与银行之事习,又以法国王政复旧时,各国境内资本之须,每取给于国际之银行家,款之来源,不限于一国,深知银行之要而提倡之。近世银行,集流动之款,供工商之需,如大湖积水,良田万顷,赖以灌溉。虽不是废私产之恉者,不能不讶圣徒对于信用之见之远也。圣徒之希冀于银行者,又不止于是而已,以为银行更宜以节度工业为己任,滞留者宜有以促之,奔放者宜有以缓之。今之银行,未能臻此。即非社会党,颇有惜其言之不用者也。圣徒之论生产,意谓自由竞争,不能使供给符须要,故生产不可不节度。理士曰:"节度生产,国家不善为。然竞争之不便,如此其大,制造家逼而联合。冀稍得节度之效。可谓圣西蒙主义一节之实行矣。"

圣徒于经济事业之实行,固有力矣;于学说之发明,功亦至大。十九世纪社会主义批评经济现状之论,改组经济社会之策,皆于圣徒之说见其端。故其说可谓一切社会主义学说之纲要。社会主义学说中,名言警句,每源于圣西蒙之徒。"以人类收刮人类"(the exploitation of man by man)者,一八四八年所常用之语也。自马克士书出,易以"等级之战争"(class war)皆采自《释义》者。白浪言《人工之组织》(*The Organization of Labour*)马克士以地与资本为"劳动之器具"(instrument of labour)皆《释义》所先发。十九世纪社会主义有联结派(associationist)而生产者联结之利。《释义》已言之。轩利左治(Henry George)主张土地单税,而《释义》已有利用理喀多(Ricardo)及马耳达士(Malthus)学说收上田余产供社会须要之言,此皆社会主西义之说也。非社会主义说,如受雇者分红利(profit-sharing)之论,亦圣西蒙之徒之所已言,或见《释义》或见其他印刷物。圣徒之说,义如此富,故其前此之幽而不彰,甚不可解也。

十九世纪经济之论,歧为二途,曰正宗学说(economists),曰社会主义(socialists)两派之争,言激意愤。圣徒虽未见争之剧,然已觉其趋势,其先见有不可及者。士密氏理喀多氏塞氏之书,对于经济之理论,及社会之事实,未尝分别研究。经济之事实,其理论之起点也。而私产,事实之一也。故正宗派经济学家,但言年入之分配,息庸租之高下,而私产在不论之列。私产之起源利害分配承继,不在其研究范围之内也。其论年入之分配,以为土地资本人工分得之量,皆有公例为之准绳。而其所谓土地资本人工者,完全为论理之具,如甲乙丙而已。意不注于人,无感情之用。田主资主工人之名,虽亦可见,然所以供行文之便而已,故正宗派分配之论,生产原素价格高下之论也。圣徒及一般社会主义之视分配则异是,彼等特别注意分配,产业分配之方法,有产者无产者之所以别,地与资本等生产器具分酌所以不均之故,生产器具分配不均,所以能致生产结果分配不均之故,皆其所以为不可不知者。又以为生产原素,用之者人,以为甲乙丙,则感不切。研究之道,宜切究个人或等级之利害。此种观念,范围至远大,其所贱括,有两问题:一经济的,二社会的。此两问题,不可混合者也。

全体及一部,利害不同,不能免之事也。正宗派(classical writers)以为利害冲突在销费者及生产者之间,销费者代表普通之人,生产者代表特等之人。圣徒则以为冲突在劳动者及懒惰者之间,此近世所谓工人与资本之冲突也。工人者,以其劳事生产者也;资本家者,懒惰不事事而食工人之劳者也。此说无论何派之社会主义皆以为至当。唵方丁曰:"正宗派利害冲突之言,不足以表示利害不调之情形,无宁用劳动懒惰之说。"正宗学派及社会主义之见,不同如此,故其意境之社会组织亦异。正宗派曰:社会组织,宜以销费者为本位,销费者之意满足,则社会皆满足。社会主义曰:社会组织,宜以劳动者为本位,劳动者尽得其所应得,则社会之利害调均。经济活动之观,两派亦不同。社会成于无量数人,而人之活动万变。正宗派则以少数之公例范围之,又自觉其公例理论之完密,以为更不必有更动,虽有窘苦,以为暂像。其言曰:"个人越轨,社会自力,自能限之。自由竞争,其例也,故任其自己,则社会全体之利自至。"理士曰:"社会自力,或可达的。然力力相撞,必有伤者。救伤里创,正宗派胡不为。以社会比车,轮轴油滑,然后抵牾少。行动顺,以油滑轮,正宗派胡不为。胡一任其自然也。"圣徒之见,则以为社会自力,行缓动难而伤人众,宜以人为之调节代之,其意与斯士蒙氏同。理士(Rist)评此意曰:"力力相激,免其冲撞,因势顺导,谁曰不宜?然圣徒欲全赖人力改造社会,则期望过奢,故其所为试验,多失败者。反对学者,以是讥之,然其试验之留踪迹者,究不能调其非模范社会一种之力。"故正宗主义与社会主义不同之点,圣徒能切著言之。即此已可不朽矣,乃圣西蒙学会以唵方丁之奇僻而致解散。大好学说,经一度之湮没,惜哉!由今观之,十九世纪社会主义之要说,多为圣徒所先发明,吾人不能不以其说为经济学说史中一紧要之关键也。

物价与货币购买力*

——致《甲寅》杂志记者

李大钊

记者足下：

仆向者喜读《独立周报》，因于足下及率群先生，敬慕之情，兼乎师友。去岁南中再乱，《周报》忽焉不赓，政俗靡敝，讹言繁兴，不得谠论以匡正之者数月；而戎马江南，音书隔绝，即私人问学之通讯，不得诸先生教导之者亦复数月；中情郁悒，莫可申诉。残冬风雪，乃从二三朋辈，东来瀛岛，问难无地，索居寡欢，偶于书廛，得《雅言》读之，知为率群先生所作，则喜。继得《甲寅》出版之告，知为足下所作，则更喜，喜今后有质疑匡谬之所也。读《雅音》第五期，于率群先生论《吾国今日物价问题与货币之关系》文中，有所疑难，莫能自解。爰假大报通信之余栏，冀足下暨率群先生有以辟其蔀也。

率群先生曰："夫国贫之现象，必先在货币之减少，即所谓购买力之减少也。购买力既减少，则被购买之品质，是必减退其价值，所谓物价贱之现象出焉。今物价既不贱矣，足征货币未尝减少。"仆思货币之多寡，与其购买力（purchasing power）之富弱，适成反比例，即货币多则其购买力弱，反之，寡则富。盖购买力云者，非即货币之价格所能购买他物之力也欤！其本质本与货币之价格为同物，不过价格自其值言，购买力自其力言耳。譬之，昔以一枚银币能购二斗米者，今则仅能购一斗米，此银币之值（worth）若力（power），今昔之变迁为何如者？价格则昔昂而今落，购买力则昔富而今弱矣。然则物价与货币购买力之关系，亦犹物价与货币价格之关系也。于此须为价格与物价（value and price）之辨，方不梦蓁。价格者何？谓一物值他物几何也；物价者何？谓一物值货币几何也。一马适值二牛，此马牛之价格也；马值银币五十枚，牛值二十五枚，此马牛之物价也。以币值物，正如以权称物。物之重即权之轻也，权之重即物之轻也。物之昂即币之贱也，币之昂即物之贱也。夫果购买力与货币之价格为同物者，则物价贱货币之购买力必富，物价昂货币之购买力必弱，必然之理，显于事实，乌容怪者。惟学理幽玄，事象迷炫，以仆浅学，不敢自信，用述厥怀，就正达者，幸辱教之。

---

* 本文原载于《甲寅》，第1卷第3号，1914年8月10日。

战争与人口问题[*]

李大钊

余曩居日本,时闻彼邦政界山斗奋勖其国人者,辄提二义以相警惕。彼谓地球之面积有限,人口之增庶无穷,吾人欲图生存,非依武力以为对外之发展不可。盖优胜劣败,弱肉强食,天演之义,万无可逃者也。此其所据,全根于马查士①之人口论与达尔文②之天演论。

余之举此,以证今世列国对于战争之观念,其的志乃在赖以解决己国之人口问题。夫人口过庶,固当求解决之道,而依战争以解决之,乃无异于堕胎自杀也。观于近日交战国之面包问题日益危迫,足知饥馑之来逼,全为战争之所赐。Proudhon③氏"战争乃饥馑之子"之言,今乃适居其反,而以战争解决人口问题之迷梦,可以破矣。

吾人虽不欲苛论古人,而对于马氏人口论所授近世侵略家以口实之事实,亦不敢为之曲讳。余乃审马氏之说而妄为之评骘焉。马氏人口论之要旨,在谓地球之面积有限,地之生产力又为报酬递减之法则所制,而有一定之限度不能超越,故食物增加之率为算术的,而人口增殖之率则为几何的。人类苟不自节其欲以限制其出生,纵其本能之所之,必陷于人口过庶之境,而饥馑、灾病、夭札之祸殃,战争、掠夺、自杀、杀人、堕胎等之罪恶,乃以不免。人欲避是等祸殃与罪恶,当以节欲洁身之德,自度其生计之能力,而后娶妻生子,此患或可减免,舍此更无他道。达尔文之天演论,盖深感于斯说而著也。余谓斯说所有助长战争之恶影响者,半由其说本身之不完,半由野心家之利用。由今考之,各国不惟无人口过庶之忧,且有过减之虑。征之英、法、美诸邦之统计,皆有此等倾向,此其说之不完者一。就令果过庶焉,人类自具无限之天能,宇宙自有无尽之物力,以无限之天能求无尽之物力,当可自处其生,使之裕如而得养,初非必待节欲始克遏其势者。又况纯以限制出生预防人口之过庶,究能奏效与否,尚为一疑问,此其说之不完者二。准斯以谈,土地报酬递减之律,亦非必绝对不可抗者,盖所谓文明即人类发挥其天赋之能以与自然势力抗敌之度也。人类本能之势力日增,自然之势力日减,即文明之程度益进。今世之声、

---

[*] 本文原载于《甲寅》,1917年3月30日。
① Thomas Robert Malthus(1766—1834)
② Charles Robert Darwin(1809—1882)
③ Pierre Joseph Proudhon(1809—1865)

光、电、汽，无非人类依其开发之资能，战胜自然势力之俘获品，使无文明之进步，则声之不能传，光之不能显，电汽之不能应用以缩小时间与空间，其为不可抗之势力，何尝不与土地报酬递减之律相等。顾以人类思究之精，发明之巧，飞机可回旋于空碧，潜艇可横行于海底，汽车、汽船可以较少之时日绕遍坤舆一周，无线电可以瞬息之刹那环星球数度，而一一战胜自然以有若是之成功，安见地力之所包蓄者，尽于今日人智所能发见之度而不可以文明之势力抗之欤？此其说之不完三。马氏既认定人口过庶为确定之事实，复认定报酬递减为无抗之法则，遂谓微人各准其生计之度，以自行节欲、限制出生，则战争等等之灾殃罪恶，将为必然之结果。一方忘却人类反抗自然之本能，一方暗示人类以战争之难免，乃以隐中人类卑弱之心理，潜滋其贪惰之根性，而人生之祸烈矣。此其说之不完四。有此四者，野心家乃取以与达尔文之天演论并为文饰侵略之材料，奖励战争之口实，以有今日之惨祸。今而犹不揭出救济人口过庶之正当途径，与夫人类好战之真实原因，长此相杀，以争自存，余诚不知以心灵理性超绝万类自夸之人类，视禽兽之互相吞噬者，相去何几耶？

余维今日战争之真因，不在人满乏食，乃在贪与惰之根性未除。以自享之物为未足，而欲强夺他人之所有，是谓之贪。不思竭自己之勤奋，求新增之创造，以为自养，徒患自然惠与之不足，是谓之惰，惟贪与惰，实为万恶之原。人间种种罪恶，皆丛伏于此等恶劣之心理。斯而不除，即使举世之人，其生活程度一跃而皆能伍于欧美中等以上之社会，争城争地之事，亦岂能尽免者，吾人果以人口过庶为忧，亦当知人口所以过庶者，必为其群贪惰自弃之结果。欲有以救之，惟在祓除此等根性，是乃解决人口问题之正当途径，销弭战争惨象之根本方策也。

最后当附一言者，余虽对于马说有所非难，然并不抹煞其说于经济学上之价值，悬其说以为警戒，使人益知奋进，以谋文明之发展，稍存贪惰之心，必来穷乏之患，而以无敢邻于怠荒焉。余虽不敢信其节欲以限制出生之说有显著之效果，但亦绝不否认其说之本旨。余谓此事之当然，与其著眼于经济，毋宁立脚于伦理，盖恐使人误认解决人口问题之道，舍此更无他术，因而自忘创造文明之努力，自疑销弭战争之可能。此则余作本文之微意也矣。

中国古代经济思想之特点[*]

李大钊

东西文明根本上的异点,吾既详细的论过了,于此而更从经济思想上发见东西人有根本特异的地方。即西方人的经济思想,既于欲望的是非邪正,一概不加择别,而惟尽力以求其满足,而满足的手段,亦复不加以选择;东方人的经济思想,于欲望既须加以严正的择别,于一定的限度内认为必要的欲望,可以使之满足,此外则必须加以节制,而于满足欲望的手段,亦须守正当的轨范。所以西方的经济思想,其要点在于应欲与从欲,在于适用与足用;东方的经济思想,其要点在于无欲与寡欲,在于节用与俭用。这亦似是因为受了自然环境的影响才有这样的不同。自然的赘与啬,故人间的欲望奢,欲望奢则必竭力以求应欲而尽用;自然的赘与丰,故人间的欲望小,欲望小则必竭力以求寡欲而节用。这是东西洋经济思想不同的特点。

现在把中国古代的经济论,略述一二,亦或足以窥见其一斑。

老子的经济学说:

"民之饥者,以其上食税之多也,是以饥。民之难治者,以其上之有为也,是以难治。民之轻死者,以其上求生之厚也,是以轻死。"[①]

"天下多忌讳,而民弥贫;民多利器,而国家滋昏;民多知慧,而奇物滋起;法令滋章,而盗贼多有。"

"绝圣弃智,民利百倍;绝仁弃义,民复孝慈;绝巧弃利,盗贼无有。"

"我无事而民自富,我无欲而民自朴。"

"五色令人目盲,五音令人耳聋,五味令人口爽,驰骋田猎,令人心发狂,难得之货,令人行妨。"

"不尚贤,使民不争;不贵难得之货,使民不为盗;不见可欲,使民心不乱。是以圣人之治也,虚其心,实其腹,弱其志,强其骨,常使民无知无欲。"

"小国寡民,使民有什伯人之器而不用也,使民重死而不远徙。虽有舟舆,无所乘之;虽有甲兵,无所陈之。使民复结绳而用之。甘其食,美其服,乐其俗,安其居。

---

[*] 1920年"北大讲义",按《守常文集》刊印。
[①] 见《道德经》,下引同。

邻国相望,鸡狗之声相闻,民至老死不相往来。"

"知足不辱,知止不殆,可以长久。"

"……罪莫大于可欲,祸莫大于不知足,咎莫憯于欲得,故知足之足常乐矣。"

儒家的经济学说:

"后稷教民稼穑,树艺五谷;五谷熟而人民[民人]育。人之有道也,饱食、煖衣、逸居而无教,则近于禽兽。圣人有忧之,使契为司徒,教以人伦——父子有亲,君臣有义,夫妇有别,长幼有叙,朋友有信。"(《孟子·滕文公》)

"子贡问政。子曰:'足食,足兵,民信之矣。'子贡曰:'必不得已而去,于斯三者何先?'曰:'去兵。'子贡曰:'必不得已而去,于斯二者何先?'曰:'去食。自古皆有死,民无信不丑。'"(《论语·颜渊篇》)

"子适卫,冉有仆。子曰:'庶(美)哉!'冉有曰:'既庶矣,又何加焉?'曰:'富之。'曰:'既富矣,又何加焉?'曰:'教之。'"(《论语·子路篇》)

"无恒产,因无恒心。"(《孟子·梁惠王》)

"毂[谷]与鱼鳖不可胜食,材木不可胜用,是使民养生丧死无憾也。养生丧死无憾,王道之始也。"(《孟子·梁惠王》)

"王!何必曰利,亦有仁义而已矣。"(《孟子·梁惠王》)

"君子食无求饱,居无求安,敏于事而慎于言,就有道而正焉,可谓好学也已。"(《论语·学而篇》)

"士志于道,而耻恶衣恶食者,未足与议也。"(《论语·里仁篇》)

"饭疏食饮水,曲肱而枕之,乐(亦)在其中矣。不义而富且贵,于我如浮云。"(《论语·述而篇》)

"养心莫善于寡欲。其为人也寡欲,虽有不存焉者,寡矣;其为人也多欲,虽有存焉者,寡矣。"(《孟子·尽心》)

"饮食之人,则人贱之矣,为其养小以失大也。"(《孟子·告子》)

"敖不可长,欲不可从,志不可满,乐不可极。"(《礼记·曲礼》)

"俭,德之共也;侈,恶之大也。"(《左传》)

"专欲无成。"(《左传》)

"山下有泽,损。君子以惩忿窒欲。"(《易·损卦》)

"天道亏盈而益谦,地道变盈而流谦,鬼神害盈而福谦,人道恶盈而好谦。"(《易·谦卦》)

"天道节,而四时成。节以制度,不伤财,不害民。"(《易·节卦》)

"克己复礼,为仁。"(《论语·颜渊篇》)

"君子喻于义,小人喻于利。"(《论语·里仁篇》)

"富岁,子弟多赖;凶岁,子弟多暴。"(《孟子·告子》)

"有德此有人,有人此有土,有土此有财,有财此有用。德者,本也;财者,末也。外本内末,争民施夺。是故财聚则民散,财散则民聚。"(《大学》)

"生财有大道,生之者众,食之者寡,为之者疾,用之者舒,则财恒足矣。"(《大学》)

"有国有家者,不患穷[寡]而患不均,不患贫而患不安。盖均无贫,和无寡,安无倾。"(《论语·季氏篇》)

"节用而爱人。"(《论语·学而篇》)

"礼,与其奢也,宁俭。"(《论语·八佾篇》)

管子的经济学说:

"审度量,节衣服,俭财用,禁侈泰,为国之急也。"(《管子·八观篇》)

"日益之而患少者惟忠,日损之而患多者惟欲。多忠少欲,智也。"(《管子·枢言篇》)

"地之生财有时,民之用力有倦,而人君之欲无穷。以有时与有倦养无穷之君,而度量不生于其间,则上下相疾(也)。"(《管子·权修篇》)

"仓廪实,则知礼节;衣食足,则知荣辱。"(《管子·牧民篇》)

"国有四维:一维绝,则倾;二维绝,则危;三维绝,则覆;四维绝·则灭。(中略)何谓四维?一曰礼,二曰义,三曰廉,四曰耻。"(《管子·牧民篇》)

韩非子的经济学说:

"(其)商工之民,修治苦窳之器,聚沸[弗]靡之财,蓄积待时,而侔农夫之利。"(《韩非子·五蠹篇》)

墨子的经济学说:

"非无足财也,我无足心也。"(《墨子·亲士篇》)

"圣人为政(一国),一国可倍也。……其倍之,非外取地也。因其国家,去其无用之费,足以倍之。"(《墨子·节用上篇》。案:《墨子》《节葬》《节用》《非乐》等篇,均以节用去奢为主旨。)

荀子的经济论:

"人之性恶,其善者伪也。"(《荀子·性恶篇》)

"人之情,食欲有刍豢,衣欲有文绣,行欲有舆马,又欲夫余财蓄积之富也。然而穷年累世不知不足,是人之情也。"(《荀子·荣辱篇》)

"夫贵为天子,富有天下,是人情之所同欲也;然则从人之欲,则势不能容,物不能瞻也。故先王案为之制礼义以分之,使有贵贱之等,长幼之差,知愚能不能之分,皆使人载其事而各得其宜……"(《荀子·荣辱篇》)

"礼起于何也?曰:人生而有欲,欲而不得,则不能无求,求而无度量分界,则不能不争。争则乱,乱则穷。先王恶其乱也,故制礼义以分之,以养人之欲,俭人之求。使欲必不穷乎物,物必不屈于欲,两者相持而(长)……"(《荀子·礼论》)

(未完,下缺)

由经济上解释中国近代思想变动的原因

李大钊

凡一时代,经济上若发生了变动,思想上也必发生变动。换句话说,就是经济的变动,是思想变动的重要原因。现在只把中国现代思想变动的原因,由经济上解释解释。

人类生活的开幕,实以欧罗细亚为演奏的舞台。欧罗细亚,就是欧亚两大陆的总称。在欧罗细亚的中央,有一凸地,叫做 tableland;此地的山脉,不是南北纵延的,乃是东西横亘的。因为有东西横亘的山脉,南北交通,遂以阻隔;人类祖先的分布移动,遂分为南道和北道两条进路;人类的文明,遂分为南道文明——东洋文明和北道文明——西洋文明两大系统:中国本部、日本、印度支那、马来半岛诸国、俾露麻、印度、阿富汗尼士坦、俾而齐士坦、波斯、土耳其、埃及等,是南道文明的要路;蒙古、满洲、西伯利亚、俄罗斯、德意志、荷兰、比利时、丹麦、士坎迭拿威亚、英吉利、法兰西、瑞士、西班牙、葡萄牙、意大利、奥士地利亚、巴尔干半岛等,是北道文明的要路。南道的民族,因为太阳的恩惠厚,自然的供给丰,故以农业为本位,而为定住的;北道的民族,因为太阳的恩惠薄,自然的供给啬,故以工商为本位,而为移住的。农业本位的民族,因为常定住于一处,所以家族繁衍,而成大家族制度——家族主义;工商本位的民族,因为常转徙于各地,所以家族简单,而成小家族制度——个人主义。前者因聚族而居,易有妇女过庶的倾向,所以成重男轻女一夫多妻的风俗;后者因转徙无定,恒有妇女缺乏的忧虑,所以成尊重妇女一夫一妻的习惯。前者因为富于自然,所以与自然调和,与同类调和;后者因为乏于自然,所以与自然竞争,与同类竞争。简单一句话,东洋文明,是静的文明;西洋文明,是动的文明。

中国以农业立国,在东洋诸农业本位国中,占很重要的位置;所以大家族制度,在中国特别发达。原来家族团体,一面是血统的结合,一面又是经济的结合。在古代原人社会,经济上男女分业互助的要求,恐怕比性欲要求强些;所以家族团体所含经济的结合之性质,恐怕比血统的结合之性质多些。中国的大家族制度,就是中国的农业经济组织,就是中国二千年来社会的基础构造。一切政治、法度、伦理、道德、学术、思想、风俗、习惯,都建筑在大家族制度上作他的表层构造。看那二千余年来支配中国人精神的孔门伦理——所谓纲常,所谓名教,所谓道德,所谓礼义,那

---

* 本文原载于《新青年》,1920 年第 7 卷第 2 号,第 47—53 页。

一样不是损卑下以奉尊长？那一样不是牺牲被治者的个性以事治者？那一样不是本着大家族制下子弟对于亲长的精神？所以孔子的政治哲学，修身齐家治国平天下，"一以贯之"，全是"以修身为本"：又是孔子所谓修身，不是使人完成他的个性，乃是使人牺牲他的个性。牺牲个性的第一步，就是尽"孝"。君臣关系的"忠"，完全是父子关系的"孝"的放大体；因为君主专制制度，完全是父权中心的大家族制度的发达体。至于夫妇关系，更把女性完全浸却：女子要守贞操，而男子可以多妻蓄妾；女子要从一而终，而男子可以细故出妻；女子要为已死的丈夫守节，而男子可以再娶；就是亲子关系中的"孝"，母的一方还不能完全享受，因为伊是隶属于父权之下的；所以女德重"三从"，"在家从父出嫁从夫夫死从子"总观孔门的伦理道德，于君臣关系，只用一个"忠"字，使臣的一方完全牺牲于君；于父子关系，只用一个"孝"字，使子的一方完全牺牲于父；于夫妇关系，只用几个"顺""从""贞节"的名辞，使妻的一方完全牺牲于夫，女子的一方完全牺牲于男子。孔门的伦理，是使子弟完全牺牲他自己以奉其尊上的伦理；孔门的道德，是与治者以绝对的权利责被治者以片面的义务的道德；孔子的学说所以能支配中国人心有二千余年的原故，不是他的学说本身具有绝大的权威永久不变的真理配作中国人的"万世师表"，因他是适应中国二千余年来未曾变动的农业经济组织反映出来的产物，因他是中国大家族制度上的表层构造；因为经济上有他的基础。这样相沿下来，中国的学术思想，都与那静沈沈的农村生活相照映，停滞在静止的状态中，呈出一种死寂的现象。不但中国，就是日本高丽越南等国，因为他们的农业经济组织和中国大体相似，也受了孔门伦理的影响不少。

　　时代变了！西洋动的文明打进来了！西洋的工业经济来压迫东洋的农业经济了！孔门伦理的基础就根本动摇了！因为西洋文明是建立在工商经济上的构造，具有一种动的精神，常求以人为克制自然，时时进步，时时创造。到了近世，科学日见昌明，机械发明的结果，促起了工业革命。交通机关日益发达，产业规模日益宏大，他们一方不能不扩张市场，一方不能不搜求原料，这种经济上的需要，驱着西洋的商人，来叩东洋沈静的大门。

　　一六三五年顷已竟有荷兰的商人到了日本以后，Perry, Harris 与 Lord Elgin，诸人相继东来，以其商业上的使命，开拓东洋的门径，而日本，而中国，东洋农业本位的各国，都受了西洋工业经济的压迫。日本国小地薄，人口又多，担不住这种压迫，首先起了变动，促成明治维新，采用了西洋的物质文明，产业上起了革命——如今还正在革命中——由农业国一变而为工业国，不但可以自保，近来且有与欧美各国并驾齐驱的势力了。日本的农业经济组织，既经有了变动；欧洲的文明，思想，又随着他的经济势力以俱来；思想界也就起了绝大的变动。近来 democracy 的声音，震荡全国，日本人夸为"国粹"之万世一系的皇统，也有动摇的势子；从前由中国传入的孔子伦理，现在全失了效力了。

　　中国地大物博，农业经济的基础较深，虽然受了西洋工业经济的压迫，经济上的变动,却不能骤然表现出来。但中国人于有意无意间也似乎了解这工商经济的势力加于中国人生活上的压迫实在是利害,所以极端仇视他们排斥他们;不但排斥他们的人,并且排斥他们的器物。但看东西交通的初期,中国只是拒绝和他们通商,说他们科学上的发明是"奇技淫巧";痛恨他们造的铁轨把他们投弃海中;义和团虽发于仇教的心理,而于西洋人的一切器物一概烧毁,这都含着经济上的意味,都有几分是工业经济压迫的反动;不全是政治上宗教上人种上文化上的冲突。

欧洲各国的资本制度一天盛似一天,中国所受他们经济上的压迫也就一天甚似一天。中国虽曾用政治上的势力抗拒过几回,结果都是败辱。把全国沿海的重要通商口岸,都租借给人,割让给人了,关税铁路等等权力,也都归了人家的掌握。这时的日本崛然兴起,资本制度发达的结果,不但西洋的经济力不能侵入,且要把他的势力扩张到别国。但日本以新兴的工业国,骤起而与西洋各国为敌,终是不可能;中国是他的近邻,产物又极丰富,他的势力,自然也要压到中国上。中国既受西洋各国和近邻日本的二重压迫,经济上发生的现象,就是过庶人口不能自由移动,海外华侨,到处受人排斥虐待,国内居民的生活本据,渐为外人所侵入——台湾、满蒙、山东、福建等尤甚——关税权为条约所束缚,适成一种"反保护制",外来的货物,和出口的原料,课税极轻,而内地的货物,反不能自由移转,这里一厘,那里一卡,几乎步步都是关税。于是国内产出的原料品,以极低的税输出国外,而在国外造成的精制品,以极低的税输入国内。国内的工业,都是手工工业和家庭工业,那能和国外的机械工业工厂工业竞争呢?结果就是中国的农业经济挡不住国外的工业经济的压迫,中国的家庭产业挡不住国外的工厂产业的压迫,中国的手工产业挡不住国外的机械产业的压迫,国内的产业多被压倒,输入超过输出,全国民渐渐变成世界的无产阶级,一切生活,都露出困迫不安的现象。在一国的资本制下被压迫而生社会的无产阶级,还有机会用资本家的生产机关;在世界的资本制下被压迫而生世界的无产阶级,没有机会用资本国的生产机关。在国内的就为兵为匪,跑到国外的,就作穷苦的华工,展转迁徙,贱卖他的筋力,又受人家劳动阶级的疾视。欧战期内,一时赴法赴俄的华工人数甚众,战后又用不着他们了,他们只得转回故土。这就是世界的资本阶级压迫世界的无产阶级的现象,这就是世界的无产阶级寻不着工作的现象。欧美各国的经济变动,都是由于内部自然的发展;中国的经济变动,乃是由于外力压迫的结果,所以中国人所受的苦痛更多牺牲更大。

中国的农业经济,既因受了重大的压迫而生动摇,那么首先崩颓粉碎的,就是大家族制度了。中国的一切风俗礼教政法伦理,都以大家族制度为基础,而以孔子主义为其全结晶体。大家族制度既入了崩颓粉碎的运命,孔子主义,也不能不跟着崩颓粉碎了。

试看中国今日种种思潮运动,解放运动,那一样不是打破大家族制度的运动?那一样不是打破孔子主义的运动?

第一,政治上民主主义(democracy)的运动,乃是推翻父权的君主专制政治之运动，也就是推翻孔子的忠君主义之运动。这个运动，形式上已算有了一部分的成功，联治主义和自治主义，也都是民主主义精神的表现，是打破随着君主专制发生的中央集权制的运动。这种运动的发动，一方因为经济上受了外来的压迫，国民的生活，极感不安；因而归咎于政治的不良政治当局的无能，而力谋改造。一方因为欧美各国 democracy 的思潮随着经济的势力传入东方，政治思想上也起了一种响应。

第二，社会上种种解放的运动，是打破大家族制度的运动，是打破父权（家长）专制的运动，是打破夫权（家长）专制的运动，是打破男子专制社会的运动，也就是推翻孔子的孝父主义顺夫主义贱女主义的运动。如家庭问题中的亲子关系问题，短丧问题，社会问题中的私生子问题，儿童公育问题，妇女问题中的贞操问题，节烈问题，女子教育问题，女子职业问题，女子参政问题，法律上男女权利平等问题，（如承继遗产权利问题等）婚姻问题——自由结婚，离婚，再嫁，一夫一妻制，乃至自由恋爱婚姻废止——都是属于这一类的，都是从前大家族制下断断不许发生现在断断不能不发生的问题。原来中国的社会只是一群家族的集团，个人的个性，权利，自由，都来缚禁锢在家族之中，断不许他有表现的机会。所以从前的中国，可以说是没有国家，没有个人，只有家族的社会。现在因为经济上的压迫大家族制的本身，已竟不能维持。而随着新经济势力输入的自由主义，个性主义，又复冲入家庭的领土，他的崩颓破灭，也是不可逃避的运数。不但子弟向亲长要求解放，便是亲长也渐要解放子弟了；不但妇女要向男子要求解放，便是男子也渐要解放妇女了；因为经济上困难的结果，家长也要为减轻他自己的负担，听他们去自由活动，自立生活了。从前农业经济时代，把他们包容在一个大家族里，于经济上很有益处；现在不但无益，抑且视为重累了。至于妇女，因为近代工业进步的结果，添出了很多宜于妇女的工作，也是助他们解放运动的一个原因。

欧洲中世，也曾经过大家族制度的阶级，后来因为国家主义和基督教的势力勃兴，受了痛切的打击；又加上经济情形发生变动，工商勃兴，分业及交通机关发达的结果，大家族制度，遂立就瓦解。新起的小家族制度，其中只包含一夫一妻及未成年的子女，如今因为产业进步，妇女劳动，儿童公育，种种关系，崩解的气运，将来也必然不远了。

中国的劳动运动，也是打破孔子阶级主义的运动。孔派的学说，对于劳动阶级，总是把他们放在被治者的地位，作治者阶级的牺牲。"无君子莫治野人，无野人莫养君子。""劳心者治人，劳力者治于人。"这些话，可以代表孔门贱视劳工的心理。现代的经济组织，促起劳工阶级的自觉，应合社会的新要求，就发生了"劳工神圣"的新伦理，这也是新经济组织上必然发生的构造。

总结以上的论点：第一，我们可以晓得孔子主义（就是中国人所谓纲常名教）并不是永久不变的真理。孔子或其他古人，只是一代哲人，绝不是"万世师表"。他的学说，所以能在中国行了二千余年，全是因为中国的农业经济，没有很大的变动,他的学说适宜那样经济状况的原故。现在经济上生了变动,他的学说,就根本动摇,因为他不能适应中国现代的生活,现代的社会。就有几个尊孔的信徒,天天到曲阜去巡礼,天天戴上洪宪衣冠去祭孔,到处建筑些孔教堂,到处传布"子曰"的福音,也断断不能抵住经济变动的势力来维持他那"万世师表"、"至圣先师"的威灵了。第二,我们可以晓得中国的纲常,名教,伦理,道德,都是建立在大家族制上的东西。中国思想的变动,就是家族制度的崩坏的征候。第三,我们可以晓得中国今日在世界经济上,实立于将为世界的无产阶级的地位。我们应该研究如何使世界的生产手段和生产机关同中国劳工发生关系。第四,我们可以正告那些钳制新思想的人,你们若是能够把现代的世界经济关系完全打破,再复古代闭关自守的生活;把欧洲的物质文明,动的文明,完全扫除,再复古代静止的生活;新思想自然不会发生。你们若是无奈何这新经济势力,那么只有听新思想自由流行;因为新思想是应经济的新状态社会的新要求发生的,不是几个青年凭空造出来的。

社会主义下之实业[*]

李大钊

　　自从罗素说了一句"中国须要振兴实业"的话,就有人大吹振兴实业。诚然,中国经济之厄运已至,实业确有振兴之必要,但谓振兴实业而必适用资本主义,其谬已极。我也很想草一论文,讨论这个问题,不过业已有人指明,我可以省却这一桩麻烦了。我现在所要问的,就是俄罗斯是否是社会主义的国家?俄罗斯既是社会主义国家,为何还能振兴实业?单就铁路一端而论,苏维埃政府于过去三年间,添造铁路五千七百俄里(每里约三千五百英尺)。现在还派员四出测绘,预备再筑新路两千俄里,今年年内即可通车,此种新路连贯未经开采之各大森林,以为提倡木料实业之用。中国共和现在已竟十年,添造的铁路在那里?且俄国于改良农业,开垦荒地,都有切实之计划。中国以农立国,然而农业腐败得不堪过问。满蒙荒地很多,中国人又何尝有什么法子去开垦?至于现代文明下之工艺制造,中国人更不配开口了。照俄国说,社会主义于发展实业,实在有利无害。换言之,用资本主义发展实业,还不如用社会主义为宜。因为资本主义之下,资本不能集中,劳力不能普及,社会主义之下,资本可以集中,劳力可以普及。资本之功能以集中而增大,劳力之效用亦以普及而加强,有此种资本与劳力,以开发公有土地之富源,那愁实业不突飞猛进?中国不欲振兴实业则已,如欲振兴实业,非先实行社会主义不可。因为中国非无资本,而苦于资本之散漫,寄放在外国银行里的,窖藏在地底下的很多。中国有钱的人,除少数有点知识的而外,都不肯拿出来振兴实业,一则因为前几年很受所谓实业家者之大骗,二则他们也不晓得资本利用之原理,所以只知死守一宗大款,父而子,子而孙的坐吃罢了。现在若果实行平民专政,先将这样资本强行搜集起来,一定可以大办实业,否则中国资本这样零碎散乱,那能振兴实业。恐怕今后中国实业之振兴,都要成外国资本家的掌中物了。我想那些非社会主义的提倡振兴实业者,也不愿闹到这步田地罢!其次中国劳动者,本来是价廉物美名驰全球的,但中国实业不发达,没有很多工厂雇用他们,颇有供过于求之观,所以他们都跑到外国去,替那些外国资本家做牛马未免可惜。至于中国的流氓、无赖、政客等游手放闲的人太多了,这种人物若仿照俄国办法,不工作者不得馒包,他们也可变为有用的劳动家了。所以中国实行社会主义,不愁缺乏资本,尤不愁缺乏劳力,以此

---

[*] 本文原载于《曙光》,第 2 卷第 2 号,1921 年 3 月。

而开发地大物博的中国富源,实业是大可发展的。且中国不实行社会主义,则官僚之势力太大,他们也是掣肘实业的人。中国实业界的人,没有不受官僚的操纵压迫的,既行社会主义而后,则此种掣肘实业的人,当然可以消灭了。我要说一句武断的预言:中国实业之振兴,必在社会主义之实行。

中国之希望在于劳动者*

马寅初

人生世间，往往有不足之感念，而此感念随文化以俱进。故草昧之初，原始人类，榛榛狉狉，思念所及，不过衣食住三事，所谓肉体上单简之欲望是也。以后文明日进，人类之欲望亦日增。由单纯而复杂，由复杂而至于无穷。顾欲望者，非绝对的感念，乃人类对于货财或对于学问宗教名誉等所生之感念也。人有饮食的欲望，则有饮食以慰之；有奢侈的欲望，则有奢侈品以满之。故欲望日多，必财货日进而文明始能日进。欲望与财货二者，必相辅而行，未有财货与欲望背道而驰，而世界能进于文明之域者也。美国之富，冠于全球。推厥原因，则在于供求之相剂。需要者多，其供给之数，适如其愿以相偿。虽有分配不均之苦，然终无兵变匪祸之患，若夫中国则适相反。供给之数，少于需要之数。不仅高尚之欲望，无由而满。即卑下之欲望，如衣食住三者，亦无实力以应之。则何怪乎不安之象，遍于全国耶？

夫中国既患穷矣。吾将何以救之？曰，推广生产，供给人民之利用也。生产云者，非以人力创造物质也。盖宇宙间之物质，虽至小极微，非人力所能除灭，亦非人力所能创造。此即物理学家物质不灭之说也。吾之所谓生产者，即变物质之形体或物质之位置使之能供吾人之利用也，譬如化水为汽，使之动机，不过稍变水之形体耳。采煤于矿，用以助炊，亦不过稍变其位置耳。于原质上，固无丝毫之增减也，然欲物质变化与转移，不可不具有三大要素，则自然，劳力，与资本是也。三者缺一，则生产不能完全。倘有资本与自然而无劳力，则资本与自然，不能有所作为。若有劳力与自然而无资本，则劳力与自然亦无所施。生产之功，无可希望矣。

夫三大要素之关系，既如是其密切矣。试问中国有此三大要素乎？曰，中国地大物博，人口繁多，足以与欧美相抗衡。故自然与劳力二者大有取之不尽用之不竭之势。若夫资本，则枯竭已达极点。光复以来，内乱频仍。军需所出，无不取之于民，而焚毁劫掠之损失不与焉。商家倒闭，实业停顿。累累黄金，多入于外人之手，而天灾地变之损失不与焉。故在今日而言生产，不亦戛戛乎难矣哉？故欲救中国之穷，非加资本不为功。盖资本者，劳动者之利器也。苟无利器，则虽有数万万之劳动者，亦无所施其技。盖工欲善其事必先利其器。未有器未利而能善其事者也。譬有劳工一人于此。予以最优良之物质，使之制成物品，则其所得之生产额可以若

---

* 本文原载于《北京大学月刊》，1919年第1卷第3号，第1—6页。

干单位计之。假定十单位。若使用劳工二人,而予以同值之物质(所给之物质,即资本之一种。无论劳力增加至若何程度,其值不随之以俱增。然其量可以增大。例如一单位优良之物质每单位值百元者,可以二单位粗恶之物质每单位只值五十元者代之。其量虽增大一倍,而其值不变)。则二人所得之生产额(假定十七单位)必不能二倍于用一人时所得之生产额。其所以不能二倍于前者,因劳力虽二倍于前,而资本则依然如故也。若更进而三倍其劳力,而资本仍一定不变,则第三人所得之结果(假定二十二单位),非仅不能三倍于第一人,且第三人所增加者。(五单位)更少于第二人所增加者(七单位)。如是则生产之总额,固可以与劳力同时递增(如自十单位而十七单位而二十二单位)。不过每后一单位之所得,断不能如前一单位之多(例如第二人所加者为七单位,小于第一人三单位。而第三人所加者为五单位。又小于第二人二单位)。直至最后之一人无所增加而后止。自此以往,无论劳工之增进,达至若何程度,而生产总额始终不变。社会之生产力,至是停滞。虽欲增进,不能也。此观下列之图可以瞭然。

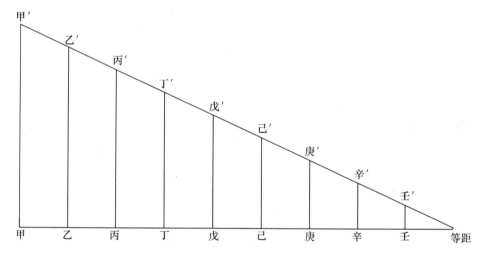

以甲壬平线均分为八段。即作为八单位(劳工)。以直线甲甲′,乙乙′,等譬每单位之生产力。则第一单位之收益,为甲甲′,第二单位之收益为乙乙′,第三单位之收益为丙丙′,(以上资本之值不变)如是递进而递减,直至第八单位,则所生产者为壬壬′。小于第一单位不啻若干倍。若长此递进不已,甲′壬之斜线,必与甲壬之平线相合。则最后之一单位,直无生产力矣。自此之后,无论劳力单位,增加至若何程度,必不能影响于生产额。虽然,以上单位各个之生产力,虽依次递减,而其生产之总额,则依次递增。直至最后一单位而后止。故三单位所生之甲丙丙′甲′,大于两单位所生之甲乙乙′甲′,四单位所生之甲丁丁′甲′,大于三单位所生之甲丙丙′甲′。

今日中国之情形,与上述之理论,适相符合。资本无加而人口日蕃,则生产额自不能与人口俱增。故分配所得,愈进而愈减。今日华工之佣率如是之低者,职是之故。而兵变匪祸乞丐如是之多者,亦职是之故。由此观之。今日中国之患,不在乎人满,而在乎无资。其以人满为患而欲以之移于外国而为外人所用者,其愚真不可及也。故今日吾国所亟宜讲求者,乃利用外资之问题。非移民之问题也。夫外资非不可用也。用之得其道,国家兴焉。人民之幸福增焉。不观乎美利坚乎?交通之便,农工商业之盛,何莫非外资与人力之所助成乎?美能用外资而致富,而吾岂独不能哉?

夫外资尚可借也。人工则不可得而借也。吾闻有借外资以兴国者矣。未闻有借人力而能兴国者也。故生产中之三要素,惟人工为神圣。惟人工为不可缺之根本。自吾国今日之情形观之。当以人工为本,资本为末。有本而无末,则致末之来可矣。何必以人满为患也。

既有资本,又有劳力,则每一单位之劳力,必有一单位之资本以助其成。不如前次七八单位之劳力,全赖一单位之资本,以构成其生产之结果。循是以往,劳力与资本,得能并驾齐驱,而生产额亦能日增而月盛。社会之发达,可翘足而待也。夫资本之所由成立,概括言之,不外过去时代生产之结果。即由贮蓄而成立者也。盖资本增,生产亦增。生产增,人民之消费品亦多,则何患乎衣食不足。衣食足,则贮蓄之意思生焉。于是贮蓄日增。资本日多。资本愈多,则生产之发达亦愈速。而贮蓄之风因此亦愈盛。如是因果相循,靡有底止,而社会之进步遂有蒸蒸日上之势也。

夫资本既由贮蓄而成立矣。则所借之外资,至此可以分年摊还之方法而清偿之,以免利子之负担而享独立之安荣。故借外资以谋生产之发达,始终无害于中国也。复何乐而不为哉?

欲促社会之进步,必有资于贮蓄者固已。然贮蓄亦必有贮蓄之要件。其最要者,厥为完备之法律制度,确能保护个人之所有权也。若在武人专横,兵连祸结之国,则旦夕之生命,尚不敢自保。贮蓄之意思又何从而发生乎?即有之,亦殊薄弱。此不仅影响于资本,亦且影响于人民之道德。自此之后,人人徒狃于目前之逸乐,而不计终身之准备。是则社会最大之危险也。故不欲求生产之发达则已。若欲求生产之发达,则贪婪跋扈之武人,在所必去。断无与劳动者并存之理。苟武力能除,则生产与贮蓄之障碍已去。而劳动者,自有从容从事之机缘。吾故曰,中国之希望,在于劳动者。

大战前欧美各国之不换纸币与我国之京钞[*]

(译英文政治学报)

马寅初 著　杜廷纩 译

[民国五年五月十二日,政府下京钞停兑之令,不数日而票价渐跌。人民苦之。虽经政府三令五申,禁止折色授受,然信用既失,大势已去,岂法令所能挽救乎?爰草是篇,载于英文政治学报,痛陈不换纸币之害,以促当局之觉悟,今者时阅三年,京钞仍属停兑,而余以作"战时之物价与纸币"一篇。虽其内容与前篇不同,而研究所得之结果则无异。爰请本校高材生杜君廷纩将前篇译出,以资印证。阅者如有词混意晦之感,则著者不文之罪,深望有以纠正之。　著者识]

一　绪　论

不佞于不换纸币之问题,欲与国人共商榷也久矣。然有一二言必先为国人告者。一为无偏,社会现象繁复万端,不换纸币之利害得失,影响于国计民生者何若,不可不以详审之思考,而发为公平之论断。二为崇实,不换纸币为祸最烈既往之迹可鉴也,欲图补救之方,宜察致病之原而足供研究之材料,则存于过去之事实,若讳恶不求或求之不尽,真相不明,犹期研究所得,有善良之归宿,不亦难乎。

域无东西,时无今古,必经历财政经济货币之恐慌时代,此历史所诏示也。试考立国于地球者,有能外此公律乎。前吾国帝制复兴,政费支绌,中央政府,停止中国交通两银行纸币兑现。国史上虽属创举。然微诸邻国,未足为怪。盖大同之轨,莫不由也。

实行强制通货,厥有二途一发行不兑换纸币,二兑换券停止兑换,而致此之由,大概不外于战事之兴。故战争者,不独破坏生命财产已也,且危及政府信用,因而与工商业以摧残。盖军用浩繁,超过于承平之时,府库之收入有限,饷糈之消耗无穷,募债则情不可恃,增税则事不济急,惟有停止兑换券兑现,益以不兑换纸币之发行。则军费已足无待他求。法之一千七百二十年洛约翰(John Law)之纸币发行例外之举无论矣。其他历次各国纸币之滥发不兑何莫非战祸之所赐。北美新英格伦

---

[*] 本文原载于《北京大学月刊》,1919年第1卷第4号,第53—65页。

等邦之纸币一千八百六十二年至一千八百六十五年间之北美联邦纸币,北美独立后发行之大陆纸币皆为应战争之需。法国之革命起,则有亚新霞(Assignat)之流行①。拿破仑之武功尚,则有英法纸币之扩张。奥国于一千八百五十三年一千八百五十九年及一千八百六十六年三见兵戎纸币不兑现者亦凡三次。最后以纸币弥缝军费,苟计目前而忘百年大计者,则有西班牙葡萄牙及南美诸国。俄被纸币之害极远,充斥市面,价格低落,前后百余年犹未能恢复元气。其为患也既如是之烈。故今各国咸引为深戒。初惑于近利,陷于网罟而不自知。迨流毒已长,悔之奚及,必将负重大之牺牲,以为解脱之代价。盖纸币价格以需供之关系而为消长有自然之律。虽专制之君不能整齐以法强人以必从也。

本篇限于章幅,不能备论各国不换纸币之事。惟就其荦荦大者,详其原委究其弊害,而附以结论焉。

二 意 大 利

意于一千八百七十四年以前,未有完善之纸币发行法也。信托机关,国民银行以及一切商已,均有发行纸币之权利。种类纷杂,市面充斥,价格低落,民国交困。政府忧之,毅然以整顿纸币为己责,于一千八百七十四年,颁布纸币发行法,以银行团当发行之任。银行团者,需内奴及其他五大银行所组织之团体也。代政府发行纸币十万万利阿,谓之强制通货。其以自身之计算而发行者,谓之合法通货。合法通货,可以兑换强制通货或与现金为易。

一千八百七十四年纸币发行法之为害也,厥有二端。一,一国之内有二项纸币之并行,统一之效何在。二,银行团既得以合法通货,兑换强制通货矣则可以诿脱三分一现金准备之责任。持合法通货,求银行以为国外汇兑,清偿国际债务者,乌从而得现金。试征情事,果如所虞。自一千八百六十二年,迄一千八百六十五年之间,金银正货,不见于市面,所流通以供支付之用者。纸币耳。有兑换之名而行停兑之实,欲其价格常平不坠,岂可得乎。

纸币停兑,其不良之效,及于经济界,而显着为人所共睹者,则投机勃兴汇率升高是也。一千八百八十年之初汇率达于一百十二上下,此为纸币价格跌落之表征。盖汇率者纸币价值与正币价值之差准也。

不换纸币,与投机事业有密切之因果关系信为人所公认矣。义之纸币,既不兑现,此乃与投机者以利殖之绝好机缘。况投机者流,久历商场,洞息市情。一年之间,何时汇票需要最多政府商民,对于国外之债务年必外汇以为清偿者各几何,皆了澈于心。时会一至则高其汇率,至于极量。政府与商已,以事关国际之信用,不

---

① Assignat,今称"指券",1789 年到 1796 年期间法国大革命时期发行的可作货币流通的有价证券。——编者注。

得不俯首就范,负担携重大之损失。否则无从得现金以为偿。然而少数投机者之利厚矣。

一千八百八十年十一月,新法案通过于国会废止强制通货。其时市面货币之量未尝有所增减也,纸币流通不加少现金准备不加多。然而政府有改革之诚,人民怀昭苏之望莫不谓新法案之成立,为币制清明之先声。于是汇率暴落昔之一百十二者今则一百零一而强矣。投机之业蒙重大之摧残此则投机者所不及料也。

三　美利坚

试览美国之往史当有事兵戎军用浩繁之际。莫不以纸币发行为财政补救之唯一涂术。印度之战殖民地政府发行纸币以解困穷,其一例也,不特战时然也。承平之时,经常岁费亦有专发纸币为挹注之谋,舍税征正法而不取者,夫纸币非有实值也,值生于兑现若不能兑现,则价值必落,币价落则物价涨,物价涨则国用增,不得不益发纸币以为弥缝。其结局也,纸币之量愈发愈多,纸币之值愈多愈贱,终于无值。发行政府,兑现既力有不逮惟有为一部或全部之废弃征诸事实,昭然可见。革命战争时代,大陆康格雷(国会)之筹国用也采与殖民地政府之同一纸币政策。额价一元之纸币,市值仅一分其去无值也几何。厥后联邦之局成,手造宪法之十,类皆一世贤哲,以明文规定于宪法禁止各邦发行纸币,以为法货,岂无深意乎。

起一千八百六十二年,迄一千八百七十九年,谓之绿背纸币时期。绿背纸币者,绿色之纸币也。其初发行滥而无度。当一千八百六十一年夏,始立金币制度政府募债一万五千万元于纽约市场当时政府信用薄弱战事又屡遭挫败颇不为国民所信任,债券遂以滞销。人民复争向纽约各银行兑现。准备既虚于是停止兑现之说,风靡全国矣事出变例者,惟加力福尼亚一省耳。一千八百六十二年二月,法货案通过于国会,予纸币以法货之效力发行凡一万六千万元除不得缴纳关税应付公债利息外,公私一切授受不得拒绝盖市面现金,非输于国外即藏于私家。惟有纸币流通,欲不认为法货而不可得也。一千八百六十三年增发至四万五千万。夫纸币价格,以供需之关系为程币量既已大涨,而战事又频来失利之耗则币价之低落,元值三角五分物价因以比例升高又何足怪。于是收缩之议颇盛。介乎一千八百六十六年及一千八百七十八年之间,币量伸缩无定或收或放,自一千八百七十八年五月三十一日以后,以三万四千六百六十八万一千零十六元为流通常量未尝加减。盖于此际,收缩已非情势之必要矣。一千八百七十九年回复兑现价值底平。以一万五千万元现金为准备经额若不及一万万元由财政部卖出债券,以为补充。故今之绿背纸币俨为市面信用之通货。

流通量未停止减缩以前,战事告终全部收回,此人民之所希望者也。然而不克现诸事实者非时机之未至乃纸币拥护者之为梗也。彼辈谓通货过减,则物价必暴落,增加债务者负担,剥削实业赢利而与国家财政以损失。

绿背纸币之发行，不独贻祸民生已也，国家财政亦被其害。募集公债，以为收回纸币之用，而公债之付息，与夫还本，皆以现金，且纸币之充军用者，后复兑以现金，一出一入，损失何可计量。说者谓绿背纸币之于南北战费也，增加六万万元负担之重，岂无所本欤。

四 英吉利

英格伦银行自发行纸币以来，其始未尝有停止兑现之事也。不幸于一千七百九十六年及一千七百九十七年，突来警耗，有敌人侵袭英伦之谣。市面震惊，兑现风潮陡起，政府惧现金之告匮也，军用将有缺乏之虞。于二月二十六日，参政院命令英伦银行为暂时之付现停止，五月三日，通过银行限制法案，与英伦银行董事以拒绝付现之权，凡二十先令以上，概不为现金支付，存款过于五百镑者，可抽提四分三之现金，

政府复颁布条例，禁止金币纸币之流通，有申色折色之恶习，违者罪之。一千八百一十四年，重加订定，延长效力期间，与银行限制法相终始。所以维持币之平价者，至周偏矣。然纸币价值高下，循自然之律，非可以法制也。价值低落未返原状，先后凡二十三年。即在一千八百十四年，金之镑价，与纸币为易，计至五·四，较之三·一七九，相越已多。物价因以胜贵。穷其低落之由，则聚讼纷纭莫衷一是。银行董事之言曰，纸币之发行，苟有权实之银行保证，数量多少，与价值无关。货币委员会者，下议院所组织，以调查金价高涨之原因，及其及于通货之影响为职志者也。研求金价之上升，归于纸币之滥发。而促成滥发者，厥有二端，一，发行无相当之制裁；二，停止兑现。其时经济学者，亦以权实之银行保证，可为纸币发行之制裁。征诸前例殊未尽然。自事实上言之，可为防止纸币价值跌落万全之策者其惟限制发行，以金货市场价格与铸造价格之差为标准乎。但见金货市价提高，立为纸币流通之减少，庶几可以相剂而至于平。银行董事又谓纸币因商业之需要而发行绝不有过分之虞，而来价格之低落。其为偏谬白芝浩（Bagehot）已驳斥无余不待吾人辞费矣。

英伦银行纸币之停兑也，影响于国计民生至大遂引起学者研究货币问题之兴味。一时名作，后先出现于世者甚伙，一千八百零九年利加图之金货价格高涨与纸币价格低落一书出版，其后各种报告，相继刊行。金银报告书，其尤著也。此书于利加图所攻究金价与纸币价关系之一点，言之颇详。谓纸币对于外国金货之购买力薄弱，乃价格低落之表征，而低落之程，可以所购买外国金货之多寡卜之。所以诏示国人，至深且切，希冀兑现恢复之心亦良苦矣

夫兑现之回复，非可仓卒从事也，必准备充足，而后可。否则仓卒兑现必有周转不灵之一日，银行难于善其后。一千七百九十九年一月三日英伦银行宣告一千七百九下八年七月一日以前所发之一镑二镑之纸币兑现。一千八百十七年四月十

七,宣告一千八百十六年一月一日以前之一镑二镑纸币兑现。同年九月十八日,宣告一千八百十七年一月一日以前之各项纸币一律兑现。然一千八百十九年,国会通过法案,禁止英伦银行付出现金。盖其时现金外流之数颇巨改铸外国货币不复内返,不得不为救急之制裁也。直至一千八百二十三年五月一日,英伦银行筹足现金之准备,资力既雄,始复行为无限制之兑现。

五 法兰西

洛约翰者(John Law)政治理财家也,怀通货扩张之遐想。贻法国财政以巨忧吾国从政者流引为深戒,所以讥讽形于语文之间者备极苛酷,某窃独为之谅。其以悬断之理论,轻于一试,不惜以国计民生为孤注无所逃于罪也固矣。然察其爱国之诚,信理之专,力行之勇牺牲一己之生命幸福,以求赴事功究与滥竽权位,进退彷徨,知有己不知有国者有别,不亦足敬乎。欲评判其是非,不可不明其主张致法于富强之制度。

洛约翰初游荷兰,肆力于银行制度之研究,慨然有觉于中。谓其国工商业之发达,由于通货之充足,且银行信用发达工商业得资为活动,此所以生产宏富,而国际贸易蒸蒸日上也。若苏格兰之境则足迹所至,工商颓废非民智之不开,乃通货之缺乏,生民无以为殖财之具。故多量通货者,国家实业振兴之要素也。政府不可不以供给多量通货为己任。

洛氏又见荷兰纸币之流通也,广于金银,人民有使纸币之习惯,金银藏于银行之库未尝周转于市面。乃建议于苏格兰政府,以土地为担保,发行纸币,格于国会,不获见用。遂漫游欧陆各国,详考银行财政事务一千七百零八年来巴黎以投机而致富,声闻突起。一千七百十五年,法皇路易十四崩,俄利昂摄政而洛氏前程之事业,于兹发轫矣。

洛约翰之政策深得法政府之嘉纳者,其故果何在乎。试考当日法财政窘迫之情,可以思过半矣。自路易十四去位后,国债既多,负息又重,暴征横敛,国困民穷,其去破产也几希。犹复政以贿成上下交蔽。于国势艰危之日,乃有新奇致富之论,其乐于从善,理固宜然。洛氏既受摄政之知,准予自立银行遂行纸币之策,力求减用现金。宣告于市,定额以上之支付,或以金货,或以纸币,不得用银。盖其时金货少,各为金货纸币并行,实则予纸币以流通独占之机,即停止兑现之变相。夫信用通货之流通,系于人民之信任。苟违反民意,强制以为支付之具,虽曰为民兴利,岂足以坚人民之信而维持信用通货于不敝,洛氏其亦未尝深思乎。然而不惟洛氏也,各国财政专家,昧于经济之公律以法令为有强制纸币流通之效力者,盖大有人在。

其次于银行纸币之政策者,则实业公司设立之政策是也。洛约翰之意,米西西比流域天府之土,物产丰富,可与英伦东印度相衡抗弃置可惜。遂创设西方公司,以开殖米西西比流域为务。未几,复并合一新公司,势力弥厚。其于政府,受无限之特权。收入股款,则贷与政府,以利息百分之三新债易回利息百分之四旧债其补助政府财政整理之功,诚未可诬也。然其股票之发行,视为投机之目的,揆之正义,殊非常轨。股票价格,设计提高,复发新股票于市场额价五百利阿,以市价一千五百利阿出卖,旋涨至一万二千利阿。其初半年利百分之十二以与新股价格相除,得百分之半耳,新股票价格何能维持于不坠跌落势有必然。乃增加半年利为百分之四十,股票之销场为之一振。

减少通货,收缩信用此抑制投机之常法然非可语于洛约翰也。何者,彼银行享有纸币无限发行权,犹虑平价之失衡流通之不广也,以意高下正币之价格。例如纸币值二十先令,而于一绍弗伦仅与以十五先令之值。人非至愚,孰肯舍纸币而用正币。于是纸币畅行发出益滥,正币咸归于银行,而洛约翰之术行矣。谓之不兑现纸币,亦未为不可。

洛约翰之政策,虽收一时之效,然祸机潜伏爆发愈缓,则为患愈烈,欲免国家经济之颓败,个人运命之覆亡难矣。果也一千七百二十年五月二十一日,法政府下令将洛氏公司股票及其纸币之市值,减至额值之半。市面震惊,商民惶惧。贫苦无告之人胼手胝足之佣值皆为足衣奉食之资,何能忍视亏折,相率竞来兑现,老弱不胜烦劳,惨死于银行之门者,不可胜计。

夫洛约翰之失败固也,然不失为政治理财家论人者必观其全,不可以成败论。成败者,立身应世之所不能免也,洛氏爱国之诚,信理之专,任事之勇,置生命幸运于度外,而不自私,非以身许国之土乎,乌可以成败定功罪。

当法大革命之际,政府发行不兑换纸币曰"亚新霞"(Assignat),其联害之所及,不减于洛氏之纸币也。怀忒氏(White)之法国纸币论一书,言之基祥。某所不可解者,前事不忘,后事之师,此常人所共喻。洛约翰之流毒未远,有目共见,何以覆辙相循,置而不顾。况国体变革,政自民操,不采正本清源之谋,而事割肉补疮之计,滥发纸币,不为制裁,终于额价百镑者,仅值三辨士,虽有峻法禁止纸币折色使用,而无助于纸币价格之维持,不亦大可怪乎。

"亚新霞"之发行,造端于洛约翰土地保证主义,此征之事实而可见也。其发行之准备,不以现金,而以王室寺院及贵族之土地,为额几及国土之半,保证不可谓不厚矣。然而不能免"亚新霞"价格跌落额价五百佛郎者,仅当咖啡一杯之值。由是工商颓败,劳恸失业,如罗门兑(Normandy)各大埠,俱呈萧疏之象。盖土地之为物虽安全而确实,以为纸币准备,则有未当也。约略毕之,其故有四。一,土地不若金银,便于出卖。二,政局未稳,人民惧有政变,土地或被没收。三,保证土地之量既多,若兑现需用现金,同时卖出土地于市场,以供多需少之关系,价必大落,保证殊有不足之虞。四,土地概括保证,持纸币者,不能于特定土地之区域,有自由交易之权。有一于此,即失准备之完全效用,况兼备乎。

六 中 国

　　帝制复兴,南北兵戎再见,军用浩繁政府支应之术穷,乃动用政府银行准备,以资挹注,于是准备薄弱,欲舒金融困阨,不得不出于纸币停止兑现之一途矣。银行库藏既竭,人民之信任遂衰竞提存款而存储于外国银行,以为外国金融之机关,不受国内政潮之播荡因以市面枯窘,实业凋敝。故破坏金融,直接之咎,属诸政府,而间接之过,国民亦不能不人其责也。

　　中国财政之不裕,由来久矣。政府要人主张纸币政策者,建议发行二千万之不兑现纸币。后以发行易而收回难,发行之事,一日可毕,收回则非累世经年不可,遂不果于行,此诚国家人民之福也。不幸帝制崛起,兵汇复开。夫辛亥以后,元气未复,国用已亏,四境不惊,犹虞不足,益以川湘之争,饷糈所费,器械所需,其将何以因应,支绌之情,理有固然。在于异国,足用之道,盖有多端,或增旧赋,或立新征,事仍不济,则募集国内外公债,以为补充,然此诸方,皆非可借筹于中国者也,溶税收,则赋征之负担已重,人民之穷困未舒,募国债,则欧战之金融既滞,护法之抗议频传,急切无术,惟有停止纸币兑现。乃于一千九百十六年五月十二日,颁布明令,予中国交通两银行之纸币流通市面有法货之效力,不得兑取现金,凡官军商民,不准折色授受,违则严惩顾停兑之效用反于政府之所希冀,此则政府所不料也。中交各省分行。除北京天津二三处外。反对政府停兑之命。而宣告独立者。接踵纷起例如上海之交通分行,接中央命令,闭门歇业。而中国银行之上海股东。则置中央命令于不理,照常兑现。于是外埠分行。对于总行汇兑断绝,中央愈陷于逆境。

　　不奉政府命令者,不独中交各省分行已也,虽政府之机关,若海关,若盐署。若铁路局,亦皆政令之所不及是非故为标异,盖有特殊之情形,不能不量火变通此三项收入,与外债在在有密切之关系,年偿外债利息必付以现金明令于纸币以法货之资格,流通于国内可以交会外国银行,汇出以偿积息则不可。铁路之收入,与外债年息之付出,虽度量相越悬殊,然债息之数亦不可不先事筹维,故京奉京绥京汉津浦四路,折衷立法,货物运费收百分之三十现金,票价不足一元者收现,一元以上者,酌搭成数,其运费百分之三十,尤为付息必不可少之现金额,否则启外人干涉之端,恐债权者将要求路政管理,仿海关税成例,全收现金矣,

　　各埠海关,总其事于客卿,而关税征收,则以国内银行当其任。只可收受现金,若收受纸币,亦所不禁,但若遭损失,银行自负之,与海关无与。盖条约之规定,长久之习惯,相沿既久,莫能革也。例如天津之中国交通银行,代理关税,惟收受现金及外国银行钞票,虽政府亦无如之何。

　　停兑之影响,首及于坐贾行商。其及于坐贾者,卖出货物,顾主以纸币应付,既不得拒绝,复不可兑现,而纸币价格日落,其损失负担之重可知矣。征之京津显而易见,欲资弥补亏耗,惟有提高物价,或分订价格,以图主顾之便利,物价以纸币名

者,常较现金所名之价。高百分之十或二十。其及于行商者,较之坐贾,有过之而无不及。外国银行公司及外埠商民,不受中国交通两银行不兑换之纸币,而囤积之货物,所与易者,皆纸币也,资金有限,其何以周转而继续为业。京内市面紧急之时,顿呈米荒之象,可为著例。盖郊鄙农人,不欲输入米谷,以易低落之纸币,而京商又乏现金,甚至铜币券亦不能兑现,其后天津造币厂,虽铸造多量之铜辅币,运京接济,然而日用品之价格高涨,未能骤减,而平民之生计苦矣。

前总统袁世凯既亡情势一变。人民喁喁望治,市面金融和缓,纸币涨至九成,额价一元者,值九角有余。此乃社会心理之作用,以为干戈既息,兑现有期,竞为储藏,流通额因以减少,价格日高,非其时财政确有昭苏之象也,盐税余款,虽有三百万之移交,然杯水车薪,中交两行之积欠过巨,事何以济。且中交各地总分各行,纸币流通颇多,不有十分充足之准备,仓卒兑现,一旦竭蹶,难于善其后。故兑现一时不能实行,良以筹集大宗现款,非可咄嗟立办有以限制兑现之说进者,兑现中交两行纸币之一部,或先兑中行纸币,交行暂从缓议,俟有余力,再行开兑,虽于商民之持有交票者不免不公,然活动金融,予实业以复振之机,所得未尝不足以偿所失也。最近政府拟设之保市银行于各省会,资本由地方募集,有发行纸币之权,代理政府收回中交不兑换纸币,送达于中央,易还以公债,可为该行纸币发行之保证。如是则不名一金,以内国公债,而收换回纸币之利,较之限制兑现,更进一筹矣。然而保市银行纸币发行之现金准备,与数量限制,不可不严为规定前车既覆,来者可鉴。

政局既靖,共和回复,黎元洪人望所归,就职总统,阁员亦皆南北贤俊,人心安定,百业昭苏,市场有欣欣向荣之象。数日之间,疋头营业,量额倍蓰,其明微也。盖商民乐业,交易自繁,一国之安危,可于市情之荣悴卜之。即在铁路,货物运费,亦收受交通分行纸币;取消百分三十搭现之例。

七 结 论

A. 低落之原因

不兑换纸币价格跌落之原因有二:一,发行过量,二,信用丧失。法洛约翰之纸币,其初未尝不兑现也,价格尚能均平,厥后滥发无度,不能兑现,价格日见低落,至于无值。美于南北战争之际,发行绿背纸币,其跌价之程,与其供给需之量为比例。盖价格高下,有自然之律,额面政府兑现之字样,不足以发生价值,而待人己之信用也英格兰银行纸币停止兑现,而政府之信用失金价以贵,纸币以贱中国纸币之量虽不多,然人民于政府之信用,素以薄弱,朝下停兑之令,夕减纸币之值如影随形,毫厘不爽,夫纸币者,信用通货也,失其信用于人民,虽有严刑峻法禁止折色,欲期平价流通,难矣。

B. 不换纸币与道德

停止现金兑换，发行不兑换纸币，此政府强制借债于人民，以舒财政困厄之唯一简便方法也。夫以堂皇之政府，而出于劫夺之行为，其不合理法，固不待言，然政府之罪，犹不止此也。人民贷借关系，必当保均衡，庶足以昭平允，自纸币停兑，价格低落，债权者被莫大之损失，债务者享意外之厚利，破坏社会契约，紊乱社会经济，是谁之过欤。

详考各国不兑换纸币之陈迹，证以各国近事益信其为害于风纪道德也。市面平靖之时，物价之涨落，以物值及金银之消长火衡，物值金值者物价之要素也。自不兑换纸币行，影响于物价者大，昔之要素二，今则鼎足而三矣。夫不兑纸币之价，高下无常，少所准则，日新时异以人民心理上信用之强弱为伸缩。苟有宰制物价之权能，则物价将以进退不定，市场因而震摇，工商业家，何所适从，以为交易。贤者必踟蹰不前，歇业坐困，不肖者则铤而走险，冒昧投机，以示殖利。然贤者少而不肖者多，且人非至圣，孰能乐道安贫，其势必贤与不肖，悉卷入旋涡，投机之业，风靡市场，举凡商业风纪，商业道德，所奉为金科玉律者，毁弃无余，惟以骗诈相尚，诡异相欺而已。流毒所被尚堪问乎。征之法洛约翰纸币及"亚新霞"发行时实业之状况，意国兑现回复以前投机之发达，当谓所言不为过也。

在北京大学经济学会成立会上的演说词[*]

马寅初

诸君组织这个经济学会,是应当的事情,是大学生应该做的,而且是经济系的职务,兄弟是非常赞成,很抱乐观的。在于美国,他们学校里面,也有种种学会,以研究学理。他们的会章,颇为严厉;他们的责任,又很重大,要加入的时候,须由会员介绍,或由学校专派学识兼优的学生,到那里去研究,或搜集资料,因为学会的性质,原是互助的,发扬的,所以各人所有的材料,都登在那里,那么一人的学业有限,合十人或数百人的学业是很丰富了。这样看来,要搜集材料,是很容易的事情。在中国方面,就不是这样,虽然有种种学会,他们的目的和宗旨,都完全相反,并不把研究学理,当做一件事情,不过为政党的臭味罢了。所以中国人常把他的心得,保守秘密,不肯告诉于人。到了现在,所有各种学说,还没有系统可寻,真是可痛的事情。现在你们既已组织这个学会,本互助的精神,共同讨论,使经济的学理,能发扬出来,以为社会的应用,都是我很希望的。在日本国内,也有许多学会,他们常常到中国调查状况,能把各种情形,详详细细载在书上,一本一本印刷出来。你看中国的经济情形,国内人民尽有许多不明白的地方,但是他们竟能洞悉一切,这不是学会的功劳吗?我想我们中国,近年以来,也有许多出版品,不可不算文明进步的征兆。可是我国现在所出版的书籍杂志,大部分译自东西洋各国的文字,并没有特立的精神,更没有系统的记载,为什么国内学者,不能著为专说,以应付社会的潮流呢?这是没有收集材料的地方的缘故。这样看来,学会与社会的环境关系,更为重要了。况且上海商科大学、复旦大学、清华学校等等,都有学生自治会,他们的宗旨,都是本互助的精神,以共同讨论,就是在北京大学,也有政治研究会、法律研究会等等。是诸君的组织学会,不独后于上海、清华,并且后于校内,兄弟深愿这个学会,和他们并驾齐驱,更能够新的胜过于旧的,那是我所希望的。并且顾孟余先生,鉴于世界的经济潮流,各国所用的政策,都注重于经济,中国现在的情形,也是困于经济,很有极大的志愿,要把经济系来办到完善,以应付世界的潮流,诸君须要体谅顾先生的苦心,更要知道前途的责任。诸君在校求学,要专靠讲义,那是很有限的,况且刚要看书

---

[*] 本文系马寅初在北京大学学生组织的经济学会成立会上的演讲词,由枕霞记录,原载于《北京大学日刊》,1919年12月5日。

的时候，讲义还没有发出，兴致就不能继续，倘然要多买参考书，又不是容易的事情，那么学业就不能进步。美国学校内，多没有 research，到一定时候，各人所看的书，就要报告一次，那么材料自然不少。本会现在是空的，不过我希望将来有具体的办法，聚焦许多材料，以供给参考的资料。

法科研究所研究录

通讯研究员　俞逢清拟问

（一）格里森氏法则

按此法则为 Sir Thomas Gresham 所阐明，故称格里森氏法则。解此法则之意者，人各一说，莫衷一是。就不佞所见，似宜解为格里森氏法则者，谓良恶二种货币，同时以等一之价值自由流通，且自由铸造。若良货用于他途，较用恶货币之价值为大时，则恶币必驱逐良币于市场外也。

（二）货币之定义

塞威克（Sidgwich）及魏尔克（Walker）谓货币者，各种交换媒介之总称也。不问其为一般的流通或有限流通，按交换媒介而冠以各种二字，则非为一种的，不问可知。然数人间或数团体之交换，非必尽用金货也，银铜锡镍等币，亦或与焉。他若用票据者，印花者，邮票者，竹筹者，亦有之。其种类之区别，固难以数字计算，而其为各种交换之媒介，则一。果如论者之所主张，则天下之物品无巨细，无矿植，皆能为货币矣。岂其然乎！岂其然乎！

又费立朴（Phinipovich）谓"货币者，一般交换之媒介也"，按是说立论较前略为详密。其范围包括不换纸币金货及兑换券三者。夫兑换券乃金银货币之代表，吾人视之，自应与真宝金货相同。若津村秀松氏认兑换券为货币之影而无作为货币之价值者，则非鄙人所敢赞许。然费氏之说，亦不能认为货币之定义，因兑换券既为代表物，以所代者之存否而为进退，有时由被代者之失值，致兑换券流通之滞塞，是则已作为一般交换之媒介者，或失效用。故不佞以为一般交换媒介之术语，当有研究之地步，不能视为货币之定义也。

又法之齐伯利耳（Chebalier）、德之纳西（Nasse）及罗协尔（Rocher）谓货币者，正货也，按此说之之界域，限于金银货与不换纸币，用为定义，或可谓当矣。然正货之真义，系指何物，若谓作支付终局之物为正货，则甲乙间固有以票据而结清债权债务之关系者矣，若谓只限于金货与不换纸币，则为金货代表之兑换券难处置矣。

---

* 本文原载于《北京大学月刊》，1919年第1卷第2号，第197—207页。

以斯之理论,作为货币之定义,终嫌其欠当也。

又钦里(Kenley)、寇纳朴(Knapp)河津遑等,谓货币者,法货也。此说只认法律规定以内者为货币,故纸币与金币之能否为货币,仍在不可知之数。若然,则我国于国币条例未定以前之数千年间,未尝有货币矣。然此若干年间,所用以供交易之媒介者果何物耶?以此立论,未免失当。若谓立法后所出之定义,不能以立法时之事实非难之,则比国德国美国今日之货币制度,对于纸币之行使,许人民自由拒绝,且国家收税不允收受者,亦将谓为非货币耶?恐持此说者,难以为词矣。况法律认定之货币,除本位币外,辅助币之交换,皆有一定之限制。如我国之币制条例第六条,定五角银币每次授受不得过二十元,二角一角银币,每次授受不得过五元,镍币铜币每次不得过一元。设如论者之主张,非法货即非货币,则此等辅助币于一定金额以上行使之,即非货币矣。窃以为极宇内之万事万物,亦无若斯之奇性者。故范围虽严,而缺点实大也。然则如何始得为货币之定义?曰,货币者,在社会公众之间,自由流通,以之支付供清偿方法。且为价值之一般代表物也。所见如是,议者其以为然乎?

主任教员　马寅初解答

(一)格里森氏法则

货币良恶之别,在于其所含物质之实价不同,而法律使之强同。故二种货币,得以不等之实价,与相等之名价,同时流通于社会也。然欲思恶币驱逐良币,必依下列之二种条件:
(1)恶币与良币有同等之无限法偿力。
(2)恶币与良币有同等之自由铸造权。
辅币之所以不能驱逐主币者,以其无无限法偿力与自由铸造权也。法国之银币与金币,有同等之无限法偿权,然不能引起格里森原则之作用,以银币无自由铸造权也。若良恶两币,皆可以自由鼓铸,而恶币之法偿力,乃为法律所制限,或为法律所不许,则当债务人以恶币清偿债务之时,债权人得以拒绝而不受,而债务人无强人收受之权利。故恶币而无无限法偿力,不问其铸造自由与否,决无驱逐良币以自代之之机会。足下所示之格里森原则,解说极其简明,不过于无限法偿力一点未尽加以说明,阅者将以为足下之宏论,未及于此也。

(二)货币之定义

货币之意义,争论数百年,迄未确定。推厥原因,虽不一而足,而学者用词之不当,则为其最要者也。何以言之?盖英文之 money 一字,就一般的意义视之,似为各种钱币之总称。如 commodity money(货币或正货币)、representative money(代表币)、paper money(纸币)、hard money(硬币)、soft money(软币)、subsidiary money(辅助币)等之币字是也。可知英文之 money 一字,译汉文之币字则可。若译为货币,则必冠以 commodity(货)之一字,方为妥当,此 money 一字,包含各种钱币之明证也。然就纯粹之意义视之,则 money 一字,似专指 commodity money(正货币)而言。凡关于货币专书不问其为何种文字,大部分三部讨论。一为 barter exchange(物之交换),二为 money exchange(货币交换),三为 credit exchange(信用交换)。可知 money exchange(货币交换),是与 credit exchange(信用交换)有别,既与信用交换有别,则货币与信用必截然两物。而信用上所用之软币,如兑换券等,当然不包在货币之中。从可知 money 一字,只限于正货币一种,即正货币 commodity money 之简称也。

以上所述币 money 之一般的意义,与纯粹的意义,有广狭之别。吾人辩论名称,纯为纯粹的研究,自当舍一般的而采纯粹的。故吾以为币 money 之一字,当作货币解也。然币字 money 作货币解,在学理上究有充分之理由乎?曰,有。盖货币者 money,物价之尺度,交换之媒介也。二者为货币之主要职务,其第二职务,交换之媒介,凡各种交换媒介品,如兑(换券支票等,皆能尽之,非货币所独任也。若夫其第一职务物价之尺度),则非货币不能尽也。故今日吾人所应研究者,为各种交换媒介品,能否为物价之尺度。夫各国所用之交换媒介物与正货币最相类似者,厥惟不换纸币。如不换纸币,能为物价之标准,则兑换券何独不能。盖二者,皆纸币也。不惟其性质相同(省卸现货之使用),即其维持之方法及其滥发之恶果,亦莫不相同。故兑换券与不换纸币分任此职务也。夫兑换券既能任此职务矣,则与兑换券相类似之支票,岂独不能,以二者皆信用证券也。依此递推,凡与支票相仿佛之国内。汇票,与国内汇票相仿佛之国外汇票,无一不可为物价之标准矣。盖支票与汇票,皆为第一者命第二者将票面所开之额交付于第三者之支付命令书也。夫国外汇票之作用,在乎用以清结国际间债权债务之关系。然汇票之供求,恒不相剂,如求大于供票价飞腾,为害不浅,必思所以补救之者。故当普法战争之后,法偿德之赔款,多以有价证券为支付之要具。又当欧战剧烈之时,交际国之粮食军需,多取给于美,故其对于美所负之债务为数甚巨,平时所用之汇票,断不足以当清偿之任,不得不集现金与有价证券以代之。故此次战争,现金与有价证券之流入于美国者,各有二十余亿元之多(over $2 000 000 000 gold)。由此观之,有价证券,可代汇票而为支付之具。夫国际间之汇票,可为物价之标准者,已如上述矣。则与国际间之汇票有同等作用之有价证券,亦当有为物价标准之资格。揆诸学理,岂有当哉。况流入美国之有价证券之名价与实价,有以马克佛郎英镑卢比等计算者。有价证券,既有为物价标准之资格,则在美国自当视为一种货币。则美国之货币,不止金圆一种,直认马克佛郎英镑卢布等外币为本位货币矣。天下有如此之货币制度乎?吾故曰,货币之职务,惟正货币能尽之,货币之名称,惟正货币能当之,其余各种交换媒介物,皆无货币之资格。名之曰通货(currency)或支付之用具(means of payment）则可，若以货币称之，则不可也。

足下所举之定义曰，货币者，在社会公众之间，自由流通，以之供支付清偿方法且为价值之一般代表也。似为一折衷之说。然就此推论，凡流通于社会间之兑换券，当列入货币之中，其不流通于社会间之支票，则当间摈于货币之外矣。然流通之速度，至不一致，小额之兑换券与大额之兑换券，显有快慢之别。百元五百元一千元之兑换券，一经发出，不久复归银行矣，其流通反不如小额支票之广。若予兑换券以货币之资格，则支票将何以处置，岂独令其向隅耶？

通讯研究员　俞逢清拟问

（三）经济

按经济乃经国济民之意。但经国之举万端，济民之策百出，凡政之益于民者，济民者也，亦即经国者也。故经济之义，至为广泛。乃日人译西学之 economy 为经济，可谓将原具之意义，特为演绎。然而性质左矣。窃以为经济二字，宜改用生计二字，于义当近，惜乎国人多仍之也。

（四）镑亏

国人之对于偿还外债，因汇兑率变动，所受之损失，称曰"镑亏"。意谓由银币合成金镑，所受之损失也。但镑字，由 pound 字译来，而 pound 又分为 L. L. 与 E L。前者为英国之镑，后者乃埃及之镑，今国人所谓镑亏者，指英镑耶？抑埃及镑耶？义殊暧昧。强言与埃及无债务关系，一言镑亏，当然想及英镑。然而误矣，因我国对于法德美俄日等国，咸负有债务。而德用者为马克（mark），法用者为法郎（franc）。美用者为金元（dollar），日用者为圆（yen），俄用者为卢布（rouble）。于偿还各国债务时，势必合成各国货币，于合成时概受几许之损失。又胡可以此等损失尽名镑亏哉？由不佞之意测之，似称为汇兑之损失较妥。

（五）法货及合法货币

按法货与合法货币之字义，大相类似。故国人每称一元银币及角洋铜子等为法货，或合法货币。岂知义混矣。盖法货者（legal tender）乃无限法货之义，即使用上无限制之货币属之，如我国之一元银币是也。合法货币者（lawful money），乃法律上认作货币而使用上无限制或有限制者皆属之，如一元银币合法货币也，角洋铜子等亦合法货币也。可知合法货币，能作货币之总称，而法货则专指无限使用之货币也。

（六）货币之价格

按货币有价值而无价格，盖值（value）与价格（price）有别。倭克（Walker）货币论有曰。"值者,买物之权,亦即交易之权也。价格者,购币之权也,即物之币价也。"故货币自身有值而无价,诚以货币若干之值,以其所购之物量测之也。又步乐克 C. J. Ballock 所著经济学理,有"使他物被交换之权者为值,由货币所表示之价格为价"。观此则知货币绝无价格也。但两种货币互相比拟时,则其中之一种,必为价格。不过与此所言者稍异耳。

主任教员　马寅初解答

(三) 经济

经济二字,袭用既久,听之已熟,人人皆知经济为何物,若代以生计二字,则不仅与原意相去甚远,亦且令人多生误会。盖生计者大抵指衣食住三种欲望而言也。例如通俗所用之"维持生计""生计困难"等句中之生计二字,皆含有衣食住三者之意。至于衣食住以外之欲望,如学问艺术道德宗教上之欲望,皆不能包含于生计二字之内,但可以经济二字概括之。盖求学讲术修德信教,皆文明社会之欲望。凡能使人充足此欲望者,亦可谓之经济行为。若云经济二字,取经国济民之意,失之广漠,殊不适合,则西文之 economics 一字,何尝适合。考其字源出于希腊文,即治家之谓也。以后希腊哲学家亚力斯多德(Aristotie)以为国政(即皇室之家政)与家政,理无两致,遂以 economics 一字用之于国政。当中世纪末叶,学者纷纷聚论,咸以为欲修国政,非使人民富庶不为功,经济学者,当视为研究增值人民私财之学也。此意至今仍之。不过近世之经济家,视人民为社会之份子,多注意于社会上之现象,经济学即社会学之一种。故欧美大学,皆以经济学列于社会学之中,以其有相互之关系也。

(四) 镑亏

镑亏二字,起于庚子赔款之争论。此项赔款原额,为四万五千万两。照海关银两市价易为金款,分年交付。此市价按照金银比价而定。例如海关银一两,合英金三先令,美金〇,七四三。不料以后银价逐渐跌落,海关银一两,不值英金三先令美金〇,七四三矣。乃我国官场,不知世界大势,亦不明金银之日相悬殊,贸然以关银一两,作英金三先令,美金〇,七四三计算。外人拒而不纳,彼此争论三年,吾国卒归失败,不得不将短缴之数,悉数补偿。所补偿者,即镑亏也。镑之一字,指各国金币而言,非单指英美镑而言也。足下所拟之"汇兑之损失"五字,较为确切,学者当采用之。惟查大战以来,吾国因提还善后借款所受之损失,则似为真正之镑亏矣。盖善后借款偿还之法,于我国极为不利,所以关系国之金币,皆按一定比例,互相通用。譬如佛郎二百五十等于英币十镑(假定)。持有善后借款债券之法人,于到期之时,或取佛郎二百五十,或取英币十镑,悉听其自由选择。但自欧战以来,俄法德三国均停止兑现，纸币跌价，持有债券者，断不愿舍金镑而取马克佛郎卢布等纸币。以故中国政府所交付者，全为金镑，而因付金镑所受之亏，乃真正之镑亏也。

（五）法货及合法货币

法货与合法货币截然两物。然其字义甚相类似，易于混杂。不如将法货改为法偿币，较为确切显明。况法货之要义，不在普通无限制之使用，乃在债务上无限制之使用。凡债务人偿债时所用之法货，无论其为金本位国之金币，银本位国之银币，或纸币本位国之纸币，债权人不得拒绝不受。若夫合法货币，未尝不可以充清偿债务之用。不过当债权人拒绝之时，债务人不得强其收受之也。夫法货之要义，既在无限法偿之使用，则此二字，似属词混意晦，不足以表示无限法偿之意，不如改为法偿币三字之为显明也。

（六）货币之价格

关于货币之价值，鄙意与尊见无异，故不赘。

原 币[*]

法科讲师 李芳

明体用第一

泉币者,交易之媒介也。无交易,则无需乎泉币。使夫社会之人各自供其所需,衣食寝处,无假外求,如鲁滨孙之孤居荒岛,则虽有泉币,亦为废物。盖人既各能自给,则他人殖产,渺不相关,他人之物,于我无与。既无购取之心,何用币为之介,而泉币乃无复存在之理矣。惟是人性能群,交相资助。闭门自给者实所罕觏。纵欲自给,亦必广征同类,相与联结,而治生焉。顾此为自给之群体,而非自给之个人。其相联者,固有有无之相通,物物之交易,特无泉币行乎其间耳。印度俄罗斯等处,尚有穷乡僻壤不与世相闻问者。居民生活,概多自给。僧僚之贡献,与工役之酬庸,一以产物为给付。此种社会,颇见庇于共产主义之说。然以迫于外界之争存,乃亦渐就消灭矣。

居今日社会之中,而欲图工业之发达,自不能无资于泉币,何也。今夫生产之法,务求其精,执役之工,惟巧是尚。而良法巧工,非因陋就简之业所克举,尤非有分业之制不能成其精巧。有人焉,焙饼而食,酿酒而饮,而不求之于饼师酒母则饼之甘,酒之冽,必有逊于专工者。且人生日用,需物繁多,非一饼一酒所可赖,物物而自给焉,又非力所能致,则分攻一业,为必要矣。业分而事相资,物相易,而生事乃可毕遂。使无相易,则有无不能相通,分亦何所取义。是分业之事,有资于交易,交易便,斯分业亦便之矣。泉币者,所以便之者也。故夫无泉币之经济社会,未有不感交易之困难者。徒而便之,匪币莫属。盖交易之道,不外二事,不以币为媒介,则物兴物相易耳。物物相易,为事甚繁,必先有相济之欲望而后可。譬有人焉,家有余粟,欲以易布。其相需者,则为有余布而欲以易粟者,而粟布之量,又须适合,则天下事安有相值若是之巧者乎。古有瓦雷斯者(Wallace)尝漫游而止于一岛。岛人无币制。瓦氏财物,不为岛人具饮食者之所需,而瓦氏遂困于饥渴。乃不得已,解剑佩,持服履,又示于人,冀有当土商之好者,而求售取给焉。英人稽温斯(Jevans)著泉币论,亦尝引例又征之曰,法兰西有名优塞丽者(Mlle. Zelie)擅歌舞,

---

[*] 本文原载于《北京大学月刊》,1919年第1卷第3号,第109—121页。

享盛名,闻于社岛(society islands)欲招致之,而酬以鸡豚果谷之属惟丰。顾此非优所欲。而岛之人别无所有以为酬,卒未能一聆雅奏云。

故不得不有一物焉,人人而可授受之,邻国相授,亦无所拒者,以为交易之媒介。物之质,不必其为金属,亦不必其为人之所需,惟以能交易者为善,又不问其为牛羊,为贝介,果为一时主产,皆可为易中之具。古有棘币,皮币,今也则无,则因棘与皮亦尝为一时之主产耳。

易中既具,则凡有供求,各得其所,入市而觅购者,不必持余物又相易,即以公认授受之物,计数而付之,求售者,不必择所需而始相为易,即取公认授受之物,储以易所欲耳。向使瓦氏漫游之岛,而有此易中之具,则为瓦氏者,载其物而往焉,安用委曲周转以求当哉。惟在法优之例,则当又有进者。社岛之币,不必同于法币也。币不相同,则岛人之所以酬优者,仍无所当。此万国泉币(international money)所以见重于国际贸易,而世界用金,所以成为今日之趋势也。

物物相易,不仅欲望难期相济,而互为标价,尤多不便。饼与酒易,酒与冠易,冠复与履易,则饼物四事,即无一致之价目。盖名物价者,既无确定之物,则物物而名之,其价非一类矣。以前举四事例之,双履当六饼,斗酒价一冠,则标履价者,言六饼可也,言斗酒可也,言一冠亦无不可也。适市者闻之,则无以较贵贱。此殆无公共之尺度而然也。欲泯其芬乱,则当以一物临万有,而为凡物之尺度。譬以粟为准,则售履者不必以饼酒言值,滋淆乱。惟曰一履之值粟若干,则人既用粟成习,未有不了然于价值之低昂者矣。

为易中之媒介者,往往兼为价值之尺度。盖交易之间,既以一物为给付,即未便又他物名其值。向使易中之具为烟草,而价值之尺度为粟谷。则一冠之值为粟一斗者,易冠者不能以斗粟为给付。而支付烟草之时,又不能不先较其粟与烟草之价值。其为不便,虽五尺之童,皆知之矣。顾征诸事例,则媒介物与尺度物非必尽同也。槁瘦岛(Island of Guernsey)以砝郎名物价,而恃英国银币为周转。殆以先令Shilling 为易中之媒介,以砝郎(Franc)为价值之尺度也。

按中国币制,凌乱异常。银两,银圆,铜钱,铜元,银票,钱票,兑换券,不兑换券,之类,各以地之所习而用之。彼此之间,互有市价之涨落,而无唯一之尺度。国家征税,或以银两计数,或以银圆计数,又或以制钱计数,亦各以地之所习而沿用之。征收银两之地,不必有银两。故往往以他币折纳之。征收银圆或制钱之地,亦不必有银圆制钱。亦必以他币折纳之。名值者为一物,而流行者又为一物。其亦槁岛之类也与。

综前所述,则泉币者,所以便交易,利分业,而期殖产之发达也。顾其用犹不止此,且为价值之标准焉。价值之标准云者,谓其自身价值,确固不摇,为凡物价值之准,而不以时变其值者也。亦称期付标准(standard of deferred payments)以言尺度,其用在较量同时各物之价值。言标准,则较量物值,不在同时相互之间,而在见时与将来之际。例如借贷,有人焉,借薪百斤。二十年后,倍其数而偿之。

其所以为期付之标准者,薪也。设借取之时,正值薪桂,迨其偿也,丰而贱,则借者利而贷者损矣。又设借取之时方贱,而偿还之期正贵,则贷者利而借者损矣。此缘标准之高下而然也。有一物焉,为期付之标准,而不以时变其值,则无论期间之远近,币值固无涨落,而损益自莫由生矣。是故为泉币者,不以能衡见在之物值为已足,仰且为将来之尺度。将来之尺度,则期付标准之谓也。换言之,则现在与将来之物,宜用同一之尺度。若以衡现在者为一物,而衡未来者又为一物,则无谓矣。顾有不尽然者。十六期时,英国以银为价值之尺度,而以粟谷为期付之标准。考诸典章,则学田课租,往往若是。殆以先令名现时之物值,于学田则征粟于将来以为租也。又其标准,不必为单纯之一体,集数物而合成之,亦无不可。譬之铁与麦合,棉与茶合,而为币。即为合体之标准。其义非数言可尽。后当更端论之。

由前之说,则泉币之效用有三事。一曰为交易之媒介,二曰为价值之尺度,三曰为价值之标准。三者而外,又可为蓄财之具。蓄财有二义。储为不时之需,一也。利财富之流转,二也。本第一义,则泉币为财富之所寄。寄富于币而储之,向时而取用焉。游牧之民,牛羊为其财富。其相交易,亦多以牛羊为之介。故其蓄牛羊也为储财,亦即所以储币也。本第二义,则有当注意者,即输出国境之硬币,不复有泉币之作用是也。

述沿革第二

交易之事,为人类社会之基础。然在皇古,则为罕见。彼时生事,殆自给也。顾以群居社交,为人类之天性。通功易事以时而起。而物相交易,乃为必要。抑群族相通,不始于有无之懋迁,而原于礼尚之往来。试即澳洲之民观之,民族分处,少所交通。有地产异石,堪为利斧,土人珍之。邻族之民,远道相求,往往贡其所产如赭石之类者,冀投所好,而有以相酬焉。往来聘问,莫不各有赠答。赠答之间,辄相较量。捆载而往番,不欲垂橐而归。酬不当其赠,则相訾詈。甚或兴戎而不恤。故其所谓赠答,殆无殊于物与物之交易。衡值之具无有也。虽然,物值宜衡,为事势所不容已,而交易媒介,终必以时而采用。交易推及于邻族,则为媒介之物者,又不仅以适一族之用为已足,必兴所交易者共适之。顾其时为少后。而泉币之始用,其在族内之交易乎。

物之为交易媒介者,必为一族财富之所寄。狩猎之民,以皮为币。游牧之民,以牛羊为币。迨务农业,则又以粟谷为币。盖生民之初,衣食是急。牛羊皮革,既为人力所获,又为生事之需,用为易中之具,殆如火之就燥,水之就湿。然有取物可饰观为凡人所欲而以为币者,则其物必为积小而便取挡者。虽其用逊于牛羊粟谷,然以为币,则非牛羊粟谷所可及。是以哥仑比亚以贝介为饰品,兼用为币。英属印度,则饰介之俗虽废,而尚有沿用为币者,小额授受,往往用之。盖介二百而当一辨尼者也。夫金属之用为泉币也，亦以其尝用为饰品耳。塞野之民，以金银为玩好，而未知用以为币。即在印度，虽以为币，而玩好之习未衰。欧美诸国，则文化益进。金银之用，重在铸币矣。

泉币发达之序，其在一族之内者，既如前述。仰民族之间，亦不可无交通也。交通及于邻族，则族之人可就殖产之宜，备物而输出之，以与邻族易。使其物为邻族所必需，则殖于内而未输于外者，已有相当之值。有之者可以时输出而易其所无。即或不欲任输送，亦得转售而输之。物之能是者，则取易不限于时。而其进为泉币也，自易易矣。是以浮京尼亚（Virginia）尝以烟草为币，拼尼色拉（Paninsula）以铅为币，而纽防仑（Newfoundland）且以枯鱼为币也。

按中国古代，亦尝以禽畜粟谷贝介布帛为币。古者相见必以贽。贽之文从贝。贝，币也。周官大宗伯职云，作禽挚，孤执皮帛，卿执羔，大夫执雁，士执雉，庶人执鹜，工商执鸡，皮帛羔雁等，皆货币也。聘礼言，币或用皮，或用马。士昏礼言，纳征用束帛俪皮，而纳采纳吉请期，皆用雁。孟子曰，事之以皮币，事之以犬马，事之以珠玉。皆禽畜布帛为币之证。周官旅师职云，掌聚野锄粟屋粟而用之，则又以粟为币之征也。

泉币学有公例曰格列森原则者（Gresham's Law），以此原始币制释之，当易了解。格列森原则者，恶币驱逐良币之说也。试以枯鱼为币之例言之。设纽防仑某甲，有枯鱼若干尾。其享用之也，不出两途，非以为食，则以易物耳。然为甲者，必择其良且美者供膳馔，而以其余资交易。惟其然也，则人皆有同嗜，而枯鱼之币，必就楛恶。使无以益之，则其楛恶且日甚而不已也。夫黄金为币，亦有二用，不以介交易，则销镕或输出之。销镕输出，以量言值。介交易，则一枚重量尚未消失过甚者，其分量之重轻，固无关于交易之效力。于是足重之币，渐就销镕，或渐输于境外，惟轻耗者独留，而金币亦日即于楛恶。其理盖与枯鱼之币无殊耳。

原如币制，虽可资考证，而于计学，尚少意趣。迨金属为币，则泉币之系乎交易者益切，言币制者，亦即以此为嚆矢。夫贵金属之用为币材，非偶然也。亚丹斯密有言曰，金属之质固，不易损伤毁减，易分合，而不缘分合损其值。盖言其德之适于币材也。顾其质犹不止此，且可范形模印，以防赝造，三品之金异彩，而易于鉴别，产量之丰歉有恒，而值之变迁也不剧。兹数德者，非他物所毕具。故其为交易之媒介，亦非他物所能几及也。

按泉币有四用八德。一曰为交易之媒介，二曰为价值之尺度，三曰为价值之标准，四曰利财富之积贮，此四用也。八德则须为社会人人所贵而授受无拒者，一也，携运便易者，二也，品质巩固无损伤毁减之忧者，三也，有适当之价值者，四也，容易割裂，且不缘割裂损其值者，五也，其各分子以同一之品质而成者，六也，其表面得施以模印标识者，七也，价值确实，而变迁不剧者，八也。黄金八德咸备。银亦具体而征。故最适为币材。铜铁之属，则远不逮矣。

原始币制，虽为古代人类之创作，顾以制度未善，致用每多阻滞。币之材，不问其为枯鱼为烟草,甚或为银,而皆无一定之质量。以生银一块为支付,则受取者无以判纯质之多少焉。故为易中之具者,宜有一定之品质。品质这高下,又必为凡人所尽晓。古之以金属为币者,故多标色以为准。然其始,不过于金属块片之上,模其国君之玺印而已。具玺印者,虽有一定之成色,而一块之量为无定。人相授受,必先权其重,而后可以计其值。币之权量而用者,曰计量制(currency by weight)授受之间必相权,则为事甚繁,仍非所以便交易者。故不得不更进而定其量,使质量之高下轻重,皆无二致。免平色权量之事,计枚而授受之。如是者,称计数制(currency by tale)焉。

按我国币制,迄未大定。明清而还,盛用银。银之质量无定,授受之间,必平其色,必权其量,争多论少,涌议繁兴。所以平与权之法不同,而彼此折合之事益杂。迨后有宝银锭银之制,少少定其质量,而批水升耗之法,又甚综错,商民交苦之矣。此种币制,在欧美各国,已为古代历史之陈迹。而我犹目视而身受之。文野之殊,何若是之悬绝邪。拙著中国币制统一论第二章,述其实况。读者可参阅也。

复次,钱法益进,有法偿币(legal tender)之制,法偿币者,法币之往来授受,或以偿债者,如无私约之限制,则有完全支付之效力,不得拒内者也。吗喀哩释之曰,任为何币,其由贷者偿债,而贷者不得拒弗受者,即为法偿币。法偿之额,有无限制者,亦有限于法定数量内有法偿之效力者。一国币制,仅以一种泉币充法偿者,称唯一法偿制(system of single legal tender)。利在简单,而其弊则交易之额有大小,币材过贵,则不便于小额交易,贱又不利于大额交易耳。在昔英吉利,尝以银为唯一法偿币,瑞典以铜为唯一法偿币。稽温斯从而推论之曰,数镑之直,以用瑞典铜币,必至盈箱累积,么杪之数,以用银,又必析银为芥末。盖言大小交易之不能交便也。救其穷而补其偏,则益以他种金属为币,而限其授受之数,是以英国当十七期时,以小额交易不便用银之故,行商小贩,造为金属小块而用之。流通区域,或限于一邑,或遍于一邑。十数年前,仓敦市议会,以铜币缺乏,不敷周转,亦曾发行此种小块以济用。顾按之章制,此盖出乎寻常之轨范。卒至为众所共弃。南美诸邦,亦有一种小币,发自电车公司者,则授受无阻焉。虽然,此种小币之始发行也,固为应一时之需,而滥发无艺,则必贬价,其究也,或竟成为废物。设有酒肆,以贵币之不便于其交易也,自铸铜片,当法偿币十二之一,与其人,以易法币,使于市酒之时,收受而无拒,则与酒馆相习者,有其物,得随时以易酒,自亦收受无异议。然若其物之用,限于市酒,则其发行也必不广。又设收受者不限于酒肆,寻常商店,亦乐用之,则其发行之量必加增。始也仅行于酒肆之邻近,继或推及于全邑。又设铜片之值,原为一辨尼。然以行用既多,范铜需费,自不得不取之于人。铸发之时,遂不能不减其质量。其始也,犹以补偿铸费为已足,继必益之以求赢焉。向使人登酒肆之门,而易此物者,不少衰歇,则利能动人,不免掺杂减重,以改铸之。掺杂减重以省费,而其常直,固依然一辨尼也。流行之数日以增,流行之物日以棼矣。欲求适度,必如何而后可,不可不一深究也。

夫铜片之用,不外二事,一以利市乡小额之授受,一则自其原发之处以易酒耳。且以真直逊于其名直之故,必不能镕为工艺之用。考其性质,实为一种零币(token money)与含有足直之主币(standard money)异其效能。故其行用之途为有限。其在前一事,则随交易额之大小为伸缩。乡村之民,舍原发之人外,莫不乐得法偿币。支付之数,过于十一铜片,或将拒而弗内。在后一事,又必以酒之消费为准。消费量之大小,即为铜片行用之范围。向使发行之人,意图,牟利,广发轻直之片,虽流行域内,供用已足,而犹续发不已,则行商小贩,持片过多,舍以易酒或零支外,将苦无致用之术,更有以此相授者,乃必拒而弗受。一人倡之,十人和之,消息所至,远近相应。纵不完全拒内,亦必慎于受取。而存积过多者,又不得不设法求授,或竟减直以用之。影响所及,凡片皆然,而铜片跌价之局成矣。跌落之度,则视滥发之额与真直之数以为衡。设行用之量,达于千数,尚能保其常值。益其额而为一千二百,则平均计之,向之行用十片者,今必以十二片代之,每枚之直,将轻减至十二分之十矣。但此时时直,如尚大于其真直,仍不失为一种零币。使此真直,为每枚一法新(十二法新为一辨尼)而其额增至四千,则其时直,亦必止于一法新。真直时直,两相一致。若再跌落,则非事势所宜有。何也?盖时直,若下于其真直,有之者,将熔为铜块,适市求售矣。抑于此,所当标举者,即零币之发行,果能严加限制,毋至于滥,则能保其常直,使在真直之上,否则滥发无艺,常直下落,必至与所含质量同其直而后已。重言以明之,则发行之额,果为有限,虽无别种法定之限制,亦能使常直大于其真直。此限制发行,所以为辅币制度之要图也。

抑所谓别种法定之限制者,乃指主辅各币之相易而言。以前喻例之,发行铜片之家,苟许人以主辅各币相交易,凡以铜片十二枚来相易者,即以法偿币一枚与之,则滥发之弊,自无由至。纵令发行少多,则人苟觉其逾量,自必持,其所余,诣发行之处,以易主币,而需供之量,相调济矣。铜片若此。纸币亦何独不然。近代国家,发行辅币纸币者,则必预储主币,备为兑换,所以自制其滥发也。

由此观之,唯一法偿之制,不便商民交易。私发辅币,事必相缘而起。私发之弊,每在滥发而减直,市价日有涨落,金融为所紊乱,为害于经济事业者,殆难罄述。是以文明之邦,莫不以国家之力,矫是弊害,造为有统系之制度,以利大小之授受。因革损益,制亦多方。始则为多种并用之制(system of parall standard)国家以多种金属,铸为泉币,并行于市,各以地金之真直为衡。继乃进而定各币间之比直(valency of the coins of different metals)即如金银铜三者,尝定为金一银十五铜一百之比率,载诸律例,并充法偿。故有多数法偿制(multiple legal tender system)之称。其组织简单者,实一复本位制(system of bimetalism)也。继此则又有两合法偿制(system of composite legal tender)各种泉币中,用其一为主币,按真直以用之,而为纯然之法偿币。余为辅币,发行之额有限制,常直大于其真直,仅于小额之内,有法偿之效力。其在英吉利,金镑之铸造自由,而行用必本于其真直。银铜各币,则铸发有限额,而行用一依乎其名直,支付之数,在四十先令或二十辨士内者,有法偿之效力。此其大凡也。其在法兰西,尝有一种币制,与两合法偿制相类者,称跛本位制(limping standard)金为主币,铸造自由。银为铺币,限额发行。并为无限法偿币。凡兹所举,皆泉币改进之迹。若言其详,非区区篇幅可尽也。(未完,下缺)

经济上之万国联盟观[*]

皮宗石

人生都有多少"欲望"（want）。既有欲望，自然各有种种"要求"（demand）。但是各人的欲望，为何有大有小；各人的要求，为何有少有多？不过是因为各人所处的时代，与各人所遭的境遇，各有不相同的原故。比方初民时代，人类的生活极其简单，穴居野处，茹毛饮血，直同禽兽的生活大同小异。所以那时候的人，每天所要的物件，就是他们一两天里所要的食品饮料。除了这个保存个人一时的生活外，并没有什么"经济"（economy），只可叫做自足自给的生活。

到了人类稍稍进步的时候，人各有一定的居住，人各有室家，生活程度，也就渐渐加高，要求的物品也就加多。从前各人单独自谋生活的方法，以及人人均从事同一工作的行为，不独觉其太拙，并且觉其所得结果，不能满人欲望。于是一家人之中，或一村落之内，人人各专一职，或家家各专一业，农的农，工的工，"分功"（division of labor）做事，职业专精。因此"生产"（production）的结果，还过于前。所以然者，功分则人各有专责，不必顾虑他事，惹起别种烦恼；业专则人的聪明材力，可集中于一二事，不要事事都去学，事事都去做了。但是这个人专一职家专一业的时代，自然每人或每家所做出的这物件必要比这个人或这个家所要求这物件的额量大的多，同时这个人或这个家所要求的他种物件，又因为不在他的职业内，自然是没有做出来的。于是这分功分业的结果，生出一种重要经济状态。是怎样状态呢？就是一部分人对于所需要的物价，有时造出太多，而同时他一部分人，对于此种同一物件，又有时苦于不得。假使这时候没有一个方法为之救济，自然非退到各自单独的生活状态不可。幸而人类进步，人的智识也有进步，于是想出一种"交换"制度（exchange），以交换有无。从前因为不通功易事的原故，致生出"农有余粟，女有余布"的状态，到这时候，都可彼此交换，有无相通了。

由这种交换经济，一地方的人与同一地方的人，固然可以交换物件，互谋便利；就是此一地方的人与他一地方的人，也可交换物件。推而至于此一国的人，只要交通机关稍稍完全，也可交换物件。交换的范围既日推日广，交换的物件也日出日多，自然那从事产业的人，定要想出方法，如何可用最少的劳力、最便宜的"生产费"（cost of production）造出最多最好的物件，交换得最有利益的需要品。于是从

---

[*] 本文原载于《太平洋杂志》，1919年第2卷第2期，第1—9页。

前只分功为农为工的,渐次农之内又得细分为渔业,牧蓄,森林,耕种,等等;工之内,又得分为矿,织,电,化,种种。从前只分功于一家人一村落间者,渐渐因此一地方的气候宜于某业,此一地方的原料便于某业的原故,一地方的人多从事这业,专恃与其他地方交换物品以为生活。如江浙广东的丝绸,江西的磁器,他处未必一定制造不出;不过以有种种理由,非制出来的时候不能有该几省的精美,就是所要的成本未免过多,因此他的省分,只有另专他业,以图用作交换的物品。所以这样的分门相竞争起来,一国的物产总额,因有此种分工的大作用,比从前各人从事同样的工作,或各地方从事同样的产业,自要加多起来。物产总额加多,物价比例减少;物价减少,吾人消费物品的总量可以加多。因此饥饿的惨事可免,人类幸福随之增进了。

但是以上所说的一种经济发达的程序,乃是纯从理想上自然发展的一面而言。若是实际的经济状态,就未必能这样一步一步依次上进,不受种种的人为干涉。例如经济的原理原则不了解的国家,就常常只因目前一时的收入,假借多种名目,设立多种关卡,抽厘课税,留拦阻挠,致使商业上的交通多被阻滞。影响所至,就是工业上的"生产力"(productive power)因销场不能圆转自如,亦不得不大受打击。于是本来依分功及交换的原理原则,可以促进的经济发展,因有这种人为的阻碍,那分功的作用与交换的范围,自然多受限制;一国的经济状态,自然不能大有进步了。我们中国的经济能力,今日这样薄弱,就是这个原故。试看今日世界各文明国家,有那一国在国内设关,重课在本国内通过的货物呢?有一国课本国的出口货与课外来的入口货同一样的呢?何怪外国都富源开发,财力雄厚;中国民穷财尽,救死不暇!

但是世界上各国人的经济知识,虽已脱了地方的主义,进到国家的主义,一面消极的对于国内所有一切阻止经济发展的障碍,极力的打破,一面更积极的关于凡可以助长此种发展的方法,再极力讲究。然而根据国家主义的独立经济政策,虽各国间采用的程度各有高下,大都奉行之不遗余力,这岂不是违背天然经济发展的原理原则么?明明知道这是违反这原理原则,而不设法破除以顺从经济的自然发展,是何原故呢?是国际间彼此猜忌,各不相信故。因此政治家为巩固其国家实力计,不得不终日埋头苦想,预备战事,一有缓急,庶几国内得以自给自足,不受外界牵制。战前的德意志及现在的日本,就是力行这样政策的模范:世称为'军国主义的国家'者是。但是德意志虽然军力充足,军需民食等,极称预备全齐,四五年苦战结果,仍不免于败创。彼区区岛国的日本,从令事事取法德国,日日预备战事,耀武扬威,不讲公道,然彼等岂自信能与世界为敌,不至一战而败么?这样看来,军国主义的经济政策,大而言之既阻碍自然的经济进化,小而言之又束缚一国人民的自由发展,惹起邻邦及全世界的疑心,实际上无论对外对内,是没有好处的,是并不能求得安全的,甚至反要造出战祸来的。所以经过这次大战的教训后,人人都明白了这封建时代的旧式思想,总是不成功的。所以美国威尔逊总统一提倡万国联盟主义,大家就赞成。

万国联盟会主张各国均承认不用武力，主张国际间的关系要光明正大，主张确定国际法的解释以为各国政府遵行的法规……凡此种种，都是为谋增进国际的联络与国际的和平安宁起见。其宪章第二十三条第五项，又声明为联盟国的商务起见，务须保持交通的自由，以及公平的待遇。这等主义，倘能一一实行，国际间的猜疑心自然要减少。猜疑心既减少，所有从前一切根据军国主义的经济政策，不独是无益，并且有害。就是以国家主义为单位的经济政策，亦全然不适用了。这样看来，国与国的经济关系，将来由各自独立的及彼此猜忌的政策，可渐次发达到世界共同的，与万国互助的政策，最后并可合全世界为一经济的动场，以尽量发挥分功的能事。比如这一国不便出产的物件，或可勉强产出而资本过重的物件，此后不必用种种保护手段奖励它在本国产出造出，尽可依赖外国的输入，推广交换的范围，以全世界的市场为交易市场。如此向前做去，自然要造出一空前绝后的经济的大革命，比那从前由个人自给自足的生活，变到了交换经济的时代所发生的影响，更要大了。所有一切社会上的政治上的组织，自要根本的变动了。是什么缘故呢？因为从前个人与个人之间，猜忌心一去，恐惧心不生，通力合作，国家社会，既能因此强盛进步；倘此后国与国之间，也能"尔无我诈，我无尔虞"，彼此新睦，一视同仁，自然也有特别进步。就道德方面而论，人类之所以为人类，将更生活高尚，较彼禽兽终日自相残杀的，当相差更远。就物质方面而论，国际间既互相尽力维持和平，从前一国养兵几十万，造枪炮无数，制军舰几十或几百等等销费，每年提在国家预算案内，多的几乎占了全国几出的半额，少的也要占那岁出额三分之一，此后尽可移作改良教育，讲究国民卫生，治水修路，振兴工商等种种生产的事业。如此岂不是因有万国联盟会的组织，国际间得保和平安宁；一方面从前的振军经武等种种浪费，可以渐次减少；他一方面人类的德慧智术，因得余财余力加意培植，是更要开发进步。这样看来，人类的"生产力"（productive power）当与日并进，那个人的"购买力"（purchasing power）也要逐日加多。衣食住三项满足的程度，直是无从预料的。所以万国联盟的主义倘能诚心诚意奉行无阻，我们人类精神上与物质上，实受赐无穷的。

上段所说的利益与幸福，乃是万国联盟会积极方面的作用，所谓创造的（creative）力量。此外还有消极方面的作用，虽比刚才所说的创造作用要小，然有一种制止的（preventive）力量。此种力量，从不能完全消灭战争，然依所定宪章自十一条至十七条所规定：国际间如有争端不能私自解决时，须提出联盟会付之公断；公断后倘有一方不满足时，非等待三个月后，无论如何不得诉之战争；倘联盟国中任何一国不顾此项宪章，则当认定该国与他联盟国挑战，他联盟国当即断绝与该国之商务或财政的关系，并禁止其人民与该国的人民发生一切往来。这就是联合万国，用排货的手段，强迫违宪的国服从法律。有这种规定，就是那穷兵黩武的国家，恐怕也只得要谨慎谨慎。不然，就是德意志这样强大国家，预备战事几十年，一被联军各国将他的海港完全封锁,使他不能向海外运取何物进口,他的陆军虽然佔胜,因缺少原料,不能多造军火,缺少粮食,不能供养人民,他也就不能不屈服了。此外的好战国如俄罗斯,因为几百年极端专制的结果,现在弄得四分五裂,是不至再扰乱世界的和平的了。独有日本,趁此世界大战期中,反弄得陆海军比从前更强,对外政策亦完全学德俄的侵略主义。然日本区区三岛,又无铁矿;假使他依然在东方横行无忌,一旦惹起战祸,他岂可当得全世界的经济压迫么?既是不能,他也不得不渐次要就范围的。然则这等消极的经济作用,可防患未然,可消灭战事于未起,不得不谓之有大力量。

万国联盟会,既具有积极的创造作用,同时又具有消极的制止力量;无论此会初成立时,所有宪章,未必均能实行,或即试行之未必能如一般人所期望,发生多大效力;然这种经济的作用与势力,既为提倡这联盟会与草定这宪章的世界政治家所承认,要无怀疑之余地。故我以为人类如不欲完全脱离封建时代好战的性质则已,否则明明知道有这一个有力的手段,岂有不极力设法利用,以求争进人类幸福的么?

以上所说的,只关于联盟会一般的目的,与所以达到这目的的手段。但是中国对于这联盟会怎么样呢?原来中国人的学说理想,如孔子说大同,孟子说天下定于一,惟不嗜者能一之之类,是最合于万国联盟主义的。所以中国人对于联盟会,自然热心赞成。但是中国现时在国际上的地位,即就经济一方面立论,对于这联盟会到底可有若何贡献?到底要提出甚么要求或希望,以期达到组织此会的高尚目的?我们是应该研究的。中国虽国势不强,然国土极大,物产丰富,气候也好,各种原料大都均能产出。所以中国一加入联盟会,将这样无尽藏的国富,开放于世界,积极作用的方面,世界得利用此宝藏,助长生产力,人类的幸福与愉快之增加,是不可以言语形容出来的。就在消极作用的方面,假使有一国不遵守联盟会宪章,惹起战争时,我中国既富有各种原料,而又多为交战国必要的物资,中国为维持国际正义,保障世界和平计,自当与该违宪国,断绝商务上以及其他种种关系,与联盟各国通力合作,藉经济的压迫,以征罚彼不能就范的分子。所以就经济上立论,中国对于联盟会,可贡献的事业无论积极的或消极的方面,比其他联盟国实更有力量的。但是中国经济上的势力,虽有这样大;然中国在国际上的地位,一面因为内政腐败,一面因为外国侵略,几十年来,竟弄得一个最文明的中华国家,事事被人欺侮,处处不受平等的待遇。他事且不说,现只就关税问题而言:无论何国,既是独立国家,没有不享有自定税率的权利,随国家的经济的状态以及工商业的发展课税,或加或减,均能自由行事。独我国不然,因有条约限制,无论对于进口出口,各货都定为值百抽五。税率既为条约所定。而又不分别货的出口或进口,与货之为必要品或奢侈品。所以中国虽然地大物博,具有富厚的资格,然经济能力,毫不发达。除农业外,工商极为幼稚。就是从前有名的丝茶两业,十数年来,不能与外国竞争,竟退到第三四等位置了。所以此次我中国既加入联盟会,又具有十分贡献该会的能力及资格,为谋国际正义及人类幸福计,我们应要求联盟会,对于中国所受的这种不平待遇,依宪章第二十三条第五项的规定(为联盟国商务起见,务须保持交通的自由,以及公平的待遇)即时撤去。如此中国既天然的物力雄厚,若再加以除去障碍,自由发展,人民的生产力加多,生活程度加高,购买力与消费力也比例增进,就是全世界的经济发展,也当影响不少。岂独中国人受其赐么?

以上所说的联盟会的利益,是假定中国此后能和平统一,成一稍有秩序的国家,对于联盟会积极的消极的,都能稍有贡献的而言。若照中国现在的状态看来,彼行同强盗的督军团,带了几十百万打家劫舍的流氓土匪,终日要钱生事,残害吾民,自相残杀的兽性,毫未脱除一点,长此不止,国且要亡,更配说什么万国联盟呢?所以我们国人,如真是要救国,首先要除去家内的国贼。不然,纵令国人拼命的对这一事争执,对那一事反对,若是让他们那般强盗与卖国奴,把持政权,我恐怕几十个胶州,几十条铁路,也不要几年,就完全断送了。所以我说要救国,先讨国贼;要求世界和平,先求国内和平;要使万国联盟会巩固发达,先求本国安宁统一。同胞们!今日真是中国的生死关头,望大家快起来自救救国。

民国八年六月二十六日草于伦敦

金的移动与国际清算银行*

皮宗石

在十九世纪的当中,世界上几个比较重要的国家,大都先后采用金本位制或金汇兑本位制。于是金之为物,在这些国家中间及国际方面——尤其是英国——尽了两种重要职务:对内的,供国内通货的流通;对外的,供国际债务的清算。因此,金的需要,在过去的一世纪中,大大的增加。不过金之需要方面,因本位货币的改革,虽有如许的变化,而从另一方面看去,则在同一期间中,又因先后有大金矿的发见,他的供给数量,也比例的加多。所以就供求关系说,在这世纪中,反而因此得到一种调剂得宜的良好结果。

到了欧战开始而后,交战国不待说,就是许多局外中立的国家,受了战事的影响,岁出入的差额,每年何止以亿万计。于是信用膨涨,纸币充斥。于是币值日落物价日高,产业受打击,生活不安定。虽然他们国与国之间,财政紊乱的情形,金融混沌的程度,彼此不必相同,而货币基础之大受动摇,却不论本位之是金是银,差不多成了一种普遍的事实。所以战后的复兴事业中,无论那一国,都不得不把整理金融看做一件紧要的大事。所以自一九二三年国际联盟出来设法救济奥地利的金融,恢复其金本位制后,先后约七八年间,从前用金的国家,固然只得各随其国力的厚薄,信用的高低,通货数量的多少,或者完全恢复旧有的金本位制度(如南非联邦,荷兰),或者别谋所以安定货币的方法(如现今其他一般采用的金块本位制)。就是从来用银的国家,在最近的四五年中,除中国外,如印度、安南等改行金本位制度的,据 Einzig 氏说,已经与十九世纪的全世纪中采用此项本位制的国数相等了。①

不过这样旧本位制的恢复,和新本位制的采用,尽管名义上都用金的称谓,实则本质上已与战前之所谓金本位制大有不同之点;严格的说,这只是战后货币制度上一种新的形式的金本位制而已。盖自战争开始以来,各国为他们的经济上之自卫计,都采取现金集中的手段;一面停止钞票兑现,一面禁止现金自由输出。于是金本位的作用,全部丧失,事实上一变而为不兑换纸币制度了。这样,经过十多年之久,一般人对于纸币的使用,不知不觉中,就渐渐的成了一种习惯。所以后来金融理事的结果,只要关于兑现一层,可以办到,就算是得了圆满的结果。至于国内

---

* 原文载于《武汉大学社会科学季刊》,第 3 期,第 527—540 页。
① P. Einzig: *International Gold Movement*, p.4.

金币流通的有无,并没有人特别注意。于是金之对内的作用,就随战事而日渐消失,而金本位之在今日,大都抛弃了国内流通的意义,已有偏重对外关系的趋势。则金之国际性的重要,自然比从前又大不同了。②

本来世界的交通,一天一天的发达,交换经济的范围,就只得跟着渐渐的扩张。因此不独不能久留的美国的橘子,冰其琳等可以供我们东方人的消受;就是容易腐化的中国的鸡蛋,猪肉等也可以应远在欧洲的英国人的需要。盖人类接触的机会越多,生活上彼此互相依赖的程度也越高。于是我们的经济生活,也渐渐地由国内的而多带有国际的性质了。

经济现象的国际性,既然如此的日渐显著,自然而然的,货币现象上也得发生同样的作用。所以今日的货币制度,不但不能把他的对外关系置之度外,并且他的对内价值,也因国际汇兑率的变更而大受影响。所以就是就他的对内价值说,想单靠自身的管理而得保持,也实在有所不能。

谁也知道,今日的国际贷借关系,都是拿金子清算的。换句话说,国际收支上有差额的发生,就是金的国际移动之所由起。并且这样的移动,通常都用金块。即令有时偶用金币,亦只与金块受同样的看待——看做一种商品——以其所含纯金之重量计算。但是金块虽也不过是一种商品,却因授受之能通行无阻,实际上已具有一种国际通货(currency)的性质。因此,保有多量现金的国家,在国际经济上自然要占优越地位。盖一方面具有雄厚的国际购买力,一方面不只是可以增进国际的信用,同时还是构成一种决定国际汇兑率的要素。若是我们再进一步,由其对外价值的安定因而看到国内货币价值所受的安定影响,更可知道金在国际性的重要之外,所以间接贡献于国民经济者,也就不为不大了。③

惟其如此,各国的发行银行(Bank of Issue,一种发券银行)之金的准备率(reserve ratio),近几年来,都相对的或绝对的高于战前。比方法兰西银行的准备金,向来有一部是用银的,现在则银的存量很少而都代之以金了。这是相对的提高的好例。又金本位国在战前之金准备额的最小限度,只须依据发券数目而定者,在今日则以发券与活期债务(note issue plus sight liabilities)两者为标准的原则,已有采入银行法案的了。④ 这不是绝对的提高的证明么?

但是近年来金的产额,依伦敦发行的 The Economist 的调查,一年平均所值,约只当英金八千三百五十万镑左右。这比起刚在战后的几年固然很有增加,但较之战前及战初还是不及。试看下表(单位为英金百万镑)⑤

---

② P. Einzig: *International Gold Movement*, p. 7.
③ 参看荒木光太郎《货币制度》第六一至六七页,《现代经济学全集》第十一卷。
④ P. Einzig: *International Gold Movement*, p. 2.
⑤ *The Economist* Vol. CX; No. 4,512. Feb. 15. 1930.

	英帝国	其他	全世界
一九一三	五八.六	三六.一	九四.七
一九一四	五六.五	三三.九	九〇.四
一九一五	六〇.六	三五.八	九六.六
一九一六	五九.五	三四.〇	九三.五
一九一七	五六.一	三〇.二	八六.三
一九一八	五一.〇	二八.〇	七九.〇
一九一九	五〇.一	二四.九	七五.〇
一九二〇	四八.一	二〇.九	六九.〇
一九二一	四七.四	二〇.六	六八.〇
一九二二	四四.六	二〇.九	六五.五
一九二三	五三.〇	二二.一	七五.一
一九二四	五六.〇	二五.〇	八一.〇
一九二五	五六.一	二四.九	八一.〇
一九二六	五七.五	二四.五	八二.〇
一九二七	五八.六	二三.九	八二.五
一九二八	五九.四	二四.一	八三.五
一九二九	五九.六	二三.九	八三.五

由是观之，金之供不应求，本是很显明的事实了。况且现在全世界现金总数，除供工业用及装饰用者不计外，属于各国政府及中央银行保有者，在一九二九年年底估计约值英金二十万万七千八百万镑。就中美国约占百分之四十弱，法国也有百分十六左右。在这供求不相应的今日，美法两国就占有世界的半额以上，无怪乎一种 gold rush（金的争夺）的现象，更是无可避免的了。现在再把世界上几个比较重要国家在欧战前后保存现金额数表出如下（单位：百万镑，参看同期的 *The Economist*）

	一九二九年	一九一三年
美国	八〇〇	二六六
法国	三三六	一四〇
英国	一四六	三五
德国	一一二	五七
日本	一〇九	一三
西班牙	一〇二	一九
阿根庭	九一	五三
意大利	五六	五五
荷兰	三七	一二
比利时	三四	一二
俄国	三一	一六
瑞士	二四	七

依照美国现行的货币制度,联合准备银行(The Federal Reserve Bank)本来有对纸币要百分之四十,对存款债务要百分之三十五的比例准备之规定。但据本年三月五日准备银行周报 Federal Reseive Bulletin 的统计,则通全国十二准备银行的负债准备竟高至百分之七九·八了。法兰西银行本只有对发券及即期债务要百分之三十五的法定准备之限制。但他们财界当局当其安定金本位时,抱有养成巴黎为将来国际金融市场的野心,就采取了极端的现金集中政策,用尽了种种方法,从美国及其他市场吸收不少的金块。因此他的现金准备率也突破了百分之五十。本来世界存金,只有此数,挹彼注兹,则此盈而彼绌。今美法两国的实际准备,既都违在法定标准而上,则其他各国政府或中央银行感觉准备之薄弱,——因而信用收缩物价低落,产业萧条,演成国际经济的大衰颓如今日的现象——而亟谋所以分润之者,又岂事之得已者哉？

"以羡补不足","截长补短",本供求关系上的原则。美法今日多拥现金,如任其自然流通而不加以人为的限制,则此种偏的特殊现象,或有得到配分适宜的一日。但事实上法国对外来的募债,有课税以制限之。美国对于在纽约市场的起债,虽然没有不认许的倾向,但假使因为募债的结果,驯致多量现金的流出,也不见得十分的愿意。因此,这种"羡"与"长"的偏颇现象,既以人为的关系,不能收得"补不足"或"补短"的自然之妙用,则今日现金缺乏的原因,除前面所说的实质上产额本来不敷应用外,运用不得其宜,恐怕反是不可掩的较重要事实。然则补求之道,与其徒然致力于难于控制的物理的原因而劳而无功,不如本"解铃还是系铃人"的精神,消极的免除其不必要的竞争,积极的增进其自然的移动。因此,对于新近正式成立的国际清算银行(The Bank for International Settlements)⑥我们不得不抱有救济这"金荒"的希望。

国际清算银行是由 Owen Young 主持的第二次赔款专门委员会所提出的计划(通称之为 Young Plan)中之建议而产生的。他的本来任务,不待说,是经理德国赔款的收受与分配。自然,与分配关系密切的,如将来关于未到期部分的赔款之如何变卖及活用(the commercialisation and mobilization of certain portion of annuities),也是连带的重要工作。⑦ 不过这机关的设立,对于多年想望的,并且非公式地多次集会讨论过的国际金融合作,我们却以为有可因而使之实现的机会。关于这点,不单是美国经济学者如 Jeremiah Smith 在他讨论这个银行的结论中说:"该行也许可以收得像联合准备银行在合众国货币制度上所生的同样效力;因为他将来对各中央发行银行——特别是在欧洲——的关系,也许和联合准备银行对其会员银行所生的关系差不多——这,对于我美国国内金融的安定上有不少的贡献,是一般人所承

---

⑥ 有人就其表面的存在理由,译为国际赔款银行,也有人就其现行职务译为国际善后银行。不过据专门委员会最初提案的动机及该行将来的发展上看,译为国际清算银行,似乎较为适当。英名亦略称 B. I. S.

⑦ 关于该银行职务参看该计划 Part 6,尤其是关于赔款经理记载特详。

认的⑧。"并且向来参与国际借款事业的美国银行界领袖拉蒙特氏 Thomas W. Lamont 在他的 The Final Reparations Settlement⑨ 论文中,关于这银行发展的前途,他虽说难作具体的预言,但他同时也承认该行之设立,原欲其像现在各中央银行对国内金融界所尽的职务一样,对于国际金融界也能尽同等的任务。不但如此,就在这个第二次赔款专门委员会的报告中,我们也可以得到关于这国际银行的意见是:"在发展的自然程序中,预料该行不单是做成一经理赔款机关,而是对于国际商业和国际金融,做成一谋重大利便的机关。特别地希望他对于各中央银行的合作——对于世界信用组织的安定所必要的合作,做一密切而有价值的连锁。(Especially it is to be hoped that will become an increasingly close and valuable link in the cooperation of central banking institutions generally——a cooperation essential to the continuing stability of the world's credit structure.)固然,所谓"连锁"云云,意义很有伸缩之余地。不过各专门委员对于这银行的未来活动,本来就感觉着不能预为规定,所以关于他的组织,也多笼统的条文。不过"在发展的自然程序中",我们相信 Smith 与 Lamont 两氏的意见,迟早是会实现的。因为依照该行的组织,他的现在董事的半额,是英,法,美,日,意,比,德,(参与赔款会议的国家)七国中央银行的总裁,其余一半,亦由各该中央银行总裁所指任。⑩ 这样,该行的干部只不过是各中央银行的有力代表。因而该行的一切活动,自然不难取得各国中央银行的同意。于是乎这所谓"对于各中央银行的合作做一密切而有价值的连锁",会自然而然的变为一类似联合准备银行对其会员银行的关系了。

美国在采用联合准备制以前,银行界常因准备金之不足,感觉难于应付,及其实行此制以后,金融活泼,财界安定,这是我们所知道的。假使这新近在瑞士成立的国际清算银行"在发展的自然程序中",也能尽今日联合准备银行所尽的职务,则今日国际方面所谓 scramble for gold(金的攘夺)的现金,将来不难大有缓和的一日。即由是而惹起的信用之异常收缩,物价之不自然低落,生产事业之萎靡不振等等,也庶几有多少补救的希望。

试看该行今年四月二十日在瑞士巴兹尔 Basle 宣告成立,开了第一次董事会后,随后在五月初间,英美法比四国的中央银行就有同日低减利率之事,则前面的尽的"连锁"作用,不是已经得了初步的效果吗?宜乎伦敦的 The Economist 于其五月十日所出的周报上,已著有银行合作开始(banking co-operation starts)的一篇专论,大书特书唤起世人的特别注意了。至其他关于安定金融,改革币制的工作,像

---

⑧ Geremiah Smith: The Bank for International Settlements, The Quarterly Journal of Economics Vol. XIII; Aug. 1929.

⑨ 见美国的 Foreign Affairs 季刊 Vol. 8, No. 3.

⑩ 在德国付偿赔款期间中,法,德,两中央银行可各加派董事一人。又董事原额可再加九人,假使其他各国中央银行愿加入时。不过产生方法,须先由愿加入国之中央银行将候补董事名单提出,再由原董事选定之。

七八年前国际联盟出来恢复奥国金本位的举动之类,自有了这银行以后,也许以其为各国中央银行的"连锁"之故,因而委其一手承办,那更是意中事了。所以同期发行的 *The Economitst* 周报之银行附录(banking supplement)中,讨论该行将来影响于金的移动,与夫对行金本位国及金汇兑本位国之金的使用时,关于印度金块本位制之采用,以及我国将来的币制改革,亦曾暗示以可以助力之处。并且从此以后,除这样积极的行动外,有些中央银行——尤其是采用金汇兑本位制国——的准备金,有一部分存储于这连锁式的国际银行,不独平时可以因之巩固其信用基础,即在战时,因为该行财产享有种种特权的待遇,亦不致有没收或其他何种限制的危险了。[11] 所以单就这一点而言,有了该行之后,于将来采行金汇兑本位制的国家,实有不可限量的便利。至于像最近银价暴落这一类的事情,假使在这银行成立了若干时候,一方面因金之调度适宜,因而一般物价得免于过分的低落,而银之为物,既然也是百物中之一,则他的金价自然也可因而得到较少下落的结果。不但如此,假使列强金融界领袖或为政当局,如届时认为银价突然惨落,影响所及,不单是用银国及产银国独当其冲,就是其他产业比较发达的国家,因为这些地方消费者购买力之无形减少,或不免引起国际贸易的衰颓,劳动阶级的失业,因而出来设法,或使各中央银行以银为准备金之一部,如佛郎安定前法兰西银行之所为;或用其他方法吸收存银之若干,如美国当年 The Bland-Adison Act 1878; The Sherman Act 1890. 法案之所规定,则今日无人过问的生银也许可以得到多少的救济。诸如此类,我们认为不单是对于这银行的一种应有的希望,而且从他成立的原因以及其组成的分子看来,也实在是他能担当的重大使命。因此为补救今日国际经济大恐慌,解决世界的失业大问题计,我们不得不亟望这国际银行加速度地"对于国际商业和国际金融做成一谋重大便利的机关","对于世界信用组织的安定所必要的合作,做一密切而有价值的连锁。"

---

[11] The Bank, its property and assets, and all deposits and other funds entrusted to it, shall be immune in time of peace and in time of war from any measure such as expropriation, requisition, seizure, confiscation, prohibition or restriction of gold or curpncy export or import, and any other simila measures. 这是 B. I. S. 之 Charter 上 Para. 10 的规定。

国民经济之意义

陈启修

一 论 旨

欧洲大战对于经济界之影响，最巨者有二，其一，使经济不能自给之国，感受饿死之危险而益图国民经济之独立发展。其二，使并世诸国，恍然于经济的连带关系之深密，而益思所以发达世界经济，共同解决人类社会之经济的难题。此二影响者，一为排他的及国民的，一为互助的及世界的；骤观之，似相反对，而详察之，实相成就。盖国民经济之发展，即所以使减少一部分人类经济之困难，而世界经济之提倡，即所以收分工合作之最大的经济的效果也。故现今诸国一方面极力图谋恢复发展其产业，一方面又极力研究沟通各国经济财政之方法，如所谓联合国财政会议及经济的会议等，皆后者之著例也。由是观之，联合诸国已将由国民经济之域，近而入于世界经济之城矣，而愚于此，不论世界经济，而犹述国民经济学之初步的议论者，盖以我国之经济当局者犹未识国民经济之真相，其所施设，动与国民经济之原理相反，愚故思从学理上明其谬耳。如借款以挥霍，甘作经济的奴隶之危事也，而我国方且求之不得；经济调查局及粮食调查会，国民的事业也，而我国则以委诸官僚及政治的流氓，是不啻与官办地方自治同一笑柄矣；中央银行及实业银行，调剂国民经济之最要机关也，而我国则视为牟利及投机之所；凡此种种，皆不识国民经济为何物之所致也。然则斯篇虽系初步的议论，或亦可少作国人批判经济之基础欤。

二 经济行为与经济

人类生而有衣食之欲，寒思衣，饥思食，得之则生，不得则死。人类又生而有意识，有思想，恒较重得失算计利害，弃劳取逸，避苦就乐。具此二因，故人类无时不在汲汲谋衣食孜孜计利害之中。此种较量利害，以满所欲之行为，任经济学上，称为经济的行为，详言之，经济的行为者，获得有价值的物件之有意识的行为也。空

---

* 本文原载于《北京大学月刊》，1919年第1卷第6号，第35—40页。

气日光,虽足以满足吾人生存之欲,然其量无限,可以不劳而获,对于吾人,不生价值,故呼吸空气晒取日光之行为,不得为经济的行为。吾人偶散步于通卫,而忽获黄金,黄金虽有价值,然吾人之拾得,系出于无意识,非欲拾得而拾得之者,故偶获黄金之行为,亦不得为经济的行为。

经济行为既为计较利害即牺牲与获得,以满所欲之行为,故当然有一抱欲及行为之主体。此种主体,在经济学上,谓之经济主体。经济主体之欲望,不仅一种,不止一物,故经济主体之行为,亦不仅限于一类,拘于一事。经济主体之行为既甚多而且杂,则何者当先,何者当后,何者当缓,何者当急,不能不由经济主体审计熟虑而定,使各种行为,成一有组织有统系之一体,而不至互相冲突。此种有组织有统系之一体,在经济学上谓之经济,经济行为与经济之关系,颇类于人民与国家之关系,国家虽为多数人民所集合,然非仅为多数人民之群集,必其间有组织有统系而成一体,始得称为国家,犹多数经济行为之集合,不得称为经济,必其间有组织有统系而成一体,始得称为经济也。

三 经济主体与国民经济

经济主体或为自然人之个体,或为自然人之任意的共同团体,或为强制的公共团体,或为个体与团体或团体与团体之综合体。故因经济主体之不同,可分经济为五大种类:(一) 个人经济,(二) 企业经济,(三) 公共经济,(四) 国民经济,(五) 世界经济。个人经济者,自然人之个体之经济行为之有组织有统系之一体也,其目的在计较利害,以满个人之欲望。

企业经济者,各自然人之个体所组织之任意的共同团体之经济,以增进其团体之利益,满足其团体之欲望为目的者也,例如家庭经济公司经济等是也。公共经济者,强制的公共团体之经济,以维持公共团体之生活,满足公共团体之需求为目的者也,如国家经济及地方团体经济是也。国民经济者,个体共同团体及公共团体三者综合而成之经济主体之经济,以维持个体共同团体及公共团体三者相互之生活,满足三者共通之需求,增进三者共通之利益为目的者也。世界经济者,纵合各国民经济而成之经济主体之经济,以增进各国民经济之利益,满足人类全体之欲望,为目的者也。

国民经济之主体,从前不甚明了,今日世界交通,国民间之利害冲突,较前昭著,于是此种经济主体,乃居经济界之重要位置,盖因个人经济,企业经济,及公共经济之各主体,于其自己固有之经济之外,不得不发生国民经济之意识也。此三种经济主体,一面满其自己之需求;谋自己之生存;一面复不得不顾及国民经济之需求,维持国民经济之存在,盖现在之世界,为国民竞争之时代,无论为个人为共同团体,为公共团体,若不行国民的生活,则将处于劣败之列,而失其存在也。国民之观念,与人民之观念及国家之观念,皆不相同。人民系指组织国家之各分子而言,国家系指由人民组织而成之单一体而言,而国民则指一有共通感情,且处于共通法律下之社会全体而言;易词言之,则人民为与国家对待之观念,而国民则为与他国民对待之观念,前二者为对内支配之观念,后者则为对外竞争之观念也。世界经济之观念,发达较国民经济尤迟,今尚在萌芽时代,兹不具论。

四　经济之经理与国民经济

以上五种经济主体,皆当然应经理其自己之经济。个人经济之经理或谓之家计。公共经济之经理或谓之财政。企业经济则但曰某某企业之经济。国民经济发达日浅,仅有国民经济之观念,尚未达于独立经理特别经济之域,他日各国经济事业更进一步,必发生一种经济联合委员会,合个人经济企业经济及公共经济之代表者,而组织之。欧洲大战时,各国所设之特种经济委员会,如食粮委员会,燃料管理委员会,劳动协议会等,即其萌芽。将来此种委员会,苟能有充分之发达,则国民经济之独立经理,必能实现也。世界经济之经理,亦尚未实现,然各种国际的经济会议,如国际劳动协会,国际邮政同盟会等,殆其萌芽也。

五　各种经济与国民经济之关系

欲明各种经济与国民经济之关系,不可不先识各种经济间之关系。个人经济现今皆处于国权之下,赖国权之保障,始得达其目的;又个人经济大抵力量过微不能举行规模远大之事业,而必待于各个人经济之结合,故个人经济不得不依赖公共经济及企业经济。企业经济为个人经济所结合,自与个人经济同其利害,且亦赖国权之保障,故企业经济与个人经济及公共经济之关系甚为密切。公共经济之财源,惟个人经济及企业经济是赖;未有民贫而国能久富者,亦未有民富而国终于贫者,所谓百姓不足,君孰与足,百姓足,君孰与不足,语虽陈旧,然移诸今日,亦尚含有至理,故公共经济与个人经济及企业经济实有莫大之关系。

国民经济为合个人经济企业经济及公共经济三者以行对外竞争之经济,对外竞争胜,则三者皆受其利,对外竞争败,则三者皆蒙其祸;当此经济竞争剧于武力竞争之日,个人经济企业经济及公共经济三者之经理,皆当以在国民经济上有利与否为前提。而国民经济之利益,据最近经济学之原理,则以使国民经济内之各单位即各种经济主体尽量发挥其最大之能力,各减少其因利害冲突而来之损失,至最少程度,以谋增进国民经济全体之福利。故国民经济与个人企业及公共三种经济之关系之深,在今日商战激烈之时,最为显著。

世界经济为各国民经济之结合体,国民经济必以世界经济为归宿,然后能解决人类之经济的恐慌;世界经济亦必以国民经济之充分发达为前提,然后能满足全体人类之欲望,故国民经济与世界经济关系之深,自不待言。

以上五种经济之关系,以图形表之,最易明了。假令个人经济为几何学上之点,则企业经济为由点而成之线,公共经济为包含点与线之面积,而国民经济则为包含点线面之体积,以个人及企业经济之厚薄为高度,乘面积而得者也,或有面积为国民经济,体积为国家经济者,衡诸理论,误矣。世界经济为国民经济之结合,故可用包含各种体积之球体表之。

个人经济	------
企业经济	▬▬▬▬
公共经济	▦
国民经济	◰
世界经济	●

观上图,可知国民经济之大小,依其他三种经济之大小而定,其他三种经济,苟有缺陷,则国民经济全体亦将有缺陷,或至瓦解;更可知世界经济之大小,又依国民经济大小而定也。

致北京大学同人书

陈启修

（衔略）启修到莫斯科已三月，还未致一函与本校同事。这不是懒惰，是因为一则人地生疏，不敢孟浪的陈述个人直感；二则这三个月中出全力以查俄字典，实在也寻不出写长信的余暇。现在（从二月起）语言文字的研究，已经告一段落；所以作速写此第一报告。将来有所观察时，当陆续奉闻。莫斯科住民，较战前几超过一倍，所以欲觅住房，非常艰难；无业者尤难；外国人更难。启修来时，幸持有达夫金之介绍书（所以我很想谢谢他），所以仅在旅馆住十天（然已花费八十余元），即由俄外交部介绍，在中央教育改良会寄宿舍觅得一室，月出宿费十八元，二人一室，室广方丈，中食在教育改良会之饭所（离宿舍约中国一里），包饭，早晚则自向市场购买面包等回寄宿舍食用（俄人智识阶级，照例每日只熟食一次），总计食宿费月需六十余元；合上学俄文学费，及购书等杂用，每月至少需中币百元。启修于三个月中，从 Berlty 的俄语会话书起，精读了八本俄国书，目前关于科学书（例如列宁的《国家与革命》），及新闻，差不多可以不查字典而撮取大意不误。然俄会话则仍觉隔膜（主因在耳不灵），惟日常用语，自能对付。启修拟从本月起，着手于实际的参观，于四月初离俄，经德，奥，瑞士赴法，此地温度，最低时到列氏冰点下三十度（约华氏零下三十四五度），因居屋防寒设备甚好，又从来没有大风，所以并不觉得若何奇冷。

此地一般物价，比之北京，大抵贵五倍（拿中币换成俄币计算）；有时食料品仅贵三倍左右，属于例外。但物价之高低，完全是人为的，不是自然的（请看后段说明），所以物价虽高，而一般有业者仍能在生活线上生活，并不感觉痛苦。此地社会上无业者较少，故社会上并无不安之景象。从表面观察起来，觉得莫斯科完全是太平气象，没有丝毫乱后或专政的痕迹。一般人民之衣饰，虽不十分华美，然大抵皆甚完整。街上除交通最繁盛之处外，往往走二三中里，寻不着一个巡警。启修到此三月，尚未看见劳动工人相打相骂之光景（有人说，此是禁止烧酒的好处）。从前在国内听说的丑业女子之跋扈，差不多可以说是毫无根据。现今俄人男女间之关系，固极自由（指容易离合），然究竟是以恋爱为主要条件，至于纯粹金钱的交换，听说是限于从前的有产阶级之妇女而不愿劳力以自活的。在莫斯科市上，唯一的

---

* 本文原载于《东方杂志》，1924年第21卷第7号，第148—153页。

萧条光景就是教会,莫市教会之多,冠于世界各市,战前总数二百九十六,有时一条街上,可以发现两三个教会,如上大建筑物的六七层楼上一望,满眼中除大小金顶外(莫市教会皆用真金涂屋顶),几无别物,这种教会在革命前广有不动产(大多田地),但是革命以后,不但一切生利的不动产俱归国有,就是教会本道的建筑物,也归国家。现政府对于宗教,是持放任的态度的,从前教会之罪恶,复经人指破,无人施舍,而教会本身,又变成穷人,所以纵使墙外圣像剥落,门窗颓弊,屋顶倾斜,现出一种破残的景象,也是无人过问的。莫斯科学校之实况,除对于三四大学(包含 academy)曾往参观外,启修尚无充分的目击之机会,所以对于学校一般还不敢冒昧的下断语。惟中学小学新教科书,则启修因习俄语关系,及爱逛书店,常常白相书籍之故,知之甚详。其内容偏重新社会科学(详见后段),关于历史,地理,经济原理,社会学大意等书,由启修个人狭陋的智识范围内来说,几有全改各国的同种教科书之组织及面目,我想国内研究中小学教育者,应当十分注意于此。各学校学生之行列,启修曾目击二次。一在十月革命纪念日,一在列宁安葬日,其活泼而能自治的状况,我想到底非东方的日本及中国学生所能及。俄学生行列时,绝无指挥者,而秩序丝毫不乱,可以想见他们平素的自治训练之注重。莫斯科的普通大学,及特殊的如 Academy(如农业 A 社会科学 A 戏剧 A 美术 A 等)之授课,皆在下午四时以后,因一般机关办事时间,是从上午十时起,下午四时止,所以为便利学生不离职业,或奖励有职业者求学起见,不能不如此。俄大学及 A 之入学,凡有职业者有优先权,一切靠父兄送学费,都要让有职业者一步。大学及 A 之授课时间中,纵令教室人满,坐者,立者,蹲于地者俱有,而秩序非常整饬,因为到教室去的人,俱是热心要听讲的人,不想听的人可以不去。关于大学及 A 之考试课程等,启修拟本月中去找俄教育当局,调查材料后,再作一详细报告。

此地中国学生不在东方大学者,只有二人(闻在 Petrograd 者亦仅有二人),可谓少极,东方大学系 T. T. K. P(第三国际)所设,不属于俄政府,其目的专在养成一种社会科学的研究者,及宣传者,而不必在养成共产主义者。中国学生在此校者,现有七十余人,大抵皆朴实沈毅而富于研究心,且习于团体的训练。启修前致函蔡先生,曾有一句评语说,"他们朴质沈毅之处,不亚于老同盟会员,而其见解之有科学的根据,(自然是就高级学生说,)则远过之",自以为是的评。他们不是一种狂妄的空想家,而是一种具有科学的见解的实际家。单就他们仍不主张在中国宣传共产主义,而主张联合国内士农工商各阶级,而行国民的革命,也可以约略的知道的。

中国侨民在此者极少,大抵皆以洗衣、中医、制皮件等人为业(闻洗衣业最多)。他们对于新俄的精神,不全了解,殆与此地中国领事馆中人一样。中国人从前到过莫斯科的大概皆赖他们当翻译,听他的话,所以往往抱洗衣人式的见解。

俄国政治上常轨,农人喜获土地,工人喜获政权,青年俄人喜获一种新生活的信念,红军喜获新的牺牲的目的物,所以内面是断无问题的。外面继英国之承认而起者,至少有意、美两大强国,所以国际的地位之巩固,更是不消说的。虽在前两月中,俄共产党内部发生权限问题,社会上俄人及犹太人之间,亦不免有不融和的倾向,然而若是我们知道新俄的国基,是建筑在农民工人青年共产党之上,我们当然应该知道这种事是小事,不足掀起大波了。

俄政府的施设中,最有见地有魄力,出于严密的计画,立于澈底的基础之上者,拿启修到俄不久的资格所能观察的而言,觉得应以他们的经济政策和社会科学教育政策为最。这两样东西,若能继此以往,继续至十年以上,将来对于世界的经济生活上,及社会科学上,必能发生极大的影响。

新俄经济政策的内容——所谓国家资本主义——在两年以前,已经有人介绍到中国去,而且此等政策之实行方法,是随时变动的,不能简单的说得清楚,所以此处姑不赘说(打算作一篇专论,只说他的精神,因为在中国时,我也不明白他的根本精神),只说不得已的一种迁移,许多朋友也是这样想,所以我觉得有陈说之必要。他们新经济政策的目的,是要把人类的经济利己心(功利心)移到必然的共同生产和共同消费之成立上去。他们的根据,是马克思经济哲学的应用。换句话说,他们不像英国的,经济学之主张人类经济行为永久地而且大半地出于利己心,也不像德国派经济学之主张,以前或现在的经济社会,当然地含有有意识的共同心。他们认定人类的经济功利心,是必然的,然而却不必一定发生所谓资本主义之弊害的结果。他们认定人类经济社会之有意识的共同心是可能的,然而必须在物质上具有不得不然的条件,所以他们的经济政策,可以说是代马克思经济哲学行实验,代人类经济社会进行上辟新途。他们容许私人企业,是要使私人尽量发挥其经济的功利心,力求达到向上的经济生活。他们用国家的力量,自由操纵金融,左右价格(这种事最令人误会),是要使私人经济单位上发生有意识的共同心。所以他们不是凭空的想实现共产主义的方法。他们经济政策的将来,不但对于产业未发达的国家,是一个明白模样,而且对于先进各国的劳工运动上也可以影响他,使其确定一种新方针。

新俄的社会科学教育政策,为俄政府主要政策中之一,他们几可谓倾全力以赴之。他们的中学,劳动学校,普通大学,是拿新社会科学作主要科目的。他们全国的出版物中,这新社会科学的书,占了一半以上,他们对于智识阶级的待遇,除技术家外,以对于新社会科学者为最优。

他们的新社会科学,是无产阶级执政的国家中的社会科学。他们认为是真的社会科学,他们主张从来一切旧的社会科学,是覆育于资产阶级(或权力阶级)之下,为资产阶级之利益而说法的。所以无论如何,不能有合理的澈底的结论。他们认定旧社会科学的学理,是不合理的,是不澈底的,是虚论的;旧社会科学家中,稍有良心的,尚不过牵强附会,希图弥缝自己的无理之破绽。例如政治学者,一方面主张国家是人民总意所成,为全民幸福而存的;一方面却主张限制的选举,和全国的政治,藉口于人民的总意,可以由讨论或舆论而发现,以成共国会代表全民之谬论。至于没有良心而敢于曲解,惯于阿附势力的甚至于蔑视史实,臆造学说,希图欺蒙无产阶级以售其奸。例如硬谓国家生活是一种道德生活,无条件地主张资本主义是人类幸福的源泉,藉以取悦于资产阶级。所以他们主张要推翻旧社会科学,脱却窠臼,革立新基。他们主张一切社会科学,要以过去的及现在的史实为基础,不要凭空想像;要在自然科学上一样,力求论理的精密,不要藏头盖尾,闪烁迷离;要抱事实的判断,放在第一位,价值的判断,放在第二位。他们研究的期间,还只有四五年,所以不敢说已经有空前的名著。但如 Burasin 的《唯物史观的哲学》,Situte 之《新宪法》,和《什么是无产国家中的权利》,列宁关于马克思经济学说之著作,(例如《国家与革命》)业已可称为不朽之作,其他一般关于社会科学之著作,(如《社会法及经济学》)皆有改头换面之观,若再假以岁月,我想新社会科学之势力,必定要风靡全世界的。

说到这里,我想要求孟余,鲠生,雪艇,遏先,百年诸先生,在经济,政治,法律,史学,哲学,五系之书籍预算费中,提出五百元至一千元之款,请求图书委员准其充作购买俄文社会科学书之用。固然现在较能读俄文者甚少,然而我想在二三年中因:(一)俄文学生增加,(二)在俄留学者逐渐回国,(三)教员中学俄文者之渐加(俄文并不较德,法文难学,一般人都说难学,一因无中俄好字典,二因中国无俄文法书,三因无好教习,四因从前教俄文者,往往不懂英,德,法文字),能读俄文书藉者必多,此种种俄文书藉的智识之输入,或且为北大之光辉,中国学界之异采,亦未可知。所以求梦麟先生及诸位先生极力提倡此举,若果决定提款购书,则将来一切交涉,启修自行担任,并请大学生罗觉及彭述之二人担任(启修未离俄时,自可接洽一切)。除款项外,最要者为教育部运书之执照,所以务请梦麟先生同时计画这一层。蔡先生任此一事,在留学界亦有所闻,他们很希望蔡先生来此参观教育。俄国赤色教授会(即新社会科学教授团体),亦望蔡先生来此,以便沟通中俄学术界之交际,增加两国民间之好感。他们昨托启修先函诘蔡先生有无来游之意,若回信有意,便当由赤色教授会(从前的会长是列宁),联名正式致电邀请,此亦关于本校的事,所以顺便奉告。北大二十五周年纪念日的演说,及北大单独维持不停课等事,皆有北京电报登载俄文"报知"新闻上。

英国,法国报纸,五日之内,可以到莫斯科;德国报纸则仅二日;故在莫斯科观察欧洲形势,亦甚方便。我想将来能有多数通英,法,德文之一,而有社会科学之基础知识者,来俄留学,则其结果,比在西欧为更有利益。因为俄国为所谓新社会科学之发源地,而将来世界之经济及政治,必为资产阶级执政国家及被压迫国家之对垒。在中心地点(即俄国)之留学,必较胜于在后方留学为佳。但不通英,德,法文之一,而只能通俄文者,恐未必能有此种利益。一则如前述,不通他国文,而先习俄文者,在语学上,必较感困难;二则不能读资产阶级执政国家之报纸,则种种判断,也难免偏僻。

中国人口的总数[*]

陈启修

一

　　国人口总数,共有多少?这是谁也不能答复的问题,也是谁也愿意知道的问题。为什么不能答复?因为在中国,近几百年以来,既因未实行户藉法而无平时不断的人口记录,又因从未实行举办欧美各国所谓定期的人口调查(census),所以不但没有一个稍有根据的人口总数目,而且就是一个可藉以用人口统计上的推算方法,推测中国人口总数的,与人口总数有关的,比较确实的间接材料(例如户数,家屋数,纳税者人数及其他关于经济事实的数字)也没有。所有的关于中国人口总数的数目字,无论他是出于外国人之手,或是出于中国人之手,总是依稀仿佛,没有人口科学论上的充分的论据,所以这些数字非但难令别人首肯,即著作者自己,也往往不敢自信所主张的数字是确实可信的。

　　但是中国人口总数如何的认识的需要,并不因这个问题无人能确切答复而减少。最明显的,是从财政经济的观点而来的需要:在公经济方面,关于租税负担,经济设备,及国富的分配等等,却感觉有知道人口总数的必要,自不待说;即在私经济方面,一般中国及外国工商业家的事业,与中国人口总数多少和中国人口分配状况如何,也是关系狠深,而有知道实况如何的必要。在政治上如关于外交,选举,军事,社会等问题的解决,人口总数如何问题,也占一重要位置。例如在外交上,日本政治家往往对欧美人宣传:日本人口过密,中国人口则较稀,所以日本过剩的人口,应向中国找出路,所以日本应有向满洲蒙古发展的权利。这些话,自然是一种侵略中国的托词,而不是合于事实的,因为只要是到日本各地方调查过农民生活状况的人,就立刻看得见:日本农村人口还不及中国的山东江浙四川直隶等省乡下的村落和人家的繁密(城市人口有限,用不着比较)然而这个托词,在欧美中,却狠发生效力,因为日本能够把他的人口总数和人口密度,明白表示出来,而我们中国则不能够确实明白地说明中国人口总数和人口密度,所以相形之下,日本的宣传,狠会得欧美人的相信。由此,我们可以知道人口总数如何与外交问题的关系的重要了(固

---

[*] 本文原载于《社会科学季刊》,1925年第3卷第4号,第539—555页。

然我们知道要防止日本侵略不是单靠有确实的人口总数的宣传可以达到的)。

二

中国人口总数有确实知道的需要,而事实上则谁也不能说他能确实知道,所以这个问题,越发有研究的必要,至少在研究一些基础,以便有志研究者更进一步的考究一点上,有研究的必要。为达这个目的,应该先把从来中国人自己所主张的人口总数及外国人所观测的人口总数的价值,推敲推敲,其次根源人口统计学上的方法,尽量利用现有的不充分的材料,比照各国的实例,做一个有系统的推测。

中国人自己主张的人口总数,在近几十年间,有狠大的差池。

年分	人口数字
一八八五(中法战后)	三七七,六三六,〇〇〇(十八省)
一八九四(中日战后)	四二一,〇〇〇,〇〇〇(十八省)
一九〇二(庚子事件后)	四一七,七三五,二七一(十八省)
同	四三九,九四七,二七一(全国)
一九〇六(日俄战后)	四三八,二一四,〇〇〇(全国)
一九一〇(民政部调查美国特尼报告)	三三一,一八八,〇〇〇(十八省)
同	三四二,六三九,〇〇〇(全国)
同(邮政局调查)	四三八,四二五,〇〇〇(十八省)
同(民政部调查政府公布)	三二〇,六五〇,〇〇〇(全国)
一九一二(国务院调查)	三七七,六七三,四二三(全国除蒙古)
一九一八(海关调查)	四三九,四〇五,〇〇〇(全国)
一九二〇(邮局调查)	四二七,六七九,二一四(廿一省)
一九二一(海关调查)	四四三,三八二,〇〇〇(廿二省)
一九二二(邮政局调查)	四四七,一五四,九五三(廿二省)
一九二三(邮局调查)	四三六,〇九四,九五三(廿一省)

据上列数字,可知中国人口总数,在各年间相差狠多,即在同一年间,亦因调查人的不同而有狠大的差别。例如,一九一〇年,民政部的调查和邮政局的调查,几乎差到一万万。为什么有这样大的差池? 因为二者都是出于估算,民政部是以当时调查得着的户数,按照每户五个半人计算,求出的,邮政局是用所谓询问调查(enquête),咨询各地方官吏及人民口碑观测而得的;两种推测的标准,都不一定是合乎实际,所以结果的数字自然不能相接近。这种差池当然不是只就上列数字的表面而言,单就表面说,自然不能明白真相,因为上述数字的单位不是一致的;有些是就十八省说,有些是就廿一省,有些是就廿二省说,有些是就全国说的。我们即把各省分开,一省一省,一地方一地方说,也是一样地可以发现其间的差池的。

这些数字,在学问上看来,是不可凭信,没有多大的价值的。民政部或国务院的调查,都是根据各省报告的户数或口数,而各省的报告,又是根据所属县厅的报告;但县厅的造报,完全是凭臆造,他们只晓得敷衍所谓公事,奉行故事,并不晓得人口数字的意义,所以他们造报时,能够根据各地方早已继存形式的保甲册而少加增减的,就算是顶好的,大多数的报告还是和中国历来相沿至今不变的造报销册的恶习一样,是凭空造出来的,是一两个录事的笔下的产物。邮政局调查,是用询问法得来的,他的结果是在各地方询其地方熟悉本地方事情的人的意见而得的,而不是凭空创造,所以多少比较可信一点。不过中国一般人关于数字的推测多不正确,特别是关于乡村人口,难于推测,而且据闻被邮局询问的人,还是以地方官吏占多数,而地方官吏照例是不知民情的,所以邮局的调查,虽然有外国人在中指挥,还是难得好的结果。试看一看中国年书(*The China Year Book*)所载邮政局的一九二三年中国各县人口的推算数字,拿来和我们所知道的实情对比对比,就可以发现其推测的不充分了。海关的推算,是以经济上的数字为标准的,例如以农业物的棉,谷,麦,天产物的盐,工产物的布匹砂糖等等的消费量全体为本,用平均每一中国人消费量若干,去除他,所得的数就作为人口总数。这种算法,在原则上,是凡没有直接的人口统计时所应当采用的,是合乎科学的精神的,所以可以说海关的推算,应比民政部或国务院及邮政局的调查为可靠。但是这也有狠大的缺点:第一,中国海关行政虽然比较妥善,他造的经济统计虽然比较可靠,然而因中国内地生活,大部分还是在半自给半交换经济的时代,所以海关统计上所现的货物量,不必和在外国一样,足尽货物消费的实况。第二,中国地方太广,各地人民生活习惯及生活程度差得狠远,所以单纯的货物量为标准的推算,就假令这个货物量的数字可靠,也未必足以充分地推出近实的人口总数。

三

　　外国人对于中国人口所下的推测,大抵都是以上述中国方面的材料为基础,而稍加一点科学的推敲,所以他们的结论,纵然和中国方面的结论有一点不同,然而其不可靠却仍是一样。例如有名的美国人罗克希(Rockhill),把一九一〇年民政部调查的材料,加以整理,说中国总人口为三二五百万,并说这次调查,比从前那一次调查,都较有价值,所以不惜把他从一九〇四年以来所主张的"中国十八省人口总数不能超过二七〇百万"的说法却取消了。然而他这三二五百万说,到底如何呢?狠明显的,他这新说,并逃不出前述民政部调查的根本的臆造性,他的三二五百万说和民政部的三二〇百万说,虽相差五百万,然而可信的程度恐怕未必增加罢。最可笑的,是外国人对于中国人口总数的研究,往往带有政治的意味。日本人想移民到中国来,所以极力主张中国人口并不算多(与土地面积比例),其最甚者,乃至主张中国人口仅有二五〇百万。美国在移民问题上,想禁止日人往美,所以助长日人的中国人口不多说,例如上述前美国驻北京公使罗克希,就曾主张过二七〇百万说。就一般说来，英美人书中，大体都主张三三〇百万以下说，这固然或者由于他们过于重视民政部调查，然而恐怕不无政治的意味在里面罢。其他各国，则大抵倾向邮政局及海关的推测者较多，恐怕也是他们对中国人口，多寡的利害关系较浅的缘故罢。我们试看一九二四年度代表的各国文年书中的中国人口总数，所差之远颇为可笑：

英	Statesman's Year Book	三二〇,六五〇,〇〇〇
法	Annuaire général de la France et de f'étranger.	四三六,七〇九,二〇四
德	Jahrbuch für Wirtschaft, Politik und Arbeiterbewegung.	四万万至五万万之间
俄	Viess mir (All the world)	四四五,一九五,〇〇〇

四

中国人口总数到底约莫有多少呢？要解决这个问题，应当尽量利用人口学上种种方法。在人口学上，遭遇无确实统计的时候，只有用推算和类比之法，用这些方法上研究所得的结果，虽不必十分近乎真实，然而究竟不是完全脱离近真的状况，所以这些方法，恒被采用。不过要注意的，是尽量利用，不可只利用一部分而逸其一部分，前述邮政局及海关调查的不好，就是因为他们未能尽量利用。我以为中国人口总数问题的研究，可以用四种标准施行推算和类比：

（一）以土地面积的大小，倒推人口总数

人口是分布在土地面积上的，所以若知道面积数，又知道大约中国大部分地方，在每一定面积上，平均有多少人口，那末，中国人口总数的大概当然可以推测而得。中国土地面积多少，固然也是一个问题，然而各说之间相远还不算多，试列表如下：

主张者	面积数（单位平方里）
中国政府	四,二七七,一七〇
Krausse	四,〇七〇,四五一
Little	四,二三一,〇〇〇
Keane	四,三七六,二〇〇
Philips	四,三〇〇,六〇〇
China Year Book	四,二七八,七〇〇

现在姑取最后一说(因他是最新近的欧洲人的主张,中国政府的主张实际也是采纳欧洲人的主张,)则内分

廿一省	一,八九六,五〇〇(内东三省三六三,七〇〇)
蒙古	一,三六七,九五三
新疆	五五〇,五七九
西藏	四六三,三二〇

其次中国人口密度即每一平方里上,通常看来,平均有多少人?照邮政局一九二三年的调查,廿一行省人口的密度如下

安徽	三六二人
浙江	六〇一
直隶	二九五
福建	二八四
河南	四五四
湖南	三四一
湖北	三八〇
甘肃	四七
江西	三五二
江苏	八七五
广西	一五九
广东	三七二
贵州	一六七
陕西	一三四
山东	五五二
山西	一二五
四川	二二八
云南	六七
东三省	六一
平均	二三八

邮政局这种计算可靠不可靠呢?邮政局调查是由询问调查来的,非纯然臆造者可比,所以他有相当的价值。然而依前面说的,邮局咨询调查,也有短处,所以我们不可轻信。

我们要知道他计算的对不对,我们可用类比法,拿有明确统计的国家作比。欧洲的德国人口密度是三二三,亚洲日本人口密度是三九〇,请问到过日德二国并且到德日各地乡间去过的人,若把日德二国乡间人口状况,和安徽广东湖南的乡村状况比较比较,到底如何。我自己感觉并且我问了许多朋友,他们也感觉得这几省人口比德日二国,表现得格外繁密。所以我们可以说:邮政局调查,把中国人口密度,太算少了,中国廿一省(我走了十五省)人口无论如何,平均总可以和德日人口密

度相等，就退一步，把甘肃和东三省等人烟稀少省分，扯平起来说，至少每平方里平均人口应有三〇〇人。拿这标准计算，以三〇〇乘一，八九六，五〇〇，得五六八，九五〇，〇〇〇，加上廿一行省以外人口约一千万，则人口总数为五七八，九五〇，〇〇〇。

（二）以县数推算人口总数

中国每县面积，狠不平均，而各县天产和富力，也不相同，所以拿县作单位，去推测人口总数，是狠不妥的事。但是一般中国人对于本县的智识，比较充分，特别是近年来办过选举或团练的人，狠知道本县的人口事情，所以若能把中国各县的这种人，聚在一处，来行一种询问调查，这倒是很有价值的。以我自己个人的询问结果说，我问了几百个人的意见，他们都说他们县的人口总在三四十万以上，并且往往能举出某乡某镇及某城各有多少人。把他们的话，拿来和邮局的调查对照，大抵他们认为多的，邮局调查上的数目，果然也较多，他们认为少的，邮局调查的数目，果然也较少；这个足以证明他们不是随口乱说的。他们是代表人民口碑的，与官吏无关系，所以比邮局调查，尤为可信。所以我想取他们所主张的起码数目三十万为标准，去乘中国全国县数一八一九，应得五四五，七〇〇，〇〇〇人，加上廿一行省外的一千万，共成五五五，七〇〇，〇〇〇人。

（三）以一般人口增加率推算人口总数

我们若知道某一年的比较可靠的数字，又知一般人口增加率的大概，那末，关于现在人口多少，可以推算而得一个近真数。关于中国人口的数字，比较可靠的，还是一九一〇年的民政部户数调查，因为那时正预备立宪，施行新政，曾经支出巨款，而且户数的调查，因保甲的关系，的确是比人数调查为可凭信。所以虽然我承认这个户数调查含有许多的臆造性，然而觉得还是好一点的，在无可如何之中，要想拣一个比较可靠的数字，作推算的标准，还是以这个户数调查为相宜。这次调查的总户数，全国共六二，四八四，二六五户。但是中国一户应当有多少人呢？当时民政部，在原则上，作为每户五个半人计算，这未免太少，因为日本与中国同是农业国，而且实行长子继承家产制，其结果一切次子，都狠早地独立门户，所以每户人口，应当较少，然在日本，每户犹有五六七人；中国比日本还少，岂不是笑话？中国有八口之家的话，这姑不说，据我们大家自己的经验，觉得一家纵没有八口，至少也有七口，因为中国的分家，照例是娶妻生子之后才实行，所以每家中的人口，应比较多。一家七口的话，自然是就乡村说，若现今的智识分子及城市人，则因结婚较迟和排斥大家庭的倾向，当然要较远于事实些。照一家七口说，则中国人口在一九一〇年，应有四三七，三八九，九五五人。一九一〇距现在，已十五年了。这个数目到底增加了多少？这又是一件极难解决的事。照罗克希的计算，自一八四二以来，增加率最大的达到千分之二一，减少率最大的达到千分之三十，这自然不可凭，因为他所根据的户部的档案,根本上就是臆造的报销。这里又用得着日德二国作类比,日本近几十年人口增加率为千分之十一,德国为千分之十三,所以这两国中,到处看见许多小孩子。但是拿来和中国比较,我觉得还是他们小巫见大巫,中国的小孩比他们更多。

这自然可以拿中国重子嗣,爱早婚,行大家族制种种理由,加以说明的。或有人说,中国贫穷人多,小孩恐怕比日德二国少。然这在人口统计学上,恰是相反,因为统计学上证明着越是穷,越是多生小孩。又有人说,中国人或许生的较多,然而因医药不精,恐怕死的也较多,所以中国人口增加率,未必赶得上日德人。但是中国女子及小孩抵抗力比日本人还强是许多中日医学家公认的话,所以医术不精,不必一定就使增加率减少。总之,我觉得中国增加率就使不比日德大,也一定可以和他们相等,所以我想把中国人口增加率,作为这两国增加率的平均即千分之十二,照复利的公式计算,则一九一〇年的四三七,三八九,八五五人,在十五年间,每年增加千分之十二,到现今,中国人口总数,应当是五一二,一八三,五二〇人。

(四) 以中国食盐的消费量为标准,推算人口总数

每一个人每年消费的盐,是有一定量的,这量固然可以随嗜好,气候等关系而有变动,然而终竟有一个限度,所以假若知道一国食盐消费量,则可推算出人口总数。中国食盐量,因自民国以来,以盐税担保外债的关系,私盐大减,中饱也没有从前那样多,所以可以得一个比较可信的数目。中国盐在盐税上可以看见的,约有四二,五〇〇,〇〇〇担,免税盐(工业及渔业用盐)及私盐约占有税盐四分之一,即一〇,六二五,〇〇〇担,共合五,三一二,五〇〇,〇〇〇斤。中国人每人一年吃多少盐呢?这狠难决,因为在海边的人,往往吃得清淡,在山中的人,往往吃得咸,甚不一致。据我所考察,依各地知道乡间家计的人所述,可得下述简单的材料:

省分	每人每年平均
吉林	十五斤
四川	十五
湖南	十二
贵州	十二
江西	十二
广东	二
琼州	四至五
保定	七
江苏	八
浙江	八

这个材料当然不充分,然而从大体说来,每人消费的食盐每年平均总在十斤上下,广东人特别吃得少,大概他们间接用盐的地方太多,例如爱吃咸鱼酱油虾米的

关系。拿每人十斤做标准,推算人口,中国人口总数,应当是五三一,二五〇,〇〇〇人,加上新疆蒙古西藏等处人一千万(因这些地方的盐不属于盐务稽核所的范围,所以不在上数之内)共成五四一,二五〇,〇〇〇人。

以上四种推算是比较合理的推算,所以在现在没有正式人口调查的时候,应当把他们合起来,求一个平均,把这个平均认作比较近实的中国人口总数。即是:

(一)五七八,九五〇,〇〇〇

(二)五五五,七〇〇,〇〇〇

(三)五一二,一八三,五二〇

(四)五四一,二五〇,〇〇〇

共计　二,一八八,〇八三,五二〇

以四除之得

五四七,〇二〇,八八〇

即中国人口总数大概为五四七,〇〇〇,〇〇〇人。这数的内容,在男女,职业,语言,民族,年龄,地方分布种种关系上,如何构成?这当然也是与人口总数问题相关联,应当详细研究的重要问题,以后当作专篇讨论他。

人口问题,社会问题的锁钥[*]

顾孟余

一

讲人口问题,永远离不开人口学的鼻祖马尔塞斯 Thomas Robert Malthus——无论是赞成他,还是反对他。

马尔塞斯的公式被人误会被人抨击,人口学的真理——马氏人口论的真理——却是更显著了。

马尔塞斯人口论的要旨,只说食品增加的速度赶不上人口增加的速度。若要保持二者的均势,人口的增加一定须受节制。这节制人口的途径,只有两个:(一)预防的节制(人为的)。(二)积极的节制(天然的)这就是:有碍卫生的职业,过度的工作,极端的贫穷,儿童恶劣的食品,恶浊的风俗,疾病,时疫,战争,饥馑。

反对马尔塞斯人口论的人可分三派:

(一)社会主义派。举几个重要的:葛德文(Godwin)和马尔塞斯的争论,把马尔塞斯人口论的真理更发挥明确了。马克斯(Marx)说马尔塞斯的人口公例是资本制度之下的人口公例,这是没有细察人口增加的趋势和条件。

佐治(Henry George)的强辩——他说,人口增加的趋势正与马尔塞斯所说的相反——纯是一种妄想,离事实太远了。总而言之,这些社会主义家,对于他们所号召的太热心,所以不能或不愿看见事实。但是社会主义家之中也狠有赞同马氏学说的:英国人铎木孙(William Thomson)的组织制度里,不能任人自由婚嫁。社会要规定婚嫁的数目,预防人满的祸患。法国人卜郎(Louis Blanc)也承认马尔塞斯人口论的确实,但是以为自制不可靠。要行他的工作组织,提高工人的生活程度,让他们爱惜高尚的生活,自知警戒。德国人文克雷希(Winkellech)说"人类的增殖蕃衍,若是不自行制限,祸乱必要循环无已"。奥国人高慈启(Kawtzky)说"在人口问题未就绪以前,社会问题决不能得圆满的解决。"

(二)乐观派。这派的人以为人口将来的趋势不足为忧。即便不改革社会和国家的组织,人满之患也自然可以消释。举几个重要的:巴斯嘉(Rastiat)说"文明

---

[*] 本文原载于《新青年》,第7卷第4期,第1—14页。

进步,欲望日繁,出产也随着欲望扩充。但是需求在前头跑,供给却是跛行着在后面追随。所以人永远有缺乏之感,马尔塞斯把他误认作人满之患了。"凯利(Carey)说:"天然界里头一切构造和生活,都是谐和一致,不能自己冲突。人的神经发展,生育力便要减少。"乐观派的假定虚无缥缈,完全没有察看人口的事实。

(三)根据天然科学的反对派。举几个重要的:德柏对(Th. Doubleday)说食品和生育力是相反抗的。无论动物植物,吸取的滋养料愈丰,生育力愈减。所以"贫穷的民族食品最粗劣,生育率也最大。富足的民族,生活饶侈,生育最少。食品适中的民族,人口不增不减。"

这派最有力的是斯宾塞尔(H. Spencer)。斯宾塞尔说,动物的生活有两方面:第一是个体的发达,第二是种类的繁衍。以生物学看起来,这两方面生活是反对的。生物界里,可以得以下的公例:① 机体愈小,维持个体生活的材料也愈少。维持个体生活的材料愈少,生殖之力愈强。② 机体的构造愈简单,繁殖的能力愈大。③ 动物中行动愈不灵敏而操作愈少的,繁殖之力愈大。

由这动植物的公例可以预测人口变迁的趋势。人口日繁,生存的竞争一定剧烈,人便不能不增进他的智识技术,不能不自己节制,为的是在社会里生存。如是生理上神经脑髓既然发展,生育力就要衰弱;直到均势而止。这天然科学派的话,乍一听见,似乎可信;生物学的证据,向来是有眩惑的效用的。其实人口增加的情形,并不这样简单。"人的生理上神经脑髓发展,生育力就要衰弱"这话并不能在经验上得一个证据。现在文明各国生育率的低减,这是心理的原因,并不是生理的原因。究竟人的"食物"、"神经"、"脑髓"于人的生育率有什么显著的影响,这还不曾证明。但是据以前和现在的"食物"、"神经"、"脑髓"的发展看,他们即便在生育率上发生影响,这影响也非常之小,决不能些须抵消那急烈的蕃衍力;"均势"是更不可望了。

那么,马尔塞斯学说的原理,是不能摇动的了。我们且借这原理的光线,来烛照中国的人口。

二

现在所能知的最古的调查人口方法的记载,要在周礼里寻找。周礼说"小司徒之职,掌建邦之教法;以稽国中及四郊都鄙之夫家九比之数,以辨其贵贱老幼废疾。……乃颁比法于六乡之大夫,使各登其乡之众寡六畜车辇,辨其物,以几时入其数。以施政杀,行征令。及三年,则大比。大比则受邦国之比要,乃会万民之卒伍而用之。……以起军旅,以作田役,以比追胥,以会贡赋。"又"乡大夫以岁时登其夫家之众寡,辨其可任者;国中自七尺以及六十,野自六尺以及六十有五皆征之。"又"司民掌万民之数。自生齿以上,皆尽于版。辨其国中,与其都鄙,及其郊野。异其男女。岁登下其死生。"由这些记载看起来,调查人口的目的,第一是军役,第二是寻常的力役,第三是赋税;这都是维持当时操政权的人的势力必需要的。至于操政权的人狠愿欲人口的增加,这是古今中外一律,不消说的。他们永远要拿人口作扩充势力的器具,而人口的天然的增加趋势,也正可以供他们的利用。

以中国而论,周以后人口的被战争淘汰,班班可考:杜佑说"战国之时,考苏秦之说计,秦及山东六国戎卒尚余五百余万。推人口数,尚当千余万。秦兼诸侯,所杀三分居一。犹以余力北筑长城四十余万,南戍五岭五十余万,阿房骊山七十万。三十年间,百姓死没相踵于路。陈项又肆其酷烈。新安之坑,二十余万。彭城之战,睢水不流。汉高帝定天下,人之死伤亦数百万。是以平城之卒不过三十万。方之六国,十分无三。"以当时的政治史看起来,这数目确有几分可信。马端临说"汉孝平时人口五千九百余万。光武中兴之后,三十余年所附养,至末年户数仅及西都孝平时四分之一。兵革之祸,可畏也哉。"又说"与平建安之际,海内荒废,天子奔流,白骨盈野。……割剥庶民三十余年。及魏武克平天下,文帝受禅,人众之数,万无一存。"相类的记载,还可以引许多。总而言之,鼎革的战争,封建的战争,夷狄的祸患,无论他政治的文化的结果如何:变动一次,人口便大大的削减一次。因为死亡的原因,不限于兵燹直接的影响。间接的影响比直接的影响还要利害。但是平和多少年,休养生息的结果,人口数目总还要狠快的复原。所以我们只要把最高的或平均的数目知道,便可以满意了。

最古的数目是出自夏禹时代。那时候的"九州"说是有人口一千三百五十五万。马端临说,"周公相成王,政理刑措,人口一千三百七十万"。这是长江以北的人口。地面大约占现在国境的百分之六十五。所以那时候的人口大约有二千余万。汉时的数目是五千万至六千万。南北朝之后,隋炀帝时大约五千五百万。唐玄宗末年,安史之乱以前,大约六千万。宋时数目和唐时不相上下。金元的扰乱,把人口又削减了一大部份。明代最高数目大约六千三百余万。至于这些数目的来源,自然是不狠可靠的。探讨的问题,只是用科学的方法,确定一个差错的界限罢了。清代的人口调查,其初也只是为的征赋。并且"令直省每岁底将丁徭赋籍汇报,以户口消长课州县吏殿最。"如是调查所得的纳赋人数,直到乾隆六年前,每次都不过二千余万。康熙五十一年的谕诏说"朕览各省督抚奏编审人丁数目,并未将加增之数,尽行开报。今海宇承平已久,户口日繁;若按现在人丁加征钱粮,实有不可:人丁难增,地亩并未加广。应令直省督抚将见今钱粮册内有名丁数勿增勿减,永为定额。自后所生人丁,不必征收钱粮。编审时止将增出实数察明,另造册题报。朕凡巡幸地方,所至询问;一户或有五六人,止一人交纳钱粮。或有九丁十丁,亦止一二人交纳钱粮。由此观之,民之生齿日繁。朕故欲知人丁之实数,不在加征钱粮也。……直省督抚及有司官编审人丁时不将所生实数开明具报者,特恐加增钱粮,是以隐匿不据实奏闻。岂知朕并不为加赋,止欲知其实数耳。"粉饰太平和矜夸的意思,固然在所不免,但综合着看起来,算是一种脱离国帑狭见的人口观察。这谕诏一时自然还是没有效果。直到乾隆六年调查人口的数目,才达到一万四千三百余万,这个数目或者离事实不远了。乾隆末年大约增到三万万。按照乾隆时屡次调查的数目计算起来,每年天然的增加数大约是百分之一、六九。这是用几何级数推算的平均数目,不是代数的平均数目。若是原来的数目尚有几分可靠,这增加数便可以给我们一个大概的形像。并且可以暂且拿来和东方的日本印度比较比较。:日本自一九〇〇至一九一〇年十年间平均的每年增加数是百分之一、三七。印度于一九一一年的调查,由原来的三一五,一三三,〇〇〇,人口在十年中增加了百分之七;平均数(代数的)是每年百分之〇、七。这都是代数的平均数——实在的增加数还要小——更可以知道中国数目的大了。

近年的人口数目,经过欧美人多少估计。这种估计的价值,自然大多数也是狠不可靠的。先举几个例:中国内地教会(The China Inland Mission)所出的 The Chinese Empire(一九〇六年)说苏州的人口本年有七〇〇,〇〇〇(七十万)。Richard's Comprehensive Geography 说有五〇〇,〇〇〇(五十万、一九〇八年)。一九一一年的海关的十年报告 Customs' Decennial Report 说一九〇九年的时候官署调查结果有二五六、五二四。一八九一年的海关十年报告里的福州报告说福建人口有六百万至八百万。同时厦门报告的福建人口数目是三千万。四川的人口据海关报告说是大概有七二,〇〇〇,〇〇〇。但是下面注着 Hosie(前英国驻重庆领事)估计有四五,〇〇〇,〇〇〇。Parker 所著的 China,past and present 也是这样说。中国政府的人口调查的价值,也与此相差不多。中国人自己调查,机关虽然较为完备,但是一般人对于这个问题没有兴味。

至于近年全国的人口数目,各种估计,相差狠多。先把各种估计中最高的数目和最低的数目提出来对照:

	最高数目	最低数目
直隶	32 570 000	20 930 000
山东	38 000 000	25 810 000
山西	17 050 000	9 420 000
河南	35 310 000	22 380 000
安徽	36 000 000	14 080 000
江苏	37 800 000	15 380 000
浙江	26 300 000	11 580 000
江西	26 530 000	11 000 000
四川	79 500 000	45 000 000
湖南	23 600 000	18 000 000
湖北	35 280 000	21 260 000
广东	32 000 000	23 700 000
广西	8 120 000	5 140 000

	最高数目	最低数目
福建	30 000 000	8 560 000
云南	12 720 000	4 000 000
贵州	11 300 000	5 000 000
甘肃	10 380 000	3 800 000
陕西	10 310 000	6 730 000
共	505 770 000	271 770 000
东三省	20 000 000	12 740 000
蒙古	10 000 000	1 800 000
新疆	2 490 000	1 000 000
西藏	6 500 000	2 200 000
共	544 760 000	289 510 000

（续表）

以上的数目是这样集成。最高数目：河南湖北甘肃江西山西西藏是光绪二十八年户部估计。浙江江苏广西陕西是根据一八八二年的海关报告。安徽山东广东是根据一九一〇年的海关每年报告。直隶湖南贵州是根据宣统二年民政部的调查。福建是录自一九〇一年的厦门海关十年报告。云南是录自 Richard 的地理学。四川是根据俄人 Popoff 的报告。东三省蒙古是依着 The Chinese Empire。最低的数目：河南山东山西江苏安徽湖北福建广东陕西甘肃是依着宣统二年民政部的调查。浙江广西是依着光绪二十八年户部估计。湖南是依着一九一一年的海关十年报告。江西是根据一九〇三年的英国领事江西报告。贵州新疆是根据 The Chinese Empire。四川是根据 Hosie。云南是根据蒙自海关报告。东三省是根据民政部调查。西藏蒙古是依着 Richard 地理学。以上最高最低的数目，相差二万五千多万！

宣统二年民政部的调查和同年海关的估计，是比较的最可靠的。据前者的调查，全国人口数目是：（二十一省）三三一，一八八，〇〇〇。加上新疆西藏共三四二，六三九，〇〇〇。民政部的调查，只是调查户数。然后用一个由多少详细调查得来的每户平均人数去乘他。这每户平均人数是五、五，但是奉天一处每户平均人数却是假定八、三八。所以这种调查，其实也只是一种估计。同年海关估计，二一省共有人口四三八，四二五，〇〇〇。

近世兵燹饥馑灾疫等对于人口的势力，大约如下：明末清初的流寇的鼎革的封建的扰乱，是不消说的。洪杨之役，蹂躏了九省，死于兵革的大约有五千万人。嘉道之际，死于饥馑的也约有五千万人。光绪四年的饥馑，死亡的约有一千万人。光绪二十六年陕西饥馑，死亡的人约占全省人口三分之一。前数年江北饥馑，死者约有三百万人。这都是重大的事件，显而易见的。其余如各省河流的溃决，海盗，会匪，胡匪，瘟疫，等等所吞没的牺牲一定数目狠多，不过我们不能举一个详确的数目罢了。婴儿死亡的数目，可以由香港的调查得一个写真：据一九〇九年香港的调查,本年一岁以下的中国婴儿,每百分中死亡八十七分。由这个数目,可以推测到南方沿江海大城镇的相类的情形了。婴儿死亡率高,是一个确凿的人满的征兆!

和这死亡数有关系的便是人口的密度。我把几个密度最高的省分和他们约略的人口密度列在后方:

省名	密度(每方祁罗迈当内所居住之人口)	
	二、按同年海关估计数目计算	一、根据宣统二年民政部数目计算
山东	二〇四	二六二
江苏	一七三	二一三
浙江	一七九	一二三
广东	一〇七	一二四

由这个数目看起来,山东人口密度,按照海关的估计,远超过欧洲人口最稠密的比利时。就是按照民政部的调查,也赶上工商业最繁盛的英格兰。江苏人口的密度洽像英国三岛。浙江广东也赶上德国。这种现象的意义是非常重大的。

以上是种种记载估计。我们若是再想那"不孝有三无后为大"以延嗣为人生唯一天职的宗教(这个关系最大),那以子女为父母的投资的伦理,那早婚纳妾的风俗,那苟且偷安节省神经的性情,就知道这记载估计是虽不中不远了。由此看来,足见(一)中国的人口是超乎中国经济能力以上。这种离均势的状况决不能持久的,必要时时发生天灾人祸。(二)现时社会的困苦,不能全归罪于政治不良。(三)人口离均势的社会狠难助成好政治,即使有了好政治,若是不在限制人口上做工夫,好政治也不能收长久的效果。(四)无论改革政治或改革社会,须同时根本上打破那造成人满的宗教伦理,改铸那造成人满的风俗。

三

人满的结果狠多,我还须详细列举:

(一)由经济一面观看。人类居住在天然界里,如要维持他们的物质生活,有两件东西是不可少的:第一是人工,第二是社会的资本或国民的资本。社会的资本就是一切动的货物,可资以出产,或可利用之以增益出产的效果的。譬如原料,助料,机器,工作场,器械,辅助出产的各种交通器具(如铁路,各种运送机器,传递消息机器),田地内灌溉排水等等的建筑,肥料,仓廪,堤坊,屯积的生活品等。凡这些社会的资本,都是社会一代一代渐渐贮蓄下来的。社会资本的作用,是增益人工在出产上的效果。人若是徒手工作,出产能力极小;社会资本愈完备愈充足,工作的效果愈大。所以一国天富(土地,矿产)无论如何丰裕,倘或没有社会的资本,徒有人工,不能开发富源。这人工的效果既然太小,除去他们的消耗——因为人都要衣食住——便没有敷余可以贮蓄。并且工作的效果既然小,工作人的生计一定艰难;他们除去苟延残喘之外,决不能享受文化的幸福;这是社会狠不幸的事。由此看来,一国贫富的区别,就在此处:富的国所以富,就是社会资本和人口相形之下比较的充足。贫的国所以贫,就是社会资本和人口相形之下比较的缺乏。

若是社会资本比较的充足,工作的效果(每人每日工作所得的结果)便可以大,因此社会中平均每人所得的收获才能丰厚。社会中平均每人所得的收获丰厚,然后这国人的生计才能优裕,这就是富国的情形。社会资本若是比较的缺乏,工作的效果(每人每日所得的结果)一定小,因此社会中平均每人所得的收获必少,而这国人的生计自然也要窘迫,这便是贫国的情形。由此看来,一国的社会资本和一国的人口一定要持平均之势,然后这国的人民才能免于贫困。在人满的国里,一面社会的资本太少,不能安置那蕃衍太速的人口;一面人口太多,不能找得卖力求生的机会。

所以在人满的国里,人的生活程度是一定狠低的。但是什么是生活程度?

生活程度是人在饮食衣住卫生娱乐学问等等之,所用的货物的数量和品格。所以生活程度的高低和费用大小不是一件事。尽管一个人或一个地方全体的人费用狠大,花的钱狠多,他们的生活程度不见得一定就高。但是在钱币经济时代,一切货物的价格,都是以钱为标准。生活程度高,所需要的货物的价格也高,值的钱也多。所以以个人论,收入的钱多,便是高等生活程度的一个重要条件。

我们细看这收入的"钱"对于个人的生活和社会的生活都有什么影响,于个人和社会都有什么价值!一个人收入了一定数目的钱之后,他先拿一部份满足他和他家族的生活必需的欲望。这生活必需的欲望满足之后,他若还有敷余的钱,他便可以用在卫生,娱乐,读书,求学,教育子女等等上头。他若是这些欲望满足之后,还有敷余的钱,他便可以用在赏玩美术品,旅行,游览,提倡或捐助公益事业上头。这样看起来,他收入的第一部份,专拿来维持他个人的生活,别无效力。以后一部份一部份的加增,他才能拿来作些于社会的文明有益的事情。所以"钱"——此地专指"消费人的钱"——对于人的价值有两个,就是(一)个人的生存价值,(二)社会的文明价值。前者(个人的生存价值)是一个人收入中第一部份的钱所产生的。后者(社会的文明价值)是第二三部份以下各部份的钱所能产生的。并且第三部份钱的文明价值便比第二部份钱的文明价值大;第四部份钱的文明价值又比第三部份钱的文明价值大。如是递推,收入的钱愈多,每一个钱的单位所能发生的文明效力亦愈大。在不用钱币的社会或时代里(以前的天然经济或是将来社会式的经济),各人所分得的财货的价值,正与此同,不必重复述说。这就叫作"财货效力递增的公例"。按照这个公例,一样这多的财货,若是集在一个人手里。刚可以(我不说"一定",这是为的顾虑一切非经济的条件)发生文明的效力的;倘或分给两个人消费,便只能维持他们两个人的生存,决不能发生文明的效力了。所以无论直接恤贫还是间接恤贫,都不是根本上救济多数贫人的方法。

贫人为什么贫呢?

唯一的原因,就是社会资本缺乏。① 因为社会资本缺乏,所以他们虽然愿欲工作谋生,却得不着工作的机会——因为徒手是不能工作的——社会里工作的机会有限,竞争的人太多,工作力不值钱——并不是因为资本家垄断——虽然情愿廉价卖力,却不可得了。② 因为社会资本缺乏,所以教育的设备不完备。一般蕃衍无限的人,自幼失学,长大了之后,一无所长;道德,智识,身体都是不及格的(培养道德,智识,身体,一定要资本)。这些人除去下等的兽欲之外,没有一点思想感觉,其中驯善的只是辗转就死,狡黠的便可以逞他们的恶欲,实行他们的残杀行为,这便是人满社会的现象。

(二)由社会的心理一面观看。一个人满或是人口增加的太快,影响于人的心理狠大。因为职业少而谋职业的多,竞争一定剧烈。竞争若是剧烈,必有一部份道德薄弱的人施种种不道德的恶劣的手段,达他谋生的目的。

平心而论,人要到了饥寒交迫的时候,尚能操守坚贞丝毫不苟的,千万人之中实难找出一两个来。大多数的人总是枉道以求了。但是甲既然违背良心去谋生,乙更要加什,丙更要加什更要卑劣,如是互竞不已,道德的堕落便没有止境了。

人满的或人口增加太快的社会里头,谋生是最急最要最难的事,所以无论某人的行为如何,即便是盗窃抢夺,只要能够自谋衣食,并且可以给他的家族亲戚党羽谋衣食,社会的一般人就一定羡慕他佩服他。一个社会的毁誉,就是表明这社会里的人的需求。人满的社会里,多数的人要靠着少数的人生活,这些寄生虫占大多数,所以他们的毁誉有势力,他们凭着他们的利害造成社会的是非。

人满的或人口增加太快的社会里,人口的压力太大,生计的竞争太烈,所以养成互相残害互相嫉忌的心理。把一切互助互爱的动机都摧残于未萌。因为受了生计竞争的严酷教训,所以人人脑中都深刻着一个印象,这印象是"凡事于人有益便多半于我有损"。

(三)由文化一面观看。文明有两大种,便是物质文明和精神文明。若是一国人口太多或增加太速,经济窘迫,自然没有物质文明,更无从有精神文明。人满的社会里头,没有高等技术高等科学的需要。一切的职业事务,只有数量,没有品格。一切的货物(广义的货物)只要问他目前能够延长多少人的生命,不问他对于人生有什么价值。所以高等技术高等科学的人才,不能在这种社会里生存。他们本来不容易享受高等的教育,既享受高等教育之后,决不能施展他的才干。什么原故?这是很容易明白的:高等技术科学所以能够应用的条件是集中的组织,是社会的资本。他的原则是在精不在多。人满的社会,一切情形正与此相反,所以决不能产生文化的人才。即便有了文化的人才,也决不能收他的效用。

人满的社会,生计最贵,人最贱。所以人格是卑下的,风俗是恶浊的。谋生太难,所以急不暇择了。

(四)由社会的挑选一面观看。社会里的人,那个可以生存,那个必要灭亡,那个人可以发展,那个人必须被淘汰,这些事都有一个伟大的势力在暗中主持。这伟大的势力就是社会。个人是不能独立生活的；他的一切物质的生活基础和一切精神的快乐，都仰仗他所附属的社会。他的性情，意向，志趣，态度若是与社会所崇尚的性质意向等等相符合，他便可以生存。他的那一切等等若是与社会所崇尚的相违背，他便不能立足。所以社会的生活，就如一个大法庭。社会是法官，他有权力挑选某某人应生某某人应死。社会里的个人就是被挑选的。但是一个社会里那种人便可以生存荣盛，那种人便要枯衰凋落呢？再进一步，我们要问问社会这个法官公平不公平呢？他还是把善良的份子——忠直的义侠的智慧的优秀的人——保存住呢，还是把恶劣的份子——奸诈的虚伪的愚钝的粗鄙的人——保存呢？换一句话说，他还是传播良种淘汰劣种，使社会进步呢，还是反乎此道而行呢？

由历史的经验看起来，一个社会狠健康的时候，这个法官——社会——的判断，实在狠公道。但是在不健康的社会里，这个法官便非常的倒行逆施。他把忠直义侠的人都残害了，他把智哲优秀的人都抛到荒野去饿死或监闭在污秽的空气里忧郁死了。然后他便把死的人的财产分给一帮凶恶的无赖和狡黠的猾头，饱他们的兽欲，弄得暗无天日，这便是这法官时常作的事。什么原故呢？这原故自然狠多，但是多少原故之中的一个大原故就是人满。

在人满的国家（或地方），因为上几条所说的关系，惟有恶劣的份子才能生存。因为物质的竞争太烈，非把一切的顾虑——道德的——都抛置脑后，非把良心埋没，不能生活。在人满的社会里，贤者被淘汰，凶恶狡诈的人，才能有立足之地。

由历史上看起来，文化的真进步，人类真价值的增加，都是社会的良善份子优秀份子牺牲他们的心力生命争来的。社会的一般人，只是受他们的赐，才能够物质上精神上发达进步。社会所以有生气，能够繁昌荣盛，也只是这些良善份子优秀份子的血汗的作用。所以这些良善优秀的份子就譬如燃料，社会就譬如机器：机器所以能转动，全靠着焚烧燃料；社会所以能进步，全靠着牺牲贤者。这是历史的事实，人类的运命，无可更易。但是非人满的社会和人满的社会的区别就在这里：第一，在非人满的社会里，良善优秀的份子牺牲了他们的心力生命之后，便一定可以在社会里成全一点事业，建设一点功绩。他们的牺牲，不是枉然的；社会的确因为他们的牺牲得了益处了，社会里大多数的人的确因为他们的牺牲增添了幸福了。所以他们的牺牲是经济的，这就是说，他们的牺牲——这是社会全体的消耗——是可以产生相当效果的。

用将才所举的譬喻说，就如同一个机器有高的"效用率"（efficieney），消耗最少的燃料，产生最多的能力。在人满的社会里，这种效用是没有的：良善的优秀的份子无论如何牺牲，在社会上不能发生效力。就譬如一个窳败的机器，无论焚烧多少燃料，因为他的消耗（泄露能力糟蹋能力的地方）太多，所以不能够产生应用的能力。第二，在非人满的社会里，物质的竞争不烈，生活比较的还容易；所以良善优秀的份子，还有独善其身的机会。社会的恶毒的气焰还不至于逼人太紧。良善优秀的份子还有休养的时候。他们虽然仍要为社会牺牲，但是牺牲的宗旨牺牲的方法，还可以从容选择。并且利用人类的摹仿性,还可以传播他们的高尚的理想和纯洁的习尚。社会的良善的优秀的种子多了,他们的势力自然厚了;他们的牺牲的宗旨方法,便更可以慎重选择了。他们虽然牺牲,却是他们的根蒂不断;所以社会的进步可以绵亘永续。在人满的社会里,四周的恶浊空气逼人太什,好似冰霜,把一切向上的萌芽都冻死了。这种社会里,有无量数恶魔时时捉人入地狱,躲避也躲避不开。所以良种没有工夫传衍——没有发育已摧残了。良种绝了,社会的进步也停滞了。这就譬如——再用我们的譬喻——把燃料全焚烧尽了,机器也停顿了。

以上是人满的结果,我想这些结果都是我们不幸所眼见的。救济的方法,我想不能拘定一种;必要把各种的方法同时应用才可。就是(一)禁止早婚(规定最低的婚嫁年岁)。(二)禁止纳妾。(三)打破一切造成人满的宗教伦理风俗。(四)传播人口学说和各派限制人口的方法。(五)提高人民的生活程度。(六)提高科学美术的教育。(七)施行有统系的恤贫律。(八)施行各种保护工人的政策。

钱币理论与本位政策[*]

顾孟余

一 钱币进化中的重要事实

"钱币"是"货物"变成的。钱币成立之后,虽然有时还带着货物的躯壳,这躯壳中的灵魂,却已经换了。自然,钱币是渐渐成立的;钱币的性质,是一步一步显出来的。"以珠玉为上币,黄金为中币,刀布为下币;三币握之,则非有补于暖也;食之则非有补于饱也。"(《管子国蓄篇》)"无补于饱暖",这是货物变为钱币的第一步。"自交会既行,而始以楮为币矣。夫珠、玉、黄金,可贵之物也;铜虽无足贵,而适用之物也。以其可贵且适用者,制币而通行,古人之意也;至于以楮为币,则始以无用为用矣。"(《马端临钱币考序》)"以无用为用"这是钱币完全脱去货物性质而与货物判然对立的事实。

钱币初造时,还带着货物的遗迹,还以重量作名称。经时不久,钱的"文"与钱的"重",就不必相符了;所谓"爱铜惜工",正是因为钱币以名义行使而不以重量行使。古钱但纪铢两之轻重,唐宋以后,纪年号而不纪铢两。"不纪铢两",这是金类钱块完全脱去货物性质的事实,是钱块纯以名义行使的事实。

举一个最近的例:英国的钱币单位——磅——原来是指标准银一磅。在维廉第一时,由每磅标准银里铸出二百四十本士;后来钱块渐渐减轻,到爱理莎白四十三年,由每磅标准银里铸出六百九十七个半本士;所以一磅钱在维廉第一时含标准银一磅,在爱理莎白四十三年时只含标准银一磅的 $\frac{240}{697.5}$ 分。一磅钱里的材料虽然减了,一磅钱在法律上的效力并没有变。

在现代文明国中,不兑换纸币固是钱币,钞票也未尝不是钱币。钞票虽然法律上是银行的见票即付的债券,但这是他的历史的遗影。"准备""兑现"的各种制度,或是不适于社会的需要(绝对限制的发行),或是不合论理,近于自欺欺人(相对限制的发行)。事实上,钞票行使与现钱一样,所以也是钱币。此外,在信用机关发达的国里,信用机关可以在一定界限之内,酌量产生购买力,用他支配货物,役使

---

[*] 本文原载于《社会科学季刊》,1922年第1卷第1号,第1—9页。

人工;所以除去"手用钱币"外,还有"簿记钱币",二者功用相同,这是在近代文明国里钱币范围扩大的事实。

以上所举的各种钱币,虽然在严格实行金本位的国里,与贵金还有多少关系,但这个关系决不是密切的。把一国在一个短时期之内的贸易支付额与流通或存贮的贵金额拿来比较,便可以知道这个关系是一天疏远一天了。这是钱币与贵金的关系由密而疏的事实。

贵金在现代钱币中的意义有二:(1)对内:用贵金作钱币的基础,实际上可以防止滥造钱币。(2)对外:本国屯积贵金,可以巩固对外的经济关系。屯积的方法,或是流散民间,或是集中于中央银行。第二个方法,在平时与战时都比较的有效力。这是目前钱币尚未完全脱离贵金羁绊的事实。

二 个体的观察法与全体的观察法

以个体为本位去观察经济,则经济是许多原子凑成的集合体。在这集合体之中,原子各自活动,以求最大的利益。利益的标准是'价值','价值',是绝对的,是独立存在的。

价值交易时,钱币充作媒介,所以钱币本身必须有稳固的价值,钱币必须是价值的结晶体。这个观察法,也有原始的与进步的两种。原始的:以物易物,是经济的天然程序;金银不过物之一种,是价值最稳固的一种,所以以金银易物也是经济发展的自然结果。一切人为的,防碍这种天然发展的手术,都没有存在的理由,事实上也必至失败。进步的:社会分工,各种货物力役互易,出货尽力的人,必须得到一种货物,作将来享用任何货物役使任何人工的担保品,这就是钱币。欲使钱币充可靠的担保品,他的价值必须稳固;价值稳固的莫若贵金,所以贵金是天然的钱币材料。

以全体为本位去观察社会经济,则社会经济是一个有机体,不是无量数原子凑成的集合体。社会经济的全体是一个单位;在这个单位里,没有绝对的价值,更没有具绝对价值的钱币。钱币经济时代与天然经济时代,根本不同。在天然经济时代,以物易物,所以"交换"(交易)是这时代的特征。在钱币经济时代,用钱币支付任何货物与力役,所以"买"、"卖"、"支付",是这时代的特征。在钱币时代里,分工是普遍的:人人为他人而工作,人人需要他人的工作。在出产一面,各输所有,各尽所能,以供凡人的享受;而在消费一面,则人人生活,有待于凡人的贡献。但出产与消费二者,怎样相联结呢?社会主义主张,由一个中央机关,规定每人在产品里应得之份,这是出产与消费"直接"联结的方法。在现代的个人主义的经济制度里,出产与消费的联结,全任私人约定。凡在社会有所贡献的人——而他的贡献又曾经他人认为有用有益的——都可向社会索取种种货物或力役。各就所需,取诸社会;各以所能,贡诸社会,虽无契约法制,取与却能相称。这种巧妙的社会机械,必备两个条件;第一,需有公认的价格单位,作衡量一切货物与力役的器械。第二,需用一种符号或标识,去表示这价格单位。并且作所贡献之货物或力役的凭证。这两个条件,钱币都可适应。所以钱币的一种职务,是介乎出产与消费之间,充当仆役。凡出力得钱的人,在私法上已算关系清结,普通称为"支付",但是由国民经济上看,得钱的人,只是得到他的贡献的证据罢了。他持这证据,可以支取社会中种种货物,或役使社会中种种人工,这是他的报酬,——钱,并不是他的报酬。所以分别言之,钱币是:(1) 支取社会产品的权利,(2) 表示这权利的方法:支付品,(3) 支取社会产品时所用的价格单位。以上三种定义,是不可分离的。在钱币经济里,出产是"社会式"的:一人为凡人而出产,一人赖凡人而消费,所以产品也是社会的产品。一方为社会出产,一方赖社会而消费,取与之间,须有一种凭证,以为衡量贡献与报酬之用,所以钱币必须是"支付品"与"价格单位"。所以在现代的个人主义的经济里,钱币以"所得"的形式,分配社会的财富,这是钱币在现代经济中的主要意义。

所以,以全体为本位去观察钱币,则钱币是支付品,不是交易器械。钱币不是贵金,不必是贵金制成的,并且不可是贵金制成的。贵金既是有应用价值的货物,所以以贵金充钱币,则凡货物偶然的供给与需求的情形,都要影响到钱币上去,而钱币因此不能完满的尽其功用。

由上观之,以个体为本位去观察钱币,自然要要求一种,"具固有价值的"钱币,自然会趋重"贵金主义"。以全体为本位去观察钱币,自然要把钱币看作分工社会的一种产品一种制度。分工社会里出产与消费的联结,分工社会里的分配,要用钱币作机械。所以钱币在社会上的功用,是构成钱币的原素,使钱币之所以为钱币。因此,以全体为本位去观察钱币,自然要趋重"名义主义"。

三　由理论到实行

现代钱币理论的结果,大约如下。钱币的价值不是固有的,这一层早已确定了。经济学中"绝对的价值论"早已推倒了。那发明很早渐渐改善的"数量论",本来与"钱币是最通行的货物,因为他有稳固的价值"的一套话,根本上就是冲突的,不过前代许多经济学家,把这一点忽略过去了。"数量论"虽然有种种缺陷,钱币的数量问题,的确是钱币学中最重要的问题。数量论的缺陷很多,他把货物绝对的数量与钱币绝对的数量对称,也是其缺陷之一。其实,社会上的人,所得各有不同。货物没有绝对的价值,只有相对的价值,所以我们要观察货物数量与钱币数量对立的情形,同时要顾虑社会分配的状况。

钱币数量问题的实行方面,是钱币创造的问题。若欲钱币尽其功用,则创造钱币,应当专依社会的需要,不可受贵金供给情形的影响。钱币既不依贵金供给而创造,便须有别的标准。这标准是货物的增加;货物增加,钱币也可以随之增加,且必须随之增加。但是货物的价值是相对的,这句话实际的意思,就是说:在市场上有稳固价格的货物,才能作创造钱币的根据。创造钱币,须有一定的标准,现代各国中央银行的贴现与抵押的办法,颇近于这个标准了。有人要求以指数表为调剂钱币数量的标准,似乎是一种稳当的办法,但是我们对此有种种疑虑。各种指数表的本身,原有许多缺陷;我们姑且假定可以选出一种适宜的指数表,能确实表现所谓"一般的物价程度"。在这个假定之下,还有一个别的更重要的问题发生:物价变动,本有两个原因,货物一面的原因(出产与交通的情形)与钱币一面的原因。钱币制度,是要防止钱币一面的原因,影响物价。货物一面的原因,无论如何影响物价,不能防止他且不可防止他。但是这两个原因——货物一面的原因与钱币一面的原因——在指数表里,没有方法分开。这是第二个不能根据指数表调剂钱币数量的原故。

由"钱币数量"讲到"钱币创造",这已经是由钱币理论讲到本位政策了。以前的钱币理论,很受本位政策的影响,这是钱币理论进步迟缓的一个原因。我们以为钱币理论与本位政策二者,不可混为一谈;抽象的理论与实际的处置,有时候必要分开;不然,钱币的真性质,不容易发现。极端主张"名义主义"的人,或者因为时势的要求,也不得不采用金本位。时势的要求,是由种种方面来的;国内的:金本位以偶像然事实——黄金的供给——作创造钱币的根据,这固然很不完满,但是在一个国家里,是否有相当的机关,执行那创造钱币的职务,这是第一个实际的问题。如果国家组织比较的安稳,这个机关不难产出,所以这第一个问题还比较的容易解决。但是这种脱离贵金基础的币制,还有别的条件:一般的人须习惯于钱币的"契券性质",须习惯于"钱币是单位不是金银"的道理。

这种习惯,是要经长期的训练才能养成的。训练的方法,是沿袭社会原有的习惯,确定并维持一个钱币单位。钱币单位普及了,通行长久了,然后渐渐撤去他的贵金基础。在这个变化之中,国家的权力,宣传的工夫:自然都很重要。此外,对外的经济关系,也要充分顾虑。平时的汇兑率问题,应付经济恐慌的问题,战时的经济动员问题,都是不能忽略的事,充分了解钱币的理论之后,再在以上所举的各事上,加以周密的考虑,然后进步的本位政策,或者可以试行。

现代银行信用之性质[*]

顾孟余

现代的经济,是所谓"信用经济",资本主义之所以繁荣,出产事业之所以振兴,财富之所以增加聚集,信用制度,实为一主要原因。一切重要之经济现象,如物价,分配,悉受信用之影响。现代之信用组织为银行,故银行信用之性质,在理论上与实际上,皆为经济学中一极有趣味之问题。

欲知现代银行信用之性质,不可不察信用与钱币之关系。钱币与信用二现象,发源本皆甚古。但二者之相互助长,在近世特为重要,其影响亦至钜。近代之信用,代替钱币,而自化为钱币,故钱币之范围有渐渐扩充之势。譬如钞票,原为发行者之信用,因贷款而发出,一面借款人以此对于银行担负债务,一面银行对于任何持有人担负债务。但此乃就钞票成立之历史而言,至于现代,钞票之流通使用,与钱币无异。以其经济的性质而言,钞票完全为一种钱币矣[①]

当钞票制度发达之初期,发行钞票,往往受法律之限制。然经济之天然发展,不可遏抑,遂有贷款存款之手续应运而生。银行之贷款存款,原为信用,但至今日,此种存款,用以购买货物,支配力役,实与钱币无异。欧美各国银行之所谓存款,大半由于贷款而来,其由他银行划拨者,溯其来源,亦多系产自贷款,其以钞票现金持往银行存储者,实仅极少数耳(据 Withers 之计算,英国六家最大银行之存款,其中四分之三,系由贷款而产生,他国情形,与此大致相同;惟簿记之名称,稍有出入)。[②] 总之,今日先进国中用以购买货物支配力役之工具,除少数钞票现金外,皆以银行划拨行之。故银行存款,实与钱币无异,此所谓"划拨钱币"或"簿记钱币"也。[③] 由是言之,在今日信用经济之下,创造钱币之权(钱币与钱块 coins 不同,须在意),实操于银行之手也。

如上所云,钱币与信用,其分界颇难划清。在历史上,信用与钱币,互相助长,

---

[*] 本文原载于《社会科学季刊》,1923 年第 1 卷第 3 号,第 429—437 页。

① 见本季刊第一卷第一号拙著"钱币理论与本位政策"。

② Hartley Withers, *the Meaning of Money*, London, new edition 1916 "mutual indebtedness" 第六十二,六十三页。

③ "划拨钱币"德文 Giralgeld 见 Huber, *Geldtheorie und Bankverfassung*. Bank-Archiv 1916 17, No. 15 又 Friedrich Bendixen, Das Wesen des Geldes, 2. A. 1918 第十六,十七页。"簿记钱币"德文 Buchgeld 见 Karl Elster, *Seele des Geldes*, Jena 1920 第五十八页。

信用依钱币而发达,钱币因信用而扩充范围。于是可知经济学中之界说,往往因时而变迁。而 Bortkiewiez 欲确定二者之界限,余意似可不必,或竟不能;因法律的区别,只属形式的,而经济的界限,颇难确定,即勉强为之,终亦为经济之发展所掩没。④

钱币与信用之关系,既如上所云,当进而考求银行信用之真相。

现代银行之信用,果何物乎?银行果何所根据而贷款乎?普通意见,皆谓根据"资金"。夫资金又何物乎?通行著作,以为银行资金,大半为他人之所存储;银行贷出之款,即以此存款为渊源。⑤ 而"发放业务"与"收受业务"持平之原则,亦即此意见之结晶体。⑥

由私经济观之,经营银行,此原则或有时可作准绳。但由国民经济观之,则银行信用之真相,决非此种意见所能揭示。一考现在信用发达之国所谓银行存款者,乃多由贷款产生,如上文所云。存款与贷款,何者为先,何者为后,诚属疑问。吾人但见先进国中,准备现金或其他法币,应付非常之需要,专恃中央银行,而商业银行贷款时,现金问题,完全非所顾虑。吾人又见许多银行之存款总额,常数十倍于其国之现金准备。吾人对此,不免疑问,其一,此钜额之存款,果何自而来,是否由于存款人持往银行存储;其二,此钜额之存款,若果经存款人提现,银行又将何以应之?第一问,存款之来源,吾人果穷究其成立之始大,半为银行贷款,辗转划拨,未经抵清者,并非存款人持存。第二问,此钜额之存款,银行所以不畏存款人提现者,因现代先进国之国民,习惯于信用经济,知信用基础,不在现金。⑦

银行信用,在银行诸业务中,究居若何之位置?银行之重要业务,可分为信用与支付之二大类。此二类中,何者为主,何者为属;对此问题,前人意见殊不一致。有注重信用一面者,⑧有注重支付一面者,⑨但现代大多数之著者,则主第一说,认银行为介绍信用之机关。但信用之贷借两面,亦各有所偏重,如 Somery⑩ 以借入为

---

④ L. v. Bortkiewiez, Des Wesen, die Grenzen und die Wirkungen des Bankkredits. *Weltwirtschaftliches Archiv*, 17. Band, Heft I 第七十九,八十页。

⑤ A. K. Fiske, *The Modern Bank*, New York, 1910, ch, II p., II: The first business of a bank is to receive deposits. that it may have larger resources than its own capital for making loans...

⑥ Wagner, Kredit und Bankwesen, *Schönberg's Handbuch der pol.* Oekonomie I 4. Aufl. Tübingen 1896 第四七八页。又最近著作中 *Motschminn, Das Depositengeschaeft der Berliner Grossbanken* 第一二九页。

⑦ ... Whether England shall be solvent or insolvent depends on the will of its people, voiced by its Government and backed by the people's property, over which the Bank of England has but small control. (Oswald Stoll, the People's Gredit, London 1916) 他国情形,正与此同。

⑧ It (the bank) is a market for the purchase and sale of credits (*Alexander Hamilton Institute*, *Money and Banking*. New York. 第二三三页。)他著多与此同。

⑨ Bills-discounting may, like a good mang other functions, have become an attribute or incident of banking, but I think the fundamental idea is current account and check drawing... (*Journal of the Institute of Bankers* 33, 1912 第一八〇页。)

⑩ Felix Somary, Bankpolitik, Tübingen 1915 第一页以下。

银行业务之特征，Hahn⑪则以贷出为银行业务之重点。

　　Hahn 谓银行之任务，在创造国民经济中债权债务之关系，而其所以能如此者，则在其能以自己之信用，代替主顾之信用。⑫而其所谓"信用"者，仍如旧日经济学家所云，指"信任"confidence, trust, belief 而言。此正与 Komorzynski 研究之结果及现代通行之学说相反；是非何在，不可以不辨。⑬ Hahn 谓银行信用构成国民经济的债务关系。譬如某甲向银行 A 借款，银行 A 贷款账存，供其支配。某甲此时购买货品开付力役，乃可委托银行，将存款划拨于某乙。如某乙之银行为 B，则银行 B 代某乙收款，并为账存。以上当事人债权债务之关系，共有三层。其一，某甲为银行 A 之债务人，其二，某乙为银行 B 之债权人，其三，银行 A 为银行 B 之债务人。Hahn 以为，此三层私经济的债务关系，综合观之，只系一。层国民经济的债务关系。以国民经济言之，贡献而不立求报酬者为债权人，受酬而不立刻贡献者为债务人。某甲欲购买货物或支配力役而尚未贡献其代价，故为国民经济的债务人。某乙已贡献其货品或力役而尚未支取相当之酬报，故为国民经济的债权人。由是言之，某甲，某乙，与两银行间之三层私经济的债务关系，实成一层单纯的国民经济的债务关系。银行 A 之任务，即在创造此种关系：其所以能创造此种关系，因其以自己之信用，代替某甲之信用。某甲之信用，不若银行之昭著，故对于某甲之债权，不易转让，而银行 A 乃代其任此债务，亦即等于保证其债务。由是言之，银行之任务，即以自己所享之信任，保证他人之债务；其贷款取利，实等于售卖信任。故依 H. 之说，银行为介绍信用之机关；其所介绍之信用，即社会之信任，换言之，即银行在社会所享之名誉。以上之说。既与现代通行之学说相背，其论据亦实有不当之处。夫既云介绍，则所介绍者，当然为他人之物。主观的名誉，固为银行活动之基础；但银行之事，乃以此名誉为方法，介绍他人之信用。至于信用本身所含之经济的内容，实为债权人与债务人间财产之转移，并非信任也。

　　依 Hahn 之说，扩充信用，可以变更分配情形，缩减固定收入阶级之实际所得，移其力于出产事业。信用扩充，一面增加出产，一面影响分配，故其宜否扩充，非纯粹经济的问题，而实一政治问题。但 H. 之书，系就纯粹理论立论；其所称之政治问题，应向何方向解决，用何方法解决，未曾言及。

　　Edward W. Edsall 与 Hahn 之意见，颇有符合之处。⑭ 彼谓现代银行所擅有之创造钱币的权利，应削夺之，复还于国家，其方法系采取一种纯粹纸币本位；纸币之

---

　　⑪ L. Albert Hahn, *Volkswirtschaftliche Theorie des Bankkredits*, Tuebingen 1920. 第二十四至三十二页。Das Passivgeschaeft der Banken ist nichts anderes alsein Reflex vorangegangener Kreditgewährung. （第二十九页。）

　　⑫ 同书第五十一页。相同之意见甚多，如 George W. Edwards, Bank-Archiv, 21 Jahrg. (1922) N. 16 第二七八页云：Im allgemeinen hateine Bank die Aufgabe, den Credit des einzevnen Geschaeftsmannes durch ihren eigenen besser bekannten Kredit zu erse tzen.

　　⑬ Job. v. Komorzynski, *Nationaloekonomische Lehre vom Kredit*, 2. aufl. Innsbruck 1909 II. Hauptabschnitt 尤要。

　　⑭ Edward W. Elsall, *The coming Scrap of Paper*, London 1915.

数量,时受节制,以小麦价格稳固为准。国家银行之外,商业银行只保有一种钱币经纪人(money brokers)之资格,其所经营之事业,即介绍国家银行所存之通币,此外不得贷款及应付支票,如此,则商业银行创造钱币之势力取消。Stoll 之观察与上称二人亦颇有相册之点。⑮ 彼并主张取消商业银行之信用独占,而使凡有出产能力之人,均享信用之利益。其办法,系根据出产的资产,贷给半值,不取利息。⑯ 总之,银行创造信用,无异创造钱币,长袖善舞,势力极钜,利害互见。许多论者,感其有取缔之必要。而 Edsall 与 Stoll 则更对于取缔时钱币之创造,下一物观之标准。虽其说之是否可采,甚属疑问(Stoll 之提议,违背钱币学之原则,可断言其无实现之可能),然其对于现代弊端百分之信用经济,提出改良之方案,实有可注意之价值也。

---

⑮ It is banking credit which really constitutes the money talked and written about It is banking credit upon which the checks are drawn.(前书第八十四页)。

⑯ 同书第七章第一五四页以下。

我之新银团观

日本西京大学法科经济学士　杜国庠

一

列强之投资中国也,有银团自一千九百十年(中华民国纪元前二年)始。其初仅英法德美四国。中华民国元年加日俄为六国。二年美总统威尔逊氏就任,恶银团有干涉中国内政之嫌,声明政府对于美国资本家不与保护;于是美国退出银团,留者英法德日俄五国,世称五国团。是为旧银行团。本年五月美国向巴黎开会中之各国银行代表,提出四大纲领,倡议改组旧银团。英法和之,允许无条件加入。而日本独持异议,主张非附(一)满蒙除外(二)五百万元以下之借款自由之条件,不能加入。

双方正在交涉,结果如何?刻未能断。是为问题中之新银团。

美国提议之四大纲如下:

一,扩张四国现在之范围,更从宽纲维资本家,由英法美日四国本资本团组织之。

二,新借款团不拘政治经济借款均可投资。

三,新借款团宜将各国之既得借款优先权,让渡于中国或新借款团。

四,新借款团之范围,只得于中国中央地借款及有中央政府保证之借款。

新银团之组织,根据上举四大纲。今以之与旧银团比较,可发见相异之点二:其一,政治借款与经济借款,在新银团,不加区别均归承揽;其二,在新银团之下,各国之既得借款优先权不得私有。按旧银团成立之初,亦无政治借款与经济借款之区别,及中华民国二年,英国提议关于铁路及实业借款除外。同年九月二十六日经巴黎五国会议议决;自是经济借款与政治借款分离,由各国自由竞争。欧战期间,列强无暇东顾;日本即利用此自由竞争之约,冒经济借款之名,行政治借款之实,攫夺权利,满载而归者也。

列强鉴于此次大战之惨祸,不满某国乘火打劫之举动;故美国一倡,英法即与

---

* 本文原载于《新青年》,第7卷第1号,第77—81页。

赞成。其用意在(一)免除各国在华单独垄断借款,造成势力范围。(二)各国非以协同之精神,牺牲其不正当之利益,为中国留余地,则自由竞争之结果,惹起冲突而酿成第二次世界战争。此其精神完全与旧银团异者也。

二

新银团之由来及其目的,既如上述矣。然则新银团之于我国其利害果何似乎?愚以为欲论此问题,有不可不先明瞭者三事:第一,列强之组织银团,不因我之赞否为成败;目下之争执,列强间之利害不一致故耳。第二,中国目下——最近的将来——不能不借款,而借给资本者舍英法美日外无他国。第三,一二十年内中国财政上经济上之信用,必不能达到无抵押的自由借款之地位;故一言借款,必受经济上弱石种种之不利。明此诸点,然后不生无谓之议论。

新银团之影响于中国,由其与旧银团差异之处,可构成下列诸问题,即

一,经济借款归诸新银团承揽,果于中国经济发展之自由有碍乎?

二,各国不得私有既得借款之优先权,努力范围果能因是打破乎?

三,列强共同管理财政之危险,果不因是惹起乎?请依次论之。

三

新银团问题发生以来,反对者多以经济借款归其承揽有害中国经济发展之自由。以为我国内争解决之后,不独财政上有输入外资之必要,而经济上亦非借款无以自存。若经济借款亦归新银团承揽,则彼将利用其独占之地位,其条件必较自由竞争时更为苛酷。是于我国经济之发展有大不利。故为我国计,不常祝其成立也。虽然,愚之所见,有异于是。第一,贷借关系,必供求双方均有竞争,然后能得其平。贷者独占,则借者受损。此经济学之通则也。虽然,社会上之关系,不若是其简单也。吾人论事,理论固不可轻,事势亦未可忽。贷借必竞争而后平,此就两造之地位平等者言之耳。若我国目下之状态,财政窘迫,产业凋零,国家信用扫地无余;饥不择食,此经济上弱者之通病也,纵贷者有所竞争,为利能有几乎?第二,列强之投资也,于我国权利各有所攘夺;日之于满蒙,法之于滇粤,英之于长江流域,所得尤多,隐然有分据一隅之势;故昔清廷拟借英款,修筑新民屯法库门铁路,日本阻之,卒为中止,无如之何也。斯时也,经济借款,非自由竞争者乎?故使新银团不能成立,或成立而经济借款仍听各国自由竞争,而各国拥其既得之优先权,此疆彼界,深闭固拒,则所谓自由者与独占有以异乎?第三,政治借款与经济借款,理论上固异其性质;若夫我国今日之实际,经济借款有不带政治上臭味者乎?例如铁路借款,则固经济借款也;然而铁路一通,势力随至。权利之丧失,有时转因自由,竞争而愈易。更有甚者蒙虎以羊皮,经济其名,政治其实;借得之款用之实业者百不得一,余

则供当局之浪费,饱官吏之私囊。或转不若新银团稽核森严之有利也。第四,独占之不利,恶其条件苛酷也。条件之苛,大要有二:其一,抵押品失宜;其二;则利率过高是也。而以我国政界之现状,贿赂风行,恬不为怪。倘各国得自由竞争,则彼抱野心者,且辇巨金以投其所好。此征之往事,无能为讳也。夫人以利赂人,必有所大欲。其究极,不责报于押品,必取偿于利率,自然之势也。新银团则以独占故,纵不能绝结托之风,而比之自由竞争时必稍杀,权利不当之丧失,或可减少也。第五,铁路借款,苟仍今日之旧习,则借甲国之款,必用甲国之人,购甲国之林,轨道也,车辆也,管理之方法名称也,举皆甲国是赖。如是等等,甲国与乙国不同,乙国与丙国复异,一旦铁路相接,连络多所不便;此稍通此中消息者,类能道也。自经济上观之,损失岂浅少哉!且各国各据一隅,往往铁路之修筑,不出于我国之计画,而出于债权国之要求;以此故,时有偏枯之患。夫铁路犹血管也,必全体均匀,而后身体发达;而我之所利,未必即债权国之所利,故虽全体不能均匀,非所问也。斯又岂经济发展之利耶!

以上诸点,凡以明新银团之揽及经济借款,未必不较现在自由竞争为有利,而反对者之理由不尽确也。

四

然则新银团之不便各国私有既得借款优先权,果能破各国在华之势力范围乎?夫势力范围者,政治上之用语也。而优先权之割据,实为利益范围,而含诸势力范围之中者也。优先权之归并果能完全达到打破势力范围与否,固未易言;而因是得阻其进行之势,则断断然也。使新银团之组织归诸失败,则各国之投资,必仍其旧日阴谋攘夺之手段。某国于某地,权利之分捕日益多,斯利益之范围日益著;利益之范围日益著,斯势力之范围日益坚,进进不已,则由经济分割之局,可以让成领土瓜分之祸,就此点言,自由竞争之利——不足以偿其弊;转不若新银团之出于协同活动,少阴谋而寡秘密之为愈也。何则?列国协同则(一)互相牵制(二)无须竞争,故其手段较为光明也。

或者曰:势力范围之趋势,或能因是灭杀矣。而由是启列强共同管理财政之渐,非国家之福也。是不然,各国共同管理财政,与新银团之成立,初无必然的因果关系也。何则?第一,使中国政象,长此纷扰;财政状态,长此扰乱;当局官吏,长此浪费;债务山积,国家破产;则债权国安能听我逋负,利害相同势必联合,共同管理,斯其时矣;虽无新银团,能幸免乎?彼埃及之受财政监督,又何曾有新银团也哉!第二,若我国人能一旦悔祸,协力同心,徐图振作;以我国地大物博,十年二十年之后,产业可望隆盛,经济可望发展,财政可望整顿;对于各国之债务,在我偿还有着,在彼借口无词;纵有新银团又岂能强行管理也哉!故曰:无必然的因果关系也。

五

　　由是观之新银团之于中国,实较诸旧银团为有利,此吾人所确信也。虽然吾人之希望实为无抵押的自由借款;特以中国今日之状态;不足以言此,不得已而求次耳;非谓新银团为最善也。吾人今日之急务,不在求得借款;在借款之后,用途之计画,有系统的研究;款项之支付;有确实之监督耳。不然者借款之条件虽廉,而借得之金钱付诸浪费,是徒增国民之负担,低国家之信用而已;与给荡子以银行支薄者无异,将反患其得钱太易也。

由空想的社会主义到实行的社会主义[*]

杜国庠

社会主义之史的发展

一

社会主义自一八四八年二月共产宣言①理论上阐明其实现性以后,遂由空想的社会主义进为科学的社会主义;一九一七年十一月俄罗斯革命事实上证实其实现性以后,又由科学的社会主义进为实行的社会主义。此种进化,实与社会主义之发生同一为历史之必然的产物,纯依客观的形式进行,非吾人之赞扬与贬抑所能左右。故社会主义之在今日,已非理论上能否成立之问题,亦非实际上能否实现之问题,而是实行时机与方法之问题。何以故?以无产阶级之先锋已使社会主义进于实行之域故。

二

社会主义以其思想全体之学问的性质为标准时,可分为空想的社会主义与科学的社会主义。科学的社会主义可谓为马克思所创始。而马克思与恩格尔②共同起草之共产宣言则为二者划分时代最初之重要文献。《共产宣言》刊布以前所有之社会主义均为空想的社会主义。福利埃(Charles Fourier, 1772—1837)圣西门(Saint Simon, 1760—1825)涡文(Robert Owen, 1771—1858)等对于资本主义社会,解剖批评,均著功绩。彼等皆为科学的社会主义大建筑物搜集数多材料;苟无三人,马克思之社会主义或不出现。虽然,此等初期社会主义者之思想均缺乏实现之可能性,即彼等惟于自家脑里自由描写其关于将来理想社会之主观的要求与希望,或且举以告人;至于此种理想社会之实现条件,在现社会中,存在与否,完成与否,

---

* 本文原载于《社会科学季刊》,1924 年第 2 卷第 3 号,第 357—374 页。
① 《共产宣言》出自马克思与恩格尔两人之手笔。初标题为《共产党宣传》(*Manifest der Kommunistischen Partei*)一八四八年以二十四页之册子刊布;后改用 Kommunistische Manifest 标题,今姑译为共产宣言。德国版有三十三种之多,各国亦有翻译。中国陈学道译,一九二〇年由社会主义研究社出版。
② 即恩格斯。原文作"恩格尔",保持原状。——编者注

则均未加考虑。故无论其计画若何周详,思想若何优美,不能实现,亦属徒尔。苟吾人对于一切缺乏实现性者得名之为空想,则初期社会主义者之思想称以空想亦不为过。例如郭德文(William Godwin,1756—1836)所主张的共产主义乃以正义观念为基础,至于人类事实上果否依此种道德的理想而行动,则漫不加察。③ 又如法国初期社会主义者克贝(Cabet,1788—1856)之《伊加利亚航海记》(*Voyage en Icarie*,1839)所描写之理想社会,与福利埃之《产业的及社会的新世界》(*Nonveau monde, industriel et sociétaire*,1829)书中所计划之"共产团体"(Phalanges)虽莫不描写周详,然按诸实际,则殊乏实现之条件;故均为一种空想。④

初期之社会主义者虽对于理想方面,规画极详;然对实行其理想之手段,则过于简略,即恒欲诉诸个人之理想与其道德的感情以动之。故其方法恒与道德家宗教家之弘道说教,无大差异。涡文曰:"社会主义者实现其计画之手段,恒赖理性,智慧,及道德力。"此数语可以代表此派社会主义者对于实行其主义所取之态度。此派于宣传思想之外,又常向有力者建议或集合少数同志从事新村之实验。结局,此二种方法亦以缺乏实现性故,终归失败。而其失败根本原因则由于彼等缺乏历史的科学的知识,过信人类性善或可与为善。⑤

科学的社会主义则不然 科学的社会主义完全建筑于历史的科学的基础之上。恩格尔于一八四七年《共产宣言》之草稿,尝释:"共产主义为关于劳动阶级获得胜利所必要的条件之教义"。⑥ 可谓将科学的社会主义之真精神表尽无余,而《共产宣言》之可贵,不在其所列举之具体的方策,而在充满其中之历史的新观念。换言之,即在揭露社会主义在理论上之实现性。

《共产宣言》第一章有产者及无产者,以"一切过去社会之历史皆是阶级斗争之历史"一语开端之后,即继之曰:

"(希腊之)自由民与奴隶,(罗马之)贵州与平民,(中世之)领主与农奴,行东与佣工,简言之,即压制者与被压制者,自古以来,常相反目,继续其明争暗斗。而斗争之结局,非全社会之革命的变革告成,即相争之诸阶级同倒。"

共产宣言于叙述历史上阶级对抗大势之后,以为今日资本主义之社会亦难免此种对抗。

曰:

"由封建社会之没落中产出之近代有产者的社会,亦难免阶级对抗;不过造出新阶级,新压制条件,新斗争形势以代替其旧者而已。"

---

③ 河上肇著《资本主义经济学四史的发展》二一八—二四二页。
④ 参观河上肇著《近世经济思想史论》一四一至一五二页。李培天汉译。
⑤ 同上一六〇—一七〇页。
⑥ 共产主义一语,后来虽常用以指称福利埃圣西门涡文等之空想的计划;然在当日对于此派,常称之为社会主义而称克贝隈特林(W. Weitling)马克斯等之劳动阶级运动为共产主义。但最近又称俄之布尔什维克德之斯巴达团为共产主义或共产党,以与其他社会党诸派区别;又回复其原来之用法。

"现今之时代即有产阶级时代,其特征在使阶级之对抗趋于简单。社会全体今已渐次分裂成为互相敌视的两大营寨,互相对垒的两大阶级,即有产阶级与无产阶级。"

《共产宣言》又进而述现今之资本主义的社会如何成立以为,近世有产阶级乃"长期发展行程之产物",且为随伴生产力发展之"生产方法(及交换方法)迭次变革的结果。"有产阶级因利乘便,遂为经济上之支配阶级同时亦为政治上之支配阶级曰:"有产阶级(经济上)发达一步,其政治上的权力亦进一步"经过种种阶段之后,"自大工业及世界市场成立以来,彼等遂专有近代议制国家政治上之支配权。国家之行政机关,乃不啻为办理彼等公共事务之一委员会"。

《共产宣言》又谓,有产阶级既获得政治上之支配,于是封建的社会组织乃归崩坏,资金主义的社会组织遂继之出现。社会组织既经变革,则社会生活之各方面亦实现种种之变革。故"有产阶级历史上实曾扮演革命的重要角色"而"吾人亦可因是知悉有产阶级所依为基础之生产及交换机关,乃产生于封建社会之内。此种生产及交换机关发展至于一定阶段,封建社会之生产及交换关系换言之,即农业及工业之封建的组织;一言以蔽之,即封建的所有关系,已不适合于业经发展之生产力。此种关系不特不能促进生产而反妨害之,变为其束缚。此等关系必归崩坏,结果亦终归崩坏。"

现代资本主义的组织之发展,事同一律,其生产力与生产关系亦已发生冲突。"数十年之工商史,不外现代生产力对于其生产关系,对于有产者之生活条件及其所支配之所有关系之叛逆史。"而恐慌实为其最显著之证据。此足以表示"有产者的诸种关系实过于狭小,不足以包容其所生产之财富"。结果"有产阶级颠覆封建制度之武器,今却转向于有产阶级本身。"

《共产宣言》阐明现代资本主义的组织结局必归崩坏之历史的必然性以后,又谓无产阶级之发达必然的与有产阶级之发达同一比例。苟承认现代生产形式之指导原理以工钱劳动者为必然产生,则二者之对抗亦属必然。即一方,除使劳动者变为无产阶级之外,资本无由增加;他方,除卖其劳动力于资本家之外亦无术足以图存。"彼等(劳动者)对于有产阶级之斗争,实与其存立同其起始",不过因阶级发达之程度不同而异其形式耳。故《共产宣言》认定无产阶级是资本主义的社会组织变革之担任者,是真正的革命阶级,而且是资本主义的社会组织特别的主要产物。而无产阶级发展的大势,初仅私斗,后必爆发成为公然的革命,推倒有产阶级筑起无产阶级权力的基础。盖产业发达之结果,有产阶级已不适合时势;故"有产阶级之倾覆与无产阶级之胜利,均不可免"。故曰:"有产阶级不特炼成致自己死命之武器,并且养成使用武器之人——即是近代劳动阶级——即是无产阶级。"

《共产宣言》不特指明无产阶级为革命之担任者,并且指示无产阶级获得胜利之方法径路。曰:"无产阶级对于有产阶级,实质上虽不如是,形式上最初辄从各国着手,各国无产阶级必须先处置其本国之有产阶级。"又曰:

"劳动阶级革命第一步,在取得支配阶级之地位,获得民主主义的战胜。"

"既达到第一地步,劳动阶级即用其政权渐次夺取资本阶级之一切资本,将一切生产工具集中于国家手里,即集中于组成支配阶级的无产者手里。"

故共产党之直接的目的:"(一)纠合无产者团成一个阶级,(二)颠覆有产阶级的权势,(三)无产阶段掌握政权。"

总而言之,《共产宣言》之特质在于充满其中之历史的新观念。"共产主义得此观念之助,始脱去希望、热望、回想、臆测、方便等;而于其必然性之领悟中,换言之,即于现实诸阶级间斗争之结果及解决之领悟中,发见其充分的表现。此种斗争,固因时因地而相异,然历史即依此斗争而开展,然在现代,此等斗争即为资本家有产阶级与不得已而被抑置于无产阶级地位之劳动者间之单一的斗争。共产宣言对于此种斗争,与以源泉,详述其进化的律调,且预示其终局的结果。"⑦

故自《共产宣言》刊布以后,社会主义不特已于现代资本主义社会中发见其实现之条件。而且豫识其发展与胜利均为历史发展之必然。马克思后此许多重要之著作⑧实不外阐发此旨而已。故其在社会主义文献上之价值,皆不若《共产宣言》重要。

三

《共产宣言》刊布以后,科学的社会主义虽因马克思恩格尔及其同志之继续努力,理论日见精备;然德国劳动阶级因熟中于拉塞尔(Fedinand Lassalle)之似是而非的社会主义运动之故,一八八〇年以前,马克思主义之传播范围极狭。而一八九〇年代因电气业铁工业勃兴之结果,经济界急激发展。又自一八八〇年以来受美国农业发达之影响,谷价低廉。市况良好之结果,工银增加。而政府方面亦渐松其压迫之政策,明约改良社会。因而思想方面亦渐抛弃革命主义,迎合有产阶级而制限劳动者之要求,遂现为逐渐改良劳动者之状态的议会政策。此种倾向于学理上表现为德国之白恩斯坦(E. Bernstein)等所倡导的修正派(revisionist)之理论。反对革命而提倡议会政策,与组合及共济团体之组织。是可谓为去势的马克思主义。

然而资本主义进化之实际,不特不如修正派所预期之顺调,可以无须革命;反使修正派之空想归于破产。即无产阶级与有产阶级之斗争,因帝国主义——资本主义发达之特殊形态——的政策,更加激烈。军国主义的租税之增加,战争危险之切迫,组合之斗争等种种原因结合,愈使有产阶级压迫劳动阶级。榨取愈辛辣,则取缔愈须严重。而劳动者对于此种政治的反动,恒视为飓风来袭之警报。劳动阶

---

⑦ 见 Antonia Labriola, *Essays on the materialistic Conception of History*. Tran. By Charles H. Kerr, chicago. p. 16.

⑧ 如一八五九年出版之 *Zur Kritik der Politische Oekonomie* 序文之关于唯物史观,*Das Kapital*(资本论第一卷一八六七年出版,马克思死后,第二卷于一八八五年,第三卷于一八九四年由恩格尔为之出版)关于经济论 *Criticism of the Gotha Program*(哥达纲领批评,一九七五年)关于无产阶级专政阐发均极精详。

级之先锋亦渐觉社会革命之迫近。而一九〇五年之俄国革命,虽昙花一现,然其影响颇大,即对于全欧民众例示劳动者,一朝蹶起拼命,即有莫大之势力。自是以后,劳动阶级握权之问题,即社会革命之实际问题,遂大为劳动者间讨论之题目。及大战爆发以后,劳动者备尝艰辛,始直觉的领悟资本主义如何招致残虐的混乱,如何破坏文化的设施,如何推置民众于死地,及彼等何以陷于如是的奴隶状态。此种世界民众以血肉购得之宝贵的教训,至少可使劳动阶级之先锋,脱去理论之境域而生起一种最深刻最痛切的实感。质言之,即世界大战之惨祸;确曾教导无产者使之领解在革命的社会主义之讲说时所不能理解之教训。

关于此种教训最先理解,而容纳其当然之结论者,实为俄罗斯民众。俄国革命,乃世界大战最初之反响,国际的革命之先驱,而且是对于革命之实际问题之解答。俄国之无产者,由此革命使社会主义由科学而进于实行,同时于共产主义上划一大进步。盖共产主义乃关于劳动阶级获得胜利所必要的条件之学说;而此种条件实惟于劳动者阶级对于资本家阶级为获得胜利而斗争之经过中,最为明白表现故也。故欲知共产主义由科学的到实行的之发达,则理解俄国革命实为第一必要。

社会革命起于何时?俄国革命即与世界无产者以事实的解答。即因资本主义故,劳动者陷于悲惨不堪的境遇之国家,均可实现,且必至于实现;固无须俟资本主义之极度成熟。马克思唯物史观公式所谓,"凡问题,必其解决所必须之物质的条件早已存在,至少亦必在其成立过程中,始能发生",却因是得一例证。试一考革命前俄国劳动者之惨状,则知革命之爆发实为事势之必然。革命前俄国劳动阶级有三种构成要素:即(一)纯粹农民。(二)半农半工之劳动者。(三)熟练劳动者。三者皆有同样之运命。第一,都会之劳动者实为最受虐待的工钱奴隶。劳动组合运动既被禁止,彼等殆完全屈服于无制限之榨取。据莫斯科及其附近工业地百五十二产业之调查,一月之平均工钱,一九一三年为二百十三留布,一九一四年为二百二十一留布,一九一五年为二百五十一留布;一九一三至一九一四年增加百分之一,一九一四至一九一五年,增加百分之十五,即自欧战勃发之前年至开战后第二年止三年之间,仅增加百分之十六。然而同一期间,七种主要生活品之价格,则一九一三至一九一四年增加百分之二十三,一九一四至一九一五年,增加百分之七十九,三年之间,腾贵至二倍以上。同一期间资本家之利润,在一九一三年,对于投下资本为一四.六,一九一四年为一七.五,一九一五年为三九.七;即战争之间,增加七成一分余。俄国工业资本家不特受保护关税之保护,且由贿赂官僚之结果,殆全有事业之独占权。劳动者之劳动条件,则毫不受法律之保护,惟依供求之法则,屈服于资本家无制限之榨取。而外国资本家,亦乘机侵入,与本国资本家协同榨取;开战前之三年间,外国资本家所得利润,平均三成二分,或竟获得一倍以上。

至于农民则为状尤惨。俄国耕地属于农民者仅三分之一其余三分之二则为皇室大地主,官僚,寺院之所有。农民耕种其地,仅能得其出产物极小部分,大部分谷物则由地主输出外国。一九一三年俄国农产物之输出者,达其总收获三分之一。

且以有高额奖励金故,虽凶年饥饿,地主等亦不停其外输。以是俄国农民全陷于组织的营养不足之惨境。加以经年苦战、物资缺乏,军事上之失败,官僚军阀之亲德态度,在在使人失望;故除极少数大地主大资本家外,对于帝政,未有不痛恨咀咒而希望其崩坏者。故革命一兴,帝政遂倒。然三月革命后之新政府,不明大势,成功之后,日惟汲汲然急于完成民主主义与遂行对德战争,故其措施大违背于要求平和与面包之民众。即无布尔什维克之指导,社会革命,亦势不可免。故当十一月七日革命前十余日即十月末,共产党中央委员会方继续开会讨论"即时起事"问题,依列德(John Reed)所纪:"当时,有一鲁莽的劳动者突然起立,极其愤激。彼用极锐利的语调曰:'我代表彼得格勒劳动者说话。我们赞成即起说。诸君不妨随便做。可是,诸君如果傍观劳兵会被破坏,则我们已用不着诸君了。'语毕有数兵士和之,于是再行投票,结果,武装即起说占胜利。"⑨实则资本主义依世界大战,造成悲惨难堪之状态,此种状态,遂驱俄国无产民众,对于"沙"(czar)及资本主义国家实行叛逆。而革命后之俄国既已不堪再战万无复归资本主义之理,故舍由已得胜利之无产者掌握政权,实行共产主义之外,实无他法。盖资本家政府不特对于无产阶级已全失信用,即对于有产阶级之信用,亦已扫地无余故也。

俄国劳动者之社会主义革命,又示世界无产者以巩固其胜利以达到共产主义社会之道——即实现无产阶级专政。《共产宣言》曰:"劳动阶级的革命第一步是使其取得支配阶级的地位。"马克思谓:"资本主义社会与共产主义社会间有一由前者推移于后者之革命的变转时期,而政治上亦有一与相适应之过渡时期。在此过渡时期之国家,不外是无产阶级之革命的专政。"⑩列宁亦谓:"无产阶级苟欲达到其阶级的解放,则必推翻资本阶级,夺取政权,而树立无产阶级之革命的专政。"⑪无产阶级之革命的专政,依列宁之解释即:"被压迫阶级之先锋组成支配阶级,以强力镇服压迫者。"⑫列宁又谓:

"无产阶级专政之意义,若弃去拉丁式的,科学的,历史哲学的服装,而以平凡语句表现之,则其意义即谓:只有一阶级,即工业劳动者,尤其是大工厂的劳动者,方能指导被榨取者全民众,为终灭资本家的榨取行为而战。在推翻资本家之实际过程中,在确保及固结此种胜利之时期中,在树立新社会的——社会主义社会的——秩序中;换言之,即在欲完全废灭阶级而斗争之全范围中,能担任指导者,只是此等劳动者。"⑬

而俄国无产者,其革命行动之成功,不在于无产阶级专政理论之完备,而在其

---

⑨ 见山川均编《レーニフの生涯よ事業》(《列宁之生涯与事业社会主义研究》第三卷第三号,张亮译列宁传)。

⑩ Marx: *Criticism of the Gotha Program*.

⑪ Lenin: *State and Revolution* p. 91.

⑫ ibid p. 93.

⑬ Lenin: *The Great Initiative*, 1919(王静译《共产党礼拜六》第十五页)。

与历史之必然一致,即与民众之要求一致。故俄国革命胜利之意义,可谓是历史之进行,证实社会主义之实现性。尤其是证实马克思列宁主义之指导原理——无产阶级,专政之实现性。"⑭

又俄国革命不特示劳动者以打胜反对阶段所必要的斗争之径路,并示以如何打胜之方法。"无产阶级专政应采用何种形式?俄国革命劳动者即答之曰:'苏维埃(Soviet)'。"列宁谓:"俄罗斯社会主义革命,实始发见此种——无产阶级专政——形态。此形态即'苏维埃'共和制,实为无产者贫农的永久专政之唯一典型"⑮⑯而托洛斯基亦谓:"'苏维埃'乃无产阶级的组织,其目的在为获得革命的权力而战,故'苏维埃'乃无产阶级的意思之组织的表现。"⑰"苏维埃"之思想,实极简单明瞭;而其发生,成长非出于个人之力量,而为历史发展之结果。依布莱斯所记,"苏维埃"乃萌芽成长于革命的怒潮之中。革命一起,则工人,农民,兵士到处集合,非有为之擘画招集,以期实现若是之制度。乃于阶级斗争之中,由混乱而组织,由组织而握权,皆莫之为而为,莫之致而至。而列宁等布尔什维克不过承认之善导之而已。⑱惟其由于阶级斗争必然而产出,故其制度——若列宁所谓——是一种承认现代生活之基本事实之社会的管理。故能适合于现代生活。其特色在植基于产业选举之上,其代表,无论何时,均可改选;且随时可以复归其所由选出之选举区即工场,故可免去官僚主义之危险。所以苏维埃制度为无产阶级变更资本主义之世界,而建设社会主义之唯一方法。

四

由是观之,社会主义之由科学的变为实行的,可谓全由于历史发展之结果。可谓为阶级斗争进行中之历史的经验。拉布利阿拉(Autonio Labriola)谓:"此等政党对于《共产宣言》中所议的方策,均感有从新评价之必要,欲求乃至诱导;独对于无产阶级专政则均无此经验。实际,除历史自行构成的经验外,无所谓历史的经验。历史的经验,固不可预期,亦不能预见。而此种经验则为获得政权的无产阶级行动之唯一经验(虽因突如其来而且期间太短未免为部分的混杂的经验)。虽至今日所有经验犹依然与自治团(Commune)时所经验者无异。此种经验非由愿望要求而来,乃由事势驱迫而得。此种经验固为一种历史的实现,然对于吾人实为有益的教训。"⑲拉得克(Karl Radek)谓:"俄国革命与他国革命之间,当有多少时日之间隔,

---

⑭ 参看李春涛:《马克斯列宁主义与"无产阶级专政"》(《社会问题杂志》列宁纪念号)。
⑮ Lenin, *Proletarian Revolution*.
⑯ 苏维埃制度之起原并不始自俄国革命,不过因俄国革命成功始为世所注意耳。参看山川均著《ソヴィエットの組織》(《劳农露西亚の研究》中之一篇,王文俊译苏维埃研究一——二页。)
⑰ Trotsky: Our Revolution p.152.
⑱ 见山川均著《ソヴィエットの組織》(《劳农露西亚の研究》七九—九〇页)
⑲ Antonio Labriola: *Essays on the materialistic Conception of History*. p.11.

对于俄国革命之经验,苟有参考之余裕,则介绍俄国无产者之奋斗与行动于世界之无产者,乃吾人之义务。盖事实即是雄辩。赫然之事实,即无人为之赞美,亦自能传其真实之意义于无产者之胸臆也。"[20]

今俄国无产阶级专政之经验已不止"自治团"时之经验,世界革命之完成,固尚需相当之时日;而社会主义之进化,则赫然历史的经验之事实也。因作是篇。

十三,四,二四,于北京赭庐

---

[20] 社會主義の進化(《社會主義研究》第三卷第三号)。

欧美劳动问题[*]

陶孟和

劳动成了欧美国家里最重要的问题，已经不是一年了。

自从欧洲工业革新以后，所有重要的生产差不多都渐渐改用机械制造。用机械的工业，并不是不用人工，不过是一种分工的劳动拿机械省人力省时间的生产法。至于管理机械，还是需用劳动者，并且劳动者是生产的第一要素，因为假使没有人工运用机械，无论有多少煤也不能自己从地下起来，无论有多少架机器，也不能自己动转起来，无论有多少原料也不能自己作出物品来。所以有人说劳动是唯一生产者，那机械原料不过是辅助生产的工具罢了。自从太古原人时代，人就是常常做工的。但是自从人类用机械制造物品以来，那所有的大工业都聚集在大都会交通便利的地方（便于得燃料，原料并且便于运出物品去售卖）。原来不是大都会的地方，因为工场或矿山开的多了也就日日发达，成了大工业都会。所以现在做工的人都到都会去，都会也就变成了"劳动之市场"。劳动者来到都会里，自己是没有机械（因为现今机械的价钱很大，劳动者都是因为家里或自身没有产业，或所有的产业不够生活，才去被雇为劳动者）。没有原料，没有土地的，他所有的就是他一身的工作能力，他被雇的时候所卖的也就是他的工作能力。所以有人称劳动者为无资产的齐民（powletariát）。

那雇用劳动者的人都是有机械的，有原料的，或是有土地的，或是三者都有的。他们怎么得到这三者，他们得到这三者的方法正当不正当，我们且不去讨论（可读英文的著作如英国 J. A. Hobson 的 *Evolution of Modern Capitalism*，美国 Ely 教授的 *Evolution of Industrial Society*，德国 Bücher 教授的 *Industrial Evolution* 和纯粹社会党对于现今资本制度的批评）。因为我们现在用金钱做物品的媒介物，他们既然有机械原料，土地，等资产也就是有金钱的人。所以在工业发达的国家里，产出了这两种阶级：一方面是有资产，有金钱的人，雇用那没有资产专卖工作能力的；一方面是没资产的劳动者，因为没有机械，原料；土地专是受人雇用才能生产的。

在欧美工业发达的国家里，这有资产者与无资产者两种阶级是一个普遍的现象。劳动问题就是从这个现象里发生。劳动者没有知识，没有团结的时候，能力薄弱。

---

[*] 本文原载于《新青年》，第 7 卷第 2 期，第 39—46 页。

因为自己没有资产只好任凭那有资产的调遣（关于这一段劳动界黑暗悲惨的历史读过英国劳工业发达史的是都知道的）。无论他们的劳动状况怎样难堪，无论生活状态怎样低陋，他们只为了求生之念，也没有法子改良。等到劳动者渐渐的有了觉悟，有了团体，自然不甘服那有资产者，就想扩张他们的权力。所以就成了两种阶级对垒的形势。按理想说起来，一国里的人以至全世界的人因为都是人类，原来是有共同的利益的。理论上虽是这有说，但是因为工业革新后，成就了现今的资产制度，都把人类分为两种相对抗的阶级。

马克斯一派的社会主义，就用这个对垒的状态鼓吹那"阶级战争"。但是据我看来，一个社会里头不只是有资产者与无资产者两种阶级。两种阶级以外还有那劳心者如官史议员律师，教习，企业家等，他们工作的性质虽然是与劳动者相似，但是他们的利益与思想，却常与有资产的相近或是完全相同。此外还有那中等社会（bourgeoisie）兼有资产者和劳动者两阶级的性质。在工业发达的社会里为数也不少。所以历来欧美劳动界的纷扰，并不是像马克斯党所说的，无资产阶级向资产阶级宣战，实在是劳动者对于社会各阶级求他们相当的位置。他们并不是向着资产阶级无理取闹，却是要求改良劳动和生活的状况，享凡人类所应享的物质精神的文明。这就是历来劳动问题的烧点。

欧美的劳动界，不断的对于雇主有种种的要求：减少工作时间，增加工钱，改良劳动状况，发给养老年金，赔偿工作上的险害。这都是为人的所应该享受的利益。假使不承认劳动者这些种要求，就是不承认他们与我们同是一种有血肉有感情的人类。但是在有资产者占势力的时候，那议员，官吏，宗教家经济学者等等都是袒护资产的利益的。现今社会上固有的制度，例如国会，学校，教会的组织，也都是保护他们利益的。所以才显出"阶级战争"的现象。近几年来，劳动用团体的势力，虽然也有得到他们的要求的，但是只是部分的不是全体的。

况且劳动者虽然一时满足了他们的要求，但是社会上的状态也不断的改变，所以他们又起了新要求。（例如生活程度一天比一天增高。劳动者的收入虽然因为屡次的要求有增加，但是终久跟不上那昂贵的物价。例如此次战后美国的物价增加百分，（即加倍）但是劳动者增加工钱还不到百分。）所得到的利益是一时的，不是永久的。一类劳动者满足了他们的要求，他类的劳动者也就起而效尤。劳动者获得了一种要求，不久又要发生了新要求。这样看起来，那劳动资产两阶级的冲突是普遍的，并且是没有完全解决的时候。此外还有那有工作能力而无人雇用的和那无工作能力的都要求他们工作的权力。这就是欧美"劳动不靖"的现象。一般思想家，科学家，专心用力想法解决的也就是这个大问题。

此次大战争开始之先，已经是劳动问题在欧美最吃紧的时候。政府惯用那拳术上"转闪腾挪"的法子躲避他。

战事一起，英法两国把劳动界奋斗的势力一时都掉转向战事上去。最先把失业的劳动者都吸收到军队里去。但是劳动问题之困难并不因此减轻。我且述说几桩错综的原因。一,战争的时候,生产力已经低减,那所有的生产力的大部分又都是制造军需品:不是制造损害生产力的物品如枪炮就是制造些物品专为满足那无生产能力者或损害生产能力者(即军人及与军队相关系的)的需要。于是一般生产力低减,就把日常需用品的价钱一天一天的长高起来。二,战费浩大,政府没有法子筹款,只有募集国债。国债不足额的时候,发行新纸币补充(例如法政府发行纸币约六万万磅而法兰西银行(法之国家银行)今年六月间所存现金只有二万三千万四百磅之数),使纸币价格低减,也就是使物价提高。三,战争的时候虽然异常危急,但是那没有良心的资产家仍在那里垄断获利,鱼肉小民。政府虽然采用监督食品,稽察物价,提高余利税,所得税,种种的方法,但是那"战时利赢者"(war profiteers)(日本所谓成金 narikin 就是这一类人)是防不胜防的。无论政府用什么方法限制不正当的营利,他们是依旧存在。(我这次在英国听说战时赢利者非常之多。赤手空拳的人在一两年里头儿会有变成富家翁的。这种意外之财,是不合理的。)这也是扰乱经济界蠹害小民的一个原因。有这三种重大的原因使劳动者的生活,更加穷困。人都说战时劳动者的收入增加最多,但是与生活程度比较起来,还是入不敷出。所以在战争的几年里头,劳动界的不稳也一时没有停止。局部的罢工停业是时时有的。在休战条约未签字之先,法国有一次大罢工,几乎惹出大事来。美国在加入战事已前,虽然一时因为供给联盟国方面的需要,在经济上获得了许多利益,劳动者因为没有东欧民进口与他们竞争也沾了工业繁昌的余润,但是劳动者为保持所获得的地位,并且忌妒那战时盈利者和垄断者的专横,依然是继续以先不稳的状态(自一九一五至一九一八四年间,美国罢工事件共有一万多件),并且起了野心更大的要求。

所以劳动界的不稳在战争时期内,暂时并没有停歇。不过因为政府取缔报纸,不准记载能工及胁迫资产家的大事件,并且各局部的扰乱,常由政府劝导双方从速谈判解决,所以正确的消息没有全暴露出来。当时人的精神全贯注在战争上,所以也就把劳动问题全忘记了。现在战事停止,劳动界加倍活动起来。本来是当然的,也是大家预料得到的。但是此次劳动上所要解决的问题,较比历来发生的问题,更为根本的。不只是工钱,时间,劳动状况等问题,是劳动者在社会里争一个相当的位置。也可以说是一个社会改造问题。假使我们让资产阶级劳动阶级取对垒的形势,永久继续下去,还是不能使劳动者获得一个相当的位置,当然要把固有的社会重新改造一番。

此次欧美社会受了战事的影响,产出了许多的新问题(如军人遗族恤金,裁兵,成人教育诸问题),使固有的问题(如救济贫穷,增加生产诸问题)益加难以解决。那固有的问题里头,要推劳动问题为最困难的,最根本的。譬如战时国内的壮丁都到战壕里去,女子及未熟练的劳动者,出来代他们从事劳动。现在军人退伍的有几百万也要找事做,有什么地方可以消纳他们。据说战后用人的地方极多,但是退伍的军人没有教育,没有专能,所以找不到事。假使他们也是些没有特别技能的,又先要为他们谋教育上的设备。譬如生活难的问题,也是四面八方的来袭击这些劳动者,使他们想根本的方法处置生活问题。要详细的把欧美战后的劳动问题讨论起来,不是本文几千字可以说得完的。但是劳动是现今欧美的问题,我们却看得出来。因为在欧美工业发达的国家,劳动者是生产者,是人民最重要的部分。例如英国战前人口有四千五百万,就中劳动者有一千八百,即占了人口四分之一。又如此次罢工的美国钢铁工人(十一月发生之事件),属于格利 Gary (此人代表资本家工会代表会议不满而决裂者)氏所管辖者,较诸今日欧洲新成立小国家之人口还多,较诸三年前美国这军人还多一倍。劳动者不只是人数多,他们与一般人民的关系也是极重。假使矿工不肯工作,全国立刻就缺少燃料。不只是我们消费者不能煮饭,不能取暖,所有的工场也都要停止工作。假使铁路工人罢工,不只是旅客要求困难,所有的货物也就是不能运输。英国的矿工,铁路工人和转运工人,(指码头上脚夫,电车手一类)去年联合起来成了"三合会"(或者为三角同盟),他们的势力,觉得额外伟大。法国仿了这办法。美国的"劳动联合"会(即 American Federation of Labor 简称为 A. F. L),也有伟大的势力。这样看起来,劳动是工业国家的生死问题。(中国提倡兴实业的都说可以使国家富强。我们看了欧美的经验,富强的并不是国家,实在是国家里少数之个人。使国家富强的也不是实业家,实在是多数的劳动者。我们工业后进国千万不要忘记了这个教训。)

现在欧美最险恶的情形,就是没有找到解决劳动问题的机关,没有找到根本解决劳动问题的办法。第一是机关。政府应该是一个好机关,但是现在的政府没有真心处置这问题。最好的只弥缝政策。倒如英国的鲁意乔治政府,完全为资产家所操纵,不能随机应变劳动者的要求,专执反抗的态度。(鲁意乔治自身是随机应变的,专观察国中劳动力所在,并不一定要反抗的,但是他的里头如克逊勋爵邱奇尔等都是生产家的一派。)法国政府也是没有诚意的。克雷蒙梭对外一方面实行侵略的帝国主义,对内也是仿帝国主义派的故智,鼓舞人民战胜的心理,使他们把本国最切要的问题都丢在脑后。(例如庆贺凯旋,屡由政府竭力提倡,今年七月十四的节日政府支出四百万费用为装饰街门之用。把一个美丽无比的 Chambs Elysées 用了许多旗帜,枪炮,盔甲等丑陋野蛮的东西摆满了。用卑劣的方法,迎合卑劣的群众心理。)至于美国联邦政府,虽然设了劳动局,也没有权力应付劳动者的要求。

一方面美国的资产者向来在政治上握大权,美国政治之腐败与大会社在工场的关系,凡研究美国政治的都知道的。所以要靠着联邦政府或各州政府行一种积极的劳动政策,一时没有希望。又一方面美国劳动问题较英法更觉复杂。西北区是伐木工时起扰乱。(今年三四两月的 Atlanitc Monthly 里有 Parker 夫人记其丈夫之遗事,颇可以窥美国西北区的罢工情形。Parker 是心理学者专研究劳动问题,因为排解劳动界的纷争,生生累死。)西南区又是矿工的势力,东北区总是工业劳动者的范围。工人里头又有外国人的问题(马撒珠塞州罗威尔地方的工场里的工人有十四种不同的言语)和南方有色人种的问题。想一个包括一切的解决法是不可能的。何况又有资产家的大阻力呢？

　　欧美的政府对于劳动问题是没有能力的，这也是历史的原因。欧美的政治制度成立的时候，还没有成为工业社会。以后发生了劳动问题虽然是由政府办理，例如国会通过种种保工的法律，行政部监视施行保工法，近来又添设劳动局专办理劳动界的事务，但是所有的政治组织与现念状况不合。政府里没有与劳动者职业利益相当的代表。即使政府只居排难解纷的位置，专调解资产者和劳动者两方的冲突，他们也只能在事后处置，不能预防工业上的冲突，减少劳动界的损害，还是没有用的。

　　资产者的势力可以说比政府大，因为他们与劳动有连接的关系也晓得他们的情形。但是他们现在的态度只顾及枝叶问题，如工钱，时间，对于根本上并没有改革的主张（如英国的工业联合会 British Federation of Indnstries 就是资本家最有势力的联合，没有根本的具体的政策）。他们希冀保护他们固有的利益。同时仗着他们金钱的势力用报纸，小册子鼓吹反对劳动者的言论蛊惑人民，博他们的同情。所以想使资产家解决劳动问题也是无望的。至于劳动者自身，虽然有觉悟，有要求，但是常偏于局部的，短见的，不一致的。工人的常见以为劳动问题不过是面包问题，所以普通的扰乱，全是为面包问题。近来英法的劳动者，因为所要求的不能达到目的，常不等工联领袖的认可，就罢工起来。这种局部的短视的举动，也不是根本上解决的办法。工联的领袖比较的觉悟劳动问题之切要。知道劳动不只是面包问题。连生产所有权和战后改造的问题也都是劳动范围内的事。他们晓得现在的局面已经不是那哈密尔顿所规画的民治主义，也不是穆勒约翰所持的民治主义，是要与劳动界相适应的工业的民治主义。他们知道只有劳动者是生产者，所以劳动者自身应该有相当的权利，操纵与他们生命有密切关系的工业。现今政府都要被治者的承认，要被治者干涉监督的。所以一国里生产的事来也当然不许专制，要待生产者自身的认可，要生产者干涉监督的。他们知道却没有具体的办法。一班理想家虽然在那里创造新主义如工会的社会主义，或劳农会，但是常不能即刻应用在事实上。他们有新颖的看法，有高尚的主义，但是只可以供劳动者运动者的参考。所以悲观的人以为现今劳动总是离着解决尚远。无能力的政府，贪婪无厌的资产者，和短视的没有强固大团结的劳动者，都不是可以解决这个问题的。但是劳动问题又只有政府的机关和资产劳动两阶级才可以解决。

　　在资产劳动两阶级相抗衡态度下，还有消费者。本来劳动者、资产者自身都是消费者，但是两种人以外还有许多消费者。我们做文章的人也就是这一类。法国的中等阶级，介乎资产劳动之间，也可属于这一类。资产者是向来不顾消费者的利害的。劳动者在现今与资产者冲突的时代，要顾消费者的利害而不得。所以反常惹起他们的怨恨。大概在新工业制度成立之先，消费者是不能满足的。消费者当两阶级对抗的时候，责任异常重大。应该有远见，拿定主意，附和资产者，还是袒护劳动者。所以消费者对劳动问题也有解决的责任。

今后欧美生产界的趋势解决劳动问题的两层是可以断定的：一，生产趋于统一综合，节省竞争的资费（这是在战前已现的态度，不过受了战事的经验，联合统一进行当更盛）。二、生产者为公有，免去资产家的垄断。公有不是以先为国有。国有是官僚制度，衙署制度（bureawcracy）不能存于民治时代。今后这生产要受民治的管辖。所以又可叫做民治的公有。至于怎样可以使这两种趋势平和的不用革命的实现，并且可以有良好的制度维持这个趋势，全靠着欧美社会各阶级的努力。各阶级能否合衷共济，解决劳动问题，关系异常重大。欧美的文明，世界的文明将来能否保存都靠着他们的能力。

这篇文章做完了。因为举例太少，颇不适意。但是各地方劳动的纷扰，不过是此处所论劳动根本问题的局部的表现。本文不过把劳动的切要说明罢了。今后欧美劳动界的变化可以按着这种道理推导的。

贫穷与人口问题[*]

陶孟和

一

什么叫做贫穷？以各人生活程度的高低和他收入的多少有不同的解释法。辟如那督军每年要赚几十万元的，看了他的下级士官每年不过有一二千元的收入，就是穷人。那些丧心的卖国贼他那非义的不道德的收入每年有几十万元的，看了他部下每年只收入二三千元的官吏，是穷人。行政官吏每年只有二三千元的，看了那店铺的伙计，每年薪水和花红至多不过四五百元的，是穷人。

至于店铺的伙计，做小生意的和中小学校的教习，那一类人每年的收入，平均大约四五百元。他们看了那做苦工的，每年只赚一二百元的，又是穷人了。由此类推，大概贫穷本没有一定的标准。因各人的身分不同，每年所得的薪奉工钱不同，他的贫穷的观念也就不同了。

但是贫穷的标准不能如上边所说，专用主观的眼光判定的。假使我们另寻一种看法。定下一个数目做贫穷的标准；说是一个人的收入在这个数目以上的就不算贫穷，在这个数目以下的就算贫穷。但是人的嗜好不同，脾气又不同。因此两人的收入虽然相同，他们的生活不一样，费用也就不同。生活简单的人的收入还有余胜，花销浩大的人的收入还忧不足。所以这种标准还是不定，贫穷的意思，还是不能解释。

要知道贫穷是一个社会问题，不是个人真问题。所以我们要找出一个客观的普遍的标准，总可以解释这贫穷的意义。一个人活在世上，最不可缺少的当然就是衣，食，住三者。现在文明社会里，无论么人每天总要有三餐果腹；有可以避风雨，御寒气的房子住居，两三件衣服可以蔽身体，保体温。就是那些诗人，学者，论无他们如何屏弃世俗，超轶群伦，也不能把衣，食，住缺了一样。假使他们缺了一样，他们连活人都做不成，更不必说诗人学者了。但是衣，食，住的程度（即生活程度）各人不一样。所以我们不能取任一人的——你的或他的——生活程度做标准，上边已经记过了。那客观的，普遍的，标准就是一个人的衣，食，住

---

[*] 本文原载于《新青年》，第7卷第4期，第1—16页。

的最简单的需要。这种需要不用科学,只用我们普通的常识也可以考察出来的。那最简单的需要是到什么程度呢？一个人每年至少要吃大米若干升（假使他是北方人,他要吃麦粉或小米若干斤）,蔬菜,肉类若干斤；至少要穿单衣棉衣若干件,袜子,鞋子若干双；还要占据若干方尺地,做他栖身之所。这个需要可以算为人的生活最低限；假使生活在这最低限度以上,他可以任普通各种的劳动；假使在这最低限度以下,因为他身体上缺少营养发现了病态或发生其他种种现象就立减少他平日劳动的能力。

生理学者和医学者研究人的身体上的组织知道身体上器官的常态变态。应该怎样保养,才可以维持健康。身体健康是劳动不可缺的唯一条件。不健康的人即使可以勉强劳动,他的能力效果总赶不上健康的人。我们藉着生理学,医学的知识,可以明白我们的身体应该如何营养；胃里要有相当的食物,才可以取脂肪,保我们的体温,化血液,营养我们的全身,排泄体内的废物；皮肤上要有相当的遮盖,才可以防御体外过分的刺激,维持普通必要的温度；所住的屋里有充量的新鲜空气,才可以使心里的血液新陈代谢,永远干净。近几十年以来,有机化学,非常进步。分析各种食物,他们的价值都可以定出来。文明人普通所用的食物,总不外米,面,豆,鱼,肉,蔬菜,盐,糖,牛乳,同种。这些种食物从有机化学上看来,会有若干原质,为人类身体所必不可缺之成分。有属蛋白质的,有属脂肪质的,有含轻气的,有含铁的；普通的人保持他的身体常态（即健康态）每日须要有相当的成分,相当的重量。这些成分从普通重要食品里都可以分析出来的。上边所说的生活最低限用常识可以看出来的。现在按这诸种科学的发见,可以寻出一个更可靠的标准来,验明各种重要食品,成人每日须用若重量才可以保持健康常态。

我们既认定生活最低限,为贫穷的标准。那生活最低限又要用衣,食,住的需要指示出来。但是用饮食,衣服,房屋,来量生活限度,觉得困难并且麻烦。人的生活所要的固然是衣,食,住,但是人的劳动直接所得的却不是衣,食,住。文明社会的人因为所造的物品,所做的事务,种类繁而又杂,不能直接的用物品互相交换。

所以发明了一种货币,代表物品。交换物品就用货币来做他的媒介。所以一个人由劳动所换来的,不是衣,食,住所需要的物品,乃是可以换衣换食,住,所需要的物品的货币（金钱或金钱的替代物如纸币,支票等）。所以现在生活最低限,不能取个人的衣,食,住所需要的物品为标准,要取那可以购买他衣,食,住所需要的物品的货币为标准,如此看来,生活最低限究竟还是如本篇第一,二两节所引之例,要用金钱的数目来做标准。但是这个数目却不是随意滥定的,也不是任取一个人的生活程度来做标准。及要考察普通人生活上最简单的,必不可缺的需要,才可以定的。调查那个人所居的社会里的重要食品和衣服,房屋的价格,和他收入的金钱,就知道他可以有购买多少物品的能力,假使一个人的劳动换来若干金钱,可以换到他最简单的衣，食，住所需要的物品，他就是在生活最低限以上。倒转身来，假使一个人，由劳动所换来的金钱，不够换到他生活上所需要最少的物品，他就是在生活最低限以下。但是金钱的收入又不能认为绝对的标准，因为金钱不是物品（commodities），乃是代表物品的东西。金钱的价格，因物品之增减，时有改变。所以金钱自身是没有绝对的价值。我们用金钱的收入量生活的限度，也是一个不得已的方法。因为现在文明社会里，都用金钱代表一切物品；我们所谓生活最低限度不外乎表明所需要的物品；所以我们也只好用金钱指示生活程度。由个人金钱的收入的多少，可以推知他对于物品的购买力。上边说过的，金钱自身的价格，不是绝对的，是依赖物品的多寡的，所以我们时时要注意时间上，空间上物品之增减，调查物价的高低。假使这一个地方物价低，每年有二百元的收入就可以在生活最低限以上。但是另一个地方物价高贵，每年有二百元的收入的，反在生活最低限以下。这是地方上的不同。也有同在一个地方，同是二百元的收入的，而前一年的生活，在最低限以上，后一年的生活，落在最低限之下。这又是时周上的不同。所以经济学者在各地方研究物价的升降，用物价指数指示物价的变迁，于研究贫穷问题，是非常重要，非常有用的。

二

以上所说的都是解释什么叫做贫穷。贫穷既然是一个人的劳动，不能换到生活最低限的需要品，那末他与人口的关系，从上文里也就可以大略推出来了。贫穷问题最根本之点，就是衣，食，住所需要之物品，人口问题最根本之点，也就是衣，食，住所需要之物品。换一句话语，贫穷与人口的关系，就在于人类衣，食，住最简单的需要。一个人不能满足他最低限度的需要就是一个穷人。他不能满足需要或者有许多的原因。有因为懒惰不能劳动去赚钱去买那生活上的需要品，因此变成穷人的。也有因为身体残废，不能用劳动去谋生活，变成贫民的。

这几种都与人口问题没有直接的关系。假使一个人因为社会上劳动力太多，所以不能用他的劳动换得生活上的需要品，或是一个人口为社会上所产出生活要需品，虽然已经到了最高限额，还是不敷分配，他纵有劳动的能力也不能换到生活需要品，这就是人口问题所应该研究的了。

人口问题应该从过多过少两方面研究。从人类历史上看起来，人口过少，不是重要的问题。人类的趋势向来是合群的，团结的，繁殖的。假使一个地上人口太少，不能生存，他们当然要迁徙到别的地方去与旁的种族结合，或者依赖旁的种族，以求生命的安全。假使他们连迁，与联合他族的接力都没有，那只好等待自然淘汰，终结将种族完全灭绝为止。人类历史上因为人口过少终归灭亡的种族，共有多少，现在无从去推测。但是被灭亡的种族大概是由于错综的原因，不能说全由于人口过少的缘故。有因为文化低的被文化高的种族吞并的，这不是人口过少的原因，是文化的原因;况且被征服的民族常与征服者通婚姻,繁衍成杂种,苗裔,也未必就沦于灭亡。有受疫疠之传染,而种族灭亡的,这也不是人口过少的原因。常因知识低陋不知道卫生或身体上抵抗力薄弱的原因。我们只能承认那孤立的民族,因为人口过少,不能克服自然,所以引起"灭种"的大问题。人口过少果然是要灭种,但是灭种的原因决不是完全为得人口过少。所以人口过少不过是灭种里一个局部的问题。

人类生殖的能力向来是繁衍的。历来发生文明的民族,人口都是繁盛的。欧弗拉底斯河流域,尼罗河流域,黄河流域,这些古代的文明发生地的人口较为稠密。因为人口密度加增,并且有好的环境才创造文明,发达文明,这里有两层关系。(一)人口加多就是劳动力加多;劳动力是制伏自然界的能力,也就是创造财富的能力。所以在洪荒草昧的时代,人口充足就可以利用自然(如利用河边淤泥从事耕种,利用天生的植物,制作衣服,修盖住房)来改进衣,食,住的状况。满足衣,食住的,需要的物品或事业(services)这两种经济学者统称做财富(wealth)。假使一个人口众多的民族住,在气候温和土壤肥沃的环境里,各人都从事劳动就可以增加财富。财富增加是文明发生的根本条件。上边说过的,无需什么人衣,食,住的需要是缺不得的。人口少的时候,劳动力也少,人民都要努力才可以用劳动换来衣,食,住所需要的物品。人口稠密的时候,劳动力大,财富加增人民也就可以省出闲暇的工夫,致力于衣,食,住以上的事业。衣,食,住以上的事业就是文明。思想,科学,文学,美术,这些文明都是财富有余时的产物。所以人口密度加增的结果,直接的增加财富,间接的就是产生文明。(二)人口加多的时候,人的相互接触更加复杂。社会关系复杂了,社会间就容易起利益的冲突。所以维持复杂的社会,须有复杂的社会制度,轨范人民的活动,调和人民的利益。人口密度加增,须有适当的制度维护生命财产的安全,使人民共同活着。所以复杂的社会制度就是人口稠密的结果,也就是文明的产物。

从此看来,人口稠密是发生文明的一个条件。但是人口密度增加也得有个限制。那末增加到如何程度,就算过多,并且凋落到如何程度,就算过少,又须找一个标准。

三

过度问题最初有系统的研究,当然要推英国马尔塞斯的《人口论》。马尔塞斯读了葛德文(Godwin)革命的著作《中正》(On Justice)这部书,起了疑惑,他以为考察人类的前途,决不能像葛德文所说的那样,能够达到完满的境界。他考究人口的趋势是繁殖的,那繁殖的能力是每二十五年人口可以增加一倍。但是事实上却不是如此,因为人口的增加必须受生计(means of subsistence)的制限。(马尔塞斯《人口论》的第一章说人口是按着几何级数增加,生计是按着数学的级数增加,但是以后全书绝没有提到这一点。所以近来的人口论者以为这句话在他的人口论里,没有重要关系。)假使生计加增的时候,没有方法去遏制生殖力,人口必然增加。所以我们现在据马尔塞斯的意见以生计做人口密度的标准。生计就是满足衣,食,住的需要的方法。假使社会里人人都有生计,那社会的人口,不得谓为过多;假使有不得生计的,那就是人口过多的征象。不得生计就必陷于贫穷的状态。马尔塞斯又说,除去有大饥馑的时候,生计并不是直接的限制人口。"直接箝制人口的,乃是由于生计缺乏时所酿成的风俗和疾病;还有其他原因,虽然与生计缺乏没有关系,但是他们道德和物质的性质上却有害于身体的。"(原书第六版第十二页)所以马尔塞斯以为贫穷是直接限制人口的要素。

按着马尔塞斯的见解,贫穷与人口的关系,更显得密切。贫穷是遏制人口繁殖的一种积极的原因。但是贫穷并不是完全因为人口过多,生计缺乏的征象。马尔塞斯论到生计与人口增加关系的时候,表明贫穷未必与生计缺乏是一件事。他说,"生计或者可以增加,但是考今日社会的现状,决不能把新增加之生计分配给低级社会里去,所以还是不能发生促进人口增加的势力"。(前书第念四页)他在前边也说过,人类的生殖永远是超过生计的增加。因为这个缘故,低级社会常受窘迫,他们的生活状况,不能有经久的改良(前书第十七页)。

以上所说的,就是马尔塞斯对于人口研究最有价值的贡献。总括他的意思,就是:生计限制人口,但是生计所以限制人口的不是生计自身,是因生计缺乏时所产出的状况为疾病,贫穷,恶风俗等等;一国里的低级社会不容易享受生计增加的益处,第一,因为一国的生计向来低级所得的份是少的,第二,因为生计加多的时候,假使不设法遏制生殖力,人口自然要增殖,仍然得不到生计增加的益处。如此看来人口永远有超过生计的危险,人类也就情时时陷于穷困的境遇。马尔塞斯说从历史上观察起来,过度的危险有自然的抑制方法。天灾,战争,疫疠,饥馑,常不断的祸害人类,都是天然抑制过度的大势力。但是马尔塞斯所最希望的最称赞的还是道德的抑制。文明社会里深思远虑的人到了应该结婚的年龄,遇见结婚的机会,再四思维,考究独身生活和结婚生活的利弊,终安于独身生活,就是马尔塞斯所说的道德的抑制(参看前书第十三页)。

四

马尔塞斯的《人口论》出版以后惹起当时约数反对的批评。反对最利害的当然是一般迷信最深的耶教徒。这层姑且不去论他,且说本篇目的是研究贫穷与人口的关系,所以现在只就上述马尔塞斯的结论,做我们研究的参玫。

人类的趋势永远是繁殖的。取各国最近统计的材料可列表如下:

国别＼年度	一八六〇	一八七〇	一八八〇
意大利	二一·七七七千	二六·八〇一千	二八·四六〇千
日本	不明	三三·一一一千	三六·五〇〇千
乌拉圭	二二九千	三三四千	四三八千
阿根丁	不明	一·八〇三千	不明
罗马尼亚	四·〇〇〇千	四·七五四千	五·三〇〇千
布尔格利亚	不明	不明	二·〇〇八千
西班牙	一五·六五五千	一六·七九九千	一六·六三二千
匈牙利	不明	一五·五〇九千	一五·七三二千
奥地利	不明	二〇·二二八千	二二·一四四千
法兰西	三七·三六六千	三六·一〇二千	三七·六七二千
比利时	四·七三二千	五·〇八七千	五·五三七千
德意志	三七·六一一千	四〇·〇八五千	四五·〇九五千
荷兰	三·三〇九千	三·五八〇千	四·〇一三千
丹麦	一·六〇八千	一·七五六千	一·九六九千
瑞典	三·八六〇千	四·一六九千	四·五六五千
挪威	不明	一·七〇二千	一·八一三千
欧洲俄罗斯本部	不明	六五·七三二千	七一·〇二八千
纽锡仑	不明	不明	四九〇千
坎拿大	不明	三·五一八千	四·三二六千
澳大利亚	不明	不明	二·二五三千
英领印度	不明〇〇	不明	不明
英国	二八·九二七千	三一·四八五千	三四·八五千
合众国	三一·四四三千	三八·五五八千	五〇·一五六千

（续表）

国别\年度	合众国	英国	英领印度	澳大利亚	加拿大	纽锡仑	俄罗斯欧洲本部	挪威	瑞典	丹麦	荷兰	德意志	比利时	法兰西	奥地利	匈牙利	西班牙	布尔格利亚	罗马尼亚	阿金丁	乌拉圭	日本	意大利
一八九〇	六二·九四八千	三七·七三二千	二八七·二二七千	三·一八三千	五·〇三五千	·六三七千	九一·八六二千	二·〇〇一千	四·七八五千	二·一七二千	四·五一一千	四九·二四一千	六·〇六九千	三八·三四三千	二三·八九五千	一七·四六四千	一七·五四五千	三·二〇〇千	五·八〇〇千	三·九六四千	·七五一千	四〇·七一九千	三〇·五三六千
一九〇〇	七五·九九五千	四一·四五九千	二九四·三六一千	三·七六五千	五·三〇一千	·七七三千	一〇六·一五九千	二·二四〇千	五·一三六千	二·四五〇千	五·一〇四千	五六·〇六七千	六·六九四千	三八·九六二千	二六·一五〇千	一九·二五四千	一八·六〇七千	三·七四四千	五·九五七千	不明	·九三六千	四四·八一六千	三二·四五〇千
一九一〇	九一·九七二千	四五·二二二千	三一五·〇八六千	四·四五五千	七·二四七千	一·〇〇八千	一三一·〇二三千	二·三九二千	五·五二二千	二·七三二千	五·八五八千	六四·九二五千	七·四二三千	三九·六〇二千	二八·五七二千	二〇·八八六千	一九·五八九千	四·三三九千	六·九六六千	七·〇三二千	一·〇四二千	五〇·九八七千	三四·六七一千

（上表中统计数目是从 W. S. Thompson 的人口论论文一〇四页至一〇九页抄来。这篇人口论论文是美国克仑比亚大学出版的，名叫人口论，别名马尔塞斯主义之研究。Population: A Study in Malthusianism）

上边所列的国别一共二十三个。有新的国家如澳大利亚,坎拿大,纽锡仑,阿金丁,乌拉圭;有老大的国家,如英国,英领印度,日本,意大利;有工业发达的,如英国,德意志,比利时,有工商业不进步的,如西班牙,罗马尼亚。各国情形虽然完全不同,但是人口逐渐增加,却是一律。按着马尔塞斯所说的道理,人口所以增加的原因自然也是一样:都是因为生计扩张的缘故。但是生计扩张可以称做总原因,此外与生计扩张相伴或是受生计扩张之影响,发生许多不同的现象,促进人口的增加。

待我逐条说来。(一)自从欧洲产业革新之后,人类用机械代筋骨的劳动,省了若干人工,增加生产的分量。满足生活的需要品加增,所以现在世界足可以维持那屡增不已之人口。德意志的人口自一八六○至一九一○年增多二千七百万以上。日本自从一八七○至一九一○年人口增加二千万以上。所以人口增加的主要原因,都是因为工商业发达,物品充斥的结果。(二)与产业膨胀相伴的现象就是生活进步,文化进步。所谓生活和文化的进步,未必是全社会或全人类的进步。但是至少必有一部分人享受这个福气,增进他们的文化,改进他们的生活。生活进步的时候,使疾病减少。同时使死亡率低减。人类文化进步的时候,知识发达,明白生活之道。如医学,卫生学等都是,使死亡率低减。假使生殖率无变更而死亡率逐渐的低减,结果就是人口增加,人口学者把他叫做自然增加。(自然增加是生殖率与死亡率的差,研究人口问题的不可专注意生殖率,应该注意生殖率和死亡率的比例。)所以生活进步也是人口增加的一个主要原因。(三)新开辟的地方,天产富饶,一时取之不尽,用之不竭,因此可以吸收无数人口。合众国自一八六○至一九一○年,六十年间人口增加几有三倍。坎拿大自一八七○至一九一○,五十年间,人口增加亦有两倍有余。阿金丁在同年内,五十年间,人口增加几至四倍。这一类增加的主要原因,也是因为从外国移来的人民多。(四)生计应该包括衣,食,住三种,农产物当然是生计上所最不可缺的。但是也有农产少的国家,人口反倒增加的。例如英国出产的谷类不足养活本国的人口,但是现往藉着轮船铁路交通的便利,得从谷物丰饶的地方连来供给他们增加的人口。这是因为英国工业发达,可以用他们的制造品,换外国的农产物品,补本国农产的不足。所以一个国家,虽然农产不足只要工业发达,有交通,的便利,人口也是增加的。

综观以上所述四项,人口增加的情形虽然不同,但都是直接或间接原因于生计。生计充裕的表现,或是生活必要品充斥,或是生活程度进步,或是天产富饶为人利用,或是本国的制造发达,用之有余,得以与别国所出产的生活必要品相交换,这都是促进人口增加的。十九世纪以来各国人口的增加,可以说都是生计充裕的缘故。假使百年以前,科学没有进步,如同汽机电气没有发见,工业没有革新,新地方没有开拓,国际贸易没有发展,人类生活没有改良,我们敢断言人口绝对不能有那样的繁殖。至于人口九百万以上的伦敦纽约大都会更是梦想不到了。总而言之,近百年以来,生计扩张,诚然是人类可庆的事,并且最可注意的事实。生计扩张的结果,不只是供养了无数的增加的人口,并且使人类一部分的生活程度增高,享受物质文明的幸福。(经济学者研究近世纪经济的发展以为最显著的现象,就是财富之增加。究其实,财富之增加就是物品和事业,比前代加增,现代人民能享受多量的物品,满足他们生活的需要。)马尔塞斯的人口论经了这百年的历史,更显得确凿,没有可驳诘的地方。世界人口虽然是累累加增,但是马尔塞斯所慄慄危惧的过庶,始终没有现诸事实,就是生计扩张的缘故。

五

过度虽然没有现诸事实,但是马尔塞斯所说的那遏制人口的贫穷,却变成了文明社会普遍的现象,成为现在人类一种最苦痛的社会病。文华灿烂的国家里面尚且有若干饥寒交迫的贫民。英国的伦敦总算是在都会中首屈一指,文明,经济都是最发达的了。据一八八八年的调查,伦敦人口百分之三○·七都是在贫穷境里。每十人中总有三人死在贫民院,疯人院,施医院里(参看 Charles Booth: Labour and Life of the People of London, 1891)。又如纽约总算是新世界第一个都会,物质文明在世界无匹的了。亨特调查他的贫民竟占去百分之十四至百分之二十。这种悲惨的现象不特发生在都会里。亨特调查纽约,麻萨珠塞,米西甘等九州岛的人民,也是有五分之一是在贫民之列。由此看来,生计扩张产出两种结果来:一种结果就是供养许多新增加之人口,一种结果就是进出贫穷的大问题。所以我们现在所愿该研究的就是,贫穷是不是人口过多的变象。我们在上边已经声明过度没有现诸事实,那世界普遍的贫穷状况当然不是过度的变象,定是由于旁的原因了。

从理论上推想起来,人类确是有过度的危险。人类的生殖力原来是无限的。马尔塞斯计算人类繁殖廿五年分可加增一倍。现在生理学者考查男子媾合时 1 次所泄精虫之数足可供全世界及笄女子授胎之用。人类生殖力之伟大可以想见了。但是地球上可居之土地是有限制的。蒙古的高原,美洲的草野,各处人口虽然疏落,但长此以往终有人满之一日。农业化学,食物化学凭他进步多少,食品种类凭他是发见多少,将来出产总有穷竭之时。总之土地,食物二种是有穷的,生殖是无穷的。后者终须受前者的限制。所以过庶的危险在理论上确是无可疑的。但是现代社会还没有这个危险。为什么呢? 因为凡是文明社会,虽然如本篇表上所列,人口逐渐增加,但是自一八七〇以后生殖率却都是日见低减。据人口学者的调查,澳大利亚洲的生殖率降的最低。其次就是比利时,萨逊,纽锡仑,法兰西,德意志,澳地利,英格兰,丹麦,瑞典,挪威,这些国家。现在采几团可靠的统计,列出表来,做为参考。

年度\国别	英格兰	澳大利亚	纽锡仑	挪威	瑞典	丹麦	德意志	比利时	法兰西	澳地利
一八七〇	三四·八	三八	四〇	不明	三二·〇	二一·六	四〇·三	不明	二六·一	四〇·二
一八八〇	三三·九	三六	三八	三〇·九	二九·六	三二·〇	三七·九	三一·六	二四·九	三八·六
一八九〇	二九·八	三五	二九	三〇·二	二七·九	三〇·八	三六·三	二九·五	二二·六	三七·三
一九〇〇	二八·三	二七	二六	三〇·〇	二六·八	二九·八	三五·七	二八·八	二一·八	三六·七
一九一〇	二五·四	二七	二六	二六·一	二五·一	二七·八	三〇·七	二四·四	一九·一	三三·〇

（上表系从前述 Thompson 书中录出。Thompson 在书中声明过，所取统计数目都是依据政府统计录）

总之，世界上文明国家除去合众国，俄罗斯同日本以外，没有一国不是生殖率逐年减少的。生殖率虽然日见低减，但是贫穷问题反是日见困难。据人口学者的研究，一国里各种阶级的生殖率低减的程度也有差别。大概高级社会的生殖率，减少最烈，低级社会的生殖率，低减最微，也有保持原态的或增长的。但是低级社会的死亡率也是最高。所以我们推想近五十年来世界大部分的人口增加，除去移民不计外，当然是由于自然的增加，就是生产率与死亡率差的增高。

现在既证明近年人口增加是自然的增加。我们仍然不能断定自然的增加与过庶有别，不至于发生贫穷的问题。所以我们须考察现在社会的经济状况，世界的产物果否可以敷现在人口的分配。全世界的生产统计，现在不能详迤。只看英美两国的财富，全国人口如何分配，也就可以推知其余了。英国全国的收入在一九〇八年值一，八四四，〇〇〇，〇〇〇金磅。从所得税的统计调查这财富如何分配："全国人口百分之十二竟取去全国总收入二分之一，而全国人口三十分之一，只取去三分之一以上。"（参看 Chiozza Money，*Riches and Poverty*，1910 版）美国斯帕尔调查"美国住户百分之一竟取去全国总收入四分之一，而住户之百分之五十只取去总收入五分之一。"（参看 Charles B. Spar：*An Essay on the Present Distribution of Wealth in the United States*，1896）上边曾说明金钱是代表物品的东西。全国总收入都是按金钱计算，我们用他指示全国一年所出产的物品。所以计算一国生产品有多少值格，即可推知那一国的生计。把生产的值格由全国人民平均分配即可推知所生产的物品是否能满足人民的需要。照上边所引的调查看起来,那分配的方法,太不公平。英国的总收入假使平均分配起来每人每年可以得四十磅,五口之家共可得二百磅。所以现在文明社会的贫穷问题,不是由于人口过多,实在是由于分配不均。

但是有一派人反对这个道理。他们说假使把全国的财富平均分配于人民,结果必至使全国人民尽陷于贫穷的境遇。例如假使英国人民每人都只收入四十磅,他们都不能有安舒的生活。法国经济学者吉德是这种主张。(Charles Gide: Principe de l'Economie polikque, 论社会主义章内。)他们又说现在低级社会的生殖率已经表示增高,或保持原态的倾向,假使他们的生活进步,将来他们的生殖率扩张,使他们的子孙膨胀于全社会,岂不又产出过度的现象吗? 这种议论都是昧于晚近人口上最显著的事实。那个最显著的事实就是文明越进步,生殖率越低减。文明越进步的国家,他的人民生殖率越低减。一个社会里也是一样;文明最高的阶级也是生殖率最低。爱理司说:"与社会巩固相伴有生殖率低减的倾向诚然是文明的本质。这种倾向在个人或者是熟思的,但是在社会上只可以认为本能的冲动,用他支配生活的状况,解决贫穷病死的问题。"(Havelock Ellis: The Task of Social Hygiene, 论"低落的生殖率"章第一八六百以下)爱理司的话是由许多人口统计的材料考查出来的断语,不是凭空杜撰的。所以我们敢说贫穷是生计分配不均的缘故,不是人口过多的缘故。我们并且可进一步说,低级社会的过度也是生计分配不均所产出的结果。分配问题是经济学的最重要部分,本篇不能离题太远,现在只好置之不论。读者要注意的就是贫穷与分配的关系,较贫穷与人口的关系更为切要。

六

以上所说都是引用外国的学说,采取外国的事实,讨论人口与贫穷的关系。论到中国,有种种的困难,不能为彻底的研究。第一,我们没有详确的人口统计。(《续文献》通考论户口登耗说:"国家户口登耗,有绝不可信者。有司之造册,与户科户部之稽查,皆仅儿戏耳。掌民部者宜留心经理焉。")第二,我们没有财富的调查。

所以我们人口到底是过多或是过少实在无从稽查。中国人口,普通常用的数目是四万万或三万五千万。这个数目是推测的,不是切实调查出来的。假使只有这个数目没有全国财富的统计,仍然是不能考出中国的人口能否有享受贫穷以上的生活。现在满街跑的是乞丐,到处有的是流氓,是大家都知道的。但是乞丐流氓,是原因于过度、还是原因于生计分配不均,我们是无从推测。

外人对于中国人口的研究,有说中国的人口将来膨胀不可限量,必然充满全球的。但是细心观察的人都知道中国的生殖率虽尽极发达,而同时死亡率也异常伟大。十年前美国的洛斯教授来游历中国,征集了外国医士三十三人的意见,说殇儿在西洋大概是占十分之三，在中国就要占十分之八（参看 E. A. Ross: *The Changing Chinese*）。那末，中国的生殖率虽然发达，终结仍然是让死亡率抵消。所以生殖率过度的危险，在中国社会里到底到若何程度我们不能断定。

　　但是一般的议论常以为中国的贫穷是过度的弊病。例如山东，广东福建和扬子江下流诸省分，都是人口密度最高的区域。他们向外移出的人口，非常的多。我们现在没有人口统计物财富统计不能只依据人民迁徙的现象，就断过度为事实。中国各地方的人都是从事农业，所以移民的现象，只可认为农业上不能消纳他们。农业以外还有许多职业可以消纳。至于农业上可以消纳若干人口与农业上可以供养若干人口不是一事。前者指从事农产的人口，后者指农产所维持的人口。我们考查每年海关报告，即可以知道中国农业可否维持现存的人口。假使中国的农产不足供给中国人口之用，我们仍然不能就认为过度的现象。因为农产不足的社会可以用他们的制造品去换食料。上边所举英国的例即是如此。假使农业工业发达的程度都是幼稚，全国人口的生计总须依赖外国的补助，那一国的输入额定然超过他的输出额。这个还不能判定为过度的现象。例如英国的输入额常是超过输出额的，但是他不感过度的苦痛。英国的输出品运到外国，变成了生产的要素，在国外更造出物品，输入英国。所以英国所输入的实在还是他以先所输出的变象。由此看来中国输入额超过输出，还是不敢就认为过度的现象。

　　据我看来中国人满的现象经过这几层推敲讨论，只可认为先天的，事前的，判断，还是缺少归纳的科学的研究。我们再观察社会现状：见那横征暴敛的政府，嚣张跋扈的军人，蝇营狗狗的政客，敲剥朘削的财主，在那里肆无忌惮的吸取小民的膏血。收入分配的不均平，一方有月入几万元的军人政客，一方有月入六七元的车夫小贩。全国的物产，产业，向来虽然没有发展，还算是小民公有之物，现在竟渐渐的都集中于少数人之手。看此情形，中国的贫穷更是与人口的关系小，与政治及经济的关系大了。

评社会主义运动[*]

陶孟和

一

我们从近代社会主义运动中可以寻出两个诞生期。一个是马克斯与昂格尔的共产党宣言（一八四八），一个是第一国际党在伦敦的集会（一八六四）。无论认明那一个是真的诞生期，近代社会主义运动皆不过百年的历史。他的历史虽然不长，但是势力却是狠大。运动所铺张的面积与所经过的年代作正比例。现在南北向自彼得格勒至梅尔朋（澳洲都会），东西向自旧金山至上海，凡营近代社会生活的地方无不有轰轰烈烈的社会主义运动。

在人类历史上像社会主义的大运动是不多见的。我想只有各种宗教的宣传，欧洲十九世纪初期的革命运动及近代民治的运动或者可以与他比拟。但是他们的气魄，势力，范围还是远不及社会主义运动。例如佛教的传播，包括东方多少民族，北至蒙古，南至缅甸、锡兰都皈依为信徒，疆宇不得不谓广远，势力不得不谓雄厚。但是佛教始终是"东方人"的宗教，并且他的胜利是经过几百年才得到的。佛教的宣传比起社会主义是大有逊色。回教与基督教因为是一神教，都带着进取的，排斥异己的精神，所以比较着疆宇更为辽远，势力更为雄厚。今日回教徒除去西亚诸民族外，已布满非洲大陆及南洋诸岛屿。欧美的政论家看了那膨胀不已的回教，深恐将来的世界不是白色人种的，不是黄色人种的，但是褐色人种与黑色人种的回教徒的。（近数年来有三部书在美国出版，都是这样主张的。因为他们书里引证繁多，材料丰富，所以颇引起一般人的注意，获得一般人的相信。）基督教的疆宇向来是最广大，势力也向来是最雄富。凡白色人种足迹所至之处莫不有基督教的传道之所。因为白色人种挟有伟大的物质的势力与组织的能力，加以基督教的进取的精神，所以即白色人种足迹所罕至之处也莫不有宣传的机关。但是回教与基督教若与社会主义运动相比较还有愧色。回教与基督教都有千年以上的历史，而近代社会主义运动，即自马克斯诞生日（一八一八）计算，至今也不过一百〇四年。基督教虽然称有广遍世界的宣传，而实际上仍然有人种的界限，不能在各地归化。据说基督教

---

[*] 本文原载于《社会科学季刊》，1922年第1卷第1号，第55—62页。

会每年在中国所得的信徒与每年所失的信徒其数相抵(所失的信徒即曾受洗礼挂名教会而永不礼拜与教会断绝往来者)。社会主义运动则蔓延于世界各人种,到处可以归化。今日无论何人,无论社会主义者或非社会主义者,都不得不承认社会主义运动之活气与魄力,实凌驾一切的运动。

欧洲十九世纪前半的革命运动像烈火一般,一时传布了欧洲各国。最先在比利时,以后法国、德国、澳国、俄国乃至英国都受了革命的影响。当时革命风潮的气魄真是不可一世之概,但是他的范围究竟还是局部的,不是世界的。比起社会主义运动还相差甚远。

最末,可与社会主义运动相并称的只有民治的运动。这两种运动一种是经济的,一种是政治的。两种运动虽都是挟有伟大的势力但是有大不相同的地方。社会主义运种是有始祖的,有"圣经"的,有一定的公式的,民治的运动是没有始祖的,没有"圣经"的,没有显明的公式的。马克斯是近代社会主义者的始祖,《共产党宣言》与《资本论》是他们的圣书——至少正统派的马克斯主义者是如此相信的。马克斯共产主义成立以后虽然发生了多少派别,如工团主义,行会社会主义,但是他们的主张仍然有一部分是与马克斯主义相同的。工团主义仍然相信阶级战争,行会社会主义仍然反对佣金制度。这都是马克斯的中心的教义而社会主义的各支派依然虔信的。所谓民治的运动并没有始祖,没有圣书。卢骚边沁,穆勒约翰,华盛顿,林肯……皆不能崇拜为民治的始祖。《民约论》,《道德与立法的原则》;《群已权界论》,虽然都是近代鼓吹民治最有效力的著作,但是没有一部可以成为民治主义的圣书。马克斯主义最主要的公式只有四个:经济史观、阶级战争、财产集中、及剩余价值。社会主义理想的公式只有一个,生产及分配机关为公共所有,由公共管理。民治的运动没有这样鲜明的公式。一人一票,人民的政府,为人民的政府,由人民支配的政府,民族自决,男女平权……虽然是民治运动者常用的口号,但是没有一个像社会主义的公式那样有力的。

二

社会主义运动是人类空前的大运动,是无可疑的。一方面,他的精神与基督教相近似,但是他发展的敏速,他势力的雄伟,他传播的广远,又远过基督教。他方面,他的势力与民治的运动相伯仲,但是他的进取的精神,他的鲜明的旗帜,又胜过民治的运动。

但是这个运动何以斗到这样的轰轰烈烈呢?

第一,要知道他所发生的时代。欧洲产业革新之后,用汽机代腕力,用工场代家庭。生产的工具不为生产者自己所有而为非生产者所有。生产的结果生产者自己不能处理,而为非生产者所处理。凡此种种都是生产方法的大变化。生产方法的变化引起社会生活的变化。生产方法比较着是容易改变的,因为生产方法是对于陈死的生产处置,不是对于活泼泼的人的处置。但是新的生产方法不特是工作方法的改变,还包括个人间关系的改变。以先的生产是家庭的,即或不是家庭的也是师徒式而带着家庭的性质的。至于工场的生产则只有雇主与被雇者的关系,没有家人父子或师傅徒弟间亲爱的精神。这个引起社会生活的变化。生产方法既然改变,交换,消费,分配,一切与生产相连的程序也随之俱变。这个更引起社会生活各方面的变化。但是社会生活是不容易改变的。无论何种社会必须个人间有妥适的协调,但是协调不是一时所能成功,也不是几个人所能成功。而缺乏协调的社会就发生种种弊端。试观欧洲十九世纪以来社会上种种弊端就可以明白了。近代社会主义正是在产业发达的恶影响猖獗的时代发生的。

马克斯胜于历来的社会主义者的就是因为他了解了这个新的生产方法。他的心目中只有生产的社会,新式的产业的社会。他的经济的观念只有关于生产的经济。他的最有名的著作《资本论》又名《资本的生产》。他一方面承认新的生产方法,一方面又看出那新式生产所发生的弊端。他的目的就是保存新式生产方法而设法将他所发生的弊病除去。他的解决就是生产机关公有。

第二,要知道当时政府的政策及人民的精神。自一方面看来,社会主义是十九世纪产业革新的当然的结果,自他方面看来,他也是十九世纪放任政策的当然的反动。在欧洲各国中,英国是新式生产方法最进步的国家,也是产业上弊害最多最盛的国家。马克斯的研究差不多全部分都采用英国的材料。试读他的《资本论》的本文及脚注即可见所引用的证例、议论,不是英国的事实,即是英国的著作。而英国在当时正是放任主义最盛的时代。英国第一个工场法虽通过于一八三三年,救贫法虽通过于一八三四年,两法虽可认为放任主义的反动,但是放任的空气尚且弥漫一时。所谓曼彻斯德派的克布顿(一八〇四——六八)及勃莱脱(一八一一——八九)尚负时望。格兰斯顿组阁一反放任的政策尚在以后(一八六八)。当时个人主义的放任的态度当然引起社会主义的反动。

但是最可注意的,就是马克斯对于政府的放任情形并不主张他立刻改变。他不主张持积极干涉的政策以矫正产业上的弊害,却承认资本制度自然的演化。要知道马克斯是一个极博深的历史学者。他研究历史,发见了历史演化的公例。第一,历史是阶级战争的历史,所以阶级战争是历史上自然的程序。第二,资本集中的结果按着程序必致将资本阶级推翻而成就共产的制度。马克斯因为有历史的观念,所以与历来理想的社会主义者不同。他知道社会不是几天所能造成的,是按着次序长成的。所以他不去创设理想的社会,他不去创造乌托邦,却去等着资本集中的最终极。这是他比那些理想的社会主义者高超的地方,这也是他的理论能受人采纳的地方。达尔文的《种源论》出版于一八五九年。演化的观念自十九世纪中叶以后渐为世人所深信。社会演化的观念也渐为世人所明了。所以马克斯历史的理论也自然容易为人所信服。

以上所说是从生产方法、社会生活、政府态度、各方面考察社会主义的所以发生所以发达。但是最末我们不要忽略社会主义的心理。社会主义在消极方面看来是对于现在社会的攻击。社会主义者不满意于现代社会,表现不平,不稳,不安静的心理。无论那个社会必永远有不满意现状的一部分。当社会生活有欠协调的时候,那不满意现状的人数必然更多。况且十九世纪中叶以后,一般人民对于他们自己的苦痛,不特有知识来发表,并且有能力来要求解除。当时一方面有教育的扩张,一般人民都得受相当的教育(英国中央政府规定初等教育案在一八七〇年通过),他方面有政权的扩张,凡属成年男子皆获有投票之权(英国普选法在一八六七年通过)。他们愤懑不平的表现必然更甚。

愤懑再进一步就是仇恨。世上没有比仇恨再有力使人团结的了。人类天性对于共同之敌是要共同的攻击,共同的防御的。愤恨社会现状的人,虽不必皆有同样的理由,虽不必确有客观的理由,但是因为同是愤恨就联合成为一体。不满意社会现状的人不必确有改良的方法与目标,即使有改良的方法与目标,也不必都有一致的意见,但是最重要的就是他们一定要有共同的仇恨。而马克斯的阶级战争说又正是煽动助长那个仇恨。所以社会主义运动的胜利不在他们的主张,而在他们的愤懑。他们没有共同的主张,他们党派中屡有分裂屡有意见的冲突,但是他们有共同的仇恨。社会主义运动是靠着共同的愤懑与仇恨维系着的。

组织农民银行驱逐"重利盘剥者"(usurer)*

李四杰

我们打算要建一个新中国,最好是用改建房子来做比喻:现在的中国,是一所旧房子;我们主张改造的人,算是工程师;假如房主将这所旧房子,交给我们,另行改造,我们就得计量,这房子折毁以后,那一处的基础和柱料是坚固的,砖瓦和玻璃是整的,可以移作新屋之用;那一处的基础和柱料是腐朽的,砖瓦和玻璃是破碎的,应行弃去,可用的旧材料,硬派他为不中用,未免不经济,不可用的旧材料,强行羼入新屋中间,姑息一时,那新房子的根基又坏了!什么是中国社会里坚固基础和柱料,整的砖瓦和玻璃;什么是腐朽的基础和柱料,破碎的砖瓦和玻璃;鄙人将随时一一的发表他;并愿与主张改造的众工程师从长计议。

张东荪君曾在解放与改造杂志第一号里面,发表一篇"第三种文明",他主张预备改造中国的人,再不应从第二种文明上打算盘;简直要从第三种文明做起;因为第二种文明的根本思想坏了,所以表见于社会的各种状态皆坏了;但鄙人以为第二种文明虽坏,究竟其中有可移作新屋材料的坚固柱料和基础,整的玻璃和砖瓦,不能将他们全行弃去。

闲言打住。请谈我所主张的"组织农民银行驱逐重利盘剥者"。

"重利盘剥者",是中国社会里最可恶最狠毒的犯人。预备改造中国,必先将这种凶徒,驱逐净尽,不留余孽带到新建的中国里去。看我宣布他的罪状!他的罪状:比那殃民劫财的武人;蝇营狗苟的政客;因循贪墨的官吏;和买空卖空的奸商还大。因为此等人的罪恶的影响,及于我神圣、勤聪、和忠实的农民,是间接的,尚无切肤之痛。武人抢的,大半是富室的钱财;政客骗的,大半是政府的权位;官吏贪的,大半是间接的租税;奸商扰乱的,大半是都市的金融。最可痛恨,直接吸取农民膏血,就是"重利盘剥者"。

重利盘剥的方法很多,最重的是:

(一)"放典租"。何谓"放典租"呢?就是放债者使借债者将田地的契约作抵押品,贷以金钱,把田地每年应收的租谷,作每年借款的利息;"死当"的期限,或二年或三年不等;有田地的农民,既将每年租谷,做了负债的利息,那里还有剩余积蓄呢?所以一到"死当",那作抵押品的田地,就白白的被放债者盘剥去了!

---

* 本文原载于《新青年》,第7卷第3期,第105—109页。

（二）"放滚账"。何谓"放滚账"呢？就是放债者使借债者将田地的奂约作抵押品，贷以金钱，每年应纳百分之三十的利息；譬如以价值二百元的田契作抵押品，借债一百元，三年"死当"，则第一年应纳净利三十元；如第一年不能还并无力纳利，就将利钱滚作次年的本钱；第二篇本钱变成了一百三十元，应纳利三十九元；又无力偿还，再将利滚为本，第三年本钱为一百六十九元，利息五十元七角，合计应还本利二百十九元七角；作抵押品的田地，价值只二百元，即令借债者将其卖去以偿放债者尚有不足。况急切不能寻着买主，只好眼睁睁的把田地给放债者盘剥去了！

（三）"放月利"。何谓"放月利"呢？就是放债者对于没有田地的农民，贷以金钱，譬如借款一百元，当时扣去百分之十，实得九十元，每月仍按一百元的百分之三行息，息金到月交付，如不交付，那凶痕的放债者，就到借债者家里去坐索；坐索不得，就将他的牲畜和农器，任意拿走，作为赔偿；到了还本的期限不能偿还，苦处就更多了。放债者或是用武力强迫；或是用官势恐吓；逼着偿还。安分的农民是怕见官的，是怕武力的，如是卖儿鬻女令妻下堂种种不人道的事，全被债主逼出来了！

由此看来，"重利盘剥者"如此凶恶，如此可怕，他所演出来的结果毕竟如何呢？

（甲）关于借债者生卖儿鬻女令妻下堂的结果：此种不入人道的事，直接出于"放月利"间接出于"放典租"和"放滚账"，因为借月利债的农民，都没有田产，没有积蓄，专靠人力为生，租人家的田自己耕种，一旦荒歉，就得借债；借上一年不还，就被债主逼著卖儿鬻女，因为他"家无长物"只好把儿女妻室当着财产来处分罢了，所以说是直接的。至于借典租和借滚利的农民，从前原有田地，及至田地被盘剥了"无以为生"，人只好把妻子出卖，以图个人暂时的生活，所以说是间接的。

（乙）关于放债者生不劳而获享有财产的结果：凶恶的放债者，只要有了少数的资本，一个收藏文契的匣子，一本账，一支笔，和一个算盘，就能安坐运筹，将人家的田地金钱，骗归己有；年积月累，愈盘剥愈富，势力愈大，甚至俾其子女，"席丰履厚"，"骄奢淫佚"，无恶不作。

（丙）关于社会生阻遏生产供给婢妾的结果：有生产能力的农民，其生产之具的田地既被盘剥，无所致力，渐穷困，无以为生，社会共同的生产力，遂无形的减缩；有许多学者，每每诟病武人、政客、官吏、和奸商，说他们不应纳妾、蓄婢，不知道供给婢妾的策源地，就是被重利盘剥的农户；酿成卖儿鬻女逼妻下堂的人物，就是"重利盘剥者"；我们要想救济这种不人道不自然的状态，须从驱逐"重利盘剥者"入手！

神圣的农民呀！勤苦的农民呀！忠实的农民呀！你们那里知道你们所受的切肤之痛，是出于你们所哀求的"重利盘剥者"呢？你们那里知道你们自己可以设法免此痛苦？我上半篇既把"重利盘剥者"的罪状尽情宣布了：你们应该知道他的凶狠，再有拮据的时候，不要去央求他，回头来自己央求自己，自己救济自己，我替你们写出一个方法来。

这个方法是什么呢？就是组织"农民银行"！

按组织农民银行向来有三种办法：

第一是由政府代为组织；第二是由私银行分设支行；第三是由农民自己组合。

第一种办法，因为现在我们中国的政府，要办许多大的事业，小农的利害还未劳顾及，我们暂时不去就只望他。

第二种办法，仍是变形"重利盘剥者"也在驱逐之列。

第三种办法，切实可靠。其组织的方法如下：

（一）银行资本；纯由农民自己分担。假定一村有农户二百，想设一个资本二千元的公共银行，则每户应出资本十元，不许一户多出，也不许一户不出，有多出资本的事，就有垄断权利左右选举的危险；有不出资本的事，就与共同互助的真精神相反。（我草文至此，想有人疑惑，说我这种办法近于理想：现在的农民贫富不均，安能一村子里人人出十元钱来作银行资本？其实这种办法不是理想，只是农民未曾觉悟"重利盘剥者"的利害，和未曾具有储蓄的良习惯罢了。如果农民已经觉悟，并且具有储蓄的习惯，回头一想，既是不能投十元的资本到银行里，何以就敢轻率向"重利盘剥者"，数十百元的滥借呢？就拿最苦的农民，如"长工"一流人物来说，每年所挣的工钱也不止十元，如果能放在银行里作为资本，一有缓急，再向银行挪借，不须抵押品，不负重利，岂不比被"重利盘剥者"逼得卖儿鬻女强的多么？）

（二）出资时期；定为每年秋收之后，家家有了收获，才不至出资为难。

（三）放款时期；除特别事情以后，定为每年二三月间，"青黄不接"的时候，或是要买肥料的时候。

（四）放债利率；至多不得超过了年息百分之十。

（五）办理人员；由各户公举，以信用素孚，熟悉账目，和有常识的人为妙。

（六）借款手续；"借款者"只限于有股本的人，按照借款多寡的数目，请出有同一资格的社员数名作连环担保，不要抵押品，如本人无力偿还须由保人连带负责。

至于资本的大小，和放款的数目，原不能一定；应该依各村各户贫富缓急的情形而定，不是作者可以代拟的。上面所举的六项，也不过是大略办法；详细的办法，须由各村农民自己斟酌。

但是就以上面简略的办法看来，各地农民，如能实行，一面可以借债不用抵押品，不负重利，田地没有被人盘剥的危险，妻子没有人逼散的痛苦，"重利盘剥者"无所用其狡狯，施其凶毒，就会改头换面，另谋正当的生活。不至有孽种传到我们想改造的新中国里去。

神圣的农民呀！勤苦的农民呀！忠实的农民呀！何不起来办办看？

附盐政改良议*

胡 钧

今日持改良盐政之说者，不外三端。一曰增进国家之入款，二曰祛尽从前之积弊，三曰商与民各受均等之利益。使于三者，皆有把握，必不失为良税。而吾国人民，无不同声赞许者也。吾当偏读近时研究盐政之箸论，及财政部之计画，皆以就场官专卖为唯一之办法。其持之有故，言之成理。于上三者，均有所规画，宁不重可敬佩。虽然，就场官专卖之法，为吾国最近所创之名词，无前例可征。（各国盐专卖法有两种：一曰，制造专卖，官制官运之法也。二曰，运输专卖，就民制之盐，运输各地转销于贩卖者也。）

为学者研究之方法，尚未见诸实行。今日苟有他法，较优于就场专卖，其能供研究之资料，可断言也，其法惟何？则就场征税是。夫主张就场征税之说者，今日亦不乏其人。顾驳斥之以为不可行者，恒持有两种之议论，此两种议论，不为辨明。则征税与专卖，岂有并论之价值？故不能不以此为前提，而辨明之如下：

一谓盐之租税制。为俵配制，即计口授食之制。（见张季直先生改革全国盐政计画书，第十章结论。）不知此系旧时租税统系未明之制自直接间接各税分画以后必无是弊况各国近日所用者，皆为就场制，就场则不繁费不扰民而成为较善之间接税矣此不足虑者一也。二谓征税之法，非不可行，必须适用赋税值百抽几之原则。若值百抽百，则已超过此原则。而国家之收入，且为突减。（盐政杂志主任景本白君屡言之。）此论在租税学中最有价值要不足以概今日之盐税今世计盐税者，但论重量之税价，与人民平均担负之昂度，不问其原值若干。就德意志就场征税法论之，于税法知其为每日百镑六马克，于统计知其每人每年担税九十非力（约合我四角半），较之日本人每年担税二角半者为重，故不能谓专卖可加重征税必减轻也盖盐为生活之要需。盐税为不适租税原则之税，国家征及盐税，可认为时势所不得已，故不得以寻常税率例之。

上两说均不足以非难。则就场征税之法，或有研究之价值。虽然，不兴专卖法互相比较，犹未易定其优劣也。今更两相比较如下：

一专卖之法。但有制造专卖，及运输专卖两种。既如上所述，今日所谓官收者，但横亘于民制商运之间。专卖之形式，已不能成立。其所谓专卖者，不过加若

---

* 本文原载于《盐政丛刊》，1921年第1、2期，第563—578页。

于之赢余，使人民不能知其所增之率，所赢之数而已，何若质言征税，而有法定之税率之为愈乎。

二加入官收一层以为专卖之根据则国家必需大宗资本张氏计画书第六章，改革之基金，估计三千八百五十万元，而随时收盐之价值（日本谓之赔偿费）尚不在内。今大借款之整顿盐务费，只二千万元（二百万镑），尚须定期交款。故非俟募足盐业公债，不足以植专卖之基础。何若用征税法，而厚集资金于盐业银行，徐图改良制造之为得也。

三既以官收为专卖营业，则其管理仓廒，收买评价，卖出运商，以及其他各种职员均必多于收税官吏可知官吏多则支销必多。夫开源为财政之要件，节流亦为财政之要件。减少支出，即无异增多收入，况吾国积弊，公家营业，无一能发达者。以公家职员或雇员，其担任劳力，不及商家，而薪资则倍之也。故征税法可较专卖法，少用官吏，亦其一优点也。

四就本案征税法，系以印花贴于法定盐包上（见下征税法）。除产盐区，须直接监督外，均可委托他项税官代理稽查巡缉诸费固可省。而运商卖户，更少留难停搁之弊，凡事改良，以手续简易为第一要义。征税手续，既较专卖为简，则其优于专卖亦可知。

五就剔弊一端言之，专卖法收盐于民，储盐于仓，机关既多，弊实难防。征税法则但须簿记明晰，已足除其弊矣。

六就现在改革之难易言之，以前盐政之杂揉，略如厘金（名盐厘者即系此类），除产地征税外，随处皆可任意取消场税或过境税。今变为就场征收，亦如改厘金为统捐。故难头绪纷繁，较之专卖法须一切更新组织者，固有间矣。盖专卖制预备须久，改革必骤。统税制则预备事简，行之又能以渐也。

综此数端，则征税制比较专卖制，必为稍优。吾人试进而研究其办法，查就场征税之法，于革除旧弊，取缔工人商人等，与专卖制率多相同之点，而其署异于专卖者亦有之，今仅略拟之如下：

一官制。现在盐政改良，无论取专卖制，或征税制，皆以改革官制为入手之办法。查善后借款合同第五款，在北京设立盐务署，由财政总长管辖。盐务署内设立稽核总所，又在各产地方设立稽核分所云云。则将来盐务专官，可就此范围定之。于北京设立盐务署，于产盐各省分设盐务使，该使所在之地点，须酌设于盐场附近之镇（如将来废省则省城非一集中地点故不必设于省城内）。其他非产盐省分，不必设盐务专官，其稽查匿税私贩等事，得委托于他税务官。其收延纳之税项等有盐业银行，今定应设盐政使之地点如下。

一　长芦
二　两淮（止设一署）
三　山东
四　奉天

五　河东

六　两浙（止设一署）

七　两广（止设一署）

八　福建

九　四川

十　云南

十一　甘肃　（暂缓设使署）以国税厅或他财政官兼理之

（说明）设署以少为贵，减支出一事权也。其有一省而盐场相距甚远者，可别设驻场所，直辖于该省盐务使。至两广虽系两省，因旧时为一盐区，亦可仿驻场所办法。不过该盐务使来往其间，稍费时日耳（甘肃收入过少，据前清宣统三年盐政处册载甘省出盐二万二千五百八十一石），专设盐署。窃恐入不敷出，不如俟出产稍旺后增设。

二税率。今日盐政改良问题，最难者，莫如税率。盖租税原理，宜令全国人民负担平均，而税律条文，尤实有一定之税额，以故成本高者，其实价必高，成本低者，卖价亦低。生产竞争之结果。则本轻者销场日增，本重得销场日蹙。百年来世界各国，易手工为机器，究科学而奖新发明者，莫非此意所推。暨成本既轻，国家随时酌增税额，而民不以为苦矣。至反乎此原则。欲差税率以平卖价（财政部运盐公司条例草案第六条说明，谓公司向政府买盐，场价自由官定，可就各场场本之贵贱以价格伸缩之，本重则价轻，本轻则价重，务使公司之买价渐归一律云云，张氏计画书第四官收谓，其要旨在案制本时价尽收全国之盐，分别盐质加入盐税以平均划一之价格售于运商，不问产于何处运往何地价皆一律，皆主此议）必至奖重本生产，而令轻本者不能发展。而国家之税额，亦必于无形中低减。（此理至易明，如长芦盐本每斤一文，两浙盐本每斤二十文。欲齐其卖价为五十文，则对于长芦收四十九文，对于两淮止收三十文，设因此而两浙销场数增，奉直销场数减，则国家无形之中，减少税额矣。且斥卤之质，何地蔑有？使不顾成本贵贱，争相煎熬，设其成本贵至五十文。"盐政杂志第四期湖北财政司呈民政长咨临时议会推广应盐销路文谓应盐每斤血本须五十文"则国家竟不收一文之税矣。）害国病民，莫此为甚。故今日改良盐政，宜以划一税律为第一要义，然而各场成本相差，既如一与二十之比，划一税率，则卖价相差，必在二十文内外。贱者畅销，贵者遂无人过问。甚至贵主产地，亦为贱价所袭，虽天演淘汰，挽回綦难。而以国家政策论之，宜一面代成本重者筹画而使之减轻，一面以补救方法，使盐丁灶户不致骤失生计。故今日税率，不能不于划一之中，仍有等差之别。至于划一与等差，宜以何为标准，据张氏计画书，谓旧法税率轻重不一。最重者如两淮，如云南，每斤征银三分三厘以上。最轻者为东三省，为福建，每斤征银不及一分。两广则二分四五厘；长芦则二分；两浙山东，则一分五六厘；河东四川，则一分七八厘。如全国平均通计，每斤合征银一分八厘。合之银元，则为二分七厘，即每百斤税银二元七角也。而商家意外耗费，及官家婪索所得陋规，凡无与于国家岁入者，尚不在内。质言之，则每百斤必在三元以外，可断言也。吾国今日重视改良问题，即不宜并行增税问题，盖改良以后，税率不增，而税额自增也。兹谨据张氏之说，定为税率，为每石（每百斤为一石）二元五角至二元，夫既有此五角之伸缩率（伸缩率不宜过大），则盐质之高下，亦寓乎其中（盐质本应判等差日本判为五等淮盐旧有顶梁真梁次梁之别）。生产消费，各得其所。而国家之经济政策，与财政政策，均收其效矣，谨拟表于下。

生产区	奉天	长芦	两淮	山东	河东	两浙	两广	福建	四川	云南	甘肃
成本	一角	一角	六角	二角	二角	一元二角	二角五分	一角	一元	九角	八角
税率	三元	三元	二元七角	六元九角	二元八角	二元五角	三元	三元	二元六角	二元五角	二元五角
卖价	三元一角	三元一角	三元三角	三元一角	三元	三元七角	三元二角五分	三元一角	三元六角	三元四角	三元三角

（说明）税率项下，列三元以至二元五角者，系因成本之高下，示以伸缩之意，其实各产地均宜以盐质之高下，再加以伸缩率。

如上表，最贵之区，每石不过三元七角；最贱之区，每石亦须三元一角，其能两不相妨者。例如以山东之盐，运至两浙，其运费且将溢乎差率六角之数。难无法律以禁制之，自无此不合算之商业行为矣。

用此税率，其每年税额，应得若干，亦不可不筹及。据前清宣统三年，盐政处载全国销盐二千七百二十六万七千九百三十六石，收盐税四千五百四十余万两，合银元六千八百余万元。若以前列税率计之，应得七千五百七十八万四千七百六十二元二角，如下表：

产地	销数	税率	税额
奉天	三八四〇〇〇〇石	三元	一一五二〇〇〇〇
长芦	三九七四九八二	三	一一九二四九四六
两淮	四八九六八八八	二.七	一三二二一五九七六
山东	二〇五七四四	二.九	六〇七六四五七六
河东	一五八九四〇〇	二.八	四四二三二〇
两浙	一七〇〇六二〇	二.五	四二五一五五〇〇
两广	一九五四八二一	一三	五八六四四六七
福建	七七二〇〇〇	三	二四一六〇〇〇
四川	五五〇八六〇〇	二.六	一四三二二三六〇
云南	八一二三〇〇	二.五	一二八〇七五〇
甘肃	二二五八一	二.五	五六四三二五

设销盐仍如旧额。其税款亦应溢出七百余万元。至于改良以后，其收入必可加倍，盖因旧时私盐充斥，官盐销数，只得其半。以全国人口计之，得四万四千万

人,每人每年,食盐十二斤,其总额当为五千二百八十万石。此时盐税,必增至一万三千余万元(参观张氏计画书)。况既用就场征税法,盐务专官,必较前为少,盐务行政费,亦必较前为简。无形之中,尚可增益入款乎。

三征税法之善否。关于税款者綦大,往时征法未善,缉捕费耗消甚伙,而私盐且应益增厉。盐务改良,此亦一要点也。今拟办法如下:

　甲　凡盐场有一定地界。积在场中之盐,及在场中所食之盐,不得征税。

　乙　凡盐于起运之先,即须报局纳税,未纳税而运出场外者,即为逃税。

　丙　收税之时,须具两种手续。

　　　子　印花。印花票之大,约六七寸,票内须填明号数重量税额,起运地,运往地,起运日期等固粘于盐包上,每包一枚(包有定式),沿途巡缉者,均以验明印花符否为准。

　　　丑　三连单。该票先注明包数,其余填明号数重量税额,运往地,起运日期等,均与印花同。至到达运往之地,则将该单缴销,由当地税务官汇存,以备将来统计之用。凡卖户非将此票缴官查验者,不得起入店中,盖印花计各包之数,以备沿途稽查。一见即知,藉省留难也。三连单,计一批总数起运,到达两地,均依据为纳税凭证,且为统计之根也。

　丁　凡纳税运盐者,自以在该场缴纳现款为正当办法,惟是商人资本,大小不能一律。而装载量积,又不容过少。政府体恤商艰,不得不略示通融,仿旧时先缴若干成之办法。惟此种办法,须有一定之手续。

　　　子　须纳有保证金之运商。

　　　丑　须先缴足法定之若干成。

　　　寅　须遵一定之限期,期限不论长短,皆有息金。

　　　卯　须补缴于税法上指定之机关。

　戊　凡非食盐,不得征税,其如何分别,另以法律规定之。

四监督制造。监督制造之目的,第一在改良盐质,第二在减轻成本,第三在规定一切之形式(如制盐场储盐仓运盐包等。均由法律或法令规定)。三者之中,尤以改良盐质,最为要紧。盖食盐关于卫生极大,吾国现时通用之盐,颇多杂质,宜由政府设机械制造厂,以为模范(日本政府于船桥三田尻鹿儿岛设模范试验厂),使各盐户,皆得次第改良。现时商场营销外人精制盐甚伙,我国从不能全体一律精制,亦须有三数场所,可以抵制外盐,则盐业进步,乃有可言。

五监督运卖。就场征税之法,不徒无引岸可言,即近时张氏计画书,及财政部运盐条例。所谓一运盐公司,承认一运盐区域之说亦认为不当。(张氏计画书第五章第一节划全国为若干区,每区准设一运盐公司,财政部运盐公司条例草案。第二条,凡愿组织公司承运官盐者,应认定一个区域。)夫引岸之说,起于宋元,历数百年,且更厉焉,当时何尝不谓为确定国税,重防淡食之美政?而运商实兼负有权利义务,其弊也商人把持操纵,人民既不能出其范围,官吏且与之通同舞弊。乃至今日不可收拾之局,新制运商,指定之区域,所与旧制不同者,不过随意往各场购盐耳。随意购入,其便在商,于民无与也。必有随时随地竞争之卖出,而民始之非专卖不可也。往时为完全商专卖之局(商认国税),后此则变为国与商两重专卖。岛见其改良也,故新制无论为专卖制,为统税制,此商运区域,必不可有。或曰旧时盐商,国家会给予特许券(或称引票或称盐票),该券发生时,国家收其报效金(报效金不等,至多者亦不过数百两),后此因该券有专卖特权,辗转抵押租卖,几成一种有价证券(财政部即持此说)。一旦令该券权利,消归乌有,事实上必生窒碍,故设此区域专卖之法,以安商业。不知处置此种特许券,尚有其他方法。(一)对于不愿营业者,给还原价。盖报效金为数甚微,后此因有特利涨高之价,非法定之价格,不必顾也。(二)对于愿营业者,即以此券为组织运盐公司之优先权,如此办理,源头既清,流弊自少。不然一区域,只有一运商,无论政府如何取缔,监督能禁其历久无弊耶?兹拟监督运商之方法如左。

　　甲　制盐者,不得同时为运盐者。
　　乙　运盐者,不能为小卖商。
　　丙　必须循一定之手续注册,始能为运商。
　　丁　随时随地,不得拒绝官吏之查验。
　　戊　运盐数目,及运路运费等,均须规定。
　　己　运道不便者,公家协助。
　　庚　凡某地骤然添住户(如移驻兵丁新开工程之类)或僻地为运商所不愿者,国家当设官运局,以补助之。

　　(说明)如上所规定,运商虽未能支配均匀,有己庚两项可以补救。或某地绝无运商,或运商为罢工之举动,则地方团体,亦能随时设法补助。民国成立以来,各省自运者,已数见不鲜。淡食之地,吾知免矣。

　　六筹备盐业银行。此项银行,对于盐场之改良,盐商之便利,俱为要图。今大借款中,既明定有整顿盐务费二百万磅。(内五十万磅、为盐业银行之用,当可借此款一部分,为银行资本,即日设立,改良盐政,庶几可以著手。银行条例。应以法令定之。)

　　以上数端,不过其荦荦大者。若政府能就此主张,慎思笃计,订法律以收统一之效,考形势而尽变通之利,其结果岂独补救今日财政之危急。他日国计之充裕,外债之转圜,必有赖焉。抑更有进者,今日改革盐政之目的,第一以盐为国税,其款必为中央之收入。第二盐税为累次外债之抵押品,当集以为偿还本息之用。清代虽未能完全达此目的,然部库所收入者,已达四千余万两。自民国成立以来,省自为政,盐款已作为各该省之正当收入。一旦欲其解中央以偿外债非与各省详为讨论不可。故今日改良盐政,此为最要之先决问题。此问题名义上之解决,固在国会,而实际上之解决,仍在各省政府。为今之计,财政部似宜速令各省国税厅筹备处,调查各省盐款收入。及支出,其支出之属于地方者(如教育费地方行政等费)

设法以地方税抵补之。其属于中央者（如兵费司法等费）暂以地工作为抵补。则该款可实行提出，如此层不能办到，中央当取各省之收入支出。凡应属于中央者，自任之，以便将来有自由活动之余地。然后此次善后借款第五款第六款所载者，或可实践，不然国家财政前途之危险，有不可预测者。

最初中英茶市组织*

陈翰笙

十八世纪和十九世纪前半叶的统计,虽不十分准确,总有一些可比较的价值。密耳笨著的"东方商业"载有东印度公司十七年的详细统计。① 从这统计看来,广州运到伦敦的货价,茶占全数百分之九十五。可见我国和英人最初时通商,茶就是大宗出口货。要知鸦片战争前中英的外交,似宜注意那时茶市的组织。

麦克费逊②和费不斯③和密氏同时,都有关于商业史的著作。但这些书还是一种札记,没有历史精神的贯澈。后几年奥蒲著的"中国和中国外交"④也是网鉴式的纪事本。鸦片战争后,英商蒲尔⑤和福庆⑥对于种茶制茶的事实记载很详;但仍没有注意茶的本身。十九世纪末年亨脱⑦方描写旧时广州的外国代理公司和本地的公行。二十二年前柯提埃著一小本关于行商的书⑧。虽只三十七页,却是中英茶市史中第一次有统系的作品。近来还没人将最初中英茶市通身叙述一番。我是因为这个题目在我国外交史上很有重要的关系所以来试作的。

饮茶风气如何传到英国

明嘉靖二九年时欧人虽知有茶,两百年后方见茶树。十九世纪中叶以前,印茶锡茶没有出世,欧洲用茶都是中国产品。葡人荷人比英人先和我国通商,所以英国第一次用的红茶,是明崇祯十三年从荷兰转运的。⑨ 绿茶是清康熙五四或五五年方传到英国。⑩

---

* 本文原载于《社会科学季刊》,1924 年第 3 卷第 1 号,第 9—23 页。
① William Milburn, *Oriental Commerce*, Lond., 1813, 2 vols.; vol. 2, p. 478
② David Mao Pherson, *History of the European Commerce with India*, Lond., 1812, 440 p.
③ John Phipps, *China and Eastern Trade*, Calcutla, 1835, 338 p.
④ Peter Anber, *China and her Foreign Intercourse*, Lond., 1834, 419 p.
⑤ Samuel Ball, *An Account of Tea in China*, Lond., 1848, 382 p.
⑥ Robert Fortune, *Two visits to the Tea Countries*, Lond., 1853, 2 vols.
⑦ W. C. Hunter, *Fan Kwae at Canton Before the Treaty Days*, Lond., 1882 57 p.
⑧ Henri, *Les Marchands Hanistes de Canton*, Leide, 1902, 37 p.
⑨ J. M. Walsh, Tea, Philada, 1892, 265 p., p. 19. East India Chronologis, 1600—1801, p.9 说是康熙五年.
⑩ R. B. Forbes, *Remarks on China*, Boston, 1844, 80 p., p. 22.; Beckles Willson, Ledger and Sword, Lond., 1903, V.2, p. 67.

明万历四十三年澳门的英国东印度公司代理人就有意运茶到欧洲。直到康熙八年该公司方从班塔木⑪转运一百四十三磅茶回英国。⑫ 那时福州爪哇间沙船十五天就可达到。沿途海盗比海岸上较少，因此中英没有直接的海运。⑬

后来需要的茶量增加，茶市就从间接变成直接。十八世纪初二十五年内，东印度公司每年平均运茶有四十万磅；十九世纪初二十五年内，平均数加到两千万磅。⑭ 康熙六十年运茶满百万磅；道光十四年过两千三百万磅⑮。乾隆九年英国用茶每人平均半磅，道光二十年加到一磅又四分之一。⑯ 十八世纪英国虽还有人反对这种毫无滋补，徒耗金银的舶来品，⑰到嘉庆十八年时，饮茶风气已通行全国。⑱

茶叶初到英国时，大家以为一种珍奇。康熙三年东印度公司将茶进贡英王。贵族也仿照王室，试用茶叶。伦敦时髦妇女怕茶中有毒，饮茶后再用勃兰地酒来排毒！⑲ 后来酒税增加，酒价飞涨；贫民只可用茶代酒。饮茶的风气从此盛行更快了。⑳

乾嘉道时茶市中心点

最初英商在东亚的势力不及葡商。葡商在澳门早有口岸，做他们商业根据地。康熙二十三年英商方能进广州，做他们的通商口岸。后二年班塔木的英商被荷兰驱逐。英人更不能和中国直接通商。康熙五十四年绿茶初次出口的时候，广州的中英市场方完全成立。

但十八世纪前半叶时，英商不仅到广州来运茶。那时澳门钟山厦门也有英船停泊。康熙四十年厦门有十四艘，广州只有三艘。㉑ 四十三年厦门有八艘，广州只有半数。英国的东印度公司在康熙十六年就设立厦门代理公司。十九到三十八年间，茶市中心点却在厦门，不在广州。㉒

---

⑪ Bantam 在爪哇岛的西北角，即现时 Batavia。
⑫ Macpherson p. 128, Walsh p. 22 误以为第一次的直接运茶。
⑬ Phipps, p. 76.
⑭ Albrecht Kiefor, *Die Theindustrie Indiens und Cylons*, Wien, 1902, 66 p., p 37.
⑮ Forbes, p. 21; Leone Levi, *History of British Commerce*, Lond., 1872, 527 p., p 246. 说是三千零五十万磅。
⑯ M. J., *Considerations on the duties upon tea*, Lond., 1744, 24 p., p. 4; W. G. Freeman, World's Commercial products, Boston, 1907, 391 p., p. 151.
⑰ Robert Chambers, *Book of Days*, Lond., 1868, V. 2, p. 667; An essay on tea, Lond., 1722 63 p.
⑱ Milburn, V. 2, p. 535.
⑲ Sir Walter Besant, *London in the Time of the Stuarts*, Lond., 1903, 400 p., p. 293.
⑳ W. L. Mathieson, *England in transition*, Lond., 1920, 285 p., p. 26—27; T. B. Rons, *Observations on Commutation project.*, Lond., 1786, 39 p., p. 8 and 26; Henry Phillips. *History of Enltivated Vegetables*, Lond., 1822, V. 2, p. 307; P. A. Mottenx, *A Poem upon Tea*, Lond., 1712. 18 p.
㉑ M. J. p. 22; Phipps, p. 2.
㉒ H. B. Morse, *In Journal of Royal Asiatic Society*, April, 1922, p. 229.

据康熙二十四年和雍正八年的两次"上谕",英商可以来各港通商。因地方官敲索太甚,极难获利。故雍正十二年时英船就不到钟山和厦门。[23] 广州地方也不甚方便,所以公司在乾隆二十四年派傅玲脱(Flint)到宁波,想去开辟商埠。傅氏失败,被地方官押解澳门。"上谕"限制英人在广州通商。[24] 从那时到鸦片战争八十年,广州是茶市的中心点。

广州公行制度

要知广州茶市的盛衰,须懂得公行制度的兴废。那时广州公行是政府英商的料理人。英商不明白我国习惯和法律,请求公行代纳租税,代办交涉。政府官吏也因言语不通的缘故,利用公行代收租税,代办交涉。[25] 康熙五九年广州行商方有公行的组织。

后四十年得政府正式许可,在茶市上有专利的特权。英商恨他们的垄断,乾隆三六年用三万镑贿当道,达封闭公行的目的。但六年以后,乾隆又给行商十人茶市的专利。行商仍到公行去议事,公行的势利没有减少。

公行里行商有十到十三人光景,[26]内十二人是福建籍。[27] 可见乾隆二十四年时,厦门和福州的茶商都已迁移到广州。广州公行既有专利,进款很多。除开支纳税外还有二成五到三成的利息。[28] 行商进公行的时候也须纳重价。有时付款六万镑方能做公行的行商。

公行的权柄完全可以操纵茶市,支配茶价。每年三月和英商订合同交茶一次。冬季再交一次,茶价稍有高低。公行收茶时的资本分二十一股摊派。大商每人四股,中商有四人各三股。余各二股半。[29] 公行代英商雇用买办账房书记挑夫等人,代政府又负收租税的责任。租税不满额时,政府可以究罚,或押解新疆,或收没财产。又必代政府管理英商居留事务。英商若扰乱治安,地方官只责问公行。[30] 公行不得不侦察英商行为,预先防卫。公行英商两面因此常有感情的失和。

---

[23] Milburn. V. 2. p. 468.
[24] Cordier, p. 8; Willson, V. z, p. 173, Auber, p. 171, 误以为乾隆二十二年。又 R. M. Martin, China, Lond., 1847, V. 2, p.14 误以为乾隆二十六年。Willson, Auber, Martin 三人皆言英商在二十五年欲设法释放傅氏。
[25] 道光二十二年时,中英交涉中还用行商做译员。*Chinese repository*, Canton, 1842, p. 400 and 456.
[26] 乾隆三十到四十二年有十人。Forbes, p. 36;乾隆五十八年到嘉庆十二年有年有十二人, Milburn, V.2 p. 473;道光九年有十三人。Cordier, p. 28—29;道光十三年有十二人。*Chinese repository*, 1834 p. 302;道光十八年有十一人。Cordier. p. 29
[27] Cordier, p. 33.
[28] Ball, p. 350.
[29] Phipps, p. 71.
[30] 道光十四年十一月十五日总督的告示。*Chinese repository*, 1835, p. 391.

东印度代理公司

代理公司英名 Factory，即俗称洋行。乾隆五八年前，法荷丹比瑞典西班牙也曾设立广州代理公司。房屋地基都从本地行商租赁。[31] 拿破仑战争后，英商和行商往来独多。故英国东印度公司的广州代理公司在洋行中势力最大。

茶市专利机关在中国方面是公行，在英国方面是代理公司。康熙二十六年公司已实行专利政策。[32] 一百四十年后英国会通过条例，严禁他商分利。[33] 每年英船来广州，公司派货头（supercargoes）同行。有时五货头管两船，有时三货头管一船。各货头既不相联落，事权也不能统一。乾隆三十五年总公司董事会议决，派定货头委员会驻广州。每年四月到七八月，茶市暂停时，货头往澳门休息；代理公司房产交公行行商代管。乾隆五十一年后，每年货头必和行商议价订约，茶市才有一定的规模。[34]

代理公司的职员，有货头十二，书记翻译验茶员无数。责任各有轻重。事权各有大小。各有一定薪俸。公司用费抽茶价二厘。[35] 股东利息年发一成或八厘。每年还须供给进口税，营业税，和印度属地政府用费。有余剩就捐助政府，报答专利的权利。九十五年间公司交付英国国库二千五百万镑。[36] 可见公司获利的巨大！

公司验茶人员，非常尽职。每年九月采取样包。明年三月根据样包和行商订合同。秋间茶到广州，查验时又用样包做标准。不够标准的茶须酌量减价。英商拒绝不要的茶，公行再转卖给他国商人。茶箱上船时，公司验茶员还要去查验。每二十箱抽验一箱。如是方将价目报告公司。茶到伦敦时再查验一次。在英国查验的报告送回广州，做下年收茶的参考。公司办事这样精密，是广州公行远不能及的。

海 关 监 督

海关监督是北京派来收管税务的人。公行公司两方面都痛恨他。行商代英商纳税，必要和他交涉一番。进出口税最初是一种船税，康熙二十八年成立的。英船到埠时，监督就照会行商去量船。每次至少量六艘。行商预先派翻译和买办到船

---

[31] *Chinese repository*, 1833, p. 211 ff.
[32] *Auber*, p. 148.
[33] *Statutes at targe*, 4 George IV C. 80, See. 9, 1823.
[34] *Letter from a British resident in China to his friend in England*, Lond., 1829, 66 p., p.15.
[35] 道光六到七年份公司用费是十万零五千零四十四镑。J. R. Mac Culloch, *Observations on Monopoly*, Lond., 1831, 41 p., p. 11.
[36] *Macpherson*, p. 411 康熙四七到嘉庆八年，每年平均有二十六万六千六百七十一镑。

上布置妥贴。再用插黄旗的小船迎接监督。监督到船上用茶点时,翻译和买办就去量船。后梢到前梢是船长。中梢处算船阔。长阔相乘的十分之一算是船量。船量分三等,税也分三等。但比头等船大的仍缴头等税。比三等船小的还须缴三等税。㊲ 量船时行商必赠监督外国礼物。嘉庆五年后有正式的贡品。贡品归英商负责。英商还须付领港费,翻译费执照费。执照费到道光五年方取消。㊳

翻译员是公行公司监督三方面的公仆。进口货价的一厘六和出口货价的四厘四,是他的进款。他的职务却不是容易办的。若多报了税额,公司人自然要恨他。少报了监督又要责备他。公司或监督处有不妥的事情发现,行商又免不了怨他。

公行以外的中国茶商

十八世纪中叶的茶市,一年比一年繁盛。公行须利用别的茶商去和产茶地方联络。公行须靠着这种茶商去调查茶田的实况。每年二月茶商到广州和行商谈论秋季的茶市;下月行商就和代理公司的英商订合同。茶商资本不充足时,都从行商方面补助。红茶绿茶各产区的茶商一千余人。㊴ 大半先向公行赊欠,方能去办茶。故茶商完全在行商势力以下。

海 运

康熙二十八年前,茶叶都从班塔木转运到印度,再转运到伦敦。㊵ 以后因运费太贵,方有直接的海运。康熙五十年英国会准伦敦到美洲的直接海运。㊶ 道光四年更准中国到美洲的直接海运。㊷ 公司的茶船在道光六年已有四万五千一百四十三吨。㊸ 乾隆四七年欧人在广州运茶一千四百六十三万零二百磅。内四百十三万八千二百九十五磅是公司运输的。四年后公司运茶比他国的总数已多一倍。嘉庆十三到十六年,平均每年有二千六百五十万磅。那时他国商船已不运茶箱了。㊹

英船每年十月乘贸易风到广州,三月方离中国。到黄浦时买办就替行商料理税务。纳税后卸货。卸货的小船都由翻译代雇。船起程回欧时带半年粮食。遇欧洲有战事,则带足十月。英国第一任驻北京的公使也说茶市促进海运,海运帮助海

㊲ *Milburn*, V. 2, p. 492.
㊳ K. Gützlaff. *A Sketch of Chinese History*, Lond., 1834, V. 2, p. 455—463
㊴ *Phipps*, p. 69 绿茶区已有四百人。
㊵ *Auber*, p. 145, "1681"应改作 1689.
㊶ 10 Anne, C. 26, Sec. 34—36.
㊷ 5 George IV., C. 88.
㊸ R. M. Martin, *British Relations*, Lond., 1832, 148 p., p. 104.
㊹ *Macpherson*, p. 417.

运。㊸ 茶市还间接影响到英国的海权!

陆 运

那时中国茶市最要紧的分子是劳工。若没有他们,公行公司茶商茶田都不能存在。

这般劳工获利反而最薄。装茶箱的每天吃东家三餐粗饭,赚大洋二分。种茶的吃自己的饭,每月赚两元。公行里的挑夫最多也不过赚三元。㊻

道光十四年前出口的茶,是从三省来的。福建供给红茶。安徽供给绿茶。江西也有些红茶。年有三次的收成,收成时期每十天或十二天有一次市场。受公行委托的茶商就到市场收买。每次买茶从几箱到二百箱为止。

安徽武平沙县等地方的红茶,在星村或丰乐装载。用船沿闽江上游运到崇安。再走一星期的陆路,过武彝山到铅山。从铅山沿广信河六十里水道到河口。江西的河口,是那时内地茶市的集中点。㊼ 福建的红茶,安徽的绿茶,都在河口会集。再沿赣江南下到大庾岭。太平徽州和松萝山一带的绿茶在休宁或屯溪装载后,沿武河运到赣江。江西的武宁茶沿着冯水也运到赣江。

茶箱到大庾岭面前,从船上卸到岸上,用劳工挑过莫林关。再从南雄沿北河运到广州或黄浦。㊽ 如此,从茶田到口岸须赖无数的劳工,用四十到六十天的工夫,水陆走二千四百里路程方才办到。

嘉庆十八年代理公司将茶箱从福州用沙船运到广州。全程不过十三天,运茶百零一万九千七百二十磅。三年后加到八百九十六万五千二百磅。㊾ 嘉庆二十年因广州行商请求,清政府下令禁止闽粤间海运。此后二十五年闽茶仍由陆运来广州。但公司不忘海运的方便,恨公行的垄断。南京条约未成前两年,赖班脱(George Larpent)等在伦敦已私拟条件;请政府要求中国取消公行,并开放福州和厦门,便利茶市的发达。㊿

专利和国际问题

公行公司都享受专利,没有十分注意两国邦交。专利还是专利,两方都有不诚

㊸ *Land Macurtuey's Journal in 1794*, in H. H. Robbin's book, Lond., 1908, 479 p., p. 384.
㊻ Ball, p. 34.
㊼ Fortune, p. 165; 172—177.
㊽ Ball, p. 252.
㊾ Ball, p. 167—169.
㊿ Martin, China, V. 2, p. 39—40.

实不公平的行为。㉛ 公司用枪炮来吓人；公行鼓动暴徒来抵抗。乾隆四九到道光二年，沙面的商业停顿至少有六次。㉜ 公司专顾茶市，没有余力替英国工厂推广消场。同时又不准他人来中国经商。结果，康熙五一年到嘉庆十七年，百年以内英国输入中国的金银，值四千三百万磅。㉝ 公司一面送金银到国外，一面在国内抬高茶价。英人抱怨许久。道光十三年英国会就取消东印度公司的专利。㉞

最初中英茶市一百五十年内，两方政府都奖励通商，颁给专利。公行和公司都用全副精神来解决交通问题；公行管陆运，公司管海运。两方都供给政府无数的财源，受政府许多的取缔。但因经济上供求的势力不能均平，专利终不能勉强维持。这一段是近世欧亚通商史中第一章的材料。和我国鸦片战争前的政治外交，有莫大的关系。

㉛ *Chinese Reporsitory*, 1835, p. 391—392；Levi, p. 244—245；Auber. p. 286, 333, 358, 359.
㉜ Milburn, V. 2. p. 470, Anber, p. 224 & 240.
㉝ A. J. Sargent, *Anglo-Chinese Commerce*, Oxford, 1207, 332 p., p. 50.
㉞ 3 and 4 William IV.,. C. 101, 1833.

美国农业与世界经济*

陈翰笙

这年国内倡农业立国说者,鲜有明白国际间种种关系的。若以为讲究农事便可免工业国的践踏,农业立国就能摒去资本主义的流毒,那是一种具主观乏客观的幼稚思想。

本文非欲和倡农业立国的人辩论,只愿将农业最发达的国家介绍给他们做研究的资料。先说美国是农业国,举农产的进出口来表明他在世界经济上地位的重要。再述农田价值的增减,农作方法的变换,汇兑与财政对于农产的影响,可以细讲美国农业与世界经济关系的密切。至美国政府调查国际农业的机关和农产在中美商业上所占的位置,亦是研究农业经济的人所应当注意的。

美国农业之发达

二十五年前美国农田与农产几占其国富四分之一;[①]十五年前农田占四十八州土地百分之四六;[②]五年前农田价值有地价总数百分之七十,田产达美金七十八亿。[③] 高等农业专门学校有教授二千余,学生三万五千余。农事试验场研究员有二千余,每年所作报告几千种。邮寄百万处不取分文。[④] 农事教育既如此普及,无怪产额增加之神速。一九〇九年主要农产价值总计美金五亿二万万余。十年内价目增加的成数为一八二,产量增加的成数为九。尤以烟的增加成数最大,价目三二五,产量三十。[⑤]

美国主要的农产有牛乳,粟米,乾刍棉花,家禽,鸡蛋,和小麦。[⑥] 烟和棉,粟米和燕麦,这四项产额居全世界第一。小麦大麦产额在欧战前仅次于俄国。[⑦] 美国

---

* 本文原载于《社会科学季刊》,1925 年第 3 卷第 2 号,第 221—238 页。
① Statistical abstract of U. S. , 1919, Wash. , 1920, p. 144,704.
② Statistical Atlas of U. S. , Wash, 1914, plate No. 239.
③ Stat. Abst. , 1923, Wash. , 1924.
④ 高等农业专门学校即 Agricultural Colleges. Annals of American Academy of Political and Social Science, Phild, Vol. 67, No. 206, Jan. , 1925, p. 91, 92,
⑤ Fourteenth U. S. Census, 1920, Vol. 5, p. 700,701.
⑥ Weltwirtschaftliches Archiv, Jena, 21 Band, Heftr 1, Januar, 1925, S. 125 * 以价值的多少为次序。
⑦ Adolf Liebers, Westermanns Weltatlas, Braunschweig,1922,S. 92a nnd 104 b

是世界第一棉花国。可用数目来证明。

世界棉花捆数(每捆五百磅)⑧

	一九〇二至一九〇三年	一九一四至一九一五年
美国	一〇,七五八,〇〇〇	一六,五〇〇,〇〇〇
印度	三,三六七,〇〇〇	五,〇〇〇,〇〇〇
埃及	一,一六八,〇〇〇	一,三〇〇,〇〇〇
俄国	三四二,〇〇〇	一,三〇〇,〇〇〇
中国	一,二〇〇,〇〇〇	四,〇〇〇,〇〇〇
其他各国	八〇一,〇〇〇	一,三〇〇,〇〇〇
总计	一七,六三六,〇〇〇	二九,四〇〇,〇〇〇

从国际贸易方面亦可观察美国农业之发达。美国独立后最初百年中,出口货素来多农产。食料又占农产出口的大部分。四十五年前出口货统计中,食料的价值超过制造四倍。⑨ 近十余年来美国人口增加,棉业发达,棉花就成了出口的大宗。一九一二至一九一三年棉花出口共值美金五万六千五百八十五万。此数占出口货全部百分之二十六,且超过牛乳,肉食,面粉,和钢铁制品的总数。⑩ 美棉产额几有全世界四分之三。⑪

欧战前美棉输出的总价几有抵偿欧债的情形。阅下表即知。

美国一九一〇至一九一四年进出口用美金统计⑫

平均每年进口货	一,六八八,八七四,四七二
平均每年出口货	二,一六五,八一八,一二五
平均每年的出口多	四七六,九四三,六五三
平均每年金银出口	三七,六五八,六六〇
平均每年付欧洲	五一四,六〇二,三一三
平均每年棉花出口	五五一,八八九,五七六

此时美国每年输出的农产超过输入的计美金三万万,足以供其中央政府一年的费用。⑬

两年前棉花出口值美金八万零七百余万。棉制品输出者亦值美金一万三千八百余万。⑭ 美国农业的发达,不仅能供给外国工业的原料,且必促进国内的工业。

---

⑧ J. A. Todd, *World's Cotton Crops*, London, 1915 p. 395
⑨ Weltwirt, Archiv, S. 123.
⑩ Report of the U. S. Dept. of Commerce, July, 1913.
⑪ John Wormald, *Sprinkler Bulletin*, Manchester, June, 1913, p. 702
⑫ Theodore H. Price, Outlook, N. Y. Sept. 9, 1914.
⑬ Weltwirt. Archiv, S. 125 * Aunual report, Dept. of Agriculture, 1912, Wash., 1913, p. 22—24.
⑭ Monthly Summary of Foreign Commerce of U. S., Part Ⅰ., Dec., 1923. 棉子可供给百余种工业的原料, Bulletin No., 131, Dept. of Commerce Wash., 1915

农业进出口概况

欧战后美国工业发达。美棉不能尽量输出，致英国纺织业缺乏原料，大起恐慌。[15] 本来美国农产不但影响到几国。[16] 美国进出口货大半是农产。从左表就可以窥测美国在世界经济上有重要的地位。

美国一九二三年进出口统计[17]（以美金百万作单位）

出口货	
棉花	八〇七（英二四四　德一五〇　日本一〇三　法一〇二　意八三）
煤	一六六（加拿大一三五　法七　古巴四　意四　德三）
汽车	一六五（加三〇　澳二三　阿根庭九　英九　日本六）
烟	一五二（英八〇　中国一一　澳一一　意八　德五）
煤油	一三八（英三六　法三二　澳九　加七　阿七）
猪油	一三〇（德四六　英二九　古巴一二　荷九　意七）
小麦	一一六（加二八　意二〇　英一九　日本一〇　比九）
铜矿	一一〇（法二七　英二二　德二一　比九　中国五）
面粉	八八（中国一三　英九　荷七　古巴七　德六）
木材	八一（英一七　阿一一　日本一〇　加九　澳七）
共值美金	四,一六八,〇〇〇,〇〇〇
进口货	
丝	三九二（日本二七六　中国八三　意二一　香港五　法五）
糖	三八〇（古巴三三二　菲岛三〇　秘鲁五　度米尼四　中美三）
咖啡	一九〇（巴西一一六　哥伦比亚三七　中美一六　凡泥乍赖九　墨六）
树胶	一八五（英属东印度群岛一二三　荷属二九　英二一　巴西六　荷二）
羊毛	一三〇（英三二　澳二六　阿一九　乌拉圭一五　中国一一）
生皮	一一九（阿三一　印度一四　英七　中国七　巴西七）
新闻纸	九八（加八五　瑞典四　德三　芬兰三　那威二）
毛皮	八八（英一八　中国一五　加一二　德一〇　澳五）
木质纸料	七五（加三八　瑞典一九　那威七　芬兰六　德四）
麻布	六七（印度五六　大不列颠八　德一　比〇、六　意〇、二）
共值美金	三,七九二,〇〇〇,〇〇〇

据美国农部报告，进口货百分之四十五与国内农产无直接竞争的机会。[18] 可见美国虽是农国，还赖许多别种农产的输入。农业立国断无闭关自守之理。且美

---

[15] A Halasi, *International Trade Union Review*, Amsterdam, Vol., 4 No. 3, July Sept. 1924, p. 253

[16] G. G. Huebner. *Agricultural Commerce* N. Y. 1924, p. 515

[17] Monthly Summary of Foreign Commerce of U. S., loc, cit., Dec., 1923 Part Ⅱ J. J. Denison, *The Nation's Business*, 1924, p. 56.

[18] Cropsand Markets Sept. 13, 1924, p. 176.

国农产价目的贵贱须受出口额多寡的支配。出口额又须听命于世界市场。阅下列二表即知。

(甲) 美国一九一九至一九二一年炼乳出口[19]

一九一九	八五二,八六五,〇〇〇磅	一二一,八九三,〇〇〇美金
一九二〇	四一四,二五〇,〇〇〇	六五,二三九,〇〇〇
一九二一	二九九,一六八,〇〇〇	三七,六八〇,〇〇〇

(乙) 美国一九一九至一九二一年腌肉出口[20](以磅数计)

	一九一九	一九二〇	一九二一
丹麦	三九,〇三九,八八三	六,六四二,三四四	四,六〇九,五六一
法国	一七八,四三一,二二四	二五,〇四〇,八六六	一二,一五四,六八五
德国	五三,四四九,六九四	七六,〇三五,二九七	五四,一三三,五一二
意国	四八,一二八,一四九	一八,八四四,九一一	九,一〇七,五〇三
大不列颠	五〇七,一八四,二一九	三四四,五五五,九八二	二〇九,五五一,九六三
共计	一,一九〇,二九七,四九四(磅)	六三六,六七五,五七二(磅)	四一五,三五六,一五二(磅)

至此次欧战如何影响农产市场,可举棉花出口额降落为例。

美国棉花出口捆数[21](每捆五百磅)

	一九一三年八月份	一九一四年八月份
英	七七,四八八	六,三七〇
德	七二,九二八	五二
法	五二,九三三	五
其他各国	五三,八二三	一四,七八三
共	二五七,一七二	二一,二一〇

农田价值的增减

农田价值增减的原因甚多。世界经济的转移亦其一。欧战时欧人专心制造军器和船只,无暇兼顾农事。阿根庭,印度和澳大利三处的农产又不易运输入欧。故美国农产出口增加,农产价目飞涨,农田价值亦随之提高。一九一〇年平均每英亩美金三十九元六角,一九二〇年就达六十九元三角八分。[22] 战后欧洲的农业恢复。印度和南美各处又与美国竞争甚烈。于是美国农产降贱,农田价值亦随之跌落。一九二〇至一九二四,不过四年,田价减低百分之七十一。[23] 康脱开州农田一九一

---

[19] *Agricultural Yearbook*, 1922, Wash., 1923, p. 955.
[20] Ibid, p. 971.
[21] Bulletin No. 131, Dept. of Commarce, Wash., 1915, p. 72.
[22] U.S. Census, 1920, Vol. 5, p. 32.
[23] Agr. Yearbook, 1923, 9. 1146.

七年每英亩值美金一百七十一。三年后涨至美金二百八十九。再过一年又跌至美金一百五十。㉔ 今美国农产在国际市面上渐有稳固的价目,农田的价值方稍有起色。㉕

农作方法的变换

农作方法的更改,亦和农田的价值同时受世界经济的影响。欧战时美国农民为爱国心和谋利心所驱使,专门设法增加产额。㉖ 因时间人工均短少,不能多辟农田。于是缩减国内的供给,改换多年的牧场,不顾科学方法的轮回农作,只管增加战时应急的农产。

棉花多至三千七百万英亩。粟米多至一万零七百万英亩。小麦多至七千六百万英亩。㉗ 此种非天然的扩张,自然在战后有多少反动。五年内小麦减去二千二百万英亩,即每年产额减少一万三千二百万石。㉘ 南方种棉各地战后亦有一番觉悟。"从此南方人不愿将鸡蛋放在一篮。"极言单纯植棉的危险;不如"少棉田,厚棉利,"参酌干刍,粟米,燕麦,成杂驳的农作。杂驳的农作较为妥当且完善。㉙

农产与国际汇兑

国际汇兑的变更,常常影响到农产的进出口。但汇兑涨落的原因不同,左右农产市面的情形亦不一。国外汇兑如因滥发钱币起了变动,还须看物价是否有同样的增高。去年英国币价落,物价涨。两方比例相等时,汇价对于英美间商业无甚影响。德法币价的跌落超过物价的升涨,汇兑就不利于美国的农产出口。㉚ 国际贸易额亦能牵动物价和汇价。欧战时美国的出口货远超过进口货,其他欧美各国适相反,所以美国的汇价和物价都较高,别国的都较低。此种高低相差,又还影响到美国农产的出口。去年九月阿根庭汇价成数为八成三厘四二,牛价比前十年反贱一成,美国出口的牛肉须减价二成五厘,方能和他竞争。㉛ 无怪现时美国出口货的

㉔ Twenty-fourth biennial report, Bureau. of Agr., and laber Statistics, Kentucky, 1920—21, p. 147—9.

㉕ Second annual survey of the farm lands market, Nov., 1924, Farm Lands Division, National Association of Real Estate Boards, Chicago.

㉖ Honry C. Wallace, A National Agricultural Program (first two paragraphs), Journal of Farm Economics, Vol. 6, No.1, Jan., 1924.

㉗ Annals, p.285,286.

㉘ Ibid, p.276.

㉙ F. M. Davenport, "Southern Renaissance," Outlook, N. Y., Feb. 23, 1916, p. 428.

㉚ Federal Reserve Bulletin, Oct., 1924, p. 807.

㉛ Ibid, p, 830.

G. B. L. Arner, Cattle situation in Argentina, Dept. of Agriculture, Wash., 1924. 物价与人口亦有重要关系。Edwin Y. Nourse, American agriculture and the European Market, N. Y., 1924, P. 296—303.

增加,非农产品而为制造品。㉜

农产与国际财政

　　国际财政与进出口,货本有重要的关系。美国进出口货大部属农产,故国际财政与农产有直接的影响。欧战前美国负欧债计美金五亿。战后欧洲负美债计美金十五亿。

　　每年应偿给美国的利息且美金数万万。㉝ 负债国只有两种方法归还本利。一是借债还债,不过是暂时的办法。一是增加出口或发达海运,可算正当的手续。但欧洲正缺乏资本;除英国已协定分年摊还美债四亿六万万美金外,㉞其余各国尚继续筹借美欵。此时美国利用放债方法,仍可增加他的出口货。以后债上添债。必致国际财政的支配更不平均。农产因此亦将受重大的影响。㉟ 美国又奖励海运,欲夺欧人获利的机会;增加关税,实行钳制进口的货物;去年美国用联合购买法,将进口的树胶价目从每磅英金一镑半减至一先令。㊱ 美国只愿放债,不许还偿,只求卖给人,不欲买于人;以为损人可以利己,利己就必损人。不知负债国的富力减少时,不仅不能偿债,并且不能购买美国的农产。㊲

　　世界经济的连带关系,观此易明。

国际农业的调查

　　美政府颇知国际农业有重要的相互关系。故有专员常驻罗马,参预"国际农业社"的事务。外部所派各领事皆须负责报告各驻在地的农业状况。商部的"国内外商务司"中有关于农产的专门股,如食料股,拣皮与生皮股,木材股,树胶股,纺织原料股。驻国外的商务参赞或商务委员,分布于三十处,同时皆为该司调查农事,作切实的报告。农部所设"农业经济司"又有专门股研究国外市场情形。此股亦派专员常驻欧洲及南美各地。农部随时可另派专门人才赴国外研究任何种关于农事的问题。最近如马渤脱先生(Dr. Curtis F. Marbut)的考察欧洲土壤。他用三个

　　㉜　Report for March, Secretary Herbert Hoover of Dept. of Commerce, *Christian science Monitor*, Boston, April 15, 1925, p. 4.
　　㉝　C. L. Holmes, Economic Future of our Agriculture, *Journal of Political Economy*, Oct., 1924.
　　㉞　Commerce Yearbook, 1922, p. 448.
　　㉟　Sir George Paish's speech before the Bankers Foreign Trade Association, Cincinnati, *Christan Science Monitor*, Boston, April 6, 1925, p. 1.
　　㊱　Pres, Harding's speeches before Congress, Feb., 1923, Fordney-Mc Cumber Tariff Act of Sept., 1922. 英人于一九二二年十一月创设 Stevenson 制度,将树胶价目从每磅六先令抬高至一镑半。Halasi, p. 260.
　　㊲　R. I. McFall; "Balance between agriculture and industry" The Annalist, Nov. 7, 1921; "Economic Studies," *Business Conditions*, No. 10, July 7, 1923.

月工夫在欧洲旅行六千英里,携回一百处的标本二百五十种。㊳

中美商业的趋势

战后欧洲农业的恢复,较速于工业。此时已无尽量接受美国农产的能力。㊴ 美国出口的农产自然有转向他处的必要。于是合作社设法节省成本和运费,竟将美国农产运过太平洋,来和亚洲土产竞争。三年前加立福尼亚州所产的米百分之七十销售于日本。㊵ 现时中国各大城亦常见美国的橘子、柠檬、苹果,和葡萄干。这就是他们农民合作社的好成绩。

"世界经济通讯"(Weltwirtschaftliche Korrespondenz)的编辑哈赖细先生 Dr. A. Halasi 说,近年来美国经营出口货的资本家极注意中国市场。现时中国进口货百分之五十至六十是从美国来的。㊶ 战前美货径来中国者占进口总额第五位。中国货径往美国者亦占出口总额第五位。今从第五位都已升至第三位。阅左列二表,当知进出口货增加之神速。㊷

(甲)美货进口举例

		民十	民十一	民十二
大麦	担	三二六	四、三九八	六、四六一
	关平银两	四,二二二	二〇,九九四	三二,六五〇
小麦	担	七二,四八一	八〇〇,八二七	二,〇一〇,六九〇
	两	二七一,三九五	二,八〇七,七〇一	六,九三五,九三八
面粉	担	二四〇,五四六	一,九八四,二五九	三,五〇二,六五六
	两	一,〇七四,九五七	九,一四七,四六三	一六,三六九,二五九
干果	担	六,〇七七	七,四一四	二九,六五九
	两	一二七,六三六	一九四,四四九	六四二,四六九
鲜果	担	八,一四六	七,九六三	一五,九三六
	两	二二一,三六九	二一九,八八三	二八三,六六八
烟	关平银两	四一八	三,九〇九	六,四九九
纸烟	千枝	六,二八五,七一四	八,〇〇三,一三九	八,一九七,一五九
	两	一七,六〇〇,〇二七	二一,四三一,九八〇	二〇,七五二,〇三九
罐头炼乳	担	三一,八四三	三七,六九二	四四,七一七
	两	八七五,一七四	九六六,一四三	一,〇四七,三七五
新鲜花卉	关平银两	一,三〇〇	一,三七〇	二,七〇一

㊳ Christian Science Monitor Boston, April 15, 1925, p. 5.
㊴ Press Statement by the Institute of Economics Wash., June, 1924
㊵ Annual report, Rice Growers Association of Calif., Sacramento July, 1922, p. 10
㊶ Halasi, p 254
㊷ 据民国十二年海关进出口统计。

（乙）国货赴美举例

		民十	民十一	民十二
锑砂	担	一〇,三〇六	一二,三四八	一七,一一七
	两	二八,一六四	三六,〇五四	七八,八三五
古玩	两	三〇五,六六三	三五九,五八〇	五三四,〇八一
猪鬃	担	一六,五二五	二八,四七〇	二七,七七四
	两	一,七九五,六五八	二,九六九,六〇〇	三,六八五,二五七
樟脑	担	五,七九三	六,四三七	八,五八〇
	两	五〇九,一一六	五八三,八三六	七九五,六二三
马鬃	担	五,一〇四	六,九六七	七,九四七
	两	二一六,四一三	二八四,二九二	三三七,九四一
他种兽毛	担	五三	三八九	四〇六
	两	一,〇五八	一〇,六二四	八,九九二
头发	担	二,九二九	五,五八九	一一,四二三
	两	五九,〇三二	一二八,八六三	二九六,七一七
肠子	两	四二九,二六五	八〇六,四三六	二,三六六,六六九
废棉花	担	七二八	六,九六四	一九,四四八
	两	二,八三〇	三五,〇一八	一〇四,九三一

中美贸易的新趋势，即美国农产与中国原料的交换。处此门户已开放，关税非自主的时局，美产竟不难敌国产。试问吾将何以农业立国！

治经济思想史发凡[*]

萧纯锦

近世研究经济学之趋势,大概言之,德国人注重经济史,英人专注于纯粹之经济学理,惟法人注重经济学说史,即思想史。凡法国大学之经济课程,于经济学史一课程,咸特别注重,在各大学内,于法学教授会内,常另设经济学说史一讲座,专任其事。凡博士学位之试验,必另备试卷,以考验学说史,往往必须于学说史确有相当之了解,考试及格,始能获取学位。如索瘿勒(Sorbonne)仅有一经济教授,其所授者即为经济学说史,又如高级学院(Éçole des Hautes Etudes)新添之讲座,亦然。

英,法,德三国之各有偏重,颇类于智识上之分功。英国为斯学所发生之地,又为工商发达先进,举凡生产,分配上之种种问题,纷然并陈,谛观详析,演为学理,固亦有其理由。至于法国所以特重学说史者,盖由于法国民性,多重理想,不如德人之重事实。重事实者往往以为学说,制度,不过为一代事实之反映,故每主张历史研究法,或惟物的历史论,此说亦非尽诬,如欧洲中世期,因商业发达,与货币交易之通行,其经济情形,即大生变化,于是遂生价值,及利息等种种新问题,而思想即渐脱离于禁欲苦行之主义(asceticism)。近世因资本生产制之发生,求佣阶级之存在,经济问题之面目,既与前此不同,而吾人之观察点,亦遂顿易地位。故知十六十七世纪以来,商宗干涉之主义盛行者,则以其时正当各国分立之局新成,与君主权位之勃兴也。十八世纪农宗放任之主义起于法者,则以路易十四而后,网密刑峻,民生憔悴,赋敛无艺,所生之反动也。乐观学说之盛行于美,则以美为新辟国,天产富厚,力役之食报常渥也。国家主义之独著于德,则以德国逼处强邻,久受分裂之祸,统一而后,经济之植基方新也。

经济环境之势力,纵在极抽象之经济学者,亦不能幸免。学者所用以推论而阐发者,不离乎一时代之经济事实。其所以腐心焦虑以谋解决之问题,往往即为一时代关系民生国计最重要之问题。此项问题,既因时代,或地域,而有不同,故学者之立说,亦各有其特重之方面。此如,李嘉图固世所称为抽象之经济学家也,然其论地租及工佣,则纯根据于十九世纪初期当日英国之情形。即其讨论纸币发行问题,亦即为当时币制紊乱,银行钞票跌价而发。西士满的(Sismondi)及马克斯(Marx),

---

[*] 本文原载于《科学》,1925年第10卷第1期,第43—58页。

均以演绎之法,为其社会主义之论理者也,然其倡为此等论调,则因自机械发明而后,工厂发达,无产之劳动者成为特殊之阶级,市场扩张,供求失其调和,而致恐慌之迭现,蒿目一时之疾苦,有感于心,故著为愤世激烈之论,即如今日经济学者所发挥之独占说,亦未尝不由于近代托辣斯之盛行有以致之。故谓思想者,为一时代所产生之赤子(zeitgeist),决非过论。

复次,思想之变迁,固不限于时代之悬隔。有时虽在同一时代,使其处境不同,而运思之趋势辄亦不能一致。此如英人夙主个人主义,凡事均不喜社会之干涉。自亚丹斯密而后,此主义之应用于经济者,几已成为举国恪遵之国是。然而英人一涉足至澳洲及新西兰,则其思想顿异,凡资产之可以国有者,几于无不国有,营业之能由国营者,亦几于尽为国营。同一英国人也,而一至澳洲,则凡百设施皆采社会主义。目今全世界谈个人主义者,固推英国为先河,而论社会政策者,则以澳洲为巨擘,思想之系于环境也如此。次察美国经济发达之历史,与美人主张之变迁,亦可证事实与思想之影响。当英人殖民于大西洋沿岸时,地瘠人稀,生产不易,则咸冀国家之扶掖。及迁至密西西比流域,沃壤千里,天产丰厚,则顿乐自由放任个人独立之教。南部业农,而宗自由贸易,及工业发达,而亦求保护,环境之支配思想也又如此。夫孰谓谛察事实,研究历史之非当乎。

虽然,仅执事实一端,亦不能尽究学说之原始,此在社会政治学已不尽然,其属于纯粹科学者,更不论矣。理想固不能离时代与地域而独立。然在同一时代,同一情境,亦常有极异,甚至相反之学说,如塞(J. B. Say)之与西士满的(Sismondi)、巴司希(Bastiat)之与蒲鲁东(Proudhon)、德理慈(Schulze-Delitzech)之与马克斯、倭叩(Francis Walker)之与乔奇(Henry George)。又如在法国,则历史派与顾尔乐(Cournot)之数学派并世而生。而"界际效用说"(theory of marginal utility),且在三四国中,同时为学者之所倡导,如英国之吉冈思(W. S. Jevons),奥国之孟额(Menger),法国之瓦拉斯(Walras),及美国克拉克(J. B. Clark)等。环境不同,而殊途同归,固不得谓思想尽与事实有关也。反之,事实不仅不尽能为学说之因,且往往有为学说之果者。如顾尔乐所谓经济学者之势力,其影响于一时代之事实者,初不减于文法家之影响于文学之发达云云。其说虽未尽然,然观于农宗学说之影响于法国共和初年之财政改革,亚丹斯密学说之影响于欧洲各国之与经济组织,马尔萨士(Malthus)著作之影响于1834年英国济贫法令之改革,李嘉图货币论之影响1844年英伦银行条例之颁布,又如1860年英法商约之于曼乞斯特学派(Manchester School),及近世劳工立法之于国家社会主义,其间均有渊源可寻,固不能谓为毫无因果之关系也。然则综集历来之思想,原始要终,推究其影响得失,又胡可已乎。

经济思想史一科,专述经济学说发达之往迹。大凡学说之倡导,其初常甚粗率,或极谬误,必经几许磨炼与研究,而后渐次成立,故经济思想史者,自其大部言之,即不啻经济之谬说史。披沙拣金,虽亦往往有获,然追寻故纸,所得甚微。劳功其不相偿乎。法人塞氏（J. B. Say）尝谓，"研究从前早已推翻之谬说误解，究何所用，追索钻研，亦仅足资学究之饾饤耳。学问愈完成，其历史愈简短。阿伦伯（Alembert）尝言，凡学说所见愈真，则由此所发生之谬说误解，愈不容虚费光阴，其说良然。吾人之责任，对于已往之谬说，不在恢复之，乃在遗忘之耳。"（Traité Pratique, Vol. II, p. 540）。

塞之说未免趋于极端，为吾人所不取。孔底约（Condillac）谓，"凡欲于求真理有进步，须知他人力求博识如己者所会犯之谬误，此为最要"。此与吾国温故知新之旨相合，允为学者所应奉为圭臬。研治古人之谬说，纵为鉴往知来，避免覆辙，犹当为之。假如斯宾塞尔（Herbert Spencer）所论莎士比亚诗，谓凡谬种之中，莫不有真理之胚胎"There is no species of error without some germ of truth in it"之语，非诬，则对于已往偏颇不全，甚或谬误之学说，更有研究之必要矣。凡人于一种学说之渊源，与倡导阐发之者所会陷之谬误一无所知，则常不能确知其学说之真正价值。盖真理之取得，若为偶来，而全不识其推求阐发者所经之甘苦，则亦何异于幸运者之偶拾窖藏，未经劳力，悖入者终必悖出耳。

惟有应注意者，史学（history）与古典学（antiquarianism）应有区别。经济思想史之所研索者，乃历代风靡一时可以左右当世行之思想，藉以揣知现在学说，与制度之根据，并推测其将来变迁之趋向，原始要终，求其一贯之理，故属于史学之研究，若仅识前言往行，既然无别裁，亦鲜联缀，以琐屑为博洽，以隐僻为奇诡，此则属于古典学，诚应为塞氏之所讥也。

研究经济学说史，有祛去成见（dogmatism），减少拘执（prisorism），及墨守一说（doctrinanism）之弊，所谓屈步之虫，循条失枝，牛羊之目，但见方隅，学者之弊，往往若是。学者探讨，历代诸说，纷然并陈，起伏盛衰，各循其时，必进而推求其故，从可知学说制度，必无一时之生计情形（即生产消费之情形），有因果关系，由是可见无论何种经济学说，皆具有若干真理，而无一种学说可谓为完全无缺，更可知世界无一种可以普遍适用之学说，放之万国而皆准，推之百世而尽利也。学者既有此种澈悟，则凡研究一问题，必一洗拘虚篇时之见，虚心体察，谛审当时事实，发为新理，而不至师心武断，强纳事实于旧说之公式中，为削足适履之举，且对于已往之学者，亦能知人论世，不至妄加讥评，而对于异说争鸣群言庞杂之今世，更能自具见解，不至茫然无主，为横流之所汩没也。

大凡一时代之思潮，其始发现，均非偶然，潜研冥搜，莫不有其渊源，特有时潜伏，易为人所忽耳。故治思想史者，历勘诸家学说，上下数千年，将见各时代之思想，虽显晦不同，要皆有其一贯之线索，决不至于断章取义，妄逞臆说、此说虽不无异议，"如倭铿（A. Oucken）国家经济学原理（Geschichte der National Ekonomie, pp. 15, f.）"然其一贯之理，不难证明。中世纪思想消极之现象，最为主张思想一贯者所难索解，须知此皆纪述者言之过实，实际中世纪清静无为之中，亦自有其积极之哲理。且此时期，亦不能谓为历史中断。往日希腊思想，关于利息，共产主义，自然哲学,及其他经济事项之见解,固仍存在,驯至相承不绝。由中世以传于今日。此如法国农宗学者(physiocrates)重视土地,及天道仁惠之见解,皆溯源于柏拉图及亚理士多德派之学者,其后镕铸于罗马法,而阐明之中于中世之学究派哲学(scholarsticism),戛司勒(Quesnay)经济图表(tableau economique)中所引用之成语,多出自梭格拉底,及柏拉图之法律论(laws),即其明证也。亚理士多德曾论货币不能生产,而目贷资取息为不公,中世纪之学究派重申其说,即至1690年之商宗学者,亦犹以应否取息为一时聚讼之问题。徐乐丰(Xenophon)之著述,自商宗学者之德扶轮(Davenant),以及劳兜德尔(Lauderdale)。几于世无有读者,茜雪罗(Cicero)对于分功之意见,实迳采自柏拉图与徐乐丰,而哈企荪(Huteheson)又采自茜雪罗,亚丹斯密之说,则又胎息于哈氏者也。又如"工资价值论"(labor theory of value),在商宗派学者如威廉培德(William Petty),即有"力役为生财之父"之语,其后亚丹斯密与李嘉图咸宗此说,至近而为社会主义之要义。又如库房派(Kameraalists)财政论者,实出自罗马之民法(Corpus Juris Civilis),德国之经济学者,常倾向于法理论者,所以其讬根于库房派也。又马尔萨士人之口论,多采索伦弗尔(Sonnenfels)之说,索氏则继承徐士敏尔克(Süssmilch),徐氏则又读培德之书者也。是知巨浸洪流,必有渊源,微言精义,皆有所自。今日欧美之思想,追溯于希腊,而希腊之哲理,又往往渊源于更古之东方。且以基督一教,而常与西人之经济思想有无形之影响。由此以谈,学者果能潜搜冥索,将见不惟古今思想一贯,即泰东泰西,亦有线索可寻,人同此心,岂虚语哉。

  复次,研究一科学之历史,实于治该学有莫大之价值,前已言之,而经济学尤甚。盖经济学之范围与性质,常不甚明晰,学者之主张至今犹莫衷一是故也。研究经济思想之人,即知经济学与伦理学,法理学,哲理学,群理学(即社会学)等,同为社会科学中之一员。其所探讨而研索者,系人类在社会中谋生之活动,而与其他社会科学之讨论人类,及足以影响人类谋生之方法与行动者,咸有关系,未可截然独立也。就常人眼中观察,伦理学与经济学,宜乎迥不相侔。然而就字义言,亦可知其相关之点。说文"贤"、"宾"(注:所敬也)之字,皆从贝,"美"、"善"之字皆从羊(注:羊在六畜主给膳也,美与善同意,徐铉等曰,羊大则美),而"贵""贱"之字咸起于物价之高低。又如英语谓有用之物为 good(译言"货"),而 good,即为善恶之"善",无用之物不为"货"。在英语往往谓之"无善足称"(good for nothing),可见东西字义,伦理之观念,常起于经济上之利用,不期而同,有非偶然者矣。大凡不经济之事,在伦理上即为谬误。如奢侈非经济,而伦理亦认为恶德。又伦理所訾议之事,经济原则即不能充分适用,此在近日主张国家干涉论调之时,尤为彰明较著也。经济学与伦理学之关系如此,其与他科尤为显明,无取多喻。故经济学者如欲其学之切于实用,必深知经济学与他种社会制度离合之点,乃可识其适用之范围,而不至于惝恍迷离,失之歧途,此则莫善于研究经济思想史。盖当学术初萌之时,所有诸社会科学,混沌未分,总为一科,而经济之学,在昔更无独立之迹象,其后诸科昌明,发荣滋长,始各渐分离,而经济思想乃为专门之学。然追溯其分析之迹,即可知其彼此相互之关系。世运循环,物极必反,学术亦然。因前此析之过密,学者往往约而鲜博,囿于方隅。而昧其全体,近日乃又感综合研究之必要,庸知他日又不将感情,欲望,财产,家庭,国家,公道,法律,诸观念,集合为一种学术上评价之基础。此议法人孔德(Auguste Comte)已发其端。然则研究经济思想,以广学者识见之范围,又宁可忽耶？

经济思想史,与经济学史微有分别。后者为一学科之历史,盖各种经济之思想,已进为有系统,有组织者之历史也。前者则无此限制,凡思想之表示,不必有联属,苟属于经济者,不问其因何而发,皆得联比而述次之,以为一时代之经济思想史。故思想史之范围,较之经济学史为广漠,如巴比伦人有利息质剂之观念,菲利基人有通商及汇票之思想,希腊人于分功已有论列,皆不得为经济学史所托始然在经济思想史,则凡此单辞片义,皆不容或缺也。

经济思想史,大概言之,可分为三大期,(一)上古,(二)中古,(三)近代。前两期包括希腊,罗马,以及中古一时代,其时之经济状况,多系自给,市易未盛,而货币易中之术不进,其所以资学者观察及讨究之现象既寡,重以伦理及宗教观念尚义轻利,重精神之修养,而耻物质之生活,故经济思想,甚为简陋。即偶有单言片语,于经济事项有所论列,亦散见于伦理,宗教,政治经济论说之中,而无一贯之系统,无严密之界划,使成为独立之科学。衡以近世眼光,自不免于肤浅泛略,犹蒉桴土鼓,与椎轮之于大辂也。盖凡社会之学,在诸科学中最为奥赜难穷,其发达常在诸科学之后。此其故盖有二端。第一,社会科学所探究之对象,为人类集成之社会。必社会之现象已经发达至某种规模,其举措动作,有迹象可寻,其原因结果有先例可征,足以为观察比较之资,而为归纳研究之基础,亦如建屋者之必须先有材料也。第二,观察之事实虽具,而观察之者。更必须具有相当之训练,始能胜观察之任,此如建屋者之必须有富于工程学识之匠氏,而后樽栌根闑,得以因材成室也。在昔学术未兴,穷理格物之术未盛,常人昧于事物之因果,辄委为神道或不可私议之玄想,学者操术不工,此时自难冀其于社会学独能为极有系统之研究,换言之,必须各种简单之科学如天文,物理,数学,论理,生物等学,先已发达,资之以必要之学理,佐之以研究之方法,而后社会学始有发达之可能也。经济之学,为社会科学之一种,其理亦不外是。上古及中古时期之经济思想既与伦理,宗教,政治诸观念混淆。故其言物价,辄持客观公平价值之论。而其施于政令者,亦以达此公平之价值为目的,是为此时期之特色。

及封建破坏,国家勃兴,市易发达,而货币盛行,于是商宗之说,应运而生。其所论者,大率为国家谋富强之政策,如对外贸易,贸易差额,殖民制度,及租税征收之方法等,实际问题。此外于银行,币制,人口,等等,举凡于经济有关之问题,亦多所论列。虽各因事立说,鲜具系统,然而罗举事实,悉极精详,实开近代经济学发达之始基。

商宗学者，鹜于富强之说，于是设为繁苛讥征之制，令严法杂，人民病于束缚驰骤，而工商困于阻碍抑塞，物极必反，适其时之社会哲学主于放任无为，而农宗自然之教，遂继踵而起，意财富出诸天，农业为民生之本，放任顺乎天则，而繁法适以自扰。其立说欲就社会财富之周流，制为共通之义理，以别于法理，伦理，政治，诸义而独立。于是经济思想，乃具科学之雏形。农宗倡于戛司勒，戛固精于解剖医理之学乃以解剖科学之理，施之以治社会学者也。

亚丹斯密生当学说阐扬之后，据农宗之成绩，集诸说之大成，匡谬救偏，融合诸说，著为《原富》。体大思精，辞瞻而核，于是经济学乃崭然为一科学，而斯密氏亦遂为斯学开山之祖。其所以异于农宗者，则以力役为财富之源，以消费为经济之的，而其所论经济学之范围，亦方之戛司勒、杜葛（Turgot）诸人为广，如言价值，及分配，且多有发前人之所未发也。自此而后，其学说风靡全欧，常称为"经典派"（classical school）。宗之者甚众。大要可分为三支，在英国者，为经典派之本支，以李嘉图为中心，合李氏之地租论与马尔萨士之人口说为其学派之根据也。其思想之规模，以价值论为主，谓价值之大小，决于产费之高下，而土地，力役，资本，分配之额，即视价值决定之原则。依其立说，三者之利害，常相冲突，故每流于悲观。在法者为自由主义（liberalism）派，以塞氏为领袖，于经济学之条例类分，多所发明。法国当十八世纪之顷，自然哲学之势力未尽去，故其思想之趋势，偏于理想，而成为巴司蒂（Bastiat）之乐观论。在德者为斯密派"Smithia nismus"，以饶 Ran 氏，倪比尼亚（Friedrich Nebenius），侯曼（Wilhelm Hermann），徐伦（von Thünen）等为之巨擘。德国学者因有库房派之背影，于国界及道德诸端，多所置重。其民情重实际而轻理论，故于李嘉图之学说，及其抽象分配之论，颇多异说，此其大概也。

经典派之学者，其流别虽有种种，往往因国情而有异同。但就大体言，固咸有一致之哲理与方法，其主要之经济论理，亦皆相同。大概言之，经典派之哲理，均主惟物之功利主义（materialistic utilitarianism）及个人主义，崇尚有形之物质，重视个人之自利，而以自由竞争为可达天然美满之结果者也。经典派之方法，皆采抽象之演绎法，一义之立，往往以为可以行之百世而无伪，放之四海而皆准。其言价值，常就客观之交易价值立论，而忽视主观之效用，以价值为产费所构成，而昧于国富与私财之分，以社会幸福视货财之多寡，故竭力以奖励生产，不知界用之观念，故常不悟其立论之界划。其论生产，则分别土地，力役，资本，为三要件，极论土地与耕界（margin of cultivation）之重要，常右资本而左力役，其最为近世之言社会主义者所诟病者亦以此。

当经典派于其所持之哲理，所用之方法，与所立之经济学说，沿袭阐发，凝成系统时，而持异议者亦遂纷纭烽起，如劳兜德尔，勒氏（Rae），西士满的等，之訾议公私利害之异趣，及效用与交易价值之关系，一也。如德国学者李司德（Friederich List），缪莱（Adam Müller）等，之抨击世界主义与自由贸易，二也。如乌邦社会主义之圣西蒙（Saint Simon），阿文（Owen），符离叶（Fourier），及科学社会主义之马克斯,与安格斯(Engels)之诋排个人主义,而主张个人间分配之公平,三也。又如英之姜丝(Richard Jones),法之孔德,及德国历史派(historical school)学者,若罗士杰(Roscher),希尔德布伦(Hildbrand),克尼斯(Knies),祁穆勒(Schmoller),夏弗尔(Schäffle)等之非难其研究方法,与立说之武断,四也。

弥勒约翰(J. S. Mill)以旷世英才,幼承庭训,浸润于经典派之义理,然值旧说分崩析乱之际,复濡染于社会主义之说,虽集旧说之大成,而实依违于新旧之间,经典派之败征已呈。重以"工资基金说"(wages-fund theory)之推翻,而日就零落。福塞(Fawcett)开尼司(Cairues)继之,犹守旧派壁垒,然而强弩之末,经典之式微已不可复振矣。

1871年之顷,在经济思想界异军特起者,厥为"界际效用说"。几于同时为吉冈思,孟额,瓦拉斯,所倡导。因奥国学者自孟额以下,如尾生(Wieser),萨克斯(Sax),邦波德(Böhm-Bawerk)诸氏,咸苦心孤诣,本其说以推阐各项经济学理,故常称之为奥国派(Austrian School)。当十九世纪,正历史派盛倡归纳实验之际,而奥派则犹袭用旧日经典派演绎抽象之研究法。论者每谓为倚伏盛衰,物理循环,固有然者。经典派之言价值,每注重供给,或供给之情形,认产费决定价值,而价值之原因与最后之计量,辄视力役之牺牲,与所费之苦感。而奥国派则以效用(即消费所得之快感)为价值之原因,亦即为价值最后之计量,其所置重者为需求,认价值决定产费,而非产费决定价值,故其结论,谓资本之价值,由于其所制成之出品,而非能予出品以必需之价值,因之该派以消费人为经济学研究之中心,一反前此经典派特重资本主之见。时人每方之为"经济学说之复兴"(renaissance in economic theory),其立说之重要可见一斑矣。

以调和奥国派与经典派之思想自任者,为马夏律教授(Prof. Alfred Marshall)。马氏以为价值之决定,供给与需求,产费与效用,资本主与消费人,均不能有独占之影响。经典派如李嘉图之议论,虽偏重供给与产费,然未尝全忽视需求与效用。需供之关系,如剪之有二刃。物之受剪者,固不能谓为由于任何一刃之功而他方可以无与价值之成立,如桥穹之于拱石(keystone of an arch),其受载乃由于双方挤压之力也。故谓新旧学说实相成而非相反,有彼此补充之功,于经济学发达之渊源一贯,其间固未尝有斩然破裂之痕迹也。奥派学者矫枉过正,虚张消费人决定价值之势力,其致误之道殆由于所据心理学之谬妄。马氏于新旧思想不能调和之处,辄左新而右旧,故有新经典派(neo-classical school)之称。近日英美德意之学者宗此派者颇多,甚足为旧派张目也。

综观上述经济思想发达之历史,虽未能详其错综变化之要点,而其递嬗演进之迹,亦可见一斑。思想之起伏盛衰,往往亦如生物之有生存竞争,一说之立,其始常以观察点之不同而立论互有轻重,继则渐见携二,终至于异说争鸣,而各有是非。及至门户之见既成,则入主出奴,而互为猛烈之攻评,结果或败者零落失坠,以至于消声灭影,或各有短长,经辩难切磋而去异就同,互相调和,另成一种新说,要之无论所取之途径如何,而优胜劣败,其思想之日趋于进化。则故无可疑也。学说以析异辩难而日进,以统一因袭而退化。治经济思想发达之历史,愈见厥说之不诬,论者谓汉武帝表彰六经,尊崇儒术,为中国学术致弊之一大原因,夫岂无故而漫为是说哉?

论中国民数

黎世蘅

愚尝认编审户口,较清丈地亩,其关于国民经济者,尤深且钜。七年前,著历代户口通论以行世,期在为政者能稍稍注意及此,并对于怀疑近代人口数量者,加以辩正。满念异日果有官书者出,得吾说而验之,抑亦甚幸!无如年来政局傥扰,维持现状,尚有所不遑,则此问题更谈不到矣。五六年前,曾见有内务部主办山西河南等省之户口统计,顾仍根据寻常官厅之呈报,似亦不足以昭大信。兹本前悱,再为推论,凡析为四条款。

一　历代编审失实与食盐估计方法之不足据

我国人口之有总数,远在三代。惟自来因循搪塞,视若故常,苟核以空间时间,未有不哑然失笑者。譬诸史称禹之时,户口千三百余万,迨周之成康,几于刑措,号称盛世,则民庶繁衍,当可想像,而维时天下之籍,亦不过千三百七十余万。是殆千余年间,丁口之数,无甚增涨,岂理之常?不宁维是,三代疆域,贡赋所征,西不度陇阪,南不逾汉淮,北不达于阴山之脉。若夫秦汉而还,幅员之广,并及陇阪西麓,五岭南峤,今所谓内地十八行省者,俱纳入范围,则人口之增,奚止倍蓰?而秦之户口,只千二百余万,汉高定天下,亦不能多所增益。至孝平帝时,民口为五千九百五十余万,诚可谓超越前古者矣,而光武初元,又减为二千一百余万殆耗去三之二。殆夫三国鼎峙之际,天下之户,仅百四十余万,口七百六十余万,纵有兵燹供役之繁,毋乃过甚?比降六朝,混南北言之,户不过五百余万。唐之贞观,海宇澄平,史所艳称,而户不满三百万。更经天宝,虽复旧观,民口之众,称五千二百余万,尚不能比于汉之孝平。至于宋明,尤难征信。朝野杂记谓:元丰至绍兴户口,率以十户为二十一口,以一家止于两口,则无是理。然则自来编审不翔实,彰彰显甚。因此,自咸丰元年四万万之说出,而不能令人无疑,多不过在二万万三万万之间。案此论西人倡之最力。其唯一根据,大抵以东方人食盐之量为验。据称华人日费四五钱,约年费十斤左右,而我国盐之消费量,年合私盐计之,约二十六亿斤。以此推算,略如下表:

---

* 本文原载于《北京大学社会科学季刊》,1925 年第 3 卷第 1 期,第 25—35 页。

盐名	行盐区域之食盐消费量斤	行盐区域之人口推算
长芦盐	二八九,一二三,六五〇	二九,八一二,三六五
山东盐	二六三,九一二,四八〇	二六,三九一,二四八
河东盐	一六一,一一五,三二三	一六,一一一,五三二
两浙盐	一三四,六四〇,〇〇〇	一三,四六四,〇〇〇
福建盐	一三二,七八〇,〇〇〇	一三二,七八〇,〇〇〇
广东盐	三四二,一五二,八五五	二四,三一五,二八五
甘肃盐	一四,四九五,一六五	一,四四五,九一六
蒙古盐	四〇,〇〇〇,〇〇〇	四,〇〇〇,〇〇〇
两淮盐	七八八,七〇〇,〇〇〇	七八,八七〇,〇〇〇
四川盐	四六九,四八七,二二〇	四六,九四八,七二二
云南盐	五四,〇〇〇,〇〇〇	五四,〇〇〇,〇〇〇
合计	二,六〇〇,三七〇,六九三	二六〇,〇三七,〇六九

是据上表,我国人口仅有二万六千余万,持与咸丰元年之数较,抑何差远!虽然,愚意近世测计人口方策,固有根据棉花或食盐之消费量,以为准绳者;但此究系估量,近于笼统。况我国行盐,积弊深锢,其公表字面,殊不足据,以此为衡,岂非以谬缘谬也耶?

二　近代人口数量陡涨之原因

上所揭述,怀疑者之论,固不足为谳;而要其所以为此论者,盖有鉴于近代人口之陡涨,衡以旧来惯例,相去弋远。案清初至于雍正,其丁口之数虽较涨,而其率甚徐。大抵自康熙九年至三十九年,三十年间户数增益,不过百之五。自雍正八年其数又稍旺,犹不过十之二五。自乾隆六年以后,其数陡长。更自嘉庆二年至咸丰元年,五十五年间,人口由二亿七千一百万为四亿三千二百万,实增十之九三,无惑人之不信也! 吾人试推其故,诚亦有由:乾隆以前,有口赋丁银之征,民皆以身为累,每遇编审,官民皆报实数以下,此其一。雍正朝丁银摊入田亩,高宗更意在矜夸盛世,超越皇古,老弱男妇,俱在编审之列;并督率疆吏,务核其实,一埽具文敷衍之风,此其二。观乾隆四十年上谕,略谓:从前历办民数册,如应城一县,每岁报滋生八口,应山枣阳报二十余口,及五六七口,岁岁滋生数目,一律雷同。各省岁报民数,用以验盛世间阎繁庶之征,自当换年确核,岂有一县之大,每岁仅滋生数口之理耶? 可见地方有司向竟视为具文,而历任督抚亦认其随意填造,不复加察。似此率略相沿,成何事体? 是乾隆以往,编审不实,于兹可睹;而乾隆之能实事求是,更不难想见矣。

故盛百二尝云:编审之时,百姓恐及差役之身,并户减口,平时按籍,常见其少。不幸天灾流行,朝廷有大恩恤,计口颁给,则数又骤增。于是编审试恤之二册,自相矛盾,虽有才能,而亦无所措手足。他如章太炎《訄言》论中国民数:夫自汉平帝元始至于康熙,千七百年民数不相越。及乾隆之季,相去才八十年,而民增十三倍,此何说也?自康熙而往,上蔪秦汉,民皆有口赋,则民以身为患,虽有编审,必争自匿矣。有司惧负课会计,其数又十而匿三四。口赋既免,贫优于富厚,游惰优于勤生,民不患有身,虽不编审,而争以其名效于上矣。故乾隆之民数增于前十三倍者,向之隐窜伏匿者多也。斯诚言之能得其症结者。

三 助长人口之传统的观念及其特殊奖掖方策

自来丁口编审,既多失实,近年仍无专门机关,确切调查,以树大信。于是怀疑者流,议论岐出,固亦应尔。惟吾人根据古昔史实,敢断其对于人口增殖,裨补极钜。盖自古为政,莫要于得民。故叶水心曰:为国之要,在于得民,民多则田垦而税增,役众而兵强。昔者商鞅所以坏井田开阡陌者,诱三晋愿耕之民,以实秦地也。汉末天下殚残,而三国争利,孙权收山越之众以为民,至于帆海绝徼,执岛居之夷而用之。诸葛亮行师,号为秉义,不妄虏获,亦拔陇上家属,以还汉中。然则因民之众寡,为国之强弱,自古然矣。若夫孔子告樊迟之言,亦以庶为先,富教为后,举足见古者以多民为重之验。兹更就助长人口之两大基因,条述如次:

1. 关于传统的观念者 国人以婚姻为蕃殖族嗣,使祖宗血食不致中斩,为唯一旨趣。故管子九惠之教,而合独居一。《周礼》以荒政十有二聚万民,而多昏亦其一科。

他如女子无子,为七出之一;不娶无子,绝祖宗祀;不孝有三,无后为大;此其观念,助长人口增殖,最为刻深。近顷《字林西报》论中国人口问题……至于东方人口,则无限制,增加更速。如中国人口多至四万万,人人抱为祖宗传代之观念。又谓:

今者华人正从西方学限制生育之法……节制生育之学说方法,信奉者徧于全国,旧家族伦理观念,已完全破坏云云。然此问题包涵至广,殊未易下断语。吾人以为今尚有一疑问,即中国人历代相沿崇奉已死之祖先,视幽明为一体,因而有种种祭祀仪式。此种信仰维系其民族已数千年,今岂易为外国势力所破坏乎?故中国人口殆将有增无减。案斯种观察,不为无见。试问国人之澈底奉行生育制限者,能有几何?其被于传说观念所薰陶者,戢戢皆是也。

2. 关于特殊奖掖方策者 汉律女年十五以上至三十不嫁者有罪,罚出五算。(赋钱一百二十为一算 五算赋钱百六也)而产子者或二岁之间免役使,或复三年之算。怀妊者与胎谷二斛,复其夫。汉贾彪为新息长,郑浑为邵陵令,民有子不举者俱禁,因得而养活者千余以上,为史所艳称。又昔者越王句践栖于会稽,恐国人不蕃,令壮者无娶老妇,老者无娶壮妻。女子十七不嫁,罪其父母,丈夫二十不娶,罪其父母。生丈夫,二壶酒,一犬;生女子,二壶酒,一豚;生三人,公与之母;生二人,公与之饩;此世所称为十年生聚十年教训是也。夫句践虽志在报吴,故操之尤切;而自汉以后,奖进人口为施政大端,诚亦有足睹者。

四　人口总数至少在四万万以上

四万万之数,乃根据咸丰元年调查,(据东华录为四亿三千二百十六万四千四十七口)而距今七十有四年矣。光绪朝无详审纪录,其十三年因编纂会典,征各省民数,凡合奉天,吉林,山东,山西,河南,江苏,江西,福建,浙江,湖北,湖南,陕西,新疆,四川,广东,贵州诸省之数,已达三亿二千七百七十六万九千九百二十口。其不明者,直隶,安徽,甘肃,广西,云南诸省之数,当又超越四亿也。其庚子事变后,清廷公布于列国之数,合本部十八行省为四一七,七三五,二七一口,合东三省及蒙古,新疆,西藏,青海等等为二二,二一二,〇〇〇口,统共两数为四三九,九四七,二七一口,亦在四亿以上。兹更将其各省区之数,分别揭橥如下:

地别	人口
直隶	二〇,九三七,〇〇〇
山东	三八,二四七,九〇〇
山西	一二,二〇〇,四五六
河南	二五,三一六,八二〇
江苏	二三,九八〇,二三五
安徽	二三,六七二,三一四
江西	二六,五三二,一二五
浙江	一一,五八〇,六九二
福建	二二,八七六,五四〇
湖北	三五,二八〇,六八五
湖南	二二,一六九,六七三
陕西	一八,四五〇,一八二
甘肃	一〇,三八五,三七六
四川	六八,七二四,八九〇
广东	三一,八六五,二五一
广西	五,一四二,三三〇
贵州	七,六五〇,二八二
云南	一二,七二一,五七四
东三省	一二,〇〇〇,〇〇〇
新疆	一,二〇〇,〇〇〇
蒙古	二,五八〇,〇〇〇
西藏	
青海	六,四三二,〇〇〇

迨及民国，其七年海关报告人口之数，为四三八，四二五，〇〇〇口，亦仍在四亿以上。兹更据其十一年邮局报告人口总数，列表如下：

地别	人口
直隶	三〇，一二七，〇九二
山西	二，一一四，九五一
山东	三〇，八〇三，二四五
河南	三〇，八三一，九〇九
陕西	九，四六五，五五八
江苏	二八，二三五，八六四
甘肃	五，九二七，九九七
安徽	一九，八三二，六六五
湖北	二七，一六七，二四四
湖南	二八，四四三，二七九
福建	一三，一五七，七九一
江西	二四，四六六，八〇〇
浙江	二二，〇四三，三〇〇
四川	四九，七八二，八一〇
广东	三七，一六七，七〇一
广西	一二，二五八，三三五
云南	九，八三九，一八〇
贵州	一一，二一六，四〇〇
新疆	二，五一九，五七九
奉天	一二，八二四，七七九
吉林	九，二五八，六五五
黑龙江	四，〇一四，六一九。
北京	
上海	五，五五〇，二〇〇

据上表，是其数共为四万三千六百〇九万四千九百五十三口，而蒙古，西藏，青海等区尚除外；苟统共计之，又奚止四万万以上而已耶？矧邮局报告，斠诸海关，似为详审。果尔，则四万万以上之说，诚为我国民数之最小限度。肆为臆测之谈，其亦不攻自破矣。

最初华番茶马贸易的经过

黎世蘅

一

最近看了同事陈翰笙先生所著的《最初中英茶市组织》(见本刊前一号),乃缘类联想,选了这个题目。至于题中所谓番者,乃括有今甘凉以西及青海、西藏等处,即古氐羌诸种人所在地。现在为说话便利起见,有不得不袭用历史上所惯用的这个称呼。特地先在此申明一下。又题中所谓最初的话,不用说是追求华番茶马贸易的原始时代。那末,照历史上考究起来,正式的交换,总莫先于宋,而明代更加推广罢了。所以本论文里面第一段述西番种人对于茶的需要,第二段述中国从来对于马的需要,而第三段就述宋明两代关于茶马贸易的组织。

西番种人向以牧畜为生活本据,因此,饮食资料多限于动物性,这是不用说的事。我们读《宋史职官志》"元符末,程之邵言,戎俗食肉饮酪",与明史食货志"番人嗜乳酪,不得茶则困以病"等等的话,都说得很清楚了。他如《李陵苔苏武》书"膻肉酪浆,以充饥渴",也是因为匈奴与番俗有同样的嗜好。不过照生理上说起来,常食动物性食品的人们,于血液循环上有极大的障碍,必须赖有植物性的食品以资调节。那末,茶为植物性的饮料,他们见着当然没有不竭诚欢迎的。

上面说过,西番种人对于茶是很需要的,但是要知道茶是什么时代输入到西番? 势必将中国关于茶的来历,稍稍加以说明。有人说神农氏时,已经知道茶的功用,[①]这未免太附会了。大概从汉以来,茶饮的风习,已一天盛似一天。所以《僮约》里面有"炮鳖烹茶"与"武阳买茶"的话;而《张孟阳登成都楼诗》很羡慕扬雄司马相如的豪奢的生活,这里面也有"芳茶冠六情,溢味播九区"的话。我们于此便可窥见一斑了。可是话虽如此,一直到了六朝,虽南人对于茶的需要,有同酒食;而同时域外种人之凭临中土者,还没有这种嗜好。我们看北魏扬元慎对梁使陈庆之

---

[*] 本文原载于《北京大学社会科学季刊》,1925年第3卷第2期,第211—219页。
[①] 《本草》谓神农尝百草一日遇七十毒,得茶而解。

的话,②和《洛阳伽蓝记载》王肃奔魏的一段故事③便可以晓然于此中的过程了。自从唐以后,认茶为课税品,④而士大夫间竞以之作诗歌的资料。例如顾况的《茶赋》,温庭筠的《茶歌》,韦应物因园中生茶,并欢喜的了不得,作了一篇记。他如皮白休茶坞,陆羽的《茶经》,陆鸿渐的《茶论》,是更进而为专门的系统的著述了。又其时茶不单在内地是很普遍的,就是于国外边境,也渐能有相当的需要。据说回纥入朝,有以绢易茶的话,可算是一个显例。不过需要到什么程度?用什么方法去输出?史册上并没有何等明确的记载。所以由此看来,茶在唐代即使已经与外族产物交换也不过非正式的,偶然的;而正式的,经常的交换,总要推宋以后之西番茶马贸易。

二 中国从来关于马的需要

关于西番种人对于茶的需要,已经于上面述其梗概了。现在却说中国对于马的需要是什么一回事?大抵从汉以来对于马的需要是很迫切的。所以《食货志》说:"汉兴天子不能具醇驷,而将相或乘牛车。"也算是一个例证。又自武帝有事于朔漠,于是经一次征伐,而马匹即多一次死伤。所以食货志又说:"卫青比岁击胡,汉军士马死者十余万。""天子为伐胡,故盛养马,马之往来食长安者数万匹。""元狩四年大将军骠骑大出击胡,军马死者十余万匹"都足以见一斑。简单一句话,征伐最足以致马之死伤,而又非马不行。我们读《霍去病》传"自卫青围单于后,以汉马少故久不伐胡",就不难知道此中的委曲了。然则照此说来,中国以马匹缺乏而求之于域外,甚至因此惹起战争,也是历史上常有的事。读《西域传》"大宛国多善马,马汗血,言其先天马子也。张骞始为武帝言之。上遣使者持千金及金马以请宛善马。宛王以汉绝远,大兵不能至,爱其宝马不肯与。汉使妄言,宛遂攻杀汉使,取其财物。于是天子遣贰师将军李广利将兵前后十余万人伐宛,连四年。宛人斩其王毋寡首,献马三千匹,汉军乃还。"这竟是因需马的缘故,乃不惜兴兵动众,撕杀了好几年,结果获马三千匹,总算是很大的代价了。其后一直到了李唐的时代,除回

---

② 北魏中大夫杨元慎对梁使陈庆之言"吴人之鬼,住居建康,菰稗为饭,茗饮为浆。"

③ 《洛阳伽蓝记》卷三载"肃初入魏,不食羊肉及酪浆等,常饮鲫鱼羹,渴饮茗汁。京师士子见肃一饮一斗,号为漏卮。经数年己后,肃与高祖殿会,食羊肉酪粥甚多。高祖怪之,谓肃曰:即中国之味也,羊肉何如?鱼羹何如?茗饮酪浆何如?肃对曰:羊者是陆产之最,鱼者是水族之长,所好不同,并各称珍;以味言之,是有优劣;羊比齐鲁大邦,鱼比邾莒小国唯茗不中,与酪作奴。高祖大笑,因举酒曰:三三横,两两纵,谁能辨之,赐金钟。御史中丞李彪曰:沽酒老妪瓮注项,屠儿割肉与称同。尚书右丞甄琛曰:吴水浮水自云工,妓儿掷绳在虚空。彭城王勰曰:臣始解此,是习字。高祖即以涂钟赐彪。朝廷服彪聪明有知,甄琛和之亦速。彭城王谓肃曰:卿不重齐鲁大邦,而爱邾莒小国。肃对曰乡曲所美,不得不好。彭城王重谓曰:卿明日顾我,为卿设邾莒之食,亦有酪奴,因此复好茗饮为酪奴。时给事中刘镐慕肃之风,专习茗饮。彭城王谓镐曰卿不慕王侯八珍,好苍头水厄,海上有逐臭之夫,里中有学颦之妇,以卿言之即是也。其彭城王家有吴奴,以此言戏之,自是朝贵燕会,虽设茗饮,皆耻不复食,唯江表残民远来降者饮焉。"

④ 真元九年张滂奏立税茶法,郡国有茶山及商贾以茶为利者,委院司分置诸场,立三等时估为价,为什一之税,是岁得缗钱四十一万。茶之有税,自滂始也。

纥人每年驱马易绢而外,⑤中国内地所需名马,亦少有不是来自域外的。《唐会要》载"贞观二十一年八月十七日骨利干遣使朝贡,献良马百匹。其中十匹尤骏,太宗奇之,各为制名,号曰十骥。其一曰腾云白,二曰皎雪骢,三曰凝露白,四曰元光骢,五曰决波騟,六曰飞霞骠,七曰发电赤,八曰流金䯄,九曰翔麟紫,十曰奔虹赤。上乃叙其事曰:骨利干献马十匹,特异常伦。观其骨大丛粗,鬣高意阔,眼如悬镜,头若侧砖;腿像鹿而差圆,颈比凤而增细。后桥之下,促骨起而成峰;侧鞯之间,长筋密而如瓣。耳根铁勒,杉材难方,尾本高丽,掘砖非拟。腹平賺小,自劲驱驰之方;鼻大喘疏,不乏往来之气。殊色共枥,状花蕊之交林;异色同群,似云霞之间彩。仰轮乌而竞逐,顺绪气而争追;喷沫则千里飞红,汗流则三条振血。尘不及起,影不暇生,顾见弯弓,逾劲羽而先及;遥瞻伏兽,占人目而前知。骨法异而应图,工艺奇而绝象;方驰大宛,固其弩蹇者钦。"又"元和十一年正月,以讨吴元济命中使以绢万匹市马于河曲。其月回纥使献橐驰及马,以内库缯绢六万匹偿回纥直。"我们读这两段纪事,便可知道其时中国内地对于域外马之宝贵,并马之补充供给,少有不恃诸域外的情形。至其时诸番马种类,除骨利干马,回纥马,而外,还有悉密马,葛逻禄马,杖曳固马,同罗马,延陀马,仆骨马,阿跌马,契马,康国马,突厥马,俱罗勒马,苾羽马,余汲浑马,赤马,阿史德马,恩结马……等等。不过凡此诸马输入中国,究竟以何种因缘,是否与绢茶等品相交换,已无从断定了。其后五代时"后唐长兴四年十月,敕沿边藩镇,或有番部卖马,可报其良壮者,给券具数以闻。"是其时马匹买卖,诚为事实,惟其详细规定,也无从考究。

所以严格的说起来,只有宋明两代,确定茶马交换政策,在史册上很有可考述的罢了。

三 宋明两代关于茶马贸易的组织

甲 宋代茶马贸易的组织

宋初对于茶贸易采取自由放任主义,民间是可以自由贩卖的,所以《文献通考》有"商贾转致于西北,以敢散于夷狄,其利特厚"的话。自从熙宁年间采取独占主义,于秦州凤州燕河等地置茶马司,专门管理宋茶与番马交换事件。大抵自元丰六年西历一〇八三年以后,茶马比价约上马一匹值茶一驮。淳熙以后即西历一一七四年以后马价腾涨,虽下马亦值茶十驮,至于上马则非银帛不办,而茶简直是够不上了。试问这里面以何种因缘,致使茶马比价相去如此悬远呢?据说熙宁以来,

---

⑤ 大历七年八月,回纥使还番,以国信物一千余乘遣之。回纥恃功,自乾元后,仍岁来市,以马一匹易绢四十匹,动至数万马。其使候遣继留于鸿胪者非一。番人欲帛无厌,我得马无用,朝廷甚苦之,时特盈数遣之,以广恩惠,使其知愧。

所输出的茶,多是蜀茶的粗品。一直到乾道末年,西历一一七三年输出的多细品,于是番人贱粗而贵细,致使从前茶价锐减,一落千丈。但同时政府为补救计,乃有细茶输出之禁,吏部郎阎苍就是主张此说最烈的一个人。此外关于茶马交换的时期,初为不定期的,其后渐渐的改为定期的。例如洮州茶马司的交换期在五月,河州茶马司在六月,西宁茶马司在七月。至其所以由不定期改为定期的缘故,无非想起茶马需要供给的竞争,并交换事务之简捷罢了。再说其时马之输入额几何?据《宋史》建炎二年西历一一二八年约二万匹,乾道初西历一一六五年减为九千匹,淳熙初虽定为一万二千九百余匹,然事实上到底未能达到这个数目。我们现在若推究其所以逐渐减少的原因,就不外上面所述茶价下落的关系。

乙　明代茶马贸易的组织

明代茶马贸易的制度,与宋相仿佛,亦设置茶马司为茶马交换的唯一机关。其设置地方如碉门,黎州,雅州,筠连以及洮州,汉中,并秦州,岷州,河州,临洮,西宁,甘州,庄浪皆是。案明史食货志据说其时西方诸部落无不以马售者。碉门,永宁,筠连所产茶名曰剪刀粗叶,惟西番用之。又川人故以茶易毛布毛缨诸物,以偿茶课,自立课额,立仓收贮,专用以市马。

而洪武四年西历一三七一年诏陕西汉中府产茶地方每十株官取一株;无主者令守城军士薅种采取,每十分官取八分,然后以百斤作为二包为引,以解有司收贮,候西番易马。成化五年西历一四六九年令陕西布政司将金州等处茶课,自成化为始,仍收本色。其原折收银帛,候丰年收买茶斤,送各茶马司收贮,以备易马。由此看来,其时茶马贸易之盛,比较宋代,总算有过之无不及了。又上面所说各地茶马司是固定的。此外庄州浪州汉中等地,亦复置茶马司,但是其设定时期是有限制的,只限于六七两月,以营茶马贸易。兹将其时茶马比价列表如下:

年代	马别	茶量
洪武五年一三七二年	上马	一二〇斤
	中马	七〇斤
	下马	五〇斤
洪武十七年一三八四年	上马	四〇斤
	中马	三〇斤
	下马	二〇斤
洪武二一年一三八八年	上马	一二〇斤
	中马	七〇斤
	驹	五〇斤
弘治三年一八九〇年	上马	一〇〇斤
	中马	八〇斤

以上所举,不过是一个大量的比差。此外如洪武末年西历一三九八年用茶五

十余万斤,易马至万三千五百余匹。宋乐七年西历一四〇九年以茶禁稍弛,用茶八万三千余斤,止易马七十匹,且多瘦损。这大概是茶禁不严,而供给量太多的关系了。再说虽同一时代,但因地域不同的关系,其比价亦有很大的差别。例如洪武十七年西历一三八四年五月河州及永宁茶马司上马一匹茶四十斤,中马三十斤,下马二十斤;而同年乌撒乌蒙东川北部马一匹值茶百斤,这又是很特殊的事了。现在更将番马输入额约略举出,大抵弘治三年为四千匹,万历二十九年西历一六〇一年为万一千五百匹,天启元年西历一六二一年为二千四百匹。至其所以随时代而有增减,想亦不外由于茶马需要供给的关系。

各国对于无线电事业之竞争*

何作霖

无线电之在今日,可以说是世界上唯一最重要的交通利器了。一个国家如果要保全他的独立,要使本国与他国商业上和智识上交通的便利,就非有他不可。观于近年来各国竭力在世界各地竞争设立无线电台,便可知无线电的重要了。在这个竞争里面,以法国为最努力,并且最有进步。法国自欧战以后,财政异常困难,然而他所以能在这种运动中占得重要的位置,大抵是由于法国无线电学专家如勃朗尼(Branley)和费里哀(Ferrié)等的技术高超,和无线电器具精良的缘故。

就从前法国的海电事业来说,远不如英美等国。关于国际的海电交通,大部分都是靠着几个外国的公司。差不多世界各地由法国方面接得的消息,都是比由英美方面接得的迟。因此法国在政治上和商业上均受很大的损失。欧美经济学家常说,一国人民之政治上,经济上和财政上事业的机会的多少,以该国人民领有国际交通机关之多少为比例,可见一个国家如果不想在世界舞台上竞争则已,否则对于交通事业,一定要竭力发展的。有些人以为欧战以后,法国何以不扩充海电,甘落英美等国之后,因此觉得很奇怪。其实法国老早就觉着这种痛苦,并且竭力想设法振兴的,无奈财政困难,所以终于没有实现。因为设置海电的费用是很大的,如果由欧洲至远东,设一条双线的海电,就得要化五万万佛郎,试问战后疮痍满目,负债累累的法国,那里有能力作这种伟大的事业呢?

至于无线电,则装置费较廉,法国正可利用和发展他的,但因财政的竭蹶,依然无力扩充。所以欧战终结的时候,法国的无线电事业还是在他国之后。此时英国马可尼无线电报公司(Marconi Wireless Telegraph Co., Ltd.)已经在英国享有无线电专利权,并在克利佛丹(Clifden),朴尔器(Poldhu)和卡拿汪(Carnavon)等处设立无线电台。此外更于加拿大,南非洲,西班牙,巴西,和哥伦比亚等处获得无线电的特权。一九二一年又与瑞士订立一重要的条约,并且想获得印度无线电的专利权。该公司后来渐渐扩充无线电事业,世界各国,几乎都有他的无线电台,做成一个网状一般,完全归英国掌握。

美国的无线电事业,于欧战以后,也是异常发达。美国无线电公司(The American Radio Corporation)是由美国政府提议组织的;这个公司可和英国,德国,挪威,

---

* 本文原载于《东方杂志》,1926年第10号,第64—67页。

意大利,夏威夷,日本和中美等处互通电报,后来又更拟组织完全由美国使用和管理的无线电交通机关,目的在与他国竞争,使美国不靠外国海电的接济。美而政府更将欧战前及欧战中所用的无线电台,让与该公司,一九二〇年六月五日,国会复通过一条例,予该公司以无线电的专利权。

至于德国,虽然战后负债累累,但对于无线电事业的扩充,仍是不遗余力。该国无线电公司(transradio telefunk engesells chaft)亦由政府援助。其在脑恩(Nauen)的无线电台,能与美国,南美及远东等处互通消息。在爱尔威士(Eilvese)之无线电台,则与西班牙,捷克斯洛伐克联络。并在爪哇京城巴塔维亚(Batavia)设一大无线电台,以传递脑恩及太平洋间各站的消息。此外又于荷兰获得设立无线电的特权,并向阿根廷获得在阿京勃安诺艾利(Buenos Aires)设立无线电台的权利。

英美德三国皆有无线电公司,并且都是由政府援助,在外国获得很多的权利,其情形已如上述。因此,国际的无线电交通,不久遂被这三个公司完全垄断了。他们在巴西,阿根廷,委内瑞拉(Venezuela),智利,秘鲁,厄瓜多(Ecuador),墨西哥,意大利,塞尔维亚,希腊,波兰等国内已经发生竞争,远东方面亦成为一个竞争的场所。而以英美两国,竞争尤为剧烈。

法国因为忙于解决国内建设和财政的问题,本想不参加这种无线电事业的竞争的,后来觉得这种态度不对了。他们以为如果想在世界上占有一个地位,就非加倍的努力于这种事业不可。一九二〇年十月,法政府遂准许设立无线电公司,称为Compagnie Générale de Télégraphie sans fil。该公司第一步的工作,即在巴黎附近的圣爱斯士(Sainte-Assise)建筑一座无线电台。于十八个月之后,即与美洲方面开始互通消息。其传达消息的力量和速率,世界各国,莫与比伦。从此这个法国无线电公司,遂准备在世界各地,设立无线电台,与英美等国竞争了。

一九二一年顷,法国无线电公司于是获得阿根廷国内无线电事业的权利。此时,英,美,德等国已经在阿根廷开设办公处,并拟着手分配这种无线电事业及后法国无线电公司竭力交涉,卒之也获得与英,美,德,等国同等的权利。自一九二四年七月以后,阿根廷的四国合办的无线电公司的经理,竟归法人担任。在巴西方面,法国无线电公司亦获得同样的参与权,从此这个原则实际上就适用于南美各国。该公司更代捷克斯洛伐克政府建筑一无线电台,使与欧洲各无线电台通消息,又使圣爱斯士的无线电台与大西洋外的无线电台联络。此外又在罗马尼亚京城布卡莱斯德(Bucharest)设立无线电台,并供给种种的材料;在南斯拉夫京城伯尔格来得(Belgrade)设中央无线电台,并获得建筑全国无线电台的权利。又在比利时之鲁舍莱特(Ruyselède)设一伟大无线电台,并在叙利亚之白露特(Beirut)设立无线电台,同时更组设东方无线电公司(Oriental Radio Company)。

法国于欧战前本来在俄国方面获有优越的经济地位的,后来苏维埃政府成立,竭力保护他的利益,对于无线电事业,亦异常注意。迨休战后三年,苏维埃政府始许可订立协定，巩固法国无线电公司和俄国电业托辣斯（Russian Electro-technical Trust）的利益。

意大利的意国无线电公司（Italian Radio Company）也是借法国无线电公司的资本和技术上的接济而成立，这两个公司在意大利合力建筑许多无线电台。土耳其最近也与法国订立建筑无线电台的契约，中心地点已选定君士坦丁堡（Constantinople）及安哥拉（Angora）二处。

法国无线电公司最近在中国方面亦获得建筑无线台的权利。一九二二年华盛顿会议讨论东亚及太平洋无线电问题的时候，一致赞成法国得与其他已在中国获得关于无线电权利的国家，享有同等的利益。法国既获得上述种种的权利，于是锐意扩充。在最近五年内，世界上较大的无线电台，由法国建筑的几乎占百分之五十。可见法国无线电事业如何的猛进了。

我国向来事事都落人后的，关于无线电事业，自然也是一样。加以国内财政的竭蹶，自给尤且不足，那里还有款去发展他呢！现时我国的无线电台，寥寥无几。属于交通部管辖的，有北京，张家口，北京东便门，大沽，武昌，吴淞，崇明，福州，上海，新疆，烟台，库伦，广州等十三处，属于陆军部的有天津，南苑，保定等三处，属于海军部的，有上海高昌庙一处。但这都是式样很旧，电力很小的。此外由外国公司借款与我国政府建筑而次第竣工或未动工的无线电台，约有十余座，如一九一八年（民国七年）我国向英国马可尼无线电报公司借款六十万镑建筑的无线电台，有乌里雅苏台，疏勒，科布多，归绥，长安，成都，芝罘，云南府，琼州等九处；又向日本三井洋行借款五十三万六千二百六十七镑，于京东双桥建筑的一处；又于一九二一年（民国十年）向美国无线电报联合公司（American Federal Wireless Telephone and Telegraph Corporation）借款四百六十二万美金建筑的无线电台五处；上海二处，哈尔滨，北京，广州等各一处。

外人在我国设立的无线电台，以日本为最多，共有十六座，在满洲里，哈尔滨，安东，旅顺，大连，庙岛，珲春，公主岭，营口，龙井村，秦皇岛，北京，天津，青岛，济南，汉口等处，法国有五座，在天津，上海，重庆，云南府，广州湾等处，美国有三座，在北京，天津，唐山等处，英国有四座，在疏勒，威海卫，九龙，香港等处，意国有一座，设在天津。

此外尚有私人设立的无线电台多座，不暇细述。总而言之，我国无线电事业，异常幼稚，国内所有的无线电台，大部分皆属于外人，因此，国内外政治上商业上的消息，完全操纵于外人之手。我国不愿在世界上立足则已，否则无线电事业的扩充，实在刻不容缓，但是现时国内军阀，正忙于争权夺利，忙于内争，那里还有心注意到这种事业呢？

苏俄金融制度之沿革*

何作霖

俄国自空前的大革命爆发后，一切政治的和经济的制度，发生绝大的变动。而于经济组织中，关于金融制度的变化，尤为剧烈。从前帝政时代的银行制度，货币制度等，劳农政府完全毁灭无余，而施行举世资本家所震骇的共产主义。后来因有种种的困难，劳农政府乃采取一种所谓新经济政策，从前的金融制度等，至是次第恢复。现在俄国的金融制度，日趋稳固，而且有欣欣向荣之势。他的经过情形，很足以供参考而兴观感。兹将欧战前至现在，俄国金融制度的沿革，叙述于后。

一 欧战以前的金融制度

（一）通货制度

俄国于一八九七年的时候，即已步先进资本主义国家的后尘，采用金本位制度。在未改革前的一世纪间，因战乱频仍，纸币滥发，遂致国内通货，陷于不安定的地位，而卢布在国际市场上，亦复大失信用，因此关于通货问题的议论，非常之盛。后来采用金本位制度，反对和非难的人颇不少。这种制度，当时虽然还没有十分完善，但是至二十世纪之初，一般的经济状态，显然进步，国内关于通货问题的议论，从此寝息，其成效可以想见了。当时关于发行兑换券的法律规定：

兑换券由国立银行依实际上的需要而发行。其准备金于兑换券流通总额未超过六亿卢布时，不得在其流通额半数以下，如流通额超过六亿卢布时，每一卢布皆应有十足的准备金。

照这个规定，国立银行是享有三亿卢布之无准备发行权的。但是实际上利用这种权力的时候却是很少。兹将一八九八年至一九一四年间各年准备金数目，列表于后（单位百万卢布）：

---

* 本文原载于《东方杂志》，1926年第17号，第43—60页。

期间	兑换券流通额	准备金	差额	准备率%
一八九八年一月一日	九〇一	一,一四七	(十)二四六	一二七.三
一九〇一年一月一日	五五五	七〇八	(十)一五三	一二七.六
一九〇四年一月一日	五七八	七三四	(十)一五六	一二七.二
一九〇五年一月一日	八五四	八八〇	(十)二六	一〇三.〇
一九〇六年一月一日	一,二〇八	七一六	(一)四九二	五九.三
一九〇七年一月一日	一,一九五	八九〇	(一)三〇五	七四.五
一九一〇年一月一日	一,一七四	一,一七四		一〇〇.〇
一九一三年一月一日	一,四九五	一,三二八	(一)一六七	八八.八
一九一四年一月一日	一,六六五	一,五二八	(一)一三七	九一.八
一九一四年七月十六日	一,六三三	一,六〇四	(一)二九	九八.二

由上表看来，可知国立银行对于发行法上所赋与的三亿卢布无准备发行权，实际上很少行使，而且差不多都是有法定率以上的准备金的。一九〇六年之初，即日俄战争以后，虽然曾经发行过四亿九千二百万卢布纸币没有准备金。但上表关于准备金的数目，是除去当时存放于外国的现金的，计是年国外现金共有二亿二百万，若把此项现金计算入准备金内，则无准备发行额仅为二亿九千万。除了这个例外的情形以外，其余的流通额都是未达法定发行限度的。一九一四年七月十六日的准备率，为九八.二%，若把国外现金算入，则竟达一〇七.四%的高率了。

如上所述，俄国的发券银行，虽有法律上的特权，并未使用，而存贮丰富的准备金，这种情形，实在是一个优点，为当时各国的发券银行所不及。所以当时俄国的通货制度，异常稳健，足以夸耀于世界。然而俄国的发券银行，所以肯牺牲特权的利益，则因为俄国的中央银行，是纯粹的国家机关（国立银行）的原故。他放弃特权的利益，一方面虽然是牺牲了银行或国库利益的一部分，但是他方面则有改善俄国对外信用的效力，所以十九世纪间俄国卢布的国际信用，异常衰落，而于欧战前数年之间，反能逐渐改善。因此俄国的金融市场和国际市场的连络，日益密接。俄国想开发富源最要紧的是外国资本，因为国际信用巩固，所以不但可以用长期信用的形式，发行国债，吸收外资，即使对于商业银行，亦可用短期通融的形式，输入巨额的资金了。

兑换券之外，其他流通的金币和银铜等辅币，与他国没有多大的差异。一九一四年一月一日各种通货的流通额，如下表所列，约达二十四亿。但金货的流通额，照表内所载，或者有点过于夸张。此外还有一亿五千万左右的财政部证券，亦在流通之列，所以当时的流通额，大体约有二十亿卢布（单位百万卢布）。

兑换券	一,六六五	六九.三%
金币	四九四	二〇.六
银币（实价）	一二三	五.一
银币（名价）	一〇三	四.三
铜币	一八	〇.七

（二）银行制度

近世资本主义国家的中央银行，大多数都是官商合办，而且带有营利的性质。但欧战以前俄国的中央银行则不是私人营利的性质，而采国营主义，这一点应该注意。俄国的国立银行，有发行兑换券的特权，而且为一国的中央银行，总括全国的金融机关。在这一点上，与其他各国，没有差异。但俄国是农业国，他的富源，久待开发，所以能够供给长期信用的抵押银行，于国立银行之下，当然占有重要的地位。所谓抵押银行，即以承受长期债券的形式，用土地和广大的不动产，都市建筑物等作抵押而放款的。欧战以前，属于这类的大规模的银行，有国立的银行二所（如贵族银行及农民银行是），股份银行十所。此外各地亦有很多规模较小的抵押银行。又如都市信用协社，亦可以拿都市财产向其抵押，为长期放款的。

其次，与抵押银行对立，而占短期信用机关之首位的，是股份组织的商业银行。俄国这种银行的起源，始于前世纪六七十年的时候。至一九一四年初，共有总行四六，支行八百二十二所。

此外还有一种组合组织的小规模相互信用银行，在欧战前亦甚发达，一九一四年顷，其数约达一千，有自己资本一亿五千万卢布，存款约六亿至一九一七年，存款之数，更达十亿之多。

俄国近世的金融制度，于前世纪的最后二十余年间，规模略具，入本世纪后，逐渐发达至，欧战以前，则愈益完备了。

二 欧战时代的金融状态

（一）兑换停止及发行权的扩张

俄国对德宣战后，于一九一四年七月二十七日公布停止兑换法，其表面上的理由，说是因战争惹起通货及信用关系的紊乱，足以发生挤兑，及金币流出国外，危及准备金；但实际上不过是为对于战事进行时，及将来拟采行之财政与金融政策，预先作一伏线而已。试把以下的情形，加以考察，便可证明：第一，兑换条例规定财政部在战事紧急时，若遇必要，得用短期证券，向国立银行贴现，借以筹措战费——战争初期的战费，即以此为唯一来源。第二，国立银行发行权的扩张。国立银行的发行条例，本来只许该行有三亿卢布无准备的发行权的，此时再给以十二亿的发行权，合计该行的无准备发行权由三亿增加至十五亿。当时立法的用意，对于扩张发行权的数字，并不重视，仅以此为扩张的起点。因为当时战争如果延长下去，则筹集巨额的战费，只有发行纸币的一法而已。一九一七年以后，对外战争虽已停息，但国内革命，继续爆发，其所需的经费，并不少于对外战争，因此更觉得有增发纸币的必要。兹将俄国不换纸币发行权的扩张，分为（一）旧政府时代，（二）临时政府

时代,和(三)劳农政府时代三个时期,叙述于后:

第一期　旧政府时代——至一九一七年二月革命止,计二年零八个月。

(一)一九一四年七月二十七日的法律,规定扩张无准备发行权为十五亿卢布。

(二)一九一五年三月十七日的阁令,扩张为二十五亿卢布。

(三)一九一五年八月二十二日的法律,扩张为三十五亿卢布。

(四)一九一六年八月二十九日的勅令,扩张为五十五亿卢布。

(五)一九一六年十二月二十七日阁令,扩张为六十五亿卢布。

第二期　临时政府时代——至一九一七年十月革命止,计八个月。

(一)一九一七年三月四日的布告,扩张为八十五亿卢布。

(二)一九一七年五月十五日的布告,扩张为一百零五亿卢布。

(三)一九一七年七月十一日的布告,扩张为一百二十五亿卢布。

(四)一九一七年九月七日的布告,扩张为一百四十五亿卢布。

(五)一九一七年十月六日的布告,扩张为一百六十五亿卢布。

第三期　劳农政府时代——在最初一年内,并不具备一切法律手续,若视为必要,即行增发。至一九一八年十月二十六日,始有布告,对于国民银行即旧国立银行的发行权,追加扩张三百三十五亿,于是该行的无准备发行权,遂由一百六十五亿增至五百亿卢布。后来仍继续随意增发,并没有什么法律的手续。所谓发行权扩张,至此已完全不成问题。至一九二〇年之初,国民银行废止后,始由货币及计算记号局继续发行。

(二) 硬币的隐匿和纸币的增发

自从欧战勃发以后,市面上渐次不见金属货币的踪迹。最先匿迹的,就是金币,因为当时一般国民见兑换停止,于是赶快把金币收藏起来,过了几个月,实价的银币,亦次第匿迹。最后,至翌年夏天,连各种铜币也觉得不够用了。政府因此特别发行小额纸币,借以弥补各种铜币之不足。不料这种小额纸币一经发出,反把当时在市面上流通的小数银铜货币,完全驱逐净尽。至一九一六年之初,俄国的通货,遂完全被各种纸币所独占了。同时银行券的发行额,不能不愈益增加。纸币增加的结果,遂使准备率日渐低落。开战以前,国内准备率达九八.二%,及至二月革命后的一九一七年三月,则减为一四.八%,至十月革命时,则更减为六.八%。自此以后,准备率完全不成问题了。准备率低减的原因,固然是由于纸币的增发,但这是准备率低减之相对的原因,此外还有绝对的原因,就是生金的流出。其中以根据英俄协约输往英国者为最多。计至十月革命时止,前后输至英国不过四次,总共达四亿六千万卢布以上,其数目不可谓不大了。

通货膨胀的主要原因,固然由于不换纸币的增发,但是这个还不是唯一的原因。关于所谓存款通货,现在且不必说,此外还有比较重要的财政部短期证券。这种证券的流通额，在战前约计一亿五千万卢布。开战的时候，政府颁布停止兑换法，而授财政部以发行这种短期证券之权。所以俄国初期的战费，都是从这里筹出来的。一九一六年一月一日，这种证券的流通额，达七亿卢布以上，至本年底，竟达二十六亿以上。十月革命以后，劳农政府宣言不付这种证券的利息，从此以后，这种证券遂与其他货币一样的不能流通了。

（三）通货膨胀的原因和结果

通货膨胀的原因，简单一句话，就是由于国家支付的增加。于第一期帝政时代，因支付欧战的经费，第二期临时政府时代，因支付欧战和政治革命的经费，至第三期劳农政府时代，更因实行政治革命和经济革命，致使预算不足，于是不能不增发纸币，以为填补的手段了。兹将一九一四年至一九二一年间，每年预算不足额和纸币发行额的比较，表列于后（单位百万卢布）：

期间	收入	支出	不足	纸币发行
一九一四年	二,九六一	四,八五九	一,八九八	一,二八三
一九一五年	三,〇〇一	二,五六二	八,五六一	二,六七〇
一九一六年	四,三四五	一八,一〇一	一三,七五六	三,四八〇
一九一七年	五,〇三九	二七,六〇七	二二,五六八	一六,四〇三
一九一八年	一五,五八〇	四六,七〇六	三一,一二六	三二,五〇〇
一九一九年	四八,九五九	二一五,四〇一	一六六,四四三	一六四,二〇〇
一九二〇年	一五九,六〇四	一,二一五,一五九	一,〇五五,五五五	九四三,六〇〇
一九二一年	四,二一九,九〇〇	二六,〇七六,八一六	二一,九二六,九一六	一六,三七五,三〇〇

不换纸币增发以后，即发生以下两种结果：

（甲）物价的腾贵。因增发纸币的原故，通货的价值低落，物价自然腾贵。一九一四年时，通货膨胀率为七七.一%，物价腾贵率为二八.七%，迨一九二二年，通货膨胀率增为一一,二六八.二%，而物价亦增至七,一九一.九%，观于以下所列的表，便可知增发不换纸币，对于物价发生如何的影响了。

年次	通货膨胀率	物价腾贵率
一九一四年	七七.一%	二八.七%
一九一五年	九〇.六	二〇.〇
一九一六年	六一.二	九三.五
一九一七年	一八〇.三	六八三.三
一九一八年	一一九.二	五九七.五
一九一九年	三〇二.五	一,三七五.六
一九二〇年	四一九.三	五九四.二
一九二一年	一,四〇二.〇	一,六一四.三
一九二二年	一一,二六八.二	七,一九一.九

（乙）汇兑市价的低落。卢布纸币对内购买力低落，则对于外国货币的购买力，即汇兑市价，当然大受影响。现在为便于观察汇兑市价的变迁起见，按俄国的政治状况，分三个时期，叙述于后：

第一时期——自开战起，至十月革命止为第一时期。在此期间内，外国货币的买卖，大部分仍然为各银行的普通业务。汇兑市价于开战后每英金十镑，约合一百一十卢布（平价为九十四卢布半），至二月革命，约经三年，也不过落到一百六七十卢布，不料于是年五六月间，忽然大跌，至十月革命时，竟跌至四百卢布。

第二时期——由十月革命以后，至一九二一年以前为第二时期。在此时期内，银行和交易所完全消灭，国内汇兑市场，也随着绝迹。一般国民都把现金藏匿起来，资本家也竭力把资本移到国外。但是这时候在各大都市内还有秘密的市场，起初用金或生金交易，后来则改用克伦斯基政府的纸币，为良好的投机目的物。当时因为外国贸易，完全停止，所以外国货币的交易，也就没有了。一九一八年至一九二〇年的汇兑市价，欲求正确的报告，实在是不可能，照专家的推算，在一九一八年之初，每十镑的汇价，为四百五十卢布，一九一九年为四千卢布，一九二〇年为六万卢布，在本年年中，则为十万卢布。与战前比较，约合千分之一而已。

第三时期——由一九二一年新经济政策实行以后，为第三时期。在一九二一年之初，政府规定凡私人所有的贵金属，须无条件的捐给国家，即使纸币，也不得超过其最低俸给率十倍以上。但这种限制，几个月后，即逐渐缓和或撤销。至次年年底，新国立银行成立。该行享有外国货币及贵金属之独占的买卖权，其市价参照外国交易所的市价公定。次年即一九二六年二月，莫斯科商品交易所内亦设汇兑交易所。他方面，因施行新经济政策的结果，输出入贸易因而发生，于是引起对外国货币的需要和供给。后来因为国立银行发行察稳列兹（tchervonetz）金券，其准备金的一部分，需要外国货币，于是汇兑市场，渐次繁盛。但从莫斯科市场的对英汇兑市价观之，一九二二年一月时，每十镑合一千六百五十万卢布，至翌年一月，合十九亿二千八十万卢布，至是年十月，更跌至五百零四亿卢布。

（四）战时的金融对于银行的影响

战时的金融状态，已如上述，以下再说他对于银行业务上所发生的变化。从国立银行业务上所起的变化看来：第一，于战前的贷出业务中，其占最重要地位的，就是对于个人和市中银行的贴现业务，约占资产总额一五％。但于开战一年以后，对于市中银行的贴现，逐渐减少，至革命之前，贴现额仅占资产总额的二％而已。第二，与开战同时发生的新贷出业务，就是对财政部短期证券的贴现。后来战费增加，这种业务，也随着发展。自开战一年后，即达十五亿以上二年后，共三十八亿；二月革命时，共七十八亿；至十月革命以前，则超过一百五十五亿以上，约达全资产的七四％。

国立银行的积极业务发生以上的两种变化，对于俄国战时金融上有重要的意义。战前国立银行的主要顾客，是私人企业家，市中银行，信用组合等，所以该行的资本的大部分，也就直接间接的投于私人的工商业内，其总额约达八亿至九亿以上。开战以后一年，情形大变，所有私人或私立银行，老早就不是唯一的和重要的顾客了。此时另外有一个新顾客出现，那就是财政部。开战一年后，财政部的负债额，比较其他的负债额约达两倍。其后战事继续延长，财部的负债额更巨，其他的负债，差不多没有了。

再就国立银行的消极业务来说，银行券发行的增加，且不必说，但因纸币增加，于是存款和往来存款也随着增加。这种往来存款的大部分，是属于政府和其他国家机关的，是一种已经分配而未支出的战费。所以战费愈多，则战时机关的往来存款亦愈增加。总而言之，国立银行自从开战以来，一方面对于财政部从属机关的色彩，逐渐浓厚，而他方面，与市中银行的连络，则次第淡薄。至于市中银行因为战时事业的发展，和通货膨胀的原故，商业大为活动，一九一七年之初，其发展尤为显著。当时设有多数支店之大规模的私立商业银行，计有四十四家，其存款的总额，一九一五年为二十七亿，一九一七年竟增至六十七亿。

三　劳农政府成立后金融制度之废止

十月革命后，劳农政府成立，由此时至一九二一年，是军国共产主义时代，这时候的一切举动，皆形成一个过渡时代的现象。即就金融制度来说，此时旧的组织已经完全破坏，而新的组织尚在建设之中。兹将当时废止货币和银行国有两事的经过情形叙述于后。

（一）废止货币

劳农政府认定货币这种东西，是资本家用来勒榨一般人的最神秘的工具，在厉行共产主义的时候，当然不能任其存在。但当时并不即时通告废止货币，先推行物物交换，和凭票制度。如租税以实物缴纳，国家以原料供给工厂，以国营企业的生产物给与消费者，而不取偿更以实物或凭票支付薪金，禁止谷物和其他的自由交易，依凭票制度而行住宅的分配，和征发没有报偿的公共劳动等，用这种种的手段，使货币的效用，完全丧失，然后宣告将货币废止。但至一九二一年采用新经济政策后，于是放弃严格的共产主义，设立新的货币制度所谓金核本位制度。

（二）银行国有

俄国中央银行当初属于国有的时候，其平时业务的以性质，与他国的中央银行，没有什么差异，对于工商业的发展，也有相当的贡献，追欧战开始，则完全变为国库的一个机关，中央银行的实质，因而失去。十月革命后，劳农政府即宣言所有一切银行，皆归国有。凡股份商业银行，合作信用银行，和其他私设的信用机关，所有资产负债,皆移归国民银行,而将各行改为国民银行的分行。当时银行业者虽然激烈反对,但劳农政府依然进行。各国民银行的分行,仍然继续营业;同时一方面所有大企业皆变为国有化,国有企业的金融,由国家设法供给,他方面则一切私人企业,渐次停止,私营交易,日就衰减,银行业务,至此逐渐失其重要。所有从前之卢布传款,亦因一九一九年至一九二〇年以后,卢布纸币的暴落,变为毫无价值。而与金融制度以最后的宣告者,即一九二〇年一月十九日的布告。这个布告声明废止国民银行(即旧国立银行),而关于其他财政委员会的诸制度,则并入预算中央管理局内。俄国的金融制度,至此在名称上和实际上皆不存在。所谓金融,仅为国家财政之一部而已。

金融制度既经废止,其他一切的信用手段,亦因而消灭。所有票据,支票,股票,债票和其他证券等,至一九二一年,完全变为历史上的东西了。

四 新经济政策施行后金融制度之恢复

(一) 国立银行之恢复

苏俄自一九二一年施行新经济政策(the new economic policy)后,对于金融制度的政策,也当然不能不变更。是年,政府于是有创设新国立银行的计划。他的草案,于十月三日经全俄执行委员会批准,即于十月十二日正式布告创设国立银行,并颁布国立银行条例。十一月十六日,遂开始营业,新国立银行的目的,据条例第一项规定:"经营信用及其他银行业务,以助长工业,农业及商业的发展。"这与普通银行的性质无异,至于第二项规定"得采取必要的手段,以统一货币交通,维持健全的货币制度",则带有中央银行的任务了。

新国立银行开始营业的时候,由国库拨付二,〇〇〇,〇〇〇,〇〇〇,〇〇〇纸卢布为资本。不久,即遇通货暴落。仅于一九二二年的一年间,通货的流通量,激增一百六十倍。货币价值的低落,达于七十二分之一。

货币的价值,既急激低落,于是该行不能不采下列四种方法,以填补资本的亏折:

(甲)提高利率。该行于创设之初,公定利率为月利八厘至一分二厘,后来又改为月利一分二厘至一分八厘。资本因贷出所受的亏折,借此虽然可以填补一点,但因卢布的低落很快,所以实际上从高利所得的利益,仅可以填补银行损失的一小部分。

(乙)使借主以其借去的资金,运用所得的利益之一部,分配于银行。这种方法,实际上亦仅可以填补资本损失的一小部分。

(丙)关于外国贸易的金融,则依外国货币计算而放款。例如对于输出业的放款,以卢布纸币借出,但他的额数,则按当日的汇兑市价,折合英镑记账。放款到期的时候，则按当日的市价以卢布纸币购英镑偿还银行。这种方法，一方面可以完全弥补银行的损失，他方面往往因汇价变动，银行反获很多的利益。

（丁）按金本位计算而放款。此法即于放款时为卢布纸币，但金额则按当日汇兑市价换金币记账。放款满期时，则按当日汇市，换卢布纸币偿还。此法于填补资本的损失，收效最大。因此该行即继续沿用此法。国内其他的计算单位，亦渐改用金本位。

该行自施行上述各种方法以后，不但资本没有亏损，而且获利很多。据一九二三年十月一日该行的贷借对照表所载资本金额换算为金币时，超过五千万金卢布。从这点看来，该行可以说是成功了。至于该行对于助长农工商业的发展，没有什么多大的贡献。然而他在这一年内的成绩，也很可注意。第一即各种信用手段的次第恢复，如票据类的流通，汇款，其他的信用业务，支票制度，交换所，外国汇兑市场和汇兑的活泼，及与外国银行连络等是。第二，即主要的分行和分号，逐渐成立。一九二二年时，分行仅有三处，分号仅有一处，至一九二四年一月，则分行增至二八处，分号增至一二九处，代理店增至二三二处，其发达之盛，盖可想见了。

（二）察稳列兹金券之发行

国立银行的第二目的，就是统一金融制度，确定通货制度。这种事业在最初一年内，完全没有着手。至一九二二年十月十一日，政府公布授该行以发行银行券之权以后，该行始成为独占的发券银行，而具中央银行之实。是年十一月二十七日，该行即发行一种察稳列兹金券（tchervonetz），按发行条例的规定，大要如下：

察稳列兹券由国立银行发行，分一，二，三，五，一〇，二五和五〇察稳列兹七种，每一察稳列兹等于旧俄十金卢布，称为金。此种券不准兑现，但于适当时期，经政府以特别法令公布后，亦得兑换金币。其发行额四分一，须以贵金属和安稳的外国货币为准备金。其余四分三则以容易变卖的商品，短期票据，和其他短期证券为准备金。但此种准备金的三分二以上，须属商业票据。至于发行这种券之主要目的，即在使银行对票据贴现，应付放款的要求，和购买贵金属，外国货币，外国票据，及其他证券等业务，易于发展。同时察稳列兹券得对人民财政委员会为短期放款而发行。此种放款，须以五〇％的贵金属为准备金。

关于察稳列兹券发行的规定，既如上述。但我们有一点应该注意的，就是这种新券发行的时候，旧纸币依然不废，并且继续增发。新券和旧纸币的性质，两者迥然不同，前者是国立银行发行的准备充足的金券，后者是一种国库发行之无准备的不换纸币。而且彼此的交换比率，未曾公定，两者的兑换市价，是时常变动的。但苏俄为什么一定要采这种两币并用的政策呢？他的目的是：

（一）养成国民通用新券的习惯，而确认其价值。因为察稳列兹券于最初发行的几个月内，多数国民都不甚欢迎。尤其是各地方的农民，这种倾向，更为明显。谷物商人对于农民往往用从国立银行借出的新券，变换旧纸币，交付物价。所以起初对于新券的需要很少。后来逐渐证明新券的优点,其需要遂急激增加。半年以后,一切的企业和各种交易,都改用新券了。

(二)继续发行旧纸币,即可弥补预算的不足。因为照当时的财政状态看来,预算上的不足,势所难免。如果实行停止卢布纸币的发行,抛弃此种唯一的收入手段,则预算不能进行。如果发行新券,补此不足,则新券亦将蹈卢布纸币的覆辙,而致价值暴落。一方面要维持察稳列兹券的价值,他方面又要不致失去收入的财源,则除了新券与旧纸币并用之外,没有其他的办法了。但是,靠发行纸币去获得收入的方法,后来渐次发生困难。卢布的价值,日就低落,尤以一九二二年至一九二三年间为最甚。在这种情形之下,卢布纸币无论是存于国库内,或者是存于国有企业内,因为他的价值,急激低落,如果纸币增发愈多,则国家机关或国有企业的亏损亦愈大,这样一来,则国家的经费,更加膨胀,收入更感不足了。所以实际上说起来,新券与旧纸币并用制度的效果,不过是为新货币作一种过渡的准备而已。

(三)察稳列兹金券的成功及其原因

欲知察稳列兹券发行后的成效如何,可从以下四点,加以观察。第一,先就新券发行的额数来说:在一九二三年创始之初,仅为一百万察稳列兹(即一千金卢布),至是年年底则增加二十五倍,一九二四年底约达五十倍。从他的数字看来,似乎又与卢布纸币蹈同样的覆辙。其实不然。因为这种增发的新券,并不是为直接弥补预算不足而发行的,是为扩充固有的银行业务而发行的。第二,就新券的发行准备来说:由一九二三年至一九二四年,占发行额二分之一,约达法定率二倍。第三,就新券在流通界的势力来说:起初的时候,异常不振。一九二三年之初,仅达全流通额三〇%,至八月,则约达五〇%,至翌年即一九二四年,竟超过八〇%了。第四,就新券的对内购买力来说:在这两年内,批发和零售,均异常安定。卢布纸币简直不能与他比较了。

察稳列兹券之所以能够有这样可惊的成功,有直接的原因和间接的原因,现在先举直接的原因。

(甲)直接的原因。直接的原因,概括起来可分为三种:(一)商品市场的发展和货币交易的增加。俄国自从废止货币以后,物物交换制度,一时骤兴,迨发行察稳列兹新券,一方面这种新券的需要,次第增加,他方面物物交换,因而大减。商品市场,日就发达。货币交易愈形膨胀,新券的基础,遂臻巩固。(二)外国贸易的改善。一九二二年度的贸易,虽然是入超,但翌年即一九二三年,竟出超一亿卢布,加以贸易外的收入,超过五千至七千五百万卢布,合计是年的收入超过总额,至少在一亿五千万卢布以上。因此新券的发行,虽次第增加,政府仍有余力供给丰富的准备金,所以能够维持新券的价值。(三)财政状态的改善。劳农政府鉴于续发卢布纸币弥补收入的政策,不能完全成功,于是努力改善财政,其结果不但预算的不足,次第减少,而租税的收入,反逐渐增加:例如预算不足,一九二一年度约达二十二兆卢布之多,次年减为三亿六千万卢布,再次年更减为一亿八千万卢布。租税收入于一九二四年度达全收入的四〇％。财政的基础,这样巩固,所以新券自然安稳无虞了。

（乙）间接的原因。察稳列兹券成功之间接的原因,即:(一)对外对内战事的终止,因而军备得以裁减,各地的交通恢复如常;(二)采用新经济政策的结果,农业得以完全恢复。劳农俄国本以农业立国,所以农业一经恢复,则一方面国有产业,可以随之发展,他方面对内对外的商业和交通,亦因而促进。以上两种原因,虽然是属于外界的事情,但实际上都与察稳列兹券的成功,有很大的关系的。

五　金融制度的现况

（一）一九二四年的币制改革

自从一九二二年底发行察稳列兹金券,与旧卢布纸币同时并用之后,渐次发生困难。因为这种法币没有公定的交换比率,交易上异常不便。这两种法币交换率之变动,个人固受不少的损害,而国有企业,亦受极大的损失。后来卢布纸币日就衰落,察稳列兹金券需要日增,但交换率的变动,依然如故,所有通货均受影响。至一九二三年十二月,劳农政府鉴于上述的情形,认为有建设健全的通货制度之必要,遂拟定一种改革计划:实行废止卢布纸币,一方面收缩财政以减少预算的不足,他方面则于察稳列兹金券之下,发行一种有一定比率的小货币。此计划于一九二四年二月至五月间,完全实现。二月五日,政府布告由人民财政委员会(即财政部)发行一,三,五金卢布的小国库券。作为一切授受的法币。后来国立银行当局宣布:凡小国库券均按每一察稳列兹合十金卢布的定率计算,该行得按此定率,为无限制之收入,并得按此定率自由付出。二月十四日,政府布告,限于二月十五日停止印刷及发行卢布纸币。至二月二十二日,发行银币五种,(一〇,一五,二〇,五〇可别及一卢布)及铜币四种(一,二,三,五可别)。政府复布告按每一金卢布合五万纸卢布(二十三年版)的定率,收回市面上的纸卢布。三月二十二日,又布告:凡二十三年版的纸卢布,于五月十日以前,得按五万卢布合一金卢布的定章,认作通用法币,须于五月三十日以前,向人民财政委员会及国立银行变换,至六月以后,则完全作废。兹将通货改废的状态和各种通货的流通额,列表示之如下(单位百万卢布):

期间	察稳列兹金券	小国库券	银币	铜币	其他辅币	卢布纸币（折合金卢布）	运送证券	总计
一九二四年一月一日	二三七.一六	——	——	——	——	五八.〇五	九.五八	三〇四.七九
二月一日	二五九.六八	——	——	——	——	三九.一三	一二.四四	三一一.二五
三月一日	二八六.九五	一九.六一	三.八一	——	〇.二一	二七.五六	一九.二一	三五七.三五
四月一日	二九四.五一	五四.六〇	九.九七	——	三.一四	一四.二九	二〇.七五	三九七.二六
五月一日	三〇一.四四	八五.二三	一二.七二	——	一〇.六四	一三.七四	二一.〇五	四四四.八二
六月一日	二八六.六一	一二四.九〇	一六.六五	——	一五.七〇	——	二〇.四九	四六三.五四
七月一日	二八九.六四	一四二.五六	二一.〇一	〇.〇〇〇一	一八.三五	——	三.〇五	四八四.六一
八月一日	三〇一.二九	一六二.一五	三四.六六	〇.〇二	二〇.〇六	——	——	五一八.一八
九月一日	三一二.一二	一八一.〇四	四二.三二	〇.〇三	二二.七二	——	——	五五八.二三
十月一日	三四六.五〇	二〇一.七五	四八.九四	〇.一三	二五.三五	——	——	六二二.六七
十一月一日	三七三.二二	二一八.四一	五九.五六	〇三.九	二六.八一	——	——	六七八.四四

由上表看来,货币流通总额,在一九二四年内增加二倍以上。其中察稳列兹券的流通额,在二月份最多,约占总额之八三%,以后逐渐减少,至十一月,达五五%,小国库券的成数,则逐渐增加,以至十一月,约占总额之三二%。其原因:一因发行额数不得超过察稳列兹金券之半额,二因国立银行随时按平价收纳或支付,对于察稳列兹金券不必折扣或贴水。有这两个原因,所以小国库券的地位,异常安定。

此外,这次的币制改革,对于一般的经济上,还发生以下的影响:(一)物价安定,而且有逐渐低落的倾向,(二)兑换市价可与平价相近,(三)主要的工业尤其是织物业的生产,显然增加,(四)财政上渐有余裕。总而言之,一九二四年的币制改革,可以说是大告成功。自从新经济政策施行以后,一个最重要的经济问题,即如何整理价值暴落的卢布纸币的问题,至此遂得顺利的解决了。

(二)国立银行的现状

国立银行自察稳列兹金券发行后,业务的进展,极为迅速。其原因有三:(一)该行因此获得一确定的计算基础,其所有资产,不致有减价之虞,于是可以不必顾虑,而专从事于业务上之进行。从前规定月利一分二厘至一分八厘的重利,至是减为年利一分二厘。也有减至年利八厘的,至对于存款及往来存款,亦给予年利三厘至六厘。(二)该行因此获得新的资金来源。因为在最初的一年内,该行的活动资金,限于国库拨给的资本和少数存款,自从获得察稳列兹券的发行权后,易得丰富的资金,活动力因而强大。(三)各项存款的增加。该行自以察稳列兹作本位计算后,存款无减价之虞,个人和企业团体的存款,因而增加。一九二三年初,存款和往来存款总额为三千七百万金卢布,翌年十月,竟增至三亿七千四百万。存主中以国家机关为最占势力。据一九二四年四月一日的统计,人民财政委员会约占存款总额六〇%,此外则为其他的国家机关,国有企业,协同机关,私人企业和信用机关等。

国立银行的放款业务,可分(一)票据交易,(二)商品放款,(三)对于产业的特别放款等三种。这种放款业务的发达,亦甚显著。一九二三年初,仅三百万察稳列兹,至是年底,约增至十倍,达二千九百万,至一九二四年底,更增一倍,至于借主则以国有企业为最多,私人企业为最少。据一九二四年一月一日的统计,国有企业占八五%,组合企业占一四%,私人企业占一%。

从国立银行与国库和国有企业的关系看来,便可知道劳农俄国现在的经济组织的性资。上面已经说过,国立银行的资本,完全是国库拨给的,而存款和往来存款总额的九五%,都属于国库和国有企业,放款业务的九九%,又属于公企业,这样差不多劳农俄国一切的大企业,都集中于国家的手里,而私人经营的企业,完全没有与国立银行发生关系的能力了。

(三) 其他的金融机关

自国立银行开设以来,其他的金融机关,也相继成立。至一九二四年的下半年,已成立的主要金融机关,有中央农业银行,商工银行,外国贸易银行,远东银行,全俄协同银行(the vseco bank),莫思科银行,相互信用组合,农业信用组合及储蓄银行等,兹分述于后。

(A) 中央农业银行。由人民财政委员会创设。资本共四千万金卢布,由国库拨给。其目的在以自己的资本及由国立银行所得的信用,供给农民改良土地,改良农业和农业制造等五年以下的长期信用,及购买农具,贩卖农产物之一年以下的短期信用。该行对于这种业务,常常与以下所述的农业信用组合共同进行。

(B) 商工银行(the prombank)。这是俄国股份组织银行中之最大的银行。一九二二年底成立,现有资本一千五百三十万卢布,目的在供给国有企业以必要的信用,形式上虽然是股份组织,实质上仍为国立机关,因为他的股份,差不多全部都是属于国家机关和国有企业所有的。

(C) 外国贸易银行。此为股份组织银行,但其重要较次于商工银行。设于一九二二年,负国营贸易金融的责任,资本为二千五百万金卢布。股份总额的五一%,属于人民财政委员会及人民贸易委员会,其余四九%,则属于内外的私有资本,所以实际上仍然是政府占绝对优势的。

(D) 远东银行又称远东共和国银行。亦属股份组织银行,于远东共和国独立的时候,为该国的中央银行,享有纸币发行权。迨远东共和国与劳农俄国合并后,始改称远东银行。负开发远东及远东贸易的金融责任。股份的九〇%以上,属于政府，人民出资尚不到一％。实际上亦可视为政府的机关银行。总行设于哈巴诺夫斯克，分行约有二十处，分设于远东，欧俄满蒙和其他各地。其活动力甚大。

（E）全俄协同银行。此为最大的组合组织的银行，由消费组合银行改组而成，设于一九二二年底。总行在莫思科，全国共有分行及分号二十余处，该行为全国各种组合的中央机关，目的在供给各组合以必要的信用。

（F）莫思科市立银行。此为市立银行中之最大者。资本六百七十万金卢布，大部分由市公共机关及企业的资金而成。以市存款和往来存款为主要的财源，并经营放款和贴现。顾客的大部分为国家机关，约占全体之七三％，次协同组合，占二二％，私人企业仅占五％而已。

（G）相互信用组合。在俄国的金融制度上占有特殊的地位。以供给私营商工业的金融为主，是私的金融市场之唯一的金融机关。他的性质与上述各种银行不同。其活动资金的来源，除由国立银行给以一部分的信用外，大部分皆赖于吸收市场的有息存款。因俄国私营企业不能活动，所以此种组合也没有显著的发展。

（H）农业信用组合。乃根据一九二二年十二月一日的布告而创设。与农地农事的改良，农产制造和其他农业金融有直接的关系。至一九二四年六月一日，共有二十五组合，资本二千二百万金卢布，存款和往来存款一百九十三万金卢布。

（I）储蓄银行。设于一九二三年初，为劳动者的储蓄机关。也是国有机关。发达甚速，开设后仅一年，其数即达二千二百，总资产共有一千五百万金卢布。

劳农俄国现在的金融制度，与欧战以前的其他各国比较，有两个最显著的特征，即：（一）国立银行占有绝对的势力，例如一九二四年四月一日，国立银行的收付总额，共十三亿六千万金卢布，其他各行的总额，仅三亿八千万，又贴现及放款总额，前者为三亿七千五百万金卢布，后者仅二亿八千万而已。（二）国立银行与其他各银行及各企业的特殊关系。欧战前的旧国立银行，直接供给一小部分的信用与商工企业，大部分的信用，则用于对其他各行的再贴现和放款。至于新国立银行，则以直接供给信用于商工业为主，很少借各行为中介机关，所以各行在国立银行的放款总额内，不过占一成左右而已。

由这种特征的表面看来，和一般资本主义国家内银行发达的初期很相像。就是：发行银行即中央银行享有发行的优越势力，直接活动于金融市场。转入后期，则信用制度发达，发行银行渐失去优越的地位，普通的商业银行代兴——这是资本主义发展的一般的倾向。俄国最近新国立银行又享有绝对的优势，直接活动于市场，好像是回复金融制度的初期，恢复欧战前资本主义的倾向样子，其实新国立银行之享有优越的地位，和国有企业的发展，有密切的关系，和资本主义初期的倾向完全不同。上面已经说过，除国立银行之外，其他一切股份组织的银行，政府或政府机关的势力均占有绝对的优势，观此便可得到一个真确的证明了。

中国农民经济状况蠡测[*]

宋作楠

作者在这篇论文里面,关于中国农民或农村的经济问题,并没有新的见解,只是想从关于这方面已有的而比较可靠的事实,详细研究,审慎归纳几个结论。

中国现在的农民经济状况,究竟如何,是许多人都愿意知道的。但是在中国,这种知识的求得,是一件极不容易的事情。中国幅员如此的广阔,而各地情形又如此的复杂,要想对于全国农民状况,求一整个的知识,除掉一种有规划、有步骤,而规模极大的全国农民经济调查以外,是没有别的方法的,可是这种调查,中国是一向缺乏的,以前的农商部,曾经发表过几次农业统计,里面的错处甚多,普通的人都看得出来(几个最显著的错处,下面再说)。因为农商部所用的方法,是不可靠的,在中国尤其是不可靠,它预先以一纸公文,叫各省填报,而各省就照样的转到各县,叫各县去填报,农商部就把各地填报的数字,制成统计。中国各省县官吏,对于农业调查的用意与价值,都是茫然的,那里肯用心去填报,填报的结果,当然是不可问的了。刘大钧及陈重民二先生,在英文经济月刊一篇文章内("Statistics of Farm Land in China" "By D. K. Lieu and Chung. Min Chen. Chinese Economic Jounal Vol. II. no. 3,)曾经举出几个例子,足以说明农商部的农业统计的不详实,例如湖北枣阳县在民国四年的报告内,农田共列为二百五十万亩,民国五年的报告,农田数目,忽然从二百五十万亩降到七十九万亩,即得没有特殊原因,怎么农田能在一年以内减少得这样多?又如山东历城在民国四年的报告,农田数目为七百九十万亩,翌年,忽然降到八十八万亩,一年功夫,多少相差得这样远,二个数目里面总有一个数目是异乎寻常的错的,又如民国四年山东全省的农田数目共为二万五千六百万亩,而费县,掖县,昌邑三县的农田数目,已经是一万一千五百万亩,差不多占全省农田二分之一,这种数目是谁都不能相信的,以上几个例子,不过是说明这唯一的政府农业报告,是不甚可靠的。

那么我们关于这方面的知识来源,是什么呢? 农商部的统计,当然我们有时不得不采用的,不过采用时,加以仔细的审择罢了。此外有几个学术团体(如金陵大学农科)政府机关(如以前的经济讨论处)以及对于这方面有兴趣的私人(如成都华西大学的勃朗(Brown)教授)所发表的各地农民经济状况,对于我们所要研究的

---

[*] 本文原载于《教育与民众》,1930 年第 1 卷 6 期,第 1—8 页。

问题,有很大的帮助。他们所发表的,虽是很零碎,而且仅仅是包括几处地方,可是正确的程度很大,我们固然不能说从零碎的各地报告,就可以推知全国的农民经济状况,不过于现在缺乏研究材料的时候,也未尝不可以从已有的零碎材料,试试看能否发现几处共同相似的地方:并且能否归纳几个结论。

我们在研究中国农民经济状况的时候,我们假定以下几点是应该知道的。

第一,全国农田亩数——知道了全国农田亩数,假使又能够从已有的人口统计中,知道农民及农户数目,那么就可以知道每个农户及农民的耕种平均亩数是多少,从这一点,可以看出中国的田亩平均起来是否够耕种上的需要。

第二,各类农户的数目——自耕农在全体农户中占百分之几?佃户占百分之几?这都是我们要知道的事情,知道这些事实,我们可以知道中国农民的组织成分。

第三,农佃制度——地主所享受的优越的特权是那几种?佃户或半自耕农,在现行的农佃制度下,过着什么样的生活?这许多都是研究农民经济状况时,应该知道的。

第四,农家经济——农民每年勤劳的结果,究竟是些什么?他们每年所得的东西,是否够他们消费的需要?这几点都是非常重要,关于这一项的智识,在四项中可以算是最重要,当然,除掉上列四项之外与农民经济生活有关系的地方尚不少,不过关于上面四项的研究材料,比较起来,还可以找得到,而且即从上面四项,也就可以看出农民经济状况的大部分,所以我们只选择了上面四项,兹将上列四种,分述如次。

一 中国田亩总数

中国田亩数目历来均无精确的统计,刘大均与陈重民二氏,根据农商部之农田统计表,参考别方面的事实,成以下的修正统计表:

表一 中国农田统计表

省份	农田亩数(单位为百万亩)	耕种指数	每人平均亩数单位为亩
京兆 直隶 山西 热河 察哈尔 绥远	173.0	19.4	3.6
奉天 吉林 黑龙江	164.1	9.7	6.2

（续表）

省份	农田亩数（单位为百万亩）	耕种指数	每人平均亩数单位为亩
山东	111.8	43.0	3.3
河南	140.0	44.3	4.2
江苏	74.0	41.3	2.1
安徽	101.9	40.0	5.0
江西	96.9	30.6	3.5
福建	32.3	15.0	2.2
浙江	50.0	29.3	2.1
湖北	154.5	46.5	5.4
湖南	135.6	35.0	3.3
陕西	52.5	15.0	3.0
甘肃	26.7	4.6	3.6
新疆	10.7	0.5	4.0
四川	152.7	15.0	2.5
广东	92.9	20.0	2.5
广西	78.4	21.9	6.4
云南	26.0	3.8	2.3
贵州	8.8	2.6	0.7

耕种指数即耕种农田总面积对全面积之百分数。

从上表看来，二十二省及四特别区的四亩总数共为十六万八千七百万亩，耕种指数为一四·八。

除掉刘陈二先生的估计以外，美国农部的倍克尔（O. E. Bakker）于一九二七年太平洋关系会席上，提出论文 Land Utilization in China。他估计中国可以耕种的田地约为四十五万五千万，田亩总数则为十一万七千万。不过照刘陈二先生说，他们的数目，已经是很低说的了，现在倍克尔的数目，比他们还要低，恐怕他的数目的可靠性更要小一点，我们现在假定刘陈二先生的数目是比较近于事实，田亩总数假定它为十七万万亩左右。

中国农民，究有多少，也是一件不容易知道的事情，据农商部一九一四年及一九一六年的统计报告，中国农户，共为五千九百四十万。以每户五人计算，则农民总数，应为二万九千七百万。假定中国当时人口共为四万万则百人中应有农民七十四，虽然中国人口数目，据最近的邮政报告已为四万八千万左右，但上述百分之七十四这个百分数，仍旧可以适用，因为农商部的农户统计，有许多省县，是没有算进去的，而且每户五人这个假定数目，也似乎过低，所以即使人口总数，不止四万万，上面的百分数仍旧是相差不远的。以前的经济讨论处（即现在工商部的工商访问局）曾经在德县潍县唐山三地，做过调查工作，知道各县农民与全体人口的百分数，是在七十与八十之间，这足以证明百分之七十四这个数目，大致是不会差的。假定目前的人口总数是四万八千万，那么四万八千万的百分之七十四应该为三万六千万左右,这可看作现在中国农民的总数(参看"Land tenure systems in china" By D. KLle. chinese Economic Journal, Vol. II. no. 6.)

以上面所述的农民总数,除田亩总数,(就是以三万六千万除十七万万)结果是四.七亩,这就是平均每个农民耕种的亩数。

以下是很有兴趣而且很重要的一点,就是假使四.七亩这个平均数目是可以相信的话,中国农民是否要感觉到耕种田亩不够?

据刘大钧陈重民二先生的意见(参见"Statistics of Farm Land in China"):华北农田二亩的出产,可以养活一个人,华南则土地稍肥,气候较好,只要农田一亩的出产,就可以养活一个人,加上衣服燃料及其他物质上的需要,一个农民过着最苦的生活,在华北需要四亩农田去支持他,在华南也需要二亩,照这样看来,中国有农田十万〇八千万亩,也可以维持农民的生活,假使他们过着最苦生活的话,不过中国人口另外的百分之二十六(不是农民)他们衣食的原料,也要靠本国土地的出产去维持的,所以中国应有的田亩数目,比上面当然远要大些,就是要再加上去三万六千万亩(农民以外的人口需要的农田数目),所以全国人民过着最低的生活,也需要十四万五千万亩田地的生产去维持他们。

还有中国每年农产物的输出,数量也很大,这许多输出的农产物,是在中国的农田内生长的,所以又须另外除去许多农田,它们的生产,不是为本国人民的生活用的,照上面的分析看来,中国人民,就是过着最低的物质生活,十七万万左右农田的生产去供给他们,已经差不多了,假使我们再要增加农产的消费,提高物质上的享受,这个数目,一定是不够需要,我们知道英国每人平均农田亩数(Per-carita mowage)是十三亩半至十七亩,美国,是十七亩半,法国是十六亩半,西班牙,是二十七亩,丹麦是十二亩,德国,是九亩至十亩半,中国则耕种田亩总数仅为十七万万亩左右,以四万八千万的人口平均之每人平均农田亩数,仅仅是三亩半左右,就是专以农民的数目平均之,也不过是四·七亩,比上面所举的任何一国,都比不上,这也可以证明中国已经耕种的农田,是如何的不够耕种需要。

据密特尔登(Thomas Middleton)说,在欧美二洲,每个人生活需要的农田(就是说可以维持一个人生活的农田数目)数目是从八亩半至十七亩,现在中国仅仅是三亩半,与密特尔登所估计的标准,实在相差太远,虽然或许中国的土地与气候,受上帝的恩惠特别的丰厚,但是我们不相信像法国那样注重农业的国家,她的农田生产力,会比我们薄弱! 所以中国农田的缺乏,是无可辩解的。

中国农田不约对于经济所发生的影响,是显然的,第一,一部分农民,因耕种的田亩太少了,田亩的生产,不够维持他们最低的生活,于是不得不找耕种以外的收入去补偿,无锡民众教育院附近被调查之一百〇六家农户中,无副业者仅八家,其余九十八家,皆有副业,且每家主要副业,二三种以上者甚多(见民众教育实验报告第二期)可见农民无副业,简直无法生存。第二,一部分农民,因耕种的田亩不够开支,索性往几个大城市跑,觅苦工以自活。第三,剩下来的一部分,即没有足够的田亩，又因别种原因无副业去补偿，只能安守着已有的耕种田亩，过着低无可低的生活，中国农民中，以这类农户占最多数。

二　各类农民数目

据农商部民国七年之农商统计，各省区各类农户，有如下表：

表二　各省区农家户数统计表

农家户数 地方	自种	租种	自种兼租种	合计
京兆	343.382	147.647	144.328	653.357
直隶	2 912.569	507.199	564.934	3 984.702
奉天	739.856	512.203	484.250	1 736.309
吉林	284.717	166.967	136.867	588.551
黑龙江	190.835	87.068	58.594	336.497
山东	3 808.050	730.734	811.361	5 350.145
河南	3 458.531	1 697.670	1 113.949	6 270.050
山西	1 078.772	238.891	212.475	1 530.138
江苏	2 127.642	1 382.123	1 032.984	4 542.749
安徽	1 330.620	919.305	623.564	2 893.489
江西	1 787.848	1 005.385	1 141.723	4 064.956
福建	553.810	555.365	512.274	1 621.449
浙江	1 131.088	1 198.052	1 010.416	3 339.556
湖北	1 154.565	1 325.540	796.549	3 636.654
陕西	750.104	290.829	267.199	1 308.132
甘肃	547.948	150.208	155.973	854.129
新疆	344.588	65.806	50.037	480.124
四川				
广东				
云南				
贵州				
热河	424.858	92.647	102.884	620.389
绥远	38.789	15.183	12.583	66.495
察哈尔	83.098	18.610	13.899	115.607

据第二表所举之数字，自耕农户共为二三，三八一，二〇三户，租种农户共为一一，三〇七，四三二，自耕兼租种农户共为九，二四六，八四三户，自耕兼租种农户，经济上地位，虽然较租种农户略优，但受现行的农佃制度的影响，是一样的，所以应与租种农户，列为一类，把这二大类算成百分数，自耕农户占（指民国七年）百分之五十三.三，租种农户及自耕兼租种农户占百分之四六.七。

农商部民国七年之统计,比较其他各年,较为可信因包括省份较多,据上表所载,佃户大约在百分之五十左右,不过民国七年的统计表,尚缺西南五省,西南各省佃户的百分数,由已有事实证明,比较北方各省要高得多,假使这五省也包括在计算之内,那么全国佃户之百分数,大概比百分之五十还要多一些。

除农商部统计之外,其余很多零星资料,兹分述在下面,以供参考。

(一)据全国基督教协会发行之(广东农民运动)广东东江流域十二县,佃农之百分数平均为六五.五。广东中部五县,佃农之百分数最高为九五,最低为八〇,平均为八五,广州及广州近郊,平均为九六.四,广东河南,平均为九四.九。

(二)据广东大学调查之七县(见广东农民运动)佃农百分数,最高为九〇,最低为六〇,平均为七〇。

(三)据岭南大学调查之各县,佃农百分数平均为八五。

(四)据前东南大学出版之(江苏省农业调查录),金陵道佃农百分数最高为九三,最低为二三,平均为四九.一,苏常道最高为七三,最低为四五,平均为七八,沪海道最高为九〇,最低为二七,平均为七〇.二。

(五)据 Buck 教授调查南通昆山二地之佃农百分数,前者为八七,后者为九二。

(六)华洋义赈会在直隶调查之三县,佃农百分数最高为一七.五,最低为二.九,平均为一〇.七。

(七)Buck 教授调查直隶盟山县之农业状况,称该地佃农之百分数甚小。

(八)绥远实业厅所调查之本省二县,佃农百分数,一为百分之三〇,一为百分之二〇。

从以上各项报告,可以看出以下几点,(一)南方各地佃农百分数,在百分之五十以下者甚少,普通在七〇至九〇之间(二)北方各地佃农百分数,按照以上所举各地,类皆甚小,因为中国农户,在南方各省的比在北方的各省的,数目多得多所以我们把全国佃农百分数,放在百分之五十五至百分之六十之间,似乎是一个安全的数目,

我们知道中国农民共有三万六千万左右,即以百分之五十计算,中国农民已经有一万八千万左右是佃农,虽然在这个数目里面,有一部分是半自耕农,可是半自耕农,也同样受佃田制度的影响的,不过程度深浅不同罢了。(未完,下缺)

消费合作之原理

陈其鹿

一 绪 论

现代消费合作之趋势，已舍去理论之途径，而入与实际运动之时代矣，是诚消费合作运动前途之好现象也。但消费合作，尚待研究之点甚多，如消费合作，所指为何？是乃消费合作理想方面之问题也。最近关于此项学说或问题，风起云涌。例如：莫斯科式之消费合作理论，否认中立性之问题，消费合作穷极之发展及其界限等问题是也。消费合作，是产生于现代资本主义之中，而利用其手段，努力造成新的经济社会，故其理想高远，不待言矣；而同时其合理的经营，须如普通商业，认真办理（business-like）方可。

二 定 义

消费合作者，乃多数人感及共同之欲望，不用个人的手段，而采团体的手段，以满足其欲望，是对于消费合作下一广泛的定义。因此，日用品之购置，合作之外，复有信用合作、住宅合作，其他凡消费者之组织，均包括在内。例如：苏格兰自一七六九年，发生一种消费合作，系产生于资本主义成立之前，而无反资本主义之性质者。近世消费合作之特色，有反资本主义之性质，为狭义之消费合作，与产业革命以前之消费合作，有显明之区别矣。近世英国之消费合作，确立于产业革命之后，消费者，受资本主义经济组织下之压迫，造成经济上之弱者，因自愿组织团体，反抗资本主义，冀图改造，是亦其特色也。

三 资本主义以营利为目的

吾人欲知消费合作之真意义，是不可不作资本主义之研究，消费者，何以在资本主义压迫之下？是乃先决问题也。夫资本主义之本质，论者伙矣。如宋巴德氏

---

* 本文原载于《新生命》，1930年第3卷第3号，第1—17页。

(Sombart)马克思氏(Marx)季特氏(Gide)等学者,均详言之矣。此等学者之议论,不遑一一介绍,兹略举其大概耳。现代经济生活,一言以蔽之,营利主义而已!即凡财富之生产,均为营利之目的,即观察消费者之需要,努力生产,供其满足,使生产获得较大之利益,亦即营利之第一目的;而消费者之利益,尚列其次也。生产者,即制造家、农业家等,与其说予消费者以便利,毋宁谓因生产买卖,而能获得较大之利益。生产者,无有限制;如商人、专门职业者、律师、医生等,所谓服务(service)之生产者,均以营利为第一目的也。是乃今日资本主义之下不得已之现象。凡生产者,非为消费而生产,乃为营利而生产。彼等不审察消费之量,作逾量之生产,遂发生生产过剩,与恐慌之突起,而无罪之劳动者,因此失业。资本主义,既为营利主义之当然的结果,乃因生产过剩,发生恐慌,致激成资本家与劳动者两相对峙。此主从关系,受命令者,与执行命令者之对立,自古有之。然在近世工厂制工业发达之下,此种对立,完全成立,两者之间,常发生无意识之争议。

四 消费者所受之压迫

在此经济组织之下,压迫之事起矣。大别之有三:第一,消费者遂变为经济上之弱者阶级。今日之消费者,蒙生产阶级莫大之压迫,其中以一定报酬为生活之劳动阶级,及俸给生活者之阶级,所蒙压迫尤甚。吾人在现代资本主义组织社会,为一消费者,其感不平,为何如乎?陆勃德逊(Robertson)氏,有以下五种区别,其分类颇涉妙趣,兹述其大意如下(见陆氏所著产业管理一书 D. H. Robertson: the Control of Industry):

第一,消费者,不易得到自己所欲购之物品,及其所购之物品数量与品质。凡生产云者,本应基于消费者之需要,而今日之实际状况,适得其反,不以消费者之利益为主,竟以生产者之利益为主。据资本主义理论者,以为消费者,表示其需要与居间之商人,后由商人转达于制造家,但此种消费者意思之转达于制造家,时有延误,而商人与制造家,又往往以贩卖已存储之商品与已制造之货物为有利,不惜利用种种新奇广告之方法,如美国学者之所谓需要的唤起,或需要的创造等是也。彼等常于火车电车之中,刷贴广告,藉以接触消费者之眼帘,使不识不知之消费者,购买其物。即使为自觉的消费者,凡使用百种物品,亦无时间与能力检查之。例如:欲购药丸者,误购糖丸;又如欲购上等牛乳,误购水乳。幸有竞争等种种力量,使此种事实,不致蔓延太广;然此种事实之存在,固不可讳言也。

第二,处今日营利主义之世,商人每榨取过剩之利益,故吾人支付物品之代价,有非常高价之虞。如处今日分业组织发达之世,货物由生产者移于消费者之手,经过若干居间商人之阶段,经纪人、批发人、零卖商人等等,虽能尽其配给之机能,亦非恶事,然常发生种种弊害。美国学者云:在美国批发商人,在中央市场活跃之商人,人颇正直,彼等所获之利益甚少,所谓配给上之问题,是零卖商人也,营利主义之下活动之商人，惟知贪图暴利，至诱惑之事，更不论矣；吾人消费者，因介在多数商人之间，支付不当之代价，是消费者所感第二不平之事也。

何谓第三不平之事？在今日资本主义之下，因独占企业家，非常的限制丰富物品之生产，此独占企业家，虽不能强迫消费者购买其高价品之力，然往往用限制生产品之方法，以抬高物价，与薄利多卖主义，完全相反，是仍为营利主义弊害之一。

第四种消费者之不平为何？即不愿将来之消费者之利益，而但愿供给现在消费者之需要是也。例如：伐尽森林，建筑家屋，掘尽煤矿，以供目前之消费者之用；则将来之消费者，或有非常之苦痛，是吾人所引为深忧者也。

第五之不平为何？处今日资本主义之下，凡欲望，必须以货额表现；无金之人，虽欲望深切，亦不能充满。按资本主义之黄金律，仅富豪得享受种种服务。然而消费者，因无金而不能充满。又所欲之事，因不自觉而不充满，欲望之中，对于社会有非常重要者，例如：教育是也。设父兄不知教育之重要，不令子弟求学，其结果，产生不良少年，种失业之因；又如因无钱而不能果腹。盖资本主义之黄金律，则无金之人，虽有几多深切之欲望，终不能充满之也。

此五种不平之事，皆出发于营利主意，国家常施行种种消极政策，以求矫正此种弊害。例如：暴利取缔令，食粮品之检查，度量衡之检查等，虽不能缓和，然亦聊胜于无。由消费者之观点，施行改造社会运动，根本的改造完全营利主义。其一，依强制的团体国家之力，改造运动，广泛意味，是社会主义也。其二，则所谓消费合作运动是也。消费合作，不借重国家之力，以任意的团体之力，改造社会。消费合作，与社会主义相异之处甚多，其最大差点，消费合作，乃为任意的，即依任意的团体之力，一步一步，忍耐前进，侵入现代社会组织之中，造成新的社会组织。上述之季特氏有云："合作主义之最大长处，乃为其任意的一点，不借革命之力，不倚赖法律之力，废止现在经济之组织，而利用竞争与自由以为打倒敌人之武器。"

五　劳动者所受之压迫

处于资本主义之下，除生产者压迫消费者之外，尚有资本家压迫劳动者之关系。毕竟处于今日资本主义之下，劳动者完全失去生产手段，不得不为资本家或雇主而劳动；尤其在工厂制度之下，完全分业，实行科学的管理方法。故在此情形下，劳动者完全机械化，彼之创造精神，亦完全消失。资本家与劳动者，依平等之立场，订立契约，拥有巨额之资本家，工资之外，劳动者无所依赖，此工资制度之有利于资本家，本不待言。企业家使用劳动者，不与企业之管理，有时演成事业不振，或一般经济界之恐慌，企业家诚不能辞其咎。惟在今日社会组织之下，产业自治，难以实行，社会改良家，反对由生产者之立场改造。例如：工团主义，基尔特社会主义，以及法国英国劳动者之生产合作，皆有生产者之立场改造，此劳动者之生产合作云者，依任意的团体之力，改造社会，而其目标，为撤废工资与雇主，向产业自治之目标进行,以此点改造社会,今日尚未成功。观八十年间之实验,大体均归失败。

六　小企业者所受之压迫

最后另一受资本主义之压迫者,乃小企业家也。在今日经济组织之下,尤其工商界,大规模之经营较之小规模之经营为有利,大资本家是强者,小本经营为弱者,此种情况,在商界显然可见,在特殊事情之下,小工业或可存在,然大体言之,小工业常不利。例如:百货商店发生,而普通之零卖店,大受打击。农业方面,稍有不同,小经营颇有利。自十九世纪,农业革命以来,农业带有显著的工业色彩,需高价的肥料,需高价的机械器具,若不用此,则不能不受报酬递减法则之支配,是仍需大资本之调剂,故第三问题,即大企业家对小企业之问题,小企业应抱如何态度乎?是有种种方法,例如:要求国家之补助,小企业家互相结合与大企业家对抗之方法是也。日本早已发达之信用、贩卖、购买、及利用合作等是也。此种合作,是小独立生产者之合作;此种合作之特色,即各社员自己之营业,与合作之营业,同时存在。社员因增进营业之利益,视合作为一种辅助机关,此即小独立生产合作之特色。此种合作,仅为社会组织中产生之果,欲以此种合作,为社会改造,乃不可能。今日吾人所痛恨之工资制度,及利润问题,不能以此种合作解决之。此种合作之力,不过能使小企业家,进而至于大企业家之地位而已。

七　消费合作运动之性质

依消费合作之力量,陆勃德逊氏所举之五个问题,能否解决,是一疑问。陆氏自身欲消费合作之解决者,乃首举二个不平。但必须其组织彻底扩张,而后能发挥其效果。

消费合作者,社员纯粹以消费者之资格,共同购买日用品,次第扩张其组织,次第废除利润,由消费者,实握有生产手段并管理之;即消费合作纯粹由消费者之立场,施行日用品之共同购入,而穷极之理想,从事利润之撤废,依消费者生产手段之所有及管理之实现运动。故只施行日用品之共同购买、贱卖、便宜供给,而施行家计之改善及生活改善者,尚难称为最完成的消费合作。但此种合作亦不可忽视,因从此种合作可以产生最完成的消费合作。消费合作以自助的任意团体,改造社会,不假借国家之力,以自助之民众改造社会;故消费合作与社会主义不同。盖社会主义,置个人独立于脑后,而消费合作运动,则尊重个人之自主独立;其中生产手段之共有,则又能实现社会主义之理想,异途而同归矣。故消费合作,因上述种种生产者改造运动之差误,乃由消费者之立场出发;即消费合作运动之出发点,乃家庭也。尚须注意者,消费合作由现代之组织产生。消费合作之理想甚高,出发与日用品之买卖,又其目的之实现须长远之岁月,此颇可玩味者也。

八　消费合作之起源

论消费合作者，无论如何，不可不一瞥英国消费合作之起源。最初道破今日资本主义之缺点，即营利主义者，乃涡文氏也。涡文氏于一七七一年生于 Newtown 地方，涡文氏承产业革命之气运，夙已洞悉大规模工厂工业之利益，三十岁时已就大纺绩公司之经理。然伊与普通之资本家有异，看破营利主义之弊害，以自己经营之 New Lanat 工厂，为其崭新之社会的实验。例如劳动者工资之加高，禁止十岁以下之童工，十七时之劳动时间，缩短至十时半。彼深信人之品性由环境所造成，即人为境遇中之产物，今日之劳动非常堕落者，其环境恶也；设环境一好，则彼等向上。彼常向同业者申说：劳动者与机械相同，运用得法，则能率向上，而迷于营利之同业者，以涡文氏之言为逆耳，彼乃诉于当道，使其制定工厂法，一八一九年通过之工厂法，大半为涡文氏之努力所致，彼因当道之援助，思逐渐实现其理想，但在某次公关席上，语侵宗教，彼之信用忽然扫地，同情于其提案者渐少。彼乃开始转向民众宣传，即以民众自助之力，实现其理想，所谓建设自给自足之乡村是也。以千人为一组，购入土地在该地招集合作员，互相生产，其生产结果，互相分配，彼在一八二五年赴亚美利加印地安那（Indiana）州之奥斯河畔，购入活野三万英亩，其地名新协和（New Harmony）以为实验之基。又使弟子阿勃拉罕（Abraham）在勃拉斯各之附近，施行新村的实验。虽然，涡文氏之实验，悉归失败，彼之大部分家产，泰半丧失于此。至其失败原因有可得而言者。其一乃合作员不自觉，即社员不愿为他人或社会而工作，其社员大抵为失业之无赖，在中人以下，此乃失败之根本原因。然则涡文氏建筑自给自足之乡村，其理想如何？其志在去营利主义之弊害，伊以利润为万恶之根源，富者之贪求、贫人之困乏，完全由营利而起。然伊之理想不须商人居间介绍，梦想商品生产者与消费者之直接交易，而以原价供给。涡文氏之新协和自足村失败后，并不因此灰心，其后努力劳工运动社会主义教育制度或工厂法等之运动，直至一八五八年始享年八十而逝。伊之一生竟在坎坷不遇之中终老。虽然，伊之英雄的性格与实际的头脑所生出之思想，已印入英国劳动者头脑中，遂发生消费合作运动，故英国之消费合作思想，不得不谓为涡文氏宣传之功。

九　罗虚戴尔制

实现涡文氏理想之第一次运动，始终白里登（Brighton）之金氏（Dr. King）的联合店（Union Shop）运动，近来英国消费合作之鼻祖，非涡文氏也，乃金氏也。伊由日用商品之购买点出发，以达涡文氏之理想。其后数年之间，组织五百个合作社，交换各社员之剩余品，所谓劳动交换所者是也。彼依涡文氏之理想，实行以劳动时间交换物品。金氏计划之下，虽然组织若干合作社，而终于归于失败，其所以失败者,盖当时无保护合作事业的特别法,或合作之服务员发生不正行为;合作员全体,无一关心社务,有以致之也。而此联合店与涡文氏之新村失败之根本原因相同,即因混合消费合作之原理,与生产合作之原理之故。其后一八四四年,产生罗虚戴尔(Rochdale)合作社,该合作社之起源,不克详述,即二十八人之劳动者,各储蓄一磅,开极小之店,共同购买必要的日用品,彼等揭出如左之纲领:

本合作社之目的,以一磅之股份,积聚相当的资本,实现下列之计划;社员与以金钱上之利益,同时改善社会的、家庭的状况。

一　开食料品与衣服之贩卖店;

二　建筑或购置多所家屋,以备社员居住,互相改善家计,及社会状态;

三　失业或工资继续减少之社员,与以职务,开始选定合作物品之制造;

四　为本合作社社员之便利与安全计,购置或租借土地,以备失业或得低廉工资者耕作;

五　更进而为调查生产、分配、教育、政治之力,换言之,建设共同利益之自给自足之殖民地,若有其他之合作社建筑同样之乡村,则应予以援助;

六　于适当时期,合作开禁酒旅馆。

要之,彼等之出发点,诚渺乎小矣,而其终极则在统治生产分配,逐渐实现涡文氏之理想,造成自给自足之殖民地。当此微细之商店开张时,见者莫不掩口而笑,乃其后八十年间,竟有今日之发达盛况,今英国住民之三分之一,为消费合作社社员。其收效之大,固为时势所造成,然成功之最重要原因,乃在乎经营得法。其经营方法,广为世人所知,即所谓罗虚戴尔制是也。其第一原则为门户开放主义;即吾人有消费者之资格,不问其年龄如何,性别如何,国籍如何,宗教如何,均可为社员。消费合作之门户,永久的开放于人类全体,新社员与旧社员,皆在平等的条件加入,乃是彼等基础原则之一。

第二原则,对于消费合作之经营,乃保持社员平等之投票权,即一人一票之制度是也。世人皆知股份公司,以股数之多寡,定投票权之多少,大股东可以操纵一切,然而消费合作社则不然,无论股数多少,购买额如何、均保持各人的平等,一人一票,按民主主义之精神,而经营之。

第三原则,乃市价贩卖主义,及购买额利益分配是也。罗虚戴尔合作社,当物品分配与社员时,以附近零售价格为标准,依涡文氏之理想,合作社不卖非需要之物,所卖之物,照原价加少许费用,以出售于社员;如此,则商人所收之利润,一举而归于消费者之手,但此方法有种种困难,相随发生:第一,对于各物品,正确计算实际之经费,非常困难,计算稍误,则合作之基础危矣;若以原价贩卖,则公积金将不能成立,而合作社将来,难以发展,且易招附近零卖商人之反感。故不得不变通办法,采用市价贩卖主义,即以普通商店同样之零售价格贩卖。

但消费合作,与一般商店之贩卖,有不同之点,凡零售市价,大抵较消费合作社物品之原价所加费用为高。社员购物,既照市价,则合作社必有剩余,此剩余在普通商店，为商人之利润，在合作社则分配于社员，故社员每购买物品一次，必记明其购买额，以便到一定期限之末，按社员购买额分配。如此，间接的实现涡文氏之理想，是为有名的罗虚戴尔式利益分配法也。

彼等采用此利益分配法，吾人不得不有所感动，盖当时二十八人之合作劳动者，出资一镑，购买日用品，且各人交替任贩卖部、金库部之职，故彼等之资格、购买额、及劳动量三者相同。因此剩余金之分配，三者之内以任何为标准，其结果无不相同，然彼等贤明，采用依购买额分配法。其结果，消费合作社，无论如何发展，永久确保消费者之民主主义性质，此在罗虚戴尔之合作社采用以前，已有苏格兰施行矣，推成功，则自罗虚戴尔合作社始。

第四原则，乃现金购卖主义也。赊欠，乃今日商人惯用之竞争武器。而赊欠，在道德上、经济上，有几多之弊害，任人皆知；第一，合作社之运转资金，每易因此固定，且坏账亦所难免，合作社将蒙意外之损失；故罗虚戴尔先驱者，极力主张现金购买。

第五原则乃谋公共利益，即以剩余金之二分五厘，为教育宣传及社员其他之娱乐社会事业等之用。今日之英国合作社，虽鲜有依此原则严格的公积二分五厘，但亦颇有实行之者。即因其原则之实行，能使合作运动有大发展之可能，罗虚戴尔先驱者，在远大计画之下，所以采用之也。

第六原则，乃中立之原则。详言之，即消费合作社对于政治运动、宗教运动、禁酒运动等，采取严守中立态度。盖消费合作，纯然采经济的手段，企图社会改造，且社员中有种种的信仰、种种的意见，若不采取严守中立之态度，则合作之团结不固。换言之，消费合作运动，保持自己目的，消费合作运动、非为劳动运动、政治运动之手段，只次第扩张其组织，改造理想的社会，此乃涡文氏极力主张者，永远为英国消费合作运动之信条。

然而，此原则，一九一七年以来，破于英国消费合作运动自身之手。即战时政府，对于消费合作政策，颇形漠视，彼等自身之代表者，若不派往议会，则不能拥护消费者之利益，故断然在政治界着手，组织消费合作党，选出数名之代表，派往议会；此举，破坏中立原则与否？论者不一，但华拔斯氏（Warbasse）等则完全主张消费合作，不应从事政治活动。故今日英国之合作所作之事，是否得当，可深长思者也。消费合作运动中，有积极的蹂躏政治上之中立的原则，完全利用阶级门争手段，乃为俄国式或莫斯科式消费合作之主张。

罗虚戴尔合作社，在世人冷讥热嘲声中，开店矣；而设立者未尝梦想有极大之成功，社员渐渐增加，销数增加，各处设立同样之合作社，遂于一八六三年，团结零卖合作，创一批发合作社，今日孟却斯脱（Manchester）之英国批发合作社，即始于此也。此种合作，便宜贩进，分配于消费合作社，换言之，即不经批发商人之介绍，直接从生产者处贩入，分配于社员。一八六九年，苏格兰格拉斯古（Glasgow）又有同样之批发合作社产生。

为扩张新的消费合作之原则,当然侵入生产之领域,即一八七三年,英国批发合作,始于格仑姆柴制造饼干,其后,消费合作,及批发合作之生产事业,逐年扩张,今日劳动者使用之日用品,殆能全部自给矣。

一〇 消费合作之现况

按最近之统计,现在英国消费合作数,约有一千四百,其社员总数,有五百十八万人,其销数合计,约有一亿八千四百万镑之巨额,依购买额分配,社员之剩余金,达一千七百万镑。此等合作社,已如上述,有合作联合会为教育宣传之中心机关。共同贩入及自己生产之联合机关,有孟却斯脱、格拉斯古及达波林(Dublin)各地之批发合作社。英国批发合作之历史最古,其活动范围亦甚广,在其支配下之工厂数,有一百二十余,制造社员必要之日用品。该批发合作社,除工厂外,尚经营煤坑、油田,英国内地,有三万英亩之农园、牧场及其土地。苏格兰批发合作社,在锡兰(Ceylon)共有六万三千英亩之茶园,南印度有二万七千之土地。又于世界各地、设输入所,输入大宗茶、谷物、牛乳、砂糖、干果等等,其加拿大小麦之输入所,占世界之首位。批发合作社,尚有汽船数只,自营连输业;最近该合作社附设之银行部,发展甚著,遂为英国金融界之一大势力。又劳动者之生命伤害保险,当英国全体之契约额,一半以上,苏格兰批发合作社之事业,有大体与英国相同,其经营工厂三十余,集中在格拉斯古之近邻。爱尔兰之批发合作社,主要者为农业合作之中央机关,所属消费合作数不多,最近呈增加之倾向。英苏两批发合作社,共同经营,称为英苏批发合作社,形成独立之批发合作社,设有合作学校,妇女及男子协会等附属机关。

英国消费合作,今俨然有国家中之国家之现象,彼等进行甚缓,一步一步,向涡文氏之理想,即自给自足之目标进行,今日英国消费合作运动,已达绝顶。例如,德国之里夫曼氏说:信用合作,与消费合作,今达绝顶,不能再伸张发展,果如此说乎?予将论之于后。

罗虚戴尔合作社,其种子散布于全世界,德国消费合作,努力之结果,在英国之上;比利时为数较少,但有特殊之合作;法国及其他欧洲各国之消费合作,悉有相当发达。惟俄国强制人民加入,故社数、社员数、及交易额,为世界中最大的数字。

而世界上消费合作,除去俄国及比利时之一部份合作外,大体均依罗虚戴尔式经营法经营,全世界之消费合作及一部之农业合作之结成的国际合作联盟会,亦遵守罗虚戴尔制经营,为合作之大同团结,标明在政治上严守中立。

世界消费合作,形形色色,大别有四:第一即右述之罗虚戴尔式;第二莫斯科式;第三比利时式,乃与政治运动,与劳动运动保持密切关系之合作社是也;第四只为良品之廉价购入,以目前之利益为目的。此四种合作,均详于法儒季特氏之书上,子所述,以罗虚戴尔式为主。

一一　世界各国合作之统计

合作运动,以涡文氏之思想为出发点,而涡文氏自身非为今日消费合作之始祖,伊对于消费合作并不十分重视,不过宣传其精神。消费合作之正当始祖,乃金氏;而其实际成功,为罗虚戴尔地方之劳动者,不律言矣。兹附述各国消费合作运动之大势,今日消费合作世界各国之发达者,按季特氏之统计,全世界之合作之数,共有二十万。内有消费合作之数八万,其社员数有三千六百万人,若社员为户主,一户以四口计算,则消费合作,仰必要品之供给,无虑一亿四余万人。社员数,以苏俄为第一,有七百二十万人;次为英国,有四百六十万人;德国有四百四十万人;捷克斯洛范基亚有三百三十万人;法国有二百三十万人;奥克拉爱那有百三十万人;荷兰有百万人;匈牙利有八十四万人;奥国有四十七万人;比利时有三十八万人;芬兰有三十万人;丹麦有三十三万人;瑞典有二十九万人;加拿大有十四万人;波尔克利亚有十二万人;挪威有十万人;濠洲有八万六千人——此乃一九二六年之统计也。判断合作之发达标准,先以社员数,次在销数,再次则为资本额,不能以合作数为标准。盖合作之中,有大合作、有小合作,在大小合作合并时,合作数却减少;故欲知一国消费合作运动之势力,不可不知社员数,然社员之中,有不在本社购买者,故社员数,亦非绝对正确的标准也。

一二　消费合作将来之成功如何

罗虚戴尔式合作之最终理想为何?前已述之,乃努力利润之撤废,及生产手段为消费者所有及管理;详言之,社员之必需品,不由零卖商贩入,由批发商贩入,排除零卖商人之利润,更进由生产者处直接贩入,撤废批发商及其利润,再进而自行生产,则生产者亦无所用。此种次第扩张,按照成本配给之原理,在现代之经济组织之中,渐渐排除利润及营利主义,最后立脚在互相扶助,实现无利润世界,消费合作共和者,即指此世界也。换言之,即以消费者本位之欲望充足主义,代替今日营利主义、生产本位之经济组织。最后希冀达到社会主义之性质或意味,颇似所谓集产主义之社会;惟不同之点,乃非强制的,依任意的团体之力,渐进到达此境地,而不信社会主义的国家之万能,社会组织,乃建筑在个人的自主独立之上,此为消费合作之特征。而罗虚戴尔式之合作社,主张自身保持自己目的,消费合作自身有目的,与阶级门争之手段,劳动运动手段,渺不相渉,此为罗虚戴尔式之特色。于是此处发生问题矣,果如斯,然则渐进的能达到最终之目的否乎?若能达到,使社会人人满足,即依消费合作之发达,则今日之社会问题,可以完全解决;关于此点,论者甚伙,论调分歧。例如:美国华拔斯氏(Warbasse),即合作民主主义(cooperative democracy)之著者,彼对于合作之将来,抱有乐观之立场——同时伊对于人生为乐观者——伊云：凡物品与服务，均可由消费合作社经营之，即如剧场、学校、医院，皆可由消费合作社经营之，彼更进而言司法、行政、亦可依消费合作管理之，今日因强制的团体的国家所为事业，至某程度，可以消费合作社为之，至极度发达时代，则民众善良，无喧哗争论，盗贼绝迹。例如司法界必有之事，如损害赔偿，或仲裁之事，虽有刑法上之罪人，以病人待之，不采今日之报复手段矣。华氏之主张，实觉过于乐观。例如威勃氏（Sidney Webb 氏为第一劳动党内阁阁员，且为费边（Fabian）协会最有名之人）不信此事，依任意的团体之消费合作社，办公共事业，究为不可能之事。例如：饮水、牛乳之配给、经营电车、铁道，不得不待诸强制团体之都市，或国家之力，消费合作有国家或都市之协力必要，国家或都市，与任意的团体的消费合作社协力，始能产生欲望充足之社会组织。又对于消费合作之将来，有抱不信仰之人。例如：去年去世之德国消费合作之指导家考夫孟氏，属于此类。考氏曰：“吾人废止资本主义的营利主义的生产方法，为消费者之利益，以欲望充足主义为基础，不得不以协同合作的生产方法代之。而此目的的实现，似须数百年后，最后之发达，尚有一定之界限。但消费合作，必将成为将来社会最重要之组织，然此尚非唯一之组织，盖消费合作之成功，非待农业之经营成功不可，等语。"要之，考氏所描写将来之社会组织，至为精细，其中消费合作，占有重大部分，然其他都市事业，与个人事业；尚有存在之余地。此点，英国合作联合会担任教育之事务某氏，亦有同样之考语："即将来之社会，为组织精细时代，其中以消费合作，负重要使命，然消费合作，不能博完全胜利。"等语。如此；消费合作之将来，说者纷纷，然则消费合作之将来发展上有何障碍？是不可不加以研究也。

一三　消费合作社之障碍

（一）关于社员之问题

消费合作社之发展上，首当其冲者，所谓人的问题，即社员的问题也。引前里夫曼氏之说：谓英国之消费合作社，已达于绝顶。而伦敦大学教授拉斯开氏（Laski 氏为青年政治家，头脑甚新颖）观及英国之消费合作之现状，亦谓英国消费合作运动，自己罹受催眠，在自己满足之状态中。此为识者之警言，吾人不可不洗耳恭听也。即英国现在有合作社社员五百万人，发达之程度，比例较迟，一因失业问题时起，其购买额不见增加，一九二一年绝顶时，购买额平均一人当四十八磅；至二十二年，三十七磅；二十三年，三十八磅；二十四年，三十七磅；其情形有江河日下之势。且英国之消费合作社，今已尽包容劳动者阶级，进而为成衣匠，无包容其他有产阶级之途。消费合作社之社员，以消费者资格参加，无论其宗教何如，职业何如，概属欢迎，一若有包容人类之可能性，然事实上有一定之界限，为吾人所不可不知者。丰衣足食之富豪，自为现代资本主义之赞美者，当然不喜消费合作运动，侵犯自己之地位。其他如赤贫之人,则因无力付入社费,亦不得入会,故社员有一极贫极富阶级之限制。但华尔夫氏(Wolff)则云:"今日富豪,不入消费合作社者,未了解消费合作社之实际精神也;富豪之中,非当抱有社会问题兴味,若充分明了合作社之旨趣,则虽此等人亦愿加入也。其证据,素来缺乏消费合作社之伦敦,今日且为英国最大合作运动策源地之一,合作收非常的成功,故极富阶级,入社之事,未必不可能。而极贫阶级之加入消费合作社,多少含有救穷的意味,吾人或感非常困难,不可不自觉。"

(二)关于供给物品之问题

第二障碍,乃物品之供给。即前曾述及以合作社敷设自来水,抱社会思想者,以为不经济。彼等以为从卫生上说,以强制的团体之力做去,有不少便利场合,如牛乳是也。今日牛乳之配给,悉委诸营利者之手,发生非常恶劣的结果,其弊在消费者无识别其品质之能力。日本之乳儿死亡率甚高,例如:对于美国之死亡率,日本为百二十以上;斯卫生上必要的物品,如牛乳,委诸营利者之经营场合,弊害之多,尽人皆知。然则如之何而后可?委诸国家都市经营?抑消费合作经营?论此点者,大有人在,而实际经营牛乳消费合作者不少,瑞士之山中,及纽约之附近,亦有消费者所经营之大牛乳配给所,日本贩卖合作,供给牛乳,可谓之牛乳贩卖合作;但此种合作,仍与资本主义企业相同,是其缺点。贩卖合作,非慈善事业,而为赚钱之团体,不得不以高价贩卖,往往有毁坏消费者之利益;然则,牛乳之配给,应以消费合作经营为合理乎?抑以都市即强制的团体经营之乎?今日消费合作经营,未见成功,是成一问题。虽然,不只有上述之例;最近英国牛乳,依消费合作者之手经营,颇见努力,牛乳之零卖业,对之剧烈反抗,而消费合作运动者,闻伦敦市有牛乳配给之计画,作反抗之示威运动,此为最近这新闻。

(三)关于事业之问题

另一障碍,即事业是也。例如:输出业如何经营?国际贸易如何经营?此非有精深之专门智识不可。惟此点,最近颇呈乐观倾向,因近有国际批发合作之运动,即各国消费合作运动之进展,促进各国批发合作间之贸易。所谓国际批发合作之产生,有二十六国批发合作参加,又包含瑞典、挪威等三国之批发合作社。是则消费合作间之国际贸易,未必不可能。但此国际批发合作,将来果能十分发达乎?此则深堪研究者也。

(四)关于交通问题

次为交通机关。如铁道、电车、海运业等,可以任意的消费合作社经营之乎?以消费合作经营斯业,关于用人,发生种种问题,因社员散处各地,其业务之管理,有种种困难。任意团体云者,任意的进行,不能强制的增加社员;然交通机关云者,非组织完备,不能有效,社员过少,难祈成功。东京市敷设电车线路,合作社员有千人,例如:从牛込至神保町,又增百人。故增三支路,或四支路,此交通机关之少见者,是消费合作经营交通事业,颇感困难,但是未必不可能。将来合作社员增加,与都市经营同样时,乃可由消费合作经营,而收善果,现在则只为小规模经营之耳。例如:美国德律风公司电话之利用合作,伊大利之轻便铁道,英国之海运业,即消费合作必要的物品,用合作之船只运送者,今日无大成绩。日本亦有电气合作,在长野山内,而仍为消费者之利用合作。但逢此场合,只以消费合作社员,无论如何,不能躬任其事,不得不利用非合作社员;严格言之,早非消费者之合作,半带普通股份公司的性质。故以消费合作,作交通业之经营,颇感困难也。

(五)关于农业经营问题

其次为农业经营问题。英国消费合作社有经营农业者。例如:英国内地,有三万四千英亩之农村、牧场;锡兰有六万三千英亩之茶园;南印度等地,有二万九千英亩之土地;消费合作社经营之农园,与国家都市经营之农园,有同样之缺点。由来农业者,利于个人主义的经营,自耕农雇劳动者耕种,自己非当感觉其责任与利益,其能率因之向上;英国之消费合作社,经营农业甚无利益。由消费合作之原理言之,农业非不可为,而实际之成绩,甚不好;是为消费合作发展上之一障碍,此点非得农业合作社之协力不可。

(六)消费合作社内之劳动问题

以上皆为有形之障碍,此外,尚有无形之障碍。例如:在消费合作社中时有劳动问题发生。现在英国五百万人之消费合作运动中,雇用二十万同胞的劳动者生产,或卖物,其待遇虽较资本主义的社会为优,然亦付一定之工资。劳动者不能在良好条件之下工作,此为劳动者,所抱之不平,与其他企业雇用场合相同;彼等诚以工资之多为宜,然从消费合作社言之,因不可不供给便宜物品于社员,以少给工资为利益。故生产者的劳动者,与社员之间,发生利害冲突。有人对于此事之解决策,认为乐观,即使劳动者,加入消费合作社,自己为自己而工作,即实现自己雇用,比较容易满足,但此事行之难艰。消费合作之社员,若能为消费合作社而工作,则无须劳动者之加入矣,但事实上并不能完全如此。

或人有应用生产合作之原理,以解决此问题者,即劳动者至某种程度,与以企业者之资格,与以利润之分配,一方刺激劳动者之勤勉,同时与企业者之自觉。然就理论方面说,消费合作,以原价贩卖为目的,不求产生利润,利润之撤废,此为消费合作之理想;消费合作而云有利益,乃剩余金。况消费合作,初为消费者本位,故生产者之利益,不能与消费者有同样之尊重。生产合作之困难,在于各部份之工作,甚难测定其利益,是对于劳动者分配,有计算上之困难。劳动者对于消费合作社之经营,无置喙之权;彼等从消费者之命,如何如何生产,在如何条件之下工作,至某程度，与以企业之参加权，此要求，较工资增加尤难。盖因消费合作社，以消费者为本位，若使劳动者管理企业，则消费合作社之组织，一变而为生产者合作矣。只可到相当程度时，与工会妥协，即工厂之经营征求劳动者之意见，不与企业之实权；唯此种咨询机关，不仅消费合作可设，即一般企业均可用之也。

一四　消费合作在合作界之地位

以上所述，消费合作之发展，有种种障碍。故消费合作之将来，如华拔斯氏之乐观论，亦不能采用；然努力而为，则至某点，或与理想之距离相近。消费合作，虽非为解决社会问题之万能剂，但不无相当之贡献；欲改善现在之社会，树立协同合作为最要。产业合作，有三大类，此三大类，建筑在互相扶助之大精神之下，而由生产者利益出发的合作，与由消费者之立场出发者之间，往往发生利害冲突的场合；若此等互相扶助，则可以树立大有力之协同合作共和国（Cooperative Common-Wealth）。

协同合作

生产者之合作

（1）小独立生产者之合作

信用合作　贩卖合作　购买合作　利用合作

（2）劳动者生产合作

消费者之合作

（3）消费合作

（4）住宅合作及其他之利用合作

生产者之团体

资本

加迭儿　股份公司

劳动

小独立生产者之合作

劳动者生产合作

消费者之团体

奢侈

俱乐部

必要

消费合作

共同纽带

各自独立

全部全体

此三种合作,在原理上,完全差异,生产者之团体与消费者之团体,亦有区别;生产团体之中,有以资本为主者,有以劳动为主者,消费团体之中,有消费奢侈品为主者,有以消费必要品为主者,此二团体,又纵分"各员独立"及"全部合体"两种。生产者合作,为维持社员之营利经济,以合作社为补助机关,希图各自独立营利经济之发达,如信用合作、贩卖合作是也。由消费者之团体方面言之,则各员亦有独立之事实,如各有庖厨;各人之消费经济独立,不过借合作之力,以图消费经济之改善而已。"全部合体"云者,社员之营利经济,或消费经济,合成整个。照此图,以资本为主之团体,与其他有别,可以明了。例如:股份公司,完全为投资机关及营利机关,而劳动者之生产合作,虽形式上有相同之点,但其目的,为撤废工资制度,与撤废雇主,抱有社会改造之宏愿。故股份公司,与劳动者之生产者合作,根本不同。唯其精神上之不同,上图不能十分表现。

前述消费合作社,以消费者为本位,仅以此欲解决劳动问题,甚形困难。况消费合作,不易经营农业,此所以使此三种合作协调也。但此处之问题,乃如何决定物价之价格之问题也。农业合作贵卖,消费合作贱买,于是发生冲突,非达一定程度,不易妥协。故各国有购买合作联合会者,即为农业合作与消费合作之连络机关;现在芬兰批发合作,为二者之调剂机关,又英国之合作联合会,亦任两者介绍之劳。

一五 结 论

消费合作,抱有高远的理想,而集资向其目的进行,因此社员与合作之干部之间,必须有牺牲的精神,暂放弃当前之利益,努力实现其高远的理想;若不觉悟,则消费合作不兴。又一面抱有此高远的理想,一面消费合作社经营上,与普通商店相同,若不照普通商业认真办理,则不能完全发达,愿提倡合作运动者之深省也。

一六 消费合作名著

1. Beatrice Potter (Mrs, Sidney Webb): *The Co-operative Movement in Great Britain*, London, 1st ed, 1891. 是书从社会主义之立场,论英国之消费合作运动,简明可诵。

2. Webbs *The Consumers' Co-operative Movement*, London, 1921. 是书,分析研究今日之英国消费合作运动之现状,及其将来,关于历史之部分,整而未述,吾人一读此书,可以窥知威勃氏伉俪之消费合作观,就其观察所及,盖以消费者本位之组织,为最终之理想;而仅以消费合作,不能达其目的。故非有都市国家之协力,组织强制的消费合作,不能实现消费者之经济社会。

3. Warbasse: *Co-operative Democracy*, New York, 1924. 是书仅论及消费合作,

著者初为纽约附近之外科医生,而对于社会问题,兴味颇浓,觉得医个人之病人,不如医社会之病为有意义;遂脱离医界,努力于消费合作运动之事业矣。氏深信消费合作之万能,凡有形的物质,固由劳动者生产所得,即智的、艺术的、司法的、行政的等等,皆可依消费合作而收良果也。

4. Gide：*Consumers' Co-operative Societies*, London, 1921. 原文为 Socie'tes de consumm-ation. 是书,关于各国消费合作之实际上之经营方法,详论无遗,与前述之威勃氏伉俪之著作,均为世界经济学界之名著。

5. Poisson：*Co-operative Republic*, London, 1925. 原文是 République cooperative。是书所论,稍及理论,著者为法人,彼虽不信消费合作之万能,然能作社会问题解决上之重要辅助,此说与 Harris 及 Sonnichsen 所著之书,大同小异,而简明之消费合作运动之历史与实际,并收此中矣。

6. Woolf：*Co-operative and the Future of Industry*, London, 1915. Woolf 氏对于消费合作,抱有极大之希望,故消费合作之经营为极简单完美之事也。

7. *The Co-operative Union*, *The Working Men Co-operator*, Manchester, 1922. 此仍英国之合作联合会发行者,说明通俗的消费合作,颇能引为参考;最新者,有俄国式之合作,乃列宁氏所著之协同合作论,亦可参考也。

8. Harris：*Co-operative：The Hope of the Con-sumers*, New York, 1918.

9. Sonnichsen：*Consumers' Cooperation*, New York, 1919.

农场经营研究:目的,范围与方法

裘开明

一 绪 言

国人对吾国农场之应改良,可谓已稍具相当认识,盖近日出版物所载关于改良农业之论文,已屡见不鲜,但改良农业,谈何容易?盖如何改良非根据事实不可,欲求农业事实之明了,又须赖乎精确之统计。故近世富强诸国,对于各本邦之农业,未有无详细精确之统计,以为各种问题之借鉴者。

搜集农业统计之方法,在西洋各国,已试行而见效者,约有下列三种:

(一)逐户调查或称农业清查(agricultural census)。农业清查者举全区域内一定时期中有关农业之事事物物,逐一数计,著于籍录之谓也。其进行方法,以制就表格,派遣多数专员,到各处逐户调查。其清查项目,详略不一。略者数十项,详者多至三四百项。故是种逐户农业调查,事体繁重,而费用浩大。欧美各国,有各种清查者,大抵每隔数年,举行一次。如美国在1920年以前,每十年举行农业逐户调查一次。1925年以后,则改为每五年举行一次。

(二)专员估计(estimate from reporters)。此种调查,系请熟悉各地农业情形而有经验之人,估计各该地农业上各种事项之大概数量。如美国农业经济局,每年举行农产预测所根据之统计,大半取自专员估计。[①] 吾国前有北京政府之农商统计,及现今国民政府立法院统计处所举行之农业统计,皆系一种估计,非逐户清查之数目。旧有农商统计,多凭地方官应商会农会之报告。现时举行之农业统计,则赖各县县长及各县邮局局长之估计。其详细办法,因已经立法院统计处发表,兹不赘。[②]

(三)抽样调查(sample investigation)。抽样调查法,如其名所示,系由全体被调查事物中,选择若干"样子",研究之,分析之,以代表全体情形之谓。此法应用甚广,种类甚多,然皆与此上述二法有别。即其所调查者,虽如第一法以农户为单位,但不每户调查,仅就全体农户选择若干调查之。此法与第二法之分别,在其不

---

* 本文原载于《社会科学杂志》,1931年第2卷第1期,第1—22页。
① Callander, W. F. *The Crop Reporting Service of the United States Department of Agriculture*. Washington D. C. 1927.
② 国民政府立法院统计处统计月报第二卷第七期。

依赖一二人之估计全体数目,而仍以各农户所报数目为统计之根据。

用抽样方法以微集农业统计者,在农场经营研究中,为用最广。盖欲研究某地或某区农场经营方法,非广收模范农场经营事实不可。若调查全体各个农场,则所费时间与金钱,必甚浩大。故不得不在全体范围内选出若干,代表农场详细调查之各项经营统计,然后求其平均数,以代表范内一般农家之普通情形。

以吾国政府目下经济之困难,大规模逐户农业清查,恐非一时所能实现。故专员估计,及抽样调查,实为搜集吾国农业统计之不二法门。用专员估计以搜集农业统计,政府已行之矣。用抽样方法,以研究中国一般农业情形,则有待于私人及科学团体之努力。

农场经营研究在农业经济学中之地位如何,须视农业经济学包含之领域如何。农业经济学之定义,东西学者虽各有异同;然归纳之,不外以普通经济学原理,应用于农业而已。故普通经济学所有之科目,凡与农业有关系者,农业经济学莫不有之。下列各种科目,皆在农业经济学所讨论范围之内。

农业经济之范围③

Ⅰ 社会方面

1. 价值论之应用于农业
2. 农业贸易
   a. 市场制度
   b. 合作运动
3. 农业金融
4. 农地经济及租佃制度
5. 农业地理
6. 农业历史
7. 农业与政府——租税,法制,监督

Ⅱ 私人方面

1. 营业管理或称私家经济
   a. 农场组织与管理
   b. 农民贸易及制造机关之组织与管理
2. 督管之工具
   a. 统计
   b. 会计
   c. 经济新闻

就上列科目观之,农场经营,显系私家经济。盖农场经营研究以场主生产获利为立足点,又农场经济,系用科学方法以管理农场事业。农场主要事业,即为生产。

---

③ Homles, C. L. *Economics of Farm Organization and Management*, N. Y. Heath, 1928, p. 26.

故农场经营,实属生产经济之一部分。自工业革命以后,各国皆研究工厂管理。至今日工业管理,已蔚然成为专门之学。农业之发展,虽先于工商,然农民多固守旧法,未克研究,故采用科学的管理方法反较工商界为迟。盖农场至今日始渐次采用工业界已实验之科学的管理方法也。

农家经济之研究可分二大枝干,即农场经营与农家生活是,盖整个农家经济,实含有二种不同经济组织,即生产与消费是。因农人一方面系生产者;一方面又是消费者。此二种经济动作,在农人眼中,虽常混为一;然吾人研究农家经济,必须划分清楚;否则原则相混,研究必感困难。

农家生活,为农家消费经济主要研究,其研究之要项为生活程度及生活费用。特农家生活不属于本篇范围,姑且从略。

兹请进而讨论农场经营之目的,范围与方法。

二 研究农场经营之目的

农场经营,即为生产经营之一部分,则其主要目的,当为增进生产效率。欧美各国,自 1890 年以来,在泰乐氏(Frederick W. Taylor)引导之下,发生一种效率运动(efficiency movement)。此种运动,先发轫于工业界,所谓科学管理方法(scientific management)者是也。1900 年以后,美国农业界领袖,亦渐次注意其国内工业界之效率运动及科学管理方法,咸以为自然科学之研究,对于农夫固已有相当贡献,但自然科学之发明,尚须有良好经济组织与管理为辅助,然后对于农人始有实际用处。因一般农人所经营之农场,系一种生产事业。农人须依田产为生,故农场不能视为自然科学之试验室,以解决机械上物理上及生物上一切问题。吾人须视农场为一营业单位,其成败全以损益为转移。经济研究,即系讲农场作为一种营业。农场经营研究,即欲探讨科学的农场管理法,以增进农民生产效率。其进行之层次,系先研究某区域情形同农夫所用管理农场方法,权其利弊,究其病源,而后对于该农场,提出相当改良之建议。农夫若有关于经济上之问题,亦须为之答解。下列各种问题,皆为研究农场管理者所应注意之事。

(1) 栽何种作物?及其种之数量?
(2) 用何种农具及所用之件数?
(3) 用何种最经济方法以做各项农事工作?
(4) 处置各种产物之时期与地点?
(5) 如何记账用何种最实用之簿记法?

三 农场经营研究之范围

农场经营研究之目的,从事研究者,多能同意。而对于研究范围,则莫衷一是。

兹综合美国农场经营报告，得下列数种：④

（1）土地利用法（land utilization）或称为产物之分带研究（type of farming studies）。此种研究，包含研究区域内各种土地之利用及种作物之分配（且举出该地各种作物产量及其百分率），以规定该地为何种产物区域。

（2）农场布置研究。包括农舍建筑方向，田块数目，及其分布。晒场块数及其布置，以及沟池之多寡，位置与方向等等。

（3）"最适宜的作物"之研究。系指某地种某种作物，农人最得利益之谓，非指作物之适合于土壤及气候等自然环境。某种作物在某地适宜与否，以种该作物之农场能否获利为标准。获利与否，又视当地供求情形及与市况最佳之市场在交通上之联络佳否为转移。如在美国设立大宗栽种番茄之菜园，且须虑及当地是否适于罐头工厂之经营。标准既系获利，故经济状况及自然情形，皆须兼顾。

（4）农事技术研究。此种研究须决定何种方法生产各种作物及畜产能达到成本最少而获利最大之目的。故下列各项问题，皆在研究范围之内。

1. 关于选择生产器具者，如
（1）耕耘用机器或用畜力？
（2）收割用机器或用人力？
（3）所用机器，畜力，工人之种类，数量，效率何若？

2. 关于选择工作方法者，如
（1）布种用点播，条播，或散播？
（2）松土地用犁或用铁盘碎土器？
（3）在晒场上选留种子，或在田间选留种子？

3. 关于选择工作时期者，如
（1）何时下种？
（2）何时收割？
（3）各块田块之间种作物种收是否同时？

4. 关于规定应用物品数量者，如
（1）每亩须用种子，肥料各若干？
（2）每头家畜每日须用饲料若干？其成分及各种成分之比例何若？
（3）菜园喷射杀虫剂，共需几次，药液种类及成分何若？每次用量若干？

（4）单种产物研究（commodity studies）。取一种主要产品，研究其生产及销售种种情形。

（5）产物成本研究或称生产费用研究。普通生产费用，以钱表显，但此种成本

---

④ 此项报告为数甚多，兹不能一一枚举。读者如欲购买，可写信至美国政府印刷局局长（The superintendent of Documents, Government Printing Office, Washington D. C. U. S. A.）索取 Farmer's Bulletins. 此系一种书目单，内关各种报告名目及价目。

计算,则以每种作物每亩地所需用之动力,种籽,肥料实际数量计算。用统计法求其平均数,即以之为生产标准。

(6) 租佃制度研究。规定于生产最有利益之租佃制度。

(7) 全体农场经营损益因子研究。以统计相关法规定何种生产因子或何方法对于全场损益最有关系,此种为最近六七年来美国最新出现之研究。

(8) 农业区域研究。此种研究之目的,系叙述某地之农业普通情形。除农场经济外,旁及他项问题。故其包括范围,较上列诸问题略为广大。

(9) 农业趋势研究(outlook studies)。注意于普通经济情形之变化及经济变化对于农业之影响。

四 农场经营之研究方法

因农场经营研究,须采用科学方法,故吾人于从事研究农场经营之前,对于科学方法应具相当之概念。兹为俭省阅者时间起见,特将科学方法之梗概略述于下。

(一) 科学方法概述

1. 科学方法之要素依各家之讨论,包含下列数种步骤:

(1) 问题之分析须精细而合于逻辑。由初步之观察,得立定假设以作研究之指导。

(2) 所用名辞及统计的单位,须解释精当,令人毫无疑义。

(3) 广收对于本问题有关系之一切材料。

(4) 材料之分类,须精密而确当。

(5) 所有因子能用数量单位表示者,须仅量用数量表示之。

(6) 应用极严格的试验或统计方法以整理材料。变动因子应各分开,各因子之互相关系,亦须确切测量。

(7) 推理结论,须根据已考察之事实。

(8) 解释结论与前定假设之关系,须合论理之方式。

(9) 结论之辞句,须清晰而正确,使他人得校核其是否合乎前有之事实。

(10) 所用材料及分析方法,须详细述明其来历,以便使他人校核其分析之准确并以同样方法证验其结论与新事实符合与否。

2. 类推法(method of analogy)。最初步而最简易之科学方法即为类推法。类推法之原则系以一二事例而推论其余相同事例。类推法与正式统计法为二种绝对相权之方法。因类推法之结论系由研究一二事例而得者;正式统计法之结论则须由大多数事例而求得之。类推法与正式统计法之间又有所谓单例法(case method)及非正式统计法(informal statistical method)此二种方法当于下节说明。兹略言以类推法分析事物之层次:

（1）凡一事例，须先作充分之初步研究以明了该事例之要素。

（2）次将相似事例举出，究其异同而比较之。如二事例间有不关重要之分别，及不能比较之要素则即须放弃之。

（3）将二事例之异同诸点排列于二并列之直行，以便彼此照对。

（4）推理之结论，须附相当限制，因恐言之过于绝对，有损真实也。

类推法在农业经济研究中有相当之应用。如某地或某国欲采用他地或他国之土地制度，移民制度或农产品贩卖制度等，即须用类推法研究两地或两国情形之异同。

3. 单例法或个案法（case method）。单例法之要素，即系取少数观察事例，详细研究其全体内容。李朴莱（Le Play）⑤研究欧洲工人家庭经济，即采此法。其进行之始，系居住一工人家庭中，察之数月，然后再以同样之手续，行之于其他家庭。如果是十数年后，方得57家之事实。其数量之正确固为其工作之特长。然事例过少，不足成统计学之所谓选样（sample）以代表一般工人，实系其短处。故英国统计学大家巴莱（A. L. Bowley）有言曰"如李朴莱之研究，系以个别家庭为研究之目的，故不厌求详；举凡家庭中每人之职业与收入及收入之用途皆经详细考察。但此种研究是非统计的。在彼之方法中单例为注意之中心点，而在统计方法中，单例则变为无足轻重之物矣"。⑥又英国经济学大师马沙尔（Marshall）亦云"李朴莱之伟大著作欧洲劳动者"（Les Ouvriers Europeans）所采用方法系一种求精（intensive）的研究。将少数选择适当的家庭之全体生活详细研究。从事于是种研究者须具有二种特别才能，即选例之评判力与解释之洞察力。在庸才之手，由是种方法所得结果，反不如用求广extensive的方法所收集多数观察事例，而化成统计式的大概平均数之可靠。盖在大概平均数之中，个例之错误与癖性，皆得彼此相抵消。⑦

由上列二起引句观之，吾人知单例法之特点：即在其不用任何统计之平均数，次数分配表，差量数及其他相类之数量以表示研究之结果。每个事例系以本身材料立足，与其他事例不相混杂。每个事例系独立的，整个的并完全的。故单例法与统计法之分别：即在单例法系以各个事例为研究之单位，而统计法则以诸事例之平均趋向与离平均趋向为研究中点。换言之，单例法注意于单例之详细内容，而统计法则注重大多数一般情形。

单例法之应用于农场经营研究，大概以求得试验材料及模范情形为限。如中国各地所有试验农场及模范农村即系单例之研究也。

4. 非正式统计法（informal statistical method）。此法之定义，殊不易规定，故仅得述其与正式统计法之异点以明瞭其性质。此法与正式统计法不同之点约有下列

---

⑤ Le Play Frederic. *Les Ouvriers Europeans*, Paris, 1855—1879.

⑥ Bowley, A. L. *Elements of Statistics*. London, King, 5th edition, 1920 p. 7.

⑦ Marshall, Alfred. *Principles of Economics*, 8th edition 1922, p. 116

数端:① 如所处理之材料因事例过少,不能计算各种统计上之平均数,系数等等,须用此法,以得结论;② 因例子性质太不相同,用统计法所计算之数量,毫无意义,故不得不用此法;③ 例子太少又太不相同;④ 事例之品质系不能以数目表示者;⑤ 抽样标准不甚明了而又恐有特殊例子在选样内,故不用正式统计法以整理材料。⑥ 研究者之结论非由计算各种统计数量而得,系由观察推得者,则推理此种结论之方法即为非正式统计法。

非正式统计法与单例法之区别即在前者之资料系大约而普通的,后者之资料系正确而详细的。若吾人由少数单例而推得结论,并不经过统计手续,则所用方法即为非正式统计法。非正式统计法之名辞得之于柏纳教授(L. L. Bernard)兹引其说以明此法之来由及其应用之广。非正式统计法者由偶尔观察未证实之事实推演粗浅结论之方法也。普通一般人对于各种事物之观念概由非正式统计法推论而得。彼等对于目见耳闻之事事物物喜揣其将来趋势,然所根据之事实多无代表性质而所用之方法亦非严格者。虽然在严格的或数理的方法未发达以前,是种非正式统计法乃系一仅有无二之方法以观察事物之一贯性与推论社会生活之系统。虽此法为正式数理统计法之先驱,为千年来世界人群所公用之法,并为今日一般愚夫愚妇思想之唯一推理法,然人多不认之为一种统计法。但此法实系一种统计法。非正式与正式统计法之区别,即在前者系一种初浅而比较正确之近似数,而后者乃一种复杂而严格之数理计算法也。……历史中之哲家亦常用非正式统计及单例法与类推法以推论事物……多数社会发达原理及进化论半由于用非正式统计法推论而得者。⑧

在农场经营调查之后若吾人所得之选样为数过少,不足以代表一般情形,而吾人对于被调查区情形又须得一贯之概念,则事例虽不足以经统计法之分析,粗浅之结论,未尝不可以非正式统计法以推求之也。

5. 正式统计法(formal statistical method)。当事例增多而且可以用一定方法以数量处理之时,则非正式统计法即变为正式统计法。故英国统计大家友尔(Yule)谓统计者乃受多数原因所深切造成之数量的材料。而统计方法者,则阐明此种材料之特殊方法也。⑨ 统计方法之主要工作即取友尔所谓受多类原因所深切造成之数量的材料,分析之,归纳之以成有统系之结论而应用于较大之宇宙(universe)。统计方法可分为二:一曰叙述(description);一曰推论(inference)。至于其中详细固非本文所能尽言,阅者取读统计学专书,即可知统计方法之梗概也。

6. 实验法(experimental method)。纯粹而严格之实验法必根据所试验之事例而得结论。试验之时,各因子之影响皆分别审定。如欲测量某因子之影响,则必将

---

⑧ Bernard, L. L., *The Development of Methods in Sociology*. *The Monist* (Magazine), April, 1928 p. 310—313.

⑨ Yule, G. U., *As Introduction to the Theory of Statistics 1922 edition*, p. 10.

其他因子分开使之于试验时期不生若何作用。各因子之影响皆用此法单独确定。是种严格之试验法仅能应用于自然科学而不适用于社会科学。盖社会之事例不若在试验室者之单简而可由研究者随意处置，使研究甲因子之时，乙因子之作用不能参杂其间。但若能将试验方法之严格性放松少许，则该法即可应用于社会科学。故近人讨论试验方法已不如前人之持严格解释：谓必将控制一切因子，惟遗留被试验之因子，使之变化，近日讨论之趋势以为若能控制一部分因子，使之大概不变，而再去测量其余因子，则已足应实验法之标准。据云生物学上之多数试验皆仅能达到此种目的。米恰尔教授（Prof. Mitchell）在 1925 美国经济学社年会演讲"数量分析法之应用于经济学理"对于实验法即持是种宽松态度。他说："论及实验法吾固未忘在社会科学中施行试验之困难。设吾人对于人性仍持旧日之观念，则是种困难永无摒除之一日，但持行为心理学之观念是种困难即可减少。因吾人在团体行为上尽可施行试验。吾人确已有多数团体行为之试验：如实验学校，各种报酬劳工之制度，各种宣传方法，各种推销物品之组织，各种定价政策，及各种公利事业之管理方法等等。诚然是种团体行为试验不能如物理科学试验室所举行者之严格。因人类行为能经他人自由摆布之范围固极狭小。故社会科学所用之试验方法必与自然科学所用者不能尽同。从事于社会科学研究试验者必须依赖统计方法，自然科学所用赖一判断真伪而定局的试验（crucial experiment）之方法不能适用于社会科学。社会科学之试验必须在多数种人及团体上施行多次；彼等之各个不同之反应经记载而分析后始得为研究之根据，吾人在未下任何结论以前，必先知选样之代表性"。

上列广义之实验法对研究农场经营为用甚广，兹举数例以示之。

（1）标准农场之规定。选择数个较完备而得利之农场记其每年经营详细情形，数年之后是种记载必能给吾人研究农场获利之要素之资料，而作改良一般农场之根据。

（2）试验农场之变化。设立数个理想的而科学的农事试验场。每年施行数种新式农事方法及经济组织，以观其变化。

（3）各种农业经济制度。如销货方法，广告之媒介及消费者之嗜好，皆可用试验方法以规定。

（4）农事技术。如散种，施肥，饲畜等等更可用试验方法研究。因是种技术属于物质方面较经济事项应易于试验。

（二）农场经营调查法

科学方法之要素及主要科学方法之梗概已如上所述兹略论科学方法之第一步：即搜集材料是也。盖任何科学方法之论理系一致的，有一致之论理，故有统一之步骤。是种步骤可分为三层（1）材料之搜集（collection of materials）；（2）材料之整理或分析（analysis of materials）；（3）整理结果之解释（interpretation of results)。以上三层手续,不论用何种方法皆须经过。故类推法,单例法,统计法实验法皆合有搜集材料之工作。搜集材料何谓? 即调查事实是也。故调查方法非另一种科学方法,乃科学方法之一种步骤而已。调查方法名目繁多,而应用于农场经营研究者则再有下列数种:

1. 专员估计法专员估计法之定义前已言之。此法在农场经营研究上占有重要地位。农村之一般情形有关各农场之营业者:如物价,地价,工价,度量衡,转运,货币等等。固不必一一向各农家询问。只请三五位熟悉本地情形之人估计即得。

2. 被问人通信填报法(questionnaire method)。凡一种问答表(questionnaire)由被问人不依赖调查员之帮助,自己填答者是谓之被问人通信填报法。是种问答表格大概由邮局寄发及收回。有时亦有差人分送及收回者。此种调查法在农场经营研究上,无甚大用处。因问答表格一到农民手中,若无人解释,即容易引起误会而生出许多错误的答案。施之于农民教育程度初浅之中国更不适用。即在西洋此种方法之应用于农业调查,亦以极简单问题为限。

使用被问人通信填报法以调查农场情形时,于所用表格须较他种调查方法(如派员按表调查或记账调查)更加注意因调查人与被调查人不相谋面,调查人不能当面解释表格内一切问题。其应注意之点大概有下列数种:

(1)问话辞句不应冗长,而且每问只能包含一种事项。

(2)所用文字须清晰而通俗,本地土语及各业专门名辞应酌量采用,总期所用文字能为一般农民所能了解。

(3)每问话应只能有一种确切不移的解释。如"问你受过教育么"? 不如问"你在私塾读书几年"? 或"在学校读书几年"?

(4)最佳之问话系被问者可用"是""否"二字,或单问之数目,或在问话中某字上打一记号即可答复者。

(5)有关私人密秘之问话:如"你赌博么? 或你有多少钱存在银行里"? 须一律免除。

(6)问题要少,否则恐被问者望而生畏,因此置而不覆。

(7)通信调查,除问题表格外,应备公函说明调查原意,调查者之性质及调查所得结果对于被问者之用处。

(8)被问者应用回覆信封须先印好,并在信封上及调查表格上写好被问者姓名及地址。

3. 成本会计法(cost accounting)。英美采用成本会计法以研究农场经营已有年矣。其发轫约与效率运动同时。盖在效率运动中"成本会计"颇占重要地位,且被公认为一种增进效率之利器,因一工厂之各种生产事业皆须根据成本会计以计算其赢亏。当时研究农场经营者观成本会计法在工业界之胜利,咸以为若欲探究农场营业获利与否,亦须采用成本会计之法。于是乎工业界所创用而见效之成本会计法遂渐次应用于农业。兹将其史略及概要简述如下。

成本会计法应用于农场经营调查在美国亦称为"分路细查法"（route method），兹略详其由来如下：1902 年明尼苏达大学（University of Minnesota）海斯教授（Hays）协同华盛顿中央农部统计师举行农产品成本调查。先将调查区域划为若干路，每路约有农家十余家（起先每路十五家，以后减至每路八家）由一"专路统计师"（route statistician）监察。各农场每日按总部所拟定各式账簿及表格登记每日所经营事业，专路统计师则每日到各农场总结场主所记之账目上。此项账目总结后，即送至总部由海斯（Hays）教授指导分析及整理。在欧战以前用"分路细查法"以研究农场经营者，仅为明尼苏达（Minnesota）及意利诺（Illinois）两州，欧战以后采用者乃日渐增加。美国农业试验场采用此法者，1920 年全国有六州 1924 年有十四州，至 1926—1927 年之间则有二十三州举行三十五路农场成本调查。[10]

英国用成本会计法研究农场经营始于 1913 牛津（Oxford）大学设立农业经济研究所时，[11]主其事者为欧文教授（C. S Orwin），[12]其所著关于农场会计法之书籍及论文甚多，重要者有下列二种：Farming Costs, Oxford Univ. Press 1921 及 Farm Accounts, Cambridge Univ. Press 1924。此书所创用之农场会计法已风行英国全国。现牛津大学农业经济研究所一处代农人所举办成本会计之农场已达十余所，[13]其他如剑桥 Cambridge 大学农业经济学系在 1930 以前，亦皆用成本会计法以调查农场经营。[14]

欧陆所用之农场会计法大概不如英美两国所用成本会计法之详细。其方法仅系一种普通簿记法（见下节）而非严格之成本会计法。最著者有瑞士（Switzerland）劳尔博士（Dr. Ernst Laur）所创用之农场会计法，已提出于 1929 六月在罗马尼亚（Roumania）、不力勒斯多（Bucharest）所开之万国农学会以供各国研究农场经营者之采用。

成本会计法之详细固非精究会计学者不能洞悉，更非本篇所欲讨论，然其应用于农场营业之梗概，则可略为说明。大抵采用成本会计法之农场，其场主必具相当智识而且愿与研究者合作，不畏麻烦，能按日登记各项账目。此类账目约有下列数种：

① 各种资产之逐年清查单；

② 工作簿以记每工人及每役畜每点钟之工作；牲畜簿以记各种牲畜消费之饲料，及每日喂饲次数及时间；

---

[10] Bennett, M. K., *Farm Cost Studies in the United States*, California, Stanfard University Press, 1928, p. 18—19.

[11] *Agricultural Economics in the Empire*. London, H. M. Stationers Office, 1930, p. 14. *The work of the Agricultural Economics Research Institute*. Oxford Univ. Press, 1926.

[12] King, T. S., *Cost Accounting applied to Agriculture*. Oxford Univ. Press, 1927. Preface.

[13] 由欧文教授之整理 Uptold 先生函告。

[14] Venn, T. A. and Carslaw. *An econmic and financial analysis of fifteen East Anglian Farms*, Carslaw and Venn *Four Years' Farming in East Anglia*, 1923—1927, Cambridge, 1929.

③作物簿以记各种作物所用种籽肥料,动力及其他材料并各种作物之产量,价值及其用途;

④畜产簿以记各种牲畜体重之变迁,生死及增减状况,并出售及其他用途之收入;

⑤气候及土壤簿,以记雨水及土质变迁之种种情形;

⑥银钱收支簿,以记各项银钱之收入与支出;

⑦田场布置簿,以记各块田地之亩数,距离,方位及各块田所附带之建筑物,如井离等。此项田场布置簿常附有详细图样。

⑧产物家用簿以记家用各种产物之来源数量及价值。观乎上列账目,吾人知成本会计法,乃系一种似显微镜的方法,其目的系测量农场上各项事业之赢亏及各种工作之效率,故记载不厌求详。在记账期内中央研究所须派统计及会计专员每日或每星期数次到各农场检查并总结各项账目。研究所对于各农场亦须有一种复式簿记以登入各该农场各项账目之总结。年终之时并须为各农场计算最后总结,以定(a)全场营业之损益;(b)各项生产之收支及其赢亏;(c)各种生产需用原料之比较价值:如,人力与畜力或机器动力,自产与购入之饲料,肥料,种籽等等。

成本会计法之历史及内容既如上述兹略论其利弊如下。

弊:(a)农夫全年间须每日记账颇费时光;(b)对于调查机关计算工作甚颇繁重;(c)因施行此种方法,费用浩大,故能得记账之农场为数必甚有限。但在一区域内如记账农夫过少,则不足成统计学上之代表选择,由此少数农场计算之结果,不能代表区域内一般农场之情形。

利:(a)因此法采用详细会计法,故由此法所得研究材料,必较由任何调查方法所搜集者为准确;(b)有若干种之农事事实如每日人畜工作分配,喂养牲畜技术之数量方面各项问题及作物需用"物品成本"等非用此种详细成本会计法不能求得;(c)由此法所得之材料可以矫正由其他估计调查法所得者之错误;(d)此法甚适用于试验农场之经营,以得各种技术上及经济组织上标准为一般农场之参考。

4. 普通簿记法或称金钱账目法(method of financial accounts)。此法虽与成本会计法(cost accounting)同以农民所记账目为研究农场经营之根据,并于举行调查时不依赖农民一时之估计,然依此法所记之账不如依成本会计法所记者之繁,盖运用此法并不计算各种生产之成本。其所记者不过农民一年中银钱收支账目而已。由此法所得之材料,虽不如按成本会计法所得者之细微,但其能收集选样(samples)则较成本会计法为广,盖此法较成本会计法简便而易举行。惟由此法所得之选样恐仍不能有十分的代表性,因农夫愿自动记账者究属优秀份子,其农场营养必较通常之农场为顺利,而顺利农场之事实固不能代表一般农场之情形。故施行此法,农夫愿自动记账与否实为该法之一大限制也。

欧洲各国采用普通簿记法(以别于成本会计)以得研究农场经营之资料者常用一种农民记账社(farmers book-keeping societies)相助各农场记账。农民记账社之组织,如农民合作社,系一种互助协作之机关。大概每社聘有常用记账员并备有各种单简账簿,此项账簿由记账社分给各农场。社中之记账员则于每月一定时间到各家相助场主结账。用此种记账合作社,所费不大而收效极广,因所收得账簿数目既大,故可成一极佳而极有代表性的统计选样以作研究全区域内农业情形之根据。丹麦(Denmark)研究农场经营即用此种单简簿记法以搜集材料。[15]

5. 按表亲查法(survey method)。因举行农家记账以得农场经营材料之不易,故从事于农场经营研究者又创用一种方法即按表亲查法是也。是种农业调查方法由美国贝力教授(Prof. L. H. Bailey)首创,但应用之于农场经营调查而推广之者则为康乃耳大学(Cornell Univ.)华仁教授(Z. F. Warren)。[16] 自1907至1924美国依此法所调查农场经营表,共达71 515户,散布于45州435处。[17] 英国自1920亦渐次采用此法以调查农场经营[18]至1927牛津大学(Oxford Univ.)农场经济研究所一处已调查有1 500农场。[19] 吾国以Survey法调查农场经营工作最力者实为金陵大学卜克(J. L. Buck)教授,彼已用此法在中国七省十七处调查农场2 866户,并编有下列报告:(1)芜湖一百零二农家之经济及社会调查;(2)河北监山县一百五十农家之经济及社会调查;(3)中国农家经济[20],阅者取读之即可明了其调查方法及研究结果,兹不赘述。

按表亲查法吾人望文生义,即可知此法系以制就表格派员亲自到各农家调查。其所调查事实概由农民自行估计而不依靠农民之记账(但若农民记有账目所调查之事项亦可取于账簿)。所调查者概系农场在一年中所经营各项事业,其详细项目虽因地因时及研究范围而异,但普通农场经营调查必包括下列各项:

(1) 场主姓名,及住址;田权之类别(如自耕农,佃农,等)。

(2) 土壤及气候。

(3) 农场大小及布置:农场与车站及市场之距离,各种田地之亩数及散布情形。

(4) 农场资产:如房屋,井,篱,农具等。

(5) 各种作物之亩数,产量,及其用途(如卖出,自用等)。

(6) 各种牲畜之数目,产量,价值,及一年内之变化(如卖出,买进,产生,死亡,

---

[15] Denmark, *Bureau of Farm Management and Agricultural Economics*, 27th Report, October 1930. Results of Danish Farm Accounts in the Fiscal Year 1929—1930.

[16] Bennett, M. K. *Farm Cost Studies in the U. S.*, Stanford Univ. 1928. P. 19.

[17] *U. S. Department of Agricultnre Year Book. 1925*, Table 652. P. 1306, 1626.

[18] Bridge'. *Survey methods as an approach to the study of Agricnltural Economics*, Research Institute, Univ of Oxford, 1928, p. 1

[19] Agricultural Honomics in the Empire. H. M. Stationery Office, 1927, P. 15.

[20] Buck, J. L. *An Economic and Social Survey of 102 Farms near Wuhu*, Anhwei, China. Univ. of Nanking 1923—1924. *An Economic and Social Survey of 150 Farms*, Yenshan County, Chihli Province, China. Univ. of Nanking, 1926. *Chinese Farm Economy*. Shanghai Commercial Press, 1930.

宰食等)。

(7) 各种畜产(如牛奶,鸡蛋等)之数量,及用途之分配(如出售数量与价值,或自用数量)。

(8) 人工:各种农工(如年工,月工,日工)之工作时日及工资。

(9) 肥料:旧存,购入及余剩种类及数量。

(10) 饲料:旧存,购入及余剩种类及数量。

(11) 种子:旧存,购入及余剩种类及数量。

(12) 农场他项银钱之支出与收入。

用按表亲查法调查大概以一区域为限,区域内之农场或每家调查或抽户选查则视该区内情形,研究目的及调查经费为标准。关于被调查区域内农场情形,此种调查法所能得到之事实则有下列四种:

(1) 区域内农业之概况。

(2) 区域内农场之经济组织。

(3) 经营得法农场获利重要因子之测定(用统计分析法)。

(4) 主要产品粗略的生产费用之测计(在有限范围内)。

由上列四种事实可得到下列二种资料:

(1) 供给各农场与本区域内一般农场或经营得法农场比较之资材。

(2) 作比较本区域与其他区域农场业情形之参考。

按表亲查法之史略,概要及用途已如上述,至于实际应用时所有之问题;如选择区域及区域内之农场,调查员之训练,表格之编制,及调查时之各种手续,兹姑付阙如,容于下期另行择文讨论。

农产物贩运应有之研究工作*

裘开明

贩运之重要

进来国际经济,日趋凋敝,民生问题,发生空前未有之恐慌。经济学家推论原因,头绪虽繁,而归纳之不外下列三种:

(一)金融组织之失调,(二)某种农产物及工业品生产之措施不当,(三)贩运制度之不灵。对于(一)(二)两种问题,因非本篇范围,姑置勿论。至于贩运制度之不灵,与世界经济之衰落,实有辅车相依之关系。故改善贩运制度,直接间接,皆足以挽回颓运,救济金融。是以英国于一九二七年时设帝国产品贩运局(empire marketing board)研究不列颠帝国国内各部相互之需要及与世界各国往来货物之贩运,尤注意于农产品之推销。德国亦于一九二九年设立农产物贩运研究社,附属于柏林农业大学,受德国中央政府农林部之委托,专事调查并研究德国国内各联邦及与国外通商各种农产物之贩运。美国农业经济局原设有各种农产物贩运组及合作贩运组,近更于一九二九年十月由国会通过设立联邦农业委员会(Federal Farm Board)将合作贩运组归并为一,其名虽赅括农业全部,而其主要工作,实为研究如何推销美国生产过剩之农产物于国外市场,以期救济本国农民所受经济压迫之痛苦,复派专员调查美国水果在远东之销路。[①] 至于其他各国,大率亦皆有农产物贩运研究所之设立。由此可以概见世界各国对于贩运,尤其是农产物贩运之研究不遗余力,其关系之重要,可想而知矣。

吾国生产落后,百业不振,经济压迫,民不聊生,长此以往,徒为世界各国贩运之尾闾,空言抵制,亦复何益。近虽从事农村经济调查,而对于农产物之贩运(贩运系一种生产)仍尠注意。本所曲直生君有见及此,创著河北省棉花之贩运论文,[②] 实事求是,引起吾人对于农产品作整个之研究,爰撰此篇,以资参考,一得之愚,仍

---

* 本文原载于《社会科学杂志》,1931年第2卷第2期,第269—278页。
① Fruit Markets in Eastern Asia by B. H. Crocheron and W. J. Norton. University of California College of Agriculture Bulletin 493, April, 1930.
② 曲直生著,河北棉花之出产及贩运,民二十,四月,上海商务,三一四页,定价国币一元五角。此书英文本 The Marketing of Cotton in Hopei Province 于一九二九,七月由本所出版。

不过借以唤发国人注意贩运经济耳。

贩运经济之范围

1. 贩运为经济生产之一

在一简单生活（自耕自食）社会中，人们对于"生产"二字，常抱狭义之见解，以为直接耕种始得谓之"生产"（如上古时代之凿井而饮，耕田而食，人民老死不相往来，及男有余粟，女有余布，日中为市，交易而退，各得其所），至社会渐次发达，经济组织渐次繁复，人始觉察"生产"之意义，不能如是之单简，常须以其所有，易其所无，而其交易中之物，原不限于布帛菽粟，咸知以金钱为其代价矣。如是耕者必有其地，而食者不必有其地，种者必待其时，而用者不必待其时。盖人类为互助之动物，日用所需，非一手一足之力所能备，有余之与缺乏，同一概念，不相调剂，则布帛菽粟，有时仍为无用之物。如甲地谷贱，乙地谷贵，使不通转运，在甲则货弃于地，在乙则饿莩载途，谚所谓"谷贱伤农，谷贵伤民"调盈剂虚，皆属生产。故经济学家解释"生产"之定义，以能制造各种效用（utilities）为原则，即（一）原质效用（elementary utility），如小麦之含有淀粉质，足以充饥，棉花之含有纤维质，足以御寒，故皆为极有价值之生产物。（二）变形效用（form utility），如麦之碾为面粉，棉花之纺成布匹。（三）易地效用（place utility），如商贩转运，由生产地转运至需要地，其效用必更增加。（四）待时效用（time utility），如麦与棉花，储藏至若干时日，（由充裕时储藏至缺乏时）以供消费者之需要。（五）物权效用（possession utility），凡物品之所有权非物主让渡，则他人不能任意享受，如粮食栈商之囤积居奇即为物权效用。贩运能制造"易地"、"待时"、"物权"三种效用，与农之能制造"原质"，工之能制造"变形"同一重要，故贩运实为经济生产（economic production）之一门，与物质生产（physical production）（包括原质变形两种）同为社会中不可缺乏之事功，而其有裨于社会，有时且较物质生产尤为切要也。

2. 贩运与经济学其他各部之关系

上节言易地效用属于贩运经济范围，但易地效用之全体，不能悉归于贩运，因此种经济之全体，已渐成专门之学，即运输经济（economics of transportation）是也。故凡问题之关于运输经济者，在下列所拟之应有研究工作，不强牵及。贩运与交易，习俗常混为一谈，实则经济学中之贩运（marketing）系指货物之贸迁，交易（exchange）则指金钱之互市，故凡金钱交易与贩运性质无甚密切关连者本篇所拟计划中皆不涉及。贩运经济中之最重要问题，厥为市价，市价不但在贩运学中占重要地位，即在全部经济学中，亦为中心问题，故市价研究，应另为一篇，而本篇所举之应有研究工作，惟注重于市场之组织及贩运之任务而已。贩运与合作本极有关系，但因合作包含之领域甚广（如农场经营，信用，保险等皆与合作大有关系），且合作系另一种经济制度，与私家竞争经济制度迥然不同，故合作研究，亦应另开一篇，惟事实有时涉及私家合作之贩运者，仍应提出作为应有研究之问题。贩运之基本分析，必须明了消费需求，如研究某种产物之贩运，由消费者比由生产者作研究起点，实较便利，故以下所列各项问题，除一部分关于整个市场或全体市场外，余皆将贩运有关于消费者论列于前。但本篇主题，系研究贩运经济，而非研究消费经济，故对于消费者之需求情形不加若何之解释。研究贩运问题，不但经济学须有深刻理解，且对于自然科学亦须具有相当之常识，因经理贩运事业者，对于某种物质之检验鉴别，保护诸方法，至为重要，如核定标准成色，辨别真伪等级，以及如何储藏，如何装载运输等手续，稍涉疏忽，损失随之，他如变形制造，更非有相当之专门技术不成，故以下所论贩运计划之应有研究，有须应用自然科学者，尤应与专家共同研究之。何为农产物？与何为工业品？本难区分。本篇标题为农产物之贩运，故不得不略示界限，兹暂以物品经过城市工厂制造者为工业品。由农场直接购办者为农产品，如牛油为农产物，因其多在乡村制造并多由农人自造。面粉为工业品，因其大多数在城市工厂制造，且制造面粉之小麦，其来源亦多非直接购自农民；又如肉类则可谓为农产物，亦可为工业品，因牲畜之饲养与宰杀，不必定在城市，亦不必定在乡村故也。以制造地点及原料来源，为区分农产物与工业品之根据，虽具有相当理由，但在研究贩运经济中，亦不能拘泥不变，因吾人研究小麦之贩运，常时涉及面粉及面包之销路，反之，若研究工业品之贩运，亦须随时推考原料之来源，是一是二，分别之处，要在其立场之各有不同耳。

应有之研究工作

A. 关于基本概念者

下列各名辞及问题，凡研究贩运经济者必须澈底了解，方可进行其他工作。

1. 市场，市场地点，市场范围。
2. 比较擅长原则（principle of comparative advantage），为国与国，区域与区域，城市与乡村，人与人生产选定之动机及贸易之根由。
3. 比较擅长原则在贩运经济上之应用，如贩运机关如何兼营一二种或数种商品，及一二项或数项之贩运职务。
4. 贩运职务之分类。
5. 贩运商品之分类。
6. 销售方法之分类。
7. 各种事业组合之原理，如补充，附带，及联合事业之融化成为统一之贩运组织，以经营数种不同商品或运售职务。

8. 一个经营贩运机关,利用各种生产要素配合之原理。
9. 贩卖营业机关之内部组织如分部法,工作布置法,商品陈列法等。
10. 规定贩运营业组织之大小。
11. 各种贩卖营业机关开支及收入变化之原因。
12. 规定下列贩卖营业机关所在地之原则:
(a) 孤立贩卖所　(b) 贩卖中心点　(c) 工业城市贩卖所
13. 规定贩运地域范围之原则。
14. 规定商品等级及标准之原则。
15. 考虑政府与贩运制度之关系。

B. 关于市场组织者

1. 某种产品由出产地至消费者贩运之统系,如所经过之手续,贩卖方法,习惯及费用等。此种工作,应按各种产物性质分别研究之。
2. 某中心市场行销主要产物之出产地范围与规定该范围之因子及历年之变迁。
3. 某种产品生产地与市场之贩运组织并考察此种组织之历史变迁及原因。
4. 某中心市场所行销某种产品之销路范围与限制该范围之因子及历年之变化。
5. 某种产物行销地与发售中心点之贩运组织并考察此种组织之历史变迁及其原因。
6. 某大城市(如上海,南京,汉口,广州,北平,天津,潘阳等处)农产品贩运之组织及该项组织之发达史与趋向并改良方法。
7. 某中心市场四邻区域农产品贩运之组织,规定此种区域之范围并考察历史上之变迁与现在之趋势。

C. 关于产品之消费者

1. 推求并说明在某消费市场与某时期行销之某种产物之需求线(demand curve)之形式与倾斜度(此种工作,应与物价指数同时研究,并将每种主要农产品,作此项研究之对象)。
2. 同上,惟产品系行销于工业市场者即不为消费者所直接购买而系制造工厂所需之原料(此项工作须与市价同时研究)。
3. 同上,但注意需求线每日每月或每年之变化及趋向并推求此种趋向及变化之原因(此项工作须与市价同时研究)。
4. 研究某社会中居民需用各种农产品之消费率与该率度之变化及变化之原因。
5. 调查某市场或某大贩运机关之某种农产物出售数量,推测该地居民对于某种农产品之需求率并影响此需求率之因子。

6. 零售商人,对于商品,商标,等级之选择与该商品行销之关系,并选择某种商标之原因。

7. 消费者对于某种物品择选某种商标之态度与该商品需求之关系(此项须与社会心理学家共同研究)。

8. 规定商品之质料与形式,对于该商品消费量之影响研究。

9. 研究某商品之用途并该用途历年之变化。

D. 关于贩运机关之营业组织者

1. 决定在某种情况之下建筑最经济之制造油乳酪工厂。
2. 决定用机器或手工做商品分类,配制,及装饰工作之比较经济。
3. 在各种不同情形之下分析贩运机关所应有之劳力组织:如需用苦力劳工之等级,精工与粗工之分配;管事,工头,及助手之雇用。此项宜为(a)贩运一种商品者或(b)贩运数种商品者设计。
4. 规定一种贩运机关之最经济厂舍之建筑与布置(此项应与工程师共同研究)。
5. 规定各种不同贩运机关每期营业总数与开支,及成本与赢利之关系。
6. 规定下列各种贩运机关之最适宜地点:
(a)制乳油乳饼工厂;
(b)批发商店之进货处;
(c)农民贸易市场。
7. 规定主要贩运机关之经营附属事业,如乳油厂兼售冰淇林或生鸡蛋,农民粮食店兼营柴煤之类,是否合于经济原则。
8. 各种贩卖组织获利不同之原因。
9. 各种贩运机关内部最适宜之组织。
10. 各种贩运机关应采仿之公司组织。

E. 关于贩运机关之职事及服务者

1. 从转运公司,市场,分销者及消费者之眼光中研究各种商品包装之适宜大小及式样。
2. 从学理及经验上研究各种农产品之等差。
3. 规定贩卖政策,如售出之速度,何时收买何时售出,如何定价等。
4. 决定如何转运各种货物达到各地市场。
5. 广告之研究,广告方法,种类,数量及对何种人作何种广告(如对批发,零售者及普通消者应有各种不同之广告)。
6. 推销政策(如推销于批发者或零估者或消费者)与收置政策(如从出产地直

接收买或某经纪人间接收买)之研究。

7. 商品运赴外埠最适当方法之研究(如如何装包,上车及运送等事)。
8. 贩运机关最适宜之会计制度。
9. 最适当之储藏方法。
10. 最适宜之运输方法(如铁道水道及汽车路)。
11. 最适宜之收集及传播市场新闻方法。
12. 划一价格及传播便宜价之方法。
13. 规定下列各种贩运手续之最适当地点及时期。

(a)谷类之储藏;(b)谷类之发卖;(c)棉花装包;(d)零售物装包;(e)牲畜之收集及发运。

F. 关于特殊贩卖机关者

1. 粮食交易所之研究。如组织,营业制度,历史,现状及其对于农产品贩运之影响。
2. 棉花交易所之研究。如组织,营业制度,历史,现状及其对于棉花贩运之影响。
3. 牲畜行之研究应注意点同上。
4. 叫货市场之研究同上。
5. 公共农民小菜场之研究同上。
6. 以上各种机关之比较研究。

G. 关于市场销路者

1. 两地产物争相竞卖时,对于各地产物在国内及国外销路之影响。
2. 从生产及运输上研究某地产物,是否能与他处产物竞争得到适当之销路。
3. 各国对于某种产物进口所示限制与该种产物销路之影响。

H. 以产物为单位之研究

1. 研究某种产物之贩运,应注意以上诸款所列各点。
2. 研究某种产物贩运之历史。

I. 其他各种应研究之工作

1. 堆栈及仓库之研究。
2. 改良某地农产品贩运之设计。
3. 金融制度与某种产品贩运制度之关系(此项应与金融学家共同研究)。
4. 按某地居民之需,讨论该地应有农产品之种类及其贩运之方法(此项应与农场经营同时研究)。

5. 设计合于年节,时令,习尚,需要之生产及贩运制度(此类设计须与农场经营共同研究)。

6. 讨论某种产品,是否适宜于期货交易(future trading)。

7. 政府对于贩运制度,是否可法制规定之。

8. 农民对于现时贩运制度之态度。

9. 贩运经济材料之来源。

10. 各国研究农产品贩运之始末与现状。

以上所举各种研究计划,皆贩运经济学中之应有工作,虽运用之妙存乎其人,然毫厘之差,即有千里之失,吾国向少类此之专门著述,本篇亦系粗陈梗概,挂漏之处,阅者谅之。

读凯衍斯货币论*

杨端六

关于货币的书籍,从十九世纪以来,已不知出了多少,其中著名的也不少。但是货币学是一种科学;货币学的进步也随着一般科学而日新月异。凯衍斯新出的这部货币论①实在是货币著述中之别开生面的巨作。凯衍斯为英国新进经济学界之泰斗。他是皇家经济学会出版的经济杂志(Economic Journal)的主笔。在欧战告终以后,他代表英国财政部出席和会,并且是最高经济会议的一个会员。自从他发表平和会议的经济的效果(Economic Consequeuces of the Peace)以后,他的声名益发伟大。新著货币论的出版,自然更博得学界的欢迎。自欧战告终以后,世界各国的经济财政受一次重大的破坏,不容易恢复常态尤其是货币行政,如俄,如德,如澳,根本的扫地以尽。其他参战各国如法,如比,如意,也因为滥发纸币,真正的货币价值也跌落到十分之一。就是英国素来以财政经济称雄于世界的,也往往感觉到英金价值的不易维持。于是从一九二五年起,欧洲各国都努力于货币行政的刷新。法国则设法稳定法郎的价值,不使再落。德国则废除纸马克,采用金马克为新币。俄国则废除旧罗布票,采用十金罗布为一单位的测缓列兹。英国则提高金镑的价值,使纸币与金币相等,不过废除国内的现金流通,只以金币或现金供国际债务的清偿。美国在欧战开始以前,已施行联合准备制度,货币行政渐见统一。欧战的结果,使素居债务地位的美国一变而为债权国。现金从世界各国大量地流入美国,其大部分乃为联合准备银行所吸收 各国货币金融行政当局鉴于战事期间内之金融澎涨,物价升高,乃极力采取收缩政策。其结果乃变为市面萧条,工人失业,国债日重,不能整理。加以苏俄实行共产主义,以经济平等相号召,各国资本家除改善制造技术,藉以弥补损失外,对于工农阶级的薪资,不能十分减少。加以战后各国所发公债为数十倍于战前,息率相当地增高,持有债票的人收入也较多。此等暴发富的有产阶级和有职业而获酬较厚储蓄较大的工农阶级,平常所入优于所出,于是蓄积起来,存入银行生息。同时有志企业的人以投资所获不能补偿企业的危险,乃相戒裹足不前。如此种种复杂原因相为因果,造成一九二九年以来的世界经济恐慌。

我在介绍凯衍斯货币论以前,不得不约略地叙述欧战以后的世界经济状况,因

---

* 本文原载于《武汉大学社会科学季刊》,1931年第2期,第375—388页。

① *A Trextise on money*. 2vols. By J. M. Keynes. 1930. London:Macmillan,价每本十五先令

为凯氏此书不是一部货币教科书,初学者可以一阅即瞭。它是一个时代的产物,它是凯氏和他的同时代经济学者对于战后经济改造贡献意见的一个新的表示。在欧洲经济状况还未十分衰落的时候,凯氏已经觉得各国所采取的货币政策不免过于极端。所以他在数年以前,就发表货币改革论(A Tract on Menetary Reform)。现在我所介绍的这部书,其中也有采用货币改革论的地方,但是它的范围自然不是前书所能及。本书分为上下两卷,上卷标明是货币的纯粹学理(the pure theory of money),下卷为货币的应用学理(the applied theory of money)。大致说来,上卷是重在理论下卷是重在实例。这自然不是绝对的区别,上卷有时不免引证事实,下卷尤多理论上的引申。凯氏此书,费了五年光阴,搜集材料构成思想,确不是一件容易事情,但这第一版,不知是为了货币学理论的过于复杂或是为了整理材料时间过于怱卒,使我们读者总觉得本书不仅不是一部教科书,且并不是一部容易翻阅的参考书,因为所涉的理论既深而且复杂,行文也有时过于简单,有时又过于重复。但综合说来,这书值得我们研究货币学的熟读。

我在介绍本书的内容以前,还要请求读者的原谅,约略地叙述通常货币学书所涉及的范围,以与本书比较。我们要知道货币学所应当讨论的是些甚么东西,就得先知道货币在近世经济界所演的把戏。除原始时代和尚未开化的社会还习用贝壳等物做交易媒介品外,凡形成国家的社会,无不选用两种以上的金属品做货币,而此两种以上的金属品,它们的本身价值时有高低,于是它们相互间的兑换价格不得不以法律规定之。假使国家的行政不能统一,于是此两种以上的货币相互间的半兑价不能维持。在此种现象下的货币,我们暂且假定称为初级货币制度。中国现在的货币就属于这一级。国内行政统一,此种现象可以免除,但因为国际经济上的地位失其平衡,以致本国的货币对外国同本位的货币不能保持法定的平价。在此种现象下的货币,我们暂且假定称为二级货币制度。欧洲各国大概都已脱离初级而进入二级。货币制度经过多方的改善,在国内国外,都已和法律不相违背,如欧战前的英国,欧战后的美国等,可以说是进入第三级货币制度。在第三级中进行的货币,在表面看去似乎堂哉皇哉俨然一个完美的制度,再不能有改善的余地了。但是我们假如离开法律的见地,从社会上,财政上,经济上的立场看去,就发现这种制度并不是尽善尽美的制度。它所给的影响,不独很大,而且有时很坏。我们随便举一两个例罢。譬如英金一镑在某日可以买麦五斗,后来麦价便宜了(就是金价贵了),可以买六斗。同是一个蓄得一镑的人,他后来买得麦子的数量要比较他前时的多些。因为时间上的参差,他的享受就大不相同了。又譬如有人向他的朋友借美金一百元,一年后归还(利息假定不计)。当他借钱的时候,一百元可以购买五百镑牛肉或是可以请得起二个月的工人,等到他收回此百元的时候,物价长了,只买得同样的牛肉四百镑,或是只请得起同样的工人五十天。这一耽搁,他不是实在吃了亏吗?货币原来是一种价值代替品,除了它能够换取货物或劳力外,它本身的价值不是人人时时所欢迎的。现在它的购买力(purchasing power)既时时可以发生问题,就是它的制度还未十分完善的表示。这现象不是今日才被经济学者发现的。在十九世纪中,已经有人想用劳力本位(labour standard)或表本位(tabular standard)去代替当时的货币制度,不过实行的方法还未想得周到罢了。如果将来社会进步,可以使货币的购买力历久不变则那种货币可以说是进入第四级了。我们现在讨论的货币学就是在这一级内的货币如何可以安定其购买力。现在货币学书最高的目的也就是在第四级。其实这一级内我们所能够讨论所能够希望将来办到的,还只是其中的一部分,并不是它的全体。现在最高货币学书所讨论的是货币的综合购买力,并不是它的各别购买力。详细点说,我们现在所谓货币购买力,乃指货币对于世界上一切货物和劳力的购买数量的平均计算,并不是对于某一种货币和某一种劳力的单独计算。假如能够像现在经济学者所希望,货币购买力居然稳定了,我们再看货币对于人类社会所授的影响是不是公允呢?再照前例说罢。当他借给他的朋友美金一百元的时候,货币综合购买力是一百,后来朋友还钱的时候货币综合购买力仍是一百。在主张稳定学说的人看来,社会是不受货币的偏颇影响了,然而假使他借出一百元的时候,他那一百元是想买米的,到他的朋友还钱的时候,他那一百元还是用去买米。假使货币综合购买力并未变动,而米一项的价格单独地变动了,他不是还在吃亏的地位吗?所以我说,现在学者所讨论的范围,还在第四级货币制度的前半。至于后半,在现在的学者看来,除非是恢复上古时代的物物交换制度,换言之,就是废除货币毫无别的解决方法。其实货币问题——如果我们认它做货币问题——的复杂艰难还不止此。社会学者所希望将来能够达到的最高目的——黄金时代的社会——是想从主观的方面满足人类的欲望,而主观的欲望是随时随地而不同的。假使第四级货币制度办到完全无缺,率直点说,假使货币购买力无论综合的或单独的都办到非常稳定,人类社会的幸福就到了极端吗?当他借出美金百元的时候,他那时的欲望是在把这一百元买米。后来收回一百元的时候,他的欲望不是在买米,而是在买别的东西。米的价格虽然稳定了,但别的东西的价格并不一样地稳定,他的主观的享受不是大不相同吗?这种主观的享受之变动,在社会环境的改变,在个人生活的改变,都可以随时随地发生的。如果我们要发明一种货币,使它能够满足人类的主观欲望,那种货币制度——如果是货币制度——我们就要称为第五级货币制度,或者叫做理想的货币制度,大概是永远不会实现的。

凯衍斯货币论所涉的范围,不在第一级货币制度,故对于普通教科书所讨论的法偿,铸币,兑换等问题,毫不过问。我们如果扩充第一级的范围,把"银行货币"(bank money),即活期存款包入货币以内,则凯氏对于国内之通货问题,不仅到处加以讨论,而且极为重视。盖现今货币制度之演进,渐渐由硬币而纸币,而银行支票,如埃及金字塔倒立在地上,不免头重脚轻,他对于第二第三两级货币制度,维持国际汇兑的平衡,虽然也有论列,但不像普通书本的叙述方法,不注重于寻常国际汇兑问题,而从另一方面着想。他从英国立场上,把国际间的关系,分为两部分。

一部分叫做海外投资(foreign lending),一部分叫做海外余款(foreign balance)。前者是本国在外国所投资本,如购买外国公债,在外国经营实业等项。后者是国际贸易和其他国际债务彼此相抵所剩余的款项。此种余款自然有时可以变为负数。此两部分都不包含现金在内。凯氏说,如果国际汇兑要保持一定的平衡,则海外投资的数目应当和海外余款的数目相等。譬如在一定时期内,海外余款有一千万磅,而海外投资恰巧增加一千万磅,则国际汇兑可以安定。至于如何可以达到此安定的目的,则在乎中央银行如何运用它的金融政策,使国内外的经济状况得其调和。凯氏对于第五级货币制度,即如何能够满足人类的主观的欲望,认为无讨论之可能(Vol, I; p.99),然指出此种问题,在实际上,并非无人顾及。他说,一个苏格兰人若是到伦敦或美国或德国去办事,他必定预先考虑其货币上之所得(money income)与在内地所得相比较是否值得。他必定考虑到新旧两地间的货币购买力,相差几何。他并不问及两地间的物价指数。他必定问及曾在两地住过的朋友,看他的意见如何。他的朋友必定在心上计算,两地间的生活状况,在如何的货币收入,才能约略相等。他的朋友或者可以告诉他,在爱丁堡收入五百磅一年的,在伦敦应当收入七百磅,在纽约应当收入一千二百磅,生活程度才能相等(Vol. I; pp. 100—101)。社会主义内所谓"各取所需",才是真正的从主观方面着想。凯氏此喻,还是从物价指数上说,并不是我此处所标示的第五级货币制度。但凯氏所谓"类似的人"(similar persons)也差不多是主观的议论,不过他还未能十分扩充其说而已。凯氏全书的精神贯注在第四级货币制度的前半,就是讨论货币的综合购买力应否安定,在如何经济财政金融的状况之下才能安定,用如何政策和方法才能使之安定。

货币购买力如果不安定,其影响于国家社会,我前文已经说过几个例子。大致说来,它的影响是及于各方面的,是极其复杂的。如果要各方面都能满足,至少须在绝对的安定状况之下。如果不能,则应该先使那方面满足,才能够使全社会的经济状况日趋活泼,乃是一个问题。譬如货币购买力上涨,别的条件照旧,则其影响为企业家的利润减少,债务者负担加重,国家财政日益困难。货币购买力下降,则影响恰好相反,工人实际所得(real income)比较见少,债权者容易吃亏,国家支出虽不见减少而收入则可望增加。凯氏的意见,与其朋友 D. H. Robertson(也是英国新进的经济学者,几年以前,曾经到过中国游历)相同,如果货币购买力业已下降,则与其使之上涨,恢复原来状况,不如听其安定于业已下降之状况。他这个意见,是从种种方面归纳得来的。他对于近几年来物价下落及于财政上的影响认为非常巨大。据他的计算,如果英国货币购买力能安定于一九二〇年时代的状况,则英国战债的数目到现在应该只有目下债额的三分之二。因此一错致使十年间发生失业恐慌,而国富也减少一万万磅(Vol, II; p. 181)。至如债权债务两方之负担,他也有积极的见解。他在写下卷末章的时代,他的意见更趋于积极的方面。他不仅主张货币购买力不应上涨,而且最好渐渐地下落。其中一个理由就是使债务者的负担逐渐减轻。他说,社会的进步应该脱离死人的掌握。已死之人不应该长久地把持他生存时替社会所增殖的效果(Vol. II; pp. 393)。此等议论,在凯氏书中,虽然到处都带有痕迹但还不是他全书的纲要所在。他全书的纲要是在用货币政策促进工商业的繁荣。他的论著方式是把经济界各种现象详为分晰,然后用代数方程式表示它们相互间的关系。全书的立脚点就在上卷,尤其是上卷第十章论货币价值的基本方程式,下卷不过补充上卷和加以证明而已。他对于经济界现象之分析,极其繁祥,现在且约略地说说。(一)"银行货币"分为三类:(1) 所得存款(income deposits),(2) 营业存款(business deposits),(3) 储蓄存款(savings deposits)。所得存款是劳力所得暂存银行,预备不久就取用的。营业存款是事业界用作流动资本的银行存款。储蓄存款包含大部分定期存款及一小部分活期存款,是有钱的人因为利息优厚把钱存在银行生息,或投资方法尚未决定,留待日后投资之用的。(二)经济上的分配分为二大类:(1) 所得(income),(2) 利润(profits)。所得又分为四项:(1) 薪工(salaries and wages),(2) 企业家的报酬(normal remuneration of entrepreneurs),(3) 资本的息金(interest on capital),(4) 租金等(regular monopoly gains, rents, etc.)。(三) 资本分为三类:(1) 固定的资本(fixed capital),(2) 营业的资本(working capital),(3) 流动的资本(liquid capital)。生产分为二种:(1) 资本的产生(nonavailable output),(2) 消费的生产(available output)。此外还有许多名称及分类方法为普通货币学书所不习见的,因为太繁,姑且从略。凯氏根据他的分析方法,作出许多基本程式。其结论则归于利润等于投资与储蓄之差($Q = I - S$)。此中理论很深,这里不能详述,读者可就原书研究。现在只把凯氏的根本观念,用通俗的说法概括地一叙。凯氏说,物价的平衡,货币购买力的安定,纯在乎投资与储蓄的比较($I - S$)。如果社会一般人的储蓄总数小于他们的投资总数,则企业家可以得利。如果储蓄大于投资,则企业家损失。

如果两者相等,则企业家无损亦无益。欲使社会进步,国富增加,则应当使企业家有利可获(以上见上卷第十章)。企业家获利太厚,不免发生社会问题,故应当想出救济之法。凯氏以为国家可重抽所得税,先使社会的财富集于少数企业家之手,再由国家税之,如此,则企业家不啻国家的收税吏而已(以上见下卷第三十章第三节)。照这个方案运用货币政策,其结果为(一)企业家获利,(二)工人不至失业,虽然工资不免相对地减少,(三)国家财政可以充裕,(四)国富可以日增,(五)社会生活状况一天一天地繁荣。

照以上所述,凯氏货币论的大要可以概见。他的主见,是否能够博得一般人的同情,我不敢说,尤其是社会主义者以及共产主义者不免要骂他带了资本主义的色彩。但平心而论,在资本主义社会之下,凯氏的主张,也是一种新进大胆的主张。现在英美各国的劳动阶级内显然分为两派,一派每天有工做,而且实得工资比战前还要优些,一派则虽然获得失业救济,而无工可做。这种现象在工人中已经显出极不平等。现在照凯氏的提议,劳动阶级内的阶级至少可以消灭一大部分。惟此种议论如果走到极端,国家社会也必受其害,譬如政府或滥发纸币,银行或滥放债款,社会或日趋于奢侈,结局,货币制度因此破坏,亦未可知。

凯氏著此书,时间历五年之久,因为他的书,不是模仿普通货币学者,所以编纂说明不免有混淆重复之币,就是他的主意等到他完成下卷的时候也有变更。这是他自己在序文内承认的。我们要批评这书的缺点,如果我们多看几遍,替他仔细分析一下,恐怕就可以发现许多零零星星不中人意的处所。即如他所用的简易符号也前后不一致。例如上卷一三五页的 E 是 earnings 的简称,下卷二二页的 E 是 efficiency 的简称。上卷一三五页的 R 是消费的生产的数量,下卷二六页的 R 是指一年的所得。上卷一六二页的 B 是 foreign balance 的简称,同卷二三六页的 B 是 real balances 的简称,下卷八三页的 B 是 volume of bank clearing 的简称。凡有许多简称和它所代表的意义前后似乎不尽符合。这种固然是小疵,然在复杂的科学书内究竟以能够弄得清清楚楚为妙。他把利润(profit)从所得(income)内提出,固然也可以,但为甚么又把企业家的报酬(normal remuneration of entrepreneurs)加入所得内呢?他的文字固然有经常(normal)一字,而且详细解释(Vol. I; p. 125),但是我总觉得他的抽象的解释不甚明白。企业家如果自己也受薪资,那他在那个地位上就是等于一个雇佣(employee),应该归入所得第一项。他把金汇兑币制分为两种,其一叫做汇兑本位(exchange standard),指欧战后德国的情形而言。其一叫做汇兑经营(exchange management),指印度的情形而言。他的理由是因为欧战后德国暂时采用英国的金镑为货币本位,与普通靠别国的金存款维持国际汇兑的情形不同,所以有此分别。但从货币史说来,金汇兑本位的名称已经有了三十年的历史,现在无故把它移作别的用处,而替它改名为汇兑经营,实在可以不必(参见原书 Vol. I; p. 18)。他对于货币(money)和本位(standard)的定义和分析,根本地与寻常办法不同。我们总觉得混杂不清。他开宗明义第一章所列的货币分类表就有许多混淆的地方。这些事情,虽然不能掩盖他这书的独特见解和价值,但如果能够把这些地方检点清楚,则本书必定使读者更容易阅读。

本文作完以后,得读 Sir Josiah Stancp 在本年六月份 *Economic Journal* 评论凯衍斯货币论,极端推崇,甚至说是自从理嘉图以后,未有那样透彻及开发新纪元之著作。我们知道理嘉图(Ricardo, High Price, of Bullion, *a Proof of the Depreciation of Bank Notes*, 1809)发表他的学说以后,英国就有货币调查委员会的报告(The Bullion Report, 1810)。一直到一八四四年,结晶为英伦银行条例(The Bank Act, 1844)。这条例支配了英国将近九十年的货币政策,做了欧美各国的榜样。欧战以后,各国仍旧脱不了那条例的影响,——设法恢复金本位制度。英国在一九二五年,也勉强地恢复了。自从那年起凯衍斯就怀疑旧制的不能通行,研究新的学说。五年之后,发表了这部新论。

货 币 制 度[*]

杨端六

一 概 论

货币本位的意义

从来论货币的功用者,大概分为两项:第一,货币是交易的媒介(medium of exchange),第二,它又是价值的标准(standard of value)。对于第一项功用,因为性质简单,大家都不十分讨论。各国经济学者所注意研究的差不多只在价值的标准。

我们所谓货币本位应该是指价值的标准,而不是如历次国币条例所定的"价格的单位"。[①] 本位和单位的区别,许多人都不甚明了。其实,本位是指测量价值的标准所用的东西,单位是指那种东西自身所定的规则。譬如尺是测量长度的标准。如果我们问尺的本位,就是问它是木做的,还是竹做的,或是铜做的。如果我们问尺的单位,就是问它自身的长如何规定的。货币的本位是金呢?银呢?还是铜呢?它的单位是金子重多少呢?银子重多少呢?欧战以前,英美德法各国货币本位是相同的,都是金本位,但是她们的货币单位,英国的镑,美国的达拉,德国的马克,法国的佛郎,是不相同的。中国人每每说,银元本位,规元本位,殊不知中国无所谓本位制度。如果国币条例能够实行,我们就可以说,中国是用银本位。现在如果勉强替我们找出一个本位,而不问它是有效无效,则不妨说中国是用银本位,把银元,小银元,铜元,规元,等等一概包括起来。规元是我们银本位中的一种货币,正如小银元和铜元是我们银本位中的几种货币一样的。关于本位的观念,不独中国人不甚明了,就是欧美人也常常弄错。它们常常说起纸本位(paper standard),其实那里有纸做的本位呢?如果真有纸本位,那纸本位的单位是纸一斤呢?还是纸一两呢?通俗所谓纸本位,大概是指不兑换而跌价的纸币而言,欧战以前的英伦银行钞票和

---

[*] 本文原载于《武汉大学社会科学季刊》,1932年第1期,第163—202页。

[①] 清宣统二年币制则例第一条,"国币单位定名曰圆"。民国三年国币条例第二条,"以库平纯银六钱四分八厘为价格之单位,定名曰圆"。国民政府国币条例草案第三条,"以库平纯银六钱四分零八毫为价格之单位,定名曰圆"。条例含有两重意义:一是说中国货币以银为本位,一是说中国货币的单位为库平纯银若干。本是两条,并作一条,所以本位的意义只能说包含在其中。条文并未显明地规定国币的本位。因此,一般谈货币的人,每每将本位与单位混而为一。

现在的英伦银行钞票有什么不同呢？一个是兑现,一个是不兑现。我们不能说用纸印刷出来的货币就叫做纸本位,正如不能说欧战以前的英国先令可以叫做银本位,便士可以叫做铜本位。纸币的发行,可以分为两种:一种是发行之初就规定不兑换的。② 如果在这个时候还能做价值的标准,那是政府赋予它的权力。它的购买力是从法律上生的,可以说是法律本位。或者是发行之初用土地或其他不动产做抵押品而不兑现的。如果我们要给它们一个本位名义,就可以说是土地本位或是某某不动产本位。第二种是发行之初规定兑换,但后来因为种种原故,变成不兑换的。这种跌价的纸币如果它原来是根据金本位而发行的,可以说是不兑换的金本位。如果是根据银本位而发行的,可以说是不兑换的银本位。

　　本位是测量价值的标准,与寻常测量工具,例如尺,升,秤,等,没有多大的区别。其所以不同,则在货币本位的本身,是否有价值,它的价值是否一成不变,尺的本身在极严密的科学解释之下,也不是绝对一成不变的。它遇着气候的变化,也有多少的伸缩,然而这种伸缩在我们肉眼和习惯看来,似乎不发生问题。货币本位则大异乎此。它的本身有时候虽然是由一定重量的金属铸成,然而这一定重量的金属也是一种货物,并不是超乎货物以外的一件东西。普通货物的价值所以要有一件东西去测量,是因为那价值时常在变动,自己不能表示出来,所以要用货币去测量。但是货币本身也是一种货物,也免不了一般的公例。它的价值时常在变动。它的变动可以从两方面看出来:一方面是属于空间性的,它一方面是属于时间性的。例如一种货币在某地方的购买力为一斗米,在它一地方的购买力或许为一斗二升米,在第三个地方的购买力或许为九升米(这三种米当然是品质相同的米)。购买力的不同,简单地说来,就是它的价值不同,在这个例,是随地点而发生的。这就叫做空间性的变化。又如一种货币在某一日的购买力为五尺布,在第二日及第三日则为六尺与七尺(这三种布当然是品质相同的布)。它的价值是随时变化的。这就叫做时间性的变化。这两种变化是货币本位价值的变化,不是货币单位价值的变化。例如国币本是库平纯银六钱四分八厘,近来改为六钱四分零八毫,它的购买力当然要发生变化。这是单位价值的变化。如果国币永远是由库平纯银六钱四分八厘铸成,而购买力仍不免发生变化,就是本位价值的变化。③ 关于本位价值的

---

　　② 一八六二年南北花旗之战,美国国会通过一议案,发行纸币一五〇,〇〇〇,〇〇〇达拉,不久即称为绿背纸币(greenbacks)不能兑换现金,只能兑换公债票。后来此项不兑换纸币增发到四五〇,〇〇〇,〇〇〇达拉,价值大落。直到一八七九年,才能兑换。又一七八九年,法国大革命,用土地作抵,发行 assignats,通称为土地抵当纸币。不久价值大落,几不值钱。此等纸币与寻常跌价纸币不同,就在它们发行之初已经规定是不兑现的。其实它们的背景还是在乎有一种有价值的东西,如公债票,土地等。此等有价值的东西之所以有价值,还是要用金圆或金佛郎表示出来,所以此等纸币直接是建筑在土地或有价证券之上,间接还是建筑在货币之上。如果那时候的佛郎或美金是什么本位,则此等纸币仍是那种本位货币的间接代表,并不是凭空生出来的。

　　③ 货币本位如果有变更,例如由银本位变成金本位,它的购买力当然也会大大的变化。这是本位的变更所发生的变化,不是同一本位所有的变化。

变化,属于货币学理论方面居多,我们暂且不论。现在所想讨论的,是货币单位的价值在如何状况之下,就可以不发生变化。就令发生变化,政府用何种方法,可以使之维持原状。本篇讨论的范围不是货币价值论而是货币制度论。

货币本位的系统

货币本位在实际应用上是基于一种或数种金属,用法律政治的力量形成有系统的制度。如果它是基于一种金属,就称为单金属本位。如果它是基于两种金属,就称为复金属本位。此所谓一种金属或两种金属,是指本位货币(standard money)内所含的主要金属而言,所谓辅币(subsidiary money)应用何种金属铸成,不在此处讨论范围之内。我们要明了一个货币本位的系统,不得不先解释本位币与辅币的意义。近世国家的货币所以必有本位币而又有辅币的缘故,是因为社会组织渐趋复杂,不得不如此。几百年以前,中国不曾用银子做货币,公私机关所用的货币,只有一种,那就是铜钱。在那个时候,我们无所谓本位币,因为没有辅币。后来一方面和外国通商,一方面内地工商业稍为进步一点,仅仅一种铜币不能供应,于是才用银子做交易媒介品。直到最近,更有银元银角等货币。照表面上看来,中国即用两种金属做货币,可以叫做复本位吗?如果不能叫做复本位,可以叫做单本位吗?都不是的。在目前的状况之下,中国无所谓本位制度。其所以然者,是中国无所谓本位币和辅币。④ 本位币和辅币的关系,可以简单说明之如下:第一,如果本位币和辅币都用两种不同之金属铸成,则本位币的金属必贵于辅币的金属。第二,如果本位币与辅币是用同一金属铸成,则本位币必为实币,而辅币必为虚币。⑤ 第三,辅币虽为虚币,但政府可用法律政治的力量维持这虚币的价值,使之对于本位币永远发生一定不易关系。换句话说,辅币与本位币应有一定不易之兑换率。例如国币条例规定五角银币两个,或一角银币十个,或一分铜币一百个,都可以兑换一圆银币一个,虽则五角银币两个或一角银币十个销毁后所得之纯银,或一分铜币一百个销毁后所得之铜,都不能值得一圆银币一个销毁后所得之纯银。

本位币可有一种(例如英国的金镑),亦可有两种(例如十九世纪法国的金佛郎和五佛郎一枚的银佛郎)。唯无论如何,同一金属之下,不能有两种本位币。辅币的金属可与本位币的金属相同(例如美国的银元和银仙),亦不必相同(例如英国的金镑和便士)辅币的金属可有一种,亦可有几种(例如英国的银币和铜币)。

---

④ 近几年来,银行发行辅币券,信用甚好。这是中国有辅币的开始。然而这辅币券只能解决辅币一部分的问题,不能解决辅币全部的问题。因此,中国币制还未完成。

⑤ 实币(full valued money or full bodied money)是货币的面值(face value)与它所含的金属的价值约略相等。例如国币为纯银库平六钱四分零八毫所铸成,如果政府规定国币的价值仍为六钱四分零八毫,或六钱五六分,则有人把国币镕毁以后仍可得纯银库平六钱四分左右,就叫做实币。如果国币为纯银库平六钱四分零八毫所铸成,而政府在其表面上规定价值纯银库平六钱八分或七钱二分,则此项国币被人销毁以后,所得的纯银远在六钱八分或七钱二分之下,这就叫做虚币。

本位币并不一定要为实币。一八九三年以后的印度银罗比是一个最好的例子。此外各种跌价纸币及不兑换纸币都可以归入此类。

本位币及辅币的效用

本位币如果是实币,则其效用有两种:一是货币的效用,持有者可以购物,可以雇用劳力,可以偿债。一是货物的效用,持有者可以销毁之,使之仍变成原有之金属,用作装饰品,用作生金属(bullion)卖给外国人。此项效用,只有欧战以前的英国金币能够充分表示出来。欧战以后,只有美国想学英国,努力于维持美金的两重效用,然能够继续好久,殊属疑问。究竟一国政府铸币,不能不有多额的费用。如铸币费规定过多,则不成其为实币。如规定过低,则政府须支付铸币费。货币铸成以后,如听凭人民自由销毁,则铸币费不免等于虚掷。因此,欧战以后,各国都从事于此项费用之节省。于是本位币都用纸币代替。凡愿意把金子输往外国还债的人,得用纸币(实际上,用支票,更为简单),向中央银行请求兑换生金。如此,则不独政府得省不少的铸币费,商人也可以省出不少的销币费。最近耿爱德氏对于废两用元的意见,主张将来中央造币厂于铸造国币之外,更铸造一种银条,价值一千元。此项银条有两层功用:第一,供清算之用,藉以免除银币之点数及鉴别,第二,于可能时供出口之用。⑥ 此种建议很有采用的价值。

辅币的效力只有一种,就是货币的效用。辅币不得不为虚币的理由,下文当详述之。

货币价值的变动

前面已经说过,货币性质之所以和度量衡不同,是因为它自身有时候也发生价值的变动。这一点,不知费了多少经济学者的脑筋,要想用种种的方法,把它弄得不发生变动。这叫做货币价值的安定(stability of the value of money)。货币价值之所以不安定,原因非常复杂,不是本篇所能涉及的。本篇的目的,在以极浅近的文字说明货币问题之实用的方面,尤其是对于中国货币问题想找出一个解决的门径。因此,本篇很有许多忽略之处。我们现在且把货币价值变动的现象分析一下:货币是测量价值的工具,如果它自身发生价值的变动,它不但不能测量别的东西,还要别的东西去测量它。测量货币价值变动的东西有三:(1)金属的测量。例如欧战以前,英币三镑十七先令十便士半是用标金一翁斯铸成。这叫做"造币厂价"(mint price)。我现在称它做"金属的平准"(metal level)。如果一旦有什么原因,英币三镑十七先令十便士半在市场上值不得标金一翁斯,则显见得英币跌价了。⑦ (2)汇兑的测量。例如欧战以前,英币一镑等于美币四达拉八六六。这叫做"汇兑

---

⑥ 见银行周报第七六〇号(二十一年八月二日发行)第二四面。原议出自理嘉图。
⑦ 上海所谓洋厘,也可以说是银元的金属平准。关于洋厘,下文当详述之。

的平值"(par value of exchange)。我现在称它做"汇兑的平准"(exchange level)。如果一旦有什么原因,英币一镑在市场上汇不到美币四达拉八六六,则显见得英币跌价了。⑧ (3)货物的测量。例如现在流行的物价指数表,就是表示货币购买力的变动之一个不完全的方法。由此表所表示出来的,是一般物价的上落,换言之,叫做"物价的平准"(price level)。物价高就是币值低,物价低就是币值高。以上三种测量方法,除第一法比较的可靠以外,第二种及第三种都不一定靠得住,尤其是第三种关系太复杂,不是本篇所能讨论,也不是本篇所愿意讨论的。总而言之,我们要测量一件东西必定用作测量工具的东西再不能发生变动。例如汇兑的测量,在欧战以前,凡关于用金各国的货币都可以英镑汇兑率为准。欧战以后,英币自身也跌了价,所以不能再用英镑汇兑率为准,而须改用美币汇兑率为准。由此三种方法所测量而得的结果,不一定是一样,也不一定互为比例,也不一定发生何种有规则的关系。

欧战时,各国对于它们的货币,采用许多政策,有比较地容易达到目的的(例如汇兑的平准),有比较地不容易达到目的的(例如物价的平准),所以欧战时的各国货币常呈紊乱的现象。⑨

维持货币价值的方法

上述三种平准之中,第三种物价的平准,不独以其偏于理论,为中国目前所难想望,即欧美各先进国家,现在也穷于应付。第二种汇兑的平准,虽然也是中国的一个大问题,但目前远谈不到。此刻所急要叙述的,是第一种金属的平准。关于此点,我们可以分为两层说明:

第一层,维持本位币的方法。本位币如系虚币,则因为它的实值小于虚值,照理,本不易维持。但一国的货币总须要达到一定的数量才能供社会民间之用,否则将感金融紧逼的困窘。因此,一国政府,假使见得周到,就会设法使此种虚币的供给不超过社会需要数量的最大限度。譬如社会需要货币的数量为一千万元,政府发行虚币的数量不超过一千万元以上,则币值虽虚,而因社会非有此货币不可,则其价值不会跌落。故维持虚币(无论是本位币,或辅币)的一个共通原则,是流通数量的限制。⑩ 以限制数量为维持价值的手段,最好的例是一八九三至一八九八

---

⑧ 汇兑的测量只能用之于货币本位相同的国家。中国用银,美国用金,就不能有汇兑的平值,就无所谓汇兑的平准。

⑨ 此外还有一个测量方法,就是纸币与硬币之差。如果我们要加入此方法,则不妨称它为"硬币的平准"(coin level)。纸币对于硬币之跌价,大概是起于纸币不兑现或金融恐慌或忽然挤兑之时。这叫做纸币贴水(discount on paper money)。但有时亦有纸币对硬币涨价的,例如欧战前的英伦银行钞票在世界各通商口岸比英镑有时还要高些。一九一六年瑞典中央银行钞票价值高于现金。近来汉口的申钞,北平的钞票,都比现洋贵些。这叫做纸币申水(premium on paper money)。

⑩ 流通的意义与发行不一定相同。流通(circulation)指货币已由发行机关转到市面上的数量。发行(issue)指货币已由制造机关转到发行机关的数量。

年印度停铸银罗比之事。一八九三年,印度政府规定银罗比与英镑的比值为一罗比等于十六辨士。不幸从此以后银价大跌,实际上,于一八九三年年起到一八九八年止,英印汇兑率不能超过十三辨士到十五辨士之间。但在此五年间,印度政府用人为的方法强制地减少银罗比的流通额,一直到一八九八年,才把英印汇兑率抬高到十六辨士。这种方法的好歹,我们暂且不问,只就结果而论,的确是维持虚币价值的一个有效的方法。纸币如系不兑换纸币,也可用此法维持其价值,不过政府用力更非坚强不可。纸币如系兑换纸币,则唯一方法在乎兑现。兑现,则其金属的平准自然可以维持。以上所说,是本位币的变相,虽则欧战以后,各国群起采用这变相的货币制度。本位币的常态是实币性质。最好的例是欧战以前的英镑。按英国造币条例,每一翁斯标金(standard gold,成色九一六.六六)应铸英币三镑十七先令十辨士半。每个金镑的重量和成色都有一定的规则。如果有人收集崭新的金镑销毁之,则每六百二十三镑差不多可得一百六十翁斯标金。像这样的准确自然是做不到。其理由有四:第一,铸币的技术不能达到百分之百的精密,所以各国都有公差(tolerance of the mint)的规定。第二,造币厂有时要收铸币费,虽则为数不必过多。第三,货币流通以后,总不免有磨损。第四,销毁之时,总不免有火耗。各国政府对于磨损的限度也有规定。磨损超过这限度,即不应流通,应该送还造币厂改铸。

　　维持本位币的第二个方法是自由铸造(free coinage)与自由销毁(free smelting),并附带地规定,对于铸造前及销毁后的生金银得自由输入(free import)与自由输出(free export)。这些自由权的意义都狠明了,只有自由铸造要略加解释。所谓自由铸造,是说人民有权可以把生金银送到造币厂,请求造币厂依照法律的规定,代他铸成货币,并不是人民可以自由设厂铸币。本位币是一切货币的根基,它的流通数量关于货币价值很大,所以政府应该有使它供求适合的义务。政府如何可以知道供求适合不适合呢?最好的方法就是把四个自由权赋予人民,使人民自动地利用这四个自由权,调节市场的供求状况。譬如市场上货币流通过少,则人民得自外国输入生金银,持向造币厂请求铸币。市场上货币流通过多,则人民得将货币销成金块而输出外国。实行这四个自由权的,就只有欧战以前的英国。欧战发生以后,各国大概剥夺这权利殆尽。美国仅能保留自由铸币之权,但有时候仍不能不禁金出口。⑪ 近年来,欧美各国物价所以长跌不定这一件事必定很有关系。如果我们要维持真正有效的本位制度,必先恢复这四个自由权。⑫

　　维持本位币的第三个方法是无限法偿(unlimited legal tender)。这问题比较地不甚重要,但为维持供求相剂的状况计,有时候也有点关系。在支票钞票盛行的今日,如果本位币可以被人拒绝收受,尤其是政府收款机关及中央银行拒绝收受,则

---

⑪ 一九一七年九月至一九一九年六月,美国禁金出口。

⑫ G. Cassel, *Money and Foreign Exchange after 1914*, p.2.

本位币的流通数量不能自由减少。

第二层，维持辅币的方法。辅币的主要金属如果与本位币的主要金属相同，则必为虚币(token money)。如果不为虚币，则不得叫做辅币。例如英国的货币单位为镑，是用金铸成，但半镑也系用金铸成。此半镑金币不得谓之辅币。各国辅币所用的金属大概与本位币所用的金属不同，但中国国币条例，五角二角一角三种银币都是辅币，其金属虽与本位币的一圆银币相同，而成色为七〇〇，与一圆银币成色为八九〇相差甚多，所以变成虚币。金属相同的辅币，政府要把它定为虚币，是很容易的事，只要在币制条例中预先规定就得。至于辅币的金属如果不与本位币相同，则能否定为虚币，有时候不是政府权力所能及。两种金属或三种金属相互的市价，一天到晚的变动。铸币以后辅币金属对本位币金属价格的变动，在铸币时不能预先知道。譬如本位币为金，辅币为银。当铸币时，银对金的比价为一与四〇。如果照此比例把银铸成辅币，而银价跌落，变成一与五〇之比，则银辅币即变成虚币。如果银价上涨变成一与三〇之比，则银辅币的实值超过其面值，则人民必定把银辅币销毁，变作生银，向市场出卖，而获得巨大的利益。铸虚币固然也有利可图，但在近世国家组织之下，伪造货币是不容易做到的事。销毁货币则差不多无论何人都易于执行。故为防止此事之发生，与本位币金属不同之辅币亦必非使它变成虚币不可。不独铸币时要使它变成虚币，就是铸成以后，在人类经验和想象所能及的范围内，要使它永远的变成虚币。⑬ 因此，辅币的虚币色彩不得不特别地浓厚。

维持辅币的第二个方法是禁止自由铸造。辅币的实值既然小于它的面值很多，如果听人民自由铸造，则铸币利益归于人民。这当然是不应该的事。如果把铸币利益收归政府，则人民何乐乎有此权利。⑭

维持辅币的第三个方法是有限法偿。辅币既是虚币，则其流通数量不可过多，过多则难免跌价。为防止流通过多计，通常采用有限法偿的方法。英国的银币最多可用到四十先令，铜币最多可用到十二辨士。过此，则收受人可以拒绝。民三国币条例，五角银币每次授受以合二十圆以内，二角一角银币以合五圆以内，镍币铜币以合一圆以内，为限。但租税之收受，国家银行之兑换，不在此限。⑮ 用此与英

---

⑬ 欧战发生以后，银价上涨甚为利害。到一九二〇年末一九二一年初，达于极点。各国在战争期间内有并银币都消失的，遇此非常状况，尚不觉得怎样。英国政府则深恐其银币逐渐消失，乃于一九二〇年三月三十一日通过法案，把银币成色从九二五减到五〇〇。从此以后，银价即再涨到一九二一年初的程度，销毁英国银币也不会是有利的事。

⑭ 用禁止自由铸造为维持辅币价值的方法，是英国无意中的发明。一八一六年，英国采用金本位时，并规定人民可以自由铸造银币，惟铸造费对于每磅生银收四先令。(造币厂用六十二先令买银一磅，铸成银币六十六先令。)这自由铸造银币权本拟公布后即施行，但不知何故，一直不曾公布。造币厂就自行购买生银铸银币，民间既render银币之用，也就不问政府施行这个法令。一直到一八七〇年，政府才把这法令删除。E. Cannan, Money: its Connection with Rising and Falling Prices, p. 31.

⑮ 上海电车公司规则，车费都是用铜元计算，出入一律。假使每人要付铜元四十枚，有一人代他的九个朋友共付铜元四百枚，则电车买票人不能拒绝。这个例子在国币条例施行以前，固然不成问题，就在国币条例施行以后，也应该不成问题。这因为是有一种特别契约的缘故。

国法则比较，还嫌过多。铜币一圆为百枚，以属不便。然假使能够实行，则中国辅币不至于滥发。因为人民授受之间既有限制，则手中多存辅币为无用，政府机关及国家银行既无限制地收受，则民间过剩的辅币自然有消纳的地方。反之，人民假使愿意用本位币向造币厂或国家银行兑换多额的辅币，当然在法律许可的范围内。辅币的价值用有限法偿的方法来维持，也是一个无意中的英国发明。据经济学者的观察，此方法的存在实在与辅币的价值毫无关系。[16] 然在货币制度尚未成立的中国，此方法似乎也在必要之列。

维持辅币的第四个方法——最重要的方法——是铸造与发行数量的限制。中国的辅币所以不成其为辅币，根本的原因就在于此。辅币不能自由铸造，一是因为辅币利益不应属于私人，二是因为流通数量恐怕太大。如果政府自己不加限制，则禁止私人自由铸造毫无意义了。货币是国家社会经济生活的总机关，无论如何，不能以其有利可图而拼命鼓铸。在普通状态之下，造币行政如果能够统一，则造币厂虽不能营利，然亦必不至于亏损。本位币的铸造纵令稍受损失，而辅币的铸造终归有利可获。挹彼注兹，造币厂尽可自行维持，毋须乎国帑的支出。有时候还可以稍有盈余。总而言之，铸币应该以维持币值为第一目的，纵有盈余，也不过附带地收入而已。

货币本位的种类

根据以上所说的许多要点，我们可以把货币本位分为两大类，即非金属本位与金属本位。为明了起见，列表如下：

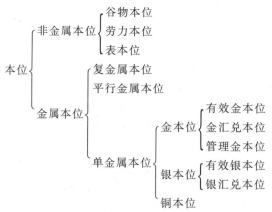

非金属本位在理论上很有讨论的价值，但在目前的中国还谈不到这许多问题，所以本篇暂且不论。金属本位各种列在本表内的都各已见诸事实，并非理想。现在且挨次略加叙述。

复金属本位，简称复本位（bimetalism，有时称为double standard），是用两种金

---

[16] E. Cannan, *Money: its Connection with Rising and Falling Prices*, p. 32.

属——例如金与银——铸币,都给它以本位币的资格。例如十九世纪法国五佛郎银币和五佛郎金币彼此价值相等,都是无限法偿。假使有人向他的朋友借去二十佛郎金币五个(一〇〇佛郎),后来还他五佛郎银币二十个(一〇〇佛郎),是很合法的行为。但本位币如果要有效,不独法偿应该无限,而且铸造销毁也应该自由。说到这里,复本位制就不易实行。当铸币之初,金币与银币的重量和成色不能不有一定的办法。一八〇三年,拿破仑最得意时代,它的财政大臣 Gaudin 呈准施行法国货币条例。第一规定"五格兰的纯银,成色十分之九,为货币单位,叫做一佛郎。"同时按照一五.五与一之比,铸二十佛郎一个的金币。每一启罗格兰(一〇〇〇格兰)的银得铸四〇个五佛郎银币(二〇〇佛郎),每一启罗格兰的金得铸一五五个二十佛郎金币(三一〇〇佛郎)。这两种货币都是无限法偿。但都不能自由铸造。[17] 此制度一直到一九二八年才改。在此一百余年中,法国币制有许多人以为是复本位制,其实真正复本位制,应该都能自己铸造。[18] 因此,法国币制称为跛本位(limping standard)。复本位制之难于实行,是由于两种金属的市价时常变动,不能固定。譬如铸币(一五.五比一)之后,金银比价变为一六比一,则一格兰金在市面可购十六格兰银。如果可以自由铸造,自由销毁,则人人可以把金佛郎销毁在市面上换得生银,送往造币厂,请求铸银币,而获得不少的利益。反之,金银比价变为一五比一,则人人可以销毁银币,在市面上换得生金,送往造币厂,请求铸金币,而获得不少的利益。然在主张复本位制的人,则又有他的理由。他们说,如果各国同时采用复本位制,则金银市价之比一旦与金银币值之比发生变动,照前述四个自由权的使用,可以自然而然地使市比恢复到币比一样(compensatory action)。所以主张复本位制的进一步主张万国复本位制(international bimetallism)。此是十九世纪币制争论的焦点,然自二十世纪以来,各国都相率采用金单本位制,而复本位制的议论早已不见诸有力的欧美人士间了。

平行金属本位(parallel standard)是两种金属各铸货币,各为无限法偿,但与复本位制不同之处,在乎此两本位币无相互一定之关系,彼此不能互相代替。譬如借钱的人必定声明所借的是金币或是银币。如果借的是金币,则将来还的亦非金币不可。如果借的是银币,则将来还的亦非银币不可。否则债权人可以拒绝不受。[19] 最好的例是九一八以前的东三省币制。东三省的中国货币是银,日本货币有一部分是金,两者并行不悖。[20]

单金属本位为现在各国大多数采用的币制。金本位的例,前面业已说过,最完美的是欧战以前的英国。英国不独在一百年间维持他自由铸造和自由销毁的大原

---

[17] J. L. Laughlin, *Money, Credit and Prices*, Vol. I, p. 172.
[18] K. Helfferich, *Money* (English translation), Vol. II. p. 363.
[19] Ibid.
[20] 参观拙著《东三省的货币》,见本季刊第二卷第三号。但严格言之,东三省中国方面的货币实在尚未成立任何本位制度。如果中国真有银本位,则应有一定的本位币和辅币,而东三省并无有此。

则,并在绝对地历行自由输入和自由输出。因此,伦敦有万国自由金市场的名称(world's free gold market)。

金汇兑本位(gold exchange standard)名称的起源大概在十九世末年。但这个制度实际上已经行之多年了。采用这制度的国家,大概是一个强国的属国,譬如爪哇群岛之对于荷兰,菲立宾之对于美国,印度之对于英国,安南之对于法国,都是好例。然也有不是属国的,如欧战前的日本,欧战后的德荷诸国,都采用这个政策(devisenpolitik)。他们想采用金本位,但因为国内藏金不多,不能仿效英国的实行铸币,于是规定国内流通不用金币,而在金本位制业已确立的外国购存金币,以备国际汇兑的用。在有母国的属国,此事比较地易于施行,因为母国必定关怀属国的币制,从种种方面设法帮助。

管理金本位(managed gold standard)乃新近创造的美名词,但事实告诉我们,此制可以叫做不兑换金本位制。一九三一年九月十八日,英国停止金本位条例,停止金镑的自由销毁与自由输出,结果,金镑对于现金,外国汇兑及货物三者都跌价。在主张货币改革论者以为欧战后物价的跌落是大部分由于货币价值的上涨。现在采用货币澎涨(monetary inflation)政策,货币价值应该下落,如是物价应该上涨,而市场不景气的现象可以渐渐地免除。此主张在英国已经行了一年,还未见何等效果,或许是原因复杂,仅仅货币澎涨政策还不够解决亦未可知。

银本位及银汇兑本位在目前的世界,似乎是中国独有的货币制度,不过说来很可怜,中国连这个人人不要的银本位还谈不到。还说甚么金汇兑本位,金本位? 我们现在说中国的币制是银本位,原来是不得已的说法罢了。

二 中国币制的现状

中国无所谓本位制度

凡百制度,都应该有一定的规则。此规则当然以法律定之。如果制度施行之后,发见有不妥当的地方,并不是不可修改,但修改手续也要根据法律。

所谓法律,是国家的法律,不是私人可以任意破坏,也不是私人可以自由创造。货币制度也是一样的。现在中国的货币,好像是私人的东西,中央政府无权过问,也不去过问。地方军人既可以任意铸币,[21]各处商民也可以把货币当作货物,买进

---

[21] 在民国十七年,四川一省造币厂有十二处之多。属于刘湘的有四处:一,重庆蔡元坝厂;二,泸属各江厂;三,江北厂;四,重庆铜元局。属于邓锡侯的有十一处:一,彭县厂;二,汉州厂;三,广安厂;四,潊府厂;五,合川厂;六,遂宁厂;七,灌县厂;八,成都贵州会馆甲厂;九,成都城隍庙厂;十,成都帼列祠厂;十一,成都南门外厂。属于刘文辉的有四厂:一,新津厂;二,高县厂;三,雅州厂;四,成都贵州会馆乙厂。属于田颂尧的有两厂:一,中江厂;二,成都三桥南街厂。属于各军共同管理的有一厂,即成都官造币厂。由此看来,他们对于货币知识,可谓全无。他们不仅到处厂铸币,而且在一个都市之内,他自己也设立多厂,好像是开铺子一样。(见十七年十月八日《南京中央日报》。)

卖出，从中取利。[22]

如果说我们的货币是银铜复本位罢，则银币与铜币并无一定的关系。如果说是银铜平行本位罢，则各种银币彼此既无一定的关系，各种铜币彼此亦无一定的关系。如果说是银本位罢，则本位币在那里？辅币在那里？

中国货币紊乱的现象

可以分为两种说明之。第一，是在同一金属下的各种货币彼此不相统一。例如银两与银元，银元与小银元都是互为兑换，不能一定。银两各处种种不同，通全国计，无虑数百种，而其最著名最重要的是上海的规元。它不独是上海钱庄的记账货币，而且是中外汇兑的计算单位。因为上海是中国经济的中心，所以规元成了中国货币的主人翁。它的价值好像是不变的，银元价值倒是变的，所以它是测量银元价值的工具。测量的结果，每天在金融日报上发表，名叫"洋厘"。在通常状况之下，每年秋茧待收的时候，上海的银元要送到江浙内地去，需要突然增加，因此洋厘可以高到七钱三四分。这就是说，银元一元可值规元七钱三四分。今年上海经日军扰乱之后，经济界十二分销沈，银元的需要不多，现在跌落到六钱八九分，相差有五六分之巨，即百分之七八了。理由何在，不易断定。[23] 银元与小银元的关系，更为复杂。铸币原意本是十进，后来因数量无限制，卒至跌价，每银元一元兑换十一二角。近来各省因铜元充斥，连此跌价的"小洋"也被驱逐而归消灭了。"小洋"所以败坏到现在的程度，纯系广东省滥铸的缘故。从来上海还有"江南小洋"及"广东小洋"的分别，近来江南小洋早已无影无踪了。广东小洋在上海又分铸造年代而有流通与不流通的差。民国九年以前铸造的可以通用，十年以后的则不能通用。在南京，则七八年的可以通用，九年以后的则不能通用。笑话百出，简直不成事体。[24] 第二，在两种不同金属之下，中国货币更不相统一。银元与铜元，小银元与

---

[22] 上海许多烟纸店，大概从兑换大洋小洋铜元上每个月获得百数十元的利益。这种兑换利益，有时候恐怕比买卖纸烟还要好些，而且那种"货物"既不占地方，又不会腐陈。

[23] 有人说，近年来银元的成色逐渐减低，所以对于规元的价值也不得不跌。照国币条例，一圆银币重库平七钱二分，成色八九，即含纯银库平六钱四分〇八毫。每库平一两约合规元平一•〇九六，所以银元与规元的平价为七•〇二左右。今年七月间，跌到六钱八分，八月间还不到六钱九分，是在平值下的一二分。照理，如果银元确照国币条例铸造，此时应该渐被销毁，卖作生银，每一元可得二分左右的利益。据报载，销毁银元之事近来似乎正在发生，而并未言有大规模的销毁。于是有人疑近铸银元成色远在法定之下，现在的洋厘实际与其平值相近。此事是否确实，自为疑问。据外商调查，近十年来洋厘平均为七钱二分一厘七毫五丝，（二十一年八月八日《新闻报》第三张），何以银元成色到今日忽然降落到如此利害？此次洋厘跌落如此之大，必有许多理由，问题不是那么简单。据我个人揣测，大约是因为进口货太多，出口货太少，以致规元需要骤加。

[24] 民国十六年，我在广州，更发见一个有趣味的事件。十年以后的广东小洋在上海叫做"新角子"，不能通用，九年以前的叫做老角子，可以通用。而在广州则恰相反。上海的新角子在广州可以通用，上海的老角子到不能通用。

铜元,双铜元与单铜元,彼此都无一定的关系,出入都要经过兑换的手续。[25]

中国货币紊乱的原因

可以一言蔽之,曰,"上下交征利"。所谓"上",是指各省政府当局言,中央政府不在其内。民国三年,袁世凯当权时代,中央政府很想整理货币,不仅对于本位币有一定的成色重量,比其他时代都好,即对于辅币也曾想试办一下,不过袁氏一倒,中央政府也无暇及此,所以一角辅币不久就变为普通"小洋"了。从此以后,中央政府势力所不能及的省分,乃拼命地大铸小洋与铜元,而辅币卒至不可收拾。所谓"下",是指银炉,钱庄,烟纸店等言之。银炉利用宝银的铸造,获得百分之一.一的利益。[26] 钱庄记账统用银两计算。凡有人用银元存入钱庄,钱庄必为之折合规元记账。将来向钱庄取用银元,则又出钱庄将规元折合银元。于此一出一入之间,向客人收取手续费,名曰"进出二五。"[27] 好处虽然不过万分之三.四左右,然钱庄之利用规元存在,实别有用心。[28] 他们见新式银行业日益发达,无法可与竞争,只有一事为银行所难比拟。钱庄有汇划公会,可以清算庄票。银行无票据交换所,所以一遇银两票据,不得不托钱庄为之划账。殊不知银行不久必设立票据交换所,纵不废规元,将来亦不见得必定要托钱庄。但在此时,钱庄为维护自身利益计,毋怪他们始终反对废两。至于烟纸店,前已言之,更想利用紊乱的货币,从中取利。当民国十五年末,中交两行发行辅币券的时候,上海卷烟同业公会也曾发表宣言,反对辅币券的发行。宣言说得很堂皇冠冕,并"希望各界诸君一方拒绝辅币券,一方速议改铸十进银铜辅币。"[29] 自此宣言以后,将近六年了,辅币券并未曾发生恶果如卷烟同业公会所预料。但如果那时候政府真要改铸十进银铜辅币,恐怕不到一年,就会步袁世凯所铸十进银辅币的后尘了。此外,有一部分中国人以为外商银行也是

---

[25] 上海各日报金融消息栏中有所谓小洋贴水者,系指小洋一角所兑铜元数目与大洋一角所兑铜元数目之差。例如银元兑铜元二百九十五枚,即钱二千九百五十文,小洋兑铜元二十五枚,即二百五十文,故小洋贴水为四十五文。

[26] 银炉将由伦敦输入上海的大条银改铸元宝银,七折八扣,可以获得不少的利益。上海某银行家曾由伦敦输入大条银十万翁斯,在上海一度改铸宝银之后,再运往伦敦重铸大条银,则仅值九万八千翁斯。可见银炉之所以能够维持它的生命,是由于改铸宝银时从中收取一种铸费之故。(耿爱德论文,见二十一年八月九日银行周报。)

[27] 何廉先生论"废两改元问题",解释钱庄进出二五举例很清楚。现在照录于下:"譬如以一万银元存入,钱庄须按当日洋厘减一毫二丝五忽,折成银两。若当日洋厘为〇.七三四一二五,应合银七千三百四十一两二钱五分,但钱庄将一二五抹去,只算七千三百四十两。及至提取时,则按当日之洋厘加一毫二丝五忽折合。譬如提取日之洋厘仍为〇.七三四一二五,加一二五而为〇.七三四二五。是则昔日存入之七千三百四十两,提取时只付九千九百九十六元五角九分(外加利息)。一出一入之间,各有'一二五'的好处。"(二十一年七月三十一日《独立评论》第十一号。)

[28] 今年八月四日报载钱业同业公会发出宣言,废止二五之例,说:"凡中外银行对于往来率皆征收费用,原非敝业所特殊。今为破除旧议者或有借口,经全体同业大会议决,自八月六日起,将是项银洋兑换增减一律废止,以释群疑。"

[29] 十五年十二月七日《申报》。

反对废两的。㉚ 其实,我以为外人到不是反对改制,是恐怕此时中央政府无力施行,所以说须等到十年或二十年以后。外商的意见,耿爱德氏业以私人资格代为发布,此处不必多谈。㉛

中国币制不立的原因,或许还有人怀疑两点:第一,辅币成色过低,实值超过面值。关于此点,前文业已详述。现在更可举一小例证明此说之不能成立。原来双铜元价值应倍于单铜元,并且以含铜而论,前者实在多于后者。然今日武汉一带的双铜元,每银元一圆可换三百二十枚。上海一带的单铜元,每银元一圆只换二百九十几枚。是双铜元一枚尚值不过单铜元一枚了。第二,辅币不以十进,是中国货币的大缺点,自然是人人知道的。但辅币十进与否,并不防碍币制的成立。英国币制就不是以十进,然不失为世界上最完美的币制。中国辅币所以不能十进,不是它失败的原因,而是它失败的结果。

三　解决目前问题的步骤

废两用元问题

近来又成为中国货币问题讨论的焦点。各报上所发表的议论和事实,很有许多可供参考。其中最得要领的要算是耿爱德先生(Mr. Edward Kann)的意见。关于本问题,中国人方面大概分赞否两方。凡是有心改革的人没有不赞成的。反对的大概只有钱庄。钱庄骨子里虽然不希望废两,然而表面上也不得不赞同废两的原则,不过他们所借口的是废两之后,如果无法善后,则废两反足以扰乱金融。我个人意见,以为他们所主张的并不是毫无理由,因为银两的重量成色是比较有一定的。它是一个基于实物的东西,比较地可于维持永久。上海的规元自从一八五六年行用以来,有了将近八十年的历史,并没有改变过规则。银元则一变再变,迄无一定的办法。直到现在,赞成废两的人,对于维持银元的成色,终不十分注意,因此,授钱庄中人以口实,使他们发出宣言,似乎振振有词。但是我以为钱庄的反对,在中国货币改革上,至多只有一个消极的影响,并无积极的好处。照他们那样态度,中国的事是永久无改革的希望,不必再谈了。钱庄的议论在事实上并不尽合,现在分为两层说明:第一,如果废两以后,银元成色变恶,圆法不免破坏。此点在欧美各国亦不是绝对地没有。例如欧战以后各国的货币跌价不是显然的事实吗?我们并没有听见说,货币稍为跌价,就发生了不得的问题。据最近著名经济学者的主张,货币最好逐渐有轻微的跌价。㉜ 这层我们对中国人说来,似觉太早一点,但第二层,银两的价值是不是永久稳定呢?营口过炉银不是中国最好的转账货币吗?

㉚　二十一年八月八日新闻报。
㉛　二十一年七月十九日银行周报第十一面。
㉜　参阅拙著"读凯衍斯货币论"(《武汉大学社会科学季刊》第二卷第二号三八四面。)

然自一八九四年中日战争以后,价值日落。至民国十九年,只值现大洋二十六元㉝这或许有人要说,上海银两系宝银,实际上是有现货的,不是像营口那样空虚,所以将来不会有跌价的事。殊不知我们现在所主张的废两,第一是要废规元,第二才是要废宝银。宝银与规元并不是一样的东西。宝银是实的,是用大条银改铸的,重量是漕平一两,成色是九八五。规元是虚的,是记账用的货币单位,重量虽也是漕平一两,但理想上的成色是九一六又三分之二。规元与过炉银并没有多大的分别。就以宝银而论,成色与重量也不是上面所举的那样可靠。真正宝银的重量和成色,比规定的约各差千分之二,㉞所以说银元不可靠,而规元可靠,不是公允的话。

废两以后的善后问题,不必钱庄说,我们也知道很重要。第一,新币的成色,与铸币利益有关系。现在看各方面的意见,似乎造币厂的经费要靠银元铸费去维持。这一点实在大错。照本篇前节所述,有效本位币应该自由铸造而且自由销毁。如果铸费算得太多,则自由销毁不能见诸实行,而本位币之效力减少。故欲仿效欧战前的英国,最好对于铸费不取,即取也为数极微。现在看一般人的意见,似乎每次改铸新银元,必须比旧币成色要差一点,才能使新币驱逐旧币,而收统一的效果。但我不懂,为什么每次铸新币一定要销灭旧币?中国政局变动总是不断地发生。如果每次铸新币就非把旧币销灭不可,则每次必须减低成色。如此几次改铸之后,本位币成色不知减到如何地步了。还有一层,每次改铸新币,就要收回旧币来改铸,则改铸旧币所得的利益,不见得比所花铸费多得好多。不然,则不待政府改铸,民间早已销毁旧币,获得很大的利益。政府拼命地铸币,市面上总觉得流通不足。我个人主张,新币成色应该照现在流通银元最大多数一种的成色一样。此项最大多数流通银元的实值大概已经比它的面值差一点,此尚无大妨碍。只要以后新铸的货币不再差,就可以维持下去。本位币实值所以应该与其面值相等,在乎流通数量过多之时,它自然而然的(一)可以销毁,变作金属发卖,(二)可以出口。欧战以后,各国对于销毁货币出口一点,都认为滥费,所以由中央银行保存生金或金块,以备需要出口时之用。至于已铸成的货币,最好只限于国内流通。故中国将来也可仿照此意,由造币厂另铸一种银条(上文已引耿爱德氏的条陈)专作出口之用。此银条的成色似乎可以比银币高一点,使他合乎有效银本位的原则。银条与银币相差,在货币行政很好的国家,不会发生问题。

造币厂的经费,不应该从本位币设法收取,是世界各国的通例。各国维持造币厂的方法,是从铸辅币而来。中国如果要根本地改良货币行政,必须将一切货币——银元,小银元,铜元——都收归中央造币厂铸造。此层如办不到,则不独辅币无法整理,即本位币也可发生危险。各省军人既能私铸辅币而取得不少的利益,

---

㉝ 参阅拙著"东三省的货币"(《武汉大学社会科学季刊》第二卷第三号五七五面)。
㉞ 耿爱德论文,见《银行周报》第七六一号第二面(二十一年八月九日出版)。

也可私铸本位币而取得相当的利益。现在看一般人的意见,似乎中央造币厂目前仅能铸本位币,而厂中经费就要从它本身设法。这种办法,只顾及一时的便利,而不会计及永远的将来,似乎不是根本地解决方法。

统一造币行政

是中国目前最重要的货币问题。这件事如果不能彻底办到,则中国整个的货币制度不能成立。但目前政局如此,想办到绝对的统一,谁也不能希望。不过我们总要想个下手的方法。长此紊乱下去,再过一百年,恐怕还是如此。下手的方法是从中央政府能力所能及的地方先着手试办。以目前形势而论,江浙两省已是中央政府势力所能及。此外还有几省也可以拿来放在中央政府支配之下。只要政府有决心,这几省的货币行政似乎可以着手改良。只要政府不以造币厂为筹款机关,币制就会有基础。只要政府不以造币厂长位置私人,造币就会有成绩。⑤

统一发行机关

货币的流通,最好使它能够伸缩自由。当市面繁盛的时候,应该使它经过一定的路径,自然地增加供给。市面萧条的时候,应该使它经过一定的路径,自然地减少供给。譬如自来水,它的供给纯视需要而增减。造币厂好像是蓄水池。它是水的发源地,不是水的通路,故造币厂只能任铸造的责任,不能任发行的责任。在四自由权实施的货币制度之下,货币需要甚多的时候,人民得以生金银持向造币厂请求铸币。货币需要很少的时候,人民得销毁货币,输出国外。此等规定,似乎已经使造币厂对于货币的发行有伸缩的自由。然而人民对于造币厂之请求铸币及自行销毁,到底不是立刻可以希望办得到的,而且手续麻烦,也不是一般人民所能自由行使。货币的通路最好是中央银行。它握全国金融的中枢,是银行的银行。民间需要货币,最初必求之各银行,各银行求之中央银行,中央银行求之造币厂,其势很顺而便。造币厂虽为政府设立的一个机关,但政府需要货币也应该与中央银行交涉,不应该直接与造币厂交涉。如果造币厂直接应政府的货币需要,则货币的流通难免不陷于不自然的境遇。在联合准备银行(Federal Reserve Banks)未成立以前,美国政府设立"独立国库"(Independent Treasury or Sub-treasury),自行经理现款的保管,而不委托银行,所以税收旺盛的时候,货币麇集于国库而市场感觉金融的紧逼。税收短少的时候,货币散布于民间,而市场感觉金融的松漫。他们虽不是用独立国库做货币的发行机关,然不以银行掌管金融的伸缩权,其弊已至于此。英国自由铸币。欧战以前,人民可以标金一镑向造币厂请求铸币三镑十七先令十辨士半,但须等到十四天以后,才能交出货

---

⑤ 据叶叔衡先生的调查,上海造币厂内幕的腐败,也就可以惊人。"两年之中,厂长四易。"经过十年之久,现在才有开工的希望。(二十一年八月十四日《独立评论》第十三号第十三面。)

币,而英伦银行对于标金每磅能即刻兑换三镑十七先令九辨士,所以人民需要货币的,并不向造币厂交涉,而向英伦银行交涉。政府需要货币也是如此。英伦银行负调剂全国金融的责任,纯照商业手续执行其业务,所以欧战前的英国币制金融运用极其圆满,为世界各国所不及。它不独是硬币流通的总机关,而且是纸币流通的总机关。我国土地广大,一个中央银行是否能负全责,固属疑问,但如果能办得到,则货币的整理必较容易,则不成问题。

货币金融行政独立

货币行政及金融行政固然属于财政部范围以内的事,但如果造币厂及中央银行绝对地服从财政部长之命,而不能带独立的性质,则前途颇为危险。在政治修明的国家,财政部长虽然有统治全国货币金融的权力,但不敢滥用此权力牺牲根基稳固的机关。在目下的中国,我们以为政府应自行限制其权力,使将来野心家不至于有攫取机会推翻此类行政基础之可能。民国十八年,国民政府把上海造币厂改为中央造币厂,公布组织章程。第一条即规定中央造币厂直隶于财政部。第三条,中央造币厂置厂长一人,副厂长一人,由财政部长呈请简任之。民国十七年,国民政府制定中央银行条例。第九条,中央银行设理事会,由国民政府特派理事九人组织之。理事会设常务理事五人,由国民政府于理事中指定。第十条,中央银行设总裁一人,由国民政府特任之。副总裁一人,由国民政府简任之。总裁副总裁由国民政府于常务理事中遴选之。照此,则造币厂完全置于财政部指挥之下。中央银行虽在名义上不隶属于财政部,但在事实上,总裁为财政部长兼任,也不能超过财政部的范围。这种规定,虽然在政治上轨道,财政很清明的时候,行政效率可望增加不少,但目前,则全国预算还不能成立,决算还不能发布,收支不能适合,财政不能公开的当儿,货币金融行政完全惟财政部长的命令是听,将来的危险实不堪设想。我以为造币厂长及中央银行总裁均应由国民政府任命,而不可使财政部长兼充。㊱此两机关对于财政部应取对于上级机关的态度,但超越法律范围以外的命令,两机关不得执行。什么叫做法律范围以外的命令呢?组织章程应该详细规定。

纸币发行及准备问题

纸币可以自己做本位币,也可以做本位币的代表货币。前者是不兑换纸币,后者是兑换纸币。纯粹的不兑换纸币在今日已不多见,除非欧战时期,各国迫于不得已采此下策。欧战后,各国采用附加条件的不兑换纸币政策。大旨系持有纸币者,不得向中央银行兑换现金以为流通或储藏之用,但可以辗转设法兑换现金以为偿

㊱ 第四届全国代表大会第一次中央全体会议通过改善财政制度方案第五项,规定"中央银行应脱离财政部之指挥以保持其调节金融之超然地位。总裁副总裁应聘有银行学识经验者任之,不随财政人员进退,并不得由政府人员兼充。"用意很好,但至今未能实行。

还外国债务之用。此种变通办法,一方面是因为对外清偿非现金不可,一方面则使对内不用现金。根本地原因是现金不够分配。在今日之中国,如果采用金本位,则国内流通货币至少当以银币代替,毫无疑问。然在未采用金本位以前,中国货币基于银。银为世界上最多而最无竞争的金属,故在目前的中国实无效仿欧美的纸币政策之必要。[37]

纸币的发行,除美国,坎拿大,苏格兰几处而外,大都采中央集权制。其所以然者,是纸币为货币的一部分,并不是寻常金融业务。货币行政既然非统归中央政府不可,则此连带而生的纸币最好也统归中央机关。在今日之中国,不单只纸币,就是硬币的发行,也难一时收归中央政府,所以谈到纸币发行的统一,殊属不达时务。然而我们的终极目的,非达到全国统一,不足以管理货币行政。在此过渡时代,尽可采取相当的缓和步骤。在国民政府势力所能及的地方,不妨逐渐统一纸币的发行。简单地说,就是规定将发行权统归中央银行,而对于现在业已取得发行权之各银行,不妨定一限制,以法律发布之日为准,嗣后各银行不得超过当日的发行额。且可规定若干年以后,各银行应当逐渐放弃其发行权,否则政府得收发行税。此种详细办法,本篇不必多赘,参考的书籍极多,可以按照我国实际情形拟定。[38]

纸币准备金在各国有许多不同的规定,此处不必列举。现在所要讨论的是准备率应该高些还是应该低些。有人说,准备率的规定实在可以不要。因为太高则一遇恐慌就会违反法律,否则金融界反易促成大恐慌。太低则等于不规定。英伦银行所以累次请求议会停止一八四四年银行条例,就是规定太严的缘故。欧战前,法兰西银行并不规定准备率,只限制发行数量,故虽遇金融恐慌,并不觉得为难。[39]此说对于中央银行似乎很有效力,然须知,第一,英法各国中央银行经营有年,诸事已上轨道,故无论如何规定,都不会发生问题。第二,中央银行与普通商业银行性质不同。它在政府严格监视之下,不容易发生轨外行动。普通商业银行为数很多,不容易使它们就范。现在中国规定各银行纸币准备分为两部:一,现金准备百分之

---

[37] 近人有主张用不动产做抵押发行纸币者,如徐青圃,刘冕执诸氏。徐氏的主张且经多人在银行周报上开始赞否两派的辩论。徐氏大旨说,中国现在缺乏资本,所以工商业不兴。今想发达工商业。非增加资本不可。想增加资本,最好增发纸币。他不知道中国工商业之所以不能振兴,并不是完全由于资本缺乏。根本原因是政治未上轨道,内地人民不能安生乐业,有钱的人都把现款移到上海,以致上海各银行存款陡加,而无从利用,于是以之购买公债票及租界内的房地产。现在纵令我们承认中国资本不足,但其方法是否可以增发纸币救济之,亦属疑问。纸币如不兑现,则其流通范围——如果能够流通——只能限于国内,而不能及于国外。中国现在所缺乏的资本是甚么东西?以我看来,大半是机器及技术家。这类资本都非靠外国供给不可。不兑换纸币对外有何用处?他们以为欧美各国现在都从事于信用的澎涨,中国未始不可效仿。殊不知中国自革命以来,公私财政经济日益破坏,所以还能勉强支持到今日,纯在不会发行不兑换纸币。今并此而欲毁之,民生前途还可问吗?

[38] 《甘末尔中国逐渐采行金本位币制法草案》第三十三条至第三十六条虽为金本位币制的施行条件,但不采用金本位制,亦可施行。查民国十九年,政府拟定征收银行券发行税,现在正在修改实行。但其用意似乎在税收而不在整理货币,与本篇所提议的系属两事。

[39] 一九二八年,法国新货币条例,规定法兰西银行对于钞票及活期存款应准备生金或金币百分之三十五。

六十。二，保证准备百分之四十。现金准备虽然似乎太高一点，然在目下之中国，也非如此不可。欧美各国银行准备金规定以后，他们的实际准备金常在限度以上。譬如准备率百分之三十罢，它们平时总在百分之四五十以上。现在上海各银行的现金准备，差不多每次都接近规定的限制，并不甚超出限制以上。这是中外银行习惯的不同，不能一概而论的。

消 费 信 用[*]

——一个增加购买力的方法

赵迺抟

在此世界不景气的时候,人人觉得消费者之缺乏购买能力或许是经济恐慌的一大原因,所以我们提出这个问题来根据学理参诸事实讨论一下。

消费信用必须采用分期付款的方法,这个方法和其他一般信用性质上大抵相同,约略言之如次:

一,不论所交易的对象是有形体的物品,或者是无形体法律上的权利,当交易成立的时候,必定有财富的转让。

二,此种交易既然是根据信用,所以当交易成立的时候,并不必全部分支付现金。

三,将来付款时,并非用整数一次偿清,系分次按期拨还。

四,交易成立时,须交付一部分价格,并且订定按若干期将余款分次偿清。

这种分期付款的信用并非现今新创的制度,在古代早已通行。凡人民对于政府的债务关系,或政府对于人民的债务关系,往往采取这种分期偿还的办法。前者之例如特种租税的缴纳,公地的购买,灌溉事业的摊派,都采用分期付款的办法。后者之例如公债及年金的发行,其偿还之期均按若干年分配归还人民。可见这种制度行之已久。到于私人的交易采用这个分期付款的办法,当推人寿保险为最普通。大凡人寿保险的交易,或由吾人按若干年分期缴纳小款,以冀将来得一巨款。或由吾人一次交出一笔巨款,以冀将来按期收入零款。这种办法都是采用分期付款的原则。

讲到分期付款的信用应用于固定的不动产,当然要算田产与房产为最早,后来慢慢推行到动产。不过这种信用大半属于生产事业。所以应当称为生产的信用。现在我们所讲的分期付款的信用,系指消费方面而言。这种消费信用采行分期付款的办法,在美国要推钢琴及缝纫机为最早。目下则汽车事业都采用这个办法。推求原因,约有二端:

一,动机出于消费者方面,在最初购买摩托车的人大概都是阔老富翁。富人买

---

[*] 本文原载于《独立评论》,1932年第20期。

车当然现款成交,用不着赊欠。不过后来物质文明发达,中等人家也都想坐起摩托车来了。但是他们资财有限,不能够拿一笔巨款去买摩托车,寻常他们购买家具木器的时候尚且采行分期付款的信用,如今购买汽车自然更应当采用这个老法子了。

二,动机出于生产者方面,大都摩托车的销路总在春夏的时候,天气晴好,可以驾车去游山玩水,到了隆冬的时候,道路雪阻,交通不便,摩托车的销路非常停滞。制造汽车的人因为要调度节候,不使产品有盈虚之患,工作有时辍之虞,为招揽生意起见,对于顾客特别优待,采用分期付款的办法,来维持营业。所以考求摩托车事业采用分期付款的原因,实在是出于双方的同意,两相情愿,始能成交。

摩托车事业既然采用这个分期付款的办法来推广他们的营业,同进就得需要一种特别金融机关,承受这种交易。因为普通银行于这种分期付款的信用都不愿经手。譬如我们向汽车公司赎买汽车。先付半价,其余半数言明于一年内作五次分缴,我们当即出一期票,交付该汽车公司,该公司拿这张期票向银行贴现。不过银行对于我们的信用一无所知。就是说我们的信用卓著,但期限太长,银行不乐意收受。这时候若不组织一特种的金融机关,分期付款的信用将无由成立。

说到分期付款的性质及其影响,社会上的舆论都持反对的态度。他们有二大理由:

一,他们以为消费的信用当与普通一般事业的信用有别。

二,他们认为消费的信用足以助长奢侈的风气。现在我们根据经济学原理来答复这二大反对的理由。

(一)在说明消费的真义之先,我们先把"生产"二字的意义也解释一下。所谓生产,就是指制造财富而言。我们使用劳力制造物质上有用的物品,来满足我们物质上的欲望,这就是生产的物质观念,或者说是物质观的生产论。后来经济制度进化,商务繁盛,货币发达,生产的观念就改变了。我们支出少量的货币,希望收获大量的货币,这种经济行为也算生产。这是泉币观的生产论。最近经济学家主张生产当注重效用,用了少量的劳力生产费,取获多量的剩余效用,方算得生产行为,这就是效用观的生产论。

普通一般人因为认定生产是财富的创造,就说消费必定是财富的破坏。这种错误往往有之。不过我们应当晓得:物件的使用有时候颇难决定其为生产的行为,还是消费的行为。试举一例,燃烧于火车炉里的煤,和燃烧于书斋暖炉里的煤,这二种煤的消费,表面上看起来,前者是生产的,后者是消费的。但是考诸实际,燃烧于书斋暖炉里的煤,能使室内温暖,身体愉快。斯密亚当氏身居其中,文思勃发,产出了一部传之不朽的名著。这样看起来,燃烧于书斋暖炉里的煤也算得生产的了。

大凡财富的使用,因其效果的不同,可以分为三大类:(一)使用财富可以增加效用,(二)使用财富可以维持固有的效用,(三)使用财富的结果反而减少效用。例如婴孩消费食物,遂得逐渐长大,这就是因消费财富而增加效用的明证。又如成人之食物,虽然不能再有长育,但是食物能够维持人生的健康,出入相消,盈亏才能得到平衡。又如吾人食物要是没有节制，或者选择食物不稍谨慎，反而于身体有害。所以我们对于这种创造的消费，中和的消费，破坏的消费，总须有一明确的认识。

我们考查信用的历史，在中世纪对于借银取息，政府和教会都竭力反对。后来商务发达，才知道利息和盘剥重利当分别看待。到了现在的经济组织之下，信用占极重要的地位，自个人信用农业信用生产信用以至于消费信用。信用的历史起初受人民的反对，后来社会拿怀疑的态度对待他；经过了许多曲折困难，至今才慢慢地认识他在经济生活上之地位。

（二）反对论所主张的第二个理由谓分期付款的交易最容易助长奢侈之风。不过我们要明白什么是奢侈品，什么不是奢侈品。要答复这个问题，完全当以时代为背景，及人民的文化程度为根据。对于奢侈，只有相对的解释，没有绝对的意义。佛尔太（Voltaire）曾经说过："社会上一般人都赤足露顶，那时候你倘若穿起鞋来，戴上帽子，我们不应当说你太奢侈吗？"再说现在经济学家都主张消费的种类要有变化，生活的标准应当提高，人类的欲望愈复杂，则生产力愈增进。古时认为奢侈的消费，现在都已变为必需的用品。更进一层说，即便因果种货物价格昂贵认为奢侈，我们也不能因为价昂便决定他为不生产的消费。倘若这种消费果然能够增加我们经济上真正的幸福，算他是奢侈的消费也没有出处。

谈到分期付款这个制度的特别影响，究竟这种信用对于需供关系有多大势力？一般人的意见都说这个分期付款的买卖决不能增加需要，至多不过把将来的需求提前发生。所以目前虽然觉得销路推广，但是将来的销路必定要减少。我们细察这种论调，仿佛是肯定个人的收入不能逐年增加的，岂不是大错吗？第一，我们应当知道生产能力与购买能力，众长时间观察，二者实有密切的关系。大凡生产能力增加，定能增进人民的赎买能力，第二，果然消费用之得当，定能增加吾人的生产能力。增加生产能力，就能增加购买力，所以分期付款的交易不但能够提前我们的购买力，并且能够增加我们的购买力。既然能够增加购买力，岂不是可以增加需要么？所以这个制度是一个很有利益的办法，我们不必神经过敏，抱一种怀疑的态度。

有许多银行朋友常常说，这个办法对于信用制度有特别危险。他们以为分期付款的票据往往破坏信用，酿成恐慌。这一套话虽然很有理由，但是要明白，消费的信用果然危险，试问生产的信用何尝不危险呢？只求出之审慎，调度有节，自能减少危险。从前生产信用的危险性，恐怕比较现在消费信用的危险性还要厉害些，从来慢慢地想出各种保障的方法，经过一番挫折，便长了一番经验，所以现在看起来，生产的信用比较安稳些了，那末，消费的信用尚属幼稚，将来预防得法，也能把危险性逐渐减少。再说消费的信用还有他的长处。他能够把危险性分配于各阶级人民之间，比到农业信用或商业信用限于特种阶级者更为安全。

据以上所述，我们可以明了分期付款的交易，对于一般实业界都有利益，对于金融与银行亦并无特殊的危险性。但是还有人说,这个办法对于消费者本身倒有许多弊害。例如先得物品,后付银钱,究竟不是正当的经济道德。又因此使消费人失却购买上的判断力及储蓄的美风。甚而陷消费者于不堪之境。这些非难的话,我们稍加解释,不攻而自破。果然,许多人说先用东西后付银钱是不公道的,因此对于分期付款的交易发生了怀疑。不过我们仔细一想,买一盒烟用分期付款的办法,和买一辆车用分期付款的办法,同为享乐财,此中大有区别。因为买摩托车用分期付款的办法,名义上虽属赊欠,实际上倒是预付。这何以见得呢?因为我们每次所缴之款,必在使用汽车之先。譬如一千元价格之摩托车,按十二个月平均分缴,第一次拿出一百元,才能使用(驶用)摩托车一个月;等到第二个月,又拿出一百元再使用摩托车一个月。如此说来,岂不是预付么。至于雪茄烟则不然,一吸便尽,物质无存。所以我们对于享乐财,能够仔细选择,也不致于发生危险。

  总之,分期付款的交易其主要职务在扶助消费者可以使用许多享乐财物。这些财物倘若没有这种办法,进款少的人们非等到一笔巨大的储蓄才能购置享用,岂非一件极大恨事?所以这个分期付款的信用果能择正当之财物,选可靠之大品,将来的发展可操左券。不但可以增加人民之幸福,而且可以引起人民储蓄的观念。这是幸福经济学的一个极大贡献,有扶持保育的必要。

  最后我们承认这种消费者的信用可以增加购买力,直接或间接也许可以减轻世界经济恐慌的尖锐化。

静态经济与动态经济

赵迺抟

古典派经济学所研究之目的,在探求社会经济的常态,社会经济的变态,往往被忽视。究其用意,似以为常者可以为法,变者不足为训,此种谬见,经过百余年,仍未完全破除。须知所谓常态,不过学者意象中的一个拟议,欲使经济常态把握得住,自不得不乞尽于"经济均衡"的概念,以为分析之工具。窃考经济均衡的概念,简言之,有"静的均衡"与"动的均衡"之分。"静的均衡"系指经济现象在拟定的状态中,人口既不增减,财富又无盈亏,一切外制的影响,均可置之不论,只探求几个主要的经济动力,彼此相互间所维制的均衡关系。至于"动的均衡",谓一国的经济结构,从整个看,必须维持一种均衡的局势,不过内部的各种因子,从个别看,仍在变动的状态中,此消彼长,甲盈乙亏。

古典学派应用这个均衡的概念,来解释静态经济的趋势,在其特定的范围内,不能说他们没有相当的成功。但是社会经济永是在动荡中,我们敢说自从现代经济组织完成以来,真正的均衡,在空间上站不住,在时间上碰不到,吾人日常生活中所闻见的,都是经济的变动,法币的数量,既不能适与工商业的需要同增减,全国的生产量,又岂能恰与消费量相适应。各种生产要素之分配于各种产业间者,甚难有适合之比率,因之各种产品相互间之价值关系,其变化极错综复杂之致。遇变态趋于剧烈时,直可使整个民族经济,陷于困苦艰难之境。在民生痛苦世运危迫之今日,独执静态以立言,必有补于挽救与复苏。

均衡经济学所假定之静态社会,对于扰乱的因素,始终不认其存在,偶然欲以自然科学实验室中的方法,应用之于社会科学,其窒碍尤甚。盖实际上人口之增加,为自然之趋势,人口之成分中,更有男女老幼比率之差别,以及生存死亡失调之情势,其对于生产的关系,对于消费的影响,以及由此所引致之分配上的诸种变动,均在在足以摇动经济的均衡。又一国之资本,累世相传,年有增加,财富之内容,因时而变迁,信用之紧弛,随产业的一般情况为转移,资本之数量,与资本的性质,稍有变更,即足以影响国民经济,真正的衡的局面,固始终未见其成立。至于生产的方法,更时在进展中,在昔采用刀耕火耨的方法,今则应用化学肥料,以改良土壤。往者在手工艺时代,劳动不免胼手胝足,今则使用机器,便可弹指鼓使,随技术之进

---

* 本文原载于《天文台》,1947年第1期,第46—47,49页。

步,生产效率日见增加。但分工之结果,使生产程序,增加了迂回间接,欲求真正均衡,岂属易事。又工商业之组织,日新月异,渐臻完密,其经营管理方法,岂能坚守成规,故步自封。凡经过一番改革,生产上便生一种变动,劳资所得之比例,与地租所得之比例,或利息所得之比例,遂时与时异,地与地殊。故在实际生活中,社会经济终难维持其均衡。又人类之欲望,其种类之复杂,其程度之深浅,不可名状,同一物也因个人所得之多寡,感受力之强弱,与乎教育文化之高低,习惯风俗之不同,而有甚欲之与不甚欲之之分。同一人也因心境之变化,及经济地位之增高或降落,对于一物所抱之欲望,遂有缓急深浅之别。又欲望之进行,新陈代谢,由骡马代步,至航空旅行,由驿运递信,至电流传声,此种消费习惯之变迁使整个经济组织,发生极大变化。盖消费人之好恶,即生产人之南针,物品之投时好者,其销路必畅,失时好者,纵使物价低廉,往往无人过问。生产的方法可以标准化,生产的组织,可以合理化,独此人类的欲望,纵偶然亦受广告术之影响,欲其完全标准化合理化,求之古今中外,皆不可得。是故均衡经济学所恃之两大环拱的石柱(生产与消费或供给与需要),在事实上万难达到均衡之势。即此人口之增加,资本之积储,生产技术之进步,生产组织之改良,以及人类欲望之蜕变,共作用无时或息,在在足以动荡社会,使其变化无穷,均衡经济所悬拟之静态社会,不过是一种乌托邦而已。

静态经济之缺点,既如上述,则动态经济之分析,应为斯后经济学发展之正轨。研究动态经济学之方法,经济学家颇有不同之主张。经济恐慌,愈趋尖锐,则众说分歧之程度亦愈甚。不过动态经济之主要目的,在观察变迁的现象,在吾人日常经济生活中,此变迁的现象,颇有周而复始,循环不已的重演。于是经济循环之理论,乃应运而生。经济循环之现象,不见于古代,必俟社会之结构,已达于现代式的经济组织,方能充分表露。故商业循环之研究,必须建立在特种的经济制度上。有许多经济学家,有鉴于经济恐慌及商业销沉,在资本主义高度发达的国家中最为深刻,遂谓经济循环,乃资本主义之病态。亦有若干经济学家,以为现代的经济活动,集中于"赚钱与用钱",故经济恐慌与萧条,应认为货币经济的流毒。

经济循环之姿态,并无首尾可寻,一个姿态之终点,即是另一姿态的起点,此往彼继,周而复始,似不应划分严正的段落,不过为研究方便起见,不妨就经济循环中的各种姿态,加以分析,一方面可以表明环之连锁关系,一方面使吾人对于某种姿态在经济现象中,所发生之特殊影响,有一明确的认识。经济循环之姿态最显著者有四种,即扩充姿态,萎缩姿态(或曰恐慌姿态)衰落姿态及复原姿态。在扩充姿态中,经济组织之各分子,十分活跃,大多数民众,享有经济的繁荣,等到由扩充转入萎缩,因清偿债务之迫切,人人感觉恐慌警惧的心理,笼罩了经济社会,及喘息稍定,遂转入于衰落的姿态,市面萧条,百业停顿,正如吾人在大病之后,四肢乏力,不能行动,非经过相当时期之休养,断难恢复元气,迨病已减除,渐入佳境,慢慢呈露复原的姿态,于是各种产业复呈欣欣向荣之势,由盛而衰,复出衰转盛,遂形成经济之循环。

经济动态中的循环现象，对于社会全体，可以发生极大之影响。由扩充姿态中所招致的经济繁荣，对于人民的福利，尚不能谓为有利而无弊，至于萎缩姿态中，所酿成之警惧心理，增加了社会的不安与生活的悲惨，流弊所及，往往使一国的经济基础，发生摇动，社会的经济道德，遭受破坏。由此可知一国经济之发展，由一姿态转入另一姿态时，吾人应予以密切之注视。果能采用一种经济政策，使其进展之步骤，能循序渐进，不致波动太剧，则国利民福，胥焉赖之。

静态与动态二名词，有时用以区别经济学为二大部门，有时用以指示研究方法中之二个步骤。前者谓静态经济乃是经济秩序的抽象理论，与动态所检讨经济社会的进化论，根本不相容。后者谓根据方法论的观点，静态经济学乃动态经济学之梯石，只要加上"动的因素"，即可由静态经济学转变而为动态经济学。例如古典派所倡导之自由的物价水准，系属于静态的研究，因为所描写者，并非真实社会上必经历之事实，乃是静止社会中所应发现之事实，由此进而研究真实社会中所必须经历的过程，比较轻而易举。换一句专门的话，我们首先创立经济均衡的因素，及经济均衡的条件，然后按照它对于这个经济均衡的距离，去研究过渡及长期的变动。这两种不同的看法，我个人认为后者较为合理。静态经济学有过去灿烂的成绩，而动态经济学的摇篮，其有赖于抚育培养者正多，吾人可不尽保姆之责，竭全力以赴之耶。

失业统计的比较性*

罗志如

社会科学不如自然科学之精进,其中一大原因就是社会现象的单位难于厘定,测量不易进行,比较自无从着手。本篇拟以失业一现象为说明的例子,完全从消极方面指出现今一般的失业统计,与测量的种种限制。

凡讨论近三年来世界经济恐慌的,大都要引用各国的失业统计或百分数。或列为数字表,或画成统计图。有的人以为列出这种统计,就算报告了实况,有的人更根据此种材料从而比较各时期的情形,最荒谬的甚至就以甲国的失业人数比乙国的多,因而断定甲国受经济衰败的影响特别大,实在离题不知有几千万里!

我国除一二都市有零星的数字外,向无按期发表的失业统计,但是讨论中国经济衰落的人,却硬要找出中国的失业统计数字来以为佐证。有人按外国人的标准,说照中国的人口,我国应有二八〇,〇〇〇,〇〇〇劳动者,但实际只有一二一,二六〇,〇〇〇人,相差一五八,七四〇,〇〇〇人,这就代表中国的失业人数[①]。有的人觉得求不出一个全国总数来,就举上海失业有若干人,北平有若干人等。也有举出某部或某处招考书记不过数名,而投考者有几千人,以为间接的失业统计[②]也有借某处难民的数目或兵匪的人数,以测量失业的程度。这样随便猜猜,固无不可,要说科学研究,实在谈不上。

一　各国失业的来源

中国诚然无所谓失业统计,我们看看外国如何?在国际劳动局出版的劳工杂志,近来每期都登载有各国的按月或按季的失业人数,更有若干国家发表失业百分数。材料的来源有下列几方面:

(1)强制失业保险。以整个国家为区域,凡从事某若干业的工人与雇员,都在保险范围以内,这一般人失业后必须报告登记才能领取失业津贴,所以失业的人数,以这种记载为最完全。现今英、德、奥就实行此种制度。

---

* 本文原载于《前途》,1933年第1卷第3号,第1—9页。
① 见《建国》月刊七卷三期"中国的经济出路"。
② 见《社会》(汉口市)第三期页四二。

（2）自由失业保险。保险与否不加限制，也不一定以一国为区域，各业间也多没有明确的规定。不过即已加入的人，失业后就要登记，才能领津贴，因而也得一种失业数字的记载，现今比利时，瑞士，捷克等国就实行这种制度。

（3）工会。从事一业的工人，有强迫加入工会的，也有任人加入的。工会中有对失业会员办理补助的，也有不管的。在报告失业统计的工会中，这几种情形都包含得有，现今美国的失业数字主要的就是工会统计，其他如丹麦，挪威，瑞典，匈牙利，澳大利，坎拿大等国，其主要的失业统计，也都是这方面的来源，上海市政府也曾发表过一次工会的失业统计（见上海市政统计概要）。

（4）职业介绍所。无工作而欲求工作的人，向介绍局登记，请求待找职业，因此也可以得一种统计数字，现今如法国，意国，波兰，爱尔兰，芬兰，拉特维亚等国所发表的失业统计，就多根据此项来源，也有同时发表工会统计的。

（5）官厅估计。日本亦有按月发表的失业统计，系各区长根据职工介绍局，社会服务人员，以及各市政府报告等合估而得。巴勒斯丁亦有估计之失业统计，材料根据各村长按期向政府报告。

此外如救济失业机关，产业调查，以及清登户口，都各自有失业人数的报告，也不失为失业统计的来源。

以上各种都是直接搜集失业统计的方法，也是从各时期在业者的人数去间接推求失业的人数。即所谓由雇用人数的减少以推知失业。假如知道去年一月各业雇用有一千万人，今年减为九百万人，就说各业者有一百万人。也有从所谓通常劳动的供给数（normal labor supply）内减去实际雇用人数，余数即以代表失业者。

二　失业的意义

假如两个国家，其失业统计的来源是相同的，人口与区域也大致相似，是否就可以把他们的失业数字来作比较，推断其中的一国较他一国有更多的失业？这是不可以的，我们首先要看所谓失业究竟是什么意思。

失业这个名词，初视之似乎很简单，没有事做就叫失业，稍严格一点，没有收入的事做，就算失业。但是既云失业，一定先有职业，后来失去，这才是失业。像我国内地一般中产阶级的，所谓"收租吃饭"者，有生以来就没有过职业，他们这一般人不能叫做失业，可以说是无业，所以有人说中国的无业问题比较失业问题尤为严重。我们且不管中国的无业者多还是失业者多。假如无业者与失业者都有方法统计起来，又假定要把中国的失业情形同外国比较，是否要加入无业者在内，最自然的回答是不应该加入。因为自始就没有职业的，大概不作事也不会饿饭，在他个人本不成为问题。但是如果像现在中国的景况，从前无须作事的人，现在因经济衰落，大都有出而谋生的必要，却又因"僧多粥少"找不着事做。这无论从个人或社会的观点，都是十足的失业问题，若不把这一般人加入失业之内，那么中国的失业问题与他国比较起来,自然不会很严重。

可是前节所指出第(1)(2)和(3)项的失业统计,都是指严格的失业,没有包括无业在内。无论加入强制的或自由的失业保险,都是以有职业为先决条件,而领取失业津贴,也要以失业前执业的久暂为标准。工会的情形也是如此,绝没有从来没作过事的而能突然加入一种工会的。但是从其他几种来源的失业统计,就没有这种限制,到职工介绍所去求工作的,不一定个个都是已经作过工的。在官厅的估计,也是无业失业都一一包在内。调查人口,也不过是问及当时有业或无业。

严格的失业与无业虽很少有分别的记载,如果取同种来源的统计以为比较,大致可以避免这方面的困难。但是就是严格的失业,或者就是强制失业保险内的所谓失业,也不是一言可了的。于此有两个问题,须加注意。第一,本来有职业的人,后来失业,因身心上的关系,已无能力工作,却还愿意工作,这种人是否叫做失业。在实行社会保险的各国大都认为这种人不是失业,不能领失业津贴而另以他种方法待遇他们。不过要在什么样的情形才算无能,或半无能,就有分寸了。恢复后,而找不着职业,是否包括在失业以内,各国的办法就有不同了。这就是用同种来源(而且是较为可靠的来源)的统计以作比较的一种限制。

身心上的病态,其程度还比较的能以客观方法决定之。困难的是在所谓意志的问题。本来谅有职业的,后来失业,并未销失工作能力,却不愿作工。这样是否叫做失业?或者以为既不愿意工作,想来是有法生活的,自然不成失业问题。但如果失业后,并非绝对不愿意工作,乃是不愿意作不相当的工作,所谓不相当的工作有两方面,一是"行道不合",一是工资不如所愿望的那样高。有此情形之一都不愿意工作,这又是否叫做失业?在实行失业保险的国家,大概都认为这样才是真正的失业。所以他们的失业统计包括的都是:有工作能力,愿意作工,但找不着相当工作的人。

这样失业的意义似乎很明白。但是试想要在什么情形才算"行道相合",究竟要多高的工资才合愿望,此中就大有考究了。譬如做铁匠的人失了业,要他去作纺织工人,是否算"行道不合"。又如从前得五角钱一天的,是否以后非要五角钱一天不去工作。再若本地无相当工作,而他乡则有,是否绝对不能离开家乡,或非有津贴旅费,则不愿去,而本地与他乡又以多远的距离为标准,彼此间工作上的沟通究达如何程度?凡此都是实行失业保险的国家最感辣手的问题,不但各国的规定不能一致,就是同一国家,往往因社会经济的变迁而前后异趣的。譬如经济恐慌严重时,种种限制的条件就放宽些,要财政紧缩,有时又加严些,在此一宽一严之间,所包括在失业者之内的;就大有不同,前后数字的一贯,也就大受影响。就此一点看来(以后还有数点可注意的),同是由失业保险得来的统计(也是公认为比较可靠的失业统计),不但国际间不能比较,就是同一个国家内,前后比较都有困难。

实在说来,失业的含义,是随所定的目的而转移,一时一地之情形不同,因而所定失业之标准,自亦各异。在实行失业保险的国家,固然如是,在其他的国家亦未始不然。合乎德国失业保险中种种条款而领津贴的人，固然是失业者，在中国现今那般由中产阶级破产下来而求事不得的人，又何尝不是失业者。要求各国间得一个一致的失业统计，暂时可说绝对不能。

三 失业百分数

来源相同的失业统计，因为一时一地的情形变迁，失业的含义就有不同，所得的数字就难于比较，这是前节的大意。今再进一步假定所认失业的含义尚能一致，在此含义之下所搜集的统计又颇完整。这样所得的数字是否就能直接比较呢？自然不能，还需有比较的共同标准。这是统计上很明显的问题。

譬如日本的失业人数定为五十万人，美国的失业人数定为二百万人（假定此项数字都合乎前两节所论的条件），我们就可说美国的失业较日本严重四倍么？自然不能，至少需顾及两国人口的差数，这就是所谓比较的共同标准。

所谓人口的差数，看来似很容易。譬如说日本人口为九千万，美国人口为一万两千万，以此作基数来比较两国的失业人数，似已妥当。实则不然，人口有老幼之分，有男女之别，其组合成分的不同，与失业者的多寡颇有关系。尤以调查人口所得之统计为然，例如甲国的幼年及老年人皆较乙国为多，中年人较少，所得无业或失业的人数自然也较多，有较多女子的地方，也有同样的情形，所以若要以人口数为比较的标准，用普通人口的数字是不妥当的，还需要用标准化人口（另有计算方法，恕不详）。

在求比较特定死亡率所需要的标准人口，只须计及年龄与性别也就够了（自然所顾到的因子愈多愈好）。在求比较失业的统计，人口中最重要的因子，乃是职业。人口中的职业组合一定要标准化，才能比较。例如现今一般之所谓失业，多指工业工人而言，那么一个工业国家的失业人数与一个农业国家的失业人数显然不能比较。所以常有以所谓工业人口除失业人数以得失业百分数的。其实就同为工业国家，因为从事各种工业的人数比例各有不同，也有影响于失业的总人数。换言之，各业的失业可能性各有不同，例如建筑业成衣业等，就常有所谓季节的失业，码头工人随时在半失业的状态中。反之，铁路工人，公用事业工人等就绝少失业，所以如今的失业统计，渐渐都趋于分业化，只是用一个囫囵的工业人口还不够。

但是此地又有两个问题发生：第一是职业的分类，现今犹为人口调查，及各种社会调查上最繁杂的一个问题，不但各国不一致，同是一国内的各地方都有不同，且同一地方，因各时的趋向与嗜好的不同，又有差别。职业的分划不能一致，则从事各业的人数漫无标准，要分化各业的失业，与从事各该业的人数相比例以作比较的标准，就大感困难。

第二，纵然职业类别很分明，从事一业的人数，是否就可以正确求得，其困难恐亦不亚于搜集各业的失业人数。失业人数随时有变化，从事于某一业的人数也是随时有变化，所以只靠十年或五年一次人口调查所得的数目是不够的。靠各业工会的记录，那只能代表有组织的工人数目，无机械的工人究竟还有多少？在各业中此种工人的分配如何？都是问题。

通常补救的方法也有两种：第一，在实行强制失业保险的国家，于指定的各业之内，凡从事该数业的人一定要加入，因之可得一个各业的较为完全的人数，以此种人数去除各业的失业人数，即得各业的百分数。但此先已假定。各业分划明显，对于一个人究属某业已能确切决定，实际上还是难以办到，所以他们所计算的失业百分数，是以全体加入保险的人数去除在保险期内失业的人数而得的。各国保险的范围不同，由是而得的失业百分数，自难以比较。

第二种办法是关于工会的，普通就以入会的人数除会员失业的人数，也得失业百分数，纵然假定工会会员人数计算确切（究以何时的人数为计算标准，很有考究），会员的失业人数也记载精详，结果也只可得一个某种工会的失业百分数，其代表一业的程度如何？系一问题，其能代表一般的情形是否更是疑问。

所以普通以为失业百分数比用失业人数进一步，似已得共同比较的标准，实则计算百分数，又多一个分母的问题，又多一重错误的机会。

四　失业指数

再进一层，为求增加比较性的缘故，更有根据失业百分数或失业的绝对人数以编制所谓失业指数的，不但在一国之内如是，且还有试编国际失业指数的。[③]

今先以一国而论，一国人口的职业组合，与失业大有关系，前节本已论到。指数是要表示出各时期的变化，失业指数自然要能表示出各时期因经济盛衰而起的失业变化，不应受人口职业组合上的变化而生的影响，在这一点上，编制指数与求百分数感受同样的困难。

其次假定各时期的业别的失业人数或百分数能有相当的决定，那么，各业如何加合起来代表全国，譬如今年纺织工人占全体工人的百分之十，过两年占百分之十五，如果每年都是把各业简单的相加，则不能顾及业别的变化，于是又有一般编制指数上的加权问题，先看各年各业的人数所占的比例地位，然后才能得出各年的权数。这又非各业有完整的雇用统计不可。如有这种统计为按月或按季的，又当用何法得一年的平均数？基年如何选定？如果基年的失业严重，则以后各年所求出的指数都较小，反之，又都较大。

更进而论国际的失业指数。于此除前述几种困难外，其特殊的问题就在如何联合各国的指数。今假定各重要工业国家都编有适当的全国失业的指数，如何加

[③] 见 John Lindberg: "An Attempt to Construct International Measures of Unemployment", *International Labour Review*, Oct. 1932. PP. 491—512.

合起来不外两种方法，一是取其简单算术平均数，一是采用加权。前者过于简率，易致错误。用加权有以人口数为标准的。但是前已论及农业国与工业国的失业危险性，大有不同，用人口数以为权数，未免太重视农业国家的失业。其他一法，即专用所谓工业人口以为权数，但所谓工业人口者，也不是容易断定的数目，而且不但工业中各业的失业危险性各有不同，各业的分划又时有变化，以此为标准，也未免过于草率。

五　时间问题

　　前几节的讨论，为简单说明起见，失业都指人数而论。假定其他的因子都相等，失业人数的多寡，就代表失业严重的程度。但是所谓失业的人数，若不计及时间的因子，可谓毫无意义。譬如说日本有五十万人失业，还是在某一天有这个数目呢？还是在某一月或某一年有这个数目？调查人口所得的失业人数，就是代表调查之日的情形。至于失业保险，工会，职工介绍所的报告，都以一月或一季为单位。所谓一月或一季为单位者，还是在此单位时间之内所有失业人数合计呢？还是在此单位时间内指定某一时（如月底，季终等）之失业情形，各种统计的参差不齐，此亦为一大原因。

　　若是以单位时间之内，所有失业人数合计，则同一人在此时间内失业不止一次，有两次或更多者，还是计算为一人呢？还是以人数等于次数呢？只算一人，自难代表失业之真象，如以人数等于次数，则各次之所谓失业是否完全相同，又引入许多失业定义上的困难。若以单位时间内某一时之失业人数为代表，究以何时为妥当呢？定在一期之首末或中央是否有区别呢？这都要追究的。

　　时间问题之更复杂的一方面，乃在决定失业的时限，失业的严重与否。时限至少要占一半的影响，读者试想，一万人各失业一月，与五千人各失业两月，两者孰轻孰重？所以每个人失业期间的长短，或全体总共失业的时间，在失业测量上也占极重要的地位，所以喜欢以失业人数作比较的，实在只说了一句话的一半。

　　唯一般多注意失业的人数，而不留心失业的期限，实际上发表这种材料的也很少。固然时间的统计是进一层的办法，要求总合的失业时间，势非先知道人数不可，如果人数不可靠，时间统计自然也不可靠。所以前几节所论关于人数统计的种种困难，也适用于在时间问题上。不过知道了人数还要知道时间，就有更多的困难。能约略估计出失业的人数，不见得就能估计出失业的时间。

　　由人口调查得来的失业数字，只不过那一时的情形（也有追问在过去之内的情形，但颇不可靠），原无时限的问题。在职工介绍所和没有失业津贴的工会，也是无法知道失业时间。纵然假定个个失业者都来向职工介绍局求工作，或都向所属工会报告，但各人从何时失业起，多未能记载，因为没有这种必要。再者，职工介绍局不能替个个人都找着职业，也有许多各自寻觅的，工会的情形也是这样，所以这一般人何时复业也不能完全记载,由是自然谈不到失业的时限。

在有失业津贴的工会与实施失业保险的地方,就能免除这种困难,因为失业者与工会或失业保险机关,两方面有权利义务上的关系,种种报告都有契约上的规定。失业者为要领失业津贴,自然一失业马上就报。有了职业,对方就要停止津贴。复业的时期自然会有严密的注意,由此,计算出来的失业期限,当然可靠,不过也有下列种种困难。

各种失业津贴,不但规定失业前有若干时期之工作,且津贴期间之长短,往往就以从前工作的时期为标准。且定出一个最长的限度,凡超过规定时间以外,就停止津贴。停止津贴以后,有的任其自然,有的就改由他种津贴补助,也有送入慈善机关的。总之,自此以后,失业者何时复业就难以调查了。因而这种人的失业时间就无从知道,而且经济恐怕会延长,此种人愈多,要测量失业的严重性更不容易。

在领失业津贴之前,多半还有所谓等候期,就是失业者报到之后,不能马上就领津贴,须等候若干时间,有的等三天的,有等一周的。假如在这等候期内找着工作,有的根本就不算失业。连这种人数都不包括在失业者之内,失业的时间自无从知道。也有失业人数内包含有在等候期内者,这也是同来源的失业统计参差的一点。

失业统计中常分完全失业者与部分失业者,如每周本有四十八时工作的,因经济恐慌,雇主不开除工人以免失业,但减少工作时间,工资自然也随之而少,这就叫做部分失业。许多办理失业津贴的机关都不包括此种人在内,自然因为他们仍有相当的收入,也是因为部分失业难以计算,所以这种人的数目,多半就不知道。也有包括部分失业在失业津贴之内的,但是这般人的失业究占多大部分,究竟损失多少时间,恐怕谁也不知道。

与此同样的情形,有如散工,随时都在半失业的状态中,又有所谓暂时的失业(即相约停止一定期间之后,决定复工),又有季节失业(如建筑业等),不但其失业期限难以决定,而且是否包入在失业津贴之内,也是参差不齐。所以虽同属失业保险的统计,在这种种上面,就大有出入,其影响数字的比较性颇不小。

结　论

反对办失业保险的人所举的理由之一,以为没有可靠的失业统计,无从计算失业的危险,因之所定的保险费缺乏科学的根据。但在反方面的人很肯定的说,没有办失业保险,就无法可以得到较为可靠的失业统计。诚然办失业保险的主要目的,并不在乎搜集统计,但因办强制的国家失业保险,附带得到的失业统计,确为各种失业统计中最可靠的一种,这是各国劳工统计学家所公认的。不过就是这样得来的统计,在人数与时间上,都有种种限制,不能就算一国的失业的精确测量,至于工会或职工介绍所的报告,就算可靠,也不过是零散的材料,很难有代表的价值。

来源不同的材料，自然不能相比，就是来源相同，各国或一国中的各地，或前后两时期的情形，大都参差不齐。按现今已有的失业统计，简直不能做国际的比较。在一国之内，如许多方面的情形都无大变化，短时期内还约略可以作一个时间上的比较，然即此亦须详加分析，使失业的变动，确系代表经济的盛衰。

　　失业实在是一个很复杂的社会现象，意义既不一定，影响它的因子又很多，要想方方顾到，得一种完整精确的测量，恐非一时所可办到，施行强制失业保险自然是一条出路。对于许多项目，若能在国际间得一致的规定，而前后设法保持一贯，自然增大比较的可能，现在国际间已有这种趋势。不过我们要知道，任何失业救济所规定的种种办法，都反映着当时当地的特殊情形，很难因要搜集可以比较的失业统计，而强与他处相同（许多商业贸易统计，都感同样困难），而且时间上的变化往往难以预料，要严守一律规定，实属难能。本文不欲预测将来，惟就现时所有的失业统计，指出其各方面的限制，以为喜用失业数字以作推断者之一种提示。

需求伸缩性之数理浅释*

罗志如

一 所谓供求律

正统派经济学中,关于供求之法则,约可分述下列三段:

(1) 凡货品(或服役,后仿此)达一定之价格,如需求超过供给,则价格趋于上升。如供给超过需求,则价格趋于低落。

(2) 货品之价格升高,终将减少需求,增加供给。反之,价格降低,终将增多需求,减少供给。

(3) 价格常趋近于供求相抵之水准。

第(1)原则述供求依价格升降低而变化,第(2)原则述价格依供求之关系而变化,(3)不过前两原则之一系论而已。按此各项原则,必限于一货品,一定时间及一定市场乃能有效运用,否则,所谓供求法则,决不如是之简单。

在一最短之时间内,可假定一货品之供给不为独立之变化(即不牵涉生产费之问题)。而仅究该货品在某市场中其价格与需求之关系,并藉数学方式以表达之,是为本篇之主旨。

二 需求函数及需求曲线

社会现象,大多互为因果,需求与价格之关系,即一头例。故以数学上函数之观念分析之,至为妥适。所谓函数者,即一变量依他变量而变化,则称其为他变量之函数。今设价格为独立变量,则需求为价格之函数,或简称需求函数。如照需求为独立变量,则价格为需求之函数,或简称价格函数。

今设 y 为某货品一单位之价格,x 为该货品价格在 y 时某市场于一定时间共所需求之量,则 $X=f(y)$ 是为需求函数 $y=\Phi(x)$ 是为价格函数,两者之推论,理实相同。

今设有一某货品之需求量表(demand schedule),详记价格与需求两方至微之变化,以之绘于坐标图上,或下图之曲线。

---

* 本文原载于《中国经济》,1934 年第 1 卷第 7 期,第 1—6 页。

下图不过任示一例,需求曲线之究取何种形状,须视货物之性质,市场之情形,人民之习惯风尚及他种情形而决定。

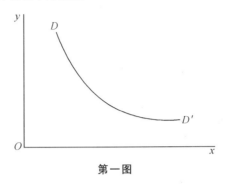

第一图

需求函数在理论上皆假定其连续者,意即无论价格 y 起任何微细之变化,需求 x 皆必起相应之变化,由是代表此种函数之曲线亦为连续者,此不过理论上如是,实际统计之记载无论如何精密,亦不能使需求量表即变为需求曲线,惟如何由实际材料以求需求曲线,系一统计技术上之问题,当另以专篇述之。

三 需求伸缩性之意义

马歇尔氏(Afred Marshall)论需求伸缩性,谓"在一市场中,需求伸缩性(反应性)之大小,须视对于价格之一度低落,需求量增加之多寡,及对于价格之一度上升,需求量减少之多寡"。(马氏著经济学原理,102 页)换言之,如价格一度升高或一度减低,则需求量即大减或大增,其伸缩性自大。反之若货价格一度减低或一度升高,而需求量仍无多大增减,其伸缩性自小。由是观之需求伸缩性纯系一量的问题,如用数学上之文辞以述之,当如次:"需求伸缩性乃一种比例数,即需求量之相对变化与货品每单位价格之相对变化之比。"或[②]"需求伸缩性系一种变化率,即当价格之变化甚微时,购买货品量依此价格变化而变化之速率"。

如用数学方式推演,则此文字之定义当愈趋明显,且可由此而得确切测量之方法,按用此方法之最早者当推显乐(Cournot),后经马歇尔,摩尔(H. L. Moore)等之推广,在理论上可谓已臻全备。

以 Δy 代表价格之变化,则 $\Delta y/y$ 为价格之相对变化。以 Δx 代表需求量因价格 Δy 而起之相应的变化,则 $\Delta x/x$ 为需求量之相对的变化。而

$$\frac{\Delta x}{x} \div \frac{\Delta y}{y} = \frac{\Delta x}{\Delta y} \cdot \frac{y}{x}$$

是为此两种相对变化之比,亦即表示在价格 y 时,需要量之伸缩性。

---

② H. L Moore: Synbotic Economics P. 38.

如 Δy 极小（即价格之变化极微），而以 0 为其极限，则

$$\frac{\Delta x}{\Delta y} \cdot \frac{y}{x} = \frac{dx}{dy} \cdot \frac{y}{x} = -\eta$$

η 即一般之所谓需求量伸缩系数。η 为负，因价格升高，则需求量减少，价格减低，则需求量增多，故需求函数乃为一负函数。

四　伸缩性之图解

下图 P 及 P' 为需求曲线上之任两点，连接此两点延长与 Oy 轴交于 Z，与 OX 轴交于 T，此 ZT 线为曲线上之一割线，再由 P 及 P' 两点向 Ox 及 Oy 两轴引垂直线，与 Oy 交于 N 及 N'，与 Ox 交于 M 及 M'，由是价格降低 NN'，需求量增多 MM'，NN'/NO 是为价格之相对变化，MM'/OM 是为需求量之相对变化，而 $MM'/OM \div NN'/NO$ 即表示需求曲线在 P 点时之伸缩性。然

$$\frac{MM'}{OM} \div \frac{NN'}{NO} = \frac{MM'}{NN'} \times \frac{NO}{OM} = \frac{P'R}{PR} \times \frac{PM}{PN} = \frac{TM}{PM} \times \frac{PM}{PN} = \frac{TM}{PN} = \frac{PT}{PZ}$$

此即割线上两段之比（亦有由 TM/OM 或 ZN/ON 表示者，按此皆可由相似三角形之理推演而得）。

若 NN' 之距离极短（即价格之变化极微）则 P' 渐移近于 P，以与 P 点相吻合为其极限，则 PP' 为 F 点之切线，由是 P 点之伸缩性即为该点切线两段之比。又

$$\frac{PR'}{PR} \times \frac{PM}{PN} = \frac{\Delta x}{\Delta y} \times \frac{y}{x}$$
$$= \frac{dx}{dy} \times \frac{y}{x}$$

取其极限，由是 P 点之需求伸缩性又可以在 P 点切线之倾斜度代表之。

五　常　值　曲　线

当需求伸缩系数等于一时，则所代表之需求曲线为常值曲线（constant outlay curve，或 unitary elasticity of demand），其意即价格按某种比例减低（升高亦然），则需求量按同等比例增多，要使购货之总值为一常数，即 $xy = c$ 此为常值需求曲线之公式，如将此式取其微分，则

$$xdy + ydx = 0$$

即

$$-\frac{dx}{dy} \cdot \frac{y}{x} = 1$$

由是证明不误。在图上则可以四方形之面积说明之，第二图中，若 $ONPM$ 与 $ON'P'M'$ 相等，且若 P 与 P' 间任一点向两轴引垂直线所成之四方形皆相等，则 PP'

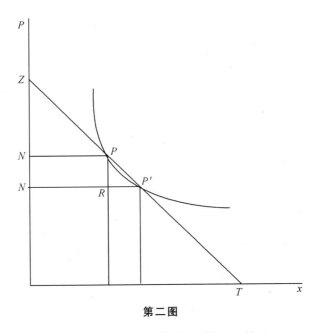

第二图

一段即为常值需求曲线，盖所代表之需求伸缩性等于一故也。

六　需求伸缩性之大小

如 η 大于 1，则谓之伸缩性大，如小于 1，则谓之伸缩性小，此可由一独占事业说明之。按独占家固可操纵价格，自由升降，然其最终目的，要在定一价格，使所售货品之共计价值为最大，即使 xy 为最大，今如在一定之价格 y，升高为 $y+\Delta y$，则需求量当减为 $x-\Delta x$，如

$$(y+\Delta y)(x-\Delta x) > xy$$

则独占者自乐于加高 Δx 之价格，今以上式实际相乘则得

$$xy - y\cdot\Delta x + x\cdot\Delta y - \Delta x\cdot\Delta y > xy$$

即

$$-y\cdot\Delta x + x\cdot\Delta y - \Delta x\cdot\Delta y > 0$$

即

$$\Delta x(y+\Delta y) < x\cdot\Delta y$$

即

$$\frac{\Delta x}{\Delta y} < \frac{x}{y+\Delta y}$$

当 Δy 与 y 相较为极小时，上式变为

$$\frac{\Delta x}{\Delta y} < \frac{x}{y}$$

同理亦可推得，若独占者利于减低价格以增其售货总值，则上式当为

$$\frac{\Delta x}{\Delta y} > \frac{x}{y}$$

故须视

$$\frac{\Delta x}{\Delta y} < \text{或} > \frac{x}{y},$$

独占者乃能定其价格之应增或应减，今两端以 $\frac{y}{x}$ 乘之，则得

$$\frac{\Delta x}{\Delta y} \cdot \frac{y}{x} < \text{或} > 1$$

按前取极限之意，则

$$\frac{\mathrm{d}x}{\mathrm{d}y} \cdot \frac{y}{x} < \text{或} > 1$$

左端即为 η，故 η 小于 1，则伸缩性小，独占者当可高抬价格，以增其利。如 η 大于 1，则伸缩性大，价格稍减，其售货量即可大增。如 η 于 1，则独占者，无论增减其价格，皆无补于其售货总值。

伸缩性之大小由图解亦可说明之。需求曲线之两端延长之，则为与两轴渐渐接近而几与之平行，其一端为 Oy 渐近线，他端为 Ox 渐近线，在 Oy 渐近线上任一点 P 之切线，其 Pz 端必极长，PT 端必极短，而 PT/PZ 之值必极小，即伸缩性为极小，盖在此时价格虽为巨额之减低，而需求量仍不见增多。反之，若在 Ox 渐近线上任一点 P 之切线，其 PZ 端必极短，而 PT 端必极长，故 $PT\backslash PZ$ 之值必极大，即伸缩性为极大，盖在此时，价格纵稀微降低，需求量必为巨额之增加。

七　伸缩性之变化

需求量依价格之升降而变化，伸缩性则因价格之高低而亦有变化，盖伸缩性既指需求曲线上某一点切线之倾斜度，则以所选此点之不同，而其切线所显之倾斜度亦有差别。当知价格高低，需求伸缩性自有不同，在通常之价格，稍起变化，需求量显示某一种程度之变化，及价格已达极高，需求恐量几无伸缩之可言。例如某种妇女装饰品，若其价甚昂，已远超出中产阶级之能力以上，再有稀微升高，亦不致减少需求量，盖一般富足者固不计及乎此，稍低亦不见增多需求量，盖仍非一般妇女所能购买。故此时之伸缩性可谓近于零，在图上此必在 y 轴之渐近线上。

关于伸缩性之变化，可假定下列数种情形以述之：

1. $\eta = c$ 常数

（1）若 $c = 0$，即

$$\frac{y}{x} \cdot \frac{\mathrm{d}x}{\mathrm{d}y} = 0, \quad \text{即} \frac{\mathrm{d}x}{\mathrm{d}y} = 0, \quad \text{即} x = \text{常数}$$

即无论价格起何种变化,需求量皆不变,故完全无伸缩

(2) 若 $c = 1$,即

$$\frac{y}{x} \cdot \frac{\mathrm{d}x}{\mathrm{d}y} = 1, \quad 积分得 \ xy = c$$

(3) 若 $c = 2$,即

$$\frac{y}{x} \cdot \frac{\mathrm{d}x}{\mathrm{d}z} = 2, \quad 积分得 \ xy^2 = c$$

由是类推 若 $\eta = \eta$ 则 $xy^n = c$ 是即伸缩性为常数时之一般的需求等式。

2. $n = a + cx$,即设 η 之变化系依一直线式进行,即

$$\frac{y}{x} \cdot \frac{\mathrm{d}x}{\mathrm{d}y} = a + by, \quad 即 \frac{\mathrm{d}x}{x} = a\frac{\mathrm{d}y}{y} + b\mathrm{d}y$$

两端取积分,再求反对数,则得

$$x = Ay^a C^{by}$$

3. 设 $\eta = a + by + cy^2$,即

$$\frac{y}{x} \cdot \frac{\mathrm{d}x}{\mathrm{d}y} = a + by - cy^2$$

积分则得

$$x = Ay^a C^{by} + \tfrac{1}{2}cy^2$$

由是可知,关于伸缩性,变化之假定不同,则所成之需求公式亦各异。

余 论

本篇讨论范围,仅限于一货品在一定时间于某市场之价格需求关系。此为经济总论中之最简单者,由此可生两大问题,而为现今经济学家所努力从事者:

一货品之需求量,不仅为该货品价格之函数,且为其他各种货品价格之函数。由此发生所谓偏伸缩性(partial clasticilg)之问题,不仅牵涉因子之多寡,难以决定。而一种偏伸缩性与他种货高低之关系,更不易于探求。

其二为时问题,所谓一点伸缩性与弧线伸缩性之争,即基于此,盖以严格论,吾人所欲求者为需求量与价格之关系,而不应受时间之影响,故应变间仅容一煞那之时限,若时间过长,则难免不有他种因子之掺杂,如人口增加,货币购买力膨胀或伸缩等。然在实际上当价格涨落,需求量之反应不能立即实际,必经相当时间,由是必掺入不相干的因子之影响,如何排除此种影响,是又一困难。

再本篇仅究价格对需求量之影响,而论需求之伸缩性。惟亦可按相似步骤及相向之推论,以研讨需求量对于价格之影响,而求价格之弹性(flexibility of price)。如需求量一度增多或一度减少,则价格为巨额之升高或降低,则谓之价格之弹性大,反之,弹性小。是以理实相同,而数理公式亦可类推,兹不赘述。

物价高涨与经济建设*

罗志如

现阶段的物价问题,最严重的一点自然是囤集居奇。诚然在囤集行为的后面有更深在的原因,致成相互影响,坠入恶性循环的局面。因此现在负解决物价问题的计划者与执行者,大都预备从这恶性循环上的囤集居奇这一点进攻。不过这种努力所遭遇的困难,现已渐渐明瞭,是在政治方面多过于在经济方面。本篇非讨论物价问题的全面,更不拟涉及政治方面的纠纷。只想将经济建设实物价问题的关系加以分析,并亦略陈几条切要的出路。

现在大家都承认解决物价问题的治本方法是在积极做经济建设,以增加货物的生产量,因为如果货物根本不够供应需要,纵然没有囤集,物价仍然是要继续上涨,这是固然用不着多说的。不过一谈经济建设,势必就要大量投资,而大量投资,势必又要增加法币流通量,如是货物尚未增加而物价又已高涨,本以预备压低物价的,而适得相反的结果。所以现今有若干论物价政策的人,竟提议缩减国家建设的经费,以为经济建设愈扩大,物价的情形愈严重。实则这亦不无相当理由,至少由此可以看出物价问题与经济建设的关系,实不如一般所想像的那样简单。

按欧美各国过去的经验,当一国经济到了不景气的时期,政府出面大量投资,作大规模的经济建设,如策略、兴办水利及各种公共工程等,如是以增加人民的购买力,因而提高物价以图恢复景气,此种企业,其成功的程度,虽在各国各有不同,但确系一种正当的方策,已为大多数经济学家及政治家所公认。

我们政府现亦出而作大量投资,但与前段所提各国的情形有三个不同之点:第一,他们的目的是在提高物价,而我们的目的则在压低物价。第二,因为目标的不同,所以投资的对象也不尽相同,他们用于各种公共工程,图谋国家经济基础较有永久性的改良,我们则偏重于消费货品的增加(虽同时亦有大量的对资本货物之投资)。第三,他们投资的背景是国内有资本闲散及劳工失业,我们现在投资的背景是当劳工与实物资本皆已有充分利用的时候。这一点最为紧要,可以就是为了解现实我国经济建设与物价问题之关系的关键。

上述第二点就是一个生产时间的因素,无论何种物质生产的事业,从投资起至产品到市场止总需要相当的时间,其长短各异自有不同,大概说来,消费货品所需

---

* 本文原载于《经济汇报》,1941年第3、4期,第26—29页。

要的时间较短,而资本货品所需要的时间较长,僻如有若干经济建设事业须要几年才得完成。但是投资一经都始,其作用马上就是雇用劳工与购置物资,此时如果本有劳工失业与资本闲散的现象,其结果马上就增加了一般人的购买力,而此时消费货品并未有增加,以此增多的购买力用于较固定的消费品上,物价自然就会徐徐高涨,但如果当时劳工与资本皆已有充分的利用,大量投资的最近结果,就是在劳工市场与投资市场上竞以高价争相罗致,也如前种情形立即增加了一般人的购买力。惟与前种情形不同的也有两点,一为在前种情形不致提高一般的工资,因为增用的大部系失业的人,而在此种情形之下,因为假定没有失业现象,所以就会提高一般的工资,而工资一经提高,百物更加昂贵,而压低的可能性亦愈益减少。再则一般的购买力增加以后,在前种情形,用于日常必需品的较多,而在此种情形,用于非必需品或奢侈品的就比较多,因而物价高涨的普遍性,就比前种情形来得大。就此两点而论,在劳工与物资皆已有充分利用的情形之下,如果政府再出面大量投资,其直接的结果就会引起物价的膨胀及其连带的恶影响。

反观现今我国后方的情形,劳力及物资可谓皆已有充分的运用。在劳力方面,因为征制兵役及人力运输的关系,早已感劳力的不足,此不但在技术工人如是,一般的劳力的缺乏,实为各方所共认的事实,而尤以春耕及秋收时为最显著。今年川中收获之不甚丰,雨水不调固然是一个原因,而收获时因人方不够致有若干稻谷在田中生芽,亦大有影响。至于资本方面虽然社会上尚有相当的游资可供利用,但是一方面大多数皆竞以此项游资囤集货物,以是借贷反大不容易。他方面在外国购买的物资又难于运入。而内地现有的器材,各方竞相购买,早已有充分的运用。如是,根据上述的分析,此时如果政府出来作大量投资,以增加生产恐将使物价愈加高涨,而问题愈趋严重。

然则政府的经济建设事业,就应停顿或加以紧缩吗?这又不然。当此战局危险与物价飞涨的期中,私人资本大半都愿意保留游移的状态,大都不愿冒险去作期待较久才能获利的事业。所以种种经济建设大都要政府出口提倡或竟自办。且为奠定将来经济复兴的基础,政府亦不能不有大量投资之活动。在此两难之间,图谋出路,就惟有在严格选择投资之对象及增加生产因素两点上着想。

关于投资对象的选择,自须切合当前抗战的情形,严格说来,军事上所需的投资与解决当前物价问题的投资,相同的地方少,而相互抵触的地方多,于此要得一个适当的国度,亦非易事。譬如重工业的建设,一方对于兵工业固是必需,而他方对于消费品的大量增产亦属必要,但此种投资对于当前的物价问题就害处多而利益少,如假定战事不会久延,那种投资对于当前的抗战,亦无帮助,但是战事究将于何时结束,谁也不敢断定,不要说三年前不能定,就是到现在也很难得一致的推测。所以三年前的重工业的投资,也许就是现在延长抗战的一个因素,而同时现在的轻工业亦不无附带的好影响。要依据这种说法,现在仍然大量的作重工业的投资也不为错,不过现今与三年前的情形又有几点不相同了:第一,三年前的物价不如现在的飞涨。第二,那时的劳工与物资不如现在运用得这样充分。第三,抗战究竟已经过了三年,似乎此时延长的可能性不如当时之大,恐为多数所默认(这自然完全是一种猜测)。因此从解救当前的物价问题上面着眼,在重工业或资本品工业上的大量投资,就不能不更加以考虑。换言之,投资总以尽量限于能使产品最速的达到市场的种类为妙,而且同是消费产品的投资,也要更严格的甄别需要迫切的程度,由是我们建议政府不但对于自身的投资应有上述的考虑就是对于一般的投资市场,也须要有一个确定的政策,和统制的机构。

其次关于后方的生产因素之增加,一为劳力,一为实物资本。要增加外来的物资,固然包括种种问题,如现有外汇的运用,外国信用贷款的商权等,而最重要的乃为运输的改良。按过去的经验,现有外汇之用于采买建设器材,固无有妨碍于军火的购置,但是前者充属少数,且间接亦有减少消用外汇的效果。至于外国信用的获得,亦有好几次的成功。最困难的问题还是在如何将购得成借得的器材运入国内,运输问题不能解决,大多数的经济建设,终属纸上谈兵。虽然间或也有几种机器,经国人的特别努力,已经可以自造(如酒精厂,植物油厂及纸厂等所用机器)但是充属有限,大规模和有系统的经济建设仍非藉重于外来的器材不可。且针对我们目前的问题而论,后方现有物资皆已充分利用,就已有的物资用途加以调整,所能得的效果为不甚大。所以解决运输问题以获得外来的(包括由沦区来的)物资,实为解决现时物价问题之一要途,现时国际通路,虽受相当封锁,但是对于运入建设的物资,似乎可能性仍然甚大,而这方面的努力,自仍然有效。

关于后方人力的增加,显然可从两方面想方法,一为现有人力用途的调整,一为外来人力的获得。关于前者可举两项:一为实行青年服役制,一为动员大量的女工。今请分别说明如后。

青年服役,在此次欧战以前,德国即已大量实行,其目的固然是一方面为军役的准备,而他方面实亦是补充劳力的不足。因为希特勒执行以后,即积极扩充军备,加紧建设,不但过去严重的失业问题已得解决,且反形成劳力的缺乏,于是实行青年服役的制度,无论贫富人家的子弟,一达到相当年龄,即须强迫工作,即所谓服役,这般青年,虽只能作粗工,但他们对于农人的帮助,的确不少,由这方面的努力,德国的劳力,一时突然增加了很多。反观我国的情形抗战已经三年多了,一方面劳力也感不易,而他方面大多数的青年仍然游手好闲,或仍过安闲的学校生活,或竟大批加入商界,以谋厚利,这种现象,实为可惜。虽然说我国的人口众多,但大多不得其正当用途,又有何好处。好在当时还不算晚,可以立时采取大规模的青年服役制,首先加强人力的统治,使后方现有的人力得到一个合理的分配,大家的力量都用于最切要的途径,纵然学生们牺牲相当的读书机会,也属无妨,总比现在因躲空袭而一年中放假四至五个月的情形要好得多。

大量动员女工,亦有许多先例可循,自俄国实行计划经济以来,积极建设,渐渐也感觉劳力不足,于是倡导男女尽量平等,鼓励女人出而参加种种工作,据最近估计，俄国的女工已几乎达到一千万人之多，有此大批生力军参加生产，俄国经济建设的成功，这亦未始不是一大原因。此次欧战爆发，德国已动员三百万女工参加生产，法国未败前，国家兵工厂里已有百分之三十是女工，英国亦正积极招募至少一百万女工。其实我国女人工作，亦并非没有先例，不过规模太小，且因女人工作而发生的种种弊病，也未能有相当的救济。最近政府亦有提倡女人工作的明令，可惜没有积极施行，自然没有效果，以后妇女部成立，或将有更进一步的努力。

关于外来人力的增加，我们并不希望外国人向中国移民，也不望华侨大批回国。而唯一的途径就是向现今的沦陷区域大量招人，迁入内地，这种措施，可以同时达到几重目的，第一，当然是可以补充现时后方劳力的不足，第二，可以减少敌人在沦区作经济掠夺的可能，第三，还可以乘此机会解决过去沿海区域人口过剩的毛病。按此事政府已曾举办过，也许现时仍在进行中，但迄今效果实不甚大，一则由于宣传的不够，再则也由于种种办法未能周到，今后经济作战部成立，自当在这方面更有一番新设施。

总结以上所述，我们以为政府出面大量投资，积极作经济建设以增加生产，仍不失为解决物价问题的根本办法。但是这两者间的关系并不如是直切，而须考虑到投资对象及生产因素的分量的问题。如果忽略了这两点，经济建设不但不能解决当前的物价问题，而且可以使其愈加严重。抗战已三年，对于将来的预测自与三年前所作的不同，因而影响投资对象的选择也很大。还有此时后方的劳力与物资皆已有充分的运用，新投资不应使其在现存的市场内去竞争，而应使其招致另加的生产因素，其方法或为现有使用途径的调整，或为区域上的移置。对此种种方面现时政府似皆有若干设施，但远不及吾人的期望，今后或有更迅速的进展。

在社会主义理想下加速生产力发展应采计划经济制度[*]

罗志如

同时实现社会主义及发展高速度的生产力两个目标,在一定的政治环境下,并不冲突。所指的政治环境,就是一方有优良的文官制度,他方有机密的中枢组织,务期能持续地以政治的力量达成高度资本的积蓄。

和平后的对外关系,自然要影响达成前述两个目标所须取的经济手段。笔者相信今后,无论是联合政府或一党专政,能获得外资的机会都不大,所以要加速生产力的发展,主要是要靠自己的力量。(这不过是代表一种预测。笔者以为如果世界局势不过分紧张,在今后我国外交方面不妨多所迁就,以求获得外资,因为要完全靠自己,无论用尽多大力量,无论政治组织多么严密,在增加生产力上究竟是来得慢。除非我们自甘缓慢。)

在社会主义理想下加速生产力的发展,既然多半要靠自力,自然以采取近乎制度(A)(严格的计划经济制度)较为有效(这又是假定在前述的政治条件下,如果没有这基本条件,一切似可不必再谈)。不过在采取此种经济制度时,不必将全部生产工具收归国有国营,仅将(1)国防工业,(2)交通事业,(3)银行事业,(4)有独占性事业及,(5)大规模而为民营无利的事业先由国营。其余中小规模的工商事业及大部农业可留给民营。再由劳工统制(重工资调整而不重强制征用)及物资统制(重原料设备之配给而不重限价)以使民营部分亦合乎计划生产。

在此种经济制度下,价格制度不但仍然存在,且将发挥更重要的功用。它一方将为计划的主要工具,他方人民的经济自由也要藉它而保存。此中的可能性笔者五年前已另文申论(见中央大学社会科学季刊第二卷一期),兹不赘。

在中国实施计划经济的困难,主要有:(1)统计资料的贫乏,(2)政治基层组织的散漫(尚不论封建势力及营私舞弊)及(3)农业人口的高度守旧等。这种种实施计划上的困难虽非短时期内可以完全去除,但亦并非不能克服,尤其在(1)换一新政权之后,(2)多有青年从政及(3)发挥党员最高效能的情形下,克服上述几点困难,当较容易。

随着制度 A 而来的可能有两大缺点,第一,此种制度实现的程度愈高,则外资及技术进来的可能性愈小。第二,人民的经济自由不易于在短期内恢复。

---

[*] 本文原载于《经济评论》,1948 年第 2 期,第 5 页。

针对当前情形无论今后采何制度,下列两个手段势中必取:(一)征收一次财产税,对象暂先限于土地房产及银行资产,而不及于一般工商业(理由在既不影响生产而又易于把握),至于豪门在外国的财产,虽属重要,但不易把握,只得徐图由外交途径解决,此亦为在外交政策上应特别注意的一点。(二)银行(包钱庄)公营,并将旧有国行库局彻底改组。现有国行体系可留者最多不过十分之一,我国今日的所谓银行家,其为害社会,更甚于地主,现时的恶性通货膨胀,至少他们要负一半的责任。

现代经济社会中工业管制问题

罗志如

一 导　言

所谓工业管制,乃是指在资本主义的国家,政府对于企业家的种种行动可能对于社会所发生的影响,加以控制与指导,以使资源既得以充分利用,而社会各阶层的利益又得以调协。政府的这种措施,自然是在一般经济管制中必要的步骤,也是最繁难的一个部门;而我们之所以特别提出工业这一方面的问题,一则因为它与农业管制大异共趣,再则现今各国的社会化运动都多半先从金融与交通运输方面着手,而把工业一部门大多保留让给民营,政府仅加以监督管理。实行民生主义的我国固然如是,就是劳工党执政而积极推行社会化的英国,亦愿保留全国产业的百分之八十以作私营,于是政府与工业界的关系就始终是一个极费考虑的问题。本文的目的,就在探讨工业界的中心问题之所在,各国解决的方案及其成果,以及今后的展望,而特别着重现今英国正实验中的所谓三伙伴政策。

二　工业与农业的对照

我们先把工业与农业各自的特征加以比较,当能明白工业上的中心问题之所在。

（1）农业生产受天时的影响较大,而工业生产则受人事的影响特多,如怠工、罢工等可说是工业上独具的现象,至于农业上现今水利及农业技术虽大有改进,然而[靠天吃饭]的成份仍然甚多。由此一般而论,农人收入变化甚大,但失业的少;而工人收入变化较小,可是就业却不稳定。

（2）工业生产的单位,其规模多半比较大,可是全体的数目就比较的少;在农业则恰与此相反,因此在农业市场上的竞争性大,而工业品市场上则垄断性大。再则农业生产组织小,多取合作社的方式,而工业生产组织大,多取有限或无限公司的方式,这种经营方式的不同与市场垄断性的大小,也颇有关系。

---

* 本文原载于《实业金融》,1948 年第 3 期,第 9—16 页。

（3）在资本或投资上，工业与农业显有多方面的不同，第一，在工业上的任一企业，不论其单位的大小，其创业投资都相对的大，不但比农业的大，且亦比同规模的商店大，因工业生产单位的固定资本相对的大，而资本的周转率也就相当的迟缓。

再者以每一单位工业产品而论，其中资本或本所占的分量亦较在农业产品中者为大，若不把土地计算在资本之内，此种诊断自属无疑，纵然把土地算在农业资本内，在工业发达的国家，农业资本还是不如工业资本之相对的大，普通所谓农业不如工业的资本化，就是这个意思。且工业产品的又一个特征，就是从最初的原料起，经过许多迂回转折的程序，才到最后的成品，不如农业产品来得比较的直切，这也是资本化的又一解释。

（4）一般而论，工业对于经济循环的灵感性最大。本来经济循环虽不能说自工业革命以后才有，但至少也是在此时以后，其变化的程度更加剧烈。工业的资本大，每年的折旧也多，每年为替代旧有资本的投资以及新加资本的投资，数目都很大，每年的增减，稍有变化，都构成经济循环中很重要的一环。诚然农产收成的好坏，也可能引起一般经济上的变化，但在现今工业发达的国家，在国际贸易畅通的时候，此种影响，究不算大。同时农作物因为耕种时间的关系，其对一般经济变动的反应，也不如工业品产量伸缩之快。

由以上几点综合来看，可以说工业经营的特性，就是垄断，因为一则在工业生产的过程中，无论是原料的购买、人工的招雇、资本的筹集以及产品的推销，处处都受生产单位大而数目少的影响，换言之，处处都是在一垄断的情形下活动。再则其他所举各点也都与垄断有关，譬如工人有工会，雇主方面亦有同业公会以为对付，资方因此形成垄断的形势。工业生产的单位大而数目少，就易于集合，而公司组织与工业组合运动的发展，其间关系更为显明，初期或有寡头的竞争，进而谋种种的协合，或为君子协定，或为托拉斯，或为卡特尔，形形色色，无非想在各公司间减免一部分的竞争。又如工业生产既有庞大的资本，即负担很重的固定成本，工业家当不愿其价格随时发生变动，因此他们即谋种种的组合，只维持其产品的价格，所谓工业产品价格的固定性大，也即是这个原因。至于在经济循环中每当不景气时，工业家如何协谋共减产量以维持效率较低者不至于倒闭，如何集合共同抢夺国外市场，都是人所共知的现象，也都是工业垄断性在那里作祟。

三　工业经济的特质

过去对于垄断及工业组合运动的发展，一般的判断，或者是大加称誉，或者是全盘诅咒，多属意气用事。兹特从社会观点，对此工业的中心问题加以分析，以便厘定政策时分别取舍，有所根据。

我们须知垄断反面的自由竞争，亦并非完全是社会的福泽。譬如厂家纯以自利为出发点,与同业作盲目的竞争,以致演成生产过剩(即在可以有合理利润的价格显得供过于求)的现象,因使不景气的演变愈趋恶化。且剧烈竞争的结果,可能减低生产效率及败坏产品的品质。反之如企业家有相当联合的行动,不但可以同意把品质标准化,且在供需之间,可有较密切的调整,使工业趋于稳定的发展,所以英国政府近来往往即因工业家不愿取联合行动,而径行予以社会化,也就是着眼于整个工业对社会的贡献。

如工业组合的垄断,不仅在规定价格,而更有共同推销的组织(如一般的卡特尔),则一方面可以减少各企业间盲目的竞争,而他一方面亦可以减少居间人的重叠营利,消费者可以少一点负担。

再者厂家如肯直接合并,使生产规模扩大,发挥大量生产之利,单位成本降低,此项成就如至少有一部分以较低的产品价格传达于消费者,自是社会之福。不过吾人须知并非一切的工业组合或扩大规模都能降低成本,往往因财务上的种种牵连,反而增加成本,故此项评判须视个别情形而定。

最后国际经济秩序的维持,亦有赖于种种工业的组合,虽然有认为国际卡特尔的组织是战争的因素之一,但从另一方面看,往往亦因有国际经济的协合行动,互相供应的范围可以扩大,抢夺世界市场的阴谋可以减少,进而各国得以谋政治上的合作。

至于垄断与工业组合所发生的流弊,亦是多方面的。譬如大家都知道,垄断就会抬高产品的价格,剥削消费者,诚然,垄断价格不一定随时都能高于平均成本,且近今的趋势,工业家因有种种的顾虑(如法律及舆论的制裁,代替品的日渐增多,国外竞争的加大等),他们利用垄断的地位,大都已不在抬高价格,而在稳定价格,以稳定他们的利润,不过稳定价格并不一定对社会即为合理,因为如果生产成本降低,而价格未予减少,消费者没有能共享经济进步的利益,自非公允。

歧视或差别价格是垄断中的特有现象。消费者一般的受剥削,固然不公允,但若垄断者出售其产品,对某一部分的买者索价高,而对他一部分的买者取费低,等于由前者的收入以津贴后者,又岂得谓平?且因此而引起资源的不合理分配,对于社会尤属有害。惟有在成本不能划分(如有联合成本的作用)、索取不同价格并非对人而发、且因有差别价格而可能增加产量的条件下,歧视价格乃能对社会有利。

再在纯粹的自由竞争情形下,各个企业可以达到最适合或最有效的规模(即达到平均成本为最低的规模),但在垄断的情形下,企业家不一定要达到最低成本。他们设厂生产,往往不必达到适合规模,不一定要充分利用设备,就能获得最大利润,由是产量不能最大,资源浪费,消费者不能有最大的满足。

此外对工业投资者、独占者或工业组合亦可能发生一种不良的影响。一个企业过度资本化,即其名义的资本大于其实际资产的价值,或由于故意抬高股票市价(如以高价收买旧股票),或以股票赠送创业人及其他有关系者,由此发生所谓才水股,在工商业繁荣,一般企业获利颇厚的时候,固然可以敷衍过去,且可以掩蔽过分利得的事实,但终归是对旧有投资者的一种不利,若到了不景气时,为要维持扩大股的相当利润,往往公司就不惜抬高产品的价格,或抑低工人的工资。

最后我们必须提到垄断对于工资的影响,根据纯理论的分析,无论产品市场或劳工市场如有垄断的情形,则劳工所获的工资都会小于其边际产值,因为如果产品市场的竞争不完全,则厂家因多雇用一劳工而所得的另加收入(即劳工的边际产值)必小于产品的售价。如劳工市场上雇主有垄断情形,则厂家因多雇用一劳工而引起的另加支出必低于工资率,所以无论两种情形中的任一种,工资率都会小于其边际产值。惟事实上却有两方面的可能,或者因有垄断或经组合,厂家利润特别加大,工人的报酬亦可能增高,实际上亦不少此种例子。但他一方面,厂家因为组合,讲价能力增强,对工人压力亦可加大;诚然工人有组织后,亦可有一部分对抗的力量。

四 工业管制的方案

综合前述垄断及组合的利弊两方面来看,可以说其利益大半表现于生产方面,而其弊病则大半表现于分配方面。实则在资本主义社会中,各阶层所得利益的大小,全要看各自组织力量如何,工业上的组合垄断乃代表资本家的势力,他们藉此不但对工人的交涉可以更为强硬,且可对社会一般人的生活标准加以压迫,自是堕于无能而阻挠进步,甚至对政府种种的立法,如关于租税、工业规定以及社会事业等,都因此有更大的影响。

关于政府对工业上的垄断及组合究取何种态度,一则主张全盘加以打击,力图恢复自由竞争,其实此种措施不论其成效如何,在理论上实亦不妥,盖自由竞争亦有其严重的流弊,且因近代技术与交通的发展,大规模的生产确已显现其高度的效率,而工业家为求安全与稳定,相互协合行动亦属自然的趋势,况史实的推演,竞争就趋于独占,实亦无法挽回。

另一极端派的主张,则为完全放任。他们以为管制既然没有效果,而且工业组合也是经济合作中的一种方式,在现今安定更重于进步的时代,尤有让其自由发展的必要。不过吾人须知所谓自由企业,实则仅有企业家的自由,尤其是大公司、托拉斯、卡特尔等只有他们的天下,而一般的工人、消费者及小投资者都只有听命于所谓"经济皇家",这亦决非民主国家应有的发展,所以向来主张放任的英国,不但对于一般公司的组织早有管制,且于本年国会中更提出一种垄断法,着重在调查与公开报告。

第三就是折衷派,他们认为政府应一方保存垄断及组合运动的利益,他方设法避免其弊害,政府只须实行监督管理,在公众利益不受损失的前提下,尽量让其发展。大致还信任资本主义的人,都作如是主张,也有一部分社会主义者采取这种态度,因为他们以为由监督管理进而收归国有国营,可以更为容易。

问题自然在政府如何监督管制乃能达到存利去弊的这个理想境地,现在我们可以检讨几种主要的办法,看这条路是否可以走通。

(1) 租税与津贴。在理论上说,政府对工业征税或予以津贴,乃为免除垄断所引起的浪费的最完善的方法,因为一切所谓垄断的浪费都由于资源的分配不适当,如果利用租税与津贴的办法,可以使生产元素的转移达到最适合的程度为止。例如要移甲工业的劳工于乙工业,则可向甲业征一种工人雇用税,由是即抬高甲工业的劳工成本,而以此项税收,用以津贴乙工业,以压低其雇用工人的成本。照理税率可以自由伸缩,既可使生产元素达到必要的转移,且可使收入恰足以补津贴之用。

可是采用这种办法的最大缺点,即为政府当局几乎无法估计各生产元素在各种用途上的边际产值,以为转移的标准,关于此点,政府当局远不如企业家自己知道得清楚。

(2) 行政管制。由中央或各省专设机构,对工业作常川的管理,先由立法程序通过若干统制的标准,然后由特设机构依此处理,在理论上即为藉此种统制的标准,以代替普通竞争市场上的牵制力量,抵制垄断者的特殊地位。此种办法在美国最为通行,但现今多认为系一失败,且有无法改良之慨。除开普通行政效率的问题不论外,其最基本的缺憾可以指出两点:第一,这种办法最容易养成政府与企业家的对敌心理,企业家的目的在获得最大的利润,现在设官统制,其目的在谋公众的利益,至少要使消费者有价廉而普通的享用,在这两种不相容的态度下,进行统制,多半形成对敌的行动,要两方面都能各自充分达到目的是办不到的,最多亦不过双方让步,统制就绝难彻底生效。

其次,这种办法会分化企业的责任。行政管制在开始实行的初期,多半只限于袪除弊端,但渐渐的行政机关为增加管制效率起见,往往对企业内部管理的干涉程度就愈来愈深,范围也愈来愈广,经营者纵然曲而就范,但因此即影响企业家的创业与积进的精神,形成官厅与私人共同分担管理的局面。但一个事业的有效经营及其成功,极须有独立集中的责任,如因政府管制而使企业责任分化,该项企业即失去其生活力,其发展前途自大受影响。

(3) 价格管制。政府对工业产品的定价加以干涉,自亦为行政管制中的主要办法,由此自可限制垄断性而将各生产元素适当分配于各业。按由垄断所发生的一种流弊,即为企业家故意抬高产品的价格,压低生产元素的雇价,今如政府定一个货价的最高额,或生产元素雇价的最低额,照理当可免除此项流弊。但是最大而始终不得解决的困难,就在所谓"合理利润"的问题。要根据企业家投资的公平价值来计算一个公平报酬,以为合法定价的根据,几乎是不可能,从理论上,纵然求出了资产的公平价值,而所谓合理利润,乃为投资者的相当报酬,不但要使已投的资本不致退出,且可引入新的资本以为扩充之用,并更须保有一部分的盈余以作景气变化的保险费。包含这些考虑的合理利润,直是无法求出来的,事实上往往都是任意或按惯例办理,其结果不是定价太高使消费者受损,便是定价过低,损失企业的信用,不但可能使其生产标准降低,且亦增高仇恨的心理,而使管制更为困难。

价格管制的又一困难与用税租及津贴的办法所遭遇者同,因为要定货品的最高价格及生产元素的最低报酬,当局都需要估计各元素在各业中的边际产值,而这种估计,前已指出,当局是很难办到的。

(4) 政府与私人竞争。常有政府因管理失败,于是进而与私人兴办同一种事业,彼此立于竞争的地位,使私营工业不致定价过高,或产品标准不致过低,这等于由普通商业的途径以达统制的目的。譬如我国资源委员会所办的若干事业即有此种用意。

极端维护自由企业的人根本反对政府出面经营工商业,一则可能有政治作用,再则亦易于管理官厅化,而尤其是常使私人事业处于竞争上不利的地位。不过从一般的立场看来,政府采用竞争方法,自可免去若干行政管制上的缺憾,惟仍难免于官厅与私人企业间的对敌情绪,好在无妨于政府统治的目的,且对私人企业的独立性,可以保存,不致有责任的分化。

惟政府与私人在同种事业上的竞争,很可能使事业重复,加多设备费用,增高成本,自亦非社会之福,尤其在若干带有天然独占性的事业,此种经济上的考虑更为重要。

五 结 论

由工业垄断及组合而形成经济权的集中,也引起各方极度的注意,它是一个经济的问题,也是一个政治的问题。在资本主义发展到现阶段,所谓经济的单位已不是个人,而是公司、公会及工会等,处处形成压迫、榨取、对垒的局势,究竟终归要由政府来管制这样的经济制度,还是终会由现存经济制度的权威来管制政府,这是一个最基本的决定。

我们可以看出前面所举政府管制工业的几种政策,几乎没有一种可能有成功的机会,于是自然就想到实行社会主义的制度,把工业都收归国有国营,既可消除牟利的动机,根本也无敌对的心理,既可免除行政上的种种困难,事业又不致于有重复之弊,不过实行这种制度是要假定有一个超能的政府才行的,否则仍然是会错误百出,弊病丛生,就是英国现今的劳工政府也只想将很有限的几种工业社会化,仍然十分看重自由企业。如果是一个低能政府,那么工业社会化就更有问题,在我国倡议节制资本的声浪中,而仍有一部分人士主张先行一段资本主义的发展,再转向社会主义,其中理由是很显然的。

我国现今既有大量民营工业的存在,将来亦认可其有生存的理由(根据三十三年冬国防最高委员会所公布的战后第一期经济建设原则),那我们的经济制度,至少在最近将来,总多少与英美的相似。照他们的经验,政府与工业界间的关系,实在是很微渺的，政府对工业界应保存怎样的一个态度，实有随时研讨以作适应的必要，通常我国惯用"协助"、"督导"、"奖励"等名词来表示两者间的关系，实在不够确切，有时反而引起误会。

政府所代表的是全民的利益，它在工业中，也犹如在其他公众事业上一样，它随时有一个超然的目标，以表现它的利益，以测量实现它的利益的程度，而所取的手段即为资源（包括人力）的分配与充分利用，亦即是在确定的目标下（在平时与战时自然不同）将各种资源的各项用途，作一个最经济而有效的调度。政府可以说是工业中的一分子，其所应尽的责任，就是使各业间有平衡的发展，所以无论它的租税、津贴、投资等活动，其目光都应在资源的调整分配上，而尤其要紧的就是要尽可能减少调转资源的阻力（垄断及组合的最大缺憾就是增加经济的固定性），随时公开报告，实施一种政治教育，使无论从事于那一业者，或外界人士，都能充分明瞭该业在全部经济中所应处的地位，尤其工业界本身应有这种了解，才能协助政府作资源的有效调配与利用，政府在这方面的成功，也就是政府在工业界的一分子获得了最大的利益。

总之，政府不是要专门来管工业，也不是无目的督导工业，也不是设法帮助工业界如何获得利益。政府是要以其自身特定利益的立场来参加工业，从社会利益的观点，作社会成本的较量，来配用整个经济中的资源，使工业界有充分的谅解，使他们既不仇视政府，也不依赖政府。现今世界各国中，恐怕要算英国政府与工业界的关系处得较好，两方既没有对抗的局势，而一般人民及劳工也并不觉得政府与工业界通同作祟。工业界对政府种种统制，既无怨言，且能了解予以协助，政府发放津贴，不但毫无恩惠主义，且工业界也并不觉得是受了惠，损及他们的独立性，而只是觉得他们是在与政府推行一种政策。现任英国财政大臣克利浦斯爵士在一次演说中曾有几句话，他说"英国劳工政府是要在工商界成为一个第三伙伴，它将造成一种有秩序的环境，使民营企业可能对国家幸福有最大的贡献，它将与资方劳方站在三伙伴的立场以处理一切问题"。这几句话很值得我们玩味，也许我们最近的经济制度，就要从这一个最新的社会经济实验中找出线索来。

近世苏俄经济建设概况[*]

姚嘉椿

一 引 言

苏俄在今日之所以引起吾人之注意者,当考其重要原因有二:一,自一九一七年革命以后,苏俄乃为无产阶级之社会主义国家。二,自实行计划经济后,苏俄于近数年来进步之神速,世界各资本主义国家,无有出其右者。不论在政治经济方面,或学术文化方面,殊有惊人之发展。论者谓以一专制政治国家,推翻之而实行社会主义之共产制;其间革命过程,固颇不易,而又足使人服其主义应用之适当。得有目今之成绩,毋怪世界人士,均另眼相看。盖资本主义各国,自欧战后,即现崩溃之象,近年来加以世界经济恐慌,资本主义已达日暮途穷之境,正欲另觅他种主义,以救其穷,今苏俄自革命以还,竟敢毅然决然断行其社会共产主义,而又能得相当效果,更不得不使各资本主义国之惊服也。然则以社会主义而建设国家,是否可以放诸四海而皆准,时历久远而不变,则诚属一大疑问。但最少限度,吾人须切实明解苏俄之所以成功。特别于经济方面,自近世以来,其进展之过程如何,实行计划经济后,对于经济建设各方面之成绩如何,是为本篇之主旨,并欲籍以阐明苏俄计划经济成功之真相也。

二 近世苏俄经济史鸟瞰

研究苏俄之近世经济史,多以一八六一年之农奴解放始。盖苏俄自十八世纪彼得大帝奖励工业以后,始渐进至资本主义阶段。故其发展较西欧为迟。而任建设大规模工厂之责者,并非与他国同样为手工业者或商人,乃是以彼得大帝为代表之国家自身;国家先行提倡经营之,继则有商业资本之参加,终则有外国资本之输入。于是俄罗斯遂由农家副业之家内工业,一跃而成为大工业。因感劳动力缺乏,乃不得不求之于农奴。故历代发布勒令,以冀缓和农奴制度。其结果竟成为一八六一年之农奴解放,而促成自由劳动者之流入都市矣。因此俄国资本主义,发生时

---

[*] 本文原载于《安徽大学月刊》,1933年第3期,第1—19页。

即为大资本主义。由是而发生之阶级关系,惟有大资产阶级与无产阶级之对立;不似西欧之有中产阶级者,在社会上经济上有相当重要性之存在。此乃俄国资本主义之特殊性,亦即为革命后无产阶级专政之历史根据也。

今请更进而言俄国自近世以来,农工商业之进展概况。先就农业方面言:所谓一八六一年之农奴解放,竟完全为谋国家与贵族之利益。凡有利之土地,皆不让步于农奴,而预先归旧所有主之国家或地主保有之,其余部分则或给与农奴而取其赔偿金,又或收受其地租。是以农奴有解放之名,而无解放之实,其痛苦仍无稍减。凡农民耕作自有地,每一"夺赛廷"(dossatinc)须缴纳直接地租一卢布五十六戈比。反之,地主之私有地,则仅课以二十三戈比。据一八七五年统计,欧俄一部分农民,有一亿五百万"夺赛廷"之土地,其所缴纳地租,每年达一亿九千五百万卢布。反之,不满一万五千人之地主贵族,其所有地竟达一亿"夺赛廷",而地租又仅一千三百万卢布。因此农业无大进展,农产品尚不足自给,年依国外之输入。直至一九〇七至一一年间,始努力于农业之资本主义化,同时农民亦得真正解放,而境遇亦大为改善矣。

次论工业,则自农奴解放后,大有进展。盖所谓解放,对于农民地位之向上,及农业状态之改善,虽无多大贡献;但农民得能自由移动,转入都市工场中为工资劳动者,则裨益工业之发展,实无可讳言。彼时工场之兴起,正如雨后春笋,方兴未艾,吾人试观下列统计表,可见一斑:

年次	工场数	劳动者人数	生产额(单位千卢布)
一七六五	二六二	三七,八六二	五,〇〇〇
一八〇一	二,四二三	九五,〇〇〇	二五,〇〇〇
一八二五	五,二六一	二〇二,〇〇〇	四六,五〇〇
一八五四	九,九四四	四五九,六三七	一五九,九八五
一八八一	三一,二七三	七七〇,八四二	九九七,九三三
一八九三	三二,四八三	一,四〇六,七九二	一,七五九,四三一
一八九六	三八,四〇一	一,七死二,一八一	二,七四五,三四五

夫以一七六五年仅二百六十二之工场,进展至一八九六年之三万八千余数;产额价值亦递增约四百余倍;其进步不可谓不速。惟详加审察,则大工场甚占优势,而资本及劳动者,亦多集中于少数大工场中。兹观其收益差异之程度:(一)其收益自一千至二千卢布之企业数,计三万七千,约占全企业百分之四四、五;其总收益共五千六百万卢布,约占全收益百分之八、六。(二)其收益自五千卢布以上之企业数计一千四百,约占全企业数百分之一、七;其总收益为二亿九千一百万卢布,约占全收益百分之四五。可知其收益多归于少数大经营者矣,换言之,大经营者,实占优越地位。他方面言,此种事实,可指示俄国贫富对立,最初即甚激烈,而无产阶级之发达,实酝酿日后之大革命也。

复次，在商业上言，俄国内地商业，因一八五一年以后铁道之发达，而渐臻繁盛。其后十年，因农奴解放，愈形兴旺。一八九五年铁道运货总量，约二十六万万"蒲得"（pood），以后约每十年增加两倍。其运输之商品量最多者，首推谷物类，次为石炭，木材，钢铁制品，砂糖，纤维工业品，棉花，农具及机械类。谷物类对于全体之百分比，逐年减少，制造工业品则渐次增加，于此，即可推知俄国渐由农业国变为工业国矣。对外贸易。自古兴盛，十八世纪时，彼得大帝促进俄国与西欧贸易，而后逐年发达，下列统计即表示其进步之情形：

年次	金卢布（百万）	
一八〇二	四〇.九（输入）	四五.八（输出）
一八〇三——〇七平均	三八.六	四〇.八
一八一二——二〇平均	三八.一	五三.五
一八二一——三〇平均	五一.一	五三.三
一八三一——四〇平均	六三.四	七六.二
一八四一——五〇平均	八五.二	九七.二
一八五一——六〇平均	一一三.一	一二三.五
一八六一——七〇平均	一八四.五	一八四.九
一八七一——八〇平均	三六七.七	三三九.三
一八八一——九〇平均	二四九.九	三九二.三
一八九一——九五平均	三〇四.〇	四一五.四
一八九六	三九三.二	四五九.一
一八九七	三七三.三	四八四.四
一八九八	四一一.七	四八九.六

输入品之主要者，为香料棉花，羊毛，金属，化学药品等；输出品多为食料品原料与半制品，木材，家畜，植物油，白金等。惟因资本缺乏，故对于输入品代价，常偿以物品，而不支付金币。要之，通商贸易之隆盛，乃使俄罗斯商业化，而助成资本主义之发达也。

综上所述，俄国在革命前，资本主义既已发达，同时无产阶级渐次抬头，而劳工运动之结果，自有推翻资本主义之可能。终于一九一七年由托洛斯基与列宁等，互相提携，于十月中揭出"即时议和，土地归于农民，一切权力归于苏维埃"之标语，而成立无产阶级独裁之社会主义国家。至于革命后之苏俄经济政策，为研究便利起见，得分为下列数时期焉。

第一期系自一九一七年十一月至翌年六月之最初八个月。此时代为继承旧时之遗物，加以观察，而决定方策，先将金融机关收归国有，逐次将一切产业皆归国有，凡资本拥有百万卢布以上之工场商馆，皆编入于国有财产中。同时如火柴，咖啡，香料，丝织等商业与一般外国贸易，皆成为国家独占经营。

第二期为战时共产主义时代，自一九一八年七月起至一九二一年三月止。本期内之特征,则为货币制度之撤废,及有组织之社会自然经济之创造。换言之,即以国家力量,管理国民经济,使生产力得以迅速发展。于是生产物不由市场交换,乃由国家管理,而行以物易物之交换形态。更进而于一九二〇年六月发出布告,凡企业用机械力,有五人以上之劳动者,或不用机械力,而有十人以上之劳动者,皆全部收归国有。是年十一月,又规定凡使用劳动者十人以下之小工业及家庭工业,皆归国有。由是全工业几十分之九,皆为国家所经营。所余者仅自营劳动之制造业而已。此种计划,皆有最高经济会议决之。不幸是年秋季,全俄发生大饥馑,生产力几全部破坏,乃有实行新经济政策之决心,在第八次苏维埃大会通过之。

第三期即新经济政策时代,又为经济恢复时期,直至一九二八年秋季止。在此时期中,复逐次将国营大企业之一部分,以所有权让渡之形式,移归个人经营。但铁道矿山土地等,依然由国家掌握;外国贸易,在原则上亦为公营。他如废止农业之由国家监督,及取消农产物国有,而采用恢复小工业与农业为个人经营之方案矣。故彼时之俄国,实在国家资本主义之阶段上。

第四期自一九二八年秋至一九三二年终止,为第一次五年计划时期;以重工业化政策为中心手段,改造苏俄之国民经济。五年计划之基本任务,是在由农业国而改变为工业国,完全脱离世界资本主义而独立,扩大社会主义经济形势之战线,在苏俄创造消减阶级与建设社会主义社会之经济基础。根据史丹林之报告,在工业生产计划上,至第四年终,实现百分之九三.七,即比战前工业生产加多二倍,比一九二八年之生产,增加一倍。在重工业方面,则更激增,为百分之一〇八。关于农业上之进步,于四年中,已组成五千个国家农场,二十万个集体农场,大规模之农业,包括全部耕地面积,约百分之七十。此即第一次五年计划之总成绩也。

第五期即第二次五年计划;一九三三年起,至今日,正在积极进行中。一九三三年之经济建设计划,依据一月间苏俄共产党执委联席会议之决议,可分为数项:第一,一九三三年工业,须较一九三二年增加百分之一六.五。第二,在各种重要工业部门中,规定一定数字,以冀有更进一步之发展。第三,在农业方面,注重棉花,甜菜,亚麻等。规定春耕面积,增加九千五百万海克脱。并增加农业机器曳引机站为二千七百六十八之数。第四,规定一九三三年之铁路运输量,为三万万吨,每日装五万八千车;船舶运送量,为三千五百万吨。第五规定一九三三年之投资总额为一百八十万万卢布。其他如劳动者物质文化之提高,增加工业劳动生产力百分之十四,减低工业成本费百分之三.九,咸为理想之规定,其能否见诸事实,则当视其努力只程度如何矣。

总之,苏俄第一次五年计划,以发展重工业为主,即机械工业,土木工业等;以供给消费之物品等轻工业为辅,例如粮食品衣服日用品等。至于第二次五年计划,则适相反,以轻工业为主,重工业为辅。轻重相佐,俾得完成产业之均衡,亦系遵照由量而质标语,力谋一般日用品生产之发达,及劳动阶级之文化物质生活向上。是以第一次五年计划为"新建设"之时代;第二次五年计划,系"新建设补充"时代也。

至于近年来苏俄在经济建设中,究有若干成绩?关于农业工业之发展程度如何?及其对外贸易之进步情形又如何?则当分节概论之。

三 苏俄农业之集体化与机械化

在第一次五年计划过程中,苏俄之农村,发生极大变动,即农民大半集体化。其间不免有种种困难,盖苏俄承袭帝制之遗产,全国经济生活中,小农经济素占优胜,生产技术,又觉落后。但在一九三二年止,事实上几完成克服上述困难。据去年底可靠统计,全俄农民百分之六〇.五业于集体化;即一千四百五十万户农民,均已加入集体农庄。播种面积约百分之八十已社会化,即系属于国有农场与集体农庄所有。同时农业上之生产技术,大加改进,换言之,乃农业生产之机械化也。于此,不得不一言苏俄农业机器制造业之发达:全俄农业机出品,在一九二八年与次年共计数,约值二万万一千五百万卢布,而四年中约计,几增一倍。其中曳引机制造,发展尤速;一九二八年前,苏俄自造曳引机,共计仅三千五百架,该年一年计自造一千二百八十架,一九二九年计二千二百六十七架,一九三〇年增至一万四千二百五十架,一九三一年续增三万八千零八十三架,一九三二年更增至五万零二百五十架矣。

今请先述集体农场之一般情形。所谓集体农场者,即使素来散漫细小之农业经营,合而成为集体巨大之农业经营是也。若是苏俄之用意,在使农村之富裕,表现于全体农村中之劳动者。农业生产量,因农业知识与技术之提高,亦随之而加多。惟此种大农合作经营,非藉农业之机械化不可,故苏俄于集体化工作开始时,即注意于农业机械之多量制造与尽量应用。今试观农业集体化之成绩:一九二〇年之集体化农民经营,不过一万之数,一九二三年之经营数,即增至一万五千,一九二五年为六万五千,一九二九年为七万五千,及至一九三二年之统计,则陡增至一千五百万之数;全苏俄农民经营总数共有二千二百万,而上述集体化之农民经营数,已占总数百分之六十七矣。至于集体农场之耕地面积,在此五年之内,竟增加有六百九十倍之多。谷物生产品之统计,在一九二九年约二千八百五十万蒲得,其中所占商品部分约有一千二百万蒲得;一九三〇年增至十五万五千万蒲得之谷物生产量,约有五万万蒲得为商品数量;及至一九三二年更加多为二十万万蒲得之谷物产品,内约八万万蒲得,为商品部分也。

次之,国有农场,亦为一种大规模之农业经营。此种组织,不属于农民集团而属于国家。工作于国有农场者皆为工资劳动,而与其他工厂企业有相同之处,故往往被称为谷物工厂或畜牧工厂等,国有农场所造成之成绩,如乌克兰之大豆田以及千余公顷之稻田,高加索之大规模植茶农场,及棉田;皆为较著者;此外又从事垦殖荒地区域,以冀普遍国有农场之设立,供给全俄城市及工业人口之食料。据最近统计,全俄国有谷物农场之总数,已达三百二十四,拥有曳引机约五十七万五千匹马力。国有农场耕地面积,总计在一九三二年达一千二百万公顷。一九二八年之谷物生产量为五千七百万蒲得,至一九三一年已达四万万三千零二十万蒲得矣。

无论在集体农场与国有农场之中,借以机械为主要生产工具。所有应用于农业上之机械,以曳引机为最要,在第一次五年计划诸年间,计达十六万万卢布之数值;盖一九二八年时,仅值十一万万四千九百万卢布而已;由此可知其农业机械化之突进程度,实足惊人。

复次,苏俄实施农业机械化与集体化,乃以机器曳引机站为主要工具。此种曳引机站,系由政府选择农业区域适中地方举办之。其主要作用首在促进农民集体化运动:盖如某村农民,初营集体农场,一时尚无力购备机器,得向曳引机站租用,租费在收获后缴纳之,以利农民之进行,而更求渐次推广也。次在增进机器之使用效率:盖机器集中,其效用自加;在一九二八年时,所有曳引机之应用于集体农场者,共计二万架,有四万五千农户利用之。但据一九三二年之统计,集体农场与机器曳引机站两者所有曳引机达八万五千架,因成立曳引站之故,利用之农户竟达六百八十二万之多;播种面积,共有三千五百三十万公顷,即每户平均得有五·一八公顷。而未有曳引机站供用之八百十万户集体农场之农民。其播种面积为三千一百四十万公顷,每户平均为三·九公顷。余如一千万户之个体农民,其播种面积为一千九百八十万公顷,即每户平均仅一·九八公顷。由是而知有曳引机站供用之集体农场农户劳动生产量,较个体农户,约多两倍半;而较未有曳引机站供用之集体农场农户,则多百分之三十七。是以苏俄之所谓实施农业机械化,即在发展此种曳引机站网,在一九二八年时,仅有曳引机站一所,至一九三零年有一百五十八处,一九三二年计有二千四百九十八处,其马力达九十三万八千匹,同时曳引机站,已成为苏俄农村政治与文化之中心,每站设有医院,学校,图书馆,俱乐部等组织;是则曳引机站之作用,在消灭城市与农村之差异上,更为重大矣。兹更将谷物生产量与供给制造工业及食品工业作为原料之技术栽培品生产量指数,列表于左,以资参考:(以一九一三年数字作为一○○)

年次	谷物生产品%	工业原料品%		
		棉花	蔴	甜萝葡
一九二七	九〇·八	一〇七·〇	八九·〇	一七九·〇
一九二八	九四·四	一三一·四	——	——
一九三〇	一一〇·八	二一七·〇	一二五·〇	二六〇·〇
一九三二	一四〇·〇	三〇〇·〇	一四〇·〇	三〇〇·〇

苏俄农村经济集体化与机械化造成之伟大成绩,于此可见大概。至于第二次五年计划中,则决定至一九三七年,农民全体须集体化,农业生产须全部机械化,其理想中之规定,所谓曳引机站,须增加至六千所,以求偏布全国也。

四 苏俄近年来之工业建设

　　五年计划对于工业上之建设，一言以蔽之，曰：执重于重工业是也。据史丹林氏称："五年计划之根本在于重工业，重工业之中心为机械工业。依过去四年间努力之成绩，据共党决议文所发表，工业之生产额，占全产业总生产额之七成；一国之经济重心，于是由农村而移于都会。"苏俄本为一产业颓废之农业国家，乃一跃而为现代式之工业国，诚为世界经济发达史上所罕见，更查苏俄一九三二年度之工业生产量，比战前增加约计三倍半，比一九二八年，亦增二倍，煤之生产量，以此四年中，由世界第六位，进而居第二位。其工业中最重大之工业，能照预定计划完成者，为电气事业。此即列宁所谓"苏维埃全国产业电力化，"亦即"在经济技术程度上，须超过最先进资本主义国"口号之实现也。

　　据一九三一年之总决算，苏俄全部工业生产额，较一九三〇年增加百分之二十一。其工业品总值，达二百七十亿卢布，其中重工业占一百八十亿，增长百分之二八.七；较工业品占七十六亿，增长百分之一二.六；森林业占二十五亿，增加百分之一二.六，供给人民委员部所办之工业，其出产品价值占十五亿，增长百分之二十二。如就各工业部门言，则诸重要工业之增长，可列表如次：

主要工业部门	一九三一年较三〇年增长百分数
1. 机器工业	百分之四〇
2. 制作机器①	百分之七三
3. 电气工业	百分之六一.五
4. 电力生产	百分之四三
5. 煤油工业	百分之二二.六
6. 主要化学工业	百分之一七.四
7. 五金工业	百分之〇九
8. 石煤生产	百分之一四.三
9. 炼铜事业	增加三倍

　　至于一九三二年全部工业生产额，约达三百七十五亿卢布，较一九三一年更增百分之三十六；如以一九二五年为比较，则各重要工业生产部门增加之速，尤足惊人，兹列下表，以资参考：

九二五年	一九三一年	一九三二年	一九三二比一九二五增加之倍数
石煤	一七.六 百	五六.〇 百	九〇.〇 百	八倍余
煤油	七.二 万	二二.三 万	二七.四 万	约四倍

---

　　① 制作机器：如织布机，磨电机，造纸机，印刷机，农作机等等。

（续表）

九二五年	一九三一年	一九三二年	一九三二比一九二五增加之	倍数
铸铁 一.五吨	四.九吨	九.〇吨		六倍
炼钢 二.一	五.三	九.五		四倍半
农业机器 四八.六百	四四一百	——一百		
电气机 九二.五万	九二五万	——一万		
制作机 二.五卢	四〇卢	三〇〇卢		十四倍
机器制造 七三〇.〇布	五.七二四布	六.八〇〇布		约十倍
电力生产 二.九二五百万启罗华特	一〇.六〇九百万启罗华特	一七.〇〇〇百万启罗华特		约六倍
曳引机 四九六架	四一.二八〇架	八五.〇〇〇架		约二百倍
汽车 八〇架	二〇.五一一架	八〇.〇〇〇架		一千倍

在第二次五年计划中第一年，即一九三三年，预定全国产业总收入，可达五百五十亿卢布。其中工业方面，主要生产，规定如下：（一）电力一百六十三亿华特，（二）铁二千五百万吨，（三）煤油二百四十万吨，（四）煤八千四百万吨，（五）机械六十五亿八千五百万卢布，（六）曳引机六万架，（七）汽车四万辆，（八）其他车辆三百三十四辆，（九）化学工业十八亿三千九百万卢布，（十）轻工业生产品八十亿卢布（内棉布二十七亿五千万梅脱尔（moter）鞋八千万双），（十一）粮食品七十七亿卢布，（十二）木材二十亿七千二百万卢布，（十三）生产者合作七十九亿二千万卢布。从事于此等生产之劳动者，为数达六百五十四万三千人。

虽然，上述数字，为理想中之规定，其能否如愿，当证之以事实。而最近苏俄工业，受世界经济凋敝之影响，大有不景气之消息。并近日已时时发见各工厂工人薪资之拖欠：如乌克兰那省马力坡地方之改索夫斯塔大铜铁厂，已积欠工资至七十五万卢布之钜数，其他一切依此为生之副营业，均因之而不能支付工资，统计苏俄境内各大工厂，积欠工资总数，约在数万万卢布以上。是以工人生计已至岌岌可危之境，物价既日涨，食物亦缺少，加以工资不能按时发给。故苏俄工业界，正无时不在困难奋斗中，吾人且拭目以观其如何度过此危险期也。

五　苏俄近年对外贸易之进展

苏俄对外贸易之进展，事实上不及农工两业之发达。此则因输出方面，受世界经济恐慌之影响，各国购买力，由是而减少。在输入方面，则近年来有相当数字之增加，兹引苏维埃计划经济书中所载输出与输入数字，以资证明（单位百万卢布）：

年次	输入	输出	总计	出超（十）或入超（一）
一九一三	一,三七四	一,五二〇	二,八九四	（十）一四六
一九二三	四三九	五二三	九六二	（十）六三
一九二四	七二三	五五九	一,二八二	（一）一六五
一九二五	七二六	六七九	一,四三三	（一）八〇

（续表）

年次	输入	输出	总计	出超（十）或入超（一）
一九二六	七一三	七八〇	一，四八三	（十）六七
一九二七	九四六	七七八	一，七二三	（一）一六七
一九二八	八三六	八七八	一，七一四	（十）四一
一九二九	八八一	九二四	一，〇八四	（十）四三
一九三〇	一，〇五九	一，〇三六	一，〇九五	（一）二二
一九三一	一，一〇五	八一一	一，九一六	（一）二九四

在输入方面，苏俄进口大宗生产工具，加速工业化，实现社会主义建设计画，为其最大目标。故分析输入品，同时可证明苏俄农工两业之积极的发展。下表系据德国统计局所调查，以百万马克为单位：

	一九二九年		一九三〇年		一九三一年	
	价格	百分比	价格	百分比	价格	百分比
丝额	一，九〇三.二	一〇〇.〇	二，二八三.六	一〇〇.〇	二，三九三.一	一〇〇.〇
机械器具	四四八.〇	二三.五	八八三.六	三八.七	一，〇六二.一	四四.四
铁制品	六五.七	三.五	一三五.九	六.〇	二〇一.四	八.四
铁及钢	七二.八	三.八	一五二.七	六.七	二六九.八	一一.三
其他金属	一二九.七	六.八	一一六.五	五.一	一〇六.八	四.五
棉花	二五二.五	一三.四	一二〇.八	五.三	八七.九	三.七
羊毛	一七八.一	九.四	一〇五.七	四.六	六九.七	二.九
消费品	一九三.〇	一〇.一	二三〇.一	一〇.一	一二四.五	五.三

次之在输出方面言，原料品与半制品之出口，逐年有增加趋势；而金制品之出口加多尤速，俱足证明农工发达之成绩。余如生活资料与动物，有减少趋势，足证苏俄国内民众物质生活提高之结果。试观下列数字可见一斑：

年次	原料与半制品	全制品	生活资料与动物	合计
一九二五	五二.三	四.五	四三.二	一〇〇
一九二六	四七.五	五.〇	四七.五	一〇〇
一九二七	五八.五	一〇.九	三〇.六	一〇〇
一九二八	六三.七	一一.三	二五.〇	一〇〇
一九二九	六五.〇	一〇.三	二七.七	一〇〇
一九三〇	五六.一	九.七	三四.二	一〇〇

复次，苏俄对外贸易之国别，素以德意志及英吉利两国，占重要地位，次之为美法等国。盖苏俄输入机械之数，约占德国输出机械额之半数；英国机器输出额五分之四，为苏俄所购买。其他如美国之汽车销售数，约四分之三输入苏俄。据一九三一年之苏联年鉴统计，俄国对外贸易数字，如下表所列（单位百万卢布）：

	一九二八——二九年		一九二九——三〇年	
	出口	进口	出口	进口
德意志	二〇八.五	一八八.四	二一四.八	二三四.三
英吉利	一九二.五	四四.三	二三七.六	七八.九
美国	三八.四	一五二.九	四四.五	二八〇.三
波斯	七四.〇	六三.七	六一.一	四七.三
法兰西	四三.一	三〇.四	四四.七	三二.二
意大利	三〇.一	八.二	四七.二	一〇.三
波兰	一二.九	一六.四	一四.八	三四.八
荷兰	二六.二	一.八	三四.四	三.八
丹麦	一四.三	二.四	一六.七	五.八
西班牙	一一.七	四.四	一一.九	五.四
埃及	八.五	二七.七	一〇.五	一九.七
中国本部	一〇.九	二〇.八	九.七	八.三
新疆	一六.〇	一三.七	一五.二	一六.七
蒙古	九.九	一三.三	一六.四	一五.二
土耳其	一七.四	一二.一	一六.五	九.九

  总观上述,可知苏俄对外贸易发展情况之一斑。虽然苏俄对外贸易总额,在世界市场上所占地位则较轻微。据国联调查,苏俄对外贸易在整个国际贸易中之比例,一九一三年总计为百分之三.九〇,输入百分之三.五九,输出百分之四.二二;其后逐年降低,一九二六年总计仅达百分之一.一八,输入百分之一.一二,输出百分之三.二四;至一九二九年则又渐增,输入百分之一.一八,输入百分之一.一二;输出百分之三.二四;至一九二九年则又渐增,输入百分之一.二二;输出百分之一.四〇,总计为一.三〇,然尚不能恢复战前之地位也。

中国预算制度改造与历年财政收支之关系[*]

(中国经济学社第十届年会论文)

杨汝梅

第一节 中国预算制度之沿革

　　预算之形式,大别为编制,议决,公布,执行四项。而预算制度,即由预算形式所构成。预算制度中之最易发生问题,而引起学理上之辩论,及事实上之改造者,为编制议决两项。兹编之作,即系注重此两项而立言。吾国古时财政,但求库藏充盈,不必有收支均衡之计画,实无所谓预算制度也。虽冢宰制国用,必于岁杪,仿佛有截清年度之意,而并非预算制度。自前清试办宣统三年预算,始有预算制度发生。彼时以度支部为全国预算之编制机关,以资政院为议决机关,曾经编成宣三宣四两年预算。旋以革命军起,未及实行。民国成立,根据约法,以国务院负政治上之完全责任,以编制预算之权,属诸财政部,以议决预算之权,属诸国会,经大总统公布后,发生效力。由主管机关负责执行。此种制度,实以三权宪法之政治组织为依据也。

　　国民政府成立以后,在广东政府时期,曾设预算委员会。当时军政各费,均归其支配。南京政府成立,初设财政监理委员会,嗣由财政部长于五中全会时提议,设立预算委员会。厥后因委员变更,又改为财政委员会。以上皆为议决预算之机关。而编制预算之机关,仍为财政部。且各委员,类多不负责任,其核定预算之实权,亦仍操于财政部。预算有强迫性质。其强迫之力量,系出自被动。故各国议决预算,概属国民代表机关,而非政府内部之机关。故议决公布后,有强迫施行之力,不可随意伸缩。兹查上述各委员会,系由政府内部人员所组织,其自身议决之数目,仍可以自身之议决,增减变更之。此种机关,实不胜议决预算之任。故十七、十八、十九各年度之预算,始终未能成立。后经中央决议,取销财政委员会,将核定国家岁入岁出概算之权,提归中央政治会议。在此训政时期,以党权代表民权,政治会议为党与政府之连锁机关,以政治会议当议决预算之任,与现行政体。至为吻

---

[*] 本文原载于《经济学季刊》,1933年第4卷第4期,第47—68页。

合。但按照五权政治之原则，财政部为编制预算机关，仍属不合政情。故于二十年四月，依据第三届四中全会之决议案，成立国民政府主计处，使其以超然地位，当预算编制之任。虽因规模草创，职权尚多未能行使，但已能于二十年八月，将国家普通岁入岁出总概算，编审完成。经过中央政治会议及立法院之两重议决，于二十一年四月，由国府公布施行。是为国民政府成立后之第一次正式预算。二十一年度二十二年度预算，亦经主计处，限期编成。虽因收支不符，未能全部议决，而二十二年度抽编十三类假预算，已能于年度开始前，决定公布施行。是又预算制度改革后之一种变态的表现也。

第二节　新预算制度成立之根据

查第三届四中全会刷新政治案，有特设主计处，以促成二十年度预算之决议。第四届四中全会改善财政制度案，复有超然主计制度之决议。是为吾国新预算制度成立之根据。吾人试从学理上事实上研究此种新制度成立之理由，不外下列两点：

（一）施行五权宪法之结果。
（二）迎合近代财政分权之新趋向。

一国之政治方针，及财政计画，胥藉预算以为表示。故预算之实质，不仅单纯财政问题，实已包含整个政治问题。预算之数字，虽岁入岁出并列，实则岁入系依据现行法令征收，并非根据预算始生效力。至于岁出预算，以其有关政府总揽治权之整个设施，应依据政府施政方针，分配各类经费之数目。在三权宪法之国家，多以政治上最高机关，当核编总预算之任。如美国以编制预算之权，提归大总统，另设预算局，使任执行事务之责。英国财政部采委员制，其第一委员，由国务总理兼任，故以财政部汇编总预算。此外如法意德日等国之财政部，悉为组成政府之重要分子，故皆得以财政部汇编总预算。我国试行五权宪法，国民政府总揽治权，为行政，立法，司法，考试监察五院之集合体。五院各自独立，行使其治权之一。而财政部系属行政院内之一部份，非组成国民政府之一权，其地位职权，已不胜编审总预算之任。今依据国民政府组织法第九条，设一超然地位之主计处，使对国民政府委员会负责编制总预算实为施行五权宪法之当然结果也。预算为国民代表监督政府财政之工具，经国民代表机关议决后，有强迫施行之力。此种强迫力量，出自被动，政府不得随意伸缩。彼政府自编自决，且可自由伸缩变更者，已失预算制度之本旨。国府以前曾设预算委员会，财政委员会，虽称为议决预算之机关，然组织委员会之分子，皆为政府内部人员，其可以决定预算数目，亦可自由伸缩变更，不合于预算之强迫性质，故终不能成立正式预算。国民政府，为中国国民党之政府，在训政时期，以党代表人民，即在人民政治能力未充足以前，由党代行其权力。是现在议决预算之权，应属于党。惟党之力量，常隐藏于政府之背后，故特设一政治会议，使为党与政府之连锁机关。党于政府建国大计,及其对内对外政策,有所发动,须经此连锁,而达于政府。简括言之,政治会议,在发动政治根本方案,对党负责。国民政府,在执行政治方案,对政治会议负责。故现在议决预算之实权,在政治会议,不在立法院。盖训政时期之立法院,其议决预算,乃以国家机关之资格,非以人民代表之资格,乃技术的,而非政治的也。但至宪政时期,立法委员出自民选,彼时议决预算之实权,自当专属于立法院也。或因修正国民政府组织法,规定国民政府主席不负实际政治责任,遂致疑于主计处所编预算,亦为不负责任之预算。此种议论,实未就现行政治组织之内容,细加研究也。盖世界各国,不负责任之元首,其府内皆别无其他有责任之组织,如我国北京政府之大总统,法国之大总统,英日两国之皇帝,皆为不负责任之元首,其府内宫内,皆别无其他负责任之组织。若我国国民政府,固明明设有国府委员会,以总揽治权,缘五院既各自独立,行使一权,必须国府委员会有责任,始能总揽治权也。若谓国民政府委员会,亦为不负责任之机关,则国民政府之治权,无法总揽,将整个失其存在之根据矣。(因五院各自独立,行使治权之一部份,别无总揽机关。)或谓编制预算,为行政权最要之一部,其目的不仅在维持岁入岁出之平衡,盖有关国家将来之计画,如产业之支配,国防之设备,皆须通盘筹画。惟有身当行政之衡,完全了解各方面情形者,方胜此任。故各国编制预算之权,多属责任内阁,如英法日本德意等国是。或属责任总统,如美国是。吾国之国府主席,为不负责任之元首,不能于主席之下,有直属编制预算之机关。然此说不能认为圆满,证以下述各事实,即可知矣。兹分析其理由如下:

(子)在三权政治之国家,如为责任内阁,则内阁即为总揽政治全权之机关,其上仅有不负责任之元首,故以编制预算之权,属之责任内阁。如为责任总统,则总统即为总揽政治全权之机关,别无其他总揽政治权之机关,驾乎其上,故以编制预算之权,属诸总统。

(丑)吾国现行五权宪法,五院各自独立行使其治权之一,而不相统属。行政院之职责,虽较他院为重,然从国民政府之整个治权观察,亦仅与立法,司法,考试,监察四院,立于平等地位。衡以三权政治之责任内阁,其性质实多不相同。盖现行国民政府组织法。五院之上,明明有一总揽治权之国民政府委员会,不仅有一不负责任之主席,在其上也。现在负有国防重大责任之机关,如军事委员会,参谋本部,训练总监部,军事参议院等机关,皆依此理由,直属于国民政府。而军事委员会,在现时政治上所负责任,实与行政院相等。夫以如此重大责任之机关,尚可直属国民政府,是国民政府委员会之有责任,已属显然。今将编制预算之机关,置于其下,似更无怀疑之余地也。是为吾国新预算制度成立之第一根据。

政治上分权之运用,以得其平衡为原则。财之分配不均,尤易引起政治上之纠纷。前此各国财政制度,有一共同之弊病,即财政部兼有筹集财源,及支配用途之两重责任是也。夫筹集财源,本为财政部之专责,如整理租税,整理公债,统一货币,统一金库等职务,均应专归财政部办理,不宜另设骈枝机关,分割财政部权限,致令办事掣肘。筹集财源之权限统一,则容易获到巨额收入,以尽其固有之职责。至于支配财政用途,以达到政治上之目的为标准。具有分配权者。含有左右政治之威力,须属之政治上之最高机关,始能统筹全局,公平分配。在此私有财产权时代,财之力量,足以支配一切。有财之机关,本已为人所特别重视。若有财之机关,再兼支配用途之权,则一切政治,有为此一机关操纵把持之危险。且一机关之能力之限,若担任过多之事务,往往以能力不足,显此失彼,放弃其应负之职责。试观我国近年政治事实,财政当局,常因支配款项,引起各方面之责难,致财政当局,以全副精神,消耗于敷衍周旋之中,不暇为整理财源之根本计画。此非主管人员之咎,盖亦制度不良之咎也。故近代财政制度之新趋向,多主张将原有之财政部,改为国库部,俾专任筹集财源之责。不仅有此理想,且已见诸事实。意大利曾于财政部外。创设国库部。法国已于一九二五年班乐卫内阁时代,创设预算部。英国监视国库金之责任,不属于财政部,而属于审计长官。美国自一九二一年六月十日以后,以编审预算之权,提归大总统。凡此,皆为各国财政分权之新趋向。是为吾国新预算制度成立之第二根据。

(补注)以上立论系以现行政治组织为根据,若将来国民政府组织法别有根本改造,则现在所谓预算制度之根据,亦当然随之变更也。

第三节　国家财政收支与预算制度之关系

国家整理财政之要素有二,曰统一,曰公开。不统一,则财源分散。主管机关无管理财源之全权,即无法筹得巨额款项。不公开,则隐蔽国家岁计真相,无从获得民众之信任。二者皆与预算制度有密切关系。必能确立预算制度,而后能收统一公开之效。吾国之有预算制度,始自前清末年之清理财政。财权之逐渐统一公开,亦始于是时。考前清之国家财政收支,在咸丰军兴以前,变动甚小,每岁出入之数,常在三千万两至四千万两之间。至光绪三十四年,其出入总数,已均达二万万两以上。迨宣统三年试办预算,其岁入总数,遂增至三亿零一百九十一万二百两,其岁出总数,遂增至二亿九千八百四十四万八千两。较之光绪末年,约增三分之一。较之咸丰初年,约增九倍以上。此中变动之原因,出于军事外交之事实者,居其半。出于财政制度不良,未能表示财政真相者,亦居其半。查清代财政制度之弱点有二。其(一)为未划分国家税地方税。以支配全国税收之权,集于君主一人,中央用款,悉命。各省拨解。在君权完整时期,固能操纵自如。自咸同以降,君权旁落,督抚日渐专政,中央失控制地方之权。一切财源,遂为地方当局所把持。中央无直接管辖之财源,每遇筹款,先须获得地方当局之同意。筹集财源之实权,既操于地方当局,则愿筹与否,或筹多筹少,皆非中央主管机关之户部所能主持。地方入款,分为两部分。一部份解拨京协各饷,一部份留省自用。但实际上各省入款之支配,皆先地方,而后中央。地方支出,分内销外销两项。内销款有一定,用途及数目，须受中央之限制。外销款实报实销，地方有便宜处置之权。各省对于外销款，向来自筹自用，并不报部。内销款之报告，亦多欠确实。可知从前户部报告之收支数目，实有大部份遗漏。故其发表数字之小，正所以表示当时财政之未能公开也。其（二）为户部无管理财源之实权。清代地方财政，以藩司为总汇之处。其外尚有粮道，盐道，关道等机关，分掌财权，但俱受督抚之直接指挥。户部如欲指挥各省财政官吏，必须请旨饬行，始能有效。且中央对于地方财源之内容，毫无正确认识，每有策划，常恃臆度，纵有精密计画，亦不能筹集巨额款项，以补充国库用途。

　　以上事实，证明清代财政之不能统一公开，实由于制度不良。至光绪末年，始悟欲解除财政上之困难，非改造制度不可。于是翻然变计，乃有清理财政案之成立。于中央设清理财政处，于各省设清理财政局，清查一切外销内销款项之性质，剔除各种陋规，由度支选派监理官驻各省监理，编成二十二省财政说明书，及宣统三年之试办预算。有此清理结果，遂使向未公开之财源，悉得列于预算册内，以表现国家全部岁计之真相。从形式上观察，似已觅得统一公开之途径。然而中央与地方之财源，仍未能划清界限，尚非澈底之改革也。民国肇造，百端待理，事变纷乘，未遑改造财政制度。中央本无固有财源，又无指挥各省财政官吏之实权。一切财源，悉被各省当局所截留。彼时维持中央政府之生存，全恃外债。故民国元二两年之收支，难以常例相绳。虽编有二年度预算，经众议院修正通过，然其岁入为五万五千七百零三万一千二百三十六元，岁出为六万四千二百二十万六千八百七十六元，相抵不敷八千五百二十万零五千六百四十元，且公布时年度已过，事实上并未施行。民国三四年，一面以中央武力，恢复各省解款，一面指定验契税，印花税，烟酒税，烟酒牌照税，牙税等项收入，为中央专款。其关盐两税余款，则因外债关系，自然变为中央所有。由是中央始有确定财源，以为后日划分国地两税之基础。民国三四年之财政收支，亦比较其他各年为确实。三年度预算在中央开财政会议分省核定，除地方之款剔除另计外，国家岁入为三万八千二百五十万零一千一百八十八元，国家岁出为三万五千七百零二万四千零三十元，相抵尚余二千五百余万元。四年因改会计年度为历年，无满收满支之年度预算，仅有四年分国库实收实支表，其岁入为一万三千六十七万八千一百二十七元，内以中央专款及各省解款为大宗，而并无外债收入；岁出为一万三千九百三十万六千四百五十四元，内以军费为大宗，而比较其他年度军费为核实。三四二年之财政，在北京政府，可称黄金时代。五年以后，中央失去控制各省财政之权力，于是解款无形消灭，而专款亦被截留，中央财政，又陷于困境。五年度预算，经过参政院议定，其岁入为四万七千二百十二万四千六百九十五元，岁出为四万七千一百五十一万九千四百三十六元，相抵剩余六十万五千二百二十九元。但实际仍属收支不敷。六七两年度，均无正式预算。八年度预算，经新国会通过，共岁入总计六万四千七百六十九万一千七百八十七元，岁出分经常，临时，特别三门，经临合计五万四千三百零三千一百十一元，特别门一万零四百六十八万八千六百七十六元，总计与岁入柜埒。衡以法律上之形式，民五,民八两年度预算,已完法定手续,但事实上之收支,多未依照预算施行。民八以后,政权分裂,财政愈紊,即此形式之预算,亦无从表现。惟十四年北京财政整理会,征集中央及各省区自编之部分预算草册,删除各省区临时费,其余不加修订,分类汇编,名曰暂编国家预算案,其岁入总计为四万六千一百六十四万三千七百四十元,其岁出总计为六万三千四百三十六万一千九百五十七元,虽非正式预算,而亦可表示北京政府最后之大体财政状况也。

国民政府于十四年秋,已在广东成立。当时规模草创,虽无所谓预算,然据财政部所公布十四年十月起至十五年九月止之国省两库收支报告表,其收入总额为八千零二十万元,其支出除坐支各数外,总计为七千八百二十九万七千元。十五年,政府移至武汉。自十五年九月间起至十六年三月底止之收支报告,其收入总计为三千三百零一万八千四百四十四元,大多得自筹借款项,而税项收入甚少,其支出总计为三千二百四十六万四千五百三十六元,而军费实占其大宗。十六年夏,建都南京,是为应付军事,完成北伐时期。自十六年六月二日至十七年五月底止,其收支总计(除去暂记收支)各约一万四千八百万元。收入以债款占其半数,而支出军费占百分之九十。自十七年六月起,已入收束军事,规画建设时期。由是年六月至十二月底止,其收入总计(除去暂记及冲账之收款)为一万六千零五十万八千五百零二元,其支出总计(除去暂记及冲账之付款)为一万六千一百八十三万九千零三元。十八年分全年国库实收数,为四万零二百八十七万一千五百三十八元,(内有暂记收款七五九,一〇九元,冲收前期付款一,八六六,〇六一元。)每月平均收数三千三百五十七万二千六百二十七元,全年国库实支数,为四万零七百一十七万七千六百九十九元,(内有暂记付款一,三五七,二一九元,冲付前期收款六五六,三四六元。)每月平均支数为三千三百九十三万一千四百七十一元。另据财政部公布之十八年度(自十八年七月至十九年六月底)中央收支报告,其岁入总计为五万三千九百万零五千九百一十九元,其岁出总计为五万三千七百三十四万六千零四十七元。(除去暂记付款)十九年度中央收支报告,其全年度税项收入为五万六千零九十二万六千一百九十八元,减去坐拨征收费及退税,实收四万九千七百七十五万三千八百零三元;债券及借款收入为二万二千五百六十八万零六元,减去归还上年度透支银行款,实收二万一千六百七十一万四千三百四十元。总计岁入为七万一千四百四十六万八千一百四十四元。其全年度党务费支出,为五百零七万零八百元;政务费支出,为五千九百九十五万六千一百一十二元;军务费支出,为三万一千一百六十四万六千一百二十八元;稽核所拨付当地长官款,四千七百五十二万五千一百六十九元;债务费,二万四千一百零二万七千六百七十九元;赔款,四千八百五十万零八百九十九元。总计岁出为七万一千三百七十二万六千七百九十元。二十年度中央收支报告数,与二十年度预算数之比较如下:

二十年度预算数与收支报告之比较

摘要	预算数	国库收支报告数	差数
岁入总数	八九三,三三五,〇七三元	六八二,九九〇,八六四元	二一〇,三四四,二〇九元
重要科项收入之比较			
关税	三七四,六八二,〇〇〇元	三六九,七四二,六三七元	四,九三九,三六三元
盐税	一六三,二四七,四一七	一四四,二二二,七一六	一九,〇二四,七〇一
烟酒税	三三,二三二,七〇三	七,六二五,七八五	二五,六〇六,九四五
印花税	一五,六二三,六三四	四,七九八,九五〇	一〇,八二四,六八四
统税	七五,七七七,二二八	八八,六八一,七九八	一二,九〇四,五六五
矿税	一,〇七一,二八八	无	
交易所税	一〇一,〇〇八	无	
余省略			
岁出总数	八六六,九八〇,四五九元	六八二,五三二,三九三元	一八四,四四八,一〇二元
各类大数之比较			
党务费	六,二四〇,〇〇〇元	三,九二二,八九四元	二,三一七,一〇六元
军务费	二九六,五六九,四三九	三〇三,七七七,〇六二	增七,二〇七,六二三
债务费	三四三,四〇四,六四四	二六九,八四三,九二一	七三,五六〇,七二三
其他各类经费	二二〇,七六六,四一二	一〇四,九八八,五一六	一一五,七七七,八九六

（补注）此表所列本年度岁出预算数,已减去总预备费;本年度支出报告数,已减去暂记付款;其预算数与收支报告数之差额虽巨,而考其实际,并非事实上有此巨额之差异,不过计算上之差异而已。缘现在国库尚未统一,国库收支报告数,只能以国库账簿内已有之收支数目为限。其未入国库之收支数,遗漏甚多。而预算系以满收满支为原则,所有属于国家之一切收支,不问其曾否经过国库记账手续,均应一律列入预算。故项算数,大于国库收支报告数,正所以表示国家全部岁计真相也。又查国库报告数之军务费,较预算数反多七百余万元。系因军务费内有四千八百六十万零四千七十三元,系补付以前各年度军费,与二十年度预算无涉。二十一年度预算,因国难延期,主计处虽能于二十一年十一月内编呈国府,转送中央政治会议,终以收支不敷,及年度瞬将终了之理由,否决,但此一年度之收支,已成过去事实。兹根据中政会发表之数字,摘要列表,以供参考如左:

二十一年度国家普通岁入概算表

（一）	盐税	一四一,五一五,二〇四元
（二）	关税	三二一,六六一,八八五元
（三）	烟酒税及印花税	四一,一六四,〇一五元
（四）	统税	八六,七一二,七七五元
（五）	矿税	二,一四四,四六〇元

（续表）

（六）交易所税	一二〇,〇〇〇元
（七）国有财产收入	五,九七二,八三一元
（八）国有事业收入	一,四七五,二〇六元
（九）国家行政收入	一一,三二一,二九六元
（十）其他收入	九,六一九,六七八元
合计	六二一,七〇七,三五〇元

（附注）关税,盐税,烟酒,印花四项收入,系减除东三省收入数计算,故较财政部原报数减少。兹为明瞭中央收入真相起见,再将本年度各地留用国家税收估计数。列表如下:

各省市留用国家税收概数表

| 种类 | 收入数 | 当地留用数 | | | 余数 |
		各省留用	东三省截留	留用合计数	
盐税	一六四,六一五,二〇四	四二,一二〇,六八二	二三,一〇〇,〇〇〇	六五,二二〇,六八二	九九,三九四,五二二
关税	三五九,七二三,七四一	二二二,九四六	三八,〇六一,八五六	三八,二八四,八〇二	三二一,四三八,九三九
烟酒印花税	四九,一一三,二四七	一七,八一四,一九二	七,九四九,二三二	二五,七六三,四二七	二三,三四九,八二〇
统税	八六,七一二,七七五	四,九三五,五四四	——	四,九三五,五四四	八一,七七七,二三一
矿税	一,七七二,九三〇	一八四,九一二	——	一八四,九一二	一,五八八,〇一八
交易所税	一二〇,〇〇〇	——	——	——	一二〇,〇〇〇
财产收入	三,一三九,〇四四	八二,一九九	二七,八二五	一一〇,〇二四	三,〇二九,〇二〇
事业收入	二,六八八	——	——	——	二,六八八
行政收入	一,三五七,〇五八	一六一,六四三	五八,三五八	二一九,九〇一	一,一三七,一五七
其他收入	二,七〇一,二三〇	一五一,一五〇	二〇五,一二五	三五六,二七五	二,三四四,九五五
临时收入	四,二二七,三四八	二,四〇〇,〇六八	——	二,四〇〇,〇六八	一,八二七,二八〇
总计	六七三,四八五,二六五	六八,〇七三,三三九	六九,四〇二,二九六	一三七,四七五,六三五	五三六,〇〇九,六三〇

（附注）此表所列各省留用之款,大多拨充军政各费。所列东三省截留数,即前表岁入内减除之虚数。当地留用税款之征收费,已列入财务费概算内。其已由各该税款内坐支者,悉予减除,以期实。

二十一年度国家普通岁出概数表

（一）党务费	六,二四〇,〇〇〇元
（二）国务费	一三,六四二,〇五一元
（三）军务费	三三五,一一〇,一六一元
（四）内务费	六,二〇七,四二二元
（五）外交费	一一,〇六〇,一六六元
（六）财务费	七六,六八八,一八〇元
（七）教育文化费	一九,〇三六,四七〇元
（八）司法费	二,四九三,二二八元
（九）蒙藏费	一,八一五,六三九元
（十）实业费	六,一六七,三二三元
（十一）交通费	五,八九五,五一四元
（十二）建设费	七,〇八六,一九五元
（十三）债务费	二二三,九六一,二四七元
（十四）补助费	七二,九四三,〇四一元
合计	七八八,三四六,六三七元

（附注）二十一年度各机关岁出，因在国难减政期内，多数机关，仅支维持生活费，或减成发给薪俸，实际支出较少。主计处编送总概算时，为求收支相符起见，会依据中央法案及事实，拟具补救意见，将前表所列之数，一律核减计算。其最后之收支，差数本只有数千万元。第因一部份机关，早已十足发薪，公平折减之办法，为事实所不容，故主计处拟具之补救办法，未能见诸实行。

二十二年度预算，其岁入本无问题，第因收支不符，未能议决公布，然已令主计处将岁入总预算，抄送财政部照案核收其概数如下：

二十二年国家普通岁入概数表

科目	概算数	百分比率
（一）盐税	一四六,七四八,一四八元	二一.五七
（二）关税	三五四,六五六,八八〇	五二.一二
（三）烟酒税	二三,五四三,〇五五	三.四六
（四）印花税	一二,九三九,八五三	一.九〇
（五）统税	九二,九七五,〇九一	一三.六六
（六）矿税	二,六八三,一六〇	〇.三九
（七）交易所税	一四〇,〇六八	〇.〇二
（八）银行税	一,六〇〇,〇〇〇	〇.二四
（九）国有财产收入	三,六一七,一五八	〇.五三
（十）国有事业收入	一,六七四,二六二	〇.二五
（十一）国家行政收入	一二,一五一,一六七	一.七九
（十二）国有营业纯益收入	一,一三八,三三八	〇.一七
（十三）其他收入	二四,七一〇,四〇九	三.六三
（十四）协款收入	一,八三六,〇〇〇	〇.二七
岁入总计	六八〇,四五一,五八九	一〇〇.〇〇

二十二年度之国家普通岁出概算，因军务费债务费两类数目，占岁出总额十分之八，为数太巨，无法使收支平衡，故中央政治会议仅议决其他十三类岁出，称为二十二年度抽编国家岁出假预算。兹录各类大数如下：

二十二年度抽编国家岁出假预算各类总数表

科目	预算数
（一）党务费	五，四八九，一〇〇元
（二）国务费	九，七一三，二〇〇元
（三）内务费	四，〇六九，〇四二元
（四）外交费	一〇，六六二，九八九元
（五）财务费	六四，九六九，一七五元
（六）教育文化费	一六，六一八，一八四元
（七）司法费	二，六七六，三五九元
（八）实业费	四，二三四，九二二元
（九）交通费	五，〇八三，七三八元
（十）蒙藏费	一，三四〇，一九二元
（十一）建设费	七一五，〇〇〇元
（十二）补助费	二九，八七八，四四九元
（十三）抚恤费	六，〇二九，八一〇元
合计	一六一，四八〇，一六〇元

兹将十三类岁出分为经常临时两门用百分比率分析如下：

科目	预算数	百分比率
经常门		
党务费	五，四二九，一〇〇元	三.四二
国务费	九，五二〇，〇〇〇	六.〇一
内务费	四，〇六九，〇四二	二.五七
外交费	八，九一二，九八九	五.六三
财务费	六四，九六九，一七五	四一.〇三
教育文化费	一六，五四九，四六四	一〇.四五
司法费	一，九一九，六〇〇	一.二一
实业费	四，〇三四，九二二	二.五五
交通费	四，九六三，七三八	三.一四
蒙藏费	一，三四〇，一九二	〇.八五
建设费	七一五，〇〇〇	〇.四五
补助费	二九，八七八，四四九	一八.八七
抚恤费	六，〇二九，八一〇	三.八一
合计	一五八，三三一，四八一	一〇〇.〇〇

(续表)

科目	预算数	百分比率
临时门		
党务费	六〇,〇〇〇元	一.九一
国务费	一九三,二〇〇	六.一四
外交费	一,七五〇,〇〇〇	五五.五八
教育文化费	六八,七二〇	二.一八
司法费	七五六,七五九	二四.〇三
实业费	二〇〇,〇〇〇	六.三五
交通费	一二〇,〇〇〇	三.八一
合计	三,一四八,六七九	一〇〇.〇〇

再将十三类岁出经常临时数合计,并归并为五类,以百分数分析其内容如下:

百分率

1. 党务费　　　五,四八九,一〇〇元　　〇.〇三
2. 普通政费　　五五,一一三,六二六元　　〇.三四

普通政费包含国务、内务、外交、教育文化、司法、实业、交通、蒙藏、建设、九类经费在内。

3. 务政费　　　六四,九六九,一七五元　　〇.四〇

管理财务为达到行政目的之一种手段,故财务费与普通政费有别。

4. 补助费　　　二九,八七八,四四九元　　〇.一九

内容分地方部分、教育部分、事业部分、司法部分四项,此类经费是,亦与普通政费有别。

5. 抚恤费　　　六,〇二九,八一〇元　　〇.〇四

此类经费,亦与普通政费有别。

以上总计　　　一六一,四八〇,六〇元　　一.〇〇

此次原编总概算共分十六类除军务债务尚未核定预备金亦无从计算外实只十三类前项百分比率仅就十三类总数计算并非对于岁出总数之百分比率合并声明。

综合上述各时期之收支数字而比较之,发见下列两种特殊情形。(1)最近数年度之中央财源,较之民国初年,增加一倍以上。(2)国库收支报告,与预算数相差甚巨。第一特殊情形之成功,由于划分国家税地方税,使中央有确定财源。并统一征收上之行政用人权,使中央得以切实整顿收入。故收入逐渐增多。虽财政部所定统一财源计划,事实上尚多未克施行,但制度上确已表现其进化。第二特殊情形之发生,由于国库尚未统一。国库所作之收支报告,仅能以经过国库账簿登记之数目为限。对于国家全部收支,遗漏尚多。而预算须根据预算科目,满收满支,所

有各方面属于国家之收支,除去重复数目外,应悉数列入。故现时预算上之收支数目,大于国库收支报告数目,正以表现国家全部之岁入岁出真相;从反面观察,国库收支数目之小,所以证明国库之尚未统一也。由第一情形观察,是谓财政制度之进步。由第二情形观察,是谓财政制度之缺陷。财政制度之实质,不外筹集财源,及支配用途两项。财源之性质,或属国家,或属地方,必须严格划分。财源之征收,必须有整齐之指挥实权,始能筹集巨额款项,以达到统一国库之目的。至与支配用途,则与整个政治问题有连带关系,须另设一超然机关,主持其事,始易公平支配,达到财政公开之目的。欧战后,各国财政分权之新趋向,多注重于此点。观于法国之特设预算部,益可证明支配用途之权,从令为三权政治之组织,亦以特设一机关办理为宜,不可与筹集财源之机关混合也。

第四节　结　　论

依据前述事实及理论,可知吾国财政制度,确有进步,惟事实上,尚多未能实行耳。国府建都南京以来,因厉行国地两税之划分,及统一征收机关之行政用人权限,使中央财源,逐渐增加,财政基础,逐渐稳固。虽预算上之收支数目,常形不符,而支出最巨之数目,只有军费及国债两类。军费膨胀,系受内忧外患之影响,与财政制度无涉。整个政治问题苟有办法,军费自可缩减。国债支出,虽每年均达二万数千万元,而债本已逐年减少。现查有确实担保之内外债,截至二十一年十二月底止,共欠国债纯本只有十四万一千七百余万元。截至二十二年六月底止,共欠国债纯本只有十三万二千六百余万元。再加庚子赔款结欠本息余额,约合国币十万零七百余万元。总计未还之内外国债及赔款,亦不过二十三万三千余万元。(其细数详见岁计年鉴国债一章)只须政府能坚持不再借债,弥补经常军政各费之主张,则债本逐年减少,腾出财源,自不难勉使收支适合也。试与东邻之日本比较,彼之昭和八年度预算,其岁出总额已达二十三万零九百余万元,其弥补岁入不敷之公债,已达九万五千余万元,具国债总数,截至昭和八年年底,已达八十亿元以上。就此一端比较,吾国财政基础,已较彼国为稳固。再就吾国之预算制度而论,现已采用最新之财政分权方法,使支配用途之机关,不与筹集财源之机关混合。虽因种种事实障碍,尚未完全划清权限,而制度之改革,已确有相当进步。兹就推行此种新制,尚应商酌改进之点,摘举于左,以备商榷:

(1)欲使预算适合政情,须有大政方针为前提。国民政府应照预算法第二十六条,于每年七月内,决定次年度之施政方针,令行主计处及各主管机关,俾作编拟概算之标准。

(2)主计处须于编制总概算书之前,随时约集各主管机关主办岁计人员,会商各类岁入岁出之估计方法。对于财政部审计部负责人员供给之意见,尤应特别重视,俾估计之数字,易与事实接近。

（3）须有一种法令，强迫各机关如期编送概算，不许逾限。各机关弗克如期编送时，责成主管机关代编。主管机关弗克如期编送各类概算时，由主计处参照最近年度收支事实，代为编列。其被代编之数字，各机关均不得于事后提出异议。

（4）主计处岁计局须常设具有各种专门学识经验之调查员十余人，随时分类调查预算所需要之材料及事实，以备审编预算之参考。

（6）各主管机关主办预算决算人员，须使直接受主计处岁计局之指挥，但不必由主计处委派。

（7）主计处组织法内规定之主办会计统计人员，应一列改称主计人员，以划一其名称。会计长统计长应改称主计官，俾常出席于本处之主计会议。会计主任统计主任应改称主计科长，俾与各部会原有科长之名称一致。会计员统计员，似应暂缓独立设置。主计官办公处之下，可设岁计，会计，统计三科。主计科长之下，可分设岁计主任科员，会计主任科员，统计主任科员。各主管机关之岁计，会计，统计事务，但有一项特别，繁重者，即可设置主计官一员。但具所属各科人员，得依各项事务之繁简，斟酌支配。

（8）各机关之主计人员，可由主计处于该机关原有职员内，先行选派充任。主计处只须保有指挥及撤换之权力，即足行使其职权，似不必遽行直接委派，以减少推行新制之阻力。

（附注）考英国财政部，无直接支配国库金出纳之权，其职掌殆全属财务监督，非如各部之直接执行行政事务也。就其实质论，与其称为财政部。不如称为主计部。该部对于各机关之会计长，系就各机关原有高级事务官中选择充任，并非由财政部直接委派。各会计长在财政部指挥监督之下，执行职权。财政部对于各会计长，立于超然监视之地位，转有监督及撤换之自由。会计长如有溺职情事，财政部可自由撤换，而不必代负其责任。吾国创有主计制度，关于任用各机关主计人员一节，为兼顾法令及事实起见，似可先行仿照英国办法，以利推行。

以上各端，只就现行制度，举其应行改革之荦荦大者而言，其余详细办法，是在主办当局，因时制宜，随时改革，非作者一时一语，所能尽其蕴奥也。

中央及地方预算法规之研究

杨汝梅

本文系杨氏最近在国立交通大学专家讲座讲演稿,内分五段:(一)中国新预算制度成立之根据,(二)办理预算必须依据各种法令,(三)办理预算之程序,(四)岁计平衡与国债,及(五)结论是。惟四五两段,闻以时间短促,未能讲毕,故略而不录。——编者

一 中国新预算制度成立之根据

预算法规之制定,以预算制度为根据。预算制度之内容,大别为编制、议决、公布、执行四项。其中编制议决两项,尤关重要,往往随政治之进化潮流,而有所变更。吾国现行预算制度,以编制预算之职责,属诸国民政府主计处。将核定概算之权,提归中央政治委员会。主计处依据中央核定之岁计概数,编成总预算案,呈请国民政府,交行政院提出立法院核议。立法院议决后,呈请国民政府公布,由各主管机关分别执行。就此制度之内容,加以分析,与旧制度不同之要点有二:

(一)编制预算机关,以超然地位之国民政府主计处担任。由财政部内,划出此一部分职掌,俾财政上之其他一切重要职务,均得由财政部专责处理。

(二)中央政治委员会核定概算,与他国责任内阁之决定概算,性质相近,而地位略异。因中央政治委员会为党与政府之连锁机关,其职权仅在发动政治根本方案,而执行政治方案之责,仍在国民政府也。立法院之议决预算,衡以从前国会之性质,亦微有不同。因五权宪法之立法院,仍为治权机关,而非政权机关也。

上述新预算制度之成立,吾人权衡学理,揆度事实,认为有下列三种根据:(甲)世界政治之潮流,(乙)财政分权之趋向,(丙)吾国政治之背景。兹分述其理由于左:

甲 世界政治之潮流

预算为政府表示岁入岁出之一种平衡计划,而构成一国岁入岁出之现象,又多以近代之政治潮流为背景。故预算制度,恒随一个时代之政治信条而有所变更。

---

* 本文原载于《银行周报》,1936年第13期,第1—11页。

古时由封建社会,变为中央集权之国家时,因兵农分化,而国家岁出,以维持国家威力之常备军费为最巨。充此经费之一切岁入,均为特权收入。此时代之财政,对于人民之全部经济活动,均有干涉之权。财政不公开,一国之岁入岁出,由执掌政权者自由支配,故在此时代,无所谓预算制度也。

预算制度,实由自由主义之政治学说所促成。自十八世纪后半以来,都市工商业逐渐发达,人民对于政治,发生觉悟。咸认为国民之经济活动,应绝对自由,不受政治上之干涉。而政府之财政,应绝对公开,当时有"不出代议士不纳租税"之要求。政治革新以后,议决预算,逐为国会最重要职权之一。此一时代之政治信条,为自由主义,彼卢梭之民约论,亚丹斯密之自由竞争说,皆可为当时之代表学说。政府之财政政策,以不干涉人民之经济活动为原则;国家之财政设施,与人民之经济活动,截然划分。一般人之政治思想,均认为国家岁出完全归于消费,不生产任何财物,政府之政治设施,应限于极小范围,以保护人民之生命、财产、安全为其主要职责。于是政府岁出,大受限制。政府岁入,以无害国民经济为原则。国家自身不可经营产业。所有从前之官产官业,逐渐售让于人民,而政府岁入,逐以租税为中心。此时代之政治范围狭隘,财政事务简单,故将筹集财源与分配用途之两种职权,归同一机关办理,因而编制预算之职务,在各国均归财政部掌理。

自由主义积极发展以后,社会一般之生产消费,均在无政府状态之下,盲目进行。社会之财富,集中于少数资本家。多数人民之生计,及政府财政,悉受少数资本家之操纵支配,而贫富不均,阶级争斗,逐成为社会莫大之隐忧。于是社会政策之财政学说,乃应时势之需要,自然产生。此种政策,颇有缓和社会革命之功效。然此派学说,偏重分配,忽略生产,主张以财政手段,调剂社会财富之分配,对于岁入,重取直接税,轻取间接税,于所得税则舍比例税而采略进税,对于岁出,则主张削减其他政费,而扩充社会改良费,社会救济费。由是,社会事业费在岁出预算内,骤占巨额,而其他政费,仍为经费膨胀之趋势所支配,无法紧缩,军费反因列强竞争,而逐年增加,收入反因财源枯竭,而逐年短少。其结果,财政愈陷困窘,而产业衰弱,国民之生产力降低,社会之失业问题,益加严重。是偏重分配问题之财政政策,亦告失败。于是统制经济之财政理论,乃应时势之需要,而自然产生。所谓统制经济之财政,乃并重生产分配之政策,其表现于国家岁出预算者,除内政、外交、国防、教育、交通、卫生、救贫等支出外,属于统制企业之投资经费,增加甚巨,其表现于岁入预算者,除普通租税收入外,而各种公有事业之收入,渐占多数。国家财政,对于社会经济有统制指导之责任。财政机关之职责,在政治上益占重要地位;不仅整理租税,整理国债,及统制金融货币之关系,益较以前为复杂,而对于各种生产事业之财政统制,亦有赖于财政部之擘画。从整个政治观察,财政地位,已立于其他政治之上,苟非将旧有之政治机构,酌予改造,则政治上职权之分配,无法平衡。于是财政分权之理论,因之产生,而原归财政部掌理之预算职务,乃首先特设机关办理,籍以平衡政治上之职权。法国于一九二五年创设预算部,义大利曾于财政部外创设国库部,美国自一九二一年六月后,以编审预算之权提归大总统,由预算局专任其事,吾国特设主计处直隶于国民政府。凡此皆为迎合世界之政治潮流而产生之新财政制度也。

乙 财政分权之趋向

前此各国财政制度,有一共同之错误,即财政部兼有筹集财源及分配用途之两重责任是也。夫筹集财源本为财政部之专责,如整理租税、整理公债、统一货币、统一金库出纳、调剂金融汇兑等职务,均应归财政部专掌,不宜另设骈枝机关,分割该部权限,致令办事掣肘。筹集财源之权限统一,则容易获得巨额收入,用以满足人民公共之需要。至于分配财政用途,以达到政治上之目的为标准;具有分配权者,含有左右政治之威力,须属之政治上之最高机关,始能统筹全局,公平分配。在此私有财产权时代,财之力量,足以支配一切。一国之资本家,对于其他阶级之经济生活,隐具操纵支配之力。富有资力之银行,恒能支配社会之产业,并进而操纵政府之财政。财政部掌理国库出纳,其职权在无形中,已重于其他机关,若再兼分配用途之权,则一切政治,有为该机关操纵把持之危险。且一机关之能力有限,使担任过多之事务,则不免顾此失彼,放弃其应负之职责。试观我国过去之政治事实,财政当局,常因支配款项,引起各方面之责难,致财政当局须以全副精神,消耗于敷衍周旋之中,不暇为整理财源之根本计划。此非主管人员之咎,实制度不良之咎也。故近代财政之新趋向,多主张将筹集财源及分配用途之两种财政职权,分属于两种机关各别执行,以尽政治上分工合作之妙用。现代各国政府之会计收支,均划分为命令系统及出纳系统之两种程序,早已认为一定不易之原则。准此推论,可知财政上分配用途与筹集财源之两种主要职权,更不应并于一机关之内,混合办理也。或谓英国预算制度之产生最早,英国预算至今尚由财政部编制,似不必另设编制机关。然英国监视国库金元权责,不属于财政部,而属于审计长官(亦称管库审计长,代表国会,监督国库金)。财政部欲支出国库金,须先编概算,送经审计长官核定,通知英兰银行或爱兰银行后,始能支出国库金。就此点观察,英国财政部之职权,实不如他国财政部职权之完全。且英国财政部为委员制,其第一委员系国务总理兼任,故其他地位职权,与他国之财政部,差异甚多。英国财政部之职权,注重于财务监督,不注重于执行普通财务行政,财政部对于各部之会计事务,具有监督之权限。然各部长官皆为政务官,以处理政务为其专责。各部之会计事务,由各部之会计长负责办理,而财政部对于各部之会计长,有直接指挥监督之权。质言之,英国财政部之性质,实可称为主计部,与他国财政部之性质不同。吾人认为财政分权,乃世界政治之新趋向,不能因英国之特殊情形,致疑于财政分权不必要也。

(附注一)因英国之国库金在审计长官监视之下,财政乱不能直接支出国库金,故财政部不妨有编制预算之全权。

(附注二)日本帝国大学教授土方博士,对其本国之预算制度,亦有批评,曰我国财政(日本称为大藏省)为各部中之一部,一面可租税征收及其他行政事务,同时立于各部之上有,查定各部预算之权。在统制经济必要之今日,此种制度是否适当,大是疑问。

丙 吾国政治之背景

吾国现行五权政治,所有政治机关之组织,与三权政治之精神,根本差异。三权宪法,产生于自由主义之政治思想,其主旨在防止政府之专制,故偏重立法权。国会对于行政方面,有立法权、有弹劾权、其地位立于政府之上。五权宪法之主旨,在充实政府之权力,故将立法权及监察权,均列入治权之内。在训政时期,更应斟酌吾国实际政治情形,使治权内之五权,互相监视补助,以造成运用灵敏,集中国力之制度。吾国现行之新预算制度,实以五权政治之事实为背景而产生者也。预算为政府公开财政之手段,同时为国民监督财政之工具,预算议决公布后,须有强迫施行之力。此强迫力量,出自被动,政府不得随意伸缩。彼政府自编自决,且可自由伸缩变更者,已失预算制度之本旨。国府以前曾设财政监理委员会,嗣改为预算委员会,又改为财政委员会,此等委员会,虽均称为议决预算之机关,然皆无审政之根据,其自身议决之数目,仍可以自身之决议,增减变更之,不合于预算之强迫性质。故十七、十八、十九各年度之预算,均未能成立。国民政府为中国国民党之政府,在训政时期,以党代表人民,是现在议决政府概算之权,应属于党。惟党之力量,常隐藏于政府之背后,故特设中央政治委员会,使为党与政府之连锁机关。党与政府建国大计,及其对内对外政策,有所发动,须经此连锁,而达于政府。质言之,政治委员会,在发动政治根本方案,对党负责;国民政府,在执行政治方案,对政治委员会负责。中央政治委员会之地位,立于国民政府之上,有似于各国之国会,而实非国会。故中政会议决之概算,仍在主计处再编预算案,送立法院议决,以完法治手续。就中政会议决概算之权限而论,有似于他国之责任内阁,而执行之权,仍任国民政府。故中政会议决之概算,须送由国民政府,发交主计处,依法编制。国民政府主计处于二十年三月,依据第三届四中全会之决议案,因促成二十年度预算,而正式成立。主计处掌理关于预算之一切事物,直接对于国民政府委员会负责,间接对于中央政治委员会负责。国民政府总揽治权,为行政、立法、司法、考试、监察五院之集合权,五院各自独立行使治权之一,而不相统属。主计处直隶于国民政府,以超然地位,依法编成预算案,再呈国府交行政院,提出立法院核议。此种新制,于各方面职权,均无牴触,实最合五权政治之精神,在训政时期,似无其他制度,较此更为适宜也。

或因修正国民政府组织法,规定国民政府主席不负实际政治责任,遂致疑于主计处所编预算,亦为不负责任之预算。此种议论,实未就现行政治组织之内容,细加研究也。盖世界各国,不负责任之元首,其府内皆别无其他有责任之组织,如我国北京政府之大总统、法国之大总统、英日两国之皇帝、皆为不负责任之元首,其府内宫内,皆别无其他负责任之组织。若我国现在之国民政府,固明明于五院之上,设有国民政府委员会,以总揽治权也(中央政治委员会只有发动政治根本方案之权,其执行权仍在国民政府),五院各自独立行使治权之一部分,必须有一国民政府委员会,立于其上,始完总揽治权之作用也。或谓编制预算,为行政权最要之一部分,惟有身当行政之冲,完全了解各方面情形者,方胜此任:各国编制预算之权,多属责任内阁,如英德日本等国是;或属责任总统,如美国是;吾国之国民政府主席,为不负责任之元首,编制预算机关,不宜直属于主席之下。然此说不能认为圆满,试就下列之各政治组织,比较而分析之,即可证明此说之错误矣。

（甲）三权政治组织

在三权政治之国家,如为责任内阁,其上仅有不负责任之元首,则内阁即为总揽政治全权之机关,故以编制预算之权,属之责任内阁,由财政部专任其事,如英日两国之例;如为责任总统,则总统即为总揽政治全权之机关,故以编制预算之权,属诸总统,而特设预算局专任其事,如美国之例。

（乙）五权政治组织

吾国现行五权宪法,五院各自独立行使其治权之一,而不相统属。五院均立于平等地位,以编制预算之权,属之任何一院,均不相宜。财政部属行政院非组织国民政府之一权,若仍如三权政治之例,由财政部编制总预算,则显与五权政治之精神抵触。今依国民政府组织法第九条,设一超然地位之主计处,俾任编制预算之事,直接秉承国府之命令,间接遵照中政会之决议,从办理程序上观察,亦极便利,实为施行五权宪法之当然结果也。

现行国民政府组织,五院之上,明明有一总揽治权之机关。故负有国防重大责任之机关,如军事委员会,参谋本部,训练总监部,军事参议院等机关,均依此理由,直属于国民政府,而军事委员会在现时政治上所负责任,与行政院相等。夫以如此重大责任之机关,尚可直属于国民政府,今将编制预算机关之主计处直属于国府,似更无怀疑之余地也。以上三点为新预算制度成立之根据,亦即各种预算法规之根据也。

二 办理预算必须依据各种法令

政府财政之处理,始终不能脱离预算范围,在会计年度开始以前,须先制定预算公布,以为岁入岁出之基础。然成立预算,须经过法定手续,左列之法规,皆为应此需要而制定者也。

甲、现行法规:(一)预算章程;(二)办理预算收支分类标准;(三)预算科目细则,预算书表格式及说明,(四)营业机关预算科目,及编制概算书实例。

乙、预备施行之法规:(一)预算法;(二)财政收支系统法。

由预算章程改为预算法,其差异之点颇多。主计处岁计局编有"预算章程与预算法所定办理国家地方预概算各要点之表解",极便查对,载在岁计年鉴第二辑第六章,及二十四年度,国家总预算内。

关于预算之执行,除依据预算法规外,尚须依据各种会计法规。在新会计法未成立以前,民三会计法,亦暂准援用,而财政部"会计则例"及主计处所定"中央各机关及所属编制收支报告暂行办法",均可为过渡时期收支程序之准绳。自会计法公布以后,而前此颁行之"中央各机关及所属统一会计制度"必须大加改造,始符新法之精神。考会计法之内容,对于簿记事务之设计处理,规定异常精密完备,在吾国会计法规内,可谓特创一新纪元,惟实系狭义之会计法。至属于广义会计之预算、决算及财务收支程序,均须另定专法,同时颁布,始易贯彻施行。现在关于执行预算之补充法规,有"暂行决算章程"及主计处"对于决算附表填法之补充说明""中央各机关经管收支款项由国库统一处理办法","二十二年度以前未能依限办结之收支处理办法","结束二十二年度收支办法","二十三年度国库收支结束办法","诠释动支第二预备费限制及追加预算限制令"(以上各法均载在岁计法令汇编内)等法令。预备制定之法律,有"库藏法","决算法"及"财物经理法"等。而预算法自较预算章程为完备,但现因政治上之窒碍,亦须再行酌予修订,始易实行。

关于预算之监督,须有完善之审计法令,而超然主计制度之实行,亦于监督预算执行,大有补助。现时关于此类法令之已行者,有"审计法","审计法施行细则","支出单据证明规则","修正国内出差旅费规则","修正监督地方财政暂行办法","公务员交代条例"及关于推行主计制度之各种法令(以上各法令均载在岁计法令汇编内)。预备制定者,为"审计法"一种。

关于公有营业预算之编制及执行,对于上列各种法令,大多不合实用。现在中央政治委员会,已另定公有营业预算暂行标准,立法院亦正另定,关于营业预算之法规。

三 办理预算之程序

办理预算程序,分编制、议决、公布、执行四层。兹先摘述吾国现行之程序如左:

甲 中央预算之办理程序

中央各机关所编本机关(包括附属机关)岁入岁出概算,为第一级概算(即单位机关之概算),限十一月三十日前(即年度开始七个月以前)送达各该主管机关。各主管机关汇编之分类概算,称为第二级概算,限一月十五日以前送达国民政府主计处。主计处汇编总概算书,称为第三级概算,限三月十五日以前呈经国民政府,核转中央政治委员会。现因每年岁出概算总额均超过岁入概算总额,故主计处每年均附陈补救意见书,条列收支适合之办法,以待中政会决定施行。中政会核定总概算,于四月十五日以前,送由国民政府,发交主计处,主计处编成总预算案,于五月十五日以前,呈国府交由行政院,提出立法院核议。立法院于六月十五日以前,将总预算议决,呈请国民政府公布。

以上系预算能如期成立之办法,如年度开始,而预算尚未成立,则另定有救济办法两项如下:

(一)得由主管机关拟定概数,送由主计处签注意见,呈国府转送中政会核定施行。

(二)如有特殊应急之经费,得由五院之主管院长,提请中政会议决,先行动支,再行补办概算手续。

预算成立以后,亦有几种例外办法。(一)本于法令或契约所必不可免之经费,致预算发生不足时,得提出追加预算,但须自筹财源,或商请财政部筹定财源,始能提出。(二)因特殊事故,致收入短少,不能适应原定岁出预算时,由国府提出补救方法,送中政会核定施行。(三)因特殊应急之设施或处置,由五院主管院长之提请,经中政会议决,得先为预算外之支出,事后再请立法院追认。(四)因政策变更,得缩减一部份岁出。

国府建都南京以来,政治组织,时有变动,由十六年至十九年,均未能成立正式预算。二十年四月主计处成立后,始有二十年度国家总预算,二十二年度十三类假预算,及二十三年度二十四年度国家总预算,公布施行。营业概算,亦经主计处编送中政会,惟始终未奉核准。嗣后尚须另定营业预算标准,以资依据。

乙　地方制算之办理程序

依照新定财政收支系统法之规定,地方预算之范围,可至县为止。但依现行法令,尚只有省市预算之规定。省市各单位机关,编造各该机关之概算书,为第一级概算,限十一月三十日以前,送达各该省财政厅或市财政局。各省财政厅或市财政局,汇编各该省市岁入岁出概算案,限一月十五日以前,送达各该省市政府。各省市政府,依据全年行政计划,及收支适合原则,议定各该省是概算案,限一月三十一日以前,发还财政厅或财政局。岁出概算总额,如超过岁入概算总额,应由省市政府议定补救办法,呈请中央核准。各省财政厅或市财政局,编成各该省市总概算书,即第二级概算,限二月十五日以前,连同行政计划,缮具五份,以一份送行政院,一份送财政部,以三份连同一级概算书,送国民政府主计处。行政院审查各该省市行政计划,及第二级概算,作成意见书,于三月十五日以前,转送主计处,主计处审核各省市总概算书,签注意见,限三月三十一日以前,连同行政院审查意见书,呈国府,转送中政会。中央政治委员会,核定总概算书,于四月三十日以前,送由国府,发交主计处。主计处编成各该省市总预算案,限五月十五日以前,呈国府,交由行政院,提出立法院核议。立法院议决后,于六月十五日以前,呈请国民政府公布。主计处应汇编全国地方总预算书,呈报国民政府。地方预算不能如期成立时,由各该省市政府,参照最近年度预算,及本年度财力,议定暂行救济办法,呈报中央备案施行。

地方预算成立后,亦有几种例外办法。(一)本于法令契约必不可免之经费,得为追加概算。（二）因特殊应急之设施,得以省市政府命令,为预算外之支出。（三）因特殊事故或政策变更,得缩减一部份岁出。如不能缩减岁出,而另定加税募债等弥补办法,须呈经中央核定施行。

近年以来,各省市政府财政,已逐渐整理,依中央规定之法令范围,拟定收支适合计划,而成立正式预算者,已居多数。惟目前呈送中央正式核定之预算,只及于省及行政院直辖各市。将来逐渐推行县预算,及普通市预算,始可将整个之地方财政收支实况,完全表现。

丙　执行预算之程序

政府岁入岁出,根据预算执行,须有法令以规定其收支程序,俾繁复之收支事务,得依一定程序进行,始能互相辅助,以增加行政效率,互相监视,以减少舞弊机会。在金库统一之国家,能将命令系统与出纳系统截然划分,故出纳人员舞弊之机会较少。吾国现因金库尚未统一,承转收支较多,故收支程序,极为繁杂。兹列图解如下:

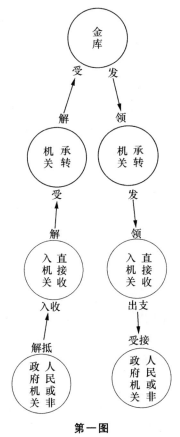

第一图

观察此图,可知收入机关,自人民或非政府机关,直接收到现款,须与收入预算对照;支出机关,直接支出款项,使政府所有金钱,离开政府机关,变为人民或非政府机关所有,须与支出预算对照。此两类计算,均属预算会计之范围。

由收入机关,将所收款项,解到承转机关,而承转机关,又以所受款项,解送金库。所有金库之受款发项,承转机关之领款发款,以及支出机关之领款等程序,均不过政府内部各机关之金钱转移而已。其受入也,并未增加政府之财产,不得称为财源增加;其付出也,并未减轻政府预算上之负担。此类计算,悉属现金会计之范围。故政府会计之要素,可大别之为金钱会计及预算会计两类。官厅收支计算之唯一对象,为金钱出纳,而统制金钱出纳之关键,即为预算。国家普通预算之目的,以财政的统制为主,故其预算上之收支,止于货币数目的表示,换言之,即金钱数目的表示也。

金库统一之国家,其金钱转移之责任,集中于金库。至于承转机关,移转巨额款项,乃金库尚未统一之特殊现象。政府全部之银钱出纳,以集中于金库为原则。但吾国各机关所收现款,不必定解金库,多依获付垫支等方式,在中途付出。各机关领受之款项,不必尽付于人民或非政府机关,亦有在中途辗转还解金库者。

吾国政府会计之收支程序,规定较为详明者,有"中央各机关经管收支款项由国库统一办法"及"财政部会计则例"两种法规。提要言之,其入款的方式有三:即直接收入、及受款、领款。其出款的方式亦有:即直接支出,及解款、发款是也。同一解款,有现金解纳,及抵解之分、同一发款,有直放、及坐支、拨付之分。吾国现行法令,类皆详定承转收支程序,于直接收入之应如何使之互相牵制,杜绝弊端,大多不甚注意。惟海关之收支程序,较为完善,惜乎只按多年之习惯办法处理,并未以正式法令,将其办理程序,规定公布也。

再列两图,表示金库统一后之收支程序如下:

在金库统一之国家,凡收税、先由征收命令官,汇发三联式纳税告知书于完税人,由完税人持赴金库完税。金库将此书第一联截下记账,将第二联作为收据,填写给完税人,第三联作为报告,送交征收命令官记账。凡支出、先由支付命令官,查照预算,填发三联式支付命令,留一联存根,以一联通知金库,以一联交领款人。金库据此支付命令,发款、并记账。金库有支库、分库、总库之分。支库每日报告分库,分库每日报告总库,总库每日报告国库。故国库不必直接收支现金,而全国现金出纳之数,悉可于国库账薄上表现之。征收命令官及支付命令官,为命令系统之会计机关,金库为出纳系统之会计机关,而统制整个政府之现金会计者,厥为国库。

照上述程序办理,全国各机关之现金收支实况,可依国库账薄,随时编制报告公布之。

就上图观察,征收命令官之征收薄,照岁入预算科目,分户登记。每月终了后,

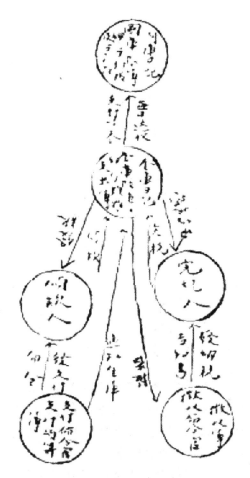

第二图　表示每日之收支程序*

结算其征收账,编成征收报告书,送呈其上级之主管机关。各主管机关,查照预算科目,登入岁入账,再行汇编总报告书,送交综理岁计事务之机关。岁计机关,查照岁入预算,分项登入岁入决算账。支付命令官之支付预算账,照岁出预算科目,分户登记。每月终了后,根据账簿,编成支出报告书,送呈其上级之岁出主管机关。主管机关登入岁出账,再行汇编支出总报告,送交岁计机关。岁计机关,查照岁出预算分项登入岁出决算账。(在三权宪法之政治,综理政府之岁计事务者,系属财政部之会计司;在五权宪法之政治,应为属国府主计处之岁计局。)岁计机关,于年度终结后,根据决算账,编制岁入岁出决算报告书,及岁计总平衡表。

照上述程序办理,政府之岁计报告(即岁入岁出总决算),可于会计年度终了后,经过整理手续,从账簿自然产生。现在主计处岁计局,已设有岁入岁出决算账,

---

* 原图无法辨认。——编者注。

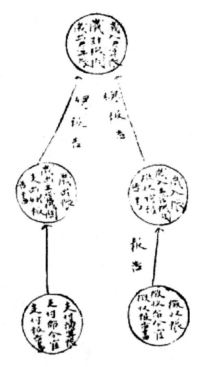

第三图　表示每月之收支程序*

及其他补助账簿,即系为编制岁计总报告而设也。会计局令设有政府总会计之全套账簿,其主要目的,系为编制总平准表(会计法考称平衡表)而设,与岁计报告有互相补助之功用。惟岁计报告,(即岁出岁入总决算)按照决算章程,由主计处呈请国府发交审计部审定后,尚须再由主计处呈请国民政府公布。其主旨,在表示执行预算之结果,是为政府对于国民全体之报告。故法定手续,较为郑重。会计总报告,由主计处会计局之账簿产生,而会计局账簿,以各机关每旬造送之甲种收支报告及乙种收支报告为根据。此两种报告之收支数目,均系各机关每旬内实收实支之现金数目,故会计报告之内容,与岁计报告迥不相同。会计报告,系属政府内部之总报告,只须择要公告,无须再送审计部审定,亦无须完全公布也。

---

* 原图无法辨认。——编者注。

北京大学经济学院（系）100周年纪念文库

北京大学经济学院
先贤经典文集 下

平新乔 张亚光 孙家红 编

北京大学出版社

目 录

上 册

译斯氏《计学》例言／严复 …………………………………………………… 1
实业教育
　　——侯官严复在上海商部高等实业学校演说／严复 ………………… 5
财政讨论会之币制会议／王建祖 …………………………………………… 10
圣西蒙 Saint-Simon 及经济集中主义 Collectivism／王建祖 …………… 12
物价与货币购买力
　　——致《甲寅》杂志记者／李大钊 …………………………………… 21
战争与人口问题／李大钊 …………………………………………………… 22
中国古代经济思想之特点／李大钊 ………………………………………… 24
由经济上解释中国近代思想变动的原因／李大钊 ………………………… 27
社会主义下之实业／李大钊 ………………………………………………… 32
中国之希望在于劳动者／马寅初 …………………………………………… 34
大战前欧美各国之不换纸币与我国之京钞／马寅初　著　杜廷纩　译 … 37
在北京大学经济学会成立会上的演说词／马寅初 ………………………… 46
法科研究所研究录 …………………………………………………………… 48
原币／李芳 …………………………………………………………………… 54
经济上之万国联盟观／皮宗石 ……………………………………………… 61
金的移动与国际清算银行／皮宗石 ………………………………………… 66
国民经济之意义／陈启修 …………………………………………………… 72
致北京大学同人书／陈启修 ………………………………………………… 76
中国人口的总数／陈启修 …………………………………………………… 80
人口问题，社会问题的锁钥／顾孟余 ……………………………………… 88
钱币理论与本位政策／顾孟余 ……………………………………………… 98
现代银行信用之性质／顾孟余 ……………………………………………… 102
我之新银团观／杜国庠 ……………………………………………………… 106

由空想的社会主义到实行的社会主义／杜国庠	110
欧美劳动问题／陶孟和	118
贫穷与人口问题／陶孟和	124
评社会主义运动／陶孟和	136
组织农民银行驱逐"重利盘剥者"（usurer）／李四杰	140
附盐政改良议／胡钧	143
最初中英茶市组织／陈翰笙	150
美国农业与世界经济／陈翰笙	157
治经济思想史发凡／萧纯锦	165
论中国民数／黎世蘅	173
最初华番茶马贸易的经过／黎世蘅	178
各国对于无线电事业之竞争／何作霖	183
苏俄金融制度之沿革／何作霖	186
中国农民经济状况蠡测／宋作楠	200
消费合作之原理／陈其鹿	206
农场经营研究：目的，范围与方法／裘开明	221
农产物贩运应有之研究工作／裘开明	234
读凯衍斯货币论／杨端六	241
货币制度／杨端六	247
消费信用 ——一个增加购买力的方法／赵迺抟	265
静态经济与动态经济／赵迺抟	269
失业统计的比较性／罗志如	272
需求伸缩性之数理浅释／罗志如	280
物价高涨与经济建设／罗志如	286
在社会主义理想下加速生产力发展应采计划经济制度／罗志如	290
现代经济社会中工业管制问题／罗志如	292
近世苏俄经济建设概况／姚嘉椿	299
中国预算制度改造与历年财政收支之关系／杨汝梅	309
中央及地方预算法规之研究／杨汝梅	322

下 册

美国银行制度之回顾与展望/徐毓枬 ················· 333
温故而知新
　　——物价动态之一种分析/徐毓枬 ················· 341
中国金融资本的病态/千家驹 ························· 346
怎样研究经济学/千家驹 ····························· 352
论工业化与民营工业/千家驹 ························· 358
新年的新希望/千家驹 ······························· 365
新民主主义经济下的民族资本家/千家驹 ··············· 366
新式会计方法在中国之过去与未来/谢霖 ··············· 371
中国现在实行的所得税/谢霖 ························· 375
二十年来从事会计工作之经过
　　——民国二十五年四月二十二日出席复旦大学会计学系同学欢迎会
　　之演词/谢霖 ································· 396
经济书评/赵人儁 ··································· 400
物价安定与汇兑安定/赵人儁 ························· 403
会计上之法与人/余肇池 ····························· 419
国营事业管理法规之我见/余肇池 ····················· 435
四川在我国之经济地位/徐新六 ······················· 440
财政学方法论商榷/崔敬伯 ··························· 443
所得税实施问题/崔敬伯 ····························· 448
国民经济建设与物价水平/朱炳南 ····················· 470
货币数量说及其史的发展/伍启元 ····················· 479
美国人最近对苏俄的观念/李光忠 ····················· 501
新经济的三个原则/卢郁文 ··························· 504
建树经济统制的施行机构/卢郁文 ····················· 508
银汇兑下国际贸易理论之研究/李卓敏　张延祉 ········· 513
战时物价之理论/李卓敏 ····························· 533
中国政治传统与经济建设政策
　　——经济政策与经济建设问题之二/陈振汉 ········· 539
区位理论与贸易理论/陈振汉 ························· 544
混合制度与计划制度中间的选择/陈振汉 ··············· 553
(关于社会主义的)讨论/徐毓枬　蒋硕杰　吴景超　刘大中　陈振汉 ········ 560

资本蓄积的理论
　　——对于马克思的资本蓄积理论的一个新的探讨和推进/樊弘 …………569
评马克思和凯衍斯的资本蓄积,货币和利息的理论/樊弘 ……………581
工业标准化之基本理论/王民嘉 …………………………………………592
赫克斯(Hicks)生产计划理论/杜度 ……………………………………601
经济制度与中国经济建设途径/叶方恬 …………………………………608
统计学与社会科学研究方法/戴世光 ……………………………………616
币值与币信
　　——论金圆券发行办法的改修/戴世光 …………………………625
国营重工业的前途/严仁赓 ………………………………………………628
检讨黄金政策/严仁赓 ……………………………………………………636
建议大学里添设:"时事研究"一科/严仁赓 ……………………………640
政治与经济/周炳琳 ………………………………………………………643
反对公用事业加价至战前标准/周炳琳 …………………………………644
改革案与既得利益/周炳琳 ………………………………………………645
论经济溃崩/杨西孟 ………………………………………………………648
非常情形下的物价及经济问题/杨西孟 …………………………………657
谈币制改革/周作仁 ………………………………………………………664
通货膨胀与限价政策/周作仁 ……………………………………………666
稳定币值的途径/周作仁 …………………………………………………669
工商贷款之停止与开放问题/蒋硕杰 ……………………………………672
宋代之专卖制度/赵靖 ……………………………………………………675

美国银行制度之回顾与展望[*]

徐毓枬

一

向以世界第一黄金国永远繁荣等自夸的美国,从一九二九年华尔街发生股票惨跌风潮以后,情形骤变,陷于极度衰退,生产萎缩,消费激减,金融动摇,信用破坏,政府虽采种种救济方法,而终归泡影,终于在不久的过去,酿成空前未有的金融风潮。从密歇根一州起,不数日而蔓延至四十四州,以致政府不得不采取严峻的行政手段,防止情形恶化。至于这次恐慌的原因,经济学家意见则不同,有的认为这是资本主义崩溃前的必然现象,有的认为这是金本位的没落,更有人认为这是通货膨胀和信用扩张过度的结果。我们不否认这种见解都含有很大真理,然而美国银行制度之不能适合美国国情,也不失为最重要原因之一。何以这种金融风潮不常发生于英法两国,而美国从一九二七年以来,每年倒闭的银行数,总在一千以上?要解答这个问题,除顾及其他原因外,也必须顾及银行制度问题。所以在恐慌方才渡过,具体改革法尚未发表的今日,把美国银行制度作一综合的观察,研究其症结所在,推测其未来的动向,也不能说是毫无意义的事吧。

二

我们为便利起见,不妨把美国银行制度划为两个时期,一是联邦准备制度未确立以前的时期,或国立银行——根据联邦政府法律注册设立的银行——时期,一是联邦准备制度确立以后的时期。

在南北战争以前,美国市场上的交易媒介,大部分都是州立银行——根据州政府法律注册设立的银行——所发行的钞票。美国宪法禁止各州政府自己发行信用证券,而当时民众,又皆要求有贱价货币(cheap money),于是各州对于银行法都异常宽弛,有若干州,对于资本的总额,资产的收集,和钞票的发行,简直绝少规定,或竟全无规定,以便人民可以自由组织银行,发行钞票,在这种情形之下,银行的组织自然是风

---

[*] 本文原载于《复兴月刊》,1933 年第 10 期,第 8—21 页。

起云涌,钞票的数量当然也可观。其中只有一二银行,因所在州立法较严,或办理人谨慎从事,对于钞票发行额留有相当准备,可以立刻兑现;其他银行就不堪闻问,这种制度终于在一八一四年一八三七年和一八五七年三次恐慌中,充分暴露弱点。当时除一二银行外,其他都停止兑现。于是有识之士,都觉得有改革银行制度的必要。

一八六三年国务卿蔡斯(Secretaty SalMon P. Chase)鉴于纽约数银行办理完善,就以该银行为典型,提出国立银行条例,并通过于议会。从该条例施行以后,政府对于州立银行所发行的钞票,每年征税百分之十,以便使国立银行享有发行钞票的特权。法案的详细内容,虽屡经修正,但大体无多大变更,重要者如下:(一)资本额规定在三千人以下的城市,至少须二五〇〇〇元,在五万人以上的城市,至少须二〇〇,〇〇〇元。(二)钞票发行额不得超过股款,并须购买与钞票发行额相等的联邦政府公债票,储于国库。除此以外,各银行并须在美国国库保持等于钞票发行额百分之五的"合法货币"。(三)关于存款准备方面,该法案规定在中央准备市(纽约芝加哥和圣路易)的各国立银行,至少须保持等于存款百分之二十五的合法货币准备;在普通准备市(包括一切人口在十万以上的城市)的各银行,规定为百分之二十五,但该银行在中央准备市国立银行的存款,也可抵作准备额的一半;其他各地银行,则至少须有百分之十五的准备,但该行在中央准备市或普通准备市的各银行的存款,可抵作准备额的五分之三。不论在中央准备市普通准备市或其他各地的银行,都可拿该行存在国库的百分之五的基金,作为法定准备。

国立银行制度对于资本数量,钞票发行办法,存款准备情形,都已有相当规定,较之以前的漫无限制,自然进步了许多。但我们把这种制度一加考察,也可以发现许多缺点。

国立银行条例对于资本额的规定太低,在五万人以上以至数百万的大城,只须有二〇〇,〇〇〇元就可营业,结果银行设立很多。而且并未规定州立银行必须依照国立银行条例重行注册组织。估计在一九一三年,联邦准备条例未通过以前,国立银行州立银行以及其他含有银行性质的各种组织,共有三万余家。

银行数量之多,尚不足为美国银行制度的致使伤,美国银行的大弱点,在于准备制度的不良,国立银行条例规定各银行不得在国内设立分行,因此有三万银行,就有三万个独立准备。虽同时规定各行可以该行在其他银行的存款作为准备,但辗转相存,最后银行以存款投入证券,而以证券为自己的准备;一遇金融紧急时,各银行当然要以存款提回,但最后一银行,因为已把存款投入证券,要应付这种提款,堆有将证券出卖,然在金融紧急时,证券出卖,极不容易,于是各银行全被牵倒。美国银行家很明了这种弱点,所以竭力保持现金准备,各不为谋,但在严重金融恐慌时,因为不通声气之故,还是不能避免厄运。

美国银行准备制度之不良,除准备散漫以外,更有银行法的条文呆板,以致银行不能利用准备,应付市面放款需要。银行法规定一到法定最低限度后,银行即应停止放款。因为这种缘故,有人就说美国的准备是死的,无用的。然而银行不放款,常常引起巨大灾殃,企业家不能获得银行信用,不能不以股票强制出卖,股票价格低落，其他财产也随之而跌。银行见此情形，就收回通知放款，或追加保证，企业家不得不再强制出场，股票再跌，如此循环往返，要求银行放款的压力日大，企业家的处境也日险，结果弄得两败俱伤。总之，银行因准备低落而停止放款时，常常引起金融市场的普遍恐慌。要救济这种弊病，惟有施行健全的贴现和再贴现政策，变化利率的高低，以应付市面放款需要，而美国在联邦准备条例未通过以前，一方面碍于法律条文，不能增高利率。继续放款，一方面又无再贴现机关。恐慌之时常发生，原因就在于此。

国立银行制度还有一个缺点，就是钞票发行权的不统一，和钞票的缺乏伸缩性。国立银行条例虽然取消州立银行的发行权，但有发行权的国立银行，真不知有多少家。银行法又规定各国立银行须以等于钞票发行额的联邦政府公债票存于国库，如公债市价低落，则须加缴，如市价超过票面，却又不准多发。按美国政府所以规定银行发行钞票，须以政府公债为担保，因为当时正是南北战争剧烈之际，政府发行公债应付战时财政，而苦无处容纳，所以想出这种方法，为公债创造一人为市场，其时债票价格低于票面，银行一方面可收债票利息，他方面又可无利借款——即发行钞票——很欢迎这种办法。南北战争以后，公债价格上涨，超过票面，新发的公债，又都利率很低，银行家觉得如在公债价格极高的时候购进债票，以增发钞票，则几无利可图。所以乘公债跌落时买进，增发钞票，然而公债涨的时候，往往是商业繁盛，需要增加通货的时候，公债跌时，又往往是商业呆滞，需要收缩通货的时候。现在美国银行的钞票，恰巧与商业情形相反，于需要增加通货时而不增加，于需要收缩时而反澎胀，结果通货之意义全失。而且因为债票有限，增发钞票和收回钞票的手续麻烦，费用极大，钞票的收发常不能与季节变动和市面需要相适应。

国立银行还有一个缺点，就是汇划的不便利。美国票据交换所只能交换本地票据，各银行之执有外埠票据者，每托外埠同业代收，造或绕道（routing）现象。如以现金运回，则运费保险费等极为浩繁，而付款银行又往往藉口外埠款项，扣去若干手续费，形成国内汇兑的汇水。这是国内汇兑的不便利。至于国外汇兑方面，当时美国全靠伦敦金融市场，汇划费用和现金输送费用极大，也异常不便利。

三

国立银行制度因有上述种种缺点，银行学者久已主张改革，而代以中央银行制度，但因美国地方色彩非常浓厚，中央银行计划终不能得多数赞助。一九○七年金融风潮暴发，旧银行制度的劣点逐渐显露，当时各银行都无法应付存户提取存款，初时存款于他银行的，此时自然到他银行提取，他银行自顾不暇，不能照付。银行家想出由票据交换所发行发款单（clearing house loan certificate），以付票据交换所中各行的差额。若干城市中，竟以此种票据作现金使用，付与存户。估计在一九○

七年恐慌中,票据交换所放款单与其他票据之用作通货者价值达五〇〇,〇〇〇,〇〇〇元。

政府为应付这种事变,通过亚德立佛里兰法案(Aldrioh-Vreeland, AN)。该法案允许国立银行以公债票以外的物品为担保,发行钞票。但课以重税。以后数年中,银行并未多发钞票,至一九一四年欧战爆发,美国现金流入欧洲,银行始发汇时钞票三八六,〇〇〇,〇〇〇元,但至该法案在一九一五年六月三十日满期时,临时钞票已经收回。亚德立佛里兰法案又规定设一全国币制委员会,由参象两院议员组织,研究改订全国银行计划,该委员会提议设立中央银行,由银行自行办理,当时讨论虽甚热烈,终未见采用。

亚德立佛里兰法案不过是从国立银行制到联邦准备制的过渡时期的产物,引起人民对于改革银行制度的热心而已。真正和美国银行制度有关系的,是一九一三年所通过联邦准备条例。该条例规定以全国划为十二区,每区设一中央银行,称为联邦准备银行。凡在某区的国立银行,必须为该区联邦准备银行的会员。换言之,就是认购联邦准备银行的股票。州立银行与信托公司亦可为会员,但必须适合国立银行的程度,并服从联邦准备条例所规定的条件。每一联邦准备银行有一董事会,董事九人,六人由会员银行选出,三人由联邦准备局指定;指定三人之中,只有一人积极参加银行业务,即为董事会董事长。选出六人之中,至少有三人是该地农工商业界的积极活动人物。联邦准备银行之上,设联邦准备局,由总统委任五人,以及财政部长泉币司长组织之。更就此五人之中,指定两人为总裁与副总裁。局长一职,由财政部长兼任。联邦准备局之外,更设联邦顾问会,由每区选出一人组织之,以供联邦准备局咨询。任期一层,各区联邦准备银行董事任期三年,每年改选三分之一;联邦准备局人员(财政部长泉币司长除外)任期十年,每二年改选一人,联邦顾问会顾问任期一年,一次改选。

联邦准备银行的组织,已如上述,它的业务又如何呢? 联邦准备银行是银行的银行,因为它并不与私人往来,专与会员银行发生关系。这种关系可方为三类,就是保管准备,再贴现和放欵,以及发行钞票。

联邦准备银行完全保管各会员银行的准备。初时法律规定会员银行须自己保管一部分准备,但从一九一七年修正后,规定会员银行的准备,须完全存于联邦准备银行。凡在中央准备市的会员银行,准备额须等于活期存款之百分之十三;普通准备市百分之十;其他会员银行则百分之七,除此以外,各级银行都必须有百分之三的定期存款准备。因此各会员银行的最后准备,就是联邦准备银行自己的准备。法律规定联邦准备银行的准备,须等于会员银行存款的百分之三十五,加钞票发行额的百分之四十。

再贴现就是一银行购买他银行所执有的票据,这种行为,在欧洲早已流行,而美国在国立银行制度下,再贴现绝无仅有,偶一为之。亦非常秘密,似乎再贴现是非常可耻的事。但联邦准备条例正式承认再贴现为联邦准备银行主要业务之一,规定联邦准备银行得依照联邦准备局所订规章,再贴现会员银行所执有之一切农工商业短期票据,对于因购买股票债票而起的票据,除非所购证券为美国政府所发,不得再贴现。这种限制的目的,在防止利用联邦准备银行的资金,而从事于证券投机。从一九一六年以后,会员银行也可自出本票,连同具有再贴现资格的票据,或联邦政府的证券,作为担保,向联邦准备银行借款。

关于钞票发行权一节,国立银行仍有继续发行钞票之权,同时联邦准备银行也可以公债为担保,发出钞票;并规定得依照票面,逐渐收买国立银行所执有的公债票。这种办法,就是想在不突然扰乱金融市场的范围内,逐渐集中钞票发行权。实则国立银行钞票和联邦准备银行钞票都不大重要,最重要的是联邦准备券。联邦准备券是美国政府的直接负债,由联邦准备银行以百分之六十的保证准备,和百分之四十的现金准备为担保,向联邦政府具颁而发出,一经发出之后,该作为保证准备的商业票据,就标记不动,如票据到期而准备券不收回,则必须以新票据或现金为准备。会员银行如因存款人要求提款,或借款人要求放款,而觉缺乏通货应付时,可以公债或商业票据为担保,发出本票,向联邦准备银请求贴现。后者即以准备券付之,于是一转手之间,个人信用即变为准备券。

保管准备,再贴现,和发行准备券,这是联邦银行对于会员银行的业务。除此以外,它也有自动的业务。它一面经理国库,同时也从事公开市场交易。所谓公开市场交易,就是在公开市场中,买卖金银货币,生金银,联邦政府证券,州政府和地方政府的短期债券,联邦信用银行和国立农村信用银行的放款公债票,承兑券,和无抵押债票,电汇,银行承付票,各种有贴现资格的国票。公关市场,交易是很重要的,假使联邦准备银行只能与会员银行或政府发生关系,那就不免居于被动地位,受会员银行的意志而行动,因为有公关市场交易,所以能直接操纵金融市场。如市面通货澎胀,就发卖政府证券或其他商业票据,以限制信用继续扩张,如市面通货收缩,商业衰颓,则收买证券或票据,使现金流入市场,以扩张信用,并刺激产业之活动。

四

联邦准备银行的组织和业务,已略如上述这个制度有几点是较旧制度优良,有几点是尚未书写呢?

联邦准备制度把资金集中于数城市,于必要时,联邦准备局还可减低存欸准备率,不过减低之数,由政府课以累进税,但较之以前的一定要维持法定最低限度,已松弛了许多。而且还有再贴现方法,以调剂金融。如会员银行准备减少,不能再继续放款时,可向联邦准备银行借款,或以票据再贴现,以获得现款。有时资金需要情形,各准备区并不一致,若干联邦准备银行感觉要求放款压力非常强大,若干银行则感觉无所运用资金,在此场合,联邦准备局可请某数家联邦准备银行再贴现其他数家联邦准备银行的商业票据。结果与减低准备率相同,银行信用可以大加扩充。除此以外,准备银行又可随时把存款和贴现票据变为联邦准备券,流通于市面,市面不需要时,又可随时收回。因为有此减低准备,再贴现,和发行准备三种方法,于是旧银行制度的劣点,如准备散漫,准备呆葳,银行信用不能扩张,通货与伸缩性等弊病,都完全扫除,这是联邦准备银行制度较胜于旧制度的最显著的一点。

旧银行制度汇兑上的缺点?新银行制度也完全更正。以前美国票据交换所只限于交换本埠票据,外埠票据由各银行托准备银行代收。准备市银行所以乐于效劳,因为可以拿收得的票据,作该委托银行的法定准备,也是吸收存款的一法。新银行制度既规定准备集中,以前各银行就失去保管准备的资格,对于代收票据,自然也不愿再做。所以联邦准备条例第十六节规定:"联邦准备局可自为各联邦准备银行之票据交换所,……亦可指定一联邦准备银行,行使此种职权……并可请各准备银行为各该区会员银行之票据交换所。"非会员银行只须遵守一定规则,也可加入,称为交换所会员银行。各会员银行都在准备银行存有划账基金,(Gold Settlement Fund)一切应收应付票据,即在联邦准备银行账上转账解决。国内汇兑的障碍,因此得以打破。国外汇兑方面,美国银行界在联邦准备条例未通过前,所觉得最痛苦的,有下列四点:(一)法律上美国银行不能承付汇票;(二)缺乏中央银行,票据不能再贴现;(三)缺乏公开市场,承付汇票不能出卖;(四)美国银行在外国分行不多。联邦准备条例把以上各点一一改正,并托各国中央银行为代理人,于是国外汇兑上的障碍,也得避免,这是新银行制度优于旧银行制度的第二点。

联邦准备银行虽没有发行钞票的特权这和近代中央银行之典型的英兰银行和法兰西银行不同,但因联邦准备券的伸缩性极大,事实上已占美国通货的大部分,国立银行钞票所占的成数,已不足为害,无形中得享钞票发行专利权。这是新银行制度的附带的好处。

大体而论,联邦准备条例是很优美的,实施成绩也很圆满。它巧妙的改革了旧制度底下的弊病,坚固了旧制度的银行的地位。然而也不能说尽善尽美。第一,关于银行的法令,除存款准备已由联邦准备条例减低外,其他还是沿用一八六三年的国立银行条例。资本数量一层,自然适用该法。该法规定在三千以下的城市只须二五,〇〇〇元;三千以上六千以下者,只须五〇,〇〇〇元,即在五万以上至几百万的大城市,也只须二〇〇,〇〇〇元。按国立银行条例订立时,美国工商业还没有今日那么发达,小额资本或许已能应付;而且对于银行设立的限制宽驰,正所以刺激银行兴起,间接奖励工商业。而现在时代,工商业情形较之一八六三年,发达何止百倍,而银行资本额还是依照一八六三年而定,如何能适合社会需要?无怪伦敦大学银行学教授格里高米(Prof. T. E. Gregory)说现在美国的银行制度,还是一八六〇年左右的银行制度了。

上面讲过,联邦准备条例巩固了旧制度下的银行的地位,不幸受到这个好处的，还只有国立银行。法律规定必须加入准备银行为会员的，只是国立银行，州银行和信托保险等公司不在内，后者固然亦可加入，但不强迫。考立法者立法时的用意，无非使州立银行陷于孤立地位，而自行消灭，然而美国个人主义非常强烈，州立银行既不自动加入联邦准备银行，也不自动休业。据一九二九年调查，州立银行与国立银行数目相等，势力并未减退。州立银行既不是会员银行，它所受到的好处，只是完美的票据交换制度，至于再贴现一层，因只限于会员，无权享受。只是金融周转不灵，准备散漫，举凡旧制度下银行所有的弱点，无不兼而有之。加之州政府银行法极宽，数千小银行的发起人，既乏资本，又无银行经验，一旦经济衰颓，即有休业危险，引起公众对于银行的不信任，社会整个金融结构全被累及。美国政府已见到这种弱点，所以于去年成立复兴金融公司，但未能发生极大作用。

在有这样历史背景这样缺点的银行制度的社会里，见到从一九二七年以来，平均每年倒闭银行数常在一千家以上，也不能说是奇事了。

五

美国银行制度既有上述缺点，在不久的过去，又经过一次严重金融恐慌，受了极大教训，对于改革银行制度的需要，自然倍形迫切。三月九日，众院一致通过紧急银行法案，内容共分四部，第三部有"授权总统，在保护存户利益所必要之范围内，管理各银行……又授权总统与财部，改组……银行制度"等字样。然则未来的银行制度的动向是怎样的呢？

我们先把世界银行趋势观察一下。近来世界银行的最显著的趋势，就是合并和集中，在地方银行之上，有一强有力的中央银行；各地方银行则逐渐合并而代以支行网。英国是这种制度的代表，在一九〇〇年有银行一四二家，现在只有银行三十四家，而国内外支行却有二千以上；其他如加拿大只有银行十家，德国四百余家，日本在明治三十四年有银行二三五九家，盛和四年一〇〇六家，最近又减为五三八家。这种集中趋势，不是偶然，完全由于社会环境。银行基于工商业之上，现代工商业的特征，是减少竞争浪费，施行科学管理，资本集中，指挥便利，这种要求反映于银行之上，就是设立中央银行，合并地方银行，而多设分行。返观美国情形，则美国向以单独银行制度闻名，即银行不许设方行。从一九二七年以来，准许银行于本行所在地同一市内设立分行，一出市界，即无设立分行的权利。近来银行合并运动也非常显著，但碍于不得设立分行的法律，合并后也无多大利益。而美国的工商业，至少已与英国并驾齐驱，这是银行制度不合社会需要的又一证明。

现代工商业要求银行集中，世界各国都已迎合这种趋势，未来的美国也必定接受此种潮流。美国银行集中的第一步，大概是撤销基础薄弱的州立银行，和废弃设立分行的限制。美国政府及银行界人物，也已有这种意见，如三月二十九日联邦准备局宣称:"众院有权取消所谓州立银行制度,而以全部银行事业,集中于联邦政府严密监督之下。"

  作一小小结语,以结束本文。美国每次银行改革,都有绝大进步,但不彻底,如通过国立银行条例而仍维持州立银行制度,准备条例是个人主义和集中趋势的混合产物,也不彻底,所以未臻完善,未来的趋势,必定趋于更大限度的集中。

温故而知新[*]

——物价动态之一种分析

徐毓枬

从限价取消(十一月一日起)到修正金圆券发行办法公布(十一月十一日),其间不过短短十一天,但是这短暂一段时期却是含意深长,极富启发性。

如果限价政策不能严格有效执行,则必有黑市,而且黑市价格一定高于买卖双方自由议价情形之下所达到的水平,因为黑市价格必须在这个水准之上,再加上一笔,抵偿其因违反限价所负担的风险。这件事应当很明显,但亦不妨举上一例以明之。商人原来肯依金圆七角一斤之价格,出售某种粗粮,但是在运输过程中,很可能被检查人员依限价强购;迨后在黑市出售时,又可能遭经检人员之告发或留难,为抵偿这两项可能的损失,商人必须要一金圆一斤才肯出售该项粗粮,故黑市价格比自由买卖多三角一斤。(在限价政策后期,北平曾举办以布易粮办法,理由是:如果布粮二者都依限拆换,农民自然不吃亏。据我们从报章上知道的一鳞半爪,这个政策并未使乡下人踊跃交换。我的解释是,这个办法忽略了风险成本,谁能够担保农民在到交换站之前,不被特殊势力依限价购其粮?谁又能担保农民在换得布匹,在归家途中,不被特殊分子依限价强购其布?)

限价政策之下之黑市价格,既含有风险成本在内,故设限价取消,自由买卖恢复之后,由于这部分风险成本不复存在,而物价走跌,或至少平稳一些时候,是最自然不过的事。北平在这十一天以内的物价变动,的确符合以上预期。就个人经验而论,以北平西郊为例,在限价期间,上米会到过三元一斤,限价取消以后,米曾降至一元七角一斤,猪肉之变动幅度更大,曾从限价时之十四元一斤至限价取消后之四元四角一斤。平民主要食粮之玉米粉亦一元二三角下降至七八角一斤。米面价格之下降,也许有人会归之于富户南迁,囤户出笼,但是猪肉大概不是适宜的囤积对象,南迁富户大概不是玉米消费者,而且能够南迁者也是极少数之极少数,在平市总人口中所占比例必微小不足道。故我推论,限价政策取消以后之物价下降,主要是由于风险成本之不复存在。

根据同样理由,则在限价政策取消以后,上海物价亦应下降,或至少平稳不动,

---

[*] 本文原载于《新路月刊》,1948年第3期,第7—9页。

而事实却大相径庭。

"大饼油条最初几天还只卖一角一个,接着涨一倍变为两角,过一天又变为三角,再去问要五角了;香烟极低的牌子,头两天一角一包,一下跳到一元,两下跳到三元,三下跳到五元以上了;食米价格的传说,更是骇人听闻,头一天有人说要八十元一石,第二天看报是一百五十元,晚间传说到了三百二十元,过一天再看报,四百五十元也不容易买到了;其他一切货物,价格平均每天涨一倍涨两倍,不算稀奇,而且大都只有少量的供应,还要抢着买,还有些货根本是有价无市。"(《经济评论》四卷五期时评,市场突变的心理因素,十一月十三日出版,字旁圈点是我加的。)

上引文作者大概是叙述到六日或七日为止,从七日到十一日,情形更严重,据报载,白米曾到一千八百元一石,而且还曾发生过若干抢米事件。迨政府宣布首都卫戍区于十日起入戒严状态后,情形始渐好转。引文作者认为这种反常现象,应从心理因素解释,笔者深表同情。本文目的,想从经济常识方面,较详细地说明两点:(a)何以物价高而供应反少?(b)何以物价高而成交不多?当然,经济常识应当充分顾到心理因素。

我们之所以会发生第一个问题,乃是因为在无意之中,太受了传统的静态经济学说之影响。这个学说告诉我们:在长期时期中,平均生产成本可能随产量之增加而逐渐减少,故长时期中之供给曲线,可能是往下倾斜的,即供给量愈多,生产者引以自满的价格愈低。可是如果时间很短,短得无法从生产方面,增减该物之数量,所谓供给,只是在某一价格之下,卖者愿意从其存货中出售的数量,则卖者之供给量大随价格之高而增。从十一月一日至十一日这短短十一天,从粮食生产方面看,时间可以说是短得微小不足道,何以市场反应,和初等经济学所预测的结果,却完全相反呢?

答案是:这种经济学说至少忽略了两点:(一)卖者对于现款之需求,(二)卖者于对未来价格之预期。

(一)在正常情形之下,卖者对于现款之需求的确是无限制的。卖者目的在逐什一之利,故其资本额周转得愈快愈好。但是在目前这种情形之下,或者由于供给之来源枯竭,或者因为以后进化之价格,还要大于目前售价,故商人对于现款之需求是有限的;他只要换取一点现金,应付他自己商号之日常开支,以维持其自己商号于不倒闭(going concern)就够了。因为其他物价亦在涨,故商人为维持自己商号之日常开支所需要的现款数,也不是一个固定数,也在增加。由此,如果他自己所售商品之价格之上涨程度,超过其他一般物价,则其供给将随价格之增而减;如果其自己商品之价格以上涨程度,等于其他一般物价,则供给量将不增不减;只有当他自己出售的商品,较之其他一般物价为落后时,他才会增加其供给。这已经可以部分解释,为什么价格上涨得愈厉害的商品,其供给之缩减程度也愈可怕。

经济学家在讨论势力之供给时,曾经注意到类似现象。如果工资是按件计算的,现在把每件的工资提高一些,工人们是否会多做几件呢?不一定。如果工人们只想取得一特定量的货币所得,则当工资提高时,工人也许反而少做几件。个人储蓄对于利率变动之反应,亦有相似情形,如果个人只想取得某特定量的利息收入,则利率愈高,储蓄愈少。以上这两种情形,以往是认为例外情形,现在则几乎适用于一切商品。例如变成了通则。

(二)传统的经济学一向暗中假定着,当前物价虽然改变,但并不影响卖者心目中所预期的未来价格,这个假定当然与事实不符,卖者心目中所预期的未来价格,很可能受当前价格之影响,故当代经济学家有所谓价格预期弹性(elasticity of price expectations)这一个概念,其正式定义是:当前价格之比例改变,除预期价格之比例改变。如果当前价格上涨百分之五,而卖者心目中之预期价格不动,则该卖者不预期弹性等于零,换句话说,他认为目前价格之上涨只是暂时的。在这种情形之下,他(卖者)自然愿意趁高价时多出卖一些,传统的经济学即暗中假定着这种预期弹性。如果当目前价格上涨百分之五时,卖者预期未来价格亦将上涨百分之五,则预期弹性等于一。此时商人认为目前价格之上涨是永久的,未来不会再落,此时出售或在未来出售皆可,商人不必急于在现在出售,故现在供给量不一定增加。如果当目前价格上涨百分之五时,商人预期未来价格将上涨百分之十,则预期弹性大于一,商人将把目前之价格上涨,作为未来更将上涨之信号,在目前出售不如未来出售(假定利率仍维持不变),故目前自然握住物资不放,形成惜售现象。

目前一般商人之预期弹性是大于一呢还是小于一呢? 对于这个问题之答案,经济学人之意见大致可以一致。十年以来,物价只有涨,没有跌(除了极少数例外,以及大涨小回情形),而且上涨速度也愈来愈快。商人对此种上涨声势,亦习以为常,一经上涨以后,新的价格水准又立即变为未来上涨为起点,故大致说来,现在一般商人之预期弹性是大于一。故当目前价格上涨时,商人反减少其目前之供给量。

以上说明上述(a)点:何以物价高而供应反少。现在我们要进而说明(b)点,何以物价高而成交不多?

首先,我们何以知道成交额不多呢? 我的答案是:我们可以从上海票据交换之数额中看出,下列数字,也是从《经济评论》四卷五期页15转引的。

时期	全周交换额(单位千金元)	每日平均交换额(单位千金元)
10月11日—16日	612 915	122 583
10月18日—23日	802 647	134 774
10月25日—30日	773 719	128 953
11月1日—6日	1 050 386	175 064

从上表可以看出,如果以十一月之最初一周与十月份之最后三周相比,则交换金额至多不过上涨百分之五十,而物价水准则在第一周要比十月份第四周高涨五倍强,这自然是表示成交额(以真正实物计算)减少。

我知道有人会在这里提出非疑,认为票据交换金额不足以代表实际交易额,理由是:第一,如果交易而用现款,或用银行本票,则因银行本票可作为现款使用,故这部分交易不反映在票据交换中;第二,如果交易者都和同一银行往来,则此种交易只变为一个银行顾客之间之转账,不必到票据交换所交换。我承认这两点都对,然而这两点与我的论据无关。我现在比较的是十一月之第一周与十月之末两三个周,故除非能具体证明,在这一二个星期之内,交易者使用现金与使用支票之习惯大有改变,或银行增发的本票,较前增五六倍,或银行体系集中化,交易者在同一银行开立账户之机会增多,否则非难者把指出的忽略,既出现在十一月之第一周,亦出现在十月份之各周。故在一周与他周比较时,已有互相抵销之势,我认为我所提出的几点,在短短两三周内,大概不致有剧烈变动,故成交额反而较前减少是可以成立的。

如果交易额的确比以前减少,则"何以减少?"成为需要解答的一个问题。这里又要叙述一点常识。在任何一时,任何一地价格之下,有一部分认为未来物价要比现在高,看涨(bullish),另一部分人认为未来物价比现在低,看跌(bearish);看涨者称为多头或长户(bulls),看跌者称为空头或空户(bears);多头要在现在购进,空头则想在现在出售。在正常情形之下,价格每提高一次,有一部分人即信心动摇,恐怕目前这个价格在未来不能维持,故他们从看涨变为看跌,由多头变为空头,于是他们把货物脱手,产生一笔交易。今设当价格变动时,所有人都看涨,结果是所有人都想进货而没人想售出,此时物价必再涨,抵销每个人之进货意愿,而货物刚并不易手,交易等于零,或极少。反之,如果当价格变动时,所有人都看跌,则所有人都想在现在把货物脱手,而没有人想承购,结果是物价必跌,抵销每个人想售货之意愿。货物未易手,故交易亦等于零,或极少。由此,如果每个交易者对新刺激之反应相同,看法相同,结果只有物价波动,而成交则等于零或极少。我们不禁想起凯恩斯之名言,要价格体系,不致有大变动,需要各人意见不同,如果意见雷同,价格体系便失去了稳定性(The General Theory p. 172)。

(看涨或者看跌也可以用预期弹性来说明。例如,如果在开始时,商人预期未来物价与今日相同,又说现在多添了一种新刺激,则所谓看涨者,是指预期弹性大于一,所谓看跌者,是指预期弹性或小于一,或等于零,或甚至是负数。很明显,在本处论(b)点时,看涨看跌比预期弹性这个概念合用,也比较简单,故此处用看涨看跌说法。)

十一月一日以后十天以内上海物价之剧烈上涨,我认为是由于看法一致所造成的,看法之所以一致,则又大概是由于军事政治局势造成的。当物价上涨时,不仅没有人从多头改为空头,而且原先是空头者,现在也变为看涨,参加多头队伍,于是物价更涨,于是更有人从空头改为多头,于是物价再涨,形成再接再厉的涨风,而交易额则甚少。现在卖者提高价格之目的,是在防止人来买,故若物价提高后,仍有人要来买,则卖者又将提高其价格,当交易额变为极少极少时,卖者之目的才算达到。

看法与物价之关系，既如上述，故币制再变革（十一月十二日起生效）以后之物价趋势，可以很简矩地讨论。新币制修正办法重要者只有三点：（一）允许人民持有金银外币；（二）政府将鼓铸金币流通；（三）人民如作一年定期存款，则在存款时，取得向政府购买黄金之权利，其数量即等于其存款数目，例如人民如存入一千元，即可再出一千元，向政府购黄金一两，余类推。币制再变后物价之趋势如何，须看人民对黄金所持之看法如何而定。如果人民对黄白之物还有信心，想利用政府出售黄金之机会，由持货改为持金，或以其所得，不往市场购货而购金银，换言之，如果货物持有人改变其多头看法，货币持有人转移其需求方向，则物价将跌。反之，如果由于环境关系，人民认为黄白物不足持，不能当饭吃，不能当衣穿，不如趁政府尚在收兑期间，而且兑换率调整之时，索性再出售金银外币于政府，换取物资，则市场反而多添了一批购买力，竞购物资，物价又将上涨。

这两种反应都有可能，须看某地之环境如何而定，在安定区域，第一种反应可能性较大，在人心浮动区域，第二种反应亦有可能。如果政府想要取得第一种反应，而发挥其平抑物价作用，则还必须注意一点：绝对不能让特殊势力用扩大银行信用办法，来购取政府金银。

中国金融资本的病态*

千家驹

在中国工商业到处闹着"恐慌"、"破产"的呻吟声中,在危机四伏农村经济涉于全部崩溃的形势下,中国的国民经济几乎已经走到土焦鱼烂,山穷水尽的一步了。然而却有一种企业"得天独厚",非但不显得衰败,反而如雨后春笋,有它蓬勃的发展。这大家都知道就是上海的银行业。据我们不很完全的间接调查,一九三三年开设的新银行有华安商业储蓄银行,大沪银行,惠中银行,至中银行,民孚银行,上海商业信托社,同庆钱庄,及时利和汇兑号等。在上海开设分行的有五华实业银行和大中银行。等备就绪将次开业的有正明银行,华业银行,通业银行,江海银行,国泰银行,中国通业银行,航友银行。增加资本的有上海市银行,宁波实业银行及中汇银行,这些都是在上海设立的,至于各银行的盈余,据他们年终发表的报告:中央银行盈余一千二百万元,中国银行二百万元,四行储蓄会一百八十万元,交通银行一百万元,浙江实业争行八十四万元,上海银行八十三万元,大陆银行八十万元,金城银行九十三万元。其他若中孚,四明,盐业,中汇,垦业,中国农工,国华,中南,聚兴诚各银行均三四十万元不等。

这不是一个矛盾吗?一方面农村破产,百业凋敝;另方面都市繁荣,金融膨胀。别的商业都赔本倒霉,只有银行家却能"大发其财",这空间是什么道理呢?

这个问题,解答的人已经很多,归结起来不外因中国是一个长期入超的国家,内地所购的洋货无一不来自通商大埠,如上海,天津,香港等处,有时甚至食粮也要向通商口岸购买,所以中国的对外贸易是逆态的入超,而内地对通商大埠的贸易又是逆态的入超,国际间贷借的不平衡还可以华侨汇款,外债等无形收入来抵补,内地对于通商大埠的抵补方法就只有靠土产品与信用,近年因为丝茶土产的失败,所以内地无法抵偿对于上海的入超,结果就只有运送现金到上海去,但上海对内地固为出超,而对国际则为入超,所以流入上海的现金,结局又被关到外国银行的保险库里去了,这是一点。第二,由于近年来农村的破产与所谓"匪区"区域的扩大,内地的不安一天天加甚,凡稍有资产的都由乡而镇,由镇而城,而市,而大都邑,他们的游资都集中到上海,但因为大都市的工商业奄奄一息,资金投入无用武之地,所以就都存放在银行生息,这可以说是乡村资金的逃亡,同时也是都市现金的集中。

---

* 本文原载于《当代杂志》,1934 年第 1 卷第 1 期,第 31—37 页。

这两者的结合就使得内地愈益偏枯，都市愈益繁荣，这种都市的繁荣不惟不足以视为经济复兴的象征；反之，它却正是中国经济日趋破产日趋败坏的结果。这种金融业的繁荣，章乃器先生称之曰"虚浮"，因他正像一个病体支离的人，在手足的某一部分反特别臃肿起来一样，称为"虚浮"，可谓恰当。

不过上面所说只不过说明了乡村的资金为什么跑到都市里来，却并没有说明跑到都市来后的资金究竟作什么用去了。本文就是解答这个问题的。

第一，我们可以相信，一部分现金是移到洋商银行的保险柜里去了，不仅从理论上说这是必然的结局，同时在事实上我们还可以拿出真凭实据来。查上海的存银实数，二十年份终为二五一，〇七二，〇〇〇元，二十一年份终为四三八，三三九，〇〇〇元，二十二年份终为五〇八，二三〇，〇〇〇元。这增加的速率是十分显著的。在这存银数额中，洋商银行所占百分比，二十一年终为百分之四二.二二；二十二年五月间增至百分之四四.八一；至十二月底，更增至百分之五〇.三五。换言之，有半数以上的现银是握在洋商银行的手中，这正是我国对外贸易入超必有的结果，因为从国民经济的立场看，现金之集中于上海外国银行金库上，与移存在纽约伦敦和大阪的银行金库中，本质上是没有一点不同的。

过半数的现金既然是集中在外国银行手中了，那么还有一半的现金握在华商银行钱庄手中的干什么用呢？

关于上海华商银行资金的出路，我们可以毫不迟疑的说一句是投放在不正当投机事业上。因为中国的民族工业受帝国主义者的压迫，根本抬不起头来，复以军阀官吏苛捐杂税的重重剥削，其为奄奄一息，已是人所共知的事实，银行家如把资本投放在工商业上，非但低率的利润没有保障，且连本金也许收不回来。如以之作债券，地产，标金的买卖，则巨利可以立致。关于银行之投资，中国银行十九年度的营业报告书上说：

"资金既充斥于都市，而内地则因战事匪患，工商业无从发达，以致都市资金苦乏运用之途，则咸投资于政府公债，……其投资利息恒在一分五厘以上，故投资于此项公债者日见增多，公债之交易极为繁盛。……与上述证券投资相埒者，则为上海之地产投资……据上海地产公司所发表，谓五年之内，上海房屋地产价值总额之增加数目。达二十万万两，而去年一年所增，占其半数；每月成交数目，多则千万，少亦数百万两焉。总之，公债投资之利息过高，则人民资金咸集中于此，而生产事业方面自有偏枯之象。至地产投资过多，徒使地价日涨，租金随昂，市民生活，感受压迫。"

由此可知银行之以投资公债与地产为唯一的生财大道，银行家亦所直认不讳的。现在我们就要来看看这种投资的实际情形怎样？

关于一九三一年银行投资公债的数额，我在"中国的内债"一书中曾作过一个约略的估计，该年终了内国银行所保有的内国公债票计有三万万三四千万元，适占是年年底南京政府之负债额八一〇，〇七五，三七六元之百分之四十。我估计的根据是这样的：

（一）我们将该年度二十七家银行保有的有价证券总额，以三分之二作为内国公债，再以二十年债券平均价格折合成票而值。

第二，将上项有价证券折合后之票面值加上各发行银行的保证准备额，这项保证准备金大部分可视为公债票。

我们所得的结果就是上述的一个数目。

关于一九三二年内国银行所保有的公债票，我们以同样的方法来估计一下：

据该年度有营业报告的五十二家银行①看，有价证券的总额计达二四七，一二四，五七一元。

上述有价证券总额二四七，一二四，五七一元假定亦以三分之二为内国债票（事实上决不止此数，这是最保守的估计），则合为一六四，七四九，七一四元。

再我们把这九家发钞银行在一九三二年底的保证准备计算一下，所谓九家发钞银行即指中国，中央，交通，四行准备库，浙江兴业，中国实业，中国通商，四明，垦业等九家而言，据各该行发行之检查报告所载，这年年底的保证准备额为七三，五九八，四〇三元。如以三分之一为别的道契及商业票据等，则折为四九，〇六五，六〇三元的公债票。

这两者合计，就得到银行界对于内国公债投资的总额为二一三，八一五，三一七元。

不过上列一数乃银行依各项债券市价折合后的实值，并不是他的票面额，所以我们还要将它折合成票面值，据中行研究室的计算，是年内国债券平均折扣为五一，一五元，那么，这二一三，八一五，三一七元的实值就折合为四一八，〇一六，二六〇元的票面额了。

这四万万一千八百万元的票面额适占是年年底国民政府所负债额（八五九，六九五，三六二元）之百分之四十八以上。换言之，就是有几及半数的公债票是握在银行家手中。

一九三三年内国银行所保有的债票额，虽然我们现在还不能得到所有银行的营业报告（尚有未发表），不过，据我们的估计，这项数字是只会比一九三二年增多而不会减少的，这理由很简单的：

第一，因为当一九三三年，南京政府又发行了一万万二千四百万元的新公债，这种债券还不曾在市场上流通，大部分系政府作为押品向银行抵押贷款，我们相信，财政部是不会存有这种债票的，所以全部分都是在银行的手里。也就是说，银

---

① 这五十二家银行的名称如下：中央，中国，交通，中国通商，浙江兴业，四明，浙江实业，广东，江苏，中华商业储蓄，聚兴诚，新华，上海，盐业，中孚，金城，华侨，中国农工，大陆，东莱，永亨，中国实业，东亚，中兴，中南，国华，中国垦业，香港国民，通和，国货，四行储蓄会，四川美丰，上海市银行，劝工，通易，棉业，嘉华，江南，恒利，中通，上海女子商业储蓄，中和，厦门商业，亚东，上海煤业，企业，世界，统原，安徽，华通，太平，江浙共五十二家。

行的"抵押放款"内一定有这一万万二千四百万元新公债在内。

第二，去年又开设了十多家新银行，这些新银行无疑地是吸收公债票的生力军。

第三，去年证券市场非常活跃，尤以去年年末公债交易之繁盛，几为一九三一年五月后之所罕见。试以一九三二年的成交数与一九三三年相比较，有如下表：

（千元为单元）

	1932 年成交数	1933 年成交数
一月	74.555	123.285
二月	停市	157.450
三月	停市	217.455
四月	停市	196.130
五月	58.035	240.070
六月	98.175	315.385
七月	79.310	275.810
八月	80.045	217.470
九月	52.325	188.230
十月	80.120	297.510
十一月	171.495	437.023
十二月	207.650	554.105

固然我们也承认做公债投机的不一定是银行家，但是这样活跃的证券市场，如没有银行为之推波助澜，怕是不可能的吧。

银行资本的趋向于公债的买卖，以及公债滥发给予中国国民经济以怎样的恶影响，大家都已经说得很多，本文内姑不具赘。现在我们再来看一看银行资本的另一条出路，即地产的投机。

关于地产，我们固然找不到直接的统计资料来证明，但有几点显著的事实是值得特别提出来说一说的。

上海地价的日益高涨，乃为人共周知的事实，而地产交易的旺盛，更令吾人咋舌。据上海普益地产公司的报告，一九三一，一九三二年地产交易额有如下表：

上海地产交易月计表 （单位千两）

	1931	1932
一月	15 000	
二月	8 500	
三月	16 500	750
四月	15 250	1 000
五月	10 000	4 000
六月	14 000	3 000

(续表)

	1931	1932
七月	1 500	3 000
八月	18 000	1 000
九月	8 250	1 000
十月	3 000	1 000
十一月	4 500	2 000
十二月	3 000	1 000
合计	131 080	17 750

一九三二年之所以减少，显然是因为受一二八沪战的影响，但即就这时期看，每月成交之数，亦在一二百万两之间。这种巨额的地产交易，是非有银行为之做后台老板不可的，我们且引一段地产交易内行中人的说话：

"昔时地产价格较低，买卖因此易于成交……盖缘当时价格不高，买卖双方，无顾虑一切，到手即能出售，苟无多资，亦可向人押借，而于最短期间，即可售出，骤获厚利……迨近年来，昔之小资本者已成为殷富之家，地产一入其手，暂时间解有出售之望，因其不亟亟于现金也。其资本较小者，则集合钜资而组织地产公司，实力亦极充裕，房产一经购进，非有多数盈利则不出售，而地价日益高涨，每一成交，动辄数十万或数百万，绝少十万以内者，颇有货贵欺主之势……因此，今日之经营地产业者，非同昔之简易，至于小范围之资本家，更有望洋兴叹之感焉。"

"地产交易，现时既不能如昔之活跃，有资财者，或欲购地而无从，或因数目过钜，顾虑购进后，获利难操左券，于是抵押生新兴焉。此辈大抵银行钱业中实力充足拥有厚资者，盖自购地产，则恐售出之期遥远，且能否获利，尤无把握，不如作押款为稳妥，……其在押户方面，急切求售，则难得善价，不售则金融难以周转，有此抵押一法，则不患现金之阻滞，又得保持将来之利益，因之需要此类押款者日以增多。但抵押与买卖，亦有联带关系，盖押户以地产作抵押者，其换押品多系其欲购之产，因上海大半买主，多系浮泛而无完全实力者，鉴于该业之利厚事妥，遂异想天开，在买卖未交割前，预先商之戚友或素稔之银行钱庄，以所欲购之产作为抵押品，将押款权充购价……故空额买卖愈多，则藉此等抵押以作后盾者亦愈繁，获利亦颇可观也。"

由此可知投资地产是怎样与银行结着密切的关系了。换言之，如没有银行做投资地产人的背景，是决不能有如此钜额的地产交易的。

从另一方面，我们虽不能找到银行投资地产的实际资料，但从好许多银行的营业报告中，他们的资产负债表上往往列有"营业用以外的房地产投资"一栏，间有列出他们的投资利益来的，例如一九三二年的各银行营业报告，列有这一栏的就有浙江兴业，四明，新华信托，中孚，大陆，中兴，国货，四行储蓄会，绸业这么九个。他们的投资利益少的数万，多的达二三十万：如浙江兴业为二四四，一三三元，四明为二四二,六八六元,大陆信托部为二四五,〇五二元。至于他们投资的数额,即就这少数银行来说,总数亦已经超过二千四百万元了。

投资地产究竟能给予中国工商业以怎样影响呢,不消说得,它与工商业真是风马牛不相及,而且正如中国银行在一九三一年的营业报告书上所说。

"公债与地产剧烈膨胀之危险,去年报告中已痛切言之,不意本年度愈趋愈烈,发生种种不自然之信用肿胀。……盖地价代表一种制造之人气,使多数中间人,抬高价值,促进交易,竞取无生产性之利润,造成虚伪之繁荣,均非增加真实之资产……"

此可知中国的流动资产因农村经济破产而流入都市集中在都市的现金又一部分跑进外商银行的金库,一部分集中于中国银行手中,在中国银行手中的资金则提供给银行家们作公债与地产的投资,这一种情形,纵然在银行本身有其不得已的苦衷,但在客观上不能不认为是中国金融界最大的病态,不能不认为是中国国民经济发展的一个阻碍。如何把中国金融界这种畸形的病态矫正回来,怕不是一二有识见的人们大声疾呼所能收效,而是要由整个社会经济制度的变革上才能得到解决的。

三月六日,北平。

校后附注:这篇文章是我在三个月以后写的,因时间的匆促,许多论点,不及详述。据上海近半年来银行的投资趋势来看,似乎地产已不时髦,公债价格又日趋稳定,不够投机,故他们近渐把目光移到美国的商品及股票上。以外国商品为投机之标的,一方面做外汇投机,一方面又因商品本身价格之涨跌,故盈亏甚巨,上落极大。这种趋势是深值得我们注意的。

怎样研究经济学[*]

千家驹

  我因为最近几年在广西大学教了几门经济学和财政学的课,本年由于某种原因要到另一个地方另一所大学去教书了,许多青年朋友,听到我要离开桂林的消息,多有以"怎样研究经济学"一问题相向的,我答应他们在离桂之前择一刊物上作一个公开的总的答复。适因中学生编者为该刊新年号征文,爰撰本文,一以供青年朋友们的参考,再则并偿此口头上的宿愿。惟因手头毫无参考材料,且本文既为供中学生及初进大学者之阅读,内容力求浅显通俗,如欲求深造,则书坊则尽有专书可以问津也。

——作者附志

  "怎样研究经济学?"在讨论本题之前,先要明白经济学是研究什么的?经济学自然是研究经济的,这似乎很容易回答的一个问题,但"经济"又是什么呢?一般人就不大弄得清楚了。通常我们往往把"经济"二字用在节省或便宜的意义上,如所谓经济时间,经济汽油,这都指节省而言;而什么经济便饭,或经济舱(在轮船上常有所谓"经济舱"),则指价格较低廉者。这是一种庸俗的用法,经济学当然不是研究这些东西的。又中国古时本有经国济民一语,什么经济文章、满腹经济等等,这更与现代语的经济毫不相干。现代我们习用的经济一语,原来是英语 economy 之意译,这是日本人的译名,被我们所采用的。当严又陵先生在清末翻译亚丹斯密之"原富"(The Wealth of Nations)一书时,他把经济学译成"计学",以"计"字翻译"经济",这又未免过于古奥,而且其涵义也太不明显了。说了半天,"经济"到底是什么东西呢?原来经济虽是学术上的一个专门术语,但说明白了却与我们人类生活息息相关,别无玄秘之处的。谁也知道,我们人类要能够生存,第一件根本的事情就是要有物质的生活资料,换句话说,就是要有东西吃,有衣服穿,有房子住,衣、食、住三者是缺一不可的。但无论是衣是食是住,都不是天生现成的,它们要经过我们人类的劳动,即向自然界取得或改变它的存在物,才能适应我们的要求。例如吃的东西是要农夫种起来的,穿的衣服是要有了棉花纺成棉纱;由棉纱织成了布,再由布缝成了衣服。至于住的房子更需要木

---

[*] 本文原载于《中学生》,1941年,第37期。

匠泥水匠的种种劳动,而木匠与泥水匠所用的材料又是经过了若干人的过去劳动才得到的。天然现成的东西只有空气和水,但任何人不能靠喝西北风或求而过生活的!所以我们可以说生产的劳动是人类社会能够生存的第一个先提,今天社会上所以有一部分人可以不必劳动而舒舒服服过日子,正是因为另外一部分人辛辛苦苦在那里替我们工作的缘故!假使全社会的人都停止了劳动,即停止了生产,那么在一个星期之内,今日整个光辉灿烂的文明世界便要毁灭,这是一点也不是夸张的话。人类底社会劳动有什么特点和其他动物不同呢,最主要的(也可以说是唯一的)就是人能利用人为的工具以辅助其天生器官(千足耳目)的不足。人之所以为万物之灵,最基本的就在人类能利用各种工具(原始时代之石斧石箭以至现代最复杂的机器)以与自然界相斗争。从上古人类开化的时候起以至现代的文明的社会,人类一向就是靠使用工具来改良自然界的存在物以满足其生活上的各种需要的。这种种工具我们叫它做生产工具或劳动工具。由于我们人类能够利用生产工具,制造生产工具,来和自然界相斗争,我们就不仅能够适应自然,而且能够征服自然,使自然来适应自己。随着人类社会的进化,生产工具也跟着变化和进步,于是从最原始时代的石斧与石块进化到现代最复杂的蒸汽机,电汽化的生产工具。生产工具变化了,被人加工的劳动对象也跟着变化了。劳动对象是什么呢?劳动对象主是人类工作时加工的对象,"自然"可以说是人类劳动对象的总和。在渔猎时代,鱼与野兽是主要的劳动对象,到了农业社会,土地变成更重要的了,就是到了今天,土地依然是很重要的。不过有许多东西,非到了机器生产时代,是不可能变为劳动对象的,如采掘工业中之煤、石油就是。劳动工具与劳动对象合起来,我们叫做生产手段,或劳动手段。

不过人们在生产的时候,不仅和自然结成了一定的关系,而且人与人之间也是结成了一定的关系的。人决不能孤立地从事生产,孤立的生产的个人,在事实上是绝对不会有的。如像《鲁滨孙飘流记》中所描写的鲁滨孙,他一个人飘流到荒岛上过其孤独的生活,这只有在小说家的头脑中才会存在,现实世界上决不会有这样的事情。事实上,人的劳动是在社会中进行的,人的生产也是社会的生产。即就原始时代来说,捕鱼和狩猎也要结成集团才行,他们也有年龄和男女的分工。到了现代社会,人和人的社会关系更加密切,更加分不开了。一个农夫他一个人在田里工作,表而看去似乎是单独从事生产,但他的田也许是地主那里租来的,他还要付地租;农忙时请人帮工,他又要付工资。即令是自耕农,他所种起来的粮食也不一定供他自己吃用,而且他所穿的所用的也是多半要求诸市场的。无论是原始共产社会。奴隶社会,封建社会,或是资本主义社会,在生产中,人和人就有分工,就有合作,更主要的,他们还要结成一定的社会关系,如地主与农民,资本家和劳动者等等,这种关系并不是他们主观所愿意的,也不受他们意志所支配。这种在社会生产过程与生产品分配过程中所形成的人和人的关系,我们叫它做生产关系。

但这种生产关系是一定要和社会生产力相配合的,社会生产力是什么东西呢?社会生产力便是劳动力和劳动手段在社会生产过程中所结合起来的方式。劳动力和劳动手段是一切社会生产的二大要素,单单有了劳动力而没有劳动工具与劳动对象,自然生产不出东西来,但反过来,如果有劳动工具与劳动对象,而没有主观的劳动力参加进去,那当然也是没用的。所以我们说主观的劳动力与客观的劳动手段是一切社会生产必不可少的二大要素。但劳动力与劳动手段相结合的方式却是随着社会发展阶段而不同的,或者可以说,劳动力与劳动手段结合的方式是社会发展阶段的决定因素,因为劳动力与劳动手段二者的结合一定要依存于一种方法,这就是生产方法,生产方法是人类获得生活资料的方法,即他们生产活动的形式,生产方法变化了,生产关系也跟着变化,社会发展形式也随之变化了。例如在奴隶社会,生产方法是奴隶的劳动力与主人的生产手段相结合的方式,这种生产方法就决定了奴隶社会奴隶与奴主相对立的生产关系,即决定了当时的社会形态是奴隶制度的社会。又如在资本主义社会,生产方式是一无所有的劳动者与资本家的生产手段相结合,这就决定了资本主义社会无产阶级与资本家阶级相对立的生产关系,也就决定了现代是资本主义的社会,所以生产关系总是以一定的生产力做它的内容的,这种生产关系的总和,我们叫它做经济或者经济结构。经济结构是一社会底法律政治文化艺术等上层建筑的基础。

由以上的说明,经济是什么,我们便可以明白了。详细地说,经济学便是研究在社会物质的生产过程和分配过程中人和人所发生的生产关系(以具有一定之生产力为其内容的)之运动法则的科学。经济学虽然是新兴的一门科学,但它所研究的对象却实在是与人类社会同时开始,与我们日常生活息息相关的经济现象。自从最原始的共产社会一直到今天最进步的现代文明社会为止,我们人类都是生息长养于特定的生产关系中,即在经济社会中过生活,但是为什么当为一门社会科学独立来研究的经济学,到了十八世纪才开始发达起来呢?(在古代,哲人学者著述中涉及经济理论,那是早就有的,但那只能说是经济思想,而不是经济科学。)号称为近代经济学之祖的亚丹斯密《原富》一书,到了一七七六年,才行出版。十八世纪以后,经济学名家辈出,而经济学才蔚然成一门独立的科学,这理由说出来是极明白的,因为经济学既然是研究生产关系的科学,当原始社会,根本还没有卖买,交换的存在,生产和分配虽极幼稚,但他们都在有计划有意识的支配下进行,这时人与人完全处在平等的地位(各部落间虽经常进行战争,但因生产力之发展尚极低下,俘虏不被杀掉,即视为氏族之一成员,尚无奴隶产生),到了奴隶制度的社会,奴隶是主人的所有物,他被视为能说话的工具,他给主人做工作,他自身亦属于主人之所有,这种生产关系亦是明明白白的。在封建社会,一方面是封建领主,另方面是农奴,农奴所耕种的土地是属于领主的,他每年要交一定的地租或为领主服一定的劳役,这也比他们交教会的什一税还要明白的事情。在这种社会里,自然用不到有一门独立科学来研究他们的生产关系,经济学当然也没有产生的可能。惟独到了商品资本主义发达以后，一方面是社会的所有生产手段为少数资本家所占有，而大多数人（工资劳动者）却除了劳动力以外，一无所有，他们只有把自己的劳动力当作商品卖给资本家，在这种社会里，存在着各个企业间的社会分工，这些企业都是属于私人所有的，他们完全是无计划的无政府的生产，经过竞争，经过恐慌，而盲目的向前发展。这种社会的生产与分配关系是最复杂的，因之，以研究资本主义生产关系为对象的经济学就随着时代的要求而产生了。经济学为什么在十八世纪工业革命之后才开始发展，经济学的开山祖亚丹斯密为什么生长在工业革命的祖国英国，由这一点去了解，就可以得到正确的答案的。

经济学既然是以研究资本主义社会的经济结构，为其主要对象。那么，前资本主义的社会（如封建社会，奴隶社会及原始共社）及资本主义制度以后的社会（如社会主义的苏联及三民主义的新中国），他们的生产关系是不是也应该为经济学研究的对象呢？当然也是的，经济学原来是一种历史的科学，它不仅要研究资本主义社会的生产，分配和交换的特殊法则，同时也要研究那不断的，历史变化的诸生产关系和分配交换关系的法则。前者（即专研究资本主义的经济结构的）我们称之为狭义的经济学。后者（即研究每一社会经济结构底各种特殊法则的）我们称之为广义的经济学，普通经济学书籍上所讨论的课题，大概都是指狭义经济学而说的，因为狭义经济学实构成经济学之最主要的一部分。

我们既然明白经济学是研究什么的科学，对经济学的研究态度，便容易解决了。原来经济学有二派，一派是认为现代的资本主义社会是人类最理想的社会，"自由竞争"是合于人类天性的，"私有财产"是万古不变，神圣不可侵犯的经济原则，他们的说法虽有种种巧妙的不同，但其出于拥护现存社会现存制度的用心却是殊途而同归的。这一派我们叫它做资产阶级经济学，从古典派的经济学起以至近代的所谓奥大利学派都是属于这一阵营的。另一派则认为私有制度并不是万古不变的，人类社会历史上曾经有过很长一个时期根本没有私有财产，将来私有制度也会随着资本主义制度之消灭而消灭。资本主义社会有其发生，长成及发展的历史，也有其必然要走向没落崩溃及死亡的归宿。一种社会形态之让渡给另一种更高级的社会形态，这是历史条件所决定的，初非人的主观好恶所可左右，所以我们既不以资本主义为万能，也不以它为万恶，只是把资本主义当为人类社会经济发展史上的一个特定阶段，而加以客观的研究，说明它何以要崩溃死亡而转变为更高级的社会，持这种态度的便是社会主义的经济学，社会主义的经济学是由马克思奠定其基础的。马克思在一八六七年出版他那有名的经济著作《资本论》第一卷，《资本论》可以说是社会主义经济学之经典，现代新兴的经济学莫不奉之为圭臬的。

我们自然是赞成并且拥护社会主义的经济学理论的，因为资本主义发展到最后阶段的帝国主义，它实在已临到总崩溃的阶段了。事实上现在地球上已有六分之一的面积，资本主义的统治已经推翻而建立起无阶级的社会主义国家。所以社会主义经济学已不仅是一种理论而变成一种实践了。况且，总理在民生主义及其他遗教中,不止一次地指摘资本主义所造成社会贫富不均的现象,而且说:"我国提倡社会主义,人皆斥为无病之呻吟,此未知社会主义之作用也。处今日中国而言社会主义,即预防大资本家发生可矣,此非无病之呻吟,正未病之防卫也。"又说:"民生主义就是时下的社会主义,……兄弟把社会主义的原文,译成民生主义,在意义上似乎较为妥当。"可见社会主义的经济学理论,是完全符合革命的三民主义之精神的。

我们研究经济学既然要以社会主义学派为依归,资产阶级的经济学理论是不是根本不要去看呢?也不是的,如果我们研究经济思想史或者研究各派的经济学说,资产阶级的经济学书籍,自然是应该细心去看的。或者我们研究理论经济学而有很充分的时间,资产阶级经济名著也不妨选读若干种,尤其是古典学派经济学理论,其中有一部分是极有价值的科学研究,如大家所知道马克思的价值论,便是继承亚丹斯密与李嘉图之劳动价值学说而加以修正与补充的,并因此完成了他剩余价值之伟大的发现。但资产阶级经济学发展到了十九世纪中叶,它就完全变成了资产阶级的尾巴,失其科学的研究,而成为"庸俗化"的东西了。所以马克思在《资本论》第一卷序文中说:

"英法二国的资产阶级都已在那时(按指一八三〇年后)夺得了政权,从此以后,无论从实际或理论方面说,阶级斗争都益采取公开的威胁的形态,科学的资产阶级的经济学的丧钟声了。从此以后,成为问题的已不是真理非真理的问题,只是于资本有益或有害,便利抑不便利,违背警章,或不违背警章的问题,超利害的研究没有了,代之而起的是领津贴的论难与攻击,真正的科学考察没有了,代之而起的是辩护论者歪曲的良心和邪恶的意图。"

这是的确的,十九世纪以后的资产阶级经济学已失去其科学的价值而变成了资本主义制度的辩护士了,如奥大利学派(或称为理学派),就是这种"庸俗化"经济学的典型代表,我们如果没有充裕的时间,实在可以不必去研究这种庸俗化的理论的。

我们上面既然说过《资本论》是社会主义经济学的经典,同时它也是经济学上划时代的大发见。《资本论》共分三卷,第一卷是马克思生前出版的,第二卷及第三卷则为马氏死后由其亡友恩格斯整理出版,第一卷论资本的生产过程,第二卷论资本的流通过程,第三卷论资本主义生产总过程。我们假如是专门研究经济学的,最好是直接攻读《资本论》(《资本论》早已译成世界各国文字,惟我国迟至民二十六年才有中译本,读书生活出版社出版),三卷之中,尤以第一卷最为重要,它是奠定新兴经济学之理论的基础的。初学者如嫌《资本论》内容过于艰深,或篇幅太巨,没有充分时间去研究,那么,可以读几本《资本论》入门的著述;关于《资本论》浅释一类的书,比较好的有考茨基之《马克思经济学说》(民智书局有译本,名《资本论浅说》),河上肇的《经济学大纲》(陈翰隐译),高岛素之的《资本论大纲》(施复亮)译,博洽德的《通俗资本论》(李季译)。这些书都可以帮助我们去了解《资本论》，或者供不能去读《资本论》原著的人，使他对马克思经济学理论有一正确的了解。至于国内出版一般经济的书籍，年来也有不少比较好的，以国人自己著作的来说，则沈志远的《新经济学大纲》，是值得介绍的，薛暮桥的《经济学》（新知出版），是一本中国化通俗化的力作，特别适宜于初研究经济者。以翻译的来说，如拉皮杜斯之《政治经济学教程》（张仲实译，商务出版），与莱昂捷叶夫的《大众政治经济学》都是苏联有名的课本，译本亦流畅忠实，可以当为课本读的。近几年来，国内理论经济学的译者水准一般地是提高了，所以凡是生活及新知书店所出版关于这方面的书籍，大致都有一读之价值，这是值得我们欣慰的一件事。

不过《资本论》是马克思在十九世纪中叶写的，资本主义发展到了十九世纪末期，它已变成了独占资本主义，即变成了帝国主义。二十世纪是帝国主义发展成熟以至腐烂崩溃的时代，帝国主义虽然是资本主义发展的一个阶级，一个最后的阶级，但为帝国主义时代经济的许多特征（可生产之集中以至独占之形成，工业资本与金融资本的相结合而形成财政资本，资本输出之并为极端的重要，国际独占与世界市场之分割），都为工业资本主义时代所不曾具备的，《资本论》只指示了资本主义发展之一般的特征，它不能指出为马克思生前未曾发展成熟的帝国主义时代的特征，补充这一缺憾的便是伊里奇的《帝国主义论》。伊里奇的《帝国主义论》是继承《资本论》而分析帝国主义经济的一本天才的著述。《帝国主义论》是在一九〇五年出版的，那还是在帝俄时代，伊里奇为避免检查官吏的注意，用审慎的辞句，引用资产阶级的统计资料，以说明帝国主义之经济的特质。全书篇幅并不多，但其分析之精当，材料之丰富，论说之正确，不但全世界学术界早有定评，而近四十年来的世界史已经作了最事实的明证，所以这部书是特别值得推荐于读者的。原书中文有译本（王唯真译，生活书店出版），苏联世界政治经济研究院又把伊里奇原著加以新材料为之增订，内容尤为精彩，新知书店亦有译本，译笔亦流畅可读。更能增进读者对原著的了解。不过读者假若以《帝国主义论》过于枯干或艰深的话，那么可以先读一二本帝国主义浅说的书籍（如文化供应社之《帝国主义是什么》，及生活书店之《帝国主义》）。不过最好还是读伊里奇的原著，无论怎样枯干也硬着头皮读下去，过到疑难之处则请教朋友或师长。如果能够彻底了解《帝国主义论》，则对世界近代史及中国近百年史，如帝国主义何以要发生第一次及第二次世界大战，何以他们要侵略殖民地及半殖民地，中国何以会沦为半殖民地的地位，都可以有本质上的了解，所以我竭力推荐这本好书。

有了理论经济学的基本知识之后，我们无论观察现代世界或现代中国便有了一些凭借，不至于茫无头绪了。

二十九年十二月十五日桂林

论工业化与民营工业[*]

千家驹

去年九月中国国民党十一中全会中所通过的"战后工业建设纲领",是我国战后实施工业化的基本纲领,自这一纲领公布之后,早已博得了全国舆论界的拥护与好评。本纲领中包括了许多方向,牵涉到若干问题,就中最值得我们重视的是它确定了民营工业在工业建设中之重要地位,祛除了许多人对于政府关于民营工业态度的疑虑。中国在战后必须工业化,这一点是没有争论的,但在工业化过程中,究竟我们对于私人工业资本应该采取什么态度,过去却众论纷耘,莫衷一是!这一问题的提出主要地是因为我国战后的工业建设,是民生主义的工业建设,它既不同于欧美资本主义国家底工业革命,亦不同于苏联社会主义方式底计划经济。其不同于欧美资本主义国家底,国父在实业计划上明白地说是要防"私人之垄断,渐要成资本之专制",以免再蹈"欧美资本主义之覆辙"。其不同于苏联社会主义底,是他们已经过了社会革命,已经消减了生产手段之私有制度,而我们却要以"社会立法和计划经济,实现民生主义之和平与普遍的革命"(蒋主席语)。因此在欧美资本主义国家,私人企业是资本主义生产的骨干,近年以来,固对私人企业加以种种统制,但它底基本精神是个人主义的自由经济,这种自由主义自经第一次与第二两次世界大战的经验,早已处于秋风落叶的境地,自然不是我们所应该再走的。至于苏联,它已把一切生产手段收归国有,已无所谓民营工业之独立的存在,其情形又与我国根本不同。国父的民生主义,一方面仍容许有私人企业之存在,同时又要节制私人资本,发展国家资本,以实现民有民享的社会。因此对于民营工业的政策问题,就特别值得我们的重视了。

在桂林举行的中国工程师十二届年会某次欢迎会上,军委会桂林办公厅主任李任潮先生说:"中国之工业五十多年来无多大进展之原因虽多,但不能善为运用节制资本之政策,致使私人资本受到限制,亦为要因,是故今后确立工业政策的,务使国营民营之间有合理之规定;中国今后谈工业建设,政府应多使私人资本得到充分运用,予以鼓励,非万不得已时,或私人资本无能为力时,政府可不必独办,如此工业建设,可望完成。"(三十二年十月二十五日《大公报》)。李任潮先生这一番话是很有现实的意义的。本来就原则上说,我们要建设一个民生主义的工业化国家,

---

[*] 本文原载于《贵州企业季刊》,1944年第2卷第1期,第1—5页。

必须遵循着节制私人资本与发达国家资本这两大原则去进行,但当我们运用这一原则到具体的现实情况上时,必须注意到时间空间和社会经济种种条件,否则是鲜有不蹈"削足适履"或"因噎废食"的讥评的。近年以来由于战后统制经济的强化与发展,国内一部分谈经济建设的人,往往由于反对欧美自由主义经济的缘故,而流入偏狭的统制主义,或甚至认为我们要节制资本,在今天便应该对于民营工业采取消极的限制政策,我以为大后方民营工业的发展,就是私人资本的雏型,即民生主义实行障碍。因此就可以在税制、资金或运输上实行一种对民营工业的歧视政策。因为我们既然要发展国家资本与限制私人资本,则在民营工业方在萌芽之时便加以节制或予以吞并,岂不更好!但这种态度显然是与国父民生主义的真精神不相符合的。因为这不但达不到中国工业化的目的,而且也达不到发展国家资本的目的。我国产业基础实在太薄弱了,再经这次长期战争的破坏,生产力的低落,自在想像之中,所谓疮痍满目,民生凋敝,我们不仅缺乏大的私人产业资本,国家资本在整个国民经济比重上亦占很小的地位。我们无论为增加战时生产计,或是为中国战后之工业化前途计,单单依靠国家资本是绝对不够的,都非借重私人资本不可。我们不仅要动员国内的私人资本以投资于工业建设,而且还要动员外国的私人资本,"利用外资"在中国工业化过程中的重要性亦即在这里。所以对于私人产业资本,我们不仅不应该在消极方面去限制或取消它,而且应该在积极方面去扶植与变动它,国父的节制资本"节制"两字应该了解为指导、扶植、监督与奖励的意义,而绝对不是什么限制,牵制或箝制种种消极的工作。这一层国父在实业计划上本有极明白的指示:"中国实业之开展,应分两路进行:(一)个人企业,(二)国家经营是也。大凡事物之可以委诸个人或其较国家经营为适宜者,应任个人为之,由国家奖励而以法律保护之。"在战后工业建设纲领上也同样地规定:"凡工业可以委诸个人或其较国家经营为适宜者,应归民营,由国家奖励而以法律保护之。"这一规定虽不过是国父遗教之复述,但这一重复是十分必要的,这正说明了无论就国父遗教或当前中央的产业政策观察,我们都丝毫没有取消或限制民营工业的意思。恰恰相反,对于民营工业,应由国家奖励而以法律保护之,所谓"奖励"与"保护"分明都是积极意义的工作。李任潮先生上面一番话的意思,也正在此。因为谁都知道,我国民族工业基础本已十分脆弱,抗战以来,沿江沿海工业区域相继沦陷,迁移到后方来的,为数不及原有之十一。近年以来虽经公私双方之努力,战后工厂有如雨后春笋,纷纷设立,然大多限于设备,厄于资金,规模不大,因陋就简,则为无可讳言的事实。且自民国二十九年以后,原料品之涨价还超过制成品,物价波动过于剧烈,工业流动资金常感周转不良,后方工业不独不易进行其扩大可生产,即单纯再生产亦难以维持,在这种情形之下,民营工业固艰苦备尝,即国营企业亦仅具雏形。在战时我们固然不应该歧视民营工业,即今在战争结束之后,我们的国营工业亦决不足以担当供应全国需要,与独立奠定中国工业化的使命。所以无论在战时或战后,扶植民营工业却与发展国营工业有同样重要的意义。正如章乃器先生所说:

"国家资本突飞猛晋的跑在前,让私有资本急起直追的跑在后。"换句话说,我们为了奠定中国工业化的基础计,应当从积极的意义上来运用节制资本这一原则,即扶植与培养民营工业,应该重要过于限制或防碍私人产业资本,不但目前应该如此,即战后建设之初期亦是如此。

国营工业与民营工业,它们应该分工合作,应该相互发展,并不是互相排挤,或互相吞并,更不是有你便没有了我的。这一点在战后工业建设纲领上有很正确的规定:"工业建设,政府应采取国营民营同时并进之方策,在整个工业建设计划下,分工合作,以期达到各部门预定之产量。"(第五条)有许多人却误会了国营与民营之分工合作的意义,以为国营工业与民营工业不是东风压倒了西风,便是西风压倒了东风。我们要发展国营便必须限制民营工业或吞并民营工业,正如苏联政府要发展社会主义的工业就必须消减私人资本主义的企业似的。殊不知我国的社会条件及经济环境与苏联有限大的不同,苏联已经把一切生产手段(土地、矿山、富源、工业银行、交通、商业)化归国家所公有,已经消减了市场与生产之无政府状态,只是由于新经济政策对于私人企业之让步,故在五年计划中规定了社会主义工业与私人企业之逐年消长的比例,国营企业比重之增加即为社会主义经济之成长。我国即没有消减社会生产手段之私人所有,而且我国的产业基础非惟与一九二七年苏联实行五年计划的不能相提并论,即与第一次欧战前一九一三年之帝俄比较,我们也不知要落后多少。苏联当实行社会主义的建设时,已粗具工业化之规模,我们却迈开步走的条件都不曾具备,在我们建设工业资本是比限制私人资本更要重要的。我国的产业资本如此落后,我们如果在今天便实行歧视民营工业的政策,这对工业化脱无异是自杀,对节制资本,则是因噎以废食的蠢举。

那么,如果我们完全放任或鼓励民营工业之发展,是不是会造成了私人资本之尾大不掉的形势,以致重蹈资本主义之覆辙呢?这种顾虑自然是很有理由的,但在今天,这种顾虑却是不必要的,因为在今天,私人产业资本还不可能发展为民生主义的障碍。至于在将来,我们认为在两个重要前提之下,民营产业之发展亦是不会成为民生主义之障碍的,即第一,政府要把重要的经济枢纽控制在手,特别是锁钥工业、金融机关、交通手段以及国家富源等等,只要这些东西控制在国家中里,民营工业发展便决不会重蹈欧美资本主义之覆辙的。其次,革命的民权主义之实行是保障民生主义实现之政治的前提,如果没有民权主义之彻底实现,不但民营工业会变质,即国营事业亦会变质,而为官僚资本或金融寡头所操纵与利用的支配。这两个前提照理说都是不成问题的,因为凡锁钥或基本经济事业之应由国家经营,这一个原则是没有人会加反对的。其次,实施宪政,还政于民,是中国国民党一贯的主张,国父与蒋委员长对此尤为坚决。所以我们不但在战时不必害怕民营工业之发展,即在战后也不必存畏惧之心的。如果我们为了害怕私人资本之扩大,而在目前即采取防碍民营工业的政策,这无异是父母为害怕小孩子跌交,而不敢教他学习走路,是同样地滑稽的。

至于大规模的企业与节制私人资本更完全是两件事情，我国企业规模之小，不但比起欧美各国来不可以道里计，即比起战前来也不可同日而语。例如桂湘粤三省所有工厂，包括内迁新创及原有者合共三九七单位，职工人数四万七千余人，动力一万八千七百五十匹马力，以职工人数言，尚不及美国福特工厂一厂四分之三，以动力言，尚不及印度塔达钢铁厂一家所发电力三分之一，产品价值，更不必论。即将现有工业规模与战前相比较，抗战前我国华商纱厂共有纱锭二百八十余万枚，抗战后共计不过二十四万枚。战前我国纱厂规模较大者常有纱锭八九万枚，五六万枚锭子的厂是很普通的，而现在四川全省纱锭共不过五万枚，以如此弱小的规模而我们还要害怕他的发展，宁非笑话。

但是在今天私人资本就不需要加以限制了吗？那又不尽然，但我们所要节制的应该是飞扬跋扈的商业资本与方兴未艾的土地资本。抗战后我国商业资本之畸形发展是为世界各国所没有的，由于军费的膨胀，引起了通货的增发，而战时的财政手段又不能吸收膨胀之通货使之回笼，于是过剩的货币乃流入社会上少数份子之手而变成社会的过剩购买力，"游资"乃泛滥于市场，他们兴风作浪，在抗战之初期破坏了汇价，后来则破坏了物价。至于土地投机，也是近二三年内开始的，由于近年粮价之飞涨，土地利润特别优厚，而且土地在农业国家一向为最可靠的不动产，为我国投资者所注意。许多发国难财的商人和官僚资本，他们就争相购买土地，使地价扶摇直上，很多地方比抗战以前都提高到二三百倍以上，这种现象开始于抗战之第三年，以后随着资金之内流与游资的泛滥，土地投机的现象也就日趋严重，这种商业上的投机资本和土地资金在今天正是为害最烈的，它不惟在战时防碍资金之流入工业，即防碍产业资金之发展与放大，而且由于游资之尾大不掉，在战后会危害到我国工业化的实施。如果不能阻遏这种投机资金的飞扬跋扈，我国社会经济的前途是不堪设想的。所以如果我们说节制资本的话，所节制的应该是商业资本与土地资本而并不是产业资本或生产资本。反过来，倘使我们今天便来节制产业资本，或限制民营工业的扩大与发展，其结果适足为商业资本尽"为渊驱鱼"的作用，使工业中"以商代工"或"以商养工"的作风变本加厉，这一点又是显而易见的。

我们既然承认政府对民营工业之扶植与奖励之重要过于限制与箝制，承认战后工业建设纲领上所规定的原则为正确，那么过去在税制（特别是直接税）与资金通融上所采取种种国营与民营工业差别待遇的办法，是可以考虑并研究改善的。年来所有民营厂矿无不受"亏盈实税"之影响，无不痛感流通资金之不足，由是而停工卖厂者，时有所闻，尤以今年年底民营工厂危机特甚，例如据报载重庆十八家铁厂，有十四家停炉，四家制锅厂，停者一家，其他三家亦勉强支持，三百六十家机器业，宣告停业者四十二家，此尚为十一月底之情形，至今年年底当更为严重。

我国之所利得税乃以工商业组织而不以个人所得为征收之对象，这已不够适合"能力主义"之课税原则，而且工业与商业，一视同仁，与国营工厂之独得豁免各税,民营工厂则呻吟"实税"之下而不能自存,这都是人所共见的事实。我们认为政府为扶植民营工业之发展计应该采纳中南区工业协会民营厂家的意见:"今欲动员工业使配合全国计划之实施,则其力法至为简单,成效可立而待,即免除直接税是也,政府苟能指定每一工厂产品之质量,其能达到指定目标者,免予征收直接税,以示奖励,不能达到目标者,则不予奖励,仍予课税,如是立法严明,无从曲解。工业界必将变于经营。"(见三十二年八月一日《大公报》,施之铨等:"工业动员与扶助奖励之实施办法"。)即使我们为了财政收入计,一时不能完全豁免民营工厂的直接税,至少也应该改革所利得税法,区别工业与商业少税率,区别货币贬值之虚盈与事业经营之实盈,使厂家以缴纳的直接税并非出自他的资本而系出自他真正的盈余,否则狡黠者实行"以商养工"或"以商代工",忠厚者厄于重税而停工关厂,民营工业之前途,真是不可乐观的。

再以国营事业来说,扩大国营事业是我们发展国家资本的杠杆,我国办国营事业自清末李鸿章张之洞起,少说也有五六十年以上的历史,但多是失败者多,而成功者少。其原因半个由于帝国主义者之压迫及封建势力之作祟,但半亦失败在官僚主义的作风上,他们把工厂当做衙门,办厂当做做官,贪污舞弊,工作弛懈,引用私人,营私肥己,结果官僚工业无不亏空赔累,甚且因此关门,而办厂的人则腰肥肠满,而团团成富家翁。自国民政府成立后,这种情形是大大地改善了。现在若干国营工厂,主持者黾勉从事,富有企业精神,固大不乏人,但是不是仍有少数还没有完全肃清办公主义的作风呢,例如徐柏园先生曾经指出来说:"国营和规模较大的公营事业,多不免成本高效率低,人事繁杂,工作弛懈等毛病"(《财政评论》七卷二期"紧缩论述评"一文)。又樊弘先生亦说:"在中国特殊的情形下,经营国营工业的人,每每充满官僚空气,常常有贪赃枉法,舞弊营私,排除异己,盗名欺世等等恶习,以这种十足中古时代的人来控制现代的企业,没有不失败的"(见《当代评论》第三卷第十五·六期合刊)。徐樊两先生这种批评虽不免过于严属,但亦未尝不值得主持国营事业者之省勉。桂林区银行监理官江英志先生也说过:就桂林附近的国营事业而论,获利最巨的工厂,大部分的利润,也是由利用较厚的资金,在太平洋战争前多购原料器材,随后存料和产品跟着日涨的市价估计而得,真能稳扎稳打,用科学的管理,完善的设备,树立轻重工业坚强基础的国营事业究竟不多(见江英志:"我国金融和实业的危机"一文)。这些话无非说明了我国国营事业的前途并不是无条件的可以乐观的。这更证明了中国工业化过程之完成,单单依赖国营事业是绝对不够的。自然,对于国营事业我们是寄以很大的期望的,我们认为政府为健全国营事业之基础计,对于工厂管理应与主管机关分开,按照商业原则及科学管理方法,用人行政,绝对排除"条子主义"、亲戚主义,宜仿照海关邮政先例,对任用人才一律采取公开考试制度,非有重大过失,不得任意开除,对人员待遇采取合理与优厚标准,并特别注重员工福利,使能在清廉条件下安于其位。但更主要的是要使主管人员不把办厂当做作官,不把工厂变成衙门,换言之,即把企业精神贯注到国营事业中去,这就必须使国营事业有合理的竞争者,有竞争才有比较,亦才会进步。只要这种竞争没有排斥性的,国营事业不但不害怕竞争,而且应该欢迎竞争。如果国营事业对于民营工业的优势单单在于合法税捐之豁免,在于外汇结取之方便,在于资金通融之不成问题,在于不必顾计生产成本,那么民营工业固会因种种歧视政策而奄奄一息;但国营事业怕更会增加它们那种浪费多而效率低,工作弛懈,成本加重的作风,这不但不是中国工业化前途之福,也不是中国国营事业发展之所望的呢!

以上我们无论就中央战后产业政策,国父遗教,以及现实的经济环境观察,对民营工业都是应该采取扶植与奖励的态度,所谓节制资本决不容许我们曲解为节制当前的产业资本。在事实上今日民营工业之艰苦危难,岌岌不可终日,为一不容讳言的事实。报载中国中南区工业协会(包括湘桂粤三省所有重要之厂矿)于工程师年会结束后会上齐翁部长说:政府对于工业建设,颇具决心,惟建设之时,请尽先维持现有工业,并条陈改进意见十项,如减轻赋税,便利运输,简单各项手续,贯行经济协助,划分工商税制等等。这是十分重要的一个建议,今我们有无限的感慨!在我们大家高唱中国工业化的声浪中,倘使现有工业基础尚且不能支持,则无论我们把战后工业的图案描绘得多么美满,又无裨于当前经济难关之打开,十一月初陪都迁川工厂联合会西南实业协会各团体曾召集工业问题座谈会,先由各业报告工业困难的实际情况,在各代表报告中各业共同的一个困难是资金缺乏的问题,在分析困难产生的原因时,除因各业本身技术未能提高,管理未能科学化外,最主要的是因为成本过高,即令抬高售价,但仍赶不上一般物价的上涨,以致再生产无法继续进行。我们相信这不仅是陪都工业界所感受的困难,亦是大后方所有民营工厂的困难。据我们所知道的消息,今年年底在重庆、桂林、衡阳、柳州、云南无不有若干工厂因资金周转不灵而关厂,即能苟延残喘的亦多半依赖屯积原料或"以商养工"的办法在那里挣扎!这种情形如果不能改善,则不但所谓"增加生产"的口号将徒托空言,即中国工业化的前途也是相当渺茫的。这里根本的问题依然是我们对民营事业所应该采取的态度问题,如果我们认为国营工业与民营工业都是中国工业建设的两翼,不可缺一以偏废的话,那么我们对于民营工业的困难与痛苦,政府应该不计代价为他们解决或减轻。但是这里归根结底,是一个产业政策与财政政策的问题。我在另一篇文章中曾经说过一段话:"假使我们的产业政策依然是那样积极帮助则不足,消极统制则有余的话,还要大后方工业生产之欣欣向荣是不可能的,假使我们的财政政策依然是仅仅着眼于眼前的区税收而不想把鸡养大了才有蛋吃,则工业界之困难是无法可以解除的。假使财政政策不与经济政策相配合而依然各不相侔或甚至南辕北辙的话,仅靠枝枝节节的工业贷款或流弊甚多的实物货放,是决无裨于工业界之艰困的。在今天,我们真不应该再唱高调,再讳疾忌医,与其高谈战后工业化问题,毋宁正视现实的战时经济问题,与其在文字上奖励生产,毋宁在事实上解除当前产业界所身受的困难,与其作了一百件'增加生产'的决议而变成档案,毋宁执行一二件切实可办事功立见的决议,我希望全国的产业界及经济研究者暂时把一切的高调捆起,大家集中力量来提出一二件当前工业界所感到最大的痛苦与困难问题来切实检讨,共同呼吁,锲而不舍,务其有成,中国工业化的前途,其庶几有望乎"。(三十二年十一月一日《大公报》星期论文:"如何维护现有工业?")特录之以作本文的结语。

三十三年一月二日

新年的新希望[*]

千家驹

一九四六年是九年来我们所过的第一个和平的新年。照理,这一个新年应该带给了我们多么的狂欢与兴奋。然而不幸的是,现在的中国正被内战的阴霾所笼罩着,我们整天被什么"戡乱"呵、"讨逆"呵、"肃清奸匪"呵等等乌烟瘴气的叫喊得透不过气来。为了反对内战,昆明一群赤手空拳的学生反被云南军警当局所屠杀,更令人起"豺狼当道,人间何世"之感。所以对于这一个新年,我也不敢存什么太大的奢望,只有战战兢兢的表示老百姓一点最低限度的希望:

第一,我希望今年"反对内战"不至被当为奸匪来屠杀,不会成为许多青年失踪或进"集中营"的罪状。将军们不至于公开的宣布:"学生有罢课的自由,我就有杀人的自由"。

第二,我希望"保障人民言论出版集会结社的自由"不至于永远是白纸上的黑字,不要是一张不兑现的支票。

第三,我希望在大人先生党国要人的训词演说中少读到些"礼义廉耻"的字眼,而在他们的行动上多多顾到些"廉耻",廉字若做不到,那怕半个"耻"字也好。

第四,我希望通货膨胀的天文数字能够不再增加上去,物价的上升可以缓和下来。"朱门酒肉臭,路有冻死骨"的现象,不至于被人视为自古已然,于今为烈。

第五,我希望一个做贼的人,纵使不承认自己是贼,但他不要强迫人家恭维他是古往今来,空前绝后的圣贤豪杰。

第六,我希望再不要听到"统制"这个名词。

第七,我希望再不要有什么"特务",更不希望特务公开化,便衣警察变成了公开警察。

第八,我希望"自由世界"半月刊能够出版下去,不至于连这点"自由"的园地也被剥夺。

第九,我希望娼妓不要大谈贞节,希特勒不要还魂来讲民主。

第十,我希望我们这一批朋友更坚强的生活下去,不仅为了友人,而且为了敌人,叫他们继续地感到,世界还没有如他们所设想的那么安宁舒服。

---

[*] 本文原载于《自由世界》,1946 年第 5 期。

新民主主义经济下的民族资本家[*]

千家驹

这是我在上海对中国国货产销协会的一篇讲演辞,讲时本没有预备讲稿,到后来觉得所讲的还不无意思,因此,特地写出来请读者指正。

——作者识

我今天所要讲的题目是"新民主主义经济下民族资本家的任务"。今天在座的都是上海的工商业家,也就是所谓民族资产阶级。假如有人恭维你们说:"老兄,你是一个资本家。"你们听了一定大不痛快,认为"资本家"这名词在今天是一个骂人的名词。这种观念是不正确的,在新民主主义经济下,民族资本家并不是可耻的称呼。大家知道在新民主主义经济下有四个朋友,三个敌人,这四个朋友便是工人、农民、小资产阶级、民族资产阶级。三个敌人即是帝国主义,封建主义和官僚资本主义。民族资产阶级在新政权底下,不仅不是敌人,而且是主人之一,虽然比起工人、农民来是一个小弟弟,但其为主人则一。自从十九世纪末叶以来,中国的民族工业,开始跃上了舞台,但中国的民族资本,真可以说是生不逢辰,当他一开始长成的时候,就外受帝国主义的压迫,内受封建残余的窃蚀,先天不足,后天失调,处在内外夹攻下,一开始即表现了他的软弱与无力。例如当第一次欧战期间,中国的民族工业有过一度的发展,但等到欧战结束,外国资本主义从新侵入远东市场来角逐,这繁荣的梦便幻灭了。这是帝国主义给中国民族资产阶级上的第一课,但中国资产阶级也的确太软弱了。当一九二七年,民族资产阶级也曾经一度参加了革命,等到他们一看到了工农阶级力量的壮大,便开始动摇了,与帝国主义者及封建势力妥协了,结果终于作了国民党反对政权宰割之羔羊。所以中国的资产阶级,从来没有一天真正掌握过政权,他们在北洋军阀时代,在国民党统治时代,都是被剥削者,受侵害者。有如欧美资产阶级扬眉吐气那样的日子一天未曾有过,就是说中国始终没有完成资产阶级的民主革命。这对于中国资产阶级说,当然是不幸的,然而在今天看来,这种不幸不但用不到惋惜,倒无宁说是一件幸事了。资产阶级大多数是害怕共产党的。的确,一般说来,共产党对于资产阶级说,是可怕的东西,他是要革资本家的命的,但是今天的中国共产党,却非但不要革资本家的命,而且除了官僚

---

[*] 本文原载于《新华月报》,1949—1950 年,第 1—5 期。

资本家之外,民族资产阶级他还认为是朋友,毛主席所说的"人民民主专政"的人民里边,便有我们民族资本家的一份儿,你们不但不是革命的对象,而且还是新政权的主人,这不是奇怪的事情吗？其实,这一点也不用奇怪,毛主席说:"中国不是多了一个本国的资本主义,相反的,我们的资本主义是太少了。"因为中国经济发展的落后,据一般估计,中国国民经济比重中工业生产仅占百分之十（东北除外）,其余百分之九十是农村经济,正由于中国经济发展的落后性,规定了中国今天还不适宜于实行社会主义,而是新民主主义。新民主主义并不反对私营经济,而且是要奖励有益于国计民生的私人资本主义经济的发展。新民主主义经济自三个主要构成的部分:"（一）国家经济,这是领导的成份,（二）由个体逐步地向着集体方向发展的农业经济,（三）独立小工商业者的经济及小的与中等的私人资本经济。"后两部分都是私营经济而不是公营经济。毛主席说:"由于中国经济的落后性,广大的小资产阶级与中等资产阶级所代表的资本主义经济,即使革命在全国胜利以后,在一个长期间内,还是必须允许他们存在的,并且按照国民经济的分工,还需要他们中一切有益于国民经济的部分有一个发展,他们在几个国民经济中,还是不可缺少的一部分。"所以民族资产阶级在新政权底下,是朋友而不是敌人,是主人而不是客人。这并不是中共对民族资产阶级的什么怀柔政策,而是中国经济落后这一历史特点所规定的,因此我说,"假如有人恭维你们是民族资本家,你们听了非但用不着害怕,而且这是可以骄傲的事"。

其次,我们要说一说"剥削"的问题,既然你们是民族资本家,你们有没有剥削工人呢？（在座的经理先生们这儿也许要提出抗议,说:"我根本不是资本家,在公司中我没投有一个铜板的资本,我也是靠领薪水吃饭的,因此我也是一个职员啊。"我认为这种抗议是不必要的,经理是代表老板执行工作的,他在工厂中的地位是资方的地位,所以他虽然靠领薪水维持生活,但这并不妨碍其代表资本家阶级的身份）假若我对在座的那一位民族资本家说,你现在是靠剥削工人为活的,他一定会勃然变色认为是我侮辱了他。但是根据马克思主义的观点,资本家阶级是非剥削工人不能生存的,所谓"剥削",并不一定是指克扣工资,或把工资压低到劳动力价值以下,马克思认为即令资本家付足工人的工资,也仍有剩余价值可以得到,因为资本家所购买的是劳动力而不是劳动,劳动所创造的价值是大过劳动力本身的价值的,这劳动所创造价值大过劳动力本身价值的一部分,就是剩余价值,所以资本主义的生产,根本上就是剩余价值的生产和占有,是一种剥削性的生产。要是没有剥削,也就等于说没有资产阶级与无产阶级的对立,也就是根本否定了资本主义,这只有在社会主义社会不能作到。当然"剥削"这名词,也许有的人认为不好听（英文的 exploitation 兼含有"开发"的意思,似乎是好听一点）,但不管是"剥削"也罢,exploitation 也罢,意思是一样的,它所指的是一种事实,这种事实即是说资本家阶级非剥削剩余价值不能。

生存,这一事实我们是无法否认,也无用否认的。在新民主主义经济下,是不是允许剥削的存在呢？我们的回答是允许。并且承认剥削的合法存在的，而且还认为只要这种剥削是合法的正常的剥削，我们还应加以保护的。例如一个私营工厂雇用了一千个工人，也就是这家工厂的老板对一千个工人进行剥削。假如这一工厂生产扩充了，由一千工人增为二千工人，也就是说，他所剥削的，已不是一千工人而是两千工人，这种被剥削人数的增加是不是好呢？当然是好的，因为这时有两千而不是一千工人有工做有饭吃了。反过来说，假若这一工厂关门了，那么这以前工人是没有人剥削了，他们失业了，这是不是好呢？当然不好。今天中国正有无数千万的工人没有工做，要求"剥削"而不可得，在青春资本主义时代"剥削"并不一定是坏事情，只要这种"剥削"是正常的，正当的剥削。但是我们要坚决地反对那种非法的超额的剥削。把工人的工资压得很低，使他们过着非人类的生活，只要老板们赚钱多，不顾工人们的死活对工人之福利事业漠不关心，老板们饱食终日穷奢极欲，工人们整天劳动，不得一饱，这种超额的剥削是我们所要反对的，也是人民政府所要取缔的。解放以来，听说上海的劳资纠纷很不少，有些工人提出过高的要求，使工厂不能继续进行他的再生产。这种偏差是该纠正的。但是资本家们也应该反省一下，过去有没有压迫过工人？有没有过分的剥削？而且你们应该纠正一种错误观念，认为工人们是资本家养活的，"我养活了他们，他们居然的要跟我捣蛋。"这是根本错误的思想。要知道实际上是工人在养活资本家，而不是资本家养活了工人，资本家是靠工人的剩余劳动来养活的呀。但是在新民主主义经济下，劳资双方在发展生产的过程中，都是不可缺少的，劳方非有资方不可，资方也非要劳方不可，工人与资本家是"不是冤家不聚首"的朋友而不是敌人，所谓"劳资两利"就是要使双方有利而不是一方有利，假若仅仅是劳方有利而资方无利，那么资本家即不再愿意投资生产，这对发展生产是有害的，另一方面，假如仅仅是资方有利，即资本家吃得脑满肠肥，穷奢极欲，而劳动者过着非人类的牛马生活，那就和国民党统治时期一样，共产党亦不成其为代表无产阶级的政党，那还叫什么新民主主义的革命呢？为了达到劳资两利，劳方可以对资方进行必要的适当斗争，资方也可以向劳方进行必要的适当的斗争，所谓必要的，就是不必要的就不要斗争，所谓适当的，就是说，斗争要适当，不要超过某种限度，使生产遭到损失。如果资方对劳方所提出的一切要求，表面上无不同意。就算完事。事实上对生产消极，那是不好的。凡是劳方提出对生产有害的过高的好球，资方是可以拒绝，而且有权拒绝的，但另一方面，凡是工人方面提出的合理的要求，资方必须加以最善意的考虑，工人生活改善了，对生产的热忱提高了，这是可以使资方多赚钱的。

最后，我要说一说如何和平地变为社会主义的问题。也许有人说，今天是新民主主义经济时代，中共自然需要我们民族资产阶级合作，但等到实行社会主义，那时会不会把我们一脚踢开，再来革我们的命呢？这种顾虑我认为是不必要的，中国从新民主主义经济到社会主义经济，是一种和平的转变，而且是逐渐的达到这个过程的。中国决不会在一夜之间变成了社会主义，而且也不会规定在某年某月以前实行新民主主义,而在某年某月以后就实行社会主义了。从新民主主义到社会主义的转变过程是:国家经济的成分在国民经济的比重中,逐步的提高,譬如说最初国家经济在全国国民经济的比重中只占百分之十,到后来变成了百分之二十、三十,以至八九十。这就是说社会主义的经济,因中国工业化的进展,逐渐的达到了压倒的优势。私营经济绝对的数量可能比现在发展些,但相对的数量(即所占的百分比数)却势必逐渐的减少。自然在社会主义化的过程中,有的经济部分是要首先国家化的,例如金融业,各种重工业,以及化学工业等,其他各种轻工业大概要过一些,而最慢的还是农业。各种工业国家化的过程,可以经过国家资本主义的方式,或者经过合作社,或者经过由政府发行公债收买股票,但绝不会是无条件的没收。假如一个工业家,他过去为私人资本经营企业,到了社会主义化以后,国家的工厂,仍然可以请他去经营。如果在私营工厂中,他拿一千元一月的薪水,将来国营工厂送他二千元一个月,只问这时他干不干呢?我想他不会因为国营工厂就不干了吧!今天的经理先生们给私人办工厂,麻烦的事情多得很,什么劳资纠纷,原料困难,资金周转不灵,他们不是每天伤脑筋吗?如果给国家办工厂,不是可以专心致意的发挥他们的企业天才吗?有人说:把私营工厂改为国营工厂,我们当经理的倒无所谓,但是怎么对老板们交代呢?我想过了一二十年之后,老板们的思想,也可以搞通了吧!那时候,单靠股票、红利、房租、银行存款利息,或其他的动产与不动产,不劳而获的过舒服日子,将被视为耻辱,每个人都得有工作。做工才能有权吃饭,这将被视为真理,资本家们想把他的遗产传给后代子孙,而他的子孙们就可以坐享其成,这种观念应该不再存在了。那么,把私营工厂的股票,以厂价让给政府,或者甚至提倡大家献股,也不会有什么困难吧,个个人都有工作,个个人都有生活的保障,为什么非自己保持股票,自己经营工厂不可呢?在社会主义化过程中,比较困难的倒是农村的社会主义化。毛主席在《论人民民主专政》中说:"严重的问题是教育农民。农民的经济是分散的,根据苏联的经验,需要很长的时间和细心的工作才能达到农村的社会化,没有农业的社会化,就没有全部的坚固的社会主义。而欲农业的社会化,必须发展以国有企业为主体的强大工业。人民民主专政的国家,必须有步骤地解决这个问题。"关于这一个问题,我们今天不打算多谈。总之,从新民主主义经济过渡到社会主义经济,是一种和平的转变,不必经过流血,也不必经过革命,所谓水到渠成,正是最好的譬喻。

中国的民族资产阶级,他们过去对于中国的工业建设是有贡献的,但他们对于革命的贡献的确是太少了一点,有小部分工业家即使不是主观上,至少是在客观上是帮过了国民党反动派的忙的,今天人民政府,非但不向民族资产阶级清算这个旧账,而且中共还把他们当成了朋友,不仅在今天,不成为革命的对象,即明天也不至于成为革命的对象,而是让他们自然而然地蜕变为社会主义经济建设中的一分子。他们过去是不幸的,受了帝国主义、封建主义、官僚资本主义三种的压迫。中国提倡欧化,提倡了近三十年,但是中国的资产阶级始终没有真正掌握到政权,他们始终是受压迫的,正因为如此,在人民解放了以后,他们也获得了解放,他们一旦从帝国主义、封建主义、官僚资本主义的束缚中解放出来,可以大大的发展,成为新中国建设的一个构成分子,这不能不说是中国资产阶级特别的幸运。他们过去对革命的贡献实在太少了,但在新民主主义经济建设过程中,却有表现身手的好机会,希望大家好自为之,不要辜负时代的使命才好。

新式会计方法在中国之过去与未来[*]

谢 霖

本文为谢霖甫先生在光华大学之演讲录，叙述新式会计在中国之过去与未来，颇为详尽，特为刊布于后。

——编者识

一 新式会计方法之优点

现代盛行之会计方法，即所谓复式会计，始于十五世纪，由此逐渐进步，成为会计上独一无二之途径。其法之重要者，首在收支两方，同时记载，取其收支平均，表示记载准确。诸君已习商业会计、银行会计。所谓收支平均原理，自已甚为明了，无待详述。次为一种会计，有一种之会计科目。又次为账簿之形式，按诸各会计科目内容而定，非若中国旧式账簿，仅有上收下付。吾国旧式之管账员，往往批评新式会计，过于复杂，要知非有相当复杂，不能详细表明账内之情形，中国旧式账簿不能称为完备，即失于简单耳。

二 中国使用大半新式会计方法过去之情形

新式会计方法，吾国首先使用者，厥为海关。因受条约之束缚，海关之总税务司，须用洋员充任，故其会计方法，遂即采用新式。如海关贸易册，即表示最著者也。次为铁路，吾国铁路，大半借款建筑，会计方法，不特向新式，且依借款国籍，而有差异。如昔平汉铁路，系向法国借款建筑，遂采法国格式；北宁铁路，系向英国借款建筑，遂采英国格式；正太铁路，系向比国借款建筑，遂采比国格式。其余借款各地，依此类推，不特此也。甚至全路文字，亦以借款国为标准。如昔平汉铁路、正太铁路，皆用法文；北宁铁路，则用英文，实属有失主权。旧北京政府之交通部，及国民政府之铁道部，对于各路文字，已有命令改用华文，并于会计方法，思有以统一之。遂有统一之铁路会计委员会之设立，可知铁路已用新式会计。而其会计方法，

[*] 本文原载于《会计杂志》1934 年第 2 期。

并有统一之希望，又次为邮政，吾国邮政。前清系委海关总税务司赫德氏代为创办，故其会计根本使用新式。再次为银行，前清设有大清银行。彼时有留学回国者，主张应用新式会计。大清银行当局，予以赞许。既设银行学堂，造就会计人才，又就大清银行为新式会计之推行。为时未久，值辛亥革命，未见如何成效。民国元年，中国银行成立，鄙人担任总会计之职，力主使用新式账簿。既感会计人才之不敷，又受旧式司账人员之反对，加之吾国货币复杂，亦为新式会计立法之阻碍。其时能知新式会计之人，国内仅有银行学堂及江南高等商业学堂之毕业者，而人数过少，不敷支配。财政总长周学熙氏，素崇山西票号，安徽钱庄，乃向两处各选数十人专为设班讲授银行智识，并由鄙人授以银行簿记。自元年以迄五年，竭尽奋斗之力，始将中国银行旧式簿记，完全废除。民国六年，交通银行亦主改革会计，鄙人被邀主持其事，因有中国银行成绩，收效比较容易。司账之人，皆以该行旧有司账人员，调集指导，不数月皆能领悟办理。故交通银行之会计人员，旧式管账出身之人，至今仍复不少。中交两行，改用新式会计，既见成效。于是凡有新设银行，咸认必须使用式新会计。而司账者，中交两行为多，方法故皆类似。由是可知银行之能推行新式会计如今日者，实系中交两行之力量。民国十三年，全国银行公会联合会规定统一会计科目。鄙人曾参末议，至今各行遵从，是亦可称一大进步。此外工商各业，则因未有首创之人，迄今尚无成绩可言。即有改者，亦仅其一部分，而非整个改良。至所谓成本会计，物料会计，工商业中，更为幼稚，营业失败，不能预知，会计不良，有以使然。迩来建设委员会，以命令公布电气事业标准会计科目。国民政府主计处公布中央各机关统一会计制度，采用复式记法，上海钱业公会设置委员会规定钱庄会计科目。可见新式会计方法，渐次推进于各界矣。

三　全国工商会议中关于新式会计方法之建议

　　民国十九年，前实业部长孔祥熙氏，召集工商会议于南京。莅会之人，或为工商界之领袖，或为实业官府代表，或为实业学术专家。当时各省市提议推行新式簿记之案，殆不下数十起。经议决由事业部咨行各省市政府，转饬工商业主管官府。暨商人团体，拟具大纲，次第设施，并由部托会计专家酌拟推行新式簿记统一办法，以备采择。鄙人亦在被托之列，会以下列意见，陈述于实业部，请于推行颁订推行新式簿记统一办法之时，酌量订入。

　　一，中国旧账。不分资产、负债、损失、利益四类，亦无会计科目。应予规定无论何账，均须先分资产、负债、损失、利益四类，并加会计科目。

　　二，传票为原始账据。必须使用。

　　三，成本计算。为盈亏之母，必须实行。

　　四，折旧有无及其是否适当。有关事业隆替于决算时，不许缺少。

　　五，每日应有日记表。每月应有月结册，每年决算，必须有营业实际收付表、资产负债表、损益表、资产目录、负债目录、各项统计表。

六，账簿宜尽量采用直式。并用中国纸张，庶利权不外溢。

七，阿剌伯数目字之能通行于世界。以其形式各别，不能变更。中国之数目字，大写如壹、贰、叁、肆、伍、陆、柒、捌、玖、拾、零等，书写太觉费事；小写如一、二、三、四、五、六、七、八、九、十、〇等，尤易更改。鄙意直式账簿之中，不妨亦采阿拉伯数字，而直写之。

以上七项，皆鄙人之意见，据闻别位会计专家，亦均各有陈述。但事业部至今尚未有何法令颁布，想尚在研究中也。

四 新式会计方法之推行阻力

新式会计方法，自较中国旧式账簿为善，无待烦述。所以未有充分之进者，考其原因，皆有三端：（一）账簿系用横式，为旧司账员所不习惯。（二）纸张文具，均用舶来品，价格自较昂贵。（三）新账人员藐视旧账，严加批评，致新旧司账人员，不能互相合作。此三者皆新式会计方法未能充分进展之原因，夫中国旧账，亦有组织甚完备者。但无科目分类，仍属一种缺点。因此旧式账簿，非具真实经验，不能办理。至于新式账簿，既有传票，先作记账草稿，又有科目分类，完全成为机械性质。鄙人认为旧账人员，一经研究，即可该管新账。而新账之人，反于旧账不能下手，故藐视旧账，以致新旧不能合作，实于会计改进前途，大有妨碍。又横式新账，不特须用洋纸。文具复须用舶来品，利权外溢，言之可畏。鄙人以为新式会计，在取法则善良，不应注重形式。譬如旧式账簿，无有科目分类，即使改用横式，亦仍不能明瞭。反之，方法从新，账虽直式，效用亦仍相同。吾愿竭力提倡新法直式之账簿，不仅纸张文具，皆可使用国货，且可沟通新旧司账人员，相互合作。或曰新式账簿之能清楚，厥在分栏之多，直式账簿，不能过长，遂不免有困难。此项情形，偶或有之，但不妨仅将栏数较多之簿。改用横式，会计师徐永祚氏近编改良中式簿记一书，主张提倡新法直式之账簿，业已印刷发行，足见有同情矣。

五 会计人员之需要与技能

近年工商事业，日见进展。新式司账人员，需要随之增加。今日在座诸君，所习皆属商业经济，将来涉足社会，最好先从事于会计事务。既因此种职务，需求较多。又因会计先能精通，则进而为经理人，为资本家，皆可无往不宜。至于会计员应有技能，可举为三：曰账理明白，曰书法端正，曰计算迅速，而尤以珠算熟练为其必要。盖珠算为东方唯一进化之计算机械，较诸欧美流行之计算机，价值廉而利便多。

以上皆就愚见所及，约略言之，此外尚有一事奉告于诸君者，即会计事务中有一自由职业,曰会计师,以代他人办理会计事务,为其唯一职业,与律师、医师、建筑师、矿师等性质相同。国民政府对于此项职业,甚为重视,颁有会计师条例,必须在中外大学商科,经济科毕业,并任公司会计主要职员二年以上者,方得给予会计师证书,准其执行左列各项事务。

一,办理会计之组织、管理、稽核、调查、整理、清算、证明、鉴定等事务。

二,充任检察员、清算人、破产管财人、遗嘱执行人、其他信托人。

三,代办纳税、及登记事务。代撰商事文件。

政府给予证书之会计师,在实业部调查截至二十二年十二月底止,计一千一百余人。以中国若大之地域,每省平均只五十人,当然不敷。鄙人为服务会计师之一,深望诸君将来有愿为此者也。

今日承以讲演相邀,既不敢却盛情,而不学如霖,无可道达。爰就会计之上所见,分述如上,乞赐指教为幸。

中国现在实行的所得税[*]

谢 霖

本篇系国民政府财政部所得税事务处印刷发表。并由该处备函分送全国机关学校征集意见。仰见政府采纳舆论，虚怀若谷，钦佩莫名，并附送直接税税务人员训练班考试报告一本。报告直接税之实行，注重纯洁有为之青年干部，为合理之推动。保永全之健全，用公开考试办法，敦请国内经济专家，组织考试委员会，负考选之现。投考资格，限定国内外大学经济学系及商学院毕业为合格，当初报名者男性二百五十五人女性三十二人毕业之国内外学校统计为五十五个单位。各人籍贯统计为二十一个单位，计正取六十名内女性六人。备取二十名内女性三人。训练两个月即行分发实习使用。训练期内，除学费讲义费免收外，每人月给膳费八圆。训练期满，试用三个月，月支津贴六十元至八十元。试用期满，认为合格时，由财政部正式任用。照俸给法叙俸，自委任第八级（即月支一百圆）叙起。成绩优良者，得超级叙俸。本校同学考取者共计二人。夫所得税之制度，早为世界所推行，询称良税之一种。而财政部于征收官史，注重国内外大学毕业之青年，则所得税之前途光明，尤可断言。此次既用考试方法，使国内外大学经济系商学院之毕业者，皆有应考机会。嗣后此税推行，渐见成效，则用人愈多，当仍继续考选。亦即本校未来毕业同学服务之途径愈广。爰将政府公布之所得税暂行条例，及其施行细则，财政部所得税事务处发表之"现在实行的所得税"一文，及中央直接税税务人员训练班招考简章分别录刊。俾我同学，得资研究，亦足为他日投考服务于所得税之参考也。

谢霖述二十五年十一月

照录国民政府财政部所得税事务处函

敬启者：查我国所得税之筹议始自民国三年。原当时政治窳败，财政紊乱，苛杂厘金尤为民病。虽欲举办，迄未实行。自国民政府奠都南京以还，政局粗定，即从事于厘金之裁撤、苛杂之废除，澄清吏治与民更始。数年之间计先后废除苛杂五

---

[*] 本文原载于《光华大学半月刊》，1936年第3—4期。

千余种、税额五千余万元。凡所以安定民生与民有利者,罔不毅然为之。此种事实谅国人皆深切明了者也。但欲充实国力,应付非常,培养民生,巩固财政,尤非举办良税、开关富源难望达到复兴之目的。而推行所得税实含有重大之意义。敝处自奉令筹备之初,深惧任重办薄难负艰巨,关于条例之内容、税率之轻重、实施之程序、征收之方法幸荷海内经济专家名流学者之慎重考虑,潜心研讨,最后完成立法手续,呈由国民政府明令公布暂行条例及施行细则,并定自二十五年十月一日起分期实施在案。唯一国之典章制度当随社会之变迁经济之动态而演进,欲谋新税制之永久健全、管理上之臻于完备,尤非群策群力共圆改进不为功。素仰贵校名流云集、学者荟萃,负文坛之权威、声中外之重望,关于所得税之差别、法如何运用始能公允、税率如何规定始能适中、免税点如何限制始能顾及一般生活之实际状况,诸赖科学方法之分析研究、锐利眼光之澈底观察及人口生产经济各项之确切统计,实地调查始能达到美满之境地。际此开征伊始,头绪万端,兹奉上现在实行的所得税及税务人员训练班考试报告书各一册,敬祈就暂行条例及施行细则之内容,参照我国之经济组织社会、环境与夫工商业之现有状况发纾卓见、时惠南针。谨当虚怀诚挚以接受也。临风拜恳,无任翘盼。

国民政府财政部所得税事务处敬启　二十五年十月一日

第一章　何谓所得税

引　言

　　考租税制度向分两大体系,一为间接税,一为直接税。间接税(如关、监、统税、营业税等)在原则上为转嫁税,贫民担负重,而富人担负轻,遇国家遭受非常事变,其动摇性亦最大。故各先进国家对于租税政策,莫不以直接税为主,间接税为辅,所得税则直接税中之骨干也。盖所得税依照国民纳税能力而征收,有所得始负担纳税之义务;无所得:或所得而不及纳税能力之标准者,均不负纳税之义务,俗称有钱者多纳,无钱者不纳,是即所得税之基本原理。

　　尤有进者,所得税系人民直接向国家尽纳税之义务,不经任何人之剥削,堪称合乎现代财政原则之良税。中央自筹备所得税以来,关于税率之轻重,实施之程序,几经群密研讨,慎重考虑,均以能吻合我国之经济环境,社会组织为前提。深望爱国同胞,贤良官吏,及侨华各大企业家,予以热烈之协助!务期良税普及,国力充实。而政府亦必本公正之最大决心,实施所得税:以确立中国税制永固不拔之基,而图全国国民光荣安康之幸福。

第一节　所得税之定义

甲　所得税以国民纳税能力为标准,而定其课税之多寡。所得多者其纳税能力大,使之多纳税。反之,所得少者其能力小,使之少纳税。或竟完全免税。简言之,即纳税人须有所得,始负纳税之义务,若一无所得,则根本不负纳税之义务,此为所得税之基本理论。

乙　所得税利用累进税率及差别法,以达到税之负担真正平等分配于国民。务期收入少者受轻税之奖励,安居乐业,努力于生产事业之发展。收入多者又以税率运用之适当,而无损害其资本之蓄积。故所得税为最符合现代税制精神之公平良税。此为所得税之实施方法。

所得税系人民直接向国家尽纳税之义务。原则上不转嫁,故为直接税。

第二节　赋税之演进与所得税

人皆存不欲之纳税之心理,而政府又必须有充分之收入,因而赋税之征收,遂皆为强迫之执行,但施行时必须一公平之标准,使赋税之担负分配公允。而后国家财政既得巨额之收入。国民经济乃可获适当之发展,国计民生两相兼顾,然后可称为良好之税制。

赋税是适当公平之标准,为国民之纳税能力,然因时代之演化不同,因而各时期之税制亦异。

古代政府课税时多以人身为课税之标准,赋税总额,由国民平均担负,凡丁年以上之人,有纳税能力者,即为直接课税之目的物,此为赋税之最初形态。

当经济发达之时代,人民不能以仅有维持生命之财产为满足,因蓄积劳力之结果,社会遂有贫富之分,人身不再为纳税能力之标准,乃进而以财产为纳税之标准,是为财产税之起源。最初之财产税以不动产为主,如土地,房屋等,因有田赋,房租等,是为特种财产税。其后社会愈进步,税基扩大,渐次对于一切财产,不动产及动产,有形动产及无形动产俱课税,是为一般财产税。然而久之财产税亦发生流弊。而趋于不公平。

人群必求生活。生活必有消费。消费力大者,即表示其人之富力大。纳税能力大。反之,则小。依此以为课税之标准,是为消费税。消费税本分直接的,与间接的二种,直接消费税,即直接的课税于消费物,使用物,或使用人。消费税概指间接而言,如我国现行之关监,统税等。不过关税为在国境所课之消费税,后数种则为同地消费税。

间接消费税,即对消费物品课税,最初课税于该项货物之生产者,或中间之商人,彼等再以提高物价之方式,将税之担负,全部或部分的转嫁给最后之消费者,是为赋税归宿。

消费税之特质,即其负担之分配为累减的,贫人对于消费税负担重,而富人之负担轻,一国之财政如全仰赖消费税之收入,其结果,则贫民之生活日趋窘困,而富人乃骄奢淫逸,逍遥于租税之外,足以阻碍国民经济之发展,及文化之进步。

以上三税俱为间接税,不合能力原则,违背现代财政思潮,于是所得税乃成为最好的纳税能力之代表,盖所得税以全国人民所得为对象,所得多者其纳税能力大,使之多纳税,反之,所得少者其能力小,使之少纳税,或竟免税。故所得税在赋税中乃最公平最适合纳税能力之良税。

第三节　所得税之优点

晚近各先进国家之税制,莫不以直接税为主,间接税为辅,而直接税之系统中,尤以所得税为其中坚。盖所得税,税收丰富而确实,税源至广,且具弹力,能应国家之需要而伸缩自如,随社会经济之发展,使政府税收有自然之增加,更可利用累进税率及差别法,而实现普遍及公平之两大原则,故国家税收增加,而人民不感其苦。今将其优点略言之。

1. 负担公平。国民纳税能力,因贫富而不同,所得税根据人民能力为标准,用累进税率酌量增加富有者之务义,所得多者则应多纳税,所得少者则少纳税,若一无所得或其所得不及征收之标准,则根本不负纳税之义务。此乃合乎财政平衡之原理。盖所得甚多者。政府酌取其剩余移转于国家生产事业之开发,直接间接维护多数之贫民生活,减削社会上贫富悬殊之畸形现象,充实国力,调剂民生。公私皆便,是谓公平。瓦格纳教授云:以租税为平衡社会财产工具之理想,而减轻社会上之种种不平与罪恶。总理遗教之平均地权,节制资本亦系此意。

2. 纳税普及。一般租税仅课及一部分国民。所得税则依照国民纳税能力而征收,除所得额太低不及纳税标准者免征外,其余均按其收入之多寡,分别尽纳税之义务。若在政治立场言,所得税推行后,可促进人民与国家之经济的密切联系,增加人民对政治之浓厚兴趣,更可辅助民治主义之推进,使人人肩负国家兴亡之责任。

3. 富有弹力。所得税富有弹力,能应国家之需要而伸缩自如,随社会经济之发展,而政府收入自然增加。承平时代,可降低税率,以培养人民的蓄集力。设国家一旦遭遇非常。更可提高税率筹得紧急的费用,盖征收所得税之对象,为一国之中上级人民,深知人民与国家休戚之关系,仁人志士,毁这纾难,史乘所载,历见不鲜。况于其所得内,在不影响必要生活之原则下,提高所得税率以谋国家之保卫,民族之生存,谅明体义知利害之国家基干份子必乐于接受也!

4. 收入稳固。所得税在一定期间内,均有可靠的收入。一国之内各种经济财源至为丰富(如矿产、水利、营业、存款),此种种财源,皆能继续发生所得,国家因而获得稳固可靠之税收,且科学愈进步,生产事业,社会经济愈发达:所得税之收入,亦必随之循序增加,故政府甚望人人之富力雄厚,使国家经济树立坚定稳固之基础。

5. 充实国力。所得税既不妨害国民经济之发展，且有平衡岁入岁出之效力，因所得税系征自个人之所得，非财产税可比，故无害于国民经济之基础，晚近欧美各国更以所得税率之轻重，为平衡岁入岁出之标准，税率轻，可以增加以民之蓄积力量，税率重，可以充实国库，应付非常时期之支出。所得税在各国赋税中久已占中心之地位，以其优点俱备，税源丰富，伸缩自如，收入稳固，富有之人民，只将其所得作绵薄之助，政府即能充实国力，应付非常。勤苦之民众，受轻税之奖励，亦可安居乐业，努力于生产事业之进展，国计民生两相兼顾。凡我爱国民众，目睹国难之严重，对此利国良税，当能一致协助推进也。

第二章　各国所得税之概况

第一节　概　述

所得税之意义与性质，前已言之。兹再就各国所得税制度及实施情形，择要叙述，俾国人了然所得税对于国家财政所负之责任，然后能体瞀中央筹办良税之苦心，纯系师人之所长，而非独创新例。

世界各国采用所得税最早且有悠久历史者，厥维英国。英国所得税发端于西历一七九八年英法战争之役，应战时财政之需要而制定。当一一九二年国王李却德（King Richard）被亨利（Henry）所执，英人各依地租与财货之收入，征集税款，为王赎身，即为所得税之滥觞，惟形式未全，不能认为开始之期。正式成为税制，实以一七九八年为起点。其后一八一六年，曾一度废止，一八四二年，再行实施，经数次之改正，始完成今日之税制。美国于一八六二年至一八七一年之间，即南北战争时及其后数年曾实施所得税，一八九四年制定税法，旋以与宪法第一条相冲突未克实行，至一九一三年改正宪法后，始制联邦所得税法，经数次之修改，规模大备，乃成重要租税之一。法国所得税创始于一九一四年，实施于一九一六年，而所得税体系之完成，则在一九一七年，税制改革之后。德国所得税之实施，始于一九二〇年财政大改革。自此以往，其他各国，亦群起相效，实行采用此税者，已过全球文明国家之半数，且咸以此为其主要赋税。良以其优点，为他税所不及故也。用将各国所得税开始之年代及所得税收入在国税收入总额中所占之比率。先就容易查明者，分列两表于后：

1. 各国开始举办所得税年表（以西历为准）

序次	国别	年代	备考
1	英国	1798	滥觞始于1798 开始于1799 两税中采前说
2	瑞士	1834	
3	美国	1862	正式所得税系1913年制定之新所得税法

（续表）

序次	国别	年代	备考
4	意国	1864	
5	塞尔维亚	1884	
6	南奥大利	1884	
7	日本	1887	
8	新西兰	1891	
9	荷兰	1893	
10	塔斯马尼亚	1894	
11	奥国	1896	
12	西班牙	1900	
13	匈牙利	1909	
14	法国	1914	
15	捷克斯洛伐克	1914	
16	俄国	1916	
17	希腊	1919	
18	卢森堡	1919	
19	比利时	1919	
20	德国	1920	
21	保加利亚	1920	
22	波兰	1920	
23	巴西	1922	
24	罗马尼亚	1922	

2. 各国所得税收入与国税收入或经常岁入总数比较表

国别	财政年度	国税收入总额	经常岁入总额	所得税收总额	单位	所得税所占之百分比	附注
美国	一九三二	2 171 927		1 099 987	千美元	50.7	1. 美国所得税以一九一八为最多,占国家经常岁入百分之六十七,合三分之二强其后各年度亦占百分之五十左右 2. 本表所列各税总数系采较近而可靠者
英国	一九三四		804 629	280 042	千镑	24.8	
法国	一九三二	34 732		10 447	百万佛耶	50.1	
意国	一九三二	15 812		3 819	百万里拉	24.2	
德国	一九三二	7 965		1 890	百万金马克	23.6	
日本	一九三四		1 248 302	165 077	千元	18.2	

第二节　英国之所得税

英国之所得税分为五大类：

（1）土地，家屋，赁屋等等之所得——行泉源课税法，由土地之佃农，房屋之租赁申告缴纳，而在付地主或房主之租金中扣除之。

（2）租赁农业者等之所得——即佃农等之所得，此种所得课税方法有二：（甲）租地人有经营企业式之账簿者，自一八八七年后，均照税法第三类课税。（乙）租地人无经营式账簿者自一八九六年后均以租金三分之一作为租地农业之所得。

（3）国债利息债息年金等等之所得——此类乃课英国所支出国债利息年金等之所得，采用课源法，英兰银行于付息时，依照现行标准扣除之。

（4）商工业股票及利息等之所得——可分六种（甲）商工业之所得；（乙）专门职业职业业务之所得；（丙）全数支付而直接向领受人课税之利息；（丁）由殖民地及外国公债证券之所得；（戊）由殖民地及国外所有物之所得；（己）不属于前种或其他任何类财源之利源。

（5）官员薪俸等之所得——自一九二二年后，则并课及雇员，行泉源课税法。

以上五类，第一第二两类，每三年调查一次，其余每年调查一次。

英国之所得税率，完全根据财政法之规定，但逐年加以修改，大战以前及以后均属重要之税收，战前占租税收入中百分之二七，战后占百分之三二，在一九二九至一九三〇年，租税收入总数为六万万七千六百万镑，而所得税为二万万三千七百万镑，另有不附加所得税五千六百万镑，共为二万万九千三百镑，占金租税收入百分之四十三。

第三节　美国之所得税

美国之所得税，分为个人所得与法人所得两种。个人所得税，又分为普通所得税与附加所得税两种。个人所得之普通所得税税率为比例税率；附加所得税为超过额累进税率。个人所得税较轻，法人所得税最重。以一九三二年而论，全国总收入为二十一亿七千一百九十二万七千美元，所得税收入有十亿九千九百九十八万七千美元，占总额百分之五十点七。

第四节　德国之所得税

德国所得税德国与英国所得税在本质上无大差异，惟仅分两种：（1）一般所得税，系遍课土地，房屋营业、资本及劳动所得等之纯收。此种又分八类，税率分为八段，最低百分之十二.五、最高百分之四十。（2）法人所得税系一般所得税之补充税，凡公共团体之各种企业营利公司以及民法上所谓之团体与财团均在课税之列，惟公益营业以及执行公权或为公益慈善教会等事业为目的者得免税。其税率对含有纯粹营业性者课税百分之二十，其他法人课百分之十三。西历一九三二年所得税收入为十二亿六千金马克，其余各年均占全租税收入中三成以上，对于德国财政地位之重要，盖可知矣。

第五节　法国之所得税

法国现行所得税分两种，一为分类所得税，系以土地所得，家屋所有所得，农业所得，工商业所得资本利息所得，非商业所得，薪资所得等之所得税构成。一为综合所得税，系以重课大所得者为目的，并对分类所得税尽补助之力者。税率各有差别，且甚繁复。一九三一年各种所得税之总收入为一百三十三亿一千九百万余佛郎，而全租税收入为四百三十七亿七千九百万余佛郎，所得税收占全税收百分之三十四。

第六节　意国所得税

意国之所得税分动产所得税，补助所得税，与法国所得税制极相类似。其税率动产所得税者分百分之八，百分之十，百分之十二，百分之十四，百分之二十，五种为起点。补助所得税税率百分之一为起点。一九二八年预计数为三十四亿里拉，一九三二年收入达三十八亿一千九百万里拉，占全租税收入百分之二十四.二，重要固不待言，且有与时俱增之势。

第七节　日本之所得税

日本之现行所得税制度与旧有之规定无多差异，分三种征税：一为法人所得，一为资本所得，一为个人所得，各具不同之税率。等级，课税极为复杂，系采累进制度。最低为百分之八，最高百分之三十六，西历一九三四年之所得税总收入已达一亿六千五百零七万七千元，占全国经常岁入总额百分之十三.二，占国税收入总数百分之二十强。

第八节　结　评

就以上各国实施所得税概要情形加以观察，可得下列各项概念：

一，全世界已办所得税者有五十余国，无不认为系一种良税而日呈发达之现象，其未办者亦具有仿办之趋势。

二，所得税系一国非常时期之一合法公允之财源。

三，所得税在各国租税中，均占重要之地位。

四，先有所得税，然后能裁废一切恶税。

五，办理所得税有成绩者，其国家必日臻强盛，而人民之负担日见减轻。

六，各国之所得税税率较之我国所拟定者为重，而各国人民并无困难或藉词反对之情形。

七，为表示一国人民对于国家之爱护及民智之是否开通，须以有无所得税为标准。

八，所得税与国家社会经济之繁荣相互为因果。

第三章　我国现有之所得税

第一节　课税范围

各国所得税之征课，各因其经济环境社会组织人民生计及税制演进之不同，而异其范围。我国幅员广大，人口繁庶，统计既不周详，交通亦未十分发达，若对于一般所得均予课税，事实上自多窒碍；故在可能范围，先就某种所得个别课税，切实推行俟办理得宜，再图推广，庶几阻碍少而成效宏。即先进各国创办之始，其所取之步骤，亦多如是：美国于一九○九年先行开办公司所得税；英国于一九一四年以前，亦仅实行分类课源税。盖因利乘便，势有固然。我国所得税暂行条例规定课税分为三类：第一类，营利事业所得，如公司商号行栈工厂或个人及官商合办之事业与一时营利之所得属之；第二类，勤劳所得，如公务员自由职业者及其他从事各业者薪给报酬之所得属之；第三类，非劳力所得，如证券存款之利息属之。就此分类而言：第一类取其有新式组织，便于拘稽；第二类第三类则取其能采用课源法，便于征收。不须长久筹备之时间及巨大之经费，国库收入既可增加。而人民亦不觉其烦琐，兼筹并顾，易于实行。

第二节　税率标准

第一类（甲）（乙）两项，课税方法系采全额累进制。凡公司商号行栈工厂或个人以及官商合办之事业，其资本在二千元以上而所得合资本实额百分之五至未满百分之十者，课税百分之三。例如某种营利事业，资本实额为二万元，每年结算后，扣除一切必要费用损失公课等以外，净盈纯利一千元，应纳税六十元（合百分之五）。

百分之十至未满百分之十五者，课税百分之四。如净盈纯利二千元，纳税八十元（合百分之十）。

百分之十五至未满百分之二十者，课税百分之六。如净盈纯利三千元，纳税一百八十元（合百分之十五）。

百分之二十至未满百分之二十五者，课税百分之八。如净盈纯利四千元，纳税三百二十元（合百分之二十）。

百分之二十五以上者，一律课税百分之十。如净盈纯利五千元，纳税五百元（合百分之二十五）。

（丙）项，一时营利事业之所得，能按资本实额比例计算者，适用上例之课税方法;其所得不能按资本实额比例计算者,则采用分级累进制,如所得在一百元以上至未满一千元者,课税百分之三。例如某个人经营一种交易,结算时,净盈纯利五百元,应纳税十五元。

一千元以上未满二千五百元者,课税百分之四。如净盈纯利二千元,纳税八十元;二千五百元以上至未满五千元者,课税百分之六。如净盈纯利四千元,纳税二百四十元。

五千元以上者,每增加一千元之额,遂加课税百分之一,至百分之二十为最高限度。如净盈纯利六千元,纳税四百二十元(合百分之七)。

第二类,课税方法系采超额累进制。凡公务人员自由职业者及其他从事各业者之薪给报酬,每月平均所得未满三十元者,不课税;三十元以上至六十元者,每十元纳税五分;超过六十元至一百元者,其超过额每十元课税一角;超过一百元至四百元者,每超过一百元之额,每十远追加一角;超过四百元至八百元者,每超过一百元之额,每十远追加二角;超过八百元以上时,每超过一百元之额,每十元增课二角,至每十元课税二元为最高限度。其每月所得之超过额不满五元者,其超过部分免税;五元以上者,以十元计算。

附第二类所得纳税额计算表

第三类,课税方法第采用一般税率。凡公债公司债股票及存款利息之所得,皆照其所得额课税百分之五。例如某甲在某银行存款一万元,年息八厘,该银行于结算利息时,付给某甲息金八百元,某甲仅须纳税四十元。

综上规定,第一类(甲)(乙)两项,其资本实额不满二千元,或已满二千元而净盈纯利不及资本实额之百分之五者,皆不课税。依据现有之商业统计,全国营利事业资本在二千元以上者,仅及全数二分之一,故此种课税无疑于一般小资本之营业;即资本在二千元以上者,如其盈利未达所规定之百分数时,亦不课税,更无疑于工商业之发展。(丙)项一时营利所得,往往易获巨利,自应征课。第二类,以每月平均所得三十元为起税点,因我国一般生活程度较低于任何国家,故每年所得在三百六十元以上。而仅课以六角之税额,于其生活尚无影响。即以苏俄之优待劳工,而其起税点为百分之〇.七五。是较之我国薪酬起税点之为百分之〇.五者,犹重三分之一。且为鼓励为国服务之精神,或为提倡社会公共事业,或为发展普及教育,或为体恤伤残病废,暂行条例又特设各项免税之规定。第三类,系不劳而获之所得,故课税较重。

第三节 纳 税 方 法

我国所得税暂行条例,对于纳税方法,采取课源及陈报二法;前者系就所得之来源征课税款,又称扣缴所得税;后者由纳税义务人自行申报其所得额并缴纳税款,又称自缴所得税。

第一类，(甲)项公司商号行栈工厂个人之营利事业，及(乙)项官商合办之营利事业，均用陈报法。由纳税义务者于每年结算后三个月内，将营业期间所得之纯益额，申报于主管征收机关，并依照主管征收机关所决定之所得额及应纳税额，缴纳所得税。(丙)项一时营利事业，其所得系由某机关或某个人支付者，则用课源法，由支付之机关或个人，于结算后一个月内，将所得额申报于主管征收机关，并将应缴之税款代为扣下，依照纳税期限缴纳；其无支付之机关或个人者，则由纳税义务者自行申报并缴纳税款。

第二类，公务员薪给报酬之所得，用课税法，由其所服务之机关，于每月结算后，分别扣缴所得税，并照纳税期限申报于主管征收机关。自由职业者或从事各业者薪给报酬之所得，兼用课源及陈报二法，如系由雇主支付者，则由该雇主按月扣缴所得税；如系自营业务，则按月自行申报并缴纳税款。

第三类，公债公司债股票存款利息之所得，用课源法，由支付息金之银行钱庄商号等，于每次或结算时，扣缴所得税。以上纳税方法，无论为扣缴或自缴，手续均极简单，其有不依限申报或怠于申报者，则处以二十元以下之罚金。其隐匿不报或为虚伪之申报者，除罚金外，并得移送法院，科以漏税额二倍以上五倍以下之罚金；其情节重大者，得并科一年以下有期徒刑或拘役。凡此规定，一方面废除历来官厅催征骚扰之病；一方面严定罚则，以杜绝漏税，而陈报方法，尤能养成人民直接纳税之习惯，增进对于国家发行义务之观念及自治精神。

第四章　国民对于所得税应有之认识

所得税之内容，既如前述，原此税尚有更重大之意义，为全国国民必须予以澈底之认识者，兹再分别解释如次：

第一节　确立良善税制

一，过去国民对于国家，非不负纳税之义务，愿以轻重厚薄之间，殊失调济平均之理，有利得甚厚，而对国家竟无丝毫之输纳者，有负担已重，而仍喘息于催比之下者，如一般所谓之苛杂，对公既无确切之效益，对私严同刑人之栲栳。故中央于政局粗得宁静之时，即毅然决定废除一切苛杂，确立良善税制，以为整理财政，安定民生之唯一政策。自二十年裁撤厘金以后，继以各项苛税杂捐之陆续废除，数年以来，先后已达五千余种，税额五千余万元，现除边远省区因情势特殊尚须继续努力，其余各省大体已可告一段落。预计最近期间必能使全国各地更无苛杂之存在。但苛杂之废除犹为消极设施，积极改革尚有赖于直接税之推行，所得税即其一也。所得税之筹议，始自前北京政府时代，原当时以厘金及其他苛杂，层出不穷，财政系统杂乱不堪，虽欲举办良税，而人民莫敢置信。兹中央本贯彻始终之信念与民更新，共图民族复兴之伟业，对于财政之整理基础，已具规模，所得税之推行，时机渐臻成熟。故决心推行,以期完成良好税制之稳固基础。其目的初本不在收入之增加也。其理由有可得而言者,一曰负担之轻微而合乎能力原则也。夫税名所得,必以人民收益有确实保障者而后始负纳税之义务。故所得益多者,其义务亦随之增加,毫无所得或所得甚少者,不特不予课税,且进而由国家予以妥善之救济焉。所谓取诸富有而济者穷乏,此平均之精义也。二曰办理之严密而合乎科学方法也。税款征收,在习惯上必须多设机关,始易推进,因是用人必多而弊害遂不能免,所得税为现在仅有之直接税,亦即我全国国民开始对国家负其责任之有力表示,故所收之税款,必须使点滴皆能归之于公,而无丝毫之浪费,故今后税务之执行,绝不滥设机关,任用冗员,初步征收之时,只依其性质及区域之所近分别委托地方财务机关负责办理而收受款项之责任,则付之于国家银行邮政储金局或其他指定之银行商号,使人民对于国事亦若家事,稽考既易,监督自切,一切弊害,皆无从得而产生矣。三曰缴款之简捷而合乎行政效率也。依所得税条例之规定,征税分为三种,缴纳方法,则分为课源及申报二类,采用申报之方法,其手续极为简单,绝无一切苛扰之弊。国难以来,国民对于国家之认识愈深,负责之勇气亦随之加强,就中央举办各项重要事业之成绩观之,如推行法规也,防遏走私也,整理地方财政也,乃至新生活运动等等,莫不以极顺利之情形,获得圆满之效果,故所得税之创办,度亦必有超乎寻常预料之乐观也。

第二节　扶植真正民权

昔美国之独立也,以纳税而无代表为其号召之理由,卒之英国不得不屈服于真理之下,而承认美国之独立。吾国当满清之时,历行专制,人民困于聚敛,而终无问政之可能。总理倡言民权发动革命,辛亥一举,帝制遂减,不幸军阀乘时割据,任意诛求,人民之生命财产,仍无合理之保障,于是本当有十五年之北伐。南京奠都以后,即从事于民权之培养。近年以来,各地方建设之猛进,已有目共睹。即就财政一端而论,如厘金之裁撤,关税之自主法币之推行,金融组织之改善,苛捐杂税之废除,地方预算之确立,次第均著成效。他如地籍整理,田赋改革,虽事钜责重,非旦夕所能为功,然日积月累,成绩已斐然可观。此皆最切实之表现,亦即国家进于近代化之重要过程也。今所得税之创办,则更足以促进民权之实施,使国民加增问政之机会。盖国发虽有贫富之别而其应享国民之权利,则无稍异,其所得多者,应知此乃国家所给予优良之机会,即须对国家多负其应尽之责任,今而后固不容有捆载他适,独善其身,逍遥作国外寓公之国民,亦即使每个国民皆知其本身乃属民族之一员,应完全担负民族兴亡之重任,国家亦自是能明了人民生活之真相而易于衡量其国力,比从事于民族生存之竞争。

第三节　促进国民经济建设

或谓征收所得税,将使物价腾贵,常此农村崩溃,百业凋敝之时,小民生计,将益不堪。此种顾虑,尤以商民团体中。最为流行。实则此不过杞人之忧,而其所臆测者,更与事实相反。盖所得税非间接税无从转嫁,绝不能影响于物价,此为经济学家一致公认之职则。例如一桶啤酒原价十五元,如征收其他间接税款三元,则其市价必为十八元,此因转嫁之故,其担负人为购买者。但若出售十八元之啤酒,出售人赚得一元之纯利,而其资本实额在二千元以上者,须售出啤酒一百桶以上,始征收三元之所得税,此三元之税,既不得转嫁于货物,而出售人亦无不愿缴纳之理。果有人意图避税而提高物价,则依市场竞争之原则,必无人购买其货物而终至于亏蚀:最后虽欲缴税亦不可得矣。至谓农村崩溃,百业凋敝,与所得税之征收,根本不发生联系之作用,反之,所得税之施行,大可以促进农村之复兴与市场之繁荣。实为国民经济建设运动之主要因素。盖人类心理,莫不希望其事业之成功,成功云者名利双收之谓也。兹就经商而言,普通商家于年终结账之时,查知本年盈余甚多,例必提出红利若干,以分配于共同劳动之人,此时国家向之征取千分之几之税款,其比例不过等于伙伴分红之一小部分,以区区之数,而换取商场胜利者之光荣并博得报效国家之奖励,凡稍有知识之人,盖无不乐从者,故所得税之实行以后,商场之活跃,必更为激进。当问英国当实施所得税之时,人民均不愿以其款项存放银行,乃相率投资于工商,因存放银行所得之利息不及投资于工商之厚,虽同样须纳所得税,而人民自愿缴纳较重之税,以期同时可得较厚之利益。英国工商业之发达,称雄于世界,虽其原因不一,而所得税能促进生产,增加富力,固不容否认也。夫个人处世,其成败之条件有二,即有能力而勤奋精进者成,反之则败,国家之强弱,即盘于个人之成败,愚顽怠惰之徒,虽其自身之生存,亦难以维持,国家固不能再课以其他之责任,故所得税之施行,其成败利钝,实为国家能否趋于繁荣之良好准绳也。

第四节 培养民族道德

依所得税暂行条件之规定,凡有所得者不问中外人民,均应一律纳税。因此有人顾虑外人或将凭借租界之势力,抗不缴纳,结果必将促成资金之逃避,使租界日趋繁荣,内地益受迫害者。此实为一极严重之事实,然其关系不在外人对于所得税是否愿意缴纳,而在我全国同胞能否同心同德以争取其民族独立自由之主权。中国国民欲图民族之复兴,且不惮牺牲一切以取得之,则已失之国土,均可一一收回,遑论乎租界,更无论区区所得税之缴纳问题也。

故假定因所得税之施行而有资金逃往租界之现象,是乃民族道德崩溃之结果,吾国将来之一切希望,均将自此宣告终结,更何有于所得税之征收,虽然,此不过或有之想像耳,依吾人理性之推测,预料外人之在中国经营工商等业者,终必服从吾国之法律而缴纳应有之税款,亦如吾国侨民在外国之必须缴款者相同,若不幸而有强词抗拒者,知其目的必在经营谋利以外,否则因区区税款而受舆论制裁更大之损失,智者不为也。如其国籍属于中国。欲托庇外人而逃避纳税之义务,是更为世间至愚极笨之举,实不值予以任何之顾虑。兹试假定全国资金,均因逃避所得税而流入租界乃至外国,其时中国必亡,但流入外国之资金,即能免所得税之缴纳乎?为逃税而亡其国,终须缴纳更重之税而显然以作亡国之人,世间实有此类笨伯乎?汉奸之流,世固有之,然使我民族道德之基础,日臻强固,则少数汉奸之为害,不过沧海微波,不足影响我之毫发也。是所得税之施行,正为培养我民族道德极佳之工具,吾国民是否愿爱其国能爱其国,将以是卜之。

第五节 结 论

以上所述,虽仅为一种浅显之解释,但全国同胞当可于此对所得税得一明瞭之认识矣。抑尤有进者。

查各国创办所得税之时期,大致皆起于国家遭受非常之事变。夫当强敌压境,国家命运正值不绝如缕之时,凡属爱国之民众,虽断脰沥血,亦所不惜,当尚有顾及区区之输纳者,而在政府方面税法良善,征取公平,战时既赖此以纾国难,平时亦恃之以谋建设,故自英国创之于前,各国无不终效于后,至今殆已成为举世公认之良好税制矣。吾国现当空前危险之时期,我同胞将协力以谋救济而图民族之复兴乎?抑淡然置之坐待渝亡使子子孙孙永沉奴狱乎?就近年来国民对于国事之表见,其慷慨激昂之情绪,方之其他各国。实觉未遑多让,惟爱国非只空言,抗敌尤需实效。则拥护所得税之实施,使非常之需得以筹维,国家税制,得入正轨,其重要固不殊于荷戈前驱捍卫疆土也。

所得税暂行条例二十五年七月二十一日公布

第一章　规则

第一条　凡有左列所得之一者,依本条例征所得税。

第一类　营利事业所得。

(甲)凡公司、商号、行栈、工厂或个人资本在二千元以上营利之所得。

(乙)官商合办营利事业之所得。

(丙)属于一时营利事业之所得。

第二类　薪给报酬所得。凡公务人员、自由职业者及其他从事各业者薪给报酬之所得。

第三类　证券存款所得。凡公债、公司债、股票及存款利息之所得。

第二条　左列各种所得,免纳所得税。

(一)不以营利为目的之法人所得。

(二)第二类所得。

子,每月平均不及三十元者。

丑,军医官佐、士兵及公务员因公伤亡之恤金。

寅,小学教职员之薪给。

卯,残废者劳工及无力生活者之抚恤金、养老金及赡养费。

（三）第三类所得。

子，各级政府机关存款。

丑，公务员及劳工之法定储蓄金。

寅，教育、慈善机关或团体之基金存款。

卯，教育储金之每年所得息金，未满一百元者。

第二章　税率

第三条　第一类甲、乙两项所得应课之税率，分级如左。

（一）所得合资本实额百分之五，未满百分之十者，课税千分之三十。

（二）所得合资本实额百分之十，未满百分之十五者，课税千分之四十。

（三）所得合资本实额百分之十五，未满百分之二十者，课税千分之六十。

（四）所得合资本实额百分之二十，未满百分之二十五者，课税千分之八十。

（五）所得合资本实额百分之二十五以上者。一律课税千分之一百。

第四条　第一类两项所得能按资本额计算者，依前条税率课税。不能按资本额计算者，依其所得额课税。其税率如左。

（一）所得在一百元以上，未满一千元者，课税千分之三十。

（二）所得在一千元以上，未满二千五百元者，课税千分之四十。

（三）所得在二千五百元以上，未满五千元者，课税千分之六十。

（四）所得在五千元以上者，每增一千元之额，追加课税千分之十。前项所得之课税，其最高税率，以千分之二百为限。

第五条　第二类所得应课之税率如左。

（一）每月平均所得超过三十元至六十元者，每十元课税五分。

（二）每月平均所得超过六十元至一百元者，其超过额每十元课税一角。

（三）每月平均所得超过一百元至二百元者，其超过额每十元课税二角。

（四）每月平均所得超过二百元至三百元者，其超过额每十元课税三角。

（五）每月平均所得超过三百元至四百元者，其超过额每十元课税四角。

（六）每月平均所得超过四百元至五百元者，其超过额每十元课税六角。

（七）每月平均所得超过五百元至六百元者，其超过额每十元课税八角。

（八）每月平均所得超过六百元至七百元者，其超过额每十元课税一元。

（九）每月平均所得超过七百元至八百元者，其超过额每十元课税一元二角。

（十）每月平均所得超过八百元以上时，每超过一百元之额，每十元课税二角，至每十元课税二元为最高限度。

每月所得之超过额不满五元者，其超过部分免税。五元以上者，以十元计算。

第六条　第三类所得应课之税率为千分之五十。

第三章　所得额之计算及报告

第七条　计算所得额之方法如左。

（一）第一类之所得，以纯益额计算课税。

（二）第二类之所得，以月计者或以年计者，均按月平均计算课税。其所得无定期或一时所得者，以各该月之所得额，计算课税。

（三）第三类之所得，以每次或结算时付给之利息计算课税。

第八条　第一类甲、乙两项之所得，应由纳税义务者于每年结算后三个月内，将所得额依规定格式，报告于主管征收机关。

第九条　第一类丙项之所得，应由扣缴所得税者，或自缴所得税者，于结算后一个月内，将所得额依规定格式，报告于主管征收机关。

第十条　第二类之所得，应由扣缴所得税者。或自缴所得税者，按照纳税期限，将所得额依规定格式，报告于主管征收机关。

第十一条　第三类之所得，应由扣缴所得税者，或自缴所得税者，于付给或领取利息后一个月内，将所得额依规定格式，报告于主管征收机关。

第十二条　主管征收机关对于所得额之报告，发现有虚伪隐匿或逾限未报者，得运行决定其所得额。

第四章　调查及审查

第十三条　主管征收机关于各类所得额，经报告义务者报告后，得随时派员调查。

第十四条　主管征收机关决定各类所得额，及其应纳税额后，应通知纳税义务者。纳税义务者接到前项通知后，如有不服，得于二十日内叙明理由，连同证明文件，请求当地主管征收机关。重行调查，主管征收机关应即另行派员覆查决定之。

经覆查定决后，纳税义务者应即依法纳税。

第十五条　纳税义务者接到前条覆查决定之通知后。仍有不服时，得于十日内申请审查委员会审查决定之。

主管征收机关对于击请审查之税款，应存放当地段实银行、候审查委员会决定后。依共决定为退税或补税。

主管征收机关为前项退税时。应将退税部分之利息，一并退还之。

第十六条　纳税义务者对于审查委员会之决定不服时，得提起行政诉类或诉讼。

第十七条　审查委员会于市县或其他征收区域设置之。

审查委员会设委员三人至七人，为无给职。由财政部于当地公务员公正人士及职业团体职员中转任之，任期三年。

审查委员会开会时，主管征收机关长官或其代表应列席。

第五章　罚则

第十八条　不依期限报告 或意于报告者，主管征收机关得务以二十元以下之罚缓。

第十九条　隐匿不报，或为虚伪之报告者，除务以二十元以下之罚缓外，并得务请法院漏税额二倍以上五倍以下罚金，其情节重大者，得并科一年以下有期徒刑或拘役。

第二十条　纳税义务者或扣缴所得税者,不依期限缴纳税款,主管征收机关得移请法院追缴,并依左列规定处判之。

（一）欠缴税额金部或一部逾三个月者,科以所欠金额百分之三十以下之罚金。

（二）欠缴税额全部或一部逾六个月者,科以所欠金额百分之六十以下之罚金。

（三）欠缴税额全部或一部逾九个月者,科以所欠金额一倍以下之罚金。

第六章　附则

第二十一条　本条例施行细则及审查委员会组织规程,由财政部拟定,呈请行政院核定之。

第二十二条　本条例施行日期以命令定之。

所得税暂行条例施行细则　二十五年八月二十二日　行政院公布

第一条　本细则依照所得税暂行条例（以下谓称暂行条例）第二十一条规定制定之。

第二条　驻在中华民国境内各国外交官之所得免于征税。

第三条　在中华民国境内居住未满一年之外国人其所得之来源不出自中华民国境内者免于征税。

第四条　前两条之规定以各外国对于中华民国有同一之待遇者为限适用之。

第五条　凡营利事业本店,在中华民国国外分支店,餐业所在国内或分支店,营业所在国外而本店在国内者,无论其资本是否与本店互为割分,均就其在中华民国境内营业盈利之部份计算其所得额单,用暂行条例第四条税率课税。

第六条　本店及其分支店营业所同在中华民国境内,而其资本互为割分者,应分别计算其所得额。

第七条　称资本者谓照公司组织实在缴足之股金或其他组织实际投入之本金有公积金者,得按其总额以三分之一并入资本计算。

第八条　第一类甲乙两项营利事业之所得得,依各业习惯每年结算一次,其不满一年者就其营业期间之所得计算课税。

第九条　营业年度变更时,依新旧年度交替期间之所得计算课税。

第十条　第二类所得以星期计者每月按四星期计算课税。

第十一条　第二类所得以月计者,不足一月时就其所得之实数计算课税。

第十二条　买卖与本业务无关之物品证券或金银货币,而其所得又不在本业务收入项下计算者,以一时营利事业论非营业之个人为前项之买卖,而不于约定期日下计算者,以现货交割者,亦同。

第十三条　非营利事业之法人或团体而兼营利事业者视为营利事业。

第十四条　称法定储蓄金者以政府法令规定之储金为限。

第十五条　计算第一类所得时,应就其收入总额内减除营业期间实际开支、呆账、折旧、盘存、消耗、公课及依法令所规定之公积金,以其余额为纯益额,依照暂行条例第三条规定之税率课税。

第十六条　下列各项收入均属第二类薪给报酬之所得。

一、公务员之俸给、薪金、岁费、奖金、退职金、养老金及其他职务上所得之给予金。

二、自由职业者、其他从事各业者、因职业及工作上所受之薪给、年金、报酬及其他金钱之给与。

第十七条　计算自由职业者及其他从事各业者之所得,如有下列各项费用时应先行扣除,以其余额为所得额:

一、业务所房租;

二、业务使用人薪给报酬;

三、业务上必需之舟车旅费;

四、其他业务上直接必需之费用。

业务人就其居所为营业所者,其房租应比例扣除之,但不得超过租金总额百分之六十。本条第一项第三款之舟车旅费以受有报酬者为限,但不得超过其各司报酬额百分之三十。

第十八条　自由职业者及其他从事各业者经有两个以上之业务所各有其独立之账簿者,应分别计算其所得额。

第十九条　依本细则第十二条规定之营利,应于各个交易结数时计算其所得额。

第二十条　扣缴所得税者或自缴所得税者,应依照暂行条例第八条至第十一条规定之期间,向当地主管征收机关申报所得税。

第廿一条　无行为能力人及限制行为能力人之所得额,由其法定代理人依照前条规定代为申报。

第廿二条　第一类甲乙两项之营利事业因合并解散歇业清理,经结算后仍有所得者,应于结算日起二十日内向当地征收机关申报所得额。

第廿三条　营业年度变更时,执行业务之负责人应依本细则第九条规定于结算日起二十日内申报其所得额。

第廿四条　第一类所得之申报人于申报时,应提出财产目录损益计算书、资产负债表或其他足以证明其所得额之账簿文据。

第廿五条　所得税税款由财政部主管征收机关委托国家银行或邮政储金汇业局征收之。其当地无上列机关者得指定其他银行商号或处所代为征收。

第廿六条　各类所得税之纳税期限依下列规定:

一、第一类甲乙两项缴税期限,应依各业每年之结算期于每年三月一日起至五月末止或八月一日起至十月末止一次缴纳之。两项所得税于结算申报时缴纳。

二、第二类所得税按月缴纳之。

三、第三类所得税于结算息金申报时缴纳之。

第一类两项第二类自缴之所得税及本细则第二十二条第一项、第二项第二十三条应缴之所得税于结算申报日起二十日内缴纳之。

第廿七条　所得税缴纳方法如下：

一、属于第一类甲乙两项者由业务负责人自行缴纳。

二、属于第一类两项，如有支付所得之机关由该机关业务负责人代为扣缴；如无支付机关由纳税义务人或其代理人自行缴纳。

三、属于第二类者，由直接支付薪给报酬之机关长官或雇主代为扣缴。无支付机关或雇主者自行缴纳。

四、属于第三类者由付息机关之业务负责人代为扣缴。

第廿八条　扣缴所得税者，于扣缴税款时应通知纳税义务人并将税款向当地征收税款机关缴纳之。

前项扣缴所得税者，除支付无记名证券利息及存款利息另以特种表式申报外，应开具各个纳税义务人所得额申报当地主管征收机关。

第廿九条　经收税款机关于收到前条所扣款时，应制给主管征收机关规定之正式收据。

第三十条　扣缴所得税者，如能依照法定手续期限完成其扣缴之职责者，当地主管征收机关得照其扣缴之总额给予千分之五之奖励金。

前项奖金于政府机关不适用之。

第三十一条　自缴所得税者，于接到当地主管征收机关决定所得税额之通知书后，应各依纳税期限向经收税款机关缴纳所得税。

前项自缴者应向经收税款机关制取主管征收机关规定之正式收据。

第三十二条　财政部主管征收机关应制定各类所得人纳税额通知书发交各地征收机关，依暂行条例第十四条之规定通知纳税者。

第三十三条　当地主管征收机关应于收到申报人申报十五日内为其所得税额之决定。如申报人请求重行调查时，应自接收请求之日起十日内重行决定其税额。

第三十四条　当地主管征收机关认申报人申报不实时，得指定期限要求申报人提示有关纳税额之证明文据。

申报人对于前项要求怠不履行时，当地主管征收机关得依调查或其他方法径行决定其所得额及纳税额并通知之。

申报人受前项通知时应依纳税期限纳税。

第三十五条　当地主管征收机关对于扣缴之税额发现不足时，应责令扣缴所得税者缴足之。

第三十六条　纳税义务人对于扣缴之所得税认有应行减除者，得向当地主管征收机关声请退税。

第三十七条　财政部主管征收机关应制定各类所得额申报表发交各地征收机关,由申报者自行具领填报。

前项申报表得由各地征收机关委托当地行政机关、商会、同业公会、邮政局或经收税款机关存备,申报者具领并公告或揭示之。

第三十八条　各类所得税申报表不得附征任何费用。

第三十九条　当地主管征收机关应设置各类所得名簿,按照申报表及决定通知书之内容将纳税者姓名、住址、职业、所得额、决定纳税额及其他应行记载事项分别记载之。

第四十条　所得税额决定通知书应分所得种类编号登记。

第四十一条　扣缴所得税者、自缴所得税者或代缴所得税者对于调查、覆查、审查人员要求提示之凭证不得加以拒绝。

第四十二条　申报人对于明知不实之所得额故为申报者,除依暂行条例第十九条罚款或论罪外,其有触犯刑法伪造文书罪之情形者,主管征收机关并应报请法院法办。

第四十三条　征收所得税机关人员对于纳税人之所得额纳税额及其证明关系文据,应绝对保守秘密。违者经主管长官查实或于受害人告发,经查实后主管长官应予以撤职或其他惩戒处分,触犯刑法者并应报请法院法办。

第四十四条　当地主管征收机关依暂行条例第十八条、第十九条第二十条各款规定科罚时,应向受罚人送达处分书及收据。对于缴纳之罚款应给予收据。

前项处分书及收据应加盖处罚机关之关防及负责人之名章。

第四十五条　股份有限公司或股份两合公司发行股份时,应将股份总额、股票种类、每股金额、营业年度报明当地主管征收机关。已发行之股票应由各该公司于本细则施行日起一个月内将前项应报事项报明当地主管征收机关。

第四十六条　公司、商号、行栈、工厂及营利之个人应于本细则施行日起一个月内将姓名、住址、营业资本或股本实额报明当地主管征收机关。

第四十七条　本细则所定各种书表簿册单据格式由财政部制定之。

第四十八条　本细则未书事宜财政部得随时呈准行政院修正之。

第四十九条　本细则自民国二十五年十一月一日起施行。

附:财政部中央直接税税务人员训练班招考简章　民国二十五年八月公布

一、名额　定额六十名备取二十名

二、资格　中华民国人民年在二十二岁以上三十五岁以下,曾在国内外大学或公立或已立案之私立大学商科或商学院或经济学系毕业品行端正体力强健者。

凡经高等文官考试及格人员如系在大学商科或商学院或经济学系毕业,而年龄相当上项之规定品行端正体力强健者,经考查合格后得不受考试径行报名加入训练。

三、考试科目　1. 党义　2. 国文论说或草拟公债　3. 经济学　4. 财政学　5. 会计学　6. 统计学　7. 口试

四、报名及考试地点　南京鼓楼金陵大学

五、报名期间　八月十五日起至八月二十五日止

六、考试日期　八月二十八二十九两日

七、报名手续　填具报名单并粘贴四寸半身像片,随缴毕业证书。高等文官考试及格人员并应呈缴及格证书报名费一元。(简章与报名单函索即寄　通信处财政部中央直接税筹备处)

八、训练期限　定为两个月。如在此期间内成绩特优者得酌予提前试用。

九、训练期间内待遇　学费讲义费免收,膳食每名每月津贴八元。

十、训练期满后待遇　训练期满后试用三个月,在试用期间内按其成绩每月分别支给津贴六十至八十元。试用期满认为合格时,由部正式任用,照俸给法叙俸。自委任第八级(即月支一百元)叙起,但成绩优良者得酌予超级叙俸。

二十年来从事会计工作之经过*

——民国二十五年四月二十二日出席复旦大学会计学系同学欢迎会之演词

谢 霖

诸位同学，本年二月李校长嘱余担任本校会计系主任，自惭学识浅陋，本不敢允诺；因金侣琴先生面商，未能固却，勉为代理；三月二十六日召集全体系会，同学来邀参与；因事在赣，如期赶回；适随本校不幸事件发生，系会未能开成。日前何嘉裕同学邀于本日到校与诸位同学会晤；今知特别开会，对余欢迎，实不敢当；惟得藉与各位同学会晤；私衷万分愉快！余今分两方面与诸位同学一谈：一，本校会计系主任。二，念余年来从事"会计"工作之经过。

上述第一方面，即会计系主任属本校教务行政，对内关系诸君学业之前程，对外关于本校之名誉，可谓非常重要；余既担任，自应尽力办理；如有疏虞之处，并愿诸位同学随时告知，以期校誉日隆；但以开于学课之事为限。

第二方面，即余在会计界服务二十余年之经过，在座诸君，又均为未来之会计家，故愿详细一言：

会计二字，可分"学"与"术"之两种；属于前者，余研究其浅；无道可述；属于后者，即实际之会计工作，颇有可报告者；我国使用复式会计，其最早者为海关、铁路、邮政；因海关邮政两项，前清开办之始，皆委外人主持其事；而铁路系借款建筑，受合同之束缚，会计处长皆为外人。但此均为政府机关。至社会之经济事业，最先使用复式会计之制度者，首称大清银行，时为前清宣统元年，主其事者为吴鼎昌君（现任实业部长），杨德森君（现任中国建设银公司协理），谈荔孙君（大陆银行总理，已去世）诸君；并设银行学堂，造就人才，未几而辛亥革命；又因旧式账簿势力尚盛，故未见完全成功。民国元年大清银行停业，设立中国银行；关于会计制度，决定采用新式，由余担任筹划；经年余之研究，订定《中国银行会计规程》；试用有效，始见基础。惟旧账势力仍盛，新式会计人才，彼时仅有大清银行学堂及江南高等商业学堂，两校毕业之人，能知复式簿记原理，殊属不敷分配。财政部总长周学熙氏行交山西、安徽两省，就票号及钱庄人中各选数十人，送至北京，设讲习所授以簿记及各

---

* 本文原载于《光华大学半月刊》，1936 年第 10 期，第 58—59 页。

专门学识;又因招考方法,就能知算术者中录取数百余人,在行加以训练,分派各地分行为司账员。此皆中国银行首先推行复式簿记之经过情形,亦即复式簿记国内之创导者。民国五年交通银行改良簿记,邀余前往办理,当就各地分行之司账员,调其年龄之较轻者,加以训练;一面编订会计规程,实施一年,经两次决算,即告成功。自此以后,凡有银行设立,每向中交两行延用会计人才;其以中交成法作为标准,乃属当然结果。故论吾国之银行会计,可云均出中交两行系统之下。所惜除银行外,各项实业公司对于新式会计尚未甚见推进。最显著者实业工厂成本会计,尚鲜实行,未始非是实业不振之一原因,亦即研究会计之人,继续应负之责任。

此外尚有一事可报告者,即会计师之事业,系余首创;因闻各国俱有会计师之制度,英法等国之会计师,且来中国服务,上海租界会审公堂每遇账目讼案,皆以外国会计师为鉴定人,遂于民国七年六月呈奉前农商部核准,执行会计职务,旋于同年十月,前农商部因已公布会计师暂行章程,以第一号之会计师证书给余,至今保存,以为纪念。其后请为会计师者,日渐增多,截至民国二十四年八月为止,已有一千一百八十九人,固为当时未能料及。至为会计师之资格,原定"学历""经历"两项,在前北京政府,二者能有其一,即可呈请。国民政府成立,改为必须二者俱备,方为合格。兹将民国二十四年四月立法院修正公布之会计师条例规定资格列后:

甲　学历

一,国立大学或独立学院或专科学校之商科经济科毕业者。
二,经教育部立案之大学或独立学院或专科学校商科经济科毕业者。
三,国外经教育部认可之大学或独立学院或专科学校之商科经济科毕业者。
以上三者之一,均可作为合格学历。

乙　经历

一,曾在专科以上学校教授会计主要科目二年以上者。
二,曾在各级政府或其所属机关任会计主要职员二年以上者。
三,曾在实收资本十万元以上之公司任会计主要职员二年以上者。
四,曾在会计师事务所助理重要会计事务二年以上者。
以上四者之一,均可作为合格之经历。

可知凡在国内外商科经济科毕业之后,在会计师事务所办理主要会计事务两年以上者,皆可领会计师证书。就余观察,会计师所承接会计案件,各案性质互异;且系直接社会,极易详悉各界会计情形,增长个人阅历;与在一家公司工厂银行见解广狭不同。入国民政府高等考试之中,有会计审计人员考试;而审计部组织法中之"审计"、"协审"两官,并以曾任会计师者,列为资格之一。本系同学诸君,将来毕业之后,必有多数为会计师者,足为会计师界前途庆贺之一事也。

余于会计界之创造，除上述外，近年以来，因执行会计师事务，各方来嘱托者，如山西省经济建设委员会委托编订《同蒲铁路会计规程》；江西省政府委托编订公路会计制度；湖北、湖南、四川等省电气自来水等公司，托为改进会计办法，足见会计重要，已为政府社会所认识。较诸民国元年余在中国银行筹划会计制度时之幼稚状况，不可同日语矣。

要之"会计"对于事业之当局者，其作用也犹如明镜；无论事之现在，过去，未来，皆可籍以明察；而掌会计之人对于事业之当局者，犹如监察司法机关，遇有不适当之措施，或防止于事前，或纠正于事后，因此国民政府主计处现正推进"超然会计"办法，置会计长于各机关，直辖于主计处，不受驻在机关长官之指挥。而各公司银行甚倡会计不受于干涉之主张；是又会计界未来之曙光，亦即本系同学诸君将来毕业后服务之途径也。

次言各位同学之未来责任，新式会计制度社会尚未普及，正待有人推进，此项事务必须于会计学有修习者，始能为之；亦即应希望于大学会计系出身之人，故余认为各位同学将来服务社会，责任可分四步：

甲，创立会计制度。

乙，改良旧有会计办法。

丙，管理会计。

丁，服务内地，

甲项为创造行业最难。乙项为改良行为较易。丙项则从其已有制度而管理之，不容有所建白。至丁项服务内地一节，实因内地事业近年逐渐进步，会计人才，尤为缺少；就国家言：欲求国富，必须先使内地事业发达，故"开发西北"四字，几为全国一致之主张；然如不有高级学识之人前往办理，试问如何开发。就职业言：上海大学林立，系因人才集中，教授易聘，可使成绩优良，并非上海一地需用如许之人，以吾国之土地广大，假使大学毕业之人，俱能致力内地，在十年内，个人职业自可无虑。余忆去年，四川有一银行来托代延大学商科者十人，前往服务，结果余只代为延得七人。溯在前清宣统二年，余初毕业回国，前往成都服务，彼时交通不便，由汉口动身，只身行四十天始达。今川申之间已有直航轮船，旬日可到，且以川省富庶，延人尚且如此不易，他如陕，甘，新疆，自更无人肯去。国富如何开发，青年学子能不负责？值此国势危急，国内实业，事事后人；所谓"青年人之国家"一语，愿吾同学三致意焉？

又次拟贡献于同学者，"法律"、"国文"与会计之关系；盖自国民政府成立以来，公布法律已多，设不注意，失败临之；例如《民法总则编》，《债编》，《物权编》，《公司法》，《票据法》，《商人通例》，皆为日常服务所必需；而国文一项尤为传达意思之工具，高级地位之人，益见重要，甚盼各位同学切注意之。又对于女同学有奉告者，现在男女教育均等，自可共同服务社会；惟近来工商各界多有不愿延用女职员者，推其原因，不外女子只能办理内部之事；是女同学之将来职业问题，应注意对于内事务,实为不易之论,则在校之时,对于学课尤宜较男同学更加用功,而"国文"一项尤应致力,以期发挥所学,想必以此言为然也。

　　此外余无可述,以后当于每逢星期三五两日上午十一时到校一次,诸位同学有事,可于该日会晤,若有紧急事项,或通电话,或至敝事务所接洽,均无不可。余今致谢各位同学之欢迎。

经济书评

赵人儁

莫梭里尼大声疾呼而言："自由！自由！一般崇拜民主主义者哓哓不休之自由，只是欺蒙脑经简单者之口头禅。在阿尔卑斯山以外之民众，早已鄙弃一七八九年之政治方式而由法西斯政党代以新政治方式：曰权威，曰秩序，曰公正。"意大利劳工宪章第一条开始即言："意大利为一个有目的，有生命，有行使政权之有机体，其范围超驾国家组织中之私人与私人之团体。意大利国家为一个伦理的政治的经济的混合体，而成为今日之法西斯党国"，第二条"劳工无论用脑用力或用专门智识，悉为一种社会上应尽之职责，因此劳工应受国家管辖生产从国家立场而观，虽形式不同，大要成为一体一方增进生产者之利益他方发展国家之威力"。

法西斯党之经济政策及其推行方法，试观以上三项撮录，即可知其梗概。即劳工生产，统以社会利益，国家威力为前提。推行方法，厥在国家之权威，与其所谓保持公正与程序。关于法西斯经济，散见报章杂志者，大都断简零篇，莫窥全豹。而谈法西斯政制者诚如作者所言，于经济方面，又多略而不详，或囫囵吞过。虽然即就此书而论，其名为"法西斯主义之经济基础"，而按其内容，事实少而议论多。丰于肤浅之印象，而啬于深刻之评估。读毕此书，难免有作者为莫梭林尼及法西斯党作宣传之感想。而以作者为伦敦报纸之财政金融记者之身分，又似未可深责。盖与作者其他著作，性质颇多类似者也。

作者之立场，谓共产主义毁灭个性，及私人企业。社会将无进步可言，与资本主义之引起商业循环，愈演愈烈同为人类之蟊贼。法西斯主义主张之集团经济，一方以国家力量，指示生产方向为改进分配。一方仍维持个人企业，实得中庸之道。于社会民主之进步，裨益既多，亦少阻碍。根据此项立场，故作者有如下之辩护：（一）治乱国，处危机，开始必用暴力。然能以暴力破坏，必须亦能以暴力推进建设。使政治的改革，进而成为经济的改革。而后暴力政治，方足自解，兼有以慰国民。亦必如是，始克维持暴力所得之政权（六至九页）。法西斯党人，正如苏俄共产党人，现已由政治而趋入经济途径。（二）解决经济问题。厥在转变人民自私心理。其方法一为激发国家观念，如法西斯政府之大声疾呼，使人民回想昔日罗马帝国之光荣，及今日意大利复古之责任。再则绳以法律，使人民通晓生产劳工，俱为

---

* 本文原载于《清华周刊》，1934年第40卷，第11、12期，第77—80页。

社会国家应有之职责,而逐渐启发互相谅解互相退让之精神。作者谓意大利人民之自私心理,十年以来,已有转变之表示。吾人以为自私心理,根据资产观念。资产之起源,虽不能确定其时日,要已经历数千年。夫以数千年根深底固之观念,而谓十年内即可渐次消除,不待智者亦必怀疑。正如今日苏俄之生产分产方法人民禁于法律,非出自愿,更非借此而可渐论人民对于资产观念完全消灭也(九至十一页)。(三) 劳资纠纷,阶级斗争,在资本主义国家中为极难解决之问题。作者谓法西斯党人,引用劳工法庭,调解争执,申订法律,禁止罢工及闭厂。极难问题,于焉解决。解决秘诀,厥在公平处理。夫公平处理一语。在任何国家之劳工法庭普通法院中所熟听者。所患者,劳资双方各种阶级,均有其理。审判者亦各有其特殊之公平观念。集合持不同之理及不同之公平观念者于一堂。而谓可得真正之公平定谳,殆戛乎其难。作者本意,当为相对的公平,而非绝对的公平。如为相对之公平,则仅在息事宁人于一时耳。况法西斯之劳工宪章及禁止罢工法中,均有案定后法律强制执行之一案,鞭策其后乎(十一至十二页)? 吾人所能谆谆于政制及心理之基本观念者。盖以所谓经济政策,经济基础,决不能离政制及社会心理而可单独推行毫无阻碍耳。

作者于第三章,阐明所谓集团国家(corporate state),包括(一)新的宪法制度,国家之治权,由雇主与被雇者各就其所属之集团,混合参与。(二)新的法律观念,对于人民个人之权利义务,及资产之利用,参加生产之分子等,悉以国家为前提。(三)新的经济发展,即世人所谓集团经济。此项名词,在吾国社会尚多茫然不知,值得为之介绍。所谓集团(corporation),为工人与雇主双方分组之小组合并合而成。此项小组合,不能为法定团体,且具有行政权力。凡被法律承认之组合。对于其范围内之工人,或雇主。无论是否会员,均有直接代表及禁止罢工或闭厂之权。惟每一组合必须包含十分之一以上之各该业之工人或雇主。至于工人或雇主于某项组合加入与否,却由自愿。组合按照工业分类。又按照地域,自由分级,即小组合(syndicate)大组合(association)与集团。集团现分农业,工业,商业,国内交通,海运及航空,银行与保险,暨专门职业与美术家七类。每类集团,除第七类外。各有雇主及雇员两大集团。以是不计分类,现有经济集团十三。集团之上有全国经济集团评议会。分七组,管辖各类集团之事务。另有经济集团部部长总其成。此项部长,历由莫梭里尼自兼。各项集团对于各业生产之分配工资工时投资等等。均直接间接行使其干预权。以是意大利虽无计划经济之名且当局亦认计划经济,为共产口号。而事实上设施及指导,实无异于苏俄之计划经济。所不同者,只在一方容私人企业及利益。而他方则完全或竭力消灭之耳(作者谓共产主义为世界主义,法西斯主义为国家主义,十五至十六页)。却与最近事实,不甚符合。苏俄自推行五年计划以来,世界主义,早经搁起。目下苏俄人民之国家思想,绝不亚于任何欧洲国民。五年计划在海外宣传,目的不在政治,而在经济上之援助。政治问题,一九二二年后,早已解决矣。关于生产方向之指导,其已表现者有二:(一)极力发展意大利北部水力电力以救济意国产煤之不足。（二）实行填塞卑隰扩充耕地，以图粮食之自给。此种大规模之公共事业。（第五章）一方面固在救济失业。他方亦所以改进国家之永久经济能力。款项来源，出自国家预算。预算不足，济以国债及私家银行投资。寻常生产，有经济集团部之统计，以资遵循。某种生产有过剩之虞，国家决不惜以命令遏止之（四二至四三页）。生产者经营不善，无论其为公为私的组织，国家决不宽假而辞退之（九六页）。罢工闭厂固法律所禁止。即工作时间报酬工作状况及其种切，国家亦不时得按特殊情形而增减改良之。此著者所以谓法西斯经济与苏俄计划经济相似甚多，而与自由竞争资本主义之经济相距反远者乎（第十一章）？银行因商业恐慌时代，曾向国家贷款，抛出长期工业投资籍以应付私人存款。迄今银行之最大债权人乃一变而为政府。更因政府提倡公共事业，而银行流通会，继续流入长期投资中。以是名义上银行虽为私有，实际上不啻国家主有。此种现象，实违反寻常商业银行之营业原则。将来设有恐慌，唯一之援救希望，厥在政府。政府权愈大，银行权愈小，虽欲起而反抗，又何可得。然而政府之经济责任，亦由此加重，措施稍有不慎，为祸便及全体。所幸者法西斯党治下，各项设施无论成败若何，标准由政府自定，人民无从批评纠正之也。

　　夫意大利小国也，工业之原料，最重要者如煤铁，向感不足。粮食亦时虞匮乏。虽则扩充耕地，产量增加，而吾人未能遽信著者之乐观，谓即可自给。反之战后各国取缔移民，法西斯主义又极力主张增加人口，严禁外迁，十百年后，以有限之资源，何以供给激增之人口。此所以法西斯党人日日大谈古罗马帝国之光荣。而国外认法西斯主义，为世界将来之劲敌乎。

物价安定与汇兑安定

赵人儁

一 导　言

一九一四年欧洲大战爆发，交战国纷纷停止兑现，滥发钞票或类似银行钞票之国库券（currency notes 或 treasury notes），汇兑骤跌，物价暴涨。中立国则因黄金源源流入，国内通货澎胀，物价亦随之扶摇直上[1]，其剧烈之经济变动，正与拿破仑战争时相似，然其变动之程度及影响之范围则远超越前世纪。欧战时各国采用之金融政策为往时所无并不可能者有二：其一即各国对于战时产销及物价之统制，规模宏大，计画精密[2]，其二即关于国际汇兑之统制，使汇率与黄金流动，脱离如在金本位时代之密切关系，但汇率之变动并不因此而加深。此项试验以英美两国间行之成效最著[3]。欧战结束，经济建设开始；倘以大多数主要国家恢复金本位制为欧美经济常态之标准，则自停战时起历十年而始告成功[4]。然以战时统制产销物价汇兑之成效，与战后各国物价短期变动之剧钜，及人民收入结构（income structure）之固定，间有学者窃疑金本位制是否能如战前之推行无阻。倘因经济之基本条件变更，而使战后之金本位制与战前相较，其机构与运用悉大相径庭，则吾人将根据何项原则，使金融之组织及运用，适合于国内外之商业新环境？倘原则非单纯而可选择，则吾人将何所依从？果也世界各国金本位制普遍之恢复，不及一载，于一九二九年冬，即发生空前之美国证券市场风潮，历二年而英国再度放弃金本位，至一九三四年而世界各国能维持金本位者仅可屈指而数[5]。此数年间国内商业凋零，国际商业停顿，而人民失业之伙，政府救济之难，尤非前世纪所可比拟，但从生产观察

---

* 本文原载于《社会科学》，1935 年第 1 卷第 1 期，第 167—194 页。

[1]　G. Cassel, *Money and Foreign Exchange since 1914*. pp. 1—79.

[2]　最有系统的讨论为 P. W. Garrett, *Government Control of Prices*（*in U. S. A.*），1920.

[3]　"Pegging" of exchange 自一九一五至一九一九英美国率双方约定一种平价每英镑等于四、七六美元，战前金平价则为四、八九七五美元。

[4]　就重要国家而言，以一九二五年之英国维持原来金镑含金量恢复金本位为最早，一九二八年，法国将法郎贬值后恢复金本位为最晚。

[5]　按 League of Nations, *Monthly Bulletin of Statistics*, No. 10. Vol. 15, Oct. 1934, p. 436 所载，又除本年比利时宣告币制贬值脱离金本位制外，现时维持自由金本位制者，仅有法荷瑞士但泽等六国。

则生产效率已超战前,生产物品。充塞市衢,故经济之衰落,似不能诿于生产不力或不足。就行销观察,则国内人民之购买力显有不均,其增减之迟速,显不同等,国外贸易,则以战后盛行国家自给主义,阻碍丛生。各国朝野于不景气之救济,口论笔书,远超前世,而其方策大都集中于金融,其间主张革命政策者,鉴于战时统制产销物价之成效,而物价复影响于财富收入之分配及工商事业之盈虚,故主张引用战时经验,统制物价,物价安定则事业之推进可依久远之计画,无虑短期变动。债务与债权间之负担轻重亦可历久不变,故财富分配得从各国特殊情形,增减同度,维持原状。主张保守政策者,谓战争为非常时期,其设施不能与平时比拟,且统制政策,素未习惯,运用结果,成效难期,毋宁恢复金本位制,或将金本位制,加以修正,使适合新环境。但金本位制着重汇兑安定,国内物价时受金本位制下固定金价及黄金流动之影响而引起金融革命家所谓不需要之物价变动,故救济方策,虽众说纷纷,大要可合并为物价安定与汇兑安定两说。今世所谓内国本位(local standard),管理本位(managed standard)指数本位(index standard),补偿货币(compensated dollar)回复政策(reflection)等⑥,其目的其方法胥从物价安定说。所谓金币本位(gold specie standard),金块本位(gold bullion standard),金汇兑本位(gold exchange standard),货币贬值(devaluation)等⑦,其目的其方法悉属于汇兑安定说。究斯两说之沿革在欧战前何以特重汇兑安定,及汇兑从何而安定?欧战后汇兑安定与物价安定何以忽然参商,有待抉择?两项学说从今后推行金融政策之手段观察,是否绝对凿枘不入,抑须互相辅助,其于吾国之币制改良及金融政策有何可资借镜?实为研究理论及实用金融学者所应解析之问题也。

二 欧战前金本位制与汇兑安定

欧战前金本位国之货币制度及其运用,颇多歧异,然有数项公认为采川金本位制之主要条件⑧。即货币单位(monetary unit)从金,其重量及成色,由法令规定,不

---

⑥ 内国本位如不兑现纸币本位或银本位,指数本位如金融史上所载之 tabular 或 multiple standard 及近人路易士用小麦棉花铁银四物为物价变动之标准(G. M. Lewis, "A plan for stabilizing prices," *The Economic Journal*, March, 1925),回复政策如英美政府在一九三三年,伦敦经济会议之政策宣言主张先将物价设法抬高,回复至相当水平线(如一九二九或一九二六年之物价)然后谋安定,参阅 L. Pasvolsky, *Current Monetary Issues*, Appendix C.-D. pp.158—166,管理本位及补偿金元见后。

⑦ 三种金本位制之意义,英国财政实业委员会解释最为简明,"First there are the systems in which the monetary unit is itself a gold coin(即 gold specie standard);then come currency systems in which conversion takes the form of the exchange by the Central Bank of gold bars into local currency or vice versa(即 gold bullion standard); more remote still is the connection when the conversion right takes the form of an exchange of local purchasing power into foreign currency which is itself convertible into gold bars or gold coin(即 gold exchange standard)。货币贬值为采取或恢复金本位之初步手续,(Keynes, *Monetary Reform*, pp.153, 157—167)

⑧ League of Nations, *Report of the Gold Delegation of the Financial Committee*, June 1932 pp.9—12(以后称 Gold Report)。

得轻易更改,如铸造金币,则金币必为完全法偿,且自由流通,其他钞票辅币等,虽法偿权或稍有限制,而与金币可随时兑换,故在完整之金本位货币制度下,货币即黄金,黄金即货币,以是在国内从货币单位计算之黄金价格(mint price of gold),绝无变动。并为防止此项变动万一发现计,故人民有随时将黄金交国家造币厂铸造或镕化之权利,或由国库或中央银行按法定价格公开买卖黄金(买之效果,等于铸造,因收买黄金,必须交出货币;卖之效果,等于镕化,因出卖黄金,自然收进货币)。然每盎斯黄金,值若干货币单位,或每单位货币合几许黄金,此种价格虽不变动,而因国内物价时有变动,故黄金或根据黄金之货币的国内购买力或价值(internal purchasing power or value of money),则时有变动。至于两金本位国间甲国货币值乙国货币若干,则视甲乙两国货币单位法定包含黄金之重量及成色而比例计算,如成色相等,则仅比较重量,此数通常名为金平价(gold parity)⑨。甲乙两国于对方货币之需求,由于两国间直接或间接之国际贸易及其他收支,随时需要清算,清算方法,则有国际汇兑制度,无此制度,则甲乙两国每次交易或收支,均须用黄金,有此制度,则可将款项彼此扎销。故在欧战前汇兑制度,不能离开黄金,但制度存在之最大理由,所以避免黄金无谓之输送。倘两国间国际收支适合,则汇率自必等于平价,如甲对乙收多于付,则甲之汇率呈顺势而乙则呈逆势,换言之甲乙汇率均离开平价。甲国之货币在乙国较高于平价,如汇率与平价之差数,超过用黄金自乙输出至甲之费用,则乙国之商人宁愿舍弃汇兑制度,而径输出黄金。乙国之货币在甲国较低于平价,如汇率与平价之差数,超过自乙输入黄金至甲之费用时,则甲国商人亦必宁愿舍弃汇兑制度,而径输入黄金,故汇率之上下有一定之范围,即黄金输出入点(gold specie import and export point)。黄金体小值大,输送费用,比较轻微,倘金之输出入毫无阻碍,则甲乙两国间之汇率仅在极窄狭之范围内涨落。但如乙国阻止黄金输出,则其货币之国外价格在此期内必不及从前平价;如甲国拒绝黄金入境,则其货币之价格在此期内必超过平价。如甲乙两国间之收支顺逆趋势,继续如前,黄金之输出入又禁阻如故,则甲乙间相对之汇率必愈趋愈远,甲对乙之汇价涌涨,可无止境,乙对甲之汇价暴涨,可及于零。故为维持货币之国外价格,黄金之输出入,必须绝对自由。

虽然黄金之国际流动,仅在矫正暂时国际收支之不平衡及汇率之过度伸缩。假使国际收支逆势继续存在,外汇继续反常,黄金亦继续外流,则一国币制之基础行将倾覆,汇率岂不更因国内货币之跌价或不兑现而变动愈加剧烈,毫无限制? 故欧战前汇兑之安定,尚另有基本条件,⑩其运用另有机构,条件(一)为国际货物贸

---

⑨ 在完整之金本位制度下,gold parity 与 exchange parity,二项名词表示同一不变之数字关系,故可通用,倘金本位制停止执行,则金平价,gold parity 仅存此名目,汇兑平价 exchange parity 或须采用另种方法计算,如购买力平价说(purchasing power parity)。

⑩ Report of Committee on Finance and Industry, 英国财政实业委员会,以后简称 MacMillan Report, pp. 106—108。

易有相当的自由,虽各国关税政策不同,而变动之先后时距较久,变动之程度及趋向非剧烈反常,故货物之流通,尚无钜大阻碍,(二)为各国国内物价结构(price structure)及收入结构(income structure)比较有相当弹性,得依国际贸易形势而上下迁就,(三)为债权国人不急急于贮藏现款,而愿冒险作长期之投资。第一项使国际贸易差额易于弥补,不致长期表现逆势,第二项使弥补贸易差额,得因输出入价格之差别及国内工业之调整而变为可能,第三项使世界黄金不至集中数国,危害其他用金国家通货之适当的伸缩作用。至于机构,其运用之目的,原为矫正汇率之过度涨落,使变动不出于金输出入点之两端而时贴近汇兑平价。汇率涨落之原因如前所述在国际收支之失平衡,故欲汇兑安定必先矫正国际收支。国际收支之款目可大别为三类[11]一为国际货物贸易,一为国际游资流动,一为国际劳役及其他。第三项较为固定,不易受外力之推动。第一项之变动,视国际间输出入物价之涨落及需求之弹性,其总值及方向均易变动。第二项视国际间利率之高低及投资之机会,最为流动。如金本位国之货币流通于市廛者,仅为金币,绝无其他通货,则因国际贸易不平衡,而汇兑呈逆势,而黄金外流,而国内流通金币减少,国内物价势必平均的下降。设国人对于外货之需要,富有弹性,则输入物价因汇兑逆势而较他物为高,输入数量势必减少;设外人对于国货之需要缺少弹性,则当此输出物价跌落之时,输出数量,势必增加;在此两重顺利条件之下,国际贸易之差额,不但可以弥补,或竟反呈顺势,汇率于以恢复。如国际贸易呈现优势,黄金流入,则各项因子之变动,适属相反。至于利率,则当黄金外流时,金融市场,必感觉筹码缺乏,利率抬高,如金融之组织健全,短期投资绝少风险,则外国短期游资势必源源流入,此种资金之流入,可抵销黄金之流出,汇兑之恢复常态,当必较前,尤为敏捷。在此种情形之下,其机构仅为健全金融及资本市场之存在,其矫正之手续,可谓一半自动(semi-automatic),但与实际不符。因任何近代国家,纸币之行使,远在金本位成立以前,故其一般通货中金币而外,必有纸币。其在英美两国支票之行使,且远盛于纸币。各国纸币发行,均以法令规定现金准备,倘钞票之发行,集中于中央银行且具有法偿权,则现金与钞票两者,又为商业银行中可开支票之短期存款的准备,存款准备成数,视各国银行制度之集中程度及习惯而定,以是通货既有现金准备,随时可以兑现,故一般通货之流通数量,与在理想制度下完全金币之流通数量相似。然此仅就平时而言,倘因某项事故,如因天灾而歉收,输入涌进,汇率跌落,则持票人将聚而要求兑现。或对于某银行发生疑虑,同时他行亦感觉紧张,难以通融,存款人将聚而提现。则无论银行存金如何丰富,决不能抵抗大批继续的兑现,势非停兑或歇

---

[11] 凯因斯分国际收支为三类(一) Balance of payments on income account(二) Balance of payments on capital account(三) Balance of payments on speculative account (J. M. Keynes, *The prospects of sterling exchange*, Yale Review, March, 1932)诺伊斯谓国际收支项目,有三种区别,第一种即其数量与趋向是否规正平稳,第二种即对于汇率变动处于自动抑被动地位,第三种即其变动自相勾销不影响于汇率,(C. Reinold Noyes, "Stable prices vs. stable exchanges," Econometrica, April, 1935)。

业不可。故仅有机构而无法运用，藉以操纵纸币存款之数量，则汇率愈趋愈下，黄金继续外流，金本位制行将废止，汇兑安定于何有。运用方法端在贴现率之升降，于适当情形之下，贴现率升则金融市场之利率随之而升，利率升其在国内之影响为短期借贷与存款之缩小，通货随之减低，此项趋势，继续至相时期，自必影响于物价及输出入之量值。然贴现率政策收效之灵敏，远不及其对于国外短期资金之吸取。盖后者预防短期之汇兑下落与黄金之外流，其变动原因较为浅近，或有规则，如季节变动或暂时之不均衡等；前者所以矫正由于比较深刻原因而起之汇兑变动，如因天灾而起之钜大贸易差额是，非从社会收入，输出入物价等根本矫正不可。如减低贴现率，则各项因子之变动趋向，适为相反。但通货种类既多，于物价及贸易之变动，当然不能如在完全金币制度下之直接准确。譬如黄金之移动与物价之关系，须视流入市面者若干，与流入准备者若干，流入市面则物价之抬高，其效果较为直接。如流入准备，则通货之能否增加，胥视中央银行之贴现政策及意志。即使黄金流入，通货随之比例增加，而物价之能否抬高，尚须视人民于通货增加部分，是否用于消费，抑用于投资，抑用于储蓄。因用途之不同，或所用各途数量上之轻重不等，故物价与通货数量之关系，在短期内不甚密切或竟背驰。而黄金之流入，间或与短期资金之流出，互相抵销，使藉物价及贸易变动而矫正汇兑之作用消失。此所以国际联盟黄金委员会及英国财政实业委员会均谓欧战前之金本位制下黄金之流动与一国人民购买力之消长，其作用并非完全自动或直接者欤[12]。至于中央银行之贴现政策，在欧战前胥认黄金流动为唯一准确之南针。黄金开始外流，或汇率趋势过甚黄金有外流之趋势时，贴现率即随之上升，反是则下降。

三　欧战后金本位制施行之困难与两种安定选择之缘起

自欧战停止至各国普遍恢复金本位制前后十年间，欧美币制之内容及运用，与战前相比显有永久之改变。国际联盟黄金委员会胪举其荦荦大者：[13]（一）集中金货（金币与金条）之全部或大部于中央银行之准备库，市上现款仅有纸币及辅币。（二）纸币之兑现改用金条或国外汇款或两者兼用。一二两项之效果，一方增加中央银行对于通货供给之操纵力量，通货之伸缩，因金货集中而益富弹性。他方则纸币在国内实际上不能兑现，如必欲兑现，则所得之黄金，仅可用之于清理国际收支。以是黄金之国际流动与国内物价商业之关系，更为晦奥间接。昔日藉货币以影响物价及输出入量值者，今则须完全视中央银行之通货政策及其推行是否能及时生

---

[12]　"It is clear that neither the effect of an influx or efflux of gold upon the total media of payment, nor the effect of changes in that total upon prices, is automatic or inevitable". League of Nations, *Gold Report*, p. 11. The management of an international standard is an art and not a science, MacMillan Report, p. 23.

[13]　League of Nations, *Gold Report*, p. 13.

效。(三)中央银行之现金准备,一部分可用国外汇款或国外短期存款。采用此制度之国家,藉此减轻黄金之需要,或增加现藏黄金运用之效率。但承受此项存款之国家如英美则感觉国际存款随时均有体现出国之可能,故平时反须特别增加准备,对于黄金流动较前更须注意。(四)准备成数之增加。纸币之需要准备,由来已久,较近有数国,对于中央银行之活期存款,亦明令规定准备成数。虽任何国家习惯上存款向需准备,而与发钞同以明令规定准备成数,要为各国对于近代通货性质之认识更为明瞭之表示。但上述各条使黄金之需要一方因国内流通金币之销减及以国际汇款充作现金准备而缩小,他方则以预防国外提存及准备成数增加而扩大。中央银行固因金货集中发钞专利而权力加大(其在英美两国欧战后发现"公开市场买卖"(open market operation)之政策与贴现率同为有效之运用金融机构之方法)。但经济因子较前繁杂,变动较前迅速剧钜,故维持汇兑安定亦较前困难。英国财政实业委员会分析战后推行金本位困难之原因,分为三大类,最为扼要[14]。(一)为已回复金本位国所订之平价与国内物价及收入结构不能符合。如货币单位所含之金量高,为维持金本位国间之平价,势非压低物价,调整工资不可,否则物价过高,黄金外流,平价仍不能维持。如英国一九二五年恢复金本位时,物价与成本仍属过高,而工会势盛,使物价工资两者均未能低降,致英国贸易时处逆境,金镑时在动摇。如法比则因货币单位之金量改订甚低而在恢复金本位以前,物价成本,曾经一再低压,故输出之工业,无形中在国际市场内增加竞争力量。(二)为欧战后最大债权国如美法,未能利用余资于增加输入或长期投资,徒吸收黄金,封藏国库,或投于世界重要短期市场以备随时收现。前者如美国联邦准备银行一九二三至一九三一之黄金封藏政策,使黄金虽大批流入而不影响物价,关税壁垒,且同时加高。后者如一九二八年法国恢复金本位以前,积存纽约之大量短期资金,及一九三一年九月英国再度放弃金本位以前,在伦敦各国积存之大量短期存款等,其取现之数既大,取现之时亦骤,影响于存款国之金融基础极钜。封藏黄金之国家固因控制物价,禁遏输入,汇率过高,时逾金输入点;而缺少黄金之国家,又因成本呆定,又不能如往昔藉物价低落,而鼓励输出,使黄金流入,国内通货资以澎胀,故其汇率过低,常濒于金输出点。加以国际游资过多,黄金流动极难控制,故战后金本位制时在飘摇不安定中。(三)为一九二九年美国之证券市场风潮,继以商业凋落,其影响所及,则游资迅速兑现,黄金集中少数国家,分配益为不均。自英国放弃金本位后,世界经济不景气,乃渐次展开,而欧战后各国金融经济基本弱点,更一一暴露无遗。

如欲恢复以前金本位制下之汇兑安定,则根本上须铲除国家主义经济自给之观念,使国际贸易有相当自由;债权国之游资,须于可能范围内,化作长期投资,俾世界黄金之分配,较为平均,各国币制基础,较为稳固;而制造成本如工资等尤须能

---

[14] MacMillan Report, pp. 106—108.

伸缩自如,藉此升降物价,调剂贸易;平时因安定汇兑致国内物价时因外力而起涨落,工商亦随而时须调整,尤须视若故常。倘认以上基本条件,欧战后不易恢复,其中如谋恢复或维持金本位,则物价或须继续压低,将使工商奄无生气;财富将自社会上活动份子而转移于坐享份子如地主放债人等,认为此种牺牲太大。如战后汇率发动迅速异常,恢复汇兑之机构,作用已嫌迟钝,作用未奏效,而黄金或已大批流出,撼动整个金融基础[15]。又如贴现率,向视为影响国际游资之利器,而輓近则金本位一再放弃,货币贬值,时可发生,高昂之利率,或不能招致国外游资,低落之利率,亦未必即可使国内游资外流[16]。再如年来盛行种种阻碍贸易政策,关税外有汇兑控制(exchange control)物物交易(direct exchange of goods)定额进口(quota system)进口卫生检查(sanitary inspection)进口许可证(import licence)等。以上所述,均足表示金本位及汇兑安定制之困难,而物价安定说之洋溢众口也。

四 安定物价之涵义与方法

金本位制度下,安定汇兑须藉内物价之涨落,以纠正国际贸易而节制黄金流动。中央银行之贴现政策虽其目的在调剂国际游资,销减汇兑升降,而影响国内利率,牵动通货伸缩,亦足以引起物价之涨落。故在欧战前金本位制之运用,虽使汇兑安定,黄金价格平稳,然国内之一般物价,则因此变动频繁,更因物价变动而其他经济因子亦时须调整。故经济学者历来即有认维持金本位为舍己耘人牺牲太大,而主张国内经济之安定为主要国策者。但经济因子错综纷纭,其主要者如生产如消费如雇佣皆有安定之必要,何以斤斤于物价之安定? 其理盖以物价为一切经济活动之南针,货物之生产与支配,消费者之需要及其需要之强弱,社会收入之分配,企业因赢利大小之进退,均有待于物价为之调度,为其指导。故安定物价为安定其他经济之枢纽,费休教授甚至谓商业循环变动即物价循环变动,[17]其他主张循环变动之起因由于金融伸缩者(monetary theory of business cycle),亦多认消弭循环变动必自控制物价始[18]。吾人详考安定物价之义,盖截然划分长期与短期两类。物价长期之安定,其目的注重长期间债权人与债务人负担之平衡。物价低则债务人必须多努力以求相当数目之货币偿还旧债,故债务人负担增加,而债权人不劳多获。物价高则债务人到期所付之本息,债权人得之不能享受以前可得之购买力,故后者无形中受物质之损失。然物价长期变动,其故在币材(如黄金)与商业之消长,两

---

[15] Keynes, *Monetary Reform*, pp. 172—173.

[16] H. L. Puxley, *a Critique of the Gold Standard*, Chap. 4 &. specialley p. 103.

[17] I. Fisher, The Business Cycle largely a Dance of the Dollar, *Journal of American Statistical Association*, June 1925.

[18] 最著名之代表为哈曲雷参阅 R. G. Hawtrey, *Good and Bad Trade*, *Trade and Credit*, *Currency and Credit* 诸书。

者速率不能相等⑲。倘商业之扩充速度超过黄金增益之速度,则物价将有长期之下落,否则相反。此说近经热烈之讨论,⑳其安定方法早著典籍,㉑与汇兑安定相对之问题无涉,盖汇兑之变动原仅限于短期,长期间则在金本位制下自必绝对稳定。至于物价之短期安定,在消弭其循环变动。吾人于此须确认物价二字,系指一般物价水平线而言,非各个事物之价格。故一般物价虽安定,而各个物价仍可沿一般物价水平线而随时涨落。一般物价之循环变动,即货币价值或货币购买力之循环变动,其影响使经济因子及其相互作用,时起阢陧。生产忽盈忽虚,消费忽强忽弱,雇佣忽多忽少,收入忽消忽长,而此种盈虚消长又引起其他副作用。或谓循环现象系各国经济内力冲突之结果,与国外无涉㉒。然自十九世纪后半期以来,各国之商业循环现象,尤其物价循环,其动态进程及时期,均多符合㉓,谓无一种共同之力量,使循环现象各国相同,殆难置信。而此种共同力量,足以影响整个经济之组织与活动者,仅有黄金。黄金流动,影响通货,通货伸缩,影响物价,由是遍及于其他经济因子。故主张安定物价者,又莫不以操纵黄金流动使不影响物价为共同之前提。黄金不能按定价自由流动,则国际间平价失其效用,国际市场之黄金价格,涨落不定,汇兑之变动无金出入点为其范畴,而直上骤下,尖锐深远,一任其升降矣。

物价之短期安定,多数学者主张用物价指数为准绳。白留贝指明安定之标的有两种:㉔一为固定经常物价制("constant price normal" system)即采取一确定之物价水平线为经常物价水平线,实际之运用在使物价之变动不出该项水平线上下百分之三范围以外。设物价跌落超过水平线百分之三,则政府及银行应运用通货政策及其他方法,增加人民之购买力及此项能力之实行,使物价回涨而趋近经常水准。倘物价过度上涨,则其政策及方法适为相反。此项方法,不独短期之变动,有标的可循,即长期之物价变动,亦藉此消灭。一为混合制(composite system)物价一任涨落,并无经常水平线之观念,故物价指数,不能单独引用为施行通货政策及其他方法之唯一标准,须与其他指数如投机指数(speculation)生产指数及雇佣指数(employment)等混合引用。如物价下跌之影响将发生经济疲敝(economic depression),而雇佣与生产指数同时亦表示同样趋势,则信用即须澎胀,需要鼓励增加。如物价上涨,而增加或引起过度之投机活动,则其趋势显形不稳,故当此时信用即

---

⑲ I. Fisher, *Purchasing Power of Money*, p.323.

⑳ League of Nations, *First Interim Report of the Gold Delegation of the Finance Committee*, esp. Annex No. 10—13,凯塞尔(G. Cassel)与开钦(J. Kitchin)两氏对于黄金生产及商业增速率之比较。

㉑ 最著者如 Tabular standard 参阅 Fisher, *Purchasing power of Money*, pp.332—337; J. S. Lawrence, *Stabilization of I rices*, clap.17; Willard C. Fisher, Tabular Standard in Massaclusetts History, *Quarterly Journal of Economics*, May,1913.

㉒ E. Wagemann, *Economic Rhythm*, pp.11—13.

㉓ 如一八七〇至一八九六之物价跌落,一八九七至欧战前之物价上涨,在欧美各国均变动相同,又如一八七三、一八九二、一九〇三、一九〇七、一九二〇、一九二九各年之经济紧张,各国均同时或微有先后而发现。

㉔ J. R. Bellerby, *Monetary Stability*, pp.24—27.

须减缩。白留贝指明两种方法之异点有三，㉕其一即混合制仅应用于目前情形，而固定经常物价制则除消灭循环变动而化为小波纹式变动外，并可防止长期之物价变动。其二，则混合制只须经济状况不因过度伸缩，而引起剧钜之荣衰外，物价可在较长期内继续向上，维持适度之繁荣，或继续趋下而忍受些微之衰落。其三则两制意义之明确迥不相同。固定经常制给与吾人一定之标准以安定商业，而混合制则其施行标准不甚明瞭，何时应用，亦不准确。白留贝就运用之难易，提高消费程度之作用，社会公平观念之适应，劳资债务及其他社会关系之影响，国际经济关系，与日内亚国际金融会议为维持国际物价及汇兑平衡而赞举之金汇兑本位六点，㉖观察两制之优劣，而认固定经常物价制，比较最足为国内工商安定之标准。

　　白勒贝举两种安定之标准，系假定金本位虽须矫正，而仍继续维持其基本形式及条件。费休之补偿金元（compensated dollar），则保留金本位之形式，而废弃其条件。至凯因斯之管理本位，则并形式与条件而废弃之。两氏与白留贝相同之点，厥在相信贴现率及公开市场卖买之运用，足以操纵通货，并利用物价指数为标的或南针。费休之补偿金元方策，远溯一九一一年其名著《货币购买力》一书出版时，中经一九一二至一三年美国经济学会，一九二〇年美国银行公会委员会及私人之讨论。一九二二年议员哥尔斯鲍罗，且根据费休方策提出议案（Goldsborough bill）于美国众议院，经长期院内外之辩难，直至一九三二年止哥氏议案卒未能通过㉗。然以费休方策解释之精辟，答辩之健捷，加以近年主张国内经济安定之尖锐，故方策虽未能见诸法令，实地施行，而赞成反对之声浪，仍嚣尘于经济学术界中。其方策之目的，如费休自谓"将以含金量变动而购买力固定之金元代替含金量固定而购买力变动之金元"㉘。其方法端在采取物价指数规定一标准水平线，视物价指数距离此项标准之度数而增减金元内所含之金量。在规定时期内，如物价指数上升，超过标准百分之一，则金元之重量即须增加百分之一，使物价回跌；如指数下跌与标准相差百分之一，则金元重量即须减少百分之一，使物价回涨。如指数适在标准水平线上，则金元重量按照以前法定重量，不与变更。实际上流通之货币，将仅为生金兑换愆券（gold dollar bullion certificate），以免每次金元改变重量时搜集与重铸之困难。但兑现则绝对维持，故凭券可自由兑金，黄金可自由兑成愆券，所不同者在此项兑换率（即黄金价格）以前绝对不能更动，今则须视物价指数之高低，而按时有变更耳。费休教授特别声明实行补偿金元制，必须先有稳健之银行制度。吾人已

　㉕　Bellerby, pp. 27—29.

　㉖　Bellerby, pp. 133—146. 其六点为 1. ease of application, 2. effect on total long period consumption. 3. relationship to current conception of social justice 4. influence on industrial and social relations 5. expediency from international standpoint 6. expediency in relation to the Genoa resolutions for a gold exchange standard, pp. 32—33.

　㉗　Lawrence, Chap. 7,9.

　㉘　"I aim to substitute a gold dollar of varying weight and fixed purchasing power for a gold dollar of fixed weight and varying purchasing power" 费休教授之补偿金元策，有一简明之大纲载 Stabilizing the Dollar p. 104.

言及此制之反覆辩论绵亘二十余年,双方理由仅前后重覆,并无新的发现[29]。就战后情形而论,该制之推行,似有实际上之困难。(一)该制之方法虽简单而观念新颖,社会人士习于金本位制,不易转变。(二)对于引用物价指数,为通货伸缩之标准有人根本怀疑。(三)物价之短期变动,似非完全由于货币之伸缩。生产消费之消长及因人民之习惯便利或投机心理而引起通货与货物流通速率之变动,均可影响物价。(四)战后物价变动剧钜,故在此制下金元重量之变更亦猛烈,将引起其他经济因子之不安定。(五)补偿金元制只能补救过去之物价变动,且仅能维持长期之安定而不能影响短期信用循环中物价变动累积之影响。至于补偿金元制,使汇兑不安定及通货非仅金币或其代表生金兑换恁券一种,其他通货亦须待联邦准备委员会(federal reserve board)之控制,费休教授早已率直承认[30]。凯因斯之管理本位,提倡已逾十年,其攻击金本位制,主张国内安定,最为热烈。一九二四年在其《货币改造》一书中[31],论列英国战后应采取之货币制度,谓(一)英兰银行应按期比较黄金与一般货物之贵贱,而变更黄金之卖买价格,此与费休制相同。(二)纸币与黄金准备,截然分开,换言之,纸币不能兑现;其数量视商业雇佣情形,及贴现与公开市场买卖政策而伸缩。黄金则仅保留作为非常时期(如大战)及矫正短期国际收支逆势之用。一九三一年其名著《货币学》[32]出版后,更详论物价安定之标准,影响物价变动之主要因子,及安定之入手方法。货物出产(output)首划分为消费品(consumption goods)与新投资品(new investment goods)两类,货币购买力之解释限于消费物价。安定物价包括整个出产,但尤著重消费品。安定并无固定之标准,而沿袭冈桥学派传统的均衡学说,认货币购买力或整个产品之价格时在上下推动中,而使其恢复于原来均衡点(equilibrium point)或重立一新的均衡点。此项推动之力量或因子,凯因斯认为由于生产效能报酬率(rate of efficieny earning)及赢利率(profit)之变动。前者自身亦可变动,但通常受赢利率之牵引为多。因赢利率有正负多寡,故工资雇佣亦随之升降。而赢利率之升降正负,又视社会收入中用于储蓄若干,用于消费若干,用于投资若干;及社会支出中用作新投资品之成本者若干,用作消费品之成本者若干而定。倘社会收入中用于消费多而储蓄少,而社会支出中用于新投资品之成本者多,用于消费品之成本者少,则制造消费品者之赢利率势必上升。否则将下降或变为损失。设此项相对之力量均等,则赢利率将趋于零,而消费物价或货币购买力即完全依随生产报酬率而入平衡(吾人在此节略生产报酬率本身自发之变动。此种变动,例如工资制度依照计件工资,则报酬自然按生产多寡而付工资,故报酬率应无变动;如依照计时工资,则报酬与出产不必成正比例

---

[29] 讨论补偿金元之文献,费休教授自行搜集,附于其答辩论文篇末 I. Fisher, *Objections to a compensated dollar answered*, American Economic Review, Dec. 1914 pp. 838—839.

[30] I. Fisher, Objections... answered, p.825.

[31] J. M. Keynes, *Monetary Reform*, pp. 193—213.

[32] J. M. Keynes, *A Treatise on Money*, vol. 1, Chap. 4,10,11,13. vol. 2, Chap. 31—38 passim.

而报酬率遂有变动；有时变动之原因或由于工会之干涉）。倘赢利率时高时低，忽正忽负，则随时引起生产报酬率之变动，转折而影响社会收入及支出之分配，再反映于赢利率，则货币购买力将永在变动而不均衡。至于新投资品价格之变动，视人民对于储蓄之意向，将用于购买证券抑仅送交银行化为存款。倘前者力强，则证券价涨而投资品之价格亦涨，故投资品之制造者将有赢利；如后者力强，则其影响适反是，故有损失。综上所述吾人知凯因斯安定物价之条件，如消费品则必须使赢利率趋零，或使储蓄与投资成本相等，而赢利率自趋于零。如新投资品则必须使储蓄者存款于银行之意向与投资证券之意向相等，使赢利或损失消灭，然后新投资品之价格方能抵达均衡点。其安定方法端在银行之机构，及运用贴现率与公开市场买卖之效力。提高贴现率可鼓励储蓄，减低投资，而使赢利率趋小以至于零，货币购买力藉以安定。如储蓄者重视银行存款，对于证券之购买，裹足不前，致新投资品之价格趋跌，则银行可自身先行增加存款，以应付储蓄者之需要，则一部份之通货仍可腾出而停留于证券市场，使证券价格望涨，投资品制造者之损失以此消减，其价格自必逐渐趋近于均衡。倘消费品与投资品之企业赢利悉趋于零，则整个产品价格之变动，自亦入均衡状态中矣。至于推行安定方法之需要严密稳健之银行制度，中央银行对于金融市场之操纵，及贴现率与公开市场买卖政策之效力，自悉在所谓管理货币制之假定中。

　　费休与凯因斯之方策，其阐释较为具体，其他金融学者如勒伯（Knapp）维克塞尔（Wicksell），其主张与凯因斯相近而为时较早[33]。如哈曲雷（Hawtrey）、凯赛尔（Cassel）、罗勃生（Robertson）、雷非尔德（Lenfeldt），又银行家如麦凯南（MeKenna）。[34] 团体如日内亚国际货币会议（Genoa Monetary Conference）国际联盟黄金委员会，英国财政实业委员会等。虽对于金本位之信仰程度不同，而认币制之亟须控制与国内安定之重要则一致。至于不顾历史的继续性（historical continuity）主张另创理想本位，与世界经济完全脱离关系之方策，[35]虽其目的亦在国内安定，而其实现之可能性至微，故从略。

五　两种安定是否不相容纳抑须互相辅助

　　安定汇兑固因战后各国经济地位更动，世界黄金分配不均，黄金增加与商业发

---

　　[33]　关于勒伯参考 Lawrence, *Stabilization of prices*, Chap. 16; K. Wicksell, Influence of rate of interest on prices, *Economic Journal*, June, 1907.

　　[34]　Hawtrey, *Montary Reconstruction, Currency & Credit*; Cassel, *Post war Monetary Stabilization*; Robertson, *Money*; Lehfeldt, *Restoration of worlds currencies*; McKenna, *Post-war banking policy*.

　　[35]　伏斯脱与略钦斯，在其所著货币学一书中，略有讨论此项特殊之改良币制方案及其得失，并于章末，附有此项文献，凯因斯亦论及此种特殊币制改革家之立场及其谬误。Foster and Catchings, *Money*, Chap. 6 pp. 93—96; Chap. 7pp. 97—125, pp. 380—381; Keynes, *Treatise on Money*, vol. 2, pp. 216—224.

展速率参差,以及国家经济主义之盛行而施行困难,但安定物价亦不无障碍。其方法及利弊已于前段略为述及,而施行物价安定方策,尚有数项共同之根本问题须加分析,由此根本问题而有两种安定是否凿枘不入抑须互为辅助之考虑。(一)各国之国际经济地位不同,最大债权国如英如美如法,就已往及将来投资之利益及机会而言,自应安定汇兑,使投资本利之计算,有一固定之标准(如黄金)。就大多数债务国而言,除因输入国外新资之需要外,假使安定物价之目的可达,似以国内经济之安定为应采用之国策。加以近年之美法两国,收藏黄金最多,使债务国恢复旧有之金本位极形困难,故美法两国之力量,固可使物价安定与汇兑安定同时做到,而债务国则权衡利弊,要以安定物价为先。(二)各国对于国际贸易之重要性不等,如英虽为债权国,而国内制造品,端赖国外原料,制成品又多数行销国外,倘汇兑不安定,则制造成本及卖价随时变动,辗转而影响一般货物,虽欲安定国内物价,亦不可能。反之倘一国之工业出产,极富弹性,而于国外原料或市场之需要甚小,则安定物价之可能性,自必增加,但除美国外,世界上似无他国有此优越之地位。(三)各国之金融组织及其感应性,显然不同。中央银行行使贴现率政策,系假定银行组织严密集中,承兑市场及证券交易所行动灵敏,故贴现率一有变动,其力足使金融市场之利率亦随之而作正比例之变动,由此而矫正物价变动之趋向[36]。倘金融组织散漫不全,其运用亦呼应不灵,则安定物价显无成效。又如一国通货之形式大部为支票,支票之行使,根据由银行借贷发生之存款,中央银行得就存款准备而伸缩之,故金融活动较为灵敏,控制通货较易生效。倘人民货币习惯尚未脱离实币时代,[37]则政府或中央银行对于通货之管理,当然困难。(四)物价安定或不利于进步的社会。如罗勃生谓在此种社会中资本之需要非寻常之社会储蓄所能及时供给,倘物价趋势使其逐渐向上,则财富之储积增进必速,生产之转变,比较顺利。勃拉福德谓金融政策之标准,不在物价平稳,而在使物价随社会生产力以升降[38]。(五)物价不安定之原因不仅在通货一方,诸如农工商业生产方法之进步,新旧工业之嬗递,整个农业与工业在国内经济制度中今昔不同之重要性,战债赔款,国际商业之阻碍,预算之不平衡等,直接间接,均影响物价之涨落,仅恃通货政策以维持物价均衡,势甚困难[39]。(六)金融市场大部借贷均为"主雇借款"(customers loans),借款人与银行间有密切之个人关系,故其利率均从习惯约定,轻易不变,是以中央银行之贴现政策即使运用生效,而其影响只能达到公开市场之借贷或短期

---

[36] MacMillan Report pp.94—105; Keynes, *Treatise*, Chap. 13—37.

[37] 实币时代即勒伯所谓 autometalism (Knapp. *State theory of money*, pp.4—5)货币之行使,非因其为法偿而在货币之本质有价值如金银,故一旦货币脱离金银(如不兑现纸币)则流通立感困难,货币之需要骤减而致跌值。

[38] Robertson, Money pp.137—140. Bradiord, *Some aspects of the stable money question*, Quarterly Journal of Economics, Aug. 1929 pp.682,694.

[39] League of Nations, *Gold Report*, pp. 26—52, MacMillan Report, pp. 92—94.

公开利率。此种公开利率可以牵动国际游资,而对于纯粹内国游资之影响比较弱小,盖内国游资之伸缩,多从"主雇利率"者也⑩。(七)在安定物价政策之下,黄金之流动必须控制,使国内黄金贮存之增减,不影响物价。换言之,黄金之出入,以前视为国际间货币之流动,今则仅视为国际贸易中诸般物品之一,国际收支不平衡将赖汇兑率之上下而矫正之。但因国际收支关系,(如国际游资之输出入),使关系国之输出入物价与国内生产,胥起变化。盖游资输出,首先影响汇率,游资输出国之输入品,因汇率呈现逆势而价格高昂,倘此项输入为不可缺之工业用品如原料,则根据此种输入之工业出品价格亦必上涨,而输出品则以输出游资关系,需要增加,故输出价格亦随而上涨。其他输入,因汇率跌而价格涨而数量减,但其需要或不骤减,且亦不必减低(因游资输出国之收入结构应无变更),将引起国内工业上之转变,以国内产品替代以前输入品。至于游资收入国则其变动适为相反。简言之,因国际收入移动之关系,即使在物价安定制度之下,黄金流动不使影响物价,而因购买力之重新分配,故物价工业仍有变动之可能⑪。(八)生产消费雇佣投机等经济变动无一定之速率,故通货之伸缩亦难一一适合之。以是控制货币之价值,使在适当时期适当环境中发生效力,则控制者必须具有深长精僻之眼光及先见,尤须对于各项经济变动之情形有精密迅速之报告。美国纽约区联邦银行总裁斯屈朗对于一九二四至一九二八年美国安定物价政策最为有力,为决定金融方针计,在董事室中悬图表不下数百种。英国财政实业委员会亦谓欲控制金融须有详尽应时之统计,特于报告中详述需要之统计⑫。如何利用及解释凌乱参差之经济变动图表以决定金融动态,是在控制者之材干学识与经验,何处觅得斯人,应如何方能胜任愉快,其难更不待言。在金本位时代控制金融者,固须随时参考各种经济动态,而其主要目标,实在黄金一物之流动,且操纵黄金流动之工具及工具之运用,已有相当经验及实效。在安定物价制度下,控制金融者须照顾一般物品之变动,黄金仅为一般物品中之一,而操纵一般物价之变动,其工具及其运用之效力,则众说纷纭,莫衷一是,虽有少许之经验,究无普遍之证明。以是放弃金本位之国家,固希望其制度修正后再度恢复,俾金融政策之实施,有共同之经验可资针指。即在采用管理货币制之国家,如今日之英美亦希望能寻觅适当之途径,得一国际通货本位或金本位制或金汇兑制,以调整国际经济之关系⑬。虽迩来各国通货之不兑现,与往昔情形悬殊,而惴惴不安之盲人瞎马心理,不仅一般人民即负控制金融之职责者亦所同具者也。

---

⑩ Puxley, *a critique of the gold standard*, pp. 143—147.

⑪ Noyes, *Stable prices vs. stable exchanges*, pp. 137—143.

⑫ 参阅 Puxley, p. 5—8. 所述司屈朗采用之各项统计及 MacMillan Report pp. 174—185. 所载财政实业委员会指陈需要之统计。

⑬ L. Pasvolsky, *Current monetary issues*, appendix A-G 具载英美两国及一九三三年伦敦国际经济会议之金融政策宣言。

六　两种安定与吾国金融政策

　　中国以银为本位,故其币制独立。国内金融之伸缩,物价之涨落,与欧美各国经济之变动仅有间接之关系。以是欧战期间及一九二九以后之世界经济虽极形紧张,而影响吾国至为轻缓。即在一九三四年因美国实行购银政策,使国内存银过量流出,金融基础骤形薄弱,然其咎似在国民通货之习惯尚未脱离实币观念,而政府对于通货如纸币未能切实控制,故生银外流,其造因虽在历年国际收支累积之缺额,其流出已经二三载,而一旦外流迅急,人民即起恐慌,此与独立币制如银本位之存在无关。由是而观,则中国之维持银本位,采取国内安定之政策,似为早已预定毋庸考虑之问题。然中国与欧美相互的经济关系固间接轻微,而国内之经济变动,显形剧烈。特殊事变如战争天灾固使经济组织,局部破坏,听其自然;即季节变动,在先进国家中,可事先预防减少冲突,而在吾国亦引起充分之变动。谕者不察中国基本情形,而遽援引费休教授之补偿金元计划或凯因斯之管理货币制度,似难免效颦之嫌。夫中国虽号称银本位,究其实则始终未常实行,衡以欧战前金本位施行之标准,则除民二十二年一度实行银本位币条例外㊹。生银与银币之兑换率,从未固定划一,故无生银官价(mint price of silver)之可言。各地洋厘,依然存在。故银元虽为法偿,而一元之债务,因地域不同而偿付之数或超过或不及一元不等。银元之输出入及镕化或铸造,时有限制;银元与纸币,各种辅币与银元或纸币之兑换率,按时地而差异,并无固定数目之货币系统。故谈中国之银本位,吾人实有不知何种银本位,抑是否银本位之苦。若夫以严密之银行制度,及灵敏之金融市场为前提之各种币制改良方案,在中国自更嫌过早矣。以是谋国内经济之安定,固为施行金融政策之方针,而充实现行之金融制度,使所谓真正之银本位有充分之认识,尤为要着。真正之银本位,(一)须绝对禁止用银两之交易,(二)须统一铸币权,使成色重量完全划一,(三)须整顿辅币,使与主币之兑换率永久固定,(四)须维持国内之铸造或镕化自由权,或规定银元与银条之买卖价格,代替铸造或镕化,(五)须维持国内外输出入之自由权,(六)须集中国内现金准备,统一钞票发行。若夫目前因缺银而真正银本位之施行实有困难,为国内安定计,再就人民之货币习惯而言,不在采取不兑现政策,使人情惶恐,形势恶化(盖管理通货者未必有相当常识魄力与经验,足以抵抗不良势力,维持币值),而在设法减轻人民对于内国贸易上银币或生银之需要。减轻此项压力,根据上述,在禁止银两交易,改用贱金属铸造辅币,规定银条之买卖价格,以代替铸造及镕化,暂停国内外之生银输出入自由权,由政府或中央银行,采用许可证制以资取缔。而集中现金准备,统一钞票发行,使纸币价值维持平衡,发行数量,视商业需要而得为伸缩,尤为中央银行控制通货,推行纸币流

　　㊹　按银本位币铸造条例,于二十二年三月实行,翌年秋因徵收银出口税及汇兑平衡,而事实上停止。

通,藉以减少内国银币需要之入手方法。至于银行制度之亟须整理,使散漫变为严密,金融市场之亟须改组,使呆滞变为灵敏,尤赖政府之督促指导[45],此数者行而有效,方可与言广博之币制改良政策及安定物价之真谛。

抑有进者,吾国之银本位,与近今各国之不兑现纸币本位,虽同为自由或独立本位,而性质差异甚大。各国因脱离金本位而致纸币不能兑现,或欧战后虽维持或恢复金本位而纸币不准兑现,与以前十八十九世纪之不兑现纸币不同。近日之纸币,为有目的之不兑现,时受控制。而以前之纸币为形势迫其不能兑现,故行动飘忽,毫无目标。中国采用银本位(假定如上述之真正银本位),则世界银价,一有变动,立即影响国际汇兑与输出入物价,由是而影响整个物价制度及工商业之转变。其间因风俗习惯之牵制,生产制度之幼稚及刚硬,矫正颇为困难过渡自必延缓。如中国向未实行所谓真正之银本位,国内通货,历来在飘摇中,则国际贸易及收支之平衡,须经过更繁杂迟钝之手续或前波未平而后波又起。故中国汇率变动,不独受国际贸易及收支不平衡,与造成此种不平衡之芜杂原因变动之影响,而海外银价涨落,亦时益沸扬汤,使汇率变动更烈。或偶而方向相背,间可减轻汇率变动。故其变动之趋势及程度,实难预测。以是中国之外汇即与不兑现纸币本位之国家相比,其变动亦较为飘忽剧钜,故国际短期游资固无法招徕(因所得利息或不抵汇率上之损失),即所谓资本逃遁,性质亦与他国歧异(因除非逃遁资本之主有者,本人与资本同时出国在外享受,否则已逃之资本,终必返国,返国则或仍须受汇率上之损失且逃资是否实现,尚须视国外投资机会),长期外国投资更形困难(外债多以国外货币计算,似汇率与投资人无关,但投资之本利,即在中国,则本利之计算,当然从中国货币,每年红利之多寡,甚至旧本之能否偿还,一部份仍视国外汇率)。又中国对于洋货大部颇难自产或自产并不合算而需要则甚殷(如煤油丕头等),然以外汇

---

[45] 金融市场为何物,应如何联贯运用,英委员会报告言之最为简明,吾国整顿金融端赖乎此,惜尚无确切之说明,故具载于此(撮要前提及中央其他银行)。

(i) Every advanced financial organisation possesses a market in which funds available only for very short periods are lent out. This is designated the call-loan market. The iminediate effect of an increase in the supply of credit is usually an increased flow of funds to this market whether, as in New York, it is primarily associated with the Stock Exchange. or whether, as in Loudon, it is primarily associated with the market in bills of exchange, i. e., the discount market.

(ii) Every organised system possesses a market in which the supply of and the demand for short-period loans is balanced. To bring short-period lending into relation with short-period demands for accommodation is the primary function of commercial banks.

(iii) Every organised system includes a market for the adjustment of the supply of and the demand for new long period capital. This is the capital market in the ordinary sense of the term, which prepares and offers new securities to those seeking opportunities for investment.

(iv) In addition, and as an inevitable accompaniment of the capital market, there must be an organisation capable of transferring ownership rights in already existing securities. This organisation is the Stock Exchange.

(v) There are usually special organisations dealing with the supply of savings of a special character, or linking up the flow of savings with the demand for savings for special purposes. Into this category fall the insurance companies, the savings banks, agricultural mortgage banks and other analogous institutions. MacMillan Report p. 14.

变动频繁,方向莫测,致无论输出入,其成本卖价,无法确定,故从利用外资及顺利贸易着想,吾国似须采取安定汇兑政策,采用国际货币本位,(如金或金汇兑)或加入某种货币集团,(如目下之法郎集团、英镑集团或美元集团),以是吾国将来金融政策,究从国内安定,抑趋国外安定,胥待吾人衡度中国与国际经济关系之重要程度矣。

会计上之法与人[*]

余肇池

导　言

　　会计上之事务，千头万绪。会计上之应用，变化无穷。然欲希因应咸宜，措施适当；则法与人，有同等之重要。盖法，死物也。人，活物也。有治法，尤赖有治人以运用之。然后其效乃显，其用乃宏。慨夫一部人士，知其一，不知其二，重于此，而忽于彼。或则以造法为能事，抑若法则完备，则会计之问题，悉已解决。或则以任人为根本，抑若人品良善，则会计之难局，均可打开。其实法也，人也，如辅车之相依，未可须臾以相离。兹为述明此种原理，特成是篇。

　　然有一点，亟宜申明者，即此文之所谓法，乃就广义而言，非必一定为法律。举凡法律以外之规则，制度，契约，等等，皆属之。且此文之所谓人，亦就广义而言。非必一定为人品。举凡人品以外之学识，经验，能力，等等，皆属之。如此推广范围，则讨论之质与量，俱可加增，而亦不难遍寻佐证矣。

甲　工商会计

　　工商会计，乃对政府会计而言。凡私人出资所经营之事业，并以谋利为目的，所采用之会计皆属之。工商会计应用之范围，固甚广泛。然就其出资之情况而言，仍不外独资，合伙，及公司，三种。[①]三种之中，关于法的需要，以及人的要求，虽不免有轻重缓急之别，大小前后之分。然二者皆备，不可偏废之情形，则实昭然若揭，决难否认者也。

一　独资营业

　　独资营业，资力概较薄弱，规模未必巨大。且资本主往往自力经营，竭全副之精神以从事。在此种情况之下，对于法的需要，似不若对于人的需要为切。资本主

---

[*] 本文原载于《社会科学》，1935 年第 1—4 期，第 511—537 页。
[①] Tippetts-Livermore: *Business Organization & Control*, Part I, "Forms of Business Organization."

全权在握,于满盘事务,思之审而筹之熟。苟能任用得人,调度有方,且凡事以身作则,自能得心应手,呼应灵通,无虞失其控制,滋生流弊矣。虽然,兹特就极小范围之营业而言耳。倘规模略加扩大,人位相当增加;则资本主思虑或有未及,耳目容有难周;于是人力微,又不得不济之以法。兹就思虑所得,聊举数例,藉资参考。

  1. 国人所经理之独资营业,凡规模相当宏大者,关于会计上之组织,亦相当严密。虽不用复式簿记,虽不取"洋账"形式,然细为研究,足资矜式之处,实不在少。② 至若法制方面,大都分工合作,各司职守。有"管事的",司指挥监督之重任。有"管钱的"负金钱出纳之大责。"管账的",司账目登记之事务。有"跑外的",负推销货品之职责。至若"水客"一人或数人,长期驻外,采办货品,筹划资金,与"管事的"内外呼应,地位尤关重要。而各部工作,亦能互相联系,彼此监视,收内部牵制之效。各行各帮,习惯虽稍有出入,而管理方法与会计手续,亦大致相同。

  似应永久峥荣,共庆滋长矣。然夷考其实,则有成效者固多,而失败者亦复恒有。失败原因,虽至不齐一,然"用人不当"往往为公同病症。③

  2. 北平典当业,为商界极有规矩之组织。账薄管理,固称完善。同人规约,亦甚紧严。就中与一般商行大同小异之处,无庸赘论。惟有一点,极堪注意者,即内部伙友,同居同食。各人行李衣箱,概禁上锁。此种约章,关系重要。就同人言,可以表示清白,自证无隐。就当号言,堪以防微杜渐,消患未然。至若同人间,彼此信赖,相习成风。不知不觉,养成正气。比之他种机关,各人门户,扃之惟恐不坚,遗留物品,转眼即成黄鹤者,真有霄壤之别矣!故都市景,日见萧条,当业组织,亦间不免宣告停歇。然从无倒闭坑陷者。是殆得力于法制之严,与夫人品之正矣。

---

② 言雍梁:中国旧式簿记,及其改善之方法(见平津会计师公会出版之《会计专刊汇编》)。
③ 按用人不当,为公司病症一语,不过依作者之观察,并无统计材料,足资佐证。兹有美国一九三二年商业失败原因之统计一种,饶有兴趣。特录于下:
Bradstreets' Business Year Review, January 28, 1933。

一九三二年美国商业失败原因

不相宜	13.6%
无经验	3.0%
缺资本	30.2%
不聪明贷款	1.0%
内部原因合计	47.8%
浪费	0.2%
疏忽	0.3%
舞弊	0.5%
投机	0.1%
内部有过失原因合计	1.1%
竞争	1.1%
环境恶劣	49.0%
他人之失败	1.0%
外部原因合计	51.1%
	100.0%

3. 西帮买卖,在中国向称佼佼。银行钱庄不曾发达之时,山西票号,已经风行全国。目下虽以时势所趋。票号俱已式微。而他种买卖,仍然兴盛。若辈经营得法,如用人之采地方主义,用钱之抱节约宗旨,极为明显,世所共见。惟内部管理,尤有特殊之点,足资参考。即若辈对于伙友,绝对禁止携带财物。平常执行业务之时,身边分文皆无是也。但一钱莫名,至于此极,偶有需要,或外出之际,岂不大感不便?斯亦不无补救之道。若辈于内部众目睽睽之所,为每人设置钱包寄存之地。出则携之以去,返则还置原所。如此公开监督,互相防微,对于公款,丝毫不予沾染;偷漏之害,自可减少矣。夫零售商行,对于货品之出入,监察固宜严密,记载固应详明,而对于金钱之保护,尤应特别努力。现在新兴事业,如国货公司,商务书馆之类,对于门市售款,有出纳员专司其事,有发票底单,以资稽查,较之西帮内规,就一种意义言,固已较胜一筹。然一则致力于方法之严密,使弊病不易发生。一则注意于风气之养成,使公私凛然有别。是人是法,未易遽断。或亦可以并行不背欤!

4. 以上三则,特就管理方面而言。略为阐述"法""人"并重之意义。其所及于会计上之影响,虽概系间接,而已甚感其重要。至若独资营业中之"领东买卖",则凶终隙末,覆辙相循者,比比皆是。推厥原因,仍不外乎法之不备,与夫人之不良。领东买卖,乃商场中较有能力之商人,自他人手中领得资本而经营之买卖。财东方面,或系巨商后裔,或系退职官僚。往往自己不善经营,以己之财,用人之力。原期互相协助,共谋利润。合同上大抵规定年终结算后,以盈利百分之几,作经理与伙友之酬劳。此一条件,实为厉阶。盖经理与伙友,利害既已相同,行动自必一致。欲希酬劳之厚,必谋利润之丰。谋之之道,固亦多端。如推销之增加也,如费用之节省也,如效率之提高也,如购买之得法也,如资金之善于运用也,如同人之互相协调也,凡此种种,均系谋之自内,而成效并不一定可期。良以商业胜败,原于本身之强弱者半,原于外界之变迁者亦半。物价涨落,难于预测。天灾人祸,不易堤防。尽其在己,既不可操必胜之权。酬劳可念,又何甘如敝屣之弃。于是账面上,作无利为有利,事实上无可酬而亦酬。似此年复一年,内容空虚,不期其倒而自倒,不愿其闭而亦闭矣。夫账面上作无利为有利,④是法之不备。事实上无可酬而亦酬,是人之不良。有一于此,即足以致败。况更有不肖经理,营私舞弊,肆意挟持,使财东怵于负债之累累,竟欲求脱身而不可得乎?

二 合伙营业

合伙营业,为二人或二人以上出资所组织。就业务与会计而言,有赖于法治与人治者,比诸独资经营,尤形急切。盖此种组织,资力较雄,则营业之范围自广。人位增加,则管理之困难愈多。尤甚者,股东间之关系,过于微妙。股东间之利害,时

---

④ 会计学中,资产估价,为中心问题,而估价又往往随各人之主观以为断,并无标准可循。故账面上作无利为有利,并非难事。参阅 Kester:Vol. II, p.126,"The Balance Sheet, an Expression of Opinion"。

生冲突。⑤ 若无完备之法规,同资遵守,良好之人品,共策进行,则意见丛生,纷乱频仍,鲜有不失利者。法制之关于普通管理方面者,各种组织,可以同其应用,兹不具论。其与合伙有生存影响者,乃合伙人间所订之契约。⑥ 契约内容,应行明订之点,不一而足。就中最称重要者,不外下列:

1. 合伙人之姓名,与合伙商号之名称。
2. 契约生效之日期。
3. 营业地点,与营业性质。
4. 各合伙人所出之资本。
5. 各合伙人对于业务所负之责任。
6. 结账与分配盈利之日期。
7. 盈利分配之方法。
8. 各合伙人提用之限额。
9. 营业年限,及散伙时,各合伙人所应享之权利。
10. 合伙人间,因事发生争执时,所应采取之处断方法。

上列十条,虽系契约中订明之条款,然实不啻合伙营业中之根本大法。自外表言,固觉不失为详明,然执行之顷,问题百出,变象环生,是不能不视合伙人间之"人"之素质矣。

就中一二两条,固无须多说。第三条营业地点与营业性质,即有发生争议与误会之可能。盖业务苟有蒸蒸日上之趋向,势必由集中而分散,由简单而复杂。于是分支行之地点,即成问题。而营业之性质,或逐渐更变,倘有一二合伙人,利用机会,谋便私图,或有房屋可用,强本号以必租,或有戚友可拔,竟因人以设事,如此而不发生破绽者,未之有也。

第四条各合伙人所出之资本,亦有发生问题之可能。盖合伙人出资,非必一定为现金。其他资产:如商品,债权,机器,土地,房屋之类,均可用作投资之对象。此类资产,如何作价,直接关系于出资人之权利,间接关系于合伙人全体之损益。或遇狡黠之徒,故为欺饰,蒙蔽同人,高抬自出资产之价值,而利市之,是殆合伙契约之不及制裁者。

第五条合伙人对于业务所负之责任,于组织之初,自宜量才酌用,先为区划,以期分工合作,收指臂相助之效。无如合伙营业之特性,系各合伙人相互代理(mutual agency),且在法律之下,有同等权力,处理事务。纵于契约之中,业已规定各人所负之责任如何,然执行之顷,倘人之素质欠佳,则契约成具文。越权应事者有之,循私任情者有之。将见一塌糊涂,系统紊乱,以至不堪收拾矣。

第六条结账与分配盈利之日期,如无特殊情形,自易共同遵守。至若第七条分

---

⑤ 潘序伦:会计学,上册,第四编,合伙会计。
⑥ Finnery: *Introduction to Principles of Accounting*, p. 298, "The Partnership Contract."

配盈利之方法,又为滋生事端之渊薮。盖盈利分配,方法甚多纵已于契约中明文规定,而实施之时,出入亦颇不少。倘有自私自利之合伙人,或可乘机收较优之利润。此点于合伙会计学中,讨论颇备,本文无庸详叙。⑦

　　第八条各合伙人提用之限额,亦甚关紧要。合伙人出资经营业务,大都同时自己亦出其劳力。对此劳力,固然另给薪金以资报酬。偶尔发生意外事故,或必须向行中提款。斯际,若一律禁止,或非人情。若漫无限制,必损资本。于是防患未然,于契约中,预定各人可得提用之限额,法至良,意至善也。乃事实所演,竟至大谬不然。据作者所知,吾国合伙营业之失败于股东(俗称股东实即合伙人)滥提滥用者,盖十有八九。窥其原因,合伙人以为吾有资本在内,且有盈利可希。稍微提用,夫亦何碍。殊不知一人如是,他人效尤。渐至养成奢糜嫖赌之恶习而莫克自止。是非法之不立,乃因法之不守,有法之不守,咎仍在"人"也。

　　第九条营业年限,及散伙时,各合伙人所应享之权利,明文虽已规定,而问题亦将百出。例如合伙解散之时,正当步骤,为收集现金,清偿债务。清偿结果,如有盈利或亏损,各合伙人间,当按分配盈利之标准先行分派或分担。于是各合伙人究有权利若干,自可于各合伙人之资本账户中显明。斯际如额退本,当不无可靠之根据。⑧ 然退本非必一定用现金。金钱以外之资产,如土地,房屋,商品,有价证券之类,无一不可以用作退本之资源。然则各合伙人,谁应承受某项资产?某项资产,究应如何作价?岂非在在可以发生龃龉乎?设有不肖之徒,明知散伙在即,预先于账目中自留地步,故将某某资产贬值,及夫退本之时,则即据为己有。是盖损人利己之行,法亦将无所施矣。

　　尤有一事,盛行于欧美,尚未为吾国商界所梦见,即合伙营业,因其中一二合伙人,才具优良,能力伟大,其存其殁,足以影响全部事业之成败。于是经大家之同意,特为此一二人投保寿险。保费出自公款,并作正常开支。所得税法,亦且承认。⑨ 将来偶遇意外,则保险公司之赔偿,亦成合伙营业之收益。已死合伙人之家属,直接无利焉。此种办法,不但行之于合伙营业,即公司组织,亦有对其重要职员,为寿命之保险者。⑩ 似此法良意美,计出万全,行之于欧美,则大见其利。试问国人亦能仿效而不滋生弊害乎?借曰不能,则症结何在,不难想象矣!

三　公司组织

　　公司非但为法人。且其一切活动,完全根据于公司法。常谓合伙营业,以合伙人间之契约为生命。公司组织,则以公司法规为灵魂。公司法规,除国家所颁布,

---

⑦ Kester: Vol. I, Chapter 23, "Partnership Profits."
⑧ Hatfield: Accounting, Chapter 20, "Partnership Accounts: Liquidation".
⑨ Journal of Accountancy, Vol. 25, 1918. "Partnership Insurance, A Phase of Goodwill," By Joel Hunter.
⑩ Kester, Vol. II, p. 221, "Insurance on Lives of Corporate Officers."

尚有各公司自己之章程与细则。吾国现行之公司法,内容二百三十三条。虽不及英国公司法之完善,[11]然其中对于四种公司,各有条文为之规定,可谓大体毕备。即以股份有限公司而言,其中关于设立之程序,股份之招集股东会之权限,董事会之任务,监察人之职责,均有详明之规定。他若会计之如何处理,债票之如何推销,章程之如何变更,解散之如何进行,亦莫不有严密之条文。虽因吾国公司组织,尚未发达,[12]历史演化,为时未久,关于法律之是否适宜,尚无切实之证明。此点已经潘君序伦于"我国公司会计中几项法律问题"一文,[13]详加讨论,兹不赘叙。本文之旨趣,在研究法之与人,至若法之本身,是否健全,尚未暇及也。

窃以为公司组织,正可与一民主国家相比拟。民主国家之主人为国民,公司组织之主人为股东。国民不能直接参与政事,于是选举议员,由议会而产生政府。股东不能直接管理公司,于是选举董事,由董事会而委派职员。就理论言,国民对于国家,仍可保持其主人之地位。股东对于公司,仍得享有其控制之权能。然事势所趋,每每与理想大相径庭。不肖政府,大权在手,则以人民为鱼肉,而任情宰割。奸猾职员,操纵有据,则以股东为可欺,而肆意侵渔。相沿既久,积患已深。一经外侮凭陵,则国脉势将不保。偶逢经济之变动,则企业必难维持。人之不良实有以致之。此不过就一般情况,泛论公司之受害于操纵者。以下再按具体事实,分别研究之。

1. 以金钱外之财产抵作股款

公司股票,不许以折扣发行(无票面金额股票除外),此为中外公司法一致之规定。良以有限公司股东,只负有限责任。债权人所有之保障,只此区区股款。虽间有少数公司,历届盈余,拨存公积之后,亦可用作后盾,然此非可期诸创立之初年,尤非可期诸一般之公司也。在法言法,则此种规定,实有至理,未便訾议。然言及执行,则又有"人"之素质,存乎其间。苟对人无办法,则"不许折扣"一条,亦等具文而已。例如西洋各国,有所谓首事者或提倡者(promoter)一类之人物,思想敏锐,任事勇敢。往往见有机会,却进行创立公司。创立之始,不以金钱作股款,而以其他财产抵股价。于是利用机缘,用低廉财产,换逾量股票。后继股东,于不知不觉之间,蒙其损失。债权方面,亦于无影无形之中,减其保障矣。吾国立法者,有鉴于此,亦于公司法中,定有防弊办法。如第九十一条云"以金钱外之财产,抵作股款者,其姓名及其财产之种类价格与公司核给之股数"须由董事呈请主管官署选派检查员查验。又如第九十二条略谓主管官署查核"抵作股款之财产如估价过高者,得减少所给股数,或责令补足"。夫财产估价问题,为会计上莫可穷究之问题。会计

---

[11] The English Companies Act of 1862.

[12] 按实业部前年所宣布,我国已注册之公司,截至当时止,仅得一千余个。比之美国以数十万计者真不可同日而语。

[13] 潘著论文,见《会计杂志》第六卷第四期,民国二十四年十月出版。

专家,竭平生之力,以研究讨论,而犹不可解决者,⑭若谓官署所派之检查员,得以胜任,宁非欺人之谈?况不肖官吏,尚难免贪职受贿,颠倒黑白,者乎?或曰,此种弊病,亦易根本遏止,只于公司法内,规定不得以金钱外之财产,抵作股款足矣。殊不知公司组织非必一定为创立,其由独资或合伙改组而扩充者,比比皆是。若依或者之言,将阻塞一切扩充之路。因噎废食,未免为识者所窃笑矣。

2. 商誉账户及渗水股

渗水股与商誉账户,与上节所讨论,有联带关系。渗水股英文作 watered stock,意即公司资产实际价值,低于其所发股票之票面价值也。例如乙公司由甲公司改组而成,共发票面金额十万元之股票。实际由甲公司所收来之各项资产,共值七万五千元。则此二万五千元之虚数,有三种方法处理:

a. 于账面明示股票折价二万五千元(discount on stock)此种办法恰合会计正轨,亦即实事求是之表示。但因公司法,禁止太严,碍难于账面,自表达法,致于咎戾。

b. 于账面避免股票折价记录,将所有资产,酌量升价,至其恰等所发股票面值为止。是即渗水股之意义,或不免取主管官署检查员之干涉。

c. 于账面设立商誉账户,以此二万五千元差额为商誉。商誉为无形资产,外国法律,已经承认其地位。吾国公司法,对此无明文规定。然细释"金钱外之财产"一语,则有形与无形,似均在允许之数。倘能证明其价值之存在,或亦无甚问题。然则法律固然不许折价发行,而仍得种种规避办法。是人之机巧,有以致之。

3. 优先股东之权利

公司于增加资本,扩充范围;或筹划资金,整理债务时;得发行优先股。此为中外所从同。然优先股之权利,自法律言,固较普通股为优,如盈利分配之较优,或剩余财产分配之较优是也。然就实际言,则所谓剩余财产分配,只限于公司解散或清算之时,是又岂事所恒有?至论盈利分配优先权。其中亦不无疑虑。因优先股股利,有累积与非累积二种。累积股利,如某年因故未分,次年尚有补分希望。非累积股利,则第一年因故未分,其权利即归消失,第二年只可分得本年之利益。因此倘遇公司董事,存心不公,可于会计账目中,上下其手,故为出入,使账面求出较少盈利,借为口实,以剥削优先股所应得。盖优先股东,就原则言,本与普通股东,同享议决权。⑮有时普通股东,对此加以限制。于是优先股东,时感鞭长莫及与尾大不掉之苦矣。

4. 职员酬劳金之付予

前论领东买卖时,曾及伙友酬劳金之弊害。此种弊害,于公司职员,分酬劳金

---

⑭ *Journal of Accountancy*, Vol. 59, March, 1935. "Is Value an Accounting Concept?" By Maurice E. Peloubet. (此文作者,因价值问题,难得适当解决。竟否认会计上能负决定价值之责任。)

⑮ 普通股东,因保护自身利益,每每限制优先股东管理权。此点可参阅:Kester, Vol. II. pp. 5—6。

时，有过之实无不及。盖会计上之措施，往往因人而异。倘公司职员，只以表示盈利为目的，势必于资产估价，务求其高，折旧计算，务求其低。结果则外强中干，职员虽得分润于现在，而公司必至倒闭于将来。是因立法之未慎，而又导人于不良。为害之大，诚非小若。吾国银行买卖，以及官营事业，尚多以分派奖金为鼓励职工之法术者，是亦不可以已乎？虽然，吾为是说，非反对职工略得酬报。终岁勤劬，或劳心，或劳力，无非为人作嫁，稍得经济安慰，夫亦何碍。吾所反对者，非付予酬劳，乃酬劳之必出自盈利，且不问盈利本身，或为实在，或仅虚构是也。

5. 会计账目之虚实

资产估价，为会计上困难问题，已于前者屡屡申述。现在普通习惯，虽概以原价为标准；但原价为历史之记录，决不可作价值之定评。于是每届决算时，必将所有资产，一一核计，而重为估价。例如应收账款，则宜估计呆账准备；固定资产，则宜估计折旧准备；未销商品，则宜盘存估价；递延资产，则宜酌量摊销是也。凡此手续，缺乏一定标准，可资依据，势必随各人之意见为转移。就法律言，对斯固不无明文规定。如我国公司法第一百五十七条有云："监察人对于董事所造送于股东会之各种表册，应核对簿据，调查实况，报告意见于股东会。"又恐监察人或有不胜其任者，又于第一百五十八条规定；"监察人对于前二条所定事务，得代表公司，委托会计师律师办理之。……"夫所谓"调查实况"作何解释，固未易断，而"实况"二字，亦只法律上一名词，在研究会计学者，几根本否认实况之确能显示于账目也。⑯且英国公法中，亦有类似条文，如云"查账人之报告，应声明据其意见，公司之资产负债表，是否完备而公正？内载各件，是否合于公司章程所要求？编制方法，是否足以给与公司业务以正确观察？"⑰专就法律立场而言，此种条款，乃题中应有文字，实无可论。然岂知法律以外尚有事之本性，与人之素质乎？事之本性，乃因价值问题，概无标准，本文也已再三申言。人之素质，则或以簿记技术不备，或以会计学识欠精，或以观察事务，未能明透，或以别有作用，故意倒颠。有一于此，皆足使会计业务，失其正轨，以言表示"实况"戛戛乎其难矣！

6. 秘密准备与所得税

会计事务，处理结果；无论为过失，抑系故意。往往不失之出，即失之入；不偏于左，即倾于右。欲期恰合中道，实乃势所难能。惟欧美会计学者，以人性大都喜自夸耀。见于一般言行者，固如此，即见于会计方法者，亦莫不如此。为补弊救偏计，屡于会计学中树一稳健之目标。所谓稳健者，即对于价格问题，如不克恰如其分，正确估定，则与其失于膨涨，而使之浮夸，毋宁使之紧缩，而失于拘谨。其实偏左倾右，皆失正轨，专务稳健，并不足以为训也。倘会计趋势，一味紧缩，则账面所

---

⑯ Hatfield: *Accounting, its principle & Problems*, p. 22, "Accountants generally deny the possibility of strict accuracy."

⑰ Kester, Vol. II, p. 87.

标价值,比实际为小。结果,所表示盈利亦少。真实盈利,既不显露于账面,是有秘密准备矣。公司保有秘密准备,并非违法行为。⑱且英美较有历史之公司及银行,保有秘密准备者,实亦屡见不鲜。然则法律不禁,人将如何?世有不肖董事与不良经理,可得假此手段,蒙蔽股东,先以失利为由,不分股利。待股票市价,因此影响而低落,然后从而收买之。转手之间,即可营私舞弊,损人利己。其机巧为何如乎?!所幸英美所得税,执行甚为严厉。因抽税目的,对于各公司呈报决算表册,认真检查,上述弊病,不无些许防止之力耳。

7. 股利之合法与非法

公司分派股利,必须出自盈余。此为不易之理。因公司未得盈余,而仍贸贸然分派股利,则资本逐渐消蚀,债权人,固首受其害,若日积月累,以致倒闭,社会各方,亦直接间接蒙不利之影响矣。此特就财政而言耳。至若中外法律,对此点,限制尤严。如我国公司法第一百七十条规定:"公司非弥补损失及依前条规定提出公积金后,不得分派股息及红利。公司无盈余时,不得分派股息及红利。……"惟是法虽森严,人尤机巧。所谓盈余,大可于会计方法上,虚报而捏造。如商品盘存,故意提高。折旧准备,特为降低。遇财产市价低落,则讳之惟恐不深。值财产市价上涨,则登记惟恐不速。收入开支,作资本开支而处理。递延资产,如固定资产而保留。如此措施,虽与所谓"实况",大有轩轾,然实与不实,又系相对问题,不能绝对证明者也。

以上就公司具体事实,说明法之与人,关系如何密切。类此之事,撷拾即是,其例不胜枚举,兹不过示其荦荦大者而已。

乙 政府会计

政府会计,分普通与营业二种。普通会计,乃政府机关,关于收入及经费二类,所用之会计。在中央各机关及所属统一会计制度下,已有渐入轨道趋向。营业会计,乃公营事业之会计。现在如铁路交通方面,已有较具规模办法。今兹所讨论,专以前者为目标,以阐明法人相需之原则,他非所及也。

虽然,关于政府方面营业会计,作者因执行会计师业务,有相当机会,不时接近,宜于此处补叙数言,以贡一得。营业会计,有别于普通会计者,以其具工商业或公用业之特性,在事实上不应或不能与普通会计,采同一步骤处理也。就理论言,应委任专门人才,假以时日,与以自由,使若辈各就经历所得,逐渐改良,以形成各适其用之完善会计。乃事实所演,实觉概不尽然,综其原因,约得数项:

1. 机关长官任用非人。官营业务。凡具企业性质者,自宜以专门人才为适宜。乃实际政府任用官吏,背境复杂,例多不合法则,于是一切毛病,相因而生。

---

⑱ Hatfield: *Accounting* p. 322, "Secret Reserve Held Legal."

2. 会计人员只取亲信。机关长官,任用既非其人,而彼所委任之会计人员,又只以亲信为贵,不以学术为衡。以外行而负内行责任,自然茫无头绪,杂乱无章。

3. 主管机关指挥不当。营业机关,各有其对内对外一切特殊问题,此皆为局外人所莫能想像者。乃主管机关,或因道路遥隔,未悉真情,或以理想过高,不切实际,但因自居监督地位,不应放弃职守,于是纸上谈兵,朝发一令,夕易一文,以责所属机关之必从。所属机关,碍于命令,明知势不可行,又不得不敷衍唐塞,勉为应付。败事原因,鲜有逾于此者。

4. 会计业务尚欠法守。会计业务。在吾国公私方面,均未发达。一切措施,均乏共同之法律习惯,以资遵守。工商会计无论矣。即国家营业会计,除铁路交通外,亦大抵各自为政,办法参差。于是谨庸者,苦于无法以适从。狡猾者,反得因缘以为奸。虽中央会计处,对于此点,特别努力,只惜刻下于普通会计,治理渐有眉目,而于营业会计,尚感鞭长莫及耳。

上陈四则,实为现在政府营业会计中,所感之病苦。试为分析观察,则前三则乃系于人,第四则,乃关于法。若双方俱有改善办法,将见病象之除,如操左券矣。

一 法规提要

国民政府,自奠都南京以后,对于法律制造,可谓不遗余力。其关于计政者。先后公布,不下数十种,兹特撮其大要,以备检讨。[19] 其中有特别关于会计方面且与本文有助者,当略加申叙。

1. 国民政府主计处组织法 此法系十九年十一月二十五日公布,内容凡十八条,规定于处内设岁计,会计,统计三局,分别办理所关各事。会计局所办之事,计有五项:

(1) 关于各机关会计人员之任免,迁调,训练,及考绩事项。
(2) 关于各机关会计表册书据等格式之制定颁行事项。
(3) 关于各机关会计事务之指导监督事项。
(4) 关于各机关会计报告之综合记载及总报告之汇编事项。
(5) 其他有关会计事项。

2. 修正监察院组织法 此法于二十一年六月二十四日公布,内容凡十四条。其第二条规定"监察院设审计部,行使审计职权"。第五条规定审计部职掌事项于下:

(1) 监督政府所属全国各机关预算之执行。
(2) 审核政府所属全国各机关之计算及决算;
(3) 核定政府所属全国各机关之收入命令及支付命令。
(4) 稽查政府所属全国各机关财政上之不法或不忠于职务之行为。

3. 修正审计部组织法 此法于二十二年四月二十四日公布,内容凡十九条。审

---

[19] 《岁计法令汇编》,国民政府主计处岁计局编印。

计部依此法应设下之三厅。

  第一厅 掌理事前审计事务。
  第二厅 掌理事后审计事务。
  第三厅 掌理稽查事务。

  4. 审计处组织法 此法于二十一年六月十七日公布。审计处,乃设立于省会或特市。按第四条之规定,审计处分设四组。

  第一组 掌理本省或本市内中央及地方各机关之事前审计事务。
  第二组 掌理本省或本市内中央及地方各机关之事后审计事务。
  第三组 掌理本省或本市内中央及地方各机关之稽查事务。
  总务组 掌理本处文书,统计,会计,庶务及其他各组交办事务

  以上四法,系属官制范围。然关于计政,尤其是会计,已具根本设施。例如会计方面,则由主计处会计局负一切责任。审计方面,则由监察院审计部行使职权。分道扬镳,各尽其责。而其要则均不外使政府财务,有清明之行政。所谓殊途同归也。至若官规方面,与计政有关者,不一而足。约略录之,概如下列:

  1. 会计方面之规程:

  （1）国民政府主计处,处务规程,凡三十六条。
  （2）国民政府主计处办理各机关岁计会计统计人员暂行规程,凡十二条。
  （3）铁道部会计长办公处处务规程凡二十条。
  （4）交通部会计长办公处处务规程凡二十条。
  （5）公务员交代条例,凡十五条。
  （6）国民政府财政部会计则条凡三十八条。
  （7）其他各种有关规程。

  2. 审计方面之法规:

  （1）审计法 内容凡二十三条,于十七年四月十九日重订公布。对于审计之对象及其程序,规定颇详。

  （2）审计法施行细则 内容凡二十条,十七年十一月三日通令施行。对于各机关所应编送之表册,以及编送时限,规定甚严。

  （3）支出凭证单据证明规则 内容凡十四条,对于凭证单据之种类,及其填具取得,与编呈方法,均有规定。

  （4）财政部直辖各征收机关查账章程 内容凡十五条十六年十一月二十六日公布。乃财政部行政方面之审计。与审计部所执行,当然有别。

  综观以上所胪列。吾人可知国民政府,对于政府会计所关之法规。应有尽有,大体毕备。果能实事求是,按部就班,严格推行,自亦不难期其效果。况于民国二十四年之内,立法院又有两部大法议决乎?

  1. 财政收支系统法 内容五十一条,并附分类表三,将中央及地方纷如乱丝之财政收支,分析清楚,而予以条理。实对于会计方面,有间接贡献。只惜虽于同年

七月二十四日公布,以种种窒碍,尚有待于以命令定期施行之日耳。

2. 会计法 内容凡一百二十七条,同年八月十四日公布。施行日期,亦待以命令决定。此法对于政府会计事务,包罗无遗,所定各条,大都与现行办法,无大差异。间有一二点与现行统一会计制度,微有出入。然后者不难略事变通,俾合要求。有些更加完备之标准,则已往随时公布之法规,凡与此相抵触者,均可废止,则会计上整齐划一之企图,可谓更进一步矣。

二 人事检讨

徒法不能以自行,是为千古不易之定论。吾国政府会计方面。虽有如许法规,可资遵守,然人事方面,苟不足以相应;则法之为法,与事之为事,不能相互辅佐,决无显著之效验。作者非公务人员,对于政府良好会计,推行是否尽利,不敢妄为臆断。然亦正惟其非公务人员,着笔时,亦可罔存忌讳,以客观态度,从事检讨,故得畅言尽意也。

以中央统一会计制度而论,[20]主计处,努力提倡,积极谋普遍之推行,又恐办理会计人员,或有不能了解之处,于是印行种种登记实例,[21]俾资研究,而便仿效。用心良远,计划诚周。然试行迄今,各处办理会计人员,仍有视为畏途,感觉痛苦者。且有一部人士,公开批评,谓统一会计制度,不适今日中国之用者。[22]凡此现象,窃以为根本问题,不在法而仍在人。倘各机关司理会计者,均系专门人才,对于复式薄记原理,有相当根底,则所谓统一会计制度,略加研究,即易通晓。纵令各机关情形不同,制度内容,未克完全适用,倘能为不背原则之主变通,于大体亦无妨害,又何至生如许出人意外之纷议乎?

再以军费而言,据孔财政部长之报告,二十三年度,国家岁出总概算,九万一千八百余万元中,军费竟达三万三千二百余万元,实占全数三分之一以上。而不经财部直接支配者,尚不在内。若大款额,以言"统一"会计制度,自应真统真一,完全包括,方无缺憾。乃事实所演,则军费方面,或因情况特殊,或原剿匪未竟,莫能遵照办理。且最近某部,尚对所属各机关,发下现金收支账格式一种,严令遵守,且原用"营业会计"处所,一律责成照办。夫营业会计,本系独立性质,各自成一系统,各有其整个计划。岂能于自己账簿组织之外,插入一种不伦不类之现金账?凡具会计常识者,大都知其不可也。尤可怪者,该所属机关,明知柄圆凿方,碍难适用,而又不敢违背命令,竟有提议用两本现金账,藉资应付者。滑稽不经,宁有逾此?

---

[20] 中央各机关及所属统一会计制度,为会计局所厘定。内容对于政府机关收入与经费二类之账簿格式,科目名称,分录方法,以及报告种类,规划甚详。现正次第普遍推行。

[21] 主计处以统一会计制度,推行伊始,各机关容有未尽明晰,或不无稍感困难之处,因编印实例四种。曰实例之一,实例之二,(甲乙两种)实例之三,(甲乙两种)及实例之四。此四种均可向主计处购买。

[22] 杨予戒:"改良统一会计制度方案及登记实例。"吴明煌:"对于改良统一会计制度登记实例,及原定统一会计制度实例之比较研究。"

论及最近公布之会计法,其第六章对于会计人员之规定,凡十二条,其精神在促进会计独立,以矫机关长官贪污之弊,法良而意美。例如第七十条规定"各级政府所属各机关之会计事务,由各该管会计机关派驻之主办会计人员监督指挥之",又第七十六条规定,"各级政府所属各机关主办会计人员,及其佐理人员之任免,迁调,训练,及考绩,由该政府主计机关,依法为之"。夫主管长官,对于本机关会计人员,即无任免之权,则会计人员得以一秉大公,认真从事,贪污之弊,自可减免,是不啻政府会计中一种内部牵制组织也。虽然,此种法规,是否运用得宜,尚有三大前提在,请缕述之:

1. 主计机关人员,奉公守法,是否加人一等?如其是也,固无可说。否则任用私人,夤缘接纳之弊,不见于各机关长官,而见于主计机关之有任免责任者。

2. 政府各级机关,如此其多。需用会计人员,如此其广。当此人才恐慌,供不应求之时,主计机关,选贤任能之力,比诸主管长官,各自选择者,是否加大?

3. 经主计机关任用之人员,即或学识较高,资格较优,而品德如何,操守如何,是否确有把握?同系国人,谓经主计机关拔选,即贤明卓越,固亦所愿闻。否则仰主管长官鼻息者有之,与主管长官同流合污者,亦有之,法律之道穷矣!

又会计法第七十八条第二项有云:"前项不合法之行为,由于该机关长官之命令者,应以书面声明异议。如不接受时,应报告该管主办审计人员,及该机关之主管上级机关长官,与其主办会计人员或主计机关。"此一条文,显然使会计人员居监视主管长官地位,未免重臂轻首,不合行政统帅,且对会计人员,增逾量责任。就中国现状言,不公不法之事,以蛮不讲理之军队长官为多。会计人员或军需人员,敢于声明异议乎?恐报告未出,而生命已危。是盖法律标准过高,而人事决不足以相应者。而况合法与非法,又乏一定标准,以断定乎?

丙 一般会计

一般会计,及混合工商会计与政府会计而言。因本文中甲乙两项,虽分别私人与政府方面,各作讨论,然尚有若干会计原则,实为双方所共同,故特于一般会计下,再为申述。

一般会计事务中,关于核实与防弊诸事,往往极关重要。核实方法,必赖单据完备。防弊手续,最重内部牵制。是盖略明会计者,类能言之也。然单据由人而作,牵制因人而施。重于法而轻于人,其效必难大著。兹特分别举隅,以实其说。

一 单据问题

单据问题,与内部牵制,本有连带关系,且往往互相综错,在实际上不易强为划分。惟因陈述便利,姑且分而为二,以资研讨。单据种类,本甚复杂,其例不胜枚举。会计法中,称单据为会计凭证,且分为记账凭证及原始凭证二类。二者之中,就核实言,当然以后者为重要。盖前者"谓证明处理会计事项人员之责任,而为记账所根据之凭证"。后者"谓证明事项之经过而为造具让账凭证所根据之凭证"也。据中央统一会计制度之规定,原始单据,约分以下各项:

(1)领物凭单,(2)发票,(3)契约,(4)收据,(5)请求购置单,(6)出差旅费报告表(单据),(7)工饷表(工饷收据),(8)俸薪表(俸薪收据),(9)缴款书(收据),(10)抵解书(批回),(11)支付命令(领款收据),(12)收入月份预算分配表,(13)支出月份预算分配表,(14)岁出预算书,及(15)岁入预算书。

至若工商机关,虽各因其性质不同,业务各异,所应提示之原始单据,种类亦至不齐,然要而言之,想不外下列各项:

(1)购物发票,(2)付款收据,(3)收款凭单,(4)银行往来凭单,(5)分支店往来凭单及报告,(6)契约,(7)领物凭单,(8)薪金收据,(9)工资收据,(10)成本计算单据,(11)董事会决意录(与会计事务有关者),(12)关于整理项目之各种计算表,(13)有关金钱及财产转移之信件或通报,及(14)其他单据。

夫单据为证明账目是否核实,无论于政府机关,抑于工商团体,在会计上不能不视为重要之件。所以核算不厌其精,保存亦惟恐不固也。但单据之所以重要者,因其足以证明会计事务之实在情况,可据以作正确之会计记录也。倘单据本身,即虚伪不经,难资凭信,则单据虽备,其效已失矣。试问单据何以虚伪?其关键,岂非仍在人乎?请略举数例,以资佐证。

a. 购置发票,本为购置物品之极好凭证。但事实上经手购买者,与售品商行,通同作弊,故抬售价,追后以"同扣"或他种名义,由商行收回,以资中饱。吾国公私财务,受此毒害者,不知凡几,廉耻道丧,是可慨也。等而下者,尚有自刻无数商号印章,任意捏造发票者,不惟贪赃,而且枉法矣!

b. 付款方面,倘于机关无良好内部牵制组织时,亦可发现虚伪与冒领之事。

c. 收款凭单,亦即收款后,发出收据,所留之存根,此为税收机关舞弊之渊薮。按规则言,机关于人民缴纳税款后,对纳税人发出收据,同时填具二联至三联之存根,以备记账与具报。但经收人员,用所谓"头大尾小"之法,将第一联,填收款实数,其二三等联,则填较小之假数,如百元作五十元之类。据以报部及账者概为假数。如此上下其手,则国库不啻被窃五十元矣。

d. 银行往来,亦为极易发生毛病之处。银行存款余额,因有许多"未达项目"介乎其间,往往不易与本机关账目相符合。不肖之徒,利用此种缺憾,私挪公款。甚至假造单据,暂为弥缝。"如填写对甲行支票,随时即假作存入乙行存款是。"

e. 分支店往来频繁,且彼此距离遥远时,每易发生弊端。例如数年前北平某外国银行,竟收买一伪造纽约总行发行钜额汇票一张,损失甚大,后竟发觉为本处西籍行员所为。

f. 其他各项,如领物凭单,薪金收据,工资收据等等,在在有发生虚伪之可能,且处处有实已演成之例证。只缘节省篇幅,略而不道。至若成本计算单据,以及整理项目各表,间亦不免虚伪者,非必一定为舞弊,或因学识经验未充,或原应付能力不具,要之其为人之素质不完则一也。

二　内部牵制问题

内部牵制云者,即一机关内部业务之活动,以及会计账目之登记,均须使各职员,分途办理,互相牵制,勿得令一人包办一事,或使一账专记一端,以致错误无由自然发现,弊实无由自然免除也。内部牵制,具体办法,必随各机关情况而异。大抵凡属审计学书籍,对此靡不略加介绍,就中说理较称完备,论事较为清晰者,宜推潘君序伦,及蒙戈摩瑞二氏之著作。[23] 本文目的,在讨论法之与人。所以关于内部牵制问题,非期探索详尽,能完题旨,斯亦足矣。

a. 现在公私方面,有一良好习惯,即将保险金柜,交二人保管。其转字锁头,非经此二人先后下手。则绝对不能开启。此即互相牵制之微意,以免或有毛病发生,制度不可谓不善。然万一斯二人者,互相谅解,各便私图,所谓互相监视,已失效用矣。

b. 又如工厂购置原料,采买之人,专一对外,原料运到后,验收责任,必委他人办理,是亦一种内部牵制办法。然若采买者与验收者,互有默契,则数目相符,品质相埒,固可照收。数目缺短,品质次劣,亦可照收。牵制云云,岂不又成笑柄?

c. 公私机关,凡有大批购置,或宠伟建筑,必用投标办法。以防经手人从中操纵,藉便私图,是亦不失为牵制办法。岂料弊病之生,竟有匪夷所思者。尝闻某处工程,依法举行投标。乃各商互有私约,故使其中某一商行,投较低标价,余人则故填高额,以助此商之成功。结果,则开标以后,所谓最低标价,或不免比最高市价尤高。此时如照此最低标价成约,不但公家吃亏,且为一般奸商所窃笑矣!所谓公开投标,岂不又成滑稽乎?

d. 政府机关之财物,或工商机关之商品,往往特设分类账,以记每种之出纳,亦系一种内部牵制组织。乃事势所趋,监守自盗者有之,掩耳盗铃者有之。账自为账,而实物难相符合。甚有狡黠之徒,将公家物品以旧换新,以劣抵优。虽数量可以相符,而质量则大坏。牵制之法,于此竟无所以施矣!

结　　论

有治法,尤赖有治人,不独于会计事务为然。本文专以会计为对象,阐明法人相需之旨。盖有鉴于刻下我国公私方面,凡有思想之人,似均感觉会计为整理财政

---

[23] 潘序伦:《审计学》,第四章,内部牵制组织 Montgomery: *Auditing Theory & Practice*, Chapter 5, "System of Internal Cheek"。

之重要工具也。惟提倡会计,专注于法规制度,于义无当,尤宜于人才方面,极力培养。且培养人才,决不可徒事学术之推敲,更应培养根本。根本为何？即守正不阿,丝毫勿苟之德性是矣。否则道高一尺,魔高一丈。学术愈高,则作伪愈巧。法制愈严,而弄法愈甚。以言整理财政,救济困难,不啻南辕而北辙矣！

国营事业管理法规之我见*

余肇池

一 引 言

国营事业,一称公有营业,在我国虽属近数十年所创见,但其重要性实与日俱增。远者无论矣,即目下所习闻之四行两局,中纺公司,招商局,铁路局,中央中国两航空公司,及资委会所属之各种轻重工业等等。靡不与国计民生,息息相关。但管理方面,以往并无一定之准绳,一切随各主管部会意见,斟酌措施,或则失诸太严,以致莫克自由运用,有失营业机关之机动要求。或则失诸太宽,以致流于放任,不免滋生弊端,为社会所诟病。二者皆有所偏,亟应设法补救。"国营事业管理法规"即为补救此种缺憾而产生,乃最近财政经济两部会同其他各部会拟定之草案,呈由行政院第卅六次例会通过者。只俟国民政府核转立法院审议,完成立法程序后,即可公布旅行。原草案共分五章,凡卅五条,其中规定各点。自然得失互见。而撮其要仍不能不视为甚大之进步。愿于此时论列之。

二 法规要点及其得失

1. 第三条 国营事业,应依照契约方式进行,力求有盈无亏,至低应以自立自足为准。但专供示范或经政府特别指定之事业,不在此限。

按本条所规定,实有力矫时弊,开门见山之功用。爰我国一般观感。以为普通公务机关,与公有营业机关,即同系属于政府,自应一视同仁。所有政府一切法令,均应同样应用。此种观感,实具绝大毛病。因国营事业,即以营利为目的,则其举措,不应背普通商业习惯与一般社会成规。许多事务,在商业习惯与社会成规可通者,不一定即为政府机关法令所允许。如是扞格业生,掣肘堪虞。或则坐失机宜,或则不免远法,所谓彷徨歧路,左右为难之局,无时不在其中作祟。若此焉能与民营事业,并驾齐驱,互竞效率?本管理法规,谓"国营事业,应依照契约方式进行"。则凡契约上所许可者。即可依照进行。发生效力,再无虑一般政府机关法令之束

---

* 本文原载于《现代会计》,1948 年第 4 期,第 9—11 页。

缚。将见今后国营事业,应付自由。活动于另一境界矣。

至若"力求有盈无亏,至低应以自足为准"之规定,亦自有其特殊理由,与必然趋势。盖多年以来,政府对国营事业之投资,为数亿万,往往因管理不善,或时局欠佳,以致亏累频仍,于年度预算编制之时,请求政府弥补亏损,或增加资本者,比比皆是。当此通货极度膨胀,收支难趋平衡之时,国库实亦不胜其负荷。所以规定国营事业,力求有盈无亏,或自立自足。况国营事业,有其先天的优越条件,更无理由长此为政府之累赘矣。

虽然,此一有盈无亏之要求,亦不免另生坏的影响。盖国营事业,除自身利益以外。尚负调剂供需,缓和经济之重责,非专为"国利",尤宜注意"民福"。若唯一目的,只有与民争利,徒重目的,不择手段,则国家经济与民众生活,将皆有恶劣影响。最浅近之例,如交通机关,专以营利为目的,火车或运输,尽可能提高价格;在此种半独占事业下,自可为所欲为,然而其恶劣影响,将使百物齐涨,民生益苦!又如金融机关,专以营利为目的,则贷放款项,只计利息之多少,或兼营附业,尽国积垄断之能事,其结果将使社会经济益增纷乱!其流弊岂不显而易见?抗战八年,戡乱两载,民生困苦,人人饭尝,论者或不免归咎于国营事业之从中取利。然欤否欤?笔者不敢妄断。是不能不有赖于从事者之良知裁答耳!以往未奉明文,今且见诸法令,然则国营事业,今后孜孜为利,岂不振振有词?孟子曰:"王何必曰利!亦有仁义而已矣!"敢请进一言曰:"国营事业,何必曰盈利?亦有民福而已矣!"职是之故,吾人建议将条文修改为"国营事业,应依契约方式进行。在维持全民利益之原则下,力求有盈无亏……",于是则衮衮诸公。即知国计,复顾民生,岂不更有足取者?

2. 第五条 国营事业,除法律有特别规定者外,应与同类民营事业,有同业之权利与义务。

截至今日为止,国营事业,与民营事业,尚乏一定界限,可以为之划分。于是重工业与轻工业,金融业与交通业,公用事业与非公用事业,皆有国营与民营两者,相互对立。一般传说,总以为国营之效北,比民营为低。但另一方面,又以国营事业,有许多特殊权利,在竞争上,比民营优越。然乎?否乎?姑弗深论。而本规定,将国营事业与民营事业,置于同一地位上,则以往不平之气,一扫而空,诚为必要。惟国营事业,已然根深蒂固,大气磅礴,究竟能否与民营事业平等,殆仍属疑问也。

3. 第七条 主管机关之职权如左(一)所管国营事业机构之组建,合并,改组,或撤销。(二)所管国营事业业务计划及方针决定。(三)所管国营事业重要人员之任务。(四)所管国营事业管理制度之设计。(五)所管国营事业业务之检查及考核。(六)所管国营事业资金之筹划。

本条规定国营事业主管机关之职权,虽只区区六项,其实无所不包,大体已尽于此。我国公营事业之主管机关,在以往职权不甚明显,所以对于附属机关之管理,往往不流于苛细,即失于从容。弊在前者,则附属机关,受重重拘束,每感运用不灵,动辄得咎。患在后者,则附属机关,每每各自为政,甚且尾大不掉,皆非所以为治也。其实主管机关,依照本条规定,把握组建或撤销之大权,从事计划与方针之决定,操重要人员之任免,负筹划资金之大责,并设计管理制度,主持检查考核。果能就会裕如,无亏职守,亦可以尽主管之能事,更不必斤斤较量于经常细节也!

另有一点,宜特予阐明者,即原条文第二项谓:"前项第三款重要人员之任免,如事业组织,有特别法之规定者,依其规定。"观于此项,可知国营事业,主要人员之任务。非完全操诸主管机关之乎。例如主计人员,应依主计处组织法之规定,由主计处核派。又如主管人事人员,应由铨叙部派用是也。此种超然主计制度,与独立人事制度,在我国普通公务机关,行之已久,利益显然,国营事业机关,自亦不容例外。惟运用之际,似宜参考营业机关需要,适应措施,否则或仍不免格格不入毛病。

4. 第十条 国营事业,年终营业决算,其盈余应缴解国库。如有亏损,得报由政府机关,请政府发拨补。

国营事业,盈余缴库,为多年来政府一贯之要求。所以各种法规法令,皆有类似规定。本法规第十条,并且重申是义。历年中央编制总预算时,每每以强制力量,在岁入方面,编制公有营业盈余一项。以资挹注。此在政府方面,固有其不得已之苦衷,与不得不然之理由。惟就国营事业本身而言,则不无商榷余地。原夫营业机关,所谓有决算上之盈余,乃由总资产减去总负债(包括原有投入资本)而求得。其所代表者,非但不一定为现金,甚且不一定属流动资产。若责其悉数缴库,则势必至周转不灵,此一义也。至若受有亏损,请政府拨补一层,似又系海市蜃楼。可望而不可即。盖政府财政,收支未克平衡,应付紧急要求,犹且力有未逮,若欲划拨钜款,为公营机关弥补亏损,实属毫无把握。以往为平抑物价目的,虽曾贴补公用事业,然究因难乎为继而断然废止。是其明征。此二义也。作者以为与其规定偏于理想,事实不可办到,毋庸面对事实,为切合之规划。规划如何?即将盈余缴库要求,放宽尺度。允许各该机关于盈余项下,提存一部分,作为准备。再有剩余,责令缴库。万一将来偶有亏损。亦可先提准备,以资弥补。比诸随时仰赖国库。岂不较有把握?童话中有"杀鹅以求金蛋"的故事,国家对于国营事业,正可不必如此!

5. 第十一条 国营事业,经主管机关核定,得向银行洽借短期周转金,并得为不动产抵押之借贷。

第十二条 国营事业,经政府核准,得发公司债。

上录两条,乃对国营事业,运用财务之规定。无论为短期抑为长期,均已开阔门径。内容固属中外营业机关财政上之常轨,本无待于规定,惟以往我国公营事业,以国营二字关系。对于财务筹划,不免受有拘束,而金融机关,或社会企业,往往裹足不前。至若抵押公有产业。尤感不甚稳妥。今必如此明确规定,则债权与债务两方面皆有保障。不患违法。即主管机关,亦易核定无所顾虑矣。是乃公营事业财务上莫大之进步。故乐于指陈之。

6. 第十三条 国营事业之会计制度,由主管机关,依照契约方式拟订,与主管机关商定之。

按国营事业会计制度。依理应完全合于营业机关需要,且不宜脱离中外会计学理与实务上成规。只惜以往事实,未免与此略有径庭。最初一般观念,以为国营事业,即属政府所有,则其会计事务,应依一般政府会计办理,于是削足适履,弊病业生。嗣后国民政府主计处,深有监于斯项观念之欠妥,断然改弦易辙,除为普通公务机关,颁行"普通公务机关会计制度之一致规定"外,并为国营事业机关,颁行"公有营业机关会计制度之一致规定"一种,以资分别处理,而各适其宜。此种贤明举措,诚可谓百尺竿头,更进一步矣。惟公营事业机关,种类繁多,共组织方式,以及所营业务,亦形态万殊。完全依照主计处所规定,事实上亦不无困难。今于本法规内,明明规定,会计制度由主管机关依照契约方式拟订,与主计机关商讨之。一则曰依照契约方式,再则曰由主管机关拟讨。则尺度之宽,诚然无以复加。惟主计处综揽全国各类机关之计政,自不得不商得同意,以免各自为政。流于分歧之病,是亦决难忽略之步骤。

7. 第十四条 国营事业,各项收支,由审计机关,办理事后审计。其业务较大之事业,得由审计机关,派员就地办理之。

国营事业,即属政府所创立。则其一切收支,自不应说离审计机关之审核。惟审核之际,应注重营业机关之机动性,不可拖延时日,妨碍业务进展。尤不应拘于审核公务机关之惯例,而于细节上作无关大体之挑剔。本条规定"办理事后审计",是深有监于业务进行,宜争时效,不可事先掣肘。允称贤明。至谓较大之事业,得由审计机关派员就地办理之。此处所谓就地办理,想仍系办理事后审计。若系事前审计,则本条规定之作用全失矣!此点微嫌不甚明显。将来解释上有异议,应加补正,以防麻烦。

8. 第十五条至第廿五条 条文甚长,均关业务,兹请免录。

本管理法规,对于国营事业之业务,规定共十一条。为节省篇幅起见,仅作一摘要与综合之评论:

(甲)产品这销售,由事业机关办理。遇有统筹必要,则由主管机关另订统筹办法。此为控制营业收入这目的而规定,以防主管机关与事业机关问之异议。

(乙)公用事业之费率,应依法呈请核定公布。是为防止公用事业之任意浮定费率,致刺激物价与妨害民生,乃属保护民众利益之一种手段,诚属必要。

(丙)所需原料及器材,应尽先采用国产。此一规定,本属无可非议,但未免偏重理想,不切实际,言之话长,不暇深论。

(丁)主管机关或总管理机构,得汇总办理器材之采购。此乃中央各部会,屡加试行之办法。其中得失利害,一言虽尽。但笔者以为人的要素,比其他条件,更为重要。如果用人不当,则集中采购,亦未见绝对有利。

(戊)采购营运,其投票订约,应依规定办理。其审计手续,依第十四条之规定。据此则业务方面,应有规范可循,并非漫无限制。

（己）与外国技术合作，应经主管机关之核准。依此规定，则政府对于国营事业与外国技术合作，其门业已大开。今后外人及外资，在中国不患无用武之地。可以免去对政府种种怀疑与不必要之批评矣！

（庚）在经营初期，无利可图之事业。得由主管机关，呈准政府，在一定期内，不以盈亏为考核标准。此在言外，则其他机关之考核，必以年度盈亏，为考核标准，可无疑义。其结果，将驱一切国营事业于"唯利是图"之深渊，穷为生民忧惧之不遑！

9. 第二十七条　国营事业人员之管理法规，由主管机关，依照契约方式与铨叙机关商定之。

按政府机关之人事管理，依法应由铨叙部派员办理。国营事业，自亦不可例外。但执行之际，应有其适应之分寸，第一普通公务人员之铨叙法规，与夫简荐委雇等之等级区分，似宜予以打破。文中所称依照契约方式与铨叙机构商定，似有深意存焉。第二给予规程与及福利事业，应特加重视。俾从事者生活安定，藉增效率。以往营业机关，待遇虽比较稍优。而实际距理想标准，仍相差甚远。乃浅见之流，必欲抑之使与一般公教人员之啼饥号寒者一律，何视天下以不广耶？

此外关于人事上其他规定，如国营事业人员，不得经营或投资从事于其他同类事业，又如主管人员对于配偶及血亲之回避任用，又如员工得依法组织工会，但不得罢工等，皆属必要而应予赞成者。

三　结　论

国营事业管理法规草案，其内容要点，与其利害得失，均经群密介绍。将来经过立法院审议后，当不无几许修改。就大体言，此一法规，对于国营事业前途，有不少良好影响。择其要点，有如下列：

第一国营事业，不可与普通公务，相提并论。在本法规中，予以明确认识。卅余条条文中，充满此种精神，所以一而再，再而三的提到并着重"依契约方面"一语，是乃绝大进步。

第二本法规中，列入各点，大抵系多年经验与现在实际需要所谓对症下药，比诸他种法规之抄袭外国成法，或闭门造车者，实有天壤之别。

第三管理精神，概取中和。即不失诸太严，亦不流于太宽。于听其自由发展之中，获寓合理控制之意。政府与人民，皆得有所依据。

第四国营事业，力求有盈无亏，年度盈余，且必须缴库，并以盈亏情形，为考核事业之标准。似此充满为国谋利之要求，国计与民生，能否兼顾，尚不无疑问。

最后一义，应予指陈者。即方今国内，贪污流行。政府防之唯恐不密。国营事业，钱多而物广，尤为毛病所萃集。今于管理法规中，步步趋于松弛，其将何以防患未然！窃思制度与人事，必须相互为用，各臻健全。人的要素，比制的要素，尤重十倍。国营事业，选贤任能，最关切要，徒于制度上致力，所补亦有限也！

四川在我国之经济地位

徐新六

（一）四川古称天府，沃野千里，物产丰饶，气候近于热带，农田年可二获，而金铜铅锡等矿产，又皆称富，故在全国经济上，占有极重要之地位，惜以地势环境之特殊，政局不宁，未能致全力于生产建设，所幸年来国内人士，于开发西北呼声之余，渐移其目光于四川，金融界之赴川调查者，络绎于途。而四川省内之产业本身，亦次第自动发展，规模渐复，则今后四川经济之日就正轨，似可预期。

四川全省之面积，据中国经济年鉴之新测算，为四〇三，六三四平方公里，占全国各行省之第七位，人口、居民国十七年内政部之估计，为四七，九九二，一八二人，地域既广，人口亦多，气候又佳，产物丰盛，而消费之量亦钜，试一查四川近年进出口贸易，为量颇钜，即其明证。

四川进出口贸易价值表　　　　　　　　　　　　　　　（单位千元）

年份	进口	出口	入超
十七年	八二,五〇〇	五五,五〇〇	二七,〇〇〇
十八年	八二,五〇〇	六六,〇〇〇	一六,五〇〇
十九年	九〇,〇〇〇	六九,〇〇〇	二,〇〇〇
二十年	八四,〇〇〇	五四,〇〇〇	三〇,〇〇〇
廿一年	五七,〇〇〇	三七,五〇〇	一九,五〇〇
廿二年	三八,九〇〇	三〇,九〇〇	八,〇〇〇

就上表观之，四川之进出口贸易，均有衰减趋势，惟出口物产中，有以各方需要之持殷，数量反有增加者，兹将四川近年来出重要出口货之增减，列表如下：

四川重要出口货物价值表　　　　　　　　　　　　　　（单位元）

年份	二十年	廿一年	廿二年	增减
丝	一三,六三五,〇〇〇	一〇,〇九四,二三一	五,七五一,七四六	减
桐油	六,九八七,〇〇〇	七,五八八,四一四	一二,八八八,七三六	增
盐	一,一九四,〇〇〇	一,六七六,八一一	一,八九二,一八〇	增
药材	二,七一九,五〇〇	四,四三二,五三三	四,二一八,六一七	减

---

* 本文原载于《四川经济月刊》，1935 年第 1 期，第 24—26 页。

(续表)

年份	二十年	廿一年	廿二年	增减
夏布	四,九一四,〇〇〇	八六五,二八一	二八七,一五一	减
烟叶	一,五六三,〇〇〇	二,一二〇,五六九	一,十一六,五九一	减
纸	一,三八三,五〇〇	九九〇,四二一	一,八七二,二一〇	增

四川贸易之衰减,其最大原因,似为省内政治之不安定。因之,原有之事业,即维持为难,新兴之事业,更无从发展,而人民之购买力,亦随之减退。

(二)四川以地理之关系,足资利用之"产生条件",至为丰富,所谓"生产条件"者,即煤、铁、石油、水力等基本产业是也。

以言煤。则四川之储藏量,实占全国之第三位,舍山西之714,340,000,000吨,及湖南之90,000,000,000吨外,即为四川之80,500,000,000吨,储煤之矿,遍布嘉陵江沿岸,及江北各县,惜均以土法采掘,致未能尽资利用。

以言铁。其产区多在省之东南部,大江南北,均为产铁丰富之区,又四川金矿之产量,在全国占第二位,舍黑龙江外,无与伦比,

以言石油。则四川盆地所产者,久已蜚声,据全国煤油筹备处之调查,川中石油,遍布盆地之中区,在嘉定区牛华溪之附近,有石油井四处,每掘至百余丈,即有煤气能喷至二三百尺高,多含石油,而自流井区嘉陵区,亦多石油井。

以言水力。则四川为多山之区,更有长江自西南横贯东部,复有岷沱嘉陵等江,南北错综,各江之支流分出,为数殊多,水流湍急,河床之倾斜度亦巨,沿流常有滩濑,或高产瀑布,水力之利,几于无地无之,确为利用水力机会最富之省份。

故就"生产条件"而言,四川均能自给自足,不借外求,倘能假以时日,力谋发展,其前途正未可限量。

(三)至就四川原有物产而言,亦莫不产量丰富,在全国贸易上占有重要地位。

桐油一项,为我国近来出口货中最有价值之贸易,出口数量,日见增加,民国二十二年,全国出口总额,共达1,246,847担,计值30,261,269元,而四川之出口者,共计12,888,736元,几占全数百分四十强,其重要概可想见。

川省土壤肥沃,适于种桑,故民间育蚕之风,极为盛行,而缫丝工业,亦颇发达,全川丝厂,计有二十余家,且川丝之质量品色,均高于江浙所产者,每年缫丝量,约达三万担,惟近受外丝倾销之影响,渐形不振,而其出口量,亦随之年有减少,是则他处皆然,并非川省特有之情形。

四川又为产稻之区,据民国二十一年国民政府主计处统计局之调查,全省水旱农田总数,估591,495,000公顷,而农民则为4,975,252户,占全省人口百分之六十九弱,(全川户数为7,263,538),可见农业在川省之重要,且各县皆产穀稻,自给自足,无庸仰给于他省,兹举最近三年来,川省之农作物产量如下:(单位担)

年份	数量
二十年	一三,六三九,〇〇〇
廿一年	一五,二〇七,〇〇〇
廿二年	一二,四〇五,〇〇〇

四川向以产盐者,盐场遍二十余县,占全省面积四分之一,人民之恃以为生者,凡数十万,每年产额达六百万担以上,价值六千万元,除供给本省外,并运销湖南、湖北、云南、贵州、陕西等省。

至其他药材、糖、纸、茶及夏布等物,四川所产者,在昔莫不占全国经济上之重要地位,在今日大体上,虽似略形减退,然处此不景气迷漫全国全世界之秋,四川尚能维持其现状,洵已非易事。

(四)更就新兴工业而言,加曹达、硫酸、水泥等,四川又莫不毕备。或系原有工业之副产,而未加尽量利用者;或属天然之富藏,而尚未尽量发展者。

四川所产之盐为井盐,一经电气分解,即得钠索原料,再加以轻养分,即成曹达。曹达之工业,用途甚广,对于陶器、玻璃、制纸、制绒、染色、漂染等工业,皆属重要之原料,而四川随地多盐井,盐产时感过剩。设能大规模利用之,则上述之各化学工业,皆不难勃兴于四川,为四川产业界,打出一新局面。

硫酸亦为工业上必需之用品,基本之原料,大都采自硫磺。而四川为我国产硫磺之重要省份,川东之夔府、南川、江北、合川四县,及嘉陵江畔之华莹山,均富于磺矿。

水泥为挽近建筑材料之重要原料,制造水泥之材料,为石灰石、粘土,及石膏。而三者皆为四川之特产,产量充足,目下虽无大规模之工厂,以尽量利用此天然之富产,然时机一至,其发展必大有可观。

(五)总之,川省可资利用之原料既富,而原有之民族工业,亦都具有相当之历史,且以地域广大,气候温和,无论何种产业,均有良好之发展机会,则当此盛昌生产建设之时,吾人安可忽视四川在我国经济上地位之重要。

财政学方法论商榷

崔敬伯

引　言

本年四月四日,中华学艺社在平大法学院开年会,本人曾提出此问题,作为学术讲演之一。当时以时间限制过促,不得详细陈述。兹因法学专刊索稿,乃复重加整理,参以平日授课纲要,成此短篇,非敢漫云创作,聊以示个人读书经验所凝成的独立的意见而已。甚盼海内贤达,不吝指正是幸!

一

诚如达尔顿所言,财政学的地位,适在经济学与政治学的边界线[①],治政治学,治经济学,所用的方法,当然可以连带的适用到财政学的研究上。即在财政学的著作中,如从前的巴什帖布[②]与现在的舒尔茨[③]关于方法论方面,均有很详赡的叙述,不俟吾人添足。现在打算提出的,乃根据个人的读书经验,而略加整理,使成一不甚成熟的小小系统,以为个人研学的指针。间亦为同学道之,以供万一的参考。学问的工具是公的,应公诸大家,而况抛砖引玉,可以得到方家的指正与批评,岂不胜于敝帚自珍?惟本篇主旨,亦犹巴什帖布所称,表示一些"置重"(emphasis)的意思,居今日而检讨财政问题,至少应先注意左列三事:

一,一个态度。

二,两个方面。

三,三个观点。

依次分述之。

---

* 本文原载于《法学季刊》,1935年第3、4期,第307—315页。
① Hugh Dalton, *Principles of Public Finance*, 5th Edition, 1929, p. 3.
② C. F. Bastable, *Public Finance*, 3rd Edition, pp. 11—15.
③ W. J. Shultz, *American Public Finance and Taxation*, 1932, pp. 5—7.

二

所谓一个态度者，便是客观态度（objectivity or the objective point of view），个人治学，最根本的出发，只是一个"客观态度"！客观二字，系对主观而言，我们并无意菲薄主观，但是我们觉着，中国今日，不仅治学，便是治事，都很需要客观！④ 客观态度在吾国古时很有人提倡过，而且实行过。所谓"毋意，毋必，毋固，毋我"，所谓"即物穷理"，都是注重客观的意思。我们为什么要推重客观？因为人类的习性，总是好用主观，豫存成见，一有主观上之为恶，则眼前所见到的一切，都要变更它的本来面目，而距真愈远。而且从主观出发，容易走到个人主义，从客观出发，容易走到社会主义，如果我们还能认识社会主义的必要，便不能不从客观出发，因为各个人的利益加起来，不必即等于社会的利益！⑤ 我们应该记得范仲淹的话："一家哭，何如一路哭？"能说此话的人，便能实行客观，而且实行"极端的客观"（extreme objectivism）⑥，因为"一路"所映照的悲苦现象，可以掩盖了而且可以取消了"一家"所映照的悲苦现象。十八世纪末年，能写《人权论》（Rights of Man）的英人裴因（Tom Paine）也说过这类不朽的名句："对着落羽洒眼泪而忘垂死之鸟"（to pity the plumage and forget the dying bird），能说此等话的人，便极能客观。

我们能尊重客观，才能检讨今日的财政问题。从来治财政者，多重视其技术性，而忽略其社会性；认为是政府的财政学，而忘掉是人民的财政学；甚至仅认为是替统治者筹款管钱的技术问题，而忘掉是为大多数民众图谋幸福的根本计划！⑦ 那样的财政，仅是"聚敛"的别名。那样的财政学，仅是暴君的工具。那样的财政学家，自然也成了教猱升木的御用学人！美国学者拉茨在所著的财政学里边，叙述罗马的财政时⑧，对于此点解释的很清楚："长于组织的奇才，领着他们计划出很精密的租税管理制度；但是此等制度，其计划与运用的目的，与其说是公平分配租税的负担，不如说是收入之有效的聚敛！"实则此种现象，岂止罗马有之？即在二十世纪的今日，何尝没有！所以我们今日研究财政，应该从客观出发，脱却从来官房的，技术的羁绊，着眼于整个社会，方能达到达尔顿所揭櫫的"最大社会利益原则"（the principle of maximum social advantage）⑨。我个人所以注重客观，最初即因读达氏财政学原理而起。而且事实告诉我们，最能客观的，其见解最远，其度量最弘，能以天下为己任，而不以私见贯澈为满足。以此治事，能造成伟大的事业家；以此治学，能

---

④ 参阅大公报《世界思潮》双周刊分载拙著"客观浅释"。
⑤ N. Bukharin, *The Economic Theory of the Leisure Class*, p. 43.
⑥ N. Bukharin, ibid, p. 36.
⑦ 大畑文七著《社会财政学》页一一二。
⑧ H. L. Lutz, *Public Finance*, 2nd, Edition, 1929, pp. 5—8.
⑨ H. Dalton, ibid, pp. 7—15.

造成伟大的学问家。我个人虽作不到,但是我很盼望有人作得到!

三

所谓两个方面,便是现状的认取与史实的追寻,二者均从"客观"出发。一属空间而一属时间,一属静态而一属动态,二者虽可分别观察,但须纵横错综。因为第一种需要,所以我们要认识各国财政的现状——认识了英美,还要认识欧陆;认识了西洋,还要认识东洋;认识了资本主义财政,还要认识社会主义财政;认识了外国财政,还要认识本国财政。有了这些客观事实的比较研究,自然可以映出许多原理原则来;而这些原理原则,都不是凭空悬拟,而是建筑在一般的客观现实的基础之上!

这些材料从什么地方得来?自然不能仅靠书本。最重要的来源有四:一是事实的搜集,一是数字的统计,一是机关的报告,一是实地的调查。英国经济学辞典主编亨利希格斯,对此曾有极透辟的解释:"政治家在财政方面所必需的智慧,从什么地方得来。应来自——财政现实的研究,财政史实的教训,财政统计的分析,以及财政立法,财政管理,推而至于各国的宪法与经济现状,均须有充分的考察。"⑩百年前英国社会运动家,威廉柯伯特(Wm. Cobbett)打算对于当时英国的经济与财政,作一番深刻的考察与主张,乃不惜凌犯风尘,到处观览,写成最有价值的《村野挥鞭记》(*Rural Rides*),至今仍为研究英国经济财政历史的佳著。吾人今日,纵不能即刻作到实地的考察,亦须从横的现实材料,作一种广泛的搜讨,方不致囿于一隅。

因为第二种需要,所以我们要追索财政事实与财政理论之史的发展。对于任何财政现状,不仅要知其如此,而且要知其何以如此。英国财政专家斯丹浦(Sir J. Stamp)于一九三二年发表其《英国战时租税制度》(*Taxation during the War*),在二百十三页里边,便有这类的叙述:"经过了四年大战的震荡与扩展,而不列颠的租税制度,竟能屹然不动,较任何国家为优……同时从管理的观点去看,尤非他国所及。"英国的财政管理,固然是很健全;但是她今日的健全,也非天生如此,从前也曾经过黑暗紊乱的时代,翻开道威尔所著《英国租税制度史》(*History of Taxation and Taxes in England*, 4 vols, 1888, by S. Dowell),可以叫我们看的眼显明。然则英国财政,从紊乱以至健全,走的是什么路线?着手改造,曾遇到何等困难?战胜困难,曾采何等方法?那些方法,是否也可以适用到中国的今日?古谚有之:"前事不忘,后事之师";又说:"以古为鑑,可知兴替";好的前例,可作榜样,坏的前例,可当警戒。人类的智慧,多从经验得来,前人流血绞脑所留下的历史经验,正待我们后人来认取,那末财政之史的发展,当然为研究财政学者所特应注意!理论之史的发

---

⑩ Henry Higgs, in *Economic Journal*, 1923, p. 96.

展,是为"财政学史";事实制度之史的发展,是为"财政史"。有了史的了解,才能明了今日之所由来,才能推知将来之所归,古时的聪明人也说过:"不知来者,视诸往!"

四

所谓三个观点,即是"财政技术学","财政病理学","财政机能学",大体与"解释的"(descriptive),"批判的"(critical),"创设的"(constructive)三点相当。第一是正面的观察,第二是反面的观察,第三是综合的观察。三个观点,不必分的很清楚,也不必作的很机械;但是我们研究任何财政制度与财政问题的时候,都要同时顾到,方不致囿于一隅。技术方面,有人看得很重,有人看得很轻。吾人意见,以为仅言技术,固不足以概括财政,但是绝不容我们忽视。我们看:英国的财政管理与预算制度,是那样的健全有用,决不会为人类所遗弃,在任何社会组织之下,都要有它的用途。英国经济学者杜勃(Maurice Dobb)说得好,"苏维埃政府的第十年,在柴霍甫和杜思妥夫斯基的老家,讨论起合理化与科学管理的问题来,比在纽约或柏林,还要来得热烈,来得迫切"⑪。这便是说:计划经济愈发展,则管理技术愈重要,"关于生产与分配,严格的普遍的会计制度与统制方法,其组织的重要,足以断定一切"。⑫

但是仅言技术,毕竟不足,尤以在中国这样的国家,非从财政的病态着眼,不足以窥知中国财政的内容。什么是田赋?什么是关盐?仅从正面的技术去观察,当然不够。我们要看:中国一般的民众生活,从这些政财的运用中,受的是什么病?例如关税收入激增,在当局当引为得意之笔,在流俗亦惊其理财之能。但是,我们若从另一个方面观察,便觉毛骨悚然,眼看着关税增收,便是农村破产和新旧工业摧毁的冷酷而正确的反映!岂止我们中国?即在租税制度最进步的英国,运用直接税以消弭分配的不平,可以说是进步的了。但是此种作法,在原则上,已经陷入根本的矛盾。彼等对于资本主义,既攻击其罪恶,而又承认其存在;既承认其存在,而又斩伐其枝条。结果将如萧伯讷所说:"这种政策,有它的真正口号:贼偷了去的,你再从贼的手偷回来,在这里,破产危胁的成分,较之黄金时代的期许总要多。"⑬所以我们研究任何财政制度,不要仅拘囿于下面的结构,而要剖析其反面的病理,有了病理的诊断,才能作方案的主张。

至于财政机能,因经济发展阶段的不同,而异其表现。例如在封建制度将次崩溃的阶段,财政方法——尤其是预算制度——便是维护私有财产反抗专制剥削的

---

⑪ Maurice Dobb, *Russian Economic Development since the Revolutiou*, 1928, p. 332.
⑫ Arther Woodburn, *An Outline of Finance*, 1931, p. 11.
⑬ G. Bernard Shaw, *New Preface to Fabian Essays in Socialism*, 1931, p. vi.

一种"荷包权利"(power of the purse)。等到资本主义已到成熟的阶段,则财政制度,又成为"国民所得再分配的手段"(redistribution of national income through direct taxation and social services),但当社会主义渐次捧头的阶段,所谓财政——尤其是预算制度——又成为"计划经济之有力的杠杆"(powerful lever of planning economy)⑭,间接税或消费税,在资本主义国家,本属恶税。但是一到社会主义国家,"因为人民的收入,经过大规模的平等化,于是间接税的置重,便成为绝对的不可免"⑮。剑桥教授披固,讨论间接税的影响时,也曾指出,凡间接税在资本制下所表现的弊害,"若在一般民众富力,大致相等的社会里,即失掉其重要性"⑯。如此之例,不遑枚举。在什么样制度之下,财政可以表现而且应该表现什么样的机能,这是研究财政应该注意的第三点。

仅有解释,而不断之以批判,学术是不会进步的。"所以在现代,打算是很科学地,认识财政事实,便须在事实的直接认识之外,指出关于那些事实的说明或概念的错误。批判一事,在财政学上,自然也是学问的方法之一"。⑰ 于此,更进一步,只是指摘错误,只是揭扬黑开,那末所谓正确的和光明的,又该在那里呢？当然不能不断之以机能的研究罢！这在批判资本制财政最直质的马克斯,对于将来社会的财政,也有所谓建设方面的讨论⑱。

五

以上所述：一个态度,两个方面,三个观点,实在只是一桩事,现在为说明方便起见,不能不有先后的次序。此种方法,在我个人经验,不仅可应用于财政问题的检讨,对于其他问题,一样感觉其必要。不过运用的技巧与工夫的深度,非可一蹴而几,要在以方法引导工作,同时即以工作,精炼方法。只要我们能从"客观"出发,自然包括两个方面——空与时的交织,自然包括三个观点——正反与综合的推演。过去财政学的研究,总不免偏于技术,而成为"一定国家生活以内的支配阶级……主张自己的存在权利"⑲的一种工具。但是现在,需要将这种学问大众化了,以"极端客观"的态度,探讨财政现实的种种相,已成为迫不容缓的工作。周书无逸有之,"其无淫于观于逸于遊于田,以万民唯正之供"！我们似乎还能听到数千载前早已喝破的财政大众化的呼声。

---

⑭ G. Y. Sokolnikov, *Soviet Policy in Public Finance*, 1931, p. 347.
⑮ Paul Haensel, in *Economic Journal*, Dec 1928, p. 144.
⑯ A. C. Pigou, *A Study in Public Finance*, 1928, p. 621.
⑰ 大内兵卫著《财政学大纲》上卷,页三二一三三,或施译本,页二十二。
⑱ 改造社版阿布贤一著《财政学史》,页一八五一一九一,或邹译本,页一八七一一九三。
⑲ 阿布贤一著《财政学史》,页二〇八一二〇九,或邹译本,页二一二。

所得税实施问题[*]

崔敬伯

一 引 言

所得税和中国的关系,颇与宪法和中国的关系相同,老想把它们连起来,结果老是连不上!从清季以至现在,差不多三十来年的光景,在政治方面,无论是积极地打算与民更始,或是消极地打算排难解纷,我们便能听到"实施宪法"的喧呼,朝野上下忙一阵,结果也公布出很齐整的条文来,只是与实际政治连不上。同样地,在财政方面,无论是积极地打算整顿税制,或是消极地打算填补赤字,我们便能听到"实施所得税"的喧呼,朝野上下忙一阵,结果也能公布出很齐整的条文来,只是与实际财政连不上。身为中国国民,联想到这两种经验,始而觉着滑稽,稍一回味,则又涌起无限的悲哀;西方也是国家,东方也是国家,为什么,人家就行得通,我们便行不动?现在我们活到民国二十五年,又看见我们政府旧案重提,一方起草宪法,同时起草所得税,大家讨论的很起劲。现在我们要问:这次讨论的结果,是能够像布鲁司眼中的蜘蛛完成其最后一次的结网呢?还是和从前一样,再来一次幻想消失呢?谅在国人,当无不注意及之。兹就管见所及,试作所得税问题的检讨。

二 所得税制概观

(一) 国税中所得税的发达

现代"文明"诸国的租税制度,实以所得税为中枢。倘对于所得税,加以扼要的研究,即能批判各该国财政制度发达的程度。现代所得税,不仅以国税的资格而存在,在美国则有"州所得税",在德国则有"邦所得税",在日本则有所谓"户数割",皆以地方税的资格,获得相当的发展。现在专以国税中之所得税为问题之中心,以窥其在各国租税体系中发展之踪迹(参照日人汐见三郎等著各国所得税制论,1934年版)。

---

[*] 本文原载于《国立水平研究院院务汇报》,1936年第7卷第3期,第63—96页。

据一九三二年度之财政统计,英、美、法、德、义以及一九三三年度之日本财政统计,互相对照,则日本之所得税收数,为一亿三千八百一十万圆。英国之普通所得税与附加所得税为三亿二千六百万镑。美国之所得税为十亿九千九百九十八万美金。德国之个人所得税,法人所得税与危机税合计为十八亿九千万马克。法国之不动产所得税,工商业所得税,农业所得税,薪俸所得税,非商业所得税,资本利息所得税与综合所得税合计为一百零四亿四千七百万法郎。义大利之不动产所得税与所得税合计为三十八亿一千九百万利拉。兹将上列各国税收总额及所得税所占之百分率,分列于下,以资比较:

国别	年度	税收总额	单位	所得税百分率
日	1933	683 728	千圆日金	20.2%
英	1932	752 385	千镑英金	43.3%
美	1932	2 171 927	千元美金	50.7%
德	1932	7 965	百万马克	23.6%
法	1932	34 732	百万法郎	30.1%
意	1932	15 812	百万利拉	24.2%

同称所得税,有带"收益税"的色彩者,有以特别税或附加税的形式,以一部让与地方者;仅以国税中所得税之收入额,即认为所得税之收入,自属失实。然而所得税之收入,仅就其在国税中之地位观之,少则二成以上,多则五成以上,所占地位,不为不大。若以多少之顺序言之,则美之百分率最高,英国次之,法、义、德、日又次之。

国税中所得税之采用,各国均始于何时?排比其事实,以见其先后,亦一有兴趣之事。兹据德国学者波辟茨之调查(Johannes Popitz: Einkom-mensteuer, Handwoerterbuch der Staetswissenschaften. III Bd. S. 437),而加以多少之修正,列表如下:

1	英国	一七九八年
2	瑞士	一八四〇年
3	美利坚	一八六二年
4	意大利	一八六四年
5	塞尔维亚	一八八四年
6	南澳大利亚	一八八四年
7	日本	一八八七年
8	新西兰	一八九一年
9	茭兰达	一八九三年
10	塔斯马尼亚	一八九四年
11	奥地利	一八九六年
12	西班牙	一九〇〇年
13	匈牙利	一九〇九年

(续表)

14	法兰西	一九一四年
15	捷克斯拉夫	一九一四年
16	俄罗斯	一九一六年
17	加利西亚	一九一九年
18	卢森堡	一九一九年
19	比利时	一九一九年
20	德意志	一九二〇年
21	布加利亚	一九二〇年
22	波兰	一九二〇年
23	巴西	一九二二年
24	罗马尼亚	一九二二年

以上年表中,有应注意者二事:第一,关于英国所得税的制定,有主张始于一七九八年之"triple assessment"(三部合成捐)者,有主张始于一七九九年之新所得税法者。本年表采第一说。第二,关于美国的所得税,依波辟茨的主张,最初之所得税,应始于一八六二年七月。但若从严格的解释,实应以一九一三年宪法改正后所制定实施之新所得税法为起点。

(二)各国所得税法制定的由来

一切社会制度,固有其共同的事实,但自国税中所得税制观之,基于各国种种之特殊事情,其制定的时期,表现不自然的迟延。即自所得税之内容观之,亦常受特殊之影响。试就美、德、法、英、义、各国之往事,以窥察此中的消息。

美国因合并各州而完成建国事业,最初专行州所得税。至于采用联邦所得税(federal income tax)乃一八六二年七月之事。其后改废无常,时行时止。至一九一三年二月,断行宪法之改正,始将所谓"联邦所得税违反宪法"之积年的非难,一扫而空,于一九一三年十月制定新所得税法,以至今日。

至于德国,自其发生之历史的事情观之,地方分权之趋势颇强,所谓"直接税归各邦,间接税归帝国"之原则,久被采用。是以所得税在德国,并不以国税而存在,而实发展于各邦。但自威玛宪法设定以来,打破多年之地方分权,确立中央集权之制度。遂于一九二〇年三月经爱次柏格(M. Erzberger)改革之结果,将所得税自各邦收回,使归为国家税。国税中所得税之发达。以德国为特迟。

其在法国,外形标准主义的物税,支配人心颇久,如所得税之束缚个人自由的课税,认为违反"人权宣言",有背法兰西大革命之精神,不为法人所欢迎。所得税法案,提出之次数,超过二百,竟无一次采用。最后至一九一四年,世界大战勃发,所得税始实施于法国。

再看号称所得税祖国之英国。自一七九八年开始采用所得税之后,一八〇二年废止,一九〇三年再采用,其后改废无常,自制定一九〇三年税法之后,始踏袭该税法之精神,而成为恒久税,以至于今日。然一九〇三年之所得税,因所得税源之不同,将所得分为 A、B、C、D、E 五种,成为以源泉课税主义为主之"分类所得税"(schedule system),与综合所得税,距离尚远。至一九一〇年路得乔治制定"超过所得税"(super tax),后又改名为"附加所得税"(surtax),始将从来之分类所得税,合并而成为综合所得税。

此外若义大利之所得税,遵奉生产第一主义而立法;若苏俄之所得税,则努力实现社会革命之精神。是皆最近税制上之显著的事实,不能不注意及之。

最近美国财政学者塞力格曼(E. R. A. Seligman)曾说过"所得税之成立,以文化之比较的高度发展与货币经济之充分普及,为前提要件"(Article "Income Tax" in Encyclopaedia of the Social Sciences, vol. 7, p. 626)。但是此等条件具备后,不必即成立所得税。如果政治的要件与社会的要件,不能齐备,仍不能成立所得税。美国宪法之规定,妨碍所得税之发达。德国财源分配之政治的原则,延滞国税中所得税之采用。法兰西大革命所建树的自由精神,使法国所得税条例之制定,直延至世界大战勃发以后。即在产业革命经验最早之英国,缚于传统之力,直至一九一〇年,犹不得不以分类所得税自足。此等事情,倘加以比较与考察,仅在租税制度方面,亦可见各国特殊事情的影响之大。

(三) 各国所得税制的机构

各国所得税制,自其构造方面观之,日本与德国为一般所得税中心主义,英、美、法、义,为个别所得税中心主义。而英之与美,互有类似之点,苏俄之所得税,则有独特之组织。以下将日、德、英、美、法、义、苏俄所得税之构造,加以赅括的比较。

日本所得税,大别为对于第一种法人所得税与第三种对于个人之所得税,此外又有对于公债公司债之所得所课之第二种所得税,而成为特别之课税。第一种所得税与第二种所得税,以采用比例税率为原则。第三种所得税,则用累进税率,实行综合课税主义。德国所得税,分个人所得税(einkommensteuer)与公司税(koerperschaftsteuer)两种。自原则上讲,法人所得税,用比例课税。个人所得税,则用累进税率而行综合课税。在细目上,虽有不同;在本体上,日本所得税与德国所得税,实属同一系统。所不同者,在日本则国税所得税,伴以地方附加税。若在德国,则将国家所收之所得税,分出一部,以予地方。

英国所得税,于其历史上有名的通常所得税(normal tax)之外,另有附加所得税(surtex)。通常所得税,无论课于自然人或法人,将所得分为五大种类(five schedules)而采用税源课税法或直接课税法。所称之"标准税率"(standard rate),由每年之财政法(finance act)决定之,属于比例税率。附加所得税乃对于自然人所得,凡超过二千镑者,即按累进税率课税。普通所得税为个别所得税,而附加所得税,则带有一般所得税之色彩。美国之所得税可分为个人所得税与法人所得税二种。个人所得税更分为普通所得税与附加所得税二种。普通所得税先采用比例税率,可认为个别所得税。附加所得税,对于一万美金以上之巨额所得,采用强度的超过额累进税率,颇具有一般所得税之性质。法人所得税,虽依比例税率,但与个人所得税相较,其标准颇高。英国之所得税与美国之所得税,其制度之构造,多有类似之点。但关于法人课税之方法,关于税率之规定,均有不同,税制之基调,各有异样之色彩。个别所得税式之普通所得税与一般所得税式之附加所得税,融汇并用,颇足供他国效法。

法国所得税可区别为分类所得税(impots ceduleires sur les revenus)与综合所得税(impot general sur le revenue)。分类所得税自七种租税组成,即:家屋所有所得税,土地所有所得税,农业所得税,薪俸所得税,非商业的所得税,商工业所得税,资本利息所得税,自然人与法人之间,不设何等之区别,只于二者之间,适用不同之比例税率。至于综合所得税,系以对大宗所得之自然人课税为目的,采用间接累进之制度。分类所得税属于个别所得税,综合所得税则属于一般所得税。义大利之所得税可区分为不动产所得税,动产所得税,与补充所得税三种。不动产所得税更可分为土地不动产税与建筑物不动产税,其来源颇古。惟义大利普通所称之所得税,仅指动产所得税(imposta sui redditi delle ricchezze mobile)与补充所得税(imposta complementare sui redditi)。"动产所得税",乃自然人或法人所受之(A)公债利息等之纯资本所得,(B)商工业金融业等之资本勤劳共动所得,(C)自由职业所得与薪俸等之勤劳所得,(D)对于公务勤劳所得所行之税源课税法或直接课务法。扣除查定之结果,虽有多少累进的倾向,但自大体上言之,乃系采用此例税率。"补充所得税"系对于自然人的大宗所得,课以比较的轻微的累进税。动产所得税,具有个别所得税之性质。补充所得税,则为一种之一般所得税。前者与法国之分类所得税相当,后者与法国之综合所得税相当。

苏俄之所得税,分为对于农村住民之单一农业税与对于都会之所得税二种,苏俄之共产主义,虽因新经济政策与新新经济政策,而加染资本主义的色彩,但其本身,犹能到处表现社会革命的精神。于单一农业税则重课富农,于所得税则区别私人及私企业,与国家及集体企业,即其适例。

(四)各国所得税的展望

自千七百九十八年,皮特(William Pitt)在英国创设所得税以来,经过百三十余年的岁月,今世主要诸国,几无不采行所得税。自现行所得税法观之,日本之所得税以及德国之个人所得税法人所得税,均系采用一般所得税中心主义。但在个别所得税中心主义之英国,自一九一〇年采用超过所得税以来,一般所得税之精神,渐次浸入各国之所得税立法。无谓在美、法、义、任何国家,个别所得税之外,均采用一般所得税。此种事实,乃研究世界各国所得税之构造时所当注意之现象。

各国各有不同的历史,各自不同的社会组织与经济组织中成长而来。各国财政制度,所以表现如许不同,宁属当然之事。但因文明之进步,地理的间隔,大为缩减,思想的距离,大见接近。加以国际经济关系,日益密接,各国财政制度,亦不能不增加共同之分子,亦属不可否认的事实。纵令于租税制度,各国犹自保守其不同的传统,时至今日,亦不得不与世界共呼吸。各国之所得税,虽各保持其特殊性,但其日趋类似之点,无论何人,亦难否认。各国所以次第采用所得税,即与世界共呼吸之一特征;一般所得税,渐次风靡各国,亦足供所得税之世界化的证据。关于各国所得税将来之展望,令人感到各国间相互微妙的影响,一国所得税之改正,即可波及于他国。由是观之,各国所得税制之比较研究,实有重视之必要。

三 苏联所得税制现状

(一) 类型的对立

现代所得税制,乃资本主义发达的产物。旷观并世各国,所得税收入最丰富的国家,也便是资本主义最成熟的国家。此种税制之存在,不仅以其富于充分与弹力,合乎收入目的所要求的条件;且以其税的体制中,含有累进、分等、区别、免税等机构,对于现社会财富分配的不平,发挥再分配的作用,用以达到赋税的社会目的。收入目的,为现代国家所需要,社会目的,更为现代资本主义国家所需要,所得税制所以风靡世界,宁属客观的必然。然则在经济体制完全异样的苏联,也需要所得税否? 其需要的内涵,是否也与资本主义各国相同? 这些问题,确乎值得我们注意。资本主义类型的所得税制,前已介绍,兹就苏联现行之所得税制,施以客观的叙述,用备国人参考(参照汐见三郎等前著 233 页以后)。

(二) 苏联所得税的特征

现行苏联的所得税制,由三种租税组织而成:一种为"私人及私企业所得税"(einkommensteuer von privztpersonen und privztunternehmun-gen),一种为"合作及国家企业所得税"(einkommensteuer von staatlichen und genossenschaftlichen unternehmungen),再一种即为对于农村住民所课的唯一的统一的直接国税,即所谓"单一农业税"(einzige Lendwirtschaftsteuer)。查"私人及私企业所得税",创始于新经济政策采用以后,系对新发生的资本家所谓"nepman"的所得,所课之税,其时期为一九二二年十一月。本税自始即根据综合课税主义,对于自然人及法人之综合所得,课以累进税率。对于所得者,复类别其所属的社会阶层,而施以差别课税,是为其特征所在。其后屡经改正,课税范围,因而扩大,以阶级为区别的差别课税,亦随之加严。但其根本组织,尚无很大的变化。"合作及国家企业所得税",创始于一九二三年六月,对于合作组织经营,准国营及公私混合经营等企业之纯益,课以百分之八的比例税率。嗣于一九二九年,提高税率至百分之二十,至今尚无大变。至于"单一农业税",自一九二三年五月创设以来,税质与组织,均有显著的变迁。最初系以一农场人口一人的耕作地面积,为课税标准。至一九二七年四月,经过根本的改正,系以一农场之收益额为课税标准,算定此项收益,则以认为收入源泉之一单位的平均收益额为基础。此外关于免税点之设定,超过累进税率之适用,以及详细之斟酌规定等,颇著所得税的色彩。其后至一九三一年三月,对于各种共同农场,改为封实收收益额课税,税率颇为减低,但对于富农之课税,仍然峻烈。

现行苏联所得税制有两大特征:第一,对于所得者,施行严格的阶级差别课税。第二,为奖励社会化经营运动之故,施行课税上种种特典的赋予。此与资本主义国家的所得税相较,很有不同。

苏维埃政府,自采用新经济政策以后,对于一切的生产事业,百端设法,与以企业的刺激,使其生产力向上。但同时对于私人企业的活动,与私人资本的蓄积,则抑制于一定范围以内。各种直接税,不仅为获得收入,并且运用它,作为抑制私人资本活动的一手段。所得税及单一农业税,基于此项目的,每有一次改正,即将差别课税的阶级别加严,将累进税率加高。近来政府的政策,颇致力于非资本主义的共同经营运动,我们看所得税与单一农业税每次改正的踪迹,可以瞭然。尤其是对于各种共同农场,所予课税上的特典与斟酌,殊为广泛。兹将私人及私企业所得税,合作及国家企业所得税,以及单一农业税的组织,分述如次。

(三) 税制内容

除了合作经营及国家经营的企业,以及合作或国家出资之数达到资本总额半数以上的企业以外,凡在苏联境内,据有所得源泉而得收入的一切自然人或法人,不问其国籍住所如何,皆须课以"私人及私企业所得税"。但农村居民的收入,负担单一农业税时,得以免除此税。课税标准,基于综合课税主义。从以人为中心所来的总所得,扣除一切必要的经费,而课其残额。一切所得者,按照其所属阶级,施行差别的课税,是为本税最著的特征。各种所得,所包括的种类,约举如左:

A 工资劳动者,国家年金受领者之所得。
B 文笔生活者,戏剧家,生产合作员等之所得。
C 工资关系以外之劳动者,不使用劳动者之家庭工业者等之所得。
D 住宅出租者之所得。
E 使用三人以内之劳动者之家庭工业者,中间商人等之所得。
F 商工业企业者,教会之所得及利息所得。

以上六种所得,各课以不同之累进税率。从以上的分类法,及对于各阶级所课之不同的税率,可以看出苏维埃政府对于各阶级之社会的地位及任务,所表示的认识的差异。

关于课税所得额的算定,亦有种种不同。前记 A 种所得,月收不满七十五以至一百卢布(因住居地域而异)者免税。在二个以上的地域获得收入,其总所得额,从超过上述免税点,但在每一地域之所得额仍在免税以下时,亦得免税。各种所得,皆以纳税义务者,对于前年度实收所得之报告为基础,更经税务当局之直接查定,然后决定其所得额。馀如负债利息以及各项必要经费,既纳之国税及地方税,每年以三百卢布为限之生命保险费,以所得额百分之二十为限之被雇庸者待遇改善费等,均由所得额中扣除。又同居之家庭中应归纳税义务者扶养之老人子女二人以上,仍有扶养之义务时,每增一人,即将应纳税率,降低一级。

按照上述条件所决定之所得额,课以超过额累进税率。例如关于 A 种所得之规定,月收不满八十五卢布者,课以○.七五％。八十五至一百卢布,则课以○.六四卢布外加八十五卢布以上之超过所得额所应课之一.二五％。由是渐次累进,对于二百至二百五十卢布之所得,课以二.八八卢布外加二百卢布以上之超过额所应课之三.五％。至于 B 种所得之免税点为九百卢布以至一千二百卢布(因地域而异)。其他四种所得之免税点,由五点卢布乃至八百卢布。对于法人所得,适用 F 种所得之税率。

至于课税方法,A 种所得及 F 种所得之一部分,实行溯源课税法。其他所得,则行直接课税法。关于所得额之查定及征税,税务当局之权限,较他国为广泛,并以百分之二十五为限,得征收地方附加税。

苏联当局对于产业中社会化的部分,所课的各种租税之一,即"合作及国家企业所得税"。凡自纯私营企业以至纯国营企业,其间以种种过渡的经营形态所办之合作经营及准国家经营之企业,均课以此种所得税。但合作或国家的出资额,不满资本金半额之企业,以及自各种社会经济的见地不能认为合作组织的企业,均课以前述之私人及私企业所得税。此外纯国营的企业,其经营方法,按照私企业,而对国库负担利润让渡的义务者,得以免除本税。

课税标准,普通依据前年度的纯益。但在股分公司,按照一定之规定,记载账簿,即以账簿所记之纯益为标准。其他企业,从总收入,扣除必要的一切经费以及折旧费,而以残额为课税所得额,以后根据千九百三十一年八月二十三日之法令,修正为对于三个月间之推定纯益而课税,于是股分公司之会计组织,亦因之变更。对于上述算定之课税所得,一律课以百分之二十的比例税率。若其查定税额,较之私人及私企业所得额中 F 种所得,同额所得所应支付之税额,而有超过之时,即按照 F 种所得之查定税额,将课税额减低。此外更附加百分之二十五的地方税。本税较之私人及私企业,课于大所得者,税率颇低。此种事实,即反映政府对于非资本主义的共同经营企业,设法促进之意。

(四) 单一农业税

自原则上言之,居住在苏联的农民,以农村为收入源泉的所得者,均须赋课本税。负担本税者,对于此外之直接国税及地方税一概免除。负担本税者,课税上分为左列四类:

(1) 共同农厂;

（2）共同农场中之非共同化财产；

（3）个别经营农场；

（4）富农。

先自共同农场之课税状态观之。对于共同农场，非如个别经营农场，以各收入源泉之平均收益率为基础而算定其所得额，乃根据各农场所备之会计账簿，查定其每年总收益的实收额，因而课之以税。至于税率，则共产农场（kommun）与共同耕作农场（artel）为百分之三。共同耕作合作社（gemeinschaft zur gemeinsamen bebauung des landes）为百分之四。即斟酌共同农场的共同化的程度，施行差别的课税。所属合作员每人年收不满六十卢布之各种共同农场，概行免税。对于共同农场，设有广泛的免税及课税减轻的规定，举其主要者，凡以经营困难之贫农及中农为中心之共同农场，斟酌情形，予以课税的减免。新开拓地方之共同农场从事于家畜饲养，养蜂，及甜菜棉花等之栽培者，自开拓之年起，五个年间，予以免税的优遇。此外各地方的特殊农业，以促进工业原料生产为目的者，各予以减税或免税的优遇。因有此等优遇保护的结果，于是现在单一农业税所赋课者，实际上，仅占全共同农场实收所得总额之半数。

再看对于共同农场之非共同化财产所生之收益。其收入额之查定，与后述之个别经营农场收入额算定之情形相同，根据同一之平均收益率而决定之。由此算定之一农场查定收入额，适用次列之超过累进税率。至于课税上之斟酌，与个别经营农场所规定之情形略同。

课税所得额	税率
五〇卢布未满	百分之四
五〇卢布超过——一〇〇卢布	五
一〇〇卢布超过——一五〇卢布	八
一五〇卢布超过——二〇〇卢布	一〇
二〇〇卢布超过——三〇〇卢布	一三
三〇〇卢布超过——四〇〇卢布	一七
四〇〇卢布超过——五〇〇卢布	二二
五〇〇卢布超过——七〇〇卢布	二七
七〇〇卢布以上	三〇

再其次则为个别经营农场。各联邦所有之收入之每一单位，规定其平均收益率，依此算定各农场之每年收入额，对此课以次列之超过累进税率。此项所得算定基础之耕作地面积，一部分根据播种地面积，一部分根据所有总面积，农业劳动者之工资收入，因其农村居住状态而异，对于农村常住者，以实收所得额百分之十五，都会居住者以百分之十五，季节农业劳动者以百分之二十，为课税所得额。手工业者及家庭工业者之所得，扣除其必要的一切经费。

课税所得额	税率
二五卢布未满	百分之四
二五卢布超过——一〇〇卢布	七
一〇〇卢布——一五〇卢布	一〇
一五〇卢布——二〇〇卢布	一五
二〇〇卢布——二五〇卢布	二〇
二五〇卢布——三〇〇卢布	二二
三〇〇卢布——四〇〇卢布	二五
四〇〇卢布——六〇〇卢布	二八
六〇〇卢布以上	三〇

（对于一农场人口每一人所得额之税率）

对于个别经营农场，而课以单一农业税时，其斟酌规定之主要者，大约如次。一农场人员每一人之收入仅足二十卢布者，不课本税。合作组织之农场而不使用工资劳动者，减轻税额约百分之二十五。贫农及中农在特定区域栽培甜菜及饲养牲畜者，自一九三〇年以后，免除本税。关于劳动力之地域的及职业的分布，如欲施行调节，即对于从事一定产业之农民，特许免除本税。例如对于兼事采煤之农民，凡在同一场所，继续居住一个年以上者，免税。又移住于新开拓地之农民，免除其一定期间之纳税义务，又对于农村中奋斗之牺牲者，欲予以社会的保护，乃对于因斗争而死亡的农民遗族，由本人死去之日算起，免除其五个年间之纳税义务。最后，个别经营农场所生产之农产物，其市场贩卖价格，若比共同农场之同种农产物之价格为高，应将其价格之差额，加算于个别经营农场之课税所得以内。此种规定，即表示以保护共同农场为目的之露骨的租税政策。

最后则为富农（kulak），特自个别经营农场中抽出，而课以特定的税率。其自各收入来源而算定其平均收益率，虽与一般的及个别的经营农场之情形相同；但对于一农场之所得额，则课以高率的超过累进税。对于富农，在课税上，并无何等优遇的规定。对于每一农场，认定其为富农阶级的权能，委之于村苏维埃之手。村苏维埃考虑该地方每一农场的平均所得额而加以认定，然后报告于上级机关。

课税所得额	税率
五〇〇卢布未满	百分之二〇
五〇〇卢布超过——七〇〇卢布	三〇
七〇〇卢布——一〇〇〇卢布	四〇
一〇〇〇卢布——三〇〇〇卢布	五〇
三〇〇〇卢布——六〇〇〇卢布	六〇
六〇〇〇卢布超过	七〇

（五）苏联所得税的重要性

关于苏联所得税的重要性,须将所得税及单一农业税之收数,对于租税收入总额作一比较,方能见其真象。兹将二者之比率,列表如下:

年度	税收总数	所得税收入	百分比	农业给收入	百分比
1925—26	1 787	151	8.5	251	14.1
1926—27	2 484	192	7.8	357	14.4
1927—28	3 255	231	7.1	354	10.8
1928—29	3 960	283	7.2	430	10.9
1929—30	5 378	369	6.8	415	7.7
1931—32	10 843	300	2.8	500	4.6
1932—33	16 753	15	0.01	600	3.6

（一九三〇——三一年度之数不明,一九三一——三二年度以及一九三二——三三年度之数,均为预算。前列三种收入之数,单位皆为百万卢布。）

由上观之,所得税及单一农业税之收入额及其对于税收总额所占之百分率,较之其他资本主义国家之情形,殊觉寥寥。一九二五——二六年度所得税之收入为一亿五千一百四十万卢布,其后渐增,在一九二九——三〇年度,曾到三亿六千九百四十万卢布。但其与总税收入之比率数,则自百分之八.五降为百分之六.八。同期间之单一农业税收入,自二亿五千一百七十万卢布增为四亿一千五百万卢布,但其对于总税收的百分率,则由百分之十四,一降为百分之七.七。税收总数,所以增加如此之速的主要原因,即因间接税的增收。一九三一年以后,所得税收入激减,同时则间接税之收入激增。结果,以上两种收入在总税收中之地位,大为降下。一九三二——三三年度,所得税收入为一千五百六十万卢布,农业税收入为六亿卢布,两种合计,在总税收中,仅占百分之三.六一。苏联所遵行之政治原则,与资本主义国家,根本不同,故于判断以上两税之重要性时,单着眼于收入额数的多寡,无有是处。

苏联自施行新经济政策以来,其根本方针,即为向资本主义退却一步,以备向社会主义前进两步;洎入一九二五年以后之新新经济政策阶段,此种趋势,更形显著。然苏维埃政府,对于土地的国有,大工业,铁道及外国贸易的国营,既已得到确实的保证,且自一九二八年以后施行产业五年计划,国营产业之部分,益形扩大。他方于农村社会化经营之农业部分,渐次增加。是以今日苏联之社会经济情势,乃建立在根据私的资本经营的生产要素与根据国营乃至社会化经营的生产要素两相对立的要素之辩证法的统一之上。在此复杂的社会经济情势之内,所得税与单一农业税,其目的并不仅为收入,乃对于都会及农村中私人资本的活动,抑制于一定范围以内,同时即促进农业以及各种产业之社会化运动。此种重要的社会经济的任务,乃其主要目的所在。是以所得税及单一农业税,自制定以后,经过多次的修正,对于商工业企业者,金利生活者,中间商人及富农等之课税,日趋峻烈;同时对于工资劳动者,贫农及中农所课税率,则大为减低;对于社会化运动,从种种方面,扩张其课税上的保护。苏联的所得税与单一农业税,与资本主义国家所课者,从许多方面观之,均有不同,呈现极鲜明的苏维埃的色彩。

欲明了苏联所得税与单一农业税的重要性,不仅要着眼于税收的数目,此外若国营乃至社会化经营与私营产业之相对的重要性,各阶级间所得的分配关系,都会所得与农村所得的分配状态,以及与经济政策各方面的关联,均须加以对比,始能认识其真象。

四 中国试行所得税问题

(一)试行的沿革

吾国试行所得税的经过,可分为五个段落:

第一次为前清末叶。当时因国用困乏,预算不敷,朝野均主创办所得税,并曾拟定税法,提交资政院,议未决而国体已更。

第二次为民国初元。当民二之际,财政部拟有推行所得税提案,并拟定所得税法草案二十八条,于民国三年一月公布。其中可注意之点有四:(一)关于课税范围,规定有二:(甲)在民国内地有住所或一年以上之居所者,依本条例负完纳所得税之义务;(乙)在民国内地虽无住所或一年以上之居所,而有财产或营业或公债社债之利息等所得者,仅就其所得负纳税之义务。(二)关于税率,分为两种:第一种又分为(甲)法人之所得,课以千分之二十;(乙)除国债外,公债及社债之利息,课以千分之十五。第二种内包括凡不属于第一种之各种所得。第一种系用比例税,第二种则用累进税。累进方法,其免税额为五百元以下,超过五百元至二千元者,按照千分之五课税。凡所得增多,每逾一级,其超过之额,即按五增加,递变其率,如百分之十,百分之十五等是。第三为计算所得额之方法,因类而异。有由各事业年度总收入金额内,减除本年度之支出金,前年度之赢余金,各种公债及保险金,责任准备金等,而以其余额为所得额者,计算法人所得及财产所得等用之。有以利息之金额为所得额者,计算公债社债之利息等用之。有于一切总额内,减除由已课所得税之法人所分配之利益,公债社债之利息,及经营各种事业所需之经费,与各种公课等,以其余额为所得额者,计算上述第二种所得用之。惟议员岁费,官吏俸给,及其他从事各业者之薪给或存款之利息,与由不课所得税之法人所分配之利益等,则以其收入之金额为所得额。第四关于报告方法,凡属第一种第一项法人之所得,由纳税义务者于每事业年度之末,报告主管官署。第一种第二项社债公债利息之所得,由发行公债之地方团体或发行社债之公司,于给付利息之前,报告于主管官署。其余属第二种者,则由所得者于每年月月预计全年之所得额,报告于主管官署，至二月以后新发生之所得，应随时预计其全年之所得额，报告于主管官署。此为民三所得税条例之概要。

第三次为民四以至民十四。上述所得税条例，虽经订定，其后又以此项条例，课税范围甚广，手续较繁，同时举办，事实上困难甚多。故又拟分为数期，逐渐推行，当经拟定第一期施行细则，规定应纳所得税之种类，分当商、银行商、盐商、及由官厅特许或注册之公司行栈，即条例内第一种之法人所得。又议员岁费，官吏俸给，年金给予金，及从事各业者之薪给，则系条例中第二种法人以外之各种所得。属于前者之所得，用申报方法，由所得委员调查报告，以期计算详明。属于后者之所得，用课源方法，由主管官署，审定通知，以期扣支便利。至从事各业者之薪给，虽属后者，但此项人员，非官吏可比，课源较难，故亦用申报法。按此施行细则，实与各国特别所得税制相似，初拟俟第一期办理就绪，即将课税种类扩张，施行第二期所得税，以渐期于普及。乃逾时未久，复以推行所得税，应由受国家之给予者，先行提倡，乃将第一期施行细则，酌予修正，缩小范围，以受有国家之给与者为限。同时为收数稍增计，税率亦予修正，较前为高。以后至民国八年，复经财部详加讨论，佥以开办新税，税率贵能从轻，遂主撤回修正策，根据原条例办理。并于民国十一年一月，复草拟施行细则公布，即于是月实行征税。当时苏浙鲁鄂各省，亦均认定数目，至此而各省议会又电请缓办。财部准予展缓三个月，旋即实行。北京政府举办所得税之情形，大致如此。

第四次为国民政府初成立时期。民十八年一月，财政部将民三之所得税条例，重行修正公布，其主要之点亦有四：（一）法人所得改用累进制。据旧条例，法人所得按千分之二十征税，系采比例课税法，新制改用累进税法。（二）国债所得一律征税。旧条例对国债所得，免予征税，对公债投资，原寓奖励之意；今则巨额国债，多在资本家之手，故改为与其他地方公债及公司债，同按其利息之数，一律征税千分之十五。（三）免税额之提高。原定免税额为五百元，因欲减少征收之费用，及维护低级人民生活之健全，故提高为二千元以下者免税，以谋祛除所得小者纳税之痛苦。（四）改定个人所得之计算法。新制对所得不及六千元者，并得扣除负债利息，人寿保险及扶养家族三项。以上对条例改正数点而外，同时复将所得税施行细则，按照修正条例之要点，分别改订。较以前所订，远为周详。

第五次为所得税过渡办法。十六年夏，中央党部以党员抚恤金，需款甚殷，遂倡服务人员所得捐之制。其课税范围甚狭，仅以国府以下各机关人员为限。免税额定为五十元以下。其在五十元以上者，征百分之一，百元以上者百分之二。此外月薪递增百元，捐率亦递增百分之一。

（二）最近的筹备

最近财政部筹备开征所得税，原拟二十四年七月一日起实行，嗣因筹备不及，兼以种种困难，故经酌量展缓。二十四年度国家总预算岁入部份内，已列所得税收

入为五百万元,预计实行后,年可收入二千万元。其草案中已决定之重要原则如下:

甲 课税范围 财部此次举办之所得税,其中将课营利事业所得,薪给报酬所得;或取其能采用课源法,便于征收,或取其有新式组织,便于钩稽;不须悠久时间之筹备,不须巨大经费之调查,办理得宜,可收速效。至其中尚规定公司,商号,行栈,工厂,其资本在五千元以上,即须纳税。

乙 免税范围 对于免税范围,拟定为下列数种:(一)军官在动员期间所得之俸给,(二)警官遇地方宣布戒严期间所得之俸给,(三)美术或著作之所得,(四)旅费学费及法定之赡养费,(五)小学教师薪俸所得,(六)不以营利为目的之法人所得,(七)不属于营利事业之一时所得。

丙 税率范围 所定税率,关于营利事业所得之课税,闻系以全年所得合资本额百分之五者为起税点,不满资本实额百分之五者免税。其税率采全额累进制,由千分之十起,至千分之二百止。至基于勤劳所得,闻将以五百元为免税点。自超过五百元之额起课税税率,自千分之十起至千分之二百止。一方对于税率计算,则采用超过累进制。并为奖励储蓄及保障个人之经济安全计,将规定保险金,储蓄金养老金等,应先扣除,不列入纳税之数。假如有人年得酬金一千元,除去免税额五百元外,另可依法扣除人寿保险金,及养老金,储蓄金等,实际应课税之所得额不过四百元左右。如以千分之十课税,每年应纳之税当在三四元之间。

丁 征收方法 我国历届所得税条例之征收方法,大都采自日本制度,参用申告课源两法,与欧美各国所通行之总额课源两法用意正同。故此次财部举办所得税,仍参照旧有条例规定。至各类所得计算方法,例应扣除其种种费用,然后就其所得课税,亦详加规定。最近财部,以创办所得税原则,业经中政会通过,行将公布施行,特成立中央直接税筹备处,并先将所得税积极筹备,俾便早日开征。

(三)实行所得税的几个条件

关于赋税的性质,蒲来恩老教授解释的很简单,只是"一种强制分担,取自私有财产或所得,以为公共之目的"。大部分的赋税,尽管在名称上千差万殊,归根结底还不是取自个人的所得——这便是所谓"税源"。有了源源不绝的所得,才有用之不竭的购买力,以供日常消费之需,于是在税制上,便形成所谓消费税。如此说来,盐税统税一类的消费税未尝不可以称为所得税,所以必须区分者,便因课税方法的不同。其用直接方式,课个人所得者,为所得税;其用间接方式由支出以测定所得者,为消费税;因此有直接税与间接税之分。大抵在课税方法幼稚时代,其课税标准,多采很显露很简单的外形,如人头税则靠人之数,窗税则靠窗之数,灶税则靠灶之数。以后社会发展,技术进步,始由人之数而财产,而支出,而生产额,最后乃以所得为课税的标准。如果课税技术,不能发达到以所得为标准,所得税是不会顺利进行的。

所得税之近代的产物,不仅以课税的技术,更在所得的本身。在社会经济尚未发展时代,个人所得不仅种类有限而且数额甚微,仅凭消费税,大致已尽纳税之能事;必欲详查所得,每人而课,必不免收获有限,而所费甚多,殊非政府所愿为。及至社会经济发达,国民所得增加,个人收入,除生活消费外,尚有许多剩余。此种"经济的剩余",即非消费税所得触及,而且蕴蓄着累进的纳税力。不用说在正义上不能轻轻放过,便是"为长者折枝"之类。但是大量所得的存在,决不能期诸单纯再生产,而要有赖于扩大再生产!质言之,便是要在资本主义发达,生产机械化之后。当欧战之际,英国所得税收入的指数,在一九一三——一四年度为一百,至一九一九——二零年度,则增为七百六十,六载之间,几增八倍!再看美国的例子,更叫我们吃惊。在欧战以前(一九一三年)联邦所得税的收数,仅占该国税收总额的百分之五,及至一九二七年,突增至百分之六十四。查该年度,美国所得税收数,为二十二亿二千五百余万金元,比较一九一三年度美国联邦政府的税收总额,多出三倍还要多!英美都是世界上资本主义最发达的国家,所以也是所得税最发达的国家;其他国家,如果未曾发达到英美那样现代化的工业生产,而徒震眩于英美所得税的成功,思藉此以救非常时财政之穷,可以说是等于作梦。

而且还有一层。个人所得中,用不了的经济剩余,固然蕴蓄着累进的纳税力,但是在私有制度之下,谁也不愿白白地将自己的所得拿出来。勃克(Edmund Burke)说得好:"课税而能取悦,好像讲爱而能凭理智,是未曾赋予人类的"(To tax and to please, no more than to love and to be wise, is not given to men.)在社会经济未曾发达的时代,个人收入中也颇有巨额所得的存在。位尊与多金相连,不事家人生产,一样可以得收入。但是有钱者常有权,"税课权"(taxing power)如果握于有钱者之手,必不免为勃克的巧喻所支配,决不会以自己不喜欢的所得税,课诸自己之身。不仅此也。"己所不欲,勿施于人",那是孔夫子有感而发,事实常是对比。自己所不喜欢的税负,不仅勿施于己,迫于"聚敛"的必要,还要以己所不欲的施之于人!于是这税负的重担,滚来滚去,还是落到政治上弱者的肩上。但是在资本主义发达以后,情势便有些改变。工厂促成工人的集结,工团促成工党的发生,国会有工人的代表,议案容工人的主张,到此时节,有钱的有权者,感于政治上制裁力量的高涨,再不能以己所不欲的税负,尽课以于人,多少总要课之于己,于是国家课税,才有触及巨额所得的可能。

"所得"是早已存在的,但是近代所得税的发展,要具备三个条件:第一,要有巨额所得的存在,这是经济的条件;第二,要有方法,很清楚很确定地,知到所得的存在,这是行政技术的条件;第三,要有制裁的力量,足以捕捉课取巨额所得的存在,这是社会的条件。这三个条件,都要等着资本主义,而后得到充分的发展,所以说近代的所得税,是资本主义的产物。

由此我们可以知道,中国所以不能实行所得税,如同中国不能实行宪法一般,主要是因为中国没有资本主义的生产。没有相当的经济基础,勉强施行所得税,纵令见诸实行,诚恐利未见而害已多,仿佛东施效颦一般,没有美,只有颦,岂不更显得难看。

(四) 过去试行失败的原因

据民国十八年甘末尔设计委员会所提出的税收政策意见书,也说"中国现在不可采行一般的所得税。其后就特殊部分所得税为进一步之研究,亦不能证明此种有限制之所得税,适于采用。本委员会之见解,一部分基于所得之性质,一部分基于中国私人账目之现状,而主要部分则以行政性质为根据。一俟他国视为适于所得税之条件,亦已见于中国,则中国当然可以采行所得税。不过初时仍须为局部的及试验的而已。"分析该委员会的意见,不外三点,第一为经济上的原因,第二为技术上的原因,第三为行政上的原因,均属甚难解决的问题。美国学者康斯脱克 (Alzada Comstock) 根据一九二七年调查之结果,曾经指出在联邦所得税总额的百分数中,仅纽约一州即占百分之二十七,宾雪尼亚占百分之九,意利诺占百分之分,北迦罗林纳占百分之七,米齐干占百分之七,仅五州所纳之所得税即占总额百分之五十八,于是康氏称所得税为"工业税"(indus trial tax) 又称之为"都市税"(urban tax)。吾国之新式工业既未发达,少数都市且日趋于萧条,缺少所得的丰富税源,何能期望所得税务的丰富收入,此其一。吾国既少新式大规模的工商业,新式簿记自不能普遍使用。国民所得的记载,全恃健全的记账制度及查账制度,以保其正确,而后征收所得税之际,方能有所凭借。吾国在官厅方面,既无精详之人口调查职业调查及收入调查,而私人的账簿,又复零星破碎,欺伪隐漫,则所得税的征收,在技术上必遭遇极大的困难,此其二。更自行政方面言之,所得税既为内容复杂的税制,则在政府方面,即须具有技能丰富忠实可靠强而有力的管理机关,方能胜任愉快。且所得税的征收,尤贵行政权的统一;倘使对内而尾大不掉,对外而主权不完,则所得税制,纵令实行,亦必发生不公平而有害的影响。吾国过去征收营业税,即因租界的存在,成为避税者的逋逃薮,一旦避入租界,即可免除巨额的税负;而持重不迁者,却要增加营业的成本,减少竞卖的能力,为渊驱鱼,为害已著,倘再施行所得税,而不于此等问题,未雨绸缪,则其流弊,必致促成资本的飞走,加重工商的萧条。税收有限,税源已飞,既不得鱼,且失其纲,反不如不行之为愈,此其三。有此三因,已足障碍中国所得税的实行,而况此外犹有一最有力的社会原因在。

消费税为间接税,多归贫苦阶级负担,所得税为直接税,多归富有阶级负担,富有阶级常属特权阶级,使其负担租税,非有下属社会力量推动政治不为功。英国税制史上最有名的改革,一为一九〇七年爱斯葵斯当政时代确立劳动所得与财产所得的区分。一为一九一〇,路得乔治当政持代,确立超过所得税之赋课。两氏均为自由党人,均欲得工党的助力以对抗保守党,因而容纳工党所提出的财政改革的要求。即在欧战期间,英美之所得税率所以得到空前的进展,直到战事既平而犹不能回复战前的税率者,何莫非民主政治日见发达消费课税不易实行因而不得不从直接税想办法的原故？吾国一般民众,在政治上毫无发言的余地,而富有阶级又凭恃其位尊多金,凡对于彼等之课税计划,总是运用种种方法必使流产而后已;既往之新盐法与交易税所以昙花一现随即销声匿迹者,莫非此种势力支配其间！于以知:社会上的民众意志,倘不能蔚为力量以制裁政治,则对富有阶级所课的直接税,必虽推行尽利,中国过去所以不能树立所得税,此亦原因之一。

自然,以上各种原因,毕竟以经济的原因为最重要。一个社会,如果工业的生产力,能作到现代化,必能普及新式簿记制度,造成工人团结,使政府的机构亦随之而大有进步。反之,产业不但不能发达,且日趋于崩溃,则新式技术,立宪政治,社会运动,均无从说起,勉强施行所得税,亦难望有若何之成功。

(五) 两个很严重的顾虑

在现社会制度之上,所得税的施行,本具有两大目的:第一是根据"应能负担"的原则,使全国民的赋税负担,得到进一步的公平;第二是根据累进课税的原则,使不平等的财富分配,得到再分配的矫正。国家课税,岂有不为收入之理？尤以在吾国今日库藏空虚需款浩繁之际,一般人辄将非常时期财政与开征所得税联在一起,亦无足怪。但有一点,盼望国人注意,不要叫所得税实行的结果,其影响比消费税还要坏！中国本来还没有形成健实的中间阶层,以为社会之中坚,一般所谓中产阶级,已经是苦的可怜。倘于施行所得税之际,不能排除以前所述的困难,其结果,必致贫苦阶层的所得,因在免税点以下,为课税所不及;富有阶层的所得,既有租界可资逃避,复有公费等名目以资补充,纵令课及若干,曾不足损九牛之一毛;其间无所逃避俯首待割十足尽到所得税纳税人的义务者,当属此中间阶层的群众。国步艰危至此,陨身毁家,亦何所惜？但在国家行法,如果不能预防,不幸产生此种结果,必致中间阶层,立增重担,生计已艰,必有不克负荷之势。影响所及,其桀敖不守本分者,必思取青紫跻高位以侪于上层;而大多数之守己奉公者,必且日坠于下层;两边一拉,则中国社会之中间阶层,更难有健全树立之一日,岂不产生更严重的社会影响？所得税之实施,本所以消弭社会之不平;既不能平,又助长之,当非国家制法的本意。

时人之论中国财政者,常将非常时期政财政策与所得税并举,以为迫于非常时财政的要求,才举办所得税;同时,施行了所得税,便有救济财政困难的功效。这种观点,若出诸中古时代的"聚敛之臣",尚无足责;若夫生于现代而犹具此思想,乃是不可饶恕的重大错误！自德儒瓦格涅(Adolf Wagner)主张:于"纯财政的租税"而外,应有"社会政策的租税"以来,已不仅成为学说,而早成为事实。我们举办所得税应从社会的观点出发,不惮详密规定,期得税负的公平,而不应从救穷的观点出发,运用降低免税点等规定,以期便利于收入！吾人作此主张,决非故为迂阔。诚以所得税的机构中,如从"社会目的"出发,决不致妨碍税收;免税点纵稍提高,而能从大所得适用累进,未尝不可实现上述之两重目的。反之,于出发之顷,即汲汲于救济财难,诚恐社会目的不免为收入目的所牺牲,只求收入可增,而负担之公平与否,反非所计。再从实际着想,无论那一个国家,初办一种新税,机构的运用未熟,纳税的习惯未深,决不会立竿见影的,即有大宗的收入。况以吾国国民所得的贫乏,倘不能逐步期成,而只望杀鸡求卵,必不免状贼税源,可一不再。所以吾国欲办所得税,亟应宽其税限,详其减免,轻其税率,严其逋脱,使人民心目中,树立一课税公平的新指标,逐渐养成其忠实纳税的良习惯,为国家财政制度建立一现代化的健全机构,方是开征所得税的本旨。否则动机不正确,求效太急切,必使西洋所行之良税制,"逾淮为枳",增加中国财政制度的新纠纷!

(六)此次试行的可能如何

根据以上的分析,过去吾国屡次试办所得税结果都归于流产;而且行之不善,还要惹出许多的毛病,索兴就不办好了,何必又旧事重提?从前所认为实行时的障碍,并未曾得到解决,有的地方还要变本加厉,不知此次提出,能有什么把握?治学之士,鉴于过去之失败,犹自哓哓主张,岂不枉费精神?是不然!我们分析实行所得税的障碍与流弊,乃是谋定后动思患预防之意,决不应因此而遽采消极的态度,认为万事俱无可为。而况此次重提,在客观环境上,亦有其促成之条件,倘能善为因应,不失良机,所得税在中国,亦有实现的可能。所谓促成的条件有三:

第一,一国之财政政策,完成于理性指示者甚少,不是向着抵抗力量小的方面去走,便是有种不可抗的力量,在后边督促着,使它不得不前进。康斯脱克所称"一九一四年以后,各国被迫着变更了它们预算的性质与范围,许多是出于一时的权宜,不见得就出于计算好了的方策"(More from expedience than from calculated policy, the nations were compelled to alter their budgets in nature as well as in scope after 1914—A. Comstock),便是说明这宗道理。大抵在征税方法上,间接税总比直接税来得容易,而且菽粟水火,柴米油盐,人人都不可少,并不因所得微细,而禁绝衣食。近年中央收入,靠关盐统为大宗,而三种间接税,在特殊事变以前,皆有突飞孟晋之势。先看关税,元年收入仅有六千六百万,至十二年已突破一万万,十八年更突破两万万,二十年竟达三万八千六百万,尤以裁厘加税关税自主后增加的程度为最显。次看盐税及统税,其增收之程度亦颇可观。三税合计,平均总要占中央岁入总额百分之八十以上。国家岁出膨胀,这些间接税也随着膨胀;预算不足,更可拿这些间接税作抵押,向银行借款,即有间接税的路子可走,而且走着很容易,何必一定要找实施困难不可必得的直接税?过去所得税所以不能遂行,这也不失为很重要的原因但是现在的情形可不同了,占收入主位的关税,不仅因为国际贸易衰落,国民购买力缺乏,收入日见减少;更因东北海关的被攫和最近走私的盛行,感受极大的危胁。而且世界大战,一旦暴发,国际贸易,重遭阻隔,则关税收入,必更一落千丈。同时以关税为担保的公债,亦将无法募集,此时已见其端。间接税的命运,既不似前几年之继长增高,头头是道,而且有"行不得也"的恐慌,迫于客观的情势,吾国政府乃不得不实心诚意,乞灵于直接税。所以这次所得税新草案的提出,其意义确与从前不同,此其一。

第二,西方各国开征所得税的起原,大抵为应付战时财政。英国于一七九八年开征"三部合成捐"(triple assessment)是因为有拿破仑之战。美国于一八六二年采用联邦所得税,是因为有南北之战。法国所得税法案,提出次数,不下二百,竟难施行。最后至一九一四年,世界大战爆发,所得税始实施于法国。所得税固然是资本主义的产物,但是有了资本主义,不必即能成立所得税。如果政治的和社会的要件,不能齐备,仍不能成立所得税。美国宪法的规定,妨碍所得税的发达。德国财源分配的政治原则,延滞所得税在国税系统中的采用。法兰西大革命所建树的自由精神,使法国所得税法的制定,直延至欧战勃发以后。就是说,一遇战争的逼迫,从前所认为困难的障碍,皆不得不设法排除,硬着头皮去干!不仅所得税的树立如是,所得税的发展,也莫不如是,试以美国为例。在一九一四年世人对于累进课税,尚抱疑问。当时美国,根据一九一三年制定的新所得税法,其最高税率为百分之七。德国于一九一三年新制定的所得税率,为百分之八。英国所得税的最高税率,亦为百分之八。倘在彼时而超过此数,必为一般观念所不许。当时谁也料不到,不到几年的工夫,美国所得税的最高率,可以增到百分之七十七!谁也料不到:那样高的税率,竟能不发生什么逃税与纠纷,得到巨额的财政收获,美国所以得到这种结果,自然有她的条件,不能说人家能够那样,我们也能那样。但是美国所得税率的发展,富以战时财政的要求,为最主要的原因,已经是无可否认。以彼例此,在我们中国,不用说将来要有战争的威胁,即在现在,早已在战时财政之下讨生活,日子是越过越紧,紧到不可开交。在当局的财政政策的现阶段,再也不能不找到所得税了。此其二。

第三,实行所得税之际,"强有力的集中管理,乃成为根本的必要"。这种条件,在我们中国,固然还不怎样具备。但是近年以来的政治,也有一个新动向,便是朝着"统制"的路子走,而且还走了几程,近一二年政治的统治力,确乎比从前进步的多。但是我们要知道:政治的统计,仅是手段,不应以此自足,而应运用此种力量,实现更高尚更切要的目的。现在所得税草案,既经重新提起,很可以把政治的统制力,在所得税的推行上,表现一下。这不仅是应该,而且可能,惟有在当前要政的实践,才能树立行政统制的权威。诗有之,"不侮鳏寡,不畏强御";又曰:"柔亦不茹,刚亦不吐"。我们要看,政府要能运用初发于铜的统制力,使社会上负税力很强的人,按照能力原则与累进制度,多给国家负担些;不使战时财政的要求,尽落到一般穷苦的阶层上,岂不更增加政府的威信?这是很好的试金石,我们很盼望在试验之后,得以昭示有众,这是金!必如此,统制才算有意义,此其三。

以上三个条件,都有促成中国实行所得税的可能,这是和从前不甚一样的地方。以前行不动,不能就说这次还是行不动。不过客观上虽然有这些促成的情势,还要政府在主观上有坚决的意志,更要社会各方,锲而不舍,将民众的意志,影响到国家的财政上,方能促成税制的革新。

(七) 实施前要注意的几件事

此次所得税的实施,关于技术方面的条文内容,不在此处讨论,我们先要注意几个大前提。第一,要注意所得税的社会性而不可没头于收入性。国家规定政策,总不能像"穷斯滥"的无赖汉,见钱就抓;先要把出发点,放在一个正确的基础之上。英学者兼政治家达尔顿曾说过"我们对于财政学,如果认为是科学的一分科,而不只是一串骗钱的格律(a string of catchpenny maxims)那末在它的本根,就应该有一个基本的原则"。今日我国的社会问题太严重了,他国只闹失业,我国乃患无业!即在多数之有业者,也天天在失业的威胁中。我们施行所得税的结果,消极地要它勿再增加社会的不平,积极地还要它消灭分配的不均,而"收入目的"应在其次。第二,关于减免区分累进等规定,务求其详,而关于税率的规定,则务求其轻。从贫苦方面想,勿使其苦于负荷;从富有方面想,勿促其亟于逋逃,施行之初,只求不失公平之旨,逐渐养成纳税习惯,还愁没有收入可找。西谚曾称"旧税便是良税"。很能道破习惯的力量。第三,要缓办一般所得税,先从个别所得税作起;择所得税源中便于钩稽而易于征收者,先行试办,一俟办理得宜,再行推广。惟此次草案所拟原则,仅注意于营利事业所得与薪给报酬所得,而未注意于财产所得,谅是以财产所得,钩稽为难,故从缓议。须知所得税的举办,实以财产所得为主要目标。此项税源,若轻予放过,必引起税负的极大不平。银行有大宗存款者,手里有巨额公债者,吃瓦片者,有地皮者这一类所得的收入者,"北窗高卧",便可享有巨额的所得,岂可与手足胼胝,并食宵征者,同日而语!如果对于勤劳所得则纲张四面,而对于财产所得则纲漏吞舟,岂只不合乎社会目的,且与收入目的不合。财产所得的课税,无论怎样为难,千万不可遗漏。第四,所得税实行之先,须从外交上努力,求得国际的谅解与协助。本来所得税的赋课,时常惹起国际关系,塞力格曼老教授,为此曾于一九二七年夏天,在海牙国际法学院,讲过"二重税与国际财政合作"问题(double taxation and international financial cooperation)我国虽僻处远东,但与各国之经济活动联系颇多。加以租界之存在,外力的侵略,如此半殖民地的经济机构,而欲实施所得税,其荫蔽于国际势力,以促成逃税的普遍,窨属应有的事态。政府倘不于此点,未雨绸缪,努力交涉,取得把握,而旨然施行,岂止荫蔽于外力之巨额所得为课税所不及,还要促成"资本的飞走"(flight of capital)。因而所得税的赋课,只落到无所逃避的小额所得人的肩上;关于此点,应由财政部与外交部,通力合作,切实计划,先事进行,不要于"关税走私"之外,再来一个"所得税的走私";第五,近年中国政治,每有兴革,大抵是"急来抱佛脚",很少能作未雨绸缪的准备。即如举办所得税,只想从这里找收入,试问:所得要有主体,人的关系,如何确定?要有客体,数的关系,如何确定?要有产生所得的源泉,职业与事业与财产的关系,又将如何确定?生存在二十世纪,并列于现代国家,而现代国家所应有的户口调查,职业调查,财产调查,等等,在我俱付缺如。以致西洋经济学者所潜心研究的"国民资本"(national capital)与"国民所得"(national income)在我皆未着手。不知"所得"作何状,漫云开征所得税,自己也觉着有些滑稽。我们看,到最近政府才有"限制姓名权"的提议。法律承认所有权,而所有权的主体,往往避用本名,随便采用什么"堂"什么"记",以为标识。此种陋习,倘不严行改正,则将来开征所得税或遗产税时,必无法防止隐瞒漏报的流弊。即此姓名之微,究将如何整理,都非咄嗟可以立办。然而开办所得税,岂是毫无准备者所能济事?我们对于过去历次试办所得税之不能成功,很不愿深加责备,独恨过去当国者,太缺乏经国之远猷,因为所得税不能即时举办,便连施行所得税时所需要的条件与工具,也不给它准备一下。致使后之当国者于旧案重提之际,毫无一些可以省力的凭借,仍要整套的从头作起,糜费国民之精力,阻碍事业的进步,莫此为甚!所以这次举办所得税,万一不能急切实现,也要远瞩将来,多作一些准备的工夫,"限制姓名权",即其一端,结果必于国家施政的前途,有极大的裨益。第六,要即刻从财务行政起,树立"文官务服制度"(civil service)。美学者拉茨(H. L. Lutz)曾说过:"关于所得,打算得到完美的调查,于税制委员会之有效运用外,须有充分的权力,技术的准备,与长于管理的人员。"此类人员,不可再靠推荐与援引,亟须于考试制度中求之;既有相当之学识,再经实际的训练,复不与长官同进退,使得安心任职,必于所得税制的树立,不极速的表现。英国编制预算的准确,久已驰名世界。即以近年经济情况变动之遽,而英国预算总收入的估计额与实收额之间的差数,总没有超过百分之二点五!所以美国预算家卜克(A. E. Buck)以为收入估计,能够有这样的成绩,乃是英国财政官吏与统计家很可以自豪的地方。我们如果盼望财政管理有进步,第一要从人材登用与服务保障入手,海关情形,即其显例。现在放着很现成的考试院,全国各大学,每年都要供给许多优秀的大学生,为什么不赶快根据"人尽其才"的遗训,先从财政作起,树立"交官务服"的轨范?如果办到这一着,不仅是所得税,能够很得力的去推行,便是对于澄清贪污与增进行政效率,也都可以收治本之效。我们很盼望:因为推行所得税的原故,政府能够特别注意到这一点,为国家树立取人设官的百年大计。那末,便是所得税在初办的时节,不能得到很多的税收,其有益于国家政治的前途,已经很不小了!

(八) 结论

总之,我们施行所得税,不能仅注意于收入一点;再严格的讲,还要绝对抛开"聚敛"的意念,而注意到政治现代化的经国大计!再具体的讲,纵令当局渴望收入,专注收入,刻求收入,但是在中国的今日,能够从所得税收到几何?不用说经济萧条,税源不丰,就是凭现在这套财政管理的机构与人才,也不能得到应有的收获。"欲速则不达";岂止不远,还要加重社会的不平,引起若干之纠纷,大违举办所得税的初志,那又何苦!聪明的政治家,不汲汲于近功,那不是迂阔,那些算得清,看得明,反正我们的寿命,不是今天就完,为什么不可以稍待时日?我们很盼望:政府注意到这一点,持毅力以放大眼光;更盼望社会,也注意到这一点,本灼见以督促政府。非常时期财政,早不自今日始,应该另有全盘的政策,不该浅见短计,惟聚敛是求。谁又不知其难?惟难能为可贵!幸各方留意及之!

国民经济建设与物价水平[*]

朱炳南

一

经济学说似乎也染着流行的时髦病,时序换了,又披上一套新装。这是因为新说的确存有客观的真理,抑或由于经济学者怀着那像少女的标奇炫异的心情,则我们非心理专家,无从察知。但经济学的园地曾流行过各式各样的时装,却是事实。

举例来说,自斐体之徒提倡安定金元购买力以来,不动的物价水平几目为货币政策的唯一理想。如果把货币购买力稳定了,换句话说,如果使物价水平不变,经济上各种不平衡,商情循环的发生,与社会骚动的一个大原因,可以免除。物价安定说对实际政治影响的重要,可见之于罗斯福总统在伦敦经济会议时所发出那关于"商品金元"的著名宣言。一国的元首竟肯把他的国家将来的货币政策联系在这个理想和目标上,如果非这个学说特别动人,聪明的罗氏断不为这样大胆的声明的。

然而在理论上,安定物价水平论并非已经独占天下,站在别的观点上,有些经济学者赞成物价水平应以人为方法使之逐渐上升。不动的物价水平太平凡了,他们说,我们应该给企业者以一种刺激,使他们去经营新的生产事业,为冒险的尝试。剑桥的 Robertson 与普通一般赞成温和的通货信用膨胀论者可以代表此派。

有了赞成物价安定与物价逐渐提高者,我们该有赞成物价下降者吧?经济理论似乎也依着相反相成的道理进展,我们真的可以找到物价安定论的两个相反的极端。骤观之,赞成物价下跌似乎是一个不近情理的异论,特别我们的传统经济思想把物价下跌与经济衰颓看作同物异名,其实我说这派为赞成物价下降者,未免有点过分。真确的说,他们也以为物价应有升降,可是必须随着成本上下,如果物价与成本失了适应,经济的不均衡将为不可避免的结果。但从长期的观点看,人类的生产技术不断地在改良进步,成本有逐渐下降的趋向。依此派说法,物价的长期趋势,自然亦须下降,我之所以说此派赞成物价下降者乃在这一个意义上。

---

[*] 本文原载于《东方杂志》,1936 年第 14 号,第 21—29 页。

二

后派的代表者,为 Mises,Hayek,Haberler 辈,此次经济大恐慌后渐渐为人所注目,但新近始由顾季高氏搬来做诊断我国经济病与建议改善我国货币政策的根据顾先生在中国现在果需要一个不动的物价水平否(《政问周刊》第八期)一文中有下列的意见:

过去数十年间一直迄一九三一年为止,在银本位制度下中国的物价水平是不断上升的;在此时期外国的生产技术和组织方法,却逐步的传来我国。照以上的理论讲起来,我国如有经济货币政策的话,应使物价适应成本为微微的下降,使得企业家的盈利不致膨胀过度,令其事业为不合理的扩张,同时应尽力使生产进步的收益,转为社会其他分子(特别是工人与农民)之增加的收入,如此则动的平衡发展的经济早已实现,纵使四年前各国相继减低平价以及两年前美国抬高银价,我国经济的结构,必可适应调节,而不至如现在之竭蹶周章。盖根据以上的理论,我们可以断定:中国过去的病根是由于经济的不平衡的发展,使得国民收入分配不合理,而经济的不平衡,则是由于政府积极的货币和经济政策之故。关于我国经济建设的目的,他说:我国经济建设的目的,当然是为大多数人求福利,决不是为少数人造机会,经济建设的最终希望是使得(一)全国人的收入增加,(二)在此收入增加当中,不幸分子(包括农人工人及一切劳苦大众)的收入,须较速于幸运的(包括有知识者及有财产者)。倘使全国收入增加了,而其增加的来源是由于企业成本远低下于物价,即国民收入中盈利增加而其他生产要素之报酬并不增加,只有少数人得益,大多数人仍未得到益处,经济建设自难谓为成功。其实顾先生的国民经济建设目的与他所举之经济社会平衡发展第五种观念相同。这第五种观念是:盈利安定化之下,收入仍须相当变动所造成之一种经济平衡。他们除主张成本与物价的结构应尽力求其适应外,并以为其他生产要素的货币收入,应有增加的倾向。其意即谓社会生产力发达后,社会各分子应在固定的物价与成本关系之下得到增加的货币收入。

病症已看好了,再看顾先生的药方如何?大约顾先生是经济不平衡的"货币解释论"之服膺者吧?他所提出的方法是对外维持外汇之安定,对内不反对物价温和之上升或下落,但须其与成本有相当之适应,并须物价的变动不能给与企业生产者以过度的刺激。他虽未有明言,但我想他一定反对人为的物价刺激,如通货或信用膨胀等方法。他似乎已经接受了 Hayek 等的分析的结论,并已采用他的货币政策,关于这点,我希望我没有看错顾先生的意思。

顾先生是现在对国民经济计划负相当责任的人,他的主张实深值得我们的注意。据说我们已踏进了所谓"价格经济"时代。经济行为之轮随物价变动之程度与方向而转动。一切生产原素之利用与分配,商情之兴衰,真的,整个社会福利,胥视物价而定,并非过言;其他国民经济建设计划,我以为皆远不及此物价问题之重要,更不能容吾人忽视,因为如此重要方案,稍差一着,便全盘皆输,影响于国民福利,至巨且大。我们固欢迎一切对于我国经济改善之计划,但除非我们相当切实的知道一个提议可以改善我们的经济,我们不赞同那贸然以国家福利供一个可疑的理论或理想为实验的尝试。

我个人觉得顾先生的理想与建议,恐怕是属于那"形迹可疑"的一类。我们须知道顾先生所祖述及根据的一派关于信用及通货扩张刺激生产机构的分析并未成为定论。他的对我国经济病状的诊断,我们未敢苟同,他的国民经济建设目的与他的经济安定理想,我以为有点矛盾,他的经济安定理想实际上亦绝难办到。我恐怕他于高兴介绍一个新见解新理想之余,忽略了实行的条件与理论的限制。其实经济平衡或经济安定之各种理想的权衡取舍,原非单从经济立场所能选择,更不能从经济理论引伸出来。经济科学所能告诉我们的,是各种各色的安定理想的涵义与效果如何,对社会各阶层的利害关系又如何,好让社会各分子知道怎样去选择。如果以为经济安定理想可以从经济理论引伸出来,以为有绝对客观的标准,我想是误解问题的性质的。

三

经济安定的各种理想或目的的涵义及效果如何呢?我们在此可以简略的谈谈。

在第一节我们已经指出有三种关于物价的意见,我们可以有别一个看法。那三种意见可大别为二:一为求经济之均衡,其方法在使某种经济关系得到安定,二为不求经济之均衡,而以人为方法刺激经济机构使异形活动。物价水平稳定论者的目的,在求货币单位常换得同量之商品,其安定标准为物价之指数,故又名"商品本位"(commodity standard)。赞成物价逐渐下降者,其实亦求某种经济现象之安定,使达到一般的经济均衡,不过其安定对象与前者稍异耳。物价逐渐下降论的安定对象,为生产原素的货币价格或报酬,又名"劳力本位"(labor standard)。赞成以通货或信用方法稍稍刺激经济机能使生产事业更形活动者,虽然不谋某种经济现象的安定,但亦不赞成经济平衡之过分破坏,他们所求者为刺激所生之合理的进展。这派的意见,我们未有适当的名词代表,或者可以暂用"企业本位"来区别于前二者,但这里所谓"本位"与前者的涵义不同,因为根本就没有一个安定标准。

各种安定本位有好处,有坏处,对社会各阶层的影响亦有利有害,不能概括说的。例如在商品本位,物价水平是不动的,社会所得到生产技术改良的利益,乃在于货币收入或货币报酬率之增加。工资的上涨,如果比成本下降速率迟缓,则劳工所沾到进步的实惠,比企业者少,反之则多,这大约要看劳工的力量如何。负债者可以偿还同量的以商品表现之债额,但如以劳力单位算,则较原债额少;债权者虽然可以避免货币购买下跌之损失,但不能享受进步之益。在劳力本位下,物价水平逐渐下降,工资水平不动,社会所得到生产技术进步的赐予,乃在实质工资之上升。企业者比较的将站于不利的地位,仅从消费方面得到些少利益;债权人收回之债额,如以实物算,则比原债多,如以劳力单位算,则与原债等。至于物价水平的逐渐提高,对企业者有利,自不待烦言。他们将得到两重利益,一由于物价上涨之刺激,二由于近代企业资金之筹措,多采发行股票公司债方式,因货币购买力减低之故,企业债务负担自动减轻,债权人的地位是不利的,因为他所收回的债额表面虽然一样,但实值已经减少。劳工的地位怎样呢?这有点难说。如果工资比物价增加迟缓(这是通常的假定),他们自然受害,但损失的大小,须视通货膨胀的程度而定。赞成物价逐渐提高的人,以为最后这种政策可以招致普遍的繁荣,劳工在所得分配中所占的成数,虽或者减低,可是他们的绝对报酬得到增加,失业人数将减少。赞成这派的人,相信这种种利益,可以补偿劳动者相对地位的损失。

社会各阶层对各本位的态度,大概是这样:劳工,债权人,消费者最赞成劳力本位;次为商品本位,最反对者为企业本位;企业家与负债人的选择次序,则适与此相反。企业家债权人消费者与负债人对各本位之利害关系,是很明显的,但我们必须指出劳工利益在劳力本位与商品本位之间,原无冲突,同样地可以享受社会进步生产技术改良之益。在劳力本位下,劳动者的货币工资,虽然不动,但因为物价下降,实质工资反而增加了。在商品本位下,物价虽然是安定了,但劳工所得到技术进步之益,乃从货币工资上反映出来。那以为在商品本位下(物价安定),无享受社会进步利益之可能,这是一个错误的观念。至谓在劳力本位下,工资在所得分配中所占的比例是否较高,也须得看物价与成本的下跌程度是否相同。反之,在商品本位下,劳工的相对地位,不一定下降,假如货币工资的上涨与成本下跌的程度相等。

四

经济安定几个理想的涵义已如上述,我们应该选择那一个理想呢?选择的标准又是怎样的呢?

第一个标准是经济的。那一个可以使我们得到"经济社会的平衡发展,使地无弃利,人无弃才,不致有新技术而不能学,有富源而不能开发,以及无数人之长久的失业酿成社会之骚乱?"换句话说,那一个理想可以使我们的经济社会得到平衡的发展,使永远有最大的生产能力。顾先生在这个标准上已经替我们选择了劳力本位,他以为物价安定可使经济均衡发展的理由已经被近数年的理论和一九二九年的恐慌否定了。至对于物价提高论,顾先生虽似未明言排斥,但他所服膺的学说,则无疑的迫他采取这个态度,反对人为刺激物价方法。

我相信正确的经济理论,可以解答那一个理想可以使我们的经济比较的得到均衡的发展与最大生产力这个问题,但不幸到现在我还没有顾先生这样的勇气,肯定了哪一个本位可以符合这个条件。顾先生的意见成立与否，我以为须根据两个大前提:(一) 经济不均衡发展是起因于货币的,(二) Hayek 派关于通货信用膨胀或勉强储蓄,对生产机能的影响的论断是正确的;而据我所知,这两个大前提还有可疑,未成定论。假如经济恐慌不单是起因于货币的骚动,一九二九年的恐慌不足以否认物价安定可以使我们的经济得到比较均衡的发展的理由,因为物价如果不若是平定,也许经济不平衡越发加甚呢! 对于 Hayek 等关于通货信用膨胀的分析与批评,原甚复杂,不能在此节详为介绍。他的意见,简单的说来是这样:通货信用膨胀,虽然可以增加资金,刺激生产,但这种效果是暂时的,经济衰颓或恐慌终必来临,话怎说呢? 如果银行以低过自然水平的市场利率放款,这可以引起货币信用之增加,首先消费货物价格提高,继而企业经营有利,渐至资本货物的需求增加,因而其价格比消费货物上涨尤大,于是群趋投资之途,生产过程的间接程度比前加多。换言之,生产时期延长。他方面,一般消费者因社会生产原素已多移转于资本货物之制造,复因通货信用膨胀币值下跌之故,致从前收入现在换得较少之消费货物。从社会观点言,通货或信用膨胀,实乃强迫社会改变消费与储蓄比例之手段。但这新的比例,为强迫之结果,而非消费者所乐意,故常有变更或回复旧时关系之可能。当膨胀的通货信用已由企业者分发为生产原素之报酬,重入消费者之手中时,恢复旧时消费与储蓄的经常关系的时机已经到了,消费者于是需求较多的消费货物,希回复到旧时的生活水平。但这时候,社会方致力于制造资本货物此新的资本的间接的生产结构尚未能制成大量的消费货物供现时的增加需要,于是市面上的消费货物感到缺乏,价格因之上腾。昔之投资于制造资本货物者,今又急欲使之制造消费物,这是说,使生产过程骤为缩短。他方面,已经开始之新的生产结构之完成不断的需要新的资金去维持、修理、更替。这时候,企业者感到资金异常缺乏。如果银行不断地以低利方式对信用为持续的膨胀,企业家依然可以有利的条件到银行借贷,新的生产过程可以完成。但这是不可能的,银行绝不能对信用为持续的膨胀,不久准备的币值因通货信用膨胀而大大贬值,最低的准备限度亦终要达到的。这时银行不能不提高利率,限制放款,企业者不能借款完成他的生产事业,整个繁荣于是崩溃,恐慌开端了。

如果资本生产的过程之延长,不由于通货信用膨胀而是由于人民的自动储蓄,据这派的意见,恐慌是可以避免。理由是:如果储蓄是自愿的,消费者乐意将他们的消费减缩,改变的消费货物与资本货物的需求关系,自然比较可以长久维持。自动储蓄即使生产过程延长,但在此资本货物制造过程中,消费货物的需求并不增加,不致再度变更现时消费与资本货物两者之关系,向之投于资本货物制造之资金亦不复折回于消费货物,故生产结构不虞遽为缩短,致惹成恐慌。

据上述理论,恐慌之演成,乃因勉强储蓄不能供完成新的生产结构之需要。但自动储蓄率又何尝不同样的有减低之可虑? Hayek 亦认自动储蓄的供给有下跌之可能,但不过以为利率立即上腾,新的资本货物制造或扩充计划立即停止。如果自动储蓄下降率不速,如果依然可供完成新的生产结构的需要,恐慌是不会降临的。但有的经济学者指出这种理由不能证明自动与勉强储蓄的效果有绝对差别,因为上述的理由同时可适用于勉强的储蓄。在信用膨胀下,生产工具,工厂建造等逐渐昂贵,这很可为阻止企业扩充或创兴的一个有效警告。虽则自动储蓄比勉强储蓄的变动小,因而后者或比较容易招致不平衡,但这不足以证明信用膨胀或勉强储蓄引进经济恐慌之必然性的。要之,人为刺激物价方法的影响的问题,尚远离解决之途,那还以为这派的理论为最后的说法,并应用在实际政策上,似未免有点轻信卤莽之嫌。

我并不是说赞成劳力本位是错误,我的意思是:现时经济理论尚不能为我们赞成否认,选择去取的根据。在一切尚不大清楚的时候,我们最好缓下判断,走平稳的道路,不宜以国家社会福利为轻试。至少现在一般人的经验与意见与顾先生所祖述的理论相反,以为物价下落反足以使"有新技术而不能学,有富源而不能开发,以及无数人之长久的失业,酿成社会之骚乱。"普通的经验虽未必是真理,然而政策的采择,有时不能不顾及一般人心理的反响。这又引我们到经济安定理想选择别的标准来。

经济安定的选择标准,其实是多方面的,包括经济的,伦理的,社会的,心理的考虑。所谓最大生产力这个标准,在实际上有时或者竟成次要。顾先生也以国民收入分配不合理为我国过去经济货币政策病,但一谈到社会公平正谊,我们就涉到价值问题了,这里没客观选择标准可寻,全凭个人主观而定。第三节已经指出各安定本位对社会各阶层的利害关系,属于某一阶层的社会份子,自然赞成有利于他们自身的安定理想。如果在一个真正民治的国家,选择的方法或者可以用投票解决。但假如一个人要代社会全体选择的话,他须得权衡当时各阶层的利害对社会全体福利的轻重;他须得把当时社会政治的情绪认清。摩登一点说法,他须抓住时代的意识。大家晓得这是一个不容易的事情,而且是很危险的尝试。顾先生在这公平正谊观点上,看中了一般劳苦大众。他觉得国民收入虽然增加而其增加来源是由于企业成本远下于物价,终点全入于盈利,大多数人仍未得到益处,建设目的终不能达到成功。这种为"不幸分子"请命的心理,原是人有同情,除非木石心肠,当不能盲目无动于眼前民众的痛苦的。

然而当顾先生由收入分配的不合理跳到经济的不均衡,由经济的不均衡跳到政府积极的货币政策。由这错误的政策,跳入 Hayek 的套圈,则我们不能无疑了。

从社会政治公平的观点说吧。站在那一个阶层的,自然赞同有利于该阶层的安定理想,但问题现在是那一个阶层的福利在国家立场看来比较重要。也许劳苦大众的福利,在我们这个时代比企业、债权、负债人的重要,也许顾先生真已抓住了时代的意识。但请注意下边几个考虑:一个刚走上工业化之途,想成立民族工业,民族资本的国家,正是最需要奖励维护企业的国家。这时候的我国,公平分配抑或民族工业民族资本为最有需要的呢?那一个目的为当今之急务呢?假如我们所采取的安定本位,有压抑企业与社会生产力之可能,现时企业家的势力和组织,会不会对此种政策加以反抗,招致严重的经济与政治上的骚动呢?劳动者的享受,有没有低减的可虑呢?他们在所得分配上的地位,虽然或者增高,但阶级战胜心理的满足,能不能敌住生活程度降低的痛苦呢?我们须记得另一位奥大利派的经济大师曾经为企业者宣教,以为企业家为经济进步的原动力,不妨以信用通货等人为方法对企业加以温和的刺激,即使对劳动者暂时有"榨取"的嫌疑,但这派人相信工资比物价稍缓上升,终究是一件好事。将来经济繁荣,生产力增加,劳动者生活程度提高,失业减少,这种种至少可以替"榨取"政策作辩护。

假如我们接受劳工利益为天下先的一个意见,我们是不是一定要采取顾先生所主张的物价下降的政策呢?换句话说,在其他本位下劳工们有没有享受文明进步利益之可能呢?劳工福利增加有两个不同的说法:一是绝对的,一是相对的。绝对的说法,是劳苦大众的福利增加,如果他的享受比前增加。在上面,我们已经指出从劳工福利观点上看,劳动者在商品本位同在劳力本位一样,有享受社会生产技术进步之益的可能;劳动者的相对地位,在商品本位下亦不必下降,如果货币工资上涨率与成本下跌之程度相同。但我们总觉得以货币政策去改正分配不均,总嫌有点效力不弘,我们似乎还有其他更直接更有效的方法。

五

退一步说,假如我们全盘接受顾先生的建议,他的国民经济建设目的能否达到,他的方案能否施之实行呢?

顾先生的国民经济建设的目的,似与他所举之经济社会均衡发展第五个观念相同。如果这个观察不错,我们怀疑他的国民经济建设目的有一个很大的矛盾,顾先生似乎不会觉得。这个第五类观念是主张成本与物价须互为适应,盈利安定,其他生产要素的货币收入,应有增加的倾向。换言之"社会生产力发达后,社会各分子应在固定物价与成本关系之下得到增加的货币收入。"

我们晓得顾先生是不赞成物价安定,而私淑 Hayek 一派的意见,即物价须随成本上下。我们又晓得这一派虽然不赞成物价安定,但其实也是经济安定论之一支流,不过所赞成安定的经济对象,不是物价而是工资指数,生产技术进步反映在物价之逐渐下降与实质(非货币)工资之上升。一方面,顾先生采取我们所谓"劳力本位"的货币政策,使货币工资安定,一方面他的国民经济建设目的,又是使货币工资增加,这岂不是等于顾先生想吃一个饼而又要保存它么?他应知道在他所采取的经济安定理想之下,他不能使货币与实质工资两者同时上涨。如果做得到的话,那自然是最好不过的,劳动者可以得到两重利益,但这个目的恐怕永远像那奇异的果实,可望而不可即耳。

劳力本位实施上亦比商品本位困难,而且有更多的缺憾。在商品本位下,现时趸售物价指数颇能满足安定标准的要求,但在劳力本位下,即使差强人意的安定标准,恐怕亦难找得。工资指数现在多限于粗工方面,自由职业等不包括在内,非劳力的报酬更不待言,故实际上不是一个可以充分代表生产原素收入的指数。同时工资指数不能免掉工会限制生产等与国外贸易对工资的影响。例如国内工资水平因为一部分出口货的国际需求增加而上涨,我们如果强将工资安定,那就等于剥夺一部分工人的福利,其不智不待明言。但在编制一个可以代表全体的工资指数时,我们有什么方法将此外来的影响免去呢? 说到此处,又使我记起顾先生一个意见来。他认为过去数十年间,外国生产技术和组织逐渐传来中国成本自当下降,但过去数十年间物价水平反不断上升。照理,他说我国货币经济政策应使物价适应成本为微微的下降,使企业为不合理的扩充,同时使社会其他份子收入亦同时增加,如此,我国经济结构对近年来国际经济变动必可适应调节,不至如现在之竭蹶周章,故此结论谓:过去中国之病根,由于政府积极货币和经济政策之错误。姑不论我们政府过去有没有"积极"的货币和经济政策可为我们攻击之目标,假使真有积极货币政策的话,果真要使物价水平与成本为同程度的下降么? 通常用以测一般物价水平高下的指数,包含一部分国际贸易商品在内,假如这一部分商品价格因外来的原因而上涨,致使一般物价水平上升,我想顾先生也不能非难这种物价上升而强以货币政策压下它的。我的意思是:劳力本位的安定目的在一个与外绝缘的条件之下方能办到,这显然是一个理想的境界。在实际情形之下,一般物价水平不与成本为同程度的下降,不一定是坏的现象,我们须明白这点。

物价成本适应的货币政策的最大效果,原是使生产原素得到均衡的利用与分配,使经济社会得到均衡的发展;换句话说,使生产原素在任何时期内得到相等的报酬。假如在生产技术不断进步情形之下,国家采取物价安定政策,结果怎样呢? 譬如商品甲的制造技术日日进步,但政府把它的价格稳定了。商品甲的制造者知道现在的生产情形比较困难,但将来成本可以减轻,同时反可以得到和现在一样的价格。换言之,将来的生产可以在比较有利的情形之下进行。商品甲的制造者自然现在不愿意多多出产,而愿把他们的大部分的制造留待将来,结果社会现在的消费欲望得不到满足,将来则反有剩余,迨至此剩余部分登场,商品甲的生产者不能售出,因而蒙受损失,即社会亦遭此生产原素分配不均衡之害。这个分析的结论,同样可以适用于整个物价水平之稳定。如果把物价水平安定了,社会生产原素的分配,将薄于现在而厚于将来,形成时间上经济的不均衡的发展。如果货币政策的目的是使物价逐渐上腾,生产原素分配不均衡的程度显然是越发厉害。所以如要使经济社会有均衡发展,那非使物价与成本有相当的适当不可。这个结论似乎很有理由,然而也只见其一而未见其二。如果商品甲每个制造者将大部分生产程序移后的结果,徒使他们每次生产过剩而大家蒙受损失,累积的经验会教他们不再做这样的笨事,而将现在的生产量增加,使无论在时间之任何一点,都可以得到均等的报酬。要之,假如政府采取一个固定的货币政策,假如这个政策成为周知的事实,假如企业者知道生产技术改良的程度,则无论所采取者为物价提高、安定或抑低政策,时间上,经济均衡的现象均有达到之可能,即赞成物价成本适应论之一个有力者也承认这个可能性。如果物价不动与物价上升的货币政策,俱可以使生产原素得到均衡的分配与利用,我们还有甚么特别理由,使我们固执着物价下跌的政策呢?

至于怎样才可以使物价与成本适应,我怕要涉及所谓"中和货币"(nentral money)政策的理论与困难。这原是一个很重要的连带问题,但因为我们主要的意思,是阐明经济安定的几个理想的性质,而非讨论达到这种目的的方法,所以不便在这里详谈。不过如其我们要举出这个政策实际上的种种限度与困难的话,恐怕现时货币金融组织最完备的国家,也要望而却步,我们的国家更绝对谈不到。如果以为我们的新货币政策适合它的条件,那是一个绝大的误解。我们的新货币政策对内虽则任令物价为不同程度的升降,然而却不必一定与成本为适应的升降。其实我们对国内物价根本就没什么政策可言。那以 Hayek 派的理论为新货币政策辩护的理由是曲解的,勉强的,不自然的。如果新货币政策是"合理"的话,那决不是合乎物价成本适应论下货币政策所要求,更决不是合乎 Hayek 派所谓的"理"。

为这物价水平问题,我在上面化了无数的言语,读者许多的时间,为的是当此国民经济建设运动高唱入云之时,凡关于经济建设目的与手段的讨论,俱值得我们的注意,何况是一个对经济建设负相当责任的人的意见。这篇的目的,原非来肯定或否认某一个货币政策,乃在把几个政策的涵义与效果,放在读者之前,使得为较聪明之选择。如果我们接受某一个货币政策,我们先得预备明白这个政策的性质与接受它的条件,否则我们不免陷于轻信盲从或标奇立异之讥。以作者的不文,兼以问题的复杂,上面冗长的讨论,还嫌未能将文中主要诸点解说得较为详尽。希读者自己予以补充及改正,同时并盼对这个国民经济建设,货币政策的目的与手段,多加以聪明的讨论。

货币数量说及其史的发展[*]

伍启元

一

货币理论家对货币本质有两个不同的看法,有些人以为货币是一种商品,有些人以为货币有其特具的性质,是与一般商品有很大差别的。前者是货币商品说,后者是货币唯名说。从货币价值的观点看来,唯名说又可以分为三种:(一)"法令说"[①]——根据这一个学说,货币价值是可以用法律或命令去强制规定的。这个学说盛行于中世纪;但在近时代中已经逐渐的消失了。(二)克纳卜学说或"国家说"[②]——这个学说虽与"法令说"有很多相似之点,但有其根本的不同。不过这与数量说没有关系,所以不必在这里讨论。(三)"筹码说"——这个学说以为货币只是一种计算器,其价值是因计算器数量之多寡而决定的。商品说货币理论可以分为两种:(一)正统派商品说——这里所谓正统派是包括经典学派(如李嘉图)和近代边界学派的一部分(如密斯士[③]),这一派只在形式上把货币看为一种商品,表面地把商品价值说——无论是供需说或边界效用说——应用于货币价值。但实际上在应用于货币价值时,所有"供给""需要",或"效用"的含义,已与一般的含义不同。所以自最后的分析,这一种商品说并不是一种纯粹的商品说。(二)"金属说"——这一个学说以为货币只是铸成那种货币的贵金属,货币底价值是从金银底价值而来的。

数量说和上述的五种货币理论的关系是怎样的呢?"法令说""国家说"和"金属说"都是反数量说。其他两种学说则都与数量说相调和的。一个主张数量说的人,必然地同时主张筹码说或正统派商品说。至于把货币看为一种筹码的数量说和把货币看为一种商品的数量说之差别,则在下文我们在细细说明。

倘使我们愿意在古书上去用工夫,我们可以发见很早就有人有意地或无意地

---

[*] 本文原载于《武汉大学社会科学季刊》1937 年第 2 期,第 307—361 页。
[①] 即 valor-impositus theory 或 fiat theory。
[②] 即 Knappian theory 或 state theory 阅克纳卜(George Friedrich Knapp)货币国家说(*The State Theory of Money*,德文版,Munich,1905。英文版,译者 H. M. Lucas 和 J. Bonar, London, 1924)。
[③] Ludwig von Mises 氏为维也纳大学教授,系当代"奥国学派"底代表者。

承认货币价值是与货币数量有相当的关系的。但把这种关系有系统的分析,并且引起思想界底注意的,布丁实为第一人。④ 在布丁底时候,(约十六世纪中,)西欧正遭遇着它底"价格革命",价格不断地往上高涨。当时大部份的理论家,⑤都以为价格增涨底原因是由于当时钱币合金过多,品质低劣,所以唯一的补救办法是停止钱币贬值。布丁确认这个解释是有错误的。他以为价格的高涨主要是由于金银数量之增加,而金银的增加,是由于美洲银矿之开采。布丁底主张随即为他底后继者⑥所采用。从这些后继者他底学说传给了英国经典学派。所以布丁实在是正统派数量说的鼻祖。

在十六世纪的末期和十七世纪,把货币看为一种筹码的数量说(即唯名派数量)也逐渐地抬头了。第一个有系统地提出这一个学说的是一个意大利学者——达文萨提。⑦ 达氏指出货币之主要功用是交易媒介,它底总值是等于所有足以满足人类欲望的物品之总值。⑧ 他很清楚地把货币总值与商品总值对等起来,成了"物币交易方程式"的一个雏形。蒙特拉里⑨(另一个意大利学者)更进一步把方程式上之商品一项限于那在市场上的商品,而货币一项则限于在流通中的货币。⑩

在英国,布丁底学说和意大利学者底学说都先后被接受了。但英国学者也有独自的贡献,即对货币底流通速率之分析。关于"货币流通速率"一问题的讨论,配第⑪是第一人。但配第分析这个问题,不是为解答货币价值之定当,而是为解答什么是一国底适当的货币数量。他以为货币数量与商业需求是要有相当的比例;倘使前者是超过或不及这个适当的数目,则对商务将有损害。⑫ 这个数目是由两

---

④ Jean Bodin, *Réponse aux paradoxes de M. de Malestroit touchant l'enchérissement de toutes les choses et des monnaies*, paris, 1568.

⑤ 例如 de Malestroit, *Les paradoxes sur le faict des monnyes*, (Paris, 1566) 和 John Hales, *A Discourse of the Common Weal of this Realm of England*(约作于一五四九,阅 Lamond 版, Cambridge, 1893.)。

⑥ 最重要的是:W. S., 在他所修正的 Hales 著 Discourse; Gerrard de Malynes, *A Treatise of the Caker of England's Commonwealth*, (London, 1601, p. 10) England's View in Unmasking the two Paradoxes (London 1603, pp. 7,9.); Antoyne de Montchrétien, *Traicte de l'éco-nomie politique*, 1615——著者指出价格底增加不必与货币数量底增加成正确的比例,价格之增加率会较货币增加率为少的;Rice Vaughan, *A Discourse of Coin and Coinage*(1675);及其他。

⑦ Bernardo Devanzati. 阅氏著钱币论,意文版,一五八二;英译 A Discourse upon Coins, 译者 John Toland 伦敦, 一六九六.

⑧ "Now all these (earthly things which satisfy men's wants) by the Consents of Nations are worth all the Gold (comprehending also the Silver and Copper) that is wrought in the world. All men then do passionately covert all the Gold, to buy up all things for the Satisfaction of all their Wants and Desires, and so to become happy."(钱币论,英译,本页一五)

⑨ Geminiano Montanari. 参看, A. E. Monroe, *Monetary Theory before Adam Smith* (Cambridge, Mass., 1923) pp. 108ff. 和他在 Encyclopedia of Social Sciences(卷十,页六三五—一三六)所发表关于蒙特拉里的论文。

⑩ 约当蒙特拉里发表他底学说时,德国 Becher 和 Hornick 也发表相同的学说。阅:Monroe, op. cit., pp. 110f. (他们发表学说,是在十七世纪八十年代)。

⑪ William Petty. 他底主要经济论文,大都发表于十七世纪六十和七十年代,均编入:*The Economic Writings of Sir William Pitty*(Cambridge, 1899)。

⑫ 配第,经济论文集(Economic Writings),英文原版,页三五,一一三,四四六。

个因素决定的:(一)商业的需要,即交付总值;(二)货币底流通速率。[13] 设一国底商业交付总值是每年四千万英镑。倘使货币是平均每星期回转一次,(例如英国劳动者,他们底工资是按星期支付的,每星期所收到的工资约在一个星期内便用完),那么这个国家应有七十七万镑的货币(40 000 000÷52)。倘使货币是平均每三个月回转一次,则这个国家应有一千万镑的货币。

倘使货币底循环是介乎二者之间,则它应有五百多万镑的货币。[14] 配第这个分析和费休底"物币交易方程式"极相似;这可分两点来说。第一,配第和费休一样,把"商业交付总值"与"货币数量乘其流通速率之积"列成一个相等的公式。所不同者,是费休进一步把"商业交付总值"分为"交易总量"和"平均价格"两项,因此便于探讨货币价值一问题。配第底目的不在研究货币价值之定当,所以没有进一步分析的必要。

第二,配第对货币流通之分析,注重其循环回转,这与费休完全相同。关于这一点,我们在下文讨论费休时,再加说明。

约当配第发表他的货币流通速率之分析时,扑特[15]也论及流通速率一问题。扑特以为在分析货币价值时,当顾及货币底流通速率和商品底流通速率。但扑特底货币理论不是数量说,而且混乱错误之点很多。所以不必在这里详细叙述。

依照配第底方法去分析货币流通速率的有达温能。[16] 他和配第一样,是为要解答什么是一国底适当的货币数量而分析流通速率,不是为要探讨货币价值之定当而讨论它的。

到了洛克[17]底手里,货币流通速率一问题有更进一步的分析。洛克和配第或达温能一样,是把这个问题与货币底适当数量一问题连起来讨论的。但洛克以为一国所以必要有相当的货币,是因为各人为购买物品,为从事商业必要储存相当的货币,以便随时随地使用。[18] 因之,要估计一国所应有之货币数量时,我们是要看

---

[13] 配第,经济论文集(Economic Writings),英文原版,页三六。

[14] 同上,页一一二——三。

[15] William Potter。著有,The Key of Wealth (London, 1650) 和 The Tradesmens Jewel, (London, 1650)

[16] Charles Davenant。阅氏底文集(The Political and Commercial Works of Charles Davenant)卷一,页四四〇。

[17] John Locke。他最重要底作品是:Some Considerations of the Lowering of Interest and Raising the Value of Money (1691) 我们用的是一六九二年版。

[18] "Every man must have at least so much money, or so timely recruits, as may in hand, or in a short distance of time, satisafy his creditor who supplies him with the necessaries of life, or of his trade. For nobody has any longer these necessary supplies. than he has money, or credit, which is nothing else but an assurance of money, in some short time. So that it is requisite to trade, that there should be so much money, as to keep up the landholder's, labourer's and broker's credit; and therefore ready money must be constantly exchang'd for wares and labour, or follow within a short time after. This shows the necessity of some proportion of money to trade."(同上,页三二)

在某一特定时间内,各人手中所要储存的货币数量之和。[19] 洛克这一个分析的方法,虽然与配弟所说的没有根本的冲突,但其着重点则不同。配弟底货币是指流动中的货币,他底流通速率是一种循环的快慢;洛克底货币是指停留中的货币,他底流通速率是一种停息的久暂。洛克这个分析和后来剑桥学派底公式极相似,这可分两点来说。第一,洛克和剑桥学派一样,把各人所要储存的总值和货币数量列成一个相等的公式。所不同者,是后者把"储存总值"[20]分为数项,把"货币价值"(即"平均价格")一项明白标出,而洛克则没有进一步把"货币价值"和"流通速率"连起来讨论。第二,洛克用货币在各人手上停息的平均时间之久与暂来说明货币流通速率之慢与快。这与剑桥学派完全相同。关于这一点,我们在下文再说加讨论。

洛克虽然没有把货币价值和流通速率连起来讨论,但他对货币价值一问题,是有重要的贡献的。因为他是在英国提出正统派数量说的第一人。他以为货币只是一种商品,它底价值是从金银底价值而来的,金银底价值和其他商品底价值一样,是为供给与需要所决定的。[21] 但货币底需要是差不多固定的,很少变迁的。因之,货币底价值主要地是为供给所决定的。供给增加,则币值减少;供给减少,则币值增加。[22] 这样地,他把商品说和数量说调和起来,成功了正统派数量说。他和蒙特拉里一样,视商品为市场上的商品,视货币为流通的货币。

在洛克之后和经典学派之前,[23]对货币理论有最大的贡献的是康里伦。[24] 康里伦以为我们在分析商品价值或其他价值时,我们当分别内在价值和市场价值。他指出前者是由生产成本决定而后者由供需决定的。[25] 金银底价值也是一样。因之,数量说只是一种解释市场价值的学说。[26] 即使限于解释货币之市场价值,数量说还应修正三点:(一) 在一个市场内的商品底数量不是绝对的;因为该市场可以

---

[19] 当洛克讨论什么是一国底货币数量与它底商业之相当比例时,他说:"What proportion that is, is hard to determine; because it depends not barely on the quantity of money, but the quickness of its circulation. The very same shilling may, at one time, pay twenty men in twenty days; at another, rest in the same hands one hundred days together. This makes it impossible exactly to estimate the quantity of money needful in trade; but to make some probable guess, we are to consider, how much money it is necessary to suppose must rest constantly in each man's hand, as requisite to the carrying on of trade." (同上,页十六至十七)

[20] "储存总值"即英文之— cash-balanges, cash-holdings, cash-reserve, 或 unspent-margin 底汉译。它也可译为"准备总值"。赵人儁先生译为"存余总值。"赵先生给它以如次的界说:"所谓存余总值,亦即社会上需要事物数量之和,而以货币形式表现之。"(阅赵著,关于货币数量说之两种解释,《清华学报》,九卷三期,二三年七月)

[21] 洛克,同前(注十七),页五三。

[22] 同上,页六〇,七〇,"The Value of Money in respect to those [Commodities] depends only on the Plenty or Scarcity of Money in proportion to the Plenty or Scarcity of those things."(页四五)。

[23] 温特林(Jacob Vanderlint)底 *Money Answers All Things* (London, 1734) 也很值得注意。在这本书中,他也提出数量说。但温特林不是把商品总值和货币总值对等起来,而是把人口数目与货币总量对等起来。

[24] Richard Cantillon. 著有《商业通论》(*Essai sur la nature du commerce en général*),约作于一七三四年,一七七五年用法文出版。我们用的是 Henry Higgs 所编的英法对照版(伦敦,一九三一)。

[25] 同上,第一篇第十章,特别是页九七。

[26] 同上,页一一七。

向其他市场相互买卖。㉗（二）在探讨货币价值之定当时，我们除了货币底绝对数量外，还应注意于货币流通速率；因为货币流通速率之增减，与货币数量之增减，对货币价值有相同之影响的。㉘（三）我们当注意银行有加速流通速率之功能。㉙ 在康里伦这三个修正中，以第二点为最重要。在他以前，除了混乱的和非数量说的扑特外，其他经济学者没有把货币价值一问题与流通速率一问题连接起来。把流通速率明确地看为决定货币价值之一因素者，实以康里伦为第一人。

三

约当十八世纪中，英国经典学派抬头，在经济思想上开始占取优越的地位。这一学派底先驱者如休谟㉚等，都是主张数量说的。斯密亚当㉛虽然没有提出数量说，但他也没有反对数量说。到了十八世纪末年和十九世纪初年，因为英法战争，英国停止兑现，引起了不少的讨论，形成了有名的"停兑论战"。㉜ 在这个论战中参加者㉝大都明白地或暗示地承认数量说之正确性。但对数量说贡献最大的是桑顿。㉞ 桑顿底主要贡献是说明货币流通速率在决定货币价值上所占的地位。他分析货币流通速率的方法，是综合配箬底方法和洛克底方法，他有时把流通速率看为货币在一特定时期内平均周转的次数；他有时把这个问题与"储存货币底动机"一问题连同讨论。

桑顿以后，李嘉图㉟底贡献也很重大。李嘉图指出货币只是一种商品，它底价值也和其他商品底价值一样，可以分为内在价值和市场价值。内在价值是由生产成本决定，市场价值由供需决定，于是他进一步把供需说转为数量说。他的货币数量说是为一般经典学派者所共同接受的：所以也可以叫做"经典派数量说"。

㉗ Richard Cantillon。著有《商业通论》（*Essai sur la nature du commerce en général*），约作于一七三四年，一七七五年用法文出版。我们用的是 Henry Higgs 所编的英法对照版（伦敦，一九三一。）第二篇第一章；又，页一六一。

㉘ 同上，页一六一；又，第二篇第二和第四章。他分析流通速率的方法，与配箬相同。

㉙ 同上，页三○一。

㉚ David Hume。著有：*Political Discourses*，1753。

㉛ Adam Smith。著有《原富》（*An Inquiry into the Nature and Causes of the Wealth of Nations*）一七七六年出版。

㉜ 即 The Bank-Restriction Controversy。参看拙著 *The Theory of International Price Relationships* 第三章，第三节。

㉝ 如 Walter Boyd, Henry Thornton, John Leslie Foster, John Wheatley, William Blake, David Ricardo 等。

㉞ Henry Thornton 著有《英国钞票之探讨》（*An Inquiry into the Nature and Effects of the Paper Credit of Great Britian*）伦敦，一八○二。

㉟ David Ricardo。他对货币理论底重要论文大都编入经济文集——*Econmic Essays* by David Ricardo（E. O. K. Gonner 编，伦敦，一九二三。）此外他最重要的作品是《原理》（*Principles of political Economy*，一八一七初版，我们用的是 Gonner 所编的英文版）。

我们说李嘉图底数量说为一般经典学派所共同接受。或者有人会提出栖仪亚㊱来证明这是不对的。因为栖仪亚明白地批评"数量说",以为"数量说"把货币看为与其他商品有本质的不同,以为"数量说"不承认货币价值是遵循一般的商品价值法则的。㊲ 实则他所反对的,只是唯名派数量说,而他底学说是与经典派数量说很接近的。

不但如此,他对数量说底进展,也有其地位。因为他是第一个用"存储总值"很清楚地去解释货币价值的决定之经济学者。㊳ 在他以前,洛克虽已提出了"储存总值"一概念,但洛克没有把它和货币价值之决定一问题明白地连接起来。

正如经典派底其他学说一样,经典派数量说到了穆勒㊴底手中,便达到了它底最高阶段。穆勒以为货币底价值是常与铸成它的贵金属底价值相符合,这些贵金属既是一种商品,货币价值自然也遵循着一般商品价值之法则。㊵ 所谓一般商品之价值法则,是在长期间生产成本决定价值,而在短期间供需情况决定价值。㊶ 但金银底耐久力很大,每年的产量不多,而又用途至广,所以它底价值要用很长的时间才能与它底生产成本相符合的。因之,在实际上,只有短期间的货币价值之分析是重要的。㊷ 在短期间内,价值是为供给和需要所决定。所谓货币底供给是指在流通着的货币;所谓货币底需要是指在市面上的商品。㊸ 这供需共同决定市值。穆勒于是进一步把供需说改变为数量说。他说:"其他因子不变,货币底价值与它底数量成反比例;数量增加则价值减少,数量减少则价值增加。"㊹

四

在一八四八年和一八五一年,美洲和澳洲都先后发现了大量的金矿,这些金矿的发现,使金底产量增加,并对各国底价格机构,有很大的影响。这种重大的变迁,

---

㊱ Nassau William Senior。阅他底 *Three Lectures on the Value of Money*(一八二九讲一八四〇私人印行),和他底遗著 *Industrial Efficiency and Social Economy* (S. L. Levy 编,一九二八,纽约)。

㊲ Value of Money, pp. 1—8; Social Economy, II, pp. 79—81.

㊳ 他说:"It is obvious, in the first place, that the whole quantity of money in a community. must consist of the aggregate of all the different sums possessed by the different individuals of whom it is constituted. And what this quantity shall be must depend partly on the number of those individuals; partly on the value in money of the aggregate of their respective incomes; partly on the average proportion of the value of his income which each individual habitually keeps by him in money... What proportion of the value of his income each individual shall habitually retain in money... may be said to depend, first, on the proportion to his income of his purchases and sales for money; and secondly, on the rapidity with which they succeed one another."(Value of money,页十一至十二)他以为这"储存总值"代表了货币的需要,而需要和供给决定了货币的价值。

㊴ J. S. Mill。阅氏著《政治经济学原理》(*Principles of Political Economy*, London, 1848) Ashley 版。

㊵ 原理(Ashley 版),页五一四—五二二。

㊶ 同上,页五〇一。

㊷ 同上,页五〇三。

㊸ 同上,页四九〇—四九一。

㊹ 同上,页四九四。

自然地会引来很多学术上的讨论,当时讨论底中心问题有两个:(一)金产量底增加会引来什么结果或影响?(二)金底产量增加既使金银底市场交换比率和法定的金银比率不符,那么一国应该保留复金本位还是采用单金本位?参加讨论这两个问题的人,大都对货币价值理论有独自的见解,并且有很多是主张数量说的。这些主张数量说的人,对数量说的最大贡献是把数量说公式化。

列伐梭[45]是把数量说公式化的第一人。[46] 列氏注重的问题是金产量增加之影响一问题,他以为金底产量增加会引起价格之上升。他说明货币价值是由供给和需要决定;所谓"供给"是指货币数量乘其流通速率,所谓"需要"是指商品底总值乘商品底流通速率。设 T 代表商品之总数,C 代表商品底平均流通速率,M 代表货币金属之数量,R 代表不是在流动中的货币金属,C_r 代表"信用",C' 代表货币金属本身底流通速率。那么

$$\text{货币底价值} = \frac{TC}{(M-R)(C' + C_r)}$$

倘使我们用 P 来代表平均价格,(即货币价值之反数),列伐梭这个公式可以写为

$$(M-R)(C' + C_r) = PTC \qquad (\text{公式一})$$

这和后来费休底公式十分相近。[47]

对于应否保留复金本位一问题的各种讨论,大都直接地或间接地牵涉到数量说是否正确一问题。[48] 因此,在十九世纪末期和二十世纪初,年我们遇见很多反对数量赞成数量说的文献。反数量说的各种货币理论,当另行讨论,不是这里的范围。我们在此只要指出这些反数量说使数量说者对数量说加以辩护,加以重述,因而间接助长数量说的进展。

---

[45] L. Levasseur 氏著有《金问题》(La question de l'or: les mines de Californie et d'Australie),巴黎,一八五八。

[46] 我们说列氏是提出公式的第一人,我们是指把平均价格一项白列出的公式。至于没有把平均价格明白列出的公式,早就有了。列如 Guillaume Roscher 和 Francis Bowen 便有提出。前者在他底 Principles of Political Economy,(原文德文,一八五四;英评本,卷一,页三十六九,附注)便有下列一公式:

$$v = ms$$

在这公式里,v 代表在一特定时期间之交付总值;m 指一国底货币数量;s 指一单位之货币底流通速率。Bowen 在他所著的 The Principles of Political Economy (London, 1856, pp. 307—08) 也有相似的公式:

$$gs = mr$$

在这个公式里,g 指出售的商品底数量;s 指商品底流通速率;m 指在流通中底货币;r 指货币底流通速率。

[47] 列伐梭《金问题》(法文原本),页三四三至三四四。在他以后,伐洛(L. Walras)于一八七四年发表一个与"公式一"实际内容相同的价格公式。关于伐洛底公式将于下一节加以叙述。伐洛以后,提出价格公式的人便不少了。例如 Simon Newcomb 在他底 Principles of Political Economy (New York, 1885) 和 A. T. Hadley 在他底 Economics (New York, 1896) 都提出价格公式。他们底价格公式,都可用费休底符号改写为:

$$MV = PT$$

至于费休底符号将于下面加以说明。

[48] 大概主张采取金本位的是反数量说者,而主张保留复金本位的是数量说者。

这些数量说底辩护士,大都是倾向于唯名派的数量说。㊾尼古孙㊿就是唯名派数量说的一个重要代言人。尼古孙反对把货币看为一种商品,反对用生产成本来解释货币价值。他坚持货币价值无论在长期间或在短期间,都不是由生产成本决定的。他以为生产成本说的错误见解,是经如次的推理过程而成立的:"生产成本说者从经验上得知金币底价值是平均等于金块底价值。于是他们进一步倒因为果,以为我们若决定了金块底价值,我们便能知金币底价值。金块既是一商品,它底价值是由它底生产成本决定的。这种推理是错误的。下面的推理才是正确的:价格底一般水准决定了金币之交换价值——事实上这是货币价值之唯一含义——而金币之价值决定了金块价值。"㉛

尼古孙于是进一步说明价格水准之定当,为着把问题简单化,他首先作如次的假定:(一)货币全是一种由杜杜鸟骨(dodo bone)制成的大小相同的筹码。(二)货币底唯一用途是做交易的媒介,除此以外并无他用。换句话说,所有货币都是在流通中的货币。(三)所有交易都要经货币做他底媒介。换句话说,没有以物换物的直接交易,也没有用"信用"做媒介的交易。(四)在一特定时间中,货币只周转一次。在这样的一个"设例"中,很清楚地,倘使商品底总量不变,货币数量之多少与商品价格之上下是成正比例的。㉒倘使我们把第四个假定除去,则我们增加了"流通速率"一因子。流通速率之增加与货币数量增加的影响相同,都是使价格上升的。㉝倘使我们把第三个假定除去,则我们允许不用货币做媒介的交易存在,货币底需要会因而减少,那么价格水准会提高。倘使我们把第二个假定除去,则货币可以有其他用途,货币底需要会增加,货币底价值也因而增加,价格水准会下降。㊴但在所有这些情况中,货币数量仍为决定货币价值之最终因子。

甘末尔㉟把尼古孙底货币理论推进一步,把它公式化。甘末尔以尼古孙之"设例"为讨论之开始。他以为在这设例中,我们可以有下列的关系:

$$MR = NFP \qquad \text{(公式二)}$$

这个公式也可以写作

$$P = \frac{MR}{NE} \qquad \text{(公式三)}$$

㊾ 当中自然也有主张经典派数量说的,不过他们没有主张唯名派数量说者那么重要。例如:Francis A. Walker 在他所著的 *Money* (New York, 1878), *Political Economy* (New York, 1888), *Money and its Relation to Trade* (New York, 1889)便站在经典派数量说底立场,来辩护数量说。

㊿ J. S. Nicholson. 著有 *A Treatise on Money and Essays on Monetary Problems*(伦敦,一八八八;我们用的是第五版,一九〇一出版)。

㉛ 同上,页七〇—七一

㉒ 同上,页七五。

㉝ 同上,页六四。

㊴ 同上,页六六—六八。

㉟ Edwin Walter Kemmerer。氏于一九〇三年著有下面的博士论文:Money and Credit Instruments in their Relation to General Prices,该书于一九〇六年在纽约初版。我们用的是第二版(一九〇九)(此书有汉译,岑德彰译名《货币论》)。

在这两个公式中，M 是在流通中之货币底数量；R 是货币转手的次数；N 是商品底数目；E 是商品平均转手的次数；P 是这些商品底平均价格。那么，MR 等于货币底“供给量”，NE 等于商品总量，而 NEP 是货币底“需要量”。在均衡点，供给量应等于需要量，这就是“公式二”。(56) 然而，当商品由生产者转到趸售者底手中，或由后者转到零售者底手中，它取得了新的效用，所以可以看为一新商品。倘使我们把这些取得了新效用的商品都看为新商品，那么每一“商品”只周转一次，而“公式三”变为 $P = MR/N$。现在试把尼古孙底设例中的第一个假定除去；换言之，货币底单位名称有各种大小的不同。设货币共有 n 种大小不同的单位名称（如百元、十元、元、五角、一角……）我们用 $M_1, M_2 \cdots M_n$ 去代表它们，和用 $R_1, R_2, R_3 \cdots R_n$ 去代表它们个别的流通速率。设商品底种类也很多（$N_1, N_2, N_3 \cdots N_n$），也各有其流通速率（$F_1, F_2, F_3, \cdots F_n$）。那么价格公式变为：

$$P = \frac{M_1R_1 + M_2R_2 + M_3R_3 + \cdots + M_nR_n}{N_1E_1 + N_2E_2 + N_3E_3 + \cdots + N_NE_N}$$

倘使我们用 M 来代表所有货币之总数，R 代表货币之平均流通速率，N 代表商品总量，E 代表商品运转的平均次数，那么——

$$MR = M_1R_1 + M_2R_2 + \cdots + M_nR_n$$
$$NE = N_1E_1 + N_2E_2 + \cdots + N_nE_n$$

而刚才列举的价格公式变为“公式三”了。(57) 倘使货币除了做交易媒介，还可以用来作财宝贮藏，我们底价格公式也不受动摇。甘氏指出这些当作贮藏物用的货币底流通速率是等于零，所以不在价格公式内。(58) 最后，他引进以物换物的交易和以“信用”为媒介的交易。在他看来，以物换物的交易没有一个货币价格，是不在上面所举的公式内的（但它也可以间接地影响 N 与 R，因而间接地影响物价水准）。(59) 至于信用问题则较复杂。凡是用不能自由移转的信用为交易媒介的交易都可看为一种以物换物的交易。(60) 至于可以自由移转之信用——票据——则可分为两种：一种是定期支付之票据（期票，）一种是见票即付之票据（现票。）前者当看作“一种商品，而不当看作交易媒介”。(61) 后者包括钞票，支票，和即期汇票；它们的存在使价格公式变为：

---

(56) Edwin Walter Kemmerer 氏于一九〇三年著有下面的博士论文：*Money and Credit Instruments in their Relation to General Prices*，该书于一九〇六年在纽约初版。我们用的是第二版（一九〇九）。（此书有汉译，岑德彰译名《货币论》），页十一至十四。（注意：“公式二”和“公式一”底含义完全相同）。

(57) 同上，页一四至一六，附注。

(58) 同上，页二二至二三。

(59) 同上，页二三至二五。

(60) 同上，页六八至六九。

(61) 同上，页七一。

$$P = \frac{MR + OR_c}{N + N_c}$$

在这个公式中，C 代表钞票和支票等的数量，K 代表它们底流通速率，N_c 代表以它们为交易媒介的商品。[62]

虽然在列伐梭诸人底手中，把"商业交付总值"看为与"货币数量乘其流通速率之积"相等的价格公式已很完备，但影响最大的不是他们底公式，而是费休在他底货币的购买力一书内所提出的"物币交易方程式"。[63] 费休底方程式是：

$$MV + M'V' = PT \qquad (公式五)$$

在这公式中，M 是用来表示一国底流通货币（包括钞票）在一特定年度内之平均数量，V 表示货币底平均流通速率，M' 表示银行往来存款的总数，V' 表示 M' 底平均流通速率，P 表示各商品之平均价格，T 表示交易总量。为着要说明 PT 底含义，我们当从各个商品底价格和交易数量说起。设 $P_1, P_2, P_0 \cdots\cdots$ 是各种商品之个别单位价格，$Q_1, Q_2, Q_3 \cdots\cdots$ 是在各该单位价格时各该商品所交易的数量。根据费休底界说，流通速率是等于"用于购买商品之岁出总值"被"货币和信用底总值"所除的商数。用于购买商品之岁出总值是等于各 PQ 之和（$\sum PQ$）。那么根据界说，我们可得下面的公式：

$$MV + M'V' = \sum PQ。$$

倘使我们用 P 去表示各项物价之平均数，用 T 去表示所有商品底交易量（Q）之总和，那么 P 与 T 相乘即等于 $\sum PQ$，而我们得上列的"公式五"了。[64] "公式五"和"公式四"或"公式一"是大体相同的；所不同的只有一点，即在"公式一"和"公式四"有商品底流通速率一项，而"公式五"则没有。但我们可以用甘末尔底方法把商品流通速率化为一，因而把"公式一"和"公式四"化为"公式五"了。

费休进一步阐明他底公式之含义。设一国底流通工具只有 M 而没有 M'，那么"公式五"变为 $MV = PT$。在这种情形中，设 V 与 T 都固定不变，则若 M 增加，P 亦必作比例之增加（若 M 增加一倍，则 P 亦必增加一倍）。这就是数量说。[65] M' 之存在也不会使 M 和 P 之关系改变的。因为自费休看来，M 与 M' 有很确切的关系，M' 是跟着 M 变的。他举出两个使"银行往来存款总数"跟着"货币数量"作比例的增减的理由：第一，银行底现金准备是与往来存款有一定的比率的；因之，倘使现金有所增减，往来存款也随之而增减的。第二，个人或商店底现金交易和开支票作媒介

---

[62] Edwin Walter Kemmerer 氏于一九〇三年著有下面的博士论文：*Money and Credit Instruments in their Relation to General Prices*，该书于一九〇六年在纽约初版。我们用的是第二版（一九〇九）（此书有汉译，岑德彰译名《货币论》），页七一至七五。

[63] Irving Fisher, *The Purchasing Power of Money* (New York, 1911) 我们用的是一九二二年版（此书有中文译本，金本基译，商务出版）。

[64] 同上，页八至五四（特别是页四八）。

[65] 同上，页二六至二七，页二九。

之交易是有一定的比率的。(66)

换句话说，M'是 M 之函数。自他看来，它们是依比例而增减的。因之，倘使 M 增加一倍，$(M+M')$亦增加一倍；若 VV'和 T 不变，则 P 也增加一倍。(67) 我们的问题是。流通速率(VV')和交易总量(T)是否会不变。换句话说，M 底增减是否必然地引来流通速率或交易总量之变动。自费休看来，流通速率是由人口密度，商业习惯，交通情形，和其他技术性条件所决定，而不是由货币数量所决定的。因此货币数量之增减不会引来流通速率之变动。(68) 交易总量也不是由货币数量所决定，而是由一国底富源及技术情况决定的。(69)

所以 M 之增减不会引来 $V'V'$或 T 之变动，而数量说所指示之 M 和 P 的关系是正确的。

然而，“公式五”本身，只能解释各个因子之相互关系，而没有表明谁是因或谁是果。数量说不只假定 M 与 L'是成一种正比例的关系，而且假定 M 是因，P 是果。因之，费休要进一步说明为什么 L'不是因而只是果。他底论点如下：倘使 P 是因，可以自动地增减，则它底增降必使 $M, M'V$ 和 V'作相同的变迁，或使 T 作相反的变动，否则“公式五”便不能成立了。(70) 但自费休看来，P 之增加不会引来货币或信用或其流通速率之增加，或引来交易总量之减少。货币数量不会因 P 之增减而增减。因为后者之增加，等于货币价值减少，而货币价值减少只会使货币数量减少而不会使它增加的。(71) 银行往来存款既是货币之函数所以也不会因 P 之增加而增加的。(72) 流通速率是受其他因素决定而不是由 P 决定的。(73) P 之增加也不会使 T 减少，因为 P 之增加使各人的收入也增加；价格既和收入同时增加，所以交易的数量不会受影响。(74) 费休以为这足以证明 P 只能是果不能是因。换句话说，因果次序是由 M 到 P 的。

自作者看来，费休底“物币交易方程式”，倘加以适当的解释，是很正确的。但费休对他底公式之解释，就非作者所能同意了。作者认为我们可以把货币价值看

(66) Edwin Walter Kemmerer。氏于一九〇三年著有下面的博士论文：Money and Credit Instruments in their Relation to General Prices，该书于一九〇六年在纽约初版。我们用的是第二版(一九〇九)(此书有汉译，岑德彰译名《货币论》)，页五〇。

(67) 同上，页一五一。

(68) 同上，页一五二至一五三。

(69) “(Except during transition periods) the volume of trade, like the velocity of circulation of money, is independent of quantity of money. An inflation of currency cannot increase the product of farms and factories, nor the speed of freight trains or ships. The stream of business depends on natural resources and technical conditions, not on the quantity of money. The whole machinery of production, transportation, and sale is a matter of physical capacities and technique, none of which depend on the quantity of money.” (p. 155)

(70) 同上，页一七〇。

(71) 同上，页一七〇至一七一。

(72) 同上，页一七一。

(73) 同上，页一七一。

(74) 同上，页一七一至一七二。

为由供需所决定。设 D 表示需要的量，P 表示平均价值（即货币价值之反数），则很清楚地 D 是 P 之函数，$D = F(P)$。倘使货币的用途只限于做交易媒介，而货币又是唯一的交易媒介，则我们可以用 $D = \frac{T}{V}P$ 一公式来代表需要函数（V 和 T 底含义和上文相同）。设供给的量（S）是等于 M。根据一般的价值理论，均衡的条件是"需要的量"与"供给的量"相等，则 $D = S$，而 $M = (T/V)P$。倘使我们进一步引进往来存款，则均衡条件变为"公式五"了。由此可见"公式五"不过是一个均衡之条件，它底本身不会告诉我们因果次序的。费休把 D 和 M 混乱起来，没有分开需要函数和均衡条件，所以才有关于"P 不是因而是果"的推论。根据上列之需要函数，P 之增减必使 D 或 V 作相同的变迁，或 T 作相反的变动，倘使 V 和 T 固定不变，则若 P 增减，D 亦必作正比例的增减，换句话说，需要线是一条直角双曲线，而需要弹性在任何一点都是等于一。费休以为若其他不变，我们必要首先证明 M 是跟着 P 作正比例之增减，我们才可以说 P 是能自动地变动的。这很清楚地是把 M 和 D 混乱起来了。

而且，只靠"公式五"本身也不能证明货币数量之增减必然引来物价水准之比例的增减。我们只能说：通常货币需要底弹性是等于一；换句话说，若价格提高，则货币需要量也作比例的增加。那么，在一定的需要情况，P 底高下是与 M 之大小成正比例的。但这并没有证明若 M 增加，需要情况是不会变更，因此会引来 P 之比例的增加。因之，即使给予它以适当之解释，费休底货币说只是一种定态的或比较定态的学说，并不是一种动态的学说。

费休等对货币需要的分析，是注重于在流通中的货币。他们以为人们需要货币，是为着要它去做交易媒介，做流通工具。在他们底手中，货币需要量是等于商业交付总值（被"货币流通速率"所除，）而流通速率是循环回转的次数。这一种看法可以命名为"注重商业交付总值的数量说"，或简称"费休数量说"。

五

货币数量说还有另外一个解释，即"注重储存总值的数量说"，或可简称"剑桥数量说"。主张这一个学说者，注重于在停留中的货币。他们以为需要货币，是因为各人为购买物品，为从事商业，必要存储相当的货币，以便随时随地使用。在他们底手中，货币需要量是等于储存总值。这一种数量说，由来甚久，并非创自剑桥学者。只因主张此说的人，以剑桥学者较多，所以通常为方便起见，名之为"剑桥数量说"。

在上文我们已经指出在洛克、栖仪亚诸人的手中，已开始注意储存总值之重要性了。到了一八八六至一八八八年间，吉纷⑦⑤和马谢尔⑦⑥都把储存购买力的情况与平均价格之升降连起来讨论，因此树立了剑桥数量说之基础。

在欧洲大陆，约在相同的时候，注重储存总值的数量说有更重要的发展。这就是：伐洛把这个数量说公式化。伐洛在他底纯政治经济学第一版（一八七四年），⑦⑦本来是主张费休数量说的；他并且提出一个与列伐梭底公式实际上完全相同的公式。⑦⑧但自他在一八八六年发表他底货币理论⑦⑨后，他便完全倾向于剑桥数量说了。在货币理论，他提出如次的公式。

$$Q_a = Q'_a + Q''_a = Q'_a + a + bp_b + cp_c + dp_d + \cdots$$

式中 Q_a 为货币商品（商品 A）之总量，Q'_a 为用于非货币用途的商品 A 之数量，Q''_a 为作货币用的商品 A 之数量，P_b、P_c、P_d、……为其他商品（商品 B、C、D……）的价格，a、b、c、d……为各种商品（A、B、C、D……）被各人贮存——以货币形式贮存——的数量。⑧⑩ 这些商品之贮存总值是等于当作货币用的商品 A 之总量。倘使用公式去代表则

$$Q''_a = a + bp_b + cp_c + dp_d \qquad \text{（公式六）}$$

这个方程式和后来凯因斯底方程式实际上是一样的。设 P 为平均物价指数（即 P_b、P_c、P_d、……之平均数，）设 k 为各人贮存——以货币形式贮存——之各种商品之混合数量（即 a、b、c、d……之总和）；设 n 为货币数量（即 Q''_a）。即"公式六"可以改写为 $n = pk$。这就是凯因斯底公式。这个公式只适于信用制度不存在的社会内，信用制度之

存在使"公式六"变为

$$Q''_a + n' = a + bp_b + cp_d + dp_d \qquad \text{（公式七）}$$

式中 n' 是代表纸币和信用工具。⑧⑪ 这个公式也可写为 $n + n' = pk$。伐洛后来

---

⑦⑤ Robert Giffen。在他底金融论文集（*Essays Finance*）第二集（伦敦，一八八六；我们用的是第三版，一八九〇）在这论文集中，他当讨论货币供给增加所引来之诸影响。他说："An increase of lending (conseqent on an increased reserve) tends to raise prices... Wages in turn rise, and with their rise... requirements for small change are increased, and the bank reserve trenched upon."（p.49）换句话说，若价格提高，则零用钱之需要量增加。

⑦⑥ Alfred Marshall。马谢尔在一八八八年间向英国国会金银委员会所提出之备忘录及他底口证，很清楚的说 "If there was more gold in circulation than people wanted to do that part of their business which they prefer to do with currency, they would simply send it to the banks. From the banks it would go into the reserve; from the reserve it would go back on to the general market, inflating credit, increasing speculation, enabling people to borrow who could not borrow before, raising prices. When prices had once been raised, say, 10 percent. all round, then supposing there to be no dose of arsenic with the incantation, and the habit of business to be exactly the same as before; then people would require 10 per cent. more cash in their pockets than they did before." (Official Papers by Alfred Marshall, pp. 40—41) 在最后一句，他把货币需要量与储存总值对等起来。

⑦⑦ Léon Walras, éléments d'économie politique pure, Lausanne, 1874.

⑦⑧ 同上，页一七九，一八〇，二〇〇，和一九六至二〇一。参看：A. W. Marget, "Léon Walras and the Cash-Balance Approach to the Problem of the Value of Money" (Journal of Political Economy, 1931)。

⑦⑨ Walras, Théorie de la monnaie, Lausanne, 1886.

⑧⑩ 同上，页四一。

⑧⑪ 同上，页四五。伐洛原来用的符号是 P 而不是 n'。

在他底纯政治经济学第二版和其他版内将这个分析代替了他原来的分析。[82]

伐洛以后,用储存总值来解释货币之需要者渐多。例如奥国学派的孟嘉[83]瑞典底者威萨尔[84]等都是较重要的。就中以威萨尔底分析为最完善。威萨尔指出决定物价水准之因子,可分货币的因子和商品的因子。在货币方面,主要是货币数量和流通速率。

倘使商品的因子不变和流通速率不变,则价格水准之升降与货币数量之增减成正比例。换言之,货币之需要线是一直角双曲线。[85]但如货币商品除了可作货币之用外,还可以有工业上的用途,则货币需要线不再是一直角双曲线,换言之,需要弹性不一定是等于一了。[86]货币方面之另一因子为流通速率。威萨尔把流通速率看为货币平均停留时间之反数。他指出各人于出卖货物后不是立即用换得的货币去购买其他货物的。在各人出卖他所生产之商品或他底劳动以换取货币,再用该货币以购买他所需要之东西,其间是要经过相当的时间的。这个相隔的时间可以命名为"货币的停留时期"。这个停留时期之反数是流通速率。例如货币底停留时期是平均一个月,那么它底流通速率是每年十二次了。[87]威萨尔也说明人们储存购买力的原因。他以为这些原因可以大别为两种:一种是为应付将来的已知的用度;一种是为应付不时之急需。[88] 这些预料的和意外的需要,时有不同,而各地的信用组织,也不一致;这些因子都对储存总值的大小有影响的。但"自整个经济看来,则储存的现金之总数应与国内货币之数量相同、若后来者不变,则前者是固定的"。[89]

另一个瑞典学者加塞尔[90]——进一步用公式去说明货币的流通速率与货币的停留时期之关系。他确认费休数量说根本上与剑桥数量说没有甚么冲突,它们只是从一个不同的方面去观察一件相同的东西,所以二者是很易调和的。二者的主要差别是:一个学说著重于一个时期(通常是一年)的情形,而另一个学说则著重

---

[82] éléments 第二版(一八八九),页三七五至三八六;第三版(一八九六),页三七五至三八六;第四版(一九二六,)页二九七至三二二。在第二版序言中,伐洛说:"En outre, dans les autres lecons de théorie pure, j'ai substitué, en la complétant convenablement, pour la solution du problème de la valeur de la monnaie, à la démonstration fondée sur la considération de la "circulation á desservir" qui j'avais empruntée aux économistes dans la première édition de ces éléments d'économie politique pure la démonstration fondée sur la considératon de l'encaisse désirée dont je me suis servi dans la Théorie de la monnaie." (p. IX)

[83] Karl Menger。阅:Marget,同前(注七八)。

[84] Knut Wicksell 氏著有《利率与价格》(Geldzins und Güterpreise,德文初版,一八九八。英译本,译者 R. F. Kahn,伦敦,一九三六出版)和《政治经济学讲义》第二集 (Vorlesungen über Nationalökonomie, II,瑞典文初版,一九○六,英译本,伦敦,一九三五,E. Classen 译)。

[85] 讲义,第二集,英译本,页二一五。

[86] 同上,页一四三。

[87] 同上,页二三和页六〇。

[88] 同上,页七一。

[89] 同上,页六一。

[90] Gustav Cassel 阅氏著《社会经济学》(德文初版,一九一八;英文第一译本,Joseph Mc-Cabe 译自德文第二版,伦敦,一九二三;英文第二译本,S. L. Barron 译自德文第四版,伦敦,一九三二)。

於一特定时间（或时间之一特定点）的情况。费休底公式的基本观念是"所有的货币将购买所有的商品"。倘使我们把时间限于一特定点，则我们没有理由解释为什么所有的货币必然地购买所有的商品。货币要在相当期间内才会和商品交换。因此费休底公式是适宜于一个时期。[91] 剑桥数量说则着重于时间之一特定点，用在一特定时间内各人为储存之用而需要货币的总量去解释货币价值。为着说明两种学说之关系，加塞尔把剑桥数量说公式化。加塞尔底公式是。

$$RTP = M \qquad \text{（公式八）}$$

式中的 T、P 和 M 与费休底 T、P 和 M 含义相同，R 是在一特定时间每一单位的交易（在一定价格）所引起的货币需要量（亦即货币储存量。）在一特定时间，货币的需要总量是 RTP。在均衡点货币的需要总量应等于现存货币之总量。因此他得到"公式八"。

试将"公式八"和费休底公式 $PT = MV$ 比较，则我们得如次的关系：

$$R = 1/V \qquad \text{（公式九）}$$

我们只要把 R 看为 V 之反数，我们便可以了解"公式八"和费休底公式实在是"二而一"的。[92]

在当代底经济学者中，对"注重储存总值的数量说"阐释最完善的是奥国经济学者密斯士，已故的伦敦大学教授阚南，和剑桥大学诸学者。根据密斯士，[93] 货币金属之价值是一部由工业上的用途决定，而一部由货币的用途决定的。货币理论之责任，只是研究后一部份，即研究货币方面的供求。[94] 关于需要方面，应从个人的需要说起。个人为应付商业上或个人上之需求，是常储存相当数目之购买力。至于什么是"相当数目"，则依其习惯和环境（如社会生产与交易的机构）而定。[95] 倘使一个人手中的货币是超过其经常储存的数量，则他将必增加他底投资，或增加他底购买，使他回复经常数量。[96]

这些个人之储存量即个人对货币之需要量，而各人需要量之总和构成社会之总需要量。[97] 在均衡点，社会底需要总量应等于供给总量。倘使需要情况不变，则供给之增加使货币之价值下降，是即使平均价格上升。但价格之上升与货币供给之增加不必一定恰为比例的。数量说所需要的只是——

---

⑨¹ Gustav Cassel 阅氏著《社会经济学》（德文初版，一九一八；英文第一译本，Joseph Mc-Cabe 译自德文第二版，伦敦，一九二三；英文第二译本，S. L. Barron 译自德文第四版，伦敦，一九三二），第二次英译本，页四四九至四五九。

⑨² 同上，页四五七至四五八。

⑨³ Ludwig v. Mises 他关于货币理论之巨著是《货币与信用》，德文初版（Theorie des Geldes und der Umlaufsmittel,）一九一二；德文再版，一九二四。英文译本（*Theory of Money and Credit*）H. E. Batson 译，伦敦，一九三四。

⑨⁴ 同上，页一〇七至一〇八。

⑨⁵ 同上，页一三二，三〇〇至三〇二。

⑨⁶ 同上，页一三四至一三五。

⑨⁷ 同上，页一三三，一四七。

"倘使我们比较两个定态的经济体系,在这两个体系中,除了一个体系所有的货币为别一体系之所有的货币之一倍外,其他因子完全相同,则我们可以说前者的货币每单位之购买力必等于后者的一半。但我们不能由此便得到'若货币数量增加一倍则货币价值减半'的结论。因为货币数量之变动使定态经济体系中有了动态的因子。当新的均衡成立时,新的情况不会和货币没有增加以前的情况相同。结果在新的均衡点,货币底需要情况……也是不同的。"[98]

在这一段话中,密斯士很清楚地和很确切地说明数量的含义和它的限制。

阚南[99]也有相似的学说。他指出货币之价值与其他商品之价值相同,是由供需决定。所谓需要是指各人为储存购买力而需要货币。这些个人需要之综合便是社会对货币之需要。[100]他也讨论到需要之弹性,他以为在经常的情况下,我们可以假定货币底需要弹性是等于一;换句话说,在一特定的需要线上,价格之大小会引起需要的比例的增减,[101]但他指出需要不是在任何的情况下都等于一的。[102]

除了密斯士和阚南外,对著重储存总值之数量说贡献最大的是剑桥大学的学者,—如马谢尔,丕固,凯因斯,罗伯生等。在上文我们已经指出马谢尔在十九世纪末年便已树立了剑桥数量说之基础。但在那个时候,马谢尔只将他底货币理论口授生徒,而没有用文字去发表。直至他底货币,信用与商业一书[103]出版时,他底学说才正式公诸于世。

我们不必对马谢尔底学说加以说细的叙述,因为他底理论与密斯士或阚南没有重要的差异。我们可以直接叙述马谢尔底门徒——丕固和凯因斯——怎样的把马氏底学说公式化。丕固[104]底公式是

$$P = \frac{kR}{M} \qquad (公式十)$$

为着要说明式中符号的含义,我们最好先把丕固的研究方法简单说明。在货币方面,丕固假定它是一种法币,假定它除了做货币外并无其他用途。在商品方

---

[98] Ludwig v. Mises. 他关于货币理论之巨著是《货币与信用》,德文初版(*Theorie des Geldes und der Umlaufsmittel*)一九一二;德文再版,一九二四。英文译本(*Theory of Money and Credit*)H. E. Batson 译,伦敦,一九三四,页一四五。

[99] Edwin Cannan. 氏在一九〇〇年便有相似的学说发表,阅:London Essays in Economics: in Honour of Edwin Cannan(1927),页三七。又他在伦敦经济学院,于一九〇九年至一九一八年的演讲,就是注重储存总值,阅:*An Economist's Protest* (1927),页三八七。但他最重要的作品是:Money: Its Connexion with Rising and Falling Prices (London, 1918;我们用的是第八版,一九三五出版。此书徐渭津译为中文,译名是《通货与其价值》,商务出版)。

[100]《通货与其价值》,英文原文第八版,页十四至十五,八七至九〇。

[101] 同上,页八一。

[102] Cannan, "The Application of the Theorectical Apparatus of Supply and Demand to Units of Currency"(*Economic Journal*, 1921)。

[103] Alfred Marshall, *Money, Credit and Commerce* (London, 1932)。

[104] A. C. Pigou, "The exchange Value of Legal Tender Money." (*Quarterly Journal of Economics*, 1917)。此文被编入他底 *Essays in Applied Economics* (London, 1923)。我们所说的页数是指 *Essays* 之页数。

面,他以为社会上之物品种类繁多,最好选定小麦为代表商品,代表一切。设把社会上所有物品都化为小麦,我们便可以用若干单位的小麦去代表社会资源之总量。式中 R 就是代表社会资源总量之小麦单位数目。这 R 单位中,有若干——k——是要用货币的形式储存起来的。因此 kR 是等于社会物品被各人贮存——用货币形式去贮存——的总量。式中的 P 为每一单位法币的价值(它等于平均价格之"P"的反数)。那么,$\left(\frac{1}{P} \times kR\right)$ 是等于贮存总值。式中的 M 是货币的数量,或更确切地,是货币之需要量。根据马谢尔底货币说,货币之需要量是等于贮存总值。所以得"公式十"。[105] 丕固很明白地说明"公式十"是一代表货币之需要的公式;换言之,它是一需要函数。倘使 k 和 R 是固定的,则这需要线是一直角双曲线。若我们把费休底公式 $MV = PT$ 也看为一需要函数,则正如丕固所指出,它是和"公式十"很易调和的。从这两个公式中我们可得 $kR/M = T/MV$ 一方程式。这个方程式可以改写为

$$kV = TR \qquad \text{(公式十一)}$$

倘使我们能够假定 T 等于 R,则"公式十一"变成"公式九"而费休底公式变成与丕固底公式相同了。事实上则 T 和 R 是不一定相等的。但在一定的生产和贸易的情形下,我们可以把 T/R 看为固定的。在这个假定下,倘使 V 增加一倍,k 便减了一半。因此费休底公式和丕固底公式有固定的关系的。[106]

在银行制度发达的国家,各人所贮存之购买力,除了一部分是用货币形式贮存之外,还有一部分是用银行钞票和往来存款的形式贮存的。但银行因钞票及往来存款而贮存之货币(即准备金),通常只及钞票和存款之若干成,因此各人贮存之购买力之总数,并不等于贮存之货币之总数。在这种情况中,"公式十"应改为

$$P = \frac{kR}{M}\{c + h(1 - c)\}$$

式中 c 为人们以货币方式贮存之购买力在全部贮存购买力上所占之百分数;那么,$(1-c)$ 为人们以非货币方式(即用钞票或往来存款)贮存之购买力在所贮购买力全数所占之百分数。h 为银行对钞票和往来存款之平均准备金。我们在上面已说明 kR 是贮存总量,在这里它也是贮存总量,但在此它是购买力之贮存总量,而不再等于货币之贮存总量了。式中 $kR\{c + h(1 - c)\}$ 等于货币之贮存总量。货币之贮存总量被 P 所除,得贮存总值。我们把贮存总值和需要的量(M)对等起来,便得代表需要的方程式。这个需要的方程式可以重写为上列的"公式十二"。倘使 R、k、c、和 h 都是固定的,则货币需要量与货币价值成反比例(亦即与平均价格成正比

---

[105] A. C. Pigou, "The exchange Value of Legal Tender Money." (*Quarterly Journal of Economics*, 1917)。此文被编入他底 *Essays in Applied Economics* (London, 1923)。我们所说的页数是指 *Essays* 之页数,页一七五至一七六。

[106] 同上,页一七七。

例)。倘使价格高涨,则货币需要量也作比例的增加。

丕固以后,罗伯生[107]也说明怎样的剑桥数量说可以和费休数量说调和。罗伯生底看法和加塞尔底看法相同,都认费休数量说之研究对象为在流动中的货币,而剑桥数量说之研究对象为在停留中的货币。同时他们都认这两个学说可用"公式九"所指示的关系来调和。罗伯生进一步指出:"货币价值"或"平均价格"底含义在各公式上不是完全相同的。有时它是指所有商品之平均价格,有时它是指消费品之平均价格。所以在调和各种学说时,也当注重"平均物价"一名词的含义如何。

凯因斯[108]底公式与丕固底公式略有不同。凯因斯底公式是

$$n = p(k + rk')$$ (公式十三)

式中 n 为货币之数量。k 为各人贮存——以货币之形式贮存——之"消费单位"之数量。所谓"消费单位"是指各人在生活习惯上所需用之各种基本消费品之集合名字(例如生活指数中所包括之物品)。k' 为各人以"银行信用"之形式贮存之"消费单位"之数量。r 与"公式十二"之 h 含义相同。P 为消费单位之价格。倘使 k' 是等于零,则"公式十三"变为

$$n = pk$$

六

从上面所叙述的数量说发展史看来,可见"数量说"一名词底含义实非一致。我们大体可以用下列的分类表来表明数量说之各种不同的解释:

数量说

唯名派数量说　经典派数量说　边界派数量说

动态数量说

严紧式——价格与货币作正比例之增减

非严紧式——价格不必与货币作比例的变迁

定态数量说　比较定态式　"需要式"—数量说只是一种货币底"需要"之说明

费休数量说　剑桥数量说

唯名派数量说以达文萨提,蒙特拉里,尼古孙,甘末尔……等为重要的代表。正统派数量说可分为经典和近代边界派。经典派数量说以布丁,洛克,康里伦,休谟,李嘉图穆勒……等为主要代表。边界派数量说底代表有马谢尔,孟嘉,威萨尔,阚南,密斯士……等。动态数量说以为数量说可以解释货币供给量之增加将如何的引起物价上升。除了边界学派的一部份学者外,大都是主张动态数量说的。但

---

[107] D. H. Robertson, *Money*, (1992);我们用的是一九二八年版。
[108] J. M. Keynes, *A Tract on Monetary Reform*, London, 1923.

动态数量说可分两种。一种是"严紧式"的,以为货币供给量之增加必然地引起物价之比例的增长。另一种是"非严紧式"的,以为物价虽然会因货币数量之增加,而增加但不是成正比例的。除了动态数量说外,当代边界学派之学者还有把数量说看为一个定态学说的。例如密斯士便很明白地把它限于比较定态学之范围内,又如丕固等便把它当作一种解释货币需要之学说。数量说又可分为费休数量说(即注重商业交付总值的数量说)和剑桥数量说(即注重储存总值的数量说)。费休数量说之主要代表是达文萨提,蒙特拉里,配沓,康里伦,经典派,列伐梭,伐洛,尼古孙,甘末尔,费休……等。剑桥数量说之主要代表是洛克,栖仪亚,伐洛,吉纷,马谢尔,孟嘉,威萨尔,阚南,密斯士,丕固,凯因斯……等。

关于唯名派数量说和正统派数量说之谁是谁非这一问题,当于讨论"货币之本质"一题目时细论之。在这里,我们只简单地论及怎样地把这两个学说调和起来。自作者看来,自货币之本质言,我们应承认货币有其特具之性质,是与一般商品不同。正因其有特具之性质,所以我们才有数量说之创立。倘使货币不是有其特具之性质,那么我们又何必对货币价值树立不同的学说呢?因之,唯名派数量说是较合于逻辑的。但同时我们也可以采取正统派之方法,用"需要"和"供给"去分析货币价值,把数量说与供需说调和起来。

无论动态数量说是否正确,它绝不是用费休那种公式所能证明的。虽然费休企图用他底公式去证明货币供给量之增加必然引起来价格之比例的增加,但他那种公式是定态的公式,是不能说明任何动态现象的。关于货币供给量之增加将怎样引起物价之变动,尤其是关于构成此种变化之程序,当分别于"岁入说货币理论"及"贴现率与价格"两题目下讨论之。在这里,我们只能把我们底结论简单地提出:我们认为严紧式的动态数量说是不能接受的。这个数量说只有在下列的三个假定下才能成立的:(一)一国底生产要素之数量是固定的,同时所有的生产要素都常全部为人所使用。(二)货币底流通速率或货币底平均停留期间是不因货币供给量之增减而变动的。(三)定态数量说是真确的。关于第三个假定,我们下面再加以讨论。至于其他两个假定——尤其是第一个假定——是与事实不符的。第一个假定等于说:在一国内为人所使用的生产要素的数量是固定不变的,工人没有失业,资本没有空闲的,土地没有荒芜的。很清楚地,基于这种乌托邦的假定之推理,是不会给予我们以适当的理论。至于"非严紧式"的动态数量说,则大体上是正确的。

我们现在可以进一步讨论定态数量说了。自作者看来,前几节所叙述的诸学说——无论是费休数量说还是剑桥数量说——大都只是适用于定态经济学而不适用于动态经济学的。倘使我们把它们看为定态学说,我们可以用如次的方式把这些学说重述:

设我们研究的对象是一种法币,它底唯一用途是做交易媒介。这种法币之价值,是由需要与供给决定。设 D 为"需要的量"P 为平均价格水准。则 D 为 P 之函

数,这个需要的函数,在"除了法币之外并无其他交易媒介"之假定下,是可以由下列任何一个方程式去代表的:

$$D = I\left(\frac{1}{V-X}\right) \quad \text{(公式十四)}$$

$$D = P(RX) \quad \text{(公式十五)}$$

式中 D 为货币之需要量;P 为"平均价格";X 为列伐梭底 TC,甘末尔底 NE,费休底 T,加塞尔底 T,或丕固底 R……;V 为货币底流通速率;R 为 X 被贮存——用货币的形式贮存——之成数。读者请注意 X 在这里之含义还没有确定,因为列伐梭底 TC,甘末尔底 E,费休或加塞尔底 T,和丕固底 R 的含义不是完全相同的。我们在此只笼统地用"商品总量"四字来说明 X,至于什么商品应该包括在内,什么不应包括在内,或什么构成这"商品总量",则当看我们研究的对象是怎样的一种"平均价格"而定。我们通常只知"平均价格"是"货币价值"之反数,但究竟那一种平均价格才能真正地代表货币价值,则至今我们还没有一个完善的答案。由此可知什么是"商品总量"和"平均价格"之确当含义一问题,是很困难的一个问题,当另行在"何谓平均价格"一题目下详加讨论,兹不赘。

"公式十四"注重于商业交付总值,注重于在流动中的货币,所以近于费休式的数量说;"公式十五"注重于储存总值,注重于在停留中的货币,所以近于剑桥式的数量说。

实则两个公式只是两种不同的表现方法,实际上它们是代表相同的东西。我们只要把 R 看为 V 之反数,则两个公式变成一个了。

这两个公式都是代表货币之需要,所以都可以叫做"需要方程式"或"需要函数"。

这"需要函数"和一般商品之需要函数相同,只是代表一特定空间和一特定时间之需要情况。它既是限于一特定空间和一特定时间,则我们可以假定 V、R 和 X 是已知的和固定的。因为通常在一特定时间和空间,流通速率和商品总量都是固定的。那么,这两个货币之"需要方程式",都变成了直角双曲线。根据需要的法则,凡需要函数是一直角双曲线时,需要弹性在任何一点都是等于"一"的。换句话说,需要的量和平均价格是成正比例的。

在均衡点,需要的量应等于供给的量。在这供需两线相切的一点,会给予我们以一均衡的"平均价格"。设在一已知的需要函数,若货币供给量(在一定的时间和空间)是一百万单位,则平均价格等于一〇〇。那么,需要函数既是一直角双曲线,倘使货币供给量(在同一时间空间)不是一百万单位而是二百万单位,则平均价格应等于二〇〇。

只有在这样的一个场合——即比较定态的场合——我们可以说平均价格与货币供给成正比例。

我们现在应进一步分析货币需要的形成。关于货币供给,则当另行在"金银的产量"和"纸币之发行"两题目下分别讨论。

整个社会对货币之需要是等于社会中各人对货币的需要之总和,所以个人需要实是社会需要之基础。个人所以需要货币,是因货币为一种交易媒介,为一一般收受的"购买力"。一个人取得了货币以后,他便可以随时地用它去购买商品,给付债务,或其他用途。所以他在一时期内对货币之需要,是要看他在那时期内的交付总值。交付总值一方面由交易数量之多少,另一方面由这些交易的物品之平均价格来决定。倘使交易数量是固定的,则个人的货币需要量是平均价格之函数。这函数构成了个人之货币需要。各个人的货币需要之总和构成了社会之货币总需要。但一块货币在一特定时间内是通常不只做一次的工作的。因之,我们要注意货币之平均周转次数,亦即货币之流通速率。我们用流通速率去除社会之交付总值,便可得社会对货币的纯需要量。"公式十四"就是这样得来的。

我们若把研究的对象由一时期改为时间之一特定点,则个人之货币需要可以作另外一种解释。个人需要货币,是为准备将来购买物品,或应付不时之急需。除了这些通常原因外,各人需要货币还有商业上的理由,因为企业者也要有相当的现金,以便偿还款项,及取得商业上之便利。读者或者会问:为什么人们不用有价证券或其他商品作将来购买的准备,而必用不生利的货币,这不是一种损失吗?原因是很简单,因为货币是一般收受的"购买力",用货币去购买商品,通常较用其他东西去和商品交换,所得的交换率是较有利的。所以人们常有相当的现金准备。但因货币是不生利的,所以人们的现金准备额,不会过多。倘使它是过多,则各人必将多余的一部份作商业之投资,作其他生利的用途,或购买消费品物。因之,通常个人底货币需要量是有一适当的数目,既不会过多,也不会过少的。

个人底货币需要既被看为将来用款的一种准备,那么需要的形式自然是"储存",而个人对货币之需要量即他对货币之储存量。自一般来说,个人底货币需要量或储存量是为经济环境和各人习惯所决定。这些决定个人底货币储存量之因子包括(一)他底岁入数量和(二)他底岁入的收取方法。他底收入或所得之数量决定他底支出或用款之数目。设一个人需要甲、乙、丙……等商品,而各商品底需要量之比率是固定的。那么倘使商品之价格不变,则他所购买之诸商品之数目是随他底岁入之增减而增减。其次,他底岁入的收取方法决定储存之久暂。设一个人每天平均要用去现金二元。设他底习惯是在每次收入款项时,即储存足以应付由该项收入到下次收入之期间内的用款。那么,倘使他底收入(工资)是按天给付,则他平均每天储存现金二元,而货币在他手里的停留时期是一天。倘使他底收入(工资)是按星期给付的,则他平均每天储存现金八元,而货币在他手里的平均停留时间是四天。倘使他底收入是按月给付的,则他平均每天储存现金三十二元,而货币在他手里的平均停留时间时间是十六天。由此可见工资(或其他所得)之给付方法,即岁入之收取方法,对储存数量也有影响的。然而,因我们研究的对象只限于一特定时间和空间,所以我们可以假定(一)个人岁入数目,(二)货币之平均停留期间(三)个人对商品所需要之种类和比率都是已知的和固定的。那么,个人底货币需要量是由平均物价所决定。换句话说,前者是后者的函数。把社会上各人底需要函数加起来便得社会之货币需要函数。这就是"公式十五"的由来。

直到这里,我们假定"除了法币之外并无其他交易媒介"。我们现在可以把这个假定取消。在这银行制度发达的今日,各种信用如银行钞票和往来存款都是很通用的交易媒介。这些银行信用是货币之代用品,他底存在减少了货币之需要。引进了这些银行信用使"公式十四"和"公式十五"发生变化。我们可以有四种不同的方法把"银行信用"引进诸公式内——

$$D = PX = \left(\frac{1}{V + aV'}\right) \quad \text{(公式十六)}$$

$$D = PX(r + br') \quad \text{(公式十七)}$$

$$D = PX\{R[c + b(1-c)]\} \quad \text{(公式十八)}$$

$$D = PXR - C \quad \text{(公式十九)}$$

式中底 D、P、和 X 与"公式十四"和"公式十五"式 D、P、和 X 含义相同。R 为 X 被用购买力(无论是货币或银行信用)的形式去储存的成数;r 为 X 被用货币的形式去储存的成数;r' 为 X 被用"银行信用"的形式去储存的成数。所以 $(r + r') = R$。V 和 V' 是等于费休底 V 和 V'。C 等于"公式七"之 n'。倘使我们把"公式五"看为一代表货币需要之公式,倘使我们假定 M 和 M' 有一定的关系,即 $M' = aM$,倘使我们用 D 来代表 M,用 X 来代替 T,那么"公式五"和"公式十六"便完全相同了。"公式十七"是与"公式十三"(凯因斯底公式)相同,前式中的 b,等于后式中的 r。"公式十八"即不固底"公式十二",前式的 b 和 c 即等于后式的 h 和 c。"公式十九"即等于"公式七"(伐洛底公式)。

这四个公式底内容实际上是相同的,他们底差别只是形式上的差别。我们只要把 $(V + aV')$ 看为 $(r + br')$ 之反数,那么"公式十六"和"公式十七"便成一个公式了。"公式十七"和"公式十八"很清楚地是相同的。因为根据 c 的界说,$r : r' = c : (1-c)$。那么

$$r + br' = r\left\{1 + \frac{b(1-c)}{c}\right\} = r\left\{\frac{c + b - bc}{c}\right\}$$

$$= r\left(1 + \frac{r'}{r}\right)\left\{\left[\frac{c + b - bc}{c}\right] \div \left[1 + \frac{1-c}{c}\right]\right\}$$

$$= (r + r')\{c + b(1-c)\} = R\{c + b(1-c)\}$$

"公式十七"因而等于"公式十八"了。"公式十九",则用途较少,不必详加讨论了。

廿五年七月脱稿于伦敦

美国人最近对苏俄的观念*

李光忠

最近半月美国报纸的热闹新闻是苏俄的"托派阴谋"案件,这件大案料想中国报纸亦必登载,无须详说。这下面说一点相关联的有趣问题。

自从法西斯主义抬头,标榜扑灭共产主义,苏俄要应付这个大敌,急结外援,于是停止向来对英美资本主义的攻击,加入国联,与法联盟,以民主国家自居借此拉拢英美。美国方面对于苏俄的"主义"至今怀疑。去年金诺微夫(Zinovieff)及喀麦讷夫(Kameneff)等十六人因"托派阴谋"罪名一起处死,法律手续甚欠完偏,颇为各民主国家舆论所不谅。这次审判"托派"十七人,第一名是著名记者拉狄克 Radek,第二名是车工业副委员长圣雅塔可夫(Piatakoff),第三名是前驻英大使梭柯尔尼可夫(Sokolnikoff),其余大都是在苏俄有相当地位的人物。这十七人的罪状是勾结德日间谍,图谋杀害司塔林,推翻苏俄政府,恢复资本主义,并先行唆使工人怠工,破坏铁路车辆,鼓吹战争。开庭审间时邀请各国驻俄使节旁听十七人尽皆招认。结果,拉狄克梭柯尔尼可夫等三人判处十年监禁,圣雅塔可夫等是私人判处死刑。

据报载今年四月还有一批"托派"要受审间,其中知名之士有着名记者蒲哈林(Nicholai Bukharin)及会任苏联"首相"六年的黎可夫(Alexis Rykoff)。

这次是圣雅塔可夫最先慷慨招供,他如何到瑞典晤见首相托落次基(Trotsky),如何商议,说得旁听者都信为真实。据说托落次基原主张共产主义不能一国单独施行,所以要造成世界革命;现今世界革命既不成功,俄国仍当回复资本主义;要达回复资本主义的目的必须造成战争使苏俄大败,推到司塔林,否则不能有望。

托落次基在墨西哥声言向不知圣雅塔可夫其人,何从有晤见之事,口供是"威逼"的,这完全是"司派"对他个人的"桥陷"。又说,他的两个女儿都被司塔林间接杀害了,这次又捕去他的第二个儿子。他愿意有一个机会对民隶或法庭提出他并无如此阴谋的反证。

美国有一部分人现在正在进行想给托落次基表白的机会。

美国各报对于这个重大离奇的案情消息逐日登载,并且不断评论。苏俄驻美大使托落亚洛夫司基(Alexander A. Troynanovsky)于一月二十八日晚间宴会借着"苏俄新宪法"的演讲题目了一点宣传。他说苏俄现行的是社会主义,并非共产主

---

* 本文原载于《再生半月刊》,1937年第4卷第2期,第11—13页。

义,甚至苏俄新宪法中并无共产主义字样;共产主义是"各尽所能,各取所需",社会主义是"各尽所能,各酬其劳",苏俄制度正是"各尽所能,各酬其劳"。他说司塔林是在社会主义之下推进民主政体,愿与海外民主国合作;现今世界不是资本主义与社会主义斗争,乃是法西斯主义与民主主义斗争,而苏俄是站在民主主义方面。接着,他指摘"托派"勾结法西斯国家之罪恶。一段演说而面面俱到,立意甚巧。

一月三十日"纽约时报"有一段社评针对托落亚诺夫司基的演词,评其大意如下:

"外国观查苏俄的人,友谊的及非友谊的,向来都会力称俄罗斯所成立的不是一个共产主义之国,而仅是一个社会主义之国。现今苏俄驻英大使托落亚诺夫司基不仅承认其是而且坚持其是,这是值得注意的。在一般人心意中,社会主义与共产主义的区别往往是模糊不清的,而且也许不容易得到多人公认一种严格正确的区别。其混淆的原因之一是实际上有两种重要区别,第一是关于取得政权的方法,第二是政权到手后建立的经济制度的派别。大致言之,凡自称为社会主义者的人们相信政权应当由'以说服人'入手,从选举票区获得;凡自称为共产主义的人们就相信政权只能强力夺取。这个区别大体上是对的,仅管实际上激烈派的这种见解或有程度之分,例如有些激烈分子认为可以利用合法手段取得的权力不妨尽量争取,但终将需用强力。

"这次苏俄大使的演词不会论到策略的问题而只是论苏俄设施的实际状况。他声明苏俄设施是基于社会主义的原则而非共产主义的原则。他说共产主义原则是'各尽所能,各取所需'。他对社会主义下的界说是'各尽所能,各酬其劳'。他力称现今苏俄经济制度是照着这一个原则办理的。"

"他的这个说法大致是真实的。为求增加生产起见,苏俄确曾明定以较高的报酬给与较熟练及较有生产力的工人。此刻值得注意的不是这种久已公认的事实而是苏俄大使对这种事实正式坚决的新声明。会有一个时期,苏俄代言人虽承认苏俄尚只施行社会主义,却声明这乃是准备达到完全共产主义的一个过渡阶段。但现今苏俄大使指明'共产主义,无论作为口号,或作为目的,总没有在苏俄意法中提到'。更值得注意的现今苏俄大使指是他的措辞'现今世界最重要的问题不是资本主义与社会主义的斗争,乃是法西斯主义与民主主义的斗争'。以前苏俄代言人会明告我们说但凡资本主义存在时,真正的民主是不可能的。又说资本主义的最后挣扎是一定不易的要扫到法西斯主义。现今苏俄大使的说法从非实际教条变更而语气已大有变更,其理由是不难明白的。苏俄在与德日立异之时深感需要各大资本主义民主国家的同情和援助,所以必然要尽量形容苏俄的趋向与资本主义民主国家相类。"

纽约时报记者的结论可谓"二语破的",也可见在人民程度较高之国不易做宣传功夫。

共产党不必再谈"主义"了。司派由"共产主义"改到"社会主义"而至于要求

"资本主义"国家合作。托派由"共产主义"转到勾结"法西斯主义"国家而图恢复"资本主义"。

托落次基将来从有机会自白,无论结果表出是他或是司塔林及其党羽没有阴谋,总之不外证明一个重要之点:共产党争夺政权不择手段。

如果苏俄此案情真,法西斯国家的国际阴谋可谓阴毒。想想前几年是谁作俑。

法西斯国家与共产国家的水火之势由此更深一层,两间的仇恨不知更要绵延多久或更演多少国际怪剧和惨剧。中国最好是力避搅入漩涡、自力图存最为紧要。

新经济的三个原则[*]

卢郁文

资本主义的经济组织,建筑在三个基本原则上:(一)国家,(二)私有财产,(三)自由竞争。现在经济思潮澎湃激荡;各国经济改革,政策纷歧;归根究底,总不外对这三个基本原则,表示赞成与反对。国际主义与世界主义,是对国家下攻击的。共产主义与集产主义,是对私有财产下攻击的。计划经济与统制经济,是对自由竞争下攻击的。其他各种主义,各种学说,皆不外于拥护这三个原则,与打倒这三个原则,两极端之间,表示程度的差异,及实现其主张的手段之不同而已。

我国经济建设,对这三个基本原则,所持态度如何?三民主义原为举国一致的信仰,其中的民生主义,自然是我国经济建设的南针。但对于民生主义的解释,则又议论纷纭,莫衷一是。或以民生主义即社会主义,或以民生主义乃国家资本主义,或竟以民生主义为资本主义。如此纷争下去,仍旧得不到一个明确的共信。个人以为,我们与其作抽象名词的争辩,实莫如把这三个原则问题提出来,分别加以检讨。

第一,关于国家。欧战后,提倡世界主义的有两种组织:一是国际联盟,一是第三国际。国际联盟,人们说是资产阶级的国际,第三国际,自称为无产阶级的国际。但无论二者所代表阶级如何,其为想打破国家的藩篱,造成国际的组织则一。结果如何呢?国际联盟的决议案,自始即未曾取得超越国家的权力,必须经各国政府核准始为有效。换句话说,国联的一切设施,自始即置于严格的国家利害天秤之下;某项决议,于我国家有利,则拥护之;某项决议于我国家有害,则反对之。所以国际联盟虽然代表着一种崇高的世界主义理想,事实上却成了国家主义的工具。或谓国际联盟,是由资本主义国家组织的,在资本主义基础之上,绝对建筑不起大同世界来。然则以共产主义为基础的无产阶级的国际如何呢?这可以拿欧战爆发后第二国际工人,都为其祖国拼命,杀害异国的工人同志来答复。若谓第二国际为背叛主义,又可拿忠实于第三国际奉行共产主义的苏俄之放弃世界革命政策,加入资本主义的国际联盟,与资本主义国家缔结不侵犯条约,出卖中国的中东路,以求与日本暂时妥协,不兑现苏捷协定,以避免与德国战争来答复。这话并不是对于任何国家,有丝毫非难不满的意思,只是指明现代世界上,无论资本主义的国家也好,共产

---

[*] 本文原载于《新经济半月刊》,1938 年第 1 卷第 2 期,第 31—34 页。

主义的国家也好，皆是以国家的利益为最高的原则。至于公然揭橥国家主义的法西斯国家更不消说了。在这一点上，我们觉得法西斯国家，实在比以国际联盟为面具的资本主义国家，和以第三国际为号召的共产主义国家，来得格外坦白些，诚实些。这种坦白、诚实，当然也算不起法西斯国家的美德。德、义、日不曾做过国际联盟的会员国吗？何尝不想利用这个假面具呢？只是当这个假面具对于自国的利益有不方便时，才把它扯破。苏俄在策动世界革命的时期对国际联盟曾与以彻底的评判，何尝不坦白诚实？只是当加入国际联盟于自国的安全有利益时，便不妨把这个面具也暂时用用。总而言之，国际主义虽好，但距离实现，尚不知相差有几千百年。现在的事实是国家利益高于一切。国家主义为一国内政外交经济建设的指导最高原则。共产主义的理论，原是拥护国际主义而攻击国家主义的，但事实上却也要借重国家主义以维持其自身的存在，我们要把握现实，不要稍涉幻想，不要为国际主义好听一名词所眩惑，不要为他人的烟幕所笼罩，一切经济建设，一是皆以国家的利益为标准。

第二，关于私有财产。大体说来，资本主义和法西斯主义，是拥护私有财产制度的；共产主义是要打倒私有财产制度的。在做一种政治运动，或社会运动的时候，是必须把拥护与打倒这种词句喊出来，才来得旗帜显明，号召有力。但我们若真正研究经济建设的具体方案，则发觉所谓拥护者，既未曾全盘维持；所谓打倒者，又何曾澈底铲除？共产主义的苏联，并非全无私产；资本主义的英美，亦大有公产的存在。原来私有财产的问题，内容甚为复杂，绝非笼统的拥护与打倒所可解决，应就下列数项分别研究。

（一）私有财产的对象问题。直到今日，经济学说中，似乎尚没有一切经济财都为公有的主张。反对私有财产的人，只是主张生产手段应为公有。而对于消费手段仍保留私有。社会主义各种派别，除因手段不同而划分者外，由最激底的以至最妥协的，也不过是对于私有财产的对象，所划的范围有广狭之不同罢了。更就两种极端相反的国家来看，在法西斯主义的德国，铁路银行是国有的，在共产主义的苏俄，衣服居室是私有的。由铁路银行以至衣服居室，其间无虑千百种的经济财，要我们分别研讨，何者应归公有何者应归私有。土地应归公有呢，还是私有呢？航权应归公有呢，还是私有呢？机器应归公有呢，还是私有呢？儿童玩物应归公有呢，还是私有呢？妇女首饰应归公有呢，还是私有呢？大体说来，生产手段应归公有，消费手段应归私有，但二者并没有绝对的界限，仍有待于明确的决定。

（二）私有财产的属权问题。所谓私有财产，乃是人对经济财的一种支配权。这种支配权，分析言之，可得五种属权，一是享用权，财产的评价，有权享受或使用它。二是赠与权，财产的主人，如不自享用，有权赠与他人。三是交换权，以我之所有换我之所需。四是利用权，如以土地收租，以资本生息。五是遗产权，财产的主人有权支配他的财产权的用途于死后。我们对于私有财产与其笼统的主张拥护与打倒，莫如就以上各种属权分别研究，何者应予保留，何者应予废除。享用权应否保留？利用权应否保留？遗产权应否保留？应保留者保留至如何程度？应废除者废除至如何程度？

（三）私有财产的取得问题。在资本主义社会中，取得私有财产的方法有八：一靠土地出租，二靠资本生息，三靠经营取得，四靠劳动得工资，五靠身份继承，六靠强力掠夺，七靠狡诈欺骗，八靠慈善赠与。我们对于私有财产，与其笼统的主张拥护与打倒，莫如就以上各种取得财产的方法分别研究！何者为合理？何者为不合理？其不合理者如何使它在法律上为不合法？如以靠身份取得为不合理，则废除遗产制度。如以靠强力掠夺为不合理，则明定盗匪治罪条例。如以靠劳动取得为合理，则制定法律予以保障。

（四）私有财产的主体问题。号称以私有财产为基础的资本主义社会，究其实真正享有私有财产的人，还是少数之少数。各国的无产阶级，固不消说，即占人类半数的女人，大多数皆无私有财产，资本主义的弊害，与其说在财产私有，莫如说在财产为少数人所私有，而大多数无私有财产。我们对于私有财产与其笼统的主张拥护与打倒莫如就其主体的问题研究一个明确的方案。我们的问题是何人应有私有财产？仅少数人应有呢？还是人人皆应有？仅男人应有呢？还是女人亦应有？意志（will）应否为私有财产的主体（如根据某人遗嘱设立基金，置董事会为之经营此时财产主体为死人的意志），寺院庙宇应否为私有财产的主体等等？

我们把私有财产解析成以上四个问题后，乃知世界各国对私有财产的制度在表面政策上虽最纷歧，但在实际演进中，乃竟有大致从同的趋势。以私有财产的对象言，各国皆在缩小私有的范围，而扩张公有的范围，由矿山，铁路，土地以至于工厂机器皆逐渐由私有趋向公有。以私有财产的属权言，各国皆在限制其权力，由禁止高利贷，规定地租最高额，征收所得税及遗产税以至根本废除遗产权，皆为限制财产权的手段，以私有财产的取得言，皆趋向以劳动为合理的方法，对于其他取得财产的方法，或则加以限制，或则根本否认。以私有财产的主体言，则与上述三问题的方向恰恰相反。各国对上述三点，概取限制纠正的态度，而对财产的主体，则取推广普及的方针，皆在设法使财产的利益不仅为少数人所独享而普及于全国民，或以重征财产税而广营公益事业的方式行之，或以资助贫农购买土地，津贴工人实行保险等方式行之。或以没收资产阶级的资本与土地分给农工的方式行之。个人相信，倘如我们把私有财产这一原则抛开抽象的观念，认取实际的问题来研究，似乎不难得到一个共同的认识。

第三，关于自由竞争。自由经济演进的结果，必然的要指向计划经济与统制经济，计划经济与统制经济实在是一件事的两种说法。无论任何国家，若想对于其国的经济，为有计划的设施，则必须施行统制。反之，若想对于其国的经济施行统制，则必须有相当的计划。经济计划为施行统制经济的纲目，经济统制为施行计划经济的动力，二者实为一体。

何以说自由经济演进的结果，必然要走向计划经济与统制经济呢？这个"必然"乃由反正两方面造成。因为自由竞争的结果,形成了财富集中与企业独占,在反的方面说已不复再有自由和竞争的余地;在正的方面说,便奠定了计划与统制的基础。试看各国经济演变的趋势,无论资本主义的英美,或共产主义的苏俄,或法西斯主义的德义,在施行计划与统制,以代替自由竞争这一点上是一致的。世界上有那一个国家对其国民经济生活不是在施行统制? 自由竞争这一原则早已入墓,现在所有的问题,只是如何施行统制? 和统制的程度如何了。

以统制的程度言,由商标注册,商品检验,以至于统制国外贸易,外汇管理,金融统制,调节运输,平准物价,统制劳动等等,由对于商业的统制,以至于统制生产,统制分配,统制消费等等。各国的国际环境和国内状况不同,故其统制的程度和内容亦异。我们与其笼统的主张施行统制经济,实莫如研讨对于某一方面或某多方面施行统制的具体方案。

以如何施行言,这有两个前提:第一必须有一个强有力的施行统制的权力机关,第二是必须有一个上下贯通推行计划的组织体系。关于施行统制的权力机关,在共产主义的苏俄有无产阶级专政的政府。在资本主义的美国,有资产阶级国会对大总统的授权。在法西斯主义的德意有以中间阶级为基础的独裁。在三民主义的中国,有全民一致拥护的国民政府。在这一前提上,我国较之其他各国,当不稍让。但对于第二个前提,推行计划的组织体系,则我国与其他工业先进国,则大有不同。在工业先进的国家,它的交通工具,金融组织,企业联合:已经把全国造成一个整个体系。事实上全国的经济生活已经很有系统的操诸少数金融大王,企业大王,大资本家,大地主和各种经济团体的领袖之手。把他们彼此间为私利而行的竞争,转变成为公益而行的合作,这便是统制经济的施行。在工业落后的中国则不然。生产技术停滞于手工业时期,企业的规模愈小,企业的单位愈多,而又缺乏交通工具金融组织为之联络贯通,全国国民的经济生活上和政治生活上同样是一盘散沙,纵有统制计划,若无推行机构。所以工业先进国,施行统制经济,其问题在如何由企业大王等手中收回统制权。工业落后国施行统制经济其问题在如何建树推行计划的组织体系。

或谓工业落后的中国,既尚未如工业先进国家形成财富集中和企业独占,是仍大有自由竞争的余地,何不放任人民自由,以发展产业? 曰否否! 当他国施行计划经济统制经济而以举国的力量临我,我必须施行计划经济统制经济,以举国的力量相对待。以计划与统制代替竞争与放任是无可怀疑的,问题只在如何建树统制机构和规定统制范围。

总之,这三个原则的问题,虽然引起了许多思想上的辩论,政治上的斗争和国际间的对立,但我们倘如把各种主义的烟幕揭开,从各国经济演变的内容上来观察,则可发觉世界各国对这三个基本原则实有一个趋向一致的动态。这个一致的走向乃是我们新经济建设的南针,各国分歧的所在,应该取来做我们因时因地制宜的参考。

建树经济统制的施行机构*

卢郁文

一

我国之应施行统制经济,是无可讨论的,问题只在如何施行?作者在本刊第二期"新经济的三个原则"一文里,曾经指出:工业先进国施行统制经济,其问题在如何由企业大王等手中收回统制权;工业落后国施行统制经济,其问题则在如何建树推行经济计划的组织体系。

为了说明以上的认识,让我们举一个例看。即以由汉口至重庆的川江运输来说。在武汉撤退的前后,这一段的川江运输,可谓拥护迫切达到极点,亟须由政府施行统制。需要统制的运输工具有两种,一是输船,一是木船。关于输船的统制,除极少数外商输船外,皆系民生公司输船。由于民生公司主持人,肯以国家利益为重,将其全部运输能力,提供政府支配。何种物资应尽先抢运?何种物资可略为延缓?以及起卸的地点,和运价的高低,悉由政府有关各机关,斟酌重轻,会商决定。故输船的运输统制,曾经收到最大的效果,而民生公司,亦为国家尽了最大的努力。至于木船的统制如何呢?交通部水陆运输联合办事处,汉口航政局,和四川省船舶总队部,曾经为了此事如今有关各机关举行多次木船运输会议,先后决议征用木船达二千五百只。每只木船的船主,绝对没有力量反抗政府的征用,但其中的困难甚多。第一,这二千五百只木船,散在各处,且一闻征用,更驶藏在内地小河,政府需要派人各处寻觅,寻觅既得,还须派人留船监视,否则仍有脱逃的危险。第二,好容易将木船寻到,而各船的年龄不齐,构造不同,载重不等,必须一一检验,始得分配用途,然后令其行驶。第三在行驶之前,船户率多贫寒,无力垫办,又须先发运费,(大约七成)并发放空津贴(由宜昌驶重庆,系饱载而归,按载重计运费;由重庆驶宜昌,则放空而往,由雇主给津贴,大约每船三百元)。船户既得运费及放空津贴,若非派员押船,又有路途逃逸的可能。第四,即使路途不逃,又往往兜揽零星货物,延误行程,比及到达宜昌,又每因另有雇主肯出高价,不到指定处所报到,私载他货而归。诸如此类,不胜枚举。由此可见木船运输统制的困难,不在如何由船主手中

---

* 本文原载于《新经济半月刊》,1938年第1卷第9期,第227—231页。

取得统制权,而在如何把这些木船形成一个组织体系,藉以推行统制的计划。以上这个举例,民生公司输船的统制,可以代表工业先进国施行统制经济时,其问题的所在。在我国,民生公司主持人,同时即是政府的交通部次长,兼水陆运输联合办事主任,又绝对以国家的利益为重,把公司的全部运输能力,提供国家使用,这是极可欣慰的。可是有的国家,为了由大企业家,大金融家,大地主,大资本家手中,收回经济的统制权,甚至于必须诉诸革命。至于二千五百条木船运输的统制,则可代表工业落后国家施行统制经济时,其问题这所在。我国产业尚未发达,无论农工商业,皆是小规模的经营。即民生公司的输船,在汉口至重庆一段的川江运输中,虽然比较规模稍大,但若以全国水陆运输的规模来看,仍然是一很小很小的单位。企业的规模愈小,企业的单位愈多,欲求政府与各企业单位一一联系以施行统制,事实上殊不可能。譬如节约消费,政府提倡甚力,而人民亦无不承认其重要,但迄今只是提倡而已,竟不能实行统制,其原因即在没有一个推行节约计划的组织体系。政府无论如何,绝不能对人民的食衣住行,一一派员来监视。故施行统制经济,首要建树经济统制的施行机构。

但此所谓建树经济统制的施行机构,并非增设由上而下的一串政府机关,乃是扶植人民组织经济团体。经济部为督导内迁工厂之复工生产,即扶植成立迁川工厂联合会,迁陕工厂联合会,迁湘西工厂联合会。为促进湖南稻米之改良,扶植成立湘省稻米改进委员会。为促进川黔桂等省之农业生产事宜,扶植成立川黔桂等省之农田水利贷款委员会。经济团体的组成,可以补救企业单位过小的缺陷,政府经济计划得赖以推行,人民经济需要得上达政府。

二

关于建树工业经济,与商业经济统制的施行机构,应以廿七年一月十三日国民政府公布的修正商会法,商业同业公会法,工业同业公会法,和输出业同业公会法为基干。从统制经济的观点来看,以上四法较之旧有商会法,及工商业同业公会法,实有重大的进步。第一,旧法把工业商业输出业混在一起,内容复杂,统制困难;而新法则依照业别,自成系统,性质单纯,计划容易。第二,旧法公会之组织,系任公司行号自由发起,组织与否,权操在民;而新法则凡经济部认为重要之公司行号,一经指定,必须组织,组织与否,权操政府。第三,旧法组织公会,须有七家以上之发起,而新法则规定商业有同业三家以上,工业及输出业有同业两家以上,即应组织;家数减少,组织乃得普遍。第四,其最重要者,旧法对公会无任务之规定,而新法则有。商业同业公会法第七条规定商业同业公会之任务:(一)关于会员商品之共同购入保管运输及其他必要设施,(二)关于会员营业之统制,(三)关于会员营业之指导研究调查及统计。工业同业公会法第五条规定之工业同业公会之任务:(一)关于会员之设备制品及原料之检查取缔,并事业经营上必要之统制,

(二)关于会员制品之共同加工或发售,原料材料之共同购入或处理,仓库运输之设备,及其他与会员有关之共同设施,(三)关于会员业务指导研究调查及统计。输出业同业公会法第七条规定输出业同业公会之任务:(一)关于会员输出商品之代售介绍保管选择包装装运及其他营业上之共同设施,(二)关于会员输出商品之检查,业务之限制,及其他必要之取缔,(三)关于海外市场之调查开拓及其他必要之设施。

  这种同业公会法的颁布,奠定了工商业经济统制施行机构的法律基础。今后进一步的努力,乃是切实督导各种同业公会的从速组织,普遍成立。我们希望于最短期间,每一重要商号,工厂或输出公司,皆为一同业公会之会员,每一同业公会,纵言之又皆为一同业公会联合会之会员;横言之又皆为商会之会员(修正商会法第八条规定工商业输出业各同业公会,均应加入该区域之商会,称公会会员)。而商会之设立,由县市及繁盛之区镇起,进而组成全省商会联合会,更进而组成全国商会联合会,如斯全国之工商业得纵横联系,形成一有机组织,工商业的经济计划,庶得赖以推行。

  但是依据这四种法律所造成的工商业组织体系,仍有需要补充之点二。一是规模较小的工商业,如何纳入组织机构中之中。上述三种同业公会法,所规定之必需组织同业公会者,皆指"重要"的工商输出各业而言;其"不重要"者,则不在此列。固然"重要"与"不重要",在解释上伸缩的余地很大,经济部既有指定之权,尽可逐渐扩展其范围,首择其重要者指定之,次择其较重要者指定之,最后将原认为"不重要"者亦可指定为"重要";但终究是有限度的。譬如工业同业公会法第十一条规定:"凡有机械动力之设备,或平时雇用工人三十人以上之工厂,不论公营或民营,……应为工业同业公会会员……"是则无机械动力之设备,或平时雇用工人不及三十人之工厂,便不得纳在经济统制的机构之中。这些小规模的工商输出各业,以其每一单位言之,诚属无足轻重,但以其各单位的集体言之,则绝对不容放松。有如川江的木船,以每船的载重至多不过五十吨而言,诚属区区不足道,但征用二千五百只木船,每次载重可达十二万五千吨,在抗战期中,当不能不特别倚重。如何把这小规模的工商输出各业,纳在经济统制的机构中,似乎有两个途径可循,一是采取合作社的方式,把他们组织起来,一是由数个小规模的企业,先自形成一个预备组织,再加入同业公会。究以何者为宜,要视各业的性质,及其环境而定,固可不拘一格。

  于同业公会的组织体系之外,需要补充之第二点,是如何把工人纳入经济统制的机构之中。施行统制经济,没有工人的合作是不会成功的。我们不须远取苏联两次五年计划的成功,是如何靠工人的努力,但问此次迁川已经复工的工厂经理,人人都会说出工人对于他的工作计划是如何重要。我们既想以同业公会的组织体系,为施行统制经济的机构,而同业公会又完全是以资本为基础的一种组织,所以对于工人如何参加整个的经济计划,是值得郑重考虑的。廿七年十二月一日公布之非常时期农矿工商管理条例第十一条规定："指定各企业之员工,不得罢市,罢工,或怠工"。但这种规定,只是消极的对工人的限制,殊不足以取得工人积极的合作。为了取得工人的积极合作,亦有两个途径可循。一是把工人根据工会法的规定,与以组织,政府所有经济统制的计划,需要劳资双方合作的,召集同业公会及工会代表合议执行。一是同业公会中除了资本的代表而外,加入劳动的代表,究以何种方式为宜,尚有待于详细研讨。

三

关于农业经济统制的施行机构如何建树呢？过去对于农民的组织会经试验过三种方式。一是农会。二是农民协会。三是农村合作。农会之在我国,设置甚早,但从未见其对于农业经济,农民福利,有何裨益。国民政府于民国十九年,重新公布农会法,其第四条规定：农会之职务,乃对下列事项,应指导农民及协助政府,或自治机关之进行：(一)关于土地水利之改良,(二)关于种籽肥料及农具之改良,(三)关于森林之培植及保护,(四)关于水旱虫灾之预防及救济,……(八)关于生产、消费信用仓库等合作事业之提倡,(九)关于治疗所托儿所及养老济贫事业之举办,(十)关于食粮之储积及调剂,(十一)关于农地之开垦等等。观夫上述任务的规定,似乎农会很可以作为农业经济统制机构的基干,但证之以往的经验,它却不可能担负这种任务。一因农会的设立,要靠有会员的资格者五十人以上之发起,真正农民愚昧无知,实无能力自行发起组织。而有能力发起组织者,多非真正农民,旨在假农会以联络官绅,鲜有发展农民经济,改善农民生活之诚意。二因农会的任务虽多,而农民的资力穷乏,纵有真正农民,出组农会,实心任事,亦鲜不困于经济,莫展一筹。

农民协会则是民国十三年国民党改组之后的农民运动,所采的方式。虽也曾把农民很有系统的组织起来,但其性质乃是政治的,而非经济的。间有关于经济的作为,亦多系斗争的,而少建设的。中国农村经济,虽然存在着很多不平等的现象,应当纠正,但这种纠正需要于建设途中,逐渐实现,尚经不起剧烈的斗争。所以农民协会,亦未足以当农业经济统制施行机构的大任。

自从合作运动向农村发展以来,农业经济组织体系,乃露出一个可循的途径来。把散漫的农民,用信用合作,运销合作,消费合作,生产合作,供给合作,公用合作,保险合作等方式,组织成密切互助的团体,这种团体,是真正农民自身的组织,非若农会之为土豪劣绅所操纵。它是以互助的方法,实现经济的利益,非若农民协会之斗争的方法,求达政府上的目的。这种组织最适宜于中国现阶段的农村状况。自从有了合作社的组织。聚结在都市的资金,逐渐向农村流入,都市资金所灌注的地方,农村经济即欣欣向荣,也就是农民有了组织的地方,政府农业统制可得实施的地方。但此农村合作社仅可视为农业经济统制之基层组织,尚未足以当农业经济统制之整个机构。一因农村合作原赖银行资金之灌注而发达,一旦银行资金有他转向,则农村合作的组织,尚未能有独立的自存的基础。二因农村社会,仅靠金融的联系,只能组织其一部份,尚有一部份须靠农产品处理的联系,始得组织起来。

政府当局似已注意及此,年来农本局所努力经营的合作金库,与农业仓库,颇足以补充上述的缺陷。据农本局的业务报告:合作金库之组织,系以县市合作金库为其最低级之基层机构,县市合作金库创立相当数量后,乃联合而筹组省库,最后再联合省库而筹组中央合作金库。其设立以合作社集股为原则,但组织之初,合作社无力全数认购,或竟仅能担任一小部,其大多数之股金,须由政府或其他提倡机关认购。然合作社认购股额,可期与年俱增,提倡机关认购之股额,即随其所增之额按年递减。假以时日,金库股金渐积而全为合作社所有,农村金融合作机构,遂得进而有独立性永久性。设遇原贷款机关,有改变其放款趋向,金库亦不虞来源断绝,仍可自谋挹注。

农业仓库之组织,分为甲乙丙丁四级。(一)以统筹省内及省际农产运销为主要任务之农仓为甲级。(二)以便利农产集中转运,流通农业金融为主要任务之农仓为乙级。(三)以办理农产储押,辅助农产运销为主要任务之农仓为丙级。(四)专办农产储押,扶植农家经济为主要任务之农仓为丁级。等级愈低,设置之单位愈多,每单位之容量愈少,而合各单位之总容量则较大;等级愈高,设置之单位愈少,各单位之容量愈大,而合各单位之总容量则较小。其设立则先就生产区域,及运输干线,选择重要地点,由农本局或地方政府筹设农仓,并在业务区域以内,扶植农民,分设丁级农仓,使自经营,采取波动式之步骤,以仓生仓,逐渐推广,俟此区域内农民自营之丁级农仓,设置至相当数量,且有巩固之基础,已足可共同经营时,政府即将自营之丙级农仓,转让于农民,改组为各丁级农仓之联合农仓。乙级农仓,及甲级农仓,亦取相同方式与步骤,逐渐改组。由经营乡镇内之丁级农仓起,渐次成长,而一县一省均脱变为农民自营之农仓,更进而达全国,汇成农民自营农仓之总联合。

我们希望上述的作法,加速进行,亦期于最短期间,以农业金融及农业仓库为中心,以合作社为基干,得将全部农民密切结合,形成一有机组织,则政府对于农业经济之统制,举如农村资金之流通,及利率的规定:农产品之保管运销及加工的限制,农产价格之平衡,农业技术之改进,经济作物之推广,农村副业之提倡等,有所计划,无不可顺利推行。

银汇兑下国际贸易理论之研究

李卓敏　张延祝

国与国间之商品贸易,原无繁复可言;然因贸易国家之货币本位不同,遂致形态各异。其间金银之流动、汇价之起仆、贷借之支付、物价之变迁,学者稍一穷究,辄感诡绪万端,每病眩乱。对是学造诣素深者,当推古典学派传人哈佛大学教授陶西格(F W. Taussig)博士。其所著国际贸易(The International Trade)一书,分析详明,说理条畅,学者奉为圭臬;惜是书中陶氏于同属用金国或用纸币国间之相互贸易机能,论列綦详,独对用金国与用银国间之贸易活动,所述尚不及一章。陶氏扼于资料之未丰,体察之不足,亦深悉此问题认为棘手,决非三数语所得而解决者也;至其他著作中,于是问题稍有研讨者,则更稀如麟角。我国南开大学经济研究所李卓敏博士,曩曾负笈美国,专攻国际贸易有年,为我国国际贸易理论家后起权威;有见于斯,遂以所学,撰著是文,刊登于一九二九年八月美国经济学季刊(Quarterly Journal of Economics)中。用以补陶氏之阙遗,餍世人之属望《一时学者》击节稍赏。今值本所成立伊始,对国人著作具有介绍提倡之决心,爰译是篇,聊充补白。

　　　　　　　　　　　　　　　　　　——译者张延祝谨识

过去二十年,处于不兑换纸币及资金移转占优势情况下之国际贸易问题,在经济学理论中已成为可拓展园地之一时,然银汇兑之贸易机能(the trade mechanism under silver exchange)尚未获世人注意。对是问题,陶西格教授于其国际贸易一书中所论列者,尚不足十页;至安吉尔教授(Prof Angeli)于其国际价格论(The Theory of International Prices)一书中所费之篇张,则更为短少矣。一般泛论认为银汇兑下贸易机能与不兑换纸币下贸易机能,二者实质上并无轩轾,用是此问题无庸缜密之

---

* 本文原载于《经济研究季报》,1941年第1卷第1期,第31—65页。

研究。苟经仔细审谛，即知此言殊非的论。① 雷穆教授（Prof. Remer）曾撰文一篇，对此殊值考虑之问题，详加剖析，渠发现于 1885 至 1913 二十八年中仅有两阶段为新古典学派之假设所能证验，即 1891—94 及 1903—06 前后各以四年为期银汇价变动最烈之二阶段是也。② 余今撰述是文，意欲对银汇兑之贸易机能寻获一较满意之解答。需要解释之处，多应用中国过去已得之经验。至今后对此问题所设之若干统计证明，则因限于篇幅，留为另一研究，兹不具列。

当二国以同一金属本位互通贸易时，其对外汇价变动之范畴，则为根据一固定或比较固定之平价（mint par）计算而得之金银输送点（special points）所限。一比较固定之汇兑平价（par of exchange）亦能控制二不同金属本位间之汇价；以金与银而言，倘某一国或数国维持其复本位不变，则此二金属间永有一公平而稳定之价值比率存焉。③ 苟一旦复本位制终止存在，则无论如何，此二本位币间之汇兑平价将相等于现金之价格（mint price）及白银之世界市场价格；前者固定不变，而后者则起仆无常（译者按，此系就金本位国而论，若由银本位国之立场观察，则适得其反）。且此平价必随后者之升降而同其更迭。隶属于相同金属本位下之国际贸易业已在经济学文献中论辩无遗，至处银汇兑下之国际贸易，银本位国与金本位国间之贸易机能，实为其症结所在。本文择用"银汇兑下国际贸易"数字，含意即在此也。

首须言明者，即银汇兑无跌价（depreciation）之现象发生，吾人习见名词若"跌价之银汇"（depreciated silver exchange）或"银汇跌价"（silver exchange depreciation）亦为不适用之词字。一金本位国，其汇价降落已低于平价但仍在现金输出点（gold export point）限度之内，于国际贸易理论中并不能即作为"跌价汇兑"之学理上一例证。汇兑之跌价（或增价）仅指其降落（或上升）超越现金输出点（或现金输入点）而言。据此，有一活动平价（及如是之活动金银输送点）之银汇兑，苟此国不废弃

---

① 陶西格教授在其国际贸易一书第三编中，认为银汇兑之贸易系"脱节汇总"（dislocated exchange）中之一例，然渠早即怀疑银汇兑之贸易，是否能与其理论公式前后相符。在解释白银之不停由西东流而遭遇难关后，渠作如下之解释"余殊不欲藉假想以主张甚或提出欧洲与东方之相互贸易，能给予国际贸易理论一可利用之证验。此问题为若干中（如是问题中）之一，因是问题，吾人对事实所演变之途径需有不辞劳苦之享验，对统计资料更须有精细之考查。苟不经由是种研究，则对此理论之若干假定，赞同与否，实不能置一辞。欲对此方面商业之过去历史寻一圆满结论，所需用之资料是否能予否人以处理之权，此则诚可疑虑者。由相同观察点出发之详尽研究，若能证明可行，则此问题之边际素不能触及者，兹可一露无遗。是种研究，或可确定业经提出之若干说明；或可改弦易辙，别辟蹊径；或可对意外现象之解释，能有更新颖或修正之假定。尽力实行后，东方与西方之贸易，或可不至再当为理论上一种证明，以为此问题若干繁复证明之一例也。"（P160）

② 参见雷麦教授所著之"International Trade Between Gold and Silver Countries China 1835—1913"一文，载于 *Quarterly Journal of Economics*（August, 1926），PP 597—643 雷氏首先于此文证实新古典学派因银汇之一起一仆，对于中国出入口货品价格、商品差额、及白银移动所生影响而提出之种种建议。渠发现在银汇呈低垂趋势之整个过程中，出入口品价格皆曾上涨，白银流入中国量虽小尚有一净数；唯独中国商品贸易差额不仅不能如理论中之期望有所改进（即渐近顺差而减少逆差），且其逆差反更有步增之势。雷氏迄未觉察用金国与用银国间新古典派所主张之国际贸易理论有改良之必要也。

③ 于 1833 及 1873 年间，其时法国尚施行复本位制，伦敦白银市价以与法国法定平价相较，永未有低于百分之三之低落，亦未有超越百分之二之提升。参见 Nogaro, Bertrand, *Modern monetary Systems*（London, 1927），p.23。

银本位,则永不能有"跌价"之情事发生;若银本位一遭摈弃,跌价发生,自为意中事矣。按学理上言,当现金价格于汇兑市场中骤然低落,则金汇兑立刻跌价,此种现金价格之跌落"仅可藉物价而得矫正"。④ 其基准则系于"此国一般物价水准——出入口品及国内物价水准之合成物——暂时——短时间——小于其对外汇兑之减少率"。⑤ 此自然默认在价格关系(price relationships)中已先有一稳定均衡(a stable equilibrium)之存在,且处此情况下,汇价之通常变动,并不能推翻此若干已成之价格关系;因是,此种国际贸易之机能可藉金本位之贸易理论来解释,无庸藉不兑换纸币之贸易理论也。且此亦暗示当是种价格关系为汇兑跌价颠覆时,彼等迟早可随一稳定之汇兑而另达一新均衡。

据是种跌价汇兑之意,就银汇兑一例言,吾人可觉察银汇价永紧随全世界白银价格之善变途径而行;然此处并未能看出汇兑与物价结构之间,在国内有任何不变之均衡存在。当施行复本位制且金银二者之市场比率固定时,一金本位国与一银本位国间之相互贸易机能,如上所示,可以金本位之贸易理论诠释;苟银汇兑因任何理由而急速下降时,贸易之调整作用将由不兑换纸币贸易理论所指点之途径得以发端。在金银二者市场比价变动不定时,吾人如效金汇兑跌价之意而言银汇兑亦可跌价,实毫无理由可资凭据。

就事实言,国际贸易理论并未认可有"银汇兑跌价"之存在,一用银国与一用金国间之贸易常为人误解以为仅系不兑换纸币贸易之一例而已。⑥ 此种理论,在不兑换纸币下与一相同金属本位下者相较,其"最首要及根本之问题"则在于"汇价中宽广变动之可能性",此种汇价变动之可能性全依据"此时现存之两种数量(国内汇款及国外汇款)之仅有撞击";至在金银汇兑(gold-silver exchange)情形中,则此种可能性将以白银之金价(the gold price of silver)为转移⑦,而此理论即欲将伏处于若干复杂情势下之贸易机能,一一加以解析。为避免混淆起见,在银汇兑中言"升高"(rise)或"降落"(fall)较之言"银汇兑增价"或"跌价"为佳。

不兑换纸币贸易及银汇兑贸易二者间颇有若干轩轾处,容个别陈述。其一,不兑换纸币之汇价,通常达一相当时间,可察出有一"自然"之水准且渐步稳定;反之,银汇兑随白银之市场价格每作不停及广阔之变动。此种差异,在今后探究贸易机能时,殊予吾人以极大困难。汇兑永日日变易不息,此种促使汇兑变易之动力应发生其作用;然如在汇兑跌落时,必待其复行增高后,此种动力始能显示其效果,甚

---

④ J S Mill, Principles of Political Economics, Bk. Ⅲ, Ch. XX, Sect. 3.

⑤ 参见拙著"The Effect of Depreciated Exchange upon Merchandise Movements," *Quarterly Journal of Economics* (May, 1935), pp. 495—502。

⑥ 对是问题,若返顾李嘉图(Ricardo)之言,至有兴味。李氏言观察白银问题,其最优一法即视其为用银所印就之纸币可也。参见 T. E. Gregory, "An Analysis and an Interpretation of Instability of Currency." 载于 Institute of Pacific Relations 所出版之 *Problems of the Pacific* (1933), pp.65—72. 格氏引李氏之言在七十一页。

⑦ Taussig, *International Trade*, pp. 344—345, 372—373.

者且可增加新因子于若干业已开始显示其作用之动力上。于此种情形,所稳含众多繁复因子之作用,是最令人迷惘者也。

若仅就贸易调整之机能(the mechanism of trade adjustment)言,纸币及银汇下贸易之最重要区别即在纸币除旅行者携带少数外,不克越国境一步;而现金银则不然,苟无政府干涉,则永藉国际间相互交易而得流转于国与国之间。不兑换纸币为局部跌价之一例,"发轫于某一环境特殊之国家,影响此国之财富及生产品,但于此国度以外则并无影响可言"。⑧ 在此种情况,贸易调整之整个程序藉对外汇价而得发生效力,而此国之货币总收入则不至蒙受其影响⑨——按陶西格氏所言,即达到纯物物交换之现象(the condition of pure barter)矣。但于银汇兑下,金银之移动,就吾人所见亦常发生,是理论上古典派之现金银价格机能说(the specie-price mechanism)殊有加以考虑之必要。诚然,中国于近几年纵使银汇继续下降,而商品贸易逆差(unfavorable merchandise trade balance)亦有与日俱长之势,然白银之输入其势迄未稍减;此种矛盾现象,遂形成银汇下国际贸易理论最切要最费解问题之一。

银汇兑理论

欲了解银汇兑之贸易机能,必先对银汇之理论有相当之认识。假设一银本位与一金本位国,其国内铸币自由而现金银亦可自由移转,则二国间汇价之变动不出乎金本位国白银市场价及银本位国现金市场价限度之外。如是,在金本位国(如美国)内有一理论银平价(a theoretical silver parity),即银币所含白银成分之现金折合价;而在银本位国(如中国)内则有一理论金平价(a theoretical gold parity),即金币所含现金成分之白银折合价。在纽约对上海之市场汇价(电汇),其变动将在理论银平价增加或减少运入上海或由上海运出白银输送费范畴之内也。

市场汇价及理论平价皆可因现金银流动(specie flows)而生反应。若在纽约所开之市场汇价已超越理论银平价加增白银输送费之数,则此种现象将使欲汇款至中国者不如在纽约银块市场,购进白银送至中国,反较在纽约购买上海付款之银汇票为便宜;若为美国汇兑银行或经营汇兑者设想,则由纽约输送白银至上海成立信用,同时在纽约售出银汇票(对运送之白银而发者),亦较有利。纽约市场即同时发生三种力量而达于均衡,即:银汇票之需求减少、银汇票之供给增加、及白银需求之激增是也。前二者有低降市场汇价之趋势,至后者则倾向于提高理论银平价一方。易地言之,若纽约之银汇市价已超出该地白银输入点限度之外,则对银汇票需求之增加及供给之减少二力将遏制汇价更进一步之低落,甚者且或提升汇价。同时白银在纽约所增加之供给,将低抑白银之金价而理论银平价亦随之降低。同理,

---

⑧ Bagehot, Walter, *On the Depreciation of Silver* (London, 1877). p. 69.
⑨ Taussig, 同上书, Pt. Ⅲ.

在上海之美元汇价亦为该地现金之银价(the silver price of gold)所制限。正如在纽约之市场银汇价受白银输入及输出点之约束,在上海之市场金汇价亦为现金输入及输出点所驾驭也。

纽约银平价与上海金平价若以同一通货计量,并无相互一致之必要;但此二者间之差异,不能远过于输送现金或白银之用费,在此限度之内,无论何者较低,虽经相当时期尚不至激起现金银之流动。金银二者何种将流动,其流动之方向若何,胥视情况而定。假设运送等量之金与银其用费相同,当纽约之白银值(银平价)与上海之现金值(金平价)相等时,任何一种或二种金属同时之流动,将避免汇价长时期超越现金银输送点。如纽约之银平价已高于上海之金平价(即减去运费后,纽约之白银值高于上海之白银值),则上海之现金输入点及纽约之白银输入点将视为有效金银输送点(effective specie points),在此范围内,汇价变动尚不至激起现金银之流动。但先前假设,纽约之白银值高于上海白银值且超越输送现金银之用费,如是则现金银将不稍顾虑金银输送点与汇价间之关系而立即开始流动。无论上海运送白银至纽约图善价而沾,或纽约输出现金以掉换白银,甚或两种情形同时发生,汇兑新均衡在上海将目击一低降之银平价(银多而金少),在纽约一增高之金平价(银少而金多)。假设在上海之白银值是高于纽约之白银值,则白银将不计及与金银输送点有关之汇兑行情而开始由纽约输向上海,盖欲利用其能掉换多量现金之大好机缘耳。现金或亦可由上海流入纽约,盖现金在前者值银少,在后者则可掉换较多之白银也。金银一入一出二者间之撞击,遂于金平价及银平价间生一新均衡。

可见吾人前述银汇价为金本位国之白银现金价及银本位国之现金白银价所限,其意即指白银仅有一种世界价格而已。其上现金银流动之分析仅产生出一种机能,由此机能在中国之白银现金价得与全世界白银价格跻于一致。通常金本位国之现金价率由法律制定,不能稍有更易或仅允在某种程度内有轻微之变动;而中国产银既少,产金则更属寥寥,金与银二者皆得源源流入,因之白银之金价犹前例,将支配银汇市场矣。就以上之分析,可知一般学者向主张在实际讨论银汇兑时,微量之现金流动可忽而不计者,此种悬揣之词,实难维护。

设使汇价浮于金点,则中国之国际支付差额(the Chinese balance of international payments)足以影响白银之金价。已知白银之金价,则银汇价之变动可回顾陶氏所言之此时现存两种汇款数量之仅有撞击,即可明悉。中国国际支付苟为顺差,则此顺差可使汇价高于理论平价(金平价或银平价),因此白银之金价亦随之增高;若中国国际支付为逆差,则理论银平价将为之低抑,而白银之金价亦转趋松疲一途。居常有一平庸之论,即认为银汇价之一起一仆每致世界白银价格有同等之涨落。然经慎密分析,即知此言殊难置信。假设中国国际支付账为逆差(adverse balance)致使在上海市场对金镑汇票(sterling bills)有巨额之需求,则此种汇票价格不久顿转坚昂,以致输送白银至伦敦尚较购进伦敦付款之汇票为有利。现白银由上海向伦敦流动,而现金亦同时由伦敦向上海东移。在上海既因输送白银而债务消减,故对金镑汇票之需求遂亦渐趋于低微;同时金镑汇票价格之轩昂,复促使在上海之汇兑银行或汇兑经营者,对汇票有递增之供给。上海之现金较前为多,而白银则渐趋减少。以一较低汇价及一较高理论金平价,遂得恢复汇兑之均衡。在伦敦则发生相反情形,伦敦市场金少而银多,银价低而理论银平价亦随之低减。伦敦之低减银平价及上海之较高金平价,重新建立"国际均衡"。由是可知,因国际支付差额之顺逆所致银汇价之一起一仆,并不能使世界白银之价格随之有等量之涨落;至国际均衡之均衡点,则处于上海金平价与伦敦银平价二者之间。

总结以言,银汇价若无任何法定平价为其变动之基础,则永倾向于理论银平价及金平价间之均衡点,且此二种平价每与白银之世界价格同其起伏。银汇价亦常能影响白银价格,然此种影响每为人估计过高。由理论平价所生银汇价之日常参差与二用金国间汇价之每日变易,究其原因,当系出于一辙,此则无待絮言。

白银流动之理论

过去数十年,由欧西趋向东方之白银不停流动,已为银汇兑贸易机能中最费解一问题。此种事实,殊违反新古典学派在脱节汇兑(dislocated exchange)中所予贸易理论之假想,而急待吾人加以解释者。⑩ 欲对银汇贸易机能探寻一惬意之解答,以余观之,必先说明白银之流动。

某一定数量之现金银,苟立法对此金银之流动并无约束,则每因汇兑作用及国际贸易市场之情况常流转国与国之间。如上述银汇市场之活动,每促使银行或汇兑经营者为现金银之装运。裁定汇兑作用(arbitrage operations)亦需金货之移转,尤其于国际银行信用不可获得之际。如上海是之货币紧缩市场,现货每有申水而期货多有贴水,因此遂使白银流入中国。此种现金银之移转,即为惠迭克教授(Prof. Whitaker)所言之"金融装运(financial shipment)",常能因此产生一种债务,而是种债务每亦产生一将来及不久之现金银之返还输送,藉可补偿也。⑪ 此问题之困难并非在此种补偿之现金银移转,而在于移转后之出入净数。关于此点,殊应参考中国在此方面所获之若干经验;白银流入中国一问题,已有若干学说为之作详尽之解释。表一为由1888至1935年间中国白银移动之实情;始于1888年者,因是年统计资料方得应用,终于1935年者,则因是年中国废弃银本位为一划阶级之时期也。

---

⑩ 参见前节注一中,陶氏遭遇解释白银流动困难后,所予之有趣说明。
⑪ A. C. Whitaker, "The Ricardian Theory of Gold Movements and Professor Laughlin's Views of Money," *Quarterly Journal of Economics* (February, 1904). pp. 220—254.

表一　中国现金银及商品移动净数表（1888—1935）

（单位：华币百万元）

时期	白银		商品		现金	
	入超(1)	出超(2)	入超(3)	出超(4)	入超(5)	出超(6)
1888—1892		13	6			26
1893—1900	150		65		89	
1901—1908		169	1 453			8
1909—1913	190		818		0	0
1914—1917		128	576			15
1918—1931	1 307		5 384			185
1932—1935		591	3 123			571
四十八年中入口净数(－)及出口净数(＋)……	－746		－11 413		＋716	

资料来源：皆由中国海关印行之贸易年报摘取，虽有漏报及走私等情事发生，然此数字均经矫正。至欲寻详尽之论列及全部数字之记载，可参见拙著"China's International Trade Statistics: An Evaluation," *Nankai Social and Economic Quarterly*, April, 1937。

表中之时期划分，代表白银流动继续于某一方向之年数。[12] 由表可见，白银之移动并未骤然改易其方向；某数年由中国流出，继续数年复向中国流入。大战前二十六年，中国吸进白银值华币一万万五千八百万元；战后二十二年，则吸进五万万八千八百万元。在此四十八年之整个过程中，银汇价在大战期间有一急速之增减；至在世界不景气起始之前三年，银汇价复有相同之急遽低减。就全部论，白银之世界价格及银汇价皆有一致下落之趋势。现今吾人殊置疑何故白银流入中国有一净数？对此问题，已有若干不同之解释，容述一二，以资比较。

一说主张苟白银在世界市场之价值低落，则中国用以从事商业交易所需之白银必较多。"若白银值在世界白银市场中下降，银本位国输入之白银必多，且用为铸币之白银数量亦较前为大，盖需较多之货币以抵偿白银所跌落之价值也，结果物价水准上腾。"[13]中国并非为白银出产国，故此处殊无理由主张因白银在欧西跌价，故中国需较多之货币借以流通。[14] 言中国业已感觉白银跌价遂需更多之货币，是承认中国之银货币亦曾跌价；然则此说需添一假设而后可，即白银业经输入中国是也。中国如何蒙受白银跌价之影响及白银源源流入中国究竟为何，实为吾人亟需解答者。

最为世人所接受之金银流动说系根据于一国国际支付差额之顺逆境况而定。

---

⑫ 第一期五年中，有一年(1889)为例外，盖是年白银输入之过剩竟达华币九百万元。

⑬ E. W. Kemmerer, *Money*, 1935, pp. 142—143. 在其testimony before the House Hearings, 渠曰："若使白银之价值较高，则中国对于在其国内用为货币之白银之需要，较白银价贱时为小。"—U. S. 72d. Congress-ist Sess. Hearings before House Committee on Coinage, Weights and Measures, The Effect of Low Silver, 1932, p. 285.

⑭ 可与陶氏答覆 K. Wicksell 之 "International Freights and Puces" 一文中陶氏对 Wicksell 之批评比较。该文载于 *Quarterly Journal of Economics* (February, 1918), pp. 404—414。

白银继续流入中国,揆其因,即由于中国与外国交易时,中国常处于顺差之地位。陶西格教授遂作如是言:[15]

"西方与东方之贸易尤其欧洲与印度间,以吾人过去有限之知识所知,商品由东西运较之由西运东其超出之货币值甚多。因之欧西对东方国家永保持一支付差额,遂致金银源源由欧西东流,尤以白银为甚。而此种出超额迭有增减,每与双方所交易若干商品之需求、季节之骤变、收成之丰歉、出口货品样式之新颖与否而同其变易。十九世纪末叶,欧西各国所付之贸易差已有低减之趋势;然入二十世纪初期,此种贸易差复行扶摇直上。此种差额已经历数世纪,洎今仍继续发生。因是,现金银由西东流,其势固未稍杀也。"

一国家洵悬在其国际支付账项中维持一平等而不偏倚之差额。中国素恃其国外汇款、外人投资、及其他若干次要项目以清付入口商品及白银之输入净值。然若坚持此种白银之输入净值为支付顺差之结果,则解释由 1918 至 1931 年间所发生之现象将与其相互抵触;缘此十数年中白银流入固多,而商品之入超额亦不为少也(见表一第三、四栏)。如上所述,白银及商品双重流入,其可能之解释即为国际支付之顺差耳。然则为何中国输入大量白银,同时复需要大量之商品?答辩此质疑之先,可一舰雷麦教授之言,彼曾费三年之时光以研讨中国国际支付差额一问题,其言曰:"商品之继续入超与白银之递增流入相伴而行,由此可见吾人遭遇无法解答之困难矣。"[16]在最后四年(1932 至 35),商品入超总计已减为华币三十一万万二千三百万元,而白银顿改弦易辙,反由中国大量流出,其出超竟达五万万九千一百万元。此即证明中国于此数年间,国际支付账处于逆差之地位乎?[17] 苟逆差为白银输出之原因,吾人则应见银汇有衰颓之势;然其时中国通货之汇兑价值颇为坚昂,固未如吾人所臆测者也。[18]

其后数年,在最合理之新古典派国际贸易理论中,陶西格教授未以支付差额学说解释白银之向东流动。[19] 若东方对欧洲货品之需要较欧洲对东方者为大,据陶氏言,物物交换条款欧洲较为有利。此种结果,盖缘于现金银之分配而发生,即现金银由东西流有一坚定之趋势故也。然实际现金银之流动,适与此变道而驰。陶氏言:"据实言,此种情形殊令人头痛。余虽以已断定之假设及结论解答此问题,然此种情形能否与之相符,余殊未敢断言也。"[20] 渠曾提出两种可能之解答,然此二者陶氏自身尚未感有丝毫之惬意。其一,"由西趋东之现金银流动,就大体言,并非为

---

[15] *Principles of Economics* (1928), Vol I, pp. 242—243

[16] C F. Remer, *Foreign Investments in China* (1933), p. 216.

[17] 诚然,在中国对是种白银外流有一举国之惊狂,以为此种急遽外流系缘于贸易逆差所致。"纵然美国白银购买政策,对于激起是种流动(即白银由中国外流)应负有责任,但其根本病因,系由于中国国际支付为一逆差,遂致白银有外流之必要也。"—*The Bank of China Report* (1924, 1935), p. 11.

[18] "Silver and the East," *The Statist* (March 30, 1935), pp. 515,516.

[19] *International Trade*, pp. 156—160.

[20] 同上书,p. 158。

货币之流动,实系现金银作为商品之流动耳。"其二,若现金银在欧西之供给仍日见增多,则"欧西与东方所发生者,并非为一现金银固定存货中所变化之分配过程,而系在不同区域中对一持久大量供给品之摊派也。"㉑

现代文献中,对白银当为商品输入中国之解释,业已屡见不凡;其原因即由于同一期间内,白银与商品皆显示有大量之流入耳。白银一物,世人皆言系受人购买而非用以购买者。"现金银之输入某一国家,若此国扼于自然环境,不克有此天赐富源,是原则上与输入棉、钢、麦等物并无二致——盖皆为商品也。中国之白银不断流入,可藉此点一为窥测。"㉒须加注意者,即此说与支付差额理论大相悬殊;后者以白银流动为中国国际支付差额中平衡之原动力,而前者则以其为支付账中受平衡项目之一也。以前一例言,因国际支付差额之再调整(readjustment)而引起白银流动;以后者言,则因白银之移动,于支付差额中方需有再调整之作用。更欲留意者,此说对白银之流出未加论列。可以中国之例言,为何于1932至35四年中,白银复行外流?再则,此说于白银外流后所及于货币一方面之影响,亦全为疏漏。中国之货币一日用银,则现金银流出流入之影响必波及于货币之结构;至国际贸易之演进,亦不免有受其影响之处,而此种影响为别种商品流动所断难望其项背者。

马雪尔氏(A. Marshall)之白银流动说,似可弥缝此种破绽。此说并非倡自马氏,不过彼称之为"历时既久且甚坚固之学说"㉓耳。此说可归结为一言,即"二互可自由贸易国间商品之银价(the silver price of things),在减除运送费之不同后,必可相等。"㉔意即指此两国间白银购买力必须相同,若某一国之白银购买力稍有减低,则此国之白银将流向他国以便购进更多之商品。苟欧洲之白银过剩,则白银购买力将有低垂,设现金购买力迄未变易,结果印汇(即银汇)亦将低抑。印度白银之实值(real value)或商品值(commodity value)并不能如在欧洲之骤然低减;因之,运送白银外之其他货品至印,并不见有赢利可获。同理,若由印度运送商品以迄欧洲,则有厚利可图;结果遂致白银流向印度。㉕白银流入印度其继续之时间久暂,则胥视白银流至该处后,其前途如何而定。苟白银为印人窖藏,则其价格当不至有影响;否则,白银之价格将渐步轩昂,且汇兑亦有渐趋提升之势。印度经营出口业

㉑ *International Trade*, pp. 158—159.

㉒ 参见 E Kann, *The Currencies of China*, 1927, p. 114. H. M. Bratter,在 *Encyclopaedia of Social Sciences* 中所载之"Silver"一文。

㉓ 此说已早在 Marshall's Memoranda and Evidence before the Gold and Silver Commission (1887), Evidence before the Indian Currency Committee (1893), 及 Answers to Questions on the Subject of Currency and Prices Circulated by the Royal Commission on the Depression of Trade and Industry (1886). 此种种证明书及记录皆在 Official Papers of Alfred Marshall 中重印,为 J. M. Keynes 所辑,1926, pp. 1—196, 263—326.
参见 Jevons, *Mechanism of Money and Exchange*, 1875; Bagehot, *On the Depreciation of Silver*, 1877; 及"Asiatic Trade and the Flow of Silver to the East—English Misconceptions,"载于 *Reports of the U. S. Silver Commission of 1876*, 1877 中, pp. 163—179。

㉔ Official Papers of Alfred Marshall, p. 70.

㉕ "此为(白银)跌价步入另一阶段所借之方法耳。"——Bagehot,同上书,pp. 69—74。

者,欲图获利,势成绝望。㉖ 均衡将如以下之情形重新成立:㉗

"欧洲营出口业者,若觉察在印度销售其货物不能较之在他处可获善价,则彼等将另觅市场,甚或稍抑制其生产。产量既低,输入印度之货物较少,在印度付款之汇票势必感有缺乏。因是,遂致白银流入印度更为激烈矣。据此,五百万镑之大量白银殊易为东方吸取;且如是之宣泄则所贮存之白银势必涓滴无存,白银之现金价亦必达其先前水准而后已。此种种情形发生后,事态仍循前例继续进行。"

不同国度间之贸易商品,若以现金或白银衡量,其价格必须跻于互等(在减除运送费及其捐税如关税后),此为不待辩明之事。第马雪尔氏之理论,常默想国内土货之物价水准亦有一急速之腾踊,然是种土货固未置身于对外贸易之场合也。㉘ 此种国内物价水准(the domestic price level)之急速调整,研究中国对外贸易之精敏学者已力为之否认。曩于1893年,英国驻沪领事杰米逊氏(G. Jamieson)曾对中国出口品入口品及本国土货价格水准之演变作一详尽之研究,意在探测1870至1892年间白银现金价跌落之影响所在。渠发现在中国所生产及消费之货物,其一般价格水准有百分之九之下跌。出口品价格跌落较微,然入口品价格则竟落有百分之二十六。㉙ 此种结果,无足惊异。盖于其所研究之期间,白银购买力并未变易至可令人察觉之程度,其原因主要由于现金涨价,而白银之金价蒙受其影响,亦有低落所致也。1926年,雷麦教授根据马氏理论,亦得知当"1891年后,以现金价格适合'国际需求方程式'失效时,此种失效定可藉中国土货白银价(the silver price of domestic goods)之急遽增涨而后矫正"且"在中国与欧西,于此种价格水准重新确立前,其过渡期间应很短暂";然遍大部分中国,此种白银流入之影响亦殊微渺也。㉚

雷麦教授对因白银流入,遂致国内物价水准提升一节,似未有所质疑。此种提升并非为必然发生一问题,实系于提升前,其所占时间之久暂若何也。国际间均衡未必全恃中国物价水准之调整而得重新确立,盖欧州之白银购买力亦同时因白银流入中国,遂致上腾。马氏似早即察觉雷麦氏所提出之反对,故彼曰:"苟有银矿在欧西骤然发现或欧西国家废用白银而不稍顾惜时,则白银势必向东移动;且即属白银流入东方并未贬损白银在东方之价值,然白银由欧西流出,必然增加其在欧西之

㉖ Official Papers, pp. 66—67.
㉗ 同上,p. 179。
㉘ 最近 Profs. Gregory 及 Graham 皆赞同是说。参见 Gregory, *The Silver Situation* (1932), pp. 38—41. Graham, "The Fall in the Value of Silver and Its Consequences," *Journal of Political Economy* (August, 1931), pp. 454—455。
㉙ G. Jamieson, "Effect of the Fall in the Value of Silver on Prices of Commodities in China," Foreign Office Report (Great Britain). No. 305, 1893; 复于 Journal of the Royal Statistical Society, Dec., 1893 中重印。参见 F. C. Harrison 对 "Foreign Office Report on Prices in China," 一文所作之批评,该文载于 *Economic Journal*, March, 1894。
㉚ Remer, "International Trade Between Gold and Silver Countries: China, 1885—1913." *Quarterly Journal of Economics* (August, 1926), p. 642。

价值直至其与金物价折合银物价之比率互等而后止。"[31]中国之国内土货价格水准,诚然颇为疲滞,此种事实,若无任何更坚强之动力存在(较之中国土货物价之停滞力尚坚强者)如欧西白银购买力之骤然增昂是,殊可说明白银流入中国之正常途径,因此种动力每激起中国白银外流之净数也。本文首即言明以白银为主之中国国际贸易之统计证明,需留待另一研究。然余经一番广博统计分析后,得悉处于银本位之中国国内物价水准疲滞之说,不仅毫无依据,且此种物价水准之变易反更甚于常人所臆测者,余今言此,即已足矣。

白银流动之购买力平价说

马雪尔氏之白银流动说,其本质与在银汇兑理论中所论列者,俨然一致——即上海之理论金平价及纽约之理论银平价必须立于均衡之地位;稍有差异,则现金银将开始流动以遏制此种悬殊。苟白银在纽约掉换现金较在上海为优,则白银将由后一地流向前者,同时现金亦循反方向流动,直至一新均衡成立而后止。白银流动,其功能据吾人所知,即在维持一白银之世界价格。马雪尔氏理论将此分析更推进一步,主张白银流动,其功能在维持中国国内外之物价互等;且证明因此种流动对国际商品移转及中国物价水准所生之影响何在。兹为便利起见,此种理论可称为白银流动之"购买力平价"(purchasing-power-parity)说。

据此说,白银流动不仅为商品贸易差中改进(improvement)之原因,亦且为贸易差改进后所生之果也。苟白银购买力之减低,欧西较之中国尚速,不仅中国商人得晓购买白银(以其商品及出口现金售得之款)运回本国,有利可图;即在欧西之国外贸易经营者,亦将自动输出白银,以便购买商品,然后在本国出售,藉获渔利。盖按先前假设,中国商品之售价较贱,中故国出口品之相对增加与白银由西东流互为因果也。反言之,欧西之白银购买力一有增长,立即激起中国白银之外流;则商品及现金所增加之输入,既为中国白银外流之因,亦且为其果。

更有进者,吾人须知欧西与中国二者间白银购买力稍有差异,白银立即流动。因是,通常论断以为中国输入白银胥视其出口品之现金折合价而定者,就此而论,殊未中肯;盖按定义言,无论在中国或欧西,若白银之商品值较高,则白银将流向价值较高之处。诚然,苟白银之现金价较一般商品之现金价格水准跌落更甚,则白银之流入中国,其势当殊猛也。1927至1929年间白银之大量流入中国,其原因可藉白银之金价在欧西大为松疲及中国出口品现金价之相对坚昂而得说明。1930年,正当全世界遭遇一般商品现金价之空前跌落,其时尤以农产品为更甚,中国输入白银之数量,并未稍受其影响而有减小,此盖为欧西白银购买力继续跌价所致耳。

最后,力言中国未产白银,并未有失当之处。中国维持银本位一日,则白银之

---

[31] Official Papers, pp. 177—178,及其 *Money, Credit and Commerce*(1923),p. 318。

跌价将仍自欧西发其端。倘使中国发现一新银矿,且在国内诱起通货膨胀现象(inflation),则贸易之情势在对国外汇价加逼压力之前,将近于入口增加而出口减少一方面;就中国白银之处境言,将源源由中国流出。

白银流动之购买力平价学说承认在欧西与中国间,苟白银之购买力一有差别,则白银毫不顾及中国国际支付差额之顺逆形势而立即开始移动。就此点言,白银之习性与其他商品并无殊异,其入口在中国国际支付账中亦为受平衡项目之一也。至支付差额学说,则默认白银流动为平衡支付账之一要素。然则此二说殊相牴牾乎? 回覆此问题之先,吾人须探讨用金用银国间国际支付差额之调整机能,藉先觇其究竟。

吾人尝致疑用金国间平衡国际支付账时,何故现金为人乐意收受? 此不难费解,盖由于现金在用金国内有一固定之法定价格;且循人民请求,立可铸成国用通货故也。因是,现金遂视为一种价值之储藏物,其购买力随一般物价水准之变易而同其起伏。当二用金国间之商人欲清结支付额时,债权者皆乐意收受现金以代替其他商品之清付,盖将来彼可以此现金随意转用也。

由是可见于主要交易国间,若白银单独或随同现金为本位货币之流通,且白银亦可在一比较固定之法定(或市场)价格自由铸制,如 1873 年以前之情形,则国际支付账中之差额,素以现金流动清结者,今亦可藉白银流动而得清结。事实上,于主要通商国家废弃银本位前,白银亦曾一度负此种任务。中国昔时常输出丝茶等物而换得大量白银。今欲探测白银流动之过去途径,非本文范围所及,但研究中国于世界废弃复本位币制后白银流动之方向,则至为紧要。前曾提及,中国海关至 1888 年始有现金银输出入之记载。1872 年,德国废弃银本位发其端后,复有法国复本位币制之寿终,而其他国家素以白银为本位币者,今亦弃之如敝屣矣。在中国与欧西间,白银之流动及其流动方向之变易若何,苟吾人得悉其一,即为研究此问题之最重要资料,即白银是否在国际支付账中仍为平衡媒介物耳。若白银流动之购买力平价殊可令人置信,则欧洲废用白银后,白银当立即东流。幸是种资料,在重印《英国金银会议之最后报告书》(*The Final Report of the British Gold and Silver Commission. 1888*)时得以发现。㉜

表二　中国与英伦三岛、印度、及美国白银移动表(1862—84)

(单位为一千金镑)

年数	白银入口净数(1)	白银出口净数(2)
1862	2 598	
1864	2 080	

㉜ Ralph Robey 所辑,New York, 1939, pp. 243—244. 于 1868 至 1875 期间,现金与白银由中国输往英国及印度,与由欧美及印度运送白银至中国在 *The Report and Accompanying Documents of the U. S. Monetary Commission 1877*, Vol. I. pp. 567—568 中有不同之记载。

(续表)

年数	白银入口净数(1)	白银出口净数(2)
1865	1 131	
1866		3 180
1867		3 967
1868		2 403
1869		43
1870		2 943
1871		3 637
1872		745
1874	141	
1875	2 064	
1876	3 806	
1877	5 348	
1878	3 254	
1879		29
1880		189
1881	1 581	
1882		110
1883	1 205	
1884	2 105	

资料来源：*Great Britain Final Report of gold and Silver Commission*，1888，edited by Ralph Robey，1936，pp 243—244. 1863 及 1873 年之数字未能寻获。再此资料由英商部吉斐氏（Giffen）所供给。

英伦三岛及法、印、美诸国，于 1862 至 1884 年之期间，对中国总贸易量占有四分之三之地位。表二中可见 1872 年后，白银流动之方向业已转变，其流动量亦有渐增之趋势。[33] 其时正值欧西主要商业国家纷纷摈弃白银之秋，此是否与中国积年大量白银外流后，中国应有一支付顺差因此获得大量白银一情形相符合。稍简中国贸易年册（Chinese Trade Returns）中所载之并不可靠统计，于 1864 年（第一次付印）及 1872 至 76 五年间，确有商品贸易顺差之记载在。若系确实统计，则此种顺差无疑将较大，且所历之时间亦必较长。[34] 购买力平价说视白银流动与商品流动互为因果，但此处颇难指明白银商品之流动，二者究何为因也。1872 年，欧西废

---

[33] 1888 年以前现金移动之统计不易寻获，但已渐定迄于八十年代时，现金输出之数量有递增之势。"在欧洲，因欧人对于现金之喜爱遂致途程最远之货币市场，亦蒙受其影响。因是，北京烟台及高丽，现今每年皆有白银输往欧州。此数处皆尽量输送，且一经装备停妥，立即远涉重洋，运至欧州。"——J. Edkins, Chinese Currency (Shanghai, 1901), p. III.

[34] 杰米逊曾统计在 1865 年，1868—69 年，1871—80 年，及 1882 至 84 年，中国皆处于商品贸易顺差之地位。见杰氏同书，p. 653。

银为本位币后之白银反向流动及其数量之较前渐增[35]，以与金银二者若无一比较固定之法定或市场价格，则白银流动将不计及用银国支付差额之实在情形，将用为维持用金国及用银国内白银购买力一情形相证验，殊能自圆其说。

银汇兑下调整国际支付差额之机能

是否购买力平价之维持，即为用金国与用银国间白银流动之唯一任务？万一中国有一国际支付差需付款外国时，是否外国（用金国）在普通商业顺序中，接受白银以为偿付差额之工具？就用金国言，白银与其他商品在对外贸易场合中，并无悬殊之处。白银有其世界市场且永有其价值，此为自然之现象，且亦为任何对外贸易商品所具有之习性也。若债权国收受白银以为差额之偿付，则白银于世界市场中出售，即可换得现金（假设债权国对于白银之需要较为缺乏弹性）。由是可见，清偿用金国之国际支付差额，用金国宁取白银而不愿收受其他对外贸易商品悬测之词，殊无一顾之理由。另一方面，用金国对中国有国际支付差而须用金国偿付时，则立可以白银之输入而得清结，盖白银于中国用为本位货币耳。此二种调整机能——即一为中国对用金国有支付差，另一则为用金国对中国有支付差——颇有轩轾之处，已昭然若揭矣。

在金本位国间，现金流动即可清偿国际支付差额，但终究因现金银价格机能（specie-price mechanism），此种差额可藉货物以为偿付。然于银汇下，若是之调整究为何种机能？假定中国对美国有一贸易逆差，在上海对美元之孔亟需求，将使汇价步昂（或银汇低减，其意相同），以致运送白银至纽约反为有利。白银输至纽约后，可在银块市场中出售，以掉换得之现金清偿债务。[36] 其时债务业由中国输出白银，美人获得现金而消除。顾白银一经注入市场后，白银之金价立即低抑。由此点观察，可得两种交替之分析。通常一种分析，颇与古典派之金银价格机能说相埒。即纽约白银现金价之跌落与中国已下降之物价水准，同为白银外流之结果，激励中国出口品而减退其入口品。其后现金在上海处于溢价之状态，不免将由纽约向上海移动；此种流动，以与反方向之白银流动相较，其势至微。纽约现金之微量流出及廉价中国土货（以现金计）之大量输入，遂致美国物价减低，然其减低广袤所及，则至为狭隘。中国出口增加及入口减少所致之结果，将恢复均衡；甚或在纽约对银

---

[35] 此种流动，未见若何激烈，盖全世界对于现金之争夺，遂致以其他商品（包有白银）来计量之现金有涨价之现象。用是，欧洲白银购买力固因废弃白银为货币本位而有下落，然其他商品之现金价亦有低垂；西方与东方二者间之白银购买力差异，若言白银之剧烈东流即由是发生，是亦未敢必也。

[36] 关于金融之零篇断简中，常可见，"中国在伦敦白银市场所处为一销售者之地位，苟无可估计（数量）之出口汇票为庇护其所处地位之必要策略，则中国势必让渡其白银不可矣。"——*Shanghai Market Price Report*, April-June, 1930, p. 7.

汇兑有大量之需求,以致白银复行流返中国。㊲

倘若白银流动之购买力平价说为人所坚信,则此说之调整机能与前者将大相径庭,新古典派之现金银价格分析亦将不攻自破矣。在纽约因中国出售白银清偿债务,遂至纽约白银之金价立即狂落,中美间白银购买力之差异亦随即发生。此种购买力差异,不仅受美国白银现金价跌落(低减白银购买力)之影响,亦种果于因中国白银外流,遂致其物价水准低落(增加白银购买力)也。因是,白银将流回中国,以交换中国产品。不仅中国出口商明悉彼等携回白银有利,因白银之商品值在中国较美国为高;而同时美国出口商亦发现输银至中国,购买中国产品,更有厚利可图,盖以此产品转售于美国市场可获高价故耳。中国之出口品因是得以增加,而其后白银之金价跌落,其意即指在中国入口品成本(以银计)过于高昂,遂致美国输入中国之货物逐渐衰微。白银将继续流回中国,迄于中美间商品白银价跻于互等而后已。

此种分析与现金银价格分析,其差异择其要者,厥有二端。㊳ 现金银价格分析将白银之反向流动列之于后,即视为商品贸易差额改进之结果;而按购买力平价分析,则将白银之反向流动奉之在先,即白银现金价跌落时一亦即白银购买力发生差异之时,白银之反流立即开始。再则,后说视商品贸易差中之改进,既为白银流动之因,亦且为其果;前者则视此种改进仅为白银反向流动之因也。吾人须稔国际支付差额之调整,恒循最易之途径而行。白银从纽约外流,究其实在美国并不能引起调整作用。苟中美间购买力差异仍继续存在,坚言中国国际支付差额达于顺势后,白银之反向流动始克实现,此则殊无理由令人置信。㊴ 世界银块市场对供需情况之敏感性及白银由用金国流向中国之轻易(与现金比较言),遂使购买力平价分析对于银汇贸易机能之了解,为一不可或缺之事。

此种分析,在中国对美国有支付顺差一例中,殊有不同,且须加修正之处甚多。中国债务人欲清除国际支付差额时,必先在银块市场换取现金,以为清偿之工具;然美国债务人欲清结中国之债务,即可直接运出白银,无庸换取现金,盖白银在中国乃为货币也。由此可见,中美间清偿债务,其程序各有不同。白银因是遂流向中国。而现金亦作另一路径之流动(为量甚少),因每单位现金在纽约换取白银可较在上海为多;此种流动,对美国物价所生之影响殊鲜,似可不计。白银由美外流,其白银购买力因之增高;而中国输入白银,其购买力亦为之低减。是否白银将如中国为债务人时白银回流之例,而立即流返美国,重新建立白银购买力中之平衡。就此二例言,业已有其主要差异点。白银流回中国,即成为货币存储量中一部分(假设

㊲ H. G. Brown, International Trade and Exchange (1914), Pt. I, pp. 138—142.
㊳ 本文所叙述之现金银价格机能与二用金国间之现金银价格机能并不相同;盖在后者,两国之物价水准将有变易(但在相反方向),而前者金物价水准并无可受影响之处。
㊴ 此种分析不能适合二不同金属本位国家之贸易调整,其原因主要由于白银购买力之差异,迄于两国间物价水准有变异后,始渐趋明显。

窖藏量及用为装饰品之白银甚少）。第白银流返美国，则必激起美国货币之紊乱。[40] 中国之物价一有上腾，白银购买力必在中国下落。对是种购买力差异之调整，可藉中国之白银外流或从美国输入商品而得实现；第后一种调整则较易进行。中国之入口品将因是增进。中国之较高物价及昂贵之白银现金价（即增高之银汇兑），将鼓舞入口品而松弛出口品。因欲使中美间白银购买力互等，入口商品之大量流向中国，当为必然之事实，顾此种商品流动在理论上之限度，恐永不能达到；因中国增加入口减少出口而输出白银（在银块市场中出售）之前，其所经历之期间甚为长久也。按此情形，均衡将重新建立。因是，在中国白银购买力之低减（即升高物价），永循最易之途径而得调整，即先有一商品贸易逆差，继之以白银之外流也。

用金国与用银国间之白银流动，在清结国际支付差额中所负之任务，与用金国间之现金流动所负者是否相同一问题，兹可乘机答覆。以中国论，白银流动事实上与用金国间之现金流动，其性质无殊；盖因白银流动所激起之必要调整，殊与古典派现金银价格机能说相吻合——所异者，关于法定平价并无较比固定之金银输送点，因之现金银不克在此限度之内，得以常态终止其流动；且若其他情形不变，白银当有一回转中国之倾向也。苟以美国方面论（代表用金国），白银与其他商品之流动，就结果言，就性质言，均无丝毫差异之处——然若白银用以清偿其所欠债务而为中国人民收受时，则将为例外矣。

现金流动之理论

银汇兑国际支付差额调整机能之讨论，若不究及现金流动，尚不能视为完尽。前已言明，遍全世界维持一白银世界价格及商品白银价互等之两种裁定作用，皆为白银流动与同时间现金反向流动所生之结果。现金于此种功能外，尚作为清偿中国国际债务之一种工具。现金在用金国既可如货币之流通，为人欣然接受，而其由中国外流时，对中国之货币亦不至有影响可言，则现金在中国殊可用为清偿国际支付差额之物也。如是，现金在中国除为一种商品外，尚可视为对用金国所发之有效汇票。若市场上其时对金镑汇票之需多于供，金镑汇票之价格必升高。当此种汇票价格增高甚烈时，中国债务者可发觉欲清偿其债务，不如在上海现金交易所（Shanghai Gold Exchange）购买现金，运至伦敦，此较诸购进汇票尚为有利。然若现金于上海市场一时不易购求，则白银亦可运送至伦敦市场脱售，掉取现金。据此，现金可减少中国白银之外流。[41] 用是，于 1888 至 1935 四十八年中，现金输入中国

---

[40] 窖藏及用为装饰品之白银业已全为沉没，再无流动之机会。

[41] 此种现金流动，与前数节所设之理论相较，并无矛盾之处，此说视现金流动适与白银流动背道而驰者也。于所论列之情形中，现金流入中国先于白银流动，但白银开始由中国外流时，即有另种动力，激使现金复行流回中国。

有净数者,仅十有一年而已。每年现金输出净数,因扼于中国产量未丰,其数并不甚大。若在图上,以一曲线代表白银每年由中国输入或输出之净数,再以另一曲线代表每年现金及商品流动之合并差额净数,则此二者间必有一相反之关系存在。因之,若一旦中国现金输出禁止,如民十九年五月十五日所施行者,结果必有大量白银之输出也。

促使现金移动之另一重要原因,则由于现金在用银国可作为最优之流通证券。当现金与白银相较,其值稍贱时,则中国人民必将其节省所得之资金或储蓄换取现金,[42]而此种资金之价值,亦附带因银价之跌落得以增高。因此于银汇下跌时期,现金永由中国输出;而银汇抬高时期,则现金反多输入中国。如1919年,银价有空前之狂涨,现金遂大量输入中国;当银汇下跌时所购得之现金,今皆复行换取白银,盖有厚利可图,而1920年现金有大量之输出,其原因正系于此也。再则,1929年银汇开始下跌时,现金由中国输出亦骤然增加;1930年五月十五日禁输令颁布后,此种增加反更形严重,遂于前段所言因现金流出所生之效果外,复有使中国国内现金商品值之差异,有扩大之势;然在现金价格抬高之地,并无此种现象。至银汇下其他能使现金移动之原因殊值一述者,尚有:于银汇及银块市场中占重要地位之投机营业;银本位国之工业必需品,尤以珠宝业所需用者为甚;及国势之稳定与否,因局势不定,遂使若干投资者多挟资投于较比安谧之国家,外人投资既少,汇票不易购求,一有汇往国外之款,势非输出现金不可矣。

银汇下各级物价之变动

本文尚遗有一重要问题未加论列,即各级物价(sectional prices)之习性是。稍回想即知银汇下商品之移动,与白银流动互为因果。银汇价之跌落将激励商品输出而衰颓商品输入;反之,若银汇增高,则商品输出将减退而商品输入有增进之趋势。仅就此点言,与不兑换纸币之情形相较,并无殊异。而各级物价之调整亦立即发生,盖欲使此种激励或衰颓作用不克维持长久耳。

银汇下各级物价变动之分析,与金汇兑或纸汇兑下者相较,已繁复多多,其因不仅由于此若干物价能使其自身适应汇价之变迁起伏,亦且因其能受白银流动之感应,而此种白银流动系不顾及对外汇兑行情所产生者。复杂处尚不尽止于此。汇价每随白银之世界价格游移不定,对其变动并无稍可加以制限之范畴。举例言之,当白银价格于世界市场中跌落时,此种现象之发生,并非由于中国国际支付账处于逆差之地位;究其因,实系源于欧西白银购买力下跌所致。白银购买力一有跌落,银汇价自当随其下降,同时白银亦将源源流入中国。此种调整,以与汇兑跌价

---

[42] 素为世人喜爱之投资方式,即为购买金制之装饰品。参见中国海关出版之 *Foreign Trade of China*, 1928, Pt I, p. 48, 1920, Pt. I, pp. 19—20。

之仅有情形相较,自有不同。不兑换纸币下之调整机能,全由于受汇票供需所决定之汇价而得奏效;至金汇兑之调整机能,其能生效则全藉在相对狭窄范围内汇价之变迁及由于此种变迁超越金银输送点而生之现金移动所致;至在银汇下,则调整机能不仅藉由汇价,且藉白银流动方能有其效果。此种白银流动,并不以汇兑为转移,事实上且可进一步影响汇兑也。以后之讨论与先前无异,汇价之一起一伏,即系指经历相当时间之一升一降而言。至银汇之日常迁降,并无意义可指。

就不兑换纸币下汇兑跌价之通例而论,入口品价格水准,因入口成本过高,首先升起。国内能生产此种入口品或其代替品之工业,将呈欣荣景象,其原因并非由于此种输入货品之需要增多,实系因此种由国外输入货品之价格过昂所致。出口品价格水准,因各国对出口品所加之价格调整及经营国外贸易者对购进出口品之竞争,亦将有所增高;但因此种出口品价格水准,须受国内国外诸种影响之支配,其增高较之入口品价格水准所增者,其势稍缓。苟出口工业之原料需仰赖于外国,则出口品价格之增较之原料由自国供给者,当较剧也。因汇兑低落所致之较高物价及补助金(bounty),将引起出口工业之扩展,必要时且可诱发国内工业生产之更易(shift of production)。此种更易,需时必较长耳。趋高生产费亦能使国内物价水准上涨,第此种物价水准为追随向上增涨趋势之最后者,此并非指国内工业在此时居于不景气之状态也。高涨之物价通常能兴奋一般工业之生产,但因无补助金之给付,遂使国内土货之生产获利较微。在此种调整之过程中,工资及其他比较固定之成本将扶摇直上,达于一新水准。迨国内物价水准及出入口品价格水准及于均衡,甚者在出口品价格水准增高足以消除由汇兑转换(exchange conversion)而生之补助金之后,经营出口业者始有增加其出口之特殊动机,盖彼等犹觉即耗费其出买土产所得之货款,亦甚有利。当国内物价水准,包括工资水准,与出入口品价格水准及于齐一时,新均衡遂告成立。易地言之,就汇兑增价一例论,入口品增多而出口品衰滞,入口品价格水准首先降落,随其后者为出口品价格水准,至国内物价水准之降落则殿后。

银汇下汇价之一升一降,如上述,能同样产生各级物价之调整否?假设国际支付暂时无若何变化,银汇市价之低落,必致欧西现金价格增长或白银购买力下降之现象发生。就前者言,汇价虽属降落,然国内外白银购买力平价尚无更易;因此,白银亦不至移动。顾在后者,汇兑一有低落,同时白银即流向中国。由于是种白银之流入,入口品价格首先增高,继之为出口品价格及国内物价,此三种价格水准近乎有一同时向上之趋势。但因生产费结构之迟钝,出口品及国内物价不能希冀与入口品价格有同等上涨之程度。由是可见,苟有白银流入,则其情景将如次:三种价格水准立刻同时升起,即使出口品价格,尤其国内物价,其增涨稍有迟滞,然其落后时间必甚短暂也。但增涨限度所及,必以入口品价格为最大,国内物价为最小;出口品价格不若入口品价格增涨之速,但较之国内物价尚为快耳。

白银开始外流,当时所予汇价增高之结果中,是否有同样之变化。若是种汇价之增高,并非由于一国国际差额之顺逆情势,而系因欧西白银购买力抬高所致,则白银即将渐由此国外流。于调整国际差额之机能一节中已详释白银在中国用为货币,而当其外流时,若与白银流回中国相较,其势至为迟缓。因之,出入口品及国内物价水准并不能同时一致下降;但较在不兑换纸币情况下,其落后之时间至为短暂,此时并无现金银流动以影响此若干物价之调整也。㊸

是否在银汇贸易机能中白银流动仅使汇价具有指示银物价及金物价间比例之唯一功能?答曰:"非也。"当中国国际支付差额业已表露时,各级物价即蒙受汇价之影响。前已述及,支付逆差将低抑汇价,引起白银外流,因之低减白银价;顺差则促使汇价增涨,引起白银流入,抬高白银价。假设无其他因子可影响白银购买力,则银汇价就此情形言,在激起白银移动及国内各级物价调整中负有支配二者之任务。各级物价在此种情况下,具习性与上所述者并无区别,但若欧西白银购买力低减,而同时中国处于逆差之地位,则将有少量白银流入中国。就此而论,因汇兑低垂所予通货紧缩之影响已渐减少,而各级物价调整作用亦将加速。另一方面,若欧西白银购买力增高,同时中国处于顺差之地位,则出入口品及国内物价水准,按前所述,皆有下落之趋势;但其调整,藉中国白银之输出净数而得加速,此种输出,盖缘于白银购买力发生差异所致耳。

结 论

总之,银汇下国际贸易理论与不兑换纸币下国际贸易理论等量齐观,实大相径庭;至用现金者,则更无庸哓舌——甚至吾人不能如在脱节汇兑中,言及白银亦有汇兑跌价或增价之情事也。本文所言之白银流动,与新古典学派理论所臆断者,最相矛盾。银汇理论最初将汇价认为系理论金平价及理论银平价间之均衡点,遂给予现金银移动说一条线索。第此种流动,系以购买力平价学说解释者,此说假定白银流动减去输送费及关税后,用为维持世界各处商品白银价相等之物也。由是说演绎而得银汇下国际支付差额调整之机能,此种机能恒循最易之途径而行;因是用银国对用金国有国际支付差额时,以与用金国对用银国有支付差额时其调整之机能相较,殊有不同。现金流动亦为构成此种调整机能之一部份也。

商品流动与白银流动,二者实互为因果。正如处不兑换纸币情况下,银汇价之一升一降,每致商品移动亦蒙受其影响;但复就汇兑一有变迁,立即引起各级物价之调整一节论,似与不兑换纸币下之情形稍有出入。就汇兑降落一例言,此三种物价水准——出入口品及国内物价水准立即上升,升高率以入口品价格水准为最大,

---

㊸ 处于银本位之国家,白银流动甚为自由;若此国不产银尚欲推行通货紧缩政策,恐不易实现,因白银之输入一发其端,则将消除此种通货紧缩所生之效果也。苟此国不舍弃白银,而欲实行通货膨胀政策,亦事实上所不能如愿者。

国内物价水准为最小；苟汇兑提升，则事态正属相反，三种价格水准虽有降落，然入口品价格水准降落居先，出口品价格水准继之，国内物价水准殿后。顾此三种水准之低降，其落后之时间与不兑换纸币下汇兑增价一例相比，必较为短促。使此种各级物价能有比较急速之调整者，其媒介物为白银流动，其动力即为国内外白银购买力之悬殊是也。苟一国国际支付差之顺逆情况，并不能经由银汇价之变动而影响白银之世界价格，则银汇价之功能已退减至为仅能指示银物价及金物价间之比率而已。

新古典派对银汇下贸易机能所予之解释中，每有若干难以了解及实际上互相悖谬之事实，若以上述之购买力平价学说分析，则种种困难皆可迎刃而解。七十年代后，白银由西趋东继续于一方向之流动，究其因，盖源于欧西白银购买力有不断之低降，而银汇价之持久下跌，亦归咎于是耳。1931年以前，白银之大量流入中国，仅指明白银商品值在国外有一急遽衰微之势。而白银流入中国，不稍顾虑商品已有大量之入超，其因亦有所自；此种商品大量入超，可以其大宗无形输出差额净数而得平衡。白银之流入中国，使中国未得遭受1929年发端之世界大不景气之痛苦命运。然1932年后，白银流动方向之骤然转变，其因半由于英法用金国通货贬值后，欧西白银购买力增高所致；然其主要原因，是在美国颁布白银购买令后，白银商品值遂获人为之增进所致耳。白银之世界价格增高，银汇价亦随其有腾踊之势。其后中国白银之大量宣泄，在中国遂生严重通货紧缩之现象，卒使中国于摈弃银本位外，别无良策可循。㊹

由是可知，两用金国间每因一固定（或比较固定）法定平价之维持，而物价及生产费之国际均衡得以成立；在一用金国及一用纸币国间，其国际均衡成立，舍汇价外，别无他途；至一用银国及一用金国之国际均衡，则每藉白银流动而得以成立也。苟一国仍维持其银本位不变，且与多数用金国间互通贸易，此每致世人之訾议。窥测其因，盖白银在此多数用金国内并非用为货币，而其流动对银汇贸易机能每发生明显之影响；至国际均衡调整之负担，几全在用银国方面，尤以产金甚少之国家，其负担亦最重也。各级物价变易之频繁，纵使再调整作用较之在不兑换纸币下者为速，亦不能允许国内国外商业有一健全之发展，过去数十年，中国经济之进展永处于停滞不前之阶段，揆其因，半可归咎于仍采行银本位而不思改进所致耳。

㊹ Nov. 4, 1935.

战时物价之理论[*]

李卓敏

一 引　论

讨论物价，现已着重以经济理论为根据，这是非常可喜的事实。物价是很错综复杂的问题，它一方面综合各种经济，习惯，和政治的力量，形成整个有机体的经济组织，一方面却是转移经济平衡的媒介和动力。战时物价问题，尤为复杂和重要。理论是帮助我们明白这问题底工具；我们非利用理论，总不会洞悉内中的因果关系和找出合理的经济政策来。就学术立场看，欧美的经济思想，每经过一次非常的经济变动，必有一番大进步；现我们在抗战建国途中，所遭遇的经济问题繁杂而严重，不但引起大家注意和提高一般人对于经济底认识，并且使我们感觉到理论是研究经济问题底主要工具，这时正是我国经济思想进步的关键。

二 我国战时物价趋势之理论

下文是作者引以解释我国战时物价趋势的空篮子，这篮子当然不是新的，其竹枝都是从货币学借来，但其架子是土货，以我国之经济组织作模型罢了。空篮子之构造，尚不十分严密，尚望读者指正。

（一）农业国家的特征。研究我国战时物价，须认识我国是农业国家。全国人口百分之八十属农，后方各省最少有百分之九十。我们的农业社会，有几点特征，我们研究物价时不能忽略的。（甲）农业社会的机构，除了几个大城市和许多小市镇外，其余都是农村，城市和村镇，便是政治之商业和工业的中心，其所需要之农产，都来自农村。农村经济，在农产方面，大都自给自足；农民仰给于城市者，乃衣料，盐，燃料（包括油和火柴），肥料，日用百货等物。他们需要之大小，决定于他们的收益。收益来源，主要的是农作物，如米，麦，棉等；其次是畜产和副产，如桐油，茶叶，猪鬃，羊毛，皮货等；再其次是他们在农忙期外的劳工。农作物，畜产和副产，无论由商人到乡间收购或由农民运到市镇或城市出售，都要到城市去。农忙期外

---

[*] 本文原载于《新经济半月刊》，1941年第1期，第14—17页。

的劳工,亦多出雇于城市。因此农民之收益,泰半来自城市。(乙)所谓农产,包括农作物和畜产,其产量受自然和季期的支配,不容易于短时间内以人力方法使之突然增加或减少。这和工业国家不一样,他们的制造品生产量可以突然改变,并且当原料没有的时候,整个工业便要停顿,不能生产。(丙)受了气候和地理的支配,农产的散布分为几大区域,如川米区,湘米区,麦区,棉区等。农村在农产方面既自足自给,于是其购买力转移的区域,不在农产区际间,而在农产区与城市间。结果,某一产区的物价可以飞涨,而邻近农产区没有同样的变动。这不是说,农产区际间物价没有关连,因为农产要运到城市而城市的货物可互相转运于城市间,结果,城市的物价变动,农产区的物价便受影响。(丁)在农业社会中,交通大致不发达,城市与城市的物价关系也不十分密切。外来的货物价格,在各城市中总有运费的差别,近者低,远者高,并且城市间的物价不能有差别比运费还要大,否则货物便要向价高处去。但在运费非常高昂而交通工具缺乏的时候,城市间的物价就失掉了密切关系,其变动便不一致,并且常有相反变动的可能。城市间物价失了密切关系,农产区间的物价关系更不必说,所以我们可有湖南米价在五元以下而川省米价却在一百元以上的情形了。

　　这是我国经济的机构,战时物价是在这里面变动。在下文的分析,所谓我国,是专指自由中国而言。为讨论方便起见,暂时不提外汇问题,到了适当的地方,才把这问题引入讨论。战时物价变动的趋势,其因素可分为两部分研究:即经济因素和货币因素,前者包括人力和物力的因素,后者包括因货币变动而发生之情形。物价变动,实隐藏有根本的经济变化,所以我们的理论从经济因素出发,然后加入货币因素,使得一完整的分析。

　　(二)战时物价趋势的经济因素。作战当然需要人力和物资。人力是用于兵役,交通建设,和生产事业。前二者政府得用征役方法,后者得用雇用方法。我们农业社会的人口很多,剩余的劳力本来不少,所以在战争初期,我们不会感觉劳工短绌。但政府继续征役,必要到一个时期,工商矿业逐渐感觉劳工缺乏,工资不能不上涨而逐渐失其胶黏性,与物价一样的常常变动。劳工缺乏,不但提高工资,一般物价因而上涨,而生产事业必大受影响,结果,物价之高涨更比工资为大。故几多用劳工而生产之货物,其价格常随工资之变动而起腾,如建筑材料(砖、瓦、木材等),煤矿等等。由此可见,工资之上升,其根本原因,固不在粮价的变动。但粮价与工资的关系很密切,粮价上涨后,工资有时亦随而上涨,这关系之产生,只在此二者已达到平衡地位之后;如当劳工缺乏时,工资上腾,粮价下跌亦不致影响及之。人工短绌,当然也影响到农村生产,但根据这数年来经验,农产产量似尚不致减少,但将来总要发生问题的。

　　后方物资可分为农作物,农副产(包括畜产),矿产,五金,木材,机器六种。我们作战,必需军火,货车,汽油,衣料和食粮。国家怎样利用后方物资作战,而且对物价有什么影响?

（甲）在后方有些战具可以制造，但这些制造战具的机器都属于政府设办的兵工厂。商办的工厂很少可以制造战具的，因此商品能继续生产。但兵工厂需要五金和燃料，这两种物资都非常笨重，尤其是后者，进口甚难。抗战以来西迁的工厂，最少有四分之一是属五金业者，他们也需要五金和燃料。燃料对于其他的工厂和交通也是不可少的。因此抗战以来，五金和燃料的价格，不但必然上涨，而其上涨程度，要比其他物价者为快。这个情形，在后方各城市，大概都是一样。

（乙）战具有大部分在后方不能制造者，只可进口。我们怎样支付？有两个办法，一是信用借款，一是物资出口。纯粹信用借款，我们在战期中用不着偿还，对于国内物价，不致发生影响。我们以物资出口来交换战具的数量不少。出口的物资，有农副产和矿砂，所以我们农作物的产量不因而减少。但在战前，这些物资出口，除了一部份矿砂外都用以交换消费品，及国内工矿需用之机器，五金，及其他原料。现在把这样物资交换战具，那些物品便自然减少许多了。后方的日用品，多来自上海，我们也需要以物资与之交换。因此后方日用百货的价格必然上涨。

（丙）作战还要交通工具，如货车，汽油等。这样物品，后方不能生产，来源只靠外国。我们物资出口所交换的东西，除战具外，便是交通工具。后方交通的主干是公路，公路运输需要货车和汽油。因此从工商业和社会一般人看来，运输工具极为缺乏，运输费用必然上涨。结果，许多自国外或上海运入内地的物品益形减少，而城市间的物价关系更要疏远。许多人奇怪，为什么在重庆许多日用百货的价格，比上海或香港的价钱加上汇水运费和沿途税收等等还要高得多？其实这是因为后方日用品数量不多，而进口数量又很少，其物价便决定于重庆市场，而不能照平常的计算来定。比如我国锡之出口，仅占世界产量百分之十以下，锡价便决定于世界市场，而不根据我国的生产成本和运费等来计算。

（丁）作战还要衣料和食粮。自许多纱厂西迁后，衣料可在后方制造，但原料和工业距离很远，加以运输困难和燃料昂贵，衣料的生产便不足应需求。尤其是政府购买军衣，大都在后方市场，非在后方之外。衣料是人人必需的，而于农民收益增加后，对于衣料的需要必然增加，因此衣料价格之上涨，要在日用百货之上，而紧随着五金燃料的价格。

（戊）农业社会的粮食价格，除非天公不美，农产歉收，其上涨程度应比其他者为小，因为农产的数量，在短的期间，不易变动。在各农产区如把运费划开以后，粮价上涨与否，完全以天时及政府购买而定。天时与粮价的关系是常识，不用讨论。假如一产区食粮丰收，政府又没有在那里大量收购，粮价在那里便要下跌。民国二十七年四川米粮丰收，但政府只在皖赣一带购买；当时四川其他的物价都上涨，粮价却下跌。去年政府没有在湖南收购食粮，而在四川大量购买，结果，在湖南米价大跌，四川米价飞涨。这两个例子，证明粮价的变动，受政府采购的影响极大。然而只要天时适宜，农业社会的食粮不至短少，因此在各种物价高涨中，农产的物价要跟随在后，最低限度，不会如五金，燃料，运输，衣料，等价格一样。

（己）以上讨论作战所直接需要之物资。间接上我们因抗战而有政府及工厂西迁，并有开发后方之计划。内中最需要之物价，厥为建筑材料，包括木材，砖，瓦，石，玻璃，水泥，石灰，漆等。建筑材料之生产，大都可以就地取材，是以其成本成分最大者在劳工，运输，和燃料。此三者之物价已高涨，建筑材料之价格亦随而高涨，然以其原料之成本只贱，故其价之上涨，不若五金，衣料和燃料。

总之，单就经济原素说，我们作战需要人力物资，劳力已逐渐短绌，物资除了农产之外，亦感缺乏。因此，五金，运输，燃料，衣料，建筑材料，和日用百货——这些物价上涨是必然的。因为抗战是长期的事业，劳力和这些物资都要继续减少，物价不能不继续上涨，这是根本的趋势。农业社会的农产，不会因战争而大受影响。工业国家在战期中一定要计口授粮，每星期一个鸡蛋，而我们抗战将四年，还可以自由购买食粮，鸡鸭，鱼肉，这是我国农业社会之赐。

（三）战时物价趋势的货币因素。根据上面的分述，就是我们没有货币的因素，一般物价也必须上涨，但政府购买人力和物资，需用货币，货币因素不但使物价继续上涨的程度加强，并且会发生许多其他的影响；但各种物价上涨的程序，大致不会改变。政府需要人力，大都用征役方法，用不着在市场中争购劳工，因此工资高涨之过程，不如一般物资的价格。

在自由市场之下，政府不能征用物资，只得出钱采购，这就是政府要与工商业和消费者公开竞购物资。政府要得到大量的物资，便不得不高价购求，高价购求，便直接增加一般有物资者的收益，间接提高社会一般人的收益水准。所谓一般人的收益，不是指每人的收益，而是指农工矿商各业中人的收益，因为社会中一般公务人员和教育界人的收益，是不会因此变动。社会一般人的收益，是通货数量和通货流动速率相乘之积，所以我们并没有忽略了通货流动速率的因素。

为长期作战，政府要继续购买物资，一般人的收益便继续增加。但如果人民的收益增加率，大于或等于物价高涨率时，政府便不能购买大量的物资。所以当政府大量采购的时候，国家发钞率和物价高涨率，都要比人民收益增加率为高。在这时候，城市中便逐渐感觉通货不足，利息率飞涨，人心摇动，直至政府停止采购后为止。无论政府的购买力来自战前岁收的富裕或来自增发纸币，其结果一样。如果政府在城市采购，一般人的收益虽然增加，但不能大量竞购物资，城市中便发生有游资充斥的现象；这些人便很自然地囤积农产，尤其是食粮，或者其他的物品。如果政府在农村大量采购，一方面城市的粮价便飞涨，一方面农民的收益增加，他们的收益一部分用作农村中之投机事业，一部分要向城市流去，那时城市物价更因而高涨了。在这时候，农民看见收益增加而粮价日涨，渐渐不愿意尽量出售其存粮；城市中便有食粮不足的现象，而粮价高涨速率，要在其他物价之上了。

物资不在城市，便在农产。农产区间的物价本来没有直接的关系，而城市间的物价，以交通困难，亦失掉了连锁。因此在政府大量采购的时候，上述的情形，只发生于其采购的区域，直至收购完毕，物价稍平定后，各种变动才安定在一个新的平衡之上。所以在我们的农业社会中,货币因素剧烈变动的现象,有区域性,而不普遍于全国。去年四川物价突涨,表现货币因素剧变的情形,这是政府在四川大量收购衣料和食粮的结果。兰州深入内地,交通比西安困难,其物价且本来比西安高涨得快,但去年政府在西安一带大量采购麦子和面粉,于是西安的物价竟比兰州者上涨得快,现时各地物价,以福州为最低,一部分原因当然是其为沿海口岸,物资容易进口,一部分原因亦是政府没有在那里大量收购。

我们还没有提及外汇问题,这是因为其并不重要。在交通便利,对外贸易自由的时候,外汇问题便非常重要,因为外汇下跌后,不但进口物价要提高,因而影响其他物价,并且人民心理易于变动,便发生"资本逃避"或"货物逃避"的情形。这时候货币对外和对内的价值,就有一致的趋势。但在对外交通线减少,国内区域间交通困难,贸易受政府统制的时候,外汇与物价便失掉密切的关系,现时重庆物价比战前涨了十倍,就是法币购买力跌了百分之九十,而法币之外汇值只减了百分之七十六左右,这是一个明证。

三 结论——物价对策之原则

总结上面的分析,我们战时物价趋势的经济因素,因农产以外之物资和劳力都不足,是以后方物价,大致有一律的变动程序:五金,运输,燃料,衣料在先;日用百货,工资,建筑材料次之,农产在后。但农产价格的变动,须视天时,如气候失常,其价格便要比其他物价上涨得快。在农业社会中,农产区间的物价本来只藉城市间物价的关系而发生连络,但战时运输困难,把城市间的物价关系亦疏远不少。每区域的物价变动程序虽大致相同,但其上涨之程度不一,这是政府大量收购物资而增加货币的结果。货币因素存在,不但更提高物价,并且惹起许多经济失常情形,如利率高涨,人心摇动,游资充斥,囤积居奇等。但当政府每次大量收购完毕后,物价便会迟迟平定,各种经济变动就安定于一个新的平衡之上。在我们农业社会,货币剧变的情形,深具有区域性,并非全国一致。

在长期抗战中,物价有继续上涨之趋势,这是不能避免的现象,古今中外都是如此,所以我们平价之工作,若只从物价着手,绝不能收效。本文目的,并不是讨论对策,但根据上面的理论,提出几个对策的原则。(一)农业社会的长处在农产充足,而其短处则在农产之收成,完全为天时是赖,因此我们要沟通各产区之交通,以增强我们战时经济之特长。并且内地运输沟通后,城市间的关系变成密切。一区域受了政府收购的影响,可以散布到其他区域,便减少了物价剧变的程度。(二)即使内地交通方便,农产区所吸收之购买力,仍不易转移到其他的农产区,因此政府收购农产时,一定要避免只于一地或一区收购,则物价剧变之程度,大可减少。(三)有许多物资之生产,在后方可以促进的。如果西北的棉花,能运到西南,衣料问题便不至如今日之严重。后方蕴藏煤矿不少,但生产规模都很小而大都缺乏流动资本，若政府充分资助他们，燃料便可以增加。（四）我国对外交通的机构，应使其健全，俾国外的物资可以输入。同时我们要设法扩充出口贸易，使我们在国外的购买力可以增加。我们向外国借款，应该借物资，尤其是汽车，汽油，和可以利用后方原料之机器。（五）一般人的收益膨胀，政府应设法吸收他们的收益。增税，发行公债，鼓励储蓄，这都是办法，就中以增税一法为最妥善，但为避免刺激物价起见，增税应从平常之所谓直接税着手，如战时过分利得税，田赋，战时财产税，遗产税，所得税等。（六）为节省物资和避免减少人民的收益，政府便要减少所有不直接增加抗战力量之建设。

中国政治传统与经济建设政策*

——经济政策与经济建设问题之二

陈振汉

中国的经济发展,自秦汉以迄明末,与西欧同时期的发展相较,在许多(可以比较的)方面,并无逊色。当然这时期中,东西交通不多,所以经济发展的内容途径及其因子并不相同。其中最为显然的是秦汉以后的政治传统及其所产生的经济影响。

西欧在中古末期封建制度崩溃以后,各地所逐渐形成的统一民族国家,虽然帝王专制的程度不同,但都留给人民以几种最低限度的自由,生命财产与职业的自由,君主与人民的政治关系是契约的关系(Allen, J. W.: *A History of Political Thought in the Sixteenth Century*, pp. 140—52),但在中国,自秦汉以来,与在罗马帝国时代一样,因为国家或代表国家的帝王权力的崇高,人民对于帝皇的关系是片面的,帝王国应勤政爱民,但这只是儒家哲学的理想,并没有道德上的拘索力。

这种中西不同的演变原因很是复杂,我们不去讨论。这里只就对于国民经济发展的影响而言,因为君主的权力是绝对的,人民不但须遵守成文的法律,简直须服从君主个人的意志,人民的生杀予夺,完全看君主与其他统治阶级的一时喜怒好恶而定。譬如为恐怕豪富阶级的聚众作乱,秦始皇统一六国以后,能以一纸命令,徙天下豪富于咸阳(《史记》卷六本纪),汉高祖定都关中,又能徙咸阳富户于长安。以后皇帝声威盛的,也有类此之事,明太祖成祖都曾移富民以实京师(《明史》卷七十七《食货一》),又如汉初以"天下为一,天并梁弛山泽之禁"之后,"富商大买周流天下",尤以铁鉴起家而致巨万的为多(见《史记·货殖列传》),矿业的规模有大至一家矿工千余人的,已远较欧洲工业革命前的矿业为大(Nef-J. U. "Industrial Europe at the Time of the Reformation", *Journal of Political Economy*, XLX, No. 2, April, 1941, p. 202)。但汉武帝一则国为怕人啸聚山林为匪作乱,二则要筹边征之费,就实行"笼盐铁"之制,将这些企业收归国营。以后历代对于鉴铁也是非行国营即行专卖。这种帝皇的权力是东方式的,除了在战争时期西欧即在罗马时代,也并无同样的举控,两欧政府的管制工商业,只不过束缚工商业的发展减少人民的创制力而

---

* 本文原载于《东方杂志》,1943年第13号,第24—27页。

已。中国政府的专制力量或其潜力,对于经济发展的影响,则简直可制工商业的死命,因为所行的是斩草除根釜底抽薪的办法。人民的生命财产无保障,对于企业发展,何能望其有长期计划,作巨额投资? 人人只贪小利图近便,而无大企业的发展,稍有资财之后,非娇妻美妾,及身消费;即深埋厚藏,以事保障,加以帝皇的重农轻商态度,工商业的途径便不是富贵的正途。同时政治中心区域向来人口繁密,每人的生产率低下,加以豪强兼并,一般小农佃户的生活更不堪问,所以关于农民生活困苦的记载,自战国时代以迄现在,正是史不绝书。在这种情形之下,平民欲致富贵,跻身于地主贵族之列,从政作官便是唯一的途径。

平常贵不一定能富,升官未必就是发财,在英国直至十八九世纪,许多官吏都是无给职,我国历代官史的正式俸给也是微薄得很。但在我国历史上升官与发财,贵与富却往往是接踵而至,差不多如影随形的,其原因在除了能袭先代余荫,无虑衣食供养,或是操守特严,能够安贫乐道以外,多数官吏都是能用不同的方法敲诈贪蚀的污吏。如此在中国官吏的贪污是有其经济环境的需要的。又加以在专卖制政治下,人民没有社图精神契约观念,也就没有公开指摘的舆论,互相监督的人民,人民只是"便由之",只知听命于官府,官吏只是对于一姓负责,自然上下朦混,枉"法"期罔了。在交通不便版图广开的国家,以一姓帝王及少数忠介之士的耳目,虽有三头六臂,也无法澄清仕版,如果人主自己错庸或是任用非人,则更天下滔滔,尽是贪官污吏了。

如此官吏的贪污虽然是各国政治史中所同具的事实,如法国路易十四时代以柯尔贝(Colbort)督察之严,卖权鬻利之事尚不胜枚举(Herkscher, E. E.: *Mercantilism*, Vol, I, 页一七〇)。英国在十九世纪工商业极度发展与文官制度设立以前,官场也很龌龊(Wallas, Graham: *Human Nature in Politics*, 页二七〇—七一),但终不如中国,因为环境的顺适,官吏贪污的程度,举世可称独步。

如此贪污政治的形成与发展有经济的背景,但贪污政治又进而阻碍国民经济的发展。这种阻碍力量可分直接间接两方面去看:受到直接的影响是政府的国营与专卖事业。我国向来的国营或专卖事业,远之如上述汉时的盐铁,近之如清季的官营事业,可以说是以矿冶为主。原因是这些矿产,因为是人生必需品,所以有广大的市场,较易大规模的发展。在中国盐铁的需用之广产量之大,可从盐铁矿税在汉以后历代财政收入上的重要看出来。西欧各国初期的主要企业,也是在矿业方面,许多后来在工业交通方面的主要发明,如蒸汽机铁路都是始作俑于英国的煤矿中。

所可惜的是我国的矿冶事业,在汉武以后,因为政府管制,即行中衰;清末官营,又因办理不当,未有成效。如果汉以后没有政府的统制或国营,或是能够国营或统制得当,以汉初的规模作基础,未始不可积聚更多的资本,有生产技术上的发明,因而促成全国的工商业发展。又如清末的官营交通工矿事业,能够获有成效,我们今日的国民经济也要改观。

这当然并不是说政府统制一定不利于经济发展,国营事业本身在一定不能成功,或是在中国无此必要。实在以中国国防之无备,民智程度之低,一般人民之贫,政府对于经济发展在原则上实有倡导或甚至经营的必要。汉代以后工矿事业的国营与管制,所以没有能促进生产技术与组织的进步,原因固在于政府的目的重在征敛,尤在于主持者任意课求营私舞弊。盐铁因为品质比较有定,产地比较有数,管制本来最为容易,加以历代笼盐铁的目的只是为财政收入,用意手续都较欧洲重商主义时代、德苏今日的经济管制,远为单简,但是困难弊端仍是层出不穷。汉时国营盐铁,以桑弘羊之精明能干,犹有盐味苦恶,铁器出品不良,以至于自认用人不当(《盐铁论·水旱篇》),宋王安石新法中"市易"最鲜成效,于是实不久即行取消,以至于到了现在,有比较严密的督察审记制度,专卖事业与关卡征收一般仍认为是肥差厚缺。风气习染如此,到了头绪较繁责职较重的国营事业,便弊端更多,以至于不可收拾,清末李鸿章张之洞等的洋务运动之所以失败,招商局纺织新局与汉冶萍公司的所以亏累,固与整个朝政不无关系,主要是受这种积重难返的传统政治习惯的影响。

官吏的贪污所得(有人称为官僚资本实际只是官赃)如能作为工商业的投资,从事于生产事业,则未始不是一种强制储蓄,间接的可促进国民经济的发展。所不幸的是贪污的结果,只是将本来用之于或可用之于直接生产事业的资本,转移到消费或不生产的途径上面去,官吏所得富财除了窝藏秘窖所置田宅以遗诸子孙外,即直接由一人身家消费或间接以贡奉、馈赠、贿赂等等不同方式转移给上峰同僚,所以历史上讲到这些人的自奉,大抵都是僮仆成千,姬妾盈庭。当然上面说过平常商人所积的时富也是大半归之消耗,不过官吏贪污所得势须与同僚分肥,而且如得之容易,消费亦就随便。

在国家有过剩的资源时,消费本来可以刺激投资与生产,桑巴德至谓近代资本主义兴起的一个原因是由于奢侈(Sombart Werner: Moderne Kapitalismus, 2er. BJ. S. pp. 187—8, 863—7),凯衍斯亦主绵用增加消费来刺激投资(Keynes J. M.: *General Theory of Employment, Money and Credit*, esp. pp. 113—31),不过我们说过我国人口,在历代的主要区域内,大抵皆处于饱和状态,在各代已知的生产技术下,可谓物尽其用,而且上述官吏消费的对象只限于少数熟练工人的产品,奢侈品对于全人口的生活程度不能有何影响。所以官吏贪污所得的财富,不特来源与工商业资本不同,就是影响也迥异,工商业资本的蓄积一方面是工商业发达的结果,同时又予多数工人以职业机会,提高他们的生活程度,增加普通工业品的需要,更促进工商业发展的机会。官吏贪污所得既然不能转变为工商业资本,加以各代的租税负担,往往只在一般农民身上,不及于官吏,愈使农民赤贫,而官吏肥硕,以至于中国社会也和大革命前夕的法国社会一样,只有上下两个阶级,而无中等阶级,我们如果知道欧洲十七八九世纪的工商业发展,主要是中等阶级,不是贵族教士等上层阶级,也不是初被解放的农民的功绩,就不难明白中国历代虽在长治久安之后,也不能造成同样的经济发展的一个重要原因。中国历代在瓷器漆器丝织等工业方面的进步与发明,正可以说明近二百年年来我国在煤铁纺织化学等大规模工业方面的落后。

中国历史上的内乱,不论其时地与近因若何,大概都可以说是农民战争,其主因一方面在天灾苛政之后,饥馑为患民不聊生,而一方面贫富悬殊,在此种情形之下,尤为显著,孟子所谓"庖有肥肉,厩有肥马,民有饥色,野有饿莩"(《梁惠王篇》),是历代所其见的现象。灾荒之所以形成,多与污吏的贪没公帑,疏于水利荒政有关,而流寇起事的原因,每在求诛贪劣掠夺财产,所以直接间接均与吏治贪劣有关。至于战乱的结果,对于经济发展上的影响是很明显的,在国家有过剩的人力物力时,整顿军备与穷兵黩武往往可以增加国民国民就业机会,增加工业繁荣,军需商人固此可发不劳之财,这是桑巴德所以把战争与奢侈同列为近代资本主义产生的原动力之一的原因,现在我们又可从凯衍斯的学说与德国在一九三三年后的发展得到学理与事实上的证明。但在中国历史上我们已说过没有什么这种人为刺激的余地,商人偶然幸致的财富,其影响也与官吏贪污所得的一样,内战的结果只是割裂市场,紊乱币制,破坏交通,耗费物资,阻滞正常的经济活动,把国民财富由生产用途转移到消费投机上去。

除了消费以外官吏的财富,主要是化费于宅第田产或是窝藏起来以遗子孙,汉代以来的制度父母在时不析产,所以这种田产或现金不见流通,等于漏卮。而父母死后,是诸子继承,在无后为不孝的观念之下,子嗣多数是繁多的,加以一方面既没有契约合伙观念,同时又以消费上的需要,析产之后,不复再有资本积聚的机会,正如法国大革命之后废除长子继承制,工商业者以一生辛苦身后即被分析殆尽,即无意经营积蓄(Marshall, A. : *Industry and Trade*,页一一四),结果全国都是小农。所以归结起来说,官吏贪污完全无补于资本之蓄积与经济的发展,或者有人以为官吏经营工商业应当有助于经济发展,殊不知因为(一)不是专业随任所环境而易业易地,事业不能继续发展或根本没有意思长期经营,(二)所得利润,多系垄断而来,一方面剥夺消费者,一方面侵略平常商人,结果也是害多利少。

如此贪污政治,直接足以影响国营专业与经济管制的成功,间接妨碍资本的积聚,私人企业的发展,而贪污政治运用的机会是因政府的经济活动多寡成比例的。大凡管制的范围愈大,程度愈深,机构愈紧密,贪污的机会愈多。国内当前的政治道德较之晚清已大见进步,但我们仍不敢说这种传统政治风气已完全澄清,战后我们经济建设的主要目标既在国防工业或重工业的建设,人民生活程度尚不能在短时期内如何增高,要是政治风气的转变,首先须有经济环境的改善,则战后的吏治,不一定能较现在改进多少。我们投鼠忌器,在经济建设的过程中,除了直接关系国防的工业与公用事业、不妨遴选公忠体国谦洁干练的人,主持经营,政府最好避免繁政缛令,好高骛远,企图实行繁复广泛的计划或统制。我们既然集中精力于国防的建设,暂时即无暇去管国民所得的分配不均,也不必为将来的经济循环与失业问题杞忧。我们承认这些经济现象是连带的,大规模的国营工业以后有引起物价上涨的可能与统制的必要，但是这种可能很是辽远（参阅《当代评论》三卷十五六期作者意见及下文"中国，战后经济建设与经济计划"）。等到有这种需要的时候，因为国民所得的增进，国民政治道德或者也能改善，再谈全盘管制或计划当不为晚。

最后有人或者要问帝俄时代的专制政体与贪污政治，何以没有养成风气，妨碍苏联的计划经济，对于这个问题，作者在上一文（"经济政策在苏德经济建设中之地位"，见本刊第三十九卷第十一号）中已经有了解答。在这里所须说明的只是欧洲民族中唯一非我们所能比拟的是他们的人的因素，或者说是民族精神。

区位理论与贸易理论*

陈振汉

一

我们要认识区位理论的内容与本质,最好能首先确定此一理论与国际贸易理论的界限与关系。本来各门社会科学之间,多少互有关系,尤其是在一门新兴的社会科学,其内容与范围未能十分确定之前。但区位经济与国际贸易之间的问题,却并不只是彼此之间是否有共同领域或有多少相互关系的问题,而是这两者所讨论的对象,是否独立各异的问题,抑系名异实同,一而二二而一的问题,或是仅有范围大小不同,这一门可以包括另一门的问题。

这两者之间的界限与关系,有待认清,其原因不全由于区位理论的晚起,亦在于国际贸易理论内容的未臻确定。

区位经济学的系统研究,可溯诸一八七二年以后龙赫德(William Launhardt)与屠能(von Thunen)的著述;①但引起欧陆学者的注意,主要是阿尔弗来德韦伯(Alfred Weber)所著《区位原论》(Reine Theorie des Standorts, 1909)的功绩。② 韦伯以后在这方面比较贡献最大的是俄林(Bertil Ohlin),③潘楞德(Tord Palander)④与刘舒(August Lösch)。⑤

韦伯对于工业区位的意义,未有明确的说明。但他开宗明义第一句话是"工业区位的问题是经济活动的地域分配问题之一部"(原论英文译本页一,以下所注韦伯著作页数同属此书)。从全书后来的不少语句,似可确定在韦伯所谓工业区位,系泛指工业的地域分布而言(如在同页下文及页三,二一一等等)。

---

* 本文原载于《社会科学杂志》,1947年第1期,第1—11页。

① 参阅拙作《区位理论的发展——韦伯以前》一文,见《工业月刊》,四卷三期(三十六年三月),页8—12。

② 是书于一九二九年由现任哈佛大学教授C. J. Friedriok译成英文并加注释行世,下文所据,即此英释本。

③ Interregional and International Trade, Chs. 10—12.

④ Beiträge zur Standortstheorie, 1935.

⑤ Die Raumliche Ordnung der Wirtschaft, 1940. 作者现仅仅得是书之影片(microfilm)年来在渝以居所缺乏设备,阅读极费眼力。迄未能终卷,草是文时,北平时时停电,亦不暇参考。但论者咸认是书甚为重要。

潘楞德对于区位理论的意义比较有明确的说明，质言之，就是生产活动的地理分配（Beiträge，分见页三，注一，页六，二十八，三十四等处）。胡佛（Edgar M. Hoover, Jr.）在其《区位理论与皮革工业》（*Location Theory and the Leather and Shoe Industries*, 1937）一书中，所认为区位理论的范围，亦辞异实同。[6]

如此，区位理论的发轫虽晚，各家对其研究对象的认识，至少在表面上是一致的、明确的。

国际贸易理论的渊源深远，但从休谟（David Hume）、亚当·斯密以至巴斯代布（Bastable）、陶雪格（Taussig），对这一部门论理的研究对象虽然很少讨论，却牢守着一个传统的范围，即是一种特殊"区域"间的贸易条件与货币机构的研究。这些区域没有地理上的特征，或者可以说并不是空间。唯一构成这些区域的条件，是在每一区域与另一区域之间，所有生产因素完全不能流动，而在每单一区域之内，可以十足的移动。所以在区域与区域之间，生产因素之价格不能一致，而在每一区域之内，一种品质的生产因素，只能有一个价格。[7]

如此，在这两部门学问之间，似并没有很显然的关系，或混淆不清的纠葛。在韦伯的著作中，似乎也根本未考虑到其间有何必然的关系。他除了斥贸易理论为模糊的地域或国际分工原则[8]以外，并未进而阐明与他的"工业的地域分部"之间有何区别。他所考虑的既限于一国国境内的工业分配，[9]而贸易理论所探讨者，乃国际间的问题，或者他以为这已是足够明确的界限。

首先把贸易理论与区位理论相提并论的是俄林。在他的《域际贸易与国际贸易》中，俄林以"地域化理论"（localization theory）一辞名区位理论，其命意所在，虽未明确申述，主要也是指"工业地域分配"的讨论。俄林在这书中对于古典派贸易理论的一个主要批评，是认为生产因素在主权国家之间并不是完全不能流动，而同时在一国内，生产因素间的流动性复并不完全，因此国际间的生产因素价格可以有别，可以产生贸易，在一国内的各区域间亦复如是。因此，在俄林看去，国家不过是一种特殊区域，适用于域际贸易的结论应同样适用于国际贸易。这是假定在国内或域内货物与因素不能流动时的情形……如更计入国内或域内的运输成本，就应有一套广泛的区位（地域化）理论，能适用于包括国家在内的大小区域。这样一套理论既然能说明各项产业各应位置于何区，也同时说明了国内与国际间的贸易情形。所以国际贸易理论必定得建筑在这种广泛的区位（地域化）理论之上，实际所

---

⑥ 页3。

⑦ 这是近来主要的关乎国际贸易理论的定义或范围的讨论中所共同具有的见解，例如，L. Taberler, *Theory of International Trade*, p. 4; *Viner Studies in The Theory of International Trade*, p. 597. 但说得最明确的要推较近的 Donald B. Marah: "The scope of the Theory of Intorngtional Trade under Monopelintio Competition" *Quarterly Journal of Economlcs*, May, 1942. p. 477。

⑧ 原论，页1。

⑨ 同上，页211。

谓国际贸易理论只是一种区位(地域化)理论,但对于国际实际情形予以特殊注意而已"。⑩

俄林的挑战,使得少数熏染于古典传统的贸易理论学者如卫栂(Jacob Viner)教授来重新考虑古典理论所保持的内容与方法。⑪ 国家与区域之间在经济意义上无甚差别是古典派所早就承认的。⑫ 就我们所讨论的问题而言,上述俄林的断然态度,所招致的卫栂同样坚决的否认。他说俄林指国际贸易理论为国际区位理论,"必定是他所说的国际贸易理论或区位理论,与一般的观念有别,或者是两者都是他的杜撰"。⑬

究竟国际贸易理论与区位理论是如卫栂所说,彼此各自独立,不相关涉,抑与俄林所说,是同一理论的两种名称？抑其间有其他的关系,这是本文所准备探讨的问题,然而本文的主旨不只在解答这些问题。纯粹名辞之争,往往徒费唇舌,许多关于某种学问的内容与方法的讨论也每落得毫无结果;特别是在发展成长中的学问,每一新的贡献往往可以开辟一个新的领域,提出新的观点。如果不是做思想史上的工夫,比较新旧说法也似无甚意义。本文的目的不只在比较各种说法的异同,而在从理论训练的基本意义,指出这两类理论传统的相对优劣,他们中间应具有的关系和他们应采取的共同方向。

二

经济理论的性质与意义,在经济学者之间,似尚没有一致的见解,不过这一种训练所代表或者所用来研究的对象,应当包括下述一个主要问题在内,就是怎样在各种不同用途之间与在时间过程上(就业问题)分派各种生产因素,使能最有效的达到某种目的。贸易理论与区位理论也是用来分析或研究这个问题的一方面的一种途径或方法。两者都是研究由于生产因素在地域或空间的分布的不同,流动性的缺乏,考虑怎样去适应这种情形,以求增加利用效率,或减少浪费或不充分的利用。这即是贸易理论中的习用名词——地域分工(territorial division of labor),与上述区位理论所标揭的对象——生产的地域分配(geographical distribution of production)——的意义。

所以我们可以说贸易理论与区位理论的研究对象是相同的,即是怎样去获得一张产业活动"合理"分布的蓝图。然而朝着此一相同的目的地出发,两者所携带的行囊与所遵循的途径却不相同。这两个传统在假设,在注重的方面,在推论的方

---

⑩ *Interregional and International Trade*, pp. 142, 243, 589.
⑪ "A Note on the Scope and Method of the Theory of International Trade," in *Studies*, pp. 594—601.
⑫ 同上,页 595。
⑬ *Studies*, p. 468, n.

法上都有若干基本的差异,而在每一传统之中,作者与作者之间,在这些上面复有互相径庭之处。

一九四〇年,奥斯丁罗平孙(E. A G. Robinson)在《英国经济学杂志》(*Economic Journal*)评述邓尼孙的《工业区位与衰落区域》(Dennison, S. R.: *Industrial Location and Depressed Areas*, 1939)一书之际,曾说:"区位理论所研究的问题,其中劳工能自由移动;国际贸易理论所探求的是贸易条件与货币及真实工资情形,这些条件与情形,在资源用到最大比较利益的途径上时,可以或应当促使不能自由流动的人口臻于充分就业。所以国际贸易理论的一大优点与区位理论的主要弊端,在前者所注意的是分派有限的资源到各种可能用途上去的问题,而后者则仅自一种特殊的用途——生产鞋,靴抑棉织品(讨论资源的利用)。但是近代劳工往往并不只是专精一业的,多数实际是精工或半精工。"⑭在这里罗氏有一个隐含的假定,就是认为两种理论的研究对象是相同的;但是出发点则不一样;区位理论是以一种生产活动作中心,考虑最适度的生产的地域分纪,贸易理论则同时从多种生产活动着眼。

这是一个重要的区别。如果真有这样一个区别存在,则如以上所述一切经济理论的共同功用为判断标准,贸易理论区位理论之优劣显然。

韦伯的基本目的,是在探求决定工业的地理分布的纯经济因素或基础⑮及其决定法则。他承认这些因素之间具有主从及相互关系,⑯但在全书中,因他所用的孤立分析或个别分析的方法,他所主要考虑的问题,也就是全书中十之八九的篇幅所叙述的,是单独一种工业的生产区位。而且在实际上,就是就某一种工业来说,他所考虑到的,还不是整个工业的许多问题,而只是这一工业中的某一厂家或生产单位(produkteinheit)的区别(这样即无异于厂址的选择)问题,在既定(一)市场,(二)原料具,(三)劳工所在等条件下,工厂应设于甲地或乙地的问题。所以他所用的中心分析工具,是一个区位图形(standorts figur)虽然在考虑过一个生产单位的某一方面的问题之后,他也讨论到整个工业的区位问题,但俱语焉不详(例如书中关于运输问题的讨论占五十二页,⑰其中关于整个工业的运输问题不过五页;⑱劳工成本的讨论占二十八页,⑲关于整个工业的劳工问题者亦仅五页)。⑳而且只是把对区位图形的分析方法推广到全工业上去,并没有提出或顾虑到特殊问题。换句话说,他认为工业只是生产单位的集体,从生产单位过渡到整个工业,只是数

---

⑭ *Economic Journal*, June—Sept, 1940, pp. 268—9.
⑮ 上引书,页214。
⑯ 同上,页214—26。
⑰ 第三章,页41—94。
⑱ 页67—72。
⑲ 第四章,页94—123。
⑳ 页112—117。

量的扩张,并不产生什么特殊问题。

事实上,在运销与生产过程上,一个生产单位与其所属的整个工业,所遭遇到的问题是两样的。但我们所须注意的,还不是一种工业的内部关系(工业整体与其生产单位间的关系)而是一种工业与别的工业之间的关系,因为我们所须研究的中心问题,是全体工业活动的适度地理分配。韦伯认为一个生产单位与其所属工业的关系是一样的,只是量的积聚,因此如果一种工业的区位已经决定,他类工业的区位也可以如法泡制,依样决定,整个工业分布的蓝图亦复可以决定了。

俄林的考虑远为周到,而且是基于全部均衡(general equilibrium)观念的,因此他在说明如何根据既定的市场,劳工所在地与资源分配以决定一种工业的区位以后,复说明如何人口分布,劳工移徙以及城市兴衰,市场位置以及资本供给与交通便利等因素复可以因工业区位而有所变更。然而俄林的区位对象始终只是一种工业,对于同时存在或应同时在别的区域建设的工业对于他心目中的市场,价格与生产因素的供需上所可能产生的影响,始终未予注意[除了与外在经济(external economics)或韦伯所谓集中因子(agglomerative factors)有关的以外]。

从相继的单独考虑每一种工业所布成的蓝图,除非在极不合实际的假定之下,与在一个时候同时考虑多种工业的区位条件的结果,自然不同,而且从对于生产因素的利用效果上说,后一种情形也应远胜于前者。俄林对于地域化理论的叙述既以一种生产活动为中心,而在叙述域际贸易与国际贸易理论的时候,所用的复是传统的古典观念——比较成本,比较利益与贸易条件,如此可知至少就这一方面——生产活动的种类——来说,他的区位理论观念并不有异于韦伯,他的贸易理论观念,也并不有异于古典传统。我们只能说他在说国际贸易理论只是区位理论在一种特殊情形下的应用时,心目中大概没有意识到这一差别(一种产业活动与多种产业活动)的意义。

潘楞德在他的《区位新论》(Beiträge zur Standorttheorie)中所讨论的只限于普通所认为区位理论的范围,但他认为区位理论的正当范围不但可以包括国际贸易理论在内,而且可以包括普通价格理论(preisbildung stheorlen)(即一个单独市场的价格理论 einmarkts theorien)在内。他把屠能(Von Thünen)在孤立国(Der Isolirte Staet)中所叙述的农业生产区位与韦伯的工业区位论看作特殊区位论,而把普通价格理论与国际贸易理论看作"一般理论类型"(die allgemeinen theorietypen),他觉得一种"一般区位理论"(allgemeine stand-ortstheorie)应当具有两者之所长而无两者之所短,不过他自己在书中的贡献仅限于补充"特殊区位论"的一部分短处。[21]

单独市场的价格理论所以能作为区位理论的一部份看,主要就是在必须就原料产地(lager gebundene produktionen)或消费市场(konsumgebundene produktionen)生产的货物,如果能假定一切其他的生产原料与货物皆是遍存物资(ubiquitäten)则

---

[21] 页44—47。

决定他们的价格的情形,也就是产地或消费市场的单一市场情形。[22]

这样的假定在理论上是可通的,但对于实际问题的分析,当然没有什么补益。至于在潘楞德国际贸易理论也可以看为区位理论的一部门的理由,是国际贸易理论所解释的问题为"一种生产活动(eine produktion)选这一国家抑另一国家为区位的问题。国家是产品的市场范围,在国家之内即不复有区位问题"。[23] 如果他所认为的国际贸易理论的对象是正确的,则与区位理论的差别,只限于主权国"际"与国内的差别,完全只是古典学派的传统所造成的习惯上的殊异,没有什么经济学上的意义。而且如果用俄林的"域际贸易"(interregional trade)以代替国际(international),则连这一差别也失去存在。何况上面已说过古典学派理论的适用范围,根本就并不限于真正的主权国家中间的贸易,也可以适用于一国内的域际贸易的。

所以潘楞德虽宗俄林,将贸易理论看为一般区位理论的一种特殊应用,对于贸易理论的性质实有误解。上面所引卫栩批评俄林的话,如移用于潘楞德,实在更为合适。归结起来,我们可以说,所有强调贸易理论与区位理论实属相同,或贸易理论是一种特殊区位理论的说法,不是忽视了两者之间的一个基本差别,即是误会了贸易理论的本质。罗平孙所指出的两者间的区别是很重要的一点。

从这一方面看,对于生产活动的地域分配的分析,国际贸易理论对于我们是比较有用的工具或门径。但是有没有在其他方面,或是从别的角度看,区位理论的研究方法,亦有其相对的长处呢?要回答这一问题,我们须进一步比较其余的这两个传统的基本假设,看以何者比较近于影响生产事业的地理环境的实际情形。这些基本假设主要都是关于生产因素的地理分配的性质的,现在提出其中较显著的两项加以讨论:一项是生产因素的移动程度大小或流动性的问题,一项是运输成本的生产影响。

三

前面说过国际贸易理论的基本假定是生产因素在国际间的固定性或缺乏流动性与在国内的充分流动性。传统国际贸易理论所最易受到攻击的也就是这一假定。一方面在一国国内各种生产因素未必能在各地自由流动,另一方面在国际间也常有大规模的与很重要的生产因素(诸如劳工资本与经理人材)的流动。所以这生产因素的国内流动性(internal mobility)与国际固定性(international immobility)的对照是程度的,不是绝对的。因此,俄林之强调用"域际"一辞来代替"国际",只成为名辞之争,上面也说过,古典学派自始即承认国际贸易理论也可以适用于域际贸易。不过就是将区域的实际范围尽量缩小,如果仍旧保持域际固定性(interre-

---

[22] 页45。
[23] 页46。

gional immobility)与域内流动性(internal mobility)的区别,则在任何两个区域之间生产因素价格必定保持一个显著差别。

在区位理论中,根据韦伯,原料与劳工之所在假定为已知,然同时假定每地工资不变,即能取之不尽,用之不竭(即假定劳工的供给弹性为无穷大),亦即等于假定劳工在各地间能有无限制的流动性。[24] 但另一方面,韦伯的分析有一重要部分建筑在各地工资的差异上,而他又未将各地货币工资的差异,完全归因于生活费用上的差异,换言之,并不完全由于各地生活必需品的分布情形与运费上的不同,则他所根据的工资差别,应该有一部份或大部份由于劳工的不能自由移动,或域际固定性。[25] 这两项假定彼此矛盾,表示韦伯在这些基本观念上未有清晰的认识。从整个韦伯理论的结构来说,根据各地工资差别的劳工定位(labor orientation)既占很重要的位置,我们只能肯定后假定——劳工在区域间的不完全流动——是韦伯的主要观念。

至于其他生产因素,韦伯承认流动资本有完全的流动性。自然资源之中,土地固然完全固定,因之产生差别地租;其他各种生产原料的价格,各地亦不一致。但运输费用是韦伯理论结构中的基石,如各地原料价格的差别,适为运费的差异(即俄林所称补偿差异 equalizing differences),即不能谓为由于流动性的缺乏。韦伯承认除了运费差别之外,尚有地别差异,但否认对于区位决定有何影响。[26] 对于区位选择有重要影响的只是运费。换言之,亦即假定土地以外的资源,除了运费的影响以外,是能自由移动的。

在关于生产因素流动性的基本假定上,除关于资本以外,俄林与韦伯无甚出入,只是较为清晰明确。俄林在所谓地域化理论的叙述中,认为普通在一个国家里面,劳力与资本的流动程度俱不完全,资本的流动性当然远较劳工为大,但在各区域之间仍有相当的阻力,使流动程度不能完全,利率有显著差别,足以影响生产成本。[27] 潘楞德在这方面似没有什么独立的观察。

如是,对于生产因素的流动程度,如果不论"国际"与"域际"的名词上的区别,在贸易理论与区位理论之间,看不出有什么显著差别,韦伯的观念与古典学派之间的距离尤其接近。

四

上面我们先后指出,作为经济分析的工具言,贸易理论在一种情形下,应当较

---

[24] 页 101。
[25] 页 95—96,及 101 以后。
[26] 页 33,88—89。
[27] 页 216—22。

区位理论为有用,而在另一种情形下,两者之间无甚轩轾。现在我们从第三方面,即是对于运输成本的分析来说,则占上风的似乎是区位理论。

古典传统的贸易理论置运输成本于不顾,是众所诟病的事实。近来像卫枬[28]与赫伯乐[29](Gottfried von Haberler)都曾企图克服这一困难,把运费一项包括在比较成本内,结果对于运输与生产活动的地域分配的关系,似并不能增加我们的认识。卫枬用马谢尔式(Marshallian)的曲线,赫伯乐用代数记号,表示在原来的比较成本之上,再加一个假定数量的运输成本(假设为出口商所负担),看对于贸易条件与贸易数量上有何影响。这样的结论对于运输成本的经济影响的分析可谓毫无帮助。增加输出商人的负担,自然减少他的比较利益,也减少他的出口数量。但不一定只有运输成本才有这样的影响。一种出口税或一种保险费用,甚至于工资的增加,也可以产生同样的影响。

在区位理论这一传统中,对于运费的分析是最主要的基础。对于运费的重视,不仅韦伯为然,在韦伯以后对这问题的讨论有所贡献的人,亦莫不重视。俄林,胡佛以及潘楞德等,无一例外。他们之分析运输成本,与上述卫枬赫伯乐等的企图,有一主要的不同,即能指出运输成本性质的特殊,与别的生产成本有所不同的地方。

在区位理论这一传统中,所谓运费或运输成本,具有一严格意义,即是单指一切与实际地理上的距离在函数关系,因距离的增减而为之增减的费用。因此,其他一切生产成本,如工资利息,关税,虽然具有地域差别,然而并不是与距离有函数关系的即不是运费。这一区别在韦伯原论中即已存在,[30]胡佛(E. M. Hoover, Jr.)予以更清楚明确的说明。[31] 俄林尝把距离的意义推广,引用移转成本(transfer costs)一辞,使不特包括因实际地理距离的延长,运货人所增付的运费,并及一切所须增加的损耗剥蚀等耗费。[32]

这样的一个运费观念对于产业活动地理分布的研究有什么助益呢?上面说过古典传统贸易理论中的"区域"没有地理上的特征,除非完全自由的流动性是一个特征。换言之,他们的"区域"根本不是空间。简化与抽象化(abstraction)是一切理论工作所无可避免的,但区域的空间因素对于产业的地域分布具有意义,为不可否认的事实。空间的实际地理形状,诸如地形,气候等对于产业活动的分布皆有利害不同的影响,甚属显然,但这些或者是经济地理学的研究对象,不是任何经济理论的工作,然距离与因距离而变动的运费差别所产生对于生产区位的影响,是不难从实际地理形状"抽象"出来予以适当分析的,事实上从韦伯以来的区位理论在运费

---

[28] Studies, pp. 467—70。
[29] Theory of International Trade, pp. 140—43。
[30] 页95—100 及 102 以后。
[31] Location Theory and the Shoe and Leather Industries, 1937, pp. 76—77。
[32] 页142—7, 211。

分析上的成就，表示这不是不可能的工作。我们不明白何以贸易理论不能吸收和利用这一部门的分析结果与工具？卫枬在其《贸易理论研究》(Studies in the Theory of International Trade, 1937, pp. 46—8)中说："国际贸易理论往往不考虑运输成本的存在，论者每以为病。但单一市场的贸易（国内贸易）学说亦每将运输成本略而不论，所以这并非国际贸易理论的特别过错。……成品与生产因素的运输成本对于价格区域差异的形成是一个值得研究的重要问题，但从历史上说，这并非国际贸易理论的单独责任；而且从已有的成就来看，无论所谓区位理论的提倡者怎样引以自豪，（对这方面）贡献较大的仍将是国际贸易理论而不是区位理论。"卫枬对于运费问题的重要是充分认识的，也承认贸易理论在这方面的缺点，但他对于区位理论在这方面的贡献。

估价未免过低。区位论者在这方面的工作有钻牛角尖的，可是也有足以充实贸易理论的地方。

距离与运输对于产业的地理分布上的影响，从近来所发展的空间竞争（spatial competition）关系的分析，[33]更属显然。在这些分析中，把商店或生产者所占据的位置或他们彼此之间的距离与所包括的市场的大小和消费者的数目，看作商品性质的一部分。因此同一产品实际变成两种不同的货物（differentiated products），其生产者间的竞争是一种不完全的或独占式的竞争。但是某一个或少数生产者之获有这种特殊位置（譬如从对消费者的关系来说，比较特别优越或特别不利的位置，或享有特殊便利的运输工具）的，也可以看作是握有一种特殊生产因素，他之所以能独占，是由于这一因素之不能流动。生产因素之缺乏流动性，与劳工及资本之不能自由流动在意义上是一样的。从这关系推演，国际贸易理论既然以生产因素在域际的缺乏流动性为基础，而区域的意义复不在空间的广狭，距离与运输关系应该在贸易理论中占很重要的位置。但是如果这样推演，凡是不完全竞争的价格关系（由于从业自由的限制 restriction on freedom of entry）所引起的，不论是个别生产者之间的（两头竞争 duopoly，寡头竞争 oligopoly 与独占竞争 monopolistic competition），都可以包括在贸易理论的范围之内，反过来说，传统的贸易理论似乎也只是不完全竞争价值理论中一种特殊情形的讨论。如果区位理论复根据我们第一节中所述的途径予以改造，或者这三者之间，"国际贸易理论"、"区位理论"与"国内不完全竞争理论"，不应有很大的区别存在。

---

[33] 从1929年霍台林（Harold Hotelling）教授的讨论（"Stability in Competition," *Economic Journal*, Mach, 1929, pp. 41—57）开端，关于这一问题，已积有大量文献，可供我们作综合工作时的参考。

混合制度与计划制度中间的选择[*]

陈振汉

中国如一旦能有相当长时期的和平与统一,许多人都认为有两项迫切待做的工作:(一)高速度的真实资本建设与技术人材培养及(二)社会主义理想的实施。我们现在对这两项工作的必要与急需,不必再事申论,只有把它们的内容,或仍需略为确定。我们所以不把第一项工作叫做工业化,工业建设,或提高人民生活程度,而名之为"资本建设与人材培养"的用意:第一是我们所指不只是单纯的发展工业,而是增加每一工作人口,无论是工厂工人,农民或交通工人,或每单位劳工的工作技术水准与资本设备,以提高其工作效率;其次,为要增加资本设备,提高技术效能,将有一个时期减少消费品生产,不仅不能增加或反须减低国民生活水准;第三,这样的一个建设目标,在达到以后,可能帮助国防建设,但其本身却不包含国防意义。第二项工作——社会主义的理想,在这里是指公有财产与依照多数人民所认为公平的原则(暂时假定为平均分配)分配国民收入。但社会主义的理想虽可如此单纯,我们当然不希望由于这一理想的实施,生产效率(一个社会每单位时间内所能生产的消费物品与劳务)反而减退。换句话说,我们希望在社会主义的旗帜下面,仍可容许一种派分资源的方式,根据这种方式,人民在收入的公平分配以外的经济福利仍能有效的促进。也就是上述(一)、(二)两项工作,我们坚持要双管齐下,求其同时实现,因此两者虽然是独立的目标,却只准相辅相成,不许互相抵触。不过在资本建设效率以外的问题,虽亦可视为广泛的经济福利,如所谓经济自由、经济民主等名词所代表的含义,本文不作考虑。

本文的目的只在说明为求得同时进行这两项工作的最高效率起见,我们应当选择那一种资源派分的机构或制度。

下文第一节描述两种这种制度的简单蓝图,第二第三节分别比较这两种制度在资本建设与实现社会主义理想时的效率。本文只是一种可以说是蓝图逻辑(blue print logic)上的讨论,作者仅是根据这两种制度(在与事实相距不远的假定环境下),在达到上述目的的效率差别考虑取舍。因此文中的结论,只是根据目标与蓝图的一种推论。

---

[*] 本文原载于《新路》,1948年第5期,第5—7页。

一

经济制度的通常意义本来是指(一)派分生产资源与(二)分配国民收入这双重任务的执行方式。现在但就第(一)项任务的执行来说,我们可以区别两种主要的方式:(甲)价格或个人制度与(乙)计划或集体制度。在价格制度之下,整个社会里面把生产资源派分在各别用途之间的决定权,属之于个别生产者,以价格或市场机构作联系(coordination)与平衡的枢纽;而在计划制度之下,则上述两项的经济决定权完全操之于一个中央机构。

价格制度所的生产资源派分方式,我们比较熟悉,可以无需描述。至于在计划制度之下,虽然生产因素的客观市场不再存在,在理论上计划当局仍能够根据所谓价格的变数作用(parametric fuction)把生产资源派分到各种生产事业里去,而且也能达到与理想的价格制度媲美的效率,已为多数学者所公认;许多人所怀疑的是事实上计划当局要圆满有效的完成任务,恐怕需要超人的睿智与品德。关于这类问题是讨论者的个人信念每可以影响结论的地方。我们根据苏联的经验以及比较英美等国家在战时与平时的生产效率,似乎可以相信:为达到与现实的价格制度(并非理论上的完全竞争的价格制度)相等的效率,似乎并不一定需有超人或圣人来担任计划与生产。计划与生产当局只要不贪污不愚蠢,有相当确实的统计资料与经济常识,则要使几种必需消费品与其他主要资本财贷(producers goods)的供求平衡,应当并非难事,特别在一个生活水准本来甚低,需要更行节约消费的国家里面。至于其他次要物资的生产,可以随后逐渐调整。在中国原有工业生产单位并不甚大,农场面积在将来也不能十分扩大,固然有的地方增加计划的困难,但因为变动较少,传统束缚较深,反易于估计供求状况。

至于价格制度虽然在观念上与计划制度南辕北辙,但因纯粹的价格制度或个人经济,可说从来未当存在。人民的经济决定,不是有或大或小的一部份,或是长短不同的时期内,从私人手内划出,交由政府或别的社团操持,或是价格机构受到外力的干涉,不能行运自如,甚至完全失去作用。所以实际上我们只看到统制的或被障碍的(regnlated,fettered)价格机构,以及公营、国营与民营混合的派分资源方式,这种方式,我们称之为混合经济。这种经济里面,公与私,国营与民营的范围,可以有大有小,价格机构受则障碍的程度可以有高有低,失去作用的时期可以有长有短,但其为混合则一。这种现实的价格制度与计划制度之间,仍只有程度上的区别。在中国,因为从清代末叶以来,已有比今日英美更为高度的混合制度,所以我们今日的问题,只是今后为加速资本建设与实施社会主义,在资源派分的方式上,是维持现状呢?还是增加混合的程度以至于接近计划经济呢?

二

我们所谓真实资本建设应有的速度,虽不是有客观的硬性的规定,但我们可以有一个理想的限度,即足以达到因资本设备的增加所增加的劳工效率趋于递减的时候为止。至于这个限度,我们应以怎样的速度或用若干年来完成,只能因其他非经济目的与事实环境来决定。假定我们希望尽速完成这一程度的建设,我们一方面得尽量集中全国的人力物力,另一方面得求最高的效率使用这人力物力。先就人力物力来说,在连年战争消耗之余,如尚有过剩的人力物力,为量已经其微,建设一经开始,即将声竭无余。所以主要的建设工作,只有在所谓充分就业的状况下进行,转移其他方面的投资,减少消费品的生产以资挹注。中国已有的国民净储蓄(或净投资),即使没有确实的统计,可知本极有限,益以近十一年来的战争破坏,数量当尤低微,即使我们能设法完全移作资本建设之用,距完成我们的理想限度当甚辽远。因此,我们如要在不太长久的时间内达到这一目标,还应在原有的净储备之外再每年增加大量的人力物力。这人力物力怎样取得呢?比较主要的路径,只有(甲)压低人民的生活程度,与(乙)利用外资。这两条路本可相辅而行,但我们姑先分别讨论:如走(甲)条路径,因为中国大多数人民原来的生活程度,不必用数字证明,大家都晓得已濒于饥饿线上,如我们还希望增加剩余物力人力,只有逼迫全国人民枵腹以事生产。我们先来选择对这一工作比较能胜任的制度。

在混合制度之下,为发展资本建设,减少消费品生产的投资,可以加重消费税,再以税收收入津贴私人,或由政府自己,来经营资本建设事业。但也可以膨胀通货发行公债或徵收直接税等政策征用人民的储蓄,以津贴民营资本建设或作国营资本建设的经费。如果还要人民再束紧腰带,强制增加储蓄来作资本建设投资,也仍可应用这些财政手般。如果利用膨胀通货政策,可以更增加通货数量,如果征收直接税,即更减低免税额与提高税率。增发通货的政策简而易行,然在充分就业以后,膨胀通货以事建设,工资以及其他生产因素价格的涨速超过成品价格,如不配合以其他的政策以收回游资,由于流通速率的增加,物价涨速且将超过发行额的增加速率,使得政府的实物收入愈行缩减,资本建设即无从进行。所以靠发行来动员人力物力以事建设,无论是转移已有投资的方向,与继续节约人民的消费,一定要配合其他政策,收回人民货币收入。但在可以用来收回人民货币收入的政策里面,公债政策的成效很是有限:第一,资本建设事业在短期间不能有多少收益,特别如我们要致力于几种大规模资本建设的计划,在这种情形之下,发行公债,如债息低,即无人购买,储息高,即得不偿失。第二,公债如不是摊派,而靠人民自动购买,不能用来作压低正常生活水准的工具。

在一个收入分配不均的社会,利用直接税以转移投资吸收储蓄,如把免税额降低,税率累进提高,不特能收和消费税相同的效果,而且有平均收入分配的作用。

主要困难在:(1)人民收入大小不同,即使税率高下也因之而有差别,如果各人的家庭负担或其他负担轻重不一,同一税额对于人民的负担并不相等,如果税率过分提高,有的人或尚能生活优裕,有的人或已不能忍受,以致工作情绪恶劣,使资本建设的效率受到妨碍。(2)在建设工作开始进行之后,人民的货币收入增加,消费品生产不能比例增加,消费品价格即趋继涨,这固然是利用任何财政政策筹措资金所同具的结果,但如继续用高税率所得税去取回这新增的货币收入,以防制物价泛滥,也将减损人民的建设情绪与工作效率。

消费税的增收,既在国民收入分配上面,有与社会主义的理想相冲突的影响,在充分就业之下所能压低人民生活水准的程度也属有限。随着消费税率的提高,如果使人民的生活程度降低到了极限,则工资即将随税率上升,而物价的上升程度,或且超过税率,结果政府货币税收虽仍可增加,人力物力的收入反将短少,建设的速度反将停滞。

如此,政府既不能以赋税收回所增付的支出,而又须避免物价的恶性上涨,似乎只有控制一切生产活动,由政府集中派分生产资源,利用苏联的货物税制或直接配给消费物品。不过这样一来,也就是完全取消了价格机构的作用,走上十足的计划道路了。

(乙)条利用外资的路,无论我们采取什么方式(发债券或借款)吸收外资,第一,为尽量使外资用到资本建设上去,一方面减少在消费品方面的漏卮,一方面使国内其他产业活动不致因输入物资的竞争趋于萎缩,不是这一部份的外资,须全由政府来输入和运用,即须政府来控制全部贸易物品的种类。其次,为偿付外资本息,只有增加贸易出超,如利率不高于外资的边际生产率,而还本期限能在上述资本建设的理想限度达到以后,出超增加,可谓不致如何减低人民生活程度。但是为偿还债务的输出,因有契约的约束,不能待价而沽,贸易条件往往不利,不是由政府津贴,只有由政府专管。这种情形,虽然限制价格机构的作用,却并非整个取消价格机构,是混合制度,而非计划制度。

上面我们从资本建设所需要的人力物力的集中来说,认为如果完全要自力更生来建设一个理想程度的资本设备,恐怕免不了得有一套比过去一切更严格的管制办法,以致于根本取消价格机构。现在再从利用这一数量的人力物力的效率上面来看,是否需要制度上的更张?

理想的资源派分的标准是:使资源在各种产业中间的边际生产值相等。但这是一个静态标准,我们讲资本建设,讲提高每一单位劳工的效率,主要要看生产技术的改进,只是这样一个标准殊嫌未足,所以我们在此主张以每一单位时间里面每一劳工单位的货物与劳务生产量为标准。

在混合制度之下,无论是将资本货物的生产委托私人经营或国营,如果我们能假定对这一部门生产活动的经营效率,政府能以监督或干涉使臻于至善,我们似乎也能希望计划制度下的生产因素分派能达到相等的效率。自然全部生产事业与单纯资本建设相较,范围大小悬殊,但在问题的本质上似乎没有什么分别。有的论者认为足以使集中派分资源效率不彰的几个事实,如(1)生产者不必孳孳为利,无需竞争为怀。(2)层层管制,机构重叠,一个生产单位的经理人,须事事奉承命令,不能当机立断,使得生产事业官僚化,产生所谓计划的浪费;(3)生产因素的集中派分,未必能使每一单位的因素在各不同用途的边际生产值相等。但这些事实如果足以妨碍计划生产,也同样会妨碍国营与统制。在第(1)(2)两方面两制度间,不应有何轩轾甚属显然,第(3)方面所谓生产因素的合理分派标准——使每一因素的边际生产值在各生产用途之间相等。由于私人成本与社会成本的异趋,就在竞争性完全的工业,也并不能达到;何况竞争性完全的工业在实际上等于凤毛麟角。在完全竞争情形下,私人生产者固然只是各顾本身的利益,把生产量扩充到一个程度,以使边际私人成本等于价格为止,对于许多政府与社会间接所因私人工商业发展而引起的费用或利益,在私人生产者并不算作成本或收入,从社会观点来看,每不免扩充过度或不及。对这种情形政府的干涉也很难恰到好处。

如此,国营统制在本质上不能有超乎计划的效率。实际上,计划制度虽然因为包括全部经济活动,其中的计划工作好像远比部份产业的国营或部份活动的管制来得复杂繁重,但因其比较单纯,计划制度下的建设与生产,可能反而有比混合制度更高的效率:(1)混合制度下民营部份的独占竞争所招致的人力物力涨费,如设备过制(extra capacity)商业广告等等,在计划制度下可以消灭,特别是生产技术可以加速改进。(2)种种民营企业为防备与应付客观环境的变动所须耗费的人力物力可以节省:诸如国营民营范围的不定(特别因为资本建设的实际内容颇难确定),生产技术改变与商业循环的影响等等。

三

如以促进资本建设为今后我们的主要目的,社会主义理想的实施可谓利害参半:利的方面在可不必用比较繁难的直接税,仅需比较简易的消费税来征收人民的储蓄或压低他们的生活水准;害的方面如人民消费倾向的提高,但我们现在把急速实施社会主义看作与资本建设同样重要的目标,以为取舍制度的准绳。

我们把实行社会主义当作一个目标,把计划制度看做可供选择(alternatives)的手段,并非根本不定计划与社会主义的连紧,并非完全同意一部份学者的看法——以为社会主义的理想与计划制度并非不可分割,而正是要从另一种出发点来证明两者的不可分性。

所谓可分或不可分并不是绝对的。为达到一个目的地,可走的路自然不只一条,问题是虽然每一条路都能通到罗马,距离远近坦易坎坷则有不同。如实施社会主义的理想,纯粹价格制度、混合制度以及计划的派分资源方式,原则上都属可行,只是迟速虽易具有差别而已。因此我们所待考虑的,并不是行得通与行不通的制度之间的选择,而是在对于实现社会主义的理想,混合制度与计划制度的效率,孰大孰小。

假定中国已入社会主义之治,一切由于资源私有而得的收入,完全取消,生产活动也就不能以最大利润为目标,国民收入须按照人口平均(姑且如此假定)分配,我们是否仍能用现在的混合制度来分派生产资源与配合生产因素呢?

主张社会主义的实行可以不必计划的学者虽颇有其人,对于这种不计划的社会主义制度或是社会主义的价格制度或混合制度会经描绘过较详的蓝图的,似乎没有一个。皮古(Pigon)教授在一本讨论社会主义的小册子中(*Socialism VE. Capitalism*,1940),虽以为把计划放在社会主义的定义里面,只是为要牵就苏联的现实,他所比较的社会主义与资本主义的中心现象,还是价格制度与计划制度。他觉得取消私有财产与利润制度都不必实行全盘计划,只要把国有资源交给合作社,由合作社不以利润为目的经营即可,我们以为这只是一个模糊的理想,如果真要照着实行,立刻会遭遇不可克服的困难。下面我们仅从这种困难的比较显见的以为例证:首先假定在实行社会主义以前我们的社会内各种消费品的供求恰好相等,因之在换在社会主义的红旗以后,无需增减工业或企业单位,只需将原有的,大小生产者原班接收过来,只是它们不能再依据最大利润原则生产,而须仿照下列三条法则:

第一,每一生产者须把他的平均生产成本减至最低;

第二,生产品数量增减至边际生产成本等于价格为止;

第三,对每一生产因素付以恰等于其边际产值的价格。

如此,这些大小生产者的产品,如果竞争性是完全的,因原来并无特别利润,应能恪守这些法则。问题在我们这现实社会里面,竞争性完全的产品不多,我们只有各种程度的不完全竞争者,凭藉他们的大小独占地位,生产规模不能适度,除非社会主义政府能够严格督促,用特别征课或在出租生产资源时征收特别租金,殊无法必其遵从这些法则。然由竞争性不完全企业的普遍,这种个别考核的工作几乎是不可能,或不如计划来得简易。

其次,在社会主义实现以后,我们不能假定原来的消费品供求还能继续维持平衡。因为财产制度取消,人民收入来源便和以前不同,如仍有所谓消费自由,人民消费型态(consumption pattern)不能没有改变。因之如仍以资本主义社会的原有生产企业与生产单位来适应消费需要,一定有一部份有效需要,无法满足,有许多的消费物品生产过剩,于是有的生产者虽不居心牟利,亦获意外之利,有的生产者则宁受意外损失。宁受意外损失的生产者,因为无法获得经营报酬、或维持他个人的生活,付给工资、偿付债务,自然减缩生产,或根本退出这一企业,加入新增的需要企业(如非独占性);求过于供的生产事业,如系独占性,仿照上述,即不一定扩充规模,增加生产,或容许新生产者加入,就是没有这种情形,原来生产者所扩充的规模或增加的生产,以及衰落企业所转移来的生产,不一定即能应新增需要,如尚有不足,又有谁来计划与从事补救呢?

再次，如果有新产品的需要，或有新技术新机器的发明，新产品的价格及其制造成本，或利用新技术以制造的产品的生产成本，均非经过试验，无法确定。在有生产者利润的时候，利润是诱致新产品与新技术的力量，在计划制度之下，则由计划当局来筹划减低生产成本，决定是否生产新产品以增进人民福利。在混合制度的社会主义社会里面，则因上举三条法则皆属静态，即使所有生产者忠实履行，生产技术也无由改进，新生产品不会在市场上出现，虽然每人的收入较前平均，这样的社会主义社会或非大家所愿意加入的。

以上几点，只是我们所随便想到的比较显明的困难，然已足以证明一个社会主义社会，如果生产资源公有，利润机构消灭，只靠客观的价格市场，以派分资源，配合因素，所达到的效果或还不如有一个综核平衡的中央机构，根据主观的价格判断来得圆满。有的论者以苏联在一九一七虽已实行社会主义，但到一九二八才实行计划经济来证明社会主义经济并不需要计划，列宁及其他苏联领袖在十月革命以后，确实以为只要根据马克斯的剩余价值观念、取消私有财产，不准利润存在，即可实现社会主义的理想，但实际上苏联在一九一八—二〇这一平常所谓战时共产主义的阶级，并未尝建立一个平衡的社会主义经济，一九二一—二七的新经济政策时期，又恢复利润制度，也恢复了大部份的私产。这十一年只是一个过度时期，并没有建立社会主义的稳固基础。所以这一事实在我们认为不仅未能证明社会主义之不需计划，倒适足以证明无计划的社会主义之治的寡效与不稳固。苏联在此其间之未进行把计划与社会主义结缘，从苏联本国走向社会主义的效率来看，算是绕了一个圈子，浪费了十一年的光阴，但对于后来者应该是可贵的教训。现在的苏联虽然尚没有利用价格的变数作用以派分资源，我们也只能说苏联的社会主义尚未能尽量增进人民经济福利，尚未达到我们的社会主义的理想，不能证明社会主义无需乎计划。

(关于社会主义的)讨论[*]

一 目标与制度之相容性

徐毓枬

振汉先生在本文中提出两个目标:(一)高速度的真实资本建设与技术人材培养,(二)社会主义理想的实现——解释为公有财产与公平分配国民所得(暂时假定为平均分配)。再提出两种制度:(一)混合制度,指的大概是目前的英国与中国,(二)计划制度:然后以此两项目标,考验过两种制度。

下面是我不同意或有怀疑的地方,提出来就正:

(a)如果第二种目标必须与第一种目标兼顾,那末混合制度自始即被判处死刑,毫无生存之机会。财产公有至少须解释为生产工具公有;人民被允许私有的财产,至多是一些消费用的持久品,如钢琴住宅之类,故民营工厂已不可能。即使有些小的零售商店,让私人经营,但这似乎已不构成混合制度了。广大的沙漠上有几个绿洲,我们还是称之为沙漠,并不另外起一个名词。

由此,我认为正确的问题提出法,应该是:如果承认这两个目标同样重要,那末为有效达到这两个目标起见,还是采取中央计划制度好呢?还是让价格机构发生变数作用(parametric function,译为制衡作用是否意义明显些)好呢?不识振汉先生是否同意这样问题提出法?答案当然是随各人之嗜尚而异。就我个人而论,我喜欢后者(让价格机构发生制衡作用),因为在后者情形之下,不大有理可讲的(arbitrary)只有一个,即资本之累积速率;除此之外,消费品之种类以及资本品之种类,还可以让公民全体自由决定(我指的是平时,若在战时"资本品"之性质当然受限制)。上面说过,这只是一个嗜尚问题。

(b)我认为:针对目前及短期未来的中国情况,再检讨一下私有财产之社会功能,恐怕不是思想落伍。说得明白一些,如果我们一旦和平统一,我们是否应该对振汉先生提出的两种目标,绝对兼顾,还是可以暂时侧重一方面,待一方面办有成绩后,再进行其他。现在时代已经不同,主要思潮亦已不同,如果在现在允许私人企业,未必产生英国工业化过程中之黑暗面——只要政府的确以大多数人民之福

---

[*] 本文原载于《新路》,1948 年第 5 期,第 8—11 页。

利为福利。振汉先生所列举的两个目标之中,第二个只要法令(或革命),即可办到,而第一个却须下真功夫,我们在未来是否应该侧重第一项目标呢?我的推测,振汉先生的确是侧重第一项的,所以有混合制度,与计划制度之选择,如果绝对并重,混合制度便不存在。

(c)无论出于自愿,或由于环境,恐怕我们终必在两个目标之中,侧重一项。如果我们承认:如果完全靠自力,则即使是充份就业情形之下之国民所得,减去为维持全体国民最低生活所必需的一些物资,余数作资本累积之用,这种累积速率还不能令人满意,那末必须靠外资。外资之来源,大概会影响我们侧重那一项。也许我们不能选择,只能混过去(muddle through)——当然是要混过去,不是只混。

二 社会主义与价格机构

蒋硕杰

振汉先生的中心论题是要证明假使我们打算要迅速建设生产资本及实施社会主义的理想,计划经济是不可不采用的。他的议论是针对着主张社会主义无需全盘集体计划而发的。这一类的讨论往往容易因为名辞定义的含糊而至双方空废口舌而不能互相了解。

这里定义含糊的名辞,就是我们要讨论是否需要的"计划经济"。振汉先生之所谓计划制度就是生产资源的配布完全按照一个中央计划机构的意志来决定的经济制度,和这种计划制度对立的是"价格制度"。在价格制度之下,生产资源之配布是由各生产单位及各消费者在市场价格之下,按照某种原则的选择来决定的经济制度。这两个定义是一般经济学者所通用的。但是陈先生似乎没有十分认清楚的是价格制度不一定就是纯粹的私人企业制度,同时国营企业也并非不能与价格制度并存。甚至所有的生产事业都改为国有后,我们仍旧可以采用价格制度,主张社会主义无需集体计划的经济学者就是主张在所有生产事业都社会化以后,仍然保全价格机构。

在价格机构之下,只要各生产单位都遵守一条普遍的原则,即"使其边际生产成本等于其产品之价格",或"使其所雇用之任何生产因素之边际产品之价值与该生产因素之价格相等",则生产资源自然分配于最适合人民需求之各项生产事业中。这是振汉先生也承认的。价格机构可说是等于一个决定生产因素之配布及各种商品之产量的全民投票。这是实行经济民主,保障经济自由不可缺少的制度。陈先生劈头先说他不考虑经济自由经济民主,等于先将价格机构的长处置之不理了。

在资本主义社会之下价格机构可能受不完全竞争的企业组织的阻碍而至不能圆满运用。同时财富分配的不平均使价格机构所代表的全民投票亦不十分公平;因为在价格机构之下每一消费者支配生产因素配布之权力与其购买力成正比。所以购买力高者等于有数倍于购买力低者之投票权。但是这些缺陷都不能拿来作为价格制度不应保留于社会主义社会的理由。因为第一社会主义政府可以命令所有国营事业不论其规模之大小,一律遵守"使边际生产成本与其产品价格相等"的原则。故生产因素之配布不会像在资本主义之下受独占势力的歪曲。而且在社会主义之下每一消费者之购买力既大致均等,则其经由价格机构支配生产之权力亦大致相等。即每一公民对生产因素配布之票决权都大致相等。所以在社会主义之下,我们只有理由更加拥护价格制度,绝没有理由反面弃而代之以独断的集体计划制度。

陈先生以为"集体计划当局仍能够根据价格的'变数作用'(parametric function of price)将生产因素合理的配布于各生产事业中"。这是很不幸的误解。因为所谓"价格的变数作用"——这个首先由兰格(Oskar Lange)所创用的含有数学气味的新奇名辞——其含义实在就是价格机构的作用,不多也不少。不信的话,我们且看看兰格之所谓运用价格变数作用的集体计划经济是什么一种经济制度。他首先主张消费品及劳工的分配应该完全由自由市场价格机构来决定,中央计划当局可以不必过问。其次他的中央计划局应该为一切收归国有的各种生产因素订出一假定的价格来,使各国营生产单位遵守"使边际成本等于价格"的原则来争购。如果在这假定的价格之下,某生产因素的需要超过其供应,则提高其价格。反是则抑低其价格。直至各生产因素之需要无不与其供给相等为止。这就是他的中央计划局所做的计划工作!这和保留自由价格机构有什么差别呢?我们可以更进一步向兰大使(兰格现任波兰驻美大使)建议他的中央计划局根本连最初的假定价格表都不必订,以后随时调整也可不必,只要中央计划局将所有国有的生产因素都拿到市场上让所有的国营事业单位各各按照前述原则竞购,那么价格机构自然会使各生产因素之需要与供给相等,而且分配于最适合人民需要的处所。中央计划局的大员们大可垂拱而坐少管闲事。因此这位社会主义经济学的大师,将极端自由主义经济学者大加申斥以后,结果自己所提出的最好的经济计划就是不要计划!如果陈先生心目中的集体计划制度就是兰格的这种中央计划,我自然和他毫无争执。

事实上几乎所有的受过自由民主思想熏陶的经济学者,即使他是澈底的社会主义者,在讨论社会主义与计划经济时没有不强调自由价格机构的保留的。例如 Larner, Harrod, Moade, Robbinr, Henderson 甚至包括 Lange 无一不反对中央政府替各企业部门订立一个硬性的生产、销售、雇佣的数量计划再用直接管制的方法去执行的。在本刊上卷中吴景超,刘大中,"春生"君及笔者亦先后执同样见解。自然我们并非认为一切中央计划都不需要。有些时候价格机构的确需要用中央计划来补充的。譬如维持全民就业及国防,及建设个别消费者之选择所不能顾到的社会福利措施(如公共教育卫生等)。又如纠正社会成本与个别生产成本相违之弊病(如工业地点之计划以避免工业之过分集中造成不卫生之环境等等),及计划大规模而不可分的投资其所产生之社会利益遍布各方非一个别之生产单位所能计算者(如建造铁路开阔荒地,与建水利及水力等)亦待中央计划当局筹划办理。但是我们仍该以自由价格机构为主而以集体计划为辅。这就是笔者在本刊第一卷第三期"经济制度的选择"一文中所谓自由主义的社会主义经济,亦即弥得教授(J. E. Meade)在其最近问世之《计划经济与价格机构》一书中之所谓自由主义的社会主义之解答 The Liberal Socialism Solution。

三 社会主义与计划经济是可以分开的

吴景超

陈振汉先生所考虑的问题,我近来也曾想过,并且曾以研究所得,写成一文,名为"计划经济与价格机构",在社会科学五卷一期中发表(本年十二月底出版),所以有许多话,不在这儿重说,现在只提出一点来与陈先生讨论,就是社会主义与计划经济是否不可分。

计划经济并非社会主义带来的。埃及在金字塔时代曾实行过计划经济,秘鲁的英格斯民族曾实行过计划经济,法西斯主义的德国曾实行过计划经济,资本主义的英、美,也实行过计划经济。所以如果有人说计划经济是社会主义的产物,那是一种错觉。当然,现在推行社会主义的苏联,是采取计划经济的,但我们不能由此推论,将来所有实行社会主义的国家,也必须采取计划经济。

计划经济是达到某种目标的最好手段。假如一个国家准备作战或正在作战,为使生产事业与战事的需要配合,俾能早日获得胜利起见,最好采用计划经济。假如一个国家,在建设的过程中,得不到外资的帮助,又想在短短的十年或二十年之内,完成别国以三十年或五十年完成的工作,则必须在高速度的累积之下,储蓄资本。为完成这个目标,也需要计划经济。但是这些目标,并非就是社会主义的目标。社会主义的目标,照陈先生所说,为"取消私有财产"及"平均分配所得"。这两个目标,第一个无人否认,第二个大成问题。在社会主义的国家中,大家都只有劳务的收入,而没有财产的收入。但在劳务的收入之中,还可以有高低多寡之不同。在理论上,正统派的社会主义者,是赞成此种不同的;在事实上,苏联人民的收入,也是有高低之不同的。但是社会主义的目标,除取消私有财产之外,据我的了解,还有"提高人民的生活程度","社会主义并不是要大家贫穷困苦,而是要剥除贫穷困苦,要给社会全体组成员造成丰裕和文明的生活"。

在财产公有的状况之下,社会上便没有不劳而获的人,大家都只有劳务的收入,大家都靠自己的本事吃饭,而不是去剥削别人来吃饭,这是社会主义在道德上超过其他主义的地方,但这是无须计划经济便可达到的,苏联达到这个目标的时候,还没有用计划经济。在社会主义之下,地租归公,利息归公,利润归公。这些收入,都可以用于增加人民福利的事业上去,而不可能为少数特权阶级所浪费。国家有了这些收入之后,除开预算上的支出以外,余下来的都可以移交国家银行,应付旧有生产事业及新兴事业的需要。在这种安排下,陈先生所提出的困难,似乎都不需计划经济便可以克服。

如陈先生所说,在社会主义之下,生产者非以追求最大利润为目标,而系以服务消费者为目标,因此政府要给生产者以陈先生所提出的那三条法则,以为生产的标准。虽然如此,因为消费型态的变动,利润还可以产生,但道不足为病。在社会主义之下,利润不是一件可怕的东西,因为他是归公的。苏联不是还有计划的利润吗?社会主义下的生产者,虽不追求利润,但如利润还是自己来了,那便是对于生产者一个重要的指示,要他扩充生产。另一方面,社会主义下的生产者,虽不追求利润,但也不求亏本(除非政府接受民意机关的要求,对于某项生产事业,令其出售产品时,定价在成本之下,亏本由政府补贴),所以如果因为市场上的需要减少因而亏本了,那又是消费者对于生产者的指示,要他紧缩生产。这种陆续的扩充与紧缩,以适应市场上的需要,处处有待于价格机构的指示。只要我们维持价格机构,需求自有其平衡之道,而且这种平衡的动力,来自整个社会中的消费者,不必设立机构,信赖少数人去从事平衡的工作。至于新技术或新机器的发明,在社会主义之下,因无私人专利权的阻碍,反较资本主义下易于推行,熊彼得(J. A. Schumpeter)论社会主义的优点时,特别注重此点,不必在此多加论列。

我个人假如有一种偏见,那就是在价值系统中,我同样的重视"经济平等"与"经济自由"。我一向的看法,深信社会主义可以使我们经济平等,而计划经济则剥夺了消费者的自由。只有社会主义与价格机构一同运用,我们才可以兼平等与自由而有之。计划经济限制人民的自由,并非一种猜想,而是客观的事实,凡是实行计划经济的国家,不管他奉行什么主义,都难免侵犯人民的自由,因此损伤了他的福利。实行计划经济的国家,必然要集中控制,必然要把生产因素的支配权,付托于少数人之手。这少数人假如是大公无私的,假如都如蓝道尔(O. Landaner)所说,在其决定生产品的数量之先,要先解决几十万个方程式,其结果也不见得胜过价格机构下所表现的成绩。万一此少数人别有用心,滥用其权利,选其私意来支配生产因素,则其对于人民大众所产生的祸害,真是不可胜言。人类不要轻易放弃其自由。到今天为止,我们还没有看到一个制度,其保护人民消费自由的能力,胜过价格机构。所以我不愿意看到社会主义与计划经济联姻,而愿意他与价格机构百年偕老。

四 社会主义生产政策的执行和监督

刘大中

振汉先生认为:在生产资源共有、利润动机消灭以后,如果只靠客观的价格市场去派分资源配合因素,其效果恐怕不如由一个综核平衡的中央机构根据主观所决定的,来得圆满。振汉先生提出了三点理由,来支持他的结论。

他所提出的第一个理由:在现实社会里面,"竞争性完全的产品不多,我们只有各种程度的不完全竞争者",除非社会主义政府能够个别详加督促,这些大小的独占者,必然不肯切实执行振汉先生所引的三项生产原则(平均成本减至最低限度;产量增或减到边际成本与价格相等;生产因素的雇用量增或减到边际产率与该因素的价格相等)。

笔者的讨论,仅限于这第一点理由,其他两项理由在此从略。

在社会主义之下,政府如何能使各生产机构切实执行上列三项生产原则,确实是一个重要的问题。我们可以举一个最简单的例来说明。从经济学理上我们知道,当平均成本随产量的增加而升高时,边际成本必较平均成本为高。在这种情形下,假如一个生产单位把价格定在与边际成本相等的水准,这个单位一定会要赔钱。在社会主义之下,这个单位所赔的钱,虽然不要主持人拿出来;但是扭于传统的观念,这个单位的负责人可能认为赔钱是不光荣的事,同时也可能影响到他的津励金(bonus)或成绩的铨叙。政府的政策虽是不计盈亏,但是成本的稽核是一件困难的事。一个企业的亏损,究竟是因为执行生产原则(边际成本与价格相等),还是因为负责人的浪费或能力的低微,确实不容易决定。在这些考虑之下,负责人可能设法减低产量,使这个企业赚钱(或至少不赔钱),置生产原则而不顾。

如何能使这类事情不致发生,确实是非常困难的问题。但是这种困难,似乎不致超过由一个中央机构去拟定每一生产单位的产量和价格的困难以上,这是笔者和振汉先生的意见不一致的地方。

为随时监督生产单位的负责人是否真在执行前面所列的生产原则,笔者觉得最好的办法莫如由全厂的职员和工人推举,组织一个委员会,这个委员会的责任只是在随时审核边际成本是否与价格相等。这个单位的一切业务和技术上的设施,自然仍由主持人全权决定,以免分散职权和责任,但是假如主持人未能随时把产量扩充到边际成本和价格相等的数量,这个委员会就应当向中央机构检举。因为这个委员会是由全体职员和工人中推选出来的,主持人似乎很可能有捏造数字,和欺骗的可能。

总 答 复

陈振汉

我的主文成于仓卒,未能广征意见。现在承徐毓枬、蒋硕杰、吴景超、刘大中(次序依他们所提出来讨论的问题性质)四位先生在百忙中赐予批评,尤其是大中先生抱恙执笔,深可感激。不过对于他们几位所提出来质疑或反对的各点,除了有的或者是我行文晦涩或措辞大意所引起的误解,应深为歉仄以外,我仍未能心折,特综合为下列三点,答复如下:

一　目标的轻重缓急

毓枬先生的批评中，(b)段特别提到这一方面的问题，景超与硕杰两位的讨论，虽局于我所提出的两大目标之一——社会主义理想的实现，却不约而同的强调所谓"经济自由"与"经济平等"，深以我之未能注意这些问题为憾。

关于目标，我在主文中只是提出而未加说明，这固然因为资本建设和社会主义的需要，几乎已成定论，也是为节省篇幅起见，可以不加申论；因为要在两者之间再行分别缓急，不免涉有武断意味或政治色彩，而我仅希望把讨论的范围限于我们学经济学的人能有共同法则可以遵守的问题，不愿牵涉到易于见仁见智或毓枬所谓偏于个人嗜尚的角落里去。所以我在主文的开场白内曾再三致意："本文只是一种可以说是蓝图逻辑上的讨论……因此文中的结论，只是根据目标与蓝图的一种推论。"主要也是因为这一缘故，我在主文中对于"经济平等"或"自由"等名辞所代表的有关含义未以篇幅说明。

现在他们几位既然提到这些问题，我也只好一页浅见，藉就教正（虽然与主文内容无多大关系）：毓枬先生根据实行上的难易程度，大约以为如在资本建设与社会主义之间必须有所选择，应先侧重前者。不过如两种目的同想达到，其中的一种比较易于达到，我们是否可择其较轻而易举者行了再说。所以目标的选择标准，恐怕仍只有根据非经济的理想或现实的需要。我在主文中明白声明对国防等问题置而不论，隐含的用意是只以增进人民经济福利为主的。从经济福利的增进着眼，寡与不均都非良好现象（失业问题我未特别置意，一方面因这一现象与寡——生产资源派分的失度——和不均同有连系，一方面因如我们注重资本建设，此一问题迎刃而解），在中国亦亟须同时解决，不说国民财富分配不均的尖锐程度与日俱增，闻见过纽约上海本国"豪门"大亨的豪华和门头沟矿工的非人生活的人，也不敢肯定英国工业革命时代的黑暗面将不见于今后。而且就是假定首先以生产问题为重，社会主义的实施，固然增加困难，但如我在主文中所说，也有所辅助。如果包括政治社会各方面的影响在内，我们甚至可以说如果不均的问题不能解决，资本建设怕未能顺利进行。所以我在主文中虽对两项目标未加歧视，我之所以主张双管齐下，求两者的同时实现，未始非略具微意在内的。

"经济自由"或"民主"我以为也可归入硕杰先生所谓"定义含糊"的名词之列，不过景超先生与硕杰先生在上揭讨论中，大概只注意于所谓"消费自由"。景超先生业相当注意所谓民主的问题。对此一问题也是说来话长，我在去年的"智识与生活"中曾经谈过，在此以限于篇幅不再论列。在价格制度下，根据定义，资源分派可以消费者偏好为依据，可以尊重所谓消费者主权（consumer's sovereignty）；实际上在资本主义的价格制度下，由于财产与收入的不均，这种消费者主权等于一种空盒子（empty boxes），硕杰先生在文中亦已承认。就是在公有财产之后，假定一切产业国营（社会主义的价格制度），这种消费者主权，能有多大实际意义，还值得我们推敲。传统经济学里面虽然都把消费论与需求论放在前面，好像这一部分是影响生产决定生产品类的力量，打开经济史来看，我们却实在找不出一种重要的消费品，或某一式样颜色的消费品是生产者为应消费者的需要而请工程师实验、发明然后制造的。我们所看到的只是生产者制造需求改易风尚和推销产品，当然生产者这种束缚，或"教育"消费者的能力有其限度，即时不能抹煞人类生存的生理需要，但这是这是一个很宽广的限度，价格机构下的国营事业可以不逾此限，无论如何拙笨的计划机构也可以无需逾此限度。生产者制造需求的力量，一部分由于独占地位，但主要（特别是新产品的入市）是事情的本身使然；因此，就是照蒋先生所说在社会主义之下独占企业可以消除（此一问题下节再谈），我们无法，恢复十足的消费者主权。

退一步说，即令在价格制度下面能够有所谓十足的"消费自由"，根据主文所揭的资本建设的目标来说，也并非是我们所望。在现实资本主义社会里面，所谓消费自由已因投资的不能取决于消费者打了折扣，蒋吴两先生也都承认资本节掣或投资等问题应有中央计划，然则所谓"消费自由"也似乎没有什么再值得强调的价值了。

二 价格制度与混合制度

唯其因为我也向来感觉到一切带有"主义"、"制度"、"自由"等字样的名词，大家都可有，而且往往也滥用，擅加定义的自由，所以在主文第一节中特别对我所用的两个制度的名词，加了一番解释。徐蒋两先生似乎都把价格制度看作单纯的价格制衡作用（parametric function of prices）制衡作用是徐先生建议的译名。我在主文中和蒋先生在讨论中都把这名辞译作"变数作用"（似的确没有徐先生所建议的译法能表达含义）。如果真是如此，则既然在计划制度之下，一样要利用这价格的制衡作用，诚如蒋先生所解释，价格制度和计划制度之间，便不应再有什么区别了。我个人是以为蓝格（Lange）的区别客观的价格机构或市场价格与主观的价格即计划当局所规定的一套会计价格（accounting prices），仍具有相当重要的意义。我所谓价格制度是指前者。在实行社会主义之后，我不特不否认价格的制衡作用（硕杰先生所谓价格制度）仍当存在，而且客观的价格机构也可能继续维持，如果政府在将资源国有以后，即又租与私人经营，则私人仍将藉客观的价格机构以事生产。如果政府保留一部份的资源国营，用计划方式派分这一部份的资源，而且其余部分的资源出租，这即是我心目中的社会主义的混合制度了。

三 价格社会主义混合制度了

除了毓枬先生以外，四位论者对我所提出资本建设与计划必要这一论旨都未予注意。吴蒋两先生并且似乎大致同意我的说法（见下文）。毓枬先生所提出在获有外援的时候可以不必，或不能，再事计划，这归和我在主文（二）节中所述完全一致。

景超先生承认应付战争需要或"在高速度的累积之下,储蓄资本",需要计划经济,硕杰先生替计划制度划出的范围是:(1)维持全民就业及国防;(2)公共社会福利措施;(3)纠正社会成本与私人成本的差异情形;(4)大规模的资本与公共建设。照这单子来看,他们所留给价格机构来派分资源的生产事业范围,差不多只限于平常的日用品或消费品工业。我在主文中曾一再申述资本建设与社会主义两项目标应双管齐下同时实现,也就是消费品的生产须迁就资本建设的目标。照此来说,吴蒋两先生和我的立场之同,应当没有距离,我的答覆也本可就此终止。不过我在主文第三节中即从社会主义的单独立场来论计划需要,他们的批评大概也只从这一关系来作考虑,不妨再一申述我的意见:如果我正确了解硕杰先生所叙述的社会主义价格制度(即是他对蓝格的修正案),他似乎过份信任国营事业单位的竞争热忱,似乎忘记了这是一个社会主义社会,不能有牟利动机(即使我们退一步承认国营事业单位能够如此,蓝格的初步价格规定与以后的逐步调整也还是需要的,因为政府在出售或出租资源时不能没有开价,开价不能一开即使供求平等),或只有名义上的利润。景超先生所谓"在社会主义之下,利润不是一件可怕的东西,因为他是归公的",是无意中替我的话做的注脚。在苏联,诚如景超先生所说,有所谓计划利润,然而惟其为计划利润,是一种无"利润"意义的名义利润,如果没有计划制度,虽可靠它来作指标(如果我们能有方法发现),指示生产应行扩充或使应该收缩,却不能仗它起自动调节作用。因此,我在主文第三节中所说的价格社会主义的各项困难仍旧无法解决。

大中先生独能了解与同情这些困难,因此对其中的一方面提出了一种解决的具体办法。虽然他所提议的委员会如果能够督促国营单位,也应同样能帮忙计划当局,因为每一计划(无论大小长短)的拟定与修改,其过程不全是由上而下,也必须由下而上的。

景超先生讨论到我所提出关于新产品新技术的问题时,论点似乎由价格与计划制度转移到社会主义与资本主义上去。我的意思是说在价格社会主义下,如果没有利润作诱导,即使生产者能够遵循边际成本等于价格的教条从事生产,也将无人来自讨麻烦增新产品和用新机器,Schumpeter虽然承认社会主义制度(熊氏的社会主义制度照定义是包括计划在内的)不致妨碍技术进步,却完全没有考虑过保持价格机构的社会主义制度怎样克服这层困难。

资本蓄积的理论

——对于马克思的资本蓄积理论的一个新的探讨和推进

樊 弘

大凡读过《资本论》的人都知道马克思对于单纯再生产和扩大再生产的分析是什么。马克思的单纯再生产的分析在说明资本积累的条件。但马克思没有讨论,在商业衰败的时候,资本的消费或减少的条件。实则资本积累的条件的负的方面便是资本的消费条件了。本文的第一个目的就是将马克思的资本积累的条件所包含的负的方面的意义引伸出来,作为资本消费的条件。本文的其次的一个目的便是将资本的保持,积累和消费的全部条件,综合起来,以图发现社会所得变迁的函数。

马克思将资本的再生产过程解释为有产者阶级,以其货币资本买进生产工具和雇进工人,制造商品,以之出售于市场,企图赚取更多货币的循环不已的有计划的行为。他将这个过程的特点绘成一个图解如下:

$$M \to C \begin{cases} M \\ c \end{cases} \cdots P \cdots C' \quad \text{或} \quad C + \Delta C \to M + \Delta M$$

这就是说,资本家的再生产过程系由三个阶段联合而成,(1) $M \to C$;是即将货币的资本 M,买生产的要素 C,C 包含生产的工具 m 和劳动力 c,(2) P 指生产的活动,即劳动者使用他们的精力创造更多的同质的商品或更好的同量商品的活动;(3) C' 或 $C + \Delta C \to M + \Delta M$ 即资本家阶级将劳动者在生产的阶段中所生产的更多的或更好的商品,$C + \Delta C$ 或 C',卖成更多的货币 $M + \Delta M$。在这三个阶段之中,最初的阶段 $M \to C$ 和最后的阶段 $C + \Delta C \to M + \Delta M$ 或 $C' \to M + \Delta M$ 属于商品流通的范围。介在其间的阶段属于商品生产的范围。综括起来说,资本家的再生产过程的主要部份是由两个流通的阶段夹着一个生产的阶段配合而成。

这个图解的重要在能指出资本家阶级所获得的更多的货币 ΔM 的泉源。许多的经济学家站在资本阶级的立场,均以为 ΔM 是在流通的过程中创造出来的。他们以为资本家阶级的唯一的任务,就是贱买而贵卖,故 ΔM 实为贵卖的结果。但马克思以为这种说法不能成立。他所根据的理由是,贱买或贵卖的结果,只是以替个

---

* 本文原载于《经济建设季刊》,1944 年第 2 卷第 4 期,第 80—89 页。

别的资本家创造净余的货币所得，但不足以替整个的资本家阶级创造也。甲资本家向乙资本家贵卖的结果，诚然可以产生净余的货币所得 ΔM，但乙资本家向甲资本家贵买的结果，却不能不损失 ΔM，结果整个的资本家阶级的收入还是丝毫无所增益。又资本家阶级向劳动者阶级贵卖的结果，诚然亦可产生相对的净余 ΔM，但绝不足以产生绝对的剩余。因为劳动者阶级向资本家阶级贵买的结果所损失的 ΔM，还是资本家阶级最初所给与他们的工资。资本家阶级，虽然可因向劳动者阶级贵卖的行为，减少 ΔM 的损失，但这并不足以替资本家阶级增加 ΔM 的净余的利益。法国季特(Charles Gide)学派力言资本家阶级所得的净余 ΔM 是由生产人剥削消费人而来。这等于说，资本家阶级所得的净余 ΔM 是向他们自己贵卖而来，或由他们向劳动者阶级贵卖而来。这两种解释当然是错误的。由此说来，资本家阶级所得的净余 ΔM 必不是由在流通过程中创造出来的了，尽管他们是在流通过程里实现出来的。假令在资本家的社会里，商品的种类不变，每种商品之中的单位价格不变，我们很可明白的看出，在商品生产的最初的一次流通 $M \rightarrow C$ 的阶段中，m 所代表的生产手段和 c 所代表的消费手段，都是一切种类的商品的件数，他们为一定的 C 所表示。可是经过生产过程之后，商品的种类虽然还是与前一样，可是每种商品的件数均有增加，即由 C 增加为 $C + \Delta C$ 了。因此资本家阶级的总收入也就不只 M 而为 $M + \Delta M$，他们于是便有 ΔM 的净余利益可图了。换句话说，资本家阶级的更多的货币的利益 ΔM，完全系由劳动者阶级在生产过程中推动机器，使用原料和制造更多的成品 ΔC 的活动而来的了。除非我们相信面包可以自由加倍的神话，我们很难得说，ΔM 不是劳动者的剩余劳动时间所结晶而成之 ΔC 的表现了。

　　从成本与价值的关系上说，在资本家的生产过程中，C 的价值恰等于 M，因为买进的价值 C 和卖得的 M 总是相等的。C 可称做 M 资本的实质形态。C 包含两个部份(一)生产工具 m，(二)劳动者的劳动力 c。马克思称第一部份的价值即生产工具的价值 M_1 为不变资本，以小 c 代表他；第二部份的价值，即劳动力的价值 M_2，为可变资本，以小 v 表示他。因为第一部份的资本 c 在生产时期之初所代表的生产手段的件数，在生产时期之末，当着商品的种类不变的场合，完全被社会将他们重新生产出来了。因为他们的件数不变，如果物价不变，他们的价值 M_1，亦当不变。故马克思称他为不变资本。反之，第二部份的资本 V 所代表的劳动时间，在生产时期之初，当为劳动者所消费的消费品在生产时所费的劳动时间。他在生产时期之末，因劳动者努力生产的结果，在每类商品之中，增加了若干的件数。计其所增的总件数为 ΔC。在生产技术不变的场合，ΔC 所代表的劳动时间实为追加的劳动时间。因为劳动者的劳动力的支出将商品 C(包含生产手段和消费手段)增加为 $C + \Delta C$，故资本家阶级在劳动者的劳动力上所投下的资本便将 M 增加为 $M + \Delta M$ 了。因此，马克思称这一部份的资本为可变资本。这系取 v 可使资本的总价值 M 有所变化的意思。马克思称 ΔM 为剩余价值，他用 S 表示他。将资本家阶级的总投资再加上资本家阶级的总剩余，其数学的式子为 $C + V + S$，当然便是在一个生产时期之内所有的商品的总价值了。综括来说,在每一生产时期之末生产物的总价值等于资本家的总投资加上资本家的剩余价值之总和,是即:

$$C + v + S = V$$

因为成品的种类有二;(1)生产的手段,(2)消费的手段,所以,上列这个总公式尚可劈为两个部份:

Ⅰ 生产生产手段的部门

$$c_1 + v_1 + s_1 = V_1$$

Ⅱ 生产消费手段的部门

$$c_2 + v_2 + s_2 = V_2$$

这即是说,在任一生产时期之内,生产生产手段的部门所生产的成品,生产手段,的总价值等于该部门资本家的资本 $c_1 + v_1$ 加上资本家的剩余 s_1。依据同一的理由,生产消费手段的部门所生产的成品,消费手段,的价值,亦等于该部门的资本家的资本 $C_2 + V_1$ 加上资本家的剩余 S_2。这里马克思假定资本家的资本的年龄,最多,只能有一个生产时期之长。

以上述这两个公式作根据,马克思发表了资本的保存和资本的蓄积所需要的条件。前者马克思把他称为单纯的再生产,后者马克思把他称做扩大的再生产。单纯的再生产的意义是指这两个生产部门的需要和供给的关系,恰足以使每一个生产部门的资本和剩余,在相邻的两个生产时期内,维持同样的生产的规模。扩大的再生产的意义是指这两个部门的供给和需要的关系,恰足以使在两个相邻的生产时期内,每一个生产部门的资本,在第二个生产时期的开始,均有增加。

马克思发现单纯的再生产过程所需要的条件有三:(1)假令商品的价格没有变动,因为这两个生产的部门都要维持同样的生产的规模,那末,他们便必须不要消费他们的不变的资本。换句话说,就是第一个部门所生产的生产手段必恰够第一和第二两个部门的再投资之用,因此,

$$C_1 + C_2 = V_1$$

这即是说,第一个生产部门,在生产时期之内,对于生产手段的供给,必恰等于第一和第二个生产部门,为了再投资对于同样的生产手段所发生的需要了。(2)他们所消费的必恰等于他们的所得。这即是说,这两个生产的部门,以其全部的所得所买进的消费手段必恰等于第二个生产部门所生产的消费手段。因此,

$$v_1 + v_2 + s_1 + s_2 = V_2$$

这等于说,第二个部门所生产的消费的手段恰等于这两个部门所需要的同样的消费手段。(3)从上述这两个条件可以引伸出第三个条件:

$$c_2 = V_1 + S_1$$

他的经济的意义是说,如果第一部门,在他所生产的生产手段之中,减去该部门自己在再投资上自己所需要的生产手段而外,所剩下的生产手段的价值,恰等于第二个生产部门,在他所生产的消费手段之中,减去该部门自己所需以作消费的部

份而外所剩下的消费手段的价值。用数字来表示他,即
$$V_1 - c_1 = V_2 - (v_2 + s_2)$$
因
$$V_1 = c_1 + c_2$$
和
$$V_2 = c_2 + v_2 + s_2$$
但
$$V_1 - c_1 = s_1 + v_1$$
和
$$V_2 - (v_2 + s_2) = C_2$$
故
$$c_2 = s_1 + v_1$$

假令这三个条件具备了,那末,在价格和技术的不变的情境下,这两个生产的部门便时时都能维持同样的生产的规模和同样的生活的标准了。

马克思的单纯再生产的学说可以算是人类历史上一种空前的贡献。米拉播(Mirabeau)曾说,人类有史以来有三大发明:(1)文字,(2)货币,(3)重农学派的鼻祖揆内(Quesnay)的经济表[①]。可是马克思单纯再生产的学说实比揆内的经济表要进步。因为揆内的经济表,只足以说明农村社会里的生产品在佃农,地主和小工人和小商人三个阶级之中的生产和流通的过程,但不足以说明在资本家的生产关系里,商品在有产者阶级或整个资本家阶级里和劳动者阶级之间的生产和流通情形。揆内的经济表只说,假令社会上有三个阶级,(一)佃农,(二)地主,(三)小工商业者,并假令佃农一年所生产的农产品为五亿元,成本三亿元,净余两亿元,而佃农即以此两亿元纳于地主而作地租。又假令小工商业者所生产的手工业品其值为两亿元。地主于是以一亿元向小工商业者买进值一亿元的手工生产品小工商业者于是又以一亿元向佃农买进一亿元的粮食。此一亿元之货币于是回入佃农手内。但佃农则有值一万元之粮食入于小工商业者之手,同时小工商业者又有值一万元之手工生产品,入于地主之手。因此,地主在其所收入之地租中便用去了一亿元了,还存有一亿元。他于是又以一亿元向佃农买进粮食。地主于是把他的货币地租通用用出去了。佃农则把他所发出的钱票全部收回来了。此时小工业者还有一亿元的手工生产品要卖出去,恰好农人为了维持同样的生产的规模须要补充农具和其他用具,如犁耙,水车,桌椅……之类,亦恰值一亿元。农人于是以一亿元向小工商业者买进这些东西。此时小工商业者手中的存货于是都卖出了。小工商业者于是再以此一亿元向佃农买进原料。结果,佃农在其所生产的价值五亿元的粮食与原料中除其已卖出的三亿元的粮食与原料而外,只存有值两亿元的粮

---

① Quoted in Wealth of Nations, Book IV, Chap. 9.

食了。可是这两亿元的粮食是他要留着自己用的。到了第二年度佃农又生产出值五亿元的粮食,小工商业者又产出值两亿元的手工生产品。地主再收租,于是社会的生产品又复在地主,佃农和小工商业者之间循环一次。米拉播读了这个经济表后,立即称此为人类有史以来三大发明之一。可是马克思的单纯再生产的学说比较揆内的经济表还要进步。因为揆内的经济表只足以说明在农村社会中,坐食净余的阶级只有地主一个阶级时财富循环的情形。但马克思的单纯再生产的学说,且足以说明当着在这坐食阶级的阵营中,不但只有地主,而且兼有资本家阶级在内时,商品生产与流通的情形。所以马克思的单纯再生产的理论截至马克思时代为止,实为人类有史以来一种破天荒的发明。

可是马克思的最伟大的贡献还不在他的单纯再生产的学说上,而系在他的扩大的再生产的学说上,现在且让我们将他剖析如后。

马克思的扩大的再生产的学说,我们曾说,他即是现代经济学者所常讨论的资本积累的学说。依据马克思的研究,资本积累的条件亦有三个:(1)资本家阶级因欲积累他们的资本或增加他们的投资,他便必须不要消费他们的全部的所得。这就是说,第二个生产部门所生产的消费的手段必须小于这两个生产部门的所得总量的全部,或小于资本家阶级和劳动者阶级的所得的总和。用数学的式子来表示他,就是,

$$V_2 < (v_1 s_1) + (v_2 + s_2)$$

(2)资本家阶级既要增加他们的投资,他们势必也要扩大他们的资本,特别的是增加他们的不变的资本。因此,第一个部门所生产的生产的手段必须要能大于这两个部门所已消耗的生产手段。用数学的式子来表示他,就是

$$v_1 > c_1 + c_2$$

(3)由这两个必要的条件并可推出第三个条件,即

$$C_2 < v_1 + s_1$$

这即是说,第一个生产部门,在其所生产的生产工具之中,除留下一部份来,作为相当的扩充本部门的不变成本 C 而外,所余之生产工具除供第二个生产部门的再投资之外,尚足以供他的净投资之用。假令这三个条件具备了,那末这两个部门的不变资本便扩充了,同时,由这被扩充的不变资本所引起的,应该也要跟着扩充的可变资本,也势必要跟着扩充了。

马克思假定资本家阶级在消费方面所节约的完全等于在投资方面所增加的。换句话说,就是资本家阶级以其所节约之消费品改为不变资本增量和可变资本增量,扩大生产的规模使剩余价值有增加,因之社会所得的全部均有增加。

最可引人注意的,就是马克思这种分析,不但不与近代经济学者相冲突,而且有比近代经济学者的分析更进步的地方。因为近代的经济学者只着眼于这一个命题的重要,即储蓄是减少有效需要的原因。但马克思除了认清这点而外,且着眼于生产生产手段的部门和生产消费的手段的部门的产量的比例。即在第一部门所生

产手段除供第一部门再投资与净投资之用而外，所余以出售于第二部门的生产手段必恰等于第二部门投资的需要，又第二部门所生产的消费手段，除供第二部门消费之外，必恰等于第一个部门的消费的需要。因此他在讨论单纯再生产的时候，总是假定 $c_2 = v_1 + s_1$。设令 $c_2 > v_1 + s_1$，那末，第一个部门如果不欲消费其不变的资本，则在第二个部门必有消费手段生产过剩的危险。反之 $c_2 < v_1 + s_1$，如果第二部门不欲扩充他的不变的资本，则在第一部门势必有生产手段生产过剩的出现。因此，马克思认为欲图资本的圆滑的蓄积，不但需要管理流通或货币，而且需要管理生产。不幸，在资本家的生产制度内，没有一点的生产的活动，除了在战争时期内，是为中央机关所控制而外，一切的活动都由无数的个人，依照自由的意志，独立去决定结果，于是造成现实的经济生活的各种的大动乱。

我们知道，现在世界上所公认为头等的经济学家凯衍斯（J.M.Keyncs）先生在他的一般雇用理论的上面，曾谓马克斯的资本积累的理论系根据于赛依（G.B.Say）的供给创造需要的谬论[②]，而凯衍斯的崇拜者约翰鲁滨孙（John Robinson）不幸也含有同样的见解[③]，实则在马克斯的资本积累的学说内绝无供给创造需要的假定。最可令人惊异的一件事，就是凯衍斯的最主要的基本的概念，如（1）总供给价格，（2）所得（3）消费，（4）净储蓄与净投资等等，都可从马克思的资本积累的公式中推演而得，反之，马克思的最主要的基本概念，如（1）生产品的总价值，（2）收益，（3）消费，（4）净投资等等，我们只须将凯衍斯先生的公式中的代数符号换成马克思公式中的代数符号，即可发现两人所用的不同的符号，原来系指同一的事情。例如凯衍斯说，总供给价格（包含使用者的成本和辅助的成本）等于因素价格加利润加使用者的成本，加辅助的成本，其公式为

$$A = F + P + U + W$$

而马克思的生产品的总价值等于不变资本加可变资本加剩余价值，其公式为

$$V = c + v + s$$

因为生产因素的价格加利润等于可变资本或工资加剩余价值，二者均同等于工资利息，地租和利润之总和，即

$$F + P = v + s = W + i + r + p$$

同时，凯衍斯的使用者的成本加利润复等于马克思的不变的资本，据此，则是凯衍斯的总供给价格与马克思的生产品的总价值完全是名异而实同的事情了。

把所得和收益来说，依据凯衍斯对于所得所下的定义，所得等于总供给的价格减使用者的成本，减辅助的成本，其公式为

$$Y = A - U - W$$

依据马克思对于收益所给的定义，收益等于生产的总价值，减去不变的资本，

---

② General Theory of Employment, Money and Interest, Chap. 23, p. 355.
③ Essays on the General Theory of Employment, pp. 246—255.

其公式为
$$R = V - C$$
因为
$$A - U - W = F + P$$
而
$$V - c = F + P$$
故
$$A - U - W = V - c$$
因此凯衍斯的所得,亦即马克思的收益了。

把消费来说,凯衍斯说,消费等于总供给价格减投资,其公式为
$$C = A - A_1$$
马克思说,消费等于生产品的总价值减去不变的资本(旧和新)其公式为
$$C = V - (c + \Delta c)$$
因为
$$A - A1 = V - (c + \Delta c)$$
因此,凯衍斯的消费与马克思的为同义。

把净储蓄和净投资来说,凯衍斯的净储蓄等于所得减去消费,其公式为
$$S = Y - C$$
亦即等于净投资,其公式为
$$S = Y - C = (A - A1 + \Delta I) - (A - A_1) = \Delta I$$
很明白的我们可以看出凯衍斯的 ΔI 即马克思的 ΔC 了。

马克思根据这些基本的概念,认为在资本家的生产过程中,供给和需要的不适的情形可以从窖藏 C(hoarding)而来。窖藏的意义是说一个人只有卖而无买的行为。例如在生产生产手段的部门内,有 $V - c$ 的生产工具卖给第二生产消费手段的部门了,而在消费品的部门内,则有 $v_2 - (v_2 + s_2)$ 的消费品要售给生产品的部门。可是假令生产手段的部门,因要储蓄货币,卖出之后不予买进,则第二生产部门的消费品市场便将丧失全部或一部了。依据同样的理由,假如生产消费手段的部门将消费手段出卖与生产生产手段部门之后,不予买进,或只买进一部份,则是第一部门的生产手段市场须将丧失全部或一部了。故马克思认为窖藏是引起衰败的一个重要的因素。凯衍斯则认为储蓄的行为与投资的减少,是减少有效需要的因素。依据凯衍斯的意思,储蓄即为出卖商品和役务的人只出卖他们的商品和役务,而不以之买进消费品。投资的减少系指同样的人他不以买进生产的手段。因之,马克思对于窖藏所发生的恶影响,实与凯衍斯先生的见解相同。除了窖藏之外,上文曾经说过,马克思复认为在资本家的生产制度之内,供给和需要不相投合的情形,亦可以由在各个生产部门之间,缺乏适当的比例而来,这点凯衍斯不曾充分注意到,乃是不可讳言的事情了。因仔细分析这些问题,实不在本文所欲讨论的范围之内,

故亦不欲详究。这里所着重的,只是凯衍斯在二十世纪的初年方才知道的东西,马克思远在半世纪以前便知道了。由此说来,在某种意义之内,马克思和凯衍斯先生均可毫无疑义的呼为"革命的"经济学家(这里所用的革命一词,系采凯衍斯的意思),不幸,凯衍斯因为没有细读马克思的资本论,他非但不肯许他在经济学上伟大的贡献,反而厚诬他为庸俗的经济学家,如赛依(J. B. Say)一流,这确是冤枉了马克思了。

最足以暴露批评者的偏见和无知的当推英国牛津大学已故经济学教授厄治卫司(F. Y. Edgeworth),他说:

尼古尔森教授(Shield Nicholson)说,他越读马克思越觉失望和难过。马克思的价值的学说,不但不是一种进步,且是一种退步。他忽略了现代的经济学家所阐明的需要的力量。又马克思虽然好像是首先在经济学上使用数学的人,我们知道在经济学上使用数学是现代经济学者所癖爱的。但在资本论上所使用的数学只足以与小说书上用以表示海盗所秘藏的金银地图和航海图为伍。把马克思所用的代数和顾尔诺(Cournot)所用的代数比较起来正如海盗森和海军大将所用的地图的不同。尼古尔教授对于马克思的工资,利润和资本积累等学说的透澈批评,充分指明了马克思的独创都是错的。同样的透澈与严厉的批评也用在马克思的最重要的弟子列宁(Lenin)之上。列宁和马克思的弟子们对于他们的大师的学说发生各种不同的解释。这应该能表示马克思是连最低限度的一致性也没有的了。④

可是现在我们知道,这些为厄治卫司所指斥的代数的式子,如我们上面所引证,不但尽包含了凯衍斯的主要的学说,而且在有几点上尚超过他们,这足表示尼古尔森和厄治卫司对于马克思的评判都不足以负起评判的任务了。

以上只说,马克思的资本保持和积累的学说,是即马克思的单纯再生产和扩大再生产的学说了。马克思这些学说不幸被埋没了。直到凯衍斯先生的一般雇用理论出版后,他们始显现出他们的精深和博大。⑤

在资本家的生产过程中,不断的经过繁荣和衰败的波动。安静的时期是很短的。在繁荣的时期里面,资本固然有庞大的积累,此时马克思的关于资本积累的分析固足以说明社会的繁荣所必须具备的条件。可是,在衰败的时期之中,资本确是不但不在往上增加且在往下减少。工厂关门,银行破产,交易所停业,土地荒废,资产跌价,商品烧毁,工人失业无一不表示资本的减少或消费。但关于资本的减少或消费所须具备的条件是什么呢?这些条件马克思虽然没有明言,但已包含在他对资本积累的分析内。因为资本积累的负的方面便是资本减少的条件了。现在让我们把他们演明出来如后。

---

④ Edg worth, Papers Relating to Political Economy, Vol, III. pp. 273—275.

⑤ 参看拙作 Keynes and Marx on the Theor of Capital Accumulation. Money and Interest, *Review of Economic Studies*, Lemdon, Oct. 1939.

（1）社会既须消费他们的资本,那末,他们所消费的物品,必要大于他们的所得,因此消费品部门的生产品的价值便必大于两个部门的所得。用数学的式子来表示他,便是

$$V_2 > v_1 + v_2 + s_1 + s_2$$

（2）社会既须消费他们的资本了,那末,第一个生产部门所生产的生产手段势必小于两部门所已消耗的生产手段,因此,

$$V_1 < c_1 + c_2$$

由此两个条件,更可推出第三个条件,即第二个部门所已消耗的不变资本,必要大于第一个部门的所得,否则第一个部门不能消费他们的资本,同时,第二个部门亦不能增加他们所生产的消费手段的产量了。因此,

$$c_1 > v_1 + s_1$$

由此可知,资本消费的三条件恰与资本积累的三条件立在正相反对的地位。前者且已包含在后者之中。换句话说,这三个条件并非作者什么新创见,至多不过是把马克思书中所含蓄而未发的三命题,将他们说得更明白些就是了。

可是,在马克思的整个体系之内这个补充是必需的。因为假如没有这个补充好像马克思的资本蓄积的理论只足以分析资本积累的长期趋势。有了这个补充以后,则马克思的资本蓄积的理论,不但可以用以说明资本积累的长期的趋势而且可以用来说明经济的循环了。虽然,近来也有人想依照马克思的分析作出一种经济循环的学说,但除非将马克思所失却了的资本消费的这一环重新发现出来,加添在马克思学说的系统内,任何形式的关于马克思的经济循环学说的解释,恐怕终将是徒劳而无功的。但因本文的目的不在说明经济的循环的学说,所以这里便可不必细讲了。

上文曾经说过,本文的最后的目的,在将资本的保持,积累和消费所需要的各条件,加以一般的综合,以图发现社会所得变迁的函数。实则这个最后的工作乃是最容易实践的工作,因为社会所得变迁的函数,在上述的资本的再生产各类条件之下,乃是必然要产出的一种结论。

把资本的保持来说,我们知道,他所需要的主要条件有二:（一）生产消费手段部门所生产的消费手段的价值恰等于社会的全部的所得,是即 $v_1 + v_2 + s_1 + s_2 = V_2$。又（二）生产生产手段的生产部门内所生产的生产手段恰足以填补社会在本生产年度之中所消耗的不变资本是即 $V_1 = c_1 + c_2$ 了。因为这个条件的主要意义是说,社会消费其全部的所得,所以社会便莫法增加他们的资本 $v_1 + v_2 + s_1 + s_2$ 了。这即是说,生产生产手段的部门和生产消费手段的部门的投资总额均无增加和减少。也就是说,前一个部门对后一个部门的投资比率,均无增损的可能。假令其他条件相同,我们实无理由相信社会的全部的所得会起变动。用数学的式子来表示他,就是

$$\Delta R = 0 \quad \text{如果} \quad \Delta \frac{k_1}{k_2} = 0$$

这里

$$\Delta R = \Delta v_1 + \Delta v_2 + \Delta s_1 + \Delta s_2, \quad k_1 = c_1 + v_1, \quad k_2 = c_2 + v_2$$

ΔR 系表示所得的增景之意。K_1 系表示第一个部门的投资总额,又 K_2 系表示第二个部门的投资总额之意。

在资本积累的场合,我们有 $V_1 > c_1 + c_2$ 和 $V_2 < v_1 + v_2 + s_1 + s_2$ 的两个代数的公式。依据上文所述,这两个公式的主要意义是说,因为社会要增加他们投资,他们不能消费其全部的所得。为了要达到这个目的,他们首先要增加他们的不变的资本或生产手段。这即是说,第一个生产的部门,即生产生产手段的部门的资本家,假令劳动者消费其所得的全部,先要节省消费,增加投资,先要以他们的消费的手段变为生产的手段和工人的工资,即由 $c_1 + v_1$ 增为 $c_1 + v_1 + \Delta c_1 + \Delta v_1$ 而使该部门的生产的手段由 v_1 增为 $v_1 + \Delta v_1$。这里 $\Delta v_1 = \Delta c_1 + \Delta v_1 + \Delta s_1$ 乃是一种容易明白的事情了。这就是说,生产生产手段的部门的投资先有增加。可是,在生产消费手段的生产部门内的投资总额在生产手段的产量尚未增加之时,依照我们的假定,是没有理由扩充他们的不变资本的因为他没有更多的生产手段来扩充呀!不变资本既然没有增加当然可变资本的部份亦须保持不变了。这里我们假定不变资本和可变资本的比例是一定的。等到第一个生产部门的生产手段增加了,如 $V_1 > c_1 + c_2$ 当然第二个部门亦可以扩大他的投资了。因为第二个部门的资本家,尽管此时他们的所得没有增加,但他们依然可以扩大他们的投资,原因是由他们可以缩减他们的消费。这点上文已说过了,现在不必重述了。两个部门的投资既然均有增加,比之投资没有增加时当然所得,要较大的。但这点我们必须注意,即两个部门的投资总额均有增加之时,社会的所得,虽比资本没有增加,徒然维持不变的场合为大,但不必比只是第一个部门的投资总额有增加,第二个部门没有增加之时更大,因为在生产手段的生产部门的投资总额增加之时,工资在总投资中所占的绝对数量加上第一个部门的剩余价值增量,可比在投资总额于两部门均有增加之时,两部门的工资的增量再加上两部门的剩余价值的增量之总和为大。这是由于不变的资本有节省劳力增加失业的功用之故。可是当着第一部门的总投资增加的速度永远比较第二个部门的投资增加的速度较大之时,则社会的所得必然继续增加无疑。用数学的符号来表示他,即

$$\Delta R > 0 \quad \text{如果} \quad \Delta \left(\frac{k_1}{k_2} \right) > 0$$

资本一经扩大,而且将生产工具建造完毕之后,纵令社会消费其全部的所得,依照上文的假定,此时社会所得的平面,依照比较资本未经扩大之时为高,而且永远保持不动。海叶克(Hayek)教授在他的物价和生产(prices and production)里曾说,假如素行节约的资本家惯常以百分之五〇的所得来投资百分之五〇来消费,致

使资本家的生产由比较直接的生产变为比较更迂回的生产,现在假令他们忽然转而消费其全部的所得,那末,这个比较更迂回的资本家的生产制度便当由繁荣转为衰败,因为建筑在一半所得储蓄,一半所得消费的基础上的生产制度,将不能在没有储蓄只有消费的所得分配上继续维持。他的这种假定当也有其部份的理由。设使新的生产工具的建造为两年,在这建造期中,所需利用的投资恰值资本家阶级全部所得的百分之五〇,可是资本家阶级,在第一年虽然储蓄了百分之五〇,但第二年他却不愿储蓄了,结果遂使这些一半完成的生产工具归于无用,故资本家的生产状态必将由繁荣入于衰败。可是,假如新的生产工具的建造只需一年完成,那末,在第二个生产年度之内,资本家阶级纵令消费所得的全部,当然亦无妨害,只要他们所消费的不是资本而是所得便罢。由此,可知资本不经扩大则已,资本一经扩大而且建造完毕之后,纵令资本家阶级消费其所得的全部,他们的所得的平面依然须比资本未经扩大之时为高,他至多就是使资本没有增加而已。即此可见,我们的分析可补海叶克教授的不足了。

在资本减少或消费的场合,我们知道 $V_1 < c_1 + c_2$ 和 $V_2 > v_1 + v_2 + s_1 + s_2$。这两公式表示在技术和物价不变的场合,消费手段比较生产手段更快。也就是说,在消费手段的生产部门里投资的总额的增量比较在生产手段的生产部门里投资总额的增量为大。在消费手段的生产部门内投资总额的增加过程可以分为三个时期来说明:(1)生产生产手段的部门的资本家首先开始消费他们的资本。他们先以他们的不变资本的一部份出售于生产消费手段的部门,同时生产消费手段的部门的资本家则以节省下来的消费的手段的一部份向前者买进不变资本,而以之作为本部门所新增的不变资本,又以一部份来作为新雇入工人的工资,结果,第一部门的资本家的消费便大于他们的全部的所得了。(2)第二个生产部门于是得以扩大该部门自己的投资,致使该部的工人的工资总额和剩余价值总额用消费品来计算均有增加,因此,第二部门的资本家的消费均有增加。(3)直到第一部门的资本家将其资本通通消费完毕之后,第二个部门的资本家不复再作再投资的打算时,社会资本的消费便达到了百分之百的程度了。可是,当资本继续减少之时,社会所得继续下落是很容易明白的。我们知道,社会所得的增加,在技术和物价不变之时,是正比例于 $k_1 k_2$ 的比率的增加的,今 K_1/K_2 的比率既然继续往下低落,此时社会的所得当然要继续往下减少了。减少到了一定程度之后,纵令资本家停止消费他们的资本,而使社会的所得总额滞而不动,但此时被保持的社会所得的平面已经要比资本未减少的所得平面为低了。用数学的式子来表示他,就是

$$\Delta R < 0 \quad \text{如果} \quad \Delta\left(\frac{k_1}{k_2}\right) < 0$$

知道了社会所得的减少系由 k_1/k_2 的减少而后,则知凯衍斯的消费的理论,实有未尽恰当之处。因为凯衍斯在他的一般雇用理论之中,力言消费倾向的增加可以引起社会所得的增加。他并且说,在产业衰败之际增加消费与增加投资当有同

样的复兴产业的功用。可是依照我们的分析假令社会的消费倾向的增加至于使此 k_1/k_2 的比率变小时,社会的所得总额将必非但不能往上增加,而且还要往下降低,所谓产业的衰败即是社会所得降低之意。社会的所得既已随着 k_1/k_2 的比率的减低而减少了,假令此时再增加消费的倾向,使此 k_1/k_2 的比率变得更小,这等于劝令被火焚烧的居民,在这燎原大火之时,各向民房加泼汽油,非但不能救火,而且还要扩大火的燃烧烈焰的范围和浓度一般。

社会所得的变迁既然随着 k_1/k_2 为转移,故 k_2/k_1 这比例构成社会所得变迁的函数。用数学的式子来表示他,是即

$$\Delta R = f(k_1/k_2)$$

这个函数的发现,或者尚可使我们作出一种马克思派的经济循环的理论。

评马克思和凯衍斯的资本蓄积,货币和利息的理论*①

樊 弘

本文系由英文写成,曾在伦敦《经济研究季刊》一九三九年十月号发表。顷因我国人士中研究凯衍斯和马克思之兴味与日俱增,特劳吕淑美同学代为译成中文,以备国人参考批评。对于吕君,并致谢忱。

凯衍斯在批评古典经济学派的学说的时候,他的主要的见解均与马克思的相一致。本篇的目的即在以凯衍斯的学说作帮助,去重新考察一下马克思资本论二卷三卷中关于资本蓄积和利息率的理论。

I 资本的生产和蓄积

马克思对资本家的生产一名词所给予之定义是这样:即财产所有者以货币形态投出他们的资产,其唯一之目的即在更以货币形态收回他们,此外加上盈余。马克思用下边的图解去表示资本生产的标准形式:——

$$M \to C \begin{Bmatrix} m \\ L \end{Bmatrix} \cdots P \cdot C \quad 或 \quad \begin{Bmatrix} c \\ + \to M' \\ \Delta c \end{Bmatrix} \quad 或 \quad \begin{Bmatrix} M \\ + \\ \Delta M \end{Bmatrix}$$

意即资本的生产包括三个阶段:(1) $M \to C$,将货币的资本转换成生产要素的形态——生产工具 m 和劳动力 L;(2) P 指生产的活动,即以劳动力创造新的效用的活动;(3) $c' \to M'$,是将新创造出的效用再变为货币形态,意即以获利的价格出售已制成的商品。在这三个阶段之中,最初的阶段和最后的阶段,$M \to c$ 和 $c' \to M'$,属于商品流通的范围,中间的阶段 P,属于生产的范围。

马克思之意在使此公式指出资本家阶级所获得的更多的收入 ΔM 的泉源。许多经济学家都以为 ΔM 是在流通过程 $c \to M$ 中创造出来的,即由于买贱和卖贵所创造出来的,马克思反对此种看法,他的理由是一个人固然可由贵卖而得到剩余,但

---

* 本文原载于《复旦学报》,1947年第3期,第497—511页。

① 我很感谢 Maurice Dobb 先生不断的督促和忠告,Michael Kalecki 博士的鼓励和批评。以及 H. S. Furns 先生和 Enian Tew,他们一个把全文看过,一个看了后一部份,都给我以不少的帮助。但对此处的错误和我新发表的意见,与他们无关。我的研究工作是在中华教育文化基金的当研究员时完成的,并此对于基金曾表示谢意。

另外一个人由于贵买的缘故,便有了损失,因此,在竞争状态下假如成品的价格业已达于稳定的状态,仅凭交易的活动,绝不能由 M 中创造 ΔM 出来。很显然的,ΔM 尽管实现在流通过程中,但它却被劳动力在生产过程中早以 Δc 的形态首先创造出来了。换句话说,在生产力和工资的一定比例下,ΔM 是现在劳动力的支出的函数。

从成本与价值的关系上说,在生产过程中,c 代表资本总值 M,c 包含两个部分:一部分是在生产当中被投资为生产工具的货币资本,而另一部份是那被投资为劳动力的货币资本即工资。马克思称第一部分为不变资本,以 c 代表。第二部份为可变资本,以 V 代表。因为 M 随劳动力 L 的支出而变动,故称为"工资资本"。这 Δc 的价值 ΔM,马克思叫他作剩余价值,以 s 代表,是资本家阶级的收入的唯一泉源。因此,成品 c 或 $c+\Delta c$ 的总值 M 或 $M+\Delta M$ 或 $c+v+s$ 马克思称为等待出售的成品的总值,而以 V 代表它。因为成品的总类有二:生产的手段和消费的手段,所以马克思用两个公式来表示他们:

（Ⅰ）生产手段的部门
$$c_1 + v_1 + s_1 = V_1 \tag{1}$$
（Ⅱ）消费手段的部门
$$c_2 + v_2 + s_2 = V_2 \tag{2}$$

为便于分析起见,马克思把资本家的生产作成两模型:(1) 单纯的再生产,和(2) 扩大的再生产。在单纯的再生产中,两个生产部门的调整在使每一个再生产时期的开始,生产规模不变。而扩大的再生产是指两个部门间的关系调整使得在每一个再生产时期之初,生产规模增加。"扩大的生产"即马克思所称为资本蓄积的过程了。

马克思以为单纯的再生产需要三个条件:

(a) 第一部门所生产的生产手段必恰够两个部门的再投资之用,即
$$c_1 + c_2 = V_1 \tag{3}$$

(b) 第二部门所生产的消费品总值必恰等于两个部门所需要的消费品的总值,即
$$(v_1 + v_2) + (s_1 + s_2) = V_2 \tag{4}$$

(c) 从上述两个必需条件,我们可以引申出第三个条件,这即是说:每一个生产部门在其所生产的成品中减去其所需要的成品外,所剩下之成品必需能够以之卖给另一部门；即
$$C_2 = v_1 + s_1 \tag{5}$$

或,更直接的:
因
$$v - c_1 = C_2 \tag{3}$$
和

$$V_2 - (v_2 + s_2) = v_1 + s_1 \tag{4}$$

但

$$V_1 - c_1 = v_1 + s_1 \tag{1}$$

故

$$C_2 = v_1 + s_1 \tag{5}$$

资本积累有三个条件：

（a）资本家既欲增加他们的投资，当然不能消费他们的全部所得。因此，

$$V_2 < (v_1 + s_1) + (v_2 + s_2) \tag{6}$$

（b）第一部门所生产的生产手段的总值应大于两个部门为再投资所需要的生产手段之总额；就是

$$V_1 > c_1 + c_2 \tag{7}$$

（c）由以上两个公式我们得出第三个

$$C_2 < v_1 + s_1 \tag{8}$$

他的经济的意义是说，第一部门所生产的生产手段总额和保留为扩充本部之用的部分必须大于第二部门为再投资之用所需要的生产手段。

马克思在此处假定资本家在消费方面所节约的将等于在投资方面所增加的；因此以货币形态来代表的货物供求总量就会平衡了。读者最好参考马克思资本论第二卷的最后两章。

这两种再生产的简单的模型含着两种基本的条件。第一个是，凡须以维持圆滑的再生产的一切的商品均依一定的比例生产出来。例如，在单纯再生产的场合下，$V_1 + S_1 = C_2$，是为社会的中央计划机关为使供求相等所必须满足的条件。如果因生产时缺少某种的计划，使得 $V_1 + S_1 > C_2$，那么第一部门的生产手段便必有生产过剩现象，同时第二部门亦必相应的对于生产手段的有效需求发生不足的现象了。如果 $V_1 + S_1 < C_2$，便有相反的现象发生。在扩大再生产中，生产的调整必须使 $C_2 + \Delta C_2 = V_1 - (c_1 + \Delta c_1)$。如果这个条件没有达到，那末供求之间的失调亦是不可避免的。第二条件是这样，即凡依照一定比例所生产出来的商品均必照着他们的价值，互相有交换的可能性。此点包括流通过程的调整。换句话说，由卖而来的货币必须等于在同一时期内为了再行买进而所支付的货币。假定在扩大生产中这个必需的条件 $C_2 < v_1 + s_1$ 之数为 ΔS 已经达到了。但如第一部门虽然已由第二部门买进了消费手段，可是第二部门因为窖藏货币之故，不能由第一部门买进 ΔS 的生产工具。结果必定会引起第一部门的生产手段的生产过剩，不管在生产过程中两个部门的关系多么正确。在资本家的生产制度内，马克思以为："没有一点的生产活动依照社会计划，一切的活动都由无限个别的资本家的所基以决定营业政策的无限不同环境，手段，等等决定。""难怪若干的庞大的动乱，或由生产过剩，或由窖

藏或由储蓄的增加,会将周期的或断续的产生。"②

凯衍斯的有效需求的理论有好几点与马克思的关于流通过程的分析相合。凯衍斯以为企业家利润的获得须有适当的有效需求存在。暂将那个由于资本工具的耗损而所造成的成本的问题置而不论,根据凯衍斯的意见,总供给的价格包含两种因素:一个是因素成本,F,而另一个是企业家的利润 P。在另一方面,有效需求 D 也包含两种因素,一个是社会用于消费的数目 C,一个是社会用于新投资的数量,I。用符号代表之,如果 $Z = F + P, D = I + c$,欲使 $Z = D$ 必须 $F + P = I + C$。已知 I:如果 $C < (F + P) - I$,那么 $D < Z$。意谓资本家此时由于消费品的需求的缺乏,必将遭受金钱的损失。显然的,凯衍斯的总供给价格倘将使用者的成本和辅助的成本包含在内,它和马克思的生产的总价值是一回事。由以下的观点可以看出两种理论的其他相同点:

1. 凯衍斯的总供给价格和马克思的生产品的总价值。根据凯衍斯,总供给价格(包括使用者的成本和辅助的成本)等于因素成本加利润加使用者的成本加辅助者的成本,其公式为 $A = F + P + U + W$。根据马克思,生产品的总价值等于不变资本加可变资本加剩余价值,其公式为 $V = C + v + s$,因为 $F + P = v + s = w_1 + r + i + p (w. r. i$ 和 p 代表工资,地租,利息和利润)和 $c = u + w$,所以凯衍斯的 A 等于马克思的 V。

2. 所得和收益。根据凯衍斯,所得等于总供给价格(包括使用者的成本和辅助成本)减使用者的成本,减辅助的成本,其公式为 $Y = A - U - W$。根据马克思,收益等于生产的总价值减去不变的资本,其公式为 $R = V - c$,而 $A - U - W = F + P = V - c = v + s$,所以凯衍斯的所得就是马克思的收益,亦即 $Y = R$。

3. 投资和生产手段的总买价。凯衍斯说投资是企业家之间的销货总量。其公式为 $I = U + W + \Delta I = A$,马克思说生产手段的总买价包括旧的不变资本加上现时的增添的不变资本,以符号代表之即 $c + \Delta c$,两者的相同处是显然的。凯衍斯的净投资等于企业家之间的销货总量减使用者的成本减辅助的成本,其公式为 $I = A_1 U - W$;同时马克思的生产手段的总买价的增量等于生产手段的总买价与用作再投资用的生产手段的总买价间的差额,其公式为 $\Delta c = (c + \Delta c) - c$;因此 ΔI 与 Δc 是相同的。

4. 消费。凯衍斯说消费等于总供给价格减投资,其公式为 $c = A - A_1$。马克思说消费等于生产品的总价值减不变资本,(旧和新),其公式为 $c = V - (c + \Delta c)$。因为 $A - A_1 V - (c + \Delta c)$,所以凯衍斯的消费与马克思的同意。

5. 再论所得和收益。凯衍斯的"所得"等于消费加净投资,其公式为 $Y = A - A_1 + \Delta I$。马克思的收益等于消费加生产手段的净购买量,其公式为 $R = [(v + \Delta v) + (s - \Delta s)] + \Delta c$;因此凯衍斯的所得 $A - A_1 + \Delta I =$ 马克思的收益 $(V + \Delta V) + (S - $

---

② 《资本论》第二卷第八章一九六页。

$\Delta S) + \Delta c$,这里 $\Delta s = \Delta c$。

6. 净储蓄和净投资。凯衍斯的净储蓄等于所得减消费亦即等于净投资,其公式为 $S = Y - C = (A - A_1 + \Delta I) - (A - A_1) = \Delta I$。显然的凯衍斯的"$\Delta s$"等于马克思的"$\Delta c$",生产手段的总买价的增量代表所得和消费的差额。

由上述种种,可以知道这个由于流通过程的缺少计划所引起的有效需求的缺乏,可以用凯衍斯或马克思任何一人的分析来加以清晰之解释。然而马克思所常常加重的那个由于生产过程的缺少计划所引起的有效需求的缺乏,凯衍斯并不论及。但是凯衍斯还说马克思资本论的理论是接受而非反驳古典学派的臆说[③],又罗滨森夫人也说马克思的理论的根据是赛恩的供给创造需求的定律[④]。这两种说法都是不健全的,因为马克思的资本蓄积理论不但与赛恩的定律不同,而且是与他正相反对的。马克思说供给可与需求相符合,只有依据上述那些必要条件由社会的中央机关来控制货物的生产与流通。不幸在资本社会中,管理生产与流通是不可能的;所以他说在资本主义中,需求常有小于供给的趋向,而资本家阶级的主要动机是扩大他们的财富而非享乐,所以他们不会消费他们整个的所得,因为这与他们的本性不符合。因此这个阶级所负的责任是这样,即不但要创造一种准备基金,以预防价格的变动,和使他们能等候市场的良机到来再作买卖,并且还要蓄积资本,"旨在扩大他们的生产和增加他们将来的剩余价值的掠夺"。[⑤]

很显然的,马克思充分认清了在资本家的生产里,供给永不会创造它自己的需求如像赛恩所假定的。

马克思并且以为资本家的生产的矛盾,并不限于生产各部门间在生产过程或流通过程中的失调如像其他学者所云。马克思更郑重声明当资本蓄积进行中,这种矛盾还会显现而为一般利润下落的趋势。马克思这里亦是使用他的主要的公式 $C + v + s = V$ 作帮助,试假设生产在边际土地上进行而在 S 之中减去地租,那么 S 代表包括利息的利润了。而 $\frac{s}{(c+v)}$ 便是代表利润率。我们已经知道 S 单独的受 V 影响而决定,由于资本蓄积之结果,C 的增加较 V 为快,利润率必定降低。凯衍斯的理论中也有利率降低的趋向,他说随着资本增加,资本的边际的效率逐渐降低。依凯衍斯的看法,资本边际效用低减的趋势之发生,一部分是因为同类的资本的供给增加则每类资本的未来的收益必然减少;一部分是因为生产资本财的便利减低则供给价格增高。因此凯衍斯的理论的正确性须视下述两个要件之能否存在为转移:(1)资本物的种类有固定之数目,(2)资本物的供给曲线呈现增长之趋势。

然而我们必须注意,马克思对资本积累之分析也有牠本身的缺陷。在他集中

[③] 《一般雇佣货币利息理论》,廿三章卅五五页。
[④] 《一般雇佣理论》,二四六——二五五页。
[⑤] 马克思指出"在窖藏继续形成之期间,资本家的需求不会增加";当工人储蓄起一部分工资,他就把牠当作窖藏而不行使购买的作用。

全力所擅立的单由两个阶级所组成的封锁经济的分析中,马克思曾达到这样的一个结论,即在资本主义社会里,资本累积的限度不能超过资本家阶级和工人阶级在生产手段和消费手段方面的支出。马克思只附带地提到了资本家在国外的投资特别是在生产力无大发展的殖民地上的投资,具有提高平均利率的可能性。在这一点上,列宁引申了马克思对于国外投资的分析,他说一个被包围在非资本主义和没有发展的资本主义国家当中的资本主义社会,可能用输出资本的方法扩张他的利润(以及他的资本的累积)至于超过它的本身的总需要。高度发展的资本主义社会,由于储蓄,窖藏或生产手段的过剩,痛感国内市场的缺乏,和一般利润率的降低,只要资本主义存在一天,对于资本的输出简直看成一个生和死的问题⑥。对于此一问题凯衍斯与列宁有差不多相同之见解。他以为从资本主义社会的立足点来自看,"外国的支出的余额"可以当作本国的净投资的增加。像列宁一样,他主张资本的输出可正确地解释作"外国支出的余额"。意谓用货币来计算有形和无形的货物的出超。由此言之,经济学的将来大部份地要看我们是否能将马克思、列宁、凯衍斯诸人所贡献的关于资本输出的知识加以推进,而使我们能够更进一步的了解由资本输出的方法和由于资本在输出时所采的形态在资本的输出国和输入国二者的各阶层中的感情思想与行为上所发生的各种错综复杂的作用。

II 货币和利息率

到此为止,我们只谈及有效需求和资本的圆滑的蓄积的关系。但马克思的研究工作还包括了货币利率和金融的危机;我们可以说马克思是讨论工业利润和利息率的敌对关系的第一个人,对于这个敌对的关系凯衍斯在他的一般雇佣理论中亦曾提及。最有趣的一点,即凯衍斯对于一九二五年银行条例的批评。恰与马克思对一八四四年条例的批评其内容完全相同。凯衍斯攻击一九二五年条例中不应规定"一亿二千万镑的黄金来作三亿八千七百万镑的银行钞票和其他的流通钞票的准备金"这一项。理由是"一二〇百万镑除作此用之外别无丝毫用处;且为了遵照金本位的各种规定而缩减信用,实在要使恐慌更加严重"。根据同样的理由马克思以为一八四四年的条例把英兰银行分成发行部和营业部,而对纸币之发行,为了严格管理起见,必须与金准备保持一定比例,亦忽略了这样的规定可以加增恐慌的严惩性。⑦

根据马克思,照英格尔斯(Engels)的解释,"银行分为两部剥夺了银行在危急时期充分利用他的所有的款项的可能性,因之可能发生此种情形,即在营业部门快要破产时,发行部门仍然保有几百万镑的黄金和未动过的一千四百万镑的债券。

---

⑥ 列宁,《帝国主义》。
⑦ 英译《资本论》三卷,卅四章六五一——六五二页,卅三章六〇六——六〇七页。

几乎在每次恐慌中都有一个时候黄金大量流出国外,内中的大部均须由银行的金准备来作弥补,特别是在这个时候此种情形极易发生。因每有五镑黄金流出国外,国内的流通便被剥削了一张五镑纸币,因此当大量通货被需求时,通货的数量反倒减少了。一八四四年的银行条例就这样地直接向商界提出警告,逼迫他们在恐慌的前夕都要预先储存银行的钞票来作准备金;这样一来便引起了商界对于货币便利的需求,即对支付手段的需求的不自然的紧张状态,同时又缩减了货币便利的供给,而且这供给的减少又恰发生在万分危急时刻,于是此银行条例便将利息率提高到空前未有的高度;因此它不但不能避免恐慌,反倒加重了恐慌到一点上,使商界与银行二者内中必有一个要碎成片片"。为了这种理由,马克思痛斥一八四四年的银行条例为奥佛斯顿(Overstone)爵士的狂谬政策,而正如凯衍斯痛斥一九二五年的银行条例为邱吉尔的"健全的"政策一样。

让我们看一看马克思的批评的理论基础。这时的第一个问题是:利息率是否即节省或节制的报酬? 马克思的答案是反面的。他有两个理由反对西尼尔(Nassau W. Senior)的资本节制理论。其一与凯衍斯批评马歇尔及其同时代的人的节制理论所说的相同,其一虽不包括在凯衍斯的理论中,然亦是辅助的而非相抵触的。照马克思的观点 储蓄或节省的单纯行动,不管是窖藏货币或窖藏货物,都不能创造利息,因为窖藏货币的结果"使货币不再流通,同时本身亦不能扩展为资本,而窖藏货物的累积只是一种愚行"⑧。因此,他在讨论利息时加上去说:"当一个资本家把货币资本存放在自己手中时,他得不到什么利息,他不能代替资本的功用;当货币资本能够获致利息并且作为资本之用时,必不在资本家手中。"⑨这一套话可与凯衍斯讨论到此点时所说的话相比较:"利息不能是储蓄或等待的报酬。因为当一个人以纸币之形态窖藏他的储蓄时,他得不到利息,虽然他的储蓄与以前相同。"⑩马克思的第二个理由是节制的理论不合逻辑,因为"普通的经济学家都丝毫没有反想到人类的每一件活动都是它的相反的活动的一种节制。吃是不食的节制,走是不走的节制,工作是休息的节制,休息是工作的节制。这些先生们最好去玩味斯宾诺赛的'决定即是否认'的名句。"为了这两种理由,马克思完全不赞成西尼尔的节制理论:利息只是储蓄或节约的报酬。

于是第二个问题发生了。如果马克思所说属实,利息率不是储蓄的报酬,那么从马克思的观点来说,利息率究为何物的报酬? 根据马克思,只要货币的社会功用解决了,此问题亦将随刃而解。承认了货币是价值的标准,马克思指出尚有其他三点功用:(1)购买的手段,(2)支付手段,(3)窖藏的手段。如果在流通范围内 $c-M-c$(销售之后紧跟着购买)货物与货币必须在同时相遇,此时货币即是作为购买

---

⑧ 英译本(Dona Jorr 编)《资本论》一卷第二部第七章五九九页。
⑨ 英译《资本论》三卷廿三章四三五页。
⑩ 《一般雇佣货币利息理论》,十三章一六七页。

手段而流通。但是如果在交换的两极,一边是货物,另一边不是货币而是信用或汇票的话,此时的货币不再是购买的手段,是支付的手段了。在这种情形下,除非合同到了期,货币本身不会在流通过程里出现的。因此在市场中,当资本家间的货物与资本的交换是用汇票的方式进行,此时货币的任务便是支付的手段。在以上两种功能之外,尚有第三种功能,即作窖藏手段或作为一种价值的储蓄。在商品→货币→商品的流通过程之中(销售后接以购买),于第一形态出售:商品→货币发生之后紧接的不是第二个形态购买:货币→商品,而是在过了一段时期之后,此时货币是窖藏的手段。我们应注意,以两个不同的历史阶段中有两种不同的窖藏。在古代社会里,窖藏的形式一般的为财富本身的储藏,而窖藏的动机是贪婪,或满足社会的虚荣心。此时凡以货币形态保留财富的人这样作并不是为了享受或谋利。然而随着资本生产的发展,这种窖藏的方式已不成为致富的泉源了,并有一种新的窖藏发生,他被看作支付手段的准备金而为生产过程直接所需。当恐慌时,整个的商业界都在需要硬币的这件事实特别表现出货币的支付手段的功能。反之,在生产繁荣的时候,货币主要作为购买的手段,以及所得的支出之用。在真实生产的时候工业资本家需要向货币资本家借钱作支付之用或购买之用,马克思有见于此,给利息率的定义是工业资本家向货币资本家借钱经过相当时期之后所付的一笔按比例来计算的数目。⑪

关于利息率的决定,马克思很明白利息率是一种货币利息率,把他看作与已经投入生产事业的实物资本的利润率不同,它被货币资本的供求关系决定。但试问货币资本的供求是如何决定的呢?"无疑的。"他说,"货物资本和货币资本的供给之间存在着一种默契的关系,而工业资本家对货币资本的需求由真实生产的实际条件所决定。"⑫资本家的生产当中资本界所需要的货币总数包括两部分:一部分作为购买手段用的即作在消费者与零售商间的所得的消费之用,而另一部分为资本家间转移资本之用。因此已知货币的流通速度在某一定时期内在流通中的货币总数视此两部分的总数而定,当然我们在研究货币的总量时尚须要兼筹并顾的斟酌商业信用、汇票等,可以代替货币而为支付手段的情形。

现在我们可以把注意力转移到这一个问题上:即工业资本家对货币的需求怎样随着繁荣和恐慌的条件而变动。

"在繁荣时期,再生产过程扩张、加速。"马克思说,"工人充分就业,一般地说工资稍微提高,这种工资在商业循环的其他时期稍稍低于一般水准之下。此时资本家之所得有显著的增加。消费有一般的增加。货物的价格有正规的增加,至少在几种重要的营业集中是如此。结果在流通中的货币数量在某种限度内有增加,因为渐渐增加的速度在这货币数量的周围画出了一定的限制。因为那包括工资在

---

⑪ 《资本论》三卷卅三章四三五页。
⑫ 同上,四九五页。

内的社会所得的那部分是由工业资本家以可变资本的形态（经常的是货币形态）予以扩张的,在繁荣时期他需要更多的货币来流通。""其结果将造成繁荣时期作为所得消费之用的通货的增加至于资本家用作转移资本的通货,因在买卖旺盛的时候也是信用最富有弹性和最容易的时候。"⑬在一方面,商业信用以票据的方式在工业资本家之间周转,以继续不断的背书当作支付手段,根本用不到货币;在另一方面,因为这种步骤的流动性很大,于是同数目的货币有比以前较大的速度。因此需用以作转移资本之用的通货便相对的减少了,显然绝对数目仍是会增加的。

在恐慌时期,情形正与前相反。再投资与新的投资都缩减了,价格低落,工资亦然;工人数目减少,交易次数缩小。在另一方面,由于资本家生产过程的突然瘫痪,信用突然动摇,商业信用稀少而收缩,又票据贴现的需求必然有同程度的增加。换句话说,随着商业信用的减缩,对于用作支付手段的货币的需求行将增加。同时,因为为了偿还债务以应付到期票据而所发生的对于货币需求增加的太大了,绝非那份用作所得的消费的流通资金的收缩所能抵销,这份需以用在商业交易的货币数量于是有整个的增加。因此,马克思说,"商业繁荣的时期或在意外利润的时期,利率有一段的降低,在繁荣和在恐慌的过渡时期利率涨高,而在恐慌的时期利率达到极端剥削的顶峯。"马克思郑重声明,这只有在危机爆发的时期,"通货的绝对数额对利息才有决定的作用"。⑭

现在应当考察一下马克思对于货币资本供给的分析。根据他所说,货币资本的供给大致依赖三种事实:(1)银行制度的成长与发展;(2)黄金的输入;(3)银行立法及其实施。

1. 在银行制度发达的国家里有一部份的货币,而且这一部份是日在增加的部份;在另种情形下就要作为准备基金的完全被吸收在银行家的手中,或专使货币得到更经济的使用,或凭以举行低利的放债。因此,银行制度愈加集中,则每一个生产在和商人所须以作逐渐消费,逐渐投资或用以调整生产资本的失衡的准备金的数目也越小。集中了商业界一切种类的准备金额于一公共金库里,此时银行于是可能以较低的利率放款。

2. 其次,马克思说,货币的供给要依靠"黄金的大量输入,如一八五二,一八五三发现新澳大利亚和加里佛尼亚金矿的结果。这些黄金被存在英伦银行。可是存户不取黄金而取纸。这些纸币他们不再存入于银行。这表示流通的媒介常常是增加的。银行于是尽量利用这些存进的黄金将贴现率降低到百分之一"。⑮

3. 最后,货币的供给由银行立法及其实施所决定。马克思说在一八四四的条例公布之前,英国银行钞票发行不受限制。如外汇率于英国有利,和不安或甚至恐

---

⑬ 《资本论》三卷卅八章五二八页。
⑭ 《资本论》三卷卅三章六二二页。
⑮ 《资本论》三卷卅一章五八九—五九〇页。

慌在这国家中得势,这紧缩的一切情形均可以由于纸币的增发而减轻。但是一八四四年条例一日制定,大大地限制了银行纸币的发行额后,于是在恐慌时的货币供给变少了。因此,当一八四七年条例一日制定,大大地限制了银行纸币的发行额后,于是在恐慌时的货币供给变少了。因此,当一八四七年谷物歉收而英国为了谷物和马铃薯的输入,须付出几百万金镑的时候"银行于是可以向商店索取任何高度的利率而不致引起不快,因为后者要以银行的放款来继续他们的支付。"⑯到后来政府已觉察了即银行本身已在危险之中,为了服从一般的要求,乃在一八五七年十月廿五日废止了银行条例。由此便打破了对银行政策的法定束缚。此时银行于是可以无阻碍放钞,而银行利率又再一次降到正常的水准。马克思根据他对一八四四银行条例的严密的考察,发表一个评语说:"现代工业的历史告诉我们当金属剧烈的失衡时,如果一国的生产组织适宜,金属只需要来维持国际贸易的均衡。国内市场不需要金属的事实已由国家银行在危急中常常停止钞票兑现的事实所证明,恐慌无论发生于何时,这种方法都变成了解救危急的唯一的助力。"⑰显然的,时间已经证明了马克思的预言是对的。

最后还剩了三个问题要讨论:(1)对于现代利息率的争论,马克思取何态度。(2)现代经济学家由马克思的利息理论中得到什么启示。(3)将利率降到零点,是否能使资本生产圆滑的进行呢?

1. 我第一个问题的答案如下,马克思在分析恐慌时期的利息率时,在利息率大半受货币的供需决定这一方面与凯衍斯的见解相同。他对商业循环中的利息率变动的分析与罗博森接近,他以为利息率由可贷的货币的供需决定。整个的看来,马克思的理论可以被正确地当做一个典型的银行放款的理论,因为他曾说过,"利息率的变动决定于可贷资本(以货币硬币和纸币的形态)的供给,但可贷资本不但与正在流通中的货币不同而且是独立存在的。如果一个金镑每日借出五次,便有一百金镑的资本可以出借。"⑱尽管马克思以为在紧缩的时候,利息率最初是由正在流通中的货币的绝对数额决定,但这句话不能与他全文的上下文脱离而单独提出。马克思似假定在财政恐慌之时,可贷资本随窖藏的增加而减少,因为每个人都极小心地不把货币换成可贷的资本。

究竟马克思的利率理论是属于可贷基金学派呢抑还是属于现金平衡学派呢,这个问题与其说是属于实质的问题,毋宁说他是属于形式的问题。"因为在任何短时期内",歇克斯教授(Prof. Hicks)曾经说过,"一个人所需要的东西(包括货币)的价值与他所放弃的东西(包括货币)的价值的不同,如果我们抛开赠与不计,必

---

⑯ 《资本论》三卷卅四章六五六—六五七页。
⑰ 《资本论》三卷六〇七—六〇八页。
⑱ 《资本论》三卷卅一章五八六—五八七页(马克思在此处没有提到"长时期"利息率变动。他以为应该用利润率的变动或一般信用的便利来解释之)。

需等于他的净债的增益。不但个人如此,公司亦如此。如果那时对商品和生产因素的需求等于供给,又如货币的供需也相等,从算述计算看来,借款的需求必须等于他的供给。同样的,如果供需的公式也适应于商品,生产因素和贷款,货币的供需自然会相等"。⑲ 这一席话清晰地表示了均衡的状态下,利率同时被决定于现金和可货基金的供给与需要。

然而我们必须知道马克思利息理论所超出新古典派经济学者们的一点,是他开始便把利息率当作货币利息率。因之利息率的决定是一个特殊的货币问题。马克思也许是第一个能区别货币资本和实物资本和短期票据及其他证券的人。因之工业利润和货币利息率的敌对关系,以及工业资本家和货币资本家的冲突均被昭然提示了。

2. 马克思利息率理论中最可宝贵的一点是把"负债"和货币分辨清楚的方法。根据马克思,负债之为货币只在他们绝对的替代了实际的货币而为购买手段或支付手段的范围内。而他告诉了我们只有商业繁荣的时候,信用状态挺硬,商品在有利的价格点上出卖没有问题,负债方可代替货币作为在资本家间移转资本之用,或作为偿债之用。"负债"代替货币的信用的限度将决定于生产和消费的圆滑的交互关系。因此如果生产各部门的关系无失衡情形,在交换社会中无上项所述之困难发生,则交易所需之货币可以完全被"负债"所代替作为购买或支付之手段。因此,"负债"像银行纸币一样,不会给他们的保留者赚取利息,而利息率便将到零了。这显然表示,在中央管理的条件下,利息率为零之实现完全须以商品的总供给和总需求相差之数全等于零为条件,但这必须要在计画经济之下才有可能。不幸在资本家的生产制度之下经济无中央计画经济,过期的信用恐慌必然发生,此时现金自然优于"负债",而因此利息率和工业利润之间的敌对关系便成了一个无法解决的问题,虽然不断地有货币的改革,有时也用强力执行,但都是徒然的。

3. 货币恐慌显然对货币资本家较对工业资本家有利,工业资本家之友自然盼望利息率降低,特别是在恐慌时期,降低到快接近零的轻利,以便变换到期证券,以及以厚利销售商品。货币资本家与他们本身的利益相反,自然不会接受零利的说法。即使他们会得接受,短期的恐慌仍然要发生的,因为资本家恐慌的原因多:第一,工业资本家和他们的金融供应者之间的尖锐的竞争,其次,生产各部门的失调;第三,资本家的消费和他们的资本的积累的不等,而最后大众的穷苦和消费的限制——由于资本工具和工资的相对的增长。再加上资本家生产的大悲剧——利润率的下降。

---

⑲ 歇克斯,凯衍斯的一般雇佣理论,《经济杂志》六月份,一九三六。

工业标准化之基本理论

王民嘉

一 前 言

直到今天，工业标准化问题，始终没有确实成立为一种独立的科学部门，我们只听到说，工业标准化如何能推进我国的工业化，它对于建国是如何的重要，工业标准化的呼声，已经响彻了云霄，刺激着国人的耳朵，当局亦已设立委员会，聚集专门人才从事建立标准的工作，研究着重视着具体方法，可是工业标准化的基本意义是什么，它根据的基本理论又是什么，都是被人冷落的问题，虽然工业标准化的题目，已经这样醒目，虽然标准化名词孕育的由来已是源远流长，但是它一直是因为实际的需要而突起的问题。正如各种科学的演化过程一样，"标准化问题"似乎尚停滞在它的最初阶段"实践阶段"上，它的理论范畴尚为未经深掘的田地。殊不知理论与实践之不可分，犹如灵魂之与身体，理论赖实践，始得以阐扬与显示，实践赖理论，始得以有支柱与基础，有理论而无实践，固然流于玄妙空虚，有实践而无理论，则沦于零乱杂凑，对于科学的研究，尤以社会现象为对象的科学研究，两者诚不可偏废，由实践阶段演进，渐进入理论阶段，这是科学演进的必然趋势，因此对于工业标准化问题，亦有建立理论体系的必要了。

一般对工业标准化问题的认识，只不过是工程学或经济学的附属部门，是一种远到某种目的的手段，它无需空洞的理论，更无需作理论的检讨，而其实工业标准化问题的发展，绝对不止为一种手段或方法而已。它的过去有悠久的历史，它的现在有时代的需要，它的存在有准则有规范，有原则，亦有归纳与演绎的方法，所以已经成为一种兼有实践与理论的科学部门，工业标准化问题，固然因为实际的需要而成立，它的完成却有待理论体系之建立。

我国因为工业的落后，工业标准化尚未能普遍应用，现在已为当局所注意，亦为国人所关怀，在实践方面，是日在努力之中，期有所成，推进我国工业化，完成建国工作，实践与理论既然息息相关，那么，我国工业标准化理论体系之认知，实有其不可忽略的重要性，在这里特绍介工业标准化之基本理论，寸燐嚼火，聊以作抛砖

---

* 本文原载于《中农月刊》，1944 年第 5 卷第 5—6 期，第 99—106 页。

引玉之意。

二 工业标准化之发轫与演化

"标准"(standard)一词,揣其根源,仅仅是一种假设,一种概念,乃宇宙间一切纷繁的变化现象中假设的暂时固化状况,与均衡(equilibrium)平均(average)等词同义。我们不能真正给一个标准出来,因为世界上没有一样东西是可以确实合乎标准的,标准只是个抽象的。形而上的概念,但是这个概念都赋与了整个人类文化以生命;因为所有自然现象或社会现象都是千头万绪,而且变化不息,那么如何去了解。去分析,去归纳,如何去整理出一个系统,是人类亟待解决的问题;结果"标准"概念就是这智慧的钥匙,标准是假设的暂时固定状况,所有变化因素则环境其周围,人类的文化体系。在纵的方面,所能把握的只是这个中心的演化,也就是所谓标准现象的演化,在横的方面,它是分类的准则,奉行的成规,然而这样标准却仅仅是虚无的概念而已。人类文化的进展,各种科学的形成,向以此静态的标准概念为基本概念,近年来虽已有动态方法介绍入内,然静态的标准概念,已经有其不能磨灭的价值了。以上所说的广义的"标准"概念,也是"标准"的根本意念。

"工业标准化"的发轫,则可直溯到初民时期,在人应用一工具的时候,应用时的动作与工具本身,是组成行动的两个因素,该两因素的本性如工具的大小、形式与重量、锐度等,与使用人所加之力,以及两因素本性间相互的调节,便奠定了行动的基础,这行动发生作用,使人得到他所想望的目的,因此每次行动的时候,乃揣测力量的大小,物体的尺度,对最有效结果的获得所发生的影响,如此就产生了行动准则(standard of performance)。行动准则自经验中得来,给予工作以粗率的指示,渐渐发展为制造武器,用品等制造行为的准则。初民的行动,重目的而轻手段,但是无形中不自觉中,亦在叠次的经验里,取得最好方法的启示,作有以后行动的模范,可见在行动准则内,含蕴着的主观判断,直觉等等人性因素,乃无可避讳之事实,因此我们只能说它给予了粗率的指示,是标准的最原始形式。

在标准的原始形式行动准则之后,最重要的标准形式,便是度量单位(unit of measurement),"度量单位"本身是标准的语言,是调节各因素的最有力工具,是记载保存的最可靠手段,在"度量单位"的概念里,不容有个人的主观判断或直觉等人性因素存在,行动准则固不能离开假设,这假设便是初民的主观判断与直观所组成,"度量单位"亦不能没有假设,但是这假设是经过选择的基准,因此"度量单位"乃是标准的精炼形式,只有度量单位是不粗率的准则,是唯一能调节各因素的工具,可以免去个人观察发生重大的差误的弊端,行动准则仅描述所得的结果,而不指明各因素的大小或性质,质量单位则用以表现该类因素之值,在原始形式行动准则与精炼形式度量单位之间,分化出其他标准形式,它的发展程序,是起于行动准则,终于度量单位之建立。

为阐明工业标准化理论之完善起见,我们在上述技术标准(technical standard)之外,尚须提及管理标准(management standard)管理标准是人类对待关系之确定义务,责任与权利赖以指定,管理标准的对象是"人",人是一切活动的主动因素,以人为对象的管理标准,乃亦有其不言而喻之重要性。

工业标准化是人的活动,人性因素对工业标准化演化历史的重要性,自然非常重大,在人类文化早期,人的工作每每重视目的,而忽略手段,每每凭据主观的判断,而不谙科学的因果关系,处事果决,判断敏捷的人,便是出类拔萃的领袖人物,因此人存政举,处事不会去凭依一个准则,可见早期的领袖典型,影响文化的领导人物所取的态度,是与工业标准化的基本精神相左的。

迨后,人的智慧增进,渐知悉因果关系的重要,而应用理智的方法,是为工人的典型,商人继其后,起而操纵工业,工人反沦为被雇者。于此我们可以提出不同的人性因素对工业标准化的影响,工人的目的在多多生产,他们经常从事于制造希望有足够的产品,供应消费,因此他们会乐意应用标准,俾使从事于大量生产,可见技术人员拥护标准化的实施,是毫无问题的,然而操纵工业的企业家,在资本主义的竞争经济制度下,其目的在于逐利,因此价格是生产的南针,亦即消费者的意见是生产的指导,他们对于产品的看法,重产品的商品性质,他们要制造的产品,是能卖出去的商品,如此始能获得营利的目的。消费者的欲望日新月异,而产品却沿用标准,故步自封,势必因新奇性的缺少,而丧失一批消费者,所以商人煞费苦心,追随消费者的心理,自有其难言之隐,然而他们对工业标准化不利的态度,已甚明显。工商不能调协的事实,形成经济上的矛盾,引申下去,即为幸福经济与价格经济的冲突,足以证明人性因素对工业标准化的演化过程,是如何重要了。

三 工业标准化的基本职能

工业标准化是人类社会的活动,工业标准化的对象为人类社会之一环——工业。因此在理论上,工业标准的重要职能,一为暂时固定状况之设立,二为与暂时固定状况配合诸因素的调整,而必须申明,这暂时固定状况,并不是静态分析的基本步骤,也不是假定其他因素不变的玄虚演绎法,却是顿到实际情形的一种假定。"时间"因素原是在理论分析过程中比较难以解释的,但是在工业标准化的范畴内,所谓固定假设的暂时存在,其时间的历程比较长,所以设立暂时固定状况的职能,即是实际情况所允许的数必要条件之设立,此数必要条件是当时工业状况在经济上,在技术上,都可以予以支持的。因此吾人可谓工业标准化的第一职能,已表现得显明而且确实,毫无玄虚观念的存在,此由亦可见到,工业标准是一种成式,一种规格,一种法则,由数必要条件组成,成立一个抽象的概念,而这抽象概念,能使实际去应用它,去将就它,可是这法则说不是自然法律,永历千秋,亦不是雨后彩虹,瞬间消灭,而是有相当的时间性的法则。

工业标准化的另一基本职能,乃是以其第一职能为基础的,第一职能既已给予一个固定的情况,那么实际上必须有许多因素去配合这些必须条件组成的固定状况,这许多因素能在一起和谐工作,相互能无冲突现象,则必须经过调整作用,调整作用的施行,是为工业标准化的第二职能。

　　各种活动因素的调整,那是各种活动因素本质的划一,活动因素之本质如不得相谐,则工作之进程,必不能得到调和,调整的意义在于变异的取消,统一的建立。因此说言之,工业标准化有两基本职能,第一职能的任务是建筑稳固的基石,而第二职能之任务,是使在基石上各因素的谐和,工业标准化的两种职能的相互因果,息息相通,可以见之,而工业标准化理论之大厦,亦赖以落成。

　　科学昌明,工业进步,机器的发明,方法的改善,迭次发生,因为制造技术的日新月异,标准化所欲维持的基石,就渐次发生动摇,上述固定状况之所以谓为"暂时",即此缘由。因此工业标准化所定的假设——标准,亦必随社会的进步,时代的需要,而换易至另一假设——修订标准,由基本标准换易到第二标准,或由第二标准换易至第三标准等,其间要求有圆滑的进行,而不致先予破坏,再予建立。因为由破坏至建立的过程,对社会的扰乱至大,然而如何能由一假设进行至另一假设,而能有圆滑的进行,我们就必须首行审谈于假设之确立,使其意义虽确定,而实则留有相当的韧性,因此对工业标准化第一职能之执行,我们有考虑此点的必要。

　　工业标准化的两基本职能,相辅为用,始能达其鹄的,两者之间须维持相互的平衡,但是两职能间的平衡之获得,都为标准化工作最感困难的问题,因为两者虽相依而存,而其性质却与根本相异,如暂时固定状况之选择,建立与维持,历经于一时间的过程,而调整的职能则须凑效于一个瞬间,然而固定状况之能应用之时,亦必须是适合该固定状况的因素得到调整之际,因此两者平衡的求得,诚为工业标准化所感棘手的问题。妥善的解决方法,必须双方着手,在确定的必需条件之假设,即固定状况之暂设时,即须顾及使其成为调整计划之稳定基础,且使移转至新基础时,而不感困难,调整职能执行之时,则力使各因素在可能范围以内,配合已经确立的必要条件,且使各因素能相互融洽,而狭义地贴合标准,然亦须保留相当大的自由度。简言之,两职能之执行,必须求得平衡,始能顺利进行,然求得平衡之时,尚须顾及最大可能的韧性,使相当时间以后,标准有修订之必要时,能不感过甚之困难。

四　工业标准的义与分类

　　1. 标准化的意义:以广义言之,标准化的意义,至为广泛,几充斥于宇宙之间,弥漫于有史以来,如惠特纳即发表此意,谓标准化概念,乃人类文明的根基,是风俗与法律的滥觞,"标准化"与"类同"异词而同义,如人类社会甚至与自然世界速合言之,而无"类同"存在,则世界绝非今日的世界。① 在一本标准年鉴内,也有相同的意见,"人类历史是人类足迹形成的道路,亦就是已经标准化的道路,此道路上包括人类的各种活动,各种活动都稳定了各自的标准。标准化之对于人类活动,犹河床之对于流水。人类活动。逐渐练成各种习惯,习惯之形成,乃标准使然,而标准之树立,乃人类求精神上制造上求精力与技术时间的经济而得。如语言即是一个标准,字母是标准的符号,文字是标准概念的标准符号。"②上述对标准化的看法,认为标准化的发生,是历史的自然演变。天然的选择所得,标准化是历史的产物,一个必然的存在,一个时代的遗留。

另外一个看法,与上述迥异,标准化有了一个狭义的解释,认为标准化是一种理智的连续的选择过程,既谓为理智的选择,可见是人类智慧的产物,与上述认为乃人的天性必然,有显明之不同,又既谓为连续的过程,可见是动态的看法,与上述认为乃时代之遗留,其观点更为相左。这种看法可举代表以明之,如拍克谓标准化是"选择出来的劣数形式或大小,此类形式或大小,最适合于度量,且最适合列入规范,以致大量生产能因此而制造出同一形式与大小的产品"③又有谓标准化是"……业务行为的一个活动原则,混杂的机会的各自立异的标准必须取消,而成立有次序的有效率的划一标准,继续遵奉,直至经济与技术方面均有修正的必需之时,"④这个看法,认为标准化为原料、尺寸、成品、方法、手续的熟虑以后的选择,是我们对工业标准化所采取的看法。

综合上述,对工业标准化有两个不同的看法,前者是静态的、必然的,无所不包的,后者是动态的,理智的,针对工业的,我们现在所认可的,在工业标准化范筹所持的观点,当以后者为是。

2. 工业标准化的定义:标准是一种言语陈述的成式,出于书写、绘图或制模等方式,在一定时期内有效,以描述指示或列举度量单位、物体、动作、程序、方法、实施、能量、职能、行动、评估、排列、情况义务、权利、责任、行为、态度、概念的某数种特色者。⑤

由此定义,我们可注意有三基本要点:一,标准是一种成式,标准即是法则。二,标准用以描述,指出或列举上述对象之某数种特色。三,标准在某一时期内有效。

人类初期,标准之持续,赖口授方式,每一传授,均掺入个人的猜测,主观之判断,因此常经久而变更,为无可避免之事实,甚至未经长期,立时即变更原来之意,

---

① Albert W. Whitney "*The place of standardization in modern life*", Inter American High Commission.
② Dept. of Commerce, "*Standard Year book 1928*" Washington p. 3.
③ Colonel E. C. Pack "*Stantardization and its Value To Cleveland Industries*" Engineering Oct. 7. 1926, p. 3.
④ Division of Simplified Practice, *Monthly News Bulletin* Oct 15. 1927, p. 20
⑤ 根据 J. Gaillard "*Industrial Standardization*: *its Principles and Application*" charpt Ⅲ p. 33

亦属不鲜，且口头传遵方法，仅限于简单物品，用于制造较为复杂的特品，则难能奏效，人类文化进步，日渐应用绘图、制型、书写方式，作为标准之普传与持续的手段，因此标准本身就是一种以绘图，制型或书写方式表出的法则，规格或成式、描述、指示、列举上述对象的特色，是标准意义得以确定的手段，亦是职能中所谓必需条件成立的方法，前已说明标准之基本职能，在暂时固定状况之建立，那么，描述，指示或列举即是建立过程中不可或缺的手续，又谓标准之基本职能在各因素的调整，对象的特色亦即符合标准的各因素，则亦赖描述，指示或列举的手段，为之调整，因此由定义中，我们亦能见到它的职能何在。

标准既为暂时的固定状况，意即为在一定时期内有效的法则，如标准失去"一定时期有效"的必要条件，则标准亦不成其为标准了，如标准为"永久性"的，则必然妨碍社会的进步，技术的改善，标准反成为罪魁了，至于此"一定时期"之长短如何，必须看其他有关各因素的变化如何，当时环境的需要如何，不能预为凭空说出的，不过，我们可以申明的是，如标准在技术上在经济上均可合用，而无"发明"与"发现"的新事件发生，对于标准没有改革的必要时，我们当然不会无故舍弃已经普遍的标准。

工业标准的分类：工业标准可按照不同观点分类，前已说明标准形式以行动准则为始，而以度量单位为终，因标准的转换，又有基本标准的第二标准第三标准……之分，因横的方面看，可有零件标准与总体标准之别，于此我们祗提出一个分类，亦就是最基本的分类，标准看两种不同的范筹，即技术标准与管理标准是也。

技术标准范筹包括一切与技术有关的标准，它的对象是工业技术，机器制造方法等，不涉及人的因素，其规范所及如原料、工具、工作方法与安全因素之应用等等技术问题，即使安全因素的应用亦仅限于机器的物性、运动、装配与安排而言，即不顾及工人的工作时间，安全设备等等的问题。技术标准的目的在使产品在制造完成以后，能准确符合所予的标准，技术标准的内容在回答去做"什么"与"如何"去做。现在大家对于技术标准较为看重，几有认为工业标准就是技术标准者，这当然是一个误解，然而工业标准化的实施，往往自技术标准着手，都是毋庸疑义的。因为对于技术标准的需要较为迫切，而技术标准的建立亦较为具体的缘故。

管理标准范筹包括一切与人的因素有关的管理问题，它的对象是在工业界服务的工人与职员，与他们组织的企业机构，其规范所及，如工人工作的分配，时间的分配，工人行动与工作环境等等问题，管理标准的内容，在回答"谁"去做，与"何时"开工，"何时"做完，有时尚须回答"为什么"要做。我国工业标准化之实施，尚在草创期间，因此标准化工作之后事，多偏重于技术标准，希望不久的将来，亦能兼顾到管理标准。

技术标准与管理标准之间，不能予以明确的分界线，因为有许多问题，是兼以人与物为对象的，此两者是工业标准化实施的两大目标，而不同方向的指示标准的定义由所枚举的各种概念，可以其意义或个别情形均不同而分别隶属于技术标准或管理标准,或兼属于技术标准与管理标准。即隶属于技术与管理之间的标准。因此我们可以得到一个结论,工业标准可分为技术、管理、与混合(技术与管理)三大类。

五 标准概念的修正

  我们早已说如工业标准化是因为实际的需要而产生的问题,虽然我们亦曾说它不止为一种达到某种目的的手段,它是兼备理论与实践的一种独立科学部门,但是我们亦毋庸讳言,它毕竟是实践多于理论,甚至是实践重于理论的一种学问,然而实践与理论形影相依相成相生,不能片刻或疏。目前由于标准应用的经验,我们发现标准理论的基本概念有修正的必要,因此特提出概念的修正,来说明工业标准化理论的实际性与新动向。

  标准是一种成式,一串必需条件的列举,在理论上我们可以要求一简单数值的尺寸,然而实际上,因为制造技术的不及度量器其的偏差,与度量观察的差误,竟至准确符合一个数值,是事实上不可能的事。所以制造所得,与原来标准的必需条件,总有出入之处。譬如标准上规定一种活塞的直径为一寸,实际上无论耗费几许人力财力,始终不能得到准确值,因为技术上的努力,成本的增加,能得到一近似值,与准确值的差异极小,但是差异之存在,却无可避免。如活塞梢的为直径可为1 000 寸或999 寸,或与一寸相距更近,标准虽经树立,徒有其名,其值亦仅能认为名义值,因此标准化的付诸实施时,必须利用界限。界限者即制造时允许偏差的活动范围之谓,如可定前例的界限为1 000 寸至1 003 寸,凡制造所得的产品,符合界限以内之任何一点者,均可谓符合标准,否则便是不合标准的产品了,界限之间的距离,谓为公差(tolerance),是产品制造时可能有的偏差。规定标准时,乃必须规定公差,作为制造界限,以便标准化之确实实施,如此,则名义值始可为制造的准则,标准概念迥非旧状。我们曾用图解表明标准状况,原为一水平线(标准线),代表一准确值,而今这水平线便变成了由二直线组成的标准带,代表一界限值,所谓"符合标准与否"的意义,亦顿改旧观了。

  论及公差,我们便连想到精确度,公差愈小,精确度愈大,对精确的要求,视个别情形不同而异。对于某种产品,须要求较大的精确度,而对另一种,则或不必作此过分的要求,可是精确度愈大,制造成本亦愈昂贵,所以非不得已时,决不作较大精确度之要求,只要在技术上可能,生产合乎经济原则,与产品能适于配合顺利应用,两者之间得到平衡即可,因此,在可能范围以内,应用最大的公差,是工程上的原则。

  由棉组线扩展为标准带,标准概念有新认识后,标准的准确性或法则性因有所丧失,然而它的硬性减少了,即标准的韧性或活动性,却赖以增加,因此在标准的概念有所修正以后,标准便不是一个简单数值的成式,它的内涵,益趋丰富,它的含义,亦日益重要。在此项下,我们可以提起的问题甚多,如制造的互易性,安全因素的应用,质的维持,选择的配合,界限的公差,界限制度的应用,统计方法、复置标准,维持标准等等,可是限于篇幅,未便一一详述。此处仅提及修正的标准概念,较之以一基线代表的旧标准概念,有实际上易于将换或修订的便益,标的修订,因为概念的修正,而可以有圆滑的进程,而且由此亦可引伸到对同一对象相异标准的划一。

与实用上的便益相对而言,修正的标准概念,使工业标准化理论有澈底的进展,崭新的趋势,工业标准化理论因于趋于理论化,如统计方法,数字方法的应用,动态观点的采取,均有以证明理论的开展,因为实践发生的困难——不能准确符合标准,反使这荒芜的理论园地,开出了花,工业标准化愈趋有理论检讨的价值,一种科学的演化过程,常是如此,工业标准化何尝是个例外?

六 工业标准化对经济制度影响

说到工业标准化对经济制度的影响,可以说起的太多了,我们可以从工业标准化是大量生产的宝地,工业化的先决条件,获得国际市场的手段,动态经济的调整因素,国际贸易的必需条件等等,一直说到工业标准化是完成幸福经济,推进人类文明的动力,还可以说它是计划经济的先驱,现代工业国家的重要实务等等,可是我们现在是在一个艰苦的时代里,我们也许希望瞻视美丽的未来,因此关于工业标准化对经济制度的影响,我们采取了一个最根本的认识——工业标准化能稳定经济制度。

人类社会是个动态的舞台,经济动态更是人类不可一日或缺的活动,经济社会内容各份子,千变万化,相反相成的现象,当更复杂莫测,可是我们要在紊乱中求规律,要在变幻中求稳定,动荡不定的经济制度,足使人类的物质生活,受到威胁与扰乱。此间所谓"人类"我们当然是指功利主义所谓的最大多数,此间所谓物质生活也是功利主义所谓的最大多数的最大幸福,因此,易言之,社会上最大多数人的最大幸福寄托在稳定的良好的经济制度。

从根本上说,经济制度本身就有标准的含义,它由许多无形的,或有形的,社会的或天然的活动因素所造成经济制度的存在,必是与当时实际状况最能适应的制度,经济制度之良好与否,以能否千变万化的各活动因素相调谐而产生最有效的结果而定,可见经济制度是制度的准则,它与标准一样,含蕴相当大的法则性,亦可见动态的社会,必须有动态的经济制度,而为什么我们说稳定的经济制度是我们所希望的经济制度?原来其间的所谓"稳定"这个概念,还有修正的必要,这"稳定"是动态的"稳定",乃能随着其他变动因素前进,时时修正,而不感困难之谓,这稳定的经济制度非但动态,同时促进动态,因此稳定经济制度的意义是进步的,而非滞固的,是有法则的,而非紊乱的。

由上所述，我们能默念到工业标准化的意义竟与稳定的经济制度意义不期而遇，貌离神合的奇迹，由此关键，工业标准化对经济制度可有稳定的影响，显而易见。

工业标准也是法则，也是动态的，它是帮助经济制度对紊乱因素调整的重要力量，其本身的时时修正，其本身的富有韧性，调整其他因素，足以为稳定的经济制度之台柱，于此乃必须涉及标准的时间问题，它不能维持过长或过短的时期，过长的时期，超过产品的使用有效期限，则足以阻碍社会的进步，紊乱经济制度日渐前进的动态稳定性，过短的时期，则无异在其他变化因素以外，平添一扰乱因素，所以工业标准化能稳定经济制度，但是它的意义是相对的。兹引盖勒在工业标准化理论与实务一书内之一段，作为本节的结论，"稳定经济制度之建立，系乎工业标准化体系之确立，而此工业棉准制度，乃驻足于广泛应用之基本标准之上，如度量衡单位，检验标准缧纹，圆柱配合，纸张尺度等标准，可为树立其他各类标准之基石，如认为工业之发展，为建立该稳定经济制度之力量，则工业标准化工作，诚有其独特之价值。"⑥

工业标准化基本理论之特点，可据实谓为法则性与调整性，标准本身是被遵奉的法则，又是调整其他因素的动力，既为法则，必是经过简单化以后选择所得；既谓调整之动力，则是合理化的表现，因此，标准化(standandization)乃复兴合理化(rationalization)简单化(simplification)殊途而同归。

工业标准化的实施是最有效率，最合经济原则的表现，文明的进步，发明的刺激，大众的享受，国家的富强，社会的繁荣，均有以赖之，其基本理论之阐明，意在使一般对工业标准化有明确的澈底的了解，当为不无意义，用作此文。

---

⑥ John Gaillard, Industrial Standardization: Its Principle and Application p. 24.

赫克斯(Hicks)生产计划理论*

杜 度

一 现代经济理论之趋势及赫克斯教授之贡献

近十余年来,经济理论之新发展,可得而述者为三大趋势,一为由静态分析趋向动态分析,一为由部分均衡(patial-equilibrium)理论,近于一般均衡(general equilibrium)理论,再则为不完全竞争(imperfect competition)学说,代替完全竞争(perfect competition)假定,静态分析仅能说明某一时点(point of time)上之静止状态,或假定其他因素不变,某一因素变动后,与另一时点上之静止状态相比较;动态分析则注意时间因素,涉及预期(expection)及预期之修正。部分均衡视经济现象为可划分范围,个别讨论,彼此关系不甚密切者;一般均衡,则认为在经济程序中,无数因素,息息相关,形成一有机之整体,完全竞争假定众多之买方与卖方,商品一致,市场完整;不完全竞争,则以为独占现象非经济现象之特例,而渗透于竞争市场,乃为一般情形,凡此演变之迹象,由来已久,形成具体系统之理论,则为晚近事实,自此经济理论顿改旧观,与实际事实之接近,又跃进一步。

就前两种趋势论,凯恩斯(Keynes)之就业,利息与货币通论(The General Theory of Employment, Interest and Monetary)与赫克斯之价值与资本(Value and Capital)两书足为代表。但凯氏于其就业,利息与货币通论一书中,仅不过就一点出发,对经济现象作动态之分析而已,尚难认为一般均衡之理论,仅就其割裂物价与利率之决定为两事,即足证明,不足当通论之称。赫克斯之思想体系虽未成熟,其已成形之理论仅为价值与资本两部分。然整个经济现象以价值问题为中心,而实际上该书所推演出之理论,足以涵盖一切经济现象,故其理论实可视为动态分析,一般均衡理论之翘楚。本文特介绍其动态的生产理论。

二 赫克斯的理论体系与其生产计划的初步分析

赫克斯之理论并未依循前人途径,将经济现象区分为生产、消费、分配交换等

---

* 本文原载于《经济汇报》,1944年第10卷第10期,第9—16页。

部分而个别论述之,氏于价值与资本一书中首先说明新分析工具——无差别曲线(indiffrence curve)之性能,及民所应用之新概念,如边际代替率(marginal rate of substitution),边际转换率(marginal rate of transformation)等,继则讨论静态经济最后讨论动态经济,对经济学所应赅括范畴,均全部论及。但其理论,仍未脱离完全竞争假定之窠巢,且在生产技术,消费嗜好不变假定下,进行其讨论。其动态的生产理论,实建立于其分析工具无差别曲线,及其静态理论之上,虽在篇首以后,书中甚鲜提及此名词,实则凡诸理论,皆依循此分析工具进行讨论也。

请而迳论其生产理论,氏以为静态经济乃为忽略时间之烦扰者,而动态经济,则每一数量咸考虑其时间因素,期使学理之研究,更为切合事实。马夏尔(Marshall)关于时间之分析,有所谓短期(short period)及长期(long period)之别。前者乃生产者可于现有之生产设备下,调整其供需所需之时间;后者乃谓可能改变其生产设备后,调整供需所需之时间。赫克斯对于此种区别,以为短期甚难使一切商品暂时平衡;而实际上亦甚鲜"长期"使一切商品之供需妥适调整,马氏之时间区分与事实不合,必须另辟途径。氏之分析方法,以一周为计划期间(planning horizon)。于星期一晨市场开始活动,则关于一切资源之处理,契约之订立,均已获得决定,当晚立即形成充分平衡。

在动态经济中,因渗入时间因素,预测(expectation)乃成为不可忽略之动因,因预期之变动,使价格,利息(赫氏视利息亦为价格之一)随之变动,价格,利息最为影响企业家之生产计划,故氏尝于讨论生产理论之前,详论价格及利息之决定。

赫克斯对生产理论之初步分析,乃系假定利息,价格不变者,在此种情形下,企业家必有如右之生产计划:

$A_0,\quad A_1,\quad A_2,\quad A_3,\cdots A_n$
$B_0,\quad B_1,\quad B_2,\quad B_3,\cdots B_n$
$X_0,\quad X_1,\quad X_2,\quad X_3,\cdots X_n$
$Y_0,\quad Y_1,\quad Y_2,\quad Y_3,\cdots Y_n$

AB 为各种要素,XY 为各种产品,凡属同一种产品,因先后时间之差别之故,亦可视为相异之产品,在动态经济中,一定生产计划之选择,乃系自若干可能实现之计划中择定者,当企业家选择其生产计划时,彼之活动不外三途:第一为在要素数量既定情况下,彼之活动限于以一种产品代替另一种产品;第二为在产品数量既定情况下,彼之活动限于以一种要素代替另一种要素;第三则为彼可同时于要素与要素间,或产品与产品间,或要素与产品间,视实际情形,衡量利害,作有利之增减。

然则企业家之活动,究何所依据? 在静态情况下,企业家将若干可能剩余,加以比较,以追求最大之剩余(maximum residual);在动态情况下,则所追求者当为最大之一串剩余(the greatest stream of surplus)。所谓一串剩余者,即连续时期内,获得之连续剩余,将若干串剩余加以比较,可得最大之一串剩余。在许多可能测量之方法中,生产计划之资本化价值(the capitalized value of production plan),亦即一串胜余之资本化价值(the capitalized value of the stream of surplus)可视为最好之尺度,用以测量生产计划之有利程度。当利用此一尺度衡量生产计划时,须假定企业家可在一定利率下,自由借贷,而彼之企业为彼唯一之可能收入来源。于是彼选择之生产计划,必须其现在资本价值为最大者。在生产计划中,任何一周之胜余,乃为产品价值超过要素价值之部分,在价格与价格预期既定情形下,生产计划一经决定,生产者之胜余之即决定;在利息及利息须测既定之情形下,其现在价值,即资本化价值,亦立即决定,企业家之预期纯收益(prospective interests),乃自其预期胜余(prospective surplus)中,减去一切费用而得,而企业家利润之获得,乃为因增值(appreciation)或贬值(depreciation)之结果,而增加或减少之纯收益。此即企业家之收入(income)。故企业家之活动,乃在依据最大利润之追求,或可谓在依据其最大预期纯收益之现值的追求,亦可谓最大预期胜余现值之追求。

上述生产计划之平衡,在动态情况下,必须具备三个条件:

(一)任何二时期之产品之边际代替率(marginal rate of subsitution)必须与彼等贴现价格之比率(rate of their discount price)相等。

(二)任何二时期要素之边际代替率,必须与彼等贴现价格之比率相等。

(三)任一要素对产品之边际转换率,必须与彼等贴现价格之比率相等。

设甲时期之产品为 X,乙时期之产品为 Y,则 X 对 Y 之边际代替率,则为交换 X,Y 产品时,X 产品交换时之最后单位,与所能换得之 Y,品之比率。欲求其平衡,必须此边际代替率,与 X 的贴现价格 Y 时贴现价格之比率相等,否则二产品之继续交换(即代替)仍为有利可图。要素之边际代替率,必许与彼等贴现价格之比率相等,其理由完全相同。至于要素对产品之边际转换率,乃为某一要素从事生继之最后一单位与所产生产之产品之比率。其实,边际转换率,不过边际代替之另一种说法,其平衡,亦必须此边际转换率,与彼等贴现价格另比率相等。通常谓现行工资率(current rate of wage)等于劳工边际产品之贴现价值,即为第三条件之特例。再如威克塞尔(Wicksell)谓利率等于其相关期待之边际产值(relative marginal productivity of wage),即为第一条件之特例。

欲保持生产计划之稳定,在产品间,边际代替率,必为之现增者;在要素间,边际代替率必为渐减者;在要素及产品间,边际转换率,必为渐减者。国人在动态情况下,一串胜余之价值,必为正数。边际转换为渐减者,因非已有企美,其设备约束其行动,即为扩充之企业,其管理困难,风险增加于是报酬乃渐减矣。

企业家对其生产计划,不仅希冀其现值为正数,同时希望在其计划进行之任一时期中,未完成计划之资本化价值皆为正数。为此称计算之便利,运用一串连续之辅助价值(accessary stream of values),使与第一周,第二周,第二周,第三周……之末之生产计划之预期资本价值相等,从而计算其现值,此等现值之整个生产计划现值之比率,乃为一串胜余之平均时期(the average period of the stream of surplus)。此一数额必须为正数,且企业家必求其为正数。

三　价格变动与生产计划

赫克斯于其假定价格,利息不变情形下,分析生产活动后,乃继而分别取消价格,利息不变之假定,氏先使价格进入生产活动过程:企业家必须考虑其变动所生之影响,至于利息则仍略而不论。

通常在静态情形下,价格变动,可能发生下述影响设价格之变动为价格之上涨,则对于某种产品,在某一时期之预期价格略有上涨,将使该时期该产品之价格上涨,致增加该时期计划产品之数量。于是乃藉增加要素及减少其他产品而实现之,此种变动乃为纯粹的暂时变动。

在动态情形下,须考虑价格预期所发生之影响,吾人先论现行价格对价格预期所生之影响,举凡(一)非经济的原因,如气候,政情,氏族健康,及心理状态;(二)经济的因素,如市电消息对未来供需之影响,及(三)实际对价格之经验,皆足以影响价格预未之变动。前二者之影响价格预期,为间接而神秘之自动变动,人力难能左右,仅论实际价格对价格预测之影响,或谓现行价格不能干扰价格预期,仅视同暂时现象,虽然,其影响有不同之强度,作用于各方面,于此,可利用一尺度。衡量其变动,即所谓预期之弹性(elasticity of expectation),即某商品未来预期价格比例变动对现行价格比例变动之比率,预期弹性可为零,即无弹性可言,乃预期无变动,预期弹性为"一",乃言现行价格之变动,将使预期价格作同方向,同比例之变动,居间之情形,乃为弹性在小于一大于零之间,例外情形则为大于(一)及小于零,当运用此尺度时,衡量施行价格对预期价格执所生之影响时,须注意吾人所作之省略:一则为对现行价格变动对(X)商品在不同时期之不同影响之省略;则为一商品现行价格之变动,将影响其他商品及要素之未来预期价格。

当预期之弹性为(一)时,无论长期短期,(X)商品之市场价格七升,必将使其计划中之产量增加。其增加产量之途径,或为增加某项要素,或为时间上某期间之增加,或为减少他商品之产量以实现之。但在短期内所增之产量,常为微小之数量,因原始设备(initial equipment)之拘束,不能自由行动,在长期内则无此种拘限。

就代替(substitution)及相补(supplementary)情形言,分析商品预期价格上升,所形成之形成。(一)在上涨之价格预期可以延长(M)时间情况下,有代替关系,时间代替关系存在,即将使生期或后期之产品,移率急需时期生产,或将生期与后期之产品,移至急需时期生产此种方法输用之程度依产品之技术性质及原始设备之技术性质而定,一般而论,其产量之曲线,多作 ACA 之形状。当为相补关系时,如产品为不能长久保存者,即制造成品所需之要素,亦不能持久者,于是在时间上无代替关系之存在,在预期价格之上涨甚火时,可能鼓励企业者增置固定设备,以应付急需时期(critical date)增加产品之用,因之此既存之设备同样便利另一时期中时,产品之增加此种不同时期,产量之补相关系,将使计划中之生产曲线,成 AD 之形状(二)在上涨之价格预期不能持久情形下,有代替关系,不会延搁先期生产,或提早后期生产,至急需生产,以求适合当时上升之价格;如有相补关系,亦无充裕时间,使增置设备于价格恢复原状前,即行完成。是二者之影响可不必计及。企业家计划中之生产曲线,将成 EA 形状。(三)在上涨价格预期,长期维持情形下,有相补关系,则整个影响将使曲线成 BB 形状久而无例外;有代替关系,全部影响甚难稳定,其及于某一时,产品之影响,将经增加其产量或减少其产量以完成之。故其曲线可有各种形式(BB 亦为最可能之一。)

至于要素价格变动之影响的一般原则,与产品价格变动影响者相同。在某特定要素之价格上涨时且预料可以维持此一水准,为期较长,则在整个生产计划中此一要素之购进,必趋减少,其影响及于不久将来者,必大于最近将来者,企业之原始设备所受之影响,可视为特例之一。在某特定要素价格下降时,新生产程序可能开始,此则或为新厂之设立,或为旧厂采用新秩序。技术因素使要素购进曲线改观之可能性甚大,或初期甚大,随即降落,或初期甚微,广即继增,或于某一时期有高度之增加,未尝固定也。Marshall 之长期,短期分析中,涉及产品落后问题;而未尝论及要素落后情形。其实产品落后,颇与若干社会问题相连,失业及就业之不安定性,几均与要素落后相关涉也。

四 利息变动之生产计划

赫克斯对生产计划之最后分析,乃为在生产活动之过程中,增加利益变动,代替物价变动,以观察其所生之影响,利息变动之论述,虽于价格动之讨论,盖迄今仍利息变动之理论为公众所接受。古典理论缺乏其真实性,而反动派之理论又未成熟,加之利率变动,希望其持久,包括各种期限借款每周贴现比率之比例变动,而并非贴现价值之比例变动。

吾人于此暂不讨论利率之一般主动,而先论特殊利率之特殊变动。在特殊利率之特殊变动情形下,须假定适应各种不同,期限之各种不同之利率,在市场上为固定者,假定除特定利率外,其他一切利率,价格与价格预测皆为不变者。如此变动之利率为适应(七)周借款者,测一切在(七)加(t)周时,应购及应售之成品及要素之贴现价格均将因而变动,至于其他之贴现价格均不受影响。设(t)周借款之利率为下降时,则将使(t)周产品周产品 $X_t, Y_t\cdots$)及要素($A, t\cdots$)之贴现价格上涨,最自然之趋势,乃为增 $X_t, Y_t\cdots$ 等产品之计划产品量,及减少 $A_t, B_t\cdots$ 等要素之计划进货数量,亦可涉及其他各周要素之增加,产量之减少,利率之变动,常使一切贴现价格之变动同一比例。因一切产品与要素在同期发生,且可视同为一单一商品,产品与要素之变动仅符号不同耳。故可肯定言之,(t)周利率之下降,将必使(t+一)周之计划胜余增加,总上所述,可知生产计划,乃系在既定之技术条件下,自一束可能连续之胜余中,选择其最有利之一的问题,(将其在价格及价格预期既定情形下,变为现值），(t)周之贴现率乃为(t十一)周时胜余之价格。

在利率之一般变动情形下，设各时期贷款之周率下降，则适应各时期胜余之贴现比率(discounting ratio)上采，其直接影响为以将来胜余，代替现在胜余，而此一变动，并非未来一切胜余价格，作比例之变动，每一胜余价格必较任一早期胜余价格，所受影响为大，而较其后期胜余价格所受影响为小，于是任一时期之胜余，鼓励及打击之两力量。

利率下降对一串胜余之整个影响，在曲线上表现为一种倾斜(tilt)，胜余之增加，或为对应产品之增加，或为对应要素之减少所致。是故产品曲线将连续向右上方倾斜，各时期要素之连续曲线，将向相反方向倾斜。此种倾斜现象，乃由于生产技术固定性，原始设备特殊性，及下降之利率给企业家对于未来时。增加产量以更大鼓励之故生产技术之固定性，及相补关系，有时于利息变动发生作用，生产计划之时间分析，即依技术条件而定，因彼能决定未来产量之增加，及未来要素之减少的可能性也。至此吾人亦难能对既定时间之产量及要素，作固定不移之结论，所能肯定言者，仅一串胜余必作右上方倾斜之走向耳。

欲使生产计划之性质，以数量指数表示利率变动对其所生之影响，仍须藉助平均时期(average period)之观念，视为偏向之指数(an index of tilts)。奥国学者之平均生产时期，为班巴威克(Bohm-Bawerk)及其后学所创，以为特定单位之要素，将于未来之一定时期，产生定量之产品，平均生产时期系指自要素至产品完成之平均时间，有时以产品之数量与以加权，但奈特教授(B. Knight)对之表示反对，认为区别其特定产品系由现行要素所形成乃为不可能之事。试取去此类要素，未来产量必将减少，而产量之减少，可发生于某一时期，或以不同之方法表现于不同时期，赫氏之平均时期，既容纳奈特(Knight)之意见，又视班巴威克(B. Knight)者为特例，基于预期之一串盈亏(the stream of profit and loss)，计算其平均时期，而以贴现价值加榉。可能尽之时间亦将有一定之平均时期，更无须寻求未来产品归话某时期某种要素所生产者，利息既定情形下，一串平均时时期(the average period of stream)乃为良好之指数；如依不同利率计算，则同一串之生产计划，将有不同之平均时期，如利率未变，而平均时期未变，则表示一串生产计划之变动。

论利率之变动对生产计划之影响，初时，在一定利率下，乃形成一定之生产计划，及平均时；设利率发生下降现象，则生产计划随之变动，而平均时期之计算仍依据其旧时利率，故利率之下降，乃为平均时期之增长(an increase of average period)。

当利率下落后，一串新计划之边际胜余，乃为两串相对胜余之差额，$S_0', S_1', S_2',$ …$'S_3'$乃旧利率下计划之一串胜余，$S_0', S_1', S_2', …S_3'$乃新利率下计划之一串胜余。是新计划中之边际胜余乃为$S_0', -S_0, S_1, -S_1S_2, -S_2, S_3', -S……S_3-S_a$。由是亦可新计划中之一串胜余乃为加新的一串边际胜余于旧时计划中之一串胜余之结果，故新计划之平均时期，乃为旧计划中平均时期加一串边际胜余之平均时期而

成,其公式为:

$$\frac{CP + cP}{C + c},$$

P, P 为旧的一串胜余及新计划中一串边际胜余,之平均时期。C, c 为彼等之资本价值。

设利率之降落甚小,则边际胜余之资本价值(c)为微不足道,几近于零,而其资本价值当高利率时,必为负数。当低利率时,必为正数。但 Pc 则一定为正数,因在连续之补助价值中,各项皆为正数,故连续之补助之资本价值,亦为正数,当新边际胜余价值微不足道时,可以从略 C,而新平均时期之公式乃为

$$\frac{CP + cP}{C} = P + \frac{cP}{C}$$

于是无论利率下降大小,其平均时期之增长,则为显而易之事。班巴卫克(Bohm-Bawerk)视资本化生产,为时间之过程,而生产之主要性质乃在某一特定时期利用要素,从事生产,而在另一特定时期产品完成,平均时期一观念,乃生产制度之技术性质,表现之实际时间长短。赫克斯认为不当,真正平均时期乃生产计划倾斜之指数,非正实时间之长短,平均时期之绝对数量,依生产计划性质而定,乃毫无意义可言,平均时期仅用以测量生产计划之上升斜度,与运用之技术方法无关也,吾人则认为企业家进行其生产,核有一切连续而可分割之步骤,自始至终,将需时(3)周,在稳定平衡情况下,若干(M)新步骤开始,代替完成之(M)步骤,于是全部产品与进货保持原状,企业家无意进行额外步骤,扩充产量,盖风险系数将因之增加也,是故当利率下降前,一串胜余希望保持原状,当利率下降,现在胜余减少,而未来胜余增加,于是此一串新胜余之曲线成右上之倾。

利息对生产计划之影响已言其大致,再进而论其弱点。理论上生产计划为长期者?对利率升降最富灵感,实际上技术条件与风险,最能左右企业者生产计划之时期,就未来产品之有效预期价格,非为其最可能之价格,仍须自最可能价格中减去风险之负担。产品之时期愈长,风险之负担愈大。且在信用卓著或信用败坏之情形下,利率之变动,对企业家之行动,影响更为显著,综上所述,可知利息之变动,影响生产计划,为不可忽略之事实。

赫克斯之生产理论略如上述,其运用之分析方法,一如分析其他经济现象时之方法。氏尝谓分别商品之价格,并由其自身之供需关系决定,而由整个价格制度所决定,准斯,则生产计划之决定,又岂能分割讨论。吾人此举,仅便说明耳。由赫克斯之生产计划之理论,充分证明动态一般均衡之分析方法,更为接近事实,最为合乎实际。近代理论之为人称道,殆由于斯耶。

经济制度与中国经济建设途径

叶方恬

一

在社会科学中,制度一名词系指任何有组织的安排之事物。社会团体中的个人就在这些事物之下生活并执行其各别的事务。欲望是人类各种活动的原动力,而满足欲望的要求则系人类的本能。当一人有了某种欲望时,他便本能地努力活动,以求得该欲望的满足。此种个人的活动叫做个人行为。一欲望的产生并不限于一人。因此,同一类活动可能出自不同的个人。因为人类有共同的欲望,所以有分工合作的情事发生。不过人类最初的分工合作是下意识的,偶然的。等到在下意识的分工合作中发现了利益时,人类彼此间才产生了有意的分工合作,而其集体行为也就产生了。这时,才智超越的人士乃安排下若干事务,让一般人去度有组织的生活,并执行其各别的事务。这些有组织的安排之事物便是制度。不过这些有组织的安排之事物,是有其存在的条件的。它们必须与社会正义或公益及社会风俗不相违背。如果一种制度违反了这个原则,则生活在该制度下的人们,为了自身利益的确保,将群起而倾覆之,并代以另一种优良的制度。这是天经地义难以置疑的。

一制度的产生是有其物质环境做背景的。在某一种物质环境之下,才有某种制度产生。一旦时易境迁,则该制度将发生质的变易,以适应新的需要。但制度和物质环境,是互相影响,互为因果的。物质环境的变迁固然可以招致制度的改变,而制度的改变也可以多少引起物质环境的变易。这样,物质环境影响制度,使其改变,制度亦影响物质环境,使其改变,如是循环不已,人类社会也就在这种循环中得到大大的进步。

制度虽然有经济制度,政治制度,宗教制度,社会制度等的区分,可是它并不互相排斥。相反的,几乎一切人类的制度都有其经济的意义。它们构成了人类经济生活之制度的背景。西藏的多夫制便是一个显明的例证。多夫制是一种家庭制度,系若干社会制度中的一种。在西藏,这制度十足含有经济的意义。我们知道西

---

* 本文原载于《经济统计月刊》,1945 年第 3、4 期,第 63—69 页。

藏是一个高原,耕地固然很少,就是牧地也不算多。在此情况之下,多夫制可以使若干男子集中在一个家庭,共同地使用有限的土地,维持一家人的生活,同时使土地不致过于细分。

既已明了经济因素在制度中的重要性,我们当进而分析经济制度。经济制度包括一社会中人民间社会的关系或安排之事物,这些社会关系或事物,构成了他们经济生活进行的社会基础。具体言之,经济制度乃若干社会的关系之总和,这些关系表明人类经济生活之群的方面,同时确定个人在群体中的经济地位。

二

在说明了制度和经济制度的含义以后,我们当进一步就历史事实,对人类的经济制度作一番简略的回溯。在原始社会,人类过的是"穴居野处茹毛饮血"的生活。当时,个人是一切活动的主体,而且是一切活动的中心。后来,一方面由于欲望的增加,一方面由于智识的进步,人类彼此间便产生了下意识的分工合作,且更进而产生了有意的分工合作,而人类的集体生活也就代替了往昔单独的生活。人类最初的集团只有家庭。在母系社会,母亲是家长,一切家庭的活动都受她的支配。在父系社会,父亲代替了母亲的地位而为一家之长。这时,家庭的生活和消费又受他的支配。当人类社会由氏族时代进至部落时代时,酋长成为一部落的首领,一切生产活动和消费行为又受他的支配。

至族国时代,一方面由于族国领土的增大,一方面由于人类经济活动的复杂化,族国的领袖便不直接干预个人的经济活动,而以制定法律的方式,对个人的经济活动加以约束和限制。由于这些法律性质的殊异,经济制度便有各种不同的类型。不过,在上次大战以前,各时代各国的经济制度大体上可以分为两大类,即自由经济与统制经济(或带有统制色彩的经济制度)。这两种制度互相更替,而发生了不规则的循环现象。中世纪时,生产事业的范围逐渐扩大,除农业外,尚有手工业和商业。当时手工业和商业的活动均以行会为中心。行会规定了"公平的价格",一切交易的进行均须以此为准绳,交易的双方是不能妄自增减的。行会规定了产品的品质,行会会员生产时必须符合此标准,不然便要受到应得的处分。行会的从业人员有师傅、艺匠和徒弟的区分。这三个阶级的界线是比较严密的,而且从一阶级升到另一阶级还有很严的条件。这些条件都是由行会订下的。这时个人的生产,收入和消费都为行会规章所约束,个人没有多少自由活动的余地。同时,客观的环境也使政府对经济活动采取干涉的态度。十六世纪初叶十字军东征扩大了西欧各国的贸易。一四五三年东罗马帝国灭亡,远东与西方贸易的通道忽然中断。这促成了航海事业的发展和新大陆的发现。同时,封建制度已大体崩溃,往昔诸侯割据离析分崩的局面已不复存在,民族国家代之兴起。这时国家为争雄世界计,乃竟谋富国强兵之道。重商主义便应而产生了。这派学者以为强兵之首要在健全而众多的人民。至于富国之道则端赖金银的流入。为要使金银流入,一国须保持"有利的贸易差额",即输出须超过输入。在货币经济时代输出及输入均以货币为衡量的标准。因此,贸易差额实系总输入与总支出货币价值的差异。有利的贸易差额实现的条件为:(一)小量的商品输入,(二)较低的人口价格,(三)大量的商品输出,(四)较高的出口价格,和(五)较低的生产成本。为使成本低廉,政府便不得不对生产元素的供给和价格予以控制。这使经济制度的统制色彩愈益浓厚。

重商主义的统制政策行之日久,乃逐渐发生裂痕,而有反动的力量产生。这种反动的力量先发生于法国,形成了重农学派。该派崇尚自然法则,主张"放任"(laissez-faire)、"勿拘"(laissez-passer),且认农业为能生产纯生产,故为生产事业。英国古典学派经济学者接受了这种自由主义的思潮而发扬光大之。此派学者主张自由贸易,并认为个人有自由择业的权利。这种思潮左右了英国的经济政策,同时影响欧美好些国家。

十八世纪以后,由于工业革命在欧美各国的次第完成,工厂制度产生,劳资二阶级对立的形势逐渐趋于尖锐化。大多数资本家常挟其优厚的经济力量,对劳工阶级施以压榨和剥削的手段,以谋自身利益的确保。因此社会主义的思潮乃逐渐滋长,扩大,而且渗透到实际经济的范畴中,多少予自由经济制度以修正。

至上次世界大战时,由于战争的需要,各国乃踏上统制经济的道路。凡尔登一役后,战争转为持久战。于是经济力量的充实与否便成为战争决定性的因素,各国乃从而统制管理物资,电信交通等事业。时人以为战后可以恢复到战前状况,统制经济系暂时的。因此,凡尔登条约中乃有恢复战前状态的规定。但统制经济在事实上并未取消,惟其观念改变而已。以前宪法有私有财产不容侵犯的规定,一九一八年后乃改为私有财产之存在以国家利益及民族幸福为前提,必要时政府得征用之,亦得干涉之。一九三一年世界大恐慌达于极点,自由经济不足以解除经济的危机,于是许多国家都踏上了统制经济的途径。在这些国家中以德国为最甚。英美诸国的经济制度虽仍为自由经济,但多少带有社会主义的色彩。

上次世界大战后,各国经济制度之独树一帜者厥为苏联的计划经济。苏联三次五年计划后,国防经济便有了强固的基础,使苏联能抗御德国而终操胜算。在另一方面,民生亦逐渐改进。因此,计划经济乃为举世所瞩目。

三

上面我们系就历史事实说明了经济制度的变迁,同时提出了三种不同的经济制度。现在让我们分别对这三种制度再作一番横的分析,并予以评述。

自由经济(free economy)强调个人和个人幸福的重要性,因为个人幸福是国家繁荣的基础。如果一个人追求其自身利益而不受到外来的约束,则他将努力从事最适当的工作而为社会上一个有价值的,生产能力较大的份子。因为每人都追求其自身利益,故各人利益的冲突将经过相当时间而得到和谐,结果对每人产生了近似的公平。具体言之,主张自由经济者有下列具体的主张:(一)他们主张自由贸易,反对保护关税,(二)他们不企图管制或订定价格,或者管理产品的品质与价格,(三)他们认为工资系决定于雇主与工人间无约束的议价,(四)他们认为政府的职能限于下列三项:一、防御与和平秩序的维系,二、正义的执行,三、公营事业及公共机关的设立。再者,自由经济系经济自由为基础,从比较广大的观点来看,它根据三种主要的原则:(一)个人自由,(二)私有财产和(三)企业的私人创始和控制。自由经济的推动机构有二:价格机构和利润机构。自由经济的优点在个性发展的无碍和个体的解放,而其缺陷则约有下述五端:(一)在自由经济社会,企业单位以内的各部门彼此有联络,但由于主张的悬殊,各企业单位间便失去了联系。各产业间充满了产业的矛盾和冲突的现象。工业与农业处于对立的地位,即工业本身也有尖锐的竞争。因此,生产乃在无政府的状态中进行。(二)工商业的技术不同。前者的目的在求物质财富的增加,以满足人类实际的欲望。在货币经济之下,后者的目的在求货币数量的增加,以满足私人的利益。因此,工商业常不能调和。(三)在自由经济社会,经济行为的推动机构之一为利润机构。生产者生产的目的在利润的获得而利润的大小决定于价格差额,及可能的销售数量。生产者常为利润的追求,忽略了劳工的福利和消费者实际的需要。因此,自由经济产生了劳资二阶级的对立和生产与消费的脱节。(四)市场范围由一国扩充至全世界,国际贸易日益发达。这表示自由经济组织已达高度化。在一国中,原料,人口和职业的调整已非易事,何况国与国间风俗习惯不同,调整当然更不是一件容易的事情。(五)在一企业单位中,从事生产者和指导生产者的志趣至为不同。指导生产者的目的在利润的追求,而从事生产者的目的在物质财富的增加。在科学日益昌明和机器广泛应用的今天,从事生产者常想充分利用科学知识精良机器从事生产,增加物质财富,以提高人类的生活水准。但指导生产者常为利润的追求,阻止生产工作的进行。

因为德国是实行统制经济最有效的国家,所以我们就德国的统制经济加以分析,说明统制经济(control economy)的特性,优点和缺陷。德国统制经济的特性约有下述六点:(一)德国的战时经济不但发达到资本集中的阶段,而且正式踏上了国家资本主义的阶段。各重要企业部门均为各独占资本家所垄断,各独占资本家又受财界巨头的支配,而财界巨头又受独裁政治权利的控制,层次分明,一律组织化。(二)德国平时经济战时化,平时经济与战时经济打成一片。政府根据发挥最大战斗力的原则,有计划地牺牲消费品工业,扩充军需品工业,应即以牛油换取大炮的意思。(三)德国财产的所有权和控制权是分开的。前者属于财产的所有主,但后者则归属于国家。(四)就消费言,政府以全能的国家权力直接或间接统制个人消费,并紧缩消费品的生产,以达到物价的稳定。(五)在德国以自由竞争来实现利润生产的法则没有决定性的作用,各企业的利润是以国家权力作有计划地近乎独占性的保障。（六）因为政府竭力降低工资，使工人服从所谓工业领袖的指挥，故工人降为工业奴隶。政府为避免地租的低减，粮食生产的不足，工业原料供给的缺乏和农民的离村等值得忧虑的现象而使农民固着于土地，重复沦为农奴的地位，这种制度的唯一优点为机构严密，联系周全，生产效力大，战时可以发挥强大的战斗力量。论其缺点，则为：（一）政府的权力太大，个人的地位被没灭。（二）重视军需品的生产，忽略消费品的生产，使人民的生活水准降低；及至人民最低的生活水准不能维系时，整个经济体系将无法进行。（三）过于贬低工人和农民的地位，忽略了二者的福利，大与福利经济的原则相违背。

计划经济（planned economy）系一种新兴的经济制度。在此制度之下，经济的运用有一中心机关为之计划和指导。计划经济的实施是有一定的步骤的。在实施以前须先有一设计机构，负担计划的责任。在拟订计划时又须决定实施计划经济的目的是国防经济，应付恐慌或社会主义。目的决定以后，便进行调查工作，调查主要生产状况如何，人口有多少，工作人口又有多少，其体力适于何种事业，技术水准如何，知识遗产如何，自然资源如何，资本有多少，工厂机器有多少，生产机器之能力如何。凡此种种均在调查之列。调查完竣以后便开始拟订生产计划，这时又须注意下列三项：（一）生产资源的所有权和指挥权谁属的问题，（二）资源使用到何种程度，（三）生产资源如何分配给各种生产事业。在说明计划经济的一般性以后，我们当进而简述苏联计划经济的特性和其优点。第一，在苏联，私有资本是不存在的，资本的所有权和控制权均操持在民主集中制的国家手中。第二，国家以最超越的权力，不按利润法则，但依据国民或国家的需要，将整个经济生活有计划而有组织地动员起来。第三，苏联废止了所谓国民经济，实现了国家经济或社会化的经济。具体言之，在苏联，国民"各尽所能按劳取酬"。因此，苏联国民对于国家经济的活动和享受，均有平等的机会，平时对国家经济生活的享受和战时对国家经济生活的损失，均属一致，而无偏颇。第四，因为苏联经济消减了因私有财产制的存在而发生的不平衡或矛盾的关系，故不能因适应战争的需要而牺牲国民大众（尤其是劳动大众），以求得军需工业资本的膨胀。第五，在平时，苏联经济以求和平建设为中心，然一届战时，则因实行计划经济的缘故，无须经过一般改装过程始能实行战时经济。

四

以上我系就经济制度作纵贯和横断的分析，现在让我们再看一看世界主要的潮流。我们感觉到除轴心国外，今天各国所采的经济制度无论是计划经济或自由经济，多少都是带有社会主义的色彩的。这种社会主义是以人民的福利和国家的安全为前题。如果政府觉得有些事体与人民的福利或国家的安全有妨害，则它不妨采干涉的态度，否则便须持放任的态度。

自罗斯福执政以来,美国便向着这个方向走,一九三三年三月他第一次当选时,便面临着"一种崩溃的局面"。那时资本家受利润欲的驱使,酿成了空前的经济危机。一方面是生产过剩,一方面是成千成万的工人失业,一般国民的收入大为低减,许多人都挣扎在饥饿线上。在他执政的最初四个月内,他采取了"紧急措施的办法",以应付严重的局面。他实行"新政",颁布"紧急银行法",取缔银行的投机与操纵,取消少数大银行的特权,予许多银行重开的自由,但他严格监视,不许它们侵害人民的生活。他限制工业托拉斯对经济的控制,给予千万家工厂以发展的条件,同时也使农业生产走上发展的道路。他解救人民贫困与死亡的危机:在消极方面,他实施了有效的救济,使人民能从经济危机渡到经济繁荣的时期;在积极方面,他发展经济,给予千万人以复业的机会。他完成了伟大的"田纳西流域计划"(T.V.A.),使人民得到丰足的生活资料。但是,到了战时,他促使国会通过了租借法案,扩大军需品的生产,而且在"一切为前线"的口号之下,对后方人民的消费予以限制。他不但是美国史乘上一个卓越的政治领袖,而且还是一位伟大的世界政治家。他提出了"不虞匮乏的自由"(freedom from want),力持全世界人民生活水准的提高。在美国一切为人民的主张甚嚣尘上,因而有人提出人民世纪的名词。这说明了今后世界政治经济一般的趋向。去看美国商会会长约翰斯敦(Erie Johnston)发表了他的"三种资本主义的评价"。他将资本主义分为三类:(一)官僚资本主义(二)独占的及特殊权益的资本主义,和(三)人民的资本主义,而且认为惟有人民的资本主义才能给平民以最大的机会。根据他的主张,人民的资本主义需要三件事:(一)一个口袋里有储蓄——资本——的人民,(二)企业之门须逐渐开放,容纳显以其储蓄,其资本参加的人士,储蓄及资本数额虽极有限,亦无妨,(三)诚实的商业竞争,使物价逐渐下降,藉以增加人民的购买力,储蓄及资本。他说:"人民的资本主义的要点是:他扩大中间阶级。它提拔人民使成为有钱的人;然后又使他们成为冒险花钱的人。这个人民的资本主义并完全相信因为它比较任何资本主义都更能产生人民——有创造能力的人民——因此,它也更能比较其他任何资本主义更能制造职业。"

在苏联的经济制度中社会主义的色彩更为浓厚。根据苏联宪法第四条"苏联之经济基础为社会主义经济制度,与生产工具及生产资料社会主义公有制度"。这说明了它的经济制度的特性。在苏联,个人财产也受到法律的保障,宪法第十条规定:"公民对其劳动收入,储蓄,住宅及家庭副业,家用器具,及日常用具,消费品及享乐品之个人财产所有权,以及个人财产之继承权,概由法律保证之。"苏联宪法又规定经济制度与国家的关系,"苏联之经济生活受国家所订国民经济计划之决定及指导,以期增进社会财富,不断提高劳动民众之物资及文化水平,巩固苏联之独立,加强苏联之国防"。这与我们上面所提出的国家的安全和人民的福利是不相违背的。在苏联,劳动为"每一有劳动能力公民之应尽义务与光荣事业"。全国人民均须工作,而且"各尽所能按劳取酬"。这是颇与社会正义相符合的。

大战以后，一方面由于三党的推诚合作，一方面由于实际的需要，英国也向着社会主义的目标前进。首先，国内实行甚为公平的"定量分配制度"。只要是同类的人，他们的物质享受便是一样的，而无轩轾之分。目前英国政府正拟定复员计划。这些计划如房屋计划等都是针对着一般人民的需要而拟订的。其中最具有真实重要性的是社会保险计划。在任何政府对于社会事业的计划中，这可以说是最广博的一个，事实上它包括了一个公民自生至死所有的社会的需要，然而复兴重建时的实际需要也并未忽略。

从上面简略的叙述，我们可以说英美苏三国或者已经踏上了社会主义的道路或正向着社会主义的目标行进。这是世界的主潮，也是重视人民福利的国家所应仿效的。

五

今天我国正从事一个伟大的民族解放的战争。八年来的苦战使我国家民族的地位提高了不少。今后为了确保并更提高我国家民族的地位，我们不得不在短短的二三十年中完成建国工作。建国工作头绪万千，而以经济建设最为重要。不过我们的经济建设应采什么途径呢？我们的经济制度又将如何？这些都是在目前应该预先确定的。我们认为在决定我们应遵循的途径时，一方面我们要顺应世界的主要潮流，一方面又要参酌我国的实情。关于这方面，今年三月笔者曾为昆明"工商导报"撰文论及（该文题名"关于经济建设"），提出了五项具体的意见。第一，我们的经建工作，应该着重工业建设，庶能制造"制造机器的机器"，以利农业，交通等事业的发展。第二，我们的经建工作对国防和民生都不应忽视，但在初期，国防应重于民生。第三，我们的经建工作应统制与放任兼施，务期符合"因时制宜"，"因地制宜"和"因事制宜"的原则。第四，我们认为政府应先推动调查工作，调查全国可以利用的资源有多少，资本有多少，管理人才和技术人才各有多少，以及一切直接间接与经建工作有关的事项。调查完竣后，再集合全国专家硕彦于一堂，集思广益，拟定一个通盘的计划。第五，我们要采用区域经济制度，但不能使其与地方政治混为一体而酿成割据式的地域经济制度。

上述五点都是经济建设技术方面的大原则。我们认为经济建设只完成了它技术的一面还是不够的，因为这样我们可能再蹈自由经济的覆辙。因此，经济建设还必须完成它社会的一面。这社会的一面就是别的，就是"扩大中间阶级"。具体言之，我们应以"大多数人的最大幸福"为经济建设的总目标，用约翰斯敦的话，我们不能有"太多的高官贵人"我们不能有，"太多的下层社会"，我们更不能让"人民向高居政府高位或在商业上高居在上的少数有力份子乞求职业"。这是我们的目标，也是我们应该深自警惕的。但回顾目前国内情形，我们不禁不寒而栗。几年来物价继续的高涨使社会各阶层的经济情况发生了剧烈的变动。在今天只有少数不法的官僚和商人藉其经济上或社会上优越的势力，以投机操纵囤积居奇的手段，获得了暴利。他们的资本或财产一天比一天多，以言消费，他们过着纸醉金迷极尽奢侈的生活，一般中间阶级则在生活一重压下苟延残喘。我们认为这是与社会正义或公益大相径庭的。因此，我国要想以经济建设为基础达到"建国必成"的目标，不仅须完成经济建设之技术的一面而且必须完成它社会的一面。在这大前题之下，政府首先应以国父主张的"平均地权和节制资本"的方式加速地限制少数富裕阶级的资本或财产的再度积累，并以各种可能的方式去征收他们的资财，以供经济建设之用。这是属于消极方面的。在积极方面，政府应保证国民就业的机会，万一有失业情事发生，对于失业的人应予以有效的救济，同时充实人民的生活条件，提高他们的物质生活水准和文化水平。这是我们馨香祷祝的。

统计学与社会科学研究方法*

戴世光

一 引 言

近代科学的进步一日千里。各类科学所讨论的问题,既然更形精细,而所包括的范围也愈形广泛,因此各科学之间的关系也愈益密切。此中除去平行的科学如物理学与化学,政治学与经济学等,已经是互相关联而外,尤以抽象的科学与具体的科学,更有不可分离的趋势。① 抽象的科学多属于方法的科学,例如数学,统计学等。普通也有称之为科学的科学者,意即各类具体的科学须具有抽象科学为方法,才能获得可以证验的知识。皮尔森氏(K. Pearson)曾有一句名言,即"科学的本体全在方法,而不在材料"。② 这句话足以扼要的指明抽象科学与具体科学的关系。

在具体的科学之中,社会科学是研究人与人之间各种关系的科学,其与抽象的科学的关系,当无二致。在抽象的科学之中,尤以统计学是一种最切实的方法的科学,社会科学对统计学的需要因而更为重要。具体的说,统计学的基础是大量观察,观察的次数愈多,其结果将愈接近真实的数值。③ 凡有个体现象中所不能看到的性质,或个体现象所不能表现出的规则性,全可以用统计方法在大量的集团现象中揭示出来。此外,统计学的本质是数理的,一者统计系以量计的现象为对象;一者统计分析方法系基于数理的变化。因此统计学对社会科学的供献极为重要,尤其是对经济学与社会学,这由于社会现象的复杂性和不规则性,必须由大量现象中才能揭发其真理。同时以经济学与社会学而言,其对象的大部份是可以用数字来作确切的描写和叙述的,所以与统计方法科学的性质最为适合。近代各大学的经济学系和社会学系全将统计学列为必修课程,也就是因为这种原故。但是,由于社会科学(主要的指经济学与社会学)与统计学系几种独立的科学,各有其发展的领域,新的发展愈多,彼此的隔阂愈大。致力统计学理者固然可以不顾社会科学;但

---

* 本文原载于《社会科学》,1947 年第 1 期,第 45—59 页。
① J. A. Thomson: *An Introduction to Science*, Chapter 4.
② K. Pearson: *Grammar of Science*, Chapter 1.
③ J. Mueller: *Theorie und Technik der Statistik*, 1927.

研究社会科学者却不能不理会统计学所能供给的知识。我们应于可能范围之中对这种方法的科学加以充分的利用,如此方能增加自己的进步。

近代不论中外的社会科学者对统计学常缺深切的认识今愿就统计学与社会科学的关系及社会科学对统计学可以利用的程度,加以论列。

二 社会科学的研究方法

社会科学是具体科学,当然需要科学的研究方法。过去许多社会科学者皆会对这个问题提出讨论,有的举出演绎,归纳,和类推的方法;有的提出搜集事实,分析事实,及综合论断的方法;最普通的则将社会科学研究法分为历史方法,调查法,个案研究法,实验法及统计法。④ 其实这种看法是有问题的,尤其是统计法不应该与历史法调查法等平列。笔者以为科学研究法是一个整体,其中包括:(一)推理的方式,这指演绎,归纳等。(二)探讨的观点,或注重历史的探讨(historical approach),系由纵的事实加以分析;或注意调查(survey approach)系由横的现象从事研究。(三)研究的步骤,这指观察,搜集,分析和推论。(四)具体有系统经过组织的方法,这指统计学的方法。上列(一),(二)与(三)是一般的,各种科学全可以应用。在三方面之外,则有统计学,它是属于另外一种科学——方法的科学。⑤ 在限度之内的社会现象全可以利用这种方法的科学去完成研究的步骤。所谓限度是指可以量计的现象;凡不能量计的现象就不能利用统计学的知识去研究。当统计学的方法不能应用时,我们只要遵循研究步骤,选择合理的推理方式,把握住探讨的态度,仍能获得关于社会现象的知识。不过这种知识的成立却无从获得另外一种方法科学的根据,结果难免失之含混,模糊,而不够明晰确实。

由此,我们可以大致的理解统计学在社会科学研究方法中的地位。我们固然不必勉强的将一切社会科学的研究要由统计学上获得根据;但亦不应漠视这种方法科学的功能,而不加以利用。

三 近代统计学的发展

统计学最初只讨论关于对各种现象量计而得的资料的问题。其后由于大数法则的发现,于是进一步知道由大量资料中可以分析的得到规律的法则。同时由于量计的结果是数字的,因而利用已有的数学方法或发明新的数学方法来从事分析。延至近代,又由分析方法进入选样问题的阶段,换言之,即如何根据选样的结果来

---

④ R. E. Chiddock *The Principle and Methods of Statistics*, 1925, Chapter 3.
⑤ J. O. Smith *I'lementary Statistics, an Introduction to the Principles of Scientific Methods*, 1931, Part Ⅵ.

推论全域(population or universe)的问题。⑥ 目前选样问题的中心更进步到少数样本问题(problem of small samples)。这一点与大数法则并不冲突,大数法则是说明观察多数现象后可以发现规律法则的理论基础;而少数样本的供献是指明少数观察的结果的变异限度与其发生的机率。在这方面种种与选样有关的供献,如 t 分配(t-distribution) x^2 分配(x^2-distribution)及 Z 分配(Z-distribution)⑦等都是非常重要而且具有价值的。

由上面的说明,可见统计学的进展是由资料,分析,而进到选样问题,其趋势实已进入一个新的境地。但在事实上,一般人对统计学还是保持着过去的看法,有的人认为统计学即统计资料;有的人认为统计是包括资料与其计算的方法。凡此全只看到统计学中所讨论问题的一部分,而非近代统计学的整体。兹为便于说明起见,仅将笔者对统计学所给的定义介绍如下:"统计学是基于大量观察的原理讨论如何以数学方法来描写,列示,和分析数量资料,及如何按数理来推论分析结果的方法的科学。"这个定义笔者并不认为十分满意,而所以在此处提出者,实由于这个定义比较能概括统计学的重要内容。此中尤以统计推论(statistical inference)是容易被人忽视的部份,但它却是统计学中最新的最重要的建树,⑧仅由于这方面的问题比较难深,其结果尚未在其他具体科学上发挥较多的效能而已。笔者相信这只是一个时间的问题,有待于统计学者的继续努力。以目前论,统计推论在生物学和优生学方面已有显著的功绩,几乎使这两种科学有划时代的供献,这是绝不应埋没的。

四 理论统计学与应用统计学

上节所论是对统计学直的叙述,本节将由横的方面说明统计学与其他科学的关系。这种关系的分析最好由理论和应用的观点来讨论。普通对统计学分为理论统计学和应用统计学两部份;理论统计学,可以看作科学方法的逻辑,实指以抽象数字为对象讨论如何按数学来有系统的推演和证验关于列示,分析和统计推论的原则及方法。⑨ 应用统计学则以某具体科学为范围,包括(一)按某某中心问题讨论如何从事资料的搜集,整理,和列示;(二)以该中心问题的性质为限度,应用理论统计学中的方法讨论如何从事分析和推论;(三)就该中心问题的范围研究其他特殊的数学分析方法。在本文中,我们对理论统计学可以不论;对应用统计学方面,我们应该举例说明,如同与社会科学有关系的人口统计学(普通多称为人口统

---

⑥ J. G. Smith: Sampling Statistics and Applications, 1944.
⑦ R. A. Fisher: Statistical methods for Research Workers, 1938.
⑧ S. S. Wilks Lectures on "Statistical Inference", Planograph, 1937.
⑨ G. U. Yule, An Introduction to the Theory of Statistics, 1937, Chapter 1.
　A. L. Bowley: Elements of Statistics, 1937, Chapter 1.

计,实则人口统计应指人口统计资料)即属于应用方面。按上述的说明,则人口统计学系以人口学为范围,包括:(一)按人口学从事资料的搜集,整理和列示;(二)以人口学的性质为限度,应用理论统计学中的方法来分析和推论;(三)就人口学的范围,研究其他的数学方法,例如生命表的编制。根据这种说明,我们可以了解统计学如何与其他科学发生关系而产生应用统计学。以统计学与社会科学而论,其关系可用下列简图来表明:

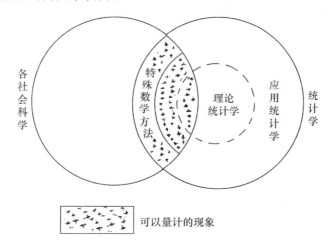

由这个图我们可以归纳得一个重要的认识,就是在统计科学中可以研究理论统计学为范围;但不可以研究应用统计学为范围,因为应用统计学实系一个概括的总称。

根据这种认识,我们再分为两种立场来讨论。第一是站在统计学的立场去致力应用统计学的研究,则应注意:

(一)应指定某个具体科学为范围,

(二)对该科学必须具有基本的知识,

(三)本着统计学的法则去研究特殊的数学方法。(一部份人认为统计方法只有一个,这种看法稍加修正。基本统计方法是只有一个的,但依之而申引到其他具体科学中的方法则包括着许多彼此不同的特殊数学方法。)

第二是站在研究某种社会科学的立场,去理解对可以量计现象的研究方法,我们应该知道统计学的基本内容,并在可能范围中对统计学的知识加以充分的利用。后者是本文的中心问题,笔者在下列各节将分别加以讨论。

五 统 计 资 料

统计资料是一般人对统计学认识最清楚的一部份。所以如此,实由于两种原因:第一,英文"statistics"这个字可以有两解,一即统计资料;一即统计学。英文上的用法是用多数和少数来分别,但译成中文后,多数与少数无从区别,结果数字资料就是统计,统计就是数字资料。[10] 第二是由于统计资料最切实际,最容易引用。许多立论的据点,常以数字为张本,因而遂以为统计学的知识,也就是数字的知识。实则统计资料的问题仅包括将现象量计后加以初步的表列,不过属于科学研究中搜集事实这一个步骤而已。以社会科学论,我们对一切问题的研究,按理须由社会现象出发。研究的目的是希望由事实中寻出规律的法则,然后进一步据之以为解释或控制现象的张本,所以科学研究的步骤首须搜集事实。统计学在这方面所供给的知识,即有系统的说明如何由量计而成为初步表列的数字。[11] 社会科学对这种知识的应用是有限度的,即以可以量计的现象为限度。所谓"量"是指统计单位的确定;而"计"则指去数有多少统计单位,所以量实重于数。统计的限度是看能否量,不能量则不能数,当然也就不能成为数字。例如幸福,效率,暗示,模仿等都是不容易量的现象。不过这并不是绝对的,问题是统计单位的确定太困难,不容易指定得明显清楚相反的,凡能量计的都能构成统计资料。

至于统计资料的作用,则视问题的性质而异。有的问题只要有量计的数字即可作为论验的根据,或者即可表明一种状况;有的尚须进一步作到分析的步骤,方能说明一种意义或一种关系。实则,前者并非不需要分析这个步骤,还是需要对事实加以分析,不过不需用统计的方法来分析而已。

六 统 计 方 法

在社会科学研究方法中,统计方法是具体有系统经过组织的方法。按性质,可以分为两部份:(一) 一般的统计方法,主要包括比例,平均数,差异,相关和时间数列的分析。(按理分类也是一种分析中的重要步骤,统计方法也需要在量好之后分类来计数。但分类的标准是某种社会科学的知识,而非统计学的知识,所以不必列入统计方法之中。)(二) 特殊的数学方法,这要以现象的不同而各有其特殊的方法(例如生命表编制法,物价指数和工资指数的计算公式等)。这两种分析的统计方法,其作用并不止于以数字为根据,而系进一步指明一群现象的重要内容;或确定两种及以上的现象的关系;或说明一种趋势;甚至于可以根据分析的结果归纳的成为现象在数量变化下的法则。

以近来各种社会科学与统计方法的关系论,关系最深和应用方面最广的,首推经济科学。这由于经济现象系以价格为中心。经货币量计的结果,差不多全可以用数字来描写,因此统计方法在经济科学方面的应用最广。不仅如此,经济科学除去需要一般的统计方法以为研究方法外,而且另外需要特殊的数学方法。在这方

---

[10] 同(4),Chapter 2。
[11] 同(9),Bowley, Chapter 1。

面最重要的约可分为三大类:第一大类为商业循环和经济现象长短期变动的研究,必须应用时间数列分析的方法;第二大类为价格的研究,或以复相关的分析方法来确定影响某种价格的因素,或以物价指数的方法来指明一群物价的变动(或货币价值的变动);第三大类属于数理经济方面,或以数理推论纯粹抽象的经济理论(例如自 Cournot 氏以来的尝试),[12]或以统计资料来推演实际的供求曲线(例如美国农部的需求及成本统计曲线,[13]再如 Schultz 氏对需求的量计研究等[14])。

次于经济科学的社会科学即人口学,对统计方法的关系最密切。实则人口学与统计方法几乎成为一体,因为人口统计方法已成为人口学中的主要部份,几乎全面的人口学均以统计开始并以统计结束。人口学的开始系属于统计资料方面,主要的系以数字描写静态的人口现象和动态的生死变化至于统计方法的主要供献则在人口增长曲线的配合问题和以生命表指明人口生死的规律性,这几乎已概括人口学的几种主要贡献了。[15]

除此以外,其他的社会科学仅社会学方面在最近有一种新兴起的趋势注重统计方法,但仍不够普遍(政治学对统计方法的应用实际极少,仅政府行政系以统计资料为设施的依据而已)。笔者认为这是统计方法的理解和运用的问题。举例来说,在社会学中统计方法的应用是很多的:如同用相关来分析各地环境(包括可以量计的现象,人口密度,教育程度,每人口平均资本额和气候)与名人人数的关系;以比例图来表示文明(可以包括人口,收入,商业和铁等)的进展;以百分比来表示某种族对其他种族的偏见程度;以时间数列来分析死因率的季候变迁等等。凡此,在过去也的确会有人尽量的利用统计方法去讨论社会学的原理,如同雷哈德氏(Reinhardt)的社会学原理与方法,[16]即系一本应用统计方法相当成功的著作。实则他尚未提到统计推论,他如能理解统计上的选样问题,或者他的供献还要大些。再如美国的瓦德氏(L. F. Ward)[17]更能代表这种新的作风,完全以统计方法为社会学的研究方法,其影响业已侵入欧州的社会学界了。

七 选样和统计推论

在科学研究中的最后一个步骤是综合论断。这一步差不多尚无人作应用统计方法的尝试,而仅系抽象推理的结果。实则就统计学新的知识论,社会科学方面对

---

[12] J. K. Mehta: *The Elements of Economics mathematically Interpreted*, 1930, Chapter 1.
[13] M. Ezekiel: *Economic Bases for Agricultural Adjustment Act*, 1933.
[14] H. Schultz: *Statistical Laws of Demand & supply with specval Application to sugar*, 1928.
  H. Schultz: *Theory & Measurements of Demand*, 1938.
[15] R. Pearl *Introduction to Medical Biometry & Statistics*, 1941, Chapter 1.
[16] Reinhardt & Davis: *Principles and Methods of Sociology*, 1932.
[17] S. Chugerman: *Lester F. Ward, The American Aristotle*, 1939.

之尚有充分利用的价值。按理在搜集事实时,有的问题须作全面的或普遍的观察;有的只需作样本的研究。此中取舍的重要标准,端视的所需数量资料的性质。如果我们对全体的绝对数值需要知道共有多少,则非作普遍调查,对全面事实加以搜集不可。如果不要绝对总数,仅需知道现象与现象之间的关系,或部份与全体的关系,或部份与部份的关系,则不妨利用样本,然后根据样本分析的结果来推论全域(population)的情形。[18] 由过去社会科学的研究来看,所观察的事实多半属于选样的结果,换言之,多系部份社会现象的研究。其中关于数量方面的分析结果常即直接论断,认为"样本是代表全域,样本的结果即全域的结果"。实则这种论断是非常危险的,极容易发生错误。例如甲乙两个社会科学家同住一个区域内对农民所得用数字加以量计,并且假使按统计方法分析的得到一个平均数。如果甲乙两人所求得的平均数彼此不一样,有大小的分别,这如何解释?能说甲乙的样本所代表的区域不同?再假设甲乙两个分别调查两个区域,如果平均数不同,我们能否根据这种不同而论断这两个区域不同?我们有什么标准用来判断这种差别?换言之,即差别大到什么程度即可认为显著的?什么程度即认为不显著?如同这些问题,按理,其结果既系数字的,应该仍到统计学中求答案。统计学中的统计推论即由数理上求得根据,说明如何判断选样的结果;如何根据样本的结果来推论全域的真实数值。不过此中有一重要条件,就是样本的选法,一定要自由选样(random sampling)。[19] 这个条件是选样问题在理论统计学中的基本前提,在统计学方面虽然是一个限制,但站在社会科学研究方法的立场,自由选样实有下列的优点:(一)避免主观选样的偏误,和主观选样的困难。(二)能测定各单位之间差异的情形。(三)能获得统计推论的方法,可以判断数字结果的意义。因此观察社会现象时苟系选样,实应以自由选样的方式来获得样本,进而利用统计推论,则前述问题都可迎刃而解了。

此处仅有一点须要提出的,即统计推论的答案全以机率来说明。具体言之,我们不是由选样结果去推定全域结果是多少;也不是以选样的结果来代表全域的结果;却是根据样本的结果去说明全域是某个数值的机会有多大。客观的说,这种答案的方式才是科学的,立论非常严谨,样本的大小与推论结果的机率具体的关系,全由数理上求得根据。普通社会现象调查的样本究竟应该多大,这个问题是无从回答的,但如按统计学的知识,则分别就样本的大小指明结果发生差异不同的机率。在这方面从前的统计学的知识只限于大样本;近代新的建树已经又进展到小样本的阶段,数理上可以指明小到两三个单位的样本,结果发生差异的机率是什么。

就社会科学方面的学术研究而言,理应对选样和统计推论予以特别重视。选

---

[18] 同⑥

[19] 同⑥

样方法的价值是在可以用之代替全体观察或完全调查;使研究的劳力节省,为研究方法辟一个新的捷径。当我们从事研究某种问题时,有时是不能用完全调查的方法;有时是不必用完全调查的方法。例如根据经济统计资料来确定需求曲线,或指明某因素对价格的关系,[20]其全域在理论上是包括所有的各种可能。所观察的结果本身即系一选样的结果,全域当然不可能完全的调查得到的。再例如民主政治需要随时测定人民的意见,以为政策决定的依据。此种测量应该以全体人民的对象,但为了节省人力,财力,与时间,美国在这方面多半用选样民意测验的方法。[21]仅在选样方法上,须绝对自由而不参加主观的选样,其结果即足以充分表现民意所向,而且所分析的统计结果还可以依统计机率推论全体的真实比数。此例即用以说明:即设可以观察全体的现象,也不必须作完全调查。

总之,统计学的选样方法与统计推论,在社会科学研究方法中占极重要的地位。消极方面,我们应该认识到普通的观察结果全是一种样本,直接据之以对全体对象下结论是非常危险的,在方法上不够严谨。积极方面,社会科学的研究应该广于利用统计推论的方法,以为论断的根据,前段对经济分析和政治的民意测验不过两个例子,以示其应用之一般而已(Bowley 氏对选样的应用有详尽的讨论[22])。

八 结 语

在社会科学研究方法中,一般的说,我们于确定中心问题之后,即须决定我们探讨的态度,然后方能遵循科学研究的步骤,去搜集,分析,综合,论断。等到最后即须根据某种推理路线去指明结果的规律性,或将结果化为一般的法则。凡此,实系社会科学研究方法的一个整体,而统计学与此整体的关系,则系一群抽象的逻辑、概念、态度中唯一的方法科学;统计学的应用可以使科学研究步骤具体实现,其运用是有法则的,是有数理基础的。当然不是所有的问题在实现科学研究步骤时全非用统计方法不可,实际上,也有一个客观的限度,即中心问题中的现象,如属于不可以量计的则不能应用统计方法。不过,相反的,如研究的现象可以量计则务必用统计方法,因为唯有统计方法的运用是有法则的,可以不参加主观的成见,而能求得精确的结果,同时这种基于大数法则原理的结果是能够把握住原有的中心问题的。进一步在分析推论时还有数理的基础,可以求得比较最科学的答案。

我们站在研究社会科学的立场,从根本上即须理解统计方法的限度是在乎我

---

[20] F. C. Mills:*Statistical Methods*, 1938, Chapter XIV & XV.
H. Schultz:"The Standard Error of a Forecast from a Curve", J. A. S. S., *Journal of American Statistical Association*, vol. 25.
[21] G. Gallup:*Government and Sampling Referendum*, J. A. S. S., vol. 33. 1938.
[22] A. L. Bowley:*The Application of Sampling to Economic & sociological Problems*, J. A. S. S., September 1936.

们对某种现象是否能给与确定的单位定义,并不如已往的看法,认为是量与质的分别。消极的对统计学的基本内容应有所认识,统计学并非统计资料;积极的我们应知道统计学发展的趋势,认清楚统计推论与研究方法的关系。必如此,我们才能对统计科学加以充分的利用,其意义固不仅使社会科学研究方法进入一个新的境地而已,实对于社会科学的发扬光大更有重要的关系。

币值与币信

——论金圆券发行办法的改修

戴世光

八月十九日政府发行金圆券，更改货币单位。名之为管理货币，实际上却膨胀发行；宣称：为十足准备，而准备却与货币没有关系；强调金圆的含金量，而此种规定只用为政府以钞票收兑换黄金的标准，这种性质的"货币改革"，必然难以持久的。事实上仅仅在改币制以后一个多月的时间，各地物价即开始上扬，金圆券便逐渐的贬值了。延至十月中旬，平津物价平均较八一九者已上涨七倍强，其后，京沪等地不甘寂寞，物价有更猛烈的增加。政府乃于十一月十一日对金圆券发行办法另作重要的修改，为时不过八十日，金圆券改头换面，现已另以一种身份出现。

修改的内容计包括两种办法：一种为"修正金圆券发行办法"，一为"修正人民所有金银外币处理办法"。如将两种修正办法综合的来看，其内容与八一九公布的办法不同的计有下列四点：（一）金圆券的法定含金量原定为零点二二二一七公分，今改为原订者的五分之一，为四点四四三四公毫，并提高金银外币与金圆券的兑换率。（二）原定办法仅发行金圆券而无具体的金圆，今改为原则上金圆以金银分别铸造，并由中央银行发行，与金圆券同时流通。（三）原规定限期收兑人民所有黄金，白银，银币后外国币券，逾期任何人不得持有；今改为金，银，外币仍准许人民持有，仅禁止流通买卖，银币则准予流通使用。并规定：凡以金圆券存入中央银行指定之银行定期满一年者，除照章计息外，并得于存款时以与存款同额之金圆券向存款银行兑换金圆，在金圆未铸成前得按规定比例兑取黄金或银币。（四）原定金圆券发行总额最高额为二十亿，今改为金圆券发行总额另以命令规定。除去上列四点重要的修改以外，其余均与原来的办法大致相同。

根据前列的比较，笔者测度政府作这次修改的动机可能有三端：第一，承认金圆券贬值的事实，更改外汇的兑换率。这由于近来金圆券的内价与外价相关悬殊，法定美金的兑换率仍为一元兑换金圆券四圆，长此以往，对于外汇申请的购得者等于奉送，消耗外汇太大；同时，出口亏损过多，几乎完全停顿，华侨汇款在国内所值有限，侨汇大为减少。如此，乃不得不更改外汇汇率，提高五倍，并实行进出口连锁

---

* 本文原载于《新路》，1948年第2卷第3期，第6页。

制,以企图增加出口,鼓励华侨汇款。第二,强调改铸硬币,将与金圆券同时流通使用,并以加倍存款兑换黄金白银为饵,以求提高人民对金圆券的信心,庶可稳定币值,缓和物价的波动。第三,提高黄金,白银,外币的兑换率,并承认为人民所持有而未兑换的金,银,外币为合法的,如此,可以暗中无限期的延长收兑金银外币的期限,希望继续收兑人民藏有的金,银,外币。假使以上的测度不错的话,除去第一点为事实问题,外汇汇率必须调整而且也不得不调整,藉以支持出口一层略有意义以外,其余两点都有很大的问题存在。

  原订金圆券的发行办法,仅仅施行八十日,就另加修改。当时多少善良的人民,恪守法令,不敢持有金银,而以之兑取金圆券。延至目下,金圆券的价值实际上仅值当时十分之一左右,即以法定的价值言,也仅仅为原有的五分之一。过去犯法的,现在合法了;原来守法的,现在吃了大亏。当前谁又敢过度的凛遵政府的法令?谁又能保证在另外一个八十日之后,政府对金圆券发行办法不再修改?虽然宣称改铸硬币,但硬币艳非一朝一夕能够铸就并且大量流通使用的,至少目下实际所见到的还是金圆券,还是业已贬值的而且会继续贬值的钞票。凭着以往的惨痛经验,根据当前物价高涨的事实,我们能相信人民看见几条法令就会恢复信心吗?就会因之使币值稳定吗?由发行办法修改起至笔者执笔时,为时不足一周,金,银,外币的黑市价已比法定兑换率高到百分之五十至百分之七十,谁又肯以黄金,白银,外币拿到中央银行或委托银行去按法定兑换率兑换金圆券?何况过去政府收兑的金银外币并不与人民的利益发生关系,现在更没有要人民以金,银,外币向政府兑取金圆券的道理。

  笔者对这次的修改最不满意的一点,就是新办法等于保障官僚资本,富户豪门的既得利益。在修改发行办法之前,法令是规定强制人民以黄金、白银兑换金圆券的,但是,我们却从未见到举世知名的我国富有者以其藏有的大量金银外币兑换钞票,因为,如果有大量兑换的事实,社会不会不知道,政府也不会不以之为宣传的好材料。由此足见他们虽然违法,还依然保持他们的豪富财产,现在法令一改,结果,等于保障违法者成为合法者。不仅如此,现在政府又规定加倍存款兑取黄金银币的办法。为了兑取一两黄金,必须用金圆券两千圆,虽然金圆券业已贬值,我们可以相信至少百分之九十五的人民手中拿不出两千圆金圆券。结果,有资格以钞票兑取金银的还是几个极少数的富户豪门。他们囤积米,面,棉纱,依仗着它的必需性,相对的抬高市价,卖给人民取得金圆券,然后再以之兑取金银,从此不仅长期持有,而且可以逃避自如。这不但等于保障豪门富户的财产,而且等于协助他们财富的增加。社会上最不公平不合理的事情,宁有甚于此者!

  或有人以为:加倍存款虽然是政府把金银兑给富户豪门,便宜了既得利益者,但是,至少可获到吸取金圆券回笼收缩通货的效果,如此将有助于稳定物价,安定币值。笔者认为这种看法未免太单纯,其实却大谬不然的。一方面,根本上政府财政收支不能平衡,通货膨胀的事实并未因改使金圆券而缓和,即设能吸收一部份金圆券,而这部分金圆券的数量远比财政赤字为小。另一方面,存款期限须满一年,在法令朝定夕改之下,没有人愿作一年以上的打算,这等于按法定兑换率加倍兑取金银。当金银黑市价高于法定兑换率而不足两倍时,以存款办法兑取金银的数目一定很少。只有在金银黑市价高出法定兑换率两倍以上时,富户才会大量的用钞票向银行以存款办法兑取金银,等到那时候,政府所收回的金圆券的价值又将低于兑出金银的价值了,政府将这部份金圆券用在财政发出时,必须另行补发新钞,才能抵得住所兑出金银的购买力,因之,发行依然不能停止。其实这种办法就等于抗战时的抛售黄金的措施,当时黄金是抛售了,但发行依然膨胀,物价依然高扬。现下希望以一两黄金收回所值加倍的钞票的规定又是政府的如意算盘,鉴诸已往的经过,这种办法实际上将不能发生作用的。

总之,如果政府能舍得牺牲豪门富户的既得利益,增加由富人负担的租税,同时肯停止非建设性的财政支出,使财政收支能够平衡,不以发行为增加财政收入的手段,则法币的价值早已可以稳定,改换货币单位的金圆券的价值也可以稳定。如今,圆内千疮百孔,痼疾已深,我们对于仅图治标的修正办法如何能抱多少希望!至于修正金圆券发行办法中的分别构造金银两种硬币流通的问题,和人民窝藏硬币的问题,为时尚远,我们似乎不必杞人忧天的,在目下予以论列的了。

国营重工业的前途

严仁庚

一

把全国的重工业，通体拿来，由国家经营管理，似乎原则上已经成为上下一致的要求，和举国一致的定论，不容我们置喙了。事实上，现在我国的重工业又何尝不是由国家集中经营管理，私人经管之门，已被堵塞。

我国的重工业，发轫本来就迟，几遭斫丧之后，又几受战争的摧残。未脱稚期的私营重工业，原本就是支离破碎的不成个样儿，经过这十几年来，政府用国防设计的口号，用资源利用的口号，慢慢的又都拘进了中央政府的樊笼里面去，益发的不足道了。目今我国的重工事业，总算还幸亏有这少数的国营厂矿，替我们支撑一下场面。

反对工业国营的人所持的理由，或说一般人对于国营事业所怀的戒心，不外乎第一，鉴于政府办事，向不讲求效率，深恐工业从私人手中夺出以后，会影响到经营的效率。第二，政府经营事业，不计亏折。所以企业一旦官僚化，浪费和贪污在所不免。这两个顾虑都是不无相当理由的。

笔者则尚以为，我们评判国营事业的得失，不只应该从消极方面看它能否做到维持较高的生产效率和杜绝贪污浪费的地步而已，更重要的还是要看它在积极方面能否做到时时顾到全国人民的福利，能否在经营上有它全盘和长远的计划。这才是国营事业成败利钝的一块试金石。现在让笔者用这个标准来评价我国的国营重工业。

二

公道的说一句，我认为，这十几年来，国营重工业在资源委员会指导经营之下，并没有显出效率比私营厂矿降低的现象，或者说可能把效率标准还提高了一些。自然，我国私营工矿事业的经营效率本来很差，不能作为标准。不过，最低限度，可

---

* 本文原载于《世纪评论》，1947年第3期，第8—12页。

以说明的是，在目前我们这个国家里，重工业自私营改为国营，单从效率上讲，尚不足拿作我们诟病它的理由。这无疑是主持者在人事上的大成功，倒不尽国营一定优于私营的一个反证。论到贪污，我也觉得在这个政府上下大小各衙门贪污遍地，有恃无恐的今日，资源委员会所经营的一切事业，总还算是政府中最干净的几块地方中的一块，也该批上一个难能可贵了。浪费不能说没有，然而浪费是个相对的称谓，要以化费在它身上的物资，同它表现出来的成绩制造出来的效果和影响去比较，才好下断。

总而言之，就着消极的成就来看，我们若把尺度放低，不存过奢的希望的话，我们的国营重工业，总还算不负国人的期待。经年的努力不辍，平息了不少国人对于工业国营政策的责难。

三

然而我们衡量或评论国营重工业的得失，最重要乃是要观察它究竟将重工业国营的目标完成了几分之几。甚么是重工业国营的目标？重工业之所以要国营，乃是针对着重工业私营制度所容易产生的多种流弊而发。那么，哪些是重工业私营的流弊？在私营制度下，一个一个的工业部门，或是一重工业里面一个一个的工厂矿场，都由私人单独去经营。各业或各厂矿之间，不容易获得联系，取得合作，而且有时甚至于产生无谓的和无益的同业竞争。生产量既是各单位去自由选择自由增减，便不容易对准全体人民以及整个产业界的需要。私有企业者又往往只顾到自身和眼前的利润盈亏，很少能有还大的和全国性的打算。他们在承平年代，不能与一般产业结上的紧密关系，互相配合，设法收到最大的社会利益，设法获得最大的经济报酬；到了战时，他们又无法负起那非常时期的一付重担子来。重工业多少是一种近于独占性的企业，所以私营如获溢利，这溢利便是代表全民众或整个国家的利益入了少数人的私囊；私营如有亏损因而影响他的经营方针甚而至于停止营业，也可认为是整个国家人民的一宗消耗和损失。

简言之，重工业国营的目的，不外乎在设法防范重工业在私营制度下容易染上的各种毛病。不过话须转回头来说，不是说单靠把所有重工业收归国营，便算尽了本份，便可坐收所期的效果。要想摆脱私营重工业的流弊，国营之外、必须还要对于整个工业的建设和经营、有一番通盘全部的计划。这个计划，是要从粗枝大叶的纲领计划，降而至于细目细节一枝一叶的紧密计划，都不可少。也必须是一个扣扣衔接无懈可击的计划。按着这个计划，逐步推进，逐步改良，逐步去扩张。重工业国营，必须作到这一个地步，方才可说是没有负人民的重托。

四

我们国家的天然资源,不能算十分丰饶,称不起"得天独厚"四字。这些资源,还大部埋藏深土,利用起来要费相当大力气。目前,我们只能就着这有限可以利用的资源,稀稀疏疏的薄薄的一层,撒布在全国建设里面的每一个部门。把工业的每一个部门马上都兴建起来,我们没有这种力量。只好是就着需要的轻重缓急,定一个顺序,依次配备起来。所以我们的全国建设计划,因而应该是一个顾到多方面的计划。应该是一个衡量各方面的需要,同时又能各方面互相配合的一个计划。不容它顾此失彼,不容它前后不相衔接。最重要的仍然是要顾虑到每个部门在全国经济里面的比重。

资源有各种事业上的分配,要与国民经济对于每种事业的需要程度成为正比例,使得资源分配于每个事业对于整个国民经济所能产生的界限效用或称界限生产能力(marginal productivity)划一。这不是一件好办的工作,须以精密的计划做诱导。

工业建设过程中另外的一个重要的考虑,我认为是为了将就这有限的资源,无须乎把所有一切我们认为国内所需要的制造品,一下子都在国内设厂制造。有许多制成品或半制品,舶来货物又精又廉,我们何妨暂时用外国产品充替,慢慢再设法自己制造。我们资力有限,物力有限,而建设的部门这末多,建设的方面这末广。最初仅可就必不可少的制品自己生产。一下子就想把工业或单是重工业弄得那末庞大那末完全,不见得是目前最明智的政策。我们的人民所得太少,购买力太低太不平均,制造品的市场太小,制造业又这末脆弱。因而制造工业,不能充分的享受大量生产的利益。类如这一类的工业,尤其犯不着现在就去自己兴建。尽可暂时利用国外成品,以便腾挪出可贵的资源,制造其他眼前更重要更急需的制造品。资源所限,我们不能不分缓急。

虽说我们自己的资源不足,尚可借助于外邦。不管是人力资源,物力资源,或是技术,或是可供购买各种物资人力的一份购买力,都可到外国借了来给我们用。不过借债是要连本带利的偿还。不能只贪图一时的方便。而且所借的数目也要受各种条件的拘束、不能予取予求贪得无厌的。借债要顾到用途,也要顾到人民的负担能力和借债还债时对于一国的经济,可能发生哪种有利或不利的影响。所以借助外邦也有它的限度,不能过分倚赖。更不能在这限度之内做成一个最合理最有力的分配。

五

去秋胜利之后,我政府曾在美国秘密进行一笔大宗借款,拟用为复兴建国用途。交涉还没有头绪,国内的建设机关,便已纷纷造出了庞大无比的预算来,作为扩充设备的准备。笔者曾得知其概数。

内中有某一大厂开出的款额比相当的其他大厂小得多。我曾怀疑,假使估计出目前和最近几年中国人民购买力的大小和每年可能吸收这个工厂出品的数量,用这一比增建费来扩充设备,是否够它的需要呢?据内部的人告诉笔者,这个当局的数目,不仅足够扩充设备和增加流动资金之用而且是比起最大的需要还可以高出一倍以上。那么,为甚么要开这末大一个数目呢?他们的解释,第一是预备给上峰打折扣留个余地。不过主要原因仍然是因为其余每个单位都把预算开得异常庞大,这个厂当然也就不甘落人后了。

政府里面,一个单位机关,经费越大,用人便越多;用人越多,势力便越雄厚,说话便越有力量;说话越有力量,便可以更请求增加经费,请求多用人,更加增说话的力量、这样成功了一个轮回的圈子。所以说,会做官的长官和主脑,要手笔大,要不怕化钱,不怕浪费,所怕的只是抓不到钱。国营事业虽非官场,这个风气也不能免(这类情形,有些外国组织过于复杂的大公司,也有相似的)。这种作风,如何把它减到最低限度,不使它助长浪费,不使它阻害事业的平均发展,就必须要仰仗主持者的魄力和眼光了。若是一切事业,全有纯客观的,超出人的因素以上的,缜密而详尽的,完全以全体人民的福利为前提,作为一切事业推进之准备的计划,相信这种作风,可以不让它滋长为患。

六

去年(三十四年)末,某一国营大工厂,曾向美国某大公司接头,希望用三千万美元的巨款,购买这个公司的几种制造品的专利权,由这公司供给机密,特许我国的这家工厂,仿照他们的方法程序,制造几种基本原料和制品。他们并可供给技术,训练我国派去专习这几种货品的制造技术的若干工程师。

这一类以合作方式改进我国工业的办法,原则上不容我们不赞同。然而我们不能释于怀的却有几点;第一,三千万美元不是一个小数目。若用战前美元汇率折算,可以合到国币一亿元。那个时期,中枢的全国行政事业经费预算,全年不过是十亿元。为一个工厂,为了获得少数几种制造品的专利使用权,便耗费这末大的一笔开支。而且这款子又不易多得的外款。值得不值得,经过没经过审慎的考虑,我们不能不关切。

第二,这里所谓"值得不值得",不仅是指单独用这个投资数额和它可能获得对于国计民生的全部利益作个比较便了;而是要更进一步,用这项可能获得的全部利益,和用同额的巨款去兴办建设其他事业他重工业或他制造方法,对于国计民生所能贡献的全部利益来比较才是。第三,我们的外汇资源小的可怜,不能不束紧裤带,竭力的撑节。三千万美元不是一个小数目。此丰则彼啬,是一定的道理。一处丰绰了不打紧,许多方面便须过穷日子。

第四,若是这一大宗外款,是向外国借了来的。我们不仅要问,这个工厂是否有能力独自敌到未来的偿本付息。虽说外债本息的偿付,是国家的一本整账,然而同时,不管是从会计的立场,从财政的立场,还是从工商管理的立场来看,即是这个独立的事业机关自己套在脖子上的债务,就不由得它不自己去设法清偿。

第五,合作对方是美国一家规模很大的制造公司。他们有广阔的销场,有多年在技术方面的成就作基础,制品精良,成品毫无问题也比我们设厂制造为低。如果这是事实,我倒赞成,我们暂时还不妨利用他们这个现成的设备,和他们订立大量批购他成品的合同。暂不增减设备,稍缓再谋兴建。这样,不仅东西好花钱少,还可以腾出大量的外款作为其他用途,岂不是一举两得?我们工业的根基太差,资源和外济又都有限,岂能一下子便想钻进世界大工业国的行列里去。

笔者上而提出了一个事例,这个事例并不足代表整个的国营重工业。不过一切事业,若都有全盘的,纯客观的,超乎人的关系以上的计划,那末我们起码可以获得资源利用的较高价值。

七

我们国家并不是完全没有计划。像现在的中央设计局便是一个全国性的中枢计划机关。它根据公私机关送来的报告和统计,替全国的一切设施建设,担任规划和设计。可惜,很多机关,喜欢把真实详尽的资料自秘,转以简单的或向壁虚构的资料送上去。因此中央设计局拟定的计划,有时会发生不切实际之弊。各机关明知它不切实际,遂也不情愿按照计划去执行。单位机关难说往往也有本身的事业计划。这类计划终觉它顾不到全体,仿佛是一种营造广式的计划,不像是一种建筑师式的或都市设计专家式的区域设计专家式的计划。

一个工业建设计划,不仅要顾到所欲建设这个部门的本身的需要,同时也应和其他政府经营的事业甚至于所有私营的企业,取得均衡。它的地位,在整个公私建设计划中,非要与其他各部门互相匀称不可。步趋不一致,或是倚轻倚重,都足成为一国经济发展的阻障。一个部分能够挺直了胸膛,其余部分都伸不直腰,终有一天还会受了牵累。拖到地上去的。

八

经济行为的最终目的,是消费。生产只不过是为了满足需要,达到消费目的中间的一个重要过程和一个主要的阶段。是手段,不是目的。从国民经济的立场言,生产行为,除去可以直接为受雇的职工造饭碗增加国民所得和增加购买力之外,它并不能直接满足人们的欲望和要求。所以说,我们若是仅仅顾了生产,不去研究社会上对于制造出来的物品的需要,其结果不是生产有过胜或不足之患,便是制造出来的东西不能迎合消费者的需要。过胜,不足,或是不合需要,都算是社会上的一项损失。

生产者,必须把制成的货品,送到消费者面前,直到他们乐于接受,合乎他们的需要,才可算尽到生产者的责任。比如我家雇了一位厨师,我愿意他庖艺高明之外,还希望他为人机灵。在他来说,他不仅应该知道若干肉类若干菜蔬多少配料和多大的火候可以配出做出一盘精细的菜,一碗生米可以涨出来几碗米饭,更还要揣摸出我一家人的口味和喜好,估算出我家人的食量。不然的话,作的饭菜,非为不够吃,即为多余作践,要不然便是口味不对软硬无度,讨不着主人的喜欢。任何一样,都可说是浪费。一位有经验的厨师,懂得面面周全,处处顾到。工业品制造的原则,和一位厨师的道理,并无两样。

现在国营各厂矿的人事制度,是以厂长或总经理经理一切的。他们的绝大多数,是技术人材。这些位厂长经理,无疑全是我国不可多得第一流的工程师和科学家。他们对于本厂本矿的制造或生产,无疑间都是专家内行,实际的制造探冶更是他们的拿手好戏。这个用专门技术人材来掌管全部事业的制度,有它的优点。例如在美国也不乏实例可寻。然而由于因技术人材(technical personnel)完全取了经理人材(managerial personnel)的地位而代之的结果,主管者逐不免重视制造,而忽视了产品的分配销售和使用。生产额既是考绩的一个重要视标,也无怪乎他们把注意力单独集中到生产方面去。我不是说个个厂长经理全都忽略了制品的出路和社会上对他的产品的需要。但是真能把生产和消费(或分配)看作同样比重的,可说并无其人。

制造业改由国营,须顾到全人民各阶层的利益,使生产获得最大的效能,人民获得最大的实惠。若是只顾了制造,忽略了社会上和经济界的需要,犹如厨师做出不合主人口味的菜肴,浪费糟蹋转为垃圾箱里的材料,是国家社会的抛费,是资源的滥用。

九

制造品的消费者可有两类,一类是直接或最终的消费者。厨师作好送上饭桌的饭菜,属于这一类。另一类是次一级的生产者,他们用制品作为次级加工制造的原料。制成品固然要留意它的出路,这个半制成品尤必须合乎次级生产者需要。如果不合需用的标准,受影响的还不止最后的消费者,前前后后各级的生产者都受影响。所以,我的厨师若是辞了工跑去一家大饭馆去当二师傅,专门替大师傅买菜切菜,准备佐料,若是他菜肉买得不合用,佐料配得不对,块头切得肥瘦不均或大或小,这样做出的菜端到吃客面前,不仅只要倒大饭店的招牌,连大师傅二师傅的饭碗也都靠不大住。工业建设者的责任,比起饭店里大师傅二师傅自然还要重得多,一举一动的影响自然也大得多。

现代工业的一个重要的特点是分工。工业化的程度越深，分工便越来越细，制造的层次阶段越来越多，而制造的程序和时间越来越拉得长。整个程序中，若有一个阶段，在接榫的地方出了岔子，前前后后一个个的轮齿便要转动不息。许许多多供给原料品和半制成品的厂家或生产者，若有一家不合标准，不合次级制造者的需用，不仅次级的制造者受他的累，一连串可以影响到上上下下的各级，推而至于其他的制造系统里面的各级生产者，和最终的消费者。正如同一条急行列车，中途有一辆车子出了轨，整个列车只好停开，因为一段段都是连接着的。旁边的公路也能让它堵牢，使汽车也不能开行。

工业发展到今日的阶段，因为生产探取了高度的分工和绕圈子的制造方法（Roundabout Method of Production）之故，不问是在资本主义的经济制度下，或是在社会主义经济的制度下，同样都可因一个小部门的脱节而制造整个制度的动摇。每一个部门，不论大小，全都关系一个有集体的荣枯。我们看一看美国，因煤矿工人罢工，钢铁业工人罢工，原料不能接济次级的生产者，所引起的全国惶惶不安，几百万工人的失业，一连串若干工厂的停工。悚目惊心，不能无所警惕。我们战时，内地的钢铁厂制出的少数稀贵成品，曾因品质和种类不合次一级需钢铁的交通业和制造业的标准，使后者感到取给原料的困难，以至被迫停闭者有之，减少生产建设者有之。同时钢铁的生产者，竟也有的因产品无人问津，过剩滞销，因而赔累停业者。战时需要钢铁如何殷切，竟发生钢铁制品过剩的现象，岂非大大的笑话。

许多人说，经济恐慌，商业循环，有资本主义私营企业的经济制度里面先天带来的一个病患，医也医不好的。但是企业改为国营，我们便可以完全躲避开经济恐慌，永享经济的进步和繁荣。这是迷信社会主义者迷信统治经济者未深究学理的一种宣传口号，竟也有很多人不加审辨的随声附和。如要躲避资本主义制度的灾害，仅只产业国营，不会产生奇迹的。要有奇迹，必须有全盘的慎密的计划与它紧紧相伴。若是生产的各部门，未经精细计划，资源未能作最合理的分配，各阶段各关节没有吻合的衔接，一个轮子上的轮齿没有洽好对准另外一个轮子上的轮齿，从使产业收归国营，而整部机器的动转仍欠灵活仍欠圆滑，虽则经济的衰退恐慌一时还没前表面化，但经济制度里面内在矛盾失调，比之资本主义制度下经济恐慌前夕的情形，又何当两样？

在资本主义社会里面，发生经济恐慌降而至于经济界全部的不景气，可说是内部发现破绽需要歇下来调整的一个警号，正可借着这个警号之发，由自然的调节机构和力量来调整内部的矛盾，使过渡的发展和膨胀，自然收缩。但在产业国营制度下，经济界的感觉迟钝，行动缓慢，失掉了以前那种敏性。生产消费虽有失调，不易感觉。没有即时调整,于是便日益深刻化,变成了养痈为患,毒疮生了脓包没有去揭开来清洁消毒,任继续腐烂。终于有一天,会弄到病入膏肓而不能救治。这可说是国营工业一个最大的危机!

在自由企业制度下,人力和物力资源,是跑向报酬最高的地方去的。如是,每个份子的报酬理论上讲是可以达到最高额。水涨船高,因而整个社会的所得自然也增加。然而这并不是我们理想的境地。在国营企业制度下,我们是以整个社会的利益为对象的,要把资源分配得合理,发挥它最大的效能产生出最大的利益。仅仅国营,若是没有精密详尽的计划,与之跟随,若是资源的利用没有按照最大经济利益的一个原则去实施,这个制度可算是全部失败。它不仅不能刈获国营政策下的好处,同时也放下了我们在自由企业制度下资源的自然分配所收获的个人的最大报酬。可谓了无所得。

国营重工业不是没有前途的,要看实施计划经济没有办法。这一项建国大业和国家的命运。现在是抓在政府的少数人手里面的。我们的每一个小民,倒是全都有资格去监督他们,去督促他们。

杭州浙江大学

检讨黄金政策[*]

严仁赓

最近因黄金的狂潮,激起了全国各地市场的大波澜。这个狂潮,有人说是因为政府颁布出口货物津贴办法之后,紧接着美国政府发表了一个声明,把它的效用抵消了一大半,因而激起来金钞的争吸。又有人说,这个狂潮,是因为外埠游资大量奔来上海,以至引起黄金的抢购。更有人说。这个狂潮是因为大额开金券的发行,才激动了买风,使金价一再的跳动。这几个说法,我相信都是事实。不过这些事实,究竟还仅是造成这次大风潮的近因。根本上讲,我们黄金政策的运用,固早已伏下了祸根了。这次大风潮幸而避过,黄金政策的作风如果还不改变的话,类此的风潮,仍然不难望其一演而再演的。藉着这次事件之来,我们倒可以从头检讨检讨我们现行的这个黄金政策。

大量发售黄金,我们揣测政府可有两个用意,一个是想把黄金放了出来。法币收了回去,减少市场上通货对于物价的压迫。第二个目的。政府是想放售黄金镇压金价,意欲间接的压住一般的物价。不过放售黄金的这两个目的倒也不能同时兼顾的。顾到一个目的,就不能不牺牲另一个目的。因为政府如要贯彻第一个目的,就应该任着黄金涨价,企图多多的收回一些法币,但是如果政府想要贯彻第二个目的的话,却又必须拼命的压住金价不使上腾,以收镇压物价之实效。我们金融当局过去所采的方案,无疑的是想贯澈这里所说的第二个目的。也就是想以金价来制压物价。这个政策已经实行了好几年了。我们不禁要问,这个政策到底有了几分的成就?

目前我们的管制是一个不兑现纸币本位制,我们的本位币,早就和黄金脱离了紧密的关系。黄金在国内市场上流通,和一种普通商品无异,它只有工业上的用途,而没有货币上的用途。而且黄金在工业上的用途也复有限的。人们之所以宝藏黄金者,是因为携带它方便,不患损耗腐蚀,又易于变现。可是黄金除去作工业用途之外,饥则不能以为食,寒亦不能以为衣;直接不能满足人们的欲望(眼看着黄花花的元宝发笑的人究竟是少数),更不能解决人们的生活。照道理说,黄金既这样不关重要,它的价格高低,绝不应在市场上引起什么有决定性的作用。它既不能有力的影响一般物价,更不应有可以领导一切物价的力量。可是事实上却不然。

---

[*] 本文原载于《世纪评论》,1947 年第 8 期。

照目前的情形看来,却是金价腾昂之后,一切物价即随之而涨高,金价几乎是在领导着物价。这个现象,不能不承认是我们政府所采黄金政策所一手造成的。何以言之?

抗战初年,黄金在内地的市场上本没有重要位置。它沦为普通商品的一种,其价格随着一般物价的变动而变动。初起时,它的价格会较一般物价涨得快些(战局不定,黄金究竟携带着比较轻便)以后则比较一般物价涨得慢。这是它自然的趋势。在这期间,它并没有领导一般物价。它只是随从着一般物价,由于它特具的性质。变动得有时快有时慢而已。市面上的黄金的交易吐纳量非常有限,报纸上黄金价格不占什么地位,也没有多少人去注意它。但是自从政府大量配售黄金之日起,情形就两样了。我们的金融财政当局,从头一天配售黄金起,就抱着一个直接以售金政策稳定物价的奢想,于是就一直采取了坚定的低价售金政策。政府也会公开说明,黄金政策是打算用来压低物价的。人民受了这糊涂教育的熏陶,也没有人疑心金价会不会领导物价。金价于是成为法币购买力形将升降的指标,人民对它具有特别的一种敏感。从此时起,报纸上常以原著地位头号标题登载黄金的消息,社会上人人都注意它。从此时起,一般物价便也开始和金价结了不解之缘。因为每逢黄金价格镇压不住不得不任其高涨之时,人心惶惶,不可终日,认定物价就要涨了。于是乎一个个消费者都罄其所有去购买货物,唯恐或后,售货者也唯恐卖多了不久就要后悔,爽性把货物收藏起来,先让价格涨上去再说。本来物价可以不涨的,但是这样一来,物价安得不涨? 这叫做弄假反成了真。所以我说金价能够领导物价,是政府的售金政策所一手造成的。

撇开物价供给量的增减不谈,专对通货而论,一般说来,物价的波动是受着一个客观的条件和另一个主观的条件所支配着的。客观的条件指的是通货发行的数量,主观的条件则指着通货流通速度而言,受着人类心理的支配。过去八九年间,国内物价的升高,大体说来,受客观条件改变的影响成份较大,而受主观条件改变的影响成份较小。这是就着彼此间增加的倍数来比较而论的(通货已增加几千倍,而通货流通的速度也许只会增加数倍)。可是客观的条件,虽然它总影响大,但是这个条件却比较容易控制。主观的条件虽然它的总影响小,但反而难以控制。同时,客观条件的改变。其来也渐,影响是迟慢的;而主观条件的改变其来也骤,影响是即实时而现的。增加通货数量。可以在人民不知不觉间做到。管理得法,可以叫物价徐徐的上升,不叫它成为跳跃式的增涨。(这次政府发行大额开金券,似乎是事前缺乏若干考虑,赶在年关上发行,更加一层的刺激。实则政府天天都有新币发出,有谁直觉的感觉得到。)可是通货流通的速率则可以急剧的增减的。纵使通货未曾增发一文,物价在中极短期以内,可因通货流通速度的激增而一倍或数倍的增涨上去。过去几天的情形便是一个好例子。这类的波动,对全国经济为害最烈。又谁知我们的黄金政策却是这次风波的一个祸首。这岂是黄金政策的初衷。

通货一天天的增发,如不加遏制,物价无疑问是趋向于步步上涨的,压低金价也挡不住它。我们金融当局认为黄金价格足以影响物价,所以从开放黄金之初,就采取低价放金政策。这个政策的实施,实际上对阻止物价上涨并没有收效。可是一旦金价镇压不住,势必枉其一跳之际,这时通货流通的速度徒然增加,于是物价也就跟着它一跳。黄金政策没有平抑物价,反倒不时的给物价以额外的刺激,扰乱市场,推波助澜的助长其泛滥。亦成这样的一个结局,算不算黄金政策已经全部失败了?

　　前面说过,黄金政策可能有两个目的。一则为的吸收通货,再则为的平抑物价。我们的金融当局满心的幻想着金价平抑,物价也可以抑平,显然走的是一条走不通的路。走了这条不同的路平抑物价没有收效还不说,连带着把黄金政策的另一目的也就放弃了。以低价放金,自然收回的法币数量比可能收回的数量少得很多,这也不能不说是另一个损失。此外低放黄金还有两个缺陷。第一,黄金增价既然慢,对于欲保持资产价值的人,黄金失掉了它的诱惑性。囤金不如囤货上算,于是法币趋向于货物者多,趋向于黄金者少。这样也足以对物价产生不良的影响,同时足以消减吸收法币数量的效能。第二,黄金价格既是长期的镇压而短期的准它一跳一跳的涨,那末有能力在低价大量吃进黄金的大户们,到了一跳的时候便可以发一笔横财。政府的黄金政策不啻是一项津贴这些专门做投机生意的政客富买们的办法。这又岂是政府黄金政策的初衷。

　　这几天,许多人指出黄金政策的毛病,不过所举的毛病,不尽是根本的症结所在。针对着这些毛病所开的药方,也不定治得了病。另外一些人却提倡把黄金收归国有,根本放弃放售黄金政策。我不明白他们所称黄金国有,建议探取那一种手段。如果说黄金国有是把人民所持有的金货一律由国家作价收回的话,这是一反过去的作风,不异大量放出法币到市面上去。和过去黄金政策恰好是背道而驰的。这自然万万不可行。另外又有人主张停止市上的一切金货交易。这个对策我也认为不是对病下药的办法,不能解决问题。我所认为的是这次金潮的酿成,其过不在售金政策,乃是因售金政策运用的不当而造成。我们要纠正目前黄金运用的方法,却不必因噎而厌食,全都停止金策的施行。

　　我主张央行抛售黄金仍然可以继续,不过抛售方法务须改变。以金价抑抵物价的多无需再做,那末央行也就不必再对金价施以不必需的压力了。然而人心既把金价和物价关联了起来,我们自也不可容许金价一味的激涨而不过止。如今唯一可走的一条路,就是应该用黄金来调节金价。一方面不令它暴涨暴跌,同时也不必长期的压制它,使它不动,应该让它跟在一般物价的后面徐徐的升降。物价渐异之时,央行用黄金政策使金价随之徐升。遇物价因剧变而暴涨之时央行用黄金政策使它涨的不太快,但以后仍徐徐的追上物价,随之猛涨足以增加刺激;徐徐上升则可以安定人心。这样长期实行下去,黄金在市场上可以渐渐的失掉领导的作用。有人主张应令金价和物质完全脱离,这是可望而不可及的事,实际上也非必需。我们的用意,乃是设法令黄金在市场上降为一个小小配角,叫它随着主角在后面跑跑龙套就算了。不要再任由它去扮演专门滋事捣乱的角色。

我说这是唯一可走的路,是说这是黄金政策的运用唯一可走的路。根本上讲,物质的病根在于通货,通货的病根在于内战。内战不停,生产不能进展,通货不能停发,物价便无法收拾。黄金政策,即使改系更张圆滑的运用,还只能减杀物价的波动,并不能根本解决物价问题。挽救全国经济危机,其权操于主持军事的人手里。当局既然爱国爱民,如此关切物价问题,曷不对和谈再做几番努力?

建议大学里添设："时事研究"一科

严仁赓

  日本人丢在珍珠港的几颗炸弹，惊醒美国人的一场甜梦。从那日起，孤立主义才算正式寿终正寝；从那日起，他方死心塌地的跟着别国合作，提倡国际主义，大量展开外援。从美国大学里，我们可以清清楚楚的看出美国人思想上这个大转变。因此从一九四二年起，即有些学校添设国际和时事的课程。一处提倡，到处伪效，逐渐称为了一种风气。这些课程，一部分是应军事当局之请为训练军官和雇员而设，所以特别注重外国语文和外国史地的讲授；一部分则是纯粹拿没穿制服的学生（civilian students）作对象，而以时事研究为主体。前者我们不谈，我们只谈后者。各校增设时事研究的科目，有几个目的。

  一，为使学生注意时事，用心读报，研讨国际形势，眼光可以放得大些远些。

  二，为使学生明了每天报纸上新闻的性质、背景、和内幕。

  三，为使学生在校时就已面对社会各项问题，知道怎样应付，免得毕业之后茫无所措。

  今年五六月间，我为学潮久悬不决而着急。我十分同情学生发动学潮的动机，我也最爱看学生写的壁报文字和图书，从壁报上，可以看出学生的意见，可以发现他们的智慧，不过有些时候，言论太不负责任，态度太不够诚挚，对于学校当局教授个人很多误会，不只批评，尚带认为攻评，甚且出言不逊，又令我百般的难过。当时我就想，既然社会人士都认为对付学潮不该高压而应该疏导，然后疏导光仗着苦口婆心的劝又没有用，我于是想，若是在大学里面能够添设时事研究一类的课程，倒许是防范学潮于未然，消弭学潮于已发的一个有力的工具，因为我当时看出，引用这个制度，在可以获得上面所举的三项功用之外，在当今局势下，尚可得到附带的几种收获。

  一，它可成为学生的民主训练场所。训练学生在会场上勇于发言，锻炼学生表达意见的能力，不可再偷偷摸摸专门在感情上用事，应该造成一种坦白的，负责任的，以客观态度，分析时事发挥意见的习惯。

  二，它可以沟通师生间的意见和隔阂。这次学潮中，有时是学校当局和学生之间，有时是教授和学生之间，双方常常处于对立的状态。当局或教授劝告学生复

---

 * 本文原载于《世纪评论》，1947 年第 12 期。

课,学生每每予以白眼。这是学生对教授的不了解。在另一面,学校当局有的也太不够民主,于是彼此间误会日深。学潮即未能防范未然,发生之后又不能消弭于无形。如果平时能够多见面多讨论,误会一定大可减少。

三,它即可供给学生以新闻的内幕和背景,于是学生对于时事的判断,可以不完全诉之于感情。平素即已有客观分析新闻的能力和习惯,遇事临头也能够镇静应付,不至于盲目乱动,纯以感情用事。即使到了时事迫在心头上非动不可的时候,他们已知道运用理智,他们对国事世事又有充分的明了和认识,这种动,是有意义的动,是容易收到效果的动,是社会需要他们的动。即使动,也可以适可而止,不至扩大而僵持不下,更不至像今年似的学校当局吓得毛手毛脚提前放假。

除去这三点与现时有关者外,我觉得"时事研究"的课程还有一项大用处,就是它更可以养成学生在课堂上讨论或发问的习惯。到国外读过书回来的人都有同样的感觉,都感觉比起外国的大学生来,我们的大学生是太不肯在班上向教员问问题。他们怕问问题,又怕问出太浅陋的问题来弄成笑话(的确,中国学生在班上也真爱笑话别人)。宁可自己钻牛犄角钻上几个钟头,把一个一句半句话便说得清楚的问题弄明白,他也不愿在班上轻易的发问。外国学生那股傻劲我们的学生没有。我在课堂上总是鼓励学生发问,但是成效并不大。势必等到考试前夕,才一堆一堆的夹着笔记本到家里来,你一句我一句的东一句西一句的问。那情形简直像是舌战群儒,一两小时下来,口干喉哑筋疲力尽。上下左右一学期的东西,希望我在一二小时之间全盘兜出,试问一个学期以内的功课,许多问题始终不懂,前后怎能联贯透澈,我又不是神仙,一两小时之内又怎能完全讲得明白。不爱发问的结果,学生在半年里面能够懂得的能够学到的东西,真是少得可怜。

在一九四二年,我曾经非正式的参加过美国加州大学新设的一门"美国文化"(American civilization)。这一课的目的,不尽在介绍美国的各方面,它同时也牵联到国际的有关问题的讨论。这门功课,每周上课两次,每学期两学分。每次上课,由一位本校教授或由一位从他校请来的教授或一位从外面约来的专家主讲。主讲人是早约的,所以讲题也是早定下的。在一两星期之前,学生便先知道题目,接到教授留给他们应该参考的书籍期刊的单子,可以从容预备。开讲时,听者易于了解,讨论时,问题易于提出。等主讲人讲完,紧接着是公开讨论发问的时间,其情况热烈异常。这门功课叫座能力之大,真可惊人,它和当时新开的专门讨论两性问题的一门功课居然不相上下。这门课,规定是三四年级选修的,选的人多,在一间顶大的教室里上课。学生只要在一学期内没有缺席,便可得及格分数(passing mark)。

最近读纽约时报,又看到一篇文章,介绍美国达提茅斯大学(Dartmouth college)将于今年秋季开设新闻研究课程的一个大计划,达校这个学科,将被定名为"大事件"(Great Issues),规定为四年级各学院的必修课程。题材包括自然科学社会科学和人文科学,范围很广,以报纸杂志为主要的参考资料。为了帮助这门功课的进行,学校特别建立一所图书馆,为的搜集并保管资料,陈列各种报纸期刊和杂志。这门功课,规定每星期上课三次,一次是总班,在空场草地上举行,因为人数过多教室容不下,其余两次在教室内分为二十组到二十五组举行,每组定出一个主要论题。这两次,一次是由一位主讲人讲演,另一次是全部时间用来讨论发挥和分析,这次是由校长和主讲人同来主持。研讨的题目分为六大项:一为"何为大事件",二为今日各国的政治体制,三为现代科学,以论原子能为主;四为世界和平的国际性,五为美国与世界和平,六为现代人类的估价(详见本年七月六日《纽约时报》星期专刊教育新闻稿)。

我们不必一定仿照美国各校的方法去做。在我个人理想中,这门科目:应该定为三年级或四年级的必修科,每学期两学分,每星期上课一次,连续两小时,第一时由主讲人讲演,第二时专门用来讨论分析与发问;主讲人应该包括本校的他校的和政府中社会上对某一问题有特别研究或见解的人;应该由校长指定教授中之三人或五人组织一个委员会负责主持;应该把题目预先编排,只有遇到大事件发生时才可以更动;时事范围应该不只限于政治和经济,更应该包括自然科学、医学、工程以及文哲史地(史地是研究新闻的根本);应该以学生上课之勤或惰,笔记之清楚或拉杂,发言之有调理或无伦次,报告之有见地或无头脑作为判定分数的根据;应该由学校指定专人剪报并搜集和集中资料。最后,应该让学生在堂上任意发表意见,绝不可因态度激昂或思想前进便会影响他的学业或安全。这是最重要的一项,因为必须获得这项保障,学生才敢放胆发言,这门功课才不算白设。

本年秋季开始浙大就想先开设一门"世界文化",这是该校向这个方向走的第一步。距秋季始业已在不远,我更愿以上面的一点拙见,贡献于各校当轴诸先生之前。

八月二十五日于杭州

政治与经济[*]

周炳琳

前此所言之政治窳败,人谋不臧,法令不行,内战之害等等,皆为经济症结之政治的因素也。旨哉周先生之言也。曰:"目前经济之关键在于政治"。政治无能为,则经济无可为;永无起色,其理至明。经济与政治,历史上之渊源久矣。经济为个人团体物质福利追求之设施,个人必赖于团体,而政治乃保障团体利益机构之主宰,政治之不良,则经济福利之求,比诸行车之无轫轨,其何可得?吾人所见经济之病,思有以救治之者,具如上述矣,而政府之施为,固又迥然一事也。吾人相信政府之中亦有才智之士,所见未必逊于吾人。抗战时期之困难,政府已显出经济上、行政组织上之不健全,一切但求能勉强对付而不能改革之故,盖政治作风向来专制独裁,决定国策者,惟有一人。此一人深刻了解行政上之不够健全,亦知许多措施之合理可行,但政府本身之脆弱,使其受胁于左右,不敢采取断然手段,以引起麻烦。故物价管制,各种方案措施,不时而有,而成效毫无。其意乃在"喊叫由尔等喊叫,我亦能提出较尔等都完备之方案"以自解耳。战时之经验,非完全集权独裁不得把握;其所见者,以为我国为农业国家,不同英美,但得好天时,有粮食,有兵源,即可以对付;亦知有发国难财者,亦知有通货膨胀与官僚资本之产生;然皆难于制止。列宁尝言,摧毁资本主义,莫善于使其货币隳落(debauched)。战时中国财政,货币之膨胀,按理经济当早崩溃矣,尚幸未然者,实亦赖于一农业国家之大土地上,经济落后,筹码之流通尚少;农产品价格高,农民之苦尚不如固定收入阶级之甚耳。

外战甫息,继以内战,政府一切方法,皆袭战时作风。局势不变,终以为胸有成竹,可以守恃;拖延对付,以冀天赐机缘。然使不幸而数省饥荒,再加以军事失利,则将因民变、兵变,在政治上失去控制,经济之崩溃,随之如枯朽矣,可不慎哉?内战不息,经济无可起救,而拖延之局面下,国民惟有继续遭受苦难。国民之困苦极矣,吾人之呐喊,亦已声嘶力竭;虽百姓之能安于天命,吾人之徒作呐喊,然而天下国家之大势,可不顾哉?

---

[*] 1947年5月5日晚北京大学经济系学生会在北京大学理学院礼堂举办"'五四'纪念周经济晚会",周炳琳教授在会上作了题为《政治与经济》的讲演。此系燕京大学学生长端的记录稿,见于《论中国今日经济问题之症结——北大纪念"五四"周中之精彩一幕》,见《现代知识》第1卷第2期,1947年5月16日。

反对公用事业加价至战前标准*

周炳琳

八月十九日,政府在迫不得已的情势下,终于摊出了最后一张王牌,宣布了改革币制底财政经济方案。就方案本身的内容说,值得批评与讨论的地方实在很多;其中最使我们看来不解而政府恐亦难自圆其说的,则莫过于公用事业欲加价至战前标准的那一项了!根据"整理财政及加强管制经济办法"第三条之规定:"国营公用及交通事业之收费低于战前标准者,准参照战前标准调整之,以期自给。其由国库贴补者,应以受军事破坏之地区者为限。"这就是说,目前每封一万五千元的平信,应该上涨至战前标准的金圆券五分,即十五万元,涨率是十倍。同样的推算,电报费用应该涨至战前标准的每字一角,约较现在涨三倍。其他的铁路、轮船等运输事业,据估计,各参照战前标准,涨率都在起码一倍以上。而同时,政府却硬性规定市面上的物价,一律不得超过八月十九日的价格。根据第十三条的规定是:"全国各地各种物品及劳务价格,应照民国卅七年八月十九日各该地各种物品货价依兑换率折合金圆出售。"把这两条条文合起来看,则是,只准政府涨价,而小民则不能。难道真的只准州官放火,不许百姓点灯吗?

其次,就国营公用事业"以期自给"这个前提来说,政府也不应该使之涨价至战前的标准。因为,谁都知道,公用事业的最大支出,不外人事费用与原料。人事费用的支出,根据政府这次的规定是"文武公教人员待遇以金圆券支给,京沪区标准以原薪额四十元为基数,超四十元至三百元按十分之二发给,三百元以上者一律按十分之一发给"。国营事业人员薪水规定最多亦不得超过公教人员所得加三成以外;这很显然人事费用的开销不是战前的标准,而是现在的待遇。同样,原料的来价也被政府冻结在八月十九日的价格上,而不一定是战前的标准。支出既是现在的标准,而收入为什么一定要恢复到战前呢?是政府想借此以"牟利"呢,抑还是政府想恢复国营公用事业人员的待遇到战前的标准呢?

最后,还有一点,我们应该郑重指出的,就是:政府订定这个方案的目的,是在减少国库的贴补而使通货不致膨胀,物价得以稳定。但政府不应该忘记的是:现在人民的购买力和各种物价是否都能符合到战前的标准,如果不能的话,证明人民的收入不应该也不能负担到战前的支出。而且国营事业中的运输和邮电等又都与物价有着密切的相关。万一因这个公用事业的加价而刺激物价的上涨时,这后果将是不堪想象的!

---

* 《新路》(周刊)第 1 卷第 17 期,1948 年 9 月 4 日。

改革案与既得利益*

周炳琳

大家应还记得,此次的经济财政改革,由宣传到出现,经过了二十余天,中间有过一度"搁浅"。我们颇疑心以上海为中心的"既得利益",即所谓"江浙财阀",曾在有形无形中施其压力,结果,最后拿出来的方案,已是对原方案大加修改了的。天津《大公报》南京八月十九日专电,即提到当局对于经济改革原来有六个办法,结果在十九日会中只拿四个出来。为什么少两个,我们不知道;有了修改,殆是事实。

改革消息开始传播,是在七月三十一日。北平《世界日报》登载该报记者自南京发来专电,称:莫干山会议,对当前财政经济作重大商讨;连日向各方探询所得,深知此乃一划时代之改革,改革方案,蒋总统在京时即已由翁阁拟妥呈核,方案内容,最主要一项,为改革币制,此外尚有消灭金钞黑市,使金钞循正当途径求一出路,及尽量使外逃资金大量回国等。接着还有这样的一段报道:经记者问方案的性质如何,某要人在奉召登山前笑称,是即仿效英国工党之不流血革命;又询以币制改革是否在此时可以实现,这位要人答称,除此以外,恐亦别无生路可走。我们曾作猜测,以为"某要人"殆是王云五部长。我们并曾悬想,所谓使外逃资金大量回国,莫非有征用的决心?所谓仿效英国工党之不流血革命,莫非有决心在以旧币换新币时凭一种办法实行财富或所得之重分配?

蒋总统于七月三十日下莫干山,自杭到沪,盛传自八月一日起将实行币制改革。蒋总统三十一日晚由沪返京,自八月一日传出了经济改革案稍缓公布的消息,谓正待美方复电支持。八月二日的报道竟有以"万事俱备,只欠东风"为题者,东风系指希望美方助我之改革币制基金。接着乃有三日的报道,谓司徒大使二日谒蒋总统,曾谈及我财政经济改革事。关于改革币制,据司徒了解,美方无法贷我专款,主要希望在我能善用美元一亿二千五百万军事援助,以改善局势,安定民生,然后再借新贷款。我们揣想这"请美国支持"的念头并不是原来即有的,可能是有人临时建议,当局以为不妨试探,成固甚好,再发一笔洋财,免得损及"既得利益",不成再计议。四日出现了经济改革方案将分为数个步骤来实行之报道。据称:政府现正集中力量,清除改革币制途中之障碍,我方计划,原不必悉赖美援,各方面极盼政府尽可能先将新经济政策实施,稍迟再谋改革币制;经济改革方案,若分为数个

---

* 《新路》(周刊)第1卷第18期,第1948年9月11日。

步骤去实行,据悉,首步将为稳定物价,先从整顿金融机构着手,令全国商业行庄重行登记,并举行总检查,取消不合格之行庄,使资力薄弱之行庄合并,使全国六千行庄减为二千家,并绝对取缔高利贷吸收存款,严禁不合法之信托业务;国家银行将完全为国有,退出商股,使其专业化,发展国家银行之功能;此外取缔囤积居奇,运用美援物资等,亦拟配合稳定物价的措施。同时予以施行。我们曾凭此报道作揣测,所谓改革币制,实质怕只是将币的名称改一下,将记账单位改一下,"某要人"所说的隐含"革命"的措施,许是原来若干人有此心,今已放弃了;改革案的重点,低到安放在所谓"新经济政策"上,其用心之所在为"稳定物价"。就对这个,我们也不乐观。我们认为,如果是这样,关键仍在上海,颇怀疑政府敢碰以上海为中心之"既得利益",虽然只是小碰。自官与商分不开以来,经过复员与"劫搜",上海一隅涌出了不少新豪门,其财力足以与孔宋颉颃,只是尚未成为巨室而已。巨室仍推"四大家族",豪门盖分隶焉。

八月五日以后,向美申请改革币制贷款之消息仍时出现;宋子文由蒋总统派专机接至京沪,关于宋氏行踪之报道,一度特别显著,然旋即沉寂,蒋总统于九日飞牯岭避暑,经济合作总署驻华执行人赖朴翰在上海对记者说:在华代表团并非扮演"糖叔叔",美国更进一步之援助将成为泡影。赖朴翰的谈话,当是针对"申请增援"而发。八月十日起,不复闻为改革币制求美贷款之消息。牯岭自蒋总统夫妇上山之后,一天比一天热闹,翁内阁留驻南京,未奉上山之召,顿兴冷寞之感。

从下莫干山到上牯岭这八九日中,我们疑心有"暗流"自上海冲入南京,似乎作祟的是幕里有人想从美国再发一笔洋财,如发不到洋财,让局面再拖一下,雅不愿让既得利益蒙受一点损失;等到山姆叔叔声明他不是"糖叔叔","四大家族"中的宋巨头由专机迎来参与"密勿"之后,觉得尚有"结"待解,尚待"深思",于是改革"搁浅"了。

然局面不允许再拖,终于逼出了一个"财政经济紧急处分"。这道改革令所包含的"改革"有四端,"拿出了四个办法来",盖指此。最受一般人注目,以"币制改革"的美名炫惑人的"发行金圆券,收回法币",正如前面所说,实质只是将币的名称改一下,将记账单位改一下。"处理民间金银外币"一项,两周来渲染很厉害,实质上是无关宏旨的。"登记管理国人国外资产"一项,是甚关宏旨的一件事,但其中实无有效的办法,表现政府并无决心,也就没有诚意,要做这件事,等于白说。最重要的一项在"整理财政,加强管制经济",此即前面说的"首步将为稳定物价"。诚只是治标。但费了这么大的力量,治本没有办法,治标宁能不尽全力以赴之?在整顿金融机构各条中,不见"令全国商业行庄重行登记……取消不合格之行庄……使全国六千行庄减为二千家"之规定;实际只规定了行庄应即增资,以示限制,行庄利率应予抑低。就为这个。"既得利益"的代言人杜月笙等说话了,政府也在"商讨应取态度"。八月三十日的北平《世界日报》登载了南京二十九日专电里一段报道说:"改革币制后整个经济金融情况,即在政府与资本家之合作。据悉,杜月笙等已对政府提出意见,希望:一、行庄增资勿过高,限期两月尤办不到,沪行庄增为一百万金圆,恐多数均无法负担;二、中交农三行商股勿收回;三、行庄利息可逐渐抑低,勿硬性规定;四、证券交易所恢复。"另一报道:"二十九日虽为星期日,翁文灏之繁忙仍不减平时,晨九时谒蒋总统后,十时访王云五,主要为商讨对杜月笙等意见政府应取之态度。"瞧瞧!"既得利益"的意见,其重可以压阁揆,可以压总统,老百姓听了,怎不为之咋舌?

我们认为改革案可能有小成就,要看政府有无决心敢冒犯以上海为中心的"既得利益",冲过这个藩篱,对限制行庄,取缔行庄业务作确实有效的措置。　　（英）

论经济溃崩[*]

杨西孟

经过长久体察之后，特别自今年二月金潮以来，我们感觉政府固亦害怕经济崩溃而且也用力来避免经济崩溃，只是政府所害怕的经济崩溃与一般人所愁苦者有些不同，而且用来避免这种不幸结果的方法也与习经济的人所拟想者有些异趣。

政府最想避免的经济崩溃，大约是一种在经济上出乱子而在政治上见结果的崩溃，即是说，在经济上出乱子以致政府倒台的情形。这种崩溃试称之为特义的经济崩溃。在他方面，一般人所痛苦不堪的经济紊乱和败坏。其来源不必全在经济本身，其结果不必有政治上的倒台，亦不必达到全部的经济崩溃。事实上，全部的经济崩溃几为不可想像，而经济上只须有若干方面的崩溃，即不能堪。这种经济上若干方面崩溃，试称之为复义的经济崩溃。

再说方法，政府用以阻止经济崩溃的方法，似偏重在政治方式的镇压和硬性的管制。习经济的人则以为挽救经济危机更须理解并善用经济的法则；如须从政治方面着手，则毋宁是要打破或制止政治上的阻力或恶势力，不让它再危害国民经济和再扰乱经济法则的正常运行。

我们先论特义的经济崩溃。当然，这个意义的经济崩到今天还没有到来，因为政府仍然存在。不过这种经济崩溃确已露过几次面，国内的人已微识其面目。

在抗战期中，由于富裕阶级不负担战费所引起的高度通货膨胀，使当时大后方的社会经济作畸形的发展：发国难财者，囤积居奇，奢侈浪费，而前线军队饥饿不堪。演变到三十三年春季，险象更著，接着便是豫湘鄂桂黔等地军事形势的剧变。后来幸得稳定，但经济崩溃的面貌确已露出来了。假如当时的抗战由于经济的乱子而崩溃，不只是政府的垮台，而且是国家的败亡。所以当时前后方为国效命和受苦的人，咬牙忍受不惜一切牺牲（甚至极不公平的牺牲）。不然，那时情形当更不堪了。

经济崩溃症象的第二次发作，可说是今年二月的上海金潮及随着而来的各地物价暴涨与市场混乱。二月初金潮自上海起来，到二月十日和十一日金潮涌到最高峰，而各地物价随金钞乱跳，以致市场混乱，人心恐慌。据大公报所载当时京、沪、津、平、汉、穗、昆、沈、福州、杭州、镇江、嘉兴以至台湾各地市场的疯狂状态，实

---

[*] 本文原载于《世纪评论》，1947年第19期，第5—11页。

是一种骇人情况,使政府大为震动一下。

从价格的关系去看,金钞的暴涨可视为金钞对政府强压其价格的反击,而在政府廉价抛售黄金和外汇快到穷尽的时候,这个反击自必特别凶猛而成功。不过等到金钞价格收复其失地后,即涨到较近于购买力平价的一个地位的时候,也会平息一时,或大体上与一般物价共同动作而已。至于当时各地物价的跳动与市场紊乱,固然是由于社会不安心理受到金潮及其他各种政治经济情势的刺激,演成恐慌状态,令人害怕,但如印刷钞票的能力和意愿尚属有限,而社会秩序尚能维持,特价也不会一下子就狂奔不暂停息的。

但是,假如在黄金和物价浪潮中,再夹入别的情形,使市场紊乱和心理恐慌继续发展下去,以致社会秩序不能维持,则狭义的经济崩溃未始不可到来,不管政府对于经济现象的理解如何,他们对于市场混乱和恐慌心理的显露,自必害怕,对于狭义的经济崩溃自必用力阻止。当时政府是采取镇压的手段,抑制沪上投机,并随即(二月十六日)公布经济紧急措施方案,开始实施。

对于经济紧急措施方案,国内经济学界已有不少的评论,笔者于此但从阻止狭义的经济崩溃这一观点来作几点讨论:

方案中各项首先实施的有禁止黄金买卖与外币流通,并禁止报章杂志登载金钞黑市价格。不论政府对金钞的理解如何,这项办法显然是阻止金钞再引起恐慌、紊乱,甚至不可收拾的书面。二月里既由金钞引出可怕的情况,政府自顾不得措施上的前后颠倒,而要禁止金钞上市了。按诸实际、在法币继续贬值之下,金钞确已部份地代替了法币,若能剥脱金钞这个机能,使它们不作为一部份交易的媒价与计算标准,对于维持本已的币值,当属有益。但在自己的通货剧烈贬值情形之下,必有一些代替货币的东西自然兴起(例如年来北平房租以若干袋面粉计,又如近来美国纸烟在德国柏林可代替货币使用),外币和黄金不过其中之最便利而显著者,政府岂能尽行禁止?而此种禁止的法令实效又有多大?曾几何时,现在北平已经传来上海美钞黑市价格,本市更无论已,何必报章杂志登载呢?不过禁止金钞公开上市,禁止登载其黑市价格,究竟是好一些,特别对于防止恐慌心理在短期内应该有点效果。

其次是改订汇价,改为一万二千元对一美元,这也是首先实施的。既然压不住金钞的价格而遭其有效的反击,政府不能不对它低头,结果是由三三五〇元突提为一万二千元对一美元。当然后来问题还多。譬如最近各地物价又大涨,汇率还再订不呢?又如三月底公布的三十六年短期库券及美金公债条例,其中库券的购买与偿还订明皆以法币按中央银行美元牌价计算,那末,政府如不频频提高美元价格,在法币仍在贬值之下,谁愿购买库券呢?如频频提高美元价格,政府是否又恐怕刺激物价,并虑及随后付还库券本息时将付出太多的法币(照理,小步的逐渐提高汇价是较妥当的办法)?不过政府见着这方面好像还没有问题,大约就暂不管它了。

再次，对于物价管制，政府所用的办法是货物议价，生活费指数冻结，及小范围的实物配给、再辅以经济检查的纠举。这显然也是略予应付，但求暂时不出乱子不演成恐慌局面为已足。

最后才是平衡预算的办法。这虽然是一个根本问题之所在，但在紧急措施方案刚才说的几项实施之后，既然各地市场已得平静一时，似已能阻止特义的经济崩溃，对于要伤害特殊阶级利益以平衡财政的办法，自然不必积极了。那末，下列几项情况就不足为异：与紧急方案同时在国防最高委员会通过的关于国人在国外存款的处理办法，没有下文（暂不论原办法中的漏洞）；三月中国民党三中全会没收贪官污吏财产及澈查官办商行的决议，亦未见有动作；就是紧急方案中第一项下所订"特别注重切实征收直接税，并加辟新税源"一项，至今仍止于是一句话。

现在缓和通货膨胀的办法是发行三亿美元的短期库券和一亿美元的美金公债，并将一部份国营事业（特别是中纺公司）售与民营。这些办法都不伤害谁家的利益的。但就十年来的经验，此类多方周到的办法往往演变为大利于私家，而小于政府。这点顾虑对于出售国营事业特别适用。至于美金债券，既订明可作抵押，保证金的代替品，及金融业之保证准备金的用途，则这种债券的发行将几何不转变为法币和信用的膨胀呢？可见美金债券收缩通货的表面效力要打一个很大的折扣，甚至于得到相反的效果。不过这总可暂时应付一下，在没有感觉再有特义的经济崩溃的时候，政府自亦觉暂时够了。

四月八日报载，上海巨额本票即将流通之说，经央行当局反对而不致实现，如属确实，这倒是一件确实有益的事。

总观紧急方案的公布和后来的种种措施，对于安定物价和市场，仅一部份有实际的效力，另一部份有一时安定人心的效用，另一部份是在于抑制大投机者，使他们略为收敛一时，但从二月中旬以至四月初闻各地市场的安静，还不能全归功于这些措施的效力，因为在我国十年来这样情形之下，物价一度暴涨之后，往往会自然暂时平息一时，颇类似疟疾的间歇性。不过特义的经济崩溃总是还未到来，政府对于自己措施的效力很可能要看得大些的。

到四月初周以来，通货的膨胀又涌到进一步的梯阶，各地物价已不听政府的管制而再度暴涨，在沪京平津尤为显然。试以上海米价而论，在金潮中，上海上白粳由二月一日之八万七涨到十五日之十五万，跳涨百分之七十略余；在四月，在由一日之十万零七涨到十七日之十八万，涨率亦近百分之七十。可见这次物价之上涨大约不弱于前次金潮中的涨率。但是政府这一次却不发动，这是何故呢？恐怕是因为这一次的市场没有前一次那样疯狂的险象。这也可见政府的看法与一般人民的看法是有些不同的。

特义的经济崩溃第三次露面，是二月二十八日至三月中旬由台北而延及全台各地民变。这个事变，除了行政上的腐败，对台胞不适当的干涉，以及对台胞心理上的歧视外，主要原因还是在经济方面。据三月六日上海《大公报》社论所说："粮食问题,即甚严重。最近米价由每斤十五元跳上四十元台币,贫苦大众已被迫到饥饿线上"。又说,"台湾亦成为官僚资本的角逐场所"。又说,"光复后财富分配毫无改变,而生产递减,剥削加多,台湾人如何不穷且怨?"所以这个事变的种因和爆发情形较之金潮,更为显出特义的经济崩溃的面目,只因台湾是一岛,为水所限,大家视为地方事件,不感觉惊慌罢了。政府于镇压和宣慰之后,对于国防部长宣慰后的处理建议(其中经济方面几点甚关重要),报载将予采用。事实上,如不对台湾采行适当的经济与政治改革,问题还要来的。台湾人民对于剥削的忍耐性似不如海内人民之大。不过金钞价格对强行压制,既已施行反击,台湾人民亦以不堪痛苦而暴动,虽然都已平息,亦可见在维护特殊阶级利益之下,强造成多种经济失衡,而欲仅免于特义的经济崩溃,其路径实为险峻。

以上所论,并非表示我们造成仅免于特义经济崩溃的作风,而是要说明政府的想法与作法,似与一般人所拟想的与企望者,颇有不同,及其不同之处。在政府方面,是以军与政为首要,对于经济则仅采取应付的办法,并一贯维护特殊阶级的利益,以致造成多种经济失衡与败坏;到了经济危机爆发的时候,则用力以求仅免于特义的经济崩溃。这条路线,对于政府固已是险窄不堪,对于一般人民亦离所殷望而企求者太远。

关于前一意义的崩溃,我们已经在上文讨论过了,现在我们论复义的经济崩溃。于此须得先解释一句,为什么我们要说复义的,而不说整个的或全部的呢?我们觉得分析的说法比总全的说法是较为清楚,而有意义,并且较合于事实,所以不说整个的经济崩溃,而愿从下列几个方面去考察崩溃的情形:

第一,就货币来说,现在我们的法币,是否已在崩溃的阶段中呢?依感觉来说,对此问题的答案可能是人各不同。不过按照学理和实际的测量来判断,这个问题是有确定的答案的。现在我们依据物价上涨率,通货增加率,通货流通速率,通货流通量的实值,及市场利率等 变量的变动情形与相到比较,把十年来我国通货膨胀的各个阶段划分出来:

(a)通货膨胀的初期。此期自抗战开始(由二十四年十一月三日施行法币政策至抗战开始一段期间暂略不论)至二十八年底,约有两年半的期间。此期中大后方平均物价上涨率小于纸币增发率(到了期末,前者才逐渐增大追及后者),因之此期中无论何时之纸币流通量的实值,都较战前一个月时略大。此期中在物价微涨之下,后方工商业有繁荣景象,同时人心安定,通货流通速率平稳。

(b)通货膨胀后期的初段。后二十九年起,以至胜利时为止,大后方的一般物价上涨率,是大于纸币的增发率,因之纸币愈增发,而纸币流通量的实值愈是缩小。这是进入了通货膨胀的后期。这后期可以拉得很长,并自成几个小段。这后期的初段在中国此次的经历,约为二十九年一年。此时物价上涨率更大,一般人民开始感觉通货膨胀的意味。并且此后的后方工业,因受到各种价格间不平衡上涨的影响,并因前一时期中的扩展颇过合理的限度,转趋衰退。

(c) 后期的第二段。此期约包括三十及三十一两年的期间,此时期中,物价继续剧涨;从此一般人民对于纸币逐渐失去信仰,通货流通速率逐渐趋大。纸币流通量的实值,在此期的开始降落到一个甚低的平面,并且随后再向着它的最低限度更为迫近。依照凯恩斯的说法,这是通货膨胀进入崩溃期,而我国三十年的一月,那就约当于德国第一次大战后通货膨胀中一九二〇年的十二月(见 J. M. Keynes: A Tract on Monetary Reform)。

进入崩溃期后,通货将丧失其一部份以至大部份的机能;将有实物和外国货币等起来代替通货,作一部份交易之用,或作为计值标准,而实际上仍使用纸币。进入此期后,纸币将很快的失去它作价值存储的机能,因为此时一般人都不愿存钱,而愿存实物。作为计值标准的机能,亦将失去一部份,因为纸币不断贬值,是一个很坏的标准,人民将尽量避免以纸币作为计值标准,特别在含有时间因素的交易上。

(d) 后期的第三段。这约自三十二年起,以至抗战胜利时为止,为时约两年又八个月。到这时期,物价指数上涨率更属惊人。以重庆物价为例依南开大学经济研究所所编重庆趸售物价指数,在胜利前的八个月中,指数上涨率,平均每月竟达百分之十八,即一年可涨至七倍有余,同时通货流通速率亦剧增,通货流通量的实值亦更为缩小。更重要的一个特点是此时期中市场利率起来紧追物价上涨率,或许说,真实利率由前几期中的颇大负数骤跃起来。求保持近于零的一个数值。以重庆商业银行的月息为例,根据中农经济统计,战前为一分(即百分之一),抗战以后仅有些微的增涨,到三二年后一跳至六分,三十三年再涨至八,五分,三十四年的前八个月中更进至十一分。通货膨胀到了这个阶级,人们才普遍认识借得款项的便宜,而愿意按着预期的物价上涨率负担相当高的利息。这样,市场利率便起来追逐物价上涨率。在前次德国的通货膨胀的经历中,据凯恩斯的分析,这时期是始于一九二二年的秋天。在中国这次的经验中,如刚才所说,这时期约从三十二年初开始。不过从此期再进一步,便是通货的最后崩溃了。在本文前半中,我们曾经指出在三十三年,我国几乎实现特义的经济崩溃,那时正在这个通货膨胀后期第三段的险境中。

(e) 战后调整期。胜利来临,解救了当时后方通货和经济的危难。胜利打破了封锁经济,得到了大量的入口物资(包括善后救济的物资)以及敌伪资产。并且胜利以后,通货流通的地面大为扩大,通货流通速率在后方由于心理和预期的改变,骤然降落。当时后方物价曾反跌一下,经时约二月又略回涨,然后保持大体平稳,至去年八九月间为止,为时约一年又一月。

在收复区,由于政府在胜利后规定伪币对法币的比率为二百比一,特价水准,以法币计,甚为低下。以上海的物价水准来看,根据中国经济研究所之批发物价指数,胜利后之一月(三十四年九月)的指数,仅为战前的三百余倍,而当时重庆指数,虽经跌落,尚为战前二千倍略余。于是上海物价猛涨起来,到十一月就达到战前的一千九百余倍,随后停息约两月,到去年二月涨到三千倍,赶过了重庆,逐渐便取得领导的地位;以后涨至四千余倍,至九月涨至五千余倍。但在这段期间,内地物价水准还没有显著的追随上海。到去年十月,上海物价水准达到七千倍略余,内地一般物价才显著的起来共同前进。所以胜利后全国性的物价上涨,是从去年十月左右开始,进入下一阶段。

收复区在沦陷时期,亦曾经历通过货膨胀,而且在胜利前的一年左右,物价上涨,猛烈远超过当时的后方。所以收复区对于纸币之失信仰,决不弱于后方,而通货膨胀所到的阶段,当亦不落后。试查上海商业银行贴现月息,在去年一年中是百分之十五(根据中央银行月报所载),这个高利率是接近于、甚且微高于、去年上海的物价上涨率的。所以收复区在去年应该是到了通货膨胀的后期第三段。至于内地各处物价,于休停一时,等到上海走到前面之后,才起来向它追随;若以通货流通速率为标识,我们知道到去年八九月间,此项流速在过去的慢慢回涨中此时竟已到了近于胜利前的地位。所以此时内地约又回到后期的第三段,准备与外边一齐前进了。

(f) 全国接演后期第三段。这约从去年十月起,到现在仍在进行中。这是全国性的通货膨胀更深入崩溃期中。前面所说通货崩溃的各种现象此时更为加剧。以物价来说,上海的物价指数(仍根据中国经济研究所所编之上海批发物价指数)由去年十月的七倍略余,到十二月涨至八千倍;到今年的一月跳至一万倍有零;到二月经过了金潮,再跃至一万七千余倍;三月内略息一时,到四月初周以后又来暴涨。到了这个时候,人们对于通货几全失信仰,而通货仍在大量增加,于是稍遇政治或经济上的刺激,或稍歇一时等到由印刷机上新创的购买力又颇拥聚的时候,市场上就会动乱起来,买的要抢买,卖的要拒卖,一时发生混乱,呈现恐慌,而物价狂涨一阵。物价狂涨之后,通货增发更猛,于是物价又剧涨;其间略歇的时间还会愈来愈短。这样循环前进,走向货币的最后崩溃。(现阶段货币的险恶情势可能演成特义的经济崩溃,这点在本文前半已曾说及。)

总之,现在通货已深入崩溃期,接近于通货的最后崩溃。

第二,就财政来说,现在也是在崩溃的境地中,这又可分左列几层来说(关于这些,可参阅拙著"我国财政进入新危机"与"对于当前财政的看法",分别刊载于本刊第二期与第六期):

首先,通货既已深入崩溃期中,则物价的上涨率将更加超过纸币的增发率,因之纸币愈猛发,而政府由此获得的实值愈趋微小,终致财政坍台。我国财政实际上既以增加发行为主要办法,到了今日通货膨胀的阶段。财政所处的境地为何,甚属显然。

其次,募债的办法,到了今天的货币阶段,国币公债的发行显然没有可能(除非强力对富裕阶级强制)。就是以外币作标准的三十六年短期库券与美金公债,如本文前半中所论,亦将一部甚至全部转变为通货膨胀。

再次，现行的租税中征收货币的若干税法，在物价狂涨之下，其税收实值将更趋缩小。至于征收实物的田赋征实，在抗战期中虽曾大力支持了当时财政，但苛扰太大，战后再勉强施行，实际上甚难推行。据报载，云南省参议会第三次大会（四月初）上行政院电文，请求"将本省田赋征实，自本年起，一律改征法币，并请将云南田粮征实机构全部裁撤"。这是各省不赞成再行征实的最近一例。

此外出售一部份国营事业与民营，本已含有困难而易出弊病。到现在物价如此狂涨，这些事业如何作价，更成一大问题。

复次，通货膨胀中。如任令服务国家的人员的货币待遇跟随物价上涨，其实值虽亦降落，当不太甚。例如在前次德国的通货膨胀的末尾（一九二三年），公务人员的实在收入，在高级的尚能维持那次战前的四成半。低级的竟维持到八成。我国则于通货膨胀之外，又来一个压低公务人员货币待遇的政策，称为紧缩预算，把军公教人员的实在待遇压到不堪的低位。胜利后约一年期间，这些人稍得复苏一时；但到现在又不堪了。据最近报载中央社合肥四月二十一日电，芜湖警士"生活待遇低微，且有积欠，致不服约束，聚集捣毁县参议会后，复捣毁……三报馆……暂告平息"。并且昨天（四月二十八日）中央社南京电之一，不是甚么消息，而是以长文叙述物价和待遇问题，为公教人员的生活而呼吁。到了这个境地，不增加待遇与增加待遇（指当前发钞办法下之增加货币待遇），结果都是不得了。

最后，我们检讨一下国家的征税权力。试由一镇一乡一县看到省会和国都，那一个有势力的人是依法向国家纳税的？反之那些有势力的人，有多少不是利用国家征税权力的各种变形和经济管制的权力，以获取财富？换句话说，国家的征税权力已保留无几，大部是假借与各级的贪污官吏了。这一点（特殊和富裕阶级不负担税租，而且要假借征税权力）不能说全由于通货膨胀与待遇菲薄而起，而毋宁是通货膨胀的一个主要原因（特指富裕阶级不负担租税）。所以财政的崩溃可以自成一个方面，虽然与通货崩溃有一部份的重叠。

第三，就生产来看，目前当然只有一部份的崩溃，但部份的崩溃即已非国民经济所能堪。在工业方面，去年确是民族工业崩溃的一年。据估计，四川中小工业联合会原有会员一千二百家，现关门者达百之八十（见《经济周报》第四卷第一期张锡昌先生所撰"民族工业崩溃的一年"）。又传孟真先生说过："去年一年，上海小工业停顿者百分之七十五以上"（见本刊第七期）。在农业上，荐干地区在对外和对内的战争中受到破坏，战后又有广大区域因天时与人事而遭受灾荒，再加以征兵、征实、摊派等的侵害，可知近年农业生产自必低落。在交通方面，内外战争对交通的破坏，运输现有工具不能多供民用，以及由此而阻碍国内外地区间物资及劳务的交换，更由此而减少物资及劳务的生产。由交通、农业、工业这些情形看来，近年来我国的国民所得总额，以实值计，必在低落之中，因为这三方面的所得是构成我国所得总额的绝大部份的。

使我国总生产减退的主要原因，除天时及战乱外，还有通货膨胀中价格间的失衡与扰乱（特别是投机权利润之大）；外汇的压低与外货的倾销；豪门巨室对若干行业的垄断；财富发生重分配，使中下阶层更趋贫穷，减少其有效需求。

我国的有形资本，如工厂设备、铁路、车辆、船只、房屋、农具及牲畜等，在抗战期中受到颇大的破坏与消耗；胜利后虽有善后救济的补充，亦仅是小部份，而且国内战乱又来加以破坏与过份消耗。由敌伪接收过来的工矿等事业（例如东北方面），亦由于战争的扰乱与通货膨胀的影响（其中包括资金缺乏及待遇微薄等），以及整个计划和各方面配合的缺乏，亦多任其停顿，损失与自坏。

更从一般的情形来看，在长久通货膨胀中，不但投资退缩，而且由于所得与资本的混淆不清，社会在消蚀资本而不自觉。更因政治与社会状况的不安定，国外资本也不肯来。若这样再推展下去，我国的有形资本还要消蚀，生产与经济力还要减退。

至于无形资本的组织，从剧烈的通货膨胀下所起的社会解组的趋向，以及贪污流行下的吏治败坏现象来看，可见无形资本的组织也在崩解中。所以有形资本与无形资本可以说全在崩坏。

第四，从分配来看，以我国总生产力之微弱与人口之众多，假如所得的分配相当平均合理，下层的人民还是要过颇苦的日子。现在经过长久的通货膨胀，兼之各种大小方式搜括与剥削，昔日的中层多降至下层，而下层多在生存线下。在他方面，少数的人所积聚的财富之大，已超过一般人想像能力之外。据一般估计，单是若干国人的国外资产即已超过十亿美元，至于特富的人的国内资产当亦甚钜。以中国之贫苦，竟养成此等财富上的巨人，这是多少人的牺牲所养成的！所以中国既有悲惨的绝对贫穷，亦有天壤悬殊的相对贫穷（即贫富之差极巨）。我们在本文上半中，曾说过二二八的台湾事件含有特义的经济崩溃的意义，并引《大公报》社论所言："光复后财富分配毫无改变，而生产递减，剥削加多，台湾人如何不穷且怨？"这便是跟前的实例，说明分配问题是不应忽视的。至于中外历史上由于贫富悬殊而引起的社会动乱，更不胜计。

不仅如此，当前我国分配问题还有更深的两层意义：（一）现在的分配问题不只是一个财富本身的问题，而且是取得财富的特殊地位与权势的问题。换句话说，那些掠取到巨额财富的特殊人们，不只是得到巨额的财富，而且还要控制国家的政治和经济，以保持甚或扩大其权势。（二）在平常情形之下，价格是主要的分配机构，再辅以政治权力（特别是征税权力）的合理干涉或相当修正。我国十年来的通货膨胀既已将价格机构扰乱，而政府各种财政经济上的其他干涉，又多反乎社会正义；兼之征税权力又多为各级官吏私行假借。这样，使整个的分配机构（经济的与政治的）都已失常和错乱。试观今日我国社会各种职业或职位的所得，何处不是不合理的畸形（即是，若非特殊的便宜与肥肿，便是痛苦的压迫与剥削）？整个的分配机构是在崩坏中。

由以上的讨论，我们看出：（一）通货已深入崩溃期中，接近于货币的最后崩溃;(二)财政亦入危险的崩溃境地;(三)生产有部份的崩溃,国民总所得在低落中,有形资本与无形资本在消蚀与崩坏中;(四)在分配方面,既有悲惨的绝对贫穷,又有贫富之差极巨的相对贫穷,并且整个的分配机构(经济的与政治的)在失常与崩坏的状态中。

要挽救当前经济的险恶症象,下手处应当在制止通货膨胀,因为这是最紧急的一面。现在到了这个阶段,官场的应付办法决无效力。单是技术上的解救(特指提高利率及类似的方法)此时亦虽有效。此时需要有一新耳目的大转变,使人心和预期改变,则通货流速与物价水准必有良好的反应。这个大转变,除了国内实现和平,就只有决然打破既得利益集团对财政经济的控制,没收贪官污吏的财产,并对富裕阶级重课租税。至于向国外贷款,莫说难成,即成,作财政之用,亦甚不可取。借来外债,让国家又负一笔债,设如过去那样的运用,通货膨胀何能停止?况且国人在国外资产为额甚巨,为什么不向他们征用?如果他们不肯,则采惩治贪污的手续,在法理上与对外交涉上都是可通的。

复义的经济崩溃到了这个局面,中层和穷苦大众决忍受不住。今日若仍维护特殊和富裕阶级的利益,而欲仅免于一特义的经济崩溃,还有多大的可能呢?!

三十六年四月二十九日于北平

非常情形下的物价及经济问题[*]

杨西孟

物价是当前我国严重经济情势的一个指标。在这里我们将先就当前几项非常的情形论物价问题,同时也就窥测到一些经济的情势,然后再广泛的论到经济问题。

在今年上半年内,竟出现过两度的物价暴涨,一是二月初旬的金潮,一是五月初旬的米潮。当时各地市场的混乱和人心的恐慌情形,是抗战以来所未曾见的。

这样的物价暴涨,拒卖、抢买,以至打、抢,种种情形,不是寻常的市场现象,而是非常的现象。这种非常现象并非偶然,而是在非常的情形才会发生的。当前这些非常的情形是些什么呢?这是我们须先加以考察的。

第一个非常的情形是通货膨胀已深入崩溃期。这是指这样一些情形:在纸币继续大量增发之下,一般人对于纸币已失信仰,大家尽量用别的东西(如实物与外币)来代替法币,或快快的使用通货。于是通货流通速率增加,通货流通量的实值减缩,一般物价上涨率超过通货增加率,并且市场利率起来追逐物价上涨率。(关于这些变动,可参阅拙著"论经济崩溃",载本刊一卷十九期)。在这种心理之下,人们对一般物价的大趋势总是看涨,或许说,对法币的贬值,总是看还要再贬。稍遇到刺激,这种心理和预期很容易演变成恐慌状态。金潮和米潮中的恐慌情形,一部份可由这个对通货的心理来说明。例如二月十一日南京在金潮中的物价情形是:"百物市价都没有了一定标准,有钱的人见货就抢,日用洋货都涨了一倍以上。与市民关系最大的米市场,因社会局限价关系,上熟米突然绝迹……"(见上海《大公报》)若非通货深入崩溃期,这样的心理和市场情形是绝难发生的。

第二个非常的情形是物价显出严重的缺乏。这是由下列这些事实造成的。(一)抗战八年我国各种有形资本的重大破坏尚未恢复,而大规模的国内战争又来,其对经济的破坏、阻碍、消耗之大,更难以数计。(二)恶性通货膨胀的恶果与一贯压低外汇率的失策,以及豪门巨室对若干行业的垄断等,使我国民族工业已大部崩溃。同时政府掌握的工矿等事业,亦受战争与通货膨胀的影响,多任其停顿与败坏。(三)一般农村遭受破坏和苛扰,北方又来到严重的旱灾,华南又有水灾,今年农产量将有甚大的减少。(四)过去国家的大量外汇既已浪掷殆尽,出口和侨汇

---

[*] 本文原载于《世纪评论》,1947年第7期,第5—6页。

亦因压低外汇率而受到甚大的打击,而且大量的国外贷款或援助亦不易再得,因之从国外输入物资是很困难的。以上这些事实说明国内的生产在大大的减缩,同时国外的输入也远不够需要。物资显出这样的缺乏,抗战期中大后方在封锁之下也未曾有过。这种情形,自必影响到一般的心理和预期;大家对物资看少,于是卖方更不肯卖,买者更要抢买,市场也易发生混乱,物价更加猛涨。

第三个非常的情形是人民对政府信仰的丧失。试回想北伐的时候和抗战的初期,一般人民对政府的热忱与拥护,与今日的情形相对照,就知道政府丧失信仰到如何程度。这不是偶然的,而是多年来种种施政(特别是近十年来财政经济方面的措施)所累积造成的。十年来财政经济的措施,无论如何变化,始终是维护特殊和富裕阶级的利益,并纵容贪污,而以中下阶层的善良人民为牺牲,使大众所感受的痛苦和愤懑与日俱增。政府多年来所标榜的主义,所公布的法令,所拟定的方案,所通过的决议,所宣传的口号,在施行时,凡与特殊阶级利益不合的,都予以变质,或搁下不办,或只办不关重要的部份,或与原意背道而驰,或转成特殊人物谋取私利的工具。经济上的重要目标,无论是平抑物价,平衡财政,增加生产,改善分配,从事建设,年年都在说,但至今无一作到,而且是向着相反的方向进行。不管用什么言词自解,政府早先所取得人民的信仰已经丧失太多了。

更具体的说,例如三十一年所发行的美金储蓄券,后来对普遍的持券人竟不给予美汇而按美元官价付与法币(特殊的人则另有办法)。又如三十四年七月底对黄金购存户来一个强迫一律捐献四成(仅一两的存户免捐,这对于小存户不公平,而且还有守契约的问题)。再有三十四年三月底提高黄金官价竟走漏消息。至于胜利后强定伪币与法币比率之不合理,接收舞弊之骇人听闻,以及外汇黄金的运用结果是帮助私家发财——这些更是昭昭在人耳目。这样如何能不丧失政府的信用与威望?此时再想推销美金债券,还有多少人愿买?再来宣称要平抑物价,要安定民生,还有多少人相信?

在这种对政府信仰丧失之情形下,就无怪人民在市场异状的时候采取直接的行动,由"抢买"演变为"打"和"抢"了。

第四个非常的情形是国内大规模的战争仍在继续其巨大的消耗与破坏。并且这国内的分裂与战乱是有一个重要的经济背境的(关于这点,后面还要论及)。

在以上所说各项非常情形之下,当前的物价问题显然不是平常的物价问题。它的背境和内容,不但,较之德国在一九二二年至二三年时马克崩溃的情形远为复杂,即较之我国快胜利前,大后方物价的情形亦为严重。

在这样情形之下,通常平抑物价的方法在这里多会不能生效。如对物价的直接管制,如施行实物配给,如紧缩预算,都是政府已曾或正在采行的方法,但没有收到平抑物价的显著效果;今后这套方法更难收到效果,因为上述几种非常的情形已形加甚,远非这些治标的、局部的、甚或敷衍的方法所能胜任。再有抛售黄金和发行美金债券以收缩通货,在过去是定价太低,还加上走漏消息。结果是大帮助特殊和富有者发财；现在黄金外汇已告匮乏,同时政府这方面的信用甚为降落,所以美金债券也难以推行了。至于总动员的事实,不论对别的方面效果如何,在平抑物价方面,如以抗战时期为例,则并不令人存多大希望。

经济学的朋友们对当前物价及经济所提出的若干办法,或偏重通货方面(如发行物价指数证券),或着眼物资方面(如从国外输入主要必需品,在国内平价出售),固均属有益办法,但对于当前这个问题似乎看得太简单一些。

为进一步说明当前物价及经济的非常情势,我们对物价指数证券与从国外输入物资两个办法作一些讨论如下。

先就物价指数债券来说,它可保存购券者本利的币值,似乎有吸收存款的甚大效力。但是今天的非常情形,共有数项,币值续跌仅其中之一端而已。故单是保存币值未必即能吸收巨量的存款。试以米市场的抢买与拒卖来看,固然买卖双方都有轻法币而重实物的心理,但是如以物价指数证券来销售与他们,告诉他们这能保存币值,他们绝难舍米而取指数证券。何以故呢？第一,买卖双方当时对于米价上涨的估量,必然认为将远较一般物价(即物价指数所表示的)上涨为多、为速(在五月初旬米潮中,事实确也如此)。所以他们比不愿要指数证券,而愿要米。第二,他们在灾荒战乱之下,感觉以后取得米粮将更加困难；莫说物价指数证券不能换取他们要米的心,就是更合当时意思的条件——例如米价指数证券——也难打动他们的心；特别那些准备多买或多存一些粮食自用的人是如此,第三,发行物价指数债券,必须人民对政府有信仰,相信政府有公正,有信用,才好推行；但如前所说,这种公正和信用已经丧失太多了。

在这三个理由之下,无论是居意囤积粮食的地主或粮店,收购粮食的投机家,或企图多购粮食以备储存的消费者,都不会愿意放弃他们对米粮的心意,转而图取物价指数证券。那末,指数证券在这样的时会(即大家对米价看大涨的时候)便见不出有平抑米价的效力。米价如此,其他重要物品的价格(当人们对它们特别看涨的时候)亦复如是。

强有力的投机家们,买贱卖贵,吞进吐出,出出攫取暴利。当他们看准其物将要大涨而急图买进的时候,绝不肯将他们的资金来买物价指数证券。假如他们原来已将资金买物指数证券,此时亦要把指数证券换为现金(这里我们假定指数证券是可以随时换取现金的；不然,指数证券便更难以推行)。这样,市场上的大浪潮,仍见不到有效的抑制。

不过另外一些人会购买指数债券的(那些有余资而不善投机或不便于投机的人),假如他们对政府还有信仰的话。但这一部份的储蓄恐还不能抵消当前纸币和信用的巨额膨胀；也就是说,当前通货膨胀恐远非指数证券这点吸收储蓄的力量所能制住。所以一方面原有的通货膨胀和投机活动不因指数证券的推行而有多大的减弱,他方面这种物价指数证券所吸收的储蓄额却随物价指数而作同比例的增涨。这后者便形成通货数量上的膨胀。譬如说,无数的家庭于领得薪水或工资之后,即以之购买指数债券,然后陆续换取现金作生活费用,于月底用完。假如月内物价逐步上涨,则他们花出的现金当较他们投入指数证券的数额为大,这大出的部份便是通货流通数量的增加。当然,这种花出生活费用的方式可能使通货流通速率减少(因购买指数证券之后,可以缓缓花出,不必急于花出),不过这种通货流速的减少较之通货流通数量的加大,那方面的势力较大,恐怕是难以确定的。

不过指数债券多少总可以吸收一部份通货,缓和一些通货流速,减少市场上一些投机需求,对于物价总是有好影响的,无非在当前非常情形之下,它的净效果恐怕不会大。通货方面的主要努力应在平衡财政收支,而物价指数证券可以作为一个辅助的办法。

物价指数证券的办法,除了物价指数的编制有一些技术上的问题,和政府横开过去编制指数不甚忠实颇失信用之外,推行上是很简便的。不过政府为什么不采行呢?据笔者推测,多半是因为政府害怕指数债券的本利总额随着物价上涨而日趋庞大,对于政府是一个可怕的负担。还有一层,在指数债券的本息总额庞大之后,一旦人心遇着军事、政治、或其他刺激,失去信心,一挤而要求指数证券兑现,那确会造成恐慌。不过假如一面尽力求财政收支的平衡,一面推行指数证券以为辅助,这些顾虑就可以没有了。

其次我们略论从国外输入物资平价出售的办法。这是从国外输入粮食等重要必需品,在国内若干地区无限制的抛售其定价略低于市价。这办法是侧重在物资方面,与前面那一办法偏重在通货方面,成一对照。在物资显得严重缺乏的今天,能从国外输入主要必需物资,当然很有益处。但是对于需要输入的数量的估计和怎样取得这必需的输入,都是不可看得太简单的。

以粮食来说,若谓战前我国粮食的不足额不大,而现在亦复如是,这便大有问题。就当前各种情形看来,今年我国粮食将有很严重的不足。这可从左列各点予以说明:

第一,抗战时若干沦陷省区的农村,曾遭受重大的破坏,其生产力尚未恢复。

第二,当前国内大规模的战争,对于粮食的不利影响有如下列:

(1) 在广大的拉锯战场,农村遭受毁灭。

(2) 剧烈的战争中把若干存储的粮食毁坏。例如最近东北的战役中,四平街和公主岭两地焚毁的粮食,即有十数万吨之多。

(3) 人民当兵之后,其所消费的粮食,在种类上与数量上,都有增进(指现在的情形,不是指抗战后期的情形)。并且军粮有种种的浪费与损耗。

(4) 农村壮丁被征当兵,或畏惧被征而逃亡,都使农村主要的劳动者减少,农产量因之降低。

(5) 军粮不免作大量的存储(不管是存在大城市仓库里,或深山的岩洞中)。这项储存使粮食对民用的供应更为减少。

第三,今春华北有广大的旱灾,包括河北、绥远、河南等省区,其中单是河北一省在政府控制下的五十八个市县,在秋收以前就可能有八百万人活不下去。最近南方各省,粤、桂、川以及台湾,又遭遇奇重的水灾,农产损失甚巨,灾民亦以百万计。

第四,我国人口总数,据最近内政部公布,并未较战前减少,不管这估计的准确性如何,有一点是很清楚的,就是政府控制的区域包括人口众多的大城市而不包括广大的乡村(此特指东北和华北而言);这表示消费粮食的人数与生产粮食的人数成一个不利的对比。

第五,在粮食显得不足情形之下,有势力的人以及地主和商人都会从事囤积粮食。于是一般民食更形不足。在华西的大产米区也演出广泛的抢米现象。

由以上各种的情形看来,今年我国粮食的不足程度确很严重。按战前,我国米和小麦的产量,平均每年十亿市担约余,合五千万吨略余(二十年至二十三年之平均,东北与热河未计入)。战前米、麦、和面粉的输入年近一百万吨,约为国内米麦产量百分之二。抗战期中,大后方推广耕地面积以增加粮食生产,略有成效;同时天时亦大体尚好。故当时后方粮食尚勉强够用。但三十四年我国粮食收获甚为歉缺,发生严重的灾荒;虽胜利来临,人民牺牲于饥馑者甚众。三十五年小麦收获颇好,但米颇歉收,故米麦收获总量略低于战前。至于杂粮方面,抗战以来甘薯的生产大有加增,但是甘薯的营养价值(就发热量来说)较之同重量的米或小麦,不及十分之三;故米麦的歉缺,难以用甘薯的增产完全补起来。到今年,天灾与人祸俱来,对粮食的种种不利影响已如前述。以此作偏低估计,今年我国粮食的不足额亦将达五百万吨以上。

要输入五百万吨以上的米麦,就不是一件简单容易的事,无论从它数量之大或所需外汇之巨来看。拿联总来说,分配于我国的总额是五亿三千五百万美元,再加海洋运费,共达六亿四千七百五十万美元,但此份物资的总吨位不过二百七十万吨。这份物资中,粮食所占价值约近四分之一(按原计划计算),但去年一年间由行总免费发放的账粮不过三十余万吨,又工振供应面粉仅十六余万吨。由此可见要输入五百万吨以上的粮食,以救今年粮食的歉缺,实非一件轻易的事。

粮食如此,其他衣着、燃料、医药等必需日用品,以及交通、工、矿、农等善后,在继续战乱之下,那一样不成问题呢?

从物资方面看,在这样缺乏情形之下,输入少量必需物资,是远不够平稳物价的。何况还有一个深入崩溃期的通货问题。

由以上的讨论,我们看出当前物价及经济病势的沉重与复杂,决不是一个平常的症象。对于这个病症,若求认真治疗,需要甚大的决心与力量;但只顾表面或局部的医治,也并非难事。

譬如说,既害怕通货膨胀,那就尽量压低公教人员和军队的货币待遇(不管他们死和活),岂不就少发钞票吗?又如怕粮食价涨,那就尽量征取农村粮食(不管贫苦大众饿不饿),在城市里也可做到粮食充足而粮价一时平稳。又如认为物资重要,那就把乡村征取来的和国外输入来的物资摆在眼前的一二大城市里(不管其他城市和广大乡村贫苦至如何程度),在这小圈子里做到实物配给,好像家给人足,社会是很安定似的。

这几个假设的办法——也正是这些年来政府所采用的办法——并非全无平稳物价的效力。但是这些办法所产生的祸害却远过于平抑物价的一点功效。要治病,必须以病人的生命和健康为前提,不是为治病而治病,要平抑物价必须以整个社会的福利或国家的前途为前提,不是为平物价而平物价。如抛弃重要的前提,治病与平抑物价都是很容易的事。譬如对患结核病者,如不顾其生命,杀其体中结核菌何难?当一国的生产不足以应全体人民最低生活的需要,如只顾少数人的利益,不顾大众的死活,则物资供求的平衡也很容易得到的——因为饿死的人对物资再没有需求了。

假如不是只顾表面或局部的应付,而是要认真讨论当前我国的物价问题,则我国最大多数人的福利是不可忽略的前提。这样,这问题才显出它的真面目和它的艰难性。在这样认识之下,要解决当前物价及经济问题,至少须解除目前通货、物价、和一般心理上的非常情势,而下手处应该是打破既得利益集团对财政经济的控制,严惩贪污并清算豪门巨室,并重征富裕阶级的租税,借此表示决然制止通货膨胀并实现社会正义。

这几点作到,便能改变一般人心,并一洗过去偏私、不公、和无信的作风。这样才可解除前面所说第三个非常的情形,即人民对政府信仰的丧失。

这种心理的转变,使一般人对于货币、物价以及一般经济前途的预期都随之转变。这种预期转变的良好效果会表现于通货流通速率的减少,物价水准的转稳,及市场的转趋正常。这种效果,国外几万万美元的贷款也未必作得到。并且在清算豪门巨室,没收贪污财产,并征课富裕阶级办法之下,财政收支不难平衡,增发政策便可废弃。在通货流速减少而增发确有限制之下,虽深入崩溃期的通货也可稳定下来。这便解除前面所说第一个非常的情形,即通货膨胀已深入崩溃期。

以上这些作到,便可把现在财政、金融、及经济上若干失衡现象和失常办法逐步纠正过来。例如各种价格间失衡,薪饷实值低微的不合理,扰害人民的田赋征实,对外汇率不合理的压低与钉住,帮助投机的生产货款等,都可改入正常。

对于物资缺乏,只要刚才所说的这些作到,情势也就大为改观。倚势作祟的人物们既被制裁,则囤积投机的势焰就大为诫杀;同时豪门巨室的外汇及其他国外资产为数甚巨,可用来购买必需物品(特别是粮食)入口。此外,外汇率改在适当地位,出口业可望复振,以增加外汇的获得,同时国内生产也可免外货的份外打击。自己有外汇,又能振作自助,再求国外的帮助(例如在世界粮食不足情形之下,要求相当的增加输入我国的粮食数额),也较容易。这样可以大体解救前面所说第二个非常的情形,即目前物资显出严重的缺乏。

三个非常的情形(关于心理、通货、和物资)得到解放,则物价及一般经济当可好转,得到大体稳定。

但是,这样得到的物价及经济的稳定仍然是暂时的(譬如说,一年),因为还有第四个非常情形,即国内大规模的战争仍在继续发展。战争对粮食的恶劣影响,前面我们已经说明。它对于国民经济其他方面的害处也不难推想。如果这个战争,连带它巨大的消耗与破坏,继续下去,一年复一年,则我国仅余的经济力必趋于毁灭,非国内及国外一切可能的力量所能填补。

对于当前这个战事,有的人会认为将一面倒,早日得到一个解决,一切留给胜败来决定,似乎一切物价和经济问题都不必谈。但事实上战争的持久也是可能的,并且正因为有战争,物价及经济问题更应该讨论。

不过现在这个国内战争下的物价与经济问题,与抗战时期的这个问题,在背境上甚为不同。抗战时期的物价及经济问题是由抵抗侵略所引起;当时应当实施战时经济体制,一面稳定后方物价及经济,一面以全力在前方作战。但是当时实施的总动员,只动员了贫苦人民的力与财,而放纵特殊与富裕阶级自私渔利,以致社会正义泯灭,社会裂为贫富两个阶级。这便是现在国内分裂和战乱的一个重要根源。若忽视这个根源,而只从当前国内战争说起,只从事于动员,甚至亦如抗战时期只对贫民动员,那便很类似抱薪救火了。我们在前面提出收取豪门巨室和贪官污吏的财产,以平衡财政收支,主要的用意不是所谓有钱出钱,而是要铲除既得利益集团的势力,平均社会财富的分配,藉以消除引致国内分裂的一个重要根源。

对当前国内分裂与战乱的解释,除经济因素外,还可提出政治、国际以及历史文化等因素。不过这个经济因素决不可忽略。譬如说,两个政党所实行的经济政策在阶级利益上是恰相反对的,纵令在政治上暂时勉强联合起来,也终不能协调的。使国内政党间实际的经济政策相接近,便能增加政治协调的可能性,至少也减少国内分裂的严重性。

能消除经济上引致国内分裂的根源,再加政治协调的努力,从而消弭战争以免除其巨大的消耗与破坏,转而从事经济健身,那才能够确实解决当前的物价及经济问题。

由以上的讨论,我们看出,要确实解决当前物价及经济问题,必须细察并解除几个非常的情形,即通货、物资、心理、战争等非常的情形。战争之非常,不在战争本身,而在经济背景上有引起这个战争的主要根源。

三十六年八月五日于北平

谈币制改革

周作仁

继续十年以上的通货膨胀政策是一种饮鸩止渴的办法。今年八个月以来,国内物价以空前的速度上涨,币制、经济与财政均在崩溃过程中。此正表示法币已到了山穷水尽的境界,不得不加以改革。

果然,传说已久的币制改革于八月十九日由总统以紧急命令公布。此紧急处分令包括四种办法,一以改革币制为出发点,以稳定物价安定民生为目的,而以控制金银外流,平衡国家岁出入预算,及平衡国际收支为主要措施。(八月十九日财长王云五谈话。)

此次币制改革办法系以金圆为本位币,含纯金零点二二二一七公分,由中央银行发行金圆券,限期收兑已发行的法币及东北流通券。金圆券一元合法币三百万元。至于金圆券对金银外币的收兑比率,黄金为每市两二百元,白银每市两三元,旧银币每枚两元,美钞每元兑金圆券四元。金圆券之发行采十足准备制,准备中必须有百分之四十为金银及外汇,其余百分之六十为有价证券及政府指定的国有事业资产。金圆券总额以二十亿元为限。另外设金圆券发行准备监理委员会,负检查保管之责。

以上所述为新币制的要略。币制改革以后,金圆券的价值能否稳定,乃人人所关心的问题。欲解答此一问题,首先须知金圆券系不能自由兑现的纸币,既不能兑换黄金,亦不能按法定比率无限制的兑换美元。此种纸币的价值观其发行数量及人民的信心如何而定。盖发行数量如过多则币值跌落,币值如跌落不已则失去人民的信心;人民对于纸币的信心如丧失则发生囤积投机及资金逃亡等事,使货币流通速度加大,于是币值愈跌而发行愈要加增。至是遂演成恶性膨胀现象。所以条文中所规定现金准备比率及最高额限制须切实遵守,非至万不得已时不能变动,然后金圆券价值始有稳定的可能。

然以前法币之不断膨胀系由于财政收支不能平衡,政府以发行为弥补赤字的工具;因此,金圆券的价值能否稳定又观财政整理的情形如何而定。但此次所公布的整理财政诸办法,短期内颇难有显著成绩。因在经济凋敝,工商业衰落状况之下,各种税收不易增加,至于调整国营事业收费以期自裕,出售剩余物资及接收币

---

* 本文原载于《中建》,1948 年第 4 期,第 6 页。

为物资产业以裕国库收入,均需要相当时间。就节流方面观之,节省浪费,裁汰冗员,以及严格贯实文武机关员工士兵名额,不得浮滥等,更不易做到。此外,宜吏之贪污中饱及军费之庞大,均须计及,所以王云五氏对于今后岁出入预算之估计及平衡计划能否实现,殊成疑问(参看王云五氏谈话)。因此,就今后国库收支情形观之,通货继续膨胀之可能性甚大,此乃金圆券价值不易稳定之基本困难。

试再就金圆券的发行额观之。据规定,发行总额以二十亿元为限,按王云五氏所谈,全部法币以五六千万美元即可收回,按金圆与美元比率计算,仅用两亿余金圆,即可将法币全部兑回。所余十七亿多的金圆券,如何发行,作何使用,均堪注意。假使发行巨额金圆券以应付财政上的需要,使政府所付出之购买力加增,但物资并未有比例地增加,势必引起物价之上涨。此乃通货之继续膨胀,金圆券价值如何能稳定?况最高额限制且可由立法机关或以紧急命令提高之。

以上系就财政收支看新币价值的前途。至于国际收支情形对于汇率,亦即金圆与美元比率,有密切关系,而汇率与物价又系互相影响。此次所公布办法中对于贸易及外汇仍采严格管理政策,不过所定稳率与市价接近,希望能使输出与侨汇增加,并准许人民以所有黄金外汇输入物资,对于外汇支出方面则极力节约。在新办法之下,输入受严格限制,走私必难于禁绝,外汇黑市仍将存在。然重要关键则繁于金圆券之信用,新币信用如不能建立或维持,币值如不能稳定,则资金逃避及投机活动仍不能停止,现定汇率必难于维持。此外,限期收兑人民所有金、银、银币及外币以及限期登记管理本国人民存放国外之外汇资产办法,如能做到,则中央银行所收兑金银外汇必有惊人数字,对于汇率稳定必有极大帮助。然此类办法究能成功与否,全看国人对金圆券的信任如何以及币值能否稳定。就人民在国外之外汇资产而论,彼辈可设法逃避登记,例如改用华侨或外人名义存放,且外国政府与外国银行亦未必能供给调查资料。观于此次所定新旧币兑换比率并未采用差别兑换率以纠正财富集中现象,可知政府并无制裁豪门巨富之决心,由是可推知登记管理存放国外之外汇资产办法未必能认真执行。

总观以上所述,新币的前途如何须观各种办法能否使财政及国际收支观于平衡而定。现在有一问题,即币制改革以后物价能否稳定?吾人知影响物价的因素有二:一为货币,一为物资。关于前者,不仅须严格限制金圆券的发行,同时在金融方面须限制公私立银行信用,因信用膨胀之影响等于通货膨胀,且二者系密切关联,所以管理金融办法须能切实执行。关于物价本身者,如生产能否加增,交通能否改进,全国物资能否交流等,均须有解决方策,物价始可趋于稳定。其他非经济的因素,如政治及军事,对于币值及物价均有非常重要之影响,亦不能忽视。

总之,新币制乃一种管理本位制,在此制之下,欲谋币值与物价之稳定,一方面须政府能控制发行数量及银行信用,他一方面对于外汇及贸易须能适当管理。就当前政治与经济情形观之,欲运用此种制度,即使有外国贷款或信用之支持,亦系一艰巨而不易成功之工作。

通货膨胀与限价政策[*]

周作仁

何谓通货膨胀？凯因斯在其早期著作中，认为通货膨胀就是货币的供给大于货物的供给。依此说法，在中国继续十年以上的通货膨胀至今并未停止。

根据八月十九日财政经济紧急处分令所发行的金圆券，本质上与以前法币并无区别，等于大钞。七星期以来，已由许多事实加以证明，最基本的是通货膨胀并未减轻，且有变本加厉之势。

据金圆券发行准备监理委员会检查公告，截至九月三十日止，金圆券发行共为九亿五千余万圆。按金圆券自八月二十三日发行，至九月底止，为时不过三十九日，所发总额已超出法币总额约四倍，达最高限额之一半。又据报载国行透露确息，金圆券发行总额内，以收兑金银外币支出者约六亿金圆，收兑法币及东北流通券约五千万金圆，进出口结汇及侨胞净收入约美金二千万元，合八千万金圆，其余二亿二千万金圆则为改革币制后之国库及其他业务支出。此类数字虽表明政府已收进约合美金一亿七千万元之金银及外汇，保有充足之现金准备，但不能否认金圆券大量膨胀的事实，且有约合一亿五千万金圆之巨额法币尚未收回。

由以上所述可知，金圆券之名称与单位虽与法币不同，但通货膨胀之趋势并未纠正，且因收兑民间金银外币之故，更形恶化。在此种趋势之下，采用限价政策，欲以政治与军警力量将物价冻结于一定水准，自必归于失败。

按管理财政及加强管制经济办法中规定，全国各地各种物品及劳务价格应照八月十九日各该地各种物品货价依兑换率折合金圆出售；其有特殊原因者，非经主营官署核准不得加价。

此种硬性规定不过是发行新币时管制物价的一种紧急手段，但实行以来，拘守不变，又缺乏重要的辅助条件，遂发生种种流弊。盖在八一九以前，法币已濒于崩溃，本年一月以来，一般物价以空前的速度上涨，六月以后，物价波动更为剧烈，几于每日变动，或一日数变。八一九各地各种物品价格并非一律是合理价格，且各种价格之间亦非在均衡状态。最显著者，在物价开涨过程中，原料价格每高于成品，例如今年一月至八月，上海食物及原料价格约涨四十倍，而制造品仅涨三十六倍弱（据中国经济研究所所编《上海批发物价指数》）。今如编制各种物品均按八一九

---

[*] 本文原载于《中建》，1948年第7期，第6页。

价格出售,势必影响生产,使物资供应减少。月余以来,一方面坚持八一九限价,他一方面则听任通货膨胀之洪流不断向市场冲击,于是各种恶劣现象相继发生。

限价之目的原在安定民生,但其结果则民生愈不安定。许多物品如按限价即不能买到,商人乘机勒索,于是黑市猖獗。煤球、鸡蛋及猪牛羊肉价格较限价高出一倍至数倍不等,米面则无从购买,许多出售的货物品质低劣,分量不足,消费者亦只得俯首接受。最近演变又发生抢购拒售现象,据报载,上海于十月初发生抢购情形,一般人对于呢绒、布匹、纸烟及其他货物争相购买,据说竟有抢购棺材及锡箔者。至于商店方面,或说某类货物已卖空,或缩短营业时间,又或暂停营业。此类情形在北平天津相继发生。其他如汉口、昆明各地,均发生相同现象。

于是物价贵贱问题变成货物有无问题。日用必需品如米、面、油、煤、布匹及棉花等均绝迹于市场。消费者在急切需要之下,不得不按黑市价格购买。在上海当局对于若干种货物如呢绒、绒线、布疋等限制购买量时,各地限价在实际上多已成为具文。因此,沪汉平津诸地管制机关或地方当局均有调整限价之表示。据十月九日天津《大公报》所载汉口八日专电称,武汉市场的混乱状态已引起地方当局重视,特召开经济会报,决定补救办法,凡合于下列条件之日用品即可合理调管价格。(一)受汇率提高影响者;(二)受薪资增加,原料涨价影响者;(三)产地价高,来源稀少者;(四)因受其他物价影响,不能维持现状者;(五)因初限价时供过于求,忍痛牺牲,目前不能维持成本者。假使各种日用品价格可根据此类条件调整,即当与自由市场的价格接近,而限价之意义殆将完全丧失。

盖一国政府对于生产与消费如不能完全加以管制,一面允许自由市场之存在,同时欲以政治权力压低物价,必不能成功。因在限价之下,当市场供求失调时,黑市及其他流弊必然发生,致限价规定成为具文。如前所述,自金圆券关发行以来,通货不断膨胀,向市场购买物品的货币数量,远过于可供购买的物品数量,对于物价乃一重大压力。在此种情形之下,欲以政治与军警力量将物价冻结于一定水准自难免于失败。

由以上所论可知,欲稳定物价须从根本上着手,不能仅依赖限价办法;即一方面须减少通货数量,降低其流通速度,他一方面须增加物资之供应。因此,对于财政收支,须从开源节流两方面竭力求其平衡。紧急处分令中所有管理财政办法须切实执行,且须从速征收财产税,严格征收所得税及遗产税。最好能有一种办法使豪门巨富捐献其金银外汇之一部分。此外须认真消灭贪污消费,对于军事机关、税收机关、及国营事业,无须注意。此类机关或组织中之贪污消费如能肃清或减少,所节省的金钱,当远过于政府所已收兑金银外币之数。关于管理金融办法须严格执行,以制止信用膨胀。指数存款办法亦可采用,以吸收游资。以上所述属于货币方面。关于增加物资者,可以收兑的金银外币向国外购买米面及其他必需品,以及工业生产器材。对于生产事业须竭力扶助。地方性的经营壁垒必须破除,使各地物资不致有偏枯现象。复次,为限制消费,免除拒售,政府应利用五大都市的配粮经验与基础，实行全部日用必需品的定量配给制度。在此种制度之下，政府须调查人口数目及其需要。现有物货及其生产，然后按物货数量，依人民需要，按期配给各个人以定量的物品。如是则富者不能有过分享受，公务人员及劳苦大众亦不教陷于严寒境地。不过此制在中国能否办理适当，不发生流弊，则为另一问题。

  最后吾人所欲言者，通货膨胀如不停止，发生新币、限价政策及其他办法均不足以解决物价与民生问题。严刑峻法更不足恃。试一考中外历史，例证甚多，无须列举。现在国内战事益形扩大，军事费用自必加增，而政府的一贯政策向系助长并保护豪门巨室之利益，所需军费除外国借款及援助外，主要地系由大多数公务人员及农工大众负担。在此种政策之下，通货膨胀又如何能停止呢？然而通货膨胀必有停止之时。

稳定币值的途径[*]

周作仁

当战事继续进行时，欲彻底改革币制，自不易做到。现在政府仅采用若干措施，希望使法币价值趋于稳定，或和缓其跌落之趋势。

在通货膨胀之后期，因人民对于通货失去信心，乃发生"逃避通货"，囤积投攒诸现象，使通货流通速度加大，于是币值跌落之比率超过通货加增之比率。此时欲稳定币值，必须有切实办法，足以恢复人民对于通货之信心，转移人民重物轻币之心理。但最近政府所采措施，似对于币制性质及币值稳定之基础尚未能跑严清楚，预期之目的自难于达到。

据报载财政部长俞鸿均于四月十三日在国民大会之报告，关于法币之发行，俞氏谓："截至上月底止，法币发行数额总共尚不及七十万亿元。政府除保有外汇黄金白银共值的约美金二亿九千万元外，最近已拟有出售国营事业资产充实法币准备办法，将中纺公司资产中划出价值二亿美元之产业，招商局资产中划出价值一亿美元之产业，资源委员会之资产中划出价值五千万美元之产业，日本赔价物资之一部分划出价值五千万美元之产业，总计价值四亿美元，将一律由本部于接管产业凭证后，交由中央银行设立专账，作为法币准备金之一部分。一面并将拟由中央银行特设法币基金保管委员会，聘选民意机关及金融机关同任基金委员会委员，随时检查准备，并独立行使义权。如发现准备不足时，政府并拟随时以产业或外汇报足，以固信用。中央银行并拟就所接收之产业中另发设票，以利基金融通"。俞氏并称：深信从此法币得有最稳确之基金以充准备之后，其价值必须相当稳定，物价并可藉以平抑。

按俞氏所报告出售国营事业资产，充实法币准备办法，系于三月二十六日国务会议决定，蒋主席于四月九日在国民大会亦曾作同样报告，并称法币准备共有七亿美元，如照目前牌价合计，即可抵法币发行总额三倍以上，而最近美国国会所通过的援助货款尚不在内。

夫纸币准备金之目的原在保障纸币之价值并靠固其信用。不过所谓准备金，必须随时可以运用，始能发生效力。在纸币能兑换金银或外汇时，则一单位之纸币可与定量之金银或定额外币维持等价。当前法币仍为不兑现纸币。不兑现纸币之

---

[*] 本文原载于《中央日报周刊》，1948年第7期，第2—3页。

价值系由发行数量及人民对于纸币之信心所决定。此次政府倾指据国营事业资产之一部分以加增法币准备，并无兑现办法，欲由是而稳定法币之价值，实难于理解。

再者，纸币准备金亦可作为另一种限制发行之方法。例如我国以前规定纸币之发行须有现金准备六成与保证准备四成。此类规定之目的在防止纸币之滥发。抗战期间，此种限制无形废止。现仅将准备增加，并未明定发行数量与准备金之关系，因之即不足在以阻止通货之继续膨胀，如何能使币值稳定？盖政府如停止通货膨胀，币值即可趋于稳定，亦不必从准备金方面限制纸币之发行。反之，法币如继续滥发，不论金银外汇及他种准备如何巨大，亦不能维持法币之信用，阻止其价值之下跌。

复次，在通货剧烈膨胀，币值迅速跌落时，现金准备之价值每超过其所担保纸币总额之价值，且发行愈多，以黄金所表示之币值往往愈多，在货币史上比例颇多。例如一九二二年十二月末，德国马克大跌时，国家施行准备金之价值，据当时柏林对纽约汇率计算，约等于银行纸币流通总额之八倍。所以价值七亿美元之准备金，按四月上旬牌价合计，可抵法币发行总额三倍以上，正表示法币情形之恶劣。从表面视之，可据法币总额之三倍以上之准备金，似应引起人民对于法币的信心，并稳定其价值。不知在恶性通货膨胀之下，准备金之价值高，正表示纸币之价值低，且纸币之发行愈多，其价值必愈形低落。俞教授报告中谓，法币基金保管委员会如发现准备不足时，政府并随时以产业或外汇拨足，不知俞氏所谓「准备不足」究如何解释。政府当局者认为现在准备非常充实，法币仍可大量膨胀，其影响所及，决不止于财政与币剧之完全崩溃。

由以上所论可知最近政府所摄充实准备制法不足以收稳定币值之效，且可引起通货之大量增发，使币值更趋跌落，吾人以为在当前情形之下，欲稳定币值，仍首须停止通货膨胀，以恢复法币之信用。因此，对于下述数点须加以注意：

（一）金融须与财政分享，财政赤字须用财政方法弥补，不能依赖纸币之发行。俞鸿均氏在国大报告中谓拟有中央银行特设法币基金保管委员会，此种委员会对于币值之稳定并无作用，无需设立。最好暂设一发行管理委员会，由各界人民代表组织之，监督法币之发行，并独立行使职权。此外实现应规定一现金准备办法或定一最高发行额，但现金准备比率或最高限额，于必要时，经发行管理委员会之决议，可以变更，法币之发行收取须按期公布。中央银行贷款于政府机关须有一定限制，且于一定期限内清偿。各项办法如能严格实行，必定有限制法币之增发，恢复人民之信心。

（二）美国借款现已成立，正可用以协助币值之稳定。按美国援华法案自四月起即可开始运行。根据该法案规定，美援总额在本年以内可得三亿四千七百二十五万美元，明年四月以内可得一亿一千五百七十五万美元。此种援助之大部分系指定用于经济方面。此种援助之物资为米、面、棉花、石油、肥料、药品及建设器材等。将此类物资出售，可以收回大量法币，使财政状况改善，对于币值之稳定，物价之平抑,必有裨益。不过物资出售须有严密监督,使豪门巨富贪官污吏不得利用机会作囤投机与营私舞弊之活动。

（三）财政与金融须积极整理。俞鸿钧氏在国大报告中谓:"本人深知外力援助未能常恃,我们自当利用此次援助的机会,来加紧一切财政金融上改革的工作。"但愿政府当局能不徒托空言,认真实行。此种改革工作首须使金融与财政分离,前已略加论述。就财政收入而论,须以租税及公债为主,且须从湮征收财产税,并尽力推行所得及超产等直接税。他一方面须减少浪费,消灭贪污。同时信用政策须适当调用,不能随便膨胀,盖银行信用对于币值之稳定亦甚为重要,不能忽视。

总之,就是出售国营事业资产充实法币准备办法观之,若仅视此种准备为保证法币信用之基金,不能适当运用,决难收稳定币值之效。当前虽稳定币值,须恢复人民对于法币之信心。欲恢复人民对于法币之信心,又须停止通货膨胀,整理财政与金融。政府当局正可利用美援时机,投入决心与毅力从事于此种工作。

工商贷款之停止与开放问题[*]

蒋硕杰

去年十一月物价涨风又起,政府急遽采取了种种紧急措施,其中有一新颖的办法即国家行局停止一般工商贷款,一面追回放款以施压力于金融市场。此办法施行之后,市上银根骤紧,囤积商人一时颇有被迫售货以应付债务者。对于物价涨风之平抑颇收成效。因此据说颇得最高当局的嘉许,并且曾降手令全国国家行局一体遵行。于是国家行局停止贷款成为一硬性之金融政策。

这政策施行之后对物价之平抑虽然不无功效,但一向依赖低利生产贷款之工商业则大受打击。最近又届旧历年关,工商业颇有周转不灵而起恐慌之虞。于是各方面呼吁开放工商贷款之声甚嚣尘上。政府亦鉴于工商界要求之激烈,又有由国家行局收购成品的变动办法。究竟工商贷款应否开放?不开放工商贷款而采取收购成品的变通办法是否妥善?这是值得研究讨论的问题。

以往生产贷款之流弊百出早经各家经济学者所指出。其主要之弊端厥为放款之利率过低及放款之来源纯系出于通货及信用之膨胀。过去生产贷款之利率远较一般物价上涨率为低,故借得生产贷款者其实际上所负担之利率为一负数。因为任何一人借得国家行局之低利贷款以后,以之囤购商品俟至还本之时再将囤货售出则因囤货价值增加,以之偿还本利犹可有余的缘故。所以生产贷款成为一种变相的送礼,而领得生产贷款的人更不必苦心惨淡的经营生产,就拿它来购囤原料或囤积成品亦可不劳而获巨利。于是生产贷款名为扶助生产,反有奖助囤积之实。

又因为放款利率既如此之低而国家行局又不能超脱赢利的观念,于是存款之利率更低。存款利率既不及物价上涨之速率远甚,则存款者之储蓄的真实价值自然日益消蚀。在目前通货膨胀猛烈进行之下,一般人民对物价之缀涨早有深刻之认识,谁人更愿在这种低利政策之下在国家行局中存款?即正规之商业银行其存款利率亦不过月息十五分左右,较去年一年每月物价平均上涨率犹相差甚多,所以也不能吸收老百姓的经常储蓄。能够吸收一小部份民间的储蓄的唯有各种地下黑银钱庄。但是他们所出的利率虽高,而到账之风险亦大。故谨慎的人仍不愿以其心血之蓄积存入此种黑银号作孤注之一掷,而宁愿囤积一些日用品或购买金钞之类,于是遂酿成普遍的逃避通货的现象,致使货币的流通速率愈来愈快,物价上涨

---

[*] 本文原载于《经济评论》,1948年第21期,第7—8页。

之速率亦因之远过通货数量之增加。并且此辈黑银号的放款对象几乎完全是做投机囤积的商人。所以过去生产贷款的资金唯一的来源就是中央银行的信用膨胀和发行的增加。其他的国家行局或商业银行承做生产贷款的时候无不以即刻能向中央银行重贴现或转抵押为条件。所以事实上其他银行,不过是中央银行放款的中间人,其承做生产贷款之目的不过为的要赚取贷款利率与中央银行重贴现利率之差额而已。我们简直可以说其他的国家行局和商业银行都不过是中央银行膨胀通货的工具而已。这是现在中国银行金融的荒谬现象,而这种荒谬现象是政府抗战以来行之未改的利率管制政策所造成的。

这种放款办法的流弊早经识者一再指出,所以金融当局于去年年底涨风又起之时毅然决然的采取了停止生产贷款的措施,但是这种非常的措施仍不是彻底的办法。它因然可以杜塞生产贷款这股通货膨胀的洪流,但是原来靠生产贷款以资周转的生产事业,因为缺乏其他的贷款的来源,至此便有资金枯竭无法继续生产之虞。于是中央又经不起工商业界的一番呼吁,又出了这收买成品的变通办法。这办法较低利贷款确胜一筹。因为在这办法之下生产事业必须以贷易款,所以非先生产不能以成品易取资金。并且政府还可以借此办法把握一批日用必需品作为半抑以后物价波动之用。加之政府还可以操纵其成品收购价格以奖励或限制其商品之生产,比过去的低利贷款确是一大进步。

但是它仍非针对着目前金融制度症结的治疗办法。我们可以说他仍旧不脱何处溃烂何处贴膏药的作风,因为我们在上面已经指出中国目前的银行政策的基本错误是低利政策。把存放款率定在物价上涨率之下,一面既使生产贷款流向囤积投机之歧途,一面更使人民之储蓄不得流入银行作为银行放款之资金而被用于囤购实物,结果更助长物价之涨势。本来银行的正规任务是吸收人民的储蓄而聚积之以融通工商业生产上及有无输迁上的需要。可是抗战以来政府的利率统制政策使一般银行大都不能吸收人民的经常储蓄而完全恃转贴现转低押之方便仰赖中央银行之信用及发行之膨胀以为其资金的来源。这种政策不啻使银行丧失其本来的机能而使之成为中央通货膨胀之工具。假使我们以人体血的液循环譬喻经济体系中金融资金的流通周转,我们可以说银行之汇集人民的储蓄再放给工商事业好比人体各部肌肉中的血液经过大小静脉汇注于心脏再由心脏喷出滋润各部一样。过去存款利率的统制等于自己缚断自身注入心脏之大静脉使血液不得流回心脏。而对于需要心脏喷出的血液来滋润的脏腑及肢体则完全由心脏用取自体外之粗制滥造的血液来接济。如此人体安得不日益浮肿膨胀?去年年底采用的停止一切工商贷款的政策犹之将自心脏流出的大动脉也一并缚断。如此固可以稍稍停止人体的继续肿涨,但血管阻塞血液的周转停止也足成为致命的病症。这是政府一实行停止放款以后即刻引起各地工商界群起呼吁的缘故。

由这个粗浅的譬喻看来我们很容易明白政府在采用的变通办法仍非铲除病源的医疗。因为各行局收购成品的资金仍旧是取自体外的血液(发行及信用的膨胀)由体内各部回流至心脏的大静脉仍旧被极低的存款利息所缚住,所以由心脏流出的血液仍无法归注心脏。根据我们以上的诊断唯有解除大静脉上的束缚使血液能畅流归注心脏才是正当的对策。

所以我们主张政府此时应速提高国家行局的存款利率使之至少能略超过物价上涨的速率。这样人民的储蓄才能源源的流入银行,而银行的放款也不必依赖中央银行发行新钞票了。那时生产贷款自然可以重行开放。不过贷款利率也应提至一般物价增涨以上,以免贷款流入不生产之囤积,同时也应略高于存款利率俾与各银行正当之利润。而中央银行之再贴现及转抵押之利率更应提至其他银行之贷款利率以上,且在须规定在特别紧迫之情况下始予承做。因为非如此不能使各银行各就其吸收储蓄之能力限制其贷款,而不至恃再贴现之方便专向中央银行套取头寸而引起通货的膨胀。

但是这里还有一待研究的问题,就是利率应如何提高。我们在上面说过利率应提至物价上涨率以上始能使人民乐于存款而不购囤货物。但物价上涨时缓时速无一定之速率。故利率亦难固定于某一水准。并且国家行局及其他银行一律提高存放利率本身有使物价涨势锐减的功效。在当初物价涨势猛烈的时候恰为适当的利率至物价涨势较缓时即成为工商业之过分的负担。故利率必需随物价增涨之缓速随时调节。笔者去年年初即曾发几篇拙著极力指摘低利政策之不当并主张发行一种"物价指数储蓄证券"以吸收及鼓励人民之储蓄,其主旨在担保储蓄者之储蓄之真实价值不因物价之增涨而减少,即使利率自动的随物价上涨的缓速而降升。(见《经济评论》第一卷第一,第六,第十七期及第二卷第十三期)。此建议虽得多数经济学者的赞同,但迄未激当局采纳。吾人乘此举国朝野讨论工商贷款是否应停止或开放的问题时,再度向当局指出以往之拒绝人民的储蓄使不得不囤购实物以保全其储蓄之实值的低利政策是必须改弦更张的了,在改革币制的贷款尚未见着落的时候,发行指数储蓄证券实在是最轻而易举的自力更生的稳定方案。

宋代之专卖制度[*]

赵 靖

一 专卖制度的历史条件

专卖又名财政独占,是政府为筹措财政收入而独占经营消费货物的一种制度。专卖的目的虽然也是最大收入,但专卖事业的经营主体是政府而不是任何个人,所以专卖与私人独占企业不同;公营企业的经营主体也是政府,但政府经营公共企业的动机是加强经济效率或执行某种社会政策,换言之,是为服务人民而不是为单纯的财政收入。因此,专卖与公营企业,也不能混为一谈;政府独占经营的对象,可以为实体货物,也可以为某种役务——如政府对旅行者的服役,不过专卖事业却只能以实体货物为对象;实体货物有的可供直接消费或使用,有的却只有交换价值而没有使用价值——例如政府独占发行之彩票,没有使用价值的东西,虽然一样可以为政府独占的对象,但也不能取得专卖品的资格。

因为有这些独特的性质,所以专卖制度的存在,是依存于一定的历史和地理条件的:具体说来,在自由主义的国家,政府以少参加经济活动为原则,专卖既是政府的一种经济上的独占行为,当然与自由主义的原则抵触;在社会主义国家,原则上一切企业都由政府经营,但政府经营企业的目的,恰好是为了经济效率和社会正义,这不免又与专卖一词的定义有所扞格。因此,无论在自由主义或在社会主义国家,专卖制度都不能成为一种重要的财政制度。

一般说来,专卖在下列几种环境下,最容易盛行:

(一) 私有财产制盛行,而且政尚专制的国家

专卖的对象是消费品,专卖收入越多,消费者的负担越大。但照一般情形,消费者的所得越大,用于直接消费的支出,所占的比例越小。从这种观点看,专卖无异为一种累退税(regressive tax),是违背社会正义的,如果想把专卖制度在自由主义国家大规模推行,必然会遭受人民的强烈反对。在社会主义国家,私有财产消减,一切企业国营,政府尽可在整个经济计划中,妥筹收入,也用不着乞灵于专卖。

---

[*] 本文原载于《燕京社会科学》,1949年第2期,第59—94页。

只有在私有财产制度存在而且政尚专制的国家,政府既不能靠大规模的公营企业以获取必要的收入,推行专卖制度又不怕人民反对,专卖制度自然而然的成了筹谋财政收入的重要法门。尤其在文化落后封建制度部份残留的国家,近代优良的财政工具如直接税、公债等,既然不容易采用,专卖制度便越发显得重要。从近代的例子看,德、日等法西斯国家,属于前一类型;伊朗、暹罗两国,则属于后一类型。①

(二) 殖民地国家

统治国经营殖民地,一切都是为了本国片面的利益,对殖民地的剥削榨取,当然不厌其多;同时殖民地在法律上和事实上都不能与统治国立于平等地位,一切自然也不容反抗。因此,殖民地便成了推行专卖制度的最适当环境;英国统治期中的印度、法国统治下的越南、摩洛哥、日本统治时代的朝鲜、台湾和伪满,都盛行专卖制度,②正是这种道理。

(三) 出产某种特产品的国家

特产品的需求弹性一般较小,产区又比较集中,这些特性使特产品天然成为专卖的优良对象;特别是几种所谓"殖民地型的"特产如茶、咖啡、烟草、蔗糖等,最具备专卖品的条件,出产这类商品的国家,也最容易采行专卖制度。③

(四) 战争时期

战时支出庞大,非经常收入所能应付。人民受爱国心驱使,对政府一切增加收入的临时办法,都比较容易谅解。因此,在战时财政的讨论中,专卖制度也占有相当地位,尤其任利得税、财产税和公债等办法没有发现以前,专卖制度在战时财政中,每有举足轻重的地位。

从以上各条件看来,长期停滞在封建社会而且战乱频仍的中国,实在是发展专卖制度最典型的地区。从专卖制度的规模宏大和实行历史的久远来说,任何一国都不能和中国相比拟。而中国历代所执行的专卖制度,又以宋代为最精密复杂。因此,要研究中国专卖制度的历史,必须对宋代特别注意。

二 宋以前的专卖制度

就政府独占经营的范围而言,专卖制度可以分为两大类:如果从独占商品的生

---

① 德国有火柴及酒类专卖,日本有盐、烟草、樟脑专卖,意大利有盐、烟草、火柴、糖及金鸡纳霜专卖;伊朗有茶叶、烟草、糖等专卖,暹罗有鸦片及麻醉药专卖。
② 印度有盐专卖及鸦片专卖,越南有盐、酒及鸦片专卖。摩洛哥有烟草及大麻专卖,朝鲜有盐及红参专卖,台湾有盐、酒、烟草、鸦片、樟脑等专卖,伪满州国也曾实行盐、火柴、石油、及麻醉药等专卖。
③ 例如智利之硝石专卖,秘鲁之燐专卖,台湾之樟脑专卖,所专卖之货物均为当地之特产。宋代之茶马政策,亦因茶为中国特产之故。

产、收贮、运销、批发，一直到零售的全部过程都由政府独占，这类专卖普通叫做全部专卖制。反之，如果政府只独占此整个过程中的一部或数部，便叫局部专卖制，这两类专卖，在宋代以前都早已实行过。

远在春秋时代，管仲就曾实行过盐专卖，据《管子》的记述，当时管仲所行的是一种局部专卖制：食盐的生产，主要由人民经营，政府也生产一小部分；不过从收贮、运销一直到零售的过程，却全部掌握在政府手里，就连食盐的进口和出口，也都全由政府独占，这从"此则坐长十倍之利，以令巣之梁、赵、宋、卫、濮阳"和"通东莱之盐而官出之"两句话，就可得到证明。虽然《管子》一书现已发现是伪书，但齐国地靠渤海，盐的产区相当集中，在春秋战国战伐兼并的时代，很可能有人设想到专卖食盐的办法。汉武帝用齐地的大盐商东郭咸阳，实行全国性的盐专卖，当时的制度，已经有相当规模。这不见得都是由于东郭咸阳一人的创见，或者齐地早就有过专卖制度的理想甚至事实，到东郭咸阳时代，还有这类的传说，才使他有所取法。

汉武帝好大喜功，连年用兵，把国库好几代的蓄积，都用得一干二净，不得不④任用一些聚敛之臣，想尽各种方法筹措战费，中国历史上开始有确凿可考的专卖制度，也在汉武帝时代。

当时作为专卖货物的对象，一共有盐、铁和酒三种，其中酒专卖的办法，因为记载太简略，详细情形，已经不太容易推断；盐、铁两种，则都是全部专卖制，制盐的器具（牢盆）由政府供给，制盐人由政府雇佣，连零售也是"令吏坐市列肆，贩物求利"。⑤ 铁则除铁矿的采掘外，连铁器的铸造和售卖，都全部由政府独占经营。办理盐铁专卖的官吏从上到下多是任用过去经营盐铁致富的商人，对私自造卖食盐和铁器的人，除没收其生产品和生产工具外，并处以"钛左趾"的刑罚。

专卖制度实行的结果，确实解决了当时大部分的财政困难，但因此所加给人民的痛苦，却也相当可观：食盐和铁器，都是品质低劣而售价高昂，引起民间的普遍反感。一部分朝臣也不赞成专卖制度，甚至连一向拥护拓边政策的卜式，也再三主张废除专卖制度。⑥ 所以武帝死后不久，酒专卖便先被取消，⑦盐、铁专卖在元帝时也曾一度取消，不过因为盐铁专卖收入很大，一旦废止，没有新的税源可资代替，所以过了三年，就又重新恢复，⑧而且一直延续到西汉末年。

王莽篡汉后，盐、铁专卖大体是沿袭西汉旧制，但酒专卖在这时却有了比较详尽的资料：王莽实行酒专卖的目的，除财政收入外，大概还有"寓禁于征"的意义，⑨

---

④ 见《管子·海王》。
⑤ 见《史记·平准书》。
⑥ 《汉书·卷五十八·卜式传》："式既在位，言郡国不便盐铁，而船有算，可罢，上由是不悦式。"又《史记·平准书》"卜式言曰：'今弘羊令吏坐市列肆，贩物求利，烹弘羊，天乃雨。'"
⑦ 昭帝六年，桑弘羊与丞相车千秋共奏罢酒酤。见《汉书·卷二十四·食货志》。
⑧ 《汉书·卷二十四·食货志》。
⑨ 《汉书·食货志》"羲和鲁匡言：'今绝天下之酒，则无以行礼相养，放而无限，则费财伤民。'"

酒的酿造和零售，都完全公营。卖酒的收益，除去所费的米曲价值外，提出十分之三，用以支付工资和燃料以及生产工具方面的费用。余下的十分之七，则作为专卖收入，归入国库。一切因造酒所发生的副产品，也都作为支付工资及燃料、工具之费用。

王莽所任用的专卖官吏，也都是过去经营此等事业的商人。汉武帝失败的故辙，王莽都未能避免，再加上王莽的泥古不化，专卖制度所加给人民的烦扰和痛苦，自然更甚于武帝时代。

东汉初年曾取消一切专卖制度，章帝时恢复盐铁专卖，但因实行成绩不佳，和帝初年复予废止，但不久又再度恢复。⑩ 汉末大乱，盐、铁专卖随之崩溃，此后铁专卖中断了七八百年之久，到宋代才再有铁专卖，而且在财政上之重要性也远不如古代。但盐专卖不久就为曹操所恢复，（西蜀也盛行盐专卖）⑪一直经过魏晋两代，到北朝的东魏高齐，仍在沿海各地实行盐专卖。⑫ 这几代承袭两汉的遗制，所实行的盐专卖大概都是全部专卖制，但因有关资料太少，详细情形已经无从推断了。

唐代安史之乱，使中央和被兵地方，财政都万分拮据。河北招讨使颜真卿，曾先收景城郡盐，实行专卖以助军费，第五琦从军河北，学得了颜氏的办法⑬，后来作了盐铁使，便将盐专卖推广到全国。第五琦的办法也是一种局部专卖制：将各地的盐民都编为"亭户"，亭户生产的盐，一律强制卖给政府，由政府运往各销区，再照买价加上十倍的专卖利益（榷价），零卖给消费者。实行结果，很见成功。

刘晏继第五琦作盐铁使，将第五琦办法中的官运、官销两种措施，改为商运、商销。亭户制就的盐，由政府全部收买，照加十倍榷价卖给盐商，由盐商自由运往各销区出售，这就是现代所常说约"就场专卖制"，既有专卖收入可得，又可避免官运官销的费用和麻烦，较第五琦的办法更进一步。同时刘晏又注意改进专卖制度的技术和人事，结果使盐的专卖收入由他在职初年的每年四十万缗，增加为他在职末年的每年六百万缗⑭，约占当时全部岁收的一半。⑮ 中国历代所行的专卖制度，实以刘晏的办法最为成功。

刘晏死后，由他一手擘画的盐专卖制度，也就逐渐崩坏，私贩盛行，盐价连续增加到原来的三倍以上，⑯国库收入却反日渐减少。在唐代除李巽能够稍微恢复刘

---

⑩ 苏诚鉴《后汉书食货志长编》（商务）八六——八七页。

⑪ 《晋书·食货志》"卫觊以为盐者国之大宝，自丧乱以来，放散，今宜如旧置使者监卖。……于是魏武帝使谒者仆射监盐官。"又《三国志·蜀志》卷十一《王连传》："成都既平，以连为什邡令，所居有绩，迁司盐校尉较（榷）盐钱之利，利入甚多。"

⑫ 《魏书·食货志》："自迁邺后，于沧、瀛、幽、青四州之境，傍海煮盐。"

⑬ 《颜鲁公集》附颜鲁公行状："李华遂与公数日参议，以定钱收景城郡盐，沿河置场，令诸郡略定一价，节级相输而军用遂瞻，时北海郡录事参军第五琦随刺史贺兰进明招讨于河北，睹其事，乃窃其法，乃奏肃宗于凤翔，至今用之不绝。"

⑭ 《新唐书·食货志》。

⑮ 《文献通考》卷十五谓：刘晏季年天下总入一千二百万缗。

⑯ 刘晏时代榷价为每斗一百一十钱，贞元四年加三百一十，后又加六十。

晏的规模外,刘晏的办法,竟是"人亡政息"了。

在第五琦、刘晏实行盐专卖时,河北、山东各盐场,则因军阀割据,盐利也归当地的军阀所把持;元和中削平藩镇,各地盐利才重归中央。但因各地军费无从筹措,长庆年间又割归地方,连山西的解池,也于僖宗时代为河中节度使王重荣所夺。

除盐以外,唐代的专卖品还有酒,茶和矾三种。酒专卖始于建中三年(公元七八二—七八三年),办法是官酿官卖的全部专卖制,但京城则不实行酒专卖。淮南、河东等地方所实行的,则不是酒专卖而是曲专卖。贞元二年(公元七八六年),京城也实行了酒专卖。此后唐朝的酒专卖办法,时时有所更改,其中元和六年(公元八一一年)将酒专卖利益随两税青苗钱摊配在一般人民身上的办法,实为后代勒配专卖利益的滥觞。

茶专卖始于太和九年(公元八三五年),办法也是全部专卖,但茶专卖在唐代还是史无前例,而主持茶专卖的王涯,又办理的极不得法,为了掌握茶的供给竟至强迫种茶人民——"园户"将私有茶树移入官场,并且焚毁他们的一切存茶,这当然激起民间极大的反感,因此王涯一死,继任的令狐楚,就马上将茶专卖交给各地方随宜办理。[17] 到开成元年(公元八三六年),李石为相,更将茶专卖改为征税,完全恢复贞元时代的办法。

唐代有关矾专卖的资料最为缺乏,但据册府元龟《开成三年(公元八三八年)停晋州平阳院矾场工匠官吏四百余户》的记载,[18]可以断定唐代是有矾专卖的。

五代十国战乱相寻,又承唐代专卖制度的遗规,专卖制度也极盛行。专卖货物共有盐、酒、矾等几种,制度屡有变革。盐专卖始于后唐同光二年(公元九二四年),其初规定州府省司由政府设置专卖机关——榷栗折博场院负责盐的零售工作,乡村则允许商卖,这就是现代所说的官商并卖制或混合专卖制。但因行政效率欠佳,官卖不能普及,人民食盐不足,不得不购买私盐,结果因实行专卖支出极大的行政费用,财政收入反不及通商收税之多。其后为保持充足的收入起见,乃创立"蚕盐","食盐"等名目,将人民按贫富分为五等,规定五等人户每年应买盐数,强制购买;再后仍嫌收入不足,又将应派给各户的蚕盐、食盐等,收归官卖,但各户应摊的蚕盐,食盐等钱,仍须照常缴纳,成了食盐消费者的双重负担[19]。这种计户勒配的办法,唐代张平叔就曾建议过,因遭韩愈等人激烈反对,未能实行,到五代竟然见诸实行,终宋一代,尚未能废除。

五代的酒专卖,最初也是沿袭唐代的旧制,后唐天成三年(公元九二八年),允许三京邺都及附近各地的人民,自由造酒卖酒,但将专卖利益均摊于地亩,强迫人

---

[17] 《旧唐书·食货志》:"九年涯以事诛,而令狐楚以户部尚书右仆射主之,以是年茶大庆,奏请付州县,而人其租于户部,人人悦焉。"但《新唐书·食货志》则谓:"令狐楚代为盐铁使兼榷茶使,复令纳榷,加价而已。"

[18] 《册府元龟》四九四。

[19] 文献通考卷十五。

民随税缴纳;京都及附近各州府的卖酒人户(京都附近过去为曲专卖地,故允许人民卖酒),则须按照过去每户每年应买官曲数量的十分之二,折价缴纳给政府,作为政府的专卖利益,缴纳后便可取得酒曲的营业自由,不以卖酒为业的人,也可造酒,但只许自用,不得出卖。长兴二年(公元九三一年),恢复各城市的曲专卖,但乡村仍许人民造酒自用。后周显德四年(公元九五七年),并曾禁止勒配酒曲,但各地仍多有勒配情形。

《宋史·食货志》谓:"矾,唐于晋州置平阳院以收其利,开成三年罢。五代以来,复刱务置官吏,宋因之。"[20]由此可见,五代时也曾实行过矾专卖。

三　宋代专卖制度之特色

宋承唐及五代之后,专卖制度更趋复杂完备:不但专卖制度的各种实施办法,远较前代详尽精密,专卖品的种类,也较前代大为增加,在实施办法方面,除前代已经实行过的"全部专卖"、"民制官运官销"、"民制官收商运商销"(就场专卖)、"官商并卖"和"勒派专卖利益"等办法之外,在宋代更有"入中","折博"(易货),"钞法","外销专卖"(茶马),"隔糟法",以及"入口货物专卖"等,而每种办法又都是式样纷杂,变更不常,过去各代所实行过的办法,宋代应有尽有,后代的种种专卖办法,在宋代差不多也都可以找着先例。在专卖品的种类方面,除前代已有过的专卖品如盐、茶、酒、矾之外,宋代又有香、醋和石炭等专卖品,连几百年寂寞无闻的铁及铁器专卖,到宋代也重新恢复,各种专卖货物,纷然杂陈,蔚为大观。

但除量的方面以外,宋代专卖制度在质的方面,也不断发生变化,这种变化过程使宋代的专卖制度,在中国专卖制度的发展史上,起着承先启后的作用,这由以下各种情形,可以看出:

(一)由分散趋向统一。唐自安史乱后,藩镇割据,中央政令不能普及全国,在专卖制度方面,也呈现着各地分歧的状态。所以盐专卖有河北、山东的例外,酒专卖也有榷酒榷曲和无榷的差别,矾专卖则只及于晋州一隅之地。五代十国,不能相一,专卖制度更趋纷歧,不仅不同地域制度不一,甚至城市乡村,办法也各自不同。宋初虽用武力统一全国,但各地纷歧的制度,却不是一时可以统一的,所以宋初各种专卖制度,仍多是因地制宜,极为纷乱。其后经过统一政府二三百年的统治,专卖制度的实施办法虽然常有变革,但各地的特殊设施确实有逐渐划一的趋向:例如范祥、蔡京、赵开等的专卖办法,都曾推行到全国绝大多数的地方,而宋初盐专卖的例外地河北和茶专卖的例外地四川,也终于实行了专卖制度。

除不同地域的专卖办法有逐渐划一的趋势外,不同货物的专卖办法,也趋向统一:例如"入中"、"引票"等制度,对盐、茶、香、矾等专卖品,都曾适用过。

---

[20] 《宋史·食货志》下七。

（二）政府经营的范围逐渐缩小。先秦的专卖制度，已无信史可征。从西汉到魏晋所实行的各种专卖制度，都是由生产到零售的全部专卖制。到唐代第五琦的盐专卖办法，将盐的产制完全划归民营，才开了局部专卖的先例，到刘晏的就场专卖制，除盐的收贮仍归官营外，更将运销、零售等步骤，一并划归民营，政府经营的范围，到此更加缩小。但除盐专卖以外，其他茶、酒、矾等专卖品，却仍是彻头彻尾的官营官办。五代对盐酒等专卖品，最初在城市实行全部专卖，在乡村则允许商卖，但因官卖成绩不良，公营范围已有逐渐缩小之趋向，到宋代这种趋向更加显著：范祥的盐钞法，将城市乡村，一并改为商卖，政府只剩了收息给钞及收贮食盐的工作；李谘的茶法，政府只管给钞收息，连收贮的麻烦一并免去；赵开的"隔糟法"，政府只供给酿酒者一个工作场所，竟连发"钞"的手续都避免了。公营范围愈缩小，专卖制度的行政开销愈减少，政府的专卖收入也愈多，因了社会生产力的发达，政府的行政效率显得愈益薄弱，专卖事业中公营范围逐渐缩小的趋向，就是由社会生产力的发达所引起。[21] 这种趋势继续发展，终至演变成明末及清代的专商引岸制度，千余年来的专卖制度，终于完全变质。

（三）专卖制度与边防的关系，日渐明显而直接。自汉武帝以来，历代实行专卖制度，本都是为了筹措战费，但在宋代以前，这种从属关系多半是间接的及一般性的，政府很少因筹措某项战费而采取某种特殊专卖制度。但宋代的"入中"制度，竟至指定某地的某种专卖品为某边之备，把大部分的专卖收入都变成了各地的"边防专款"；神宗时代的茶马政策，也是这种意义；高宗南渡以后，甚至将四川的各种专卖收入，都拨与四川总领财富所，作为川、陕防军的军费，不再解交中央，[22] 专卖与边防的关系，更加直接而明显了。宋以后元、明各代所实行的茶马政策，都是仿照宋代的办法而来。

四　宋代的盐专卖

宋代的盐专卖制度，可分为四个时期：从宋初到雍熙四年（九六〇—九八七年）为第一时期，从雍熙四年实行入中办法到庆历八年（九八七——〇四八）为第二时期，从庆历八年范祥创"钞法"起到宋徽宗初年为第三时期，从徽宗时代蔡京几度变法起直到南宋末年则为第四时期。第一时期的最大特点是各地制度的不统一。五代的政治力量所达到的地方，只在长江以北，长江以南，则为各小国所割据，各区域本有各自的特殊性，又加上各国的设施不一，统治的久暂不同，因此，各地的

---

[21] 例如高宗绍兴初年，淮南盐户每灶煎盐最多十一筹（每筹一百斤）。孝宗淳熙年间，亭户发明"卤水法"，每灶煎盐量增至二十五至三十筹，政府没有大量经费来收买增加的盐产，在买盐时便每筹多称二十斤至三十斤，名为"浮盐"。再加上其他种种名目的剥削，逼得亭户设法私卖，专卖制度的管理，也就更加困难。（见《宋史·食货志》下四）。

[22] 《续资治通鉴》卷一百二。

盐制也都是因地制宜,极端纷乱复杂。不过大致说来,各盐产区所出产的盐,都有一定的行销范围,这些行销范围中,一部份是实行官运官卖的,另一部份则是官商分界运卖,而对商卖地区应用征税办法。

宋代的食盐,有池盐、井盐、海盐和土盐四种:池盐产于山西南部的解县、安邑两地;海盐产区则有山东、河北、淮南、浙江和福建、广东等地;井盐产于四川;土盐则以晋中为主要产地,这几种食盐的产区环境不同,专卖办法自然也彼此歧异。

(一) 池盐。宋代称池盐为"颗盐",而统名海盐、井盐、土盐为"末盐"。颗盐的生产,是完全由政府经营的。政府在盐池附近各州府招募人民制盐,募得的人民,都编为"畦户",每户每年出夫两人,将盐池附近的田地垦辟为畦引池水注于畦内,名为"种盐",畦内的水干涸以后,盐的生产也就完成。畦户的待遇是每人每天给米二升,每户每年给钱四万,并免去一切赋税和徭役。池盐的销区分为京东、京西、陕西和四川四路,相当于现在的河南、陕西全境,河北南部,山东西部,苏、皖北部及四川一部地区。京东一路的盐称为"东盐",东盐的运销零售,宋初是完全公营的,官营运输名为"官般",官般的办法是由政府役使乡户,民夫和里正,地保等代运,名为"帖头";销区则由政府设立的公卖机关——"市易务"担任零售。由此看来,京东一路的盐,在宋初似乎是行的全部专卖制。但是直到宋太宗太平兴国年间,还常看到蚕盐入城的禁令[23],可见五代时"城市官卖,乡村商卖"的办法,在宋初仍然残留着,即使在"官运官卖区"办法也不是怎样单纯划一的。

京西所销的盐名为"南盐",陕西所销的盐则名为"西盐",南盐和西盐宋初都是"商运商卖"的,入四川的盐,则采取易货办法,由政府在陕西凤翔设立易货机关——"折博务",用盐交换蜀货,普通商盐则绝对禁止入川。

海盐的生产则全归民营,生产海盐的人,分为"亭户"(或灶户)和"锅户"两种:亭户所出产的盐,名为"正盐",正盐除每年缴纳一部分给政府作为赋税外,余下的必须全部按官收价格卖给政府;锅户所出产的盐名为"浮盐",[24]浮盐在纳税后,是允许卖给商人的,但浮盐的产量较小,一般只有正盐的四分之一左右。[25]

海盐的运销制度,各地不同:大概两浙和淮南,盐的运输和零售都是完全官营的,官营的办法,和池盐的京东区大致相同;河北和山东,则部分为官销区,部分为商销区,不过河北因地近契丹,为防止辽盐私入河北并收买边地民心起见,于开宝年间改为完全商卖,直到神宗时代才又恢复官卖;福建一部份地区实行官运官销,另一部份则实行"产盐法",让人民按财产多少,随税缴钱,由政府供给食盐;广南(包括广东及广西)在名义上全为官运官销区,但海南岛一带,因人口过少,官卖无

---

[23] 建隆二年及三年(九六一,九六二年),皆限制蚕盐入城数量,超过限量者须经持许,太平兴国二年(九七七年),规定凡蚕盐入城在五百斤以上者,一律黥面送阙下。(见《宋史·食货志》下三)。

[24] 浮盐有两种意义,除锅户所产的盐名为浮盐外,南宋时收盐官吏在收盐时每百斤多称二三十斤,亦谓之浮盐,见上节注二十一。

[25] 《宋史·食货志》下四。

利可图,实际上乃采取摊派法,将食盐强派给里正地保,收取盐价。

井盐的产场有两种,大的产场名为"监"小的称为"井",监是公营的,井则完全民营,监所产的盐,由政府在官销区出售;井所产的盐,在纳税后则可在四川境内的商卖区自由运销。井盐的产制本较困难,再加上当时生产技术的幼稚,结果便因产量不敷川境人民的食用,不得不运入一部份解盐,以资补充。因此,四川境内又有一部份地方被指定为池盐的销区。

晋中是土盐的主要产地。河北及陕西也出产土盐,但因成本高而产量少,所以无足轻重。晋中的土盐也是由人民产制,制盐的人家名为"铛户",铛户刮碱土制盐,每年无代价缴纳一部份给政府,名为"课盐",余下的则按官价全部卖给政府,名为"中卖"。政府买得后,加上专卖利益,再卖给商人,商人便可在规定的销区内自由运卖,只是不许侵入邻区而已。

兹将宋初各盐产区之产量及盐价列表于下[26]。

第一表　宋初各盐产区产量及盐价

种类		颗盐	末盐								井盐		土盐
			海盐										
			京东	河北	两浙	淮南	福建	广南			川西	川东	
产量(石)		870 359.8	32 000	21 000	647 000	1 677 000	100 300	35 686			323 382	2 820	125 000
价格	买价				4—6 钱						5 钱		6—8 钱
	卖价	34—44 钱 (有三等)	8—47 钱 (有二十一等)								70 钱		36 钱

雍熙四年(九八七),因对外用兵,边防各地,粮草缺乏,遂招募商人,使自运粮草缴纳给边防各地,边防各地收到粮草后,按照当地市价及商人运送路程的远近,发给商人一种领款凭证,名为"交引",商人持交引到京城领款,政府一方面发指令给各产区的盐、茶专卖机关,准许这类商人用领到的款项,购买盐和茶,这种办法,在宋代就叫做"入中"。补偿入中的货物,最初本只有盐茶两种,后来范围逐渐扩大,又加上香矾等货物,于是入中制度就变成宋代专卖制度中最普遍,最久远,最重要的一种形式。

入中商人于买到盐后,只许在商销区售卖,至于原来的官销区,这时仍然实行着全部专卖制。但全部专卖制的困难是相当多的,因为全部专卖制必须设立很多行政机构,并且任用很多专卖人员,行政费用自然相当巨大;运输方面役使里正和民夫,又加给人民无限烦扰,再加上用人行政的不当,于是官吏侵渔,盐质低劣,和人民逃亡等现象,都相继发生,专卖收入也因之减少。同时,在入中制度实行后,入中商人多半和边地的官吏相勾结,故意高估入中货物的价值,京城的专卖机关,又

---

[26] 根据《宋史·食货志》下三至五。表中产量系太宗至道二年(九九六)数字,井盐卖价为太平兴国三年(九九七)数字,其他各种盐价皆为至道三年数字。

恐怕入中商人伪造交引，因此规定在入中商人持交引来京领款时，必须要有京城的商人作保。这样一来，京城的一部份商人，遂大作其投机生意，设立所谓"交引铺"，代入中商人作保或收买其交引，并且故意压低交引的价格，以图厚利，结果政府按虚估的粮草价值付款，而入中商人则因受交引铺的剥削，甚至不能收回成本，于是公私两亏，贪官污吏和投机奸商却坐享重利，官卖入中，都告失败，盐制是非变不可了。

盐制的改变是从解盐开始的。仁宗庆历八年（一〇四八）范祥奉命总管解盐，改行"钞法"，把京东路的全部专卖制，四川的以货易盐和边地的实物入中办法，一并废除，所有解盐的销区，都改为商运商销，由商人用现款入中，换取购盐凭证——盐钞，发给盐钞时，按各商人所要求的销区和入中地区的远近，给予差别待遇，商人取得盐钞后，就可凭钞径往产区的专卖机关验钞领盐，在指定的销区内行销。不过在邻近西夏的西北边区一带，因有外盐走私的威胁，仍旧采取官销办法；但运输方面，则不用旧日的"官般"、"帖头"办法，而是招募商人将食盐入中该地，交由当地政府出售，以防私贩；对入中食盐的商人，则在内地给予较多数量的食盐以作报偿。这样官销和实物入中两种办法的缺点都可免除，对人民的烦扰大为减轻而政府的收入却反增加：范祥总管解盐的最初四年，盐专卖收入平均比庆历六年增加了六十八万缗[27]，过去每年付给入中商人数达四五百万缗的现款，在钞法实行后也完全免除了。范祥死后，由他的副手薛向继任，薛向对范祥的办法颇有变更，收入也逐渐减少，但治平二年，（一〇六五）盐专卖收入还达一百六十七万缗。[28] 徽宗大观四年，（一一一〇）毛注论盐法，还说："薛向讲究于嘉祐中，行之未几，谷价据损，边备有余。"[29]可见薛向在大体上，仍是遵行着范祥的遗制的。

范祥钞法，最初虽只行于解盐，但不久就被推广到其他盐区，而各区所产的盐，又都被指定作为一特定边地的饷源，[30]各边盐钞，都由中央统筹发给，以防发行过滥。但后来终因边防需要急切，盐钞发行过多，钞价大跌，入中减少，专卖收入也大受影响。

崇宁年间，蔡京改变盐法，在京城的专卖机关内，设立买钞所，用盐茶及其他杂物，收买盐钞一面更印新钞，收换旧钞，凡拿旧钞前来更换的，十分内须加付现款三分，名为"贴纳"；换给新钞时，只换给七分，其余三分仍为旧钞，名为"对带"。这些办法实行之后，商人因贩盐利薄，多不愿讲钞，政府为保持专卖收入计，乃选择各郡县比较殷实的人家，分为三等，每等人家都强制认销一定数额，并且限期销尽，如到期尚未尽销，则处以体刑。

---

[27] 《宋史·食货志》下三。
[28] 同上。
[29] 同上下四。
[30] 《宋史·食货志》引毛注奏："东北盐为河东之备，东南末盐钱为河北之备，解池盐为陕西之备，其钱皆积于京师，随所积多寡给钞。"见《宋史·食货志》下四。

蔡京变法后,大受朝臣攻击,大观四年,张商英为相,便将蔡京的办法废止,企图恢复范祥、薛向的旧制。但不久蔡京又复任执政,遂于政和二年(一一一二),再度变更盐法,废止官运官销,令商人凭引赴场买盐,设立"合同场",负责称量盐斤及查对引据事宜;商盐装运,必用官袋,每袋三百斤,作为一长引,长引均有一定销区,随引护运。限期一年缴销,如有特别情由,可以展期半年,倘期满而盐未销完,则引票作废,余盐由政府没收。在产场附近地区,则另用小袋装盐,名为"短引",短引只许在产场附近售卖,不能运往外路。宣和年间,盐制又屡有变更,先用对带法,后来又改为"循环"法,所谓循环法者,商人已经买钞,尚未给盐,又须更换新钞,换钞后尚未给盐,又须再行贴钱,前后三次缴钱,才能买得钞面上所规定的盐数,商民如无钱换钞或贴输,则以前所缴的钱,都不再退还,常有富商巨买,因此而破产败家的。而蔡京所任用的专卖事业主持人魏伯刍,又是一个大蠹吏,常和经营交引铺的奸商相结纳,非法盘剥盐商,以便求宠媚上,宋代盐专卖的弊政,到此达于极点。

蔡京的盐专卖办法,虽然加给盐商和一般消费者极大的烦扰与担负,但专卖收入的确是大为增加了。政和六年(一一一六),魏伯刍主持榷货务仅仅二年,专卖收入的总额已达到四千万缗,平均每年二千万缗,和宋初的数字相比,增加了几乎六倍,[31]这种掊克聚敛的能力真是言之可惊!

这当然投着了专制君主的喜好,因此,尽管朝野士民,都骂蔡京的办法为"弊法",但从蔡京变法起,直到南宋末年,尽管制度的名称和细节不断改变,但基本上则总脱不出蔡京的窠臼。宣和年间主政的王黼,对蔡京的弊法固然是"萧规曹随",南渡以后也是时而"对带",时而"贴纳",时而"对""贴"并行,[32]以及"并支",[33]"正支,等办法[34]都无非循用蔡京旧制,稍加增损而已,只有建炎二年(一一二八)赵开在四川所实行的专卖办法,虽是,仿大观法置合同场",[35]但并不是蔡京办法的翻版,而是"取其精华,扬其糟粕"因为蔡京盐法的缺点,在于变更频繁和剥削过重,至于制度的管理和稽察,合同场法的确有他的优点;所以赵开只在管理和稽察方面依照合同场法,在盐的收贮运销方面,则大加改变:政府不再收盐,只向盐商征收专卖利益,盐商缴纳专卖利益后,就可取得向生产者——井户直接购盐的权利。这样政府没有收盐贮盐的烦费,仍有专卖利益的收入,一举两便,在南宋称为良制,可惜未能将这种办法推广到全国,所以实行效果也只能见于四川一隅之地。

㉛ 至道三年池盐,海盐,土盐专卖收入共达二,五五〇,〇〇〇余贯,井盐共产三二六,二〇二石,每石五十斤,每斤七十钱,共计一,一四一,三五〇贯,合计专卖收入共约三百七十万贯。

㉜ 建炎初年用对带法,三年改贴纳法,绍兴年间对贴并行,孝宗淳熙年间改为循环钞法,见曾仰丰著中国盐政史十四页。

㉝ 绍兴四年(一一三四)改为对贴并行,但因建炎旧钞尚未支绝,故实行"并支法",按输钱先后,依次支给。

㉞ 宁宗庆元初年,罢循环钞法,改增剩钞,名为"正支文钞",仍按缴款次序先后支盐。

㉟ 《宋史·食货志》下五。

由以上看来,宋代的盐制,虽然千头万绪,但除了极少数的例外(海盐中的浮盐,井盐区的"井",以及河北陕西的少量土盐外),盐产的专卖制度,是始终未曾改变过的;所以宋代尽管常有废榷通商的措施,但所谓"废榷",只是废除官运、官销而已,并非废除专卖制度之谓;而所谓商鬻,也只是一种局部专卖制,与近代的食盐自由贸易制,实在大相径庭。

除专卖收入外,宋代对食盐尚有各种各类的税课,摊派,及手续费等,分别述之如下:

(一)生产者(盐民)所负担的税课:㊱

(甲)产场税:井盐中的"井",由土民经营,纳税后准在川境运销。

(乙)土产税:建炎二年赵开变法后,每引输"土产税"及增添钱九钱四分,由"井户"缴纳。

(丙)官溪钱:元佑以前,于产场税之外,令每井别输五十缗,谓之"官溪钱"。

(二)盐商所负担者:

(甲)出场税:《宋史·食货志》谓:"(元佑六年——一〇九一)提举河北盐税司请令商贾贩盐,于场务输税"。㊲

(乙)通过税及落地税:范祥变法,曾规定将通过税及落地税(所历所至输算)合并于入中数目内扣除,但各地方仍照旧征税,至嘉佑六年(一〇六一),薛向才将此等重复课税废除㊳赵开盐法中也有通过税(所过税七分)及落地税(住税一钱有半)之规定。㊴

(三)手续费及其他苛杂:

(甲)头子钱:雍熙四年实行入中制度后,商人持钞在京领款,每钞须缴头子钱数十。㊵

(乙)提勘钱:赵开盐法规定商人在请引时每引须缴提勘钱六十六。㊶

(丙)贴输钱:类似现在的"附加":也是赵开于建炎二年所创立。

(丁)其他苛杂:四川州县所收的有买酒钱,到岸钱,榻地钱等㊷;东南盐则有买时多称(浮盐),卖时少称等剥削。

(三)消费者之其他负担:

(甲)蚕盐:五代时的蚕盐,北宋仍旧存在,蚕盐时给时否,但无论政府是否给盐或人民是否接受,蚕盐钱则必须照缴;南宋后蚕盐一律停给,但蚕盐钱则照收

㊱ 《宋史·食货志》下五。
㊲ 同上下四。
㊳ 同上下三。
㊴ 同上下四。
㊵ 同上。
㊶ 同上下五。
㊷ 同上。

不停⑬。

（乙）产盐法：宋初福建下四州（福，泉，漳，化）所行的产盐法，后来也像蚕盐一样：政府停止供盐，但盐钱照旧缴纳⑭。

专卖利益本系生产者、消费者和商人所负担税额之总和，因此，在专卖制度下，除少数手续费或执照费外，专卖品的一切货物税和消费税都应完全取消，人民的负担才算合理；但宋代既实行盐专卖，又对食盐征收各种名目的税课，其中一大部份都构成人民的双重负担。食盐本是需求弹性极小的一种生活必需品，人民虽然不胜负担，但却不能减少消费，被迫不得已，只有出于走私漏税一途，因此，在宋代几乎每一地区都有走私现象发生。其中河北及陕西沿边，因接近辽、夏，国际走私一直是北宋时代最感困脑的问题之一。广东、福建、江西三省的边界山地，因地势险阻，武装走私尤为严重，每年秋冬农闲之时，人民便"数十百为群，持甲兵旗鼓，往来虔、汀、漳、潮、循、梅、惠、广八州之地，与巡捕吏卒格斗，至杀伤吏卒，则起为盗，依阻险要，捕不能得。"⑮淮盐利益最大，所以"江淮之间，虽衣冠士人，狃于厚利，或以贩盐为事。"⑯走私既这样猖獗，宋代对付私盐的法令，也就特别严厉。汉武帝时代对买卖私盐的处罚，不过是"钛左趾并没收其器物"；唐代的盐法号称严厉，但元和年间，盗卖池盐一斗，不过杖背，盗卖一石以上才处死刑；⑰但按宋太祖建隆二年（九六一）的规定，商盐（合法商）进入官销区在三十斤（六斗）以上，私卖或私造土盐在三斤以上的，都一律处死；乾德四年后（九六六），虽然是"每诏优宽"，但到雍熙四年，一斤以上的盐犯还要按轻重论罪，⑱嘉佑三年（一〇五八），仅只两浙一路，因私盐犯罪的就达一千零九十九人。⑲宋代盐禁的苛密，由此可见一般。

五　宋代的茶专卖

盐专卖之外，宋代的专卖品当推茶为最重要。制度的复杂精密，专卖收入数额的巨大，都只有茶专卖能够和盐专卖相比拟；若从供给边防经费一点来说，茶专卖的重要性还在盐专卖之上。

自王涯创行茶专卖遭到惨败之后，唐代一直就没敢再度尝试，五代的辖境多半不产茶，所以也不曾实行茶专卖。因此，宋初实行盐专卖时，中央政府就不致过分

---

⑬　《文献通考》卷十六。
⑭　《宋史·食货志》下五。
⑮　同上下四。
⑯　同上。
⑰　《新唐书·食货志》。
⑱　《宋史·食货志》下三。
⑲　同上下四。

顾虑各地特殊情形的牵制，而得在比较广大的地域内，实行比较划一的制度，这是茶专与盐卖专卖最大的不同处。

茶的生产比较分散，在私产制度存在下，政府想独占茶的生产，是不太容易的，王涯所以失败，也就在此。因此，在宋代所实行的茶专卖办法中，类似宋初解盐官销区所实行的全部专卖办法，是根本找不到的。宋初所实行的，也只是“民制，官收”制。

宋初在淮南设有十三处收茶机关——山场，又选择沿江大埠，设了六个专卖机关——六榷货务(50)（京城和襄、复州，最初也设有榷货务，后来襄、复州榷货务停闭，京城的榷货务也变成茶钞的结算机关，而不再存茶），凡生产茶的人，都叫做“园户”，园户所生产的茶，除一部份折税缴纳外，余下的也都须卖给政府；交易手续是政府先给钱而园户后缴茶，名为“本钱”。这样买到的茶，都送往六榷货务存贮，商人买茶缴款，都在各榷货务。商销区共有六十五州军，其余区域，则由政府零售给消费者，称为“食茶”；而四川和两广，在宋初则为茶的自由贸易区。但这只是一种大致的规定，事实上宋初对茶专卖的执行，并不如此认真，例如太平兴国二年（九七七），樊若水评论乾德年间的茶制，曾说“江南诸州茶，官市十分之八，其二分量税听自卖，踰江涉淮，紊乱国法”；(51)而文献通考又引用下列一段话，以说明宋初的茶制：“止斋陈氏曰：‘太祖榷法，盖禁南商擅有中州之利，故置场以买之，自江以北皆为禁地。’”(52)

由此看来，似乎宋初至少在事实上还允许江南的茶产可以有一部分自由贸易，直到樊若水奏请禁止后，专卖办法才趋于严格。

雍熙四年，实行入中办法茶和盐同被指定作为偿付入中商人之用；商人于沿边各地入中粮草，就可取得茶钞，持往京城榷货务换钱，再往六榷货务买茶，这和在盐专卖制度中所实行的入中办法，是毫无二致的。端拱二年（九八九），又采用“折中”办法，商人在京城缴纳粮草，和在边地入中同样可以取得购买茶盐的权利。(53)到真宗乾兴年间，因西北用兵，粮草需用急切，遂又扩大入中办法用茶、香和东南缗钱（因在东南各地支付，所以叫做东南缗钱）作为入中的报偿，这就是当时所谓的“三说法”。同时为吸收商人入中起见，故意高估入中粮草的价值，商人为图厚利，遂争先入中，结果茶钞乱发，以至全国三年的茶产量尚不够偿付已发出的茶钞，再加上交引铺的居间剥削，结果钞价大跌，商人都不肯入中，沿边军需大感缺乏。丁渭谈到三说法的得失，曾指出当时边防各地因入中所获得的粮草每年只值五十万缗，而东南（四川除外，所以只说东南）三百六十万缗的茶利，却完全给了商人，(54)粮

(50) 六榷货务为江陵府，海州，汉阳军，无为军，苏州之蕲口及真州。

(51) 《文献通考》卷十八。

(52) 同上。

(53) 《宋史·食货志》下五。

(54) 《续资治通鉴》卷三十六。

草虚估的情形,可谓严重之极。李谘等更用极为精确的数字,说明三说法的弊害,他举天禧五年(一〇二一)的情形为例:当年淮南十三山场所收购的茶共值二十三万贯,茶钞每张的票面价值为一百贯,但市价只值五十五贯,十三茶场一共只能卖到十三万贯,其中的九万余贯是买茶的"本钱",专卖利益实际只有三万多贯,倘连一切有关茶专卖事业的行政费用都计算在内,专卖利益所余无几。[55] 三说法行到这种地步,实在是非废不可了。

仁宗天圣元年(一〇二三),采纳李谘的意见,设立计置司,废三说法,改用"贴射法";政府对茶产不再收购,只向商人征收专卖利益——"息钱",商人缴纳息钱之后,便可按照官收价格——本钱,直接向园户交易,但园户所生产的茶,仍须全部送往收茶机关(山场)存贮,以便商人自由选择——"贴射"。倘园户所产的茶无人贴射,或者贴射后仍有剩余,则都由政府收购。园户每年仍须将一部份茶产无代价缴纳给政府,作为租税,倘缴纳不足定额,则按照所亏欠的数量,罚缴专卖利益。[56] 入中办法仍然实行,但对入中货物的价值,一律改为实估,只按路程的远近,稍微给予优待。商人拿到入中的钞据,可随自愿在京城或在别处换领现款,名为"见钱法"。如商人不愿领取现款而愿取得茶盐香等货物,也可听其自便,但一切必须按实在价值计算,不许再有虚估。

贴射法和见钱法实行了仅仅一年,京城榷货务的收入增加了一百零四万余贯,边地所收入的马草增加了一千一百六十九万余围,军粮增加了二百一十三万余石,而茶、香和东南缗钱的支出,反减少了一百七十一万缗,总计所增加的收入和所省减的支出共为六百五十余万贯;过去各边粮草的储存量有的甚至不够支持一年,这时一般都有二年以上的储量,多的甚至有四年的储量,[57] 新法的成效总算相当可观了。

但这对互相勾结非法图利惯了的贪吏和奸商,当然是致命的打击,于是他们便全体动员,对新法拼命攻击,一般短见的守藏官吏,又怕用现钱偿付入中会使京城的库藏陷于空竭,也便应声附和,这两种反对势力异常强大,弄得宋仁宗也视听眩惑,在新法施行的第二年就下诏责备计置司,虽经李谘及财政主管当局列举事实说明新法的成效,而得到仁宗的省悟,但反对派却不肯就此甘拜下风,在天圣三年(一〇二五),又由孙奭等人出面,对新法猛烈抨击:指出在新法实行后,因商人所贴射的都是好茶,余下归政府收购的则多半是无人问津的劣货;又说新法中规定园户缴税不足时,则按亏欠数额计缴专卖利益的办法,加重了贫苦园户的痛苦,甚至连新法实行后,偶有少数不法份子冒名贴射强买民茶的现象,也成了他们攻击的口

---

[55] 《续资治通鉴》卷三十六。
[56] 《宋史·食货志》下五。
[57] 同上。

实。(58) 反对派这次的攻势获得成功，实行不满三年的“贴射——现钱”法，终于在天圣三年被明令废止了。(59)

贴射法废止后，三说法卷土重来，入中粮草的虚估现象，首先恢复，过去茶制的一切弊政，也都想继出现，茶专卖制度大遭破坏。李谘等人，心有未甘，随时伺机反击，但因反对派势力强大，屡次不能得手；直到景佑年间，李谘执政，主张“贴射——见钱”法的人，才重新抬头，遂于景佑三年（一〇三六），恢复“贴射——见钱”法，并为根绝奸商贪官互相结纳起见，将过去入中商人领款必须由交引铺作保的办法，也明令取消。李谘等还恐怕反对派会再度反攻，又要求仁宗特别下诏镇压；但反对派的实力却并不因此而稍见削弱，仍然处处与李谘等一派的人作对，于是宋代主张茶专卖的人，便分成了“贴射——见钱”法和三说法两大壁垒，此起彼伏，争闹不休，后来三说法终于占了上风，庆历八年，于茶、香、和东南缗钱之外，又加上盐，成为“四说”，结果所至，入中粮草的虚价达到十分之八，但交引价格却因京城贪官和交引铺的压抑，以至原值一百贯（十万）一张的茶引，只能卖到二千钱，原值三贯八百钱一斤的香，只能卖到五六百钱，(60)政府收入大减，商人因利少而减少入中，边防各地的粮草也大起恐慌。皇佑年间，虽然采纳韩琦等的建议，恢复见钱法，但三说法所引起的一切不良结果，都已经积重难返了。

除了在少数细节上有欠周详外，贴射法在大体上不失为一种优良的制度，宋代君臣如果能平心静气，用贴射法作基础，尽量设法改善他的欠缺，茶专卖一定可以成为宋代的一大善政；不幸“贴射——见钱”法和“三说——四说”法竟有点像神宗以后的新党旧党之争，此起彼伏的把宋代传国几十年以来的茶专卖制度，弄得焦头烂额，“贴射——见钱”法和“三说——四说”法，也闹成两败俱伤，而主张取消茶专卖的人，遂乘机得势。

远在天圣年间，就有人攻击茶专卖制度，宋仁宗本人也不赞成茶专卖，但因茶专卖收入很多，无法废止。(61) 景佑年间，叶清臣剀切陈辞，要求取消茶专卖，而在全国各地普遍增加丁赋，并对茶商征收各种茶税以为代替；但当时理财大臣都竭力反对叶氏的主张，废榷通商的要求，因而无法实现。到嘉佑年间，何鬲三，王嘉麟，沈立等，又群起要求取消茶专卖，改用茶产税——“租钱”及通过税，销场税等为代替，当时的执政大臣富弼，韩琦，曾公亮等，也竭力主张取消茶专卖，仁宗还不肯马上听从，一面令韩绛，陈升之等会同财政首脑——三司举行一个财政会议，讨论专卖制度的得失，一面又派人到各地方去视察专卖制度的实施情形。会议结果，三司提出报告，指出专卖收入极少，但对人民的烦扰极大；派出去视察的人，回来也说专

(58) 《宋史·食货志》下六。
(59) 同上。
(60) 同上。
(61) 《宋史·食货志》下六：“先是，天圣中有上书者，言茶盐课亏，帝谓执政曰，‘茶盐民所食，而强设法以禁之，致犯者众，顾经费尚广，未能弛禁耳。’”

卖制度扰民而无利于官。在朝野舆论和现实利害的双重压力下,宋仁宗便决意于嘉佑四年(一〇五九)下诏取消茶专卖,[62]除腊茶(宋代品种最好的一种茶产)外,一切种类的茶产都允许自由贸易;茶税方面则采纳何鬲三等的建议,对园户征收"租钱",对茶商则征收销场税(落地税),通过税等。

自由贸易制实行后,各种茶税的总和并不及专卖利益之多,园户则因"本钱"之停止及租税之负担,感觉周转不灵,茶商也因赢利减少而减少交易额,[63]一切情形都不如最初所理想。许多朝臣,看到此种情形,又主张恢复专卖;[64]但事实上茶的自由贸易制却实行了相当长时期,直到徽宗时代,茶专卖才重新恢复。

徽宗崇宁元年(一一〇二),蔡京建议恢复专卖:园户应缴的茶税;仍旧恢复用实物的折缴。政府从园户手中买到的茶,一部分准许产区附近州县的人民,于缴纳专卖利益后,取得"短引",在附近指定的销区内出售;大部分则由商人在六榷货务缴钱或在边地入中粮草,换取"长引"向山场领茶,运往指定的销区售卖,商人在山场领茶后,须付出场税才许运出,沿路应缴的通过税,则由沿途税卡于引票上批定税额,等运到销场,然后计算总数,一次付给,以免去沿途征税的麻烦。[65]崇宁四年(一一〇五)蔡京又再度变更办法,撤消各产区的收购机关——山场,由商人在京城或各地方政府购买长短引,直接向园户买茶,以避免官收官运(运往六榷货务存贮)的烦费。领引的商人都由给引机关用抽签方式排定次序,按次序缴纳专卖利益,批给长短引,然后买茶运卖。茶的包装也必须购用官制的"笼箅",笼箅的大小,都有定式。政和二年(一一一二),蔡京第三次更改茶法,设都茶场专管收款给引,产茶地区则设置合同场以检查引据,斤重及其他交易手续,用严刑峻法,禁制私贩,各种交易手续和罚规,非常繁杂苛细,茶商都感觉不便,但从财政收入一点说,蔡京的办法却获得极大的成果;从变更茶法到政和六年,专卖利益共达一千万缗,茶的产量也增加了一千二百余万斤。[66]由此看来,蔡京的茶专卖办法,虽因条文的繁碎多变和用人行政的不当,不免扰民,但大体上总算是一种精密有效的制度,不应因为蔡京本人在历史上的一切劣迹而一概加以抹煞。

南渡以后,茶专卖办法虽然时常有小的更改,但大体上则一直沿用蔡京的办法。甚至连北宋时代茶专卖制度的特殊区域四川,在南宋也变成了"都茶场"法的天下。

前面提到在宋初的茶制中,全国各地只有四川和广南两路是实行自由贸易制的。其中广南一直到宋末,始终不曾实行茶专卖;四川则在神宗熙宁年间,也被划为专卖区。不过四川的茶专卖,在宋代却属于另一系统,不但在措置上,管理上和

---

[62] 《宋史·食货志》下六。
[63] 同上。
[64] 主张恢复专卖者有刘敞,欧阳修等。
[65] 《宋史·食货志》下六。
[66] 同上。

专卖收入的使用上,与其他专卖区都大不相同,就从茶专卖的经营动机而论,四川的茶专卖也具有其特殊性。

在神宗以前,四川的茶税是随"两税"(既唐代杨炎所创的两税制)缴纳的,熙宁年间,神宗同文彦博,王安石等谈到茶制,都有意恢复专卖,但当时并未能恢复全国性的专卖。[67] 后来王韶建议神宗用茶在陕、甘及四川边境一带,和边民交换马匹,以供军用。神宗便派遣李杞及蒲宗闵两人往四川筹划买茶事宜,李杞等入川后,便在各地创立收茶机关——官场,实行专卖,李杞死后,刘佐,李稷,陆师闵等先后主持川茶专卖事宜,茶法日益严密,专卖利益屡次提高,政府用茶换马,每年所买入的马数也由过去的二千一百余匹增加为四千匹,[68] 孝宗乾道年间,又增为九千余匹,淳熙年间,更达到一万二千余匹的高额。[69] 这确实解决了当时很大部分军马困难,但因榷茶买马所增添的机构和人员,数额庞大,支出浩繁,再加上官吏的营私舞弊,弄得茶户破产相继;官茶的品质又日渐低劣,同边民换马的官吏,更常有侵吞官茶,用空券骗买马匹的情形,引起边民怨恨,时常侵扰边境。四川的茶专卖,终于也走到了山穷水尽的地步。

但宋代对茶马政策的执行,似乎特别坚决。当李杞等开始在四川实行茶专卖时,其他各地都还是自由贸易的天下,一般朝臣也多反对川茶单独专卖,但政府对川茶专卖却是雷厉风行,一点不因朝臣们的反对而有所更张;就连蔡京的都茶场法,在北宋时代也不曾将四川包括在内,直到南宋建炎年间,四川的茶制才发生重大的改变。

建炎元年(一一二七),赵开上书痛论茶马政策的五害,[70] 主张最好彻底废除川茶专卖,即使一时不能废止,也应该减低专卖价格和收购数量。高宗便命他去四川主持茶马事宜。赵开到了四川,大变茶制,仿照蔡京的都茶场法,由政府将茶引售给茶商,准许茶商和园户直接交易,设合同场负责稽察事宜,并设立公开茶市,以便交易;每引茶的斤重,售价以及销场税,通过税,手续费等,也都详为规定。过去弊政,一举廓清,专卖收入递增至一百零五万贯。[71]

但马茶政策并没有因赵开变法而停止,每年买马的数量,反而继续增加,到孝宗淳熙以后,才略见减少。

专卖收益之外,宋代对茶产也还有种种税捐、苛杂和额外剥削,甚至比对食盐的情形还要复杂繁重,主要的大致如下:

---

[67] 《宋史·食货志》下六。
[68] 《宋史》卷三七四赵开传。
[69] 《宋史·食货志》下六。
[70] 赵开所指出的"茶马五害"为:(一)"护马兵逾千人……费衣粮,为一害。"(二)"吏旁缘为奸,以空券ούς夷人……边患萌起。"(三)"初置使榷茶,借本钱于盐运吏几五十二万缗,于常平司二十余万缗……旧所借未偿一文,而岁借乃准初数不已。"(四)"茶户破产相继而官买岁增,不得不为伪茶以相抵漫,于是官茶日益扩张,而私贩公行,刑不能禁。"(五)"积压难售,未免科配州县。"
[71] 《宋史·食货志》下六。

(甲) 捐税

(一) 货物税(包括通过税,销场税和出场税):宋初对茶产的运销大致是沿途征收通过税,景德二年(一〇〇五),林特改变茶法,才规定茶商所经各地,只记录税额而不征税,等运到销场,然后计算总额,在京城一次缴付。(72) 崇宁年间,蔡京变法,对通过税也采取沿途记录的方式,但为便利商人起见,纳税地点则改为各商之指定销区。(73) 建炎二年赵开对川茶也规定"所过征一钱"的通过税率。(74) 又蔡京变法时有"商税自场"(合同场)给一条,可为出现税之证明;(75)赵开茶法中"所止一钱五分"的规定,(76)又可证明宋代对茶也征收销场税。

(二) 关税:南宋隆兴年间,对运茶往淮北(当时已为金的领城)的商人,每引征收"翻引钱"二十一贯,乾道年间,除翻引钱外,更征收"通货侩息钱"(77)。

除此两种税外,仁宗嘉佑以后对园户所征的"租钱",在性质上属于产物税,但从财政意义上说,租钱乃是专卖利益的替代品,而不是和后者并行的。

(乙) 苛杂及额外剥削

(一) 加工费:元丰年间,在京城沿汴河堤岸,设立水磨,强制京城商民必须利用官办水磨磨制末茶,不得私磨,水磨的利用费在当时每年共可收入二十万缗。绍圣年间又扩大范围,在长葛等地设水磨二百六十几处。仁宗嘉祐以后,茶专卖取消,水磨也废置了好些年,徽宗崇宁以后,又与复水磨,大观四年(一一一〇);水磨收入竟达四百万缗。(78)

(二) 买引手续费:赵开茶法中规定买引时于"引钱"之外,须加付"市利","头子"等钱。(79)

(三) 额外剥削:天圣元年(一〇二三)以前,政府向园户买茶,每百斤多称二十斤至三十五斤,名为"耗茶"。(80) 李谘变法,耗茶才被废除。熙宁年间,李杞在四川办理茶专卖,在买茶时也往往"压其斤重,侵其价值。"(81)此外,政府与园户交易,都有牙侩为中介,在贪吏和牙侩两层剥削下,茶户名义上虽是卖茶给政府,但实际上则几乎等于无代价征收。

---

(72) 《宋史·食货志》下五。
(73) 同上下六。
(74) 同上。
(75) 同上。
(76) 同上。
(77) 同上。
(78) 同上。
(79) 同上。
(80) 同上下五。
(81) 同上下六。

宋代茶的专卖利益虽因茶产的种类而各不相同,但大致都在买价——本钱的一倍以上。专卖利益既高,官茶的品质又坏,再加上种种捐税苛杂,弄得生产者,消费者和茶商,都困恼不堪,走私情形,自然也相当普遍。孝宗淳熙年间,私茶商赖文政等起兵,转攻湖北,湖南,江西,广东各地,屡败官军,历时半年才被辛弃疾讨平,[82]私茶的猖獗情形,由此可见。因此,宋代对私茶犯的处罚,比对私盐犯还要厉害:宋初规定园户私卖茶或匿不送官,查出后除没收货物外,还要按所犯数量论罪;园户毁败茶树,也按所毁茶树的生产量大小而处刑;主管官吏私卖官茶价值达到一千五百钱的,都处以死刑。太宗淳化五年(九九四),甚至明令规定私茶的处罚要加私盐一等,[83]可见宋代对茶专卖的重视了。

六 宋代的酒专卖

酒和烟、茶同为习惯必需品(conventional necessaries),需求弹性极小,本是一种优良的专卖品,在中国历史上,酒也是最古老的专卖品之一,但汉、唐五代实行酒专卖的结果,都是成效极微,宋代的酒专卖虽然比较前代为成功,但其重要性也不能和茶盐专卖相比拟。这完全因为在中国社会中,酒的产制极为分散,供给的控制既不容易,专卖品的销路便大成问题,从而专卖收入也就毫无把握。

宋初的酒专卖制,分全国为卖酒和曲种区域:在曲区域,人民可以自由造酒及卖酒,但造酒所用曲必须向政府购买。在卖酒的区域,州城和乡镇,办法又各不相同:大致说来,州城所实行的大都是全部专卖制,乡镇则多半允许民酿民卖。各州城内都有官办的酿酒机关——酒务,由政府用公款购买燃料及支付吏役薪资,造酒所用的食粮,也用公款购买,不得支用公仓存粮。对私贩的处罚极为严厉:在建隆二年(九六一),私自卖曲在十五斤以上,乡镇民酒私自进城在三斗以上,都一律处以极刑。法禁虽严,但因官酒成本高而价格贵,品味又很醨薄,人民都不愿购买,政府的专卖收入极为有限,不得不用摊派办法,按民户大小强制派销,对有婚丧等事的民家,也一律强派官酒,人民大受其害。太宗即位后,将一部分专卖收入较少的卖酒区,改为卖曲或者完全民酿,但对申请卖酒的人民必须先由政府检查其货产,并须由官吏或地方士绅作保;倘酿户有欠税情形,保证人须负连带赔偿之责。这种办法实行后,申请酿酒的人并不踊跃,因此,过去各卖酒区在事实上仍多是官酿官卖。真宗天圣以后,因宋、辽和好,国内秩序安定,人口及财富都不断增加,酒的需要量也逐年增大。为保障官造酒曲的销路并限制人民浪费食粮起见,便采取减数增价的办法;严格规定每年的生产量,并将酒曲售价陆续提高。例如在熙宁四年(一〇七一)以前,京城曲斤实价一百四十三文(定价一百六十八文但以八十五文

---

[82] 《续资治通鉴》一四四。
[83] 《宋史·食货志》下五。

作为百文),熙宁四年加为二百文,后又增为二百四十,元丰二年,更增为二百五十,靖康年间,两浙的酒价较元丰年间又几乎高出一倍。[84] 但在北宋时代,加价的情形究竟还不够严重,南渡以后,因筹措军费的关系,巧立名目,随时加价;绍兴元年(一一三一)起,更允许各地如卖酒亏折,可以随宜加价,不必再呈由中央核准。从此各地便任意加抬酒价,毫无约束了。在北宋时代,加价与减数并行,多少还有"寓禁于征"的意义,南宋为增加收入,只求多销,除不断加价外,并设法鼓励消费,[85]这实是前古未有的情形。

大概宋代官酿的成本是相当高的,所以尽管用加价,勒派等办法,专卖收入总难大量增加。直到建炎三年(一一二九),赵开创立"隔槽法",才为宋代的酒专卖开辟了一条新途经。

隔槽法于建炎三年,先在成都试行。由政府设立许多官办的酿酒场所——"隔酿",打算酿酒的人民,必须利用隔酿。一切原料,劳力,都由人民自备。专卖利益按人民酿酒所用的米数为标准:用米一斛,共缴专卖利益五十二钱("每斛输钱三十,头子钱二十有二")。试行结果很见成功,第二年便将隔槽法推广到川境各地,官槽多至四百所,专卖收入大为增加。[86] 久后更被推行到南宋辖境内的一切地区,结果酒专卖成了南宋军费和地方经费的主要来源之一。直到宋末,隔槽法的实施细节虽然常有更改,但它的主要精神却一直不曾变更过。

七　宋代的矾专卖

宋代的矾有白矾,绿矾,青胆矾,黄矾及土矾等几种,白矾产于晋,慈,坊州(今陕西中部县),无为军(今安庆附近)及汾州之灵石县。绿矾产于慈,隰两州及池州铜陵县(今安徽贵池县一带),青胆矾及黄矾产于江西抚州,土矾则河北,江西均有出产;此外湖南浏阳,广东韶关,福建漳州(龙溪县)等地,也有少量矾产。但河北及江南各地矾山,在当时产量较少,因此,北宋时代的矾专卖政策只注意山西,陕西及安徽(淮南)三区的矾产,对江南各地的矾,则不太重视。

宋初沿袭五代的矾制,由政府在各产区设官主持专卖事宜,制矾的人民名为"镬户","镬户"所造的矾,都要按官价卖给政府,付款的办法是三分之二付给现钱,其余三分之一则用茶丝等物折价付给。[87] 政府收购后,一部分由政府零售给消费者(散卖),另一部分则批发给商人(博卖)。商人买矾时可用金、银、布、帛、丝、绵、茶等货物折缴,不一定全用现款。商人唯利是图,所缴多是陈茶劣货,使政府大受

---

[84]《宋史·食货志》下七。
[85] 例如孝宗时代,李焘卒设法劝饮以敛民财。
[86]《宋史·食货志》下七。
[87]《文献通考》卷十五。

损失。太平兴国年间，才改变办法，只许用现款或金、银买矾，不得再用其他实物。

矾的销区在宋初也分为官销区和商销区两种，大致产区附近的州县，为防止镤户私卖起见，都被划为官销区；离产区较远的地区，则有一大部分是商卖区。

仁宗天圣以后，山西晋慈两州允许人民卖矾，但规定每户每季只许卖矾一盆（六七百斤至一千五百斤不等），其中四分之一，必须无代价缴纳给政府，如卖满一盆后仍有剩矾，则所有剩余都须按官价给政府。无为军的矾产后来也准许商卖，但必须在政府所设立的市场中出售，不许在别处交易。天圣六年（一〇二八），矾也继茶、盐之后，变成偿付入中的货物，入中制度所引起的虚估现象，把矾专卖也变得无利可图；嘉佑年间，改令矾商一律用现钱入中，虚估的现象，才算消除。

熙宁元丰年间，划定各地矾产的销区，越界按私矾处罚。河北本是晋矾的销区，当地的土矾一向是禁止造卖的，直到元符三年（一一〇〇），才将河北划为官卖区，准许人民采制土矾，由政府统购出售。东南各地在神宗时代也是官卖区，从哲宗时起直到北宋末年，东南各地时而允许商贩，时而恢复官卖，蔡京的新旧引对带办法，在大观年间也曾侵入矾专卖的领域之内。

南渡以后，山西和陕西两地的产区全部丧失，矾专卖的总收入也较北宋大为减少，江南各地的矾产才开始被注意。绍兴年间，除漳州因地势险恶，矾产为盗贼所把持，不能实行专卖外，其他抚州，韶州，浏阳各地，都设场给引，积极实行专卖。但绍兴二十四年到二十八年（一一五四——一一五八）四年专卖收入的平均数，也不过只合北宋元丰六年（一〇八三）收入数量的百分之十三左右，[88]东南矾产之少，于此可见。

兹将宋代的矾价列表于下：[89]

第二表　宋代之矾价

种类		白矾				绿矾			青胆矾		黄矾(省铅山场)	土矾(抚)
	晋	慈	汾	无为	坊	隰	慈	汾	池	抚	省铅山场		
买价（驮）	六千	六千	六千			八百	六千						
卖价 批量（驮）	二五十百一贯	二十三贯				四贯六百	二十五贯	二五十百四贯					
卖价 零售（斤）			一九二	六〇	八〇	七〇	七〇	七〇	七〇	一二〇	一五〇	八〇	三〇

注：晋、汾、慈州每驮140斤，隰州每驮110斤。

---

[88] 绍兴二十四至二十八年均数为四万一千五百八十五缗，元丰六年则下三十三万七千九百缗。

[89] 上表根据《宋史·食货志》及《文献通考》卷十五编成。其中晋、汾、磁州矾价，食货志及文献通考均作"（每驮）给钱六十"，"十"字系"千"字之误，宋史食货志下七有下列记载，可以为证："入中麟府粟斗直钱百，虚估增至三百六十，矾之出官，为钱二万一千五百，才易粟六石，计粟实直钱六千，而矾一联已卖本钱六十，县官徒有榷之名，其实无利。"晋州矾之批发价格（博价）恰为每驮二万一千五百，每驮易粟六石，六石粟之实在价值为六千，而矾每驮之本钱亦为六千，故谓无利。倘每驮本钱仅六十，觉得谓之无利？

八　宋代之其他专卖

（一）香专卖

宋代专卖品中，除茶、盐、矾以外，以香的利益为最大，但香并不是中国的产物，要想实行香专卖，必须先由政府独佔香的进口方可，这是香专卖与其他专卖品不同之点。

当时通商的海口如广州，泉州（晋江）等，都在闽、广两省，距中原颇远，所以在北宋时代，并不见有香专卖的事迹。南渡以后，香的利源才开始为政府注意，香专卖才正式见于记载。

香专卖的办法，最初大致是由通商口岸的税关——市舶司用金、银和中国的几种特产如绢、帛、瓷、漆等，与海外商人交换进口的香料，送往京城的专卖机关——榷货务包装成套，然后由榷货务分发各路专卖。孝宗时代因各路分卖扰民，乃将官卖改为商卖，让商人在榷货务缴款买香，运往各路售卖。

除市舶司与外商易货外，宋代又常用厚利招诱商人出海买香，所以当时香的入口数额相当巨大，建炎四年（一一三〇），只泉州一地，入口乳香就达八万六千七百多斤。[90] 香料大量进口的结果，金银外流的数量自然也相当可观，为防止金、银外流起见，宁宗嘉定十二年（一二一九）便颁布法令，以后只准用绢、帛、瓷漆等土产交换进口香料，不得再用金银。

（二）铁专卖

宋代金、银、铜、铁、锡、铅、水银等矿产的开采权，原则上都归国家所有：矿脉较厚的地方，由国家设官开采，矿脉较薄的地区，则准许人民承买开采，但承买的人，每年必须将所采的一部分矿产折税缴纳给政府，另外还须每年卖给政府一定数额，名为"中卖"。倘缴税或中卖不足定额，承买人必须照赔。这和其他专卖品的产制，收买办法，很想类似；但政府所收得的铜和锡，多半用作币材，金、银则除用作货币外，又被用作典礼及赏赉之用，由政府出卖的情形是不多见的。由这种道理来推测，宋代的各种矿物，虽然原则上都由政府独占，但并不能都算作专卖品，只有铁，因为是铸造生产工具和日用器具所必用的金属，而且在古代早已有过专卖的历史，这些都使它具备了专卖品的条件，能够成为宋代的专卖品之一。[91]

铁及铁器的专卖，始于元丰六年（一〇八三），但实行期间很短，元祐年间就被

---

[90]　《宋史·食货志》下七。
[91]　五代时曾有铜器专卖，主要目的为防止人民熔铁铸器，但宋代各种矿物中，仅铁专卖有明确之记载，其他矿产都无确实之根据可以断定其为专卖品。

明令废止,徽宗大观初年,苗冲淑建议将一切铁器,都改为官造官卖,并将民间已铸成未出卖的铁器,也一律由政府备价收买。但徽宗并没有完全采纳这种建议,只将铁专卖恢复:铁的采炼都听任民营,但炼成的铁,则必须"中卖"给政府,由政府增价售出,铁器仍准人民造卖。又为防止奸商收买官铁,然后增价出卖起见,规定只有经营熔铸铁器事业的人,才许购买官铁。[92] 政和年间,朝臣屡次奏请恢复铁器专卖,但铁器专卖则始终不曾恢复。

(三)醋专卖及石炭专卖

五代对醋已有征税,后周显德四年曾有诏停止醋税,[93]但五代时并不见有醋专卖的事迹。宋代从没有实行醋专卖的明令,因此,醋专卖究竟始于何时,自然也无从推断。但事实上宋代是盛行醋专卖的,这可引以下记载为证:

"崇宁二年(一一〇三),知涟水军钱景先言;建立学舍,请以承买醋坊钱给用。诏常平司计,无害公用,从其请,仍令他路准行之。初元祐臣僚请罢榷醋,户部谓本无禁文。后翟思请以诸郡醋坊日息用余悉归常平,至是景允有请,故令常平计之。"[94]

(宣和)"七年(一一二五),诸路鬻醋息率十五为公使,余如钞旁法,令提刑司季具储备之数,勿得移用。"[95]

宋代有关石炭专卖的资料,最为缺少,但由以下记载,可以证明宋代确有石炭专卖:

"自崇宁以来,言利之臣,殆析秋毫,……官卖石炭,增二十余场,而天下市易务炭,皆官自卖,名品琐碎,则有四脚、铺床、榨磨、水磨、庙图、掏沙金等钱。"[96]

九 专卖在宋代财政上之重要性

从事实和理论两方面讲,筹措战费总不外增加生产,减少消费,和接受外援三类办法。其中增加生产又可分为政府直接增产和促使民间增产两种办法,减少消费的办法则有以下几种:

(一)加税:包括增加旧税率及籀辨新税。

(二)强制及劝导储蓄:内债,强迫保险,及其他强迫储蓄办法。

(三)增加公营事业售价。

---

[92] 《宋史·食货志》下七。
[93] 徐式珪著《中国财政史略》。
[94] 《宋史·食货志》下七。
[95] 同上。
[96] 《宋史·新编食货志》三。《宋史·食货志》下一记载与此略同。

（四）出售公产。

（五）增发通货。

（六）摊派及募捐。

（七）实行专卖。

在这些方法中，如果单独采取增加公营事业售价的办法，政府必须先能撑握全国最大多数的生产事业，但这只有在社会主义制度下才有可能；在资本主义下，减少消费主要是用加税和强制储蓄两办法；比较落后的国家，则多半靠摊派及通货膨胀等办法，专卖制度和出售公产，募捐等办法，在近代都被认作效果微小，所以在近代的战时财政中，专卖制度已经不占太重要的地位。

但在中国古代，筹措战费多半是靠政府直接增产——屯田和加税，通货膨胀，摊派及实行专卖等方法，而以专卖最能收效。桑弘羊，颜真卿都曾靠专卖筹得了充足的战费，刘晏实行盐专卖的结果，专卖收入竟达到当时全部岁收的一半。[97] 专卖制度的功效，在宋代以前已经很显著了。

本文第三节曾经提到，宋代的专卖制度，不但规制较前代更精密，种类较前代更繁杂，而且专卖与边防的关系，也较前代更为直接而明显。在宋代，许多重要专卖办法的创设或加强，几乎都是因为边防需要的关系，而若干专卖办法的废止或放宽，又多是在比较承平的时代[98]。专卖收入的数量和专卖品价格的高低，也有随着战费需要而变动的趋势。南宋初年疆域缩小，战事扩大，专卖收入的数量急剧增加，专卖品的价格也空前高涨。例如北宋初时，末盐每斤最高价不过四十七钱，而南宋建炎初年，盐钞价每袋连"贴纳"在内，共为二十一千，每袋六石，共重三百斤，每斤的价格计为三百五十钱，较北宋初时高出七倍有余。[99] 盐专卖收入，在至道三年，仅约三百七十余万缗，但到绍兴末年，只泰州海宁一监，盐利就达六七百万缗，[100]建炎二年，东南沿海的盐利共为二千四百万缗，[101]如连四川的盐利计算在内，共达二千八百万缗，较至道年间的数字，高出八倍以上。茶专卖方面，至道三年全国的茶利共为二百八十余万缗，[102]建炎二年，仅东南各路的茶利已达二百七十余万贯，[103]如连四川的一百零五万贯计算在内，[104]也远超过北宋的数量。南宋酒价之高和酒专卖收入之多，更不是北宋任何时代所能比拟，香专卖更是南宋所

---

[97] 刘晏季年盐利六百万缗，而当时全部岁收各为一千二百万缗，见文献通考卷十五。

[98] 例如入中创于太宗与辽构兵时，茶马创于神宗开湟时，赵开的种种专卖办法，多半为一时军费急需，仁宗废茶专卖，又恰在宋代比较承年时代。

[99] 《文献通考》卷十六。

[100] 《宋史·食货志》下四。

[101] 《续资治通鉴》一〇二卷。

[102] 《宋史·食货志》下五。

[103] 《续资治通鉴》卷一〇二。

[104] 《宋史·食货志》下六。

特有；唯独矾专卖因北方主要产区之丧失，虽在南方产区加强专卖，收入仍远逊北宋。

除边防经费外，宋代中央及地方经费，也有很大部份仰仗专卖收入。以至道三年（九九七）的情形为例，当年财政总收入为二二、二四五、八〇〇缗，[105]但仅盐、茶、矾三种货物的专卖收入合计已达六百七十余万缗。[106]倘连酒专卖计算在内，则四种货物的专卖收入当在全部岁收的百分之四十左右。南宋建炎三年（一一二九），盐、茶专卖收入共为三千二百余万贯（东南及四川合计）较至道三年的全部岁收，尚多百分之五十。孝宗乾道年间，户部侍郎叶衡曾谓："今日财赋，鬻海之利居半。"[107]所谓鬻海之利，仅指海盐的专卖收入而言，倘连井盐及茶、酒、矾等的专卖收入合计。则全部专卖收入无疑必占全部岁收的百分之五十以上。可见宋代的专卖收入，已经取得和田赋对等的地位，成为财政收入的两大来源之一了。

兹将宋代盐、茶、矾三种货物专卖收入数额之变化列表于下[108]：

第三表　宋代茶专卖收入表

年代	专卖收入（贯）
至道三年	二，八五二，九〇〇
天禧末	三，三〇二，九〇〇
景德元年	五，六九〇，〇〇〇
二年	四，一〇〇，〇〇〇
三年	二，〇八〇，〇〇〇
大中祥符五年	二，〇〇〇，〇〇〇
六年	三，〇〇〇，〇〇〇
七年	三，九〇〇，〇〇〇
八年	一，六〇〇，〇〇〇
景祐元年	一，一六〇，〇〇〇
嘉祐二年	四六九，〇〇〇
大观三年	二，二四四，四〇〇
政和二年至六年	一〇，〇〇〇，〇〇〇
建炎二年	二，七〇〇，〇〇〇

---

[105] 《宋史·新编食志货》三。
[106] 由以下三、四、五、各表计算。
[107] 《宋史·食货志》下四。
[108] 根据《宋史·食货志》下三、四、五、六、七、及《文献通考》卷十五—十八，《续资治通鉴》卷一百二等所载资料组成。

第四表　宋代盐专卖收入（单位贯）

	种类	池盐	海盐	井盐	土盐	备注
年代	太平兴国二年			1 141 350		
	至道三年	728 000	1 633 000			
	庆历六年	1 470 000				
	皇祐 初年	2 210 000				范解祥盐主时持代
	皇祐 四年	2 150 000				
	皇祐 五年	1 780 000				
	至和元年	1 690 000				
	仁宗时				189 000	
	治平年间	1 670 000	5 560 000			
	熙宁八年前				250 000	
	熙宁八年				104 000	虚估
	元祐年间		4 000 000			
	建炎年间		24 000 000	4 000 000		
	乾道五年		26 975 000			淮浙两区
	庆元初		9 908 000			
	宝庆元年		7 490 000			
	备注					

第五表　宋代之矾专卖收入

时期	专卖利益（贯）			
	钱	茶[109]	金银绢帛缗钱	共计
太平兴国初		三万贯	120 000	150 000
端拱初		140 000	20 000	160 000
至道中	170 000			170 000
真宗末	239 000			239 000
熙宁元年	36 400			36 400
熙宁元年至六年平均	183 100			183 100
元丰六年	337 900			337 900
绍兴廿四年至廿八年平均	41 585			41 585

---

[109]　见第七节盐专卖本文。